今日北大

邓小平

1987年10月，邓小平同志为《北京大学年鉴》的前身《今日北大》题写书名。

北京大学年鉴

PEKING UNIVERSITY YEARBOOK 2020

《北京大学年鉴》编委会 编

商务印书馆

图书在版编目(CIP)数据

北京大学年鉴.2020/《北京大学年鉴》编委会编.—北京:商务印书馆,2020
ISBN 978-7-100-19058-9

Ⅰ.①北… Ⅱ.①北… Ⅲ.①北京大学—2020—年鉴 Ⅳ.①G649.281-54

中国版本图书馆CIP数据核字(2020)第174569号

权利保留,侵权必究。

北京大学年鉴(2020)
《北京大学年鉴》编委会 编

商 务 印 书 馆 出 版
(北京王府井大街36号 邮政编码100710)
商 务 印 书 馆 发 行
北京虎彩文化传播有限公司印刷
ISBN 978-7-100-19058-9

| 2020年12月第1版 | 开本 889×1194 1/16 |
| 2020年12月北京第1次印刷 | 印张 46¾ 插页 13 |

定价:500.00元

| 重大事件 |

9月，6位北大人被授予"共和国勋章"和国家荣誉称号奖章。（宣传部 供；夏子然 制图）

9月，20位北大人被授予"最美奋斗者"称号。（宣传部 供；夏子然 制图）

11月，中国科学院、中国工程院2019年新当选院士结果公布。北京大学7人入选，入选人数为全国高校第一。（宣传部 供；夏子然 制图）

重大事件

5月4日,"五四运动与新时代"纪念五四运动100周年学术研讨会暨五四运动研究中心成立仪式在英杰交流中心举行。(王天天 摄)

10月1日,国庆70周年阅兵式和群众游行上,由2232名北大师生组成的"凝心铸魂"方阵走过天安门广场。(宣传部 供)

9月9日,北京大学"不忘初心、牢记使命"主题教育动员大会在英杰交流中心举行。(刘月玲 摄)

| 党的建设 |

3月1日,北京大学召开深化全面从严治党暨强化师德师风建设工作会。(刘月玲 摄)

6月17日,北京市委副书记、市长陈吉宁到北京大学调研党的政治建设。(刘月玲 摄)

9月24日,校领导班子赴北大红楼参观学习,重温建党初心,牢记育人使命。(刘月玲 摄)

党的建设

10月31日下午,北京大学"不忘初心、牢记使命"主题教育专题党课在百周年纪念讲堂举行。邱水平作"加强高校党的政治建设"主题报告。(刘月玲 摄)

10月31日晚,郝平在二教为全校200余名学生党支部书记讲授题为"人类命运共同体与国际组织人才培养——以联合国教科文组织为例"的主题教育专题党课。(宋梦丽 摄)

2019年,北京大学党委分三轮对30家二级单位进行了巡察。(党委巡察办公室 供)

| 教学科研 |

1月8日，北京大学梅宏院士–黄罡教授团队研究成果"云–端融合的资源反射机制及高效互操作技术"荣获2018年国家技术发明奖一等奖。（信息科学技术学院 供）

4月2日，北京大学本科教育工作会议在英杰交流中心召开。（刘月玲 摄）

6月29日，多模态跨尺度生物医学成像国家重大科技基础设施启动仪式在北京怀柔综合性国家科学中心举行。（宣传部 怀柔办 供）

| 教学科研 |

4月26日,首届中国科学文化论坛暨北京大学科学技术与医学史系揭牌仪式在英杰交流中心举行。(刘月玲 摄)

4月27日,北京大学在英杰交流中心召开科技创新大会。会上,宣布成立北大人工智能研究院。(冯雪玲 摄)

5月16日,全国高等院校医学教育研究联盟成立。(黄大无 摄)

| 教学科研 |

5月4日,《马藏》首发仪式举行。活动发布了由北京大学组织编纂的历史文献典籍——《马藏》的第1部第1卷至第5卷。（王天天 摄）

9月，邱水平担任考古文博学院2019级本科生班第二班主任。（考古文博学院供）

9月，郝平担任历史学系2019级本科生班第二班主任。（历史学系 供）

教学科研

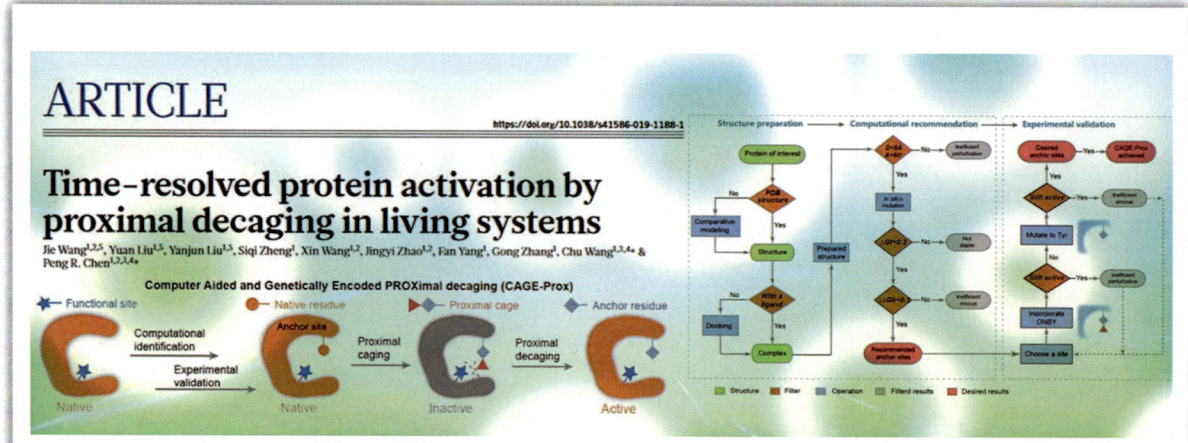

5月8日,化学与分子工程学院陈鹏课题组与王初课题组在 Nature 发表论文,报道一种在活体环境下瞬时激活蛋白质的化学生物学新技术。(宣传部 供;夏子然 制图)

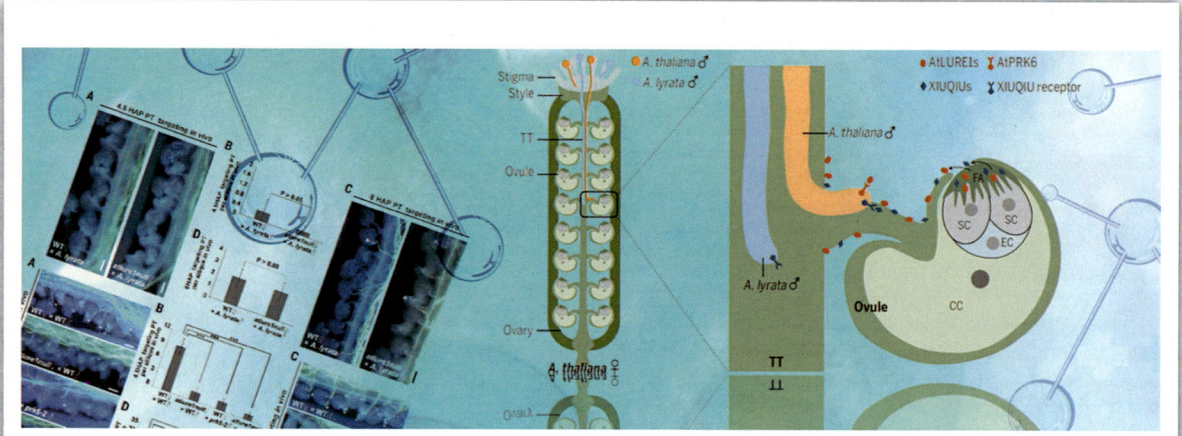

5月31日,生命科学学院瞿礼嘉课题组在 Science 上发表论文揭示一种促进被子植物种间遗传隔离的分子机制。(宣传部 供;夏子然 制图)

8月,由考古文博学院李伯谦教授、刘绪教授主编的《中国出土青铜器全集》出版发行。(考古文博学院 供)

| 教学科研 |

9月,《"一带一路"沿线国家经典诗歌文库》(第一辑)出版发行。(外国语学院 供)

12月7日,"中国百所大学经济学院院长论坛"召开,来自全国136所经济学院校的158位院长参加了论坛。(经济学院 供)

12月28日,"毛泽东思想和中国特色社会主义理论体系概论"国家教材重点研究基地揭牌仪式暨学术报告会在英杰交流中心举行。(原磊 摄)

| 机构成立 |

10月22日,"铭记荣光 承志前行"北京大学王选计算机研究所命名仪式在英杰交流中心举行。(王选所供)

11月30日,北京大学长三角光电科学研究院揭牌仪式在南通国际会议中心举行。(科技开发部 供)

12月7日,国家创伤医学中心启动暨北京大学医学部急诊医学学系成立仪式在人民医院举行。(田竞冉摄)

| 社会服务与联络 |

3月27日,天津市委书记李鸿忠一行来到北京大学考察。双方签署战略合作框架协议,服务京津冀协同发展。(刘月玲 摄)

7月12日,医学部"组团式"援藏医疗队员欢送会。(黄大无 摄)

10月,第一医院顺利完成国庆70周年医疗保障任务。(武骁飞 摄)

| 社会服务与联络 |

10月20日，北京大学与故宫博物院、敦煌研究院在故宫博物院召开战略合作座谈会，并签署战略合作协议，深入开展文物保护与研究、人才培养等工作。（王天天 摄）

11月14日至15日，郝平赴云南弥渡推进定点扶贫，看望慰问困难群众。（齐靓 摄）

11月20日，"智华楼"命名仪式在百周年纪念讲堂举行。（教育基金会 供）

| 国际交流与合作 |

3月20日,哈佛大学校长白乐瑞(Lawrence S. Bacow)访问北京大学,并发表题为"真理的追求与大学的使命"(The Pursuit of Truth and the Mission of the University)的演讲。(刘月玲 摄)

3月24日,剑桥大学校长斯蒂芬·图普(Stephan Toope)访问北京大学,并发表题为"焦虑时代下的全球大学"(Global Universities in an Age of Anxiety)的演讲。(刘月玲 摄)

4月25日,柬埔寨王国首相洪森携访华代表团访问北京大学,在英杰交流中心接受北京大学授予的名誉教授称号,并发表演讲。(刘月玲 摄)

| 国际交流与合作 |

9月17日,北京大学、莫斯科国立大学联合主办的"中俄综合性大学校长圆桌论坛"在圣彼得堡国立经济大学举行。(国际合作部 供)

10月14日,由中国-东盟中心和医学部共同主办的"中国-东盟高校医学联盟"成立。(刘源 摄)

11月1日,北京论坛(2019)在钓鱼台国宾馆隆重开幕。(刘月玲 摄)

| 师生活动 |

4月14日,"歌唱祖国,传承接力"北京大学纪念五四运动100周年、中华人民共和国成立70周年大型爱国主题教育活动在未名湖区域举行。(团委 供)

4月27日至5月24日,举办"燕园寻梦"北京大学首届校园戏曲节。(团委 供)

4月29日,"奔跑吧,青年!"北京大学首届五四青春长跑举行,全校5400余名师生员工参加,共同纪念五四运动100周年。(团委 供)

| 师生活动 |

5月4日,"百年追梦路,时代圆梦人"北京大学纪念五四运动100周年青春诗会在静园草坪举行。(团委供)

6月16日,第21届CUBA中国大学生篮球一级联赛男篮总决赛开战。北京大学男篮以84∶77战胜老对手清华大学,成功卫冕,实现CUBA三连冠。(宣传部供)

7月至8月,研究生国际调研团前往"一带一路"沿线国家交流学习。(胡晓阳摄)

| 师生活动 |

9月6日,北京大学举行本科生、研究生开学典礼。(刘月玲 摄)

9月8日,电影《我和我的祖国》主创团队来到北京大学与师生交流,千人合唱电影主题曲《我和我的祖国》。(团委 供)

10月1日,国庆70周年群众游行合唱方阵中的北大师生。(团委 供)

管理服务与后勤保障

1月9日,北京大学第七届教职工代表大会暨第十九次工会会员代表大会在英杰交流中心举行。(刘月玲 摄)

12月12日,召开首届离退休教职工学术贡献奖表彰座谈会。(李香花 摄)

10月8日至14日,北京大学选调生"薪火班"一期学员返校培训。(学生就业指导服务中心 供)

| 管理服务与后勤保障 |

1月,肖家河教职工住宅项目一区、二区正式交付使用,约1500名北大教职工乔迁新居。(肖建办 供)

8月,附属中学北校区综合楼工程竣工。(李季 摄)

10月29日,医学科技楼封顶仪式举行。(黄大无 摄)

| 管理服务与后勤保障 |

1月，燕园街道老旧小区改造加装的首部电梯（畅春园56号楼5单元）完成安装。（闫彩霞 摄）

12月，东校门工程竣工。（王宪辉 摄）

《北京大学年鉴（2020）》编辑委员会

主　　任：邱水平　郝　平
副 主 任：于鸿君　安钰峰　詹启敏　龚旗煌　刘玉村　叶静漪
　　　　　王仰麟　陈宝剑　王　博　张平文　黄　如　柴　真
　　　　　蒋朗朗　孙庆伟　董志勇
委　　员：肖　渊　陈斌斌　张久珍　余　浚　蒋广学　付　帅
　　　　　魏　姝　康　涛　刘　鹏　曹　菁

《北京大学年鉴（2020）》编辑部

主　　编：安钰峰　孙庆伟
副 主 编：陈斌斌　刘　鹏　曹　菁
顾　　问：张久珍
执行主编：刘　鹏　任一丁　徐聪颖
编　　辑（按姓氏笔画为序）：
　　　　　马　麟　王天天　王　明　王彦阳　王　浩　方晓晖
　　　　　龙　昊　田祎娴　冯　路　朱佳慧　任嘉庆　刘　钊
　　　　　刘佳亮　刘语潇　汤继强　孙启明　李若白　李奕威
　　　　　杨明仪　杨凌春　杨　超　佟　萌　余侨林　张子瑞
　　　　　张昕扬　张菁秋　林靖欣　罗天灵　贺俊峰　莫子又
　　　　　原　帅　黄　曦　曹冠英　崔艺苧　崔　汭　彭湘兰
　　　　　韩　耕　傅翰文　鞠　晓　魏　巍

编辑说明

《北京大学年鉴》是全面、客观、系统记述北京大学发展基本情况的大型专业性工具书，汇辑了北京大学一年内各方面、各层次的重要资料和数据。

《北京大学年鉴（2020）》是北京大学建校以来的第二十二本年鉴，反映了北京大学2019年度在教学改革、学科建设、科学研究、社会服务、对外交流等方面的发展进程和最新成就。

本年鉴以文章和条目为基本体裁，以条目为主，文字力求客观准确、简明扼要。全书共分特载，专文，北大概况，机构与干部，学部、院系及实体研究机构，教育教学，科研管理，党政管理与群团工作，后勤管理与保障，社会服务与联络，医院，其他单位，人物，党发、校发文件目录，表彰与奖励，毕业生名单，附录等基本栏目。

本年鉴主要收录各单位2019年1月1日至12月31日期间发生的重大事件，部分内容依据实际情况，在时限上略有延伸。统计图表附在相关内容之后。本年鉴所刊内容由各单位确定专人负责提供，并经本单位领导审定。读者可以通过书前目录、书口梯标检索相关资料。

《北京大学年鉴（2020）》由北京大学党委办公室校长办公室组织编写，在编写过程中，得到了各有关单位和部门的大力支持，在此谨表示衷心感谢。由于年鉴内容繁杂，众手成书，难免存在错漏之处，欢迎读者批评指正。

《北京大学年鉴》编辑部
2020年6月

目 录

特 载

中法两国元首见证北京大学"激光驱动多束流设施"项目对法合作备忘录签署 …………………… 002
李克强总理参观全国"双创周"北大创新创业学院展区 …………………………………………… 003
2019 年北京论坛开幕 …………………………………… 004
北京大学庆祝新中国成立 70 周年 …………………… 005
北京大学纪念五四运动 100 周年 ……………………… 008
北京大学开展"不忘初心、牢记使命"主题教育 …… 011

专 文

在北京大学十三届党委二次全体(扩大)会议上的报告 ………………………………………… 016
在北京大学十三届党委三次全体(扩大)会议上的报告 ………………………………………… 019
在北京大学纪念五四运动 100 周年座谈会上的讲话 …………………………………………… 022
坚守立德树人的初心和使命 创建中国特色世界一流大学 …………………………………… 025
在北京大学本科教育工作会议上的讲话 …………… 027
在北京大学科技创新大会上的讲话 ………………… 030
做永远向上的青年
——在 2019 年北京大学本科毕业典礼上的讲话 … 033
涵育家国情怀 投身伟大时代
——在 2019 年北京大学新生开学典礼上的讲话 … 035

北大概况

2019 年发展概况 ………………………………………… 038
2019 年大事记 …………………………………………… 041
2019 年基本数据 ………………………………………… 047

机构与干部

学校领导机构 …………………………………………… 052
校务委员会 ……………………………………………… 052

学术委员会	053	学部负责人	055
学科建设委员会	054	各院、系、所、中心负责人	056
专业技术职务评审委员会	054	机关各部门、工会、团委负责人	059
学位评定委员会	054	直属、附属单位负责人	061
教职工代表大会执行委员会	055	各民主党派和归国华侨联合会负责人	063

学部、院系及实体研究机构

理学部	066	国际关系学院	120
数学科学学院	067	法学院	122
物理学院	069	信息管理系	125
化学与分子工程学院	073	社会学系	126
生命科学学院	077	政府管理学院	128
城市与环境学院	080	马克思主义学院	130
地球与空间科学学院	082	教育学院	133
心理与认知科学学院	084	新闻与传播学院	135
建筑与景观设计学院	086	体育教研部	136
信息与工程科学部	088	新媒体研究院	139
信息科学技术学院	090	中国政治学研究中心	140
工学院	091	国际战略研究院	141
王选计算机研究所	094	**经济与管理学部**	142
软件与微电子学院	095	经济学院	142
环境科学与工程学院	096	光华管理学院	145
软件工程国家工程研究中心	098	人口研究所	149
高能效计算与应用中心	099	国家发展研究院	152
前沿计算研究中心	100	新结构经济学研究院	154
北京天然气水合物国际研究中心	101	**医学部**	155
人文学部	102	基础医学院	155
中国语言文学系	103	药学院	157
历史学系	105	公共卫生学院	159
考古文博学院	106	护理学院	161
哲学系（宗教学系）	109	医学人文学院	163
外国语学院	111	医药卫生分析中心	165
艺术学院	114	中国药物依赖性研究所	165
对外汉语教育学院	115	全国医学教育发展中心	167
歌剧研究院	117	实验动物科学部	169
《儒藏》编纂与研究中心	118	中国卫生发展研究中心	170
社会科学学部	119	医学信息学中心	171

健康医疗大数据国家研究院	172	生物医学前沿创新中心	191
精准医疗多组学研究中心	173	中国画法研究院	192
跨学部生物医学工程系	174	海洋研究院	193
医学技术研究院	175	人文社会科学研究院	195
国际癌症研究院	176	习近平新时代中国特色社会主义思想研究院	200
其他教学科研机构	176		
元培学院	176	**深圳研究生院**	201
分子医学研究所	177	信息工程学院	205
北京国际数学研究中心	178	化学生物学与生物技术学院	207
前沿交叉学科研究院	179	环境与能源学院	208
燕京学堂	182	城市规划与设计学院	210
现代农学院	184	新材料学院	211
科维理天文与天体物理研究所	186	汇丰商学院	212
中国教育财政科学研究所	187	国际法学院	215
中国社会科学调查中心	189	人文社会科学学院	216

教育教学

本科生教育	218	**医学继续教育**	258
医学本科生教育	240	医学部继续教育学院	271
研究生教育	242	**留学生与港澳台学生教育**	272
医学研究生教育	255	医学部留学生与港澳台学生教育	273
继续教育	257	**教师教学发展**	273
继续教育学院	257		

科研管理

理工医科科研管理	278	《北京大学学报（医学版）》	305
医学科研管理	304	**人文社科科研管理**	306
《北京大学学报（自然科学版）》	304	《北京大学学报（哲学社会科学版）》	312

党政管理与群团工作

党政综合管理	316	校园卡管理与结算	319
督查与信访	316	医学部党政综合管理	319
标识管理	318	**纪检监察工作**	320
法律事务	318	医学部纪检监察工作	322

巡察工作 …… 323	人事管理 …… 361
组织工作 …… 324	医学部人事管理 …… 366
医学部组织工作 …… 325	离退休工作 …… 370
宣传工作 …… 327	医学部离退休工作 …… 371
医学部宣传工作 …… 330	财务工作 …… 372
统战工作 …… 332	医学部财务工作 …… 373
医学部统战工作 …… 335	实验室与设备管理 …… 374
学生工作 …… 338	医学部实验室与设备管理 …… 388
学生就业指导服务中心 …… 340	审计工作 …… 389
青年研究中心 …… 342	医学部审计工作 …… 391
学生资助中心 …… 343	网络安全和信息化管理 …… 392
学生心理健康教育与咨询中心 …… 345	计算中心 …… 393
医学部学生工作 …… 347	医学部信息通讯中心 …… 396
保卫工作 …… 348	工会与教代会工作 …… 397
医学部保卫工作 …… 351	医学部工会工作 …… 399
保密工作 …… 352	共青团工作 …… 400
政策法规研究 …… 354	医学部共青团工作 …… 403
学科建设 …… 355	机关党建 …… 405
对外交流 …… 356	后勤党建 …… 406
汉语国际推广 …… 359	直属单位党建 …… 408
医学部对外交流 …… 359	产业系统党建 …… 410

后勤管理与保障

总务工作 …… 412	医学部总务工作 …… 425
会议中心 …… 414	房地产管理 …… 426
餐饮中心 …… 417	基建工作 …… 432
动力中心 …… 418	肖家河项目建设 …… 434
公寓服务中心 …… 419	医学部基建工作 …… 436
校园服务中心 …… 423	昌平校区管理 …… 437

社会服务与联络

国内合作 …… 440	怀柔科学城校区、科技创新研究院
首都发展研究院 …… 442	（亦庄）相关工作 …… 443

科技开发 …… 445	北京北大维信生物科技有限公司 …… 459
校办产业管理 …… 451	北京北大明德科技发展有限公司 …… 460
北大科技园 …… 452	北京开元数图科技有限公司 …… 460
北大方正集团有限公司 …… 453	医学部产业管理 …… 460
北京北大先锋科技有限公司 …… 454	北京大学医学出版社有限公司 …… 462
北京北大未名生物工程集团有限公司 …… 455	出版工作 …… 463
北大资源集团有限公司 …… 456	筹资与基金管理 …… 464
北京北大英华科技有限公司 …… 457	校友工作 …… 469
北京北大软件工程股份有限公司 …… 458	医学部校友工作暨基金管理 …… 471

医　院

医院管理 …… 474	第六医院 …… 486
第一医院 …… 475	深圳医院 …… 487
人民医院 …… 477	首钢医院 …… 490
第三医院 …… 479	国际医院 …… 491
口腔医院 …… 482	滨海医院 …… 492
肿瘤医院 …… 484	校医院 …… 494

其他单位

图书馆 …… 498	燕园街道办事处 …… 506
医学图书馆 …… 502	燕园社区服务中心 …… 508
档案馆 …… 503	附属中学 …… 509
医学部档案馆 …… 505	附属小学 …… 510
校史馆 …… 505	附属幼儿园 …… 511

人　物

在校院士名录 …… 514	2019年逝世人员名单 …… 545
2019年新当选院士简介 …… 515	2019年授予的名誉教授名单 …… 551
国家杰出青年基金获得者名录 …… 517	2019年聘请的客座教授名单 …… 552
具有正高级职称的教师及专业技术人员名单 …… 521	

党发、校发文件目录

2019年部分党发文件目录 ······ 554
2019年部分校发文件目录 ······ 555

表彰与奖励

党建与思想政治工作奖励 ······ 560
集体和教师奖励 ······ 565
教师奖教金 ······ 594
学生奖励 ······ 600
学生奖学金 ······ 645
共青团系统奖励 ······ 669

毕业生名单

本科生毕业生名单 ······ 680
研究生毕业生名单 ······ 697

附　录

2019年部分媒体报道索引 ······ 720
校历 ······ 735
全书表目录 ······ 737

中法两国元首见证北京大学"激光驱动多束流设施"项目对法合作备忘录签署

2019年11月6日，国家主席习近平在北京人民大会堂同法国总统马克龙举行会谈，并共同见证北京大学"激光驱动多束流设施"项目对法合作备忘录签署仪式。北京大学校长郝平，巴黎综合理工大学教务长拉兹洛，泰雷兹集团高级执行总裁苏睿思分别代表三方签署合作备忘录。三方将围绕"激光驱动多束流设施"项目，在科学研究、技术创新、建设运行等方面开展紧密合作。设施首席科学家，北京大学副校长、教务长龚旗煌院士出席。

延伸阅读：

"激光驱动多束流设施"由北京大学牵头，中国工程物理研究院激光聚变研究中心、中国科学院高能物理研究所、复旦大学、上海师范大学等单位共同建设。项目于2017年4月被列为教育部和北京市"十四五"国家重大科技基础设施重点培育项目，选址北京怀柔科学城，与北京光源、综合极端条件等大科学设施形成集聚效应，将成为北京建设具有全球影响力的科技创新中心、国家综合性科学中心的重要建设内容。此次中法合作备忘录的签署，将进一步整合全球优势力量，共同推动设施的建设进展。

此前，龚旗煌曾带领北京大学团队专程赴法国巴黎综合理工大学、泰雷兹集团商谈合作，调研了欧洲极端光学重大科技基础设施（ELI-NP）。2018年诺贝尔物理学奖获得者、巴黎综合理工大学Gérard Mourou教授充分肯定了北京大学提出的"激光驱动多束流设施"项目的科学目标和建设方案，他本人推动了欧洲极端光学设施的规划和建设。

（北京大学新闻网）

李克强总理参观全国"双创周"北大创新创业学院展区

2019年全国大众创业万众创新活动周（简称"双创周"）于2019年6月13日在浙江省杭州市拉开帷幕。北京大学是国家级双创示范基地，北京大学创新创业学院参加了"双创"成果展示。中共中央政治局常委、国务院总理李克强参观了北大展区。

李克强总理了解了北京大学双创示范基地建设和北京大学创新创业学院、北大科技园双创生态体系的情况，并询问了创新创业学院建设情况和课程体系。李克强说："希望你们把创新创业学院办好，培养出更多的创新创业人才。"

"全国大众创业万众创新活动周"由国务院于2015年设立，每年举办一次，旨在进一步营造良好社会氛围，在更大范围、更高层次、更深程度上推进"双创"。2019年第五届"双创周"以"汇聚双创活力、澎湃发展动力"为主题，为社会搭建"双创"展示平台，为双创信息资源互通搭建桥梁。

（北京大学新闻网）

2019 年北京论坛开幕

11月1日下午，2019年北京论坛在钓鱼台国宾馆隆重开幕。来自世界60个国家和地区的500多名学者、嘉宾相聚北京，围绕论坛主题"文明的和谐与共同繁荣——变化世界与人的未来"，共同探讨在急剧变化的世界中，应对新挑战，构建人类命运共同体。联合国秘书长安东尼奥·古特雷斯致视频贺词。中央政治局委员、中央外事工作委员会办公室主任杨洁篪作特邀报告。开幕式由北京大学党委书记、校务委员会主任邱水平主持。

杨洁篪表示，当前，世界大变局正在向纵深发展，但全球力量对比更加均衡与国际体系持续增强的趋势不可逆转，世界经济迈向开放、包容、平衡、普惠的步伐不可阻挡。各种文明之间应该交流互鉴、开放包容的国际共识不会削弱。霸权主义、强权政治阻挡不了国际关系民主化的历史步伐，保护主义、单边主义改变不了各国扩大开放合作与维护多边主义的愿望和决心。杨洁篪强调，习近平主席倡导构建人类命运共同体重要理念，为世界未来发展指明了正确方向，得到国际社会高度评价和热烈响应。新形势下，世界各国都承载着推动文明包容互鉴、维护世界和平与发展的时代使命。要坚持平等互信，实现持久和平；坚持对话协商，实现长治久安；坚持共赢共享，实现共同繁荣；坚持相互尊重，实现文明互鉴；坚持与时俱进，实现创新发展。杨洁篪指出，一些人接受不了中国发展，总是要颠倒黑白，大肆攻击和诬蔑中国的发展道路和内外政策，这种做法绝不可能得到国际社会支持，他们的目的也绝不可能得逞。中国将继续沿着中国特色社会主义道路阔步向前，为促进世界和平、稳定、发展与繁荣作出新的贡献。

中国教育部副部长田学军以及北京市教委、孔子学院总部等单位的领导和来宾出席本届论坛。

（北京大学新闻网，文章有删节）

北京大学庆祝新中国成立70周年

北京大学把组织师生开展庆祝新中国成立70周年系列活动与开展"不忘初心、牢记使命"主题教育结合起来，与推动中国特色世界一流大学建设结合起来，积极营造共庆祖国华诞、共享伟大荣光、共铸复兴伟业的浓厚氛围，激发广大师生把爱国奉献精神转化为实际行动，不忘初心、牢记使命、团结起来、振兴中华，争做新时代的追梦者和圆梦人。

学校领导班子全体成员赴北大红楼和香山革命纪念地参观学习，从历史中汲取前行的力量。组织干部研讨班、青年骨干研修班、党支部书记"双带头人"培训示范班学员赴山东临沂开展"学习沂蒙精神，牢记初心使命"理想信念教育。充分利用备战"凝心铸魂"游行方阵等契机，开展爱国主义教育和思想政治教育。承办新中国成立70周年献礼片《决战时刻》首映式，作为主题教育专场活动和党委理论中心组集体学习；医学部举行《我和我的祖国》点映式，800名师生挥舞国旗，高唱《我和我的祖国》。

组织以"小我融入大我，青春献给祖国"为主题、以"奋斗的我奉献最爱的国"为主线的暑期社会实践，实践团队共计500余支，参与人数达5000余人。组织百余名师生参与"圆梦先锋"鸿雁计划调研团，聚焦乡村治理、长三角一体化、产业转型、新旧动能转换、垃圾分类等发展课题，用在基层的行走告白伟大祖国。举行新生"开学第一跑"，高举国旗，千人同跑，表达北大学子始终同国家和人民一道奋力同行的拳拳之心。

举办"奋进70年，与共和国同行——北京大学庆祝中华人民共和国成立70周年专题图片展"，展现北大见证民族复兴的重大事件、为祖国作出突出贡献的代表人物。编辑出版《我和我的祖国——北大老同志庆祝新中国成立70周年回忆文集》，45位老同志结合自身经历回顾70年来中国的辉煌巨变，讲述北京大学走过的光辉历程。推出"青春告白祖国"系列视频，集中展示山鹰社、京昆社、自行车协会等七个优秀学生社团，展现新时代北大青年的风采。推出《北京大学校报》"庆祝新中国成立70周年专刊"，对北大七十年科技强国之路、北大教育教学探索之路等进行梳理和总结。推出"我和我的祖国——庆祝新中国成立70周年"专题网站，全方位展现学校庆祝活动开展情况。

发布《今天是你的生日》《北大青年告白祖国》《我和国旗同框》等系列短片，用多种形式向祖国告白、为祖国祝福，引起广泛好评和点赞。举办庆祝新中国成立70周年学者书法展、"我和我的祖国"老年艺术作品展和"不忘合作初心，继续携手前进"统战系统书法邀请展，展现新时代北大学者、离退休教师和党外知识分子昂扬向上的精神风貌。后勤系统举办"唱响初心——庆祝中华人民共和国成立70周年红歌会"，通过合唱、领唱、朗诵、舞蹈等形式，表达了迈向复兴征程、共创祖国辉煌的热切愿望。

北大师生组成国庆群众游行"凝心铸魂"方阵

10月1日，庆祝中华人民共和国成立70周年大会、阅兵式、群众游行在北京天安门广场隆重举行。12时10分，2232名北京大学师生组成的"凝心铸魂"群众游行方阵走过天安门广场。在《同心共筑中国梦》的旋律中北大师生精神昂扬，情绪高涨，手擎火炬，身着彩衣，高喊出"团结起来，振兴中华！"的响亮口号。北京大学方阵长56.4米，宽56米，通过游行区域时的速度为1.16米/秒。为了精准达到速度要求，北大师生在白天不断练习，晚上回到宿舍，有些同学躺在床上，腿还在模拟走路的动作。国庆70周年系列活动中，北京大学还有110名师生参与广场合唱及联欢活动，373名师生担当国庆活动志愿者。3000名北大师生近四个月的辛苦付出和坚持，凝聚成10月1日长安街上"凝心铸魂"方阵的精彩亮相和近百次"团结起来，振兴中华"的集体呐喊，为祖国70华诞献上了最深情的告白，圆满完成了国庆70周年相关工作任务。同时，北京大学将国庆70周年群众游行方阵训练工作纳入"不忘初心、牢记使命"主题教育整体安排。在训练中，开设讲堂，邀请知名学者韩毓海教授为学生讲述中国共产党和新中国发展史，邀请中科院院士张平文教授讲述自身科技报国的奋斗经历，同时深入开展党史和新中国史学习教育以及师生分享交流活动。活动内容包括学生讲述家中长辈参加开国大典和10周年阅兵的历史往事，退役大学生士兵分享自己在军营接受的人生历练等。在训练的2个月时间中，先后有328名师生主动递交入党申请书，铸魂育人效果明显。

北大师生参与国庆70周年系列活动

在中华人民共和国成立70周年大会、阅兵式、群众游行和联欢活动中，共有110名北大师生参与广场合唱及联欢合唱活动，其中广场合唱师生共81人，联欢合唱师生共29人，10月1日上午，广场合唱师生在大会开始时演唱《义勇军进行曲》、分列式开始前演唱《请你检阅》、群众游行环节演唱《今天是你的生日》《同心共筑中国梦》等18首歌曲，全程需要站立长达3个多小时。10月1日晚8时，联欢演出正式开始。联欢合唱师生载歌载舞，在这个烟花璀璨的夜晚为祖国和人民动情高歌。演出结束后，北大师生们激情澎湃地喊出了"北京大学祝祖国生日快乐！""北大爱中国！"。在国庆系列活动中，北大派出373名志愿者，他们身着"志愿蓝"，在北京展览馆、劳动人民文化宫、北京大学东门地铁站、天安门广场等地，奉献超过3000小时的志愿服务。10月1日凌晨3时，近百名北大志愿者在观礼台上集结，开始了连续24小时的工作，为来自五湖四海的观礼嘉宾服务；而在此前一周，200名北大学子，已经为庆祝新中国成立70周年成就展第一周工作的顺利进行提供了有力的保障。10月1日，北大的志愿者们在天安门城楼或广场附近为观礼嘉宾指路、疏导、送水、轮椅推送；有的志愿者是观礼台上的保障员，负责引导、搀扶、介绍等内容；有的是劳动人民文化宫内的引导者，用指挥棒和小喇叭做人流和车流间的保护墙。北大师生用高质量的服务为祖国母亲送上了独特的生日祝福。

北大师生参观庆祝中华人民共和国成立70周年大型成就展

为回顾新中国成立70周年的光辉历程、厚植新时代青年的家国情怀、进一步激发北大学子的爱国情报国志，将"不忘初心、牢记使命"主题教育往心里走、往深里走、往实里走，学生工作部以分批次、多轮次、有主题的方式，组织院系师生代表前往北京展览馆参观"伟大历程，辉煌成就——庆祝中华人民共和国成立70周年大型成就展"。截至11月15日，全校近40个院系、5000余名师生前往观展。成就展以"开辟和发展中国特色社会主义道路、建设社会主义现代化国家"为主题，采用编年体的形式，记录了新中国成立70年来，中国共产党领导中国人民奋发图强、艰苦奋斗所取得的光辉成就。展览在师生中引起热烈反响。北大师生备受振奋、一致认为作为圆梦新一代的中国青年、北大青年，要接续奋斗、永久奋斗，实现中华民族伟大复兴的中国梦。

六位北大校友被授予"共和国勋章"和国家荣誉称号

9月29日上午，中华人民共和国国家勋章和国家荣誉称号颁授仪式在人民大会堂隆重举行。中共中央总书记、国家主席、中央军委主席习近平向国家勋章和国家荣誉称号获得者分别授予"共和国勋章""友谊勋章"和国家荣誉称号奖章并发表重要讲话。六位北大人被授予"共和国勋章"和国家荣誉称号奖章：于敏、屠呦呦两位校友被授予"共和国勋章"；吴文俊、顾方舟两位校友被授予"人民科学家"国家荣誉称号；高铭暄校友被授予"人民教育家"国家荣誉称号；樊锦诗校友被授予"文物保护杰出贡献者"国家荣誉称号。另外，9月25日，在由中宣部、中组部等部门组织的"最美奋斗者"表彰大会中，北京大学共有20位校友获得"最美奋斗者"称号。他们是：马寅初、王选、王忠诚、吴大观、吴文俊、李泉新、邹碧华、陈俊武、孟二冬、林巧稚、郑学勤、胡福明、钟南山、柴生芳、顾方舟、高铭暄、屠呦呦、彭加木、蒋筑英、樊锦诗。

"青春告白祖国"庆祝新中国成立70周年主题教育报告会举行

9月3日上午,北京大学在邱德拔体育馆举行"青春告白祖国"庆祝新中国成立70周年主题教育活动报告会暨2019级本科新生训练营开营仪式。北京大学校友、敦煌研究院名誉院长樊锦诗先生以"永远在路上"为主题,向3700余名本科新生讲述北大人的坚守与信仰。樊锦诗扎根西北大漠56年,致力于莫高窟的研究、保护和管理,被誉为"敦煌女儿"。她先后荣获"全国优秀共产党员""全国先进工作者""改革先锋"等荣誉称号。8月27日,党和国家功勋荣誉表彰工作委员会办公室公示了"共和国勋章"和国家荣誉称号建议人选名单,樊锦诗入选国家荣誉称号公示名单,她也是唯一入选的文物行业代表。报告会前,北京大学党委书记邱水平会见了樊锦诗并为她颁发了北京大学青年立德树人工作导师聘书。"青春告白祖国"庆祝新中国成立70周年主题教育活动报告会作为新生入学教育的重要一环,通过樊锦诗一生守护敦煌的动人故事,诠释北大人青春的坚守、无悔的信仰、永远的精神。樊锦诗从"特殊的和全球性价值的世界文化遗产""守一不移""担当使命""探索进取""留住根脉,我们永远在路上"等五个方面,讲述了改革开放以来她和敦煌研究院对敦煌石窟保护事业的探索和实践。

庆祝中华人民共和国成立70周年专题图片展举办

9月30日上午,"奋进70年,与共和国同行——北京大学庆祝中华人民共和国成立70周年专题图片展"开展。展览通过200多张珍贵图片,回顾70年来北京大学与祖国同心、与人民同行的奋斗历程,以图片形式展现广大师生为实现"几代北大人梦想"的奋进脚步。展览共分三个部分。第一部分记录了北大在与共和国同行奋进的70年征程中、在创建中国特色世界一流大学征程中参与鉴证的重大事件,以及为国家作出的重要贡献。第二部分展示为国家革命、建设、改革事业无私奉献,为国家、民族、社会作出过突出贡献的北大人的事迹。第三部分展示1949年到2019年,北大师生为祖国生日举行的庆祝活动。

《我和我的祖国》出版座谈会举行

9月26日上午,《我和我的祖国——北大老同志庆祝新中国成立70周年回忆文集》出版座谈会在英杰交流中心月光厅举行。北京大学党委书记邱水平、党委副书记兼秘书长安钰峰出席。校内19个单位撰写回忆文章的29位老同志作者参加。活动现场播放了"我和我的祖国"主题宣传片。该片由离退休工作部采访40余位本书的作者制作而成,展现了老同志对峥嵘岁月的回顾追忆,对青年学子的殷殷嘱托,对伟大祖国的深情告白。邱水平指出,在五四运动100周年、新中国成立70周年之际,出版《我和我的祖国》具有重要意义。这本书保存了珍贵、鲜活的北大历史档案,同时展现了北大老同志的品行作风、为学之道,为我们理解和继承北大传统提供了一本生动的教材。《我和我的祖国——北大老同志庆祝新中国成立70周年回忆文集》一书中,有45位北大老同志结合自身经历回顾了国家发展中的重要历史事件和70年来中国的辉煌巨变,梳理了北京大学走过的光辉历程,为新中国70周年华诞献礼,为党和人民事业增添正能量,为民族复兴大业献计出力。

北京大学纪念五四运动 100 周年

4月30日，纪念五四运动100周年大会在人民大会堂举行。中共中央总书记、国家主席、中央军委主席习近平出席大会并发表重要讲话。北大师生通过不同媒体、多种渠道收听收看直播并热议总书记讲话。北大通过举办师生座谈会、学术研讨会，成立研究中心，策划专题展览，推出"五四百年"专题网站，开展爱国主义教育活动及文体活动，以多种形式纪念五四运动100周年。

纪念五四运动 100 周年师生座谈会

2019年4月30日下午，为学习贯彻习近平总书记在纪念五四运动100周年大会上的重要讲话精神，培养新时代中国特色社会主义事业的建设者和接班人，北京大学纪念五四运动100周年师生座谈会在英杰交流中心阳光厅举行。党委书记邱水平、校长郝平等领导班子成员出席座谈会。相关职能部门负责人、青年教师、辅导员、共青团干部及学生代表等近300人参加座谈会。会议由郝平主持。邱水平指出，习近平总书记高度重视青年和青年工作，特别重视用五四精神教育引导青年，北大将认真学习领会，切实把讲话精神全面贯彻落实到学校各项工作中。邱水平表示，北大全体师生将高举五四旗帜、传承五四薪火、发扬五四精神，继续在实现中华民族伟大复兴新征程上，为民族、为国家、为人民作出新的更大的贡献。郝平传达了总书记在五四纪念大会上的讲话精神。他强调要把五四精神熔铸进青年灵魂，培育和践行社会主义核心价值观，深化教育教学改革，构建"三全育人"体系，落实立德树人根本任务。教师代表、共青团干部代表、辅导员代表以及学生代表结合各自工作和学习经历，围绕主题畅谈了学习总书记重要讲话精神的心得与体会。当天上午，纪念五四运动100周年大会在人民大会堂举行。习近平总书记出席大会并发表重要讲话。北大师生通过网络、电视、广播等渠道收听收看直播并热议总书记重要讲话精神。

纪念五四运动 100 周年学术研讨会暨五四运动研究中心成立仪式举行

5月4日上午，"五四运动与新时代"纪念五四运动100周年学术研讨会暨五四运动研究中心成立仪式在北大英杰交流中心举行。会议由中共北京市委教育工作委员会和北京大学主办。北京市委常委、教育工委书记王宁，中共中央宣传部宣教局副局长常戍，共青团中央书记处书记徐晓，北京市委副秘书长郑登文，北京市委教育工委常务副书记郑吉春等出席会议。北京大学党委书记邱水平、校长郝平等领导班子成员、相关院系部门负责人、200多名学生代表参加会议。4月19日，习近平总书记在中共中央政治局第十四次集体学习时强调，要加强对五四运动历史意义、五四精神时代价值、五四运动以来中国青年运动的研究，同时也要加强对五四运动史料和文物的收集、整理、保护。4月30日，习近平总书记在纪念五四100周年大会上发表重要讲话，高度评价了五四运动的历史地位和五四精神的时代价值。五四运动研究中心由北京市委教育工委和北京大学共同组建，旨在贯彻落实总书记重要讲话精神，以习近平新时代中国特色社会主义思想为指导，团结校内外研究力量开展五四运动及中国近现代史研究，向党和国家提供富有时代性、前瞻性、原创性和重大影响力的思想理论成果。

《马藏》首发仪式举行

5月4日下午,北京大学"纪念五四运动一百周年"马克思主义在中国的早期传播学术研讨会暨《马藏》首发仪式在英杰交流中心阳光大厅举行。活动发布了由北京大学组织编纂,系统呈现马克思主义在中国传播、接受和发展的历史文献典籍——《马藏》的第1部第1卷至第5卷。该次发布的典籍经历了3年多的编纂,收入了1884年至1903年间出版的马克思主义相关著作、译著类文献,约合370万字。反映编纂期间研究成果的《〈马藏〉研究》第一辑也同时出版。中央马工程咨询委员会主任徐光春,中央马工程咨询委员会委员、中共党史学会常务副会长龙新民,中央马工程咨询委员会委员、中国作家协会原党组书记金炳华,中共中央党校副校长谢春涛,中央党史和文献研究院原副院长陈晋,《求是》杂志社原社长李捷,科学出版社总经理彭斌,以及北京大学党委书记邱水平、党委常务副书记、马克思主义学院院长于鸿君等校领导,来自兄弟院校的专家学者等出席会议。在随后进行的学术研讨会中,专家学者们围绕"五四运动与马克思主义在中国的早期传播的关系""北大在马克思主义传播和研究的重要地位""在新时代研究和发展马克思主义"等主题进行了研讨。

"歌唱祖国,传承接力"活动

4月14日,"歌唱祖国,传承接力"北京大学纪念五四运动100周年、中华人民共和国成立70周年大型爱国主题教育活动在未名湖区域举行。楼宇烈、王阳元、杨芙清、詹启敏、孙祁祥、董强、雷声、宋玺等北大两院院士、教授、学生、校友等代表和1000余名师生在湖光塔影中高唱《歌唱祖国》。活动中,王阳元、杨芙清院士夫妇向身边同学分享他们在北大近70年的学习工作经历,分享他们与北大一起与祖国的命运紧密相连的家国情怀。王阳元院士和杨芙清院士勉励同学们要把个人的奋斗与民族的复兴和国家的强盛联系在一起,并号召大家共同努力:奋斗就是幸福,奋斗就有未来。奥运冠军雷声手持国旗,带领湖边300余位旗手环湖奔跑,沿着未名湖的轮廓用手中的红旗摆出"心"形图案,祝福祖国70华诞。

首届五四青春长跑举行

4月29日上午,"奔跑吧,青年!"北京大学首届五四青春长跑举行,全校5400余名师生员工参加该次长跑活动。党委书记邱水平,党委副书记安钰峰,党委常委、副校长王博,党委常委、副校长陈宝剑出席长跑出发仪式。上午9时,邱水平为长跑活动鸣枪发令,参加活动的师生员工从五四体育场出发,沿着未名湖、博雅塔,穿过绮春园、圆明园,跨越5.4公里,以奔跑的姿态抒发爱国情,用奋斗的精神砥砺报国志,共同纪念五四运动100周年。完成比赛的选手获得完赛证书和纪念奖牌,并获赠首届青春长跑纪念搪瓷杯。9时26分39秒,来自数学科学学院的大四学生吴俊威率先冲过终点线,成为第一名完赛的选手。

纪念五四运动100周年青春诗会

5月4日上午9时,"百年追梦路,时代圆梦人"——北京大学纪念五四运动100周年青春诗会在静园草坪举行。共青团中央书记处书记徐晓,北京大学党委书记邱水平,校长郝平,党委副书记、医学部党委书记刘玉村,党委常委、副校长王博、龚旗煌、陈宝剑,党委常委、党委宣传部部长蒋朗朗等出席诗会。2014年5月4日,习近平总书记到北京大学考察并观看了"青春中国梦,赤忱五四情"——北京大学纪念五四运动95周年青春诗会。该次诗会是对五四运动的隆重纪念,也是对总书记殷切关怀的深切呼应。青春诗会分为"赤子情怀"和"青年担当"两个篇章。陈铎、虹云等嘉宾与学生代表共同带来的一首《读中国》追古抚今，勾勒当代中国全新的大国形象。《极目的蓝》和《向上向上》两首以山鹰社登顶珠峰为背景的原创诗歌，淋漓尽致地表达了这一高远志向。《聆听青年》带领观众回首五四运动以来一代代青年人与祖国共同成长的伟大征程，全场洋溢着青春的激情。在激情之中，全场观众重温李大钊《青春》选段，声声朗诵奔涌出壮美的诗篇，辉映着青年的梦想，刻画出向上向前向阳的北大青年群像。

北京大学开展"不忘初心、牢记使命"主题教育

自9月9日召开主题教育动员大会以来，北京大学党委在中央第二指导组的悉心指导下，坚决落实主体责任、强化组织领导，成立以党委书记为组长的主题教育领导小组，结合工作实际制定实施方案。以学习贯彻习近平新时代中国特色社会主义思想为主线，落实"守初心、担使命，找差距、抓落实"的总要求，坚持把"学、研、查、改"四项重点措施贯穿始终，牢牢把握中央对中管高校主题教育工作的具体要求，聚焦五个方面的问题进行整改，突出北大特色，"擦亮北大红"，从严从实推动主题教育高质量开展。

校领导班子、中层干部、全体党员三级联动，确保学习教育全覆盖。学校领导班子率先于8月17日启动暑期专题读书班。主题教育正式启动后，学校党委理论中心组设置10个主题开展集中学习，并在每周常委会上拿出专门时间跟进学习。目前已开展23次集中学习研讨，编纂学习材料9册，学校领导共在各类媒体发表文章14篇，主持编写专著3部。集中学习研讨期间，全校平均每周有600多场次的学习教育活动。学校党委对全校1285名党支部书记进行了分类、分层次轮训。

主题教育期间，学校党委按照中央要求及时跟进学习，不断强化理论武装，努力推动习近平新时代中国特色社会主义思想往深里走、往心里走、往实里走。十九届四中全会后，学校立即召开党委常委会，领导班子成员认真学习研讨全会精神，明确提出要把学习贯彻四中全会精神作为当前和今后一个时期首要的政治任务。

学校将主题教育与国庆70周年群众游行方阵训练相结合，把训练现场转化为爱国主义教育课堂，先后有328名师生向方阵临时党委主动递交入党申请书。学校党委突出北大特色，组织参观北大红楼、香山革命纪念地、主题教育展览，开展纪念李大钊诞辰130周年等系列活动，弘扬以爱国主义为核心的北大精神，引导广大党员、师生传承红色基因。

学校还紧密结合高校特点，开展了主题教育征文活动，鼓励全校党员、师生深入开展理论研究，努力做到学思结合、学深悟透。活动共收到稿件100余篇，作者包括知名专家学者、党政干部、专职辅导员以及各院系学生，部分文章发表在《人民日报》等重要媒体。

党委书记、校长带领校领导班子成员围绕11个专题开展调研，共举行88场各类座谈会，发放问卷5000余份，定向征求意见86条。全校中层领导干部也聚焦主责主业，从改革发展中的重点难点问题入手，开展了深入的集中调研，形成了一批高质量的调研成果。在深入调研的基础上，各级领导干部认真讲好党课。校领导班子成员合计讲授党课17场。全校中层领导干部讲党课近700场。

学校党委采取个别访谈、召开座谈会、设立意见箱、校领导接待日等多种方式，广泛征求师生意见。学校积极调动党政干部、教师、学生和离退休老同志等力量，多种渠道收集和整理学校改革发展中存在的突出问题。校领导班子共查摆问题65项，其中涉及党的建设27项、民生问题20项。

11月11日，校领导班子召开对照党章党规找差距专题会议，班子成员结合征求意见情况，紧扣"18个是否"逐一对照检查，进一步明确了整改方向和重点。12月2日，校领导班子召开专题民主生活会，按照习近平总书记关于"四个对照""四个找一找"的要求，全面检视问题，深挖思想根源，提出整改举措。全校中层干部也重点聚焦党的政治建设、思想建设和作风建设等方面存在的突出问题进行检视反思，逐项列出问题，为抓好整改提供了坚实的基础。

学校党委提出"主题教育启动之日即是整改落实开始之时"，校领导班子带头抓整改。学校形成两批整改清单，共计48项任务，截至2020年1月大部分已基本完成。各二级单位确定了871项整改任务，其中事关发展建设的大事难事495项，事关民心民生的实事好事376件，截至2020年1月564项任务已完成。列入校级台账的104件，由相关职能部门协调解决。改造公共卫生间、更新维护教学楼设备、建设社区养老服务中心、设立校园卡遗失网上招领系统等工作都已取得实质进展。

学校聚焦整改落实长效机制，搭建了网上整改任务数据平台，接入校内门户办公系统，汇总各类整改任务，有力督促各单位及时推进整改落实。推进《北京大学加强党的政治建设若干措施》《北京大学党委问责条例》修订工作，制定《领导班

子成员参加重大活动管理办法》《北京大学关于加强执行力建设的实施意见》《北京大学党委关于进一步激励干部新时代新担当新作为的若干措施》，修订完善学校党委全委会、常委会和校长办公会等议事决策规则，进一步健全制度体系、提升治理能力。

学校党委于2019年6月成立主题教育领导小组及办公室，设立5个专项工作组和17个校内指导组，对各单位领导班子及成员、基层支部及普通党员，以及附属医院、后勤、中小学、街道、企业等不同类型的组织分别作出了具体的工作部署，分类指导、精准施策。各基层党委切实扛起主体责任，成立领导机构和工作机构，研究制定具体实施方案。17个校内指导组采取巡回指导、随机抽查、调研访谈、列席专题会议等方式，确保基层单位主题教育取得实效。

学校党委在主题教育中突出北大特色，抓好宣传引导工作，充分运用北大新闻网等全媒体平台，开辟主题教育专栏，重点宣传一批秉持理想信念、坚守初心使命、敢于担当作为的先进典型；编写《见证初心与使命的北大人》等丛书，举办了"弘扬红楼传统，争做教育标杆主题教育展"和"奋进70年，与共和国同行"专题图片展；精编简报35篇；《光明日报》整版专题报道北大主题教育开展情况；新闻联播、学习强国等媒体平台也多次报道。

"不忘初心、牢记使命"主题教育动员大会

9月9日下午，北京大学"不忘初心、牢记使命"主题教育动员大会在英杰交流中心阳光厅举行。校党委书记邱水平作动员讲话，对全校开展主题教育进行部署。中央第二指导组组长、原中央纪委驻全国总工会机关纪检组组长、全国总工会原党组成员王瑞生出席会议并讲话。中央"不忘初心、牢记使命"主题教育第二指导组副组长、中央组织部干部三局二级巡视员祝江南，以及指导组其他同志到会指导。北京大学党政领导班子成员、近期退出班子的原领导、全体处级干部、民主党派负责人、师生党员代表共600余人参加大会。会议由校党委副书记、校长郝平主持。邱水平指出，今年5月31日，中央召开"不忘初心、牢记使命"主题教育工作会议，习近平总书记发表重要讲话；9月7日，中央召开"不忘初心、牢记使命"主题教育第一批总结暨第二批部署会议，对第二批主题教育提出明确要求，我们要深入学习贯彻习近平总书记重要讲话精神，把主题教育作为北京大学当前和今后一个时期最重要的政治任务抓紧抓好。王瑞生对北京大学党委提前谋划、精心组织、周密安排主题教育各项准备工作予以充分肯定，并就落实主题教育各项任务提出四点意见。中央指导组将紧紧依靠学校党委开展工作，把指导工作寓于帮助、服务之中，深入了解情况，提出工作建议，推动主题教育各项任务落到实处。郝平指出，全校各级党组织、全体党员，特别是党员领导干部要认真学习领会，切实把握好主题教育的指导思想、总体要求和实施步骤，扎实开展各项工作，确保主题教育取得实效。会后，北京大学召开"不忘初心、牢记使命"主题教育工作部署会，就主题教育工作机构、工作方案、工作机制等进行部署安排。校党委常务副书记于鸿君，党委常委、组织部部长柴真，党委常委、宣传部部长蒋朗朗，以及主题教育5个工作组和17个指导组的成员参加会议。

"不忘初心、牢记使命"主题教育中央指导组联系高校座谈会在北大举行

10月8日下午，"不忘初心、牢记使命"主题教育中央指导组联系高校座谈会在中关新园科学报告厅举行。中央第二指导组组长王瑞生出席会议并讲话。中央第二指导组全体同志到会指导。北京大学、中国人民大学、中国农业大学、四川大学、武汉大学、华中科技大学、中南大学、重庆大学等八所高校党委分管领导以及党委组织部部长出席座谈会并进行交流讨论。座谈会由中央第二指导组副组长祝江南主持。座谈会前，北大党委书记邱水平、校长郝平会见了全体参会人员。邱水平欢迎中央指导组和各高校的到来，希望以座谈会为契机，提高政治站位，进一步做好主题教育各项工作，同时加深北大与各高校的交流与联系，共同推进主题教育取得更多实效。王瑞生感谢北大为会议召开提供的安排，希望八所大学在座谈会上充分交流经验做法，互鉴互学，共同开展好主题教育下一阶段的工作。该次座谈会旨在学习贯彻习近平总书记关于深入推进主题教育的重要指示批示精神，了解各高校主题教育进展情况，分析存在问题，研究下一步工作。八所高校党委分管领导分别围绕主题作了汇报。在听取各高校汇报后，王瑞生作总结讲话。王瑞生强调，各单位党委要坚决贯彻中央精神，确保主题教育不走样、不变形、不跑题、不跑偏。对落实不到位的单位要明确指出及时纠正。要坚持以高标准、严要求、高质量推进主题教育开展。

"不忘初心、牢记使命"主题教育校领导班子调研成果交流会举行

11月2日,北京大学"不忘初心、牢记使命"主题教育校领导班子调研成果交流会在燕园大厦1211举行。中央第二指导组组长王瑞生出席会议并讲话。中央第二指导组成员谢洪波,教育部高校党建联络员、清华大学原党委副书记、纪委书记韩景阳到会指导。学校全体领导班子成员参会并交流调研成果。会议由党委书记邱水平主持。根据学校党委部署和主题教育工作安排,党委领导班子每人选取一个关乎学校发展的重要问题开展调研,提出解决问题、改进工作的办法措施。会议交流了调研成果,为检视问题与整改落实打下基础。邱水平对主题教育调研阶段各项工作进行了总结,并对下一阶段工作进行了部署。他指出,前一阶段党委领导班子成员按照中央要求,以问题为导向,深入基层对学校各领域工作中存在的问题开展调研,制定整改措施,并形成调研报告,调研工作取得一系列成果;下一阶段将在调研基础上完善整改方案,在更多领域广泛听取意见,形成第二批整改清单,逐项整改;领导班子要对照党章党规查找问题,开好民主生活会。学校党委将把学习贯彻党的十九届四中全会精神与主题教育开展紧密结合,按照中央指导组要求,以更高标准,扎扎实实推进主题教育各项工作部署落实落地,以实际行动让师生受益。

邱水平主讲北京大学"不忘初心、牢记使命"主题教育专题党课

10月31日下午,北京大学"不忘初心、牢记使命"主题教育专题党课在百周年纪念讲堂举行。校党委书记邱水平围绕深刻认识在高校特别是在北大加强党的政治建设的极端重要性,在北大如何加强党的政治建设两个问题作"加强高校党的政治建设"主题报告。中央"不忘初心、牢记使命"主题教育第二指导组组长王瑞生、成员于成龙,北京大学党政领导班子成员、中层干部、领导小组成员、主题教育各指导组成员、院系和职能部门代表参加专题党课。邱水平首先回顾和梳理了党中央、教育部、北京市等上级部门领导对高校加强党的政治建设的指示和要求。他指出,在中央精神和上级部门的指导下,学校党委坚持把加强党的政治建设摆在首位,召开了十三届党委三次全会,研究制定了《关于加强党的政治建设的若干措施》等一系列文件,将党的政治建设与"双一流"建设、综合改革等工作紧密结合,有力带动了学校各项工作的开展。结合近期学习和调研的成果,邱水平强调要深刻认识在高校特别是在北大加强党的政治建设的极端重要性。邱水平指出,我们要牢牢把握"坚定政治信仰,强化政治领导,提高政治能力,净化政治生态"四个方面,紧密结合高等教育和北大实际,切实加强党的政治建设。邱水平希望大家以这次主题教育为契机,进一步提高政治站位,树牢"四个意识",坚定"四个自信",坚决做到"两个维护",紧密结合学校和本单位实际,扎扎实实抓好党的政治建设,坚持办学正确政治方向,推动学校改革发展不断迈出新步伐。

郝平主讲北京大学"不忘初心、牢记使命"主题教育专题党课

10月31日晚,北京大学校长郝平在二教207为全校200余名学生党支部书记讲授题为"人类命运共同体与国际组织人才培养——以联合国教科文组织为例"的主题教育专题党课。中央"不忘初心、牢记使命"主题教育第二指导组组长、原中央纪委驻全国总工会纪检组组长王瑞生、中央"不忘初心、牢记使命"主题教育第二指导组成员、中央组织部干部三局五处四级调研员于成龙到会指导。校党委副书记、秘书长安钰峰,党委常委、组织部部长柴真等参加。本次党课旨在通过解读习近平总书记人类命运共同体理念的重大意义和深刻内涵,加强学生党支部书记理想信念,为学生党支部工作提供指引与思路,为提升党支部工作成效提供助力。在党课一开始,郝平为同学们介绍了党的十九届四中全会会议情况,传达了党的十九届四中全会精神。随后,郝平介绍了国际组织及其人才培养的时代背景。他指出,总书记关于人类命运共同体、新文明观等理念的提出,是对人类繁荣和世界和平的巨大贡献。我们倡导构建人类命运共同体,就必须主动参与到"建设持久和平、普遍安全、共同繁荣、开放包容、清洁美丽的世界"的行动中。而了解国际组织、服务国际组织、融入国际组织,是其中最为有效的众多途径之一。郝平在党课最后指出,北京大学将继续围绕人才培养的根本使命,不断适应新需要、新挑战,把培养国际化人才,特别是符合国际组织需求的人才作为一项重要任务,进一步做好人才培养工作。

"不忘初心、牢记使命"主题教育校领导班子专题民主生活会

12月2日,北京大学召开"不忘初心、牢记使命"主题教育校领导班子专题民主生活会。中央主题教育第二指导组组长王瑞生、副组长祝江南,第二联络组副组长徐景峰等中央、北京市委教工委领导同志共7人到会指导。会议由北京大学"不忘初心、牢记使命"主题教育领导小组组长、党委书记邱水平主持。学校党委高度重视此次民主生活会,按照习近平总书记关于"四个对照""四个找一找"的要求,进行了充分的会议准备。校领导班子认真学习习近平新时代中国特色社会主义思想,专题学习和研讨党的十九届四中全会精神,打牢开好专题民主生活会的思想基础。在谈心谈话方面,紧扣主题,既谈自身差距又谈对方不足,既谈工作又触及思想,努力把问题谈开、把道理谈透、把思想谈通。在检视问题方面,校领导班子召开对照党章党规找差距专题会议,认真查摆问题、剖析原因。同时,通过多种形式广泛征求意见建议,确保专题民主生活会聚焦问题,开出质量。学校党委严肃对待班子检视剖析材料的撰写,邱水平亲自主持起草工作,领导班子多次集体研讨,反复修改。会上,邱水平代表领导班子作对照检查,学校党委常委、班子成员逐一作了对照检查。大家深刻查摆问题,严肃开展批评,从具体问题入手,提出了150余条意见建议。王瑞生对本次专题民主生活会以及学校的主题教育工作给予了高度肯定。他认为,此次专题民主生活会组织严密、务实高效,达到了"重整行装再出发"的预期目标。整个会议前期准备充分,氛围严肃认真,整改措施明确。同时,他提出了下一步的工作期望,希望学校对完善整改措施、明晰整改责任、抓实整改工作等方面加以补充强化,确保主题教育取得让党员、群众看得见、摸得着、感受得到的成效。

"不忘初心、牢记使命"主题教育总结大会

2020年1月9日下午,北京大学"不忘初心、牢记使命"主题教育总结大会在英杰交流中心召开。中央"不忘初心、牢记使命"主题教育第二指导组组长王瑞生等指导组全体成员,以及教育部高校党建联络员到会指导。校党委书记邱水平,党委副书记、校长郝平等学校领导班子成员,校党委委员、纪委委员、全体中层正职干部等参加大会。会议由郝平主持。该次会议旨在贯彻落实习近平总书记在"不忘初心、牢记使命"主题教育总结大会上的重要讲话精神,总结学校主题教育开展情况和经验成果,为推进下一阶段党的建设等各项工作筑牢基础。邱水平代表学校党委作总结讲话。他指出,主题教育期间,北京大学以学习贯彻习近平新时代中国特色社会主义思想为主线,落实"守初心、担使命,找差距、抓落实"的总要求,突出北大特色,"擦亮北大红",推动主题教育高质量开展。学校领导班子以上率下、示范带动,全校各单位充分动员,全校党员、干部干事创业的精神面貌为之一新。通过统筹推进四项重点措施,主题教育达到了预期目标。邱水平表示,学校党委将进一步梳理主题教育中的好做法、好经验,将行之有效的举措上升为成熟定型的制度,让主题教育"谢幕不落幕"。王瑞生表示,主题教育开展以来,北京大学党委深入学习贯彻习近平新时代中国特色社会主义思想,认真落实党中央部署要求,加强领导、精心组织,扎实推进主题教育,成果丰硕。王瑞生结合习近平总书记在"不忘初心、牢记使命"主题教育总结大会上的重要讲话精神,对北大巩固扩大主题教育成果,持续加强党的建设提出五点要求。郝平表示,北京大学将进一步将主题教育的成果转化为办学治校的效能;持续加强党的政治建设,确保北大始终成为坚持党的领导的坚强阵地,让中央决策部署在北大落地生根、形成生动实践,让初心和使命成为北大创建世界一流大学的不竭动力。

专　文

在北京大学十三届党委二次全体（扩大）会议上的报告

（2019年2月15日）

邱水平

同志们：

2019年是学校发展史上非常关键的一年。总的指导思想是：深入贯彻落实习近平总书记关于高等教育、高校党建和思想政治工作的一系列新思想新论断新要求，进一步贯彻落实全国教育大会和2019年全国教育工作会议精神，切实增强"四个意识"，坚定"四个自信"，坚决做到"两个维护"，不断加强党对学校的全面领导，落实好全方位"稳中求进"的工作总基调，维护好学校稳定，紧紧围绕立德树人根本任务，全面深化综合改革，持续加快推进"双一流"建设，在党建和思想政治工作、人才培养、科学研究、学科建设、社会服务、国际交流合作、学校管理等各个领域打开新局面取得新成效。

下面，我代表学校党委，对2019年的工作提几点具体要求。

第一，提高政治站位，把准政治方向，坚定政治立场，强化政治建设，把党对高校的全面领导落到实处。

习近平总书记指出："办好我国高等教育，必须坚持党的领导，牢牢掌握党对高校工作的领导权，使高校成为坚持党的领导的坚强阵地。"党委对高校工作实施全面领导，承担着管党治党、办学治校的主体责任。党委的领导是具体的、实在的，决不能有半点含糊。同时，全面"领导"不是全面"代替"，关键是要始终坚持和完善党委领导下的校长负责制。

"党委领导下的校长负责制"是北大的创举。经过40年的发展，如今已成为以法律形式确定下来的高等学校基本领导制度。这是北大前人留给我们的宝贵财富，也是北大对中国高等教育的重要贡献，更是被实践证明了的行之有效的根本体制。我们要好好珍惜并不断深化完善。

党委对高校的全面领导，主要体现在"把方向、管大局、作决策、抓班子、带队伍、保落实"这六个方面。

"把方向"就是要坚持社会主义办学方向，全面贯彻党的教育方针，确保中央的大政方针在北大得到不折不扣地落实，坚决做到令行禁止。

要旗帜鲜明地讲政治，把党的政治建设摆在首位，这是建设中国特色世界一流大学的根本政治保证。要始终绷紧政治这根弦，不断增强"四个意识"、牢固树立"四个自信"、坚决做到"两个维护"，自觉在思想上政治上行动上同以习近平同志为核心的党中央保持高度一致，自觉维护党的团结统一，严守党的政治纪律和政治规矩。

要进一步明确"抓好党建是最大的政绩"，只有抓好了党建，整个学校的风气才能好，人心才能齐，学科建设、人才培养等各方面工作才能抓得好。要理直气壮、扎扎实实、专心致志抓党建。

党委把方向，这个方向不是空的，而是非常具体的，必须抓细抓小抓实。要把准方向，就必须真正学通弄懂习近平新时代中国特色社会主义思想，特别是总书记关于高等教育的重要论述精神，努力掌握贯穿于这一科学理论中的马克思主义立场、观点、方法，用以指导解决北大工作中的实际问题。

"管大局"就是切实管好改革、发展、稳定的大局，增强战略思维、历史思维、辩证思维、创新思维、法治思维、底线思维，提高宏观把控、科学调控的能力，善于驾驭复杂局面。党委必须从宏观上加强对学校改革发展大局的把握。

"做决策"就是要遵循高等教育规律，抓住主要矛盾和矛盾的主要方面，聚焦重大战略性问题进行研究、分析、决策、部署，而不是事无巨细、眉毛胡子一把抓。

"做决策"就是要遵照党章和相关法律制度的规定，严格落实"三重一大"决策制度，按照民主集中制原则议大事、谋大事、定大事。重要干部任免、重要人才使用、重要阵地建设、重大发展规划、重大项目安排、重大资金使用、重大评价评奖活动等都必须经过党委集体决定。

"抓班子"就是要抓住领导干部这个"关键少数"。领导干部在干部队伍中处在塔尖位置、领头地位、决策层面，在推进事业发展进程中具有关键作用。党委必须高度重视各级领导班子建设，坚决把思想政治素质摆在首位，一定要把那些党性强、品行端、素质好、能力强的同志选进各级领导班子。要健全班子运行机制，压实领导班子责任，使他们成为改革发展稳定各项工作的谋划者、组织者、推动者。

"带队伍"就是要落实党管干部、党管人才的原则。学校的改革发展已经进入攻坚克难、闯关夺隘的重要阶段，迫切需要有一大批又红又专、德才兼备的好干部，需要锐意进取、奋发有为、关键时刻顶得住的好干部。学校党委要始终为敢于担当的干部担当，为敢于负责的干部负责，为改革创新的干部保驾护航、鼓劲撑腰。要落实好新时代党的组织路线，下大力气选拔培养使用年轻干部，尤其注重从基层、从一线选拔优秀干部。

同时，党委要善于做知识分子的工作，认真抓好教师队伍的思想政治工作，抓好高层次领军人才队伍的建设。

"保落实"就是要增强责任意识、强化执行力，围绕重点抓落实、完善机制抓落实、振奋精神抓落实。"抓而不紧等于不抓"，党委只要作出了决策，就必须紧抓不放、一抓到底，否则什么好的战略、好的理念、好的政策都会变成空话。

"保落实"离不开好的政治生态。党委要营造干事创业的好氛围，尤其是要促进团结。团结就是力量，团结出凝聚力、出战斗力、出生产力，也出干部。面对一切挑战，我们都必须打好"团结奋斗牌"，充分调动和激发全校师生员工的积极性、主动性、创造性。

第二，切实增强危机意识、忧患意识、竞争意识，努力做全国高校的"标杆"。

120年的风雨历程奠定了北大崇高的历史地位和社会地位。一直以来，在国际影响力和知名度上，我们都是中国高校的"标杆"，这是北大自诞生以来对国家民族作出的特殊贡献决定的，是我们永远的财富。

世界一流大学的建设，如逆水行舟，不进则退，慢进也是退。我们必须保持战略定力，推动学校沿着正确方向前进。过去我们的综合改革和"双一流"建设的方向是正确的，既定的策略和方针不能轻易动摇，要按照中央精神和学校党委的部署，直面问题、攻坚克难，拿出真招实招，稳扎稳打、步步为营。北大的发展不容许有任何闪失，更不容许倒退，我们只能加速前进，没有任何别的选择。

我们必须深刻认识到，北大作为中国教育文化传承的象征，作为中国高等教育的排头兵，这种危机意识、忧患意识和竞争意识应是我们与生俱来、刻在骨子里的鲜明"基因"。在任何时候，北大都应该奋斗向前、自我革新、争做第一、勇当标杆，都要有"讲到中国的大学，首先想到就应该是北大，也必须是北大"的底气和魄力。

第三，落实立德树人根本任务，努力培养德智体美劳全面发展的社会主义建设者和接班人。

北大必须按照党和国家的政治要求来培养人。立德树人，首先要引导学生正确认识北大的传统。

我们不能把学术自由、学术思想的兼容并包等同于政治上的自由主义，不能把学术思维的批判性等同于对现实政治的盲目批判，不能把北大的思想活跃误导为对社会的叛逆和与社会主流的脱节。否则，就不符合历史事实，也绝不是北大传统的精华和本质所在。

我们要旗帜鲜明地向学生们阐明，北大的传统就是学习、研究和传播马克思主义的传统，是顺应时代潮流、融入社会主流、与国家和人民共命运的传统，是脚踏实地、艰苦奋斗的传统。

下一阶段，我们要着力抓以下几个方面的工作：

一是高度重视学生思想政治教育和思想政治工作队伍建设。习近平总书记强调，"高校思想政治工作关系高校培养什么样的人、如何培养人以及为谁培养人这个根本问题"。学生思想政治教育既是我国高校的特色，也是我们的优势，是我们培养人、塑造人极其重要的渠道。这项工作深刻影响着学生的思想观念、价值取向和精神风貌，只有做好思想政治教育，才能引导学生铸就理想信念、锤炼高尚品格、打好成才基础。我们要坚持从战略高度谋划和加强学生思想政治教育，必须腰杆硬、底气足地把思想政治教育贯穿学生培养的全过程，这是我们作为中国特色社会主义大学的性质所决定的，任何时候都不能有半点动摇。

要不断加强思想政治工作队伍建设。长期以来，北大的思想政治工作队伍形成了很好的传统和作风，始终兢兢业业、甘于奉献、奋发有为，为学校的发展改革稳定作出了积极贡献，是经得起考验、必须给予高度重视和充分信任的。我们要从长远着眼，在现有基础上加强思想政治工作队伍建设。要建设好专职辅导员队伍，要选优配强专兼职党务工作者。学校党委和各级领导干部都要像关心教学科研骨干的成长一样关心思想政治工作队伍成长，使他们工作有条件、干事有平台、待遇有保障、发展有空间，最大限度调动他们的积极性、主动性、创造性。

二是深化思想政治理论课改革创新。思政课的学分量，占到了本科生总学分的十分之一，是最重要、最基础的课程，必须成为质量高、吸引人、塑造人的课程。要加大思政课的改革力度，使政治课真正吸引住学生，真正能够引导他们树立主流的价值观，投身到中华民族伟大复兴的事业之中。

要建设科学合理、内容丰富的思政课课程体系。不仅要学马克思主义的基本原理、党和国家的大政方针政策、党史国史，还要着眼于学生全面发展，使学生通过扎实有效的学习，增强对社会主流的政治认同、思想认同、情感认同。

要通过思政课的教育引导，让我们的学生牢固树立社会主义核心价值观。要把大道理讲深、讲透、讲活，讲得理直气壮、深入浅出，让同学们正确认识我们所处的时代、我们所在的世界、国家与社会。不仅思想政治理论课要进行改革，所有课程的教师都要明确自己的育人责任，把好课堂的政治导向。

三是从严加强教育教学管理。基础知识不仅要宽，更要有深度。下一步我们的教育教学改革，必须高标准、严要求，让学生们把更多时间投入到学习上、投入到研究中，提升学术涵养，提高成长质量。

对文科低年级学生的训练应当更加严格，在通识教育方面，要加强他们的自然科学素养和数理逻辑思维；理科的学生，也要注重人文精神的熏陶，要多读经典。还要加大实践育人的力度，学生要多读"国情"书、"基层"书、"群众"书，能够接地气。

四是要把立德树人内化到大学建设和管理的各领域、各方面、各环节，做到以树人为核心，以立德为根本。

要确保全校各院系和全体教职员工把主要精力和主要资源集中到立德树人上来。特别是要做到"以本为本"，所有教学科研人员必须参与本科教育，明确教师是第一身份、教书是第一工作、上课是第一责任。彻底解决重智育轻德育、重学术轻思想政治工作、重科研轻课堂教学的倾向，决不能让我们培养的学生被错误思潮、错误价值观所影响。

立德树人是全方位的。任课老师讲的一堂课、一席话，发的一条微博、一条微信，可能对学生产生很大影响；后勤服务人员的热心与微笑，可能会温暖学生的心，激励他成才。学校各个系统的教职工都要深刻认识到，自己所做的每一项工作都是在育人，必须时刻注意言传身教，坚持教学育人、管理育人、服务育人，打造全员、全过程、全方位的育人环境。

第四，更加积极主动服务国家战略，持续加快"双一流"建设。

"扎根中国大地办大学"是习近平总书记最早在北大提出来的。在去年的全国教育大会上，这一条也列入了"九个坚持"，作为新时代中国特色社会主义教育理论体系的重要组成部分。

我们办大学，要吸收借鉴世界上一切先进经验。在一定时期内，美国和欧洲大学的发展模式有先进性，有非常重要的经验，我们可以学习、参考、借鉴，甚至部分移植。但历史发展到今天，我们已经具备了更加自主的办学条件，必须学会博采众长、吸收提升、为我所用，在此基础上形成自己的发展模式。

我们的"双一流"建设要沉得住气，要按规律办事情，形成自己的特色，这就叫定力。北大之所以是北大，是因为有优良的传统和深厚的精神底蕴，这是我们最宝贵的财富，永远都不能丢。"爱国、进步、民主、科学"的五四精神，兼容并包的学术理念，宽松民主的学术氛围，这些都是办成世界顶尖大学不可或缺的重要因素。

北大就要有北大的样子，就要做北大该做的事情，要有耐心，持续努力。要有"功成不必在我"的坦然心态和"功成必定有我"的进取精神，既要注重前瞻战略部署和谋划，对于看准的事情也要埋头苦干、一干到底。必须认识到，北大现在的成绩是我们多年来持续奋斗的结果，当前的工作也将为10年、20年后北大的发展奠定基础、积蓄力量。

北大要进步，就必须深深融入民族伟大复兴的凝聚力、创造力和国家发展的不竭动力之中，这是从北大120年校史中总结出来的成功经验，也是指引我们走向未来的根本遵循。

学术有着崇高的、独立的价值，基础研究是北大一个很大的优势，要继续发扬光大，要充分发挥好北大各学科的"基础性"优势。在这个前提下，学校的科研和学科建设要落实"四个面向"，全方位对接国家战略，服务经济社会发展，推动解决中国的重大现实问题。着重加强体系建设和能力建设，完善科研创新体系，要下大力气推动学科交叉融合，组建交叉学科群与强有力的科技攻关团队，做大做强交叉学科平台，不断加强学科之间的协同创新。加强重大创新领域战略研判和前瞻部署，抓住怀柔科学城等历史性机遇，建设国家重大科技基础设施、国家研究中心、国家重点实验室等重大创新基地和创新平台。强化事关国家安全和经济社会发展全局的重大科技任务的统筹组织，强化服务国家战略的科技力量建设。

"创新驱动实质是人才驱动，人才是创新的第一资源"，科研和学科建设的核心是人才。我们要形成强烈的人才意识，不断加强引才引智工作，深入推进体制机制改革、持续改善人才发展环境、激发人才创造活力，努力造就一大批具有全球视野和国际水平的战略科技人才、科技领军人才、青年科技人才和高水平创新团队，力争在越来越激烈的竞争中牢牢把握主动权。

同时，我们的发展还必须高度重视空间问题。为此，我们一方面要充分发掘当前已有办学空间的潜力，提高利用率，比如要继续加强昌平校区的建设发展，进一步完善基础设施，真正使其成为基础研究向实际应用转化的科研基地。另一方面，要从长远的战略高度出发，充分把握拓展新办学空间的机遇，各部门要齐心协力，同北京市等各单位保持密切联系，协调各方、做好规划、加快实施，并做好相关住房、教育等配套工作。在多校区发展的过程中，还必须注意协调一致的问题，各个校区都要统一标准和要求，接受学校的统一领导、统一管理、统一部署。

第五，一流大学必须有一流的管理和服务，强化执行力，求真务实、真抓实干。

一流管理的本质是一流的服务。管理上不强，其实就是服务意识、服务精神和服务能力不强。我们的行政部门就应该主动为学者服务，学者有什么需要，行政部门就要全力以赴做好，帮学者把问题协调好，让学者不为任何杂事琐事劳神费心，这样我们才能形成高效的团队作战、协同作战。

要按照中央巡视整改要求，持续推动本部与医学部深度融合。深度融合是一个循序渐进的过程，我们要认准方向、明确目标、积极作为。一定要融合到底、交叉到底，使北大这个大家庭紧密相连。通过深度融合形成新的强大动力，推动北大医学跻身世界一流行列，并早日走在前列。

第六，切实抓好作风建设、党风廉政建设，确保学校风清气正。

风不清、气不正，就不可能有世界一流的大学。今后一段时间，我们要下更大力气建设并维护好风清气正的校园环境。

各级党员干部要把洁身自好作为第一关，从小事小节上加强自我规范，牢固树立法治意识、底线意识、规矩意识，做到心有所戒、行有所止。要带头树立正确政绩观，始终做老实人、说老实话、干老实事，坚持贯彻党的群众路线，当师生群众的贴心人。要始终与师生想在一起、干在一起，师生员工的"小事"，就是各级党组织、各个单位的"大事"，必须时时关切、认真解决。

高校的管理，特别是高校党组织的管理，干部的管理，师德师风的管理，执纪的力度，一定会越来越严、越来越紧、越来越硬，对作风问题的"零容忍"丝毫不会动摇，纠正的力度也丝毫不会削减。各单位要落实管党治党主体责任，做到守土有责、守土尽责，不能出现管理"飞地"、责任缺失问题。大家要有这样的思想准备，也要有高度的政治自觉，任何不符合纪律和规矩的事情决不要做，要把"三省吾身"作为每日的"必修课"，时刻自重自省自警自励，任何事情都要严格按法规、制度和程序办，一点不能含糊。这是大家在北大这样的最高学府工作所必须有的高标准、严要求。

第七，高度重视、敢于担当，全力以赴防范和化解各类风险，坚决确保北大的安全稳定。

我们必须高度重视外部大环境、大气候对学校的影响，也要找准工作薄弱环节，善于透过复杂现象把握本质，抓住要害、找准原因、果断决策。各级领导干部要有充分的思想准备，敢于担当、敢于斗争，善于引导师生、组织师生，积极整合各方力量、科学排兵布阵，坚决把责任扛起来，及时有效防范和化解风险，确保校园安全稳定。

同志们：

一分部署，九分落实，世界一流大学是干出来的，不是喊出来的。这次党委全委会暨战略研讨会十分重要，大家要进行充分的讨论，形成广泛的共识。在此基础上，要拿出行动来，一项一项明确责任，明确"时间表""施工图"，以钉钉子精神狠抓落实，加强督办考核，确保党委的决策部署落到实处、取得实效。

新时代呼唤新作为，新使命引领新征程。让我们更加紧密地团结在以习近平同志为核心的党中央周围，以更加昂扬的斗志、更加扎实的作风，共同谱写北大在新时代的新篇章！

（文章有删节）

在北京大学十三届党委三次全体（扩大）会议上的报告

（2019 年 6 月 27 日）

邱水平

同志们：

经学校党委常委会研究决定，我们今天召开扩大的十三届党委三次全会。

这次全会的任务，一是学习贯彻《中共中央关于加强党的政治建设的意见》和《中共北京市委关于加强北京高校党的政治建设的若干措施》，研究部署加强北京大学党的政治建设相关工作，为加快"双一流"建设，实现内涵式发展，办好人民满意教育提供坚强政治保证；二是学习贯彻习近平总书记在学校思想政治理论课教师座谈会上的重要讲话精神，紧紧围绕立德树人根本任务，埋头苦干、改革创新，扎实办好北大的思想政治理论课，努力培养德智体美劳全面发展的社会主义建设者和接班人。

这两项任务紧密结合、融为一体。高校党的政治建设，最根本的任务是立德树人，而办好思政课对立德树人具有重要意义，思政课建设是高校党的政治建设的一项重要内容。

下面，我代表学校党委常委会，向全会报告相关工作，并就加强党的政治建设、办好思政课提几点要求。

一、以钉钉子精神抓好党的政治建设，坚持正确政治方向、加强党对学校全面领导、坚定政治信仰、提高政治能力

一是坚持办学正确政治方向，培养社会主义建设者和接班人。北大是全国高校的排头兵，地位特殊，示范性强，因此，看北大的工作首要从政治上看。必须健全落实中央决策部署的快速响应和督查问责机制。要牢记政治使命，扎根中国大地探索世界一流大学的办学路径，形成我们自己的鲜明特色。把抓好"三项基础性工作"作为主线，特别是要用高水平的思想政治工作体系贯通学科体系、教学体系、教材体系、管理体系，进一步明确符合党和国家需求的人才培养目标，提高人才培养能力。

二是坚定政治信仰，用科学理论武装头脑。始终坚持马克思主义的指导地位，把深入学习贯彻习近平新时代中国特色社会主义思想作为首要政治任务，在学懂弄通做实上下功夫，引导党员干部和广大师生用党的创新理论成果武装头脑、指导实践、推动工作，确保党的路线方针政策和中央各项部署在北大不折不扣落地、落实。突出政治标准，切实加强中国特色哲学社会科学学科体系、话语体系建设，压紧压实意识形态工作责任制，加强意识形态阵地建设，牢牢把握意识形态工作领导权、主动权。

三是坚持党的政治领导，把党的政治建设贯穿办学治校全过程。坚持和完善党委领导下的校长负责制，学校党委要切实履行管党治党、办学治校的主体责任。坚持民主集中制，认真执行"三重一大"决策制度，重要事项必须由学校党委集体研究决定。改进党的领导方式，注重运用民主的办法汇集意见，运用协商的方式增进共识，运用法治的思维加强管理，推进学校治理能力现代化。持续深化巡视整改，对照问题清单，建立长效机制，以实际行动狠抓落实，逐项销号、逐项过关。在本届党委任期内实现校内巡察工作"全覆盖"，充分发挥好政治监督作用。增强斗争性，对违反政治纪律、挑战政治底线、危害政治安全的言行，要敢抓敢管、敢于亮剑。

四是提高政治能力，夯实党在学校的政治根基。强化党建引领，增强基层党组织政治功能，健全基层党组织把好政治关、发挥作用的长效机制。党员领导干部要带头参加所在党支部的组织生活，在推进党的基层组织生活常态化、制度化上走在前列、做出表率。加强党委对统战工作和群团组织的领导，突出统战和群团工作的政治属性，发挥好工会、共青团作为党联系师生员工的桥梁纽带作用。提高党员干部政治本领，教育引导党员干部坚决站稳政治立场，善于从政治上看问题、做工作。充分发挥思想政治工作生命线作用，运用新模式、新技术提升工作精准度，做好师生的知心人、热心人、引路人，切实增强师生政治认同、思想认同、理论认同、情感认同。

五是净化政治生态，营造风清气正的校园风气。要按照中央的统一部署，认真开展"不忘初心、牢记使命"主题教育，结合学校实际，守初心、担使命、找差距、抓落实。严肃党内政治生活，严格落实"三会一课"等制度，提高组织生活质量。严明政治纪律和政治规矩，持续开展忠诚教育。加强监督执纪问责力度，深入贯彻中央八项规定精神，集中整治形式主义、官僚主义。突出政治标准选人用人，永葆清正廉洁政治本色，以优良党风引领校风师风学风。以新中国成立70周年庆祝活动为契机，广泛深入开展"我和我的祖国"主题教育活动，激发广大师生爱国情怀和建功立业热情。

二、深入学习贯彻习近平总书记"3.18"重要讲话精神，更加深刻地认识到思政课在立德树人中的关键作用，把办好思政课作为最重大的政治责任和办学任务

党的十八大以来，以习近平同志为核心的党中央对高校思想政治工作和思政课建设提出了一系列新理念新思想新战略。学习贯彻落实"3.18"重要讲话精神是当前学校党委的一项重大政治任务，我们要从四个方面来深刻领会：

一是进一步认识到思政课的重要地位。加强思政课建设是办好中国特色社会主义教育的基本前提。思政课影响的是青年一代的理想信念和人生选择，怎么强调都不为过，只能加强不能削弱，必须持续提高水平，这不仅关系到学生的个人成长，更关系到建设社会主义现代化强国、实现中华民族伟大复兴的中国梦。

二是进一步强化思政课教师的素养标准。思政课教学涉及领域很宽，政治性、思想性、学术性、专业性是融合在一起的，讲好了不容易，对教师的要求很高。总书记深刻指出，办好思政课关键在教师，对教师提出政治要强、情怀要深、思维要新、视野要广、自律要严、人格要正的六条高标准。我们要吃透这些新要求，不断加大培养和激励力度，增强思政课教师的职业认同感、荣誉感、责任感。

三是进一步明确思政课改革的各项任务。思政课必须常讲常新、与时俱进。总书记对思政课改革创新提出了"八个统一"的要求，深刻总结了思政课建设长期以来形成的规律性认识和成功经验，为思政课改革提供了根本认识论、方法论指导。我们必须深刻把握其精髓要义和科学方法，扎实推进新时代思政课守正创新。

四是进一步完善思政课建设的工作格局。总书记关于思政课的一系列重要论述,包括"3.18"重要讲话在内,具有很强的政治性、思想性、原创性、指导性,已经形成了一个完整的新时代中国特色社会主义教育理论体系,标志着我们党对教育规律、特别是思想政治教育规律的认识达到了新高度,为推进思政课改革创新提供了根本遵循和方法指引。

办好思政课不仅是党中央交给我们的政治任务,也是创建世界一流大学的必然要求,是思想政治教育规律、人才成长规律、价值观形成规律所决定的。习近平总书记指出:"每个国家都是按照自己的政治要求来培养人的,世界一流大学都是在服务自己国家发展中成长起来的。"思政课承载的是一个国家、一个民族的主流价值观,任何一个人,只要有国家、民族的归属,只要接受过教育,就不可能离开思政课。

思政课是要对青年的人生道路负责任的,我们要按照教育规律办学,通过思政课引导学生塑造完整的、健全的人格,追求"有灵魂的卓越",使他们将来能够顺利地融入社会,成为能担当起民族复兴大任的时代新人。

三、弘扬北大光荣革命传统,从抓好党的政治建设的高度,建好马克思主义学科和马克思主义学院,擦亮中国特色社会主义大学的鲜亮底色,为办好思政课奠定坚实基础

中国的高校姓"社",中国的思政课姓"马"。马克思主义理论学科是思想政治理论课建设的学科支撑、学理支撑、人才支撑。要办出中国最好的思政课,必须有最好的马克思主义学科和马克思主义学院作基础,这是根本保证。

我们必须全力以赴,确保北大马学科的优势地位,真正建成具有北大气派、中国特色、世界一流的马克思主义理论研究和创新平台,也只有这样,北大的政治建设、思政课建设才能有强大的学术支撑、学科支撑。

四、打造一流的思政课教师队伍,充分发挥教师的积极性、主动性、创造性,让更多人有信仰,让有信仰的人讲信仰

历史经验启示我们:北大作为全国高校的标杆,一定要把我们的优势发挥出来,北大的思政课教师队伍,一定是名家汇聚、大师云集。我们要按照总书记提出的六条标准,打造一支专职为主、专兼结合、数量充足、素质优良的思政课教师队伍。

一是要配齐建强思政课专任教师队伍。思政课的学术深度广度和学术含金量不亚于任何一门哲学社会科学课程,必须有专门的师资力量来用心建设、专心打磨。要想法设法、广开渠道、保质保量地招聘高水平师资,让专任教师队伍尽快充实起来。同时,在人才项目申报、人才奖项推荐等方面要向参与思政课的教师倾斜,真正把信仰坚定、学识渊博、理论功底深厚的教师吸引到思政课的讲台上来。

二是不断加强思政课教师的培训培养。国内外形势、党和国家工作任务发展变化较快,思政课教学内容必须跟上时代。思政课教师只有不断加强学习,提高解疑释惑的能力,才能把课上好。要综合运用多种方式开展思政课教师培训工作,尽快建立科学完备的培训体系,为讲好思政课提供坚强保障。同时,在思政课教师选用、管理、考核中要严把政治关、师德关、业务关,解决好学风问题。要改革思政课教师评价机制,确保教师把全部精力放在教书育人上。

三是要积极整合校内外优秀师资资源。充分发挥好学科优势、人才优势以及校友资源优势,大力推进思政课教师"联合聘任"制度,让各学科、各领域的名家大师都来讲思政课。要大力聘请中央国家机关、地方党政部门、国有企事业单位中具有高深理论造诣、丰富实践经验的领导干部进入我们的思政课堂。此外,要充分利用北大得天独厚的校友资源,把各行各业的领军人物请回母校、请上思政课讲台。

五、始终坚持立德树人根本任务,紧密结合新时代大学生的新特点,深化思政课程体系改革,把每一堂思政课都打造成让学生信服的"金课"

第一,要对思政课程体系进行大胆的改革创新,紧密结合北大实际,充分体现北大特色,坚决办出北大水平。

在党和国家确定的思政课程体系框架之内,我们要把"教材体系"创造性地转变为"教学体系",让北大的思政课特色更鲜明,针对性、实效性更强。

除了切实办好这四门必修课之外,还应该开出更多"抬头率高""点赞率高"的思政选修课。要对思政课进行"专题化"改革。一堂课可以集中力量解决一个问题,让知识点更精一些、内容更实一些、"金句"更多一些、讲解更深一些,做到"少而精、简而明、通而透"。

近两年,学校党委牵头开设了"中华民族伟大复兴的历史与理论"和"习近平新时代中国特色社会主义思想概论"等课程,由书记、校长和校内外名师大家进行专题讲授,非常受学生欢迎,这就是很好的例子。

第二,要把思政课讲得有声有色、有滋有味。一堂好的思政课,应该让学生感到犹如读了一本启迪心智的好书,看了一场益于身心的优秀电影,既有知识的增益,也有道德的熏陶;既有美的感受,也有真和善的升华。要有滋有味,道理才会入耳、入脑、入心。

要避免"填鸭说教"。要多讲生动活泼的内容，寓道理于事例之中，熔思想性、知识性、趣味性于一炉。讲道理要接地气，要"让马克思说中国话"，让大专家讲家常话，让基本原理变成生动道理，让学生水到渠成得出结论、心悦诚服接受教育。

要善于循序渐进。要积极运用慕课、短视频、沉浸式教学等新方法、新模式，在强化课堂互动、师生交流中提升教学质量。这里还要强调一点，思政课应该讲得深入浅出、生动活泼，但决不能"娱乐化"，决不能弱化思政课的政治性。

第三，要让"课程思政"形成完整体系，春风化雨，润物无声。要把做人做事的基本道理、把社会主义核心价值观的要求、把实现民族复兴的理想和责任融入各类课程教学之中，使各类课程与思政课同向同行，形成协同效应。每位老师不仅要当好"经师"，更要当好"人师"，要舍得花时间给学生特别是本科生，不仅交流学习上的问题，更要从学生成长成才的各个方面进行关心、指导，帮助学生涵养心灵、健康成长。

要落实全员育人、全过程育人、全方位育人。北大素有"空气养人"的传统，我们的教育不应局限在教学课堂上，而是要把整个校园、把教学科研管理服务等各项工作都作为育人的大课堂。学校各院系各部门的工作都要突出"思政味道"，让校园处处有思政、时时有教育，在润物无声中提升育人成效。

第四，要让实践育人更接地气，起到震撼心灵、净化灵魂的作用。"为学之实，固在践履"。思政课的教学必须和实际紧密结合，要将思政教育这把"盐"融入知行合一这碗"汤"里，把思政小课堂同社会大课堂相结合，引导学生在实践中更好地了解中国的过去、现在和未来，厚植家国情怀，树立远大抱负，融入社会、融入国家、融入时代主流。

长期以来，学校在实践育人方面作了很多开创性的工作。我们要充分用好这些平台，进一步整合实践教学资源，丰富实践教学载体，拓展实践教学形式，在全国甚至全世界范围建设成百上千的实践育人基地，真正让学生在实践中增长才干，引领学生把爱国情、强国志、报国行自觉融入实现中华民族伟大复兴的奋斗之中。

第五，要探索大中小学思政课的衔接工作，要从附中、附小的思想政治课抓起，形成循序渐进、层层递进的完整体系。

当代青年的心智成熟比较早，中小学阶段实际上已经是人生中最重要的"拔节孕穗期"，他们的人生观、世界观、价值观往往在中学阶段就基本形成了，而大学阶段更多是"定型期""升华期"。

北大有附中、附小，而且我们对全国的基础教育有很强的引领作用，我们有责任进行探索。附中附小要把思政课建设摆在更加突出的重要位置，大胆进行改革创新。理顺大中小学思政课的关系，研究哪些内容是中小学课堂上就应该讲清楚的，哪些是大学思政课的重点，不能很多内容中学讲了一遍，大学再讲一遍，学生一听就觉得没劲。要真正形成大中小学"循序渐进、层层递进"的关系。

同志们，

今天这次全会是一个新的起点。让我们以党的政治建设为统领，以习近平新时代中国特色社会主义思想为指引，勇担使命、锐意进取，全面贯彻中央精神，不断加强和改进工作，以优异的成绩迎接中华人民共和国成立 70 周年！

（文章有删节）

在北京大学纪念五四运动 100 周年座谈会上的讲话

（2019 年 4 月 30 日）

邱水平

老师们、同学们：

今天，我们在这里举行座谈会，学习传达习近平总书记重要讲话精神，纪念五四运动 100 周年。刚才，郝平校长传达了习近平总书记在纪念五四运动 100 周年大会上的重要讲话精神，各位师生代表畅谈了学习心得，大家讲得很好，充分展现了新时代北大老师的情怀、北大青年的蓬勃朝气，让人很受感动，也深受启发。

党的十八大以来，习近平总书记高度重视青年和青年工作，特别重视用五四精神来教育引导青年。总书记先后十次到高校考察并与师生座谈，多次给青年回信，对广大青年提出了殷切期望。特别是2014年、2018年两次视察北大时，总书记指出，"五四精神体现了中国人民和中华民族近代以来追求的先进价值观。爱国、进步、民主、科学，都是我们今天依然应该坚守和践行的核心价值"，要求青年牢固树立社会主义核心价值观，做到"勤学、修德、明辨、笃实"和"爱国、励志、求真、力行"。总书记明确提出，"广大青年对五四运动的最好纪念，就是在党的领导下，勇做走在时代前列的奋进者、开拓者、奉献者"。

4月19日，习近平总书记主持中共中央政治局第十四次集体学习，强调要加强对五四运动和五四精神的研究。

在今天上午的纪念大会上，习近平总书记高度评价了五四先驱崇高的爱国情怀和革命精神，全面总结了一百年来党和人民探索实现民族复兴道路的宝贵经验，强调要发扬五四精神，激励全党全国各族人民特别是新时代中国青年为全面建成小康社会、加快建设社会主义现代化国家、实现中华民族伟大复兴的中国梦而奋斗。

在讲话中，总书记深刻阐明了新时代中国青年运动的主题、方向和新时代中国青年的使命，对全国青年提出了六点要求，同时，进一步明确了新时代党的青年工作的方针、路径，这充分体现了以习近平同志为核心的党中央对青年的亲切关怀和殷切期望，也为高校做好大学生思想政治工作、培养担当民族复兴大任的时代新人提供了根本遵循，具有很强的指导性、针对性。我们一定要认真学习领会，切实把讲话精神全面贯彻落实到学校各项工作中。

作为五四运动的策源地，我们学校是这段光荣历史的见证者，五四运动的发起人是北大师生，宣言的起草人是北大师生，游行队伍的总指挥、走在队伍最前面的先锋和整个队伍的主力军都是北大师生。"爱国、进步、民主、科学"的五四精神融入北大传统，成为我们的发展之魂、立校之基。新中国成立后，北大师生决定以5月4日为校庆纪念日，这不仅反映了北大与五四运动的深厚渊源，而且表明了我们将永远沿着五四运动开辟的民族复兴道路勇往直前。

习近平总书记对北大寄予厚望，他明确提出，"在实现中华民族伟大复兴新征程上，北大师生应该继续发扬五四精神，为民族、为国家、为人民作出新的更大的贡献"。在新时代的历史方位上，我们必须把五四精神与时代主题、发展主线、前进主流紧密结合，勇担使命，埋头苦干，再立新功。

下面，我代表学校党委，谈几点意见。

首先，要大力弘扬爱国主义精神，始终突出时代主题。

习近平总书记指出，五四精神的核心是爱国主义。爱国主义是中华民族团结奋斗、自强不息的精神纽带，自古以来就流淌在中华民族血脉之中，"去不掉，打不破，灭不了"，是中国人民和中华民族维护民族独立和民族尊严的强大精神动力。

近代以来，中华民族陷入亡国灭种的危机，无数仁人志士苦苦求索救国救民的道路。五四时期，面对国家和民族生死存亡，一批爱国青年挺身而出，为争取民族独立和人民自由幸福而振臂高呼，奋起抗争，奏响了浩气长存的爱国主义壮歌。

五四以来，我们国家经过一百年艰苦卓绝的奋斗，发生了翻天覆地的变化。站在新的历史起点上，当代爱国主义的鲜明主题，就是要实现中华民族伟大复兴的中国梦，这是凝聚人心的精神纽带和自强不息的力量源泉，只要高举爱国主义的伟大旗帜，我们就能在改造中国、改造世界的拼搏中迸发排山倒海的历史伟力。

从诞生之日起，北大始终与国家民族的命运紧密相连。从京师大学堂建立到新中国成立的50年，北大爱国师生前赴后继地投身民族救亡运动，形成了光荣的革命传统；从1949年到今天，北大的使命就是投身社会主义建设，推动国家进步，尤其是进入新时代，北大师生弘扬爱国主义精神，就是要更加自觉地服务国家战略，加快创建中国特色世界一流大学。

世界一流大学都是在服务自己国家发展中成长起来的。北大作为中国高校的标杆，必须为实现"两个一百年"奋斗目标作出更大贡献，必须有更强烈的责任感、使命感。比如，国家发展急需的一些重大核心技术，要靠我们自己攻坚克难，北大就要紧紧盯住世界科技的最前沿，继续布局和抢占科学发展制高点，针对国家迫切需要、关系国家长远发展的重点领域进行集中攻关。又比如，今年是新中国成立70周年，北大的哲学社会科学，既要传承五千年的文脉，努力推动中华优秀传统文化的创造性转化、创新性发展，又要深入研究和解读新中国70年历史性变革的内在逻辑，把中国特色社会主义道路、理论、制度、文化优势讲清楚，从而进一步增强自信，构筑起中国精神、中国价值、中国力量。

我们还要教育引导青年学生，把热爱祖国作为立身之本、成才之基，听党话、跟党走，胸怀忧国忧民之心、爱国爱民之情，不断奉献祖国、奉献人民，以一生的真情投入、一辈子的顽强奋斗来体现爱国主义情怀，让爱国主义的伟大旗帜始终在心中高高飘扬。

第二，要坚定马克思主义信仰，培育和践行以科学民主为重要内核的先进价值观。

五四运动高举新文化运动提倡的"科学"与"民主"旗帜，带来了各种新思想、新思潮。特别是马克思主义的传播，为中国历史的发展开辟了一个新的局面，标志着从旧民主主义革命转向新民主主义革命。

我们党的主要创始人和一些早期著名活动家，正是在这一时期，在北大开始阅读马克思主义著作、传播马克思主义的，并推动了中国共产党的建立。这是北大的骄傲，也是北大奋发前行的动力。

中国最早的马克思主义理论学科和马克思主义理论课程诞生于五四时期的北大；改革开放之后，全国高校第一个马克思主义学院创办于北大；党的十九大之后，中央批准首批建立的10家习近平新时代中国特色社会主义思想研究中心和研究院，北大名列其中。近年来，北大深入实施"马克思主义理论学科领航计划"，组织召开了两届世界马克思主义大会，全力建设"马藏工程""国际马克思主义文献中心"，启动"大钊班"等人才培养项目，努力推动马克思主义理论研究的守正创新。

面对新时代对思想理论提出的新要求，北大将始终坚持正确办学方向，用当代中国的马克思主义、21世纪的马克思主义武装师生头脑，进一步加强马克思主义理论学科建设，深化青年学生对马克思主义历史必然性和科学真理性、理论意义和现实意义的认识，引导学生树立正确的价值观，"扣好人生第一粒扣子"，学会运用马克思主义立场观点方法观察世界、分析世界，真正认清中国和世界发展大势，深刻感悟马克思主义的真理力量。

在这里，我还要特别强调对五四运动和五四精神的研究阐释，这是北大马克思主义学科乃至整个文科建设中的重点工作。学校决定成立五四运动研究中心，统筹全校各相关学科和专家学者的力量，全面加强北大与五四运动相关历史研究，积极做好五四文物的收集保护工作，认真整理五四历史文献，加强对五四运动历史意义、五四精神时代价值以及五四运动以来中国青年运动的研究，继续推进当代青年大学生成长成才规律研究、青年思想特征研究、高校学生思想政治工作研究，努力形成高质量的学术与理论成果。

第三，要挺立时代潮头，不断追求进步，勇于改革创新。

五四运动中，追求进步的青年和人们，开始用新的眼光看中国、看世界，他们冲破了落后传统，推动了中国社会向前发展。作为"常为新的、改进的运动的先锋"，"敢为天下先"的激情和勇气始终流淌在北大师生的血液之中。无论是在"五四""一二·九"等爱国运动中的先锋角色，还是改革开放初期"团结起来、振兴中华"的时代呐喊，都充分展现了北大追求进步的精神气质。在2018年中央表彰的100位改革先锋中，有11位北大教师和校友，他们树立了光辉的榜样。在新时代，北大更要勇于自我革新、始终奋斗向前，挺立在时代进步的潮头。

思想解放是社会进步的重要先导。121年来，北大一直是解放思想的先行者，我们要勇立时代潮头、争做时代先锋，进一步加强中西融汇、古今贯通、文理结合，以更多新思想、新理念激发全社会文化创新、思想进步的活力，为中国经济社会的发展进步提供更多的新知识、新理论、新方案。

学校正在全面深化综合改革，改革就必须有攻坚克难的勇气、锐气、朝气。一切视探索尝试为畏途、一切把负重前行当吃亏、一切"躲进小楼成一统"逃避责任的思想和行为，都是要不得的，都是成不了事的。在教育改革中，我们要继续走在前列，紧紧围绕立德树人根本任务，加快构建充满活力、富有效率、更加开放、有利于学校科学发展的体制机制，当好教育改革排头兵。

开放带来进步，封闭必然落后。作为国家对外开放的一扇重要窗口，近年来，北大积极响应国家"一带一路"倡议，大力建设南南合作与发展学院、燕京学堂、"一带一路"书院等重点项目，设立"学生海外学习专项基金"，加强同世界各国高校的交流合作。今后，我们要继续以开放包容的姿态和宽广的国际视野，将自身发展深度嵌入世界知识生产的宏大体系中，促进人类文明在交流互鉴中更加丰富、更加多彩。

第四，要弘扬永久奋斗的传统，扎根中国大地办大学，力争早日进入世界一流大学前列。

中国的现代高等教育起步较晚，到五四前后，北大才不过有20年的历史。五四前夕的1918年，蔡元培先生提出，中国的大学要急起直追，和柏林大学、洪堡大学等"平行发展"，表达了建成世界一流水平的雄心壮志，而且他还认为"进化之例，愈后而速率愈增"，北大是可以后来居上的。

当时的北大，汇聚了一批中国最优秀的学者和学生，但由于历史局限、国势衰微，学校的发展受到很大限制，也不可能达到世界先进水平。据1918年的统计，当时北大共有教职员217人，其中教授90人；学生1980人，其中研究生148人——这就是老北大的"家底儿"。而截至1921年，全中国专科以上学校的学生总数不过20,000多人。

历经一个世纪的艰苦奋斗，今天的北大有在校学生44,729人、教职工11,337人，其中中国科学院院士78人、中国工程院院士18人。有21个学科进入ESI全球前1%的行列，21个学科在第四轮全国学科评估中被评为A+，41个学科进入一流学科建设名单。在体现基础前沿领域科研水平的自然指数排名中，北大位列全球第6位。学校整体上已经达到了世界一流水平。

抚今追昔，我们既要铭记前辈们筚路蓝缕的开辟之功，更要增强办学自信，保持战略定力，为实现几代北大人的梦想而不懈奋斗。和100年前相比，今天的北大，办学条件好了几十倍、几百倍，但奋斗精神一点不能少，永久奋斗的好传统一点不能丢。而且我们要牢记，奋斗不只是响亮的口号，世界一流大学也不是喊出来的，必须埋头苦干，在劈波斩浪中开拓前进，在披荆斩棘中开辟天地，在攻坚克难中创造奇迹。

今天的北大师生，将以什么来告慰五四时期的先贤？首先就是要持续加快"双一流"建设，使学校的办学实力和国际影响力大幅跃升，力争早日居于世界一流大学前列。

北大的发展必须始终深深扎根于中国大地。我们要继续虚心向所有的世界一流大学学习，借鉴先进经验，更要遵循教育规律，实现内涵式发展，聚精神办好自己的事情，坚定不移走自己的路，提出和建立中国特色社会主义的高等教育理论体系，在世界高等教育大变革的时代发出中国声音、贡献中国智慧。

第五，要落实新时代党的青年工作方针，培养德智体美劳全面发展的社会主义建设者和接班人。

习近平总书记强调，青年是整个社会力量中最积极、最有生气的力量，国家的希望在青年，民族的未来在青年。

培养社会主义合格建设者和可靠接班人，培养一代又一代拥护中国共产党领导和我国社会主义制度、立志为中国特色社会主义奋斗终身的有用人才，是我国教育的根本任务，也是北大最核心的使命。

高校的教育教学工作、思想政治工作等各项工作，本质都是青年工作。做好青年工作，是北大党委的重大政治责任和办学的战略任务。我们将按照总书记的要求，全面贯彻新时代党的青年工作方针，坚持立德树人，充分信任青年、热情关心青年、严格要求青年，关注青年愿望、帮助青年发展、支持青年创新，做好青年大学生的知心人和引路人。

要继续把思想政治工作贯穿教育教学全过程，把五四精神熔铸进青年灵魂，进一步做好学生工作。要走近青年、深入青年，充分尊重青年的天性和特点，倾听同学们的心声，真情关心、关爱学生，关注同学们的所思、所忧、所盼，为大家创造更好的学习生活环境和发展空间，让同学们能够静心学习，充分施展才华。

要按照"德才均备、体魄健全"的育人理念，构建"三全育人"体系，将学校的全部资源和精力都聚焦到立德树人上来。继续植根于中华文明的深厚土壤、面向国家对高素质人才的需求、瞄准国际高等教育的最高水准，深化教育教学改革，努力构建更加完善的人才培养体系。

今天的北大青年，担负着历史的重任。跨越一个世纪，民族复兴的接力棒已经交到了新时代青年的手中。今天在校学习的大学生，就是实现"两个一百年"奋斗目标的生力军、主力军。我们国家能不能成功实现历史性的跨越，能不能实现"中国梦"，关键要看青年一代。

同学们处在中华民族发展的最好时期，既面临着难得的建功立业的人生际遇，也面临着"天将降大任于斯人"的时代使命。希望大家按照总书记提出的六点要求，树立远大理想、热爱伟大祖国、担当时代责任、勇于砥砺奋斗、练就过硬本领、锤炼品德修为，把五四精神发扬光大，不辜负党的期望、人民期待、民族重托，不辜负我们这个伟大时代。希望大家认真学国家最需要的本领，将来走上国家最需要的岗位、干国家最需要的事业，把自己的"小我"融入祖国的"大我"、人民的"大我"之中，与时代同步伐、与人民共命运，做新时代的"追梦人""圆梦人"。

老师们、同学们，

五四运动是一首青春的赞歌，五四精神是青春力量的源泉。走过121年风雨历程的北大，在世界大学之林中仍然是比较年轻的，我们的前途光明远大，我们的使命无比光荣！学校党委号召，全校师生始终保持蓬勃向前的朝气和奋发向上的活力，高举五四旗帜、传承五四薪火、发扬五四精神，以青春之我、奋斗之我，建设永远青春的国家、永远向上的民族，不断谱写无愧于前辈、无愧于时代的青春之歌！

坚守立德树人的初心和使命　创建中国特色世界一流大学

《光明日报》（2019年10月31日05版）

邱水平

以加强党的政治建设强化党的全面领导

北京大学是党领导下的社会主义大学，马克思主义是社会主义大学最鲜亮的底色。学校党委以主题教育为契机，坚决贯彻党的教育方针，培养中国特色社会主义的坚定信仰者和忠诚实践者。

在把稳政治方向、坚定政治信仰上下功夫。要把准方向，就必须学通弄懂做实习近平新时代中国特色社会主义思想，努力掌握贯穿这一科学理论中的马克思主义立场、观点、方法，以理论上的清醒保证政治上的坚定，以坚定的理想信仰团结师生员工营造干事创业的火热氛围，为创建中国特色世界一流大学，实现民族复兴的伟大梦想作出新贡献。

在强化政治领导、提高政治能力上下功夫。"办好我国高等教育，必须坚持党的领导，牢牢掌握党对高校工作的领导权，使高校成为坚持党的领导的坚强阵地。"党对高校的领导是具体的、实在的。强化党的全面领导，关键是始终坚持和完善党委领导下的校长负责制，把党的领导贯穿到办学治校全过程，推动党的领导往基层扎、往深里扎。

在永葆政治本色、涵养政治生态上下功夫。习近平总书记指出："中国共产党的主要创始人和一些早期著名活动家，正是在北大工作或学习期间开始阅读马克思主义著作、传播马克思主义的，并推动了中国共产党的建立。这是北大的骄傲，也是北大的光荣。"在北大开展主题教育，就是要传承红色基因，牢记初心使命，发扬光荣传统，把"四个服务"作为办学治校的出发点和落脚点，把"四个自信"转化为建设中国特色世界一流大学的自信，努力营造积极向上、干事创业、风清气正的良好政治生态。

以加强党的政治建设打造高素质师资人才队伍

教师队伍素质直接决定大学办学能力和水平。目前，学校有中科院院士76人、工程院院士16人，高端人才入选者75人，青年高端人才入选者193人，国家杰青274人，长江特聘教授182人、讲座教授36人，青年长江学者52人，形成了一支具有国际竞争力的师资人才队伍，向着世界一流水平迈进。

坚持"教育者先受教育"，锤炼过硬的政治素质。学校党委切实加强教师党支部组织力和凝聚力，发挥教师党员先锋作用。目前北大教师党支部书记"双带头人"比例已经超过95%。抓好马克思主义理论教育，引导教师树立正确的历史观、民族观、国家观、文化观，更好担起学生健康成长指导者和引路人的责任。

坚持师德师风第一标准，追求高超的育人水平。引导广大教师把教书育人和自我修养结合起来，做到以德立身、以德立学、以德施教、以德育德。大力弘扬科学家精神，特别是勇攀高峰、敢为人先的创新精神，追求真理、严谨治学的求实精神，淡泊名利、潜心研究的奉献精神，集智攻关、团结协作的协同精神，甘为人梯、奖掖后学的育人精神，培育和巩固良好的校风学风。

坚持服务国家战略方向，锻造精湛的业务能力。引导广大教师面向世界科技前沿，深化原始创新、源头创新、自主创新，加强对关键共性技术、前沿引领技术、现代工程技术、颠覆性技术的攻关，为国家解决"卡脖子"难题作出更多突破性贡献。积极研究发展的关键时期、改革的攻坚时期和社会的转型时期亟待解答的突出问题，创立新理论，提出新建议。

以加强党的政治建设完善高水平人才培养体系

北京大学始终把思政工作贯穿人才培养全过程，培育"社会发展、知识积累、文化传承、国家存续、制度运行所要求的人"。在主题教育中夯实学生对马克思主义的信仰、对中国特色社会主义的信念、对中华民族伟大复兴中国梦的信心。

将马克思主义学科优势转化为铸魂育人优势。加强思政课改革创新，积极开展习近平新时代中国特色社会主义思想"三进"工作，强化对学生的政治引领。发挥"课程思政"育人价值，把道理讲深、讲透、讲活，引导学生正确认识当今时代、当今中国、当今世界，真正认同我们的道路、理解我们的理论、拥护我们的制度、热爱我们的文化，使政治信仰立起来、强起来。

将思想政治工作优势转化为立德树人优势。讲好"开学第一课"、创设"双班主任"制，引导青年学生"勤学、修德、明辨、笃实""爱国、励志、求真、力行"，自觉践行社会主义核心价值观。结合学生实际探索有效的教育方法，构建全员全过程全方位的育人体系。更加注重实践育人，让学生多读"国情"书、"基层"书、"群众"书，能够理性分析现实问题，融入社会发展主流。坚持以美育人、以文化人，发扬"完全人格，首在体育"的育人理念，培养学生劳动精神，引导学生健全人格、提升素养。

将新兴交叉学科优势转化为人才培养优势。顺应学科发展既高度细化又高度综合的趋势，推动各学科深度融合，实现基础学科与应用学科协同发展，形成优势叠加效应。进一步优化跨学科、整体性人才培养体系，打破专业、学科、院系、学部的边界，扩大学生自主选择空间，引导学生自主构建跨学科、跨专业、跨领域的知识体系。通过讨论班、读书班、混合式教学等，提升学生自主学习新知识的能力。

习近平总书记指出，"今天，党和国家事业发展对高等教育的需要，对科学知识和优秀人才的需要，比以往任何时候都更为迫切"。只有加强党的政治建设，"双一流"建设的方向才能更加明确、更加坚定，才能更加自觉地与党和国家的重大战略对接、与人民的需求和企盼一致，将世界上"第一个北大"建设好。

北大将继续以钉钉子精神打好高校党的政治建设攻坚战，传承红色基因，发扬光荣传统，坚守教育报国的初心，为办好人民满意的高等教育而不懈努力。弘扬担当精神，以服务国家战略为根本导向，增强立德树人的使命感责任感，全心全意培养社会主义建设者和接班人。增强战略思维，以习近平新时代中国特色社会主义思想为根本遵循，坚持问题导向，继续深化综合改革，推进内涵式发展。树立标杆意识，把初心使命化为党员干部师生改革创新的精气神和埋头苦干的自觉行动，扎实做好"三项基础性工作"，全面开启北京大学"双一流"建设的新征程。

在北京大学本科教育工作会议上的讲话

（2019年4月2日）

郝 平

各位老师：

今年是"本科教学质量提升年"。全面加强本科教学是今年工作的重中之重。2018年，党中央召开了新时代首次全国教育大会，教育部召开了改革开放40年来首次全国本科教育工作会议，这两个会议都强调了提高本科教育质量的问题。特别是全国本科教育工作会议，提出了以下明确要求：校长争当"本科校长"，教师的精力首先在本科集中，学校的资源首先在本科配置，教学条件首先满足本科教学需要，创新首先在本科推进，核心竞争力和教学质量要首先在本科显现，发展战略和办学理念要首先在本科实践，核心价值体系要首先在本科确立。

这些要求充分体现了本科教育的重要性。人才培养是大学的立命之本。我们要把本科教育放在人才培养的核心地位、教育教学的基础地位、新时代教育发展的前沿地位，把人才培养的质量和效果作为检验大学一切工作的根本标准。

一直以来，学校高度重视本科教育，始终把本科教育放在核心地位。1988年，北大在全国率先启动本科教学改革，提出了"加强基础、淡化专业、因材施教、分流培养"的十六字方针，这十六字方针大体上奠定了此后30年学校本科教学改革的基本思路，奠定了学校创建世界一流大学发展的基础。

第一，调整了传统的专业教育模式，建立了"通识教育与专业教育相结合"的本科教育体系。

第二，建设了一批有特色、高质量的跨学科本科课程组、项目和专业，搭建了开放、灵活、共享的教学平台。

第三，鼓励以发现和探索为中心的教学模式，通过自主学习、课堂研讨、小组学习、实践教学等多种途径，激发了学生能动性和创造力。

第四，进一步改进教师评价和激励机制，推进资源分配与人才培养、教学科研紧密结合。

第五，涌现出了一批师德师风、医德医风方面的先进典型，如王选、孟二冬、丁秀兰、刘浦江、李小凡等，体现了北大教师勤奋、严谨、求实、创新的优良学风和传统。

经过多年来的不懈努力，我们取得的成绩是显著的。不久前，哈佛、剑桥两校校长来我校演讲，同学们精彩的提问互动得到他们的高度评价，也从另一个侧面说明了这一点。成绩的取得离不开各院系、各部门、全体教职工的共同努力和辛勤付出。我代表学校，向大家表示衷心感谢。

各位老师，

为了准备好这次会议，学校召开了师生座谈会，相关职能部门和院系对本科教育、本科教学进行总结与反思。

这次会议，学校制定出台了《深化本科教学改革实施方案》《教师本科教学工作量核算的指导意见》《关于推进高水平教材建设的指导意见》《本科课程教学质量评估指导意见》和《班主任队伍建设实施办法》等一系列制度文件，学校希望通过这次会议，征求大家意见建议，并在此基础上下发执行。

下面，我就本科教育工作的几个关键问题提几点意见，供大家参考。

一、坚持办学正确政治方向，把立德树人贯穿到人才培养全过程

大学最核心的使命就是立德树人，就是培养人才。去年5月2日，习近平总书记在北大师生座谈会上强调，**要把立德树人的成效作为检验学校一切工作的根本标准，真正做到以文化人、以德育人，不断提高学生思想水平、政治觉悟、道德品质、文化素养，做到明大德、守公德、严私德**。我们要坚持办学正确政治方向，就必须全面贯彻党的教育方针，培养德智体美劳全面发展的社会主义建设者和接班人。这是我们思考和谋划工作的出发点，也是必须牢牢把握的政治方向。

思想政治理论课是落实立德树人根本任务的关键课程，我们必须办好思想政治理论课，用新时代中国特色社会主义思想

铸魂育人，引导学生增强中国特色社会主义道路自信、理论自信、制度自信、文化自信。

全体教师不仅是知识的传授者，还应该是学生成长成才的辅导者、培育者。要充分用好各学科、各院系的学术资源，实现"思政课程"与"课程育人"的有效融合，切实把育人工作融入知识传授之中。城市与环境学院的韩茂莉教授，连续20年主讲核心通选课《中国历史地理》。她不仅传授知识，还向学生传递担负起国家未来职责的理念，深受学生的喜爱，这门课也被评为国家精品课。

二、培养德智体美劳全面发展的社会主义建设者和接班人，做到六个"紧密结合"

学校的第十三次党代会和年初召开的"双代会"上，都提到了"德才均备、体魄健全"的人才培养目标，这个论述基本上明晰了与学校精神文化、发展愿景相匹配的人才培养定位。

我们围绕学校人才培养目标，提升本科教育质量，需要更加坚定地做到六个"紧密结合"。即，德与才紧密结合、体与魄紧密结合、知与行紧密结合、传承与创新紧密结合、志向远大与脚踏实地紧密结合、个性发展与责任担当紧密结合。

医学部在这方面也有非常好的探索。最近，医学部刚刚召开本科教育教学工作研讨会。启敏同志、玉村同志都做了很好的讲话。可以看出，北大医学本科教学改革方向明确、思路清晰、力度很大。培养卓越医学人才，不仅需要专业知识和技能，还需要厚重的人文情怀，熟悉伦理法律，善于交流沟通。北大医学贯彻全人教育思想，秉持"厚道"精神，坚定教育教学一体化、为人为学相统一的教育理念，以胜任力为导向，很好地阐释了北大的人才培养理念。

下一阶段，我们的工作要坚持立德树人这一根本任务，促进学生的全面发展，各项工作任务非常艰巨。

三、突出本科教学中心地位，夯实人才培养基础

提升本科教育质量，改革创新是实现路径，改进评价体系是前进动力。我们要坚持以学生成长为中心办教育，以教育质量为导向评价教育。

第一，要加强课程建设，打造更多优质的"金课"。我们要全面梳理各门课程的教学大纲、培养方案、教学内容、考核方式，科学规划本院系、本专业的课程体系。对学生反映问题比较大的课程要及时跟进调查并加以改进，让同学们在课堂中能够学到真东西、真本领。

在此基础上，各院系要统筹学科建设与课程建设，打造一批具有创新性和挑战性的"金课"，拓展课程深度，创新授课方法，提高课程质量，培养学生处理复杂问题的综合能力。

第二，进一步加强教学管理，改革考核机制，严肃学风、考风，严把出口关，提升本科人才培养质量。

以本为本，本科教育是双一流建设的基础。没有一流的本科教育，就不可能建设世界一流的大学。要处理好本科专业与修读双学位、辅修的关系。这方面的比例一直比较高，在有的专业也比较集中。我们既要肯定学生的学习热情，又要防止盲目跟风，引导学生树立正确的专业学习观。近几年，学校推动主修课程和双学位、辅修课程的同质管理，一起上课、一起考核，一个标准，起到了明显效果。下一阶段要进一步完善第二学位的选修规定。

要严管校纪校风。严肃处理抄袭、伪造、篡改、代写、买卖毕业论文等违纪问题，确保本科毕业论文（设计）质量。

第三，要抓好考核评价，改进教学评价机制，积极运用课程评价结果。课程评价是提升教育教学质量的重要手段，但是分数不是唯一标准，不能够说明所有问题。有些大学，学生对所选课程只提建议，不打分数。"唯分数"可能会造成一些问题，我们要认真思考和改进这项工作。

建立健全多元主体参与的教学评价机制，不仅是学生，也要让其他教师真正参与进来，要更加重视过程性、动态性评价，及时发现、反馈并调整教学过程中的问题。帮助青年教师提高教学质量。

第四，要加强教材建设，为教师编写教材提供激励和支持。2000年以来，学校累计资助近千项教材编写项目，一大批教材入选国家级规划教材和精品教材。

比如，姜伯驹院士、张继平教授牵头的数学教学系列教材，从2002年启动至今，已有40多位老师参与，累计出版教材36本。其中，《同调论》《数学分析》《数值分析》《复分析导引》等获评北京市精品教材，在学科建设和人才培养中发挥了重要作用。

但是，我们仍然存在教材编写激励机制不完善，部分教师编写教材积极性不高等问题。

人事部、教务部等部门要积极研究教材问题，加强政策支持和经费保障，加大对教材编写的考核与激励力度。要鼓励教师特别是高水平教师投入教材编写，把学术优势转化为教学优势。各院系、各学科要制定本领域内的教材出版计划，组织团队力量，推进实施。

第五，要加强基础设施建设，为教育教学创造良好条件。北大空间资源比较紧张，在师生活动空间方面有不少短板。校

本部共 332 间教室、24,508 个座位，其中小班研讨教室只有 73 间，占 22%；智慧型教室也很稀缺。很多大学已经在这方面走到了北大前面。比如四川大学，25 人以下规模的课堂占教室总数的 71%，智慧型教室占 81%。我们要尽可能更新改造教学基础设施，增加中小班研讨教室和智慧型教室的数量。

四、进一步理顺体制机制，深化教育综合改革

我们要坚持以提高质量为核心，继续深化本科教育综合改革，通过体制机制创新，推动本科教育再上新台阶。

第一，院系要真正把本科教学工作作为最重要的工作来抓，建立院系统筹协调课程体系建设的体制机制。 学校教务部等部门制定的关于本科教学工作的政策，最终要靠院系来推动落实。几年前，学校已将教学情况作为院系年度绩效考核最重要的指标，占比调整到了 50%，现在看，政策并未达到预期的效果。今后，各院系要细化本科教育的具体支持措施，体现育人优先的导向。

要注重发挥院系在专业课程建设中的作用。当前，专业课程体系如何建设，是各院系面临的一个很大的挑战。如有的专业基础课、限选课、选修课存在设置不合理、课程内容重复、相互衔接不畅等问题。同时，新知识、新成果的不断涌现也对专业课程讲授内容和方式的革新提出了要求。要发挥好院系教学指导委员会的作用，组织开展对专业课程的研究，对于该开设哪些课程、每门课程该讲授哪些内容进行论证，及时做出调整，整体提升专业课程水平。

第二，要加强本科生班主任和导师制度建设。 本科是人生成长的重要阶段，既需要通过课堂学习积累知识、培养能力，也需要在课外得到老师的指导，包括学业发展、职业规划等实际问题，老师的一言一行甚至影响学生的一生。今后，我们还要加大对教师课外指导学生的支持力度，本科班主任和导师制度就是重要抓手。

学工部起草的文件非常重要。学校党政班子、院系领导要带头兼任班主任，学校机关干部下到院系兼任辅导员和班主任，学校给予一定的经费支持。院系可以根据自身特点，设计符合本学院特色的班主任工作方案，也可以试行双班主任制，把教书育人工作落到实处。目前，物理学院已经制定了自己的班主任制度建设方案，由资深教师担任班主任，并由班主任提名辅导员人选，明确班主任的主要责任。学校相关部门要抓紧研究政策，将教师担任班主任等在课堂外开展育人工作的情况纳入教育教学工作量。

近年来，一些院系出台实施了多样化的新生导师、学业导师、实践导师制度，拓展了师生交流的维度。学校鼓励各院系根据学科的不同特点，设置本科生导师，使老师们在课堂教学之外，与学生有更多的交流沟通，真正发挥"引路人"的作用。

第三，要构建和谐密切的师生关系。 让老师和学生在理解、信任、交流、互动中开展"教"与"学"的活动，才能最大限度地提升教学质量，达成我们的育人目标。和谐密切的师生关系应该有多种形态，但最基本的，教师应该是学生人格上的表率、专业上的向导和生活中的益友。

一些跨学科项目，在密切师生联系、促进师生交流方面做了很好探索。比如古典语文学项目，思想与社会项目，组织读书会等活动，打造了有温度、有人气的师生大家庭，值得各院系参考借鉴。

另一方面，学生也要对老师给予尊重和理解，不能认为老师所有的付出都是理所应当，更不能在共同面对一些困难时，把老师和学生对立起来。

第四，学校各有关单位要从制度上进一步加大对本科教育工作的支持，建立长效机制。 我们要把本科教育作为"双一流"建设的重要内容，继续加大资金投入。要鼓励教师把更多的时间精力投入本科教学工作中，为那些热爱本科教学、教学成果受到师生广泛肯定的老师提供个人发展的通道。要在校园规划中加大对本科教育的支持力度，改善学习环境。提供更好的住宿、餐饮、网络等后勤保障，提升服务的便捷性和亲和力。

老师们，长期以来，我校本科教育的很多先进做法开国内高校之先河，近年来又积极借鉴吸收世界一流大学的成功经验，本科教学改革卓有成效。希望老师们以本次会议为契机，凝聚共识，坚持"以本为本"，推进"四个回归"，为建设世界一流的本科教育而不懈努力。

谢谢大家！

（文章有删节）

在北京大学科技创新大会上的讲话

(2019年4月27日)

郝 平

各位老师：

刚才，科技部、教育部、国家自然科学基金委和北京市科委的领导同志发表了重要讲话，充分肯定了我校在科研方面取得的成绩，对下一步我校科技创新事业的发展提出了新的要求。

近年来，我们面向世界科技前沿、面向国民经济主战场、面向国家重大需求，持续完善学科体系，不断提升科技创新能力，取得了突出的成就，主要有以下几方面：

一是取得了以"北大燕云""化学小分子重编程干细胞""单细胞测序""碳基集成电路"等为代表的一系列重大科研成果。近五年有50多项成果发表在《科学》《自然》《细胞》三大著名杂志。最新自然指数排名全球高校第6位，居国内高校之首。

二是建成了系统化、多层次的创新平台。拥有1个国家研究中心，18个国家级重点实验室、工程研究中心和工程实验室，以及临床研究中心。量子物质科学协同创新中心、纳光电子前沿科学中心通过首批认定。牵头建设"多模态跨尺度生物医学成像"等大科学设施，建设高精尖中心、北京新型研发机构、怀柔交叉研究平台等。

三是发挥基础研究的传统优势，在自由探索的同时，加强有组织的科研，国家自然科学基金项目和经费数量全国领先。近三年牵头国家重点研发计划项目80项、承担课题320余项，位居全国高校前列。

四是聚集了一批高水平人才和科研团队。近五年共有67人获得国家杰出青年科学基金项目资助，累计258人，位居全国之首，培养造就了一批优秀的学科带头人。历年共获批国家自然科学基金创新研究群体项目43个，高居全国首位，成为凝练研究方向的着力点，形成了团队攻关的新形态。

五是承担了"微型化双光子荧光显微镜""飞秒-纳米时空分辨光学实验系统"等多项国家重大仪器研制项目，不断提升科研仪器自主创新能力。

还有很多成绩，因为时间关系就不一一列举了。这些成绩的取得，离不开各院系、职能部门和全体师生的共同努力。在这里，向大家表示衷心的感谢！

各位老师，在肯定成绩的同时，我们也必须清醒认识到，与国家的期待和"双一流"建设的目标相比，我们还存在一些差距、问题和挑战：

一是学术上有"高原"，但能够引领学科和社会发展的标志性成果和"高峰"还不多；

二是一些基础学科的优势被削弱，部分学科领域缺少领军人物，队伍结构有待完善；

三是对于组建联合攻关的"大团队"、开展面向国家重大需求的大项目不够重视，比较习惯单兵作战；

四是重点科研创新基地的战略支柱作用尚未得到有效发挥；

五是资源环境容量已达到"饱和点"，资源合理配置和有效利用的机制亟待完善，没有充分实现内涵式发展。

各位老师，今年是五四运动一百周年。五四运动是北大精神和光荣传统的重要源流。召开科技创新大会，就是要纪念五四运动、发扬五四精神，就是要在新时代重新喊响"赛先生"。特别是面对新形势、新任务和新挑战，我们更要传承"爱国、进步、民主、科学"的光荣传统，提高危机意识、忧患意识、竞争意识，增强改革的决心和魄力。下面我就下一阶段的科技创新工作，谈几点意见。

一、构建基础更扎实、交叉更深入的学科体系，积极培育新的学科增长点

当今时代的许多新问题、新情况高度复杂，必须把不同学科的理论、工具、方法等有机统一起来，才能在科技和社会前沿问题上实现颠覆性创新，取得重大突破。

第一，夯实基础学科。基础学科是立校之本，所有的创新性研究都要有深厚的基础学科作为根基。

学校将继续瞄准世界科技前沿，做好基础学科布局，发挥院系在基础学科建设中的基础性作用。在资源分配和评价机制方面，向长期性、基础性研究适当倾斜，营造更加宽松自由的学术氛围。

第二，促进交叉融合。重大原始创新成果往往产生于学科交叉地带。我们要鼓励自然科学、工程科学、医学、人文社会科学之间的交叉融合，构建网络化学科结构，培育新的学科增长点。在功能材料、先进制造、机器人等国家重大需求领域，要加强布局。学校相关职能部门要从人才培养、学术评价、资源提供等方面，为学科交叉提供充分的体制机制保障，积极培育重大科技创新成果。

我们也要以"临床医学+X"为抓手，促进医学与生命科学、信息科学、化学、物理、材料、工程学、人文等学科的高度融合，充分释放创新要素活力，提升北大医学整体实力。

最近，学校与中国科协合作，整合校本部、医学部师资力量，成立了科学技术与医学史系，推进科学技术与人文社会科学的融合。同时，面向本科生开设通识课程和辅修学位，培养学生的科学素养、科学思维和科学精神，引导从多学科视角深入研究探讨科技与人类社会发展的重大问题。

二、加强师资人才队伍建设，推进有组织的科研，切实发挥好重点科研创新基地的孵化作用

党中央确定了我国科技面向2030年的长远战略，提出要建设一批重大科技项目。我们要结合自身学科特点，提早规划布局，充分调动现有的人、财、物资源，深度参与国家重大科技项目。

第一，培养一批高水平的学科带头人。一流的学科和一流的科研，离不开一流的学者和一流的团队。学校下一步要坚持"引育并举"，加快引进和培育一批活跃在国际学术前沿、满足国家重大战略需求的一流科学家和学科领军人才。

第二，加强专职科研人员队伍建设。与兄弟高校相比，我们在专职科研队伍规模上有较大差距。整体上体量偏小，待遇偏低，发展路径也不够清晰。

我们要探索实施《北京大学加强理工科专职研究人员队伍建设试点方案》，创新人事体制，鼓励发展高水平合同制研究人员队伍，适度扩大优秀博士后的规模。

人事部等相关职能部门要统筹研究考虑，打破编制概念，提供竞争性的薪酬和福利待遇，支持部分试点机构学术带头人聘用劳动合同制的专职研究人员。要鼓励联合聘任和集群聘任等基于学科自身特点的多样化人才聘任方式。医学部可以探索临床医生校内兼聘和临床人员参与科研等新型人才使用机制。

第三，加强科研团队建设。大科学时代最显著的特点之一，就是科研工作趋于团队化、组织化。美国博德研究所研制的新型"碱基编辑器"是2017年全球十大科学突破之一，这个项目的团队包括了7个PI小组、10名研究人员、3名行政主管，团队规模非常可观。

对于北大而言，要平衡好"大团队"和"小团队"的关系，既要为"小团队"创造宽松的环境，也要鼓励"大团队"的成长。

我们要以国家重大科技需求为牵引，调整资源配置方式，支持院系和教师在一些重点前沿领域组建一流的创新大团队，在研究生指标、人才引进、考核评价等方面给予必要的资源倾斜。

第四，加强科研创新基地建设。重点科研创新基地是学校落实创新驱动发展战略和加快"双一流"建设的战略支柱。近年来新增的各类人才计划数量、项目和经费数量、论文发表数量和成果获奖数量，基地都占全校的65%以上。

学校专门出台《关于加强北京大学理工科重点科研创新基地建设的若干措施》，着力发挥基地平台在重大科技创新、高水平团队建设、国际学术交流等方面的引领示范作用。

第五，拓展高水平、实质性的国际合作。酝酿培育国际大科学计划和大科学工程。结合《高校科技创新服务"一带一路"倡议行动计划》，联合建设实验室和创新平台，打造国际化团队和人才队伍，促进国际化资源整合与共享。最近，学校成立了国际合作委员会，推出了国际发展战略。

三、创新科研体制机制，促进科技成果转化，深化产学研用协同合作

近年来，我校在科技成果转移转化方面做出了不少有益尝试，在校企联合研发平台、校地科技合作平台、制度建设等方面取得了一些突出成绩。

然而，目前我校科技成果供给与社会需求之间还有一定差距，科研成果转化率不高。这也是全国高校和科研院所的"通病"。

我们要进一步完善科技成果转化的机制保障，研究增加成果转化、产业化绩效等指标在现有评价体系中的比重，建设北大特色的科技成果转化生态体系。

就目前我国国情来看，民办非企业单位、"研发代工"可能是产学研用协同创新领域比较高效的模式之一。企业提供稳定的研发经费，并把自己的研发中心建在高校、科研院所等研究机构里，由专业科研人员负责运行。

最近，我们与广东深圳合作，建立了鹏城实验室、深圳湾实验室等。与江苏合作，建立了分子工程苏南研究院。在北京，也已成立了石墨烯研究院、大数据研究院、脑科学与类脑研究中心等多家市校合作的科技创新平台。北大还牵头建设北京协同创新研究院。前不久，北京市市长陈吉宁等领导同志视察了研究院，提出了明确的工作要求。

今后，学校将进一步加强上述研究院、研究中心的服务、支持与管理，充分发挥这些平台在打通产学研用全链条方面的重要作用。同时，科技开发部等部门，要坚持合理回报与风险可控，加强学校承担或参与建设的新型研发机构的管理，确保该类机构规范、健康、可持续发展。

下一阶段，我们要探索设置更多新型研发机构的可能性，鼓励开展"研发代工"，并从政策上予以支持。未来还可以考虑主动出击、在一线城市探索建设"研发代工"示范区。

另外，还要推进科技与金融相结合，深化与北京市科创母基金合作，组建北大科技成果转化基金，助力学校科技成果转化。

四、坚持立德树人根本任务，推进教育教学改革，将科研优势转化为育人优势

从培养人、教育人的目的出发，科研与教学实际上是相辅相成的，不能割裂来看，更不能对立来做。

在培养学生创造性思维的过程中，有必要将最新、最有生命力的学术思想和研究成果，推广到课堂教学和各类教学实践中去。在4月初召开的本科教育大会上，我们已经提出，要鼓励教师参与教材编写，尤其要吸纳重大科技项目专家和团队，推动科研成果入教材，提高教材质量。

教务部要继续抓好本科生科研项目的管理服务工作，推动研究资源的开放与共享，让学生在科研项目中强化专业知识、积累科研经验。研究生院、各院系要充分发挥研究生在科学研究中的作用，完善制定培养方案，引导他们在重大科技创新项目中独立思考、解决问题。

学术论文写作是博士研究生培养的重要环节，研究生院、各院系要抓紧研究，适时修订研究生培养管理规定，通过过程管理促进培养质量提升。

五、以"精细化"服务为导向，加强服务保障体系建设，提升管理服务水平

我们要把实现好、维护好、发展好师生的根本利益作为思考问题和开展工作的根本出发点，破除长期存在的体制机制障碍，为老师们创造更宽松、更有保障的发展环境，支撑科技创新事业的发展。

第一，加大激励力度。科研部门和各院系要深入研究同类研究项目组团申报的可能性，形成合力，扩大影响。近期，学校审议通过了《北京大学理工科科研奖励方案》，加大重大科技创新成果的奖励力度。对获得国家科技奖励、教育部或北京市科技奖励的个人或团队，授予"成果贡献奖"。对长期坚持探索前沿科学方向或核心科学问题的，以及近期取得国内外认可的重要科研进展的个人或团队，也考虑授予"成果培育奖"，最大限度地调动科研人员的积极性和创造性。同时，加强对优秀科研成果的宣传，增强科研人员的荣誉感。

第二，完善评价机制。人事部、学科办、科研部要落实好上级政策文件精神，纠正"唯论文、唯帽子、唯职称、唯学历、唯奖项"的倾向；根据不同学科、不同领域的特点，分类推进人才评价机制改革，营造潜心研究、追求卓越、风清气正的科研环境。

我们要系统梳理现有的各类管理评估活动，精简、整合一些重复性的评估项目，减轻过于频繁的评估对于科技创新事业的压力和干扰。要强化学术共同体意识，加强学术共同体建设，提升学术共同体在学术评价活动中的地位和作用。

基础研究和重大科技创新成果的产出，往往需要长期的积累、大量的试错，甚至坐很长时间的"冷板凳"。我们要保持足够耐心，突出中长期目标导向，适当延长基础研究、青年人才的考核周期。

第三，加强外国专家服务保障体系建设。引进国际人才，是提升办学国际化水平的重要途径，也是"双一流"建设和国际化战略的重要内容。近十年来，学校聘请的外国专家超过6000人次，其中诺奖得主、院士、顶尖学者等高层次外专比例已接近40%，7位外国专家先后获得中国政府"友谊奖"。

但是，由于现行制度的问题，来校工作的外国专家，无法便利地享受学校的教育、医疗、住房等保障资源，我们也就很难吸引他们"落地生根"。国际合作部、人事部、总务部、房地产管理部等相关部门，要认真研究外国专家的服务保障体系建设问题，提升北大对于优秀国际人才的吸引力。

第四，加强科研辅助队伍建设。学校近期发布了加强学术辅助人员队伍建设的制度文件，目的是为了把老师们从繁杂的

事务中解脱出来。目前,数学科学学院、考古文博学院等院系已经率先启动了学术辅助人员聘用工作。

各位老师,"第四次工业革命"方兴未艾,它正在以前所未有的方式改变着我们的生活,也深刻影响着大学的发展。国家深入实施创新驱动发展战略,优化科技事业发展总体布局,给北大科技创新事业带来了新的机遇,也提出了更高要求。各院系、各部门要立足自身特点,落实好本次大会精神,持续推进科技创新工作,为北京大学"双一流"建设作出更大贡献。

谢谢大家!

(文章有删节)

做永远向上的青年
——在 2019 年北京大学本科毕业典礼上的讲话

(2019 年 7 月 2 日)

郝 平

尊敬的各位来宾、各位老师,亲爱的 2019 届毕业生同学们:

大家上午好!

今天是一个值得我们铭记和珍藏的日子,我们又有 3621 名本科毕业生,即将从北大出发,走上新的人生旅程。这里,请允许我代表全校师生员工,向大家顺利完成学业并获得学士学位,表示衷心的祝贺!

过去的几年中,你们把自己的青春时光挥洒在这个校园里,学习知识、结识好友、增长才干。过往的校园生活和师生情谊都将成为你们一生中最美好的记忆。

今年是北大建校 121 周年。121 年前,在救亡图存的维新浪潮中,京师大学堂应运而生。从那以后,每当国家和民族遇到挫折和危难,北大和北大青年,总是以一股向上的力量,去振奋一个时代,点燃一份希望。今年还是五四运动 100 周年。100 年前,北大青年发起了五四爱国运动。"爱国、进步、民主、科学"成为一代代北大青年毕生追求和践行的信念。40 年前,北大青年学子喊响了"团结起来,振兴中华"的口号,为改革开放注入了青春与活力。去年 5 月 2 日,习近平总书记到北大考察,向学校师生员工祝贺建校 120 周年,"团结起来,振兴中华"的口号再次响彻校园。

同学们,每一代青年都有自己的际遇和机缘,国家需要青年,青年也将自己的命运与国家的命运紧密相连。鲁迅先生在《我观北大》一文中说,"北大是常为新的,改进的运动的先锋,要使中国向着好的,往上的道路走"。他设计的北大校徽,有一种很形象的比喻是,一个人用双肩奋力向上托举着两个人,三人为众,众志成城。

今天的北大青年,依然需要承担奋力向上托举的重任。所以,临别之际,我想送给大家的话,就是"做永远向上的青年"。"永远向上"是一种奋斗者的姿态,是执着追求的境界与持续努力的方向,更是一种价值观。

做永远向上的青年,要坚守立身处世的定力。

孙中山先生说:做人最大的事情,就是要知道怎么样爱国。对国家和民族怀有赤子之心、报国之志,是实现我们人生价值的最大定力。只有具备这样的定力,才能为国家和民族尽到自己的一份责任,贡献一份力量。

去年,我到延安看望选调生,一位 90 后的北大毕业生,主动请缨到贫困村工作。初春时节,为了给刚刚开花的苹果树保暖,让老乡们有一个好收成,他在山上坚守了三天三夜,老乡们伸出大拇指夸赞他是"好后生"。刚才,我们也通过视频了解了北大支教团的事迹。每年我们都有一批本科毕业生,到西部和边疆地区开展支教服务,这是北大的传统,已经坚持了 20 年。今天,你们中间又有一批同学接过了接力棒,到祖国的最基层去续写向上的青春篇章。

发明汉字激光照排系统的王选院士,临终前在遗嘱中写到:"我对国家的前途充满信心,21 世纪中叶,中国必将成为世界强国,我能够在有生之年为此作出一点贡献,已死而无憾了。"读来让我们为之动容。

同学们,北大人对祖国的热爱,流淌在 121 年的精神传承之中,是去不掉、断不了的血脉,是我们最强大的精神追求和永远向上的精神定力。

做永远向上的青年，要积蓄久久为功的动力。

有人说，这是一个浮躁的时代。浮躁，让有的人不再相信勤勤恳恳、默默无闻可以有所成就。但是在这里，我想和各位同学说的是，要相信"始终坚持"的力量，脚踏实地，一步一个脚印地前行。

西南联大时期，办学条件非常艰苦，学校缺少教材，著名物理学家、北大前校长周培源先生就亲自刻钢板，印制讲义。今天北大校史馆还保留着老校长当年亲自刻印的教材。

老校友屠呦呦是我国第一位在本土荣获诺贝尔生理学或医学奖的科学家。她成功的背后充满着艰辛。从上世纪60年代起，她带领团队调查了2000多种中草药制剂，经历了一次次实验失败后，她不气馁、不放弃，最终在第191次实验中获得了成功。

同学们在未来的事业中，都会面临一些困难与挑战。只有耐得住平凡，才能收获不平凡。只有在挫折面前坚强、坚持和坚守，才能积蓄久久为功的动力。

做永远向上的青年，要成为世界和平与发展的助力。

当今世界，如同一个五彩斑斓的拼图，各个国家、各个民族一起构成了多元的人类文明。人类社会形成了越来越紧密的命运共同体，面临着越来越复杂的困难、挑战与不确定性。

2013至2015年担任联合国教科文组织第37届大会主席的经历，让我对这些问题有了更加直观的感受。因为每一种文明都有其独特的魅力和深厚的底蕴。不同文明之间应该相互尊重，共同进步。

2018年，北大学生中共有84人次到国际组织实习或任职，4600多人次通过各级各类项目出国学习交流，此外还有长短期留学生7000多人。今天，他们当中的毕业生也来到了典礼现场。大学已经成为推动各国教育合作的重要桥梁和纽带。世界各地的优秀文化在北大相互交融，新科技、新思想、新知识在交流切磋中不断迸发。

我希望同学们树立广阔的国际视野，开放包容、交流协作，和而不同，保护文明的多样性，勇于面对人类社会共同的难题，培养与增强解决这些问题的能力。

做永远向上的青年，还要保持不断探索新知的学习力。

当前，以人工智能和大数据为标志的"第四次工业革命"，已经给这个时代带来了颠覆性的影响，信息和知识更新换代的速度大大加快。几年来，同学们在北大收获了很多学科领域的知识，但我认为更重要的收获，是持续学习、终身学习和勇于创新的意识和能力。

著名学者季羡林先生篇幅最大的一部学术著作是有关制糖历史的专著。我曾当面问过他，为什么会对这个问题产生兴趣？他说，"糖"这个字在西方各国的语言中都是外来语，来自梵文，反映了人类文化交流的历史。最终经过十几年的不懈努力，季老完成了《糖史》这部著作，时年已87岁高龄。北大还有很多老教授们，虽然已到退休年龄，依然从事着科学前沿领域的研究。老教师们尚且"志在千里"，我们更应该向他们学习。

学无止境。人类对于世界以至宇宙的探索和认知才刚刚开始。现代科学诞生不过几百年，探索航天技术不过几十年，这和地球年龄的46亿年、银河系年龄的一百多亿年相比，何异于沧海一粟。

希望同学们在今后的生活中，始终保持对新领域、新事物的求知欲和探索心，站在更高的高度、用整体和更广阔的视角，认识我们所处的这个星球，思考我们人类的前途和命运，心怀敬畏，勇于探索，只争朝夕。

一百年前，李大钊先生对青年讲："为世界进文明，为人类造幸福，以青春之我，创造青春之家庭，青春之国家，青春之民族，青春之人类，青春之地球，青春之宇宙，资以乐其无涯之生。"

两个月前，习近平总书记在纪念五四运动一百周年大会上指出："青年是整个社会力量中最积极、最有生气的力量，国家的希望在青年，民族的未来在青年。"

青年朋友们：

你们即将从北京大学毕业，拥抱伟大时代、走向广阔天地。今天，国家发展，正当其时，希望你们成为中华民族伟大复兴的追梦人和奋斗者。我衷心祝福大家在未来的学习、工作和生活中，健康快乐，永远向上，前程远大！

谢谢大家！

涵育家国情怀 投身伟大时代
——在 2019 年北京大学新生开学典礼上的讲话

（2019 年 9 月 6 日）

郝 平

同学们：

今天是大家值得铭记一生的重要日子，我们相聚在美丽的燕园。这是人生的转折点，更是追求梦想的新起点。首先，我代表学校全体师生员工，向各位新同学表示最热烈的欢迎和最诚挚的祝贺！

中文系的谢冕先生曾说过："一旦佩戴上了北大校徽，每个人顿时便有被选择的庄严感，因为这是一块圣地，百余年来中国社会的痛苦和追求，都在这里得到集聚和呈现。"从走进北大校门的这一刻起，你们的人生就与祖国的命运更紧密地联系在了一起。

121 年前，北大诞生于民族危难之际。从建校第一天起，北大就被赋予了救亡图存、兴学图强的使命，承载着推动民族复兴的历史重任。

100 年前，北大成为五四运动的策源地，为推动马克思主义在中国的传播和中国共产党的成立，做出了重要贡献。如今，五四精神已经深深融入北大的历史血脉，"爱国、进步、民主、科学"成为北大始终坚守的光荣传统。

80 年前的昆明，西南联大师生坚持"刚毅坚卓"的精神，在十分艰苦的条件下勠力同心、共克时艰，以浩然正气，为国家守护学术的火种。

40 余年前，在当代中国命运转折的关键时刻，北大校友胡福明参与起草的《实践是检验真理的唯一标准》，深刻影响了现代中国的历史进程。

去年，在庆祝改革开放 40 周年大会上，被授予"改革先锋"称号的 100 人当中，就有 11 位北大教师、校友。前不久公布的 36 位"共和国勋章"和国家荣誉称号建议人选中，也有 6 位北大教师、校友。这么多老师和校友获得如此崇高的荣誉，我们为他们由衷感到自豪。

同学们，今年是中华人民共和国成立七十周年。我们在这里回顾这一幕幕光辉的历史，是为了更好地继往开来。如果说前人铸就的北大传统是一条大河，我们今天要做的，就是继续汇聚点滴力量，融入时代主流。

当前，我们国家进入了新时代。你们是幸运的，而你们身上的担子又必然是沉甸甸的。2014 年和 2018 年，习近平总书记两次到北大考察并与师生座谈，对青年提出了"勤学、修德、明辨、笃实"和"爱国、励志、求真、力行"的要求，这是新时代对大家的新期望。

同学们，你们即将开始大学生活，为担当民族复兴的大任积蓄力量。在这里，我向大家提出四点希望。

第一，志存高远，报效祖国。

"志不立，天下无可成之事。"为实现中华民族伟大复兴中国梦而奋斗，是大家难得的人生际遇。有了为国求学的志向，有了报国奉献的理想，人生的境界和价值将会完全不同。

西南联大时期，著名物理学家、北大前校长周培源先生冒着空袭的危险，每天前往联大校园为学生上课。当时，他放下研究了十几年的相对论，毅然转向了应用价值较大的湍流理论。多年以后，有人询问他这次学术转向的缘故，他说："当时我认为相对论不能直接为抗战服务。作为一个科学家，大敌当前，必须以科学挽救祖国，所以我选择了流体力学。"

在同学们收到的录取通知书中，有一封樊锦诗校友写给大家的信。在信中，她写道："国家的需要，就是我们的志愿。"就是怀着这样一种信念，毕业后，她毅然前往大西北的戈壁沙漠，为守护敦煌付出了一生的心血，成为"敦煌的女儿"。

前辈们为祖国和人民所做出的贡献，与他们在青年时期就树立的报国之志有着密切的关系。希望同学们以他们为楷模，在新时代写下精彩的答卷。

第二，锲而不舍，厚积薄发。

同学们步入北大，首要任务是学习。青年时期的学识基础会影响你们的一生。同学们成长在网络时代，和世界的交互更加便利，获取知识的途径也更加便捷。但不能满足于网络中的碎片化信息，不能止步于"快餐式"的学习，要扎实系统地学理论、读经典，让自己的知识体系更加全面、更加牢固。

1955年，著名经济学家厉以宁先生在北大毕业后留校工作。此后，在长达二十多年的时间里，他青灯黄卷、默默无闻地在经济系资料室作编译工作，仅在50年代末、60年代初，他就翻译了200多万字的经济史著作。正是因为有这样的底蕴积淀，改革开放之后，他才能结合中国实际，提出一系列新理论、新思想，直接影响了中国经济体制的改革。

同学们，学习如登山，"进一寸有一寸的欢喜"。希望同学们摒弃浮躁，久久为功，在寻求真理的道路上，一步一个脚印地前行。

第三，脚踏实地，知行合一。

学习不仅是读"有字之书"，还要读"无字之书"，注重人生经验与社会阅历的积累。在"读万卷书"的同时，更要"行万里路"。

著名的社会学家、人类学家、北大教授费孝通先生，长期深入中国农村，开展细致入微的田野调查，完成了《江村经济》《乡土中国》等著作。他曾对学生说："去看，去听，去了解。沉下去，成为农民；走出来，再成为研究者。"直到90岁高龄，他每年仍有将近一半的时间奔走于中国大地。这种扎根中国大地做研究的精神，始终值得我们学习。

今年是北大研究生支教团成立20周年。20年来，几百位北大毕业生选择到最艰苦的西部边远地区支教，他们既是去当老师，也是去当学生，通过支教，他们更懂得了"什么是中国"。这个暑假，四百多个学生实践团分赴祖国各地，到广阔天地感受时代发展的脉搏，把理论与实际很好地统一了起来。

同学们，希望你们既要有"书卷气"，又要有"泥土气"，学以致用，知行合一，在实践中坚定理想，磨练意志，增长才干。

第四，扎根中国，放眼世界。

今天的中国已经成为了全球第二大经济体。与此同时，世界经济和全球治理面临严峻挑战。面对"百年未有之大变局"，如何正确认识中国与世界的关系，促进文明的和谐与共同繁荣，是我们每个青年学生都要认真思考的时代命题。在当前的时代背景下，我们更需要高扬和践行"互学互鉴"的新文明观，树立中国情怀，拓展世界视野。

上个世纪60年代，在人类饱受疟疾之害的情况下，屠呦呦校友从中医药典籍中获得启发，汇集了640多种治疗疟疾的中药方，最终成功提取了青蒿素，挽救了全球数百万人的生命。她在为全球抗击疟疾做出重大贡献的同时，也将中医和中华文明带向世界。获得诺贝尔奖后，她仍然没有停止科学探索的脚步，带领团队继续攻关"青蒿素抗药性"的世界难题。

著名经济学教授林毅夫先生是改革开放后第一位留学归国的经济学博士。他植根于中国实践，创立了新结构经济学理论体系，在国际上产生了重要影响。他曾担任世界银行副行长，也是世界银行第一位来自发展中国家的首席经济学家。他还积极推动中非合作新模式，帮助有关发展中国家实现经济结构转型，为解决世界经济问题提供了中国方案。

他们在事业上的成就，充分体现了北大人的中国情怀和世界视野。我们正处在一个中外交流日益密切的时代，希望你们坚持文化自信，拓展国际视野。

同学们，

1933年，当时在学界较有影响的《东方杂志》，曾向全国读者征集如下问题的答案："你梦想中未来的中国是怎样的？"当时有很多人写下了自己的愿景，如今，很多人的想法已经实现。

今天，在你们的开学典礼上，我们仍然要向大家提出这个问题——"你梦想中未来的中国是怎样的？"所有答案都必须靠你们自己的行动去书写。希望大家珍惜在北大的时光，珍惜这个伟大的时代，努力成长为社会主义建设者和接班人。

衷心祝福你们！谢谢！

2019年发展概况

北京大学创办于1898年，初名京师大学堂，是中国第一所国立综合性大学，也是当时中国最高教育行政机关。辛亥革命后，于1912年改为现名。

北京大学是新文化运动的中心和五四运动的策源地，在中国最早传播马克思主义和民主科学思想，是中国共产党最早的活动基地之一，为民族的振兴和解放、国家的建设和发展、社会的文明和进步做出了不可替代的贡献，在中国走向现代化的进程中起到了重要的先锋作用。爱国、进步、民主、科学的传统精神和勤奋、严谨、求实、创新的学风在这里生生不息、代代相传。

1917年，著名教育家蔡元培出任北京大学校长，他"循思想自由原则，取兼容并包主义"，对北京大学进行了卓有成效的改革，促进了思想解放和学术繁荣。陈独秀、李大钊、毛泽东以及鲁迅、胡适等一批杰出人才都曾在北京大学任职或任教。

1937年卢沟桥事变后，北京大学与清华大学、南开大学南迁长沙，共同组成长沙临时大学。不久，临时大学又迁到昆明，改称国立西南联合大学。抗日战争胜利后，北京大学于1946年10月在北平复学。

中华人民共和国成立后，全国高校于1952年进行院系调整，北京大学成为一所以文理基础教学和研究为主的综合性大学，为国家培养了大批人才。据不完全统计，北京大学的校友和教师有400多位两院院士，中国人文社科界有影响的人士也相当多出自北京大学。

改革开放以来，北京大学进入了一个前所未有的大发展、大建设的新时期，并成为国家"211工程"重点建设的大学之一。1998年5月4日，在北京大学百年校庆之际，国家主席江泽民题词："发扬北京大学爱国进步民主科学的优良传统为振兴中华做出更大贡献"，并在庆祝大会上发出了"为了实现现代化，我国要有若干所具有世界先进水平的一流大学"的号召。北京大学积极响应号召，适时启动"创建世界一流大学计划"（"985计划"），自此开启了北京大学建设发展的新篇章。

2000年4月3日，原北京大学与原北京医科大学合并，组建了新的北京大学。原北京医科大学的前身是国立北京医学专门学校，创建于1912年10月26日，并于1946年7月并入北京大学。1952年在全国高校院系调整中，北京大学医学院脱离北京大学，独立为北京医学院。1985年更名为北京医科大学，1996年成为国家首批"211工程"重点支持的医科大学。两校合并进一步拓宽了北京大学的学科结构，为促进医学与人文社会科学及理科的结合，改革医学教育奠定了基础。

近年来，在"211工程""985工程"和"双一流"建设的支持下，北京大学进入了一个新的历史发展阶段，在学科建设、人才培养、师资队伍建设、教学科研等各方面都取得了显著成绩，为将北大建设成为世界一流大学奠定了坚实的基础。今天的北京大学已经成为国家培养高素质、创造性人才的摇篮、科学研究的前沿和知识创新的重要基地和国际交流的重要桥梁和窗口。

2019年，北京大学设置49个院系。开设128个本科专业；一级学科博士点50个；一级学科硕士点50个；博士后科研流动站47个。"双一流"建设学科41个。国家重点实验室9个、国家工程研究中心2个、国家工程实验室3个。教职工11,724人，其中，专任教师3409人，包括正高级1514人、副高级1503人；博士生导师2582人；中科院院士81人、工程院院士19人。"长江学者奖励计划"特聘教授181人、讲座教授34人；"国家杰出青年科学基金"获得者275人。学历教育学生中毕业生21,447人，其中，研究生7373人（博士生2079人、硕士生5294人）、普通本专科生3430人（本科生3406人、专科生24人）、成人教育本科生1899人、网络教育本专科生8745人（本科生6854人、专科生1891人）。招生15,452人，其中，研究生9078人（博士生2856人、硕士生6222人）、普通本科生3815人、网络教育本科生2559人。高考北京地区提档线文科665分、理科680分。在校研究生29,646人（博士生11,816人，硕士生17,830人），普通本科生16,328人。其他成人教育本科生6133人，网络教育本专科生31,396人（本科生27,129人，专科生4267人）。留学生毕业3814人、招生3633人、在校生6857人。图书馆建筑面积80,359平方米，图书馆藏书779.5645万册。校园占地面积为2,741,118平方米。固定资产总值1,674,402.54万元，其中，教学、科研仪器设备资产值753,432.98万元。

2019年，学校坚持党委领导下的校长负责制，贯彻落实党的十九大及历次全会精神，按照党中央、国务院以及教育部、北京市委市政府的工作部署，坚持稳中求进的工作总基调，紧密围绕"双一流"建设目标，各项工作稳步推进。

一、人才培养

在本科生教育教学方面。2019年是全校"本科教育质量提升年"，学校召开本科教育工作会议，出台一系列制度文件，强调坚持"以本为本、四个回归"，深入开展本科教学改革。成功申报教育部"一流本科专业建设'双万计划'"38个一流专业。启动实施"拔尖计划2.0""未名学者"计划，申报7个未名学者基地，探索培养拔尖创新人才的新路径。7项成果获得国家教学成果奖。30门课程获评"国家精品在线开放课程"。一批优秀教师荣获国家级、省部级教学奖项。马克思主义学院被授予首批国家教材建设重点研究基地；首次开展数字化教材建设立项工作，20项数字化教材获得立项。重视跨学科、国际化人才培养，启动一批内外交叉联合培养项目。

在研究生教育教学方面。加强研究生思想政治理论公共必修课课程体系建设，鼓励院系开设体现学科特点的马克思主义理论研究生专业理论课。办好研究生新生"开学第一课"，开设留学生和港澳台学生中国国情教育公共必修课。合理调控研究生招生规模，不断优化研究生招生结构。在保障基础学科发展的同时，设立人文社科专项计划、"科研博士支持计划"等，支持博士生源向重点领域、高水平教师团队流动。完善博士生培养质量体系，修订博士研究生培养管理办法等一系列制度，规范各个培养环节。完善学术创新成果的综合评价机制，强化对博士研究生培养过程中学术写作训练的要求。持续深化专业学位研究生教育综合改革，建立专业学位跨学科特色项目，探索多元化、个性化的课程体系和评价体系。

二、学科建设与科学研究

紧密围绕"双一流"建设目标，动态调整学科布局。设立马克思主义理论、电子信息工程、机器人工程等3个新的本科专业，国家安全战略与管理、工业与系统工程、导航与位置服务等3个目录外二级学科博士点。

2019年，学校深入推进基础学科院系的精准支持项目，启动实施5个精准支持方案，组织开展对6个院系的精准支持队伍建设专项。设立14项"加强基础"研究专项，支持基础研究的发展。促进学科交叉融合，积极培育新的学科增长点。推动成立人工智能研究院等跨学科研究机构，临床医学+X、区域与国别研究等跨学科重点项目进展顺利。积极推进学科"以评促建"，重点开展心理与认知科学学院、公共卫生学院等院系的国际评估工作。

2019年，学校先后召开科技创新大会、军民融合发展工作会议，明确了科技创新总体思路和下一步工作部署。理工医科院系、机构和科学家团队坚持面向世界科技前沿、面向国家重大需求、面向国民经济主战场，围绕国家创新驱动发展战略，承担重大科技任务。国家自然科学基金获批项目总数723项，包括3项基础科学中心项目，2项重大科研仪器项目。获批承担科技部国家重点研发项目25项。

全校共发表SCI论文10,000余篇，授权发明专利703项。其中，20余篇成果发表于《自然》《科学》《细胞》等世界顶级刊物。学校作为第一完成单位获得国家科学技术奖3项，获得高等学校科学研究优秀成果奖13项。在ESI的全部22个学科中，北大有21个学科进入世界前1%。2019年最新自然指数排名位居全球高校第5位。分子光谱学、人工智能和智慧医疗工程等3个北京市高校高精尖学科均获批准建设。

生命科学学院邓宏魁教授研究组在成体造血干细胞基因编辑领域取得重大突破，并入选《自然》杂志"2019年度影响世界的十大科学人物"。生命科学学院瞿礼嘉教授"植物同种花粉优先的分子机理"项目入选2019年度"中国高等学校十大科技进展"。7个项目获北京市科学技术奖提名。10名青年教师荣获首届"科学探索奖"。

稳步推进大科研平台建设。多模态跨尺度生物医学成像设施已在怀柔科学城启动建设，激光加速器、轻元素量子材料2个交叉研究平台、"皮肤与免疫疾病"和"血液系统疾病"2个国家临床医学研究中心、国家发改委科研基础设施项目"人工智能研究型7T磁共振成像系统"、教育部"纳光电子前沿科学中心"等均完成立项。获批科技战略人才16人，团队成员53人，省部级基地4个。与法国方面就"激光驱动多束流设施"项目达成合作协议。国家集成电路产教融合创新平台项目落地实施。

继续推进临床科学家计划、"临床医学+X"青年专项、交叉种子基金等项目，成立医学技术研究院、国际癌症研究院，支持生物医学工程系、生物统计学系、化学生物学中心建设。举行首届生殖基因组学大会暨国际生殖遗传学会成立大会，谢晓亮院士、乔杰院士担任大会共同主席。

发挥基础学科的传统优势，陆续推出《马藏》首批成果、《中国出土青铜器全集》、《"一带一路"沿线国家经典诗歌文库》、《改革开放四十年与中国社会科学》丛书等成果，人文学科文库已有25部专著问世。哲学系、信息科学技术学院和工学院合作完成了中英双语版《中国机器人伦理标准化前瞻2019》，这是中国在人工智能和机器人领域的第一份伦理标准化系统方案。23项成果荣获第十五届北京市哲学社会科学优秀成果奖。深入实施"文科纵向项目支持计划"，51个项目获得2019年度国家社科基金年度项目立项，立项率达31.5%。2019年度国家社科基金重大项目申报中，学校共12个项目入选。

积极服务国家重大战略，启动"中华文明传播史""丝绸之路重大考古发掘与丝路文明传承""海上丝绸之路与郑和下西洋"等一批重大项目，开展《马克思主义历史考证大辞典》中文版第二卷编译工作，扎实推进中华文明文物基因库项目。与国家统计局、故宫博物院、敦煌研究院等单位签署协议，在学术研究、人才培养、成果出版等方面开展合作。与埃及古物部签署组建中埃联合考古队的合作意向书，共同开展埃及古老文明的考古发掘工作。

三、人才队伍建设

学校积极实施各级各类人才计划，引进一批学术领军人物和优秀青年人才，队伍结构持续优化。高原宁、汤超、张继平、张锦、彭练矛新当选为中国科学院院士，王俊、董尔丹新当选为中国工程院院士。学校全年入选第15批"国家海外高层次人才引进计划"26人，2018年度长江学者奖励计划24人，2019年国家"杰青"22人，国家"优青"19人；入选第四批国家高层次人才特殊支持计划24人。

一大批教师在国内外获得重要学术荣誉，担任重要学术职务。王义遒教授获全国时间频率领域终身成就奖，储槐植教授获"全国杰出资深法学家"称号等。

学校逐步推动专职科研队伍建设，发布理工科专职研究人员队伍建设试点方案，支持部分试点机构聘用劳动合同制的专职研究人员。截至2019年底，在理工科国家级、省部级科研创新基地和平台启动了首批专职研究人员的招聘工作，确定了19名拟聘用专职研究人员。

四、服务国家社会

推动吉利校区签约，实现亦庄合作项目落地，积极对接海淀及中关村科学城资源。积极推进与北京市5所市属高校6个"双一流"学科的共建工作。深入实施北京市医药分开综合改革和医耗联动综合改革，各附属医院全年门诊总人次1500余万，急诊总人次130余万，出院总人次超过56万。

积极争取地方支持，先后与甘肃、天津、山东、江西、宁夏、黑龙江、福建等省区市签署合作交流协议。在南京成立北京大学分子医学南京转化研究院，在南通成立北京大学长三角光电科学研究院。与航发集团、华为、德国拜耳等国内外多家科技企业建立联合研发平台，开展深度研发合作。

先后修订或制订技术转让管理办法、技术入股管理办法、科技成果评估备案实施细则等规章制度，逐步形成比较完备的成果转化制度体系。

持续做好对口支援与定点扶贫等重点工作任务，重点帮扶石河子大学、西藏大学。扎实推进对口帮扶弥渡县工作，以优质资源助力弥渡脱贫攻坚。2019年，弥渡县各项脱贫指标均已达到要求。加大医疗帮扶力度，北医三院派出医疗专家和管理干部长期进驻延安分院，建立"延安-北京绿色转诊通道"，为延安人民提供"优质、安全、便捷、价廉"的医疗服务。

五、交流合作

2019年，与莫斯科国立大学联合主办"中俄综合性大学校长圆桌论坛"，共同签署成立中俄青年联合会的协议。柬埔寨首相洪森、美国前国务卿基辛格先后来访，学校进一步密切了与哈佛大学、剑桥大学、康奈尔大学、伦敦大学学院、莫斯科大学、东京大学、德国马普学会等国际顶尖高校和科研机构的联系。

制定并实施国际发展战略。举办第十六届北京论坛，成立了北京论坛高端顾问委员会。北京大学芝加哥中心筹建工作取得重要进展。加强对人才的国际化培养，设立"国际战略合作伙伴项目基金""学生海外学习专项基金"。

加强国际组织人才培养，与联合国教科文组织签署关于实习生培养的合作协议，举办首届"北京大学日内瓦国际组织暑期项目"，项目成员除参加课程学习外，还参访了联合国、世界贸易组织、世界卫生组织等10个国际组织设在日内瓦的总部。

举办高端来华留学项目，创办东方项目、东盟项目。开设了首届治国理政研修班，来自32个国家的38名学员参加学习。

六、校园建设与资源保障

2019年，肖家河教工住宅项目一、二、三区先后办理入住。调整教职工待遇，提高教职工的薪酬水平。积极推进新校区建设，不断拓展办学空间，昌平新校区（吉利学院）、怀柔科学城校区、科技创新研究院（亦庄）筹建工作取得重要进展。

加强校园基础设施建设，推进餐饮综合楼、图书馆东馆、实验设备2号楼以及数学科学学院、国家发展研究院、城市与环境学院、化学与分子工程学院、工学院等院系大楼的建设和修缮工程，燕园校区新东门和医学部综合体育馆正式启用。畅春园、蔚秀园等家属园区安装电梯工程取得重要进展。校园管理和服务的信息化水平不断提升，"一站式网上办事大厅""校园卡招领系统""北大网盘"先后上线运行，校医院实现"校园卡替代就诊卡"就医，图书馆所有文献信息资源实现一站式搜索，"借书送上门、还书上门取"服务进一步优化。

校园文化建设取得新进展。冯友兰故居正式落成启用，"新文化的曙光——五四学人群像"展览、"中外丝绸之路历史档案文献展"、"千山共色——丝绸之路文明特展"等一批精彩展览在学校举办，图书馆"阅读马拉松"活动获评2019年全国高校信息文化与素养教育优秀案例一等奖。

财务管理服务工作更加规范化、科学化。学校制订实施预决算管理办法，填补学校决算管理制度空白；推进"零基预算"改革，统一收回机关职能部门历年结余的预算指标，提升校级财政统筹力度。修订完善大额资金使用审批、会议费和国内差旅费等管理办法，简化财务办事流程和报销手续。

（任一丁、徐聪颖）

2019 年大事记

1月

1月4日　北京大学党委书记邱水平率队赴太原，出席山西省与高水平大学战略合作座谈会，并赴山西大学调研交流。省委书记骆惠宁出席签约仪式并致辞，省长楼阳生参加座谈会并签约。

1月8日　在人民大会堂召开的国家科学技术奖励大会上，北京大学作为第一完成单位的成果"云-端融合的资源反射机制及高效互操作技术"荣获国家技术发明一等奖。

1月11日　上午，北京大学服务"一带一路"倡议重大项目发布会在李兆基人文学苑1号楼108报告厅举行。校长郝平出席发布会。会上宣布"海上丝绸之路与郑和下西洋"及其沿线地区的历史和文化研究重大项目、"丝路重大考古发掘与丝路文明传承"重大项目、"一带一路"书院"未来领导者"国际双学位本科项目正式启动。

1月13日　北京大学召开2018年度校级领导班子民主生活会。中组部副部长周祖翼、中央第45督导组组长宋毅等中组部、教育部、北京市教工委有关负责同志共9人到会指导。

1月16日　北大校友、"中国氢弹之父"、我国国防科技事业改革发展的重要推动者于敏在京去世，享年93岁。

1月18日至23日　北京大学校长郝平访问俄罗斯、瑞士，拜访莫斯科国立大学校长萨多夫尼奇、中国驻俄罗斯大使李辉，随后赴苏黎世联邦理工大学参加国际研究型大学联盟（International Alliance of Research Universities, IARU）2019年校长年会以及达沃斯世界经济论坛。

2月

2月15日至16日　北京大学十三届党委二次全体（扩大）会议暨领导班子2019年寒假战略研讨会在中关新园科学报告厅召开。会议旨在深入学习贯彻中央近期会议精神和习近平总书记重要指示讲话精神，聚焦立德树人，深化综合改革，加快"双一流"建设。

2月22日　北京大学在英杰交流中心月光厅召开全校中层干部大会，全面总结学校2018年各项工作，并对今后一段时期学校的重点工作任务进行部署。

2月24日　2019年美国斯隆研究奖获奖名单揭晓，北京大学9位校友获奖。斯隆研究奖旨在奖励职业生涯早期的杰出青年学者。

2月27日　香港中文大学校长段崇智一行来校访问。校长郝平在临湖轩会见来宾。双方签署了《北京大学与香港中文大学关于合办双学位项目合作协议》，续签《北京大学-香港中文大学学术交流协议》。

3月

3月1日　北京大学召开深化全面从严治党暨强化师德师风建设工作会，校党委书记邱水平、校长郝平出席大会并讲话。本次会议以视频方式召开，在各院系、部门、直属附属单位设立分会场，广大党员干部、教职员工、医务工作者一同参加了会议。

3月12日　经中德科学中心遴选，北京大学8名博士研究生受邀参加于2019年6月30日至7月5日在德国召开的第69届诺贝尔物理学奖获得者大会。北大是国内获选人数最多的高校。

3月16日　甘肃省人民政府-北京大学战略合作签约仪式暨2019年甘肃省引进高层次人才宣讲会在英杰交流中心举行。甘肃省省长唐仁健、校党委书记邱水平出席宣讲会。

3月17日　教育部公示首批国家教材建设重点研究基地认定结果。北京大学入选高校思想政治理论课毛泽东思想和中国特色社会主义理论体系概论教材研究基地。

3月20日　哈佛大学校长白乐瑞（Lawrence S. Bacow）访问北京大学，并发表题为"真理的追求与大学的使命"（The Pursuit of Truth and the Mission of the University）的演讲。校长郝平会见白乐瑞一行，出席演讲会并致辞。

3月24日　剑桥大学校长斯蒂芬·图普（Stephan Toope）访问北京大学，并发表题为"焦虑时代下的全球大学"（Global Universities in an Age of Anxiety）的演讲。校党委书记邱水平、校长郝平会见图普一行，郝平出席演讲会并致辞。

3月27日　中共中央政治局委员、天津市委书记李鸿忠到北京大学考察，并与校党委书记邱水平、校长郝平座谈。市校双方还签署了战略合作框架协议。

4月

4月2日　北京大学本科教育工作会议在英杰交流中心阳光厅召开。会议旨在深入贯彻落实习近平总书记关于高等教育的重要论述精神，紧紧围绕立德树人根本任务，构建世界一流、中国特色、北大风格的本科教育体系。

4月9日　山东省委书记刘家义一行到北京大学考察交流，推动省校全面合作。校党委书记邱水平、校长郝平出席座谈会，双方签署校省战略合作协议。

4月14日　"歌唱祖国，传承接力"北京大学纪念五四运动100周年、中华人民共和国成立70周年大型爱国主题教育活动在未名湖区域举行，千余名师生在湖光塔影中高唱《歌唱祖国》，共同唱响爱国最强音。

4月17日　北京大学方精云院士荣获美国生态学会2019年度"惠特克杰出生态学家奖"（The Whittaker Distinguished Ecologist Award）。这是我国科学家首次获得这一重要奖项。

4月17日　法国巴黎政治大学校长弗雷德里克·弥雍（Frédéric Mion）一行到访北京大学。校长郝平在临湖轩会见来宾，双方签署了两校学生交换协议。

4月25日 "北京大学与五四运动——五四爱国运动100周年纪念展"在校史馆开幕。本次展览分为"五四运动爆发的背景""五四运动的爆发""五四运动的深入发展"三部分，展示了70余幅珍贵图片和百余件五四时期的手稿、刊物、学术著作、徽章等实物资料。

4月25日 柬埔寨王国首相洪森携访华代表团访问北京大学，在英杰交流中心接受了北京大学授予的名誉教授称号，并发表演讲。校党委书记、校务委员会主任邱水平，校长郝平等校领导及相关院系和师生代表200余人参加了授予仪式暨演讲会。

4月27日 北京大学在英杰交流中心阳光厅召开科技创新大会。会上，宣布成立北大人工智能研究院。科技部副部长黄卫，国家自然科学基金委副主任谢心澄，教育部科技司司长雷朝滋，北京市科委主任许强，校党委书记邱水平、校长郝平出席会议并讲话。

4月29日 北京大学团委和体育教研部联合组织的"奔跑吧，青年！"首届五四青春长跑活动在五四体育场举行。

4月30日 北京大学纪念五四运动100周年师生座谈会在英杰交流中心阳光厅举行。本次座谈会旨在学习贯彻习近平总书记在纪念五四运动100周年大会上的重要讲话精神，培养新时代中国特色社会主义事业的建设者和接班人。

4月30日 团中央书记处第一书记贺军科来到北京大学，参加历史学系2018级硕士班团支部"青春心向党·建功新时代"纪念五四运动100周年主题团日活动。

5月

5月4日 为深入学习习近平总书记在纪念五四运动100周年大会上的重要讲话精神，北京大学举行纪念五四运动100周年系列活动，以升旗仪式、青春诗会、主题团日等多种形式，重温五四光辉历史，传承先辈家国情怀，感召青年接续奋斗。共青团中央书记处书记徐晓，校党委书记邱水平、校长郝平等校内外领导嘉宾与北大青年师生代表共同参与活动。

5月4日 "五四运动与新时代"纪念五四运动100周年学术研讨会暨五四运动研究中心成立仪式在北大英杰交流中心举行。来自校内外的专家学者围绕五四运动与五四精神主题进行研讨。

5月4日 北京大学在英杰交流中心举办"纪念五四运动一百周年"马克思主义在中国的早期传播学术研讨会，并发布《马藏》第1部第1卷至第5卷。《马藏》由北京大学马克思主义学院组织编纂，系统呈现马克思主义在中国传播、接受和发展的历史。

5月7日 北京大学心理与认知科学学院临床心理学专业2018级硕士研究生宋玺入选第十四届中国大学生年度人物。宋玺2016—2017年在海军陆战队服役，并作为唯一一名女陆战队队员加入中国海军第二十五批护航编队赴亚丁湾、索马里海域护航，在2018年习近平总书记来校考察座谈会上作为学生代表发言。

5月10日 著名经济学家、2011年诺贝尔经济学奖获得者托马斯·萨金特（Thomas J. Sargent）教授应邀参加北京大学经济学院"诺奖得主面对面"活动，发表了题为"风险、不确定性、价值与公共政策"（Risk, Uncertainty, Value, and Public Policy）的学术演讲。

5月20日 北京大学作为法人单位建设的"十三五"国家重大科技基础设施——多模态跨尺度生物医学成像设施项目可行性研究报告获得国家发展和改革委员会批复，项目批复总投资约17.35亿元，新建建筑面积72,000平方米，建设周期为5年。

5月27日 北京大学与中国农业银行全面战略合作协议签署仪式在英杰交流中心举行。中国农业银行党委书记、董事长周慕冰，校党委书记邱水平等出席签约仪式。

5月29日 山西省委书记、省人大常委会主任骆惠宁，副省长张复明率团考察北京大学。校党委书记邱水平、校长郝平会见骆惠宁一行。

6月

6月9日 北京大学高家红教授正式就任国际人类脑图谱学会主席，是该学会成立25年来第一位担任主席的亚洲人。

6月9日至10日 校党委书记邱水平率团赴江西南昌，会见江西省委书记、省人大常委会主任刘奇，就推进校省合作进行交流，并与南昌大学签署对口合作协议。

6月10日 北京市委副书记、市长陈吉宁率团到北京大学调研，校党委书记邱水平汇报了北大加强党的政治建设总体情况。

6月12日 麻省理工学院Ford讲席教授、2012年图灵奖（A. M. Turing Award）获得者希尔维奥·米卡利（Silvio Micali）教授受聘担任北京大学访问讲席教授，校长郝平为其颁发聘书。

6月16日 第21届CUBA中国大学生篮球一级联赛男篮总决赛在首都体育学院北京大学生体育馆开战。北京大学男篮以84:77战胜老对手清华大学成功卫冕，实现CUBA三连冠。

6月25日 全国哲学社会科学工作办公室公示2019年国家社科基金年度项目立项名单。北京大学51个项目获立项，总数首次突破50项大关。

6月27日 北京大学十三届党委三次全体（扩大）会议在中关新园科学报告厅召开。校党委书记邱水平作工作报告。这次全会旨在学习贯彻《中共中央关于加强党的政治建设的意见》和《中共北京市委关于加强北京大学党的政治建设的若干措施》，研究部署加强北京大学党的政治建设相关工作；学习贯彻习近平总书记在学校思想政治理论课教师座谈会上的重要讲话精神，紧紧围绕立德树人根本任务，埋头苦干、改革创新，扎实办好北大的思想政治理论课，努力培养德智体美劳全面发展的社会主义建设者和接班人。

6月28日 北京大学举行赴基层和西部地区就业毕业生欢送会，校党委书记邱水平、校长郝平出席活动。截至7月初，赴基层和西部地区工作已达559人，再创历史新高。

6月29日 多模态跨尺度生物医学成像国家重大科技基础设施启动仪式在北京怀柔综合性国家科学中心举行。教育部副部长孙尧，中科院生物物理所党委书记、副所长汪洪岩，北京大学党委书记邱水平，校长郝平，成像设施首席科学家程和平院士等出席仪式。

7月

7月2日至3日 北京大学2019年本科生和研究生毕业典礼暨学位授予仪式在邱德拔体育馆举行。

7月4日 北京大学召开2019年校级领导班子党的政治建设专题民主生活会。北京市委教育工委副书记、市教委主任刘宇辉等教育部、北京市纪委、北京市委教工委有关负责同志共7人到会指导。

7月10日 北京大学校长、联合国教科文组织第37届大会主席郝平一行到访联合国教科文组织总部。校党委副书记、秘书长安钰峰代表北京大学与联合国教科文组织人事局局长Hong Kwon签署了关于实习生培养的合作协议。

7月29日 北京大学国际汉学家研修基地国际合作项目"中华文明传播史"启动暨与商务印书馆、博睿出版社合作签约仪式在大雅堂举行。校长郝平，"中华文明传播史"项目主持人袁行霈，美国伊利诺伊大学香槟校区教授蔡宗齐，商务印书馆党委书记、副总编辑李平等出席仪式。

8月

8月6日 校党委书记邱水平率团赴宁夏银川，会见自治区党委书记、人大常委会主任石泰峰，召开北京大学宁夏选调生及"知行计划"代表座谈会，调研宁夏"互联网＋医疗健康"示范区建设并赴闽宁镇参观学习。

8月9日 北京大学物理学院大气与海洋科学系孟智勇教授当选美国气象学会会士（AMS Fellow），成为中国大陆院校和研究单位首位当选的气象学者。

8月15日 北京大学环境科学与工程学院朱彤教授当选美国地球物理联合会会士（American Geophysical Union Fellow）。

8月17日 北京大学党委理论中心组在燕园大厦1310会议室举办"不忘初心、牢记使命"暑期专题读书班。教育部党建工作联络员韩景阳，校党委书记邱水平，校长郝平等学校党政领导班子成员以及党委职能部门负责人参加学习。

8月29日 校长郝平访问中国石化集团公司总部，会见中国石化集团公司董事长、党组书记戴厚良，双方就加强合作进行交流。

8月31日 北京大学召开2019年暑期加快推进"双一流"建设战略研讨会。与会人员围绕"加强基础学科、保持传统优势，更好服务国家重大战略需求，促进文理医工学科交叉与融合，推进校园空间拓展和功能布局规划"以及"以加强党的政治建设为引领，推进学校干部作风建设，全面提升执行力"两项主旨议题进行充分研讨。

9月

9月3日 北京大学在邱德拔体育馆举行"青春告白祖国"庆祝新中国成立70周年主题教育活动报告会暨2019级本科新生训练营开营仪式。北京大学校友、敦煌研究院名誉院长樊锦诗先生以"永远在路上"为主题，向3700余名本科新生讲述北大人的坚守与信仰。

9月6日 北京大学2019年本科生和研究生开学典礼在邱德拔体育馆举行。

9月9日 北京大学"不忘初心、牢记使命"主题教育动员大会在英杰交流中心阳光厅举行。中央第二指导组组长王瑞生出席会议并讲话。校党委书记邱水平作动员讲话，对全校开展主题教育进行部署。会议由校党委副书记、校长郝平主持。

9月12日 北京大学在英杰交流中心阳光厅召开全校中层干部大会。校党委书记邱水平、校长郝平等学校领导班子成员和全体中层干部参会。会议总结上学期学校各项工作，部署新学期工作。

9月15日 伦敦政治经济学院著名经济学家、2010年诺贝尔经济学奖得主克里斯托弗·皮萨里德斯（Christopher Pissarides）教授应邀访问北京大学，并分别在经济学院"新生讲堂"和"诺奖得主面对面"活动发表了学术演讲。

9月16日至17日 校长郝平一行访问俄罗斯圣彼得堡，出席中俄人文合作委员会第二十次会议及中俄综合性大学校长圆桌论坛，并拜访圣彼得堡国立大学。在国务院副总理、中俄人文合作委员会中方主席孙春兰与俄罗斯副总理、委员会俄方主席戈利科娃的共同见证下，郝平与莫斯科国立大学校长萨多夫尼奇共同签署《关于成立中华人民共和国与俄罗斯联邦综合性大学联盟中俄青年联合会的协议》。

9月18日 北京大学物理学院量子材料科学中心江颖教授当选美国物理学会会士（APS Fellow）。

9月24日 校党委书记邱水平等学校领导班子成员与中央"不忘初心、牢记使命"主题教育第二指导组全体成员来到北京大学红楼，参观"马克思主义在中国的早期传播"主题展览和复原后的红楼二层陈列展览。

9月24日 北京大学"弘扬红楼传统 争做教育标杆"——"不忘初心、牢记使命"主题教育展开幕。

9月25日 北京大学党委书记邱水平、校长郝平等学校领导班子成员赴香山革命纪念地参观学习，瞻仰双清别墅、来青轩等革命旧址，缅怀毛泽东同志等老一辈革命家的初心与丰功伟绩。

9月25日 "最美奋斗者"表彰大会在京举行。北京大学共有20位校友获得"最美奋斗者"称号。他们是：马寅初、王选、王忠诚、吴大观、吴文俊、李泉新、邹碧华、陈俊武、孟二冬、林巧稚、郑学勤、胡福明、钟南山、柴生芳、顾方舟、高铭暄、屠呦呦、彭加木、蒋筑英、樊锦诗。

9月26日 新中国成立70周年华诞到来之际，"我和我的祖国——北大老同志庆祝新中国成立70周年回忆文集"出版座谈会在英杰交流中心举行。

9月27日 "'一带一路'沿线国家经典诗歌文库"（第一辑）发布会暨诗歌译介与中外文明互鉴高端论坛在北京大学外国语学院新楼举行。"一带一路"沿线部分国家驻华使馆代表、校党委书记邱水平出席活动并致辞。

9月29日 中华人民共和国国家勋章和国家荣誉称号颁授仪式在人民大会堂隆重举行。中共中央总书记、国家主席、中央军委主席习近平向国家勋章和国家荣誉称号获得者分别授予"共和国勋章""友谊勋章"和国家荣誉称号奖章并发表重要讲话。6位北大人被授予"共和国勋章"和国家荣誉称号奖章：于敏、屠呦呦两位校友被授予"共和国勋章"；吴文俊、顾方舟两位校友被授予"人民科学家"国家荣誉称号；高铭暄校友被授予"人民教育家"国家荣誉称号；樊锦诗校友被授予"文物保护杰出贡献者"国家荣誉称号。

9月29日 中央人民政府驻澳门特别行政区联络办公室主任傅自应一行来访北京大学。校党委书记邱水平在临湖轩会见了来宾。

9月30日 "奋进70年，与共和国同行——北京大学庆祝中华人民共和国成立70周年专题图片展"开幕。展览通过200多张珍贵图片，回顾了70年来北京大学与祖国同心、与人民同行的奋斗历程。

10月

10月1日 中华人民共和国成立70周年庆祝大会和阅兵式、群众游行等活动在北京天安门广场隆重举行。由2232名北大师生组成的"凝心铸魂"方阵走过天安门广场，再次喊响"团结起来，振兴中华"的嘹亮口号。学校领导班子成员和在校师生通过电视、网络等多渠道收看庆典活动直播。

10月1日 373名北京大学志愿者圆满完成为期100余天的国庆70周年系列活动保障任务。

10月8日 在新中国成立70周年之际，北京大学推出"改革开放四十年与中国社会科学"丛书。丛书展示了中国改革开放四十年来社会科学的发展历程和经验，回顾和梳理了社会科学四十年的付出和收获。

10月12日 著名的数学家、教育家和社会活动家，中国民主同盟的杰出领导人，第九届、十届全国人大常委会副委员长，中国民主同盟第七届、八届、九届中央委员会主席，第九届中央委员会名誉主席，欧美同学会原会长，北京大学原校长，中国共产党的优秀党员丁石孙同志，因病于2019年10月12日14时35分在北京逝世，享年93岁。13日上午，校党委书记邱水平、校长郝平等专程赴原校长丁石孙家，看望慰问其亲属，并表示深切哀悼。17日上午，丁石孙同志遗体告别仪式在北京八宝山革命公墓大礼堂举行。

10月16日 下午，全国政协副主席、民革中央常务副主席郑建邦，民革中央副主席、北京市副市长、民革北京市委会主委王红到北京大学调研党外高层次人才工作情况，并召开座谈会。校党委书记邱水平、校长郝平会见了来宾。

10月18日 中国政法实务大讲堂首场专题讲座在北大英杰交流中心阳光厅开讲。最高人民检察院党组书记、检察长、首席大检察官张军为北大法学院300余名师生带来主题为"中国特色社会主义司法制度的优越性——从社会发展、时代变迁的视角"的讲座。

10月20日 下午，北京大学与故宫博物院、敦煌研究院在故宫博物院建福宫花园敬胜斋召开战略合作座谈会，并签署战略合作协议，深入开展文物保护与研究、人才培养等工作。校党委书记邱水平、校长郝平，故宫博物院院长王旭东，北大校友、敦煌研究院名誉院长樊锦诗，敦煌研究院院长赵声良，以及专家学者和媒体代表出席座谈会。

10月22日 北京大学将"计算机科学技术研究所"更名为"王选计算机研究所"，中国科学技术协会名誉主席韩启德，中宣部印刷发行局局长刘晓凯，王选所教授、王选夫人陈堃銶，校长郝平等在英杰交流中心出席北京大学王选计算机研究所命名仪式。

10月23日 下午，北京大学与敦煌研究院合作协议签署暨敦煌学研究中心成立仪式在英杰交流中心月光厅举行。

10月25日 下午，北京大学庆祝中华人民共和国成立70周年重大活动总结大会在百周年纪念讲堂隆重举行。

10月26日 北京大学与黑龙江省战略合作签约仪式在英杰交流中心月光厅举行。黑龙江省委书记、省人大常委会主任张庆伟，省委副书记、省长王文涛，校党委书记邱水平、校长郝平出席。

10月30日至31日 纪念李大钊同志诞辰130周年学术研讨会在北京大学举行。研讨会以"先驱者的初心与新时代的使命"为主题，由北京大学、中国李大钊研究会和中国中共党史学会、中共北京市委宣传部、河北省社会科学院联合发起，北京大学和中国李大钊研究会承办。来自中央有关部门和全国19个省、市、自治区的李大钊研究工作者150余人参加，李大钊同志的亲属和家乡代表也应邀出席。

10月31日 下午，北京大学"不忘初心、牢记使命"主题教育专题党课在百周年纪念讲堂举行。校党委书记邱水平围绕深刻认识在高校特别是在北大加强党的政治建设的极端重要性，在北大如何加强党的政治建设两个问题作"加强高校党的政治建设"主题报告。

10月31日 晚上，北京大学校长郝平在二教207为全校200余名学生党支部书记讲授题为"人类命运共同体与国际组织人才培养——以联合国教科文组织为例"的主题教育专题党课。

11月

11月1日 北京大学赛克勒考古与艺术博物馆推出年度大展："千山共色——丝绸之路文明特展"。展览由北京大学与新疆维吾尔自治区文物局联合主办，通过70件（组）新疆出土的珍贵文物，展示了新疆作为丝绸之路核心区域历史上出现的文化交流盛景。

11月1日 2019年北京论坛在钓鱼台国宾馆隆重开幕。来自世界60个国家和地区的500多名学者、嘉宾相聚北京，围绕论坛主题"文明的和谐与共同繁荣——变化世界与人的未来"，共同探讨在急剧变化的世界中，应对新挑战，构建人类命运共同体。联合国秘书长安东尼奥·古特雷斯致视频贺词。中央政治局委员、中央外事工作委员会办公室主任杨洁篪作特邀报告。

11月1日 国际顶尖学术期刊《自然》杂志主编（Editor in Chief）Magdalena Skipper博士率团访问北京大学。校长郝平在临湖轩会见了来宾。访问期间，Skipper发表演讲，并在北京大学医学部举行专家座谈会。

11月6日 国家主席习近平在北京人民大会堂同法国总统马克龙举行会谈，并共同见证北京大学"激光驱动多束流设施"项目对法合作备忘录签署仪式。北京大学校长郝平，巴黎综合理工大学教务长拉兹洛，泰雷兹集团高级执行总裁苏睿思分别代表三方签署合作备忘录。三方将围绕"激光驱动多束流设施"项目，在科学研究、技术创新、建设运行等方面开展紧密合作。

11月8日 校长郝平率团赴上海，拜会中共中央政治局委员、上海市委书记李强，上海市委副书记、市长应勇，就推进市校全面战略合作相关事宜进行沟通交流。

11月11日 上午，北京大学领导班子成员对照党章党规找差距专题会议在燕园大厦1211会议室举行。中央第二指导组组长王瑞生出席会议并讲话，中央第二指导组成员江嵩、楚哲、于成龙到会指导。

11月14日至15日 校长郝平率队赴云南省大理白族自治州弥渡县调研，研究推进定点扶贫工作。

11月15日 北京大学应用物理与技术研究中心荣誉主任贺贤土院士因在惯性约束核聚变和高能量密度物理研究方面所取得的成就，当选为俄罗斯科学院外籍院士。

11月16日至17日 北京大学国际组织人才培养论坛举行。来自联合国驻华机构、亚投行、红十字国际委员会等多个国际组织和中共中央组织部、外交部、发改委、人力资源和社会保障部等多个中国党和政府部门的资深官员及30多所开展国际组织人才培养工作的中国高校代表参加论坛。原国务委员戴秉国，原文化部部长蔡武，中共中央组织部人才工作局副局长、中央人才工作协调小组办公室副主任牛伟宏，人力资源与社会保障部国际合作司司长郝斌，国家国际发展合作署国际合作司司长田林，北京大学校长郝平，世界银行原副行长、北京大学教授林毅夫等出席。

11月18日至19日 第五届中华文化论坛在北京大学举行。十二届全国政协副主席齐续春，中共中央台办、国务院台办主任刘结一，全国人大常委、中华全国台湾同胞联谊会会长黄志贤，台湾中华文化永续基金会董事长刘兆玄，全国人大常委、全国人大监察和司法委员会主任委员吴玉良，原文化部部长蔡武，北京大学党委书记、校务委员会主任邱水平以及国务院台办交流局、海协会秘书处、中宣部港澳台新闻局、外交部港澳台司、北京市政府台办主要负责人和台湾中华文化总会前主要负责人等出席论坛开幕式。

11月20日 2019年度国家杰出青年科学基金资助项目申请人名单正式批准。北京大学入选人数为22人，位居国内第一。

11月20日 上午，北京大学智华楼命名仪式在百周年纪念讲堂纪念大厅举行。校党委书记、教育基金会理事长邱水平，校长郝平，智华基金会主席、北京大学名誉校董林高演先生及家人林福祥，北大之友（香港）有限公司创会会董、北京大学名誉校董陈国钜先生等出席。数学科学学院教师和学生代表50余人参加。

11月21日 下午，由中央宣传部、教育部、国务院国资委、全国总工会、共青团中央、全国妇联、中国科协联合发起，北京市委教育工委、北京大学承办的"奋斗的我 最美的国"新时代先进人物进校园工作启动仪式在北京大学百周年纪念讲堂举行。5位新时代先进人物代表樊锦诗、王泽山、杜富国、王传喜、方文墨担任启动仪式报告嘉宾。教育部党组书记、部长陈宝生出席启动仪式并发表讲话。校党委书记邱水平、校长郝平等出席活动。启动仪式由中央宣传部副部长梁言顺主持。

11月21日至24日 中国数学会第十三次全国会员代表大会暨2019年学术年会在广东省佛山市召开，田刚院士当选为新一届理事会理事长。

11月21日至23日 北京大学党委书记邱水平率团访问福建，会见福建省委副书记、省长唐登杰，双方续签省校战略合作协议。在福建期间，邱水平一行还到福州看望慰问北大福建引进生代表，并到厦门考察交流。

11月22日 中国科学院、中国工程院2019年新当选院士结果公布。北京大学7人入选，入选人数为全国高校第一。物理学院高原宁教授、前沿交叉学科研究院汤超教授、数学科学学院张继平教授、化学与分子工程学院张锦教授、信息科学技术学院彭练矛教授新当选为中国科学院院士。人民医院胸外科主任王俊、第三医院血管医学研究所研究员董尔丹新当选为中国工程院院士。

11月23日 美国前国务卿基辛格（Henry Kissinger）

博士访问北京大学并与师生座谈，谷歌前董事长埃里克·施密特（Eric Schmidt）陪同来访。校长郝平、外交部原副部长傅莹等参加座谈。座谈会由北京大学国际战略研究院院长王缉思主持。

11月25日 下午，学习贯彻党的十九届四中全会精神北京市宣讲团报告会在北京大学百周年纪念讲堂举行。北京大学领导班子成员出席。中央候补委员、市宣讲团成员、北京大学党委副书记、校长郝平作宣讲报告。中央主题教育第二指导组组长王瑞生等同志，以及北京市委宣传部、北京市讲师团到会指导。北京大学党员干部共1200余人参加。校党委书记邱水平主持报告会。

11月27日至29日 校党委书记、校务委员会主任邱水平应邀访问澳门大学，并拜会澳门中联办主任傅自应、特区行政长官崔世安、特区候任行政长官贺一诚、中国银行澳门分行行长李光，参加北京大学澳门校友交流会。

11月28日 上午，伦敦大学学院校长麦克·阿瑟（Michael Arthur）一行来访北京大学。校长郝平在临湖轩会见来宾，并签署两校合作活动备忘录。

11月29日至30日 校长郝平率团访问湖北，会见湖北省委领导，推进省校合作。在湖北期间，郝平召开湖北省北京大学选调生（引进生）座谈会，并与武汉市委市政府主要领导会见交流。

11月30日 下午，北京大学长三角光电科学研究院揭牌仪式在南通国际会议中心举行。校党委书记邱水平出席仪式，并实地考察了南通中央创新区。

12月

12月1日 由北京大学计算中心精心打造的北大网盘正式上线，为师生提供免费、高速、安全、便捷的服务。

12月2日 下午，北京大学召开"不忘初心、牢记使命"主题教育校领导班子专题民主生活会。中央主题教育第二指导组组长王瑞生到会指导。会议由校党委书记邱水平主持。

12月4日 2019年度国家社科基金重大项目立项名单正式公布，北大共有12个项目入选，立项总数位居全国第一。这是国家社科基金重大项目自设立以来，北大立项总数最多的一年，立项总数自2010年之后再获全国第一。这也是继上半年2019国家社科基金年度项目首次突破50大关后，北大纵向项目取得的又一项突破性进展。

12月7日 国家创伤医学中心启动暨北京大学医学部急诊医学学系成立仪式在北京大学人民医院举行。

12月11日 北京大学原校长丁石孙先生和夫人桂琳琳教授之子丁干校友代表家属捐资设立"北京大学丁石孙-桂琳琳优秀学生奖学基金"。校党委书记、教育基金会理事长邱水平会见了丁干校友，向丁石孙、桂琳琳两位老师表达敬意和缅怀，向家属表示慰问。

12月24日 上午，经过2年9个月的奋战，北京大学医学部体育馆圆满完成全部建设任务，举行启用仪式。

12月26日 上午，北京大学与中国航空发动机集团战略合作座谈会暨签约仪式举行。中国航发集团党组书记、董事长曹建国，校长郝平出席。

12月26日 由中共中央对外联络部主办的"一带一路"高端智库论坛暨"一带一路"智库合作联盟理事会在京召开。中共中央对外联络部部长宋涛、北京大学党委书记邱水平等出席会议。北京大学作为理事单位整体加入"一带一路"智库合作联盟，邱水平受邀担任"一带一路"智库合作联盟共同理事长。

（整理：王　众、刘　标、孙启明）

2019 年基本数据

（2019 年 12 月）

一、总体数据

		其中，医学部
（一）校园面积	2,741,118 平方米（约 4112 亩）	392,305 平方米（约 588 亩）
其中，绿化用地面积	1,233,576 平方米（约 1850 亩）	114,703 平方米（约 172 亩）
运动场地面积	153,389 平方米（约 230 亩）	27,300 平方米（约 41 亩）
（二）校舍建筑面积	3,106,290 平方米	618,767 平方米
（三）固定资产总额	1,674,402.54 万元	278,834.8 万元
其中，教学科研仪器设备资产值	753,432.98 万元	168,188.91 万元
（四）图书馆藏书：	779.5645 万册	51.0143 万册
（五）电子图书（含期刊、论文）：	702.9511 万册	31,036 册
（六）设立奖学金项数	120 项	33 项
奖学金总额	3610.9 万元	475.9 万元

二、教职工情况（单位：人）

		其中，医学部
（一）教职工数（不包含博士后）	11,724[1]	1696
1.专任教师数	3409	706
其中，按职称划分：		
正高级	1514	183
副高级	1503	304
其中，按学历划分：		
博士学历	3017	538
其中：		
中国科学院院士	81[2]	7
中国工程院院士	19[3]	8
发展中国家科学院院士	30	1
北大哲学社会科学资深教授	11	0
北大博雅讲席教授	77	11
北大博雅特聘教授	303	13
北大博雅青年学者	306	27
北大人文讲席教授	7	0
国家海外高层次人才引进计划入选者	66	7
国家海外高层次人才引进计划青年项目	191	18
"万人计划"入选者	68	12
"青年拔尖人才计划"入选者	51	8
"长江学者奖励计划"特聘教授、讲座教授、青年学者	267[4]	26
百千万人才国家级人选	69	12
国家杰出青年基金获得者	275	33
国家基金委创新群体	40	8
国家基金委优秀青年基金	140	26

	当代教育名家	3	0
	国家级教学名师	17	2
	博士生导师	2582	522
2. 行政人员		1474	362
	其中：专职辅导员人数	226	76
3. 教辅人员		2429	375
4. 工勤人员		2197	66
5. 科研机构人员		1687	167
6. 校办企业职工		127	20
（二）附属医院教职工		--	11,638
	其中：临床教师	--	4841
（三）其他人员			
1. 离退休人员		7273	1614
2. 聘请校外教师		143	65

三、学生情况（单位：人）

			其中，医学部
（一）在校学生[5]		45,974	9328
	其中：共产党员	13,658	2161
	少数民族	3700	914
	华侨港澳台	1051	158
	本科学生	16,328	3916
	一年级	4052	834
	二年级	4135	876
	三年级	3824	884
	四年级	3745	779
	五年级及以上	572	543
	硕士研究生	17,830	2634
	一年级	6225	934
	二年级	7590	929
	三年级及以上	4015	771
	博士研究生	11,816	2733
	一年级	2841	838
	二年级	2785	900
	三年级	2673	830
	四年级	2300	63
	五年级及以上	1217	102
（二）成人教育学生		6133	495
（三）网络本专科学生		31,396	15,680
（四）外国留学生		6857	408
	其中：本科生	1508	344
	硕士生	921	15
	博士生	354	2
	培训	4074	47
（五）普通本专科毕业生一次就业率		90.94%	89.2%

四、博士后人数（单位：人）

在站人数	2021	338
累计进站人数	9549	1143

五、学科情况（单位：个）

		其中，医学部
本科专业[6]	128	10
博士学位授权一级学科点	50	
博士学位点（含一级学科覆盖）	261	
硕士学位授权一级学科点	50	
硕士学位点（含一级学科覆盖）	284	

		其中，医学部
国家重点学科（一级）	18	3
国家重点学科（二级）	25	12
国家重点（培育）学科	3	1
省部级重点学科（一级）	5	1
省部级重点学科（二级）	12	5
博士后流动站[7]	47	8
全球前1%的学科（美国"基本科学指标数据库"ESI的统计）[8]	21	

六、教学科研（单位：个）

		其中，医学部
直属院系[9]	49	5
国家研究中心[10]	1	0
国家重点实验室[11]	9	1
国家工程实验室[12]	3	1
国家工程研究中心[13]	2	0
省部级设置的研究（院、所、中心）、实验室	124	68
定期公开出版的专业刊物[14]	30	12
医院[15]		10

1. 教职工总数包括专任教师、教辅人员、行政人员、工勤人员、科研机构人员、校办企业职工、其他附设机构人员，不包含离退休人员和博士后。
2. 其中人事关系在本校的中国科学院院士52人。
3. 其中人事关系在本校的中国工程院院士11人。
4. 其中长江学者特聘教授181人，长江学者讲座教授34人，长江学者青年学者52人。
5. 包括：普通本专科学生、硕士研究生、博士研究生，不包含在职研究生、成人教育、网络教育及外国留学生（单列）。
6. 本科专业名录（其中本部119个，医学部10个，1个共有）：
哲学、逻辑学、宗教学、经济学、经济统计学、资源与环境经济学、财政学、金融学、保险学、国际经济与贸易、法学、知识产权、政治学与行政学、国际政治、外交学、国际事务与国际关系、政治学经济学与哲学、社会学、社会工作、科学社会主义、汉语言文学、汉语言、古典文献学、应用语言学、英语、俄语、德语、法语、西班牙语、阿拉伯语、日语、波斯语、朝鲜语、菲律宾语、梵语巴利语、印度尼西亚语、印地语、缅甸语、蒙古语、泰语、乌尔都语、希伯来语、越南语、葡萄牙语、新闻学、广播电视学、广告学、编辑出版学、历史学、世界史、考古学、文物与博物馆学、外国语言与外国历史、数学与应用数学、信息与计算科学、物理学、应用物理学、核物理、化学、应用化学、化学生物学、天文学、地理科学、自然地理与资源环境、人文地理与城乡规划、地理信息科学、大气科学、地球物理学、空间科学与技术、地质学、地球化学、古生物学、生物科学、生物技术、生态学、心理学、应用心理学、统计学、应用统计学、理论与应用力学、工程力学、材料科学与工程、材料化学、能源与动力工程、微电子科学与工程、集成电路设计与集成系统、电子信息科学与技术、计算机科学与技术、软件工程、智能科学与技术、勘查技术与工程、航空航天工程、核工程与核技术、核化工与核燃料工程、环境工程、环境科学、生物医学工程、城乡规划、基础医学、临床医学、口腔医学、预防医学、药学、医学检验技术、医学实验技术、口腔医学技术、护理学、信息管理与信息系统、工商管理、市场营销、会计学、财务管理、人力资源管理、公共事业管理、行政管理、城市管理、图书馆学、艺术史论、广播电视编导、文物保护技术、通信工程、数据科学与大数据技术、整合科学、能源与环境系统工程、人类学、马克思主义理论、电子信息工程、机器人工程。
7. 博士后流动站名录（47个）：
校本部（39个）：数学、统计学、物理学、化学、天文学、地理学、地质学、大气科学、地球物理学、生物学、力学、电子科学与技术、信息与通信工程、计算机科学与技术、软件工程、生态学、环境科学与工程、核科学与技术、心理学、中国语言文学、中国史、世界史、考古学、哲学、理论经济学、应用经济学、工商管理、法学、社会学、外国语言文学、政治学、教育学、公共管理、图书情报与档案管理、马克思主义理论、测绘科学与技术、新闻传播学、艺术学、生物医学工程。
医学部（8个）：口腔医学、公共卫生与预防医学、药学、基础医学、临床医学、生物学、中西医结合、护理学。
8. 进入ESI前1%的学科名录（21个）：
临床医学、化学、生物学与生物化学、物理学、材料科学、分子生物学与遗传学、工程学、神经科学与行为学、动植物科学、社会科学总论、环境/生态学、地球科学、药理学与毒理学、精神病学/心理学、免疫学、农业科学、微生物学、计算机科学、经济学与商学、数学、综合交叉学科。
9. 院系名录（49个）：

理学部（8个）：数学科学学院、物理学院、化学与分子工程学院、生命科学学院、城市与环境学院、地球与空间科学学院、心理与认知科学学院、建筑与景观设计学院。

信息与工程科学部（5个）：信息科学技术学院、工学院、王选计算机研究所、软件与微电子学院、环境科学与工程学院。

人文学部（7个）：中国语言文学系、历史学系、考古文博学院、哲学系（宗教学系）、外国语学院、艺术学院、对外汉语教育学院。

社会科学学部（9个）：国际关系学院、法学院、信息管理系、社会学系、政府管理学院、马克思主义学院、教育学院、新闻与传播学院、体育教研部。

经济与管理学部（4个）：经济学院、光华管理学院、人口研究所、国家发展研究院。

医学部（5个）：基础医学院、药学院、公共卫生学院、护理学院、医学人文学院。

跨学科类（3个）：元培学院、燕京学堂、现代农学院。

深圳研究生院（8个）：信息工程学院、化学生物学与生物技术学院、环境与能源学院、城市规划与设计学院、新材料学院、汇丰商学院、国际法学院、人文社会科学学院。

10 国家研究中心（1个）：

北京分子科学国家研究中心。

11 国家重点实验室（9个）：

人工微结构和介观物理国家重点实验室、湍流与复杂系统研究国家重点实验室、核物理与核技术国家重点实验室、蛋白质与植物基因研究国家重点实验室、膜生物学国家重点实验室（北大分室）、环境模拟与污染控制国家重点实验室（北大分室）、区域光纤通信网与新型光通信系统国家重点实验室（北大实验区）、微米/纳米加工技术国家级重点实验室（北大分室）、天然药物与仿生药物国家重点实验室。

12 国家工程实验室（3个）：

数字视频编解码技术国家工程实验室、大数据分析与应用技术国家工程实验室、口腔数字化医疗技术和材料国家工程实验室。

13 国家工程研究中心（2个）：

电子出版新技术国家工程研究中心、软件工程国家工程研究中心。

14 定期公开出版的专业刊物（30种）：

《物理化学学报》、《大学化学》、《数学进展》、《北京大学学报（自然科学）》、《北京大学学报（医学版）》、《中国妇产科临床杂志》、《中国介入心脏病学杂志》、《中国生育健康杂志》、《中国糖尿病杂志》、《中国疼痛医学杂志》、《中国微创外科杂志》、《中国药物依赖性杂志》、《中国斜视与小儿眼科杂志》、《医院管理论坛》、《中国生物化学与分子生物学报》、《生理科学进展》、《景观设计学》、《国际政治研究》、《大学图书馆学报》、《人口与发展》、*China Economic Journal*、《经济学（季刊）》、《广告研究》、《技术经济与管理研究》、《国际经贸探索》、《中外法学》、《北京大学教育评论》、《北京大学学报（哲学社会科学版）》、《经济科学》、*Management and Organization Review*。

15 医院：包括6家直属附属医院（第一医院、人民医院、第三医院、口腔医院、肿瘤医院、第六医院），4家共建附属医院（首钢医院、深圳医院、滨海医院、国际医院）。

（傅翰文）

机构与干部

学校领导机构

中共北京大学第十三届委员会

书　　　记　邱水平
副 书 记　郝　平
常务副书记　于鸿君
副 书 记　安钰峰（正局级）　叶静漪　刘玉村
常　　　委　邱水平　郝　平　于鸿君　安钰峰　詹启敏　龚旗煌　叶静漪　刘玉村　王　博　陈宝剑
　　　　　　王仰麟（5月任）　柴　真　蒋朗朗
委　　　员　（按姓氏笔画为序）
　　　　　　于鸿君　万　有　马化祥　王　博　王仰麟　王维民　叶静漪　宁　琦　乔　杰　任羽中　刘玉村
　　　　　　刘晓光　安钰峰　邱水平　张平文　张晓黎　陈宝剑　林建华　赵　越　郝　平　柴　真　徐善东
　　　　　　龚文东（10月免）　龚旗煌　蒋朗朗　傅绥燕　詹启敏　谭文长　潘义生

北京大学

校　　　长　郝　平
常务副校长　詹启敏　龚旗煌（12月任）
副 校 长　王仰麟　田　刚（12月免）　王　博　龚旗煌（12月任常务副校长）　陈宝剑　张平文（12月任）
　　　　　　黄　如（12月任）
秘 书 长　安钰峰（兼）
教 务 长　龚旗煌（兼）
总 务 长　王仰麟（兼）

中共北京大学第十三届纪律检查委员会

书　　　记　叶静漪（兼）
副 书 记　张庆东（1月任）　王　雷（4月免）　邹　惠　范春梅
委　　　员　（按姓氏笔画为序）
　　　　　　王　雷　叶静漪　付　卫　刘　波　刘江平　刘新民　苏　茵　余　浚　邹　惠　张庆东　张宝岭
　　　　　　张新祥　范春梅　周有光　隗铁夫

（党委组织部）

校务委员会

主　任　邱水平
副主任　林毅夫　田　刚　海　闻　饶　毅　李　鸣　王　杰　敖英芳　陈建龙
委　员　（按姓氏笔画为序）
　　　　王　杉　王　博　王缉思　甘子钊　厉以宁　叶　朗　朱卫国　乔　杰　任庆鹏　刘玉村　刘俊义　阮　草
　　　　孙　丽　孙祁祥　李　强　杨芙清　吴　明　吴　凯　张东晓　张守文　张颐武　陈跃红　季加孚　周晓林
　　　　袁行霈　高　毅　郭建宁　唐晓峰　涂　平　陶　澍　黄　如　鄂维南　程朝翔　鲁安怀　谢心澄　蔡洪滨

（党委组织部）

学术委员会

校学术委员会
主　任　郝　平
副主任　詹启敏　龚旗煌　王　博　田　刚　谢晓亮
委　员　（按姓氏笔画为序）
　　　　于鸿君　方　方　方精云　卢　阳（学生）　申　丹　朱苏力　朱良志　乔　杰　刘玉村　刘国恩　汤　超
　　　　孙熙国　吴云东　张平文　张远航　张宏权　张　静　赵　辉　俞可平　饶　毅　夏定国　高　文　席振峰
　　　　黄　如　黄晓军　曹文轩　屠鹏飞　彭小瑜　彭练矛　董　强　韩鸿宾　程和平　程格格（学生）　谢　宇
　　　　詹思延

理学部学术委员会
主　任　谢晓亮
副主任　方精云　吴　凯　沈　波
委　员　（按姓氏笔画为序）
　　　　王世强　王学军　文　兰　朱作言　刘　瑜　刘小博　刘忠范　严纯华　周　专　周晓林　宗秋刚　胡永云
　　　　俞大鹏　耿　直　席振峰　龚旗煌　鄂维南　韩宝福　颜学庆

信息与工程科学部学术委员会
主　任　黄　如
副主任　张远航　任秋实
委　员　（按姓氏笔画为序）
　　　　汤　帜　杨　槐　吴中海　张世秋　陈章渊　郝一龙　查红彬　段慧玲　夏定国　倪晋仁　彭练矛　程　旭

人文学部学术委员会
主　任　申　丹
副主任　阎步克　张旭东　李四龙
委　员　（按姓氏笔画为序）
　　　　丁宏为　王一川　王一丹　王中江　付志明　孙　华　刘元满　李道新　陈建立　荣新江　秦海鹰　袁毓林
　　　　曹文轩　彭小瑜　韩水法　褚　敏　漆永祥

社会科学学部学术委员会
主　任　杨　河
副主任　关海庭　汪建成　文东茅
委　员　（按姓氏笔画为序）
　　　　王子舟　王正毅　王丽萍　王继民　朱苏力　孙代尧　吴　靖　沈　岿　张小明　张海滨　陈向明　金安平
　　　　周飞舟　俞　虹　董进霞　谢立中　魏　波

经济与管理学部学术委员会
主　任　张国有
副主任　平新乔　刘国恩　张志学
委　员　（按姓氏笔画为序）
　　　　马　浩　王跃生　刘　怡　刘晓蕾　余淼杰　沈俏蔚　陈　功　周黎安　郑　伟

医学部学术委员会

主　任　詹启敏

副主任　刘玉村　张　强　孔　炜

委　员　（按姓氏笔画为序）

于　欣　王　俊　王　辉　王建六　方伟岗　邓旭亮　叶新山　司天梅　刘忠军　李若瑜　李明子　李铁军
沈　琳　张大庆　张宏权　周利群　赵明辉　段丽萍　修典荣　姜玉武　郭　军　郭　岩　黄晓军　韩晶岩
韩鸿宾　詹思延　霍　勇

深圳研究生院学术委员会

主　任　詹启敏

副主任　谭文长　杨　震　吴云东

委　员　（按姓氏笔画为序）

叶嘉安　张　彤　贾建民　徐信忠　高　文　高加力　海　闻　潘　锋　Mark Feldman

（学科建设办公室）

学科建设委员会

主　任　郝　平

副主任　龚旗煌

委　员　（按姓氏笔画为序）

于鸿君　王　博　王仰麟　方　方　申　丹　刘玉村　张平文　黄　如　谢晓亮　詹启敏

（学科建设办公室）

专业技术职务评审委员会

主　任　邱水平　郝　平

副主任　詹启敏　龚旗煌

委　员　（按姓氏笔画为序）

于鸿君　王仰麟　王明舟　王　博　云　虹　叶静漪　任羽中　刘克新　张平文　张　宁　张新祥　陈建龙
林久祥　柴　真

（人事部）

学位评定委员会

第十一届校学位评定委员会委员名单

主　席　郝　平

副主席　詹启敏　王　博　龚旗煌

委　员　（按姓氏笔画为序）

王建祥　宁　琦　刘　俏　张　帆　张　静　张东晓　张平文　张立飞　陈　兴　陈晓明　周德敏　孟庆跃

段丽萍　贺灿飞　顾红雅　郭传瑸　黄铁军　董志勇　鲁凤民　潘剑锋　燕继荣

（研究生院）

教职工代表大会执行委员会

北京大学第七届教职工代表大会执行委员会名单
主　任　　王仰麟
副主任　　张宝岭　周永胜　张大成　吴联生　宋春伟　傅郁林
委　员　（按姓氏笔画为序）
　　　　　万　有　王仰麟　吕万良　朱树梅　刘穗燕　李连发　吴联生　宋春伟　张　勇　张大成　张庆东　张宝岭
　　　　　陈建立　周永胜　宗秋刚　赵冬梅　龚文东　阎　云　董秀芳　傅郁林　潘义生

（工　会）

学部负责人

理学部
主　任　　饶　毅（10月免）　谢晓亮（10月任）
副主任　　吴　凯　沈　波

信息与工程科学部
主　任　　高　文（1月免）　黄　如（1月任）
副主任　　张远航　任秋实

人文学部
主　任　　申　丹
副主任　　李四龙　王奇生　廖可斌

社会科学学部
主　任　　杨　河（7月免）　王　博（7月任）
副主任　　关海庭　汪建成　文东茅

经济与管理学部
主　任　　张国有（7月免）　于鸿君（7月任）
副主任　　平新乔　刘国恩　张志学

医学部
主　　　任　　詹启敏
党委书记　　刘玉村
副　主　任　　段丽萍　宝海荣　王维民　肖　渊　刘晓光　张新祥（兼）　张　宁
党委副书记　　李文胜　徐善东　朱树梅
纪委书记　　范春梅
主任助理　　吴　明

（学科建设办公室、党委组织部）

各院、系、所、中心负责人

数学科学学院	党委书记	胡　俊
	院长	陈大岳
物理学院	党委书记	陈晓林（11月免）
		杨金波（11月任）
	院长	高原宁
化学与分子工程学院	党委书记	马玉国
	院长	高毅勤
生命科学学院	党委书记	刘德英
	院长	吴　虹
城市与环境学院	党委书记	刘耕年
	院长	贺灿飞
地球与空间科学学院	党委书记	李培军
	院长	张立飞
心理与认知科学学院	党委书记	谢晓非
	院长	方　方
建筑与景观设计学院	院长	（空　缺）
信息科学技术学院	党委书记	魏中鹏
	院长	黄　如（1月免）
		高　文（1月任）
	常务副院长	谢　冰（5月任）
工学院	党委书记	孙智利
	院长	张东晓（7月免）
		段慧玲（12月任）
王选计算机研究所	直属党支部书记	叶志远
	所长	郭宗明
软件与微电子学院	党委书记	陈向群
	院长	张　兴（6月免）
		吴中海（6月任）
	常务副院长	吴中海（6月任院长）
环境科学与工程学院	党委书记	李振山
	院长	朱　彤
软件工程国家工程研究中心	主任	张世琨
中国语言文学系	党委书记	金永兵
	主任	陈晓明
历史学系	党委书记	徐　健
	主任	张　帆（12月免）
		王奇生（12月任）
考古文博学院	党委书记	雷兴山（12月免）
		陈建立（12月任）
	院长	孙庆伟（11月免）
		雷兴山（11月任）
哲学系（宗教学系）	党委书记	束鸿俊

	主任	仰海峰
外国语学院	党委书记	李淑静
	院长	宁 琦
艺术学院	党委书记	雷 虹
	院长	彭 锋
对外汉语教育学院	党委书记	汲传波
	院长	赵 杨
歌剧研究院	院长	金 曼
国际关系学院	党委书记	虎翼雄（12月免）
		初晓波（12月任）
	院长	唐士其
法学院	党委书记	郭 雳
	院长	潘剑锋
信息管理系	党委书记	张久珍
	主任	李广建（6月免）
		张久珍（6月任）
社会学系	党委书记	查 晶
社会学系/社会学人类学研究所	主任/所长	张 静（12月免）
		周飞舟（12月任）
政府管理学院	党委书记	李海燕
	院长	俞可平
	常务副院长	燕继荣
马克思主义学院	党委书记	孙蚌珠
	院长	于鸿君（兼）
	执行院长	孙熙国（4月免）
教育学院	党委书记	阎凤桥
	院长	阎凤桥
新闻与传播学院	党委书记	陈 刚
	院长	陆绍阳
体育教研部	直属党支部书记	张 锐（3月免）
		安钰峰（兼，3月任）
	主任	李 宁（3月免）
		钱俊伟（3月任）
经济学院	党委书记	董志勇（1月免）
		崔建华（1月任）
	院长	董志勇
光华管理学院	党委书记	马化祥
	院长	刘 俏
人口研究所	所长	郑晓瑛（12月免）
		陈 功（12月任）
国家发展研究院	党委书记	余淼杰
	院长	姚 洋
元培学院	党委书记	吴艳红
	院长	李 猛
分子医学研究所	所长	肖瑞平
北京国际数学研究中心	主任	田 刚

前沿交叉学科研究院	党委书记	霍晓丹（兼，7月任）
	院长	韩启德
	执行院长	汤 超
燕京学堂	院长	袁 明
现代农学院	院长	许智宏
科维理天文与天体物理研究所	所长	何子山
中国教育财政科学研究所	所长	王 蓉
中国社会科学调查中心	主任	李 强
生物医学前沿创新中心	主任	谢晓亮
中国画法研究院	院长	（空 缺）
海洋研究院	院长	张东晓（10月免）
		周力平（10月任）
人文社会科学研究院	院长	邓小南
	常务副院长	渠敬东
习近平新时代中国特色社会主义思想研究院	院长	于鸿君（兼）
	常务副院长	孙熙国（6月任）
人工智能研究院	院长	黄 如（4月任）
深圳研究生院	党委书记	谭文长
	院长	吴云东（3月免）
		詹启敏（兼，3月任）
基础医学院	党委书记	万 有
	院长	万 有
药学院	党委书记	徐 萍
	院长	周德敏
公共卫生学院	党委书记	郝卫东
	院长	孟庆跃
护理学院	党委书记	陆 虹
	院长	尚少梅
医学人文学院	党委书记	王 玥
	院长	周 程
第一医院	党委书记	潘义生
	院长	刘新民
人民医院	党委书记	赵 越
	院长	姜保国
第三医院	党委书记	金昌晓
	院长	乔 杰
口腔医院	党委书记	周永胜
	院长	郭传瑸
肿瘤医院	党委书记	朱 军
	院长	季加孚
第六医院	党委书记	王向群
	院长	陆 林

（党委组织部）

机关各部门、工会、团委负责人

部门	职务	姓名
党委办公室校长办公室	主任	龚文东（10月免）
		孙庆伟（10月任）
督查室（信访办公室）	主任	余浚
网络安全和信息化委员会办公室	主任	蒋广学
法律事务办公室	主任	陆忠行
政策法规研究室	主任	任羽中
党委政策研究室	主任	任羽中（兼）
纪委办公室	主任	邹惠（兼）
监察室	主任	王雷（1月免）
		张庆东（1月任）
党委巡察办公室	主任	王雷（兼，4月免）
内部控制管理办公室	主任	王雷（兼，4月免）
党委组织部	部长	柴真
	常务副部长	霍晓丹
党校办公室	主任	张洪峰（兼）
党委宣传部	部长	蒋朗朗
	常务副部长	胡少诚
新闻中心	主任	蒋朗朗（兼）
党委统战部	部长	张晓黎
学生工作部、人民武装部	部长	张庆东（1月免）
		张莉鑫（1月任）
学生就业指导服务中心	主任	张莉鑫（5月免）
		陈征微（5月任）
青年研究中心（网教办）	主任	蒋广学（1月免）
		李杨（1月任）
学生资助中心	主任	陈征微（12月免）
		刘海骅（12月任）
学生心理健康教育与咨询中心	主任	刘海骅
保卫部	部长	卢向红（12月免，挂职）
		赵冠英（挂职主持工作，12月任）
保密委员会办公室	主任	冯支越
党委教师工作部	部长	刘波（兼，7月免）
		任羽中（7月任）
教务部	部长	傅绥燕
教务长办公室	主任	王小玥
科学研究部	部长	周辉（7月免）
		张宁（7月任）
先进技术研究院	院长	程旭
社会科学部	部长	龚六堂
研究生院	院长	郝平（兼，8月免）
		龚旗煌（兼，8月任）

	常务副院长	张东晓（8月免）
继续教育部	部长	刘力平
人事部	部长	刘　波（7月免）
		任羽中（7月任）
师资人才办公室	主任	刘　波（7月免）
		任羽中（7月任）
	常务副主任	戴长亮
离退休工作部	部长	马春英
财务部	部长	张新祥
国有资产管理委员会办公室	主任	张新祥（兼）
后勤财务核算中心	主任	张新祥（兼）
国际合作部	部长	夏红卫
国内合作委员会办公室	主任	陈永利
实验室与设备管理部	部长	刘克新
总务部	部长	张西峰
房地产管理部	部长	殷雪松
基建工程部	部长	白利明
审计室	主任	周有光
产业技术研究院/科技开发部	院长/部长	姚卫浩
校办产业管理委员会办公室	主任	萧　群（兼）
学科建设办公室	主任	张平文（8月免）
		方　方（8月任）
昌平校区管理办公室	主任	张新祥（6月免）
		王新强（6月任）
怀柔科学城校区筹建办公室	主任	李　航（10月任）
校友工作办公室	校友会执行副会长	邓　娅
	主任	李文胜
继续教育学院	党总支书记	李　胜
	院长	章　政
创新创业学院	院长	周　辉（7月任，10月免）
肖家河项目建设办公室	主任	张宝岭（10月免）
		白利明（12月任）
机关党委	书记	刘旭东
直属单位党委	书记	董晓华（12月任）
后勤党委	书记	胡新龙
校办产业党工委	书记	萧　群
校工会	主席	安钰峰（2月任）
	常务副主席	张宝岭
校团委	书记	王逸鸣

医学部

党委办公室、主任办公室	主任	陈斌斌
纪委、监察室	副书记、主任	刘江平
党委组织部、党校	部长	孙晓华
党委宣传部	部长	焦　岩
党委统战部	部长	王军为

学生工作部、武装部	部长	丁 磊
研究生院	常务副院长	徐 明
教育处	处长	王维民（兼，6月免）
		刘 虹（6月任）
人事处／人才服务与培训中心	处长	戴 清
离退休工作处	处长	李 红
科学研究处／学科建设办公室	处长	韩鸿宾
国际合作处	处长	孙秋丹
医院管理处	处长	张 骞
继续教育处	处长	姜 辉
设备与实验室管理处	处长	沈如群
保卫处	处长	沈 鹏
审计室	主任	安 宇
计划财务处	处长	冯丹妹
总务处	处长	王运生
基建工程处	处长	余 也
产业管理办公室／技术转移办公室	主任	吕廷煜
工会	主席	朱树梅（兼）
	常务副主席	刘穗燕
团委	书记	陈 磊
机关党委	书记	郭艾花
后勤党委	书记	赵成知
产业党总支	书记	陈 娟

（党委组织部）

直属、附属单位负责人

图书馆	党委书记	郑清文
	馆长	陈建龙
档案馆、校史馆	馆长	马建钧
计算中心	主任	张 蓓
教师教学发展中心	主任	孙 华
首都发展研究院	院长	李国平
教育基金会	秘书长	李宇宁
出版社	党委书记	金娟萍（1月免）
		王明舟（1月任）
	社长	王明舟
	总编辑	张黎明
校医院	党委书记	朱建华
	院长	云 虹
燕园街道办事处	党工委书记	杨学祥
	主任	严敏杰（6月免）
		杨兴文（6月任）
燕园社区服务中心	主任	严敏杰（6月免）
		张兴明（6月任）

附属中学	党委书记	王亚章
	校长	王铮
附属小学	党委书记、校长	尹超
附属幼儿园	园长	王燕华
体育馆	馆长	李宁（3月免，体育馆与体育教研部合并）
	常务副馆长	李杰（3月免）
会议中心	主任	张胜群
餐饮中心	主任	陈杰
动力中心	主任	李钟
公寓服务中心	主任	姜晓刚
校园服务中心	主任	张丽娜

医学部

图书馆	馆长	张大庆
医药卫生分析中心	主任	吴明
	常务副主任	孙崎
信息通讯中心	主任	种连荣
学报（医学版）编辑部	主任	曾桂芳
中国药物依赖性研究所	所长	陆林
医学教育研究所	名誉所长	柯杨
	所长	王维民
实验动物科学部	主任	吴明（兼，11月任）
		郑振辉（11月免）
	常务副主任	徐国恒（11月任）
中国卫生发展研究中心	常务副主任	孟庆跃
医学信息学中心	常务副主任	胡永华
医学继续教育学院	院长	张海澄
健康医疗大数据研究中心（9月挂靠健康医疗大数据国家研究院）		
	主任	李全政
	常务副主任	张路霞
精准医疗多组学研究中心	主任	黄超兰
全国医学教育发展中心	名誉主任	林蕙青
	名誉主任	曾益新
	主任	詹启敏（兼）
	常务副主任	王维民
档案馆	副馆长	王红涛（4月任）
		董惠华（4月免）
跨学部生物医学工程系	常务副主任	邓旭亮
健康医疗大数据国家研究院（2018年4月成立，2019年9月按直属单位管理）		
	院长	金小桃
	院长	詹启敏（兼）
医学部医学技术研究院（10月成立）		
	院长	詹启敏（兼，10月任）
	常务副院长	韩鸿宾（10月任）
国际癌症研究院（9月按直属单位管理）		
	院长	詹启敏（兼）

（党委组织部）

各民主党派和归国华侨联合会负责人

中国国民党革命委员会北京大学支部委员会
主 任 委 员　关　平
副主任委员　丁　昱　李美仙

中国国民党革命委员会北大医院支部
主 任 委 员　涂　平
副主任委员　张诗杰

中国民主同盟北京大学委员会
主 任 委 员　李　玮
副主任委员　宋春伟　楼建波　苏　剑　李少华　刘岳峰

中国民主同盟北京大学医学部委员会
主 任 委 员　季加孚
副主任委员　卫　燕　叶颖江　田　华

中国民主建国会北京大学委员会
主 任 委 员　陈效逑
副主任委员　李　虹　陈少峰　孙卫玲

中国民主促进会北京大学委员会
主 任 委 员　佟　新
副主任委员　肖鸣政　陈旭光　龚六堂

中国民主促进会北京大学人民医院支部
主 任 委 员　高承志

中国农工民主党北京大学委员会
主 任 委 员　顾　晋
副主任委员　熊　辉　吴晓英　李　东　邓旭亮　沈如群　刘富坤

中国农工民主党北京大学支部委员会
主 任 委 员　刘富坤
副主任委员　陈变珍　裴剑峰

中国致公党北京大学支部委员会
主 任 委 员　王若鹏
副主任委员　刘阳生　张向英

中国致公党北京大学医学部支部
主 任 委 员　陈仲强

中国致公党北大医院支部
主 任 委 员　胡　晓
副主任委员　周常青

中国致公党北大人民医院支部
主 任 委 员　黄　磊
副主任委员　李剑峰

九三学社北京大学委员会
主 任 委 员　沈兴海
副主任委员　夏壁灿　郭召杰　张　研　王　旭

九三学社北京大学第二委员会（6月换届）
主 任 委 员　屠鹏飞（新任）

副主任委员　昌晓红（继任）　阙呈立（继任）　崔　涛（继任）　李子健（继任）　唐志辉（新任）　伊　鸣（新任）
　　　　　　万巧琴（新任）

北京大学归国华侨联合会

主　席　周力平

副主席　龚旗煌　曲振卿　吴　跃

北京大学医学部归国华侨联合会

主　席　周德敏

副主席　黄河清　王培玉　林剑浩　鲁凤民

（党委统战部）

学部、院系及实体研究机构

理学部

【发展概况】 组织机构。2019年，根据学校干部任命相关文件，理学部主任办公会、部务会、学术委员会、教学指导委员会成员结构调整如下：

1. 主任办公会调整。2019年11月6日，学校下发《关于谢晓亮、饶毅职务任免的通知》（校发〔2019〕326号），聘任谢晓亮为北京大学理学部主任，聘期三年，饶毅不再担任北京大学理学部主任职务；2019年11月底，方精云提出因云南大学事务繁忙，请求辞去理学部副主任一职；2019年12月19日，学校下发《关于同意方精云辞去相关职务的通知》（校发〔2019〕367号）；根据以上相关文件，学部主任办公会成员调整为，主任谢晓亮，副主任吴凯、沈波。

2. 部务会调整。根据心理与认知科学学院、化学与分子工程学院、物理学院院系行政班子调整情况，理学部部务会成员调整为（院系成员以院系为序）：谢晓亮、吴凯、沈波、陈大岳、高原宁、陈兴、吴虹、贺灿飞、张立飞、方方、李迪华。

3. 教学委员会调整。根据心理与认知科学学院、化学与分子工程学院、物理学院、生命科学学院等院系行政班子调整及分工情况，理学部教学委员会成员调整为（以姓氏笔画为序）：王世强、王颖霞、甘良兵、李双成、李本纲、李若、李迪华、吴凯、何建森、张进江、郑晓峰、姚翔、曹庆宏、章志飞、彭良友。

4. 学术委员会调整。2019年11月，饶毅主任提出不再担任学部学术委员会主任、委员职务。根据工作需要，学部启动学部学术委员会主任调整工作。11月10日，经学部主任办公会提名，建议由谢晓亮教授担任理学部学术委员会主任。11月11日至13日，理学部学术委员会通讯审议学部主任调整事宜，21名（总计23人）委员同意由谢晓亮教授担任理学部学术委员会主任。2019年11月21日，郝平校长批复新的学术委员会名单。

学科建设。完成学部所属14个一级学科的摸底调研工作，配合完成学校领导院系调研，形成调研分析报告。2019年2月，根据学校学科调研工作部署，理学部成立学部学科调研小组。小组由学部副主任沈波牵头，学科建设办公室、研究生院、科学研究部、学部办公室等相关部门成员参加。3月，学部学科调研小组召开闭门会议，逐一研讨理学部所属各院系学科发展态势，有针对性地提出建议和意见，并形成调研分析报告。3月至4月，理学部学科调研小组先后对统计科学、生态学、地球物理学、天文学等学科进行实地调研。6月至7月，理学部配合完成学校领导班子成员率相关职能部门赴城市与环境学院、地球与空间科学学院、科维理天文与天体物理研究所专题调研工作，完成相关调研报告。

组织完成理学部教学科研单位发展绩效评估工作。根据人事部《关于实施2019年度绩效奖励工作的通知》以及学科建设办公室《2019年度教学科研单位发展状况绩效评估方案》，理学部制定《理学部2019年度教学科研单位发展绩效评估方案》，并组建由校领导、学部领导、相关职能部门负责人和学者代表组成的评估专家组，龚旗煌副校长任组长。11月18日下午，理学部召开集中评审会议。听取各单位负责人工作报告后，评估专家组参照北京大学教学科研单位发展状况绩效评估考核要点，为每个汇报单位无记名打分。最终，物理学院、化学与分子工程学院为理学部推优单位。

学术评价。配合学校人才引进和tenure评估工作，理学部组织专家对100余名拟引进人才或拟tenure评估人员的评审材料进行会前审议，形成学部会前审议意见并匿名提交学校理工科人才评估小组，相关审议意见得到人才评估小组的认可。

召开学术委员会会议，审议教学系列、研究技术系列职位评审聘任、通用岗位专业技术岗位聘任以及离退休教师科研成果奖励特等奖评审等事宜。2019年11月30日，理学部召开学术委员会会议。与会委员结合书面材料，针对相关候选人情况进行充分讨论，并进行无记名投票。

配合学校实体研究机构建立工作，以通讯评议方式对成立人工智能研究院、生物医学前沿创新中心成立学术委员会、成立创新研究院、成立能源研究院等议案提出审议意见。

对学校全球化战略、改革和完善学术评价体系提出学术咨询意见；参与并协助心理领域国际同行评估工作；审议完成6项高端学术讲学计划申请。

教学工作。完成理学部本科教改专项方案。2019年，理学部遴选确定"共聚焦显微成像与拉曼光谱""创意性实践""并行与分布式计算基础""物理化学实验-教学STM与AFM仪器开发""基于深度学习的智能矿物识别的探索与应用"等五项新设跨学科实验课程，着重培养学生的动手能力，截至2019年底，项目均已超额完成任务，并获得学校教改专项奖励。

完成生命科学学院增设本科生教育项目、本科生专业的沟通、院系间协调、学部审议等工作。2019年3月20日，理学部教学委员会召开第四次全体会议，围绕生命科学学院增设本科生教育项目、本科生专业以及学部实验教学提升计划项目展开讨论。

组织遴选教学成就奖和卓越奖。2019年4月18日中午，理学部教学委员会召开第五次全体会议，推荐物理学院刘玉鑫教授为教学成就奖候选人，推荐心理与认知科学学院苏彦捷教授、数学科学学院范后宏副教授为教学卓越奖候选人。

学术交流。2019年11月15日，理学部与未来科学大奖联合举办"中微子与宇宙"物质科学大奖学术报告会，邀请到2019未来科学大奖物质科学奖获得者王贻芳、陆锦标等发表主题演讲，并与高原宁、何子山、邢志忠等7位嘉宾进行对话。

2019年11月16日，理学部与未来科学大奖联合举办"生命的礼赞"生命科学未来大奖学术报告会，邀请到邵峰、谢晓亮、饶毅、王晓东、董晨等演讲并进行对话。学术报告会面向社会直播，对吸引更多青年投身科学取得良好的示范效应。

（原　帅）

数学科学学院

【发展概况】　组织结构。数学科学学院下设四个系：数学系、概率统计系、信息与计算科学系和金融数学系。北京大学数学研究所是教育部批准成立的研究单位，与数学科学学院紧密结合，形成院所结合的体制；数学科学学院还拥有"数学及其应用"教育部重点实验室等多个研究机构，大数据分析与应用技术国家工程实验室、教育部"高校数学研究与高等人才培养中心"、北京大学统计科学中心、北京大学网络空间安全研究院也挂靠在数学科学学院。

学科建设。数学科学学院现有两个一级学科：数学、统计学。五个本科专业：数学与应用数学、信息与计算科学、统计学、应用统计学（生物统计方向）以及数据科学与大数据技术专业。四个博士专业：基础数学、应用数学、计算数学、概率统计。四个博士专业都设有博士后流动站并全部被评为重点学科。

队伍建设。2019年数学科学学院共有教学科研人员135人，其中事业编制教授32人、副教授24人、讲师4人，新体制教授27人、长聘副教授3人、助理教授11人、博士后34人。另有非全职聘用1人。2019年入职20人，其中教师5人、博士后15人；退休1人；去世3人；减员离职12人，均为博士后。数学科学学院现有院士8人、长江特聘教授8人、国家杰出青年科学基金获得者24人、优秀青年科学基金获得者8人、青年长江学者3人、中组部国家高层次人才特殊支持计划百千万工程领军人才3人。

教学工作。截至2019年底，数学科学学院共有学生1377人，其中本科生801人，硕士研究生258人，博士生318人。2019年招收本科新生185人，其中英才班27人，保送15人，自主招生69人，普通入学72人，留学生2人；国际奥林匹克竞赛金牌获得者2人，省状元2人。另招收北京大学香港中文大学双学位2人。普通本科毕业生总计177人，双学位毕业66人，辅修毕业10人。2019年共招收研究生173人，其中硕士99人，博士74人；毕业160人，其中硕士112人，博士48人。2018—2019学年第二学期开设本科生课程78门，研究生课程43门。2019—2020学年第一学期开设本科生课程84门，研究生课程46门。

人才培养工作。学院启动与香港中文大学工学院双学位项目；启动"3+X"项目；举办研究生科研成果交流展示会；新增科研经费博士研究生专项招生计划；新增大数据硕士专业学位授权点；加强研究生过程管理，包括改革博士生资格考试制度、强化学术写作训练、试点博士论文实名评阅。拔尖人才培养方面，在日本举办基础数学拔尖计划第二届国际暑期学校，15名同学参加；在北京大学举行应用数学拔尖计划第18期暑期学校。张益唐受聘北大客座教授，连续两年在北大讲授暑期课程。数学学科拔尖人才2.0启动。

科研工作。2019年，在研项目总数为102项，新获批纵向项目19项。共有SCI收录的第一作者和通信作者149篇论文，SCI收录的非第一作者和通信作者65篇论文，27篇EI论文，12篇其他论文。出版专著4部。获授权专利6项。科研拨款总计6204.18万元，其中引导专项经费1303.63万元，自然科学基金2064.41万元，校外转入科学基金220.92万元，重点研发计划571.87万元，国家高层次人才特殊支持计划244.7万元，北京市科学技术委员会科研经费136.47万元，博士后科研经费119.21万元，横向经费1318.89万元，基本科研业务费206.71万元，国家重点基础研究发展计划经费17.37万元。

交流合作。2019年，数学科学学院共接待访问学者197人次，其中学校主请的国外访问学者10人次，顺访国外学者168人次，"数学及其应用"教育部重点实验室接待国内访问学者9人次，学院访问学者计划接待10人次。

2019年度，数学科学学院共主办18次学术会议／学术研讨会；举办各类学术报告314次，其中，周五学术报告35次，系列报告149次，其他学术报告130次。149次系列报告中包括：科学与工程计算系列25场，动力系统系列20场，信息系列10场，概率系列16场，分析和偏微分方程（PDE，Partial Differential Equation）系列20场，几何分析系列22场，几何分析和数学广义相对论22场，拓扑系列14场。

2019年数学科学学院教师共出境访问123人次，其中出访中国港澳地区8人次，中国台湾2人次，其他国家（地区）113人次。

党建工作。数学科学学院党委现有书记1人、副书记2人，党委委员10人。教职工党员130人，其中在职教职工54人，离退休教师38人，博士后29人，劳动合同制9人。设教工党支部6个。学院有在校学生党员187人，其中本科生20人，硕士生84人，博士生83人；组织关系暂存高校毕业生10人。设学生党支部13个。2019年，因学生毕业撤销3个硕士生党支部；9月，组建3个硕士生新生党支部；10月，5个学生党支部顺利完成换届工作。2019年学院共发展党员37人（13名本科生，21名硕士研究生，2名博士研究生，1名教职工），共有22名预备党员转为正式党员（6名本科生，5名硕士研究生，8名博士研究生，1名博士后，2名教职工）。学院党委组织师生参加北京大学第31期、32期、33期党性教育读书班，第31期、32期党的知识培训班和第13期教职工党性教育读书班。全体党员注册并参加学习强国APP学习。2019年，各党支部围绕持续贯彻党的十九大精神及全面落实十九届四中全会精神、学习贯彻习近平新时代中国特色社会主义思想、聚焦"不忘初心、牢记使命"主题、落实"两学一做"学习教育制度化常态化、深入领会贯彻习近平总书记关于教育工作的重要论述特别是在北京大学的重要讲话精神和党中央决策部署，认真学习，开展多项活动。严格执行党风廉政建设，根据学校相关规定制定《北京大学数学科学学院关于国内公务交往中收受礼品的管理细则》；9月16日至10月23日，接受北京大学党委第一巡察组巡察；继续完成各类述职、评议、考核及师德师风建设等工作。数学科学学院103名师生圆满完成国庆70周年庆典活动，参与"凝心铸魂"群众游行及志愿服务工作。姜伯驹、张恭庆、黄敦、李忠、应隆安、谢衷洁、王诗宬、张平文、张继平、朱小华、范辉军等十一人获"庆祝中华人民共和国成立70周年"纪念章。

宣传工作。学院官网全年发布各类报道143篇。官方微信全年粉丝增长约7000人，发送推送140余篇，图文总阅读量约42万次，近2万人次转发。与学校招生办公室合作，拍摄《北大学科——数学篇》宣传片，点击量约120万次。制作新版中英文宣传册。

行政队伍。2019年，数学科学学院行政教辅人员共计41人，其中事业编制15人，劳动合同制人员26人。2019年行政教辅人员新入职8人，减员离职3人，均为劳动合同制。

工会工作。2019年，数学科学学院工会共计拥有会员215人，其中事业编制会员188人，劳动合同制会员27人。2月22日，选举产生新一届工会委员会，周铁任主席，周蜀林、郑春鹏任副主席，郑春鹏兼任组织委员，文爽任宣传委员，张树义、余萌任文体委员，任燃任福利委员，程雪、周珍楠任青年委员，牛贺任女工委员，崔文慧任财务委员。2019年组织开展感谢从教三十年教师暨新教师欢迎会、春秋游、三八妇女节工笔照拍摄、六一儿童节亲子派对在内的一系列活动。

学生工作情况。思想引领方面，组织主题党团日活动156次，13个党支部、37个团支部全部参与。组建国庆重大活动讲述小组，深入各党团支部分享11场，覆盖人数超500人。依托"思政实践"及"力行计划"，派出暑假实践团6支，签约建立3个实践基地；派出寒假实践团12支，完成12项课题调研。组建"一号院系服务队"。升级品牌项目"高数辅导"为"数学课系列辅导"，面向全校学生开放。开创"高数辅导室"与"院系巡回辅导"相结合的形式，共举办25场，参与志愿者424人次，服务19个院系920余名同学。学业发展方面，成立学业发展中心，建设信息库，关注重点群体学业状况，通过谈心谈话、学业辅导、动力激发帮扶重点群体。举办生涯规划讲座、双学位交流会、保研出国经验分享会6场。举办数学一小时、学术午餐会、科研展示会14场。科创赛事组织指导方面，407人次参加全国大学生数学竞赛和数学建模竞赛，24人次获得国际奖项。一支队伍获全国大学生数学建模竞赛最高奖"高教社"杯；两人获第十六届"挑战杯"全国大学生课外学术科技作品竞赛全国二等奖，北大特等奖。发挥育人合力，2019年先后48人担任班主任，9月，田刚、刘力平、白利明、刘鹏、李东璘、曹璐等6位老师担任第二班主任。连续四年开展"燕园领航"，党政领导和党委委员任导师，"一对一"关怀；开展经济困难生寻访3次，走访6省9户学生家庭。依托职业发展中心，组织"黄金一代"与在校生座谈，邀请百威亚太区总裁、华为"百万师兄"等院友返校交流，举办"数林计划"首届院友企业专场招聘会，15家院友企业来校招聘。以社会资源支持奖助工作，新设奖学金3项，总额377,996元，院级奖助学金达16项，辐射本、硕、博75人次。

毕业生去向。2019届本科毕业生177人，其中，就业创业31人，占比17.51%；出国出境深造69人，占比38.98%；境内深造72人，占比40.68%；其他5人。本科生大部分选择继续读研深造。2019届研究生毕业生160人，含留学生5人，非留学生中，就业创业127人，占比81.94%；出国出境深造15人，占比9.68%；境内深造10人，占比6.45%；定向1人，占比0.65%；其他2人。

（崔杰诺、崔文慧、郝贞、任燃、梁岚、牛贺、文爽、徐婷、杨扬、袁燕、张婧）

【张继平当选中国科学院院士】 2019年11月22日，中国科学院公布2019年院士增选结果，北京大学数学科学学院张继平教授当选中国科学院院士。张继平现任北京大学数学科学学院教授，北京国际数学研究中心副主任，数学及其应用教育部重点实验室主任，北京数学会理事长。现为 Asia-European Journal of Mecthematics 和《数学学报》副主编，Communications in Algebra 等5种重要期刊编委。曾任中国数学会副理事长、教育部科技委数理学部常务副主任，Algebra Colloquium 主编，1998年至2008年任北京大学数学科学学院院长。

80年代早期张继平应用有限单群分类世纪大定理做出突出贡献，第一个给出亏零P-块的充要条件，解决Brauer 39问题，与其他人合作解决Brauer 40问题。发展群的算术理论，进而解决Huppert猜想和共轭类长猜想等长期未解决的难题，并在数域的Dededkind-Zeta-函数和黎曼流形上的Laplace-Beltrami算子等谱问题研究中得到应用。张继平还对可解群解决S3-猜想，证明新的p-幂零准则，并在融合系和模表示论范畴化等方面做出重要结果。张继平及其学生在模表示论国际前沿焦点问题——Alperin权猜想归纳条件做出领先成果。

（任燃）

【发起成立数学"双一流"建设联盟】 2019年，北京大学发起成立数学"双一流"建设联盟，成员包括国内数学和统计学一流学科建设单位，共20余个，秘书处设在北京大学。成立数学"双一流"建设联盟，旨在引领推动中国数学学科建设，促进改革创新发展，助力数学强国建设。1月11日，联盟在北京大学成立，教育部学位管理与研究生教育司副司长徐忠波、调研员林晓青，北京大学副校长田刚院士，学科办主任张平文院士，以及全国20余所院系领导和专家共50余人出席并见证联盟成立。6月9日，在北京大学召开数学中长期（2020—2035）规划研讨会，与会者共同讨论并撰写完成《数学学科中长期（2020—2035）规划》。6月21日，在华东师范大学召开共创"双一流"本科教学研讨会，聚焦目前本科教学中的共性问题，为下一步政策制定、制度建设及资源配置等工作进一步明确方向。12月14日，在四川大学举行研究生培养暨科研管理研讨会，与会者共同研讨研究生培养及科研管理工作。

（陈大岳）

【开展中俄交流合作】 2019年4月15日，莫斯科大学力学数学系代表团一行4人访问北大，双方就博士后、研究生联合培养，教员互访，双边授课，建设北京大学中俄数学联合实验室计划，开展几何与数学物理以及代数及几何拓扑领域合作，定期举办中俄联合数学会议等方面进行深入讨论，达成许多共识。9月，莫斯科大学Alexey A. Tuzhilin、Alexander Zheglov、Georgy Sharygin来数学学院工作三个月，各自讲授一门研究生课程。9月28日，以史宇光为团长的北京大学数学代表团一行十人出访俄罗斯，历时一周，先后访问莫斯科大学、斯捷克洛夫数学研究所和圣彼得堡大学，参加在莫斯科大学举办的第二届中俄联合数学会议，拜会中国驻俄罗斯联邦大使馆公使衔教育参赞曹士海，进一步促进与俄罗斯高校及科研机构在数学领域的深层次合作。12月18日，圣彼得堡数学代表团访问北大。9月下旬，教育部多个司局向学校传达中央领导关于加强北京大学与莫斯科大学在数学方面全面合作的指示，数学学院与学校科学研究部、教务部、国际合作部、研究生院等部门反复商讨，形成书面报告，陈大岳等人多次前往教育部科司汇报工作。12月11日下午，教育部专门召开会议研究北京大学中俄数学中心筹建工作。

（陈大岳）

【成立"北大-华为数学联合实验室"】 10月24日，"北大-华为数学联合实验室"在北京大学揭牌，实验室将以北大数学科学学院为依托，联合华为、北大相关学院与研究机构，攻克华为技术发展中的数学问题、培养优秀数学家。实验室下设"技术委员会"和"管理支撑委员会"，北京大学数学科学学院教授、中国科学院院士张平文，华为技术有限公司中央研究院理论研究部科学家张弓担任技术委员会联席主任；北京大学数学科学学院教授胡俊、华为技术有限公司中央研究院技术合作部部长张建虹担任管理支撑委员会联席主任。

（任 燃）

【推进数学大楼改建工作】 2019年学院继续推进数学大楼的改建工作。为改善学院教学科研条件，经多方沟通协调，学校同意将19楼至21楼和电教楼修缮后作为学院办公用房。19楼至21楼的维修设计由北京房地中天建筑设计研究院有限责任公司承担，本着"修旧如旧"原则最大程度保留原貌，内部则根据实际需要做必要调整，达到现行安全标准，每楼增设一条楼梯。12月，学校基建工程部启动19楼至21楼修缮工程施工招标。该项目得到河仁基金会资助，拟将19楼至21楼形成的三合院命名为河仁苑。电教楼建成于20世纪80年代中期，已被北京市规划部门确定为历史建筑，其维修设计由广州市庯越建筑设计有限公司与中国建筑科学研究院联合承担。7月，数学学院和基建部共同确认维修原则，外貌不变，面积不增，不改变高度和现状、地下室范围，内部分隔和局部楼板做适当调整，增设两部电梯，进行结构加固，达到抗震、节能和安全疏散要求。2019年底设计图纸全部完成，送交第三方审查。该项目得到香港智华基金会资助。11月20日上午，学校举行仪式，将电教楼命名为"智华楼"，名誉校董林高演、陈国钜及夫人、陈上智等一行七人专程从香港来京参加，邱水平、郝平、王博与校内相关部门领导及数学学院师生代表出席。

（陈大岳）

物理学院

【发展概况】 基本概况。中国物理学本科教育始于1913年在北京大学设立的物理学门。1919年更名为物理系。2001年5月，在原物理系、原地球物理系的大气科学专业、原技术物理系的核物理专业及辅助机构、原天文学系、原重离子物理研究所的基础上成立北京大学物理学院。2009年12月，依托物理学院成立"北京大学国际量子材料科学中心"。2010年4月，为加强北京大学在海-气相互作用以及全球气候变化研究中的研究力量，创建海洋科学教育平台，北京大学决定在物理学院原大气科学系的基础上，增设物理海洋专业，并将"大气科学系"更名为"大气与海洋科学系"，同时成立"气候与海-气实验室"。

2018年物理学院现有10个实体单位：普通物理教学中心、基础物理实验教学中心、理论物理研究所、凝聚态物理与材料物理研究所、现代光学研究所、重离子物理研究所、技术物理系、天文学系、大气与海洋科学系、电子显微镜专业实验室；1个2011协同创新中心；3个挂靠研究机构：李政道高能物理中心、国际量子材料研究中心、科维理天文与天体物理研究所。

物理学院有4个一级学科：物理学、大气科学、天文学、核科学与技术；14个二级学科：理论物理、粒子物理与原子核物理、凝聚态物理、光学、原子分子物理、天体物理、大气物理学及大气环境、气象学、物理海洋学、气候学、核技术及其应用、等离子体物理、医学物理和工程、高能量密度物理；2个国家重点实验室：人工微结构和介观物理国家重点实验室、核物理与核技术国家重点实验室；1个教育部重点实验室：北京现代物理中心教育部重点实验室；1个北京市重点实验室：医学物理和工程北京市重点实验室；3个理科基地：物理学、核物理学和大气科学国家基础研究和教学人才培养基地。

人事工作。 截至2019年12月31日，物理学院在职教职工有302人，其中教师系列：教授84人，长聘副教授26人、助理教授33人；研究系列：研究员2人、助理研究员2人，百人计划研究员4人，事业编制副教授50人、副研究员3人、讲师2人；非教师系列：教授1人，副研究员2人，助理研究员13人、研究实习员2人，副研究馆员1人、馆员1人，正高级工程师8人、高级工程师35人、工程师29人，实验师1人，工人3人。

院士23人（含11位双聘院士），国家海外高层次人才引进计划学者53人（其中青年项目44人），长江特聘教授14人，青年长江学者5人，杰出青年科学基金获得者38人，优秀青年科学基金获得者21人。

2019年全年引进教职工10人，其中双聘院士1人，兼职教授1人，助理教授4人，助理研究员1人，工程师2人，研究实习员1人；教职工离退休3人，调离3人。

2019年，通过tenure评估并获得教授职位1人；因获得杰出青年科学基金，申请提前晋升教授并获批准2人；通过tenure评估，获聘长聘副教授职位5人；未通过tenure评估2人；被聘为正高级工程师1人，被聘为高级工程师2人，被聘为助理研究员2人。

2019年进站博士后57人，在站博士后100人。

高原宁、汤超当选为中国科学院院士；江颖当选美国物理学会会士，孟智勇当选美国气象学会会士。

杨金波被任命为物理学院党委书记，陈晓林因年龄原因不再担任物理学院党委书记职务。

科研工作。 2019年物理学院在研项目402项。主持国家自然科学基金委员会杰出青年科学基金、优秀青年科学基金、创新群体项目17项，重大、重点、仪器研制项目33项，重大研究计划、面上及青年基金117项。国际合作等专项43项。

2019年获批国家自然科学基金52项，获重点基金资助7人；在研科学技术部项目84项。2019年新增科学技术部重点研发专项课题12项；教育部项目6项。北京市科技项目6项，其他部门、协作委托及海外合作项目77项。

2019年怀柔科学城北京激光加速创新中心正式启动，北京大学长三角光电科学研究院正式成立。

2019年获批科学技术部重点研发专项首席科学家3人，获批创新研究群体项目2人。获批国家重大科研仪器研制项目/自由申请项目2人；获得国家自然科学基金委员会优秀青年科学基金项目资助3人。

2019年获高等学校科学技术奖自然科学奖一等奖1项；获高等学校科学技术奖自然科学奖二等奖1项；获高等学校科学研究优秀成果奖（科学技术）青年科学奖1项；获北京市科学技术奖自然科学奖二等奖1项（公示期）。

江颖、王恩哥等的研究成果入选"2018年度中国科学十大进展"；江颖获中国青年科技奖；颜学庆获全球加速器大会Hogil Kim奖；杨晓菲获国际纯粹与应用物理联合会青年科学家奖。

8位离休老教师和11位科研工作突出教师获"庆祝中华人民共和国成立70周年纪念章"。

物理学院师生2019年发表SCI（Scientific Citation Index，科学引文索引）论文500余篇。在 *Science*、*Nature Reviews Materials*、*Nature Physics*、*Nature Materials*、*Nature Photonics*、*Nature Nanotechnology*、*Nature Astronomy*、*Nature Communications* 及 *PRL*（*Physical Review Letters*，物理评论快报）、*PNAS*（*Proceedings of the National Academy of Sciences*，美国科学院院报）等顶级期刊发表文章30篇。

对外交流。 2019年度物理学院获批北京大学高端学术讲座1项、海外名师1项、海外名家3项、海外学者讲学/研究计划50余项；经费上，拨款约150万元人民币；人员上，聘请长短期外国专家137人次（含外籍博士后8人）；举办国际及港澳台学术会议5次；因公派出教职工约500人次。

2019年度举办北大百年物理系列讲坛第22讲至第26讲；邀请美国匹兹堡大学杰出教授韩涛，1985年诺贝尔物理学奖获得者、德国马克斯-普朗克固体物理研究所前任所长Klaus von Klizting教授，德国维尔茨堡大学Laurens W. Molenkamp教授，美国普林斯顿大学荣誉教授Robert J. Cava和奥地利国际著名理论物理学家Peter Zoller教授来校报告并与北大师生交流。

2019年度举办物理学院第二届校友代表大会、校友新年论坛1场、校友沙龙62期至75期。

2019年度接待国外高等院校校级代表团来访3次；接待外籍短期系际交流学生5名；2019年共接待返校校友近300人，包括1952级光学聚会、1954级入学65周年聚会、1959级技术物理系入学60周年聚会、1985级毕业30周年聚会、1979级入学40周年聚会等。

2019年物理学院新设立"北京大学物理学院衍复奖学金"。此外，2019年物理学院教职工获校级奖教金13人，获院级奖教金11人；学生获院级奖学金230人。

本科生招生与培养。 2019年物理学院招收本科生195人，其中绵阳九院（中国工程物理研究院）定向生7人，留学生1人；国际物理奥林匹克竞赛金牌得主4人，亚洲物理奥林匹克竞赛金牌得主3人。

2019年举办北京大学2019年物理科学营和物理金秋营,参营人数分别为304人和262人,物理学院有7位资深教师分别担任2019级本科生班主任及年级主任。

2019届本科毕/结业194人,其中授予理学学士学位179人、暂结业12人、大专2人,被授予"未名物理学子"荣誉学位74人,获双学位6人。

2019年获北京市本科优秀毕业设计(论文)4人,获奖数居全校首位。

2019年新开设专业选修课《冷原子实验方法与技术》《天体物理观测实验》《凝聚态中的拓扑导论》和《广义相对论与天体物理》。为进一步加强北京大学在线开放课程(慕课)建设,《数学物理方法》系列课程MOOC成功上线。

2019年成功举办"粒子与高能物理"全国优秀大学生暑期学校以及组织"寻梦西南联大物理营"纪念活动;在拔尖人才培养方面物理学院深入探索书院制模式(可称之为"西南联大模式"),其中物理"英才班"多次组织学术沙龙以及国内外访学交流。同时,为推动信息技术与教学深度融合创新发展,2019年"北京大学物理学院人才培养"微信小程序已上线运行。

2019届全校本科生、研究生优秀毕业论文评选中,物理学院9个项目入选,获奖数全校第一。参与学校2018年立项的本科生科研项目2016级学生78人,共75个项目,并于2019年11月结题,所有学生获得研究型学习的学分;2019年立项参加学校本科生科研项目的2018级学生98人,共95个项目。

2019年物理学院本科生在国际国内重要学术刊物发表论文及专利共计71篇(项),其中以第一作者发表论文23篇。

2019年代表北京大学参加第十届中国大学生物理学术竞赛中,郭洋帆等6位学生获二等奖;参加第五届全国大学生物理实验竞赛,李一一荣获一等奖,王秋原等学生荣获二等奖;叶兴国等学生荣获全国大学生数学建模竞赛一等奖。

2019年物理学院成功举办"第六届本科生兴诚学术论坛"、第八届本科生小型科研项目训练与成果展示(CUPT);本科生吴典代表北京大学在第20届全国君政基金年会上做主题报告。

2019年全年本科生近100人次出国交流,其中获批国家留学基金管理委员会优秀本科生国际交流项目4项,本科生出访交流7人。此外,接受国外优秀本科生来物理学院进行学术交流1人,为期1年。

2019年物理学专业获批申报教育部基础学科拔尖学生培养基地(全校首批7个基地之一)、国家级一流本科专业、北京市一流本科专业(全校3个专业之一)。

《数学物理方法》教学团队荣获"2019年北京市高校优秀本科育人团队"称号。

2019年物理学院获北京市青年教学名师荣誉称号1人,获北京大学教学优秀奖3人,获北京大学教学管理奖1人。

研究生招生和培养。2019年共招收研究生251人,其中博士研究生213人,硕士研究生38人,在读研究生突破1100人。2019年被授予博士学位151人,被授予硕士学位39人,其中获北京大学优秀博士学位论文奖9人。

2019年6月举办"2019年北京大学物理学院优秀大学生暑期夏令营"。来自全国70所重点高校共计855名大学生申请报名,487名学生通过审核并参加该活动。

2019年物理学院研究生出国交流450人次,其中由研究生院出资国际学术交流基金共资助博士生65人参加本专业的重点国际会议,资助博士生出国进行3个月的短期学术交流6人;由国家留学基金管理委员会出资的"国家建设高水平大学公派研究生项目"选派26名在读博士生到国外大学或研究所联合培养。

2019年物理学院成功举办第十六届"钟盛标教育基金"研究生学术论坛,本届论坛报名人数127人。共评出一等奖4人、二等奖12人、三等奖30人、最佳报告奖3人、最佳POSTER奖3人、优秀奖81人。

2019年物理学院申报并成功举办"格点量子色动力学前沿"研究生暑期学校等四个暑期学校活动、一个博士生学术论坛以及一项深化博士研究生教育综合改革项目。

2019年度获"北京大学教学优秀奖(研究生部分)"2人。

根据教育部和北京大学的相关文件精神,物理分会在充分调研和讨论的基础上,通过《北京大学物理学院研究生学术创新成果综合评价规定》和《北京大学物理学院博士研究生培养过程化管理细则》,并从2019级研究生开始执行。

物理学院研究生工作领导小组和北京大学学位评定委员会物理分会完成换届。

实验室建设。截至2019年12月31日物理学院现有仪器设备总计21,663台,总价120,195万元。2019年1月1日至2019年12月31日,物理学院新购置仪器设备1959台,总价14,636万元;其中大于40万元大型仪器34台,总计9563万元;其中大于100万元仪器16台,总价8374万元;2019年获得开放测试基金110.5万。

2019年全校共15项实验技术成果获奖,其中物理学院4项。

图书馆和信息化建设。2019年物理学院全年订购中、外文期刊131种,中、外文图书316册,接受捐赠300余册;完成图书、期刊、学位论文共4841册的编目数据;完善图书馆员工作站,更换2万册图书为复合磁条;完成Cambridge物理类回溯电子书、Springer Materials数据库等资源购置及馆际互借与文献传递、图书馆新资源介绍等专项服务。

为推进学科服务工作,物理学院完成学校图书馆牵头的《北京大学学科竞争力分析报告——物理学》。

后勤与安全。加速器楼于2019年1月内部改造装修完工并正式交付使用。

为改善工作环境,2019年物理学院进行一系列基础设施的维修和改造，例如，7月至8月物理西楼一层至四层电梯厅干挂大理石装修和更换物理老楼卫生间下水管道；9月物理楼中心区花园增加路灯照明；10月至12月将物理中楼一层信箱室改造成公共咖啡厅，为全院师生搭建交流的平台。

为普及消防知识，增强师生的安全责任意识，物理学院于2019年11月8日开展一次全院范围的消防疏散演习，同时进行消防知识的宣传和培训。2019年物理学院2人荣获"北京大学安全管理先进个人"。

2019年物理学院全年到校科研经费约6.33亿元。

党建工作。2019年物理学院党员总数为922人（含出国等保留组织关系人员100人），在职教工党员160人（含博士后党员25人、合同制职工党员6人）、离退休教工党员147人、研究生党员477人、本科生党员38人。分布在11个在职教工党支部、9个离退休教工党支部和19个学生党支部（本科生党支部1个、研究生党支部18个）。其中正式党员858人、预备党员64人。

2019年共发展40名入党积极分子为预备党员，同时27名预备党员按期转为中共正式党员。

2位同志被评为2019年北京大学优秀党务与思想政治工作者。

按照学校的统一部署，物理学院开展"不忘初心、牢记使命"主题教育活动，党政班子成员进行十几次集中学习，各支部组织全体党员也进行相关知识的学习，做到学习教育全覆盖，并通过调研、讲党课、对照党章找差距等环节，列出整改方案22条，已落实整改15条。

国庆70周年重大活动。物理学院以国庆70周年重大活动为教育契机，开展爱国主义、集体主义教育。按照学校要求部署，物理学院共有145名师生参加群众游行、志愿服务和广场联欢活动任务，受到党中央嘉奖。

统战工作。截至2019年底，物理学院有包括九三学社、中国民主同盟、中国民主促进会、中国农工民主党、中国致公党在内的民主党派人士50人，加上归侨、台湾同胞、少数民族教职工，总人数超过80人。2019年中青年教职工加入民主党派3人。

工会与离退休。截至2019年底，物理学院共有离退休人员396人（含6名退休院士），其中90岁以上10人；80岁以上203人，占离退休总人数的51%；70岁以上304人，占离退休总人数的77%；2019年离世9人。

2019年物理学院离退休人员在"北京大学首届表彰退休后学术贡献"活动中获奖37人。

2019年10月物理学院举办"重阳节慰问离退休人员大型座谈会"。

学生工作。2019年物理学院本科2017级2班获得"北京大学2018—2019学年示范性班集体"称号，2018级1班、2018级5班、2018级7班，研究生2017级大气班获得"北京大学2018—2019学年先进班集体"称号；2017级本科2班团支部在2018—2019年度首都大学、中职院校"先锋杯"竞赛评选活动中获得"优秀团支部"称号。学生个人奖励方面，物理学院获个人奖励474人，其中本科生184人，研究生290人。

物理学院在北京大学2019年秋季运动会比赛中荣获甲组第二、校本部第一的成绩。

2019年物理学院暑期组织九支实践团，按照"改革前沿""科研探路"及"乡土国情"为主题分赴南京、苏州、青岛、宁德、绵阳、兰州、酒泉、曲靖开展实践调研活动。其中，曲靖实践团荣获校二等奖，青岛实践团荣获校三等奖，同时，物理学院获得"2018—2019学年度学生社会实践优秀组织单位"荣誉。

物理学院通过"北大物理人""物院学生会""物院研究生会""北大物理就业实践中心"等微信公众号、企业参访、校友招聘、校友论坛等多种形式的活动加强校友与学院、校友与校友、校友与在校生的凝聚力，例如2019年11月举办第三期"青藤计划"校友企业专场招聘会。

2019年物理学院共有116位教师在综合指导课选课平台上开设课程，开设课程总数达1103节，开课时长累计达515小时；学生选课人数546人，选课总数1342节，实际辅导时长达671小时。

2019年国家奖学金物理学院本科生获奖10人，研究生获奖30人，获奖金额合计940,000元；校级奖学金本科生获奖95人，研究生获奖82人，获奖金额合计1,163,000元；院级奖学金本科生获奖61人，研究生获奖12人，获奖金额合计362,000元。

（商庆军、肖　庆、宣梦雨、吴桃李、肖　黎、张　帆、曹　雯、潘　青、吴施雨、宋亚男、马晓梅、聂瑞娟）

【"首次揭示水合离子微观结构"成果入选2018年度中国十大科技进展】 2019年1月，北京大学量子材料科学中心江颖教授和中国科学院王恩哥院士领导的"首次揭示水合离子微观结构"研究成果入选"2018年度中国/世界十大科技进展新闻"。

离子与水分子结合形成水合离子是自然界最为常见和重要的现象之一，在很多物理、化学、生物过程中扮演着重要的角色。早在19世纪末，人们就意识到离子水合作用的存在并开始系统的研究。一百多年来，水合离子的微观结构和动力学一直是学术界争论的焦点，至今仍没有定论。究其原因，关键在于缺乏原子尺度的实验表征手段以及精准可靠的计算模拟方法。北京大学量子材料科学中心江颖教授和王恩哥院士领导的研究团队与徐莉梅研究组、化学与分子工程学院高毅勤研究组等合作，开发一种基于高阶静电力的新型扫描探针技术，刷新扫描探针显微镜空间分辨率的世界纪录，实现氢原子的直接成像和定位，在国际上首次获得单个钠离子水合物的原子级分辨图像，并发现特定数目的水分子可以将水合离子的迁移率提高几个量级，这是一种全新的动力学幻数效应。该工作首次澄清界面上离子水合物的原子构型，并建立离子水合物的微观结构和输运性质之间的直接关联，颠覆人们对于受限体系中离子输运的传统认识。这对离子电池、海水淡化、生物离子通道等很多应用领域都具有重要的潜在意义。相关研究论文于2018年5月14日发表于《自然》。《自然综述·化学》主编David Schilter对该工作进行亮点评述，认为这项研究获得"堪称完美的水合离子结构和动力学信息"。

（江颖、孙祎）

【纪念黄昆先生百年诞辰暨"五校联合半导体物理专门化"学术研讨会】 2019年8月30日由物理学院、微纳电子学系、人工微结构和介观物理国家重点实验室、微米/纳米加工技术国家级重点实验室联合主办的纪念黄昆先生百年诞辰暨"五校联合半导体物理专门化"学术研讨会在中关新园科学报告厅举行。来自北京大学、复旦大学、南京大学、厦门大学、吉林大学等140余人参加该研讨会。活动第一部分由北京大学信息与工程科学部主任黄如主持。北京大学副校长田刚出席并讲话。北京大学微纳电子学系王阳元院士、物理学院甘子钊院士和中国科学院半导体研究所夏建白院士及黄昆先生生前同事及好友分别追忆黄昆先生当年学习、工作和生活的点滴往事和他严格为师、严谨治学的高尚品格。

活动第二部分由北京大学物理学院沈波教授主持。北京大学微纳电子学系杨玉超以"面向类脑智能的神经形态器件"、复旦大学微电子学院陈琳以"柔性神经突触器件及其在类脑神经计算中的应用"、南京大学电子科学与工程学院王欣然以"高性能、低功耗二维晶体管器件与集成技术"、吉林大学冯晶以"面向可穿戴应用的柔性可拉伸有机电致发光器件研究"、厦门大学黄凯以"III族氮化物半导体中的极化激元"、中国科学院半导体研究所谭平恒以"二维半导体材料的声子物理研究"、北京大学物理学院马仁敏以"半导体纳米激光物理与应用"为题，先后介绍在凝聚态物理、微纳电子学领域的最新成果，并进行学术交流。

（商庆军）

化学与分子工程学院

【发展概况】 基本情况。北京大学化学系始建于1910年，是中国高等院校中成立最早的化学系之一，1994年发展成为化学与分子工程学院（简称化学学院），2001年原北京大学技术物理系应用化学专业并入化学学院。北京核磁共振中心2001年1月成立并挂靠在化学学院。学院设有化学系、材料化学系、高分子科学与工程系、应用化学系、化学生物学系，以及无机化学研究所、分析化学研究所、有机化学研究所、物理化学研究所和理论与计算化学研究所，北京大学合成与功能生物分子中心、北京大学软物质科学与工程中心、北京大学分析测试中心和化学基础教学实验中心，并有两个国家重点实验室和两个教育部重点实验室，一个国防重点学科实验室。分别受中国化学会和高等学校化学教育研究中心委托，负责编辑出版《物理化学学报》和《大学化学》两种刊物。化学学院与中国科学院化学研究所在"北京分子科学国家实验室"筹建基础上，联合组建"北京分子科学国家研究中心"，并于2018年2月2日通过专家建设论证。

截至2019年底共有教职工188人（2019年度入职3人，退休2人），其中中国科学院院士11人，教授58人，副教授60人，12人入选中组部海外高层次人才引进计划（青年项目），24人被教育部聘为"长江特聘教授"。学院以学科规划为指导，持续加大人才引进力度，2019年度共有7位博士的人才引进计划通过学校审议。2019年共招收博士后58名，其中博士后创新人才支持计划（简称"博新计划"）3人，"博雅计划"25人，国际交流派出计划1人，BMS Junior Fellow（博士后项目）12人。2名博士后获北京大学优秀博士后奖。

2019年度张锦当选中国科学院院士；陈兴、郭雪峰、马丁获聘长江学者奖励计划特聘教授；王初、张文彬、赵达慧获国家自然科学基金委杰出青年科学基金资助。陈鹏团队项目获2019年度高等学校科学研究优秀成果奖（科学技术）一等奖；陈鹏、马丁、郭雪峰获首届"科学探索奖"；陈鹏获"国际生物无机化学会早期职业奖"；雷晓光获树兰医学青年奖；魏雄辉获第十三届北京发明创新大赛"创新人物奖"；邹鹏入选美国化学会C & EN Talented 12（C&EN, *Chemical & Engineering News*，《化学与工程新闻》）；王初、刘志博获药明康德化学研究奖学者奖；罗佗平获第七届中国化学会-英国皇家化学会青年化学奖；郭雪峰获第五届中国化学会-赢创化学创新奖；马丁获第十届中国化学会-巴斯夫公司青年知识创新奖。由化学学院推荐的北京大学名誉教授藤嶋昭（Akira Fujishima）获2019年度中国政府友谊奖。

学院注重基础理论与应用研究，2019年从国家和省部委获得纵向科研经费1.85亿元，在研科研项目297项。新获批国家自然科学基金项目46项，新增批准经费2.1亿元，其中基础科学中心项目1项，国家重大科研仪器研制（部门推荐）项目1项，杰出青年科学基金项目3项，重点项目5项。2019年度共发表SCI论文749篇，其中第一作者单位论文560篇，平均影响因子（IF）8.12。USNEWS全球大学排名中，北京大学化学学科综合排名位列第14位，QS全球大学排名位列第18位。2019年度申请专利37项，获授权专利50项；签订横向合作合同56项，合同金额3722万元，到校横向经费3431.21万元。

北京大学分子工程苏南研究院完成在研项目中期评估，其中"稀土发光材料项目"已建成年生产能力10吨的中试线并完成中试工艺优化，正在与中铝稀土（江苏）有限公司洽谈产业合作;"纳米磁珠项目"产品得到客户认证;"医用核素项目"获上市公司药明康德新药开发有限公司投资,成立苏州药明博锐生物科技有限公司加速推进产业化进程。申请发明专利16项,共计衍生孵化企业10个,实现销售收入1300万元。研究院公共测试平台投资2600余万元购置大型设备24台,初步形成研发检测服务能力。

党建工作。 1. 以学院党员领导班子成员为重点,开展"不忘初心、牢记使命"主题教育,不断提高党政班子成员的政治素养和理论水平。

2. 加强党的组织建设,进一步落实支部"三会一课"制度,圆满完成党支部书记轮训以及"教师党支部书记'双带头人'示范班"人选的推荐。

3. 注重党员发展、教育和管理。学院各党支部开展为期3个月"不忘初心、牢记使命"主题教育。组织广大党员通过理论学习、实地参观等多种形式开展主题教育。实现"学习强国"APP学习软件全覆盖,学习习近平新时代中国特色社会主义思想深入人心。建立化学学院党校,使学院党员和师生骨干党性教育与培训常态化、规范化、制度化。学院党校举办一些特色活动,提高学员政治素养与党性修养。开展党委书记讲党课活动,坚持党委书记每年给党员讲一次党课、给新生上一次思想政治课。建立"党员之家",为党员教育常态化提供良好的空间环境。建立党建网页,为党建工作提供宣传平台。以"标杆院系"建设为契机,推动党建工作标准化、制度化、规范化,加大党建工作的宣传力度。开展党支部评议考核和民主评议党员工作。开展优秀党务和思想政治工作者推荐工作。2019年度共发展党员48人。

4. 充分发挥党委的政治引领作用。落实《北京大学化学学院内设机构议事规则》,在各系所中心建立起集体领导、党政分工合作、协调运行的工作机制。加强学院师德师风建设和监督,在人才引进、人才项目申报、职称晋升以及学术活动等重大问题上严把政治关。落实院党委书记作为第一责任人,严格审查程序,进行思想政治和师德师风考察,并出具书面考察报告。着力推进教师队伍思想政治素质建设和业务水平提高。加强教师特别是青年教师职业理想和职业道德教育。继续实行新入职青年教师顾问导师制,由党委领导班子主要成员担任青年教师的顾问导师。继续选拔推荐北大"新时代国家发展与党的建设专题研讨班"学员,通过多种形式让青年骨干教师群体了解国情党情,提高政治意识,不断向党组织靠拢。提升骨干教师群体的政治站位、政治责任、政治担当,发挥示范引领作用。

5. 加强党风廉政建设,坚持"围绕学校的中心工作,紧密结合学院发展实际"的基本原则,健全党风廉政建设制度,严格遵守"三重一大"制度,认真做好"领导廉洁自律,群众强化监督"工作。定期组织党政班子成员民主生活会,认真查摆问题,提出整改方案。

本科生培养。 2019年度共录取统招本科生133人,留学生3人,港澳台学生2人。实际入学统招本科生133人。离校本科生131人,其中118人获毕业证书和学士学位证书,9人暂结业,3人获大专毕业证书,1人肄业。相关工作如下:

1. 继续推进2016综合教学改革方案,修订教学计划;修订化学辅修学位教学计划;制定化学专业(主修)-文物保护技术专业双学位教学计划;新设置化学双学位。

2. 进行重要教学改革总结和申报工作。基础学科"拔尖计划"实行十年,实现"以高水平科研带动创新人才培养"的目标。10月,制定"未名学者化学基地"培养方案,培养化学及交叉学科的引领型人才。组织双一流学科申报,申报国家级一流专业2个(化学和化学生物学),北京市一流专业1个(应用化学)。

3. 完成教学改革项目和前沿课程建设。裴坚、李维红、高珍等承担的"北京大学化学学院实验课程教学效果评估"项目结题。新开设课程:化学生物学实验、软物质与硬科学、高性能聚合物材料、机器学习及其在化学中的应用、核磁共振波谱分析基础。"对称性与晶体结构"在中国大学MOOC(慕课)国家精品课程平台上线。

4. 6月举行"本科教学研讨会暨北京大学化学与分子工程学院化学教育研究所揭牌仪式"。22名本科生参加海外暑研;5位2016级本科生参加"第6届全国化学类专业大学生科技活动交流会",两位同学获一等奖;3位2017级本科生获"第一届全国大学生化学创新实验竞赛"一等奖。"北京大学有机化学实验课程在线测试与学习平台"上线。

研究生培养。 2019年度共录取推免研究生120名、硕士起点申请考核制研究生5名、硕转博49名。成功举办优秀大学生夏令营活动,修改完善活动规则,共预录取2020级推荐免试研究生132名。119名研究生获得博士学位,8篇(含深圳研究生院1篇)博士论文入选"北京大学优秀博士学位论文",17名研究生获得硕士学位。

1. 结合北京大学博士研究生培养工作新规定,召开学位委员会会议专门研讨研究生成果评价标准,制订有关博士研究生学术创新成果综合评价实施细则,新规定明确研究生毕业需要获得创新性成果,学术创新成果呈现形式可以是学术论文、专利、软件著作权、著作等。学术创新成果的综合评价由申请人的导师和学位论文指导小组成员根据申请人学位论文书面报告和口头汇报的表现集体讨论决定,并出具书面评价意见。修改后的细则中无明确发表文章篇数要求。并在此基础上修改更新研究生培养方案。

2. 为加强学生助教的管理选拔工作,新增1个教学岗位,挑选1名老师专门负责研究生助教的管理工作。

3. 陈兴、邵元华荣获2018—2019学年度北京大学研究生教学优秀奖。

学术交流。 1. 9月18日至20日美国科学院院士、普林斯顿大学教授David W. C. MacMillan来访学院,在A204

报告厅作题为"New Photoredox Reactions"的报告，详细讲解了他领导的课题组在有机光化学研究领域的最新研究进展。

2. 11月19日，哈瓦那大学Luis Alberto Montero Cabrera教授来访学院，参与北京大学纳米化学论坛，并作题为"Theoretical Foundations of Computational Chemistry: Spectroscopy of Molecules and Nanomaterials"的报告，随后又进行纳米化学论坛专题讲座。

3. 7月5日至11日，北京大学软物质科学与工程中心、高分子化学与物理教育部重点实验室、化学学院高分子化学与工程系联合主办"北京大学2019高分子合成暑期学校暨第三届软物质科学前沿论坛"。

国际及双边学术研讨会。1. 9月27日至28日，北京大学－罗格斯大学双边会议在学院举办。本次研讨会由刘忠范院士和罗格斯大学Huixin He教授担任会议共同主席，包括18个邀请报告以及海报展示，与会人员约80人。会议聚焦物理化学和材料化学前沿，紧密围绕材料合成、催化、能源等关键问题，对研究的最新进展展开报告和讨论。

2. 10月25日至26日，"北京石墨烯论坛2019"在北京稻香湖景酒店召开。论坛设置科普专题讲座、前沿学术论坛、区域产业发展论坛、创新创业大赛和专家对话等板块。

3. 10月21日至22日，北京大学合成与功能生物分子中心（SFBC）举办"2019 PKU-SFBC国际化学生物学论坛"。论坛由SFBC中心雷晓光教授和王初研究员任主席，邀请国内外十余所高等院校和科研院所的知名专家和学者作学术报告，吸引200余位关注化学生物学领域前沿进展的师生参会。

4. 5月7日至10日，举办北京大学化学学院-台湾大学化学系学术研讨交流会。两校化学学科的双边学术交流始于2017年，由双方共同发起，每年轮流主办一次。

5. 8月14日至16日，举办第五届能源转化与存储国际研讨会。研讨会由化学学院彭海琳教授、斯坦福大学崔屹教授、国家纳米中心唐智勇研究员担任共同主席，由北京大学、国家纳米科学中心、斯坦福大学联合主办。首届研讨会于2014年举行，截至2018年已经连续举办4届。

学生工作。1. 学生党建：在学院党校平台上，做好学生党员发展和教育培训，推出微党课，开设党的知识培训班和党性教育读书班。先后组织四次集中授课，累计参与1100余人次；开设学生党支部书记、支部委员等组成的骨干班，累计开展理论学习6次；拓展网上学习平台，先后组织拍摄6期"微党课"；出台《北京大学化学与分子工程学院第一期党的知识培训班学分制管理实施方案》《北京大学化学与分子工程学院党校第一期党性教育读书班管理实施方案》等规范。2019年度发展学生党员46人，转正32人，累计完成369名党员评议工作。在学院党委的指导下，学生党支部联合团支部、班级先后围绕"扣好人生第一粒扣子"专项教育活动、"青春告白祖国"学生党团日联合主题教育活动，累计开展理论学习和实践活动120余次，党支部参与率达100%。

2. 毕业生：顺利完成离校、归档、派遣等基础工作，积极宣传推荐学生参加"最暖就业季"活动，组织毕业年级大会、招聘宣讲会、毕业生座谈、优秀毕业生评优答辩、毕业典礼、"我在祖国基层"校友沙龙等特色活动。

3. 奖助评优：通过综合素质测评成绩和3场答辩，2019年度共评选236人获得奖学金，292人获得校级奖励，4个班级获得集体奖励。累计完成评发校设奖学金为141项1,390,500元，院设奖学金为95项470,000元；学院还评选出"化学之星"、本科生学术honors奖等一系列院设奖励。在资助方面，2019年度完成对全院72名本科生及65名研究生的家庭经济情况认定工作，评发校级助学金634,700元，院级助学金87,500元，累计走访家庭经济困难学生10户。荣获"2018—2019学年北京大学学生资助工作先进单位"。

4. 新生教育：学院开展新生家长会、开学典礼、新生班会、宿舍走访、趣味运动会、新生适应心理测评、实验安全讲座、保卫安全讲座、新生适应心理讲座等活动。在新生中广泛开展爱国主义教育，党委书记带头讲好爱国主题的"开学第一课"，36.6%的参训新生递交入党申请书。落实第二班主任制度，确立"三早四保障"的工作目标和原则，促进第二班主任融入新生和班级建设。

5. 校园文化建设：在思政实践课程开局之年，开设爱心敬老、科普社会行、法律与安全宣讲等主题志愿服务课程共计21次，覆盖全院选课同学；组织"奋进新时代，筑梦新征程"赴云南省思政实践实验团，派出4支暑期社会实践团前往安徽铜陵、江苏如东、山东烟台、上海与常熟开展社会实践。"化学你我"微信公众号完成迁移，推出"苯宝宝"系列微党课。举办第九届"化学之星"评选活动、"2019化学发展前沿研究生论坛"、北京大学第二十七届"挑战杯"赛事等。持续推动"chemical bonding"系列活动，开展"心理工作坊""师生面对面""Happy Hour""学生咨询室"等活动。修订《北京大学化学与分子工程学院推优入党规范细则》《北京大学化学与分子工程学院学生会章程（2019年修正案）》《北京大学化学与分子工程学院学生会立法条例（2019年）》《北京大学化学与分子工程学院学生会组织条例（2019年修正案）》等文件，出台《化学与分子工程学院学生社团管理规定》，制作《化学与分子工程学院团支部管理手册》，以更加规范地指导学生活动。

6. 重大活动：在庆祝中华人民共和国成立70周年重大活动中，全院106名师生参与，其中群众游行86人，替补3人，志愿服务16人，广场联欢合唱1人，党委书记马玉国带头参与群众游行方阵，并多次动员全院师生。圆满完成重大活动任务后，持续宣传重大活动过程中的人和事，11月3日举办第二届"化院人故事——身边的榜样"暨重大活动总结表彰会。

学院行政管理与安全管理。1. E区大楼建设项目于2019年4月进行招标，中建一局建筑公司中标，施工队已经进场，正在进行E区大楼车库取消、通风空调施工图的完善等相关工作，已开始土方工程。

2. 为规范实验室工作人员实验操作，消除因违规操作造成的安全隐患，组织院内师生编写《化学实验室安全操作指南》，该书的初稿已提交至出版社。

3. 研发安全检查APP系统，安全培训、安全考试、安全检查、信息发布等系统已经开发完成，正式上线使用。

4. 对原有技物楼电梯进行改造，8月新电梯已经投入使用。

5. 为增强师生安全意识，提高师生在遭遇危险化学品泄漏后的应急处理和疏散能力，10月24日组织化学学院共计752名楼内师生参加危险品泄漏和应急疏散演习，提高全院师生应对突发事件的自救逃生能力和应急团队处置危险化学品等突发事件的应变组织能力。

6. 新建A区庭院雨水系统改造工程；更新化学楼A、B、D尾气吸收装置；进一步规范危险废弃物回收管理，细化实验室危险废弃物的分类处理，并定制危险废弃物的标识进行张贴；1月，对原B229会议室进行装修改造；7月完成化学楼B区24套防火门的更新工作。

校友、筹款、信息化建设。1. 将《北大花园》改版为线上刊物，协助校友返校活动，组织"北京大学化学学院第一届校友羽毛球赛"。

2. 2019年度新设立北大先锋奖学/奖教金、TCI奖学金、李革赵宁生命科学青年研究基金/讲席教授基金、丁石孙/桂琳琳奖学金。续签郑用熙奖学基金、彤程化学奖捐赠协议两项。六个基金项目获得新的注资。组织"李革赵宁楼揭牌仪式"，先锋奖学/奖教金签约仪式，钟盛标物理奖、钟陈玉兰奖颁奖会，陶氏化学可持续发展创新大赛等活动。

3. 初步完成学院英文版网站的改版工作。完成院内70多个网站向学校计算中心站群系统的迁移工作，并对各网站管理员进行培训。成立学院信息安全工作小组，配合学校网信办（网络安全和信息化委员会办公室）及时处理学院各类网站漏洞和安全风险。升级院内多媒体信息发布系统。新上线安全平台网站和安全考试平台等两个网站，并开发一个新的APP（北大化学院安全助手APP）。管理学院9个以北京大学为主体注册的微信公众号。编订《北京大学化学与分子工程学院宣传工作实施方案》和《北京大学化学与分子工程学院宣传工作流程及写作规范》等文件，并开始试行。

工会工作。1. 邹鹏、刘志博双双获"北京大学第十九届青年教师教学基本功比赛"理工组"一等奖"和"最佳教学演示奖"。邹鹏还荣获理科组"优秀教案奖"和"最受学生欢迎奖"，位列理工组第一名。卞江、李维红获"优秀指导教师奖"；学院获优秀组织奖。

2. 组织全院教职工参加体检，完成女职工安康互助保险的续保和参保；组织学院教职工为校工会"爱心基金"募捐13,170元（82位教职工捐款）；开展针对各类人群的慰问活动，包括生病教职工、生育女职工、劳动模范、节假日的一线职工、部分合同制职工、喜迁肖家河新居教职工等；举办"播种理念，收获健康"讲座；为中关园食堂送去致谢锦旗。

3. 组织教职工参加各项文体活动。2019年获校运动会团体总分第四名（院系团体总分七连冠）；获校游泳比赛团体亚军；校羽毛球比赛，甲组保级、化院2队顺利晋级甲组；组织参与女职工环湖接力跑、足球、乒乓球、篮球等多项校级赛事，合计参与人数超过240人次；组织具有学院特色的"大小顽童庆六一游世园"（参加人数约160人）、摄影、观看大讲堂文艺演出等活动；2019年初的"迎新年"系列文体活动，参与总人次约450人。

4. 荣获"北京大学模范工会委员会"称号、"北京大学工会群众体育工作先进集体"一等奖；化学基础实验教学中心和分析化学研究所工会小组获"北京大学优秀工会小组"称号；裴坚教授荣获2019年度"首都劳动奖章"。

（徐一方）

【整合谱学中心启动建设】 在双一流建设规划基础上，2019年实质性启动整合谱学中心建设。完成平台的装修改造及部分仪器的论证购置工作，同时在现有兼聘团队的基础上，切实推动部分成员的全职引进，带动学院科研队伍建设。依托于整合谱学中心申请的北京市高精尖学科——分子光谱学获批并开始建设。

整合谱学中心旨在建立一个国际化的研究团队，应用和开发最先进的谱学和成像技术，集科学研究和仪器研制为一体，为化学、材料、生命、医学等相关学科的突破提供最先进的研究手段，促进不同学科之间的合作和新研究方向的诞生，提升原创性研究水平，同时培养高端谱学人才，促进光谱仪器的变革和发展，实现原创先进仪器的研制和商业化。中心先行推动紫外共振拉曼多维光谱、紫外拉曼和红外双共振多维光谱和高灵敏红外双波长多维光谱等谱学平台建设工作。完成超快多维紫外-可见-中红外光谱技术、超快双光子荧光技术的建设；此外，2019年度已设计完成超高真空程序升温脱附和反射红外光谱等成像与谱学技术装置，用于研究表面反应，已完成关键部件的研发和采购，2020年投入使用。

（李玲）

【分子材料与器件功能测试平台启动建设】 分子材料与器件功能测试平台主要是半导体器件、柔性器件和其他光热电磁器件的加工和测试平台，该平台主要是在满足基本需求的基础上，追求特色定位，并积极拓展功能。平台建设完成后，能够实现基本的微纳加工与测试，如材料表面图案化（光刻、电子束曝光等）、材料去除（等离子体刻蚀）、材料沉积（无机物及有机物沉积）、基本电学性质测量等。在此基础上，平台可对柔性和新材料进行加工与测试，如激光直写、喷墨打印、3D打印、有机薄膜气相沉积、柔性电路拼接等。平台还可拓展纳米尺度双光子雕刻、高精度激光雕刻系统、材料X射线断层扫描系统、极低温强磁场光电测量和微结构表征等特色功能。平台在2018年落实建设条件（空间及经费）的基础上，于2019年开始正式启动建设，6月进行基建招标，7月初开启土木施工，8月底确定设备品牌、型号、价格，9月顺利通过论证进入设备购置环节，并于10月底进行洁净度验收，11月开始进行管路铺设等后续工作。

（李 玲）

【启动BMS Junior Fellow博士后项目】 为吸引和汇聚全球优秀人才，鼓励和接纳国内外博士后人员来中心开展研究，促进中心开放共享和国内外合作，北京分子科学国家研究中心（Beijing National Laboratory for Molecular Sciences，以下简称"中心"）设立特任研究员（Beijing Molecular Sciences Fellow）项目。中心博士后项目（BMS Junior Fellow）主要资助来中心进行博士后研究的国内外优秀青年学者。重点资助领域为分子体系的精准合成与制备、分子的可控组装、分子体系的理论，表征与机制、分子功能体系的构筑与应用及分子科学与生命、材料等相关学科的前沿交叉研究。2019年启动第一批和第二批BMS Junior Fellow的评选工作，共收到约80份申请，根据《北京分子科学国家研究中心博士后项目（BMS Junior Fellow）执行细则（北大化学院部分）（试行）》，经过学院博士后管理工作小组组织的函评、答辩及公示，最终资助10位新进站/延期博士后、9位中期/年度考核博士后、5位出站考核评优博士后。

（牛 林）

【化学学院党校成立仪式暨第一课成功举行】 3月22日，化学学院党校成立仪式暨第一课在英杰交流中心阳光厅举行。北京大学党委组织部副部长、党校办公室主任张洪峰，政策法规研究室主任任羽中、学生工作部部长、人民武装部部长张莉鑫，团委书记王逸鸣，化学学院党委书记、党校校长马玉国，副院长吕明泉、陈继涛，团委书记、党校执行校长张舒等出席成立仪式，仪式由化学学院党委副书记、党校副校长赵美萍主持。化学学院1955级校友、著名军事科技专家、国防科技大学航天科学与工程学院周世光教授受邀担任党校第一课主讲人，全院350余名师生党员参加党课。

（学工办）

生命科学学院

【发展概况】 组织结构。北京大学生物学系创办于1925年，是中国高等学校中最早建立的生物学系之一。1993年发展为北京大学生命科学学院。学院现有2个国家重点实验室（蛋白质与植物基因研究国家重点实验室、膜生物学国家重点实验室），1个教育部重点实验室（细胞增殖与分化教育部重点实验室），1个国家实验教学示范中心（生物学国家级教学示范中心），5个国家重点学科（植物学、动物学、细胞生物学、生理学、生物化学与分子生物学），8个博士学科点——植物学、动物学、生理学、细胞生物学、生物化学与分子生物学、生物物理学、生物学（生物信息学）、生物学（生物技术）。另有凤凰国家蛋白质平台北京平台和北京大学实验动物中心挂靠学院。2019年11月，学院领导班子成员更替，学校任命郑晓峰为生命科学学院副院长（兼），同意蒋争凡辞去生命科学学院副院长职务。

队伍建设。汤富酬获评长江特聘教授，5人入选海外高层次人才引进计划（青年项目）。教研系列入职4人，研究技术系列入职1人，工程技术系列入职1人，行政系列入职1人。截至2019年12月31日，学院共有中国科学院院士5人（含已退休的院士），国家海外高层次人才引进计划6人，海外高层次人才引进计划（青年项目）22人，长江特聘教授11人，青年长江学者1人，"国家杰出青年科学基金"获得者25人，"国家优秀青年科学基金"获得者12人。国家级教学名师1人、全国模范教师1人、北京市高校教学名师1人。学院在职教职工169人，其中教授和研究员75人，副教授和副研究员29人，讲师和助理研究员10人，工程技术系列和行政人员共55人。劳动合同制职工共计169人，在站博士后共计108人。

2019年，邓宏魁获得国华杰出学者奖，张泉获得宝洁教师奖，龙玉获得北京银行教师奖，孙育杰获得方正教师奖，白书农获得嘉里集团郭氏基金树人奖教金，朱丹萌、李湘盈和单春燕获得绿叶生物医药杰出青年学者奖，秦咏梅获得杨芙清-王阳元院士教师奖-优秀奖，王昊获得正大教师奖。

2019年学院共有46名博士后进站，31名博士后合同期满出站，1名博士后退站。截至2019年12月31日，在站博士后共计108人。于欣欣、张宏等2人获得2019年度博士后创新人才支持计划资助；金心等12人获得第七批博雅博士后项目资助；徐瑞丹等6人获得第八批博雅博士后项目资助；辛蓓蓓、谢周丽、Jennie Ong获得2019年"博士后国际交流计划"引进项目第一批次项目资助；葛增祥获得北京大学2019年优秀博士后奖。

本科生教学工作。2019年学院招收本科生110人（含留学生5人），本科毕业87人，暂结业7人，暂结业换毕业证4人。截至2019年底，学院在校本科生397人，其中留学生19人，少数民族学生19人。2019年全国生物奥林匹克竞赛中学院招收保送生9人。学院与城市与环境学院合作，共建跨院系的"生态学"专业；向教育部申报"生物信息学"专业。两个专业均从2019级开始进行本科生培养，并制定生物科学、生物技术、生态学和生物信息学四个专业的

2019版培养计划。学院按照专业方向新成立7个教研室，负责设计学生培养方案。2019年推出"创意性实践""产业实习实践""大学生种植实践"等系列创意和实践课程。2019年，生命科学学院课程评估平均分在全校理科院系中排名第一。截至2019年底，生命科学学院共开设慕课9门。顾红雅主讲的《生物进化论》被推荐参评2019年线上线下混合式国家一流本科课程，王世强和罗冬根主讲的《生理学》、周辰和李晓晨主讲的《生理学实验》、张文霞和辛广伟主讲的《遗传学实验》被评为学校2020年春季学期混合式教学试点课程。顾红雅荣获2019年度北京市高等学校教学名师奖。李沉简、李晟荣获2019年度北京大学教学优秀奖（本科生部分）。辛广伟荣获"北京高校第11届青年教师教学基本功比赛"三等奖。王世强荣获2018—2019年度"我爱我师——最受学生爱戴的老师"暨"十佳教师"称号。

研究生教学工作。 2019年共招收博士研究生88人；硕士毕业生12人，博士毕业生83人。截至2019年底，在校博士研究生614人。在校研究生中，留学生2人，港澳台学生1人。2月，学院组织2015级博士生统一中期考核，共有55名博士生参加，54人通过考核。7月举办的"全国优秀大学生暑期夏令营"活动中，评选出优秀营员93名。8月进行2017级研究生统一资格考核，共有89名学生参加，84人通过考核。宁小涵、孙芳妙、曾虎、刘悦晨、李琳5人荣获"2019年北京大学优秀博士学位论文"奖。朱健荣获2019年度北京大学教学优秀奖（研究生部分）。

科研工作。 2019年，学院科研经费到账总数约1.35亿元，其中纵向科研经费约0.973亿元，横向科研经费约0.374亿元。学院在研科研项目222项，申请获批国家级项目39项，国家自然科学基金结题项目29项。在新获批项目中，李毓龙获国家杰出青年科学基金资助，李宁宁获优秀青年科学基金项目资助，瞿礼嘉获国家自然科学基金重大项目，罗冬根、魏文胜获国家自然科学基金重点项目。2019年度国家重点研发计划申请中，王忆平获批项目首席科学家，白凡、杜鹏、蒋争凡、李晴、吕植、伊成器、张博获批课题负责人，瞿礼嘉、饶毅获批国际合作专项。邓宏魁、李毓龙获得北京市科委科技计划支持，张蔚获北京市杰出青年科学基金资助。以生命科学学院为第一作者或通讯作者单位发表的论文被SCI收录196篇，平均影响因子9.7，最高影响因子70.67。瞿礼嘉团队研究成果"植物同种花粉优先的分子机理"入选2019年度"中国高等学校十大科技进展"；汤富酬团队研究成果"利用单细胞多组学技术解析人类胚胎着床过程"入选2019年度"中国生命科学十大进展"。邓宏魁入选2019《自然》年度十大人物；李毓龙获得2019年度张香桐神经科学青年科学家奖、科学探索奖、第十二届谈家桢生命科学创新奖和第二十届吴阶平-保罗·杨森医学药学奖；于翔获得2019年度张香桐神经科学青年科学家奖；魏文胜荣获2018年度北京大学生命科学学院杰出科研奖、2019年度北京市留学人员创新创业特别贡献奖。朱诗优博士入选《麻省理工科技评论》2019年度中国"35岁以下科技创新35人"榜单。共举办24场系列学术讲座，邀请诺贝尔奖得主、美国科学院院士和中国科学院院士等国内外知名学者。

科技开发与合作。 学院继续深化与启东市地方政府、拜耳等知名医药企业的合作。2019年，"生科-启东创新基金"共支持专利培育基金项目12项和专利转化基金项目1项，总支持金额1490万元。6月，"2019年北京大学-清华大学-拜耳学术研讨会"在北京大学金光生命科学大楼举行，北京大学生物医学前沿创新中心谢晓亮获评"拜耳讲席教授"，生命科学学院杜鹏、张泽民获评"拜耳学者奖"，邓博文、卫旭彪获评"拜耳博士后"奖。勃林格殷格翰研究员奖及博士后基金奖颁奖仪式暨第三届北京大学-勃林格殷格翰生物医学研究联合论坛于9月举行。魏文胜获2019—2020年度勃林格殷格翰研究员奖，范小英、刘阳、武照伐获勃林格殷格翰博士后奖。在北京大学第四届产学研合作奖评选中，生命科学学院获得"先进集体奖"一等奖，"北大-勃林格殷格翰公司合作项目"获评"优秀项目奖"，魏文胜获评"项目合作先进个人奖"，朱小健获评"产学研管理先进个人奖"。

平台建设工作。 2019年度，公共仪器中心搬迁至吕志和楼，并增加流式分选仪等多台大型仪器。中心技术队伍共有21人，其中专职人员9人（7人为出站博士后），合同制人员9人，在站博士后3人；12人具有博士学位，3人具有硕士学位。光学成像、流式和蛋白质支撑平台等共为用户举办三十多期技术专题Workshop。

党建工作。 学院党委（含现代农学院、分子医学研究所和BIOPIC, Biomedical Pioneering Innovation Center，生物医学前沿创新中心）有党支部24个，其中在校学生党支部15个，在职教工党支部7个，离退休党支部1个，另有出国就读就业临时党支部1个；共有党员637名，其中在职党员176名，离退休党员77名，学生党员384名。2019年学院共发展党员30人，其中教职工党员2人，学生党员28人；预备党员按期转正39人。在"不忘初心、牢记使命"主题教育期间，学院共开展相关会议和活动共计111场次，共收集到各类问题40条，对于其中14个问题提出整改措施，逐一列明整改期限，其他问题由相关部门做出解释说明。

信息化和宣传工作。 本科生教育挑战班网站、研究生招生夏令营报名系统上线。内网新建教代会提案系统，会议室预约系统实现楼内各单位的资源共享。校友成长汇系统升级标签管理及信息匹配功能。2019年，"北大生科"微信公众号发表图文推送200余篇，订阅量由9200人增长到11,600人。

楼宇建设和管理。 2019年，吕志和楼全面投入使用，生命科学学院、定量生物学中心、麦戈文脑科学研究所、国家蛋白质科学中心（北京）平台、冷冻电镜平台生命科学学院分平台和磁共振成像研究中心等多个部门实验室顺利入驻。学院作为学校授权并备案的吕志和楼安全运行和管理的主责单位，制定一系列安全管理规范并汇编成《吕志和楼安全管理制度汇编》。随着吕志和楼的启用，学院退还学校综合科研楼的空间，对吕志和楼、理科四号楼、王克桢楼的实验空间和学院行政办公区完成较大规模的调整。2019年学院连楼建设工作艰难推进，通过投资立项评审，完成大楼设计条件和深化设计初步方案。逸夫生命科学园标志性设施——景观石落成。按照学校统一要求，对理科四号楼的不符合消防要求的彩钢板房间进行全面改造。随着楼宇空间的增加，行政办公区域也完成功能化调整。

实验室设备与实验室安全管理。学院新购置仪器登记建卡1285台，价值123,916,276.1元。其中大型仪器55台，价值106,927,905.9元；报废仪器526台，账面价值7,395,629.02元。制定《生科院紧急洗眼和喷淋器的使用与管理》《高压灭菌锅使用注意事项》《烘箱使用注意事项》和《生科院离职人员仪器设备管理办法》等规范性文件。2019年度完成学院危险品试剂审批9968件，其中易制毒试剂312件，易制爆试剂105件。建设完成并启动学校试剂管理平台生物试剂库的运行。组织学院实验室生物危废泄漏安全演习，在全校范围内进行《实验室急救处置》安全培训，培训人员60余人次，制作安全教育展板5块。继续开设研究生16学时的《实验室安全》课程，本科生选修人数增加。

工会工作。2019年，学院工会组织HPV疫苗知识和腰痛的专题健康讲座、3D打印讲座、白头叶猴和白海豚保护区志愿活动、石林峡秋游、工会摄影大赛等多项活动，并参与学校的各项体育活动。王伟和李湘盈在北京大学第十九届青年教师教学基本功比赛中荣获理工科类三等奖。

校友和离退休工作。学院共举办各类校友聚会20场，接待返校校友1100余人。4月，学院校友会代表团访问英国并与剑桥大学和牛津大学校友会交流经验，期间举办首次学院在英校友联谊活动。6月，第十届北大生科北美校友年会在美国波士顿举行。11月，在浙江省杭州市举办第五届北京大学生命科学全球产业高峰论坛，共有来自生命科学产业185家相关单位的263名代表报名参会。在2019年第十三次北京大学校友工作研讨会期间，赖小卫等7人荣获北京大学优秀校友等荣誉称号。举办"校友亲子嘉年华"活动，同时"校友生日祝福""校友国际旅行团""校友子女暑期体验营""校友医师健康咨询"等活动持续推进。学院获"2016—2019年度北京大学离退休工作先进集体"荣誉称号，高凤茹获"2016—2019年度北京大学离退休工作先进个人"荣誉称号。

基金和培训工作。2019年，学院收到捐赠款合计1.2亿余元人民币，其中邵逸夫基金会向学院捐赠1亿元到账，徐勇校友向学院捐赠1000万元支持生科亿方高级人才基金。9月25日，学院党政联席会通过《关于北京大学生命科学学院所属不动本基金的使用规定》，规范基金使用制度。学院举办第一期"北京大学生物经济骨干培训班"。

学生工作。开展迎新工作和新生教育工作，为新生适应北大生活和学业规划提供辅导和快速指南。建立学业辅导体系，继续开展"学·乐·家"本科生学业促进计划。2019年共设课程15门，实行小班辅导制度；加强奖励奖学金评审工作的教育性、科学性、规范性、公平性和可持续性，年度共计260名学生获得奖励，166名学生获得奖学金，3个班级获得"先进班集体"称号；开展"初入生科"系列学术讲座11场，向新生介绍生命科学学术研究方向；开展"北大生科人"新生生涯发展讲座、开展《事业与人生》课程，为学生学业规划、情感规划以及事业规划提供有益帮扶；举办"展望事业，探讨人生"系列讲座，邀请饶毅、张邦鑫等知名学者、企业家与学生交流；开展"生科一席谈"活动，邀请11位优秀校友，覆盖学生150余人次；开展"Happy hour"、与年轻PI（Principle Investigator，学术带头人/课题组负责人）面对面等活动，为学生提供与年轻教师近距离交流的平台；开展思政实践课程暨第十届"校友杯"暑期社会实践，学生在老师的带领下深入社会基层；举办《产业实习实践》课程，11名选课学生分赴杭州诺辉健康科技有限公司、优瑞科（北京）生物技术有限公司等知名企业开展为期一个月的实习，并在返校后作实习分享会；举办第五届"i创达人"创业计划大赛，利用真实项目进行实践，并挑选优秀团队项目进行孵化；针对毕业年级进行就业辅导咨询，学院2019年毕业生就业率提高，学生在就业服务方面实现零怨言；坚持覆盖全员的新生访谈；在研究生访谈中创新使用预约方法，学生可自行选择时间；坚持实验室安全员制度，以实验室为单位开展心理教育；坚持心理排查制度；探索夏令营招生综合素质测评工作；举办第九届北京大学生物交叉学科学术论坛等活动；开展"青丝"行动，帮助因癌症而脱发的患者；开展"同心捐衣箱"募捐活动，关爱农民工；开展Interesting科普征文等活动；2015级博士生柳美玲获北京市三好学生荣誉称号，2016级研究生何仁喜获北京大学优秀学生干部标兵称号，2015级本科生梅文彬、2016级本科生韩瑾仪、2016级研究生张启明获第二十七届北京大学"挑战杯"五四青年科学竞赛一等奖。2018级本科生4班获北京大学示范班集体，2016级研究生2班获首都大学、中职院校"先锋杯"优秀团支部。

（杨 泉、张湘波、阮小娟、葛丽丽、高 音、韩启飞、朱小健、郝雪梅、刘天舒、许海芬、林芳芳、彭宣本、赵 珏、刘 超、张璐瑶、张晓伟）

【诺奖得主弗朗西丝·阿诺德访问交流】 应生命科学学院教授、北京大学蛋白质科学中心主任昌增益及其朋友陈克勤博士的邀请，2018年诺贝尔化学奖得主、加州理工学院教授弗朗西丝·阿诺德（Frances H. Arnold）于2019年10月21日访问北京大学并发表演讲。10月21日下午，阿诺德教授与三十余名生命科学学院在校生举行圆桌讨论，探讨人生选择、学术发展等话题。

（韩启飞）

【邓宏魁入选《自然》杂志"2019年度影响世界的十大人物"】
英国《自然》杂志网站12月18日凌晨公布2019年度影响世界的十大科学人物。生命科学学院邓宏魁因在成体造血干细胞基因编辑领域的重大突破入选该榜单。邓宏魁课题组与合作者利用基因编辑手段在人体造血干细胞中失活CCR5基因，并将编辑后的干细胞移植到HIV（艾滋病病毒）感染合并急性淋巴细胞白血病患者体内产生效果，这在世界上尚属首次。

（韩启飞）

【汤富酬成果入选2019年度"中国生命科学十大进展"】 中国科协生命科学学会联合体发布2019年度"中国生命科学十大进展"，北京大学汤富酬研究组与北京大学第三医院乔杰研究组合作研究成果"利用单细胞多组学技术解析人类胚胎着床过程"入选其中。该研究首次利用高精度单细胞转录组和DNA甲基化组图谱重构人类胚胎着床过程，系统揭示这一重要发育过程的核心生物学特征和关键调控机制。该成果发表于《自然》杂志。

（韩启飞）

【瞿礼嘉成果入选2019年度中国高等学校十大科技进展】
瞿礼嘉教授团队研究成果"植物同种花粉优先的分子机理"入选2019年度"中国高等学校十大科技进展"。该研究揭示被子植物拟南芥中的一种由小肽信号介导的信号通路，该信号通路通过调控花粉管导向，促进种间遗传隔离的分子机制。研究成果以研究长文形式发表在《科学》杂志，得到国内外同行高度评价，北京电视台、iNature等科技媒体对其作专题报道，标志着中国在植物生殖和演化生物学领域取得一个新突破。

（韩启飞）

【第五届北京大学生命科学全球产业高峰论坛成功举办】 北京大学生命科学学院校友会于2019年11月8日至9日，在浙江省杭州市举办第五届北京大学生命科学全球产业高峰论坛，共有来自生命科学产业185家相关单位的263名代表报名参会。会议首次创新引入"融资路演"环节，为归国创业和有志于科研转化的校友搭建一个技术与资金的融通平台。

（刘　起）

【第五届学术周活动圆满举行】 2019年9月2日至6日，生命科学学院第五届"学术周"活动成功举办，活动期间举办包括学术报告、海报展示、本科生教学研讨会等内容丰富、形式多样的学术活动，共计1000余人次参与其中，取得良好的成效。其中3日至4日，"学术周"期间同期举行第七届"海峡两岸暨香港生命科学文化节"。

（韩启飞）

城市与环境学院

【发展概况】 组织结构。城市与环境学院以地理学为主体，包含生态学、环境科学、城乡规划等多个相关学科，具有理、工、文多学科交叉的综合优势。学院拥有地理学国家一级重点学科，自然地理和人文地理两个国家二级重点学科。2011年北京大学建设首批生态学一级学科，2018年成立的北京大学生态中心挂靠城市与环境学院。2017年，北京大学地理学和生态学两个学科首批进入国家一流学科建设行列。城市与环境学院还拥有地理学国家理科基础科学人才培养基地、地表过程分析与模拟教育部重点实验室和国土规划与开发国土资源部重点实验室。

学科建设。城市与环境学院设有5个本科专业：环境科学、生态学、自然地理与资源环境、人文地理与城乡规划、城乡规划（五年制工科）；设有7个硕士研究生专业：自然地理学、人文地理学、环境科学、生态学、地理学（历史地理学）、地理学（城市与区域规划）、建筑设计及其理论；设有5个博士研究生专业：自然地理学、生态学、人文地理学、地理学（环境地理学）、地理学（历史地理学）；设有地理学和生态学两个博士后流动站。

队伍建设。2019年，城市与环境学院共拥有教学科研人员82人，其中教授40人、副教授23人、长聘副教授6人、讲师2人、助理教授10人、副研究员1人。2019年入职25人，其中教师5人、博士后20人，退休1人。城市与环境学院现有院士2人、海外高层次人才引进计划学者2人、长江特聘教授8人、长江讲座教授1人、国家杰出青年科学基金项目获得者15人、优秀青年科学基金项目获得者9人、青年长江学者2人、海外高层次人才引进计划（青年项目）7人。

教学工作。截至2019年底，城市与环境学院共有学生885人，其中本科生383人（另有元培学院学生17人），硕士研究生228人，博士研究生274人。2019年度招收本科新生99人、硕士研究生70人、博士研究生60人，普通本科毕业生78人、博士毕业生49人、硕士毕业生67人。2018—2019学年第二学期开设本科生课程59门，研究生课程42门。2019—2020学年第一学期开设本科生课程58门，研究生课程45门。

人才培养。2019年城市与环境学院面向2017级本科生提供科研资助13项，共20人；参加拔尖计划共计66人，其中学生为第一作者发表SCI论文9篇。根据《教育部等六部门关于实施基础学科拔尖学生培养计划2.0的意见》（教高〔2018〕8号），学院就实施基础学科拔尖学生培养计划2.0（地理科学）编制实施方案，拔尖计划覆盖专业由原来的3个专业扩展到全院5个专业所有本科生。2019年，继续加强研究生培养的制度建设，重视研究生教育综合改革，申请《北京大学深化博士研究生教育综合改革》项目，成为学校15个受资助进行深入研究的院系之一。学院重视研究生的高水平学术训练，通过国家级重大研究项目，带动研究生的科研训练。据不完全统计，2019年度学院在读研究生以第一作者发表论文83篇。

科研工作。2019年，学院教师为第一作者和通讯作者发表SCI论文250篇，发表中文核心期刊论文154篇。国家自然科学基金委员会2019年共批准城市与环境学院21个科研项目，获批直接经费总额为9594万元。截至2019年11月1日，学院2019年度在研项目共计167项，其中自然科学基金委员会81项，科学技术部21项，其他及企事业委托65项，科研经费超2.7亿元。出版专著7本。获授权专利2项。

交流合作。2019年，学院共举办14场学术会议，其中6场国际会议，8场国内论坛。2019年10月26日，城市与环境学院与日本大学文理学部签署学术交流与学生交流协议。

社会服务。在国家自然科学基金的资助下，北京大学环境地理团队从2012年开始率先在国内开展通过污水监测毒品滥用的研究工作。2016年该团队在北京大学和海淀区重大科技成果孵育基金支持下进行污水毒情监测产业化，先后在江苏常熟和广东佛山建成基于污水的地方毒情监测中心，已经为北京等20多个大中城市提供第三方毒情监测和评估服务，目前服务城市还在快速增加中。城市与环境学院人文地理与城乡规划团队围绕雄安新区建设和京津冀协同发展的国家战略，组织北京大学师生与中国城市规划设计研究院合作，开展雄安新区的空间规划研究编制工作，参与区域规划分析、新区"多规合一"单元管控、重要控制线划定等方案编制工作。经党中央国务院批准，该团队成员被河北省委省政府聘为雄安新区规划评议组专家，参与雄安新区规划方案制定的咨询决策过程。此外，接受国家发展和改革委员会（京津冀协同发展领导小组办公室）委托，技术负责开展"京津冀空间规划研究"，为京津冀空间规划编制奠定基础。

党建工作。2019年，学院发展党员35人。截至2019年12月31日，学院共有党员495人，其中教师党员149人、学生党员346人；拥有党支部18个，其中教工党支部7个、学生党支部11个。教工党支部中的博士后党支部于2019年12月成立。根据北京大学党委巡察工作统一部署，2019年6月13日至7月2日，学校党委第一巡察组对城市与环境学院开展巡察，学院成立专项巡察工作联络组，与巡查组加强协调衔接，全力做好巡察保障工作，对照清单，为巡察组完整提供2017年以来四大类27种材料，巡察工作顺利开展。2019年9月23日，学校党委第一巡察组就巡察情况向学院进行反馈，下达"关于印发北京大学党委第一巡察组《关于对城市与环境学院（含建筑与景观设计学院）巡察情况的反馈意见》的通知"，提出整改意见，明确整改要求。学院党委认真制定落实巡察整改任务实施方案和整改台账，围绕创建"双一流"的总体目标开展党建和思想政治工作，结合"不忘初心、牢记使命"主题教育活动，逐条落实整改巡察意见。2019年，学院党委组织全院党员开展参访交流活动13次，参观世界园艺博览会，实地体验习近平总书记绿水青山就是金山银山的发展理念以及中国生态文明建设的成果；组织参观70周年大型成就展、"不忘初心、牢记使命"展览等；同时，为提高师生党员的党性与业务能力水平，围绕主题邀请生态环境部国家生态环境保护督察专员夏光就"学习贯彻习近平生态文明思想"以及"生态环境形势与政策"展开讲座，学院共100多位师生党员参加学习；针对教师群体邀请学校心理中心副主任庄明科主讲《焦点解决技术》，开展教师培训，加强师生沟通交流技巧，加强"师德师风"建设。此外，各党支部共举办主题教育活动135次，其中学习教育类99次，深入学习党的十九届四中全会精神和习近平新时代中国特色社会主义思想；专题调研类12次；志愿服务类24次。参与人数3452人次，学院平均每位学生参与主题教育次数3.9次。

城市与环境学院党委于2019年9月组织开展"不忘初心、牢记使命"主题教育系列活动，该次主题教育历时3个月，以学院领导干部为重点，覆盖全体党员。学院党政领导班子一方面通过自学与集中学习研讨相结合的形式，认认真真学原著、悟原理，提高运用党的创新理论指导实践、推动工作的能力；另一方面，学院领导分别就各自分管的工作领域充分开展调查研究。面向全院师生开展不同主题的座谈会，共计12次；通过拜访外校兄弟院系等方式，开展调研活动5次。收集到有关学科和师资队伍建设、党建和离退休工作、人才培养与教育、学生工作与宣传工作、科研与实验室建设、学院大楼建设与财务管理等方面各项宝贵意见数十条。针对调研中了解的问题，研究制定切实有效的整改方案并积极落实。通过学习教育、调查研究、检视问题、整改落实等措施，促进学院领导班子守住初心、提升能力，全面推进学院党建、育人工作。

学生工作。学院将立德树人作为人才培养的中心工作，致力于构建"三全"育人体系。在思想政治教育方面，学院实施"知行·同行"计划，将教学实习课程与思政教育融合，积极开展实地考察、座谈会、博物馆参访等思政教育主题活动；紧密依托党-团-班"活力提升"计划，开展"青春告白祖国"、"不忘初心、牢记使命"等主题教育活动，共计开展团队建设、主题教育、实习实践等活动200余次。借助"城环集体奖"评选、城环文化节等活动，结合官网、微信等网络宣传阵地，弘扬核心价值，凝聚青春正能量，践行总书记"爱国、励志、求真、力行"的四点希望。在发展辅导方面，学院建立以年级分层，以专业模块、双线贯穿的学术引导体系，形成包括城市与环境新生讲堂、教授午餐会、地理学讲坛高端前沿论坛、研究生学术沙龙、拔尖人才分享会在内的学术辅导体系。面向就业辅导需求，学院举办"我在祖国基层"选调生专场分享会，组织多场求职经验交流会，积极与用人单位对接，2019年，学院204位毕业生就业率达到99.5%。在管理服务方面，学院将"以人为本"工作理念贯彻至学生日常事务的每一个细节，及时完善各类学生信息库，以畅通完备的沟通机制有效帮助学生疏导心理危机与解决实际困难；做好评奖评优和资助工作，全年共评出奖励264项，奖学金228项，认定家庭经济困难学生117人。2019年，城市与环境学院获得北京大学学生工作先进单位、北京大学红旗团委、心理健康教育先进工作单位、资助育人工作单位、就业工作先进单位、体育育人杰出单位、社会实践优秀组织单位、挑战杯组织奖三等奖、"一二·九"优秀组织单位等集体荣誉。

安全工作。2019年度，学院召开安全委员会、安全工作组会议，面向学院师生员工展开针对性的安全教育，组织安全检查12次并进行及时整改，购买和配备灭火毯等安防器材，加强日常巡楼管理。学院完成消电检和安全整改，加装监控设备；冰箱室加装空调两部，以应对夏季高温存在的消防隐患；清理地下室杂物，扔掉大量存在消防隐患的旧柜子、废纸、废纸箱等；加装洗眼器等设施。

校友工作。2019年，城市与环境学院校友协助组织8个不同年级的校友返校聚会以及协助筹备北大1979级校友返校聚会，协助组织校友足球联赛活动、校友羽毛球联赛活动、单身联谊活动等。为进一步凝聚校友力量，促进各地校友之间以及校友与学院之间的联系，城市与环境学院校友会组织走访地方校友并举办发展论坛和校友交流会，包括河北太舞校友企业参访活动、武汉城环校友交流会、天津城环校友交流会、深圳城环校友交流会、广西城环校友交流会等多次地方城环校友交流活动。2019年11月23日，城市与环境学院举办北京大学城环校友会第三届理事会第一次会议、北京大学城市与环境学院校友大会暨城环发展论坛活动，本次会议顺利完成校友会第三届理事会换届工作，经推荐、自荐共产生理事177名，其中第二届理事会留任112名，新增理事65名，学院师生、广大校友代表共计290余人出席活动。2019年城市与环境学院校友会荣获优秀校友组织奖。

基建工作。2019年5月学院新大楼整体结构封顶，学院参与并完成大楼精装修方案、多媒体会议及教室设备招标采购、房间功能调整和公共区域规划等工作，总计向基建工程部提交大楼建设报告22份。2019年，学院成立新大楼资源分配管理委员会，负责后续大楼分配管理等方面工作。

（张璐瑶）

【纪念新中国成立70周年重大活动】 2019年是新中国成立70周年，城市与环境学院84名师生参与群众游行、广场合唱、成就展及70周年庆典志愿服务等工作，在长安街、天安门广场、北京展览馆等不同地方，喊响"团结起来，振兴中华"的口号，用实际行动向祖国母亲表达城环师生的赤子之心。

（王宇凡）

【方精云获美国生态学会惠特克杰出生态学家奖】 2019年4月16日，美国生态学会公布2019年度"惠特克杰出生态学家奖"（The Whittaker Distinguished Ecologist Award）获得者名单。北京大学城市与环境学院/生态研究中心方精云院士因"在推动生态学发展、服务国家和国际政策制定以及建立生态学共同体方面的杰出贡献"获此殊荣。当地时间2019年8月22日星期四，于美国路易斯维尔举办的第104届美国生态学会颁发2019年度"惠特克杰出生态学家奖"，方精云院士应邀出席并领奖，该奖由美国生态学会主席颁发。"惠特克杰出生态学家奖"由美国生态学会设立，以纪念享誉世界的杰出生态学家罗伯特·惠特克，授予对生态学作出突出贡献的非美籍生态学家，每年仅有一名生态学家入选，是国际生态学界最具影响的奖项之一。方精云是获得该奖的第一位中国人。

（唐琳）

【三个专业入选教育部首批一流本科专业建设点】 2019年北京大学城市与环境学院人文地理与城乡规划专业、环境科学专业入选首批国家级一流本科专业建设点，生态学专业入选首批省级一流本科专业建设点。此次，北京大学共入选36个国家级一流本科专业建设点、9个省级一流本科专业建设点。

（宫彦萍）

【"知行·同行"计划】 2019年，城市与环境学院开展"知行·同行"计划。该项目以党、团支部为单位，在地理-环境-生态学科体系中融入思想政治教育环节，以领略中华传统文化、绿水青山与金山银山、重温历史、踏知青足迹、学习林场精神为主题，开展地方发展考察、社会深度调研、红色教育基地参访、先进事迹与精神学习、时代发展主题探讨等思政教育活动，引导学生主动观察与思考，了解国情社情，领略中国特色社会主义建设的伟大成就，全方位培养学生的综合素质与服务社会的意识与能力，具有鲜明的学院特色。2019年，学院共组织15支"知行·同行"实践团，赴国内13个省份和2个国家开展实习实践，组织精准扶贫调研、"一带一路"区域发展考察等27项主题教育活动，包括学院党委书记、院长在内共32名教师带队，287名学生参与。

（王宇凡）

地球与空间科学学院

【发展概况】 组织结构。北京大学地球与空间科学学院成立于2001年10月26日，由北京大学原地质学系、地球物理学系的固体地球物理专业和空间物理专业、遥感与地理信息系统研究所和城市与环境学系地理信息系统专业组成。

地球与空间科学学院的教学和研究有着悠久和辉煌的历史，地质系创办于1909年，地球物理系创办于1959年，遥感技术应用研究所（1994年更名为遥感与地理信息系统研究所）创办于1983年。地球与空间科学学院有7个研究所：大陆动力学与资源工程研究所，史前生命与环境研究所，矿物、岩石、矿床研究所，地球化学研究所，理论与应用地球物理研究所，空间物理应用技术研究所，遥感与地理信息系统研究所；一个教育部重点实验室：造山带与地壳演化教育部重点实验室；两个北京市重点实验室：矿物环境功能北京市重点实验室、空间信息集成与3S工程应用北京市重点实验室。

学科建设。 学院现设有5个本科生专业：地质学、地球化学、地球物理学、空间科学与技术和地理信息科学；10个硕士研究生专业和10个博士研究生专业：构造地质学、矿物学岩石学矿床学、材料与环境矿物学、古生物学与地层学、地球化学、固体地球物理学、空间物理学、地图学与地理信息系统、石油地质学、摄影测量与遥感；并设有地质学、地球物理学、测绘学和地理学4个博士后流动站，国家理科基础科学人才培养基地1个（地质学），国家自然科学基金委员会创新群体2个（日地空间高能带电粒子的加速、传输及效应研究，变质作用与造山带演化），国家级重点学科3个（构造地质学、固体地球物理学、地图学与地理信息系统），国家级重点培育学科1个（矿物、岩石、矿床学），北京市重点学科1个（空间物理学）。学院进一步整合资源，紧抓国家发展战略的需求，形成新的学科发展增长点。借引进金之钧院士的契机，成立"北京大学能源研究院"；空间学科与国家航天局探月与航天工程中心的合作在学校的关心下，已经进入实质论证阶段。经学校学位评定委员会讨论，同意在测绘科学与技术一级学科下设立"导航与位置服务"二级学科博士学位授予点。

队伍建设。 2019年引进2位领军人物，1位院士（金之钧院士，其团队1位研究系列人员已经学校批准入职、1位新体制人才——杰出青年科学基金获得者将在2020年入职），1位中组部海外高层次人才引进计划长期项目获得者（地球物理专业）；海外高层次人才引进计划（青年项目）入职2人；3位助理教授入职。2019年有1名老体制教师转入研究技术系列（范闻捷晋升研究员），2名老体制教师转入教学系列（陈斌晋升教学教授、赵克常晋升教学副教授）。

科研工作。 2019年共获批国家自然科学基金项目28项，其中重点国际项目1项、重点项目2项、重大研究计划的重点支持项目1项、联合基金项目1项。发表SCI（Science Citation Index，科学引文索引）论文232篇；获得专利9项，其中发明专利5项；申请软件著作权28项，申报国家科技奖、北京市技术发明奖等14项，专利申请9项。完成教育部海外名师项目1项、北京大学"海外名家"讲学计划3项、北京市高端外国专家项目申报及实施3项、北京大学海外学者讲学计划项目16项。田晖团队在Science发文揭示太阳针状物的产生机制和加热过程；宋述光、魏春景研究组在太古宙早期深部地幔成分不均一性方面取得重要进展，成果发表于Nature Geosciences；刘瑜课题组在街景图像定量分析方面取得系列成果；鲁安怀课题组在PNAS（Proceedings of the National Academy of Sciences，美国科学院院报）发表矿物转化太阳能的新发现；宗秋刚团队揭示太空电子尺度磁洞的几何形态与形成机制，成果发表在Nature Communications；沈冰课题组研究成果入选2018年度中国古生物学十大进展；宗秋刚教授获Hannes Alfvén国际奖章。

教学工作。 本科生教学方面，坚持"以学生成长为中心"，通过各种改革措施，实现"科学+兴趣+能力"的培养模式。针对新生开展一系列活动，包括适应性系列讲座、课程体系/专业介绍（专业）、职业规划（新生导师）、名人示范（校友）、学习方法（高年级学生）、学术性系列讲座、野外考察/社会参观等。针对高年级学生，采取一系列促进本科生尽快进入科研、培养科研兴趣的措施，包括配备学业导师，开设《国际名师讲堂》《相约大师话地学》等高端课程与座谈系列。2019年完成校内教改项目12项，及院内相关专业拔尖2.0和双万计划的申请。研究生教学方面，2019年共毕业和授予硕士学位76人、博士学位73人，其中两位毕业生（博士毕业生任桂平、硕士毕业生刘丽萍）获得第14届李四光优秀学生奖。学院成功实施研究生教育创新计划项目，包括3个研究生暑期学校、1个博士生学术论坛、1个博士生学术会议。成功举办第三届研究生"学术之星"暨"Poster Party"学术成果展的初赛和决赛，最终评出学术之星一等奖10名、学术之星二等奖5名、最佳人气奖1名、最佳风采奖1名、交叉学科奖1名。

党建工作。 在日常工作中，注重加强党的政治建设，把党的领导贯穿学院工作和教书育人的全过程，学院党政班子一起推进学院"双一流"建设。严格执行人才引进和各种评奖评优及晋升的师德师风和思想政治表现考核。认真制定学院的"不忘初心、牢记使命"主题教育方案，并规范实施，把主题教育与学院的日常工作紧密结合。加强和督促党支部的理论学习和活动，加强对党支部工作的指导与监督，严格把关党支部换届，9个党支部顺利完成换届。充分发挥学生党员及党支部的战斗堡垒作用，积极构筑立体化工作体系，增强组织凝聚力。成立学生党支部工作小组，将学生兼职辅导员安排进入各本科学生党支部，加强对学生的引导教育；利用国庆重大活动和新生军训等契机，加强对学生的思想引领，引导学生向党组织靠拢。学院114名参加军训的学生中有59人提交入党申请书，有58人报名党的知识培训班，48人被确认为入党积极分子。

学生工作。 严抓党建，将入党积极分子的培育与团校培养结合；在思政实践课、纪念五四运动100周年、国庆70周年重大活动、"不忘初心、牢记使命"主题教育等多项工作中，把握学生骨干培养契机，100%完成各项任务。着力打造新生入学教育体系，新生教育活动100%覆盖学院全体新生。不断完善工作细节，提升工作效力。资助工作全面覆盖家庭经济困难学生，完成154名困难生认定和92位困难生助学金申请，建立心理问题干预机制，针对本科生开展一对一深度访谈。专门成立奖励奖学金评审委员会，组织791名学生参评，评选奖励267项，奖学金114项，评选结果公平公正，实现零投诉。

（赵 欣）

【本科生教学改革】 国际地质班项目正式启动，项目强化基础教育和个性的培养方案，结合学生个性及发展方向在学术导师的指导下制定针对性的教学培养计划；学生可根据专业兴趣选取数学+物理模块、数学+化学模块或数学+生物模块；采取课堂教学-讨论-实践教学相结合的教学模式，实施6至10人的小班教学；设置国际顶级科学家讲堂及全英文课堂；实施国际知名大学学期制访学、短期课程、交流及研究实习活动；资助学生参加国际会议，增加学生接触了解学术前沿的机会。

（孙 权）

【研究生教学管理服务信息系统建设】 学院努力提高服务水平和质量，建设研究生教学管理服务信息系统，新系统具有：1.研究生信息管理功能；2.教学管理服务功能；3.档案数据统计分析功能；4.学位论文实名送审评阅功能。

（王 静、聂晶晶）

【北京大学"第一届地球科学高端论坛"】 学院成功举办北京大学"第一届地球科学高端论坛"，是国内首个聚焦地球系统、强调地球多圈层相互作用的高层次论坛，旨在强化不同学科之间的交叉融合，助力北京大学地球科学一流学科建设，更好地促进地球科学研究。

（许梅兰）

心理与认知科学学院

【发展概况】 组织结构。2019年1月心理与认知科学学院（以下简称：心理学院）行政领导班子换届，新一届行政班子成员包括院长方方，副院长罗欢、姚翔、刘兴华，院长助理张昕、李芳敏；3月学院党委换届，新一届委员会成员包括党委书记谢晓非，副书记邵枫、李欣，委员方方、刘兴华、苏彦捷、罗欢。

学科建设。2019年3月心理学院成立4个学科方向的学系：脑与认知科学系（正副系主任：耿海燕、陈立翰）、管理与社会心理学系（正副系主任：王垒、陆昌勤）、临床与健康心理学系（正副系主任：刘兴华、周广玉）、发展与教育心理学系（正副系主任：王莉、易莉）；7月成立陈仲庚临床心理中心（Chen Zhong-Geng Center for Clinical Psychology），正副主任为钟杰、姚萍；11月国际同行评议现场评估顺利举行。

教学工作。2019年心理学院毕业并获得心理学专业学位本科生28人（含留学生1人），获心理学双学位75人，心理学辅修毕业18人；硕士研究生毕业44人（含留学生2人）；博士研究生毕业14人；同等学力获硕士学位52人；夜大毕业90人。2019年新入学专业硕士59人（含留学生6人）；博士研究生29人（含留学生1人）；本科生45人（含留学生3人），双学位本科生109人；继续教育短训班学员53人。截至2019年底，在校学生共535人（其中本科生208人，硕士研究生185人，博士研究生142人）；另有国内进修教师、访问学者9人；双学位/辅修332人。2019年毛利华副教授在线课程《探索心理学的奥秘》被认定为2018年国家精品在线开放课程。

科研工作。1.科研论文：2019年心理学院在国内外期刊共发表科研论文135篇，第一作者或通讯作者发表的SCI（Scientific Citation Index，科学引文索引）和SSCI（Social Sciences Citation Index，社会科学引文索引）收录期刊论文76篇，在SCI一区期刊和SSCI高水平期刊上发表文章14篇。2019年1月心理学院苏彦捷和周晓林入选爱思唯尔（Elsevier）2018年中国高被引学者心理学榜单，方方和韩世辉入选神经科学榜单，入选人数连续5年（2014年至2018年）居全国心理学科研教学单位之首。

2.科研基金：2019年学院共获得国家自然科学基金支持1172.5万元，其中包括3个重点项目（罗欢297万、方方303万、周晓林240万）；5个面上项目（张俊云59万、王垒58万、刘兴华58万、孟祥芝58万、谢晓非49.5万）；博士后高晓雪和谢鑫宇获得青年项目25万。罗欢课题组受邀参与一项具有高影响力的国际联合项目——"加速意识研究"；谢鑫宇获得2019年度国家博士后国际交流计划派出项目资助；高晓雪、张砚雨、谢鑫宇获得第65批中国博士后科学基金面上资助；刘玲获得第12批特别资助（站中）。此外，部委、企事业单位科研项目12项，参与科学技术部、中央军事委员会、广东省科研项目7项，共计691.5万元经费。

3.重点实验室：2019年7月召开行为与心理健康北京市重点实验室学术委员会。

交流合作。1.交流互访：2019年心理学院共171人次出访（教师及博士后出访81人次，本科生研究生出访90人次）。2019年5月，院长方方带队前往台湾大学参加"两岸三地心理学系学术交流"活动；6月，院长方方应邀率团访问伦敦大学学院，出席认知神经科学论坛。

2.学术讲座：2019年心理学院共举行学术讲座57场，此外举办决策与神经经济学博士生论坛、应用心理学高峰论坛、"行为学作为开放科学的未来"工作坊及"Language & Autism"专题研讨会等学术活动8场。

3. 外专邀请：2019年心理学院联合《北京大学海外学者讲学计划》《北京大学海外学者研究计划》共邀请外国专家15人，执行外事经费25.1万元。

党建工作。1. 党员人数：心理学院现共有党员186人（学生党员137人，教工党员36人，离退休党员13人）；2019年发展党员18人，预备党员转为正式党员14人，完成党性教育读书班13人，新增入党积极分子48人。

2. 奖励奖项：学院党委首次获评2019年党务和思想政治工作先进集体；学硕党支部荣获全国高校"百个研究生样板党支部"；苏彦捷、李晓鹏获评2019年优秀党务和思想政治工作者；学硕党支部书记王婧获评第九届十佳学生党支部书记。

3. 教工党员活动：邀请北京大学党委常委、副校长兼教务长龚旗煌，北京大学国际关系学院王栋副教授，校史馆杨琥研究员前来做专题党课；心理学院党委书记谢晓非为党的知识培训班学员授课；教工支部8月赴董存瑞烈士纪念馆、塞罕坝机械林场，10月赴河北省乐亭县，开展"不忘初心、牢记使命"主题教育活动。

4. 学生党员活动：赴雄安新区开展红色"1+1"共建学硕支部；举办"初心今谈"主题党日活动；前往北京大学赛克勒考古博物馆、校史馆等参观五四运动主题展览；前往北京展览馆学习"伟大历程 辉煌成就——庆祝中华人民共和国成立70周年大型成就展"；前往香山革命纪念馆，参观《为新中国奠基——中共中央在香山》主题展览；参与北京大学纪念五四运动100周年青春诗会；51名心理与认知科学学院学生参与建国70周年大庆纪念活动；12月18日开展集体政治生日会，设立"心·录"党员成长台账；邀请16名教授参与"知心圆桌"活动8次。

人事工作。截至2019年底，心理学院共有教学科研人员44人，行政教辅人员9人。教研系列中教授12人，研究员11人（含外籍1人），副教授16人，讲师5人；在站博士后16人。2019年新入职1人（臧寅垠，研究员，临床与健康心理学系）；进站博士后7人（含外籍1人）；新增退休教师1人，去世2人，现有离退休29人。2019年11月，心理学院聘考核委员在听取在岗职工述职的基础上进行2019年度考核，其中李健、杨炳炳、毛利华、蔡鹏和段妍年度考核结果为优秀。

行政工作。2019年11月，心理学院投入19.98万元在王克桢楼一楼大厅建成LED大屏，用以宣传学院工作；12月，投入5.88万元改造王克桢楼教室、机房和公共实验室18间，安装监控摄像头21个。学院组织1995级本科院友返校；学院党委副书记邵枫和院友会副秘书长赵心11月赴武汉参加北京大学第十三次校友工作研讨会。

荣誉奖励。吴艳红入选教育部长江学者特聘教授、美国心理科学学会会士；苏彦捷当选美国心理科学学会会士并荣获北京大学教学卓越奖；甘怡群被授予美国心理学会健康心理学分会杰出国际会员；易莉获黄廷方/信和青年杰出学者奖；陆昌勤获曾宪梓优秀教学奖；朱露莎获绿叶生物医药杰出青年学者奖；Yuji Naya获北京银行奖；周晓林获方正教师奖；张俊云获正大教师奖；耿海燕获教学优秀奖（本科部分）；李健获北京大学青年教师基本功大赛二等奖；张砚雨荣获"北京大学2019年度优秀博士后"荣誉称号。

社会服务。甘怡群出任 *Applied Psychology: Health and Well-being* 副主编；罗欢、魏坤琳出任 *eLife* 编委。

（蔡　鹏、段　妍、韩　颖、李芳敏、
李　欣、王　剑、王　垚、赵　心）

【心理学院国际同行评议圆满完成】 2019年11月，心理学院进行国际同行评议。评估专家指出心理学是一门介于自然科学、社会科学和临床科学之间的"枢纽科学"，认为学院发展迅速、成果斐然，国际地位在世界研究型大学中已获得认可。学院拥有高质量的本科专业和研究生，有良好的研究资金和设施支持，受访教师和学生对学院满意度高。

（李芳敏）

【"心话"（Psych-talk）活动创立】 "心话"（Psych-talk）活动旨在给心理学院师生提供一个日常的学术和生活的交流平台，希望通过该活动进一步增强老师间和师生间的了解，促进实验室间的合作和学科间的互动，活跃学院的学术和工作气氛。2019年共计开展6期，受到师生的一致好评。

（李芳敏）

【"95后手机使用心理与行为白皮书"发布】 王垒教授课题组自2018年底至2019年初，针对手机使用心理与行为展开大型定性、定量调查，共有超过2000人次参与调查。该调查考察95前和95后人群日常生活尤其是手机使用行为，旨在了解95后手机使用行为的特性，明确95后和95前在不同手机行为偏好上的差异，以及推论95后手机行为背后的心理特征。调查揭示多方面的有趣现象，对解读95后新生代的消费心理与特性提供科学依据。调查成果形成"95后手机使用心理与行为白皮书"，于2019年4月18日发布。

（王　垒）

【"面向21世纪的心理学"大学生学术论坛成功举办】 2019年7月，"面向21世纪的心理学"大学生学术论坛在北京大学心理与认知科学学院举行。本次活动旨在选拔在心理学领域有潜质的拔尖学术新星，促进各学科优秀大学生之间的交流，并帮助同学们了解北京大学心理与认知科学学院科研与教学情况。

（段　妍）

【青少年拔尖创新人才培养项目第二期正式启动】 2019年7月至8月，"北京大学全球精英人才A计划"青少年拔尖创新人才选拔与培养项目第二期正式启动。从近千位申请人中，选拔出50位来自全国20多个省市的拔尖创新青少年齐聚北京大学附属中学，两期共有100位拔尖青少年正在培养中。

（王小恺）

【家庭教育与父母成长研修班开班】 2019年11月至2020年1月，心理学院家庭教育与父母成长研修班开办第1期。首期课程面向小学低年级阶段的孩子父母，来自北京和周边省市地区的43位家长学员主动报名学习。课程内容包括儿童心理发展与成长、自我发展和认知发展、儿童心理功能发展的理论和临床实践等内容。学院积极开展面向社会大众的家庭教育项目和社会服务支持，促进家庭教育科学养育知识的普及。

（王小恺）

【"第二届危机干预北大论坛"成功举办】 由北京大学学生心理健康教育与咨询中心主办，北京大学心理与认知科学学院、行为与心理健康北京市重点实验室协办，北京朗心致远科技有限公司承办的"第二届危机干预北大论坛"在北京举行。全国各地300多名高校心理分管领导、学工领导、心理中心主任等参加此次论坛。

（徐凯文）

【学生团队奔赴7省市调研】 连续两个假期，学院组织7支实践团队，围绕"70年风雨征程，新时代砥砺奋进"和"心辰大海——探索心理学在社会各领域的作用"为主线，奔赴祖国7省市进行调研，赴河北省正定县寻访中国共产党党员初心，赴福建省三明市调研革命老区的脱贫攻坚成果，赴江西省抚州探寻留守儿童问题解决的有力途径等，并获评2018—2019学年寒假社会实践铜奖，暑期社会实践一等奖。

（王 剑）

【开展红色"1+1"共建项目】 学硕党支部赴雄安新区刘李庄镇开展红色"1+1"共建，为新区基础教育发展贡献力量。落实党员先锋工程要求，培养锻炼多名政治过硬、率先垂范的党员骨干。鼓励学生热心公益，参加雷锋日、中学心理学科普等系列服务，创办"鸿雁传心"书信支教志愿项目，帮助汶川学生健康成长。

（王 剑）

【"暖心知业"品牌创立】 心理学院邀请院友担任职业生涯规划导师，创立"暖心知业"品牌，组织首届职业能力面试大赛、简历修改等讲座，邀请赴疆选调生主讲基层工作体会，邀请不同专业方向的院友共10余人次开展针对性辅导，走访华为技术有限公司、深圳市腾讯计算机系统有限公司、北京三快在线科技有限公司（美团）等知名企业，为学生的就业求职提供切实保障。

（李晓鹏）

建筑与景观设计学院

【发展概况】 组织结构。建筑与景观设计学院下设虚体学术机构"北京大学-哈佛大学生态城市联合实验室"。学院内还成立有城市化过程实验室、地理设计实验室、中德城镇化与地方性研究实验室、数字科技与地理设计实验室等研究团队。2019年4月，学院副院长贺凯丰离职；10月聘任朱亮亮为学院内设办公室负责人。

学科建设。学院自设二级学科地理学景观设计学。招收风景园林专业硕士学位研究生。

队伍建设。2019年，学院共有教学科研人员8人，其中事业编制教授1人、副教授4人，新体制教授2人、助理教授1人；另有博士后3人，其中长江学者1人，海外高层次人才引进计划专家1人，海外高层次人才引进计划外国专家1人。还聘有劳动合同制研究助理3人。

教学工作。学院开设近30门研究生课程，并从其他院系和校外聘请教师和知名设计师开设"景观文化系统与评价"和设计实践等课程。学院教师还承担城市与环境学院"城市生态与环境规划"，"中外城市建设史"等本科生课程。

科研工作。2019年，在研项目总数为22项，其中纵向项目8项，项目总金额为1148.1769万元，其中国家自然科学基金923.1769万元，科学技术部重点研发计划225万元；横向项目14项，项目总金额为1159万。学院教师共发表SCI/SSCI论文15篇。俞孔坚的浦阳江生态廊道项目获得2019年国际绿色设计先锋奖和国际规划杰出奖·伊恩麦克哈格环境规划奖，俄罗斯喀山项目获得2019年凯文林奇规划设计奖。李迪华的"基于'12345'市民服务热线的城市公共管理问题发掘与治理优化途径"项目获得2019第二届全国高校数据驱动创新研究大赛特等奖。

交流合作。2019年，学院接待15位国际访问学者。举办国际学术会议2次，其中，1月，学院举办亚洲景观论坛，24位来自8个国家的学者和行业从业者商讨亚洲景观未来的可能性；8月，学院举办国土空间规划与生态治理北大博士生国际研讨会，全球13所高校的16位博士研究生齐聚一堂，从不同学科角度针对城市发展中的国土空间规划与生态治理的议题进行发言与讨论，讲座网络直播在线观众达2.2万人次。学院举办学术报告共计34次。10月，学院召开北京大学"黉门对话"专家主题论坛："风景与山水"。该论坛由北京大学研究生院主办，北京大学建筑与景观设计学院承办，旨在以"风景与山水"为中心，通过历史地理学、社会学、人类学、艺术学、美学、景观设计学等领域资深学者跨学科的对话，深入探讨中西方思想与文化中的相关问题。学院还邀请哈佛大学教授玛莎-施瓦兹，宾夕法尼亚大学景观系系主任理查德·韦勒，扎哈·哈迪德建筑师事务所总裁帕特里克·舒马赫，国际建成环境学会主席余卓华，北海道大学观光学高等研究中心教授山村高淑，美国卡罗莱纳大学教授唐继军，澳大利亚莫纳什大学艺术设计与建筑学院教授奈杰尔·伯特伦，《景观的延伸表现》的作者瓦莱里奥·莫拉比托等举办学术讲座。

行政队伍。2019年学院行政、教辅人员共4人，其中事业编制1人，劳动合同制人员3人。

学生活动。学院指导的学生社团北京大学校园公益营造社参与北京大学校内33楼雨水花园、习近平新时代中国特色社会主义思想研究院景观与室内设计及燕园街道办社区景观设计等校园营建项目，获得校内外一致好评。

毕业生去向。2019年，学院毕业66人，其中涉及转档派遣学生22人，落实就业19人，落实就业率为86.36%，其余3人计划出国备考。

（朱亮亮、刘钿、路露）

【北大国土生态安全格局研究入选"50年来全球生态规划标志性成果"】 2019年是生态规划先驱伊安·麦克哈格（Ian McHarg）具有开创性意义的著作《设计结合自然》（Design with Nature，1969）出版50周年，为纪念这一生态规划研究及实践史上的里程碑事件，美国宾夕法尼亚大学举办"设计结合自然，就在当下"纪念活动，由目前最具权威的景观设计、生态规划设计及城市规划的专家担任委员，在全球评出50年来的25个标志性生态规划研究项目，北京大学建筑与景观设计学院俞孔坚团队的"国土生态安全格局研究"成果入选，这项研究主要于2006年至2008年期间由当时的国家环保局资助完成，同时积累俞孔坚团队自1997年以来参与的国家自然科学基金委员会、原国土资源部、自然资源部、科学技术部、国家文物局、原北京市国土资源局等部门资助的近30项科研课题的成果。此次宾夕法尼亚大学组织的评选分为五个主题，分别为伟大的自然（Big Wilds）、城市的未来（Urban Futures）、上升的海平面（Rising Tides）、洁净的水（Fresh Waters）和有毒的土壤（Toxic Lands），选取来自世界不同国家和地区的25个富有创见、影响深远的生态规划研究及设计项目。俞孔坚团队的国土生态安全格局研究作为"伟大的自然"部分的代表性研究入选，主要完成人包括北京大学建筑与景观学院俞孔坚、李迪华、王志芳、许立言等。

（朱亮亮）

【建筑与景观设计学院与宁波市江北区合作共建"城市治理优化实验室"】 2019年2月，建筑与景观设计学院与宁波市江北区人民政府签订合作意向书，致力于共同探索城市精细化管理模式，就实验室框架设置、运作流程、学生调研工作等达成一致。

（朱亮亮）

【全国校园营造联盟2019暑期工作坊活动圆满举行】 2019年7月25日至30日，由北京大学建筑与景观设计学院发起的燕园校园公益营建社联合同济大学、清华大学、华南理工大学、华中科技大学等20余所高校共同发起的全国校园营造联盟在北京大学顺利开展2019暑期工作坊活动。活动旨在发扬联盟"学生自主、打破边界、积极行动、持续营造"的理念，呼吁高校学生通过校园营造，以主人的身份为校园空间创造更多可能，提升校园空间品质，重塑校园内的人地与人际关系。50余所高校的200余名学生参与本次活动，活动邀请北京大学建筑与景观设计学院副教授、代理院长李迪华，Mapping工作坊创始人、都市非正规研究工作室创始人何志森，同济大学建筑与城市规划学院景观学系学者刘悦来，华中科技大学建筑与城市规划学院教授汪原，西安建筑科技大学风景园林系主任董芦笛等28位来自不同领域的嘉宾为暑期工作坊带来26场精彩的讲座和3场生动的主题论坛。

（朱亮亮）

【俞孔坚获颁挪威生命科学大学名誉博士】 2019年9月20日，作为庆祝欧洲最早的景观设计学专业创办100周年的重要内容之一，挪威生命科学大学（NMBU，原挪威农业大学）举行隆重的典礼，授予北京大学教授俞孔坚名誉博士学位，以表彰俞孔坚教授"在可持续景观设计和创造和人与自然谐的环境方面所做出的突破性贡献"。这也是100年来该校颁授的唯一一个景观学方向的名誉博士。校长Sjur Baardsen向俞孔坚颁发名誉博士证书，并宣读学术委员会决定："面对绿色和可持续发展的转型，景观设计学正引来重大挑战和机遇，对此，俞孔坚指明方向并获得全世界范围的认可。他关于营造可持续生命载体的愿景正是NMBU的景观设计学专业所为之奋斗的目标。NMBU的景观学教育致力于应对未来的全球性挑战，而俞孔坚的途径为我们提供指导。"

（朱亮亮）

【首届流域城乡空间规划研讨会"黄河流域生态文明和美好人居"召开】 2019年12月14日，首届流域城乡空间规划研讨会"黄河流域生态文明和美好人居"在北京大学英杰交流中心召开。本次会议由北京大学建筑与景观设计学院、NSFC-DFG城镇化和地方性合作小组主办。作为中国国家自然科学基金委员会、德国科学基金会共同资助的基础平台，NSFC-DFG城镇化与地方性合作小组于2018年由中德科学中心批准组建，研究区域为中国黄河流域、德国莱茵河流域，北京大学建筑与景观设计学院汪芳教授担任组长。来自北京大学、清华大学等高校，中国水利水电科学研究院、中国国土勘测规划院、中国城市规划设计研究院等院所及相关部委等共60余家单位的近200人参会。研讨会分为"治黄方略""生命共同体""历史演变""人居环境"等四个部分。

（朱亮亮）

【学院"合意城市"研究设计项目参加第八届深港城市建筑双城双年展】 12月22日，2019第八届深港/城市建筑双城双年展（深圳）（Bi-city Biennale of Urbanism/Architecture，简称UABB）光明云谷分展场在光明科学城展示中心拉开序幕。北京大学建筑与景观设计学院研究员许立言受邀作为参展人，携学院研究团队完成的"合意城市"项目研究设计成果参展。"合意城市"项目由北京大学建筑与景观设计学院领衔、香港大学建筑学院共同参与完成。两校组成近40人的研究团队，主要以宁波市江北区为案例，使用环境及社会感知、多元数据融合分析、城市数据挖掘、城市人工智能等前沿技术，引入高频设计、行为干预、实时优化等规划设计手段，为城市管理、功能优化、交通组织、风貌管控、街道设计、人居体验提升等城市表现优化提供系列解决方案，期望协助优化城市各个层级的功能表现，也为城市治理工作提供切实有效的方法与行动建议。

（朱亮亮）

信息与工程科学部

【发展概况】 组织结构。信息与工程科学部包括信息科学技术学院、工学院、环境科学与工程学院、计算机科学技术研究所（2019年10月更名为王选计算机研究所）、软件与微电子学院、软件工程国家工程研究中心等6个实体机构，依托相关院系建设力学、电子科学与技术、信息与通信工程、计算机科学与技术、环境科学与工程、生物医学工程、软件工程、材料科学与工程等一级学科。现任学部主任为黄如，副主任为张远航、任秋实，学部办公室主任为黄宗英。

学部办公室工作。学部办公室先后组织4次学部部务会、1次学部学术委员会会议、1次学部教学指导委员会会议以及学科摸底调研、与中文系人工智能领域合作座谈、学部交叉提升学科"双一流"建设中期评审、校内人工智能研究调查、工学院建设调研、新工科发展规划等专题会议，撰写历次会议纪要并负责会议决定事项的推进落实。及时总结学部重要工作，报送党政信息、撰写《北京大学年鉴（2019）》信息与工程科学部相关内容。负责学部日常运行经费的预算和管理，负责学部网站建设和日常维护，及时发布学部学术新闻和通知公告。此外，学部办公室还参与学校"不忘初心、牢记使命"主题教育指导组、人工智能研究院建设方案论证和实体化建设筹备、教育部研究生教育司关于《北京大学人工智能相关学科建设情况》调研报告撰写等专项工作。

绩效评估工作。3月，根据学校统一部署，信息与工程科学部启动教学科研单位发展状况绩效评估工作，学部各单位结合自身发展实际，思考制约发展的关键问题，制定年度重点任务。11月，学部制定绩效评估实施方案，于11月17日组织召开发展状况绩效评估会，经过讨论和无记名打分，确定信息科学技术学院的发展状况绩效评估结果为A。

组织推荐教学奖励候选人。信息与工程科学部根据学校《2019年北京大学教学奖励工作通知》要求，制定《信息与工程科学部教学奖励评审推荐程序》作为推荐奖励人选依据。4月23日，学部召开教学指导委员会会议，选拔推荐学校教学卓越奖、教学成就奖候选人名单。信息科学技术学院陈江副教授获得2019年北京大学教学卓越奖。

学部学术委员会工作。根据相关职能部门的要求，信息与工程科学部学术委员会对《计算机科学技术研究所更名方案》《人工智能研究院建设方案》《北京大学创新研究院建设方案》《徐洪起教授关于设置学科和中心方案》《北京大学-航材院新材料研究院》等相关方案进行通讯评议。11月17日召开学部学术委员会会议审议2019年教学系列、研究技术系列专业技术职位聘任、通用岗位专业技术岗位聘任及离退休职工科学研究特等奖名单。2019年，学部各单位共推荐教学教授候选人1名，研究员候选人4名，副研究员候选人2名，通用三级岗位候选人10名、二级岗位8名，经审议全部通过。经审议和表决，信息科学技术学院徐安士和工学院黄筑平荣获北京大学离退休职工科学研究特等奖。

因工作变动，经学校批准，自2019年4月起，黄如担任信息与工程科学部学术委员会主任、委员，高文不再担任学部学术委员会主任、委员。

本科教学改革。2019年，信息与工程科学部承担"协助计算机教指委组织优秀教师奖励计划相关工作""跨学科生态文明素质教育体系与课程建设""跨学部共建生物医学工程系人才培养实践与探索""组织生物医学工程顶点设计大赛"等4个本科教学改革项目。12月，教务部给予10万元奖励津贴，全部用于奖励为项目作出贡献的具体老师。

交流合作。3月6日，信息与工程科学部主任黄如和信息科学技术学院常务副院长谢冰在临湖轩西厅接待印尼苏门答腊理工学院院长Ofyar Tamim来访。5月10日，信息与工程科学部委托信息科学技术学院王立威教授在临湖轩西厅接待印度SRM大学校长桑迪普·桑切蒂博士一行，就人工智能和信息技术方面进行交流。5月13日，信息与工程科学部主任黄如代表学校接待商汤科技创始人汤晓鸥教授一行，就深度合作事宜进行洽谈，并为"北大-商汤科技智能计算联合实验室""北大-商汤科技机器视觉联合实验室"揭牌。5月15日，信息与工程科学部委托人工智能研究院副院长、信息科学技术学院黄铁军教授在临湖轩北厅接待阿根廷教育、文化和科技创新教育司司长弗洛伦西亚·里潘尼女士，就人工智能国际人才培养方面进行交流。6月20日，信息与工程科学部主任黄如等在理科5号楼434会议室接待美国斯坦福大学电子工程系主任Stephen Boyd教授，就科学研究、学生培养进行深入交流，并就未来开展实质性合作、建立广泛、深入的合作关系进行洽谈。

人工智能研究院实体化工作。2019年，信息与工程科学部配合学校开展北京大学人工智能领域研究历史和成果梳理、人工智能研究院建设方案论证、建设思路研讨等工作，推动人工智能研究院实体化工作。经2019年3月6日北京大学学科建设委员会2019年第2次会议和4月26日北京大学十三届党委第62次常委会审议，学校决定成立"北京大学人工智能研究院"（以下简称"研究院"），为学校独立实体研究机构。4月27日学校召开"北京大学科技创新大会"，为研究院举行揭牌仪式。经2019年11月18日北京大学机构编制委员会2019年第2次会议和11月26日北京大学十三届党委第91次常委会审议，学校发布《关于成立北京大学人工智能研究院的通知》（〔2019〕343号）、《关于人工智能研究院班子任职的通知》（〔2019〕349号）和《关于成立"北京大学人工智能研究院"的批复方案》（机构编制委员会，〔2019〕3号），研究院正式成立。

学部支持人工智能研究院初期建设工作，就人工智能学科建设问题专门召开部务会议。学部办公室协助研究院开展三轮全校范围的人工智能团队调研，组织十多次业务工作推进会和十二次研究院领导班子会议，推动校级层次研究院建设推进会，协助组织首批中心论证和首届青年论坛，并就办公地点考察、行政人员招聘、相关账号建立等具体事务予以支持。

学科摸底调研。为落实2019年寒假战略研讨会相关会议精神，检查"双一流"建设成果，应对即将到来的第五轮学科评估，学科建设办公室于2019年2月启动全校一级学科摸底调研工作。信息与工程科学部召开部务工作会，制定工作方案，成立工作组，对相关工作进行部署。3月4日，学部召开部务会、摸底调研工作组联合会议，听取学科负责人汇报，和学科负责人针对学科状况和希望学校给予支持问题进行深入讨论。调研工作摸清力学、电子科学与技术、信息与通信工程、计算机科学与技术、环境科学与工程、生物医学工程和软件工程等7个一级学科基本情况，上报学校。

交叉提升学科"双一流建设"中期自评工作。信息与工程科学部承担计算理论、人工智能、生物医学工程、工业与服务大数据、信息与通信工程等5个综合交叉及能力提升学科的建设工作。7月，学部按照"北京大学'双一流'建设中期自评工作方案"要求，制定工作方案，要求每个学科提交1000字自评方案和1—2个学科特色发展材料。7月29日，学部组织自评专家组对学科提交的材料进行评议。自评专家组听取学科汇报后进行评议，认为项目执行"信息与工程学科群建设方案"符合度和达成度高，建设成效明显，一致同意通过信息与工程综合交叉及能力提升学科"双一流"建设中期自评报告。8月25日，学部将自评情况向学校自评工作组作汇报。

【承办2019年高校人工智能教学研讨班】3月21日，学校收到教育部中外人文交流中心《关于委托北京大学承办2019年中国高校人工智能教学研讨班的函》，决定由信息与工程科学部具体承办"中国高校人工智能人才国际培养计划——2019高校人工智能教学研讨班（北京大学）"。学部办公室联合信息学院和英杰交流中心立即启动各项准备工作。共有来自全国80多个单位260余人参加报名。学部办公室组织审核小组、确定审核标准和办法，经过筛选，最终确定来自全国49所高校的100名教师学员参加研讨班。7月8日至12日，研讨班正式在北京大学月光厅举行。

【办学空间拓展和制约工科发展因素调研】信息与工程科学部于2019年9月和10月，连续召开部务会议进行学部相关办学空间拓展（特别是吉利校区利用）和制约工科发展因素专题调研。调研发现，学部所属单位都存在明显的办学空间不足、实验室面积不达标且布局过于分散等问题，同时普遍存在研究生名额不足、学校评价体系未能体现"工科"特点等软层面的制约瓶颈。调研中各单位对校区拓展表示支持，在新校区利用上呼吁加强顶层设计，按学科做好新校区规划，同时学校做好配套政策支持，鼓励师生积极迁移。

【信息学院与中文系AI领域合作洽谈】2019年3月14日，信息与工程科学部主任黄如主持召开信息科学技术学院与中国语言文学系AI领域合作座谈会。会议围绕人工智能相关问题，就信息科学技术学院与中国语言文学系相关领域的合作机制、切入点、驱动程序、合作愿景及延伸等问题展开深入地讨论。会议讨论认为：（1）双方合作悠久，有必要进一步深化合作，将教师合作提升到官方合作；（2）双方采取项目驱动方式合作，联合申请重大项目，联合培养学生；（3）在现有计算语言学教育部重点实验室基础上，中文系成立语言与人工智能研究中心；（4）以AI2.0为契机，双方优势互补、强强联合，推动招生、培养、课程设置、项目申请等全方位合作；（5）建立长期固定例会制度，加强双方沟通交流，相互触发新的合作增长点。

【工学院建设及发展调研】10月7日上午，信息与工程科学部主任黄如主持召开工学院状况调研会，工学院党委书记、副院长孙智利，副院长葛颢，分子医学研究所所长肖瑞平、信息与工程科学部办公室主任黄宗英参加会议。会议听取工学院建设情况、存在困难和未来调整设想工作汇报，并围绕加强工学院建设，特别是加强生物医学工程学科建设问题进行深入探讨、交流。

【新工科发展规划】为促进北京大学工科发展，研究、制定北京大学新工科发展规划，2019年12月22日和2020年1月5日，副校长、信息与工程科学部主任黄如召集信息科学技术学院、工学院、环境科学与工程学院、软件与微电子学院、王选计算机研究所等相关院系和教务部、研究生院、人事部、科研部、学科建设办公室、房地产管理部、基建工程部等相关职能部门就规划内容展开讨论。

2019年12月22日会议明确规划的目的、指导思想、规划原则、规划模块、工作组织、工作分工和时间节点。2020年1月5日会议听取规划工作组汇报，就规划初稿中的具体问题和遗漏问题进行深入讨论，会议对工作组第一阶段的工作予以肯定。

（黄宗英）

信息科学技术学院

【发展概况】 组织结构。1月17日学院完成领导班子换届，现任学院院长高文，常务副院长谢冰，副院长侯士敏、蒋云、彭练矛（兼电子学系主任）、蔡一茂（兼微纳电子学系主任）、胡振江（兼计算机科学技术系主任）、吴玺宏（兼智能科学系主任）。

完成院系调整。基于原有4个系的建制，建立各系决策机制（党政联席会、学术委员会等），逐步确立以各系为实体的运作模式。为保证各系实体运作，学院的行政机构也进行调整：除保留学院综合、学工和教务等办公室外，分别在各系成立综合办公室，保障各系行政、安全、人事和科研等工作。

除作为学科建设单位的4个系之外，现有基础实验教学研究所，以及杭州、天津2个信息技术创新研究院。

学科建设。涵盖计算机科学与技术、电子科学与技术、信息与通信工程、软件工程4个一级学科及其相关的计算机软件与理论、计算机系统结构、计算机应用技术、计算机科学与技术（智能科学与技术）、信号与信息处理、通信与信息系统、物理电子学、微电子学与固体电子学、电磁场与微波技术、电路与系统和电子科学与技术（量子电子学）等11个二级学科。其中计算机科学与技术获评2017年教育部第四轮学科评估一级学科A+，电子科学与技术、软件工程获评一级学科A，三个学科均进入教育部首批"双一流"建设学科名单。

在2019年信息学科群"双一流"建设项目中期评估中，专家组认为"该项目符合'双一流'建设方案要求，达成中期建设目标，取得预期成效"。在信息与工程科学部2019年度教学科研单位发展状况绩效评估中，学院评估为优秀，蝉联学部内排名第一（1/6）。同时，学院获评首批校级引进国外智力先进单位，建设高可信软件技术引智基地、后摩尔时代微纳电子学科创新引智基地和人工智能创新引智基地（申请中）。

队伍建设。彭练矛教授当选中国科学院技术科学部院士，黄如教授当选发展中国家科学院院士，丛京生、沈学民教授当选中国工程院外籍院士。学院现有两院院士（含双聘）11人，海外高层次人才引进计划5人，教育部长江特聘教授12人，国家杰出青年科学基金项目获得者20人，科技部创新领军人才5人；基金委创新研究群体4个，教育部创新团队3个，科技部创新团队2个。现有在职人员541人，其中教学科研人员292人，工程实验技术人员55人，行政人员25人；教授/研究员113人，老体制副教授/副研究员99人，老体制讲师/助理研究员及以下17人，新体制56人，双聘院士7人。

教学工作。增设电子信息工程、集成电路设计与集成系统两个本科专业，现有电子信息科学与技术、电子信息工程、微电子科学与工程、集成电路设计与集成系统、智能科学与技术、计算机科学与技术、软件工程和数据科学与大数据技术共8个本科专业，按学院统一招生。其中电子信息科学与技术和计算机科学与技术入选首批国家级一流本科专业建设点名单。入学本科生334名（含10名留学生）、硕士生113名和博士生184名。2019届毕业本科生274名、硕士生216名、博士生105名。

本科生发表国际期刊论文15篇、国际会议论文58篇、国内期刊论文3篇、国内会议论文4篇、申请受理专利6项。4篇博士论文获各学会优秀博士论文。2019年国际暑期课堂聘请16名外籍知名院士及教授开设22门暑期课程。

成功承办第12届中国大学生计算机设计大赛现场决赛。在各类竞赛中，获冠军4项；金奖41项，银奖7项；特等奖1人，一等奖3人；团体特等奖1项，一等奖3项。

教师工作成绩方面，1人获得国家首届杰出教学奖；1人获首届中国教师发展基金会杰出教学奖；1人获第15届北京市教学名师称号；1个课程团队入选年度北京大学优秀教学团队，1人获教学卓越奖，3人获教学优秀奖；1人入选第23届北京大学"十佳教师"；1人获北京市高等教育协会主办计算机教学精彩片段交流评比一等奖；1人获校级青年教师教学基本功大赛二等奖。

科研工作。1个项目获2018年度国家技术发明一等奖（梅宏、黄罡、张颖、刘譞哲、郭耀、熊英飞），为北京大学首个获国家技术发明一等奖的项目；1个项目参与获国家科技进步一等奖（金野、吕国成）；1个项目入选2018年度中国GF科技九大进展。作为通讯作者单位，发表学院首篇 *Nature* 论文。

获批纵向课题342项，横向课题110项，全年经费总额35,888.53万元，其中纵向课题经费29,261.64万元。其中，电子学系纵向课题80个，经费11,900万元；横向课题23个，经费1553.64万元。计算机科学技术系纵向课题153个，经费6196万元；横向课题31个，经费2325万元。微纳电子学系纵向课题82个，经费9819万元；横向课题23个，经费1626万元。智能学系纵向课题27个，经费1346.64万元；横向课题33个，经费1122.25万元。

交流合作。计算机科学技术系举办第一届北京大学-东京大学-日本国立信息科学研究所信息科学论坛、计算机系第一届青年论坛、北京大学-华为可信软件联合研讨会、华为-北大计算机研讨会，接待包括图灵奖获得者、美国国家科学院院士在内的来访学者逾百人。

区域光纤通信网与新型光通信系统国家重点实验室第五届学术委员会成立并举行两次会议，承办第九期中国电子学会电子信息大讲堂；纳米器件物理与化学教育部重点实验室完成主任换届并举行第三届学术委员会第五次会议。

接待香港城市大学电机工程学系代表团；主办国际学术活动9次。

微纳电子学系举办第三届IEEE未来计算国际研讨会（IWOFC）；执行海外学者讲学计划项目1个。

党建工作。 完成党委换届，现学院党委书记魏中鹏，副书记冯梅萍、熊校良、王源。完成党建立项37项，发展党员63名、转正党员46名、青年骨干培训2人。29个学生党支部完成换届。2人获得"北京大学优秀党务与思想政治工作者"荣誉称号。56人获得"北京大学信息科学技术学院优秀党务与思想政治工作者"荣誉称号。1人获得"北京大学信息科学技术学院党务与思想政治工作十年奉献奖"。

离退休工作。 现有离退休人员229人，80岁以上有76人，其中5名超过90岁，3名离休干部。空巢、长居国外、独居、孤寡老师60余人。

95%离退休人员与在职职工同步查体；222位老同志参加《北京老年意外伤害保险》；3位离休老同志获得"庆祝中华人民共和国成立七十周年"奖章。通过学校党委系统、离退休工作部、学院党委、学院行政等不同渠道获得特殊情况慰问补助50人。学院离退休工作投入经费超过90万元。

学生工作。 1个班集体获北京大学"示范班集体"荣誉称号，4个班集体获北京大学"先进班集体"荣誉称号。2人被评为"北京市优秀学生干部标兵""北京大学优秀学生干部标兵"。2人被评为"北京市三好学生"。另有1名教师被评为本科生军训优秀领队。

毕业就业。 2019届毕业本科生274名、硕士生216名、博士生105名。截至2019年12月1日，2019届毕业生就业率为99.46%，其中本科生就业率99.26%；研究生总就业率99.65%，硕士生就业率100%，博士生就业率98.75%。

（邓 斌、杨 琦、杨朝晖、丁雪芹、李子奇、冯 燕、刘旭东、孙 琰、涂 成、秦艳龙）

工学院

【发展概况】 **组织结构。** 工学院下设6个系：力学与工程科学系、生物医学工程系、能源与资源工程系、材料科学与工程系、航空航天工程系、工业工程与管理系。1个国家重点实验室：湍流与复杂系统国家重点实验室。挂靠在工学院的单位：北京大学应用物理与技术研究中心、北京大学工程科学与新兴技术高精尖创新中心、北京天然气水合物国际研究中心。2019年7月北京大学同意张东晓辞去工学院院长职务，学院工作由副院长段慧玲主持。2019年11月启动工学院行政领导班子换届工作。

党建工作。 工学院党委现有党支部31个，其中教工党支部9个（8个在职教工党支部，1个离退休教工党支部），学生党支部22个。共有党员861人，其中学生党员672人，教职工党员147人，离退休党员42人。2019年新发展党员72人，43人转为正式党员。张婧、邹如强获评"北京大学优秀党务工作者"。

3月，工学院党委完成全部党支部书记述职工作。4月，工学院党委与组织部党校办公室联合开展"传承井冈山精神，坚定理想信念"主题教育活动。7月，前沿交叉研究院成立独立党委，工学院新成立海洋研究院党支部。2019年完成39位教师的师德师风考核工作。

6月10日至7月2日，北京大学第一巡察组对工学院开展巡察工作。9月25日，巡察组召开巡察反馈会通报巡察情况并反馈巡察报告。学院领导班子通过学院党委和党政联席会专题讨论，研究制定整改方案，并出台《工学院基层党支部书记工作指南》，细化"入党流程及所需材料""报销流程""发展进度审核表"等。

9月25日，工学院在1号楼210会议室召开"不忘初心、牢记使命"主题教育工作部署会。10月1日，工学院领导班子和在校师生一起观看国庆阅兵盛典、参观赛克勒考古与艺术博物馆"弘扬红楼传统，争做教育标杆"。10月8日，学院召开党委扩大会，针对教师党支部开展好主题教育提出指导意见和具体要求。10月9日，工学院党政班子集体参观学习马克思主义学院"共命运，同前进"展览。10月18日，学院邀请中央党校专家举办题为"不忘初心，牢记使命，彰显时代精神"的专题报告会。

工学院领导班子成员结合分管工作，聚焦"八个围绕"，确定至少1项与本职工作相关的重要问题，深入学院师生开展调研。通过座谈会、谈心交流等多种形式，听取师生对相应问题的意见建议，研究讨论解决问题、改进工作的方法措施，最终在个人检视材料中形成调研报告。

工学院各党支部组织党员集中学习相关材料，邀请马克思主义学院的专家举办增强"四个自信"的现实逻辑与时代使命专题报告，参观学校赛克勒考古与艺术博物馆以及马克思主义学院"共命运，同前进"展览，并到"双清别墅""红楼"等地进行参观学习，组织到敬老院、北京市文博交流馆、听障康复中心、小学等地参与志愿服务活动。

12月2日，工学院领导班子召开"不忘初心、牢记使命"专题民主生活会。12月，工学院各党支部召开支部组织生活会，学习十九届四中全会精神，开展党员民主评议工作。

队伍建设。 2019年在职教职工152人。其中，教授53人，副教授37人，助理教授17人，研究技术系列21人，实验技术14人，职员10人。其中，院士1人、海外高层次人才计划6人，长江特聘教授15人，青年长江6人，百千万人才3人，新世纪人才9人，国家海外高层次人才引进计划青年项目18人，国家高层次人才特殊支持计划青年拔尖人才3人。国家自然科学基金创新研究群体项目4项，教育部

"创新团队"2个。

引进双聘院士2人，国家海外高层次人才引进计划青年项目2人，优秀青年人才8人，研究技术系列7人。

莫凡洋获宝钢奖教金优秀教师奖，张青获北京银行教师奖，王建祥获曾宪梓优秀教学奖，占肖卫获方正教师奖，杨越获黄廷方-信和青年杰出学者奖，王习东获唐立新奖教金，韦小丁获正大教师奖，陈匡时获中国工商银行奖教金。王建祥、韦小丁、杨越获得"北京大学2019年度教学优秀奖"。

黄筑平和武际可分别获得"北京大学首届离退休教职工科学研究奖（校本部）"特等奖和一等奖。

教学工作。在校本科生425人，硕士生301人，博士生661人。本科新生128人（含留学生6人）；硕士新生124人（含留学生2人，港澳台学生7人）；博士新生149人（含留学生11人）。

毕业本科生96人，硕士生102人，博士生120人。开设本科课程168门，研究生课程114门。

第一批北京大学数字化教材建设立项名单：《工程制图》，陈军。

2017级本科生科研立项23项。2015级石蔚骅（指导教师：崔悦）、高晓荃（指导教师：宋洁）获得"2018年度北京大学本科生科研优秀项目奖"；杨琅轩（指导教师：占肖卫）、傅有全（指导教师：占肖卫）、安蕾科（指导教师：陈波）获得"2018年度北京大学工学院本科生科研训练"优秀项目奖。

荣获"2019年北京市普通高等学校优秀本科生毕业设计（论文）"2篇：黄琨（指导教师：唐少强），李培豪（指导教师：郭少军）。

荣获2019年北京大学博士学位论文8篇：相耀磊（指导教师：段慧玲）、王潘丁（指导教师：方岱宁）、郭文瀚（指导教师：邹如强）、杨振洲（指导教师：王习东）、吴小虎（指导教师：符策基）、杜娟（指导教师：张玺）。

本科教学改革立项1个。2018年立项的《工程经济学项目》（负责人：宋洁）被评为优秀项目。

在"第十二届全国周培源大学生力学竞赛"中，郭容夫等11人获一等奖，陈策等4人荣获二等奖，苏鹏程等9人获三等奖，孙博天等18人获优秀奖。王勇和易新获优秀指导教师奖。

9月，23名来自北京工业大学和北京建筑大学的大二本科生来工学院进行为期两年的交流学习。2017年交流的刘子祎和寇祎璠和2018年来校交流的张佳妮、姚昕烨、夏龄婕获得北京大学2018—2019学年"双培计划"学习优秀奖。

6月28—30日举办全国优秀大学生夏令营，来自全国74所高校的310名同学参加活动。7月18—20日举办北京大学2018年中学生暑期课堂（工学），有292名学员通过审核参加。

举办"宽温区大应变条件下材料物理和力学性质的计算和建模"研究生暑期学校、全国力学博士生论坛、材料科学与工程国际前沿论坛、质量与数据科学博士生学术会议。

学科建设。新增"材料科学与工程"一级学科博士点和"材料科学与工程"博士后流动站。新增"机器人工程"本科专业，"机械工程"和"材料与化工"博士专业。"理论与应用力学"专业进入国家教育部办公厅公布的2019年国家级一流本科专业建设点。启动2020年机械工程硕士和博士、材料与化工工程博士招生。

"力学与先进制造"是北京大学"双一流"重点建设学科方向，是整合力学、控制科学与工程、机械航空航天和制造工程等三个"双一流"学科而成，其中先进制造与机器人是重点发展领域。2019年7月24日，北京大学与早稻田大学启动"先进制造与机器人国际交流合作项目"。

完成"力学与先进制造"和"材料科学与工程"两个双一流学科的中期自评工作，协助信息与工程科学部开展"生物医学工程"和"工业与服务大数据"两个学科的中期自评。

科研工作。举办学术报告会200场，其中138场报告人来自境外。新申请专利74项，授权专利87项。新获批科研项目162项，获批经费2.8亿元，其中国家自然科学基金创新研究群体项目1项、国家重大科研仪器研制项目（自由申请）2项、国家杰出青年科学基金项目2项、优秀青年科学基金项目1项、重大项目课题1项及各类重点项目5项，国家重点研发计划项目1项及课题3项。到校科研经费3.37亿元（含高精尖中心经费1亿）。全年发表SCI检索论文1124篇，其中584篇第一作者或最末通讯作者的第一署名单位为工学院，SCI文章平均影响因子为6.05，影响因子超过5的文章有218篇（其中105篇超过10、24篇超过26，均指第一作者或最末通讯作者文章），在 Science 和 Nature 期刊上各发表1篇文章。

在科研领域获得荣誉和奖项：周欢萍和郭少军获2019年腾讯"科学探索奖"；陈正获第十六届中国力学学会青年科技奖；贺贤土院士获"爱德华·泰勒奖"；占肖卫获中国化学会高分子科学创新奖；席建忠获评首都科技领军人才；郭少军荣获茅以升北京青年科技奖和第七届中国化学会-英国皇家化学会青年化学奖；吴晓磊等获教育部高等学校科学研究优秀成果奖自然科学奖二等奖；陈海峰作为参加人获教育部高等学校科学研究优秀成果奖自然科学奖二等奖；刘谋斌获国际计算奖；程承旗作为参加人获海洋科学技术二等奖；陈波作为参加人获第九届吴文俊人工智能科技进步二等奖；李忠奎研究员受聘担任国际顶级控制期刊 IEEE TAC 副编辑；8人次进入2019科睿唯安全球高被引科学家名单，13人进入2018爱思唯尔中国高被引学者榜单；武际可荣获全国周培源大学生力学竞赛终身成就奖。

主办或协办的学术会议：第二届近极限火焰国际研讨会、第四届计算力学前沿问题国际研讨会、第九届质量与可靠性技术国际研讨会、国际分子影像与微创治疗会议、第一届新兴功能材料与器件前沿交叉（国际）论坛、第一届"机器学习及其在科学和工程中的应用"学术会议、乳腺癌光声成像等临床应用研讨会、第十一届生物可降解医用金属国际研讨会、第27届国际爆炸与反应系统动力学会议等。

交流合作。师生出国（境）共389人次，赴港澳人数为22人次，赴台人数为4人次。接待国外高校来宾200余人次，聘请外国知名专家50人来讲课、讲座及科研合作，其中院士15人。获得2019年北京大学引智工作先进单位称号。

Globex Julmester国际暑期项目有来自澳大利亚、加拿大、美国、法国等8个国家（地区）21所高校的307名学生参与。该项目邀请国外高校的17名教授开设15门英文课程。

工会工作。学院每周在学校体育馆进行游泳、羽毛球、毽球、乒乓球等活动。工学院工会获得先进工会委员会、运动会精神文明奖、第十九届青年教师教学基本功比赛优秀组织奖、群众性运动一等奖等荣誉。刘进、陈默涵和韦小丁分别获得北京大学第十九届青年教师教学基本功比赛二等奖、三等奖和优秀奖。夏定国获得2018年模范工会主席称号。

创新教育。4月26—27日，工学院MEM（Master of Engineering Management，工程管理硕士）专业师生代表团首次访问台湾大学工学院、台湾清华大学工业工程和工程管理系，进行学术交流。10月，台湾清华大学MEM学生代表团第5次访问工学院，与工业工程与管理系教师代表和工程管理硕士进行学术交流。

产学研工作。横向课题经费合同数48项，合同款5145.9万元，其中到账经费1858.3万元。新奥与工学院启动7项合作项目，项目经费总额302.5万元。其中与新奥能源研究院的合作有5项，项目经费222.5万元；与新绎健康研究院的合作有2项，项目经费80万元。京东方与北京大学启动合作项目11项，合作经费925万元，发放京东方奖教金160万元。

12月26日，北京大学与中国航空发动机集团签署合作协议，共同发展材料学科。

院友工作。完成北平大学北京大学工学院校友会2018年度年检年报（合格）、2019年度市级社会团体组织评估工作（3A等级）。2019年，董新保、徐吉峰荣获北京大学优秀校友奖；王义虎、康玉琳荣获北京大学优秀校友工作者奖；张文青、朱振旗荣获北京大学校友工作贡献奖。

完成2013—2019年基金捐赠项目审计。2019年基金项目入账1163万元。2013年1月1日至2019年12月26日，学院捐款合同（教育基金会设立项目）金额4.3亿元，累计到款2.04亿元，到账率47.4%。

宣传工作。通过工学院中英文网站、《工学快讯》纸质期刊、中英文宣传册、中英文电子报和微信平台等进行新闻和动态的宣传。其中，中文网站发布新闻180余篇，英文网站发布新闻和讲座信息近百条。《工学快讯》发布4期，每期200份；电子报发行2期，中文每期发送11,000余人，英文每期2200余人；微信平台"北大工学"不定期推送新闻和通知消息，目前关注人数已达4800余人。

学生工作。获得北京大学就业工作先进集体、北京大学学生资助工作先进集体、北京大学心理健康教育工作先进集体、北京大学党团日优秀组织奖、暑期社会实践"力行计划"优秀组织单位奖、一二·九歌会二等奖等。

2017级博士生1班、2018级硕士生1班获北京大学示范班集体，2015级博士1班、2018级本科生1班获北京大学先进班集体，39楼346室获北京大学示范宿舍并推荐参评北京市示范宿舍。

2015级博士生程斌获评北京市三好学生、2018级博士生陈善恩获评北京市优秀学生干部、2017级博士生周伟涛获评北京大学十佳党支部书记、王迪等26名同学获评2019年国家奖学金、赵磊等6名同学获评北京大学五四奖学金、胡婧等10名同学获评北京大学学术类创新奖等。

（张清平、闫　静、刘　文、朱若珊、陈　斌、张珊珊、李咏梅、张　婧）

【"北京大学与早稻田大学先进制造与机器人国际交流合作项目"启动仪式】　7月24日，北京大学党委书记邱水平、早稻田大学校长田中爱治共同出席"先进制造与机器人国际交流合作项目"启动仪式，并就北京大学与日本高校共建"先进制造与机器人联合研究中心及国际校区"进行初步探讨。段慧玲教授、王龙教授、王启宁研究员及工学院本科生代表一同参加启动仪式。邱水平表示，很高兴看到双方关于机器人研究的新合作项目，应鼓励学生的创新创业精神，希望看到中日高校在先进制造与机器人领域开展更加深入的合作。段慧玲教授表示，在学校的大力支持下，工学院将面向国际研究前沿和国家重大需求，重点发展先进制造和机器人领域，形成高水平、国际化研究力量，办好机器人工程本科专业，形成具有北大特色的学科体系。

（赵　妮）

【召开北京大学工程教育战略研讨会】　7月29日，北京大学工程教育战略研讨会在北京大学工学院1号楼210会议室召开。美国哈维穆德学院（Harvey Mudd College）王汝烨教授，美国克莱蒙特麦肯纳学院（Claremont McKenna College）唐昭华教授，南方科技大学教务长黄克服教授，中国商飞北京民用飞机技术研究中心副总设计师徐吉锋院友，北京大学研究生院常务副院长张东晓教授、元培学院副院长刘建波教授、工学院党委书记孙智利、工学院副院长段慧玲教授、工学院党委副书记张婧、工学院助理院长李咏梅等来自国内外的22名教授学者参加此次会议。段慧玲教授主持此次会议。

（周　虹）

【召开2019年度战略研讨会】　北京大学工学院2019年度战

略研讨会于8月24日至25日在京召开。工学院党政领导及教师代表齐聚一堂，总结过去一年的主要工作，探讨今后重点工作与发展计划。会上，各系代表及分管工作副院长分别做工作汇报。作为学院工作重点之一，这届研讨会特设本科生教学培养专题报告。北京大学教务部部长傅绥燕、清华大学副教务长李俊峰、南方科技大学教务长黄克服出席会议并认真听取报告，提出中肯的见解和建议。在为期两天的会议中，与会人员深入探讨工学院发展的诸多问题，涉及学院整体规划、工作重心、学科建设、人才队伍建设、资源发展、空间配置等；针对当前工作，重点讨论本科生教学改革、学科布局以及院系所文化建设等几个方面，提出许多建设性意见。

（张羽佳）

王选计算机研究所

【发展概况】 组织结构。2019年6月4日，经学校批准，北京大学计算机科学技术研究所正式更名为北京大学王选计算机研究所（简称"王选所"，下同）。王选所建有"电子出版新技术国家工程研究中心""中国文字字体设计与研究中心""新闻出版智能媒体技术重点实验室""网络与信息安全中关村开放实验室"等科研基地。

学科建设。王选所现有一级学科为计算机科学与技术，二级学科为计算机应用技术。研究方向主要包括图形图像处理技术与数字出版应用、认知计算与知识服务技术、跨媒体智能处理与分析技术、数字文档处理技术、信息安全技术，建有硕士、博士培养点及博士后流动站。

队伍建设。王选所共有事业编制人员36人、劳动合同制14人。事业编制人员中有正高职称11人、副高职称17人、预聘副教授1人、助理教授（新体制）3人、博士后1人。王选所现有国家杰出青年科学基金项目获得者1人，"科技部中青年科技领军人才"1人，海外高层次人才引进计划（青年项目）1人，优秀青年科学基金项目获得者1人，"教育部新世纪优秀人才"3人。

教学工作。共有学生93人，其中硕士研究生55人，博士研究生38人。毕业硕士19人，博士4人；新入学硕士研究生8人，博士研究生10人。2018—2019学年第二学期开设本科生课程7门，研究生课程4门。2019—2020学年第一学期开设本科生课程6门，研究生课程7门。

科研工作。在研项目共计100项，到账经费3066.26万元，其中纵向科研经费1853.3万元，包含国家自然科学基金419.94万元，重点研发计划501.82万元，北京市科技计划179.5万元，国防项目259.5万元，教育部及其他部委专项492.54万元；横向经费1212.96万元。

共发表学术论文130篇，其中期刊论文34篇，会议论文96篇，CCF A类会议论文47篇。博士生发表期刊论文13篇，会议论文28篇；硕士生发表期刊论文9篇，会议论文56篇；本科实习生发表期刊论文1篇，会议论文10篇。获得国内发明专利授权37项，申请并被受理的国内发明专利29项。

奖励与荣誉。在庆祝新中国成立70周年之际，王选院士被授予"最美奋斗者"称号。陈堃銶教授荣获"中国印刷业创新大会2019年度人物"荣誉称号。彭宇新获国家自然科学基金杰出青年科学基金资助。邹磊获国家自然科学基金重点项目资助。汤帜荣获"第十五届毕昇印刷杰出成就奖"。刘家瑛获"2018年度中国图象图形学学会石青云女科学家奖-青年奖"。连宙辉入选北京市科技新星计划、获"2019年度吴文俊人工智能科学技术奖优秀青年奖"。万小军获2019年北京大学"曾宪梓优秀教学奖"。冯岩松获2019年北京大学"杨芙清-王阳元院士教师奖优秀奖"。

博士生杨帅获北京大学信息科学技术学院第十五届"学术十杰"。博士生杨文瀚的博士论文获图形图像学会2019年度优秀博士论文提名奖。本科实习生钱瑞、赵学亮获信息科学技术学院2015级本科生"十佳"优秀毕业论文。

信息安全方向研究生李冠成牵头组织的PKyou战队在被誉为网络信息安全界世界杯的网络攻防技术竞赛"DefCon CTF" 2019全球总决赛中，击败国内外上千支队伍，最终获得第10名。该战队还在由中央网信办指导主办、面向高校和信息安全企业的国家级网络安全赛事——2019年第二届"强网杯"全国网络安全挑战赛中，获得高校学生参赛队第一名。

科研基地。电子出版新技术国家工程研究中心2019年积极推动写稿机器人技术成果落地应用，与科学网合作推出小柯写作机器人，与腾讯合作推出游戏战报与评论生成机器人，与知乎合作推出自动提问机器人。文件分发与按需印刷系统V3.0版率先顺利通过中宣部验收。

中国文字字体设计与研究中心与方正手迹公司合作，实现压缩字库的自动生成，可生成满足手机QQ上线要求的压缩字库产品。此压缩工艺已在方正手迹全面使用，压缩字库产品和彩色字库产品在手机QQ字体商城上线，代表性产品包括"方正书记体""方正悟空体""方正少年时代"等。基于中文字库自动生成系统改进的数据采集模块已用于方正手迹APP "手迹造字"，基于风格学习的中文字库模块也已嵌入该APP，是当前市场上唯一能够自动生成完整手写体中文字库的开放系统，截至2019年底已有注册用户113万名，已成功生成字库141,686套。

新闻出版智能媒体技术重点实验室被原新闻出版广电总局评为"2018年度优秀新闻出版业科技与标准重点实验室"。

交流合作。出国参加国际学术会议的师生100余人次，邀请校外专家来所做学术交流报告23场，承办或协办学术会议8次,主办自然语言处理研究与应用研讨会、智能媒体技术研讨会。

党建工作。根据中央、学校关于开展"不忘初心、牢记使命"主题教育的相关精神和工作部署,成立王选所主题教育领导和工作小组,结合学校"双一流"建设和自身特点与实际,制定王选所"不忘初心、牢记使命"主题教育实施方案,组织领导班子成员精读《习近平关于"不忘初心、牢记使命"重要论述选编》,通读《习近平新时代中国特色社会主义思想学习纲要》,深入学习习近平总书记重要讲话精神。召开专题民主生活会,并针对性地提出今后努力方向和具体改进措施。加强党建工作与科研教学中心工作融合、完善制度建设,围绕落实立德树人根本任务、推进"双一流"建设具体任务,在研究所内如何集中力量,面向国家经济发展战略,开展大项目、大工程研究事宜方面开展交流研讨,成立协同创新中心专职负责相关事宜。认真学习党的十九届四中全会精神,并结合王选院士研制成功汉字激光照排系统历程进行讨论。

行政队伍。行政教辅人员共计13人,其中事业编制2人,合同制人员9人,返聘退休人员2人。新入职4人,离职3人。

工会工作。王选所工会拥有会员共计50人。全年主要活动包括户外徒步、羽毛球、乒乓球、游泳、长跑等体育活动,并组织开展春季拓展活动。

毕业生去向。共有4名博士生、19名硕士生毕业。博士毕业生中有2人就职于互联网企业,1人就职于国企,1人前往新西兰做博士后。硕士毕业生中有16人就职于互联网企业,2人就职于国企及事业单位,1人出国深造。

王选纪念陈列室。协助中央台拍摄《新中国的第一:第一个计算机中文信息处理系统——汉字激光照排》,9月2日在《新闻联播》播出。完成纪录片《王选》的制作,1月11日和12日在央视科教频道《大家》栏目播放。北京台播出《中国梦365个故事:强国脊梁 | 告别铅与火 迎来光与电》。"汉字激光照排系统"在北京展览馆、中国印刷博物馆、第九届中国数字出版博览会等举办的"庆祝新中国成立70周年成果展"中展出。

王选纪念陈列室2019年共接待参观人员2000余人,应邀做"王选的世界"主题报告20余场。

【**王选计算机研究所命名仪式**】 10月22日,"铭记荣光 承志前行"——北京大学王选计算机研究所命名仪式在英杰交流中心举行。校长郝平宣读学校关于研究所更名的决定,并对研究所日后的发展寄予厚望,希望研究所能够传承和发扬王选精神,把研究所建设发展好。第十二届全国政协副主席、中国科学技术协会名誉主席韩启德出席仪式并致辞,他指出王选是一位伟大的科学家,如果没有汉字信息处理与激光照排系统,汉字就无法如此便捷地走入数字化时代,这项发明对中国乃至全人类的文明发展都产生重要影响。中宣部印刷发行局局长刘晓凯出席仪式并致辞,他表示王选对中国出版印刷业高质量发展的贡献彪炳史册,他希望王选所传承和弘扬"王选精神",贯彻"科技顶天、市场立地"方针,为出版印刷业乃至宣传思想工作提供强大的技术支撑,为中国早日建成印刷强国助力赋能。陈堃銶教授在致辞中表示王选曾说过:"汉字激光照排系统的成功,与北大等各级领导的指导和支持,与协作单位的共同努力和广大用户的支持是分不开的,印刷革命是跨部门合作的结果,是一个集体的成果。"同时她也认为研究所更名为"王选计算机研究所",表达研究所将永远继承光荣传统的决心,并祝愿研究所永远向上,再创辉煌。

(鞠 莉)

软件与微电子学院

【**发展概况**】 学科建设。软件与微电子学院现有软件工程与数据技术系、集成电路与智能系统系、金融信息与工程管理系、数字艺术与技术传播系、网络软件与系统安全系等5个系以及电子与信息领域工程博士教育中心、工程管理硕士教育中心等2个教育中心,形成电子信息博士、电子信息硕士、工程管理硕士3个专业学位类别;在原有软件工程、集成电路、计算机技术、电子通信4个专业领域的基础上,自主新增网络安全、智能科技、金融科技3个专业领域。

队伍建设。学院现有专职教师55名,校外兼职教师33名,校内双聘教师36名。其中专职教师中,兼具学术背景和工业界经验的占70%。学院有正高职称教师24名、副高20名,中级职称11名。学院教师黄嵩获得2019年"北京大学教学优秀奖"。

教学工作。在2019年全国硕士研究生统一考试报名中,第一志愿报考学院人数达3259人(不含推免生),再创历史新高,成为北大所有专业硕士中报考人数最多的院系。学院第一志愿录取率为19.6%。共录取各类考生961名,其中硕士研究生788人,博士生22名,第二学士151名。在学科专业结构调整的基础上,学院对培养方案和课程体系进行较大调整,2019年累计开课225门次。

学院的多个教育教学改革项目获得国家发改委、教育部和北京大学的支持。学院和信息科学技术学院微纳电子学系联合承担"国家集成电路产教融合创新平台建设"项目;牵头承担国家级新工科研究与实践项目"示范性软件学院教育改革经验分析与引领未来新工科探索""软件+新工科人才的创新创业能力探索";与华为、微软、寒武纪等企业联合开设新工科实验班课程。截至目前,学院已荣获国家级教学成果一等奖1项,北京市教学成果一等奖2项,北京大学教学成果奖3项。建设教育部特色专业6个,教育部精品课程

10余门、校级精品课程6门、院级精品课程8门；出版各类教材、教学参考书50余册。其中，《操作系统与虚拟化安全》课程入选国家精品在线开放课程和中国高校计算机教育MOOC联盟优秀课程。

工程博士培养。 2019年学院共招录工程博士研究生11人，其中来自美国微软总部的留学生1人。截至目前，已累计招收76名工程博士研究生。共有6位工程博士研究生毕业并获得工程博士学位。其中，王平教授和企业导师通号集团张苑总工程师联合指导的学生刘岭的博士学位论文《基于虚拟耦合的列车群体运行控制及动态调度关键技术研究》被评为"2019年北京大学优秀博士学位论文"。学院充分发挥北京大学综合学科优势，依托国家和企业重大工程项目，建设产教融合创新平台和产学研协同育人平台，联合建设工程博士工作站、工程硕士实习基地、工程管理硕士教学实践基地。目前已在IBM、中芯国际等国内外知名企业建设工程博士研究生工作站37个。

素质教育。 软件与微电子学院坚持探索"学苑式"素质教育方式，不同专业背景的同学组合成立"学苑"，共同组成知识交叉和融合的优良学习环境。2019年，学院围绕"牢记使命跟党走，学思体悟新时代"和"爱国励志新青年，求真力行新时代"两个主题，开展一系列活动，在北京大学学生党团日联合主题教育活动中多次获奖，连续两年获得校党委颁发的"优秀组织奖"。

党建工作。 学院党委深化从严治党，制定"2019年党支部书记述职实施方案"，45个党支部书记向学院党委进行述职。组织党员、党支部进行民主评议，其中，考核成绩优秀的党员231名，党支部12个。完成建院以来全体党员的党组织关系排查。学院2名优秀党务和思想政治工作者，在北京大学"2019年七一表彰大会"上受到表彰。

学院积极开展"不忘初心、牢记使命"主题教育，专门制定实施方案，组建专项工作机构，党委书记、院长担任组长，设立调研组、理论宣传组、综合组等专项工作组，明确责任、有序推进。学院师生在认真读原著、学原文、悟原理基础上，开展每次不少于半天的研讨，组织"不忘初心、牢记使命"主题展览参观等形式的集体学习。同时，班子成员根据分工，聚焦"八个围绕"，开展调查研究，检视问题，切实整改。12月2日，学院召开专题民主生活会，进行总结盘点。

就业情况。 2019年，学院共毕业827人，其中授予博士学位9人（含6名工程博士，3名工学博士），硕士学位714人（其中工程管理硕士100名），第二学士学位104人。全日制毕业生的薪酬进一步提升，年薪30万以上的占比上升至26%。

行政队伍。 学院教辅人员共计41人。行政教辅人员中新入职2人。

（高小迪）

环境科学与工程学院

【发展概况】 **组织结构。** 环境科学与工程学院现有3个教学实体单位：环境科学系、环境工程系、环境管理系。5个科研基地：环境模拟与污染控制国家联合重点实验室，水沙科学教育部重点实验室，新获批建设3个：区域污染控制国际合作联合实验室，国家环境保护河流全物质通量重点实验室，区域大气污染控制北京市国际科技合作基地。1个111引智基地：城市大气化学与健康效应。

学科建设。 学院承担环境科学与工程一级学科建设任务，现有2个本科专业：环境科学、环境工程；5个硕士专业：环境科学、环境工程、大气物理学与大气环境、环境健康、环境管理；4个博士专业：环境科学、环境工程、环境健康、环境管理；1个环境科学与工程博士后流动站。完成学校"双一流"建设中期评估。据ESI（Essential Science Indicators，基本科学指标数据库）统计，北京大学环境/生态学科在国内高校中首个进入1‰。

队伍建设。 学院共有教学科研人员56人，其中事业编制教授18人、副教授13人、讲师1人，新体制教授7人、长聘副教授9人、助理教授及研究员8人，博士后36人。2019年入职40人，包括事业编制1人、博士后21人、劳动合同制18人；退休1人。现有中国科学院院士1人、中国工程院院士2人、海外高层次人才引进计划2人、教育部长江学者4人、国家杰出青年科学基金项目获得者5人、优秀青年科学基金项目获得者4人、海外高层次人才引进计划（青年项目）7人、国家高层次人才特殊支持计划青年拔尖人才2人、教育部跨（新）世纪优秀人才7人。

教学工作。 截至2019年底，学院共有学生442人，其中本科生144人（含留学生6人），硕士生96人，博士生202人。2019年招收本科生39人，硕士生20人，博士生50人；毕业本科生31人（其中2人结业），硕士生30人，博士生25人（其中3人结业）。共开设本科生课程67门，包括专业必修课12门、专业选修课39门、校通选课7门、校公选课5门、暑期课4门；开设研究生课程58门，其中必修课22门、选修课36门。学院主导的环境科学专业列入首批国家级一流本科专业建设点。

学院按照"Double 12"体系梳理本科生核心课程教学大纲，面向一年级学生新开设核心课程《文献检索与论文写作入门》，推进核心课程教材建设。继续完善全程本科生导师制，改善本科生实验条件，优化实习实践体系。再次修订研究生培养方案。申报科研经费研究生专项招生计划试点。

推进国际化人才培养模式，开展交流项目，包括2项暑期交流项目，2名本科生入选"3+1+1"本硕联合培养计划并赴美学习一年，与伦敦政治经济学院签订"环境管理"研究生双学位教育项目合作协议。共有本科生27人次、研究生115人次出国出境交流。

举办第六届"全国优秀大学生夏令营"和第七届"生态文明与环境管理"暑期学校。

唐孝炎主持的《环境问题》通过学校评审，推荐参评2019年国家级一流本科课程；唐孝炎主持的《环境问题》、胡敏主持的《环境监测实验》获北京大学2019年第一批数字化教材建设立项及配套纸质教材建设立项。王奇主持的本科教改项目《环境学科本科人才培养模式探索》获评北京大学优秀项目。宋宇获北京大学教学优秀奖。陈龙的本科毕业论文（指导教师刘文）获评北京市优秀毕业论文。

科研工作。 学院在研项目140余项，到校科研经费1.32亿元。发表SCI论文168篇；宋宇和朱彤团队在 PNAS 发文阐述关于氨减排在大气污染治理中作用的新认识，研究成果得到国家领导人批示，被基金委地球科学部推荐为2019年重大原创成果；朱彤团队在 Nature Communications 发文分析人居环境对中国人群精神健康水平的影响作用；邱兴华团队在 Circulation 发文揭示空气污染的促氧化和促炎效应。获授权专利12项、软件著作权2项，出版专著3部。

赵华章和孙卫玲获国家杰出青年科学基金项目资助；刘思彤获优秀青年科学基金资助及获评"长江计划"青年学者；陆克定获北京市杰出青年科学基金资助；刘文入选北京市科技新星计划。

牵头完成的"大气复合污染条件下新粒子生成与二次气溶胶增长机制"和"村镇饮用水水源地安全预警与水质提升关键技术及应用"项目分别获国家自然科学二等奖和中国产学研合作创新成果一等奖。

交流合作。 主办三场大型国际学术会议：第八届东亚环境与资源经济学会、"第二届河流全物质通量"国际学术研讨会及北京论坛（2019）"环境健康"分论坛。

依托学院申请"111"引智基地（城市大气化学与健康效应）获批立项；学院与加州大学圣地亚哥分校签署合作协议。朱彤当选美国地球物理联合会会士及大气化学与全球污染国际委员会副主席。

党建工作。 现有教职工党员85人，其中教职工44人，退休教师17人，博士后20人，劳动合同制4人，设教工党支部4个，退休党支部1个。在校学生党员193人（本科生18人，硕士生46人，博士生129人），设学生党支部10个。发展党员25人（本科生10人，硕士生6人，博士生9人），17名预备党员转为正式党员（本科生7人，硕士生7人，博士生3人）。在军训和国庆70周年重大活动中，41名学生提交入党申请书。10个党支部完成换届。为提升党支部的战斗堡垒作用，将教工一支部拆分为教工一支部和四支部；落实党委委员对接支部制度；通过座谈会及党支书述职等，研讨党支部建设。学院获评北京大学党务和思想政治工作先进集体。

发布《学院思想政治与师德师风工作小组实施办法（试行）》，编制学院教师行为规范补充建议，完成师风师德考评39人次。

学院制定"不忘初心、牢记使命"主题教育整改任务清单13条并积极落实，完善管理机制8项。积极配合北京大学党委第三巡察组完成对学院为期2周的现场巡察。

党建活动与招生宣传深度融合，师生党支部赴五省市11所中学开展共绘美丽中国系列活动；新建官方微信公众号"北大环院"并出台管理办法。传承创新特色项目，与燕园街道党工委连续9年开展共建活动，连续第10年推动河北雾灵山留守儿童帮扶系列活动。

学院组织退休教师体检，每两月召开座谈交流会，组织集体生日会、春秋游、春节期间看望慰问，邀请参加学院年终总结会。

行政队伍。 行政教辅人员12人，其中事业编制5人，合同制人员7人。2019年新入职合同制5人，减离3人。

工会工作。 工会会员共计121人，其中事业编制100人，劳动合同制21人。开展领导班子民主测评。陈琦、李歆、刘颖君获北京大学青年教师教学基本功比赛奖项，学院获优秀组织奖。举办集体生日交流会、3D馆亲子体验、首届摄影大赛，发放福利慰问。组织赴世园会、天河谷春秋游。积极组织教职工参加运动会、团体操、广播体操等各类文体竞赛及院教工舞蹈队演出。学院工会获颁2017、2018年北京大学模范工会。

学生工作。 新修订《学院学生素质综合测评办法实施细则（试行）》。完善奖助体系，设立学生发展奖学金及院级助学金。完善党建育人体系，选拔"党员领跑员"。打造"红绿蓝"就业生态系统。举办院长书记茶座。开展纪念五四运动100周年相关活动，推出专题院刊《环境经纬》。组织48人参加国庆重大活动，师生40人获庆祝国庆重大活动特殊贡献奖。"共建共享发展，共绘美丽燕园"志愿服务项目获评共青团系统优秀青年工作项目。选定四个思政实践课教育基地，长泰县基地已签约挂牌。2018级硕士班获得北京市十佳班集体。2016级博士生党支部、本科生联合党支部获2019年北京高校红色"1+1"三等奖。周昊、毋泽鹏获评北京大学十佳学生党支书。

安全工作。 成立安全委员会（含3名学生委员），选任7名实验室安全督察主任，每月检查实验室安全；提供定制化实验室安全服务；梳理完善《学院实验室安全管理制度》，制定《实验室安全责任书》与实验室负责人签订，执行《学生安全扣加分规定》。建立实验室安全"党员示范岗"。开设环境实验室安全课，全覆盖98名新生。举行消防演习，近200人参加。完善实验室摄像监控系统和管理办法，新增摄像头209个。学院获评北京大学安全管理标准化建设先进单位。

校友工作。 院友会公众号推送22期，阅读量较上年增长130%。开展"共赴十年之约""三十年/四十年后再聚首""春澜禧游"和"暖冬禧游"校庆主题活动。开设北大环境人讲堂、"聚焦两会，改善环境民生"专题讲座，举办第四届中日学术技术交流会。

毕业生去向。 本科生34人毕业，4人就业，8人出国留学，17人在国内深造。研究生83人毕业，46人就业，3人出国留学，5人在国内深造。

（李天宏、刘卉、占子玉、江颍、王荣婧、康雅凝、吕丽、李丽）

【**胡敏研究团队获国家自然科学奖二等奖**】"大气复合污染条件下新粒子生成和二次气溶胶增长机制"是大气环境化学领域最具挑战的科学难题之一。胡敏教授的研究团队在中国率先开展新粒子生成研究，二十余年来一直引领着中国新粒子生成与二次转化机制的探索研究，取得创新性成果：以"大气成核-初始增长-持续增长-区域PM2.5污染和霾"为主线，揭示大气复合污染条件下独特的新粒子生成和增长机制，阐明和量化污染演变过程中二次转化途径及其贡献，提出污染地区大气核化致霾的新机制，开辟污染地区大气化学研究的新方向，丰富大气环境化学理论，为PM2.5污染防控提供有力的科学支撑。研究成果获2019年国家自然科学奖二等奖。

（胡敏、吴志军、康雅凝）

【**拓展省部级基地平台**】 2019年，环境科学与工程学院共获批建设四个省部级科研基地或平台：

"区域污染控制国际合作联合实验室"：由北京大学和德国于利希研究中心共同组建，旨在建成具有国际水准的跨学科支撑平台和人才基地。实验室围绕提升区域生态环境质量的国家重大需求，瞄准区域复合污染成因与效应的国际学科前沿，实现区域环境污染相关气、水、土、健康、管理等学科的交叉融合。

"国家环境保护河流全物质通量重点实验室"：依托北京大学及北京市环境保护监测中心联合建设，是北京大学首个获批建设的生态环境部重点实验室。实验室以"河流全物质通量"研究为特色，培育形成以倪晋仁院士为学术带头人、以水污染控制与流域综合治理重点学科方向为核心、以水沙和环境学科交叉为特色的研究队伍。

"区域大气污染控制北京市国际科技合作基地"：基地在前期与德国于利希研究中心等建立的长期和稳固的国际合作的基础上，继续深化并推动双方在区域污染成因与控制领域的全面、深度合作，实现科研资源有效整合，形成国际"区域大气污染研究"集群。

"城市大气化学与健康效应"111引智基地：基地由1名学术大师、14名海外骨干和12名国内骨干组成，均是城市大气化学和健康效应方向的国际顶级研究者，涵盖目前活跃于该领域前沿方向的主要研究团队。基地遵照"强强联合、以我为主"的原则，旨在促成中-美-欧顶级大气化学科学家强强合作的全球超一流研究团队，建成全球大气化学示范研究平台。

（刘永、康雅凝）

【**2018级硕士生班荣获北京高校"十佳示范班集体"称号**】12月20日，在北京高校学生工作学会主办的"我的班级我的家"优秀班集体创建评选活动中，学院2018级硕士生班从全市52所高校推荐的200多个班集体中脱颖而出，获得北京市"我的班级我的家""十佳示范班集体"荣誉称号。

2018级硕士生班围绕"文化育人、全面发展"提升班级凝聚力，"以点带面，层叠共融"形成班级交流网络，共筑班级文化。在学院党委和团委的指导与支持下，实现党团班三级联动，坚持以党建带团建、以团建促班建。班级成员以第一作者身份发表论文共18篇，申请专利3项；有14位同学赴京外开展外场试验、监测采样等工作，足迹遍布祖国32个地区；多次在国际学术会议上展示北大人的风采。同时，班级同学还积极关注社会发展，通过返乡实践、环境调研、航海实践、扶贫考察等多种社会实践形式，宣传环保理念，服务祖国生态文明建设。在国庆70周年重大活动中，班级有9人参加游行方阵和志愿服务，用蓬勃青春奏响勇担复兴重任的北大强音。

（刘卉、吕丽）

软件工程国家工程研究中心

【**发展概况**】 组织结构。软件工程国家工程研究中心（简称"中心"，下同）下设三个实验室：软件安全与知识计算实验室、大数据技术实验室、智能计算与感知实验室；中心设有学术委员会：由杨芙清院士任主席，张世琨、周辉、谢冰任委员；中心行政班子：主任张世琨，副主任王亚沙、孙基男；中心聘任委员会：主席张世琨，委员苗莉、王平、吴中海、王亚沙、孙基男。

学科建设。中心是北京大学软件工程一级学科的承建单位之一，2019年度校部对中心综合管理绩效评估为A+。中心作为软件工程"双一流"学科建设承担单位，积极推动教育教学改革，面向软件工程、大数据、网络空间安全、信息物理系统等学科发展的新兴方向；开展MOOC、案例分析、专题研讨等多种形式的教学模式创新探索；开设《物联网和大数据计算》《大数据分析技术与实践》等紧密跟踪信息技术最新发展的专业课；参与建设电子信息工程博士教育中心等。

队伍建设。引进青年专职科研人才2人、博士后3人，拟引进海外杰出人才入选者1人。

教学工作。中心教师共指导学生229人，其中硕士研究生167人，博士研究生47人。指导学生获得ACM China优秀博士论文（1人）、北京大学优秀博士后（1人）、北京大学优秀博士学位论文（1人）、国家高层次人才特殊支持计划科技创新领军人才（1人）、中青年科技创新领军人才（1人）、2019腾讯犀牛鸟精英人才培养计划（1人）。2019年师生参与竞赛获阿里第一届软件供应链安全大赛全国冠军（参赛队伍含清华、北航、北邮、360、港科大、中科院信工所等多支软件分析领域知名团队），获阿里天池人工智能辅助构建知识图谱大赛全国第二名（参赛队伍1629支）。

科研工作。到校科研经费共计3529.36万元（横向科研经费1607.86万元，国防军工科研经费1591万元，民口纵向科研经费330.5万元），人均到校经费185万元。其中，主持国家重点研发计划项目1项、课题4项，参与课题9项；主持工信部网络安全重大专项1项；国家自然科学基金重点项目参与1项，主持面上项目2项，主持青年基金2项，主持北京市自然科学基金面上项目1项；主持军委科技委创新特区项目1项、参与1项。承建联合实验室类型产学研合作平台共8家，其中2019年新增2家。2019年度，中心教师发表学术论文共73篇，其中CCF A类11篇，CCF B类10篇。2019年获得发明专利授权9项、实审2项，登记软件著作权6项，申请发明专利18项。

2019年，中心在软件安全与知识计算、大数据技术、智能计算与感知等研究领域基础上，拓展区块链技术研究方向，积极开展学科交叉融合，具体包括：软件安全与知识计算领域：深入研发智能源代码自动漏洞扫描工具，获批工信部网络安全重大专项，打破国外工具在软件检测分析领域的垄断，应用于航空航天、船舶、核电等多个领域；大规模多模态知识抽取、融合、推理与应用方面的相关研究发表在人工智能和软件工程领域的多个顶级学术会议，成果应用于最高人民法院、互联网开源情报等多个系统。

大数据技术领域：深化云-端融合的资源反射机制与互操作等技术研究，获批国家重点研发计划项目支持，支撑应用单位神州数码获批长春新区"数字新区"项目、智慧唐山建设项目等；围绕医保领域的智能审核和医保反欺诈需求，以海量医保审核数据和医保知识库为基础，研发医保反欺诈模型和病案分析算法；研发"数博"法治知识图谱平台、大数据分析平台及智能辅助工具，在司法部、北京市司法局、深圳市司法局、贵州省司法局等单位得到实际应用。

智能计算与感知领域：口令安全技术研究在软件安全领域顶级会议2019 USENIX Security Symposium上发表2篇长文；大规模分布式系统自动化诊断技术成功应用于IBM Cloud、中兴大数据等商业云系统；面向社交媒体的位置感知与多模态数据融合分析技术，在艾滋病防控和国家安全领域获得应用；面向智慧城市的群智感知技术在国际顶级刊物和学术会议连续发表论文，与神州数码等公司合作应用到国内十余个城市。

区块链领域：解决国产密码算法替代、基础架构、安全与隐私等关键技术难题，在国产密码算法替代、智能合约安全分析、侧链和跨链架构等方面取得标志性成果，承担国家重点研发计划区块链领域的预研课题，成功应用于百度超级链、华为云区块链服务、超级账本等。

党建工作。现有党员8位，其中7位教师、1位合同制职员。2019年组织学习习近平新时代中国特色社会主义思想，贯彻习近平讲话精神、落实学校党委会议精神和部署安排，开展"不忘初心、牢记使命"主题教育活动、学习贯彻党的十九届四中全会精神、新中国成立70周年相关活动、邀请中央党校专家讲高质量高水平党课等丰富的党支部组织生活。还通过召开座谈会、个别谈话等形式开展调查研究，深入教学科研、管理服务一线，与师生员工深入交换意见，将调查研究的相关情况体现在党员领导干部个人的检视材料中，并联系实际工作检视自身差距，专门召开领导班子对照党章找差距专题会议，就下一步整改落实拟定工作方向。落实校内政治巡察整改，全面加强党的建设。

队伍建设。2019年度引进青年专职科研人才2人、博士后3人。

（孙基男、蓝枝芳）

高能效计算与应用中心

【发展概况】 组织结构。北京大学高能效计算与应用中心成立于2010年底，是北京大学在"985工程"中建设的开展国际先进水平高能效计算与应用研究的科研机构。该中心既是北京大学计算机系统结构学科的重要组成部分，又是一个交叉研究机构。中心为北京大学信息科学技术学院下辖的一个实体单位，实行主任负责制。中心下设学术委员会，主要职责为讨论、决定中心教科研人员聘任。委员会成员名单（按姓氏首字母排列）：丛京生、黄骏、梁云、罗国杰、吕松武、孙广宇、王韬、谢源、许辰人。

队伍建设。根据学校分配给中心15名教职人员的规划在与国内外其他一流科研机构、大学及各大计算机专业相关企业激烈竞争的情况下，中心以平均每年一人的速度完成人才引进工作。截至2019年底高能效计算与应用中心共有教学科研人员8人，行政辅助3人。中心另聘请2名国际著名专家任中心荣誉客座教授、2名国际一流大学教授任中心兼职教授，主要参与中心新体制教科研人员聘任工作、中心青年教师年度工作考核以及负责指导青年教师及研究生科研、教学等工作。

中心配备3名合同制人员，负责中心行政类工作，包括科研、日常管理等方面，共同完成中心的科研管理工作，解答教师相关科研问题，各项科研基金申请、中期检查、结题通知、形式审核与上报，科研合作合同形式审查，专利申报、科研奖励申报等工作，完成中心一般公文草拟、传递等工作，学生管理工作，中心设备及日常办公用品的采购工作等。

科研工作。中心已取得高能效计算与应用领域研究的若干初步成果，2019年中心教师新立项目共14项，其中国家自然科学基金项目1项，北京市自然科学基金项目1项，国防基础科研计划1项，装备预研重点实验室基金项目1项，国防科技创新特区项目1项。此外，中心与阿里巴巴、华为等企业的合作项目总金额1000余万元。

教学情况。2019年中心共有78名学生，其中博士生24名，硕士生13名，本科生41名。2019年中心毕业博士生2名，硕士生3名，本科生23名，其中多数赴美国或留在中心继续深造。中心1名本科毕业生获得信息科学技术学院本科生"十佳"毕业论文荣誉称号。中心教师在信息科学技术学院开设课程共12门，其中3门为英文授课。

【获最佳论文奖】 由丛京生教授，张宸博士（CECA校友、现微软亚洲研究院研究员），孙广宇副教授以及合作者Zhenman Fang教授、Peipei Zhou、Peichen Pan博士于2018年10月发表在IEEE计算机辅助设计期刊（IEEE TCAD）题为"Caffeine: Towards Uniformed Representation and Acceleration for Deep Convolutional Neural Networks"的论文，获得IEEE设计自动化委员会（CEDA）颁发的2019年Donald O. Pederson最佳论文奖。

10月，王韬课题组硕士生王笑予（本文第一作者）的论文"A Real-time Device-free Head Motion Recognition Framework for Family Care Robots"获得了ICAA'19最佳论文奖（Best Paper Award）。

【丛京生教授当选中国工程院2019年外籍院士】 2019年，中国工程院开展了第14次院士增选和第13次外籍院士增选，共选举产生75位院士和29位外籍院士。丛京生教授入选中国工程院2019年外籍院士。

丛京生教授目前任美国加州大学洛杉矶校区（UCLA）杰出校长讲席教授、领域定制计算中心（CDSC）主任和超大规模集成电路架构综合技术实验室（VAST）主任。2000年获选美国电气和电子工程师协会会士，2008年获选美国计算机协会会士，2017年入选美国国家工程院院士。

（罗国杰）

前沿计算研究中心

【发展概况】 组织结构。前沿计算研究中心（CFCS, the Center on Frontiers of Computing Studies）于2017年12月成立，立足前沿计算理论与方法研究，依托北京大学丰富的学科基础，推动计算与经济、社会科学、生命科学、医疗健康等多个领域的交叉融合，面向多领域提供前沿计算方法与应用支撑，面向多学科建立前沿计算交叉学科。中心为学校新体制实体科研机构，运行挂靠信息科学技术学院。中心实行主任负责制，主任约翰·霍普克罗夫特（John Hopcroft）、高文，副主任陈宝权、王亦洲。中心下设招聘委员会，2019年招聘委员会调整，新一届名单为：约翰·霍普克罗夫特、高文、陈宝权、王亦洲、邓小铁、黄铁军、孔雨晴。

队伍建设。2019年中心共有全职教学科研人员5人，其中讲席教授1人、新体制教授2人、助理教授2人，另外兼职讲席教授2人（外籍），联合聘任3人，在站博士后3人，劳动合同制3人。中心现有院士3人（含联合聘任1人、兼职聘任2人）、长江特聘教授2人（含联合聘任1人）、海外高层次人才引进计划1人、国家杰出青年科学基金项目获得者3人（含联合聘任2人）、国家高层次人才特殊支持计划科技创新领军人才1人。

交流合作。邀请国内外专家学者访问交流共50人次。组织专场学术报告共计47次，其中，杰出讲座系列5次，讲者包括图灵奖获得者约翰·霍普克洛夫特院士、杰弗里·希尔顿（Geoffrey Hinton）院士、希尔维奥·米卡利（Silvio Micali）院士、约书亚·本吉奥（Joshua Benjio）教授，以及"奥斯卡"技术奖获得者德米特里·特佐普洛斯（Demetri Terzopoulos）教授等，单次报告线上线下参与人数1000余人；主办两届"北京大学前沿计算研究中心青年论坛"，来自世界各地近20位青年科学家参会报告。

科研工作。主持科研项目8项，包括科技部重点研发计划项目1项，国家自然科学基金项目3项，企业合作项目4项，总金额2594万元，到款金额691.7万元。发表论文19篇，包括计算理论（SODA）、计算机视觉与图形学（SIGGRAPH、ACM TOG、CVPR、TPAMI）等领域顶级会议与期刊；其中，孔雨晴单一作者论文《只需少量问题的多问题同伴预测》（Dominantly Truthful Multi-task Peer Prediction with a Constant Number of Tasks）被算法领域国际顶级会议离散算法国际研讨会（ACM-SIAM Symposium on Discrete Algorithms, SODA）接收。1人当选电气电子工程师学会会士（IEEE Fellow），累计5人当选（含联合聘任1人、兼职聘任2人）。

学生工作。中心参与"图灵班"学生科研训练等相关工作。2019年，组织新一届图灵班科研导师团队，共有来自信息科学技术学院、数学科学学院、王选计算机研究所、北京大数据研究院等单位的60名教师参与，指导图灵班学生科研工作；组织两届前沿计算研究中心与图灵班学生成果展示，以学术教程、亮点介绍、海报展览、圆桌讨论等形式，提供

学术交流平台，展示学生科研轮转、暑期科研实习的成果。

（陈宝权、杨馥利）

【图灵人才培养计划立项】 2019年6月12日，麻省理工学院Ford讲席教授、2012年图灵奖（A. M. Turing Award）获得者希尔维奥·米卡利（Silvio Micali）教授聘任仪式在前沿计算研究中心举行，校长郝平为米卡利教授颁发北京大学访问讲席教授聘书。同时，"图灵人才培养计划"宣布正式立项。该计划以图灵奖获得者约翰·霍普克罗夫特教授创建的面向本科培养的"图灵班"为基础，增加研究生培养环节，将汇聚全球顶级导师资源，面向前沿交叉领域，着眼科技与社会发展的长远影响，培养计算机科学及相关交叉学科具有国际视野和一流水平的青年学者，全面提升北京大学信息和人工智能学科的教育与人才培养水平，为国家新时代科技和教育发展输送引领未来的卓越人才。

（陈宝权、邓小铁、杨馥利）

【"科技冬奥"重点专项项目启动】 12月23日，由北京大学牵头承担的国家重点研发计划"科技冬奥"重点专项"冰雪项目交互式多维度观赛体验技术与系统"项目启动暨实施方案论证会在前沿计算研究中心举行。该项目由中心执行主任陈宝权主持，北京大学、清华大学、北京航空航天大学、鹏城实验室、北京大学深圳研究生院、阿里巴巴集团、创维集团有限公司、中国联通研究院和北京歌华有线电视网络股份有限公司等单位参与，中央广播电视总台、英特尔中国有限公司、河北广电信息网络集团、北京电影学院等单位协作。该项目面向2022年北京冬奥会和冬残奥会科技保障重大需求，针对冰雪运动的特点，围绕VR/360节目拍摄、内容生成、8K视频流高效编解码、自适应传输和交互式VR呈现等关键技术开展研究，开发交互式多维度观赛体验系统，并在有线电视网、电信网、5G网和互联网等平台实现示范应用，旨在践行"科体协同"工作机制，聚焦并解决智慧观赛关键技术等重点方向的关键科技瓶颈问题。

（陈宝权、杨馥利）

北京天然气水合物国际研究中心

【发展概况】 北京天然气水合物国际研究中心（简称"水合物中心"，下同）于2018年5月由学校批复，为北京大学校属学术实体机构，同时作为北京大学与中国地质调查局的合作执行机构。水合物中心是由自然资源部中国地质调查局和北京大学共同建设的跨领域、交叉融合的天然气水合物基础科学和工程科学研究中心，主要从事天然气水合物基础物性、监测技术、开发大数据通信与管理技术、井内系统稳定性评价以及开发经济社会效益评价研究工作。

队伍建设。2019年，水合物中心共有院士1人，讲席教授1人，副教授1人，副研究员1人，助理研究员3人，在站博士后7人，合同制行政人员3人，其中，博士后王代刚和何向阁获得北京大学"博士后创新人才支持计划"支持，詹林森获得博士后国际交流引进计划支持。另外，水合物中心通过地空学院拟引进教研系列人员1名，已通过北京大学申请第15批国家海外高层次人才引进计划青年项目。

2019年，中国地质调查局-中国地质科学院（简称"地科院"）设立水合物分中心并提供使用面积为600平方米的科研空间，截至2019年底，原位监测实验室、微生物实验室和超净实验室已经建设完成并投入使用。地科院分中心已由地科院安排地球深部探测中心研究人员张毅博士等负责实验室建设和科研工作开展。

教学工作。水合物中心尚没有获批研究生招生名额，目前联合北京大学相关院系对博士研究生进行联合培养，2019年毕业博士生2人，硕士研究生1名，培养在读博士研究生15人，在读硕士生8人。博士研究生饶诗杭获北京大学博士研究生校长奖学金，博士研究生李媛媛参加"第二届全国气体同位素技术与地球科学应用研讨会"并获得优秀青年报告奖，硕士研究生管文参加"中国地质学会年会"并获得优秀口头报告奖。

2019年，水合物中心承担本科生课程《固体力学基础》《海洋科学概论》及工学院能源系《认识实习》，研究生课程《天然气水合物》《海洋地质》《岩石物理》。

科研工作。2019年水合物中心在研各类课题项目共计12项：其中中国地质调查局天然气水合物专项1项，国家自然科学基金3项，科技部重点研发计划项目2项等。在研项目科研经费总额约2400万元。水合物中心共发表论文12篇，均为SCI收录，被接收待发表论文6篇，已授权发明专利7项。

水合物中心参与国家第二次海域天然气水合物试采工程各项工作，其中卢海龙教授出任第二次水合物试采工程首席科学家，试采工程监测方案由副教授何涛牵头制定，副研究员张敏带头自主研发的温度压力传感器作为国产设备应用于试采监测井中，水合物中心也将参与试采井中敷设的分布式声传感系统（DAS）数据解释，为该技术的进一步发展进行现场试验，另外水合物中心为试采工程实施方案制定开展天然气水合物基础物性、生产过程数值模拟及制定降压方案等。

交流合作。国内合作方面。中心教授卢海龙提出依托北京大学深圳研究生院（简称"深研院"，下同）建设"深圳海洋资源研究院"（简称"深海研"，下同）的建议方案，已被纳入北京大学深圳国际校区规划。深海研将由北京大学、广州海洋地质调查局（简称"广海局"，下同）和中国地质科学院勘探技术研究所共建；水合物中心也将参加广海局牵头的"天然气水合物勘查开发国家工程中心"建设，并将在深圳研究生院建设分中心；就以上合作，北大深研院已经与广海局签署战略合作协议。

国际合作方面。2019年，水合物中心与法国海洋开发研究院（IFREMER）、土耳其伊斯坦布尔科技大学（Istanbul Technical University）等科研机构就土耳其马尔马拉海和黑海海洋合作研究多次开展讨论、沟通，目前正在准备合作谅解备忘录。水合物中心邀请知名学者举办天然气水合物系列讲座2次，主讲人包括日本东京大学副教授梁云峰及美国路易斯安那州立大学助理教授彭永波等。卢海龙教授受邀在法国气体水合物年会进行特邀报告，并作为评审专家参加法国海洋开发研究院（IFREMER）教授资格评审。截至2019年底，水合物中心师生共有21人次出国参加学术会议及学术交流，会议举办国家包括法国、美国、土耳其、日本及西班牙等。

社会服务。卢海龙教授多次担任评审委员：教育部长江学者评审委员，中国首艘深海钻探船设计方案评审委员，中石油天然气水合物研究中心的设计方案评审委员和广东省科技厅基础研究项目评审委员等。博士后王代刚受邀作为国家自然科学青年基金项目评议人，并获选EI收录期刊《天然气工业》第一届青年编委。

另外，卢海龙教授承担"北京青少年科技后备人才计划"和"北京青少年科技后备人才计划拔尖培养计划"任务，吸引优秀中学生进实验室开展科研3项。

（赵晓明、古利娟）

人文学部

【发展概况】 组织结构。人文学部由8个实体院系组成：中国语言文学系、历史学系、考古文博学院、哲学系（宗教学系）、外国语学院、艺术学院、对外汉语教育学院、歌剧研究院，包括8个一级学科：哲学、中国语言文学、外国语言文学、考古学、中国史、世界史、艺术学理论以及科技史。

2019年，人文学部学术委员会委员进行了调整，主任申丹，副主任阎步克、张旭东、李四龙，委员（以姓氏笔画为序）丁宏为、王一川、王一丹、王中江、付志明、孙华、刘元满、李道新、陈建立、荣新江、秦海鹰、袁毓林、曹文轩、彭小瑜、韩水法、褚敏、漆永祥。人文学部部务委员会进行了调整，主任申丹，副主任李四龙、王奇生、廖可斌，委员陈晓明、张帆、孙庆伟（2019年11月19日学校任命雷兴山为考古文博学院院长）、仰海峰、宁琦、彭锋、赵杨、金曼。人文学部教学委员会也进行了调整，主任李四龙，委员（以姓氏笔画为序）王丹、付志明、刘晨、李洋、李海燕、何晋、沈睿文、宋亚云、张辉、张剑葳、孟庆楠、黄春高、蒋一民、程乐松。人文学部办公室主任魏巍，职员石际。

学科建设。2019年QS世界人文学科排名中，北京大学人文学部进入世界前100名的有：现代语言学排名第10，语言学排名第17，历史学排名第22，考古学排名第30，哲学排名第51，英语语言文学排名第66，艺术设计排名第73。

"双一流"建设及中期评估工作。2019年是学科建设中期评估年，在学校统一安排指导下，人文学部召开3次学科建设研讨会：3月4日，组织召开一级学科建设研讨会，各一级负责人分析汇报学科建设问题，研讨一级学科建设相关问题；3月11日，组建学科调研小组，由副主任廖可斌担任组长，杨立华任副组长，李净、张辉、魏巍等为组员，协同调研人文学科各院系学科建设情况并撰写学科调研报告；6月28日，召开主任会议，专项研讨落实中期自评工作。7月10日，学部组织召开专家评审会议，审议2016年1月1日至2019年6月30日期间的"双一流"建设成效。

职称评审工作。2019年11月15日，人文学部在勺园5乙楼303会议室召开学部学术委员会会议，听取申请教学系列职称晋升候选人的述职报告、各单位介绍及院长（系主任）独立意见，讨论后投票表决。学部所属各单位共推荐教学系列教授候选人1人、教学系列副教授1人，另代评软件与微电子学院教学副教授候选人1人，经审议全部通过。会议审议了2019年度晋升国家通用岗位三级教授16人、二级教授11人的候选人材料，经审议全部通过。此外，会议审阅了获得离退休教职工科学研究奖励一等奖的19位教师的科研成果，经无记名投票，推选其中的陆俭明、马克垚、楼宇烈、胡壮麟、洪子诚、李伯谦等6位教师参与学校特等奖奖项评审。

评奖评优工作。2019年3月14日，人文学部召开学术委员会会议，会议听取各院系对教育部第8届哲学社会科学优秀成果奖的申报成果介绍。以各院系的评审排序为基础，有79位教师通过第一轮评审，无需学部再次投票表决。全票通过社科部动员参评的3位教授成果。各院系推荐的其他成果，经学部无记名投票，推荐韩茂莉、张希清、孙建军、王幼平、程炜、黄燎宇、彭锋、王中江、董秀芳、徐怡涛、贺桂梅、刘淳等12位教师的成果申报教育部第八届哲学社会科学优秀成果；推荐王浩、高彦梅、祝帅的成果参与学校的第二轮评选。

2019年4月18日，人文学部召开教学委员会，评选北京大学教学奖励候选人，会议依据票决结果，决定推荐中文系陈保亚作为学校"教学成就奖"候选人，推荐考古学院徐怡涛、哲学系吴飞作为学校"教学卓越奖"候选人。经学校评审，考古学院徐怡涛获评北京大学教学卓越奖。

2019年9月21日，人文学部协助人事部组织召开大成国学奖教金评审会，评选出中国语言文学系陆胤、潘建国、陈晓兰、顾歆艺、刘玉才、漆永祥、王岚、王丽萍、许红霞、杨海峥，历史学系陈侃理、党宝海、韩策、韩巍、何晋、李新峰、叶炜、赵冬梅，哲学系陈少峰、王鑫、杨浩、赵悠、郑开、周学农，考古文博学院沈睿文、张剑葳共26名教师，获2019年度大成国学奖教金。

2019年11月13日下午，在理科5号楼429会议室举行人文学部教学科研单位发展状况绩效评估年末考核会，来自职能部门、各院系学者共计19位专家组成评审委员会。会议认真审阅了各院系提交的年度总结报告，听取了各院系的汇报，进行无记名投票表决。委员会一致通过推选考古文博学院、哲学系为A。

建设跨学科联合培养项目和跨院系"联合课程"。人文学部致力于本科教学改革，建设了跨学科联合培养项目和跨院系"联合课程"。跨学科项目课程体系日渐完备，在原有中国古典学、西方古典学基础上，2019年新增设亚非古典学方向，有效推动交叉学科人才培养。

博士研究生海外高水平大学访学资助计划。人文学部于2017年11月向社会募集到300万元捐赠，设立了"博士研究生海外高水平大学访学资助计划"。截至2019年12月，已有12名学生获得资助，前往哈佛大学、牛津大学等海外高水平大学深造，并有5名第一批深造学生回国。

学术交流。人文学部以院系为依托，采取院系和学部协同主办的模式，组织"北大人文讲座""北大人文论坛"和"北大人文高端工作坊"。截至2019年底，人文学部联合院系共举办北大人文讲座330讲，北大人文论坛72场，内容覆盖了语言学、区域与国别研究、古典学、欧美文学、艺术学、历史学等领域，促进了学部内院系之间的交流与协作，有助于增强学部的凝聚力和影响力，营造良好的学术交流氛围。

综合行政事务。2019年，人文学部共召开学术委员会会议及通讯评审3次，部务委员会及学科建设专项会议6次，教学委员会会议4次，教学专题会议5次。完成《人文学部手册》和《人文学部新生手册》的更新和发放，有效运营人文学部网站（fh.pku.edu.cn），建立了人文学部微信公众号，进一步增强了学部各院系领导和教职员工的沟通和联络工作。

【建设"北京大学人文学科文库"】 人文学部推进"北京大学人文学科文库"的建设，截至2019年底，文库共立项17套丛书（原有1套丛书拆分加入其他丛书），现已有282本专著立项。截至2019年年底，北京大学人文学科文库共有23部专著问世。

【建设3个跨学科平台】 2019年，人文学部进一步推动"古典学研究""现当代中国研究"和"现当代外国研究"3个跨学科平台建设工作。组织跨院系、学科的老中青教师围绕一些当前国内外人文学界关注的核心和重要话题设计项目，3个研究平台共推动建设了15个跨学科项目，开辟新的研究领域，创新研究思路和研究方法。11月23日至24日，由人文学部主办、哲学系（宗教学系）承办的第3届北京大学古典学国际学术研讨会——"古代世界中的文本、思想与自我"在北京大学成功举办。

【北大人文学者代表性论文库正式上线】 为进一步扩大人文学科教师的影响力，增进教师之间的相互了解和交流合作，并激励学者们发表高质量论文，人文学部于2018年5月启动"北大人文学者代表性论文库"项目，并在人文学部主页（fh.pku.edu.cn）上增设"代表性论文库"板块，这一板块收录人文学科目前在职的所有教师的代表性论文，每人不超过5篇（可以不断更新）。2019年3月8日代表性论文库正式上线，截至2019年底已完成250余位学者、1200余篇论文的上线工作。

（魏 巍）

中国语言文学系

【发展概况】 组织结构。中国语言文学系（以下简称中文系）下设9个教研室、1个研究所、1个语言学实验室，2个教育部人文社会科学重点研究基地：中国古文献研究中心和中国语言学研究中心。教育部全国高等院校古籍整理工作委员会秘书处挂靠中文系。中国语言文学系设有国学研究院、国际汉学家研修基地、中国诗歌研究院、语文教育研究所等11个虚体研究机构。

学科建设。中文系目前有全国最完整的中国语言文学学科建制，共有5个本科专业方向，8个硕士/博士二级学科学位授予点，1个硕士专业学位类别领域，1个博士后流动站。2019年"QS世界大学学科排名"中，"现代语言"专业列第10位，"语言学"专业列第17位。中文系也是国内唯一细分并具有中国文学、汉语言、古典文献学、应用语言学（中文信息处理）、汉语言文学（留学生）5个中文本科专业的院系。2019年，中文系推进学科交叉融合，整合成立了"中国古典学""现代思想与文学""语言与人类复杂系统"3大研究平台。

队伍建设。2019年，中文系共有教学科研人员95人，其中博雅讲席和光华人文讲席教授2人，新体制教授11人（其中博雅特聘教授9人），新体制副教授11人，预聘副教授3人，助理教授4人，老体制正教授和研究员42人，老体制副教授和副研究员22人。博士后17人。行政教辅人员共计14人，其中事业编制9人，合同制人员5人。中文系现有5位教育部长江学者特聘教授及4位青年长江学者，国家"新世纪百千万人才工程"1人，国家"万人计划"青年拔尖人才2人，另有10余人入选教育部"新世纪优秀人才"等各项人才计划。2019年，完成4名中青年学术骨干的引进工作。乐黛云获汪德迈中国研究奖，陈保亚获评北京市高校教学名师。

教学工作。截至2019年底，中文系现有在校全日制学生1171人，本科生596人，其中留学生148人；硕士生264人；博士生311人。另有中文双学位本科生79人。开设本科课程170门，其中必修课40门，新开14门选修课。本科教育按照文学、语言、古典文献、应用语言学、汉语言文学（留学生）5个本科专业实施教学。中文系承担全校公共必修课"大学国文"，承担通识教育课程、大类平台课程等19门，在全校通选课程中大约占据30%的课程量；成功申报2门核心通识课。承担学校6项教学改革项目。开设研究生课程125门，其中必修课53门。修订或新制研究生培养环节中的《博士研究生创新成果综合评价细则》及《博士研究生综合考试办法》等制度4项。建设慕课10门。2019年，中文系汉语言文学专业成功申报首批"双万计划"国家级一流本科专业。同时成功申报首批教育部基础学科拔尖人才培养基地，制定"未名学者"拔尖人才培养计划，设置2个培养方向。与香港中文大学招收本科联合培养双学位学生8人。2019年，中文系联合外国语学院、对外汉语教育学院、新闻与传播学院申报国家语言文字推广基地并获得批准。

科研工作。2019年，中文系教师全年发表学术论文357篇，出版学术专著、教材等41部，国家社会科学基金项目和教育部人文社科项目立项9项，其他纵向、横向项目立项10余项。举办国内国际重要学术会议、子民学术讲座、名家学术讲座、海外学者讲座等高端学术活动82场次，团队课题合作工作坊30个。陈保亚获评第15届北京市哲学社会科学优秀成果奖一等奖，傅刚、刘玉才、王福堂等获评第15届北京市哲学社会科学优秀成果奖二等奖。陈平原获评第14届文津图书奖，郭锐获评第18届王力语言学奖二等奖。计算语言学教育部重点实验室在教育部的5年定期评估中获评优秀，为"交叉领域"唯一获评优秀的实验室。中文系语言学实验室建成分析平台"北京大学语音乐律信号处理平台"。2019年中国语言学研究中心上线了"上古汉语拟音系统"（OCPD）。

党建工作。截至2019年底，中文系有党员318名，其中预备党员43名。2019年，系党委组织全体党员干部深入学习中共中央习近平系列重要讲话，深入持续开展"不忘初心、牢记使命"主题教育，举办了3场主题教育专题讲座会，举办3场纪念中文系多个专业奠基人的研讨会，组织10个学生党支部开展"送学上门"志愿服务，集中组织师生参观新中国70周年成就展、双清别墅党史展等党性和"杨晦先生诞辰120周年纪念展"等系情系史教育展。2019年6月，与首都师范大学文学院党委联合举办"辉煌70年：经验与未来——北京大学中文系与首都师范大学文学院高精尖学科共建项目暨师生党支部主题论坛"。全年发展党员43人，完成14个支部的党员民主评议和支部考核，完成北大党委组织部组织的生活困难党员补助3人，北京大学"七一"表彰获评优秀党务工作者1人。

学生工作。2019年，中文系学生工作围绕"新中国成立70周年"和"五四运动100周年"两大主题。组织100余名中文师生参与国庆重大活动。以"不忘初心、牢记使命"主题教育为主线，引导学生多读"国情"书、"基层"书、"群众"书，邀请陈蒙、宗立冬等一批扎根基层、奉献国家的选调生代表返校座谈，组织师生赴宁夏、广西进行思政实践。在美育方面，邀请苏童、麦家、徐则臣、陈楸帆等著名作家来校讲座。在职业规划指导方面，组织"百年新青年，世事总关情"系列主题参访，带学生走进新华社、人民日报社等主流媒体。在加强网络宣传工作方面，"北大中文人"微信公众号订阅量超过44,000人，毕业致辞《理性地生存，诗意地栖居》等文章获10万+的阅读量。大力支持系内学生社团发展，其中"庆生平"京剧社在"第十四届全国高校京剧演唱会"获特等奖1个、二等奖1个，获最佳组织奖；辩论队获2019年北京大学新生杯辩论赛亚军；中文系支教队5支队伍与北京大学教育科技协会赴四川、安徽、河南、河北等地支教。2019年中文系共计316名学生毕业，其中本科毕业生150人，95名中国大陆学生中55人国内升学，24人出国（境）深造，14人就业；硕士毕业生114人，99名中国大陆学生中19人国内升学，8人出国（境）深造，71人就业；博士毕业生52人，40名中国大陆学生就业。

合作交流。中文系与首都师范大学文学院合作开展北京市"高精尖"学科建设，探索"一个中心，四六协同"的共建模式，即成立1个"首都中文学科高精尖创新中心"，建立4项合作机制，深入推进交叉学科融合、队伍建设、人才联合培养等6项核心任务。2019年，国内高校和科研机构到中文系进修访学学者共90人。

【成立三大学科平台】 经过两年多的探索实践，中国语言文学系于2019年4月举办"面向未来：中文学科建设与学术创新"研讨会，校长郝平出席研讨会并作重要指示，全国双一流高校中文学科负责人和专家学者等200余人与会共商中文学科建制。中文系整合学科专业格局，正式成立"中国古典学""现代思想与文学""语言与人类复杂系统"3个学科平台。其一，"中国古典学"平台聚焦于"三古"经典，组成东亚汉籍与汉文学研究工作坊等7个研究工作坊，同时组织"中日古典学工作坊"、唐诗研修营等学术活动，强化优势互补，打通"三古"筋脉。其二，"现代思想与文化"研究平台围绕多项跨学科学术工作坊、组织编辑"文学与思想译丛"等8项学术工作，成立"理论前沿研究中心""网络文学研究中心"，打破壁垒，拓展研究视野，做强现当代学科主干。其三，"语言与人类复杂系统"研究平台聚焦语言人工智能等"10+1"重点攻关科研领域，与十三五规划教育部5项重大课题齐头并进，积极拓展新的学科增长点。2019年教育部重点实验室5年定期评估中，计算语言学重点实验室在"交叉领域"组获评唯一的优秀评定；2019年6月"中国语音乐律预印本平台"正式揭牌上线；成立"语言与人工智能工作小组"，深化语言与人工智能研究。

【启动与香港中文大学联合培养本科双学位项目】 为响应国家建设"一带一路"倡议，贯彻落实《粤港澳大湾区发展规划纲要》提出的"打造教育和人才高地"战略要求，北京大学与香港中文大学开展更为深入的交流与合作，2019年，中文系正式启动与香港中文大学联合培养本科双学位项目。北京大学与香港中文大学于2019年2月27日举行合作协议签署仪式。北京大学校长郝平、香港中文大学校长段崇智代表双方签署双学位项目合作协议，并续签两校学术交流协议。纳入两校联合培养本科双学位项目的专业有中国语言和文学、语言学2个专业，第一批学生于2019至2020学年入学。项目在学习模式上采取2+2或1+2+1的形式，学生完成4年学习后可同时获得北京大学与香港中文大学颁发的学士学位证书。2019年该项目通过考核评审招生录取8人。

（周　昀）

历史学系

【发展概况】　组织结构。2019年，历史学系设有中国史、世界史2个一级学科博士点/硕士点，招收历史学、世界史2个专业的本科生。历史学系有1个教育部人文社科重点研究基地（中国古代史研究中心），1个博士后流动站，9个教学科研实体，20余个挂靠的研究虚体机构，2个藏书30余万册并有珍本、善本等特藏的专业图书馆。2019年，历史学系学术委员会名单如下：主任荣新江，副主任王奇生、彭小瑜，委员王元周、王立新、辛德勇、张帆、罗新、赵世瑜、徐健、郭润涛、黄春高、董经胜、颜海英、欧阳哲生、彭刚（清华大学）、黄兴涛（中国人民大学）。学位评定分委会名单如下：主席王立新，副主席黄春高，委员王奇生、包茂红、朱玉麒、吴小安、何晋、张帆、尚小明、赵冬梅、徐健、郭润涛、彭小瑜、董经胜、臧运祜、颜海英、欧阳哲生。

队伍建设。截至2019年底，历史学系共有教学科研人员70人，其中老体制教授25人，副教授7人，讲师1人，长聘正教授17人，长聘副教授10人，助理教授9人，教学系列人员1人。另有博士后9人，兼职教授4人，客座教授6人。共有行政教辅人员15人，包括事业编制7人，劳动合同制8人。2019年，历史学系入职5人，包括助理教授3人，长聘副教授2人。调出1人。共有长江特聘教授8人，国家级教学名师3人，"万人计划"3人，"新世纪百千万人才工程"6人，博雅荣休教授1人，博雅讲席教授5人，博雅特聘教授8人。

教学工作。截至2019年底，历史学系共有学生708人，其中本科生342人，硕士研究生140人，博士研究生226人。2019年，招收本科生63人，其中普通入学32人，自主招生21人，香港保送3人，留学生7人。招收研究生86人，其中硕士生44人，博士生42人。2019届本科毕业生61人，含留学生5人。研究生毕业生77人，其中硕士38人，博士39人。

科研工作。2019年，历史学系共出版学术专著44部（含1部译著），发表期刊论文、会议论文、书评等100余篇。新增科研立项10项。2019年，建立科研奖励制度，颁布《北京大学历史学系科研成果奖励办法》和《北京大学历史学系科研项目奖励办法》，于2019年1月起试行。

交流合作。2019年，历史学系教师共因公出访61人次，其中出访港澳台地区9人次，其他国家（地区）52人次。出访类型包括参加学术会议、讲学、合作研究等。2018至2019学年，历史学系共接收国内进修教师、访问学者15人次。在人文基金的支持下，2019年有2位学者分别出访中国台湾和美国，共获得资助36万余元；另接待来访学者8人，分别来自中国台湾和美国、新西兰、日本、韩国、法国等，共获得资助63万余元。

党建工作。截至2019年底，历史学系党委共有党员221人，其中含在职教职工党员44人，离退休教职工党员38人，学生党员139人。设教工党支部3个，学生党支部5个。9月，学生党支部进行整体调整，由以年级为单位建立支部改为以专业为单位建立支部，根据本年度党员人数情况建立本科生联合党支部、硕士生第一党支部、硕士生第二党支部、博士生第一党支部和博士生第二党支部，共5个学生支部。2019年，历史学系高度重视"不忘初心、牢记使命"主题教育工作，以党委扩大会形式集体学习十九届四中全会精神，各支部召开主题教育专题组织生活会。

工会工作。截至2019年底，历史学系工会共有会员87人，其中事业编制会员82人（含博士后8人），劳动合同制会员5人。6月，系工会组建教工篮球队，参加学校首届教工篮球赛。11月，举办"看见·分享"历史学系教工手机摄影大赛，共收到参赛作品43幅。在校工会举办的第19届青年教师教学基本功比赛中，朱嬴获一等奖、优秀教案奖、最佳演示奖，李霖获人文社科组三等奖，毛亦可获人文社科组优秀奖，朱凤瀚获优秀指导教师奖，历史学系工会获优秀组织奖。

学生工作。2019年4月13日至14日，历史学系举办第15届史学论坛。4月30日，2018级硕士团支部举办"青春心向党·建功新时代"纪念五四运动100周年主题团日活动，团中央书记处第一书记贺军科参加该活动。5月，历史学系举办"丝海听潮"海上丝绸之路第8届历史文化节。7月至8月，系团委组织10支实践团队，以"如歌七十年，践履凌云志"为主题，先后奔赴辽宁省鞍山市、吉林省长春市、黑龙江省漠河市、上海市、内蒙古自治区赤峰市、新疆维吾尔自治区、西藏自治区拉萨与日喀则两市、广西壮族自治区、海南省、湖北省等祖国各地开展实地调研和学习。9月20日，历史学系召开"不忘初心、牢记使命"主题教育启动会暨新学期全体学生骨干动员大会，当日晚举办中共中央总书记习近平在"不忘初心、牢记使命"主题教育工作会议上的讲话专题学习会议。10月1日，历史学系42名师生参与庆祝中华人民共和国成立70周年群众游行方阵，1名学生参与天安门广场合唱，8名学生担任庆祝活动志愿者。11月，历史学系团委组织4支实践队，以"来时的路"为主题开展秋季出京实践活动，先后赴湖南长沙、山东青岛、陕西西安、江苏南京等地开展调研与学习。

继续教育。2019年，历史学系相继开展"北京大学历史研修班""北京大学全国高中历史骨干教师高级研修班""北京大学江苏省非公有制经济代表人士培训班""北京大学青年企业家历史传承与创新研修班"等国内培训项目，以及"美国大学生历史文化进修班""中国文化与历史进修班"等留学生项目。

（张素霞）

考古文博学院

【发展概况】 **组织机构**。2019年，考古文博学院对教研室进行调整，现设旧石器考古教研室、新石器商周考古教研室、历史时期考古教研室、外国考古教研室、博物馆与文化遗产教研室、古代建筑教研室、文物保护教研室及科技考古教研室。2019年下半年考古文博学院党政班子成员调整，11月雷兴山出任考古文博学院院长，12月学校任命陈建立为党委书记、张海为副书记。

学科建设。考古文博学院现有1个一级学科点：考古学。本科设有5个专业：考古学、文物与博物馆学、文物保护技术、考古学（文物建筑方向）、外国语言与外国历史（考古学方向）。2019年考古学专业被认定为国家级一流本科专业建设点。研究生设有2个专业：考古学专业、文物与博物馆硕士专业学位。拥有考古学专业博士后流动站。

队伍建设。考古文博学院共有教学科研人员41人，其中教授22人，副教授8人，新体制长聘副教授2人，预聘副教授2人，助理教授7人。事业编制教辅11人，行政在岗3人，博士后6人，劳动合同制19人，学校委派专职辅导员1人。2019年通过招聘、调入、内部调整，新增教研系列教师3人，事业编制教辅2人、行政岗位2人、博士后3人，劳动合同制10人；因调动、序列调整，减离事业编制行政岗位3人。考古文博学院现有长江特聘教授、"万人计划"哲学社会科学领军人才、百千万工程领军人才1人，长江青年学者1人，"万人计划"青年拔尖人才1人。

教学工作。2019年，考古文博学院共招收本科生50人，硕士研究生38人，博士研究生22人；本科生毕业42人，硕士研究生毕结业32人，博士研究生毕结业18人；开设本科课程79门，研究生课程62门，其中聘请外教授课4门。2019年度本科生教改项目立项8项，"研究生教育创新计划"项目立项6项、"黉门对话"专家主题论坛立项1项。考古文博学院系统修订本科生、硕士生、博士生培养计划，推进教材建设。3月至6月，2016级文物建筑方向本科生完成专业实习；2019年9月至2020年1月，2017级考古学、文物与博物馆学专业本科生与部分研究生在河南平粮台遗址完成田野考古实习。7月7日至14日，来自全国112所中学的122名优秀中学生参加北京大学中学生考古学暑期课堂。"清官式大木作虚拟仿真教学课件"入选2019年度北京市级虚拟仿真实验教学项目，并被评为北京高校"优质本科教材课件"。完成学科宣传片"北大学科·考古篇"的拍摄。受国家文物局委托，承办"全国高校考古实习工作座谈会"和"国家文物局2019年度田野考古实践训练班"。

科研工作。2019年度考古文博学院在研项目共79项。承担纵向项目30项（包括国家社会科学基金重大项目6项、一般项目4项、青年项目4项、后期资助项目2项、冷门绝学项目1项，国家自然科学基金面上项目3项，教育部人文社会科学重点研究基地重大项目5项，教育部人文社会科学重大专项1项、后期资助项目1项、青年基金1项，北京市社会科学基金重大项目2项），其中8项为2019年新立项项目；政府部门企事业单位委托项目49项。2019年入账科研经费总计17,757,946元。另外，承担的学校服务国家"一带一路"倡议重大项目"丝绸之路重大考古发掘与丝路文明传承"已完成第一年度的研究任务。

2月，完成不可移动文物保护勘察设计甲级资质、可移动文物保护修复资质年度检查和更换证书工作。5月，成立科研服务办公室。7月，完成联合国教科文组织亚太地区世界遗产培训和研究中心（北京）重组工作。

2019年考古文博学院出版的学术期刊有：《考古学研究》第11卷，《古代文明》第13卷，《古代文明研究通讯》（总第80—83期），《玉器考古通讯》（总第13—14期），《陶瓷考古通讯》（总第9期）。出版学术专著7部，编著7部，发表学术论文204篇，申请实用新型专利2项，申请软件著作权2项。

2019年，考古文博学院与广东省文物考古研究所合作的广东英德青塘遗址考古发掘项目获"2018年度全国十大考古新发现"称号。张剑葳《中国古代金属建筑研究》获"第4届中国出版政府奖图书奖"提名奖。

合作交流。2019年，考古文博学院接待来自日本、伊朗、美国、英国、比利时、俄罗斯、埃及的国外学者16人。授予杰西卡·罗森（Jessica Rawson）"北京大学名誉教授"称号并举办授予仪式。2019年考古文博学院教师出访42人次，出访17个国家和地区。

2019年，考古文博学院先后举办"苏秉琦与中国考古学：反思与展望"学术研讨会、2019年北京论坛"世界的脉搏——丝绸之路考古与古代文明"分论坛、"中国建筑考古的过去、现在与未来"学术研讨会、"黉门对话·考古遗址的建筑认知——瓦作"专家主题论坛、第9届北京高校研究生考古论坛、"陆疆与海疆：多元文明的交流与共生"博士生学术会议、"什么是艺术史——《罗越与中国青铜器研究：艺术史中的风格与分类》"藏书讲谈等学术活动7项，学术讲座60次，包括"丝绸之路考古"系列讲座9次，"考古学是什么"系列讲座6次，海外学者讲座23次，其他讲座22次。

党建工作。考古文博学院共有党员158人，其中在职教职工党员34人，离退休教师党员20人，学生党员101人，组织关系暂存高校学生3人。2019年发展党员27人，包括教工3人、本科生14人、硕士生6人、博士生4人。13名预备党员转为正式党员。考古文博学院党委设教工党支部2个，离退休党支部1个，学生党支部2个，9月设立平粮台遗址考古实习临时党支部1个。各党支部围绕两会、纪念五四运动100周年大会、庆祝新中国成立70周年系列活动、十九届四中全会等主题开展主题教育活动和特色党课沙龙活动。开展"不忘初心、牢记使命"主题教育活动40余次，党政领导集中学习近30小时，提交整改任务9条，完成自查，召开对照党章党规找差距专题会议、专题民主生活会。考古文博学院党委举行"李大钊图片展"，制定和完善党的建设和具体工作的有关制度。

2019年，考古文博学院入选全国高校党建标杆院系，学院党委被评为北京大学党务与思想工作先进集体；"时代楷模柴生芳"学生联合党支部活动获评北京大学党团日主题活动一等奖。

工会工作。考古文博学院工会现有在职会员76人，其中事业编制会员54人，合同制职工会员17人，博士后会员5人，积极发展合同制和来自港澳地区的教工加入工会。工会先后开展健康大步走活动、拍摄专业人像写真、聘请乒乓球教练指导训练等活动，组织教职工参加校运动会、毽球比赛、羽毛球比赛，探望有困难的教职工并送去温暖。

学生工作。制定、完善《考古文博学院学生素质测评颁发》《考古文博学院奖励奖学金评选办法》《考古文博学院学生党员发展办法》等管理办法。时任考古文博学院院长孙庆伟担任本科新生班级班主任，学校党委书记邱水平和党委办公室校长办公室副主任付帅为第二班主任；选配党委委员、学科带头人、青年教师、选拔高年级优秀党员担任兼职辅导员。考古文博学院2018级本科生班级参加国庆70年重大活动，被评为北京大学示范优秀班集体。开展"奋斗的我，奉献最爱的国"主题班会。参加"一二·九"合唱比赛斩获一等奖。"时代楷模柴生芳"学生联合党支部深入甘肃临洮开展党建与专业实践，与河北兴隆县青松岭镇西湾村党支部、北京圆明园党支部等开展对口共建。成立"改革先锋樊锦诗"文物保护青年志愿宣讲团，参与北京大学赛克勒考古与艺术博物馆规划、布展、志愿讲解等活动。策划组织开学典礼、毕业典礼等。

继续教育。2019年，考古文博学院向继续教育部申报培训班11个，其中受国家林业和草原局、山西省文物局、昆山市文物管理所委托举办专业培训班7个，培训学员224人；面向社会招生的培训班4个，培训学员280人。确立以中国考古学、考古学技术、博物馆理论、博物馆展览策划、文化遗产、文物建筑保护与规划设计等为核心的培训体系。

博物馆工作。2019年赛克勒考古与艺术博物馆举办"千山共色——丝绸之路文明特展"、"世界的花园：民族与文化的融合"、吉莉安·赛克勒女爵士国际艺术家展览项目、"新文化的曙光：五四时期北大学人群像"专题展览等，接待观众逾10万人，提供志愿讲解100余次；完成库房瓷器文物清点、核查、信息采集登记400件，馆藏版画扫描与整理工作100幅；购买外销瓷器等文物41件（套）；接受捐赠藏品57件（组）；12月5日至9日在山西太原与山西大学共同主办全国高校博物馆第16届研讨会。

信息工作。2019年学院采购中外文图书1300余种，中文期刊81种946册，外文期刊41种133册，收录学术讲座、会议及活动视频36次。室内阅览2727人次。外借2735册、归还2609册。整理古籍，完成约1700函名签制作。整理1952—1961年田野考古实习资料，完成369袋实习资料整理和数字化工作。

与北京大学计算中心合作，学院网站迁入计算中心统一管理，2019年网站内容更新254篇，微信公众号"北京大学考古文博学院"发布各类推送108篇，"赛克勒考古与艺术博物馆"31篇，"纸上考古"68篇，"考古团学"193篇，"PKU考古教务"90篇，"北大公众考古"34篇，"源流运动"65篇。学院有40余篇新闻在北大新闻网报道。

（施文博、王书林、纪小慧、王小溪、张　敏、
　　曹　宏、陈　冲、户国栋、秘　密、苗梦雨）

【"不忘初心、牢记使命"主题教育系列活动】 2019年4月至5月，由北京大学党委宣传部、学生工作部、共青团北京大学委员会指导，北京大学考古文博学院党委、河北李大钊纪念馆在红五楼庭院联合主办"铁肩担道义——中国共产党主要创始人之李大钊档案文献图片展"，共有2万人次到访参观，中央办公厅、国务院秘书局、北京团市委等单位皆将参观图片展作为党支部主题党日学习实践活动。

在9月初开始的主题教育活动中，考古文博学院将主题教育与学科发展相结合，学习优秀院友柴生芳、樊锦诗精神，开展40余次活动。党政领导集中学习近30小时，完成调研并提交整改任务9条，认真自查、召开对照党章党规找差距专题会议、专题民主生活会。与临洮县合作举办《动人心漩——马家窑彩陶纹样的当代性探索》展览，组织"改革先锋樊锦诗"青年志愿服务团展开志愿服务活动；创新"支部建在考古队上"的党建模式，组建平粮台考古临时党支部，制作视频《用青春告白祖国》、邀请县委书记讲党课、走入农村小学等；策划"文物告白祖国"纪念活动，解读文物以表达爱国情怀；开展"沿总书记足迹、深学莫高精神"

活动，组织师生赴香山革命纪念馆、甘肃敦煌、国家博物馆、故宫博物院、西周燕都遗址等地，进行爱国主义教育。

（陈建立、户国栋、王小溪、罗登科）

【"奋斗的我，奉献最爱的国"主题班会暨第二班主任见面会】 2019年10月12日上午，考古文博学院2019级本科生班"奋斗的我，奉献最爱的国"主题班会暨第二班主任见面会在北京大学英杰交流中心星光厅举行，北京大学党委书记邱水平，北京大学党委办公室校长办公室主任龚文东，党委办公室校长办公室副主任付帅，学生工作部部长张莉鑫，考古文博学院院长孙庆伟及其他相关单位负责人参加班会。考古文博学院党委书记雷兴山主持会议。

为做好学生工作，北京大学创立"双班主任制"，由学校党政领导、职能部门、机关干部担任院系班级第二班主任，邱水平、付帅担任考古文博学院2019级本科生班第二班主任。邱水平指出，学校为了加强学生工作，落实立德树人根本任务，建立第二班主任制度。第二班主任、专兼职辅导员队伍，要围绕爱国奉献的坚定信念、情系学生的高尚师德这条主线，做好做实甘为人梯、育人育才的这条实线，彰显好严谨高效、科学务实的工作明线，围绕党委中心工作、教师教学具体工作、学生学习生活点滴实际，发挥好思想政治工作的主攻手、学生管理的主导者、学生成长的主心骨的重要角色，坚守好、巩固好、发展好辅导员主工作阵地，从引导学生树立价值观入手，从引导学生正确处理各种关系出发，从帮助学生解决学习生活的难题开始，同伴同行、相伴相助，以"四有"好老师为目标做好学生"引路人"。

（孙庆伟、雷兴山、户国栋、李涛）

【平粮台田野考古实习】 2019年9月至2020年1月，由考古文博学院和河南省文物考古研究院共同组成考古队对全国重点文物保护单位河南淮阳平粮台新石器时代城址开展合作发掘。项目负责人是北京大学考古文博学院秦岭。2019年度发掘面积共1500平方米，发掘龙山时期房址11座，龙山时期陶窑4座，发现清理墓葬54座（战汉时期），灰坑86个，灰沟18条；并且获得一批丰富的文化遗物。

2014年以来平粮台遗址发掘总面积达4360平方米。平粮台遗址考古工作充分利用北京大学考古文博学院在田野考古理论、方法和技术领域的领先优势，以基于"互联网+"的信息化记录与管理系统为依托，大量应用现代科技，整合应用于遗址的环境地貌复原、聚落分析、骨器研究等方面。平粮台遗址的新发现和研究成果不仅进一步证实了平粮台龙山城址的正方城墙和对称城门结构，而且揭露了城内的"中轴线"布局、完整的排水系统和规则分布的高台式土坯排房，以及中国最早的双轮车辙和一系列高等级遗物。田野实习结束后，平粮台遗址已申报参评"2019年度全国考古十大发现"。

（张弛、秦岭、张海、邓振华）

【《中国出土青铜器全集》出版发行】 8月17日，"国之重器献礼国庆——《中国出土青铜器全集》成果发布会"在北京科学出版社举行。与会学者对该书给予高度评价，认为它是考古科研成果的集中展现，是从事学术研究的可靠资料，是中华文化的重要典籍，它的出版将推动中国青铜器研究深入开展。

自20世纪80年代中期以来，全国各地出土大量青铜器。这些青铜器收藏单位众多，欲看实物极为不便，其中很多尚未发表；即使发表者，亦散见于各类书刊，不便查阅。2008年，科学出版社特邀请学院李伯谦教授担任《中国出土青铜器全集》主编、刘绪教授担任副主编。经过十多年的努力，该书正式出版。全书共20卷，按省（区、市）编排，收录先秦与汉代青铜器5000余件，其中很多是第一次公布。

（刘绪）

【丝路重大考古发掘与丝路文明传承研究项目进展】 1月，北京大学正式对外发布3项服务"一带一路"倡议的重大项目，其中"丝路重大考古发掘与丝路文明传承研究"项目由北京大学考古文博学院统筹负责。该课题下设14个子课题，在2019年开展工作并取得进展。2019年上半年，考古文博学院举办丝绸之路考古系列讲座，先后邀请9位多年从事丝绸之路考古发掘和研究的学者，借助考古新进展，讲述往来于丝绸之路上的技术、物质、文化，展示古代中国与世界如何编织政治、经济、文化之网。

丝绸之路沿线地区田野考古调查与发掘工作有序进行。11月28日，在中国驻埃及大使馆和北京大学校长郝平的促进下，埃及文物部部长哈立德（Khaled El-Enany）访问北京大学。12月3日，北京大学考古文博学院、历史学系世界史专业联合意大利罗马大学向埃及文物部提出的发掘三角洲地区库姆·赫拉夫遗址（Komal-Ghoraf）的申请已获批准。

丝绸之路国家的文化交流与合作顺利开展，已与意大利那不勒斯东方大学、伊朗国立博物馆等国外高校、科研机构达成合作意向。学院和牛津大学考古学院组成联合考古考察队，赴土库曼斯坦考察。丝绸之路考古专号（《考古学研究》第11卷）邀请荣新江、葛承雍、林梅村、孙华等国内外顶尖丝路研究学者就陆上丝绸之路和海上丝绸之路的相关研究内容进行撰写，已付梓出版。

（雷兴山、张海）

【"苏秉琦与中国考古学：反思与展望"学术研讨会】 10月12日至13日，"苏秉琦与中国考古学：反思与展望"学术研讨会在北京大学举办。该会议由北京大学考古文博学院、北京大学中国考古学研究中心联合主办。北京大学党委书记邱水平，国家文物局副局长关强，北京大学文科资深教授严文明，北京大学考古文博学院教授李伯谦，中国社会科学院学部委员、中国考古学会理事长王巍，苏秉琦先生长子苏恺之以及100余位国内外考古文博机构及高校代表出席会议开幕式。

苏秉琦是新中国考古学的主要奠基人，是考古学"中国学派"的倡导者，是北京大学考古学科的创办人。他以"区系类型"为手段，以探索中国文明起源和重建中国古史为目的，以探索人与自然的和谐为最高目标，诠释中国考古学的学科定位和终极使命。该会议以纪念苏秉琦诞辰110周年为契机，旨在号召当今考古工作者与学生深入学习理解苏秉琦的学术思想，并以此为基础，探讨中国考古学在中华民族伟大复兴新时代的核心使命与发展方向。

（孙庆伟）

【北京论坛与"千山共色——丝绸之路文明特展"】 北京大学与新疆维吾尔自治区文物局于2019年11月1日至2020年2月28日在北京大学赛克勒考古与艺术博物馆联合举办"千山共色——丝绸之路文明特展"。该展览是2019年度北京论坛中"世界的脉搏——丝绸之路考古与古代文明"分论坛的重要组成部分。展览以新疆与丝绸之路历史进程为线索，共分三个章节："联雪隐天山""影丽天山雪"以及"明月出天山"，汇聚了新疆维吾尔自治区博物馆、新疆维吾尔自治区文物考古研究所、吐鲁番博物馆、木木美术馆等11家博物馆的共70件（组）珍贵文物，其中不乏"小河公主"、营盘男子服饰等国宝级文物。

（张海、陈凌、曹宏）

【UNESCO亚太地区世界遗产培训与研究中心（北京）重组】 联合国教科文组织亚太地区世界遗产培训与研究北京中心在2008年7月22日正式成立，北京分中心作为3个分中心之一，在2019年7月完成组织架构的重组程序，将该分中心的挂靠管理单位调整为北京大学考古文博学院，由考古文博学院院长雷兴山任主任（院长职务行为）。

2019年下半年中心同步推进自然与文化遗产研究计划，先后承接与支持了5个研究与实践项目。7月，亚太北京中心作为支持单位参与了由北京大学考古文博学院主办、平遥城乡文化遗产保护与发展国际工作坊等单位联合资助的"2019年文化遗产保护联合工作坊北京大学暑期课程"。11月，亚太北京中心承办由国家林业和草原局和北京大学考古文博学院联合主办的"北京大学世界遗产与自然保护地国际人才研修班"，该课程包含世界遗产与自然保护地的保护管理、国际事务与国际关系、外交实务与行政管理三大模块。

（雷兴山、张剑葳、孙华、李光涵）

哲学系（宗教学系）

【发展概况】 学科建设。哲学系现有一级学科2个：哲学和科技史。其中哲学下属二级学科8个：马克思主义哲学、中国哲学、外国哲学、逻辑学、伦理学、美学、宗教学和科学技术哲学。2002年，马克思主义哲学、中国哲学、外国哲学、美学4个学科被评为国家重点二级学科。2007年，北大哲学被定为国家重点一级学科。在2019年QS世界大学哲学专业的排名中，北京大学哲学学位列第50位。

队伍建设。哲学系在职教职工共74人，其中教学科研人员66人，行政教辅人员8人。教学科研人员中，老体制教授28人，新体制教授12人，老体制副教授7人，新体制长聘副教授5人，助理教授14人。引进新体制教师6人，获颁北京大学引智先进工作单位。引进外籍教师4人：英国籍项舒晨、德国籍Sebastian Sunday Greve、Julius Schoenherr以及荷兰籍Arthur Schipper。共有13位教师获评北京大学2019年人文杰出青年学者奖，6位教师获2019年度北京大学大成国学奖教金。2019年11月，1位教师入选教育部青年长江学者。共有在站博士后34人，其中哲学系博士后21人（含博雅博士后13人），高等人文研究员博士后1人，《儒藏》编纂与研究中心博士后1人，医学部联合培养博士后10人，中央社会主义学院联合培养博士后1人。陈广思获评"北京大学2019年度优秀博士后"荣誉称号。2019年，哲学系有3位离退休教师去世。

教学工作。2019年，哲学系招收本科生54人，其中留学生4人。外院系转入7人，转出8人。辅修双学位18人。2015级本科应毕业42人，实际毕业41人。录取硕士生47人（其中留学生2人，台湾生1人），录取博士生44人（其中3人硕博连读，2人直博，3人为留学生）。硕士应届毕业生55人，毕业并授予学位53人，结业2人。博士应届毕业生62人，毕业并授学位56人，毕业暂不授予学位1人，结业5人。进修教师、访问学者春季学期结业24人，9月新入学24人。

哲学系开设本科生课程98门，其中新开课程12门（上半年6门，下半年6门）；开设研究生课程128门，其中新增14门，为提高研究生科研和学术写作能力，新增写作类课程作为必修课。2018至2019教学年度，在全校专业核心课和总体评估中，哲学系均列全校第一。9月，有4门通识核心课通过学校认定。共有3位教师成功申请教学改革立项。继续办好古典语文学、思想与社会等跨学科项目，古典学项目于9月组团访问巴黎高师、法国国立东方语言大学等机构，开启本科生短期常态化国际学术交流模式。哲学系制定了《哲学系关于博士研究生学术研究创新能力培养的规定》《加强博士学位论文审查及学位授予过程管理的具体措施》，进一步完善了博士培养过程。

2019至2020学年度，哲学系与信息科学技术学院、工学院和新闻传播学院合作，在跨学科研究的基础上，开设了跨学科课程"人工智能、机器人与伦理"，此为信息科学技术学院（包括图灵班）和工学院（特别是机器人学专业）本科同学专业必修课程。该类文理跨学科课程是学校本科教学史上的首次尝试。

科研工作。2019年，哲学系共举办国内会议18场，学术讲座95讲。发表科研成果269项，其中期刊论文180篇、会议论文13篇，出版专著24部，译著5部，编著或教材15部，古籍整理著作1部，报刊文章等其他形式科研成果31项。哲学系获批国家级及省部级科研项目9项：教育部人文社会科学重点研究基地重大项目1项，国家社科基金年度项目5项，国家社科基金后期资助项目1项，教育部人文社科一般项目1项，教育部人文社科专项任务（中国特色社会主义理论体系研究）1项，获批项目数量位列全国哲学学科第一（并列）。另外，完成2017年度国家社科基金中期检查以及2014年度立项的国家社科项目清理工作，文化名家暨"四个一批"人才结项以及国家社科重大项目结项工作。此外，获得"北京市第15届哲学社会科学优秀成果奖"二等奖2项。

交流合作。2019年，哲学系开展43场单次或系列讲座、讲课。主讲人来自12个国家，讲座涉及8个二级学科。

2019年，哲学系举办13场国际会议，其中有"中世纪哲学与现代世界"、"康德哲学与人类未来"、北京大学-首尔大学-东京大学3校合办的第11届哲学会议、"知识、语境与责任"、"模态、逻辑和哲学"、第2届"太虚与近代中国"、"如何做哲学"元哲学与哲学方法、"语言、真理与知识论"、第3届北京大学古典学国际古典学会议"古典世界的文献、思想与自我"、"从天台到比叡：中日韩天台的传播、互动与东亚社会"等。此外，北京大学博古睿研究中心也举行8场国际研讨会，涉及"人工智能遇见中国哲学家""社会信用体系建设理论""实践与展望""文化融合""精准医学研讨会""基因编辑讲座""人工智能隐私"等主题。

2019年，哲学系积极促进师生的对外学术交流活动，各种对外交流访学活动共141人次，其中教师45人次、研究生62人次、本科生34人次。

党建工作。2019年，哲学系开展"不忘初心、牢记使命"主题教育，制定《哲学系"不忘初心、牢记使命"主题教育工作方案》，召开主题教育工作动员部署会，汇编"不忘初心、牢记使命"主题教育重要概念及相关应知应会，组织安排班子成员集中学习研讨，召开专题研讨会及专题调研座谈会，开展对照党章党规找差距专题会议，设立主题教育意见箱，开展主题教育系列观影活动、实践活动，开好班子民主生活会，组织支部开展组织生活会及民主评议党员、专项整治自评打分、学习贯彻党的十九届四中全会精神等重要文件。累计发放近千册学习材料，包括《习近平新时代中国特色社会主义思想学习纲要》《习近平"不忘初心、牢记使命"论述摘编》《加强党的政治建设文件选编》《中国共产党内重要法规汇编》等。

第三巡察组从9月16日至10月15日对哲学系开展巡察。哲学系准备有关材料和总结工作，组织巡察动员大会、沟通见面会，协调38名教师接受谈话，及时提交巡察补充材料，组织反馈意见会，制定整改方案和整改台账。

2019年上半年，哲学系党委按照换届程序，在充分发扬民主，把握好党委委员的德才标准，注重老中青结合的前提下，选出了新一届党委班子。在班子建设方面，哲学系坚持每周一下午召开党政联席会例会制度，执行"三重一大"，重大问题集体决定；领导班子经常谈心谈话，开展批评与自我批评；定期召开党委会；运用书记会、党建工作组会，研究和落实党建工作；落实党委委员联系支部制度，实现一对一联系指导；按照上级党委要求，开好领导班子专题民主生活会。在支部建设方面，哲学系根据《中国共产党支部工作条例（试行）》基本精神，规范支部活动；每月系党委研究支部活动内容，要求支部认真落实"三会一课"，指导支部每学期组织活动不少于4次；抓好到届党支部换届工作，2019年共有5个党支部完成换届。在加强支部书记队伍建设方面，哲学系落实教职工党支部书记"双带头人"制度，组织专题研讨会，交流经验，互相学习；给教工支部书记配备年轻的支部秘书，分担党务工作，培养后备人才；落实党支部书记述职工作，3月底完成了学生及教师党支部年度述职，11月初完成了教职工党支部书记半年中期考核。

哲学系加强党员教育管理，并进行支部考核及党员评议、评优工作。2019年6月李林获"优秀党务和思想政治工作者"；注重党员发展，2019年共培训80余名学生入党积极分子，教职工累计确认积极分子4人，党性教育读书班共培训25名发展对象，2019年新发展党员25位。

哲学系重视师德师风建设，以师德师风作为评价教师队伍素质的"第一标准"，贯彻落实《新时代高校教师职业行为十项准则》。此外，哲学系完善纪检监察机制，加强日常监督管理，贯彻落实有关党风廉政建设的工作部署；加强了统战工作，通过举办座谈会、吸收党外人士参与专门工作委员会等方式发挥党外人士作用，向统战部门推荐了优秀党外人才。

哲学系召开了老同志茶话会、团拜会听取意见，看望慰问家庭困难、有重病的老同志，为离京老同志取药；对所有班子成员提出保密要求，对教师强调保密纪律，加强保密场所管理；加强与系友沟通，加强对工会的领导，积极支持工会工作。

学生工作。2019年，哲学系师生参与了国庆重大活动。43名师生参加庆祝新中国成立70周年群众游行方阵，10名学生参加志愿服务工作，1名学生参加天安门广场的合唱团。同时，以此次重大活动为契机，中队、党支部开展了思想政治教育工作以及入党积极分子培养工作，多名学生提交了入党申请书。

为加强学生思想政治工作，哲学系组织了一系列党团主题教育活动。从1月以来，指导学生党支部、团支部、班级开展主题党团日教育活动累计82次；学生党团支部赴上海、正定、西柏坡、深圳、南京、天津等地开展社会实践和共建活动。

哲学系强化了内部管理：完善专兼职辅导员联动体系，系学工办成立学生谈心工作小组，面向全系学生开展"一对一"谈心计划，深入了解学生需求，为学生及时解决各类困难。2019年1月以来，已基本覆盖所有年级学生。

为促进就业工作常态化，提升就业指导服务水平，哲学系建立毕业生微信群等信息发布渠道，即时发布就业信息，对有就业困难的学生开展一对一专项帮扶。2019年共举办"我在祖国基层"选调生主题报告会1场、哲学系"青年职业发展沙龙"2场、保研交流会1场、企业参访2场。

此外，1月，哲学系学工办组织赴广东开展困难学生家庭寻访工作。4月，系团委组织38名师生参与"奔跑吧，青年！"北京大学首届五四青春长跑活动。6月，在人文学苑1号楼108报告厅举行2019届毕业典礼。7月，系学工办组织赴河北、河南等地开展家庭经济困难学生寻访工作。7月至8月，组织10支学生社会实践团赴全国各地开展暑期社会实践活动，近100名师生参与。8月，组织2019级本科新生参加军训。9月，举行2019年新生开学典礼。9月至10月，完成2018至2019学年学生奖励奖学金工作。11月，系学工办组织赴江苏开展家庭经济困难学生寻访工作。12月，与复旦大学师生开展交流座谈会。

【启动国际人才招聘】 组建了由学术带头人及经验丰富的青年人才组成的招聘委员会，按照国际惯例和严格的学术标准制订了人才引进流程。2019年1月，哲学系启动了国际人才招聘工作，在国际哲学界著名网站Philjobs.org上发布招聘广告后，收到来自国外知名高校及学术机构的学者、博士申请共46份，包括斯坦福大学、普林斯顿大学、牛津大学、伦敦大学学院等学校的应届博士生及毕业生。经过初步筛选、1小时远程视频面试及到校试讲，最终有来自英国、荷兰和德国的4名申请人通过哲学系和学校的评审，获聘助理教授岗位。

【组织北京论坛分论坛】 11月2日至3日，北京论坛第12分论坛"数字时代的人性和法制"在北京大学举行，活动由哲学系组织举办。来自海内外学者共计26人参与了论坛，其中15位海外学者来自美国、英国、奥地利和德国等人工智能主要研发国家。分论坛邀请了多位人工智能伦理领域的国际顶尖学者，如2019年北京论坛开幕式首位主旨演讲者耶鲁大学跨学科生物伦理学中心教授Wendell Wallach、剑桥大学哲学系教授Huw Price、牛津大学信息伦理学教授Luciano Floridi、维也纳大学科技哲学教授Mark Coeckelbergh、国内人工智能领域的领军科学家北京大学教授黄铁军等。该场分论坛是该次北京论坛的重点分论坛，也是北京论坛创办以来首次人文和科技紧密交叉的文理跨学科论坛。

【开展"商业伦理前沿理论和实践"项目】 2019年8月，北京大学哲学系与日本立命馆大学经营学研究科联合主办"商业伦理讲座"暑期学校——"商业伦理前沿理论和实践"，由中日两国教师共同授课，同时中日两所学校的20多名学生共同参与学习讨论。该次暑期学校的课程打造出了"跨学科、国际化"的人才培养哲学教育模式。

【举办第3届"十六国北朝佛教与民族研究生暑期学校"】 2019年6月16日至23日，由北京大学哲学系（宗教学系）和美国哈佛燕京学社主办、北京大学佛学教育研究中心承办的第3届"十六国北朝佛教与民族研究生暑期学校"成功举办。来自海内外17所大学的青年教师、博士后、博士、硕士等21位学员参加学习，来自中国、美国和日本等8所大学的9位教授授课。

【举办"经典与解释"2019暑期讲习班】 2019年7月17日至26日，北京大学哲学系与中山大学哲学系共同主办了中国哲学"经典与解释"2019暑期讲习班，由两所大学的老师共同授课，来自海内外40余位青年教师、博士生和硕士生参与学习讨论。

【组织申报国家社科基金】 哲学系在2019年加强了科研项目申请的支持力度，特别鼓励年轻老师申请，组织曾担任社科基金评审专家的资深教授为准备申报的老师进行培训，逐一提出修改建议。共申报18项，总数位列全校文科第二位，按教员人数平均全校文科第一，有13项通过通讯评审进入第2轮，由于每个单位每个学科的项目批准上限，最终有5项获得资助，获批项目数量位列全国哲学学科第一（并列）。

（张 岩）

外国语学院

【发展概况】 机构设置。学院下设12系：阿拉伯语言文化系、朝鲜（韩国）语言文化系、德语语言文学系、东南亚语言文化系、俄罗斯语言文学系、法语语言文学系、南亚学系、日本语言文化系、西班牙葡萄牙语言文学系、西亚语言文化系、亚非语言文学系、英语语言文学系；2个研究所：世界文学研究所、外国语言学及应用语言学研究所；2个中心：翻译硕士专业学位教育中心、语言中心。外国语学院现有33个研究机构和学术团体，1个教育部人文社科研究基地（北京大学东方文学研究中心），1个"国家外语非通用语种本科人才培养基地"，1个"外语非通用语种文科类实践教育基地"。

学科建设。截至2019年底，外国语学院有20个本科招生语种专业：英语、俄语、法语、德语、西班牙语、葡萄牙语、日语、阿拉伯语、蒙古语、朝鲜语、越南语、泰国语、缅甸语、印尼语、菲律宾语、印地语、梵巴语、乌尔都语、波斯语、希伯来语。与元培学院、历史学系共建有外国语言与外国历史专业，与元培学院、考古文博学院联合开设外国语言与外国历史专业-外国考古方向。学院有1个一级学科博士点，11+1个二级学科博士点（1个与中国语言文学系合建），1个应用型硕士学位点，1个博士后流动站。在2019年QS世界大学学科排名中，外国语学院"现代语言"学科排名世界第10位、"语言学"学科排名第17位、"英语语言文学"学科排名第51—100位。

队伍建设。截至12月31日，外国语学院共有在职教师234人，其中教授58人，副教授85人，长聘副教授3人，教学副教授2人，讲师49人（含博士后12人），助理教授37人。学院有长江学者特聘教授2人，"新世纪百千万人才工程"国家级人选2人，跨世纪人才2人，新世纪人才6人。2019年引进预聘副教授1人，助理教授9人，教学讲师1人；退休2人；博士后进站6人，出站3人。高彦梅、孙建军、周海燕3人聘任教研系列长聘副教授职位，琴知雅、萨尔吉2人启动终身教授资格（Tenure）评估并通过学校审议，程小牧、高博、宋扬、王靖、熊燃5人聘任教研系列助理教授职位。

教学工作。截至2019年12月，外国语学院有学生1306人，其中本科生776人、硕士研究生339人、博士研究生191人。2019年，共录取本科生206人，含外语类高中保送生70人；录取硕士研究生108人，其中学术型63人，专业型45人（英语笔译方向13人，日语笔译口译方向32人，其中留学生2人）；录取博士研究生35人（留学生1人）。2019年毕业本科生171人，结业1人，171人授予学士学位。2019年辅修德语、法语、日语、波斯语、土耳其语5个专业毕业生9人。硕士研究生毕业137人。博士研究生毕业32人，结业2人。

外国语学院开设本科生课程427门，研究生课程315门，硕士生课程全部参与学校课程评估，新开课2门，研究生课程建设立项3门。大学英语和语言中心为全校7600余名本科生开设2门大学英语基础课程及44门大学英语模块化教学课程，开设博士生第一外语英语课程30个班、硕士生第一外语英语课程23个班、博士硕士第一外语小语种课程各5个班、13个语种的第二外语选修课程（本硕博合上）13个班。为本科生开设6学时4学分的德、法、日、意语种选修课15个班。

学院2019年本科生科研训练项目立项19项，2018年本科生科研训练项目结题11项。学院申报数字化教材建设项目4项。成功申报北京大学本科教学改革项目9项。

周海燕教学团队获"北京大学2019年度优秀教学团队奖"，罗炜、王旭、路燕萍获"北京大学2018—2019年度教学优秀奖（本科）"，程英获"北京大学2018—2019年度教学优秀奖（研究生）"。教授付志明获"北京高校优秀本科教学管理人员"。

学院创建了"多语种国际化卓越外语人才拔尖学生培养实验班"。2019年西班牙语、俄语和阿拉伯语专业共招生34人。外国语学院共有7个专业入选国家级一流专业（英语、法语、德语、俄语、阿拉伯语、日语、印地语），1个专业入选北京市一流专业（西班牙语）。共推荐8门专业课程申请国家一流本科重点课程，其中英语精读、朝鲜半岛概况2门课程获得学校推荐。

参加国外交流的学生共330余人次，公派长期147人，主要是通过国家公派和校际交流项目的支持赴境外27个国家和地区学习；入选国家建设高水平大学公派研究生项目联合培养博士生7人。7人获北京大学博士生短期出国项目资助，17人获得国际学术交流资助，10人获得青年科研基金资助。

经过外国语言文学分委员会评定，琴知雅增补为相关学科博士生指导教师，范晶晶、陈飞、李宛霖、王斯秧、章文、王帅增补为硕士生指导教师。另有孙建军等9名教师具备博士生指导教师资格（新体制教师）。

2019年5月18日，外国语学院举办第11届研究生学术论坛，收到来自全国近50所高校硕士、博士研究生论文共226篇。78位相关领域专家老师参与论文评审工作，最终有10篇获一等奖，25篇获二等奖，31篇获三等奖。7月2日至12日，北京大学东方文学研究中心和外国语学院共同举办了主题为"东方文学的虚构与想象"的暑期学校，来自40所高校的139名学员参加。12月7日至8日，由北京外国语大学中国外语与教育研究中心、《外语教学与研究》编辑部、北京大学外国语学院联合举办的"2019年全国外语教学与研究博士生论坛"在外国语学院召开，全国35所高校及科研机构的130余名师生出席了论坛。

外国语学院"研究生写作规范"课程于2019至2020学年第1学期开班，为近70名外院研究生"系上了学术研究的第一粒扣子"，并制订《北京大学外国语学院博士研究生学术创新成果综合评价实施细则》。

2019年7月，在全国外国语言文学学位授权点抽查中，外国语学院得分96.4，名列全国第一。

科研工作。2019年，外国语学院获省部级以上项目19项，纵向经费到账超过400万元，其中国家社科基金重点项目2项，国家社科基金一般项目5项，国家社科基金青年项目1项，国家社科基金冷门绝学与国别史项目3项，国家社科基金后期资助项目1项，国家社科基金中华学术外译项目3项，教育部项目2项，北京市社科基金项目2项。2019年外国语学院横向及外资项目立项9项，横向经费到帐67万元。

据不完全统计，2019年外国语学院教师的成果共计212项，其中出版学术专著10部，译著26部，编著及教材6部，工具书或参考书2部。在国内外学术刊物及著作中发表论文157篇，译文11篇。

2019年2月，南亚学系教授段晴的专著《青海藏医药文化博物馆藏佉卢文尺牍》获北京市第15届哲学社会科学优秀成果奖一等奖。2019年4月，英语系教授黄必康凭借课题"中国古典戏剧的莎士比亚互文化翻译"（Shakespearean Appropriation of Classical Chinese Plays in Translation）获得美国福杰尔莎士比亚图书馆和莎士比亚研究院主持颁发的2019

至2020年度"客座艺术家研究基金"。2019年6月，俄语系教授李明滨获评中俄人文交流领域作出贡献的中方十大杰出人物。2019年9月，亚非系教授陈岗龙获得蒙古国作家协会"文学贡献奖"勋章。2019年10月，蒙古学研究中心副教授姚克成获蒙古国"北极星"国家勋章。

据不完全统计，2019年外国语学院共主（合）办国际（含境外、双边）学术研讨10次和国内学术研讨会11次。

交流合作。 2019年，外国语学院长聘外国专家48人，其中（副）教授级别13人。另外暑期外国专家5人、继续教育外国专家1人、访问学者1人，短访学者60余人次。2位国际顶尖学者获"北京大学海外名家讲学计划"支持。学院获评2019年度"北京大学引智工作先进单位"。与韩国财团、土耳其尤努斯·埃姆勒中心、法国索邦大学、意大利使馆文化处、卡塔尔多哈研究生院、日本明治大学就教学建设、学生培养、师资派遣等事宜签订协议，并依此落实1位博士海外培养和2位外籍师资来院工作。学院教师166人次赴海外交流访问，其中短期出访159人次，长期访学7人次。

党建工作。 至2019年底，外国语学院共有党员552名，其中在职教工党员121名、离退休教工党员123名、学生党员308名。设教职工党支部18个，学生党支部17个。全年共发展教师党员1人、学生党员85人，转正预备党员57人。学院党委开展"不忘初心、牢记使命"主题教育，以学习贯彻习近平新时代中国特色社会主义思想为主线，落实"守初心、担使命，找差距、抓落实"的总要求。学院党委组织教职工赴董存瑞烈士陵园与塞罕坝展览馆考察，赴香山革命纪念地学习，参观"弘扬红楼传统、争做教育标杆——北京大学'不忘初心、牢记使命'主题教育展"；前往北京展览馆参观"庆祝中华人民共和国成立70周年大型成就展"；组织观看爱国影片《我和我的祖国》《小巷管家》等。学院党委在中华人民共和国成立70周年重大活动和外国语学院成立20周年纪念活动中，完成广场合唱、游行方阵、志愿者动员和招募工作，共计80余名师生参与国庆重大活动，游行方阵参与人数超下达名额200%，党委书记、副院长参加方阵游行队伍。学院党委第8次被评为"北京大学优秀党务与思想政治工作先进集体"。

行政工作。 外国语学院每周召开一次党政联席院务会，对重要工作集体研讨决策，全年共召开党政联席院务会43次。2019年6月，外国语学院行政班子换届完成，宁琦为院长，付志明、吴杰伟、张冬梅、王丹为副院长。2019年8月，举行北京大学外国语言文学学科"一流学科"建设中期评审会。2019年是外国语学院成立20周年，学院举办了纪念大会、外语学科发展高层论坛、成果展等庆祝活动。

2019年7月，外国语学院以"新举措、新进展"为主题，进行期末行政工作总结和成功案例分享。2020年1月，以"立足廿年再出发"为主题，进行院庆工作总结及2020年工作规划报告。2019年，新版会议室预定系统上线，通过校内门户整合了会议室使用、进人进车报备等多项功能。图书分馆累计完成30个语种近20万册图书的回溯编目工作，藏书全部进入图书馆自动化管理系统。分馆全年借还书总量达到12,934册，在全校分馆系统中排名第一。外国语学院被评为安全管理先进单位、网络安全工作先进集体。9月，外文楼民主楼修缮完成，验收通过。截至2019年底，外国语学院行政教辅人员共计39人，其中事业编制19人，合同制人员20人。2019年行政教辅人员中新入职2人，退休1人，调出2人。

工会工作。 2019年6月，外国语学院工会委员会换届完成，第四届工会委员会委员为张冬梅、倪丽慧、罗炜、刘迪南、纳海、谢侃侃、李宁、张一宁、潘桂英9人。截至2019年底，外国语学院工会共计在职教职工会员264人，其中劳动合同制会员14人。学院工会组织教职员工进行健康体检，开展常规特色活动，如"莫道春归芳菲尽，万花争艳在世园——春游活动"、"香山枫叶别样红，革命故地深度游——秋游活动"、羽毛球比赛、游泳比赛等。学院工会也组织教职工参加各项教学技能比赛，在北京大学第十九届青年教师教学基本功比赛中，教师纳海获人文社科组一等奖、优秀教案奖、最佳教学演示奖、最受学生欢迎奖，教师解璞、樊星获人文社科组二等奖，教师高峰枫获优秀指导教师奖，外国语学院获优秀组织奖，外国语学院工会获"北京大学模范工会委员会"称号。

继续教育。 外国语学院成功举办包括韩、日、英澳（常规班）、英澳（通才班）、英语口语强化、解放军单位委培、东南亚文化研修班等在内的面向国内生源的非学历培训项目9个，累计培训非学历项目学员580人。同时，为西班牙、泰国、埃及等孔子学院学生，以及新西兰大学生举办国际文化营项目共6期，累计接待外国学生、教师及官员175人次。完成英语系承办的英语专业专升本成人高等学历教育项目的教学、教务及学生管理等收尾工作。2019年共有46名学生毕业，其中39人取得学士学位。截至2019年12月，该项目尚在年限内未毕业的学生共计47人。配合继续教育学院完成2017级英语专业专升本学生28人次报考专业英语考试的工作。日语系作为北京市日语自考主考单位，继续负责北京市自学考试日语专业春秋两季专科段和本科段的考试命题、网上阅卷、非笔试项目考试、毕业考试及毕业资格审查等工作。2019年共进行网上阅卷1191人次，毕业综合考试37人次。

学生工作。 基础工作方面，开展学生深度辅导、陪同学生就医等近1300人次；与心理中心每月1次心理会商；走访受资助学生家庭。特色工作方面，以"爱国-规矩-集体"为工作主线，开展80余次"不忘初心、牢记使命"主题教育、150余次"青春告白祖国"党团日联合主题教育和主题班会；暑假期间，组织3支思政实践团赴吉林四平、山西太原、浙江余杭开展思政实践活动，组织多场"我在祖国基层"报告会；完成国庆活动，召开10余次总结会、报告会，厚植爱国情怀，带领学生在院庆中歌唱、朗诵；开展80余次"学规矩、讲规矩、守规矩"活动和完善多种工作制度，提升学生规矩意识，做好军训、推进典礼改革、整合宣传平台。队伍建设方面，调整学生党支部建制，严肃团支部管理，开办团校培养学生骨干，集合兼职辅导员与第二班主任力量。2019年，外国语学院获"学生心理健康教育先进单位"，多个班级获北京大学"示范班集体"称号，多人获评北京市"优秀学生干部"，荣获"一二·九"运动师生歌会甲组冠军。

毕业生去向。2019年，本科生共172人毕业（包括1人结业），其中，47人就业，56人出国留学，61人本国深造，8人准备继续读研或出国深造。硕士生共138人毕业（包括1人结业），其中，102人就业，10人国内升学，20人出国留学，6人准备继续读研或出国深造。博士生34人毕业（包括2人结业），其中33人就业，1人达到退休年龄申请不就业。

（倪丽慧、崔桂红、谭胜方、陈　静、
张琳娜、卢　敏、岳琛琛）

【外国语学院成立20周年】 11月17日上午，外国语学院主办"传承·创新·引领"外语学科发展高层论坛，62所高校的外语学科负责人、学者代表，学院师生160余人齐聚一堂，深入研讨如何在构建人类命运共同体理念引领下建设中国外语学科，以更好地应对人才培养与学术话语创新这一重大课题。11月17日下午，学院在百周年纪念讲堂观众厅举行了以"传承·创新·引领"为主题的纪念大会，校长郝平、副校长王博，北京外国语大学等9所高校领导，清华大学、复旦大学、上海交通大学等53所高校的外语学科负责人、学者代表，外国语学院院友和在校师生近2000人参加了纪念大会。学院在百周年纪念讲堂南广场和正大国际中心举办北京大学外国语学院成果展，系统展示了学院成立20年来在队伍建设、教书育人、学术研究等各方面取得的辉煌成就。

（倪丽慧）

艺术学院

【发展概况】 组织机构。艺术学院下设4个系：艺术学理论系、影视学系、美术学系、音乐学系；同时下设以下研究机构：北京大学文化产业研究院、北京大学影视戏剧研究中心、北京大学昆曲传承与研究中心（教育部中华优秀传统文化昆曲传承基地）、北京大学书法艺术研究所、北京大学曹雪芹美学艺术研究中心、北京大学书法教育与研究中心、中国文联文艺评论研究基地、文化部国家对外文化交流基地和北京大学艺术学院民族音乐与音乐剧研究中心。艺术学院拥有北京大学数字媒体实验教学中心，同时得到北京大学美学与美育研究中心（教育部文科重点研究基地）的支持。学院分别于2019年1月和5月完成行政和党委换届。

学科建设。艺术学院现有一级学科1个：艺术学理论。本科专业2个：艺术史论专业、广播电视编导专业。本科专业方向3个：艺术史论方向、文化产业管理方向、戏剧影视文学方向。专业学位艺术硕士下设4个专业领域：音乐专业、美术专业、广播电视专业、电影专业。1个博士专业：艺术学理论。设立有艺术学一级学科博士后流动站。2017年艺术学理论学科入选"双一流"建设学科名单，并在教育部第四次学科评估中名列第一。

队伍建设。2019年学院共有教学科研人员36人，其中专任教师27人，博士后9人。专任教师中事业编制教授10人、副教授7人，新体制教授4人、助理教授6人。学院现有行政教辅人员6人、离退休教职工7人、合同制聘用人员16人。2019年入职6人，其中助理教授3人、博士后3人，1人从老体制讲师转为新体制助理教授。艺术学院现有长江学者特聘教授2人，青年拔尖人才1人。

教学工作。截至2019年底，学院共有学生558人，其中本科生185人，研究生373人。2019年招收本科新生43人，其中，普通入学14人，自主招生15人，保送1人（香港学生），留学生13人；招收博士研究生15人，艺术硕士80人。普通本科毕业生总计50人，另有双学位毕业24人，辅修毕业11人；授予博士学位20人，硕士学位117人。2018至2019学年第2学期开设本科生课程66门，2019至2020学年第1学期开设本科生课程65门；修订2019级艺术硕士和博士生（含直博生）的培养方案，新开设研究生课程46门。2019年，新增博士生导师2人，硕士生导师1人。

科研工作。2019年，艺术学院师生在国内各级期刊发表论文227篇，国际各类期刊发表共计30篇，其中A&HCI（Arts & Humanities Citation Index）论文6篇，其中芮玛窦发表3篇，彭锋发表2篇，林一发表1篇。出版著作9部。丁宁教授所著《西方美术史》、陈旭光教授所著《艺术的本体与维度》均获得北京市第15届哲学社会科学优秀成果二等奖。艺术学院教师在"第八届教育部人文社会科学优秀成果奖"评选活动中获得多个奖项，其中王一川获得一等奖，翁剑青、陈旭光、彭锋获得二等奖。学院新增纵向与横向在研项目数37，其中教育部社科司重大专项课题1项，教育部后期资助项目1项，国家艺术基金项目3项。

交流合作。2019年，艺术学院举办北京大学"冀门对话"专家主题论坛"媒介考古：艺术、媒介与感知"、2019北京大学艺术学国际博士生学术论坛、第6届"北京大学国际音乐剧研讨会——音乐剧的中国性"、2019北京大学-康奈尔大学-北京电影学院艺术学理论工作坊、第16届中国文化产业新年论坛、中国电影2019高峰论坛暨"中国影视蓝皮书2019"出版座谈等大型学术论坛，举办3期博雅学术论坛系列讲座。

艺术学院先后接待台湾师范大学、美国康奈尔大学、哥伦比亚大学、芝加哥大学、密歇根大学、贝宁顿学院、日本东京大学、德国达姆施塔特工业大学、意大利威尼斯大学、英国曼彻斯特大学、爱丁堡大学、温泉大学、瑞士PARKET艺术中心等高等院校相关专业的专家和学生访问。境外专家赴学院讲学28人次，学院教师赴境外讲学、研讨交流16人次。举办国际学术会议3次，总计参与178人次。学院研究生赴意大利、本科生赴法国暑期海外访学。

党建工作。2019年5月24日，中共北京大学艺术学院党委召开党员大会，选举产生7名新一届党委委员。同日，在新一届委员会第1次全体会议上，选举雷虹为书记，王蓓为副书记。艺术学院党委设教工党支部1个，共有教职工党员33人，其中在职教职工21人，离退休教师3人，博士后5人，劳动合同制4人。设学生党支部5个，共有在校学生党员110人，其中本科生29人，硕士生56人，博士生25人。2019年院3个到届学生党支部完成换届工作，新建1个学生党支部。院全年共发展党员26人（13名本科生，12名硕士生，1名博士生），本科生党员数占本科生总数比例22.3%。共有18名预备党员转为正式党员（11名本科生，7名硕士生）。学院累计出具思想政治和师德师风专项评估报告30余份，涉及83人次。学院组织党员参加第2期党支部书记"双带头人"培训示范班、全国高校院系级党组织书记网络培训示范班等各类专题学习培训。组织各党支部开展"不忘初心、牢记使命"主题教育等各类学习教育活动40余次。本科生联合党支部通过学校和北京市审批，正在申报第2批新时代高校党建"双创"工作全国党建工作样板支部。

学生工作。艺术学院共开展主题教育活动50余次。完成重大活动游行方阵组织协调任务、指导学生合唱团完成广场合唱和联欢方阵等任务。贯彻学校第二班主任政策，落实专兼职辅导员例会制度，完善导师、班主任、第二班主任、专兼辅导员联动的工作机制。设立勤工助学岗5个；修订《北京大学艺术学院学生素质综合测评办法及奖励奖学金评选实施细则》，完成校级、院级奖励奖学金评选工作；加强危机管控和危机联动处理、落实新生值班制度、开设新生适应课，2019年开设心理教育主题讲座2场，举办心理团体活动1场，联合制作影视心理剧。2019届毕业生升学、就业率达到100%。艺术学院与南京市江北新区管委会共建思政实践课教育基地，升级打造"湖畔艺术季"系列活动，开展"博雅美谭"美育公开讲座、青年艺术家成长分享会、"学院奖"评选、院友电影作品公映及创意展览等活动。学院获2018—2019年度学生社会实践优秀组织单位奖，1个项目获第27届挑战杯一等奖，学院代表队获2019年新生"爱乐传习"项目暨纪念"一二·九"运动83周年师生歌会乙组最佳创意编排奖。

工会工作。学院工会在职会员共计56人，其中事业编制会员34人，劳动合同制会员14人，博士后会员8人。组织有助于全院教职工身心发展的参观学习和健身活动，完成健康体检工作，安排对离退休教授及职工的年度慰问和送温暖工作。

学生艺术团。学院参加国内外各类艺术团体的交流和比赛，完成了2019年学校的各项工作和任务，累计参加校内外各类演出50余场，完成国庆70周年重大活动广场合唱团和联欢队伍的任务。合唱团赴瑞典哥德堡参加"世界合唱大奖赛暨第4届欧洲合唱比赛"并斩获金牌。在2019年毕业典礼上，交响乐团、民乐团与中央芭蕾舞交响乐团合作联合演出，为繁荣校园艺术和文化贡献力量。

（李婷婷、靳钰楚、解 明、曾格子、
杨玉娟、耿炜娜、孙 黎、彭 锋）

【音乐剧《大钊先生》再次创排、巡演】北京大学艺术学院师生原创音乐剧剧目《大钊先生》自2017年4月首演以来，历经多场排演磨合，获2019年度国家艺术基金传播交流推广资助项目。在"不忘初心、牢记使命"主题教育活动中，2019年全国巡演9场，作为对李大钊先生诞辰130周年的献礼。

（李婷婷）

对外汉语教育学院

【发展概况】 组织结构。对外汉语教育学院成立于2002年6月，前身是1984年成立的对外汉语教学中心，其历史可以追溯至1952年"北京大学外国留学生中国语文专修班"。学院设置长期项目教研室、预科项目教研室、短期项目教研室和特别项目教研室，负责语言生日常教学及管理；设置研究生教研室，负责研究生教学和管理；设置汉语及应用、习得与测试、文化与跨文化交际、课程与教师发展4个研究室，负责组织教师从事科研工作；设置综合办公室、信息技术服务中心和资源建设中心，为教学科研提供服务。学院运行由党政班子负责，同时设立学术委员会、教学委员会、评聘委员会和薪酬委员会，负责相关专项业务。

学科建设。学院一级学科为中国语言文学，二级学科为语言学及应用语言学。二级学科设立硕士点和博士点，同时设有汉语国际教育专业硕士点。一级、二级学科最近一次评估均在2017年完成。在教育部第4轮学科评估中，北京大学中国语言文学一级学科评估结果为A+。2017年汉语国际教育硕士专业学位授权点完成自我评估。学院的品牌学术活动主要有"世界汉语研讨会""北京大学国际汉语讲坛""黉门对话"（研究生院项目，学院每年申办）、"对外汉语教学暑期高级研讨班""对外汉语教学研究生学术论坛"等。学院主办学术刊物有《汉语教学学刊》。

队伍建设。截至2019年12月，学院有在职教师50人，其中老体制教授8人，副教授30人，讲师5人，助理研究员1人；新体制教研系列长聘副教授2人，助理教授2人；新体制教学教授1人，讲师1人。另有院聘语言讲师5人，外请教师25人。学院行政教辅人员12人，其中事业编制4人，合同制8人。离退休教师33人。2019年学院稳步完成精准支持（专项）计划工作，22位老体制教研系列教师获得支持。

教学工作。截至2019年12月，对外汉语教育学院在校研究生共有177人，其中博士生39人（内地27人，港澳台1人，外国留学生11人），硕士生138人（内地102人，港澳台9人，外国留学生27人）。2019年春季学期学院开设研究生课程20门（硕士生13门，博士生7门），秋季学期开设研究生课程22门（硕士生17门，博士生5门）。

2019年，学院共完成2100人次、26,715课时的留学生语言教学任务，开设225个班级。其中春季学期学生总数为697人，秋季学期学生总数为905人，暑期学生人数为498人。学生总人数和教学任务较2018年略有减少。5月13日至16日，学院举办留学生汉语大赛4场，34个班级参与。11月25日至27日，举办汉语演讲比赛3场，36位选手参与。春季、秋季学期各举办语言文化实践活动1次，文化体验包括扎风筝、吹陶笛、脸谱画和中国画，文化考察包括参观孔庙、国子监博物馆、首都博物馆、北京市城市规划展览馆、北京展览馆等，共65个班级参与。2019年新增元培学院留学生学术汉语写作课程、东方奖学金治国理政项目。此外，学院为全校研究生开设外国研究生公共必修课"基础汉语"，周课时4节，共6个班146人。

科研工作。2019年，学院有学术成果50项，其中期刊论文32篇，会议论文2篇，编著或教材16本（其中练习册3本）。学院教师参加科研活动106次（参加人数37人），其中会议75次，讲学培训10次。学院目前进行中的各类科研项目共21个。2019年学院举办国际汉语讲坛6讲、人文讲座4场。各研究室开展研讨和沙龙活动8场（习得与测试研究室3场、汉语与应用研究室4场、课程与教师发展研究室1场），包含学术演讲11次、主题讨论6次，主讲人中，学院教师10人，校外教师5人，学院博士生2人。5月11日，学院举办对外汉语博士生论坛暨第12届对外汉语教学研究生学术论坛，参会132人，来自15所高校的54名代表报告论文。

交流合作。1月17日至22日，学院举办北京大学-兰州大学汉语国际教育师资研修班。3月24日，剑桥大学校长访问北大并签署两校战略合作伙伴协议，语言学和汉语教学研究是7个合作领域之一。5月21日至22日，台湾师范大学陈振宇、杜昭玫访问学院并签署互派交换生协议。《神州学人》杂志第3期"伟大中华"特刊，由学院师生完成。2019年，学院接待了匈牙利罗兰大学、广东技术师范大学国际教育学院、卡塔尔Ahmed Bin Mohammed军事学院、厄瓜多尔马查拉理工大学、上海大学国际学院、新英才集团、泰国TCC集团等机构组织代表的访问。教师外派共9人：校际交流项目，美国狄根森学院2人、日本新潟大学、韩国梨花女子大学、西班牙格拉纳达大学和日本山梨县立大学各1人；孔子学院项目，柏林自由大学孔子学院、埃及开罗大学孔子学院、日本立命馆孔子学院各1人。

社会服务。7月15日至24日，学院举办对外汉语教学高级研讨班，来自国内外的150名青年教师和研究生参加，20位国内外专家做了讲座。

党建工作。学院扎实推进"不忘初心、牢记使命"主题教育。9月至12月，学院共组织开展党政领导班子集中研讨、党委扩大会议座谈交流15场，结合学校相关文件精神和学院实际，围绕党的政治建设、落实立德树人根本任务、推进"双一流"建设、学院发展等专题，深入交流研讨。根据座谈和问卷反馈，制定有针对性的解决方案，学院认真落实组织生活制度，做好发展党员工作，2019年新发展党员21人。各党支部积极开展党日活动，立足专业特色，组织师生参观"庆祝中华人民共和国成立70周年大型成就展"、赛克勒博物馆"弘扬红楼传统，争做教育标杆——北京大学'不忘初心、牢记使命'主题教育展"；组织观看电影《我和我的祖国》《小巷管家》；组织开展国庆70周年重大活动专题分享会。各学生党支部开展贯彻党的十九届四中全会专题组织生活会、"青春告白祖国"主题教育活动等。为加强党委对宣传工作的领导，学院主页、微信公众号发布的消息，均要求经党委负责人审核。2019年北大新闻网发布学院新闻共11篇，学院主页发布信息76篇，学院微信公众号推送67篇。2019年12月23日，学院微信公众号用户人数破万。

行政工作。2019年上半年，对外汉语教育学院协助学校完成行政换届审计及相关工作。2019年6月，学院行政班子换届工作完成。2019年下半年，学院着重改善教学设施和办公环境：购置电脑等校级管理设备86件，购置家具81件，报废校级管理设备53件；对学院大楼一层教室所有桌椅安装脚垫，对弱电机房进行降噪处理；在学院报告厅配置落地衣架、衣挂，卫生间安装小厨宝、手机托、抽纸盒；安排物业对所有教师办公室每周进行保洁；更换学院一层大门、北门，大楼北门和西门外安装壁灯；完善一层大厅国旗配置，根据学期在读留学生国别进行更换；完成关于在学院大厅引进自动咖啡机的调查工作；初步建成ERP实验室屏蔽室。

工会工作。2019年，学院工会在"团结、健康"的主题下展开并完成会员体检、保险和生日福利发放等工作，组织教职工参加学校工会组织的各类文体活动，组织教职工参观世园会，开展健康大步走等活动。组织青年教师参加教学基本功大赛，推荐评委，连续9年获得"组织奖"称号。

学生工作。学院以"导向、定向、去向"为核心进行全程就业指导，关心学生成长与发展。2019年学院共毕业博士2名，硕士41名，就业率100%。学院构建"学工组-班长-

寝室长"3级联动机制,联系服务引领学生,密切关注学生的思想及心理状况,和学校心理咨询中心积极沟通,及时了解学生最新心理动向。各班级举办"学规矩、讲规矩、守规矩"主题班会,组织学生深入学习校规校纪、分析典型案例,开展爱国爱党系列教育及主题宣讲活动。各年级党团支部开展"不忘初心、牢记使命"主题教育、"青春告白祖国"党团日联合主题教育活动。搭建中外师生交流平台、拓展学生国际化视野,开展思想政治教育、多元文化教育、学术科创方面的特色活动,如博士生论坛、师生羽毛球赛、语伴交流活动、元旦联欢晚会等。注重宣传工作,向学校新闻网、学工部《学生工作周报》报送动态、简讯,加强学生工作的"成果"意识,扩大学院在学校的影响力。研究生会微信公众号推送会议信息、院内通知、学院新闻等文章129篇,推送天数共115天,全年总阅读量达133,340次,总用户量达3808人。

(詹成峰)

【信息化建设】 自2014年推出第一门慕课到HSK六级课程全部上线,对外汉语教育学院一直注重"互联网+"与教学的融合,稳步推进信息化建设。在4月9日召开的中国慕课大会上,学院院长赵杨代表北京大学作"让中国语言文化通过慕课走向世界"的主旨报告。截至2019年底,学院已建成16门汉语教学慕课,12门国际汉语师资培训微课程,基本完成留学生汉语教材——博雅系列教材(18本)的数字资源配套工作。2019年,获得孔子学院总部"互联网+师资培训项目"《汉语测试基础教程》《现代汉语基础知识》《外语教学法基础》3门课程立项,获批80%项目经费72万。组织教师参加2019年"北京大学第8届创新教与学应用大赛"大赛,获得优秀组织奖,同时获得论文一等奖,课件二等奖、三等奖2个、优秀奖各1项。奖项中既有语言教学慕课课程作品《Chinese for HSK4》课程,也有对微课或慕课课程标准的反思,如《毕业微课制作指南》《国内第二语言慕课教学研究热点问题和发展趋势分析》《国际汉教硕毕业微课标准刍议》。

(陈汐)

【推进学科融合】 2019年11月1日,对外汉语教育学院举办北大人文论坛暨第5届中国第二语言习得研究高端论坛。论坛由北京大学对外汉语教育学院、北京大学人文学部、中国英汉语比较研究会二语习得研究专业委员会联合主办,主题为"多语种的习得研究"。论坛旨在进一步加强不同语种、不同理论背景、不同方向二语习得研究间的沟通,促成我国二语习得研究学界与国际二语习得研究学界的交流与合作。来自国内外20多位专家学者及50余名国内外师生出席。

11月2日,举办"多语种的习得研究"黉门对话。该次"黉门对话"既有针对理论模型的探讨,也有对于实证研究的报告,对多语种习得进行了深入讨论。

(詹成峰)

歌剧研究院

【发展概况】 组织结构。歌剧研究院成立于2010年1月,是中国第一所专门从事歌剧专业人才培养、歌剧创作与研究的高等教学科研机构,由财政部"特色学科"立项,是北京大学"教育部深化专业学位研究生教育综合改革"的试点学院。歌剧研究院下设五个部门:行政办公室、教学办公室、实践办公室、创作研究室及艺术发展协同创新中心。

学科建设。歌剧研究院立足应用型学科建设,以"中国美声"的理论研究和教学为核心,并付诸艺术实践。歌剧研究院目前设有4个艺术硕士招生方向:歌剧表演、歌剧史论、歌剧制作与管理和音乐剧表演。研究院拥有自主知识产权的原创歌剧作品6部。

队伍建设。截至2019年底,歌剧研究院有教职工34人,其中事业编制教授2人,副教授2人,合同制教师7人。教师中,歌剧表演艺术家4人,歌剧史研究专家1人,歌剧导演及制作人1人,歌剧编剧1人,舞蹈表演艺术家、编导1人。青年骨干教师中,女高音歌唱家2人,男中音歌唱家1人、钢琴艺术指导3人。另有院聘教授5人,驻院艺术家5人,院聘研究员3人,院聘副研究员2人。

教学工作。截至2019年底,研究院在校生19人,毕业生32人,均为硕士研究生。开设研究生课程21门,本科生公选课12门。研究院教学围绕应用型人才培养展开,课程设置结合舞台创作与实践,鼓励学生参加艺术实践活动,并设月末教学汇报演出和年度毕业大戏展演。

科研工作。2019年,研究院教师发表理论著述10余篇,其中核心期刊2篇:《中国歌剧七十年:回顾与展望》(蒋一民,《艺术评论》2019年第10期)、《互联网视域下中国原创音乐的审美建构》(李长鸿,《中国文艺评论》2019年第5期)。歌剧研究院与人文学部合办人文讲座4场,举办"第四届北大歌剧论坛"并出版《中国歌剧》丛书第2辑,创刊《中国歌剧与音乐剧》已获教育部批准,正报送国家新闻出版广电总局审批。歌剧研究院制定《关于青年教师学术发展指导体系的实施方案》,将青年教师的学术训练专业化、系统化、常态化,已举办3期"青年师生学术沙龙"。

交流合作。1月,在澳大利亚皇家墨尔本理工大学(RMIT, Royal Melbourne Institute of Technology University)举办"中国美声"音乐讲座,并举办专场新年音乐会;5月,与北京市委统战部、石景山区委合作完成"北京乔梦苑文化汇"项目,与丹麦皇家音乐学院启动筹备"中欧歌剧乐队学院"项目,进行国际化合作培养人才的创新探索;7月,院长金曼出席第二届"健康与艺术"高峰论坛并举办《歌唱与健康》专题讲座,学院师生出演论坛闭幕式音乐会;9月,分别与深圳大剧院、广州市星海音乐厅联合推出"中国美声·大型交响清唱剧——《江姐》",为庆祝中华人民共和国成立70周年献礼;11月,邀请法国及意大利专家教授3人来院讲授大师课,与湖北英山县教育局签约建设全国首个"博雅音乐课堂"县域实验示范区;12月,与黑龙江省文化和旅游厅联合出品的"金曼师生献礼冰城——'中国美声'音乐会版歌剧《青春之歌》"在哈尔滨音乐厅上演,与深圳卫视联合推出《梦想歌剧院》项目。

跨学科与服务区域文化建设。院长金曼在联合国教科文组织产学合作教席理事会主办的"2019新工科与一流专业建设论坛暨机器人与智能类新专业建设"研讨会上做《艺术与科学》专题讲座;副院长李卫导演"北京东城国际喜歌剧公益演出季",作为歌剧研究院的教学实践项目,为服务北京东城区群众文化生活作出贡献;依托于《中共中央国务院关于支持深圳建设中国特色社会主义先行示范区的意见》,歌剧研究院与深圳卫视合作的《梦想歌剧院》项目,将为中国歌剧人打造一个全新平台,为深圳建设中国特色社会主义先行示范区作出贡献。

党建工作。歌剧研究院党支部隶属直属单位党委,现有党员10人,其中教工党员9人,学生党员1人,学生入党积极分子5人(其中发展对象1人)。党支部组织开展"不忘初心、牢记使命"主题教育活动,组织党员学习习近平总书记系列讲话、党章党规,定期召开专题组织生活会,制定《学院党风廉政建设实施细则》《学院领导班子落实"三重一大"决策制度实施办法》等规章制度。

学生工作。歌剧研究院鼓励并组织学生在校期间广泛参与专业实践。1月,在澳大利亚墨尔本参演"中国美声"新年音乐会;2月,于上海东方艺术中心参加"伟大的情侣——情人节歌剧盛宴"演出;4月,参加光荣歌剧团制作的浸没式歌剧《茶花女》;5月4日,参加北京大学"纪念五四运动100周年"青春诗会及"中国美声——中国经典歌曲音乐会";5月至6月,参与"北京乔梦苑文化汇"项目启动仪式及"永恒的旋律——中国美声四大名著歌曲专场惠民音乐会"演出;7月,参加法国布列塔尼歌剧节;8月,在北京天桥艺术中心参演音乐会版歌剧《爱之甘醇》;9月,随《诗经·采薇》剧组赴希腊雅典巡演4场,并先后在深圳大剧院及广州星海音乐厅演出大型交响清唱剧《江姐》;10月,受中国驻新加坡大使馆之邀参加国庆招待会演出,参与国家艺术基金2019年度资助项目歌剧《韩信》演出;11月,在新加坡演出诗歌舞剧《忆向狮城》,在第四届北大歌剧论坛演出"现代歌剧群英会"4部剧目;12月,参与在广东韶关、黑龙江哈尔滨上演的音乐会版歌剧《青春之歌》。

毕业生去向。2019年,歌剧研究院毕业生8人,其中6人国内就业,2人申请攻读境外博士学位。

(李长鸿、郑景华、任　晔、封戈童、王　岚、杜星诺、李　鸿、洪　晔、李　烨)

【献礼中华人民共和国成立70周年】 院长金曼带领师生赴深圳、广州两地上演大型交响清唱剧《江姐》;蒋一民教授应国家大剧院邀请进行2019国庆专题讲座"歌剧巡礼:东西方碰撞在国家大剧院";李长鸿副研究员创作的歌剧剧本《五星红旗》在浙江温州上演;歌剧研究院师生参与北京大学"青春为祖国歌唱"活动《今天是你的生日,我的中国》视频拍摄。

(李长鸿)

【全新改版《青春之歌》献礼"五四百年"】 2019年5月,歌剧研究院全新改版歌剧《青春之歌》在学校百周年纪念堂上演。该剧获评教育部思政司"高校原创文化精品推广行动计划"第一名,研究院于8月针对4所合作院校进行教学辅导,于12月在广东韶关、黑龙江哈尔滨两市推广上演。

(李长鸿)

【举办第4届北大歌剧论坛】 歌剧研究院于2019年11月举办第4届"北大歌剧论坛",国内外专家、学者及艺术家百余人参加活动。该届论坛以"歌剧在当代和现代"为主题,聚焦讨论当今歌剧创作所面对的难题。第2辑《中国歌剧》丛书发布仪式于论坛中举行,"中国原创歌剧学院奖"评选环节正式启动。

(封戈童)

【师生获重要奖项】 教师李鸿以《声乐演唱与表演课程中"唱"的难点分析的教学实践》获"2019年北京大学教学新思路2.0项目"教研论文和项目二等奖,并获"第8届创新教育学应用大赛(微课组)"二等奖。毕业生张龙获"2019德国新声音国际声乐比赛"第一名。王朝阳于4月获"丝路梦想青年汇"音乐比赛二等奖;黄萌于5月获"第12届中国音乐金钟奖"河北赛区金奖,桑云龙(与中国艺术研究院联合培养)获北京赛区金奖;庄杰于8月获"全球海外华人华侨歌唱大赛"银奖;王依晗于11月获"第14届新加坡中新国际音乐比赛"天津赛区金奖。

(李　烨)

【推进建设"博雅音乐课堂"公益项目】 歌剧研究院创办的"博雅音乐课堂"于2019年继续深入全国贫困乡村中小学,组织艺术家为中小学生进行音乐启蒙教育。"博雅音乐课堂"项目组于11月在湖北省黄冈市英山县思源实验学校报告厅举行发布会,与英山县教育局签约,在该县建设全国首个课堂县域实验示范区,并将通过"慕课"形式为更多有需要的城镇和偏远乡村中小学提供公益音乐课程。

(李　烨)

《儒藏》编纂与研究中心

【发展概况】 组织结构。《儒藏》编纂与研究中心是2004年6月成立的实体性研究单位,挂靠哲学系,是为教育部哲学社会科学研究重大课题攻关项目《儒藏》工程专门成立的组织编纂与研究机构。现由教授王博任中心主任。成立之初，中心名称为"北京大学《儒藏》编纂中心"，2009年10月更名为"北京大学《儒藏》编纂与研究中心"。

《儒藏》工程是新中国成立以来人文社科领域最大的一项基础性学术文化工程，也是中国人文学界迄今规模最大的一项国际学术合作和文化交流项目。工程旨在以现代的学术眼光和技术手段，既对儒学文献进行全面整理，又对儒家文化进行深入研究，像《佛藏》《道藏》那样，将儒家的典籍文献集大成地编纂为一个独立的文献体系，以期为更好地继承和弘扬我国以儒家文化为主干的优秀传统文化作出新贡献。工程由汤一介教授任首席专家，季羡林先生任首席总编纂，汤一介教授、庞朴教授、孙钦善教授、安平秋教授任总编纂。

队伍建设。2019年，《儒藏》编纂与研究中心有在编专职编纂人员9人（其中8人为副研究员，1人为助理教授），在编行政人员1人，合同制行政工作人员5人，合同制编纂人员3人，聘任全职校内退休教授7人，聘任校内兼职教授1人、校外兼职教授1人、审稿专家1人，聘任全职校内财务人员1人，进站博士后1人。

教学工作。2004年，北京大学设立交叉学科"儒家思想与儒家经典"方向，由《儒藏》编纂与研究中心主办，挂靠哲学系、中文系招收硕士与博士研究生，并由《儒藏》中心统筹安排。中心聘请文、史、哲学科的著名学者共同担任导师，对博士生实行导师负责和集体指导相结合的培养方式，提供有利于诸学科融汇交叉的课程安排、学习形式，以《儒藏》编纂工作的需要和人才培养要求，学生入学后，统一选修中国哲学专业、中国古典文献学专业和中国古代史等专业的课程，并完成一定数量的《儒藏》"精华编"书稿的校点或审稿工作。截至2019年，已培养90多名博士生。2019年，"儒家思想与儒家经典"方向毕业8名博士生，招收6名博士生。现在读博士生33名。

【《儒藏》"精华编"接近收官】《儒藏》工程的实施分为两步，先编纂《儒藏》"精华编"，在充分总结"精华编"经验的基础上，再编纂《儒藏》全本。"精华编"包括中国、韩国、日本、越南4个部分。其中中国部分是主体，共计282册，截至2019年底已出版210册；《儒藏》"精华编"越南部分已全部交稿，即将全部出版；韩国、日本部分也在积极编纂之中。《儒藏》中心通过网站、微信公众号等形式及时向社会发布介绍《儒藏》"精华编"编纂出版的最新进展。

（杨韶蓉）

社会科学学部

【发展概况】组织机构。社会科学学部是北京大学在社会科学领域协调推进学科建设和教育教学改革的机构，平衡学校使命与院系行为的公共平台。1999年7月11日，学校印发《北京大学关于成立学部学术委员会的通知》（校发[1999]86号），设立社会科学学部。2016年6月14日，学校印发《关于北京大学社会科学学部、经济与管理学部班子任职的通知》（校发[2016]117号），调整了学部领导班子，聘任杨河为北京大学社会科学学部主任，关海庭、汪建成、文东茅为北京大学社会科学学部副主任。2019年7月6日，学校聘任王博为学部主任，杨河因年龄原因不再担任学部主任。

社会科学学部由国际关系学院、法学院、信息管理系、社会学系、政府管理学院（及中国政治学研究中心）、马克思主义学院、教育学院、新闻与传播学院、体育教研部等实体单位组成，包括法学、公共管理、教育学、马克思主义理论、社会学、体育学、图书情报与档案管理、新闻传播学、理论经济学、应用经济学、政治学等11个一级学科，下设50个二级学科。

教学成果。召开五次学部学术委员会会议，内容包括评审教育部第八届哲学社会科学优秀成果奖、讨论习近平新时代中国特色社会主义理论研究院、教育学院学术委员会建设事宜、讨论各院系本年度发展绩效建设方案、审议本年度专业技术职务聘任及通用岗位聘任工作等。

优化《社会科学的经典与前沿》《社会科学方法导论》《社会调查理论与实践》《社会科学学术研究导论》课程，筹备开设《社会科学编程语言》课程。《社会科学的经典与前沿》由学部内6个招收本科生的院系推荐的13位学术带头人主讲，《社会科学方法导论》授课团队来自社会学系、信息科学技术学院、政府管理学院、新闻与传播学院等院系的成熟学者及骨干教师组成，《社会科学学术研究导论》要求学生每周进行大量的中外文献阅读。以上4门课程，形成了社会科学研究的方法、经典、调研、学术系统训练框架。启动社会科学基础人才培养项目（严复班），聘请基础扎实、思想活跃、学术敏锐的中青年教师担任课程主讲人，或者担任学生的导师。原则上学部内的博雅讲席、博雅特聘教授、长江学者都要为学生授课，或参与教学活动。

日常工作。社会科学学部的管理架构及体制机制步入正轨，部务会、学术委员会和教学指导委员会运转正常。其中部务会由学部主任、副主任及学部内各学院（系、所、中心）主要负责人组成，2019年召开了多次会议，讨论学部学科规划、教学改革、队伍建设等重大问题。

【加强马克思主义理论学科建设】按照十九大报告要求，深化马克思主义理论研究和建设，加快构建中国特色哲学社会科学，在学校党委、行政的支持下，整合政府管理学院（中国政治学研究中心）、马克思主义学院、教育学院、哲学系、外国语学院力量，编译发行《马克思主义历史考证大辞典》中文版第二卷。5月17日，在德国柏林召开《马克思主义历史考证大辞典》学术工作会议，来自柏林自由大学、洪堡大学、北京大学等单位的学者参会。

【**正式发行"改革开放四十年与中国社会科学"丛书**】 正式发行"改革开放四十年与中国社会科学"丛书（十卷本），丛书各部分工如下：《中国法学四十年》（张守文主编）、《中国政治学四十年》（俞可平主编）、《中国社会学四十年》（张静主编）、《中国国际政治与国际关系学四十年》（贾庆国主编）、《中国新闻传播学四十年》（陆绍阳主编）、《中国图书情报学四十年》（李广建主编）、《中国马克思主义理论四十年》（孙熙国主编）、《中国教育学四十年》（陈晓宇主编）、《中国经济学四十年》（姚洋主编）、《中国人口学四十年》（郑晓瑛主编）。按照与英国剑桥大学出版社达成的版权输出协议，推进丛书的翻译工作。

【**社会科学基础人才培养项目（严复班）**】 2019年，招收第二届严复班学生，共17人，其中留学生2人，来自社科学部各院系及元培学院。开设《社会科学的经典与前沿》《社会科学方法导论》《社会调查理论与实践》《社会科学学术研究导论》4门必修课程。引导严复班学生面向思想文化创新，增强使命责任，激发学生的学术志趣和内在动力。相关规章制度、规定、工作组织已经健全。建立了社会科学基础人才培养领导小组、工作组及课程建设小组。领导小组由王博任组长，关海庭任副组长，汪建成、文东茅、周飞舟、佟萌为组员。工作组由关海庭任组长，周飞舟、佟萌任副组长，车浩、凌鹏、周羿、汪卫华、节大磊、刘畅为组员。每级学生配备一名班主任，班主任为工作组成员。课程建设小组由王博任组长，关海庭任副组长，严复班必修课任课教师为组员。建立社会科学基础人才培养导师组，来自学部招收本科生院系的青年骨干教师担任。社科学部部务会通过了《社会科学基础人才培养项目学生学术交流（出国）经费支持办法》《社会科学基础人才培养项目教师经费支持办法》。第一批学生100%获得国外一流高校交流或校内外奖励。严复班3位同学参加了团中央举办的调研大赛，关于三北防护林的研究进入全国前三十强。

（佟 萌）

国际关系学院

【**发展概况**】 组织机构。国际关系学院由5个系和3个研究所组成，即国际政治系、外交学与外事管理系、国际政治经济学系、比较政治学系、国际组织与公共政策系、国际关系研究所、亚非研究所、世界社会主义研究所。此外还管理16个科研中心。教学辅助机构和行政机构包括院行政办公室、教务办公室、党委办公室、财务办公室、学生工作办公室、国际项目办公室、继续教育办公室、网络办公室、《国际政治研究》编辑部及北大图书馆国关分馆等。

教学工作。学院现有4个本科、8个硕士和6个博士专业对外招生，即本科的国际政治、外交学、国际政治经济学、国际组织与公共政策，硕士的国际政治、国际关系、外交学、国际政治经济学、中外政治制度、中共党史、科学社会主义与国际共产主义运动和国际组织与国际公共政策专业（包括学术硕士和专业硕士），博士的国际关系、国际政治、外交学、科学社会主义与国际共产主义运动、中外政治制度和国际政治经济学专业。其中国际政治、科社与国际共运是全国重点学科。学院还与政府管理学院、马克思主义学院共同设立了政治学博士后科研流动站。

国际关系学院现有在职教师54人，其中教授26人，副教授20人，助理教授8人。2019年入学新生138人，其中留学生38人。截至目前，双学位学生计111人。2019年新入学硕士研究生160人，博士研究生29人，毕业硕士研究生159人，博士研究生30人。招生规模呈逐年递增趋势，特别是研究生、留学生数量有所增加。

（庄俊举）

党建工作。国际关系学院党委认真学习贯彻落实习近平新时代中国特色社会主义思想，在落实"不忘初心、牢记使命"主题教育中，不断开拓教工党建与学生党建的新阵地，进一步加强和完善学院党委的制度建设，认真学习贯彻党的十九届四中全会精神。4月20—23日，赴陕西省宝鸡市眉县开展"抓好基层党建，助力乡村振兴"主题党建活动；5月17日，开展"担负新使命，奋进新时代"学生党支部工作交流会；10月25—27日，赴河南省商丘市民权县开展"弘扬光辉历史，创新党建发展"主题党建活动。9月24日，学院党委举行"不忘初心、牢记使命"主题教育动员部署会暨第三次集体学习。

在2019年秋季学期之初，学院党委对党委委员联系支部情况进行了调整，每位党委委员都联系2—3个支部，参加支部活动，指导支部工作。此外，通过召开学生支部书记月度会和院党委扩大会等方式督促检查各支部开展"三会一课"情况，发现问题及时解决。同时，注重加强对支部书记的培养培训。截至12月，全院党员总数为355人（其中学生党员224人）。2019年，学院共有61名入党积极分子（含1名博士后）发展入党；34名预备党员转正。祝谐博被评选为"北京大学优秀党务工作者"。

（祝谐博）

教学工作。2019年，学院设立新学科、新专业，积极探索多元化教学模式。

1. 建设本科和硕士新专业方向"国际组织与国际公共政策"。在学校教务部的大力支持下，国际关系学院于2017年成立新专业方向"国际政治专业国际组织与国际公共政策方向"，并从2018年春季学期开始招收本科生。学院为新专业方向配备了优秀的师资力量，成立了国内高校第一个"国际组织与国际公共政策系"。

2. 建立和完善"国家安全学导论"及"'一带一路'沿线国家政治经济与国际关系概况"课程。教育部于2018年4月发布《教育部关于加强大中小学国家安全教育的实施意见》，决定在我国高校设立国家安全学一级学科。为配合这一新学科的设立，学院从2019年春季开始筹备新课程"国家安全学导论"，作为学科基础课。2019年秋季学期开始正式授课。

3. 探索多元化教学模式，开设慕课和本研合上课程。为响应学校关于推进慕课建设的号召，运用慕课资源和现代教育技术提高教学质量，国际关系学院自2018年起与智慧树公司合作，以"国际组织与全球治理"为主题，开发慕课系列课程。2019年，该慕课系列不仅被纳入北大本科课程体系，也被全国东西部70多所高校使用，受到广泛好评。

4. 修订和完善教学大纲和相关制度，积极申请创新项目，加强学生的培养创新能力建设。学院从2019年起要求所有本科生课程提前更新教学大纲，2019年秋季学期，首次将全院本科生课程教学大纲（共43门）汇编成册、印刷发放，每位教师人手一册，以促进交流互鉴。

（归泳涛）

科研合作。1. 2019年共出版学术著作19部，其中专著11部，编著8部；发表论文80多篇。在国家社科基金各类项目申报中，学院获国家社科基金重大项目2项："'一国两制'台湾方案研究"（李义虎）、"新时代中国特色大国外交能力建设研究"（王逸舟）；国家社科基金重大专项6项："新形势下美国问题研究"系列（王栋、于铁军、朱文莉、张小明、节大磊），"新疆专项"（钱雪梅）；国家社科基金年度项目1项："穆斯林移民问题与欧洲的身份认同危机"（王联）；国家社科基金后期资助项目1项："理性主义的政治学：流变、困境与超越"（唐士其）；国家社科基金青年基金项目1项："习近平外交思想视阈下的伙伴关系外交研究"（王峥）——总数达11项。刘金质教授的研究成果被评为北京大学离退休老师优秀科研成果特等奖，博士后王峥被评为北京大学优秀博士后。

2. 创办北大国关学术论坛。论坛每年分春秋两季各举行一次，分别是"北大国关学术论坛：北京大学比较政治论坛"和"北大国关学术论坛-北京大学国际组织人才培养论坛"。

3. 学院教师积极参与有关部门的政策咨询工作，王缉思、罗艳华、张清敏、王栋等教授受到外交部、中宣部、国务院新闻办公室、宋庆龄基金会等单位的书面表扬。学院第一次承担了中央国家机关司局级"全球治理与国际公共政策"干部培训班。

4. 《国际政治研究》杂志编辑部。《国际政治研究》全年刊文36篇，人大报刊复印资料全文转载18篇文章，转载率50%。《国际政治研究》微信平台用户已超过1.2万名读者。发行量每期为1600册左右。《国际政治研究》现为《中文核心期刊要目总览》《中国人文社会科学核心期刊要览》《中文社会科学引文索引》来源期刊。

（张海滨）

交流合作。1. 主办多场国际学术交流研讨会，如北京大学-东京大学-首尔国立大学亚洲校园院长论坛、"北京论坛-变革中的世界秩序"国关分论坛等。

2. 巩固并加强学院国际办学项目。目前，学院与美国、英国等10个国家的18所知名大学保持密切的交流与合作关系。2019年，学院共有不同层次的全日制中外在校生1076人，其中大陆学生675人，港澳台学生61人，留学生340人，留学生占总数的31.60%。

3. 4月，学院组织亚洲校园项目学生赴上海和杭州两地开展以"聚焦绿色治理"为主题的实地调研活动。4月，组织亚洲校园项目学生一行15人赴上海复旦大学国际关系与公共事务学院进行交流访问。

4. 在对学院教师、留学生群体和业务主管部门进行充分调研的基础上，组织国际项目办公室对既有的规章制度进行梳理和更新，并围绕"国际会议申报""出访申报""外专邀请"等老师咨询较多的问题，根据现行政策和实际操作进程编写指南，以便老师开展相关工作。

（董昭华）

行政工作。1. 4月，学院成立行政中心，组建了制度规范、岗位职责、队伍建设3个工作专班。

2. 行政中心制定形成每月定期编撰与刊发《学院简讯》的工作模式，搭建全院教职员工信息交流、院务公开的平台。

3. 学院对多个国关楼建筑空间进行了整体与细节兼顾的优化设计。

（祝诣博）

学生工作。学院团委、学工办贯彻"以学生为中心"的工作理念，以服务好、教育好、发展好学生为出发点，把握学生思想特点和发展需求，以学生思想政治教育工作为龙头，以多样化育人手段整合为重点，坚持打造高素质的学生工作队伍，注重工作实效、讲求工作方法，创新工作载体，优化内容供给，充分发挥科研、实践、文化、网络、心理、管理、服务、资助、组织等方面工作的育人功能，不断提高学生的获得感。1. 学院"爱国关天下"微信平台总关注量1.8535万人，累计年度阅读量87.6614次；开展"亲爱的青年"等青年马克思主义者培养工程项目，累次培养学生319人次。

2. 国际关系学院整合学生工作事务与共青团事务，结合学院"不忘初心、牢记使命"主题教育，主动承担中学生暑期课堂项目与教学、科研、师资深度融合，在学院硕士生推免接收工作中负责本科生综合绩点评定。

3. 2019届毕业生就业质量与就业率同样保持相对较高水平，就业地域分布多元化特征更趋显著，七成以上毕业生目前仍集中于北上广等经济发达地区就业。从行业分布来看，八成以上签约毕业生的就业去向为我国经济建设、科技教育以及社会管理事业的重要行业和关键领域。

（祝诣博）

院友工作。1.组织年度院友会理事会会议。11月23日，学院院友会第五届理事会第二次会长扩大会在贵州省安顺市举行。学院院友会会长、原文化部部长蔡武，院友会名誉会长、北京市政协原副主席沈仁道，院友会名誉会长潘国华，国际关系学院院长唐士其，党委副书记祝诣博，院长助理闫岩、项佐涛，院友会副会长关贵海和20余位院友会领导出席此次会议。

2.做好院友的服务工作。（1）院友信息搜集整理。院友会按照地域、行业等指标对院友信息进行分类，在2019年年初正式接入了"燕缘"线上系统，持续补充院友信息。（2）建设"院友会"微信平台。2019年共推送文章80余篇，内容包含活动通知、学院动态分享、学术信息速递等，关注量超过3万人次。（3）密切院友联系，做好值年班级返校工作。院友会年组织接待7个班级返校，共约400人。（4）组织院友沙龙活动。2019年举办六期，参加沙龙活动的院友累计近300人。

3.加强与院友的联系与合作，助力学院的教学、科研和学生就业。（1）加强与院友的企业深度合作，加大对学院教学和科研工作的支持力度。比如，3月30日，唐士其院长与学院院友会副会长、广州工商学院董事长邵宝华及相关人员就战略合作展开座谈会，并与广州工商学院国际教育学院战略合作签约。（2）邀请院友参加职业分享活动。11月17日，举办"就业能力说"院友职场交流沙龙，邵梦宇、孙懿两位院友为在校生分享职场经验。

（祝诣博）

工会工作。学院工会切实履行工会职责职能，不断加强自身建设，充分调动和发挥教职工的积极性，努力做到贴心为教职工服务，关教职工之所切，亟教职工之所需，工作亮点突出，成效显著。1.学院工会摸索建立了符合国关学院特点的委员工作会议制度，1月、4月、6月、9月、11月分别以不同形式召开委员内部讨论会五次，就学院各季度的工作重点进行研讨，明确分工与细则。2.创新活动凝聚人心。（1）打造系列"生日汇"，营造温暖国关之家。自1月起，推出每月举办一次的集体生日会，为教职工提供共同庆祝和交流的机会，提升大家的凝聚力和幸福感。（2）积极参加体育赛事，锻炼强健的国关之家。院工会先后组织和动员教职工参加校运动会、足球比赛、篮球比赛、乒乓球比赛和游泳比赛。在5月的游泳比赛活动中，院工会广泛动员全院教职工，组建起一支24名教职工的游泳队参赛，创造了学院游泳比赛史上人数之最。（3）鼓励多彩视角，发现镜头下的国关之美。院工会积极组织教职工参加第二届"庆祝建国70周年"北大风光摄影展和第三届"我眼中的大美祖国"摄影展。

（闫 岩）

法学院

【**发展概况**】 组织机构。法学院现任院长潘剑锋，副院长郭雳、杨晓雷、薛军、车浩；党委书记郭雳，党委副书记朴文丹、路姜男。

学科建设。1988年首批国家重点学科评选，北京大学法理学和国际法学被评为国家重点学科；2001年，北京大学法理学、宪法与行政法学、经济法学、刑法学成为国家重点学科。2007年，北京大学法学院成为全国三个首批获得法学一级学科国家重点学科的院校之一。2017年，世界一流大学和一流学科建设名单公布，北京大学法学一级学科入选一流学科建设名单。2019年，QS世界大学排名法学专业榜单中，北京大学法学院位列全球第23位，连续5年位列大陆地区第一名。

队伍建设。2019年，法学院引进法理学长聘副教授1名，进站2名博士后（分别为环境与资源保护法学、知识产权法学专业）。学院在编教师76人，包括教授43人（含北京大学"博雅讲席教授"3名、北京大学"博雅特聘教授"1名），长聘副教授/副教授25人，讲师/助理教授8人；聘任法律实践教学领域外籍教师1人；在站博士后6人。教育部"长江学者特聘教授"5人：陈兴良、朱苏力、陈瑞华、张守文、车浩；长江青年学者2人；中组部青年拔尖人才项目获得者3人；教育部跨世纪人才计划入选者5人；教育部新世纪人才计划入选者9人；全国十大杰出青年法学家5人。张守文、刘哲玮、王新、许德峰、阎天、高薇、彭冰、彭錞、楼建波、金锦萍获2019年北京大学奖教金，常鹏翱、杨明获"北京大学教学优秀奖"，杨明荣获北京大学第四届"十佳导师"荣誉称号。

（黄 晨）

教学工作。截至2019年12月，学院共有学生2234人，含：本科生700人；硕士研究生1268人（含法学硕士191人，中国法硕士23人，全日制法律硕士[法学]181人，非全日制法律硕士[法学]128人，法律硕士[非法学]666人，单证在职法律硕士79人）；博士研究生266人。2019年招收新生681人，含：本科生180人；法学硕士研究生80人，"中国法"项目硕士研究生16人，全日制法律硕士（法学）研究生84人，非全日制法律硕士（法学）研究生59人，法律硕士（非法学）研究生209人；博士研究生53人。2019年毕业学生672人，含：本科生161人；法学硕士93人，"中国法"硕士20人，全日制法律硕士（法学）53人，法律硕士（非法学）229人、单证在职法律硕士68人；法学博士48人。

2018—2019学年第二学期，学院共开设本科生课程36门，研究生课程115门，其中本科生和硕士研究生合上课程

17门；2019—2020学年第一学期，开设本科生课程39门，研究生课程107门，其中本科生和硕士研究生合上课程15门。在本科生培养过程中，学院坚持通识教育与专业教育相结合的方针，以宽口径、厚基础的素质教育为宗旨。法学院为本科生开设专业课程80余门，要求学生从中修满82学分，同时要求学生完成公共基础课和通识课62学分。在研究生的培养过程中，法学院秉承理论研究与实践应用相结合、基础理论与前沿问题兼顾、能力培养与职业品格并重、关注现实中国与全球化视野的办学思想。针对法学硕士和法学博士，注重培养科研能力和提高学术水平，开设法学前沿课程和一系列专题类课程；针对法律硕士（法学、非法学），则更加侧重实践能力的培养，除开设法学基础课外，还开设"案例研习""法律写作"和"法律实务"系列课程，并增加专业实习要求。与此同时，结合本、硕、博课程，举办开放式的"法学阶梯"系列讲座共计37场，"第二课堂"教学项目35项，教学沙龙6期，法学研究与论文写作系列讲座3场，"法学人师教育人生"系列讲座1场（首场邀请"人民教育家"高铭暄教授开讲"如何当好一名大学老师"）。2019年9月4日至5日，学院举办首届全国法学教育师资研修班"民法教学方法：基础课与案例课"。

2011年和2012年，学院分别入选教育部"法学教育实践基地"和首批"卓越法律人才教育培养基地"（"应用型、复合型法律职业人才教育培养基地"和"涉外法律人才教育培养基地"）。

（乔玉君）

科研工作。 2019年，法学院教师发表学术文章超过300篇，出版专著13部、译著2部、教材6部。蒲坚获第十五届"北京市哲学社会科学优秀成果奖"一等奖，张守文、常鹏翱分别获二等奖；郭雳获第六届"中国法学教育研究成果奖"一等奖，何其生获三等奖；蒲坚获第二届"方德法治研究奖"特等奖，陈永生获三等奖。2019年，法学院继续利用"双一流"经费资助学术著作出版，在《法学院学术著作出版资助计划》下，与北京大学出版社合作出版"北大法学文库"。学院师生主编学术刊物24本。《中外法学》收录CSSCI来源期刊；8本集刊收录CSSCI来源集刊（2017—2018）:《北大法律评论》《法律和社会科学》《金融法苑》《刑事法评论》《行政法论丛》《私法》《网络法律评论》《中德私法研究》。《北大法律评论》由在校生担任主编，组织统稿、编审和出版。学院主办英文期刊 Peking University Law Journal。2019年，学院首次利用"双一流"经费为学术集刊提供出版经费。

2019年，"新时代我国残疾人社会融合问题"（叶静漪）获得国家社科基金重大课题，"税收立法的核心价值融入及其体系化研究"（张守文）获得国家社科基金重大专项课题，"不当得利法中的获益内容与返还范围"（许德峰）、"地方性立法事务与央地立法权分配研究"（俞祺）分别获得国家社科基金年度项目。

2019年，学院举办学术论坛近40场。10月，召开"海峡两岸暨港澳法律发展学术年会"，主题是"信息时代的法律与法学"，台湾地区"中研院"法律学研究所、香港大学、澳门大学及内地知名高校法学院的学者参加研讨。11月，法学院9人学者团赴香港大学参加第20届"北京大学-香港大学法学年会"。法学院在2019年举办10期"青年教师学术工作坊"。

2019年，经学校批准设立"北京大学国家法治战略研究中心""北京大学国际冲突法研究中心"。截至2019年底，学院管理虚体研究机构41个。

（王 桔）

社会服务。 2019年，北大法学学者为《外商投资法（草案）》《资源税法（草案）》《生物安全法（草案）》《公职人员政务处分法（草案）》《证券法（修订草案）》《未成年人保护法（修订草案）》《预防未成年人犯罪法（修订草案）》《行政处罚法（修正草案）》《专利法修正案》（草案），以及《土地管理法》和《城市房地产管理法》的修正案（草案）等近期国家重大的立法和法律修订、修正工作提供专家意见，提交全国人大法工委。学院部分智库成果获得国家有关部门的采纳函和感谢信。

（王 桔）

图书资料建设。 法学院图书馆拥有4000平方米馆舍空间，600个阅览席位。2019年度订购及受赠中文法律专业图书4566种，7960册；外文法律专业图书318种，346册；中文期刊报纸244种；外文期刊120种；续订HeinOnline、Westlaw、Lexis、牛津法律（EPIL、RIL、IC等专库）、威科法律（Kluwer IEL、Kluwer Arbitration、威科人力资源、威科先行法律信息库等专库）、德文BeckOnline、月旦知识库等11种法律专业数据库。收藏法学院学士学位论文3604篇，硕士学位论文10,228篇，博士学位论文1162篇，共计14,994篇。

（陈志红）

合作交流。 2019年，法学院新增7所合作院校和机构，合作伙伴数量达118所；共接待24个国家或地区的80个访问团，累计超过213人次；共110余名学生参与由法学院组织和推荐的学生国际交流项目，其中有44名学生参与学期交换项目、6名学生参与海外学校LL.M.学位项目、50余名学生参加国际暑期项目以及13名学生赴知名律所和国际组织实习；国际学生总数达133名，包括来自13个国家的37名国际交换学生；教师出访人数达百余人次；举办超过40场国际和港澳台学术活动；新设立道·安国际交流基金和高伟绅法学教育基金、成立法学院国际化工作委员会、创办北大众达全球化与法治系列学术论坛、与美国众达律师事务所开设《跨境律师实务》全英文课程。

（李媛媛）

党团工作。 法学院党委共有教职工党员150人，其中在职教职工 94 人，离退休教师 56 人，设教工党支部 9 个；在校学生党员 645 人（本科生 39 人，硕士生 473 人，博士生 133 人），设学生党支部 29 个。2019 年学院共发展党员 108 人（教工 2 人，本科生 44 人，硕士生 60 人，博士生 2 人），共有 55 名预备党员转为正式党员（本科生 1 人，硕士生 49 人，博士生 5 人）。学院组织学生参加北京大学第 31 期、32、33 期学生党性教育读书班和第 31 期党的知识培训班，组织教师参加北京大学第 15、16 期教师工党性教育读书班。3 月，学院 1 个到届党支部完成换届工作。学院组织 166 名师生参与庆祝新中国成立 70 周年群众游行方阵、合唱方阵、广场联欢以及志愿服务，各党支部开展"不忘初心、牢记使命"主题教育，学生党支部举办"青春告白祖国"党团日系列活动，学院组织师生认真学习贯彻党的十九届四中全会精神，12 月 27 日组织教工认真学习领会《关于加强和改进新时代师德师风建设的意见》。3 个学生党支部申报 2019 年北京高校红色"1+1"活动。2 名教工党员被评为"北京大学优秀党务和思想政治工作者"。

（庞子钰）

行政工作。2019 年，法学院共有行政教辅人员 41 人，其中事业编制 14 人，合同制 27 人；2019 年新入职 10 人，退休 1 人。继续开展高端培训项目，举办 51 期培训班，培训 2920 人。完成 115 周年院庆活动 40 多项，接待 16 个年级的值年返校，成立 3 个地方校友会法学分会，组织 2019 年度各地工作交流座谈会、学术论坛、文化沙龙、校友新书分享、北大法马、羽毛球比赛等校友互动活动，为 2 位重症校友筹款治疗。备案管理网站 25 个，公共微信平台 25 个，各类信息系统 8 套；法学院官网 2019 年发布中文新闻公告 563 篇、英文 287 篇，微信平台发布新闻 355 篇；设计开发法律信息科普系统平台、北大法律评论服务信息平台。8 月 24 日，法学院 1979 级本科校友回母校庆祝入学 40 周年，1979 级本科 1 班校友集体向学院图书馆捐赠 400 余册法律新书，表达 1979 级校友对母校和法学院的感谢和祝福。

（粘怡佳、鲁昕鑫）

工会工作。2019 年，法学院工会会员 122 人，其中事业编制 96 人，劳动合同制 26 人。全年主要活动包括：组织参加校运动会、羽毛球比赛、游泳比赛、一二·九文艺汇演、太极拳培训、法律人全球健康跑、女工活动、献爱心慰问活动、退休教职工荣休会、教职工之家建设等。

（张双根）

共青团工作。2019 年，学院获 2017—2018 学年北京大学先进团委，2016 级本科 2 班团支部荣获北京大学优秀团支部，卢梦婕获北京大学学生会组织标兵，陈祯卿获北京大学十佳团支部书记，"弘扬宪法精神，共筑法制中国"——"12·4"国家宪法日普法宣传系列活动获北京大学优秀青年工作项目，20 人次获北京大学优秀团支部书记、优秀团干部、优秀团员等荣誉。学院获北京大学第 27 届"挑战杯"系列赛事团体二等奖（"优胜杯"），五四青年科学奖竞赛二等奖作品 2 件、三等奖作品 3 件，跨学科课外学术科技作品竞赛二等奖作品 1 件、三等奖作品 2 件，特别贡献奖竞赛优秀奖作品 1 件。学院获 2019 年学生暑期社会实践"力行计划"优秀组织单位奖，史诗荣获优秀指导教师奖，法律援助协会赴青岛实践团荣获优秀实践团队一等奖。学院 2017 级本科 2 班、2018 级法律硕士（非法学）2 班获评校级示范班集体。

（史　诗、李婉玉）

学生工作。3 月 22 日，4 月 21 日，11 月 22 日，12 月 13 日，四场"我在祖国基层"报告会暨法学院人才沙龙选调生专场举办，共邀请 10 位选调生校友回校分享，超过 300 人次参与活动；4 月 19 日，"青春心向党·建功新时代"纪念五四运动 100 周年特别主题团日活动举办；5 月 10 日，2019 年院设奖学金颁奖典礼举办；6 月 25 日，2019 届毕业生欢送典礼举办；8 月 17 日、9 月 3 日，2019 级新生报到；10 月 1 日，法学院 166 名师生参与国庆 70 周年重大活动群众游行、广场合唱、广场联欢以及志愿服务；10 月 1—7 日，"青春告白祖国"实践团赴深圳开展思政实践。

学院获第十七届"贸仲杯"国际商事仲裁庭辩论赛冠军、第十三届中国大陆地区红十字国际人道法模拟法庭竞赛冠军、2019 年国际刑事法院模拟法庭竞赛中国赛区总冠军、中国空间法学会第十六届 CASC 杯曼弗雷德·拉克斯国际空间法模拟法庭竞赛冠军、第十七届 Jessup 国际法模拟法庭比赛中国赛区亚军。

2019 年，法学院各类奖学金共计 73 项，总额达 452 万元，惠及学生 500 余人次。2019 年共有 303 名学生被认定为家庭经济困难，院设助学金共计 16 项，受助学生 118 人次。

2019 年，法学院共有 149 名本科毕业生，64 人就业，25 人出国深造，60 人国内读研；369 名硕士毕业生，344 人就业，6 人出国留学，16 人国内深造；36 名博士毕业生，32 人就业，1 人出国深造，2 人博士后进站。2019 年法学院邀请并接待 65 家用人单位，发布招聘、实习信息 2000 余条。

3—7 月，学院举办"法律文化节"系列学生活动。在 2019 年新生杯系列体育比赛中，学院羽毛球队获得冠军；男篮成功进入四强；女排、女篮闯进八强。在 2019 年北大杯系列体育比赛中，学院女排、男排、男篮、男足、棒垒进入四强；乒乓球队获混合团体第五名。在 2019 年秋季运动会中，法学院代表队刘萱、王浩、何雪珲共获 4 个单项冠军。学院团委在北京大学第 16 届"演讲十佳"比赛中荣获优秀组织奖，李峥、杨柯宁荣获"演讲十佳"称号。姜卓君、陈方媛荣获北京大学"十佳主持人"称号。12 月 15 日，学院学生会 2020 年"法漾廿华"新年联欢会成功举办。

（史　诗、李婉玉）

【"法学名师，教育人生"系列讲座】"法学名师，教育人生"系列讲座首场于 11 月 21 日在凯原楼举行，邀请"人民教育家"高铭暄教授讲授"如何当好一名大学老师"。高铭暄教授结合自己数十年的教学经验，以"如何当好一名大学老师"为主题，主要围绕以教书育人作为教育根本主旨的坚持，对法治的信仰以及将法学理论研究同立法实践和司法实践相结合与在场师生展开分享。

（教务办公室）

【全国首届法学教育师资研修班】 2019年9月4日至5日，首届全国法学教育师资研修班"民法教学方法：基础课与案例课"在北京大学法学院凯原楼报告厅成功举办。该研修班以民法学科的教学方法为主题，议程涵盖主题发言、课程教学展示和专题论坛等多元形式，邀请校内外24位民法资深学者及青年学者出席会议。会议同时迎来全国80余所院校的100名民法学科一线教师进行研修，以及由国内22所法学院校的2017级、2018级本科生组成的班级作为受课主体参与教学互动。

（教务办公室）

【"法学研究与论文写作"系列讲座】 作为教学人才培养的重要板块，法学院从2019年秋季学期开始为博士生专门开设《法学研究与论文写作》系列课程，该课程将陆续邀请各大法学期刊资深编辑，为博士生系统讲授法学研究与论文写作的方法。课程第一讲于11月14日举行，由《中国法学》杂志社总编辑张新宝教授主讲，车浩老师主持。张新宝教授以"博士生的核心任务——博士论文的撰写"为主旨，围绕选题、综述、研究方法等七方面核心要点，纵论法学的研究与写作要领。

（教务办公室）

【"北京大学-香港大学法学年会"二十周年】 北京大学法学院与香港大学法律学院曾于1998年12月9日在香港大学成立"北京大学-香港大学法学研究中心"，该研究中心自1999年起，每年组织一次学术年会，由北京大学法学院和香港大学法律学院轮流筹备。2019年11月8—9日，北京大学法学院历任院长吴志攀、朱苏力、张守文，现任院长潘剑锋及公法领域的专家学者赴香港大学，与港大法律学院院长及学者共同庆祝"北京大学-香港大学法学年会"二十周年，并召开为期一天半的法学年会。

（王 桔）

信息管理系

【发展概况】 组织结构。设置学术委员会、学位委员会、教学指导委员会、考核聘任委员会、研究生工作小组。2个教研室（图书馆学教研室、情报学教研室）；6个研究室（图书馆发展研究室、文献与出版研究室、信息系统研究室、信息组织与信息设计研究室、情报分析研究室、信息行为研究室）；3个研究所（信息化与人类信息行为研究所、北京大学信息化与信息管理研究中心、北京大学国家现代公共文化研究中心）；文化部公共文化研究基地；公共文化服务大数据应用文旅部重点实验室（与文旅部公共文化发展中心联合共建）。2019年7月9日，学校任命新一届行政班子组成，张久珍为系主任，张鹏翼、徐扬为系副主任。

学科建设。信息管理系现有图书馆学（本、硕、博），情报学（硕、博），信息管理与信息系统（本），编辑出版学（硕、博士点为自设）2个本科专业与3个硕、博士点。图书馆学是国家重点学科，有"图书馆、情报与档案管理"一级学科授予权及博士后流动站；情报学是北京市重点学科。

队伍建设。2019年，信息管理系现有在职专任教师27人，其中教授14人，副教授10人，新体制3人（2名助理教授，1名副教授），另有资深教授1人。行政人员8人，事业编制人员6人，劳动合同制人员2人。2019年入职5人，其中行政人员2人，博士后3人；退休1人；减离人员4人，其中行政人员1人，劳动合同制人员1人，博士后2人。

教学工作。截至2019年底，信息管理系共有在校生401人，其中本科生253人，硕士生75人，博士生73人；内地学生344人，港澳台学生12人，留学生45人。2019年共招生107人，其中本科生63人，硕士研究生32人，博士研究生12人。毕业生总人数110人，其中本科生58人，硕士研究生32人，博士研究生20人。

人才培养。2019年，信息管理系在本科生培养方面，增设本科核心课程2门，涉及大数据领域，融合课程体系改革要求，深化与国际信息管理学科课程体系接轨。研究生教学方面，重点开展硕、博研究生招生计划方案拟定、组织免试推荐研究生、组织硕、博士研究生命题、阅卷和复试；编制2017—2018年教学执行计划、申请新课审核与认定工作，安排组织各类精品课程、教学奖项和教材立项审批和组织评审工作、布置期末考试、毕业论文选题与答辩、学位汇报与授予等工作。

交流合作。信息管理系2019年全年支持本科生10人次参加本学科信息管理、情报学、图书馆学、人工智能等领域的顶级国际学术会议。进一步完善学生参加国际交流资助办法，修订《信息管理系学生参加国内外学术会议资助管理办法》，加大对学生国际交流的支持力度。

科研工作。2019年，2019年全年各类项目立项42项，其中国家社科基金项目2项（含1项重点项目），项目经费1031.21万元。EI收录的论文8篇，SCI/SSCI论文8篇，CSSCI及中文核心论文58篇，学术著作6部，另有3篇国际论文集收录，14篇非核心期刊论文、1部发展报告。2019年10月举行"2019年全国情报学博士生学术论坛"；2019年11月举行"第十三届全国图书馆学博士生学术论坛"。

交流合作。2019年，信息管理系邀请多位来自美国、法国、日本等国家或地区的大学和研究机构的专家学者，与全系师生就当前本学科的热点问题进行交流。

党建工作。 信息管理系共有党支部7个，其中学生党支部3个，分别是本科生党支部、硕士生党支部、博士生党支部；教职工党支部2个，分别是情报学党支部、图书馆学党支部；离退休党支部1个，临时党支部1个。共有中共党员158人，其中正式党员132人，预备党员26人。教职工党员共有28人，离退休党员21人，学生党员92人。系党委强化贯彻党委职责，引导教师师德师风学习教育工作。结合2019年重要事件节点，组织观看纪念五四运动100周年大会，学习习近平总书记讲话精神，邀请韩毓海教授为全系师生讲授"五四的方向"专题党课；动员并组织系内38名师生参与新中国70周年庆祝活动的志愿服务和群众游行活动。各党支部组织开展"不忘初心、牢记使命"主题教育，开展主题学习、理论研讨、实地参访、座谈调研等形式多样的活动。

工会工作。 2019年，信息管理系工会共计拥有会员37人。系工会组织全体工会会员积极组织教职员工参加校运动会、游泳比赛、跑步等活动。

学生活动。 2019年信息管理系共开展198项思想政治教育活动，紧密结合德智体美劳全面发展要求，实现学生全覆盖、全参与。军训期间开展《习近平的七年知青岁月》《在纪念五四运动100周年大会上的讲话》集体学习和一对一谈话，34名新生递交入党申请书。建立学生事务联席会议制度，组织党政领导、专任教师、班主任、第二班主任、辅导员、教务老师等共同讨论学生工作。立足院系实际，打造的二课堂活动，首创"信言"系列教授茶座，打造师生交流平台。

毕业生去向。 2019年，信息管理系荣获"2018—2019年度北京大学毕业生就业工作先进集体"称号。2019届毕业生中24人国内升学，10人出国（境），47人签订就业协议、用人单位证明及劳动合同。

（常雅芳、王明慧、李 派、张恂达）

社会学系

【发展概况】 **学科概况。** 北京大学社会学系1983年起开始招收社会学专业本科生，1985年成为国内第一个具有博士学位授予权的社会学系。2007年开始，社会学被教育部确认为国家一级重点学科，是北京大学现有的18个国家一级重点学科之一。社会学涉及的二级学科领域，包含理论社会学、应用社会学、人类学、人口学、民俗学、社会工作以及社会管理与社会政策。社会学系设有社会学和社会工作2个本科专业；社会学、人类学、人口学和社会保障4个学科学位硕士点；1个专业学位硕士点；社会学、人口学和人类学3个博士点。在QS公布的2019年世界大学学科排名中，北京大学社会学学科排名26位，在大中华区名列第一。

教学工作。 截至2019年12月31日，社会学系在册本科生共306人，其中留学生46人。2019年新入学本科生72人，其中留学生12人。招收社会学双学位68人，目前在读201人。2019年，本科生毕业并授予学位43人；留学生毕业并授予学位10人；社会学双学位毕业40人，辅修毕业9人。研究生在校人数294人，其中博士95人，硕士199人。2019年，共招收研究生93人，其中博士22人，学术硕士31人，社会工作专业硕士40人。2019年夏季，授予博士学位17人，硕士学位80人。制定本科实践教学体系培养方案，在云南罗平、北京朝阳、广东顺德、江西靖安新建4个教学科研实践基地，累计建设教学科研实践基地12个。完善社会工作专业硕士培养方案，新增必修课《研究计划与论文写作》，改进实习课程。新开《博士生阅读讨论课：社会运动和集体行动》课程，进一步完善博士生培养。完善博士生综合考试实施细则和硕博连读选拔规则，提高博士生培养质量。

科研工作。 2019年度新立项纵向项目8项（国家社科基金年度项目4项、国家社科基金重大专项3项、国家社科基金中华学术外译项目1项），新签订横向项目13项；新入账科研经费730.29万元，其中纵向项目400万元，横向项目330.29万元。2019年度出版专著9部，教师及博士后发表学术论文148篇，其中CSSCI收录68篇。周飞舟教授"从工业城镇化、土地城镇化到人口城镇化：中国特色城镇化道路的社会学考察"获北京市第十五届哲学社会科学优秀成果奖二等奖。2019年度举办"午间学术报告会"11场，"边疆与民族"青年学者讲座4场；举办第六届余天休优秀博士论文奖颁奖典礼及学术专场；人类学专业举办"人类学本科推介系列"讲座4场、人类学学科建设之"本"研讨会暨北大人类学本科开班典礼，以及"云大-北大魁阁工作站重建"教学与实践工作坊；社会学系教师组织举办"国家治理现代化：问题与挑战"学术研讨会、北京论坛分论坛（文明进程中的女性能动力和发展）、第四届"一带一路与西部发展"研讨会、"方法与应用"系列工作坊，并与社科学部合作举办学术讲座3场。主编"百年中国社会学"大型丛书，首批5本社会学经典于商务印书馆出版。主办国际中文学术期刊（新加坡）《社会理论学报》，组成新编辑部，并以"北京大学社会学系"为主办方出版2期。

党建工作。 截至2019年12月31日，社会学系党委共设有党支部13个，其中学生党支部10个，教工党支部3个；共有党员249人，其中在职教职工党员38人（含调查中心11人），离退休党员11人，学生党员175人，组织关系暂存党员25人；2019年度新发展党员41人，预备党员按期转正32人。2019年度确定入党积极分子82人，确定发展对象42人，接收党员组织关系37人次，转出党员组织关系66人次。

2019年组织81名入党积极分子参加党的知识培训班，组织42名发展对象参加党性教育读书班。王迪、佟新被评为北京大学优秀党务和思想政治工作者。2019年的党建重点工作主要有以下几方面：

1. 发挥党委的政治核心作用。完善《社会学系党委工作规则》的落实，定期召开党委会，对"三重一大"事项提前审议，做好与党政联席会作用发挥和有机衔接；加强党委理论中心组学习，用习近平新时代中国特色社会主义思想武装头脑，指导实践，推动工作。加强基层党建。调整支部设置，将专兼职辅导员编入学生党支部，加强对支部工作的指导；制定《北京大学社会学系党支部工作手册》，提高党建工作的专业水平和能力；加大骨干教师的党员发展力度，2019年1名教授被推荐为发展对象，1名长聘副教授正式提交入党申请书。强化意识形态阵地管理。加强对境外教学参考书的审查，确定年审制度；加强对讲座、论坛、报告会、研讨会等科研活动的意识形态方向引导和管理；加强对系网站、微信公众号等发布平台的管理，明确新闻发布的出口审批责任人。加强师生思想政治工作。通过举办开学典礼、"师说"师生座谈会、京津冀高校社会学论坛、毕业典礼等活动，将思政育人贯穿到学生发展的各个阶段；在国庆演练、纪念五四运动100周年等重要时间节点组织品读马列经典读书会、青春诗会等活动，开展爱国主义教育，吸纳更多团学骨干和入党积极分子；暑期组织学生实践团分赴各地开展国情教育实践。成立社会学系师德师风考核小组，在人才培养各个环节进行思想政治和师德师风考核，宣传学习落实七部委《关于加强师德师风建设》的文件精神，制定《社会学系师生交往指南》。加强党风廉政建设。制定《社会学系科研经费管理办法》《社会学系公务交往中收受礼品管理办法》，修订《社会学系党风廉政建设责任制实施办法》等规章制度。

2. 团委学工。修订《社会学系学生素质综合测评办法》，制定院系资助工作方案。召开毕业生大会，举办"社会人·职场路"系列活动、"职面未来"交流会、"学而思"企业参访等活动，开展一对一访谈。举办"师说"师生座谈会4期，"博言"博士生讲坛4期，"师说"活动获得北京大学优秀青年工作项目荣誉称号；举办京津冀高校社会学论坛1次，学术午餐会8期，田野工作坊4期，新生读书会9期，春季读书会7期，论文写作、田野访谈等技能培训4次。在国庆重大活动中，社会学系共58位师生参与，超过建议报名上限人数的45%。围绕学工部下发的"扣好人生第一粒扣子"专题教育计划策划了党性教育、规矩意识教育、新生教育等活动，根据社会学系学生特点和偏好，将专题计划融入专业，创新活动形式。社会学系共有党支部骨干、班团干部、团学骨干、兼职辅导员约150人，系团委统筹各层次学生干部，分别建立管理制度，囊括例会、培训、一对一指导交流等具体举措。

3. 综合管理。截至2019年12月，社会学系在编教师40人，其中教授22人，副教授12人，助理教授6人。在编行政人员6人，劳动合同制6人，其他1人，离退休23人。郭志刚教授办理退休手续；孙飞宇聘为长聘副教授，高丙中入选教育部长江学者特聘教授，张静教授被聘为北京大学学术委员会委员，谢立中教授被聘为北京大学社科学部学术委员会委员；王铭铭任人类学专业主任，担任岗聘委员会职务委员，高丙中卸任。李康获北京大学教学卓越奖，王娟获王选青年学者奖教金，高翔获曾宪梓优秀教学奖，王迪获中国工商银行奖教金，王铭铭获北京银行教师奖。招收博雅博士后邓苗，吴玉玲获博士后科研基金二等资助。渠敬东、张春泥获北京大学教学优秀奖（本科），陆杰华获北京大学教学优秀奖（研究生）；邱泽奇教授的课程进入国家精品在线开放课程名单；王娟受聘为国家民委优秀中青年专家。

2019年度，社会学系举办海外学者讲座11场，开展海外学者研究工作坊，举办中俄社会转型与社会变迁国际研讨会，组织赴德国图宾根大学举办两校社会学国际论坛，并建立合作关系，接待瑞典隆德大学访问学者交流。举办1985级本科毕业30周年返系活动、1999级本科入学20周年返系活动、1999级硕士入学20周年返系活动；推荐系友李斌获评"优秀校友"。推进系友捐赠项目"田字格农村问题研究项目"立项与中期检查，2019年由田字格基金资助10项社会学系学生科研项目。举办北京大学精神卫生社会工作者培训等继续教育项目15项。

【自主设置社会调查与政策评估硕士专业学位】 根据国家人才发展战略，研究生教育正在从学术型向专业（应用）型转化，社会学专业学位人才培养有大量的社会需求，但专业学位设置与社会真实需求脱节，因此社会学系2017年开始进行社会调查与政策评估专业学位设置的需求评估和论证工作，希望在国家尚未更新目录时，运用北大的专业设置自主权率先设置，以便有效回应新时期国家发展的人才需求，促进社会学研究教育和经济社会职业市场的准确衔接。2019年10月29日，北京大学学位评定委员会于第141次会议投票表决同意自主设置"社会调查与政策评估硕士"专业学位授权点。北京大学社会学系成为国内首家社会政策专业硕士学位授权点。社会调查与政策评估硕士的英文名称是 Master of Social Policy，简称 MSP。教育目标是服务于社会治理的决策、执行、监控、风险及后果评估的专业人才。

【铸牢中华民族共同体意识研究基地获批准设立】 10月，为深化新时代民族研究工作，进一步落实铸牢中华民族共同体意识的时代要求，大力推动我国民族研究的学科体系、学术体系和话语体系建设，中央统战部办公厅、中央宣传部办公厅、教育部办公厅和国家民委办公厅（以下简称"四部委"）联合发布了《关于申报铸牢中华民族共同体意识研究基地的通知》（以下简称"《通知》"）。《通知》中，四部委决定委托有关高校和科研院所共同建设一批铸牢中华民族共同体意识研究基地。在社科部的领导和组织下，由北京大学作为依托单位、北京大学社会学系、社会学人类学研究所作为申报单位、社会学系博雅讲席教授马戎为首席专家，提出申报。12月，北京大学所申报的"铸牢中华民族共同体意识研究基地"顺利入选，成为全国入选的十个"基地"之一。

【"不忘初心、牢记使命"主题教育】 社会学系"不忘初心、牢记使命"主题教育沿着两条线扎实推进：一条线是宣传、学习和教育主线，回望和明确社会学人的初心和使命；一条线是理论学习拉动工作的主线，党政班子抓世界一流学科建设。在学习教育主线下，通过集体学习研讨、观影、参观、现场教学、党团日主题活动等形式，组织70余场活动，累计1500人次参加。领导班子和党支部书记结合调研主题和学习内容，讲授专题党课，分享学习体会。与学科优良传统与发展实际结合，系党委精心组织6场"不忘初心、牢记使命"主题教育·社会大家谈系列报告会，邀请教授分享他们研究国家重大政策实践的调研体会和理论反思，多角度反映中国特色社会主义道路在各地的成功实践。

在推动工作主线下，社会学系党委以深入开展调查研究为龙头和抓手，与行政换届审计工作、北京大学内部巡查工作协同推进，采取集中座谈会和分主题小型访谈、日常走访、设置意见箱等形式开展调查研究，发现问题，并快速落实整改。已经落实或正在整改的工作包括社会政策专业硕士学位的设立、建立海外人才专家库、学生评奖评优规则完善等22项工作，并通过领导班子理论学习中心组学习制度建立，博士生导师递补制和双导师制管理办法制定，社会实践教育改革方案建设、《北京大学社会学系党支部工作手册》、《社会学系公务交往中收受礼品管理办法》等制度文件的建立，固化主题教育成果。

（崔　佳）

政府管理学院

【发展概况】 机构设置。下设政治学系、行政管理学系、公共政策系、城市与区域管理系4个系，拥有公共管理硕士（MPA）教育中心，学院现设有政治学与行政学、行政管理、城市管理3个本科专业，政治学理论、政治学（中国政治）、政治学（比较政治）、行政管理、公共管理（公共政策）、公共管理（发展管理）、区域经济学7个硕士专业，政治学与公共管理学2个一级学科以及区域经济学1个二级学科博士授予点，政治学、公共管理、应用经济学3个博士后流动站。

学科建设。2019年按学校要求启动自主设置目录外二级学科工作，在政治学下设置"国家安全战略与管理"目录外二级学科硕士、博士学位授权点。新设学科建设办公室，专人负责学院学科建设工作，定期制作学科建设简报，发布学科建设动态新闻共17篇，定期汇总编制《最新学术发表》，撰写政治学与公共管理学科建设自评估报告。

队伍建设。政府管理学院2019年引进助理教授4人，退休教授2人。政府管理学院现有全职教师51人，正高职称22人，副高职称29人，40岁及以下青年学者12人，41至55岁之间的中年学者共27人，中青年学者占教师总数的76.47%。在国外获得博士学位的20人（占39.22%），在国内获得博士学位的31人（占60.78%）。长江特聘教授2人、马工程首席专家4人、万人计划领军人才2人、教育部新世纪百千万人才工程国家级人选4人。博士后21人。

政府管理学院为加强青年学术人才培养和学科人才梯队建设，特设"青年学者支持计划"，为青年学者的学术会议、学术平台、学术讲座、论文工作坊等活动给以经费、场地、宣传等方面的特别支持。2019年，举办2期青年学者论文工作坊活动、第三届北京大学-复旦大学国家治理深度论坛——"国家治理现代化：理论探索与经验研究""纪念北京大学政治学120年研讨会公共管理青年论坛"分论坛等多项学术活动。学院通过官网、官微、滚动屏等传媒，加强对青年学者教学与科研成果的推送，设置"北大政管学科建设-青年学者专栏"，积极宣传学者的教学科研动态。

科学研究。2019年，政府管理学院9位老师获国家级及省部级纵向立项9项，总金额301万元。截至2019年底，在研纵向项目共38项，总金额1668万元。其中政治学学科18项，831万元；公共管理学科20项，837万元。2019年，横向项目入账超过140项，约3610万元。其中，当年新立项的70项，约2184.42万元，含公共管理学科55项，1740.86万元；政治学学科15项，443.56万元。2019年，政府管理学院教师共出版著作19部，发表论文193篇，人均发表3.78篇，其中CSSCI/SCI/SSCI 82篇，人均1.55篇；博士后发表37篇，CSSCI/SCI/SSCI 18篇，人均发表CSSCI/SCI/SSCI 0.86篇。王浦劬教授的《政府向社会力量购买公共服务发展研究：基于中英经验的分析》、黄恒学教授的《北京社区公共服务建设研究》荣获2019年北京市第十五届哲学社会科学优秀成果一等奖。

2019年共主办论坛、讲座85场，其中30次国际讲座，10次政管论坛，45次国内学术论坛、讲座。

教育教学。推进本科生培养改革，实施"政管第一课"公开课教学展示制度，2019年秋季学期，公开14门必修课第一堂课。2019年共组织37场读书会，组织28场导师见面会，2场本科生学业指鉴系列讲座。推进"政治、法律与社会"本科交叉培养项目建设。设立实践教学经费，2019年共支持30支社会实践团队赴江苏、丽水等地社会实践，并邀请23名校友及业界精英担任本科生实践导师，加强实践性教育教学，提升人才培养质量。

与北京西客站共建MPA社会实践基地，并组织MPA新疆班学生前往开展社会实践活动，聘请校外导师21人，共邀请校外导师举办9场"公共政策讲坛"。

2019年，政府管理学院组织研究生座谈会、政治学学科博士生培养质量研讨会、公共管理与区域经济学科博士生培养质量研讨会、博士研究生学术创新成果评价的调研会等会议，制定新的博士生综合考试方案《政府管理学院博士研究生培养管理办法》，编制《北京大学政府管理学院"研究生学术交流基金"资助实施办法》《政治学和公共管理博士研究生学术创新成果综合评价实施细则》《政府管理学院研究生学位论文学术规范检测实施细则》，修订《政府管理学院硕士研究生学年学业奖学金管理办法》《政府管理学院关于〈北京大学硕博连读研究生培养工作规定〉的补充规定》。成功申请研究生院"深化博士研究生教育综合改革"研究课题，完成《以质量为目标的政管学院博士研究生培养综合管理创新研究》项目。

学院为研究生提供各类学术平台，举办北京大学全国博士生学术论坛、公共管理学科博士生学术沙龙、政治学学科"政知坊"活动，组织学生申请暑期学校、国际短期访问、参加会议工作；推荐并成功举办研究生暑期学校、博士生学术论坛、博士生学术会议、"黉门对话"专家主题论坛共7个项目。

2019年，政府管理学院1位教授获北大第四届十佳导师称号，3位老师荣获北京大学第八届创新教学与应用大赛奖项，4位老师获"2019年北京大学教学优秀奖"。1名本科生获2019年北京高校优秀本科毕业设计（论文），1名MPA学生获优秀公共管理专业硕士费孝通勤学奖提名奖，5名同学获得2019—2020学年博士研究生校长奖学金。

燕继荣主讲课程《政治学原理》通过学校"优质本科课程"评审，参评北京市高校"优质本科课程"。

学生工作。2019年，政府管理结合时事热点开展第二课堂品牌活动。举办中国青年政治人论坛和北京大学青年政治人论坛，解读国家治理新目标、结合学科特色深入学习十九届四中全会精神。共举办7次"博雅家·乐创"等活动，400余人次参与。组织社会实践活动，2019年，在云南、上海等地共建立5个北京大学思想政治实践基地。以庆祝新中国成立70周年为契机，策划组织"青春告白祖国"主题教育，共举办17次活动，师生1000余人次参与。2019年，政府管理学院团委获评北京大学先进团委、北京大学2018年度学生工作先进单位、北京大学2018年度学生资助工作先进单位、北京大学2018—2019学年学生暑期社会实践"力行计划"优秀组织单位奖、北京大学第二十七届"挑战杯"系列赛事团体三等奖等荣誉。

2019年，181名同学获得学校各种奖励，71名同学获得学校奖学金，10人次获得院级奖学金，其中5名同学获评学校学术创新奖。9名同学获得北京市三好学生、优秀毕业生等北京市级奖励。2019年度政府管理学院获评学生资助工作先进单位，71名同学受学校资助，助学金总计835,200元；15名同学受学院资助，资助总金额为75,000元；5名老师及学生辅导员赴河南、河北、山西等地走访7名学生家庭。2019年本科生就业率80.36%，硕士研究生就业率为99%，博士研究生就业率100%，学院综合就业率为98.42%。

国际交流与合作。政府管理学院与斯坦福中心、柏林自由大学、美国乔治城大学、澳洲国立大学等多所国际知名大学接洽签订国际合作项目。邀请3位国际知名学者参与"北京大学高端学术讲学计划"系列活动。

2019年度共组织十期"北京大学海外学者讲学计划"相关活动，共接待30余次来访团组，审核教师出国出访48批次，学生出国出访62批次，以及组织国际学术会议讲座30次。承办2019年发展中国家治理现代化研修班、泰中新时代领导精英研修班等涉外培训。

2019年，留学生本科在校生20人；国际英文授课硕士项目（MPP，LSE，IMPA）在校生总计51人，其中MPP项目28人（含延期），PKU-LSE双项目16人，IMPA项目7人。另外在LSE双硕士伦敦学年就读学生32人。

2019年在高水平公派留学申请工作中，8名博士生被派往哈佛大学、芝加哥大学、美国密歇根大学、匹兹堡大学、伦敦大学学院联合培养；1位同学成功申请英国伦敦大学国王学院攻读博士学位。

院友工作。2019年，学院举办5场值年院友班级返校接待，举办战略发展研讨会之在校院友座谈会、院友沙龙、"政思·阅享"读书会、看望院友、院友专题调研等院友特色活动12场。莫锋获"北京大学优秀校友"称号，李永新获"北京大学校友工作贡献奖"。

党建工作。2019年，政府管理学院党委制定《政府管理学院党委工作规则》《政府管理学院党政联席会议制度》《政府管理学院学术成果出版办法》《政府管理学院关于严格横向课题协议签署和规范管理的通知》等制度，以制度建设提高从严治党工作的有效性。学院党委进一步加强基层党组织建设和党员发展教育工作。调整《政府管理学院党员领导干部联系支部制度》的具体分工，敦促党员领导干部把联系基层支部工作落到实处，组织推动教师支部换届工作进一步规范化。党委开展"不忘初心、牢记使命"主题教育，领导班子和党委委员开展集中学习研讨十余次，进行调查研究，推进整改落实，解决事关学院发展和师生普遍关心的各类问题十余件。教师和学生党支部根据支部特点组织开展了二十余次学习研讨活动。利用门户网站、微信公众号、电子显示屏等宣传平台，开辟主题教育活动专栏，及时更新活动情况、传达文件精神，提高师生党员参与主题教育的积极性。

政府管理学院党委2019年共发展党员41人，其中教师党员2人，本科生党员27人，研究生党员12人。

（赵　恺、金　民、刘　佳、曲晓研、张诗琪、张于思、李　博、张肖迪、姜　倩、李　傲、田　珺、张　越、谭卓立、史俊杰、杨大伟、冷　红）

【**中公教育基金捐赠**】 2019年3月7日，北京大学政府管理学院中公教育基金捐赠仪式在廖凯原楼207宁肯教室举行。中公教育集团董事长李永新，北京大学校长郝平、副校长王博出席捐赠仪式。中公教育集团在2018年捐资1亿支持母校发展的基础上，再慷慨捐资5000万支持学院建设，旨在推动学院人才培养、教学科研和院友工作迈上新台阶。中公教育集团初创于1999年，是集合面授教学培训、网校远程教育、图书教材及音像制品的出版发行于一体的大型知识产业实体。中公教育集团以"永葆感恩之心"为组织文化内核，曾多次向母校捐赠，关心并支持母校建设。现任董事长李永新系政府管理学院1995级本科生，集团高层管理者大部分是北大校友。

（李傲）

【"数字政府和数据治理"论坛】 2019年5月11日至12日，政府管理学院举办"数字政府和数据治理"论坛，论坛与会者来自于34所高校，并邀请到了产学研各界嘉宾，单位包括国家信息化专家咨询委员会、中科院复杂系统管理与控制国家重点实验室、清华大学国家治理研究院、阿里云计算有限公司等。论坛及相关活动的成果已形成论文集并待出版。论坛围绕数字政府与数据治理这一话题举办，进一步密切产学研联系，引入企业参访、学生实习、建立实践基地等新的形式，为北京大学政治学与公共管理学学科建设提供更大的支持。

（张权）

【成立北京大学公共治理研究所】 2019年9月11日，北京大学公共治理研究所成立大会在廖凯原楼207室举行。政府管理学院燕继荣担任研究所所长，李海燕、句华、严洁、黄璜担任研究所副所长，学院多位老师担任公共治理研究所理事会理事、公共治理研究所发展委员会委员及公共治理研究所学术委员会委员。研究所第一批聘请的特邀专家为任彦申、袁纯清、孟学农、蒋效愚、陈喜庆、张景安。公共治理研究所将在现有学科发展积累的基础上，整合与加强研究力量，重点提升公共管理学科和政治学科学术前沿问题的研究能力，积极发挥智库作用，主动服务国家和社会重大战略需求，服务国家治理体系和治理能力现代化建设。

（王婷）

【北京大学第二届政府管理论坛暨北京大学政治学120年纪念大会】 2019年9月27日，主题为"开启、转换、传承与创新"的北京大学第二届政府管理论坛暨北京大学政治学120年纪念大会在北京大学英杰交流中心阳光厅举行。该次大会由北京大学政府管理学院、北京大学国际关系学院联合举办。北京大学校长郝平、副校长王博，国务院学位委员会政治学学科评议组召集人徐勇，中国政治学学会副会长房宁，中国行政学学会副会长鲍静，兄弟院校的学者代表，曾经为北大政治学科做出积极贡献、见证学科发展历史的政治学人的后代，以及师生代表、校友代表齐聚一堂，追忆历史，展望未来。当天14：00至18：00在廖凯原楼举办了"北京大学政治学学科建设座谈会""政治学学科发展与学科建设""国家治理理论与实践""政治学与公共管理的学科发展""公共管理的学科发展""公共管理青年论坛""初心与使命：李大钊与北京大学"等分论坛，参会人数达500余人。

（倪宇洁）

【中国青年政治人论坛】 中国青年政治人论坛由北京大学政府管理学院发起、联合国内多所公共管理院校共同举办，由学者指导、学生主办、学生参与的政治学与公共管理类学术论坛。中国青年政治人论坛以"青年理想与时代责任"为论坛总主题，每年根据两会或党的全会精神确定年度主题，旨在鼓励学生运用专业所学，结合时代特点，从公共治理角度探索良政善治问题。每学年举办两次：秋季学期以学习贯彻党的全会精神为主线举办"北京大学青年政治人论坛"，面向北京大学全体学生；春季学期以学习贯彻两会精神为主线举办"中国青年政治人论坛"，面向国内重点高校政治学及公共管理学科学生。2019年11月22日上午，2019北京大学青年政治人论坛开幕式暨主论坛在英杰交流中心月光厅举行。该次论坛以"聚焦四中全会，解读国家治理新目标；凝聚青年共识，踏上制度建设新征程"为年度主题，围绕国家治理现代化和中国特色社会主义制度等前沿命题进行学习探讨。

（史俊杰）

马克思主义学院

【发展概况】 组织概况。马克思主义学院是全国高校建立的第一家马克思主义学院，是首批"全国重点马克思主义学院"之一。现有1个马克思主义理论一级学科点（全国"双一流"建设学科），下设马克思主义基本原理、马克思主义发展史、国外马克思主义研究、思想政治教育、马克思主义中国化、中国近现代史基本问题研究、党的建设7个二级学科。此外，还有政治经济学、科学社会主义与国际共产主义运动2个二级学科。马克思主义学院有多个中央部委、北京市和北京大学设立的研究基地和中心。2019年1月，高校思想政治理论课"毛泽东思想和中国特色社会主义理论体系概论"教材研究基地成为首批国家教材建设重点研究基地之一。其他还有中央批准设立的"习近平新时代中国特色社会主义思想研究院"、教育部人文社会科学重点研究基地"北京大学中国特色社会主义理论体系研究中心"、"中国道路与中国化马克思主义协同创新中心"、北京市"中国特色社会主义理论大众化与国际传播协同创新中心"、北京市哲学社会科学研究基地"中国化马克思主义发展研究基地"、北京大学国际马克思主义文献中心等。

队伍建设。现有事业编制教职工51人，其中专职教师44人、职员7人。老体制31人（教授15人、副教授13人、讲师3人），新体制13人（博雅讲席教授1人、博雅特聘教授1人、教授2人、长聘副教授1人、预聘副教授2人、助理教授6人）。在重点人才方面，有教育部社会科学委员会副主任委员1名，中央马克思主义理论研究和建设工程咨询委员和首席专家5名，国务院学科评议组成员2名，国家社科基金评委4名，教育部马克思主义理论研究和建设工程重点教材审议委员会主任1名，教育部马克思主义理论专业教学指导委员会副主任委员1名，教育部高等学校思想政治理论课教学指导委员会主任委员和副主任委员3名，教育部高中思想政治课教材主编2名，国家"万人计划"第一批哲学社会科学领军人才2名，中宣部文化名家暨"四个一批"人才2名，"新世纪百千万人才工程"国家级人选1名，青年长江学者1名，"新世纪优秀人才支持计划"入选者2名等。

党建工作。学院党委加强党的政治建设，落实全面从严治党主体责任，贯彻"马院姓马，在马言马"的鲜明导向和办学原则。认真学习贯彻习近平系列讲话精神，加强师德师风建设。3月18日，马克思主义学院5名教师参加习近平总书记主持召开的学校思想政治理论课教师座谈会。按照中央和学校党委关于"不忘初心、牢记使命"主题教育的部署要求，学院分11个专题开展专题学习研讨。为兄弟院系和职能部门提供理论学习辅导，组织编写《北大人的初心和使命资料选编》，接待多批次校内外各级党组织参观"共命运 同前进——北京大学与马克思主义"主题展览。严格标准和程序，进一步规范党员发展工作。组织第32、33期党性教育读书班和第32期党的知识培训班，2019年度共吸收预备党员18名，12名预备党员按期转正。

思想政治理论课教学工作。坚持"理论为本、内容为王、问题导向、形式创新"的理念，打造"北大思政课"品牌，推进思政课改革创新。2019年暑期，北大思政实践课试点铺开，把思政小课堂与社会大课堂结合起来，打造"田间地头的北大思政课"，人民网、光明日报等进行了报道。利用新媒体平台，先后推出两档对话类视频思政课节目——"思政热点面对面"（18集）和"新中国70年七个重大理论问题"（7集），学习强国、团中央官微、中国教育电视台等平台进行了推介。4门本科生思想政治理论课慕课全新上线。1名教师获教育部首届全国高校思想政治理论课教学展示特等奖，1名教师获北京市教学名师称号。

马克思主义理论人才培养。实施马克思主义理论人才培养工程，致力于培养理论素养高、创新能力强的理论型人才和信仰坚定、符合国家建设发展需要的应用型人才。积极探索本科生的培养模式，2019年开始招收马克思主义理论专业本科生。首次招收本科生9名，继续招收本科项目班学生14名。优化研究生培养模式，增强程序管理，确立了"入学学术教育、学年论文写作、学年论文演讲答辩、中期考核、开题、论文预答辩、论文送审、论文答辩、参加北马论坛送入学界"的培养程序，严格控制各环节的要求和质量。提前博士生招生时间，推行博士论文第三方评审，改革博士生答辩制度。2019年，学院读书小组活动累计214场，参加人数1100多人次。

科研工作。2019年度，学院老师出版24本专著，发表200余篇学术论文。新立项纵向科研课题13项，其中国家社科基金重大课题3项、国家社科基金重点课题1项、国家社科基金一般课题2项、教育部重大专项课题2项、教育部专项课题5项。科研成果方面，获得北京市第十五届人文社会科学研究优秀成果奖3项，其中一等奖1项，二等奖2项；获得第八届高等学校科学研究优秀成果奖（人文社会科学）3项，其中一等奖1项，二等奖1项，青年项目奖1项。北京市中国化马克思主义发展研究基地获评北京市哲学社会科学优秀基地。编纂出版了《马藏》（1—5卷）、《马克思主义理论学科学术发展年度报告》等标志性成果。组织编撰的重大项目《20世纪马克思主义史》（9卷本）、《新时代马克思主义经典文献精学导读丛书》（20卷本）取得重要进展。

交流合作。国内交流合作方面，借助学院的多个学术平台，举办多场学术交流活动。国际交流合作方面，聘请国外著名大学的知名学者担任学院客座教授，举办国际学术会议。2019年共举办大型学术活动10余场，包括已经形成品牌的全国高校马克思主义学院院长论坛（第七届）、首都当代中国马克思主义论坛（2019年）、全国高校马克思主义理论及相关学科博士生论坛（第十届未名论坛）。举办有12个国家学者参加的"中国发展道路与发展中国家的现代化"高端国际学术论坛（第三届"小世马会"）、"马克思主义在中国的早期传播"学术研讨会暨《马藏》首发仪式。

学生工作。2019年，马克思主义学院以纪念五四运动100周年、庆祝新中国成立70周年和开展"不忘初心、牢记使命"主题教育为契机，加强学生思想政治教育。学院共有19名学生、4名教工参加国庆70周年重大活动群众游行方阵，3名学生参加国庆重大活动志愿服务工作。马克思主义学院研究生讲师团自2018年12月成立以来，坚持"以青年影响青年，用理论回应现实"的理念和"用学术讲政治"的原则，以学促讲，以讲促学，在讲信仰中坚定信仰，在校内外开展宣讲40余场，受众人数达6000余人，学习强国、中国教育报、中国青年网等媒体进行了报道。学院指导的青年马克思主义发展研究会、马克思主义学会规范开展社团活动。2019年3月，青年马克思主义发展研究会被评为北京大学品牌社团。

工会、离退休工作。落实学校离退休工作部的有关精神，做好学院离退休工作。完善离退休教师信息库，多次研讨离退休工作，做好常规工作。关心离退休教师生活，先后去医院和家中探望；对生活有困难的离退休教师提供帮扶；

常通过电话与离退休教师加强交流，逢年过节问候；为90岁大寿和80岁大寿离退休教师庆生。组织离退休教师座谈会，倾听吸纳离退休教师的意见和建议。2019年度马克思主义学院被评为离退休工作先进集体，学院工会获得北京市"职工明心驿站"荣誉称号。在学院党委的领导下，积极组织"三八"节、春季运动会等一系列有益于教师身心健康、促进学院团结进取的活动。

（刘　军、刘红燕）

【《马藏》编纂与研究工程】 2019年上半年《马藏》第一部前5卷出版并举行了首发式，第六卷至第八卷初步完成。2019年下半年，集中开展了第三部和第四部的编研工作。第三部的文献搜集、编纂体例研讨和具体流程也在进行中。反映编纂中研究成果的《马藏》研究第二辑的编校工作进展顺利，共收集研究论文15篇，拟于2020年出版。2019年，反映研究成果的6篇论文已经在《马克思主义与现实》《教学与研究》《中共党史研究》《马克思主义理论学科研究》等核心期刊上发表。其中，《马克思主义在中国传播的启程与思想取向》《马克思主义在中国传播起始阶段的思想和文本特征》等文章引发很大反响。《马藏》工程将继续采取编研并举，多学科联合攻关、国内国外协同合作的方式，积极推动各项编纂工作的开展。

（孙代尧）

【第三届小世马会】 10月12—13日，以"中国发展道路与发展中国家的现代化"为主题的第三届"小世马会"在马克思主义学院召开，来自十多个国家的学者参加此次会议。学校党委常务副书记、马克思主义学院院长于鸿君在会前接见与会外国学者，对大家参会表示欢迎，提出进一步加强和提升马克思主义学院学术研究和学术交流的国际化水平。此次研讨会围绕着中国发展道路、发展中国家的发展模式、反霸权和帝国主义、现代化、改革、人类命运共同体、全球化等问题进行了深入研讨。与会学者全面地总结梳理中国等发展中国家的发展和建设道路，总结新中国70年发展的经验和教训、成就和不足。与会学者结合中国等发展中国家的发展道路，全面研讨发展中国家的现代化问题，并在全球化的框架之下对不同国家现代化发展的道路、模式和成就进行比较。很多与会国际学者对中国的发展表示赞赏，对中国道路与世界发展的关系、中国对世界的贡献提出了期待。小世马会是马克思主义学院持续举办的高端国际学术会议品牌，聚焦年度性的学术话题，在每届大世马会之间举行，迄今已经成功举办3届。

（宇文利）

【第十届未名论坛】 2020年1月9日至1月12日，第十届全国马克思主义理论及相关学科博士研究生高级研讨班（简称"第十届未名论坛"）在北京大学马克思主义学院举行。未名论坛自2011年举办以来，已连续举办十届。该论坛旨在联结全国马克思主义理论及相关学科优秀博士生，努力为博士生打造研讨理论、激荡思想、探索时代问题答案的高端学术交流平台。第十届未名论坛的主题为"中国特色社会主义国家治理体系和治理能力现代化"。论坛通过"以文入会"的方式，面向全国高校马克思主义理论及相关学科博士生征文，收到了来自全国92所高校和科研院所的568篇论文。经过专家严格评审，最终50篇论文作者参会。论坛采取嘉宾讲座、马中西高端对话、青年学者对话会、学员学术论坛、期刊编辑交流会等形式进行。论坛邀请马克思主义理论研究的5位著名学者先后作题为"文化自信问题探讨""从'总目标'到'总体目标'的升华""习近平总书记对马克思主义的原创性贡献""从大历史观中看中国的治理体系和治理能力现代化""中国方案的逻辑"的专题讲座。作为论坛的品牌项目之一，本次论坛的"马中西高端对话"邀请了3位知名学者围绕"中国特色社会主义国家治理体系和治理能力现代化"这一话题展开交流和探讨。此外，青年学者对话会邀请了国内知名高校的10位青年学者分5组开展研讨和对话，参会学员分4组开展博士生学术论坛交流。

（宋朝龙）

【国家级教材基地获批建立】 2019年1月，北京大学高校思想政治理论课毛泽东思想和中国特色社会主义理论体系概论教材研究基地被教育部认定为首批国家教材建设重点研究基地，全国首批一共认定11家。9月16日，教育部在北京举行了首批国家教材建设重点研究基地工作启动会暨授牌仪式。根据教育部的要求，基地主要围绕聚集专业力量、探索教材建设规律、建设教材数据中心、促进研究成果交流传播、开展咨询指导服务等五个方面开展工作，努力把基地建成专门研究课程教材的专业智库，推动构建教材建设的专业支撑体系，不断提升教材建设科学化、专业化水平。经学校研究决定，学校任命顾海良为国家教材建设重点研究基地主任，孙蚌珠为执行主任；同意基地聘任陈占安为学术委员会主任，徐维凡、秦宣、肖贵清为学术委员会副主任。基地获批以后，完成了2019年度教材基地建设"习近平新时代中国特色社会主义思想教学内容体系研究"课题立项申报立项；举办学术报告会，邀请有关专家就习近平新时代中国特色社会主义思想"三进"情况和教材建设相关工作进行交流讨论等工作。

（孙蚌珠）

【对话类视频思政课节目】 2019年3月25日，马克思主义学院联合学校党委宣传部推出了一档对话类视频思政课节目——"思政热点面对面"（共18期），每期围绕习近平新时代中国特色社会主义思想中的一个关键词，如以人民为中心、全面依法治国、全面深化改革、新发展理念、美丽中国、人类命运共同体、全面从严治党等展开。节目以对话讨论方式进行，真正坚持问题导向，重点解答青年大学生在思政课学习中的疑难问题。坚持内容为王，用深刻理论来回应热点难点问题，用生活的语言来表达厚重的思想，将理论寓于鲜活的案例中。围绕新中国70年这个主题，马克思主义学院携手学校党委宣传部、教务部，于11月4日推出"新中国70年七个重大理论问题"。节目围绕"马克思主义为什么行？中国共产党为什么能？中国特色社会主义为什么好？中国道路为什么值得自信？中国理论为什么值得自信？中国制度为什么值得自信？中国文化为什么值得自信？"七个问题展开。节目内容分为视频讲解、老师解答和师生互动三部分，对青年大学生在思政课学习中的实际问题解疑释惑。两档思政课节目在北大新闻网、北大官微、北京大学电视台等平台以全媒体矩阵的方式推出。中国教育电视台、人民网、中纪委网站、北京青年报、长江日报等多家媒体对该节目播出进行了新闻报道或转载。

（陈培永）

教育学院

【发展概况】 组织结构。2000年，高等教育科学研究所、教育经济研究所与电化教育中心部分机构合并，成立北京大学教育学院。目前，教育学院下设4个系：教育人类与发展系、教育经济与管理系、教育管理与政策系、教育技术系。学院专任教学科研人员36人，在读研究生405人。现任院长兼党委书记阎凤桥教授，名誉院长闵维方教授。

学科建设。目前，教育学院的学术研究和人才培养方向涵盖在两个国家一级学科之下：一是包含教育经济与管理二级学科的公共管理学一级学科；二是包含高等教育学、教育学原理、教育技术学3个二级学科的教育学一级学科。2019年，教育学院教师坚持教学与研究相结合，选择具有理论和现实意义的问题作为研究方向，推进学科的发展。学院召开全院学术交流大会、教学工作会议及战略研讨会各一次，研讨学院发展战略问题、学科建设问题和教学问题。2019年北京大学教育学科在QS全球教育学科排名中的位置仍然保持在51—100名之间，在进入QS全球教育学科前100名的两所内地高校教育学科排名第2位。在泰晤士高等教育2020年全球教育学科排名中，北京大学教育学科排名上升至第13位（2019年排第26位），在进入前100名的4所内地高校教育学科中排名第1位。

队伍建设。截至2019年底，学院共有在职教工95人，其中教师36人，行政和教辅人员7人，博士后8人，劳动合同制人员40人，退休返聘4人（含教师2人）。2019年2月，鲍威、尚俊杰聘任为新体制长聘副教授。2019年9月，哈巍晋升为新体制长聘副教授。2019年10月，王利平入职，聘任为新体制预聘副教授。截至2019年底，学院教学科研队伍中教授14人，副教授13人，研究员3人，副研究员1人；新体制特聘教授1人，新体制长聘副教授3人，新体制预聘副教授1人；副编审2人。教师队伍中100%拥有博士学位。2019年学院派送教师3个月以上出国（境）访问、进修3人次。其中陈晓宇教授赴美国访学，汪琼教授赴英国研修，陈洪捷教授赴德国研修。

教学工作。2019年经教育学院学术委员会审议通过的研究生新课程有6门，本科生课程1门。截至2019年底，学院为研究生开设的课程有220门，为本科生开设的课程23门。除为本院研究生开设课程外，学院还参与学校本科的教学工作。2019年，教育学院结束学业的研究生共75人，其中获硕士学位的34人，获博士学位的30人。教育学院总计招收研究生90名，其中硕士研究生48名、博士研究生42名。截至2019年底，学院共有在读研究生405人，其中博士生270人，硕士生135人。举办"教育技术前沿"暑期学校。2019年教育学院启动全英文授课的博士学位项目——国际教育发展。2019年学生出国出境联合培养、实习培训、参加国际会议、暑期学校共计68人次。

北京大学优秀博士学位论文的获奖情况：王宇博士的论文《创客课堂中小组创造过程的影响要素和模态分析》（北京大学汪琼教授指导）。高教学会优秀博士学位论文的获奖情况：曾妮博士的论文《被默许的误认——当代大学教师对教育者身份的理解与建构的质性研究》被优秀论文文库收录。贾积有老师获北京大学2019年教学优秀奖。

科研工作。2019年教育学院新立项的项目共计50个，其中纵向项目4个，横向、委托及国际合作项目45个。横向项目数量同比2018年减少40%，纵向项目经费总额约约为100万元，横向项目经费总额约为1000万元。据不完全统计，2019年教育学院教师发表文章（期刊、报纸及文集收录）190篇，其中英文论文21篇。发表会议论文112篇，其中外文会议论文26篇；撰写研究报告21篇，出版著作12部，参与撰写的著作章节18篇。

交流合作。2019年度，教育学院共组织海外专家学者讲座43次，其中包括北大教育论坛、各系组织的学术交流、学术沙龙等，邀请来访的专家学者中有30位为外籍学者、13位为国内学者。此外，教育学院多次接待重要海内外高校机构来访，2019年接待了包括新加坡南洋理工大学、伦敦大学教育学院、泰国国王科技大学、亚洲开发银行等多所高校、机构来访。学院鼓励师生出国访问、考察、进修学习，参加各种国际、国内学术会议。2019年教育学院教师出国访问、考察、合作研究、参加国际会议32次，赴港澳台7人次，共计39人次。

2019年度教育学院组织、参与20场国内、国际学术研讨会，其中重要会议包括：2019北京大学基础教育论坛、第五届北京大学-威斯康星大学高等教育研讨会、第二届"大学-中学圆桌论坛"、2019年北京大学"人工智能+教育"博士生国际学术论坛、北京大学-亚洲开发银行"中国教育发展经验分享与合作平台"——"中国服装纺织行业人力资源开发的回顾与展望"工作坊、"大数据视域下学生阅读能力评估与分级阅读"专题研讨会、第七届实践-反思的质性研究学术研讨会（2019）和2019年教育扶贫论坛等。此外，教育学院师生出席近90场海内外学术研讨会议，完成了80多篇中英文会议发言稿和论文。

党建工作。截至12月31日，教育学院党委共有203名党员，其中在岗教职工党员61名，学生党员124名，离退休党员18名（其中当年发展14人，转正9人）；学院党委下辖12个党支部，其中教工党支部6个，学生党支部4个，离退休党支部1个，临时支部1个。完成学校部署的各项年度工作，开展"不忘初心、牢记使命"主题教育相关文献和文件的学习、十九届四中全会精神的学习工作；组织题为"两会热点问题透视""抗日战争时期的高等教育：西南联大与陕北公学""新时代大国外交下的国际组织人才推送和培养""如何推进公平且高质量的教育"等专题党课。开展意识形态责任制落实情况自查工作；在教职工聘用、管理、晋职晋级、评奖评优等工作中，把好政治关和师德关；落实学校关于校级新闻推送、外媒合作和采访、论坛、讲座和报告会提前申请报备等工作要求；组织工会的换届筹备工作。学院领导班子在落实党风廉政建设工作中，定期召开院长办公会、党委会、党政联席会或扩大会议，对学院有关重要事项进行集体讨论决策；对于与学术有关的决策，定期召开学术委员会、学位委员会和教授会，集体讨论决定。利用每年的全体教职工大会，由主管领导分别汇报本年度学院的教学、科研、人事、行政、培训、财务、党务和学生等方面的工作。2019年，教育学院继续严格执行《教育学院党风廉政责任制实施细则》《教育学院党政领导班子落实"三重一大"制度实施办法》，并制定和落实《教育学院领导班子会议制度和议事规则实施细则》。在2019年评优表彰工作中，阎凤桥同志、马世妹同志被评为北京大学优秀党务和思想政治工作者。

行政队伍。2019年，教育学院行政教辅人员共计49人，其中事业编制7人，合同制人员40人，退休返聘2人。2019年行政教辅人员中新入职13人，离职5人。

工会工作。2019年，学院开展了工会换届工作，并配合学校组织了教职工运动会、女教职工"庆祝建国70周年暨迎三·八"北京大学女教职工环湖接力跑活动以及游泳比赛、女子点球射门赛、羽毛球锦标赛，与团总支、研会共同举办师生羽毛球、新年晚会等赛事和活动。院工会组织全院教工参观了京东"亚洲一号"北京智能物流园，举办了年度摄影展，开展爱心基金捐款、女职工互助保险、计划生育家庭意外伤害保险、教职工重大疾病及意外伤害险、新职员入会及京卡办理、教职工体检、计划生育统计宣传、新生儿慰问品发放、春节慰问品发放等工作。为确保院内师生健康，学院联系学校环保办，就农院食堂的烹饪排放问题进行专项检测；从2019年10月开始，学院工会每月都为会员举办集体生日会，同期开展工会午间沙龙活动，组织观赏、讨论优秀的教育纪录片。

学生工作。2019年，教育学院学工办完成新老生共计7人经济情况鉴定工作。共有43名毕业生参加就业，就业落实率达100%，学生就业去向大多是国家机关、国有企业、重点高校。圆满完成了2018—2019年度的评优评奖工作，共有5人获得国家奖学金，15人获得校级奖学金，29人获得院级奖学金，49人获得校级奖励。在2018—2019年先进班集体评比中，教育学院2018级硕士生班荣获"北京大学示范班集体"称号，教育学院博士班荣获"北京大学先进班集体"称号。各学生党支部先后自主开展了系列联合党团日活动，集体观看纪念五四运动100周年纪念大会、庆祝中华人民共和国70周年大会直播，参观庆祝中华人民共和国70周年大型成就展，开展学习十九届四中全会精神、"不忘初心、牢记使命"专题学习活动，组织与化学学院本科生党支部、装甲兵学院第三大队党支部联合开展活动。2019年学院团总支、研究生会、班级等通力合作，开展了包括迎新晚会、"师生情"羽毛球赛、新年晚会、班级周末座谈会等一系列活动。

毕业生去向。2019年，教育学院共有43人毕业（博士9人，硕士34人），其中36人就业（博士9人，硕士27人），7人出国、出境留学（硕士）。

（葛长丽、徐未欣、马世妹、孙冰玉、李萍、陈舒萍）

【学院行政班子换届】1月16日，北京大学教育学院在112报告厅召开行政班子换届宣布会。副校长王博、组织部常务副部长霍晓丹、教育学院新老班子成员和在职教职员工参加了宣布会，会议由霍晓丹主持。霍晓丹宣读了《关于教育学院行政班子任职的通知》。经学校研究决定，任命阎凤桥为北京大学教育学院院长，刘云杉、侯华伟、哈巍为副院长。霍晓丹表示，学校充分肯定以陈晓宇为院长的教育学院行政领导班子过去几年的工作，认为上一任行政领导班子各司其职，团结协作，开诚布公，工作勤勉尽责，兢兢业业，学院发展目标清晰、思路明确，在教学、科研、服务和国际交流合作方面，带领学院广大教师取得了较好的成绩。同时，学校希望教育学院新班子能够继承教育学院的优良传统，继续努力，扎实工作，带领学院迈上新台阶。王博副校长向教育学院上届行政领导班子成员颁发了感谢函。

（谭越）

【第五届北京大学-威斯康星大学高等教育研讨会】5月25日至26日，第五届北京大学-威斯康星大学高等教育研讨会在北大斯坦福中心召开，本次研讨会由教育学院、威斯康星大学麦迪逊分校教育学院、北京大学区域与国别研究院共同举办，并得到北京大学国际合作部的特别支持。北京大学校长郝平、副校长王博、威斯康星大学麦迪逊分校校长Rebecca Blank女士、华中科技大学党委书记邵新宇、北京大学教育学院院长阎凤桥、北京大学区域与国别研究院副院长昝涛等出席了研讨会开幕式，来自中国内地、中国香港以及美国、加拿大、日本、荷兰、卢森堡等地的近40位会议代表以及60余位校内外师生参加了此次研讨会。在会议正式开始前，郝平校长会见Rebecca Blank校长，双方签署两校教育学院的合作备忘录。接下来与会专家学者针对中国和国际高等教育发展的历史和现实，围绕"世界舞台上的中国：反思21世纪的国际和区域研究""国际和区域研究中的政治维度""塑造国际和区域研究的组织结构"等主题进行了探讨。北京大学-威斯康星大学高等教育研讨会是北京大学教育学院和威斯康星大学麦迪逊分校教育学院于2015年共同发起的国际研讨会，至今已成功举办五届。

（谭　越）

【牛津大学西蒙·马金森教授来访】 6月9日至19日，牛津大学教育系教授、牛津大学全球高等教育研究中心主任西蒙·马金森（Simon Marginson）教授应邀访问北京大学教育学院，做"北京大学高端学术讲学计划"系列讲座。马金森教授是国际著名教育学家，主要研究高等教育、教育社会学、教育政治经济学、比较教育，曾任教于墨尔本大学、莫纳什大学、伦敦大学学院等著名高校。他著述丰富，获选欧洲科学院院士、英国社会科学院院士、澳大利亚社会科学院院士，担任Higher Education杂志主编。来访期间，马金森教授先后做题为《作为学生自我形成的高等教育：追问高等教育的本质》《高等教育与共同产品》《是否存在中国"大学理念"？》《全球科研系统的动态发展》4场讲座，分别探讨高等教育中的学生、社会、大学、知识问题。马金森教授的系列讲座展现了广阔的全球视野和深切的社会关怀，注重理论与实践相结合，注重不同理论之间的对话。本次"北京大学高端学术讲学计划"系列讲座由教育学院、国际合作部主办，国际高等教育研究中心协办，得到了社会科学学部、海外传播办公室的支持。

（蒋　凯）

【第二届"大学-中学圆桌论坛"】 7月1日，教育学院联合教务部、继续教育学院等相关机构共同举办第二届"大学-中学圆桌论坛"，本届论坛跨界邀请人文社科、理工科专家学者与全国各地的高中校长，围绕"拔尖人才教育""跨学科教育""教育资源流动""中学教育和大学教育的接力和衔接"等问题进行了讨论。其中，北京大学傅绥燕教授、渠敬东教授和清华大学的甘阳教授、刘栋教授从不同角度揭示了以"成长""健康""传承""人格养成"为核心的育人观，回归教书育人的常识，显示了大学教育者对育人理念的总体思考；而江苏省天一中学朱卓君校长和河北省衡水中学郗会所校长则结合中学教育实践，提出了"三高合作""绿色升学率""刻苦但不痛苦"的育人观，具体而又富于启发性。北京大学刘云杉教授、王蓉教授、林小英副教授还从资源流动、全球影响等角度进一步讨论了教育场域的外部逻辑。"大学-中学圆桌论坛"已成为大、中学教育者合议育人理念、方向和问题的重要平台，成为教育学院的品牌活动之一。

（刘云杉）

【国际教育发展全英文授课博士项目启动】 2019年，教育学院启动了国际教育发展（International Education Development，简称IED）全英文授课博士项目，该项目是提高北京大学及教育学院国际竞争力和知名度、推进世界一流大学和一流学科建设的重要举措，旨在总结改革开放以来中国教育事业发展的宝贵经验，助力国家"一带一路"倡议，促进与"一带一路"国家的合作交流，为国际教育发展事业贡献中国智慧和中国方案。项目为四年全日制项目，教学语言为英语，主要课程及论文写作均用英语进行，招生对象是具有良好的硕士教育背景与英语能力、对国际教育发展有一定基础及浓厚兴趣的外国籍学生。首届学生将于2020年秋季学期入学。该项目依托北京大学教育学院的优质教学资源与科研平台，结合亚洲开发银行、世界银行、联合国等国际组织的实战训练，重在拓展学生的国际视野，让学生充分了解国际教育发展的理论前沿并将其灵活运用于教育发展的实践。项目设置高等教育学、教育学原理、教育技术学和教育经济与管理四个专业方向，为学生提供坚实宽广的国际教育发展基础理论和专业方向的系统深入的专门知识。师资团队由教育学院系教师和来自国内外知名大学的访问学者组成，为学生提供多元的国际化学习环境。

（肖　烨）

新闻与传播学院

【发展概况】 组织结构。2001年5月28日，北京大学恢复成立新闻与传播学院。新闻与传播学院下设4个系：新闻学系、传播学系、广播电视学系和广告学系。形成了包括新闻学、传播学、广告学、编辑出版学、网络传播、广播影视、跨文化交流、公共关系、媒体经营管理等一系列的学科群。

教学工作。截至2019年底，学院共有学生576人，其中本科生355人，硕士研究生183人，博士研究生38人。

建立教学午餐会制度化平台。4月，融媒体背景下融教学的探索与研究；5月，广告教学的现状与前沿思考；7月，新闻教学的传承与当下性问题；11月，专业硕士教育的问题与改革。10月，成功召开博士生论坛和簧门对话。

2019年本科教学改革立项项目4项。教改研究项目类：《影视文化与批评》教学创新项目。本科重点课程建设项目类：必修课《中外广告史》教学改革暨成果展；舆论学本科教改项目。实践创新育人项目类：知行合一，融媒体实践创新与人才培养研究。

结合"不忘初心、牢记使命"主题教育，学院班子主要成员以教学为主题展开调研。针对媒体变革时代学院教学的问题与发展，分别召开本科生、研究生座谈会，教师访谈交流等，在教学午餐会上做调研报告，并组织讨论。

科研工作。 2019年学院教师共发表文章（含期刊论文、会议论文、研究报告等）130余篇，出版著作（含专著、译著、编著、教材等）4部；立项课题23项，到账科研经费约270万元。

出版著作有：《中国新闻传播学四十年》（陆绍阳主编），商务印书馆；《中国当代平面设计研究》（石晨旭，祝帅，谢欣），清华大学出版社；《媒介技术话语的谱系——基特勒思想研究》（车致新），北京大学出版社；《另一个地球：互联网+社会》（胡泳等译），电子工业出版社。

张慧瑜的"从转型到崛起——新中国电影专题研究（1949—2019）"获得教育部哲学社会科学研究后期资助重大项目；关世杰的"中国文化在沙特影响力调查研究"获得国家社科基金后期资助项目。

2019年学院主办各类学术活动：4月，召开"古籍阅读的力量：第三届中国传统出版文化的传承与弘扬"；5月，召开以"诠释学、话语与实践"为主题的"第三届诠释学专题研讨会"；7月，"中欧对话：媒介与传播研究"（第六届）博士暑期班开班；10月，召开"北京大学2019中外国际媒体论坛"，以"全球化语境下的激荡世界与国际传播"为主题；11月，召开"医疗、人本与媒介——'健康中国'与健康传播的多元进路"国际学术研讨会，探讨中国健康传播研究的核心问题、理论建构和方法路径。

合作交流。 2019年，学院邀请来自美国、加拿大、英国、欧盟、俄罗斯、韩国、新加坡以及我国台湾地区的15位学者，来学院开展短期交流。

党建工作。 认真学习习近平总书记新时代中国特色社会主义思想，不断加强党的政治建设，强化树牢四个意识，坚定四个自信，做到两个维护。发挥党委在学院工作中的领导核心作用，推进建设行之有效的领导机制和工作机制。推动专业课和思想政治课的结合，强化全员育人、师德师风建设，结合案例对全体教师进行警示教育，加强对师资引进的思想政治和师德师风审核。

发挥党委领导的前置作用，针对学院教学科研等各项问题，召开专题党委会讨论，推动学院工作的开展，完成"不忘初心、牢记使命"主题教育的部署。

学生工作。 持续开展"南门学习荟"立体课堂建设。

"南门读书会"线上、线下活动并行。线上自主选读系列，新增微信"读书打卡"活动；线下，2019年共举办6期"教师领读"读书会，18期"学长领读"读书会，共19名硕博研究生参与领读，2018级、2019级本科生参与率达90%以上。

"南门故事汇"完成30余篇故事采写，其中留学生笔记17篇，累计阅读量已突破10,000，并举办4期"南门故事汇"线下活动。

举办南门国际文化烩（南门国际文化周），开展"南门视觉文化月"。

（陆绍阳）

体育教研部

【发展概况】 **组织机构。** 2019年北京大学体育教研部下设教学管理办公室、运动训练与竞赛管理中心、校园体育文化指导中心、科研管理办公室、场馆运行管理中心、研究生管理办公室、宣传与品牌建设办公室、党建办公室、财务办公室、行政办公室等部门，承担全校公共体育教学、体育科研、校体育代表队的运动训练和竞赛、校园体育文化建设、体育场馆运行等工作。2019年体育教研部党政领导班子顺利换届，任命安钰峰为北京大学体育教研部直属党支部委员会委员、书记（兼），毛智和、王东敏为北京大学体育教研部直属党支部委员会委员、副书记（试用期一年），任命钱俊伟为北京大学体育教研部主任（试用期一年），吴飞、郑重、刘茂辉为北京大学体育教研部副主任（试用期一年），原党政班子成员自然免职。

教学工作。 增设元培学院特色课，分别是网球、篮球、羽毛球、体育舞蹈4个项目4个班。根据空飞班的特点，增加外聘体能专业方面的教师进行针对性训练，对航空体育课程教学进行教改。新开课程一门——户外探索（公选课），教师新授课程一门——高尔夫。规范开新课制度，完善课表排版，地点更细化准确。完成2019年高等教育质量检测国家数据平台的填报工作。完成暑期学校工作。将外聘教师评估分与挂靠教师剥离。进行开设体育课程量的估算，整理统计前4年的预设班数、实开班数。完成对教学器材的申购评审工作。完成关于《北大本科生体育课程调查与分析》报告，对本科生进行关于北大本科生体育课程方面的大范围调查研究，调查回收有效样本5090份，其中男生样本2882份、女生样本2208份，对未来体育课程的设置、改革提供了有力的依据。成功举行SFAR现场急救员资格认证培训。在运动场地配备了7台AED。手机版教务工作简报创刊。

校园体育文化建设工作。 举办150场校内体育大型活动与赛事，例如奔跑吧青春、春秋季运动会、健身盛典、迎新跑、开学第一跑、冰雪课堂、冬季越野跑、智慧铁人三项赛等。完善社团管理和指导，支持指导60余个体育类社团的发展，其中学生社团40余家，教职工社团10家。选派指导教师，提供场地支持、组织训练和比赛等。加大力度支持普通生代表队建设，重点支持和建设40余支普通学生代表队，全年共获190个个人冠军和12个团体冠军，女排、男排、女篮、男篮、女子垒球队、男子棒球队等集体性项目均获得北京市冠军。新成立的冰球队、帆船队、射箭队、龙舟队也获得多项冠军和佳绩。"高校百英里接力赛"全国总决赛中,"博雅少年"刷新赛会纪录勇夺全国总冠军。积极推广APP的线上线下体育锻炼措施"我的人生 我的马拉松",完成软件平台转换工作。全年约有12,000学生参与制度化的课外锻炼活动,累积36万人次。注册北京大学普通学生运动员600余人,在全年的比赛中获得奖牌达到了近百人次。完成普通生代表队教练训练考勤工作,发放训练补助,在学期末进行比赛成绩统计。审批体育类社团各项重大活动99次,协调使用体育场馆75次。统计发布北京大学群体积分,在运动会上给积分排名靠前的院系颁奖。修订完善《普通学生体育代表队工作管理办法》。

科研工作。组织国家社科基金项目、教育科学规划课题、教育部人文社科基金、中国大学生体育协会项目以及中国教育学会项目等项目申报工作,本年度共申报项目10余项,其中成功立项3项。设立体育部自设课题,接收课题申报共5项,经学术委员会评审,设立一般项目2项,青年项目2项。举办学术沙龙2次,"芬兰的冰雪运动"专家讲座和"非药胜药!运动减肥、抗癌、祛病延年新进展"学术讲座。组织教师向各级各类学术投稿10余篇。"第十一届全国体育科学大会"共录取论文8篇。师生参加国际学术交流活动10余人次,参加国内学术交流活动20余人次。韩国延世大学健康科学学院参访体育教研部并进行学术交流活动。筹备北京大学体育科学大会,共征集论文61篇,组织评审专家评审论文。以"双奥运城市与文化自信"为题申报北京论坛分论坛承办单位。设立"首在"体育学术年度人物奖。

高水平代表队工作。北京大学高水平代表队在2019年的全国大学生锦标赛和专业组锦标赛中共获得了21项全国冠军,其中男篮等3个代表队获得团体冠军,在2019年全国分区赛和北京市首都高校的最高组别甲组的比赛中共获得31项冠军,其中4支代表队获得团体冠军。男子足球队获得全国青少年校园足球联赛大学男子高水平组冠军联赛北区冠军,进军全国总决赛并获亚军,创历史最好成绩,入围2020年的大超联赛。田径队多名运动员入选国家集训队,前往美国训练,备战2020东京奥运会。各个高水平代表队年获得北京市和全国比赛约100个冠军。教师吴飞入选2020东京奥运会乒乓球裁判。在第三十届世界大学生夏季运动会中,北京大学学生王少杰担任中国代表团旗手,北大共派出15名运动员出战,取得优异成绩。田径、游泳9人达到国家健将运动等级,1人达到国际健将运动等级。

综合行政工作。人事工作包括:教师招聘(成功引进1名教学系列教师)、中层干部及秘书岗位竞聘(12名教师竞聘上岗)、青年骨干教师培训(1名教师参加)、教师月考勤与绩效发放、教师离退(1名教师退休)、教师离校(2名离退休教师因病去世)、聘期考核(7名教师通过考核)、奖教金评审工作、职称晋升(成功晋升教学系列副教授、教授各1名)、国家通用岗位聘任、年度考核(53名在编教师与56名合同制员工)、年终绩效分配等。离退休工作包括:配合离退休工作部收集整理《我和我的祖国——北大老同志庆祝新中国成立70周年回忆文集》素材、春节和重阳节为离退休教师发放一定金额的补助、邀请离退休教师参加年终举办的茶话会、党政领导班子成员节假日走访慰问生活上有困难的离退休教师、组织离退休教师参观学习等。外事出访35人次、出车145车次。

后勤场馆工作。保障教学、大型活动、师生锻炼、社团活动、体质测试等场地需求。保障全校性重大型活动10项,校园招聘会5项。校内及首都高校赛:北京市高校教工乒乓球、排球、健美操比赛、北大国发院羽毛球比赛、北大体育舞蹈比赛等。收回理教健身中心,收回五四运动场东南角场地,收回邱德拔健身中心私教管理权并组建场馆方私教团队服务师生。向学校基建部提出了关于五四田径场及气膜馆的修建方案意见。与基建工程部共同规划了场地内布局和水电等管线布局。修缮各场馆墙面、地面等,为游泳馆男女更衣室增设花洒水龙头。完成各场馆人员调动工作。制定完善体育场馆各项管理规章制度。规范精简采购和报销流程。完善人事考核与年终奖制度。完成网络智能化升级。全年共进行消防安全检查3次,消防安全演练2次,定期更换场馆灭火器。顺利开放北大未名湖冰场。

品牌与宣传。微信公众号日常维护、网站建设与更新、大型活动媒体策划等。公众号粉丝由年初1.1万人上升到了1.85万人,北大体育年度发文323篇,阅读量为38万+,点赞量为2770次。本年度北京大学体育教研部网站更新文章121篇。推出北大体育人物系列,北大官微为北大体育人发表专刊。与新闻网、海外传播中心合作,年度供稿20余篇。拍摄北大体育教师风采系列照片,全校发布。制作北大体育新生手册。

党建工作。设立党建办公室作为主管党的工作的专门性机构。向北京大学党委组织部提交《关于体育教研部直属党支部升格为党总支的申请》。分别于4月17日、6月27日、9月4日,召开体育教研部直属党支部第二、三、四次扩大会议。本年转正党员2名,新确定入党积极分子13人,新确定发展对象2名。本年度共有4名学生以及合同制党员转出,4名党员转入,减离2名去世党员。完成校党委组织部各级各类学习文件的传达发放。上报支部以及党政班子工作情况。组织集体学习、实践活动等十余次。完成20人次的谈话记录整理。组织集中学习,覆盖了全体教职员工、研究生、离退休职工以及全体代表队队员,共计培训达500人次:5月24日全国教育大会精神解读、5月14日学习习近平总书记全国教育大会关于"体育"的论述、6月27日学习《中国共产党党员教育管理工作条例》、9月6日学习习近平在"不忘初心、牢记使命"主题教育工作会议发表的重要讲话、

10月18日举办"'四个自信'与爱国主义""不忘初心、牢记使命"主题党课、11月29日学习十九届四中全会精神。集体学习的同时组织党员自主学习。

(李承营)

【北京大学第二十六届体育文化节暨2019年田径运动会】 4月20日，北京大学第二十六届体育文化节暨2019年田径运动会开幕式在五四体育活动中心田径场隆重举行。校党委副书记、秘书长、体育教研部书记（兼）安钰峰主持开幕式。郝平校长在开幕辞中表示习近平总书记在去年的全国教育大会上强调要培养德智体美劳全面发展的社会主义建设者和接班人，北大要按照"德才均备，体魄健全"的人才培养目标，全面贯彻党的教育方针。今年是北大建校121周年和五四运动100周年，他希望广大师生在运动场上跑起来、动起来，在体育锻炼中享受乐趣，增强体质，健全人格，锻炼意志。校党委书记邱水平宣布开幕。学校不同院系和工作部门组成51个方队，方队师生代表通过节目展演的形式展现各自院系风采。本届运动会共有60个单位组队参赛，有近2000名教职员工和3000名学生参加75个运动项目的竞赛。体育教研部组织105名裁判、271名志愿者负责现场工作。

(张 冰)

【国际大学生体育联合会执委Fernando Parente来访】 5月8日下午，国际大学生体育联合会（International University Sports Federation, FISU）执委会委员Fernando Parente访问北京大学。北京大学校长郝平、党委副书记安钰峰、中国大学生体育联合会副主席申震等在临湖轩会见了来宾。体育教研部主任钱俊伟、国际合作部部长夏红卫、学生心理健康教育与咨询中心主任刘海骅以及相关单位代表陪同会见。郝平校长对Fernando Parente先生的到访表示欢迎。他指出，北京大学早在20世纪初就提出"健全人格，首在体育"的口号，在群众体育和竞技体育方面都有着优良的传统和基础，北大希望与国际大体联开展多种形式的交流与合作。安钰峰副书记表示，北京大学不仅拥有学生健康教育的良好基础，也为国家的体育事业培养了众多优秀的人才，提倡建设健康、拼搏、阳光的校园。Fernando Parente提出，"健康校园"项目是国际大学生体育联合会提出的，旨在为学生打造全方位的健康概念。该项目对于提升学校学生整体健康教育水平具有积极作用。该项目首批试点高校全球仅7所，北京大学作为亚洲高校的唯一代表成功入选。

(张 冰)

【北大男篮实现CUBA三连冠】 6月16日，第21届CUBA中国大学生篮球一级联赛男篮总决赛在首都体育学院北京大学生体育馆结束，北京大学男篮以84:77战胜老对手清华大学成功卫冕，实现CUBA三连冠。本次活动，教育部体卫艺司司长王登峰、教育部学生体协联合秘书处秘书长/中国大学生体育协会副主席薛彦青、东道主首都体育学院校长钟秉枢、中国篮协主席姚明、阿里巴巴集团副总裁/阿里体育首席执行官戴玮、CBA公司首席执行官王大为均来到比赛现场。前NBA球星马布里、男篮国家队成员阿布都沙拉木、国青男篮主力郭昊文、王泉泽也来到现场助阵。

(张 冰)

【"不忘初心、牢记使命"主题教育工作部署会】 9月23日上午，体育教研部在五四体育中心召开"不忘初心、牢记使命"主题教育工作部署会。校党委副书记、秘书长、体育教研部直属党支部书记安钰峰，学校主题教育第五指导组组长曲春兰，体育教研部主任钱俊伟在会上就本次主题教育工作发表讲话。会议由体育教研部直属党支部副书记王东敏主持。安钰峰书记在讲话中强调，体育教研部要将"不忘初心、牢记使命"主题教育作为当前和今后一个时期的重要政治任务，结合体育教研部实际情况，推动主题教育各项任务落到实处：第一，要牢记北大体育人的初心和使命，深入领会开展主题教育的重要意义；第二，结合体育教研部实际，贯彻主题教育的目标任务；第三，认真组织实施，统筹落实四项重点措施。曲春兰组长对本次主题教育工作提出了几点具体要求。在学习教育过程中，要认真研读《习近平新时代中国特色社会主义思想学习纲要》等资料，领导班子成员要聚焦《北京大学"不忘初心、牢记使命"主题教育实施方案》中的"八个围绕"，深入开展调研，突出问题导向。钱俊伟主任表示，本次主题教育涉及面广，力度深，体育教研部要高度重视，落到实处，要以本次主题教育为契机，正三观，拓格局，学实、学深，学以致用，解决实际问题。

(刘艳津)

【"青春告白祖国"主题党团日活动】 10月13日上午，体育教研部组织研究生全体党员和入党积极分子到北京展览馆参观。毛智和副书记、王东敏副书记带队参加活动。毛智和副书记表示，从五四运动以来，北大师生始终与时代同奋进、与祖国共命运，始终在党的领导下，在国家实现站起来、富起来、强起来，走向民族复兴的征程中作出了重要贡献。王东敏副书记指出，同心共筑中国梦，是每个北大体育人的责任与担当，我们要不忘初心、牢记使命，将自身发展与国家命运联结在一起，不畏艰难、永久奋斗。"健康校园，体育先行"，北大体育人要继续继承和发扬爱国、进步、民主、科学的优良传统，始终与祖国和人民共命运、与时代和社会同前进、与我们党砥砺奋进的步伐同向同行。

(杨玉莹)

【第七届人文体育高层论坛】 10月22日至25日第七届北大人文体育高层论坛在北京大学举办。校长郝平，党委副书记兼秘书长、体育教研部直属党支部书记安钰峰，北大人文体育研究基地主任、北京大学原常务副校长吴志攀，首都体育学院校长钟秉枢，北京体育大学副校长高峰，著名诗人黄怒波，体操世界冠军李春阳等嘉宾出席开幕式并参加主论坛活动。共有66位知名专家学者，百余位代表参加论坛活动。全国人大常委会原副委员长、全国政协原副主席、九三学社原中央主席韩启德院士，北京大学党委常委、常务副校长、医学部主任、深圳研究生院院长詹启敏院士，以及体医融合方面的专家22位，体育产业领域的专家19位，8位奥运冠军、世界冠军受邀参加论坛活动。本次论坛以"新中国成立70周年人文体育之旅"为主题，围绕"身体、运动与女性成长""心、智与体魄的和谐发展""传统体育养生与主动健康老龄化""新时代体育产业的高质量发展""大学体育发展与领导力"和"冰雪运动与奥林匹克"等议题展开。吴志攀主持开幕式。郝平表示，北大有着重视体育工作的良好传统。"完全人格，首在体育"，这是百年前蔡元培老校长提出的育人思想。近年来，学校又明确提出了"德才兼备，体魄健全"的人才培养目标，将体育摆在重要位置。郝平强调，拥有健康的体魄，是一切成就感与幸福感之源，这是开展人文体育研究的意义所在，也是学校举办"北大人文体育高层论坛"的初心和使命。韩启德教授在致辞中提到，体育运动从来都是人类自身的内在需求，体育运动不仅能够增强体质，更能够培育坚毅人格，达到身心和谐的体育是大学教育的本分，不可不为。新华社、中央电视台、北京电视台等全国知名媒体对主论坛及分论坛进行全方位报道。

（郝　硕、刘艳津）

新媒体研究院

【发展概况】 组织结构。新媒体研究院成立于2014专注于新媒体创新发展的科研教学机构，具有硕士与博士研究生招生培养资格。新媒体研究院专注于新媒体传播、新媒体产业政策、新媒体经营管理、网络用户行为分析、新媒体教育、新媒体技术、网络安全、数据挖掘等领域的教学与科研。下设4个研究中心：北京大学创意产业研究中心、北京大学互联网发展研究中心、北京大学社会化媒体研究中心和北京大学市场与媒介研究中心。全国新闻与传播专业学位研究生教育指导委员会秘书处、教育部"国家网络语言研究基地"挂靠在新媒体研究院。

学科建设。新媒体研究院自主设立的二级学科"新媒体学"于2019年秋季起招收该学科专业博士研究生。目前，新媒体研究院下设1个硕士专业：新闻与传播专业；2个博士专业：传播学、新媒体学。

队伍建设。2019年新媒体研究院共有在职教学科研人员12人，其中事业编制教授5人、副教授4人、副研究员1人、新体制助理研究员1人，博士后1人。具有博士生导师资格8人，硕士生导师资格9人。另有非全职聘用科研人员10人。2019年，新媒体研究院行政教辅人员共计5人，其中合同制人员4人，劳务协议人员1人。

教学工作。2019年秋季研究院共招收研究生60人，其中硕士研究生54人，博士研究生6人；毕业研究生45人，其中硕士38人，博士7人。截至2019年底，新媒体研究院共有学生138人，其中硕士研究生95人，博士研究生43人。新媒体研究院2019年度新开设3门课程，总计开设30门课程，总课时1136课时。2019年新媒体研究院共有129名学生获得各种奖学金，包括北京大学奖学金、校长奖学金、专项奖学金、科学创新奖，以及新媒体研究院"点拍""现代传播""益普索"奖学金，学校及研究院提供博士及专硕配套奖助金共计209.62万元。

科研工作。2019年，新媒体研究院有纵向在研项目5项，其中含国家自然科学基金重点项目2项，社会科学基金重大项目2项，教育部专项社课题1个。科研经费总计388万；承担各部委和企业委托横向课题14项，科研经费总计363.34万，共计751.34万，人均科研经费约25.91万元。2019年新媒体研究院共发表论文39篇，其中CSSCI论文29篇，《人民论坛》（学术前沿）文章1篇，待出版教材1本，出版工具书1本（《中国网信年鉴（2018）》），专著2本（《游戏学》《县级融媒体中心建设：理论与实践》）。

交流合作。2019年，新媒体研究院参加境外学术会议4人次，国内有12人次受聘讲学，提交学术论文12篇，独办国内大型学术会议5次，与外单位合办学术会议1次，接待访问学者10人次，社科考察派出10人次。10月18日，新媒体研究院举办第二届全国县级融媒体中心建设高峰论坛，论坛主题为"智能时代的媒体融合发展"，共320余人参会。11月21日，举办"互联网内容治理：问题与挑战"博士生国际专题研讨会。11月25日，举办"未来的传播：技术与政策"专家主题论坛。

党建工作。新媒体研究院党支部2019年有正式党员51名、预备党员16名（含在校学生）。2019年3—4月，组织各班党支部开展"扣好人生第一粒扣子"专项教育学习活动。为深入贯彻落实习近平总书记在"不忘初心、牢记使命"主题教育工作会议和纪念五四运动100周年大会上的重要讲话精神，结合落实教育部、中宣部、北京市委教育工委开展全国高校千万大学生"青春告白祖国"工作部署，9月，新媒体研究院组织开展"不忘初心、牢记使命"暨"青春告白祖国"主题教育活动工作部署会，组织学生集体观看电影《我和我的祖国》《小巷管家》，并分4批组织硕士、博士班同学前往北京展览馆进行"庆祝中华人民共和国成立七十周年大型成就展"参观活动等。

学生活动。2019年，新媒体研究院组织学生多次参加研究院的课题调研，如江西省赣州市、山西省运城市、河北省衡水市、黑龙江省绥化市等地的地市级主流媒体融合发展现状调研。5月13日研究院组织学生10余名学生赴网易公司进行企业参访活动。9月27日，新媒体研究院第四届研究生代表大会召开，学生代表以及第四届研究生会主席团、常代表候选人以及相关同学30余人参加了此次会议。在新中国成立70周年相关活动中，新媒体研究院共有10名学生参加10月1日在北京天安门广场举行的群众游行。2019年10月19日，新媒体研究院博士沙龙启动。

毕业生去向。新媒体研究院2019届毕业生共51人，其中博士研究生8人，硕士研究生43人（专硕42人，同等学力申硕1人）。毕业人数比2018年增加9人，培养的首批博士生均顺利就业，硕士生无延期毕业。毕业生就业率为100%，其中84%毕业生选择签署就业协议，比2018年提高34%。

（王金媛、薛媛元、赵燕波、石碧杉、方　晶）

【全国新闻与传播专业硕士核心课程教学师资培训会议】2019年，全国新闻与传播专业学位研究生教育指导委员会秘书处围绕核心课程建设、师资队伍建设、学位授权点专项评估、水平评估、专业学位类别领域设置等方面开展了各项工作。12月3日至5日，新闻与传播教指委秘书处在北京大学举办了全国新闻与传播硕士专业学位教育核心课程教学师资培训会议，共有来自全国各新闻传播院校的125名在职教师参会。会议邀请了6位撰写新闻与传播硕士专业学位教育核心课程指南和教材的专家学者为老师们讲授了核心课程如何授课，同与会教师进行了充分的交流互动。6位核心课程的授课专家分别来自北京大学新媒体研究院、复旦大学新闻学院和中国政法大学光明新闻传播学院。

（王金媛）

【新开设3项留学生全英文授课项目】开设3项留学生全英文授课项目的立项申报以及学费审核，分别为：新媒体学博士、新闻与传播硕士、北京大学新媒体研究院与美国印第安纳大学联合培养项目。这3个全英文授课项目已在研究生招生网站上开通了2020年的招生通道，在学校国际合作留学生网站公示招生简章并宣传，预计于2020年下半年开班授课。

（薛媛元）

中国政治学研究中心

【发展概况】组织机构。北京大学中国政治学研究中心于2015年10月20日成立，为北京大学实体研究机构，主要在政治哲学、比较政治制度、中国政治思想史、外国政治思想史等4大研究领域开展政治学基础理论研究。英文名称为PKU Research Center for Chinese Politics，英文缩写为RCCP或PKURCCP。研究中心创始主任为北京大学讲席教授、政府管理学院院长俞可平。2018年学术委员会成员调整，新一届名单：主任何增科；委员景跃进、王长江、王丽萍、王续添、唐士其、杨雪冬、俞可平、周红云；学术秘书孙明。

中心的主要工作包括：1.在政治哲学、比较政治制度、中国政治思想史和外国政治思想史等4大研究领域设立专项研究课题，开展创造性研究，发表一流的研究成果；2.为本科生、研究生和博士生开设政治学基础理论课程，招收政治学基础理论学科的研究生和博士后；3.围绕4大重点领域，选聘国内外一流学者来中心从事研究和教学；4.与中央和地方党政部门合作，参与党和国家重大决策调研；5.开展高层次国际学术交流合作，与国外著名政治研究和教学机构建立合作伙伴关系；6.承担"全国治理研究协作网络"的日常协调工作；7.与政府管理学院联合主办《北京大学政治学评论》连续出版物，运营微信公众号"北大政治学"。

学科建设。中国政治学研究中心有1个一级学科：政治学。4个研究领域：政治哲学、比较政治制度、中国政治思想史和外国政治思想史。中心依托北京大学政府管理学院进行博士后流动站的招生培养。中心所在一级学科政治学入选一流学科建设名单。

队伍建设。中心现有教研系列教师5人，其中教授2人、助理教授3人。另有博士后5人（其中含博雅博士后2人），合同制研究人员2人、行政助理1人。2019年，中心新入职2人，合同制研究人员1人，博雅博士后1人。中心现有北大讲席教授1人、新世纪百千万人才工程国家级人选2人，国家文化名家暨四个一批理论人才1人。

教学工作。截至2019年底，中国政治学研究中心共有学生53人，其中"政治、法律与社会联合培养项目"本科生40人，硕士研究生5人，博士研究生8人。2019年，招收博士研究生3人，毕业硕士研究生1人。中国政治学研究中心教师2018—2019学年第二学期承担本科生课程2门，MPP、MPA课程2门，研究生课程3门；2019—2020学年第一学期承担本科生课程4门，MPP、MPA课程2门，研究生课程2门。

科研工作。以北京大学加强基础研究专项《政治通鉴》为牵引，中心教师主持的主要课题如下：俞可平教授主持的大型基础研究工程《政治通鉴》、重要跨学科基础研究课题"制度与习惯"、《马克思主义历史考证大辞典》中文版编译工程、大型合作课题"政府创新可持续性研究"（2019年创建了"中国地方创新档案资料数据库"，课题成果《政府创新的可持续性研究》已由社会科学文献出版社于2019年正式出版）、俞可平教授承担的北京大学社会科学学部重点课题《中国社会科学40年——政治学》（最终成果《中国政治学四十年》于2019年由商务印书馆正式出版，该书在深圳举行了新书发布会）、何增科教授主持的国家社科基金重大项目"国家治理现代化与近现代大国崛起研究"课题。

2019年，中心共发表中英文论文15篇，出版学术著作2部。中心在研项目总数为11项。科研拨款共计1121.27万元，其中国家社科重大专项课题经费60万元，国家"四个一批"与文化名家课题经费50万元,中央高校基本科研业务经费338万元,横向经费644.27万元,教育部人文社会科学研究青年基金项目经费8万元,博士后科学基金21万元。

合作交流。2019年,中国政治学研究接待北京大学主请和顺访的国外访问学者13人次。举办学术沙龙报告5次、"政治学经典研习"4次;主办学术会议11次。教师共出访8人次。

在北京大学中国政治学研究中心主任俞可平教授和清华大学政治学系主任张小劲教授的共同发起下,已经先后组织了4次联谊活动。2019年11月,北京大学-清华大学政治学人联谊会在北京大学顺利举办。双方商定"北清政治学人学术联谊会"将常年举行。

2019年,中心在北京大学承办了北京论坛(2019)"治理与文明:不同文明体系中的国家起源"分论坛,该分论坛邀请了来自哈佛大学、东京大学、首尔国立大学、莫斯科国立大学、金德尔国际大学等多个国家的学者做发言嘉宾。中心在深圳,与深圳大学合办了《中国政治学四十年》新书发布会等。

中心微信公众号"北大政治学"(PKURCCP)全年发稿96篇,已有粉丝24,323人。

【2018北京大学政治、法律与社会联合培养项目】 由中国政治学研究中心、政府管理学院、法学院、社会学系共同策划,启动"北京大学政治、法律与社会联合培养项目"。2019年"北京大学政治、法律与社会联合培养项目"招收本科生20人。2019年"北京大学政治、法律与社会联合培养项目"招收本科生20人,其中政府管理学院本科生7人,法学院本科生4人,社会学系本科生3人,国际关系学院本科生3人,元培学院本科生2人,新闻与传播学院本科生1人。2019年以来,中心教师参与设计、主持和讲授的课程陆续推出。

【《政治通鉴》研究工程】 中国政治学研究中心于2018年初正式启动了《政治通鉴》研究工程并于2019年入选北京大学加强基础研究专项。《政治通鉴》是一项大型基础研究工程,由中心主任、北京大学讲席教授俞可平主持,致力于在古今中外的政治学经典、基本政治制度、重大政治事件、重要政治人物、主要政治理论五大领域开展深入研究,依托北京大学中国政治学研究中心,动员国内外相关专家学者,计划用10年时间完成各项研究任务,最终成果是多卷本《政治通鉴》。该研究将总结和分析中国政治发展的经验教训和一般规律,同时分析和探讨世界主要国家政治发展的经验教训和普遍规律。2019年,《政治通鉴》研究工程继续得到中央党校、中国人民大学等国内政治学研究主要单位、领军学者的大力支持,论证、制订了研究框架,并已取得第一期10个题目的成果。中国大百科全书出版社积极承担有关编辑出版工作,已经签订初步协议。目前《政治通鉴》第1卷的书稿已经收齐,主编已经审定并已交付中国大百科全书出版社,预计2020年3月正式出版。

(孙 明、鲁 伟)

国际战略研究院

【发展概况】 组织结构。2019年,国际战略研究院有5名专任科研管理人员、6名特约研究员、2名助理研究员、2名研究助理、5名行政人员、1名退休返聘人员、1名专职编辑以及2名兼职编辑。

学术会议。10月29—31日,举办第六届"北阁对话"年会,年会聚焦"全球化世界上的分化现象"。澳大利亚前总理陆克文、美国哈佛大学教授约瑟夫·奈、英国前外交大臣大卫·米利班德等12位国外嘉宾和12位中国专家学者应邀出席,中国原国务委员戴秉国全程出席会议并做总结发言。公开论坛吸引近400名听众报名参加,近20家中外媒体和近10位来自不同国家驻华使馆的工作人员出席。2019年举办13次"北阁论衡"系列讲座。1月10日,以"美国退出《中导条约》的原因与后果"为主题的学术座谈会在北阁举行。6月24日,以"中美经济脱钩与技术脱钩的可能性及其后果"为主题的学术研讨会在北阁举行。

课题研究。承担国家社科基金关于中美关系的重大研究专项1项;教育部关于中美关系的哲学社会科学研究重大委托项目1项;外交部委托紧急课题1个;外交部委托课题2个;校级课题"以大国技术竞争为契机促进国际关系与其他学科的融合";太平洋国际交流基金会资助"亚太共同体倡议——中美合作研究项目";日本笹川和平财团资助"中日民间关于过去的历史认识及未来中日关系对话"项目;国家发改委国际合作司委托课题1项;太平洋国际交流基金会资助"公众对美印象调查(2019年)"项目,以及内部研究项目3项,即"日本参与'一带一路'的意图及对中日关系的影响""'一带一路'沿线国家汉语师资培养现状、问题和对策""中俄边界地区合作现状研究";资助学生课题9项。

交流合作。研究院专家个人或专家团多次访问中国香港以及美国、俄罗斯、伊朗、卡塔尔、塔吉克斯坦、吉尔吉斯斯坦、乌兹别克斯坦、日本、埃及、朝鲜、德国、瑞典等国家和地区,与当地大学、智库、政府机构和企业等进行交流。国际战略研究院接待太原论坛调研团、韩国国际交流财团与成均中国研究所代表团、俄罗斯科学院远东研究所、莫斯科国际关系学院、圣彼得堡大学、布拉戈维申斯克国立师范大学组成的学术代表团、美国阿斯彭研究所访问团。接待来自澳大利亚、新加坡、英国、西班牙、伊朗等驻华使馆的个人和团体。

出版发行。出版《中国国际战略评论》2019年(上、下)

两册中文版，上线 China International Strategy Review 2019（I, II）两期英文期刊；出版"北京大学国际战略研究丛书"之《失衡的世界：国际关系和美国首要地位的挑战》《大陆强国与海上制衡：1888—1914年德国的海军扩张》；发表"亚太共同体倡议——中美合作研究项目"英文专著 The US and China in Asia: Mitigating Tensions and Enhancing Cooperation；出版《中日历史认识共同研究报告（战前篇）：中日战争何以爆发》；出版《国际战略研究院简报》16期、《智库热点新闻追踪》11期、《海外智库观点要览》9期。

社会影响。2月27日，正式获聘2019—2021年度"外交部政策研究课题重点合作单位"，这是研究院（及其前身"国际战略研究中心"）自2009年以来连续第4次获得这一称号。在2019年度美国宾夕法尼亚大学TTCSP项目颁布的《全球智库报告2019》中，研究院在全球高校智库排名第9位，在全球智库总排名第81位，在中印日韩四国智库排名第25位。

（李方琦）

经济与管理学部

【发展概况】 组织结构。经济与管理学部包括经济学院、光华管理学院、国家发展研究院、人口研究所等教学科研单位。学部主要涵盖理论经济学、应用经济学、工商管理、管理科学与工程等4个一级学科。4月30日，经济与管理学部主任张国有退休，由于鸿君兼任经济与管理学部主任。学部设部务会、学术委员会、教学指导委员会和学部办公室。

学科建设。经济与管理学部的主要任务是跨院所进行经济学-商学学科的建设工作。学部基本职能是在学校领导下，发挥跨学科跨院所的横向沟通协调功能，建立共识，跨院所整合教学资源、科研能力及服务条件，将经济学-商学学科建设成中国最具学术影响力的学科。协助学校各部门完成经济与管理学科职称评审、相关评奖评优推荐和绩效评估等工作。

跨院所、跨学科学术交流活动。2019年，继此前筹备启动北京大学经济与管理学部"马寅初经济与管理大讲堂"之后，经济与管理学部继续围绕经济与管理学科领域前沿问题，立足于服务国家战略需求，为师生搭建沟通交流的桥梁，积极促进师生与国内外理论界与实务界互动思考、互动研究，规划经管学科重大的标志性项目，不断提升经管学科国际竞争力和影响力。

经济与管理学科国际评价跟踪分析。为更好地研究国内外经济与管理学科相关情况，结合学科评估分析和国际同行评议等相关工作，经济与管理学部继续对2019年世界大学学科排名中与经济与管理学部的学科相似或相近的学科排名指标进行跟踪分析，服务经管学科发展建设。

定期发布《视野》、简报等。经济与管理学部定期推出《视野》通讯，已推出第117期，主要选编和交流有关人才培养、学术研究、学科建设、跨域发展等方面的前沿信息以及理念、规则、机制等新见解、新做法，以便相互激励，开阔视野，启发思路，促进工作。同时，将学部工作和研究成果定期以简报形式发布。

学部跨院所课程设计研究工作。为了进一步推进教学课程改革，加强跨学科人才培养和学科建设，鼓励和支持学部教师积极开展趋势性新课设计和跨学科课程设计，以适应新的教学改革要求和人才培养需要，组织启动课程设计项目立项申报工作。经过学部教学指导委员会审议评选，2019年学部确定支持9项课程设计研究。

【"问题数据研究"系列分享会】 "问题-数据-研究"系列分享会是响应经管学部教师建议，在院所支持下，由经济与管理学部搭建的跨院所学术交流平台之一，旨在促进三院一所学部教师间的学术交流与沟通。2019年举办了"问题-数据-研究"系列分享会第6期，主题为"我的研究历程：经验与反思"，邀请张建君教授作主题报告，经管学部三院一所以及相关院系师生参加。

（杨超）

经济学院

【发展概况】 组织结构。经济学院下设6个系：经济学系，国际经济与贸易系，金融学系，风险管理与保险学系，财政学系，资源、环境与产业经济学系。学院全职教师、兼职教授、在站博士后研究人员200余人。经济学院下设18个校级、院级科研机构：经济研究所、外国经济学说研究中心、市场经济研究中心、中国金融研究中心、中国信用研究中心、国民经济核算与经济增长研究中心、中国保险与社会保障研究中心、中国都市经济研究基地、产业与文化研究所、金融与产业发展研究中心、经济与人类发展研究中心、社会经济史研究所、金融创新与发展研究中心、中国精算发展研究中心、国家资源经济研究中心、量化历史研究所、当代中国马克思主义政治经济学研究中心（筹）、政府和社会资本合作（PPP）研究中心。

学科建设。经济学院是教育部确定的"国家经济学基础人才培养基地"和"全国人才培养模式创新实验区"。学院现有6个本科专业：经济学、国际经济与贸易、金融学、保险学、财政学、资源与环境经济学。9个硕士、博士学位授权点：政治经济学，西方经济学，经济史，经济思想史，世界经济，金融学，财政学，人口、资源与环境经济学，风险管理与保险学。4个专业硕士学位授权点：金融硕士、保险硕士、税务硕士、国际商务硕士。1个经济学博士后流动站。基本科学指标数据库 ESI（Essential Science Indicators）数据显示，北京大学经济学与商学学科2011年进入全球前1%，是中国内地此学科最先进入全球1%的学术机构；在2018年QS世界大学综合排名中，北京大学经济学和计量经济学位列全球第31名、全国第一。北京大学理论经济学和应用经济学同时入选最新"双一流建设"名单。

队伍建设。 2019年，经济学院新入职教师6人。截至2019年底，学院全职教师79人，其中教授30人，长聘副教授5人，副教授28人，预聘副教授4人，预聘助理教授11人，助理研究员1人。学院目前教师平均年龄46.7岁，具有博士学位的教师占96.2%，其中29人具有海外博士学位，占全院教师的36.7%。另有校外导师152人。博士后流动站在站博士后65人，其中流动站27人，企业博士后工作站38人。完成学院2019年两批终身教授资格（Tenure）评估工作和教学系列职位晋升工作。

党建工作。 9月16日，经济学院党委按照学校党委统一部署全面启动"不忘初心、牢记使命"主题教育工作。经济学院把握爱国主义教育的关键时间节点，开展"经心向党·圆梦建功"思政教育实践活动，通过重访红色圣地、开展调研学习、组织理论座谈等形式，弘扬五四精神、厚植爱国情怀。经济学院党委先后召开动员部署会、工作部署会，成立主题教育领导小组，确立主题教育实施方案。各党支部开展各种形式的教育活动，百余名师生去唐山乐亭、西柏坡、井冈山、延安、嘉兴等地实践。学院有71名师生参与国庆游行"凝心铸魂"方阵，另有15名师生参与志愿服务工作。校第三巡察组对经济学院党委（含人口所）开展巡察工作，听取巡视情况汇报，同意巡视组指出的问题和建议，并对整改工作提出要求。学院党委召开巡察反馈大会，召开党委扩大会议，部署全面整改。学院党委多次研讨《北京大学经济学院党委学生党组织工作条例（试行）》（简称《条例》），以优化学生党支部设置方式。以本科一、二年级的学生辅导员中的党员为主体成立年级党支部，全面负责本年级党的工作，并选聘高年级学生党员担任低年级党建辅导员；在高年级本科生和研究生中按照专业设置纵向党支部。《条例》经2019年9月23日学院党委会会议通过并实施。

2019年经济学院新发展党员127人，其中教职工2人，比2018年发展人数增加25人。学院组织党政领导班子成员及教职工参加各类专题培训班。组织学生参加党的知识培训班与党性教育读书班等，各期培训班报名人数较2018年均有增加。本学期，122名大一新生（占全体大一新生90%）提交入党申请书。经济学院党委共有党员613名，下设党支部28个。2019年度完成6个教职工党支部换届工作并成立21个纵向学生党支部。蒋云赟获"北京大学优秀党务和思想政治工作者"荣誉称号；平新乔、叶静怡、郑伟获"北京大学党务和思想政治工作奉献奖"。

2019年1月10日，学校党委批复中共北京大学经济学院新一届委员会委员，崔建华同志为党委书记，宋芳秀、王宜然同志为党委副书记。

教学工作。 2019年，经济学院为本科生开课142门次，开设9门全英语课程。所有本科生课程的1/3由教授主讲，约93%的教授在为本科生授课。2018—2019学年学院本科秋季学期教学评估平均分90.00，校评估平均分88.55；春季学期教学评估平均分89.45，校评估平均分88.72。共为研究生开课100门次，2018至2019学年研究生秋季和春季学期教学评估平均分分别是97.81和97.74，均高于校平均分值。

本科生培养。 经济学院申报经济学专业为国家级一流本科专业建设点，保险学专业为北京市级一流本科专业建设点。优化教学计划，凝练本科专业核心课程，建设精品课程体系。学院邀请国内外知名专家学者、业界精英为本科生开设小学分课程。持续加强新生体验计划，形成立体化全方位的新生成长方案。邀请北京大学博雅讲席教授、新结构经济学研究院院长林毅夫和2010年诺贝尔经济学奖得主皮萨里德斯为新生开设讲座。顺利完成研究生推荐免试招生工作，2019年经济学院共有82名本科生获得"推免"工作的推荐资格，其中75人顺利落实了接收单位。推荐资格名额利用率为91.5%，较上年有所提高，推免成功人数占全体学生总数的45%。小班课、部分学科基础课、核心课助教公开集中招募，统一面试培训后上岗，日常反馈和过程化评估的助管制度每学期覆盖约40门课程。持续推进引智计划，已聘请包括 Amartya Sen、James J. Heckman、Finn Kydland 和 Thomas J. Sargent 等诺贝尔经济学奖得主在内的8位专家为经济学院荣誉教授，并聘任中国人民大学经济学院教授、《资本论》教学与研究中心主任、习近平新时代中国特色社会主义思想研究院副院长邱海平为首位"梓材"讲席教授。

研究生培养。 经济学院举办第6届全国优秀大学生暑期夏令营，选出优秀营员90人。举办第6届专业硕士研究生培养研讨会，新聘及续聘了部分校外导师。继续推进与新加坡南洋商学院的双硕士联合培养项目，5名专硕学生前往南洋商学院学习。

博士生培养。 经济学院制定了《博士研究生学术创新成果综合评价实施细则》，鼓励博士研究生在学期间发表学术创新成果，根据《北京大学经济学院研究生学术论文奖励办法》予以相应奖励；加强与新结构经济学研究院联合培养博士生合作交流，从2019级博士生入学起，确定了双方联合培养的博士生及导师名单，以及双方师资、课程等资源共享。

教学科研成绩。 2019年，刘冲的合作论文分别在 *Economic Journal* 和 *Economic Letters* 发表；高明的合作论文分别被 *Journal of Financial Economics* 和 *Economic Letters* 接受发表；贾若、吴泽南合作的论文在 *Geneva Risk and Insurance Review* 发表；石菊的合作论文在 *Journal of Public Economics* 发表；王耀璟的合作论文被 *Journal of Labor Economics* 接受

发表；韩晗的论文在 European Economic Review 发表，等等。多名教师获得基金项目资助：袁诚、杨汝岱、季曦喜获2019年度国家自然科学基金面上项目资助；刘蕴霆、吴旭东获得2019年度国家自然科学基金青年科学基金项目资助；杨汝岱获得国家自然科学基金专项项目资助；周新发获得国家社会科学基金一般项目资助等。多名老师的科研成果获奖：5月，曹和平的著作、李虹的著作与崔巍的论文分别获得北京市第15届哲学社会科学优秀成果奖二等奖；12月，管汉晖在《经济研究》上的合作论文获评国家社会科学基金优秀文章等。12月，博士后吴群锋以论文《开放、制度变迁与经济发展》入选"当代经济学博士创新项目"（原中国经济学优秀博士论文奖），获十佳博士论文资助，并获第4届洪银兴经济学奖。9月，经济学院有30余名教师受到学校表彰，其中刘怡荣获北京大学2018—2019年度教学卓越奖。10月，孙祁祥获北京大学第4届"十佳导师"荣誉称号。12月，田巍获北京大学第19届青年教师教学基本功比赛一等奖，王耀璟等获三等奖。

学位委员会理论经济学分会。 经济学院牵头组织召开理论经济学分会，包括讨论授予学位事宜、学科建设问题、北京大学优秀博士生学位论文评选、遴选博士生导师、培养方案修订等事宜。

获奖和立项。 经济学院教师先后获得北京大学"十佳导师"、北京大学教学卓越奖、教学优秀奖、教学管理奖等，并在北京大学第19届青年教师教学基本功比赛中斩获多个奖项。学院3篇博士论文获评2019年北京大学优秀博士学位论文。"构建中国特色经济学人才培养体系"作为重点项目获得2019年北京高等教育"本科教学改革创新项目"立项；5个项目获得北京大学2019年本科教学改革项目立项；1个项目获得北京大学研究生课程建设立项；1个课件获得2019年第一批北京大学数字化教材建设立项；另获北京大学推荐参评国家级、北京市级多个教学、课程、教材奖项。崔巍、李虹、曹和平分别获北京市第15届哲学社会科学优秀成果奖二等奖；管汉晖获评国家社科基金优秀文章；刘冲获第8届曹凤岐发展基金"金融青年科研优秀奖"；刘新立获第8届曹凤岐发展基金"金融教学优秀奖"。

科研工作。 2019年经济学院完成各类科研成果265项，其中专著9部，编著、教材、研究报告、译著8部，论文248篇。截至12月1日，图书馆检索成果词条数374条，位列全校人文社科类第二位，其中被SSCI收录论文53篇，被CSSCI收录论文119篇。上报中宣部、中财办、财政部、教育部、北京市委等部门并获得采纳的智库成果共5篇。2010年至2019年，学院共编辑中英文工作论文160篇，其中2019年17篇。《变局中看格局，浪潮处听思潮》——两会笔谈收集稿件62篇。科研项目立项49项，其中纵向课题8项，横向课题41项，批准经费1949.8万元。纵向项目年度检查4项、中期检查2项、结项7项。纵向项目、征集选题及智库申报总计78项。经济学院继续资助种子基金项目和国际学术会议，资助额总计73.5万元。2019年，学院举办国内外各类论坛和学术会议200余场，其中有广泛影响力的大型论坛包括中国百家经济学重要期刊主编论坛、第2届应用经济学高端前沿论坛暨"中国应用经济学发展70年"研讨会、新中国经济学70年——中国百所大学经济学院院长论坛暨"百所经院人才招聘会"等。此外，经济学院举办经济史学系成立大会、2019年"中国保险业发展"圆桌论坛、2019"全球PPP50人"论坛第二届年会、生态经济学与生态文明国际会议、财政学系建系20周年庆典、学术午餐会、与国家发展研究院和新结构经济学研究院合作工作坊等讲座和论坛。

国际合作与交流。 2019年，经济学院与英国伦敦大学学院、蒙古国立大学、美国伊利诺伊大学香槟分校、美国威斯康星大学麦迪逊分校、美国纽约州立大学石溪分校、英国牛津大学签订交换协议或"本硕直通车"项目；共接收21名交换生、派出52名本硕交换生、联合培养博士生5人、资助在校博士生参加国际学术会议4人、申请到1个留学基金委员会项目奖学金。学院开展了牛津-剑桥暑期学校、多伦多大学暑期学校、斯坦福大学暑期学校、新南威尔士寒假学校，并成功举办"北京大学-芝加哥大学暑期研究项目"国际暑期学校。2019年度经济学院教师出访157人次、学生115人次；学院代表团赴蒙古国立大学、新加坡国立大学和南洋理工大学、美国纽约州立大学石溪分校进行出访交流；完成希伯来大学院长、蒙古国务秘书、芝加哥大学哈里斯公共政策学院副院长、澳大利亚纽卡斯尔大学代表团、土耳其中东技术大学副校长、哥伦比亚大学副教务长、比利时鲁汶大学校长等来访接待。主办经济学院首届欧洲论坛和"一带一路"中国·印度尼西亚经贸交流与合作国际论坛暨北京大学经济学院东南亚论坛；举办策略性信息传递国际研讨会、亚太创新国际会议、"生态经济学与生态文明"国际会议。通过"诺奖得主面对面"系列讲座，邀请诺贝尔经济学奖得主Thomas Sargent、Christopher Pissarides来院进行交流；举办4期"国际顶刊主编讲坛"，邀请《政治经济学杂志》等国际学术期刊主编来院进行交流。编写《经济学院学生交流心得荟萃》、《北京大学经济学院系列讲座集锦》等。

学生工作。 2019年，经济学院建立重点学生数据库，定期追踪；推行"院领导下午茶""院领导班级调研""留学生代表午餐会"等活动，构建联系学生的交流机制；由教务、学工、学生志愿者组成学业支持团队，为学业困难学生提供小班教学、一对一辅导；通过多样化的形式和活动助力学生就业。举办第8届新时代中国青年经济论坛、"博士研究生学术交流论坛"等活动；将"挑战杯"与学科特色相结合，举办"经济杯"论文挑战赛；开展"音画梦想"支教、怀源计划等志愿服务项目，其中怀源计划获北京大学优秀志愿服务项目团队银奖；组织一二·九师生歌咏比赛、新年晚会等文艺活动，着力推广体育运动。完成各项院奖评选：优秀毕业生奖项"百年菁才"奖、院级最高学术奖项"陈岱孙"杯创新人才奖评选；院级"鸿儒奖学金""山东绿地泉奖学金""美仪奖学金""温氏奖学金"等，奖学金总金额达 50 万元；院级"启航"对外交流助学金，2019 年全年共开展 2 个批次的评选，共计资助 29 位学生，总金额达 67 万元。学院完成本年度春季、秋季两次学生资助工作，赴 5 省 12 户家庭进行资助寻访，邀请学院与老师担任家庭经济困难学生的发展导师，给予家庭经济困难学生一对一的指导与引领。先后带领学生赴中国银行等 6 家单位参访交流，赴江西、陕西、福建等地走访基层选调生；联络访谈近 30 名选调生校友、最终推送了 17 篇风采展示稿件；举办了 2 场"我在祖国"基层选调生报告会活动，邀请 5 名选调生校友返校作报告。2019 年经济学院共有 5 名毕业生赴基层就业。

校友工作和继续教育。2019 年，经济学院完善校友数据库，筹建并成立地方校友会及经济学院按校友会分支机构，接待校友集体返校 11 场次，接待集体返校校友 690 余人次，零散返校校友 200 余人次。建立继续教育用人机制、师资课酬标准、财务管理规定、班级管理标准化流程、继续教育考核、奖励办法等一系列规章制度。配合学校继续教育方面工作，完成 2 次审查，提升学院继续教育服务质量和办学形象。

捐赠基金工作。2019 年，经济学院获得多项捐赠：教授李庆云捐资 100 万元设立"北京大学经济学院感恩基金"，校友吴先红捐资 1 亿元设立"北京大学经济学院同景教育教学奖教金"项目，宁波如意股份有限公司董事长储吉旺捐资 500 万元设立"北京大学经济学院如意奖学奖教金"项目，校友陈生捐资 1000 万元设立"北京大学经济学院陈生发展"项目，北京市鸿儒金融教育基金会为"经济学院鸿儒奖学金"续捐 15 万元。

宣传工作。2019 年经济学院官方微信公众号共推送 561 篇新闻，阅读总量 463,704 次，转发 22,323 次。学院改版公众号，重新设计页面布局、板块内容以及学院二维码。正在进行官网（中文、英文、继续教育）UI 改版工作。通过官方微信公众号、官方网站、大型展板、宣传折页等方式宣传制作了 2019 年十大新闻手册、经济学院宣传手册、百家期刊论坛手册、百所院长论坛手册等。

【"中国百家经济学重要期刊主编论坛"】 2019 年 5 月 25 日，即经济学院 107 周年院庆和《经济科学》创刊 40 周年之际，由经济学院主办、《经济科学》编辑部承办的"中国百家经济学重要期刊主编论坛"召开，来自 129 家重点期刊的 180 位主编和社长出席了本次论坛。改革开放 40 周年"改革先锋"奖章获得者厉以宁为本次论坛撰写题词"路是人闯出来的"，北京大学校长郝平，教育部高等学校经济学类专业教学指导委员会主任委员、中国人民大学校长刘伟，北京大学副校长王博，北京大学新结构经济学研究院院长、改革开放 40 周年"改革先锋"奖章获得者林毅夫，清华大学中国与世界经济研究中心主任、中国经济思想与实践研究院院长李稻葵等出席论坛。

【"中国百所大学经济学院院长论坛"暨"百所经院人才招聘会"】 经济学院于 2019 年 12 月 7 日至 8 日召开"新中国经济学 70 年——中国百所大学经济学院院长论坛"，回顾和总结新中国成立 70 年来经济建设的理论探索和发展实践。

全国政协副主席、北大经济学院兼职教授辜胜阻，北京大学党委常务副书记、经管学部主任于鸿君，北京大学党委副书记、纪委书记叶静漪出席论坛开幕式。来自全国 136 所经济学院校的 158 位院长，来自兄弟院校、科研院所的在校师生以及校友等 400 余人参加了论坛。同时，为促进国内高校院系经济学科人才的培养与引进，在博士生和用人单位之间搭建交流平台，该论坛特设立"百所经院人才招聘会"环节。全国百所经济学院及中国银行、农业银行、奥园集团等单位参加了招聘，招聘会吸引了海内外近千名博士后、博士生参加。

【国外名校直通车项目】 2019 年 1 月，经济学院与美国威斯康星大学麦迪逊分校经济系建立"本硕直通车"项目；3 月，与美国伊利诺伊大学香槟分校商学院金融系和会计系建立"本硕直通车"项目；11 月，与英国伦敦大学学院经济系建立"本硕直通车"项目。学院还与多所国外院校签署合作协议：6 月，与蒙古国立大学国际关系公共管理学院签署本科生交换协议；7 月，与美国纽约州立大学石溪分校经济系签署合作框架协议；12 月，与英国牛津大学奥利尔学院签署合作框架协议。

【经济史学系成立】 2019 年 9 月 27 日，经济学院经济史学系成立大会举行。北京大学校长郝平，党委常务副书记、经管学部主任于鸿君，相关职能部门和兄弟院系负责人，以及数十位国内外经济史学界专家学者出席了本次大会。

12 月 21 日，"弦歌廿载，精财英政"财政学系成立 20 周年主题论坛举办。财政部副部长邹加怡，中国国际税收研究会会长张志勇，福建省人大常委会副主任、厦门大学教授邓力平，国家税务总局总审计师王道树，北京市税务局局长李亚民等嘉宾出席活动，社会各界嘉宾、校友共 300 余人参加了本次论坛。论坛召开之前，北京大学党委书记邱水平、北京大学党委副书记兼纪委书记叶静漪会见了部分与会代表与嘉宾。

（张译元）

光华管理学院

【发展概况】 党建工作。2019 年，光华管理学院围绕主题教育工作要求制定学习方案，组织完成各类学习组会、讲座、活动 30 余次，报送简报 28 期，培训教育党员 800 余人次。

2019年在学院党政联席会上，领导班子成员集体学习共12次，党委委员、党支部书记集体学习共9次。

2019年，学院发展学生党员55人，职工党员2人，入党积极分子211人。其中，本科生139人，研究生76人。2019年学生入党积极分子人数比2018年增加62%。其中2019级新生有163人递交了入党申请书，占新生总数的78.64%。

学院共有19个党支部，其中教职工党支部7个（包含博士后党支部），学生党支部11个、离退休教师党支部1个。2019年评选出学院先进党支部7个、优秀共产党员11人（含特别奖2人）。2019年学院党委建立了党委委员联系优秀教师制度，同时，学院制定《光华管理学院党政领导班子职责及工作规则的规定》《光华管理学院学生支部组织生活指导意见》《关于学院开展优秀共产党员和先进党支部评选表彰工作的实施方案》《光华管理学院党委落实巡视整改任务实施方案》。

机构设置。光华管理学院现下设7个系：会计学系、应用经济学系、商务统计与经济计量系、金融学系、管理科学与信息系统系、市场营销系、组织与战略管理系，其中国民经济学和企业管理是国家重点学科点。学位项目包括本科、学术硕博、管理学博士联合培养项目、金融硕士（MFin）、商业分析硕士（BA）、工商管理硕士（MBA）、高级管理人员工商管理硕士（EMBA）、会计硕士项目（MPAcc）、社会公益硕士项目（MSEM）等。高层管理教育（ExEd），提供非学位的公开课程、定制课程和国际课程。

师资建设。光华管理学院有教师111人，教育部"长江学者"9人，国家杰出青年基金获得者11人，国家自然科学基金优秀青年基金获得者4人，教育部新世纪优秀人才支持计划获得者10人，国际学会学士2人，海外研究机构院士1人。2019年学院共引进7位优秀教研人员，包括副教授1位，助理教授6位。学院设立了"讲席教授""光华研究学者""光华青年人才"等职位。2019年共有"光华研究学者"5人、"光华青年人才"18人。

光华管理学院聘请来自普林斯顿、耶鲁等海外知名学府的杰出学者为特聘教授。2019年度管理实践教授续签3人，访问教授续签2人，新聘管理实践教授1人（李正强博士）。持续聘任金融硕士项目兼职校外论文导师、MBA项目校外导师。

教学培养。2019年，光华管理学院本科生共计招生238人，其中大陆港澳台学生212人，留学生26人。金融硕士71人，商业分析硕士27人，学术硕士20人，博士46人。MBA和MSEM新生444人，其中港澳台学生5人，留学生29人。招收会计硕士47人、审计硕士6人。EMBA招生质量提升。中国首个产业互联网项目"北大-青藤未来产业学堂"招收48位学员。

2019年光华管理学院本科毕业生231人，普通硕士毕业研究生110人，博士毕业研究生39人。MBA毕业453，其中获得学位451人，结业2人；MSEM毕业24人；MPAcc毕业人数51人。EMBA获学位人数总计359人（1月份53人，7月份单证82人、双证224人）。持续开展本科"学术之星"活动，优化完善研究生评奖评优体系，强调学术权重。成立博士学位论文审定小组。

学院管理学博士联合培养项目全年完成8个模块共34天教学。MBA开放课程193门，并新课14门。与康奈尔大学的双学位合作启动。国际访学区域上实现北美、欧洲、亚洲全覆盖，310余名MBA学生和10名北京大学校友前往国外进行了访学。MPAcc优化了全日制培养方案，邀请校友参与到学生的职业发展工作中。EMBA和ExEd运营工作深度整合和统筹。改进《中国REITs先锋项目》，设立了"科技与未来经济系列"课程。海外课程研发加强课程逻辑和特色提炼。

学院"光华在线"平台在2019年持续运营《会计学基础》《行为经济学》《微观经济学：供求关系》三门网络课程。《宏观经济学》上线运营，学习人数在平台其他宏观经济学课程中位列第一名并高出第二名近2倍。

学科建设和科研工作。2019年光华管理学院新立项国家自然科学基金项目14项，其中杰出青年项目2项，重点项目1项，自然科学基金新立项项目总批准经费1200万元。新立项国家社会科学基金项目5项，其中社科重大/专项项目2项，社会科学基金新立项总批准经费180万元。2019年学院在研纵向科研项目47项。教员登记成果420项，其中期刊论文303篇，会议论文52篇，著作24部，其他成果41项。发表SCI/SSCI论文74篇。发表CSSCI论文93篇。新增立项案例40余个，新增入库案例25个，累计入库案例84个。

学院利用学院发展基金设立基金冠名的"讲席教授""光华研究学者""光华青年人才"等职位。2019年共有"光华研究学者"5人、"光华青年人才"18人。

在2019年QS学科排名中，北京大学会计学与金融学位列24，经济学与计量经济位列30，商业与管理研究位列32，均居中国大陆高校首位。

光华管理学院设立"人工智能与社会科学""微观大数据为基础的应用型研究"和"管理创新"交叉学科横向发展平台，发布并实施《光华管理学院交叉学科横向发展平台运营方案》。

智库建设。发布实施《光华思想力课题管理办法》。每周定期开展讲座，积极完成上级信息约稿工作，并围绕约稿主题，邀请相关政府机构代表、行业代表进行深化研讨。全年编撰研究简报46期，向相关上级部门传达研究成果。2019年度编撰《光华思想力年报（2017—2019卷）》（400页）。刘俏教授参与李克强总理主持召开的"经济形势专家和企业家座谈会"、全国政协经济座谈会等。

合作交流。2019年光华管理学院合作院校数量增至130所，合作院校所在国家覆盖35个。2019至2020学年学院共提供565个交换名额，共提名174位学生赴海外交流学习1学期（本科：115名，专业研究生：9名，MBA+MSEM：49名；MPAcc：1名）；接收海外交流学生214位。组织筛选本科学生参与Kellogg-Guanghua奖学金计划。

2019年学院"中国经营方略（DBIC）"课程接收7批次共247人，来自30个国家和地区的30所合作院校。维护中、日、韩合作项目的运营，配合教育部亚洲校园项目总结及调研工作，组织一年一度的"亚洲经营方略"（Doing Business in Asia）课程。实施第1期卢克希奇奖学金资助的"中智优秀青年交流"项目。与加州大学洛杉矶分校（UCLA）推进光华金融硕士-UCLA金融工程硕士双学位的合作。

职业发展。光华管理学院2019届毕业生就业呈现多元化，在重点区域和重点行业就业的学生逐渐增多，被多位雇主评为"最佳校园合作伙伴"。学院推出"深入基层勇敢追梦"系列活动，对有志于成为选调生、中央选调生、公务员的学生设计组织了系列活动，参与250多人次。在大湾区举办"雇主交流会"，服务国家战略重点区域的人才建设。

学生工作。光华管理学院深入开展"不忘初心、牢记使命"主题教育，完善学生工作体制机制。学院重点建设"沃土计划"思政育人课程基地14个，提前完成了学校所设定的基地和新生比1:15的目标要求；随团开展课程指导的学院教师22人，其中有多位长江学者、国家杰青等；选课人数持续增长，过去2年人数稳定在150人左右，约占本科新生70%；引领作用开始显现，已经有学生以选调生的身份，回到当年课程地。

2019年，光华管理学院男篮、男足、女足、网球队获得"北大杯"冠军，女排队获得"北大杯"亚军，棋牌、羽毛球、男篮、女排队均进入"新生杯"四强。

MBA & MSEM全年共进行行业讲座10余场，分享会10余场，知名企业参访8场，文体运动20余次，公益活动3次，以及团建活动如班级认亲会、新年活动等。以实现学生与项目"共同建设"为目标，多次开展学生交流会。MPAcc项目将学生的思政教育工作纳入日常学生工作中，开展班级党团日活动。

2019年学院改造光华1号楼原办公室区域为学生活动空间，为师生的日常学习交流提供更好的保障条件。继续为本研和MBA学生提供营养简餐。

思政教育。2019年，光华管理学院开办"第一课"系列讲座。"第一课"是在指引学生解决困惑、合理规划人生方面的一次尝试，促进师生之间的相互了解与理解。持续邀请学院老师、校友等讲述他们的人生经历，帮助同学们在不同认识、不同选择、不同经历中找准自己的方向。举行"智慧时间""知名时光"活动，打造正确的价值观。开设"中国经济""中国金融""中国管理"等"中国系列"核心课程。系统梳理和总结改革开放四十多年经验，帮助青年学子"懂自己、懂社会、懂中国、懂世界"。

2016级博士研究生刘小溪获得"北京大学学生年度人物·2019"荣誉称号。2015级本科生周榕涵入伍期间立三等功。10名光华博士生获2019—2020学年度北京大学"校长奖学金"。2019年"当代经济学博士创新项目"给予10位青年学者资助。其中两位（邓家品、刘畅）来自光华管理学院。

开展本科新生第二班主任工作。院班子重视学生思政工作，主动担任本科新生第二班主任。进一步加强学生工作组织和队伍建设，强化要求、压实责任、充分保障，不断提升学生思想政治工作水平。

教学网络建设。光华管理学院上海分院招生和各项工作持续推进。深圳分院围绕"光华思想力"平台组织了思想力湾区沙龙活动。西安分院与省内各高校商学院建立联系、与政府和企业沟通合作，为未来合作与光华思想力研究素材建立基础。成都分院组织近千人参与2019光华思想力公开课成都站。

校友工作。光华管理学院更新校友数据14,444条，校友数据报告共7份。2019年继续进行"光华思想力"公开课，筹资举办第2届校友论坛；开发微信小程序，拓展招生渠道；举行本研联络人家聚、99级博士返校、应用经济学系校友返校座谈、校友子女夏令营；完成公益组织自查报告，获得3A等级证书；梳理整合北大MBA校友会，广东校友会和西安校友会先后成立，加拿大校友会、EMBA摄影协会换届。2019年学院校友捐赠博雅图书室5所，包括陕西1所、甘肃2所、云南2所、广东1所。

宣传工作。2019年，光华管理学院发布教授观点80余篇，学术论文转化11篇，传播了40余名教授的观点与主张。

学院与《人民日报》、《光明日报》、《经济日报》、《求是》理论版建立了长期的沟通和供稿机制。举办第21届北大光华新年论坛。

服务工作。光华管理学院职员252（含挂靠单位19人）人，包括事业编制以及和学院签订劳动合同的员工。学院在2019年完善了人事制度，包括博士后制度、绩效考核管理等。学院优化升级教员招聘网上申请系统，拓宽职员招聘途径，组织教职员工培训。学院加强了财务内部控制和监管力度。获得2019年度安全管理先进单位。

信息化建设。学院落实办公OA系统升级项目，未来以云服务为主。完成大机房改造升级工作，构建综合分布式存储计算及AI计算能力的科研支撑平台，逐步将科研用大数据导入数据科学平台。

配合学校审计工作。学院根据学校审计计划，配合校审计室完成学院2017年1月至2019年4月综合管理情况以及单位负责人任期经济责任审计工作。根据北京大学审计建议书意见，认真落实整改工作。

社会服务。做好弥渡县彭家庄水库等重大水利项目1亿多元项目资金协调落实工作。2019年4月，光华管理学院党委使用10万元特殊党费支持弥渡县德苴乡的党建工作。利用校友基金捐助贵州、四川、云南、甘肃、西藏、河北等地区的79所小学建立博雅图书室，每所小学捐赠图书约5000册。每个EMBA及ExEd长期班发起爱心基金，捐助希望小学。

6月，光华管理学院社会责任价值报告（2018）正式发布。这是光华管理学院自2013年以来发布的第7份社会责任价值报告。该报告以国际同业评价体系为参照，对标国际领先高校的可持续发展报告，力求以国际视野做"负责任的商学-管理学教育"。

4月26日，"一带一路"书院特邀11所合作联盟院校商学院的代表在学院共同启动"未来领导者"国际本科项目。书院已与新加坡国立大学、日本庆应大学等15所顶尖高校和商学院达成合作意向。首批国际学生将于2020年入学。"未来领导者"英文本科项目纳入北大服务"一带一路"倡议重大项目。第2期"一带一路"驻华高级外交官项目圆满完成，共有来自36个国家的59位驻华高级外交官被录取，其中大使16位。

（张　琳、王尚勤、李　伟、傅帅雄、李婷婷、
汤泰劼、钱　程、晏　琴）

【学校党委书记邱水平到学院调研】 10月11日下午，学校党委书记邱水平在光华管理学院开展"不忘初心、牢记使命"主题教育调研。学院党委书记马化祥介绍了学院党建工作基本情况，并着重汇报了学院开展"不忘初心、牢记使命"主题教育的情况。院长刘俏汇报了学院发展总体情况，并介绍了近年来学院围绕国家社会发展和经济管理教育方向改革创新的系列举措。当天，邱水平还出席了光华管理学院2019年"沃土计划"思想政治实践课程总结汇报会。会上，校团委、光华管理学院相关负责人汇报了学校、学院思想政治实践课程建设情况，光华管理学院2019年"沃土计划"青海西宁、云南普洱、江西赣州实践团学生代表做实践成果展示。邱水平肯定了光华管理学院深入推进实践育人的成果。他指出，光华管理学院的"沃土计划"项目紧密结合学院特色，充分发挥学院专长，为学校的思想政治实践课程建设探索了有益经验。

（鞠　晓、张　琳）

【"不忘初心、牢记使命"主题教育】 自"不忘初心、牢记使命"主题教育开展以来，光华管理学院下发了《光华管理学院"不忘初心、牢记使命"主题教育工作方案》，召开党委扩大会部署"不忘初心、牢记使命"主题教育各项工作任务。学院成立了主题教育领导小组和工作小组，由党委书记任组长，党委副书记任副组长，班子成员为领导小组成员。学院党委共组织各类集体学习、讲座35次，报送简报28期，培训教育党员800余人次。在调研阶段，学院领导班子成员结合分管工作，在分管部门采取座谈会、实地调研等方式与师生群众开展了交流，并根据收集的意见和建议制定分管部门的整改措施。学院的党员领导干部结合学习研讨，开展了对照党章党规找差距专题活动。12月11日，学院召开了"不忘初心、牢记使命"主题教育专题民主生活会，院领导班子逐一作了对照检查。指导组组长刘化荣代表学校"不忘初心、牢记使命"主题教育指导组对专题民主生活会进行了点评。根据学校巡察反馈意见和要求，学院党委制定了《光华管理学院落实巡察整改实施方案》，逐一认真落实并顺利完成各项整改任务。12月25日，学院召开教职工大会，由党委书记代表学院领导班子就教职员工关心的、涉及教职员工切身利益的意见建议进行了专题答复。

（傅帅雄、李婷婷）

【庆祝新中国成立70周年】 在庆祝新中国成立70周年重大活动中，光华管理学院有120名师生参与群众游行"凝心铸魂"方阵，另外有27名同学参与到各项庆祝活动的志愿者工作中。学院党委指导党员与入党积极分子"结对子"，帮助入党积极分子成长。重大活动结束后，有9名学生经过培养考察被发展入党。厉以宁教授与多人合著的《改革开放的经验是积累而成的——四十年以来的改革实践和理论的发展》（中国经济学70年：回顾与展望——庆祝新中国成立70周年笔谈（下））发表于《经济研究》。

（傅帅雄、张　琳、李婷婷）

【教学科研发展成果显著】 学院"商业与管理""应用经济学"2个学科"双一流"建设的中期评估工作，专家评审给出优秀结果。2019年教学科研绩效评估位列经管学部首位。厉以宁著作《改革开放以来的中国经济：1978—2018》荣获北京市第15届哲学社会科学优秀成果奖特等奖。"中国高校人文社科学者TOP600被引论文排行榜（2006—2018）"，周黎安位居排行榜第一名。武常岐与其他学者合著的论文荣获英国著名学术出版机构爱墨瑞得（Emerald）集团颁发的2018年度高度赞扬论文奖。刘晓蕾案例《区块链在百度ABS业务中的应用》在《哈佛商业评论》中文版主办的"YUE管理"年度演讲（2019）荣获"YUE管理"卓越实践奖。陈松蹊当选伯努利（Bernoulli）学会科学书记（Scientific Secretary）。符国群连任中国高等院校市场学研究会会长。曹凤岐获得首届北京大学离退休教职工学术贡献奖特等奖，王其文获得二等奖。教学方面，厉以宁获得北京大学教学成就奖，吴联生、陆正飞、翁翕和李辰旭四位教授获得北京大学教学优秀奖。北京大学第19届青年教师教学基本功比赛中，光华管理学院获得优秀组织奖（第一名），卢瑞昌荣获一等奖和最佳教学演示奖，董韫韬、易希薇荣获二等奖和最受学生欢迎奖，张宇荣获二等奖，吴联生荣获优秀指导教师奖。

（张　琳、丛月芬、由秀军、傅帅雄、张　洁、
晏　琴、李　伟、侯丽军、郑　敏）

【厉以宁发表《人民日报》理论版头条文章】 3月21日，光

华管理学院厉以宁、程志强在《人民日报》理论版刊发头条文章《推动经济高质量发展》。文章从中国发展面临的内外部环境、坚定推动高质量发展的信心、抓住实现经济新发展的机遇等角度对中国经济高质量发展进行了深度分析。

（傅帅雄）

【36国驻华高级外交官走进北大光华理解中国两会】 3月19日上午，来自欧盟驻华代表团以及英国、西班牙、意大利、澳大利亚、冰岛、缅甸、白俄罗斯、墨西哥、埃及等多个国家的驻华高级外交官走进光华管理学院，参加"两会后2019中国经济展望"讲座。

（卢玫、晏琴）

【首届中国会计学者论坛】 5月25日至26日，学院举办"首届中国会计学者论坛"，来自全国57所高校商学院的300余位会计学者参会。论坛共计收录论文24篇，内容包含并购、创新、文本分析、企业绩效、企业违规、企业融资、审计、信息披露、公司治理等，几乎涵盖会计学科所有范畴的9大主题。

（张一迪）

【首届商业分析硕士新生入学】 9月6日，光华管理学院2019级商业分析硕士新生见面会在光华管理学院举办，光华管理学院院长刘俏，党委书记马化祥，副院长周黎安，本科研究生项目执行主任沈俏蔚，北京大学研究生院专业学位办公室主任何峰、副主任尹丹，商业分析硕士项目负责人王汉生，光华管理学院本科研究生项目、MFin、MBA、EMBA、MPAcc等各项目负责人、诸位业界导师及光华管理学院诸位教授等近30位嘉宾出席本次活动，共同庆祝首届商业分析硕士新生入学北大光华管理学院。

（李伟、宋雨衡）

人口研究所

【发展概况】 组织机构。北京大学人口研究所是中国最早建立的人口教学科研机构之一。1984年经教育部批准，开始招收人口学硕士研究生，1991年起开始招收人口学博士研究生。当前，人口研究所面向全球招收人口学，政治经济学，人口、资源与环境经济学，社会学（老年学）4个方向的学术型硕士研究生，并设立聚焦于老龄产业与服务、残疾服务与管理方向的社会工作专业型硕士研究生。研究所下设中国人口健康与发展研究中心、中国老龄事业发展研究中心、中国残疾人事业发展研究中心和APEC健康科学研究院4个虚体机构。研究所主管的学术期刊平台为《人口与发展》，是国内人口学核心期刊（CSSCI）之一。

2019年，人口研究所在编教职工20人，其中专职科研与教学人员17人：包括教授7人，副教授8人，助理教授2人，博士生导师12人，硕士生导师5人；另有博士后在站研究人员2人。研究人员全部具有博士学位和海外学习培训背景，来自人口学、经济学、管理学、社会学、人类学、数学、计算机、医学、公共卫生、地理学、环境科学等多个学科。

教学科研。2019年，人口研究所出版专著1部，发表SCI/SSCI论文18篇，中文学术期刊论文52篇，共计70篇。2019年，人口研究所承担重点科研项目21项，其中12项当年顺利结题。其他在研项目均进展顺利。

人才培养。2019年，人口研究所学生总数为120人，均为硕士、博士研究生。其中硕士研究生79人（学硕41人，含留学生1人，港澳台学生10人；专硕38人），博士研究生人41人（含留学生5人，港澳台学生3人）。

7月8日上午，第3届"京港澳台"人口老龄化专题夏令营开营，夏令营由教育部万人计划和北京大学港澳台办公室支持，人口研究所与老年学研究所联合主办，来自北京大学、香港教育大学、香港城市大学、澳门大学、台湾成功大学、京港澳台等4地著名大学的20位学生参加了此次参访活动。

7月13日，北京大学研究生院主办，人口研究所、北京大学老年学研究所共同承办的第4届"北京大学老龄健康博士生论坛"在北京大学勺园弘雅厅召开。论坛以"老龄健康：管理、创新和可持续发展"为主题，以推动老龄健康研究的学术交流，拓宽博士生学术视野，提高学术水平为目标，为培养具有多学科视角与素养的复合型人才提供平台。

交流合作。2019年2月，人口研究所副教授庞丽华和博士罗雅楠参加IARU老年长寿与健康会议。

2019年2月23日至3月8日，教授陈功出席了亚太经合组织在智利·圣地亚哥举行的亚太经合组织第一次高官会及其相关会议。

2019年3月20日，夏威夷残疾研究中心访问人口研究所，教授陈功和副教授张蕾参加题为"Disability and Ageing in China: Seeking for Cooperation opportunities"的讨论。

2019年4月19日至21日，教授裴丽君参加第11次全国优生科学大会，做分会报告。

2019年5月，副教授武继磊参加Pompeu Fabra大学举办的国际健康寿命研究网络（REVES）第31届年会（西班牙）。

2019年6月，副教授李宁结束美国纽约州立大学布法罗学院访学活动归国。

2019年7月10日至11日，博士罗雅楠受邀参加APEC于智利举行的罕见病政策对话工作会议。

2019年7月25日，副教授张蕾参加由中国残联组织召开的《平等、参与、共享：新中国残疾人权益保障70年》白皮书发布会现场观看会议，作为特邀嘉宾发言。

2019年8月21日至23日，副教授张蕾前往澳大利亚悉尼大学，参加"北京大学-悉尼大学2019对话论坛"，并做会议发言。

2019年9月25至27日，华盛顿小组残疾统计会议在阿根廷·布宜诺斯艾利斯举行，教授郑晓瑛受邀出访了会议。会议就中国残疾统计经验，以及对于残疾统计的贡献做出了介绍。

2019年10月，副教授张蕾和罗雅楠博士参与IARU年会，就推动未来IARU工作机制改进进行研讨。

2019年11月6日至9日，教授郑晓瑛受邀参加在美国·华盛顿举行的"健康长寿的社会、行为和环境因素"会议，并就中国老龄化健康优先领域及政策制定进行发言。

2019年11月12日至13日，教授郑晓瑛和副教授庞丽华受邀参加北京论坛"文明进程中的女性能动力和发展"分论坛，就如何提升女性健康水平和人力资本进行发言。

2019年11月14日至15日，教授裴丽君前往宁波参加第12届营养学术研讨会，做大会报告。

2019年12月17日至21日，副教授张蕾前往广州，参加联合国亚太经社会（UNESCAP）主办的"促进残疾人融合发展的区域论坛"，做专家发言。

2019年12月16日，教授乔晓春参加第6届政府治理综合研究国际会议（孟加拉国）。

社会服务。2019年，人口研究所教师通过承担学术和政策咨询相关社会兼职服务于社会和民生，主要兼职如下：

教授郑晓瑛兼任中华预防医学会残疾预防与控制专业委员会主任、中国抗癫痫学会副会长、民政部中国老年学教学和研究委员会副主任、中国人口学会副会长、国家卫生健康委《中国出生缺陷干预工程》首席科学家。同时，担任《人口与发展》（CSSCI）（原市场与人口分析）主编。担任第三世界妇女科学委员会（TWOWS）委员、亚太经合组织生命创新委员会（APEC/LSIF）委员、联合国人口基金专家委员会（中国）委员。

副所长陈功兼任中国老年学和老年医学学会志愿与公益分会主任、全国残疾人需求与服务数据动态更新工作专家委员会主任、国家残疾预防实验区专家委员会副主任、国务院妇儿工委智库专家、国家社科基金人口学学科秘书、中国预防医学会残疾预防和控制专业委员会副主任、国家残疾人事业发展研究会副秘书长，常务理事、残疾人口和统计专业委员会主任、中国老龄产业协会常务理事、北京市老年学会副理事长、北京市政府老龄咨询委员会专家、《残疾人研究》副主编、民政部政策研究中心理论研究基地主任、APRU人口老龄化指导委员会委员。

教授宋新明担任国家残疾预防行动计划制定专家组成员，中国残疾人事业发展研究会常务理事。

教授乔晓春担任国家卫健委联合国人口基金项目专家组组长。

副教授庞丽华担任民建北京市委人口资源环境委员会委员，参加北京市人口规模调控和老龄化的调研和参政议政。

副教授胡玉坤担任中华女子学院中国妇女发展研究中心兼职研究员、北京大学人权研究与教育中心（虚体）成员、中国妇女研究会理事、中国家庭文化研究会常务理事。

副教授武继磊担任中国卫生信息学会卫生地理信息专业委员会特邀委员；学校民盟第九支部宣委、校民盟支部信息通讯员。

副教授张蕾担任中国残疾人事业发展研究会理事（2014.11—），中华预防医学会儿童伤害防制学组委员会委员（2015—2020），残疾人口和统计专业委员会副主任委员兼秘书长（2017.12—2022.12），北京大学亚太经合组织健康科学研究院副秘书长（2016—），中华预防医学会残疾预防与控制专业委员会秘书长（2019—2024）。

副教授李宁担任中国优生科学协会青年委员会委员。

党建工作。2019年，人口研究所师生共同学习了党的十九届四中全会的决定与公报，着重强调了中国特色社会主义的显著优势和未来部署等关键内容，并结合会议精神，多次召开学习讨论会分享自己对人口所学科密切相关议题的理解。

十九届四中全会《决定》提出，"坚决打赢脱贫攻坚战，巩固脱贫攻坚成果，建立解决相对贫困的长效机制"。根据北京大学"不忘初心、牢记使命"主题教育的要求，在人口研究所党支部、学工团委指导下，人口研究所将主题教育和扶贫调研相结合，依托学科优势，于12月7日至8日开展了南皮县扶贫调研活动。研究所常务副所长陈功及各党支部的同学参与了此次调研活动。

（张 蕾）

【**研究所成立40周年**】 12月15日，研究所组织了主题为"中国人口科学发展：光荣与梦想"系列所庆活动。全国人大常委会原副委员长、全国妇联原主席彭珮云，全国政协副主席、武汉大学国家发展战略研究院院长、北京大学兼职教授辜胜阻，国家卫生健康委员会副主任于学军，中国残联副主席、副理事长程凯，湖北省副省长杨云彦等领导，中国社会科学院副院长蔡昉，中华预防医学会副会长、北京大学第三医院院长、中国工程院院士乔杰、中国老年学学会原会长、中国人口学会原副会长邬沧萍等50家学术团体及机构的领导和代表，清华大学、中国人民大学、复旦大学和美国杜克大学等33所国内外高校的人口学科负责人、学者代表，北京大学副校长、教务长龚旗煌，社会科学部、科学研究部等部职能部门、兄弟院系的领导和代表，人口研究所历届所领导，社会各界代表，人口所校友和在校师生等300余人参加了活动。

研究所庆祝活动中，人口研究所奠基所长张纯元、老领导曾毅、现任所长郑晓瑛分别发言。张纯元表示，人口研究所取得的成就与国家各部门、兄弟院校、同行老师的支持密不可分，希望研究所在学科发展上，不求全面但求重点；在学术研究上，不求追赶只求有特色；在学生培养上，不比数量但求质量。曾毅希望人口研究所能够继承北京大学严谨求实创新的光荣传统和科学精神，为当前我国的人口研究付出努力，为党和政府的决策提供科学依据，为实现中华民族伟大复兴贡献智慧和力量。教授郑晓瑛向所有支持和帮助北大人口所发展的领导、专家和校友致以衷心感谢。她代表研究所发出呼吁希望人口学界的研究者、同道和师生们一起，不忘初心、继续拼搏，共享资源、群策群力，将人口科学推向新的辉煌，完成将中国从人口大国提升为世界人力资本强国的担当使命。

（张　蕾、陈　功）

【残疾人社会融合问题的交叉学科研究】 2019年12月28日，国家社会科学基金重大项目《新时代我国残疾人社会融合问题研究》开题座谈会在北京大学法学院召开，项目首席专家为中心学术委员会委员、北京大学法学院教授叶静漪，人口所副教授张蕾担任子课题负责人。

中国残联副主席、中国残联无障碍环境建设推进办公室主任吕世明、北京市残联理事长吴文彦、北京大学社科部副部长王周谊、北京大学法学院党委书记郭雳等到会致辞。会议由北京大学人口研究所常务副所长、北京大学中国老龄事业发展研究中心主任陈功主持。

吕世明听取开题报告后认为，这一选题是国家治理体系和治理能力现代化的综合体现，顺应了中国残疾人事业发展的目标，满足从顶层设计到实践应用的多层面需求，极具现实针对性。

与会专家学者认为，该项目选题具有战略性和前瞻性。在小康社会建成收官和中国共产党成立第一个一百年即将到来之际，总结我国残疾人社会融合发展进程，系统梳理我国残疾人社会融合的现存问题和主要挑战，切实了解残疾人社会融合发展进程中的基本权利诉求和环境支撑需求，找出新时代由个体和社会系统互动发展影响构成的社会融合发展规律，讲好中国残疾人社会融合的故事，能够极大地服务于我国未来制定残疾人社会融合短期、中期和长期的发展目标和可行方案，同时促进我国治理体系和治理能力现代化的全面提升。

（张　蕾、陈　功）

【"无障碍人文基金项目"恳谈会】 10月27日，人口研究所"无障碍人文基金项目"恳谈会举行。中国残联副主席吕世明、北京大学党委副书记叶静漪、北京大学无障碍人文基金项目团队、中国残联无障碍环境建设推进办公室和全国无障碍环境建设智库团队等出席。人口研究所常务副所长、中心常务副主任陈功介绍了无障碍人文基金项目设立、开展及资金使用等情况，展示了北京大学现有人文规划研究、人文社区调查与实践、人文校园调查与实践、人才培养等4个方面的研究成果。无障碍人文基金项目由福建省自强助残助学基金会创始人、副理事长郑声滔捐资设立。该项目以社区和校园为依托，开展无障碍需求与适老化社区建设、无障碍传播与无障碍校园建设等；项目研究中充分发挥北京大学人文优势，深入开展无障碍理论学术研究，推动无障碍战略发展，加强校园无障碍改造和友好社区建设；开展相关人才培育，推动无障碍文化传播等活动，形成无障碍文化传播强力推手，构建培育人文校园无障"爱"融合与发展的新平台。

（张　蕾、陈　功）

【开展"时间银行第一、二轮调研"】 2019年，人口研究所老龄中心加速推动"时间银行"研究与实践工作。完成《中国特色时间银行案例集——基于38家机构的实地调研》一书；推动社会工作硕士研究生运用"时间银行"模式，进一步参与燕园街道为老志愿服务。在时间银行志愿助老、助残服务中，发现问题并进行科学研究。

2月至3，人口研究所/中国老龄事业发展研究中心组织学生开展第一轮"时间银行"调研，赴全国调研涉及11个省份中12个地市的14家机构或社区"时间银行"。调研采用访谈法、实地考察等方法。围绕机构/项目基本信息、"时间银行"现状、"时间银行"运营方式与困难、"时间银行"运营支持与关系、"时间银行"记录与通兑方式、"时间银行"稳定性与可持续发展6大模块，调研员向机构/项目主要负责人、工作人员进行了访谈，完成《我国时间银行发展状况调查报告——基于12个省市14个机构的调查分析》。

在第一轮调研的基础上，人口研究所/中国老龄事业发展研究中心于9月29日至10月18日期间对全国10个省（区、市）的18家社区或机构开展时间银行发展状况以及老年人养老服务需求第二轮调研，并完成《中国时间银行特色案例集（38家机构）》。

（刘　岚、陈　功）

【开展"燕园无障碍调查"及适老化改造】 北京大学校园及附属社区无障碍实践调查及研究案例主要包括两个部分：无障碍设施调查和无障碍建设及适老化改造研究。为充分评估北京大学校内无障碍设施建设情况，为无障碍校园建设提供参考，北京大学老年研究所无障碍调研课题组于11月18日至12月8日，共35名访员对北京大学校园及燕园社区的无障碍设施进行调查，调查目的主要是通过对现有环境无障碍设施建设情况进行普查和测量，以明晰无障碍环境建设现状，发现当前无障碍环境建设问题。由人口研究所教授陈功与建筑与景观学院教授李迪华共同担任指导，老龄中心与校园公益营建社合作，根据调查现状和发现的问题，结合国内外无障碍建设标准和经验，探索北京大学校园无障碍环境建设方案；同时以北京大学为例，研究校园无障碍建设标准规范和实施体系。

（刘　岚、陈　功）

【提升社工专业学生为老服务技能】 2019年度社会工作案例教学与实习实践教学过程中，人口研究所与至美基金会进行深度合作，增强学生进入实习实践环节前的能力提升与培训工作，增强同学们的为老服务实践能力。在实习环节，以

"前期调研-问题聚焦-问题诊断-方案设计-方案执行-方案反思"为步骤进行。通过制定双周实习汇报要求,引导实习工作内容;累计需求清单,着眼实际,从可解决的问题入手提出解决方案。在实践中,增加复盘培训、记录培训等,引导学生加强对实习实践内容的回顾与总结。每两周进行实习反思,并邀请专业机构的老师参加进行指导,配合培训,提升问题解决能力,在此过程中,同学们更有针对性和技巧性地开展为老服务工作,实践技能进一步提高。

(刘岚、陈功)

国家发展研究院

【发展概况】 教学工作。在本科生及双学位方面,2019年,国家发展研究院继续通过二次招生的形式在北京大学一年级本科生中选拔出学院第3届30名本科生。经济学本科双学位保持稳定的招生规模,2019年校内校外合计录取650人。截至2019年底,本科生、双学位、辅修等在读学生共1902人。2019年春季学期:开课33班次(其中,3门英文课,1门通选课,2门公选课),授课教师29人;暑期:开课2班次(其中,1门英文课),教师2人;秋季学期:开课41班次(其中,3门英文课,2门通选课,2门公选课),授课教师33人。2019年7月,共有590名毕业生获得经济学双学位/辅修证书。2019年秋季学期,学院第1届本科生进行了免试攻读研究生的资格申请工作,共有13名本科生计划申请推免修读研究生,全部13名学生均获得推免资格,并均获研究生项目的录取资格。国际交流方面,国家发展研究院已建立起覆盖全部本科生的国际交换体系。2019年,国家发展研究院完整在学年级2016级和2017级合计60名学生中,共32人次参与境外的交换、交流及学术活动。与纽约城市大学柏鲁克分校合作组织2019年暑期夏令营,30名学生在纽约完成两周的课程、参访与交流活动。组织西点军校MCLC论坛项目在北京大学的选拔工作。奖助学金方面,国家发展研究院为学生提供中国经济研究奖学金、富邦助学金等各类奖助学金合计210.8万元。

国家发展研究院经济学硕士和博士项目"小而精"。2019年9月,2019级硕博士研究生报到入学,博士新生有29人(含硕转博6人,申请考核制3人,夏令营直博8人;农学院博士生6人,新结构6人),硕士新生25人(夏令营推免15人,考研8人,台湾2人含兵役结束复学1人)。2019年共开研究生课42门(上一学年40门),其中必修课14门(含管理学),选修课28门,国外教授短期英文课7门,Workshop 16门次(截至12月20日,共举办119次)。资助派出学生13人(公派4人,院派9人),派出学校为耶鲁大学、哈佛大学、杜克大学、哥伦比亚大学、普林斯顿大学、约翰斯·霍普金斯大学、西北大学等。

MBA项目"中西合璧"。国家发展研究院的MBA项目为中外合作办学,在课程设置和教学上充分发挥各自学校的优势,取长补短。如充分发挥国家发展研究院在经济、管理、战略等方面的优势,与合作方比利时弗拉瑞克商学院(Vlerick)在欧洲商业实践和创业教育方面的特长,及英国伦敦大学学院(UCL)在创新、创业及大数据与运营方面的特色优化课程,做到国际与中国的结合、理论与实践的结合。截至2019年12月,国家发展研究院MBA全日制及在职班在读学生508人,2019年毕业学生138人。2019年累计开设了79门课程。其中,2019年暑期,MBA-UCL项目学生在英国伦敦参加了为期3周的欧洲创新创业体验课程;MBA-Vlerick项目学生在美国硅谷参加了大数据创新现场教学课程。除课堂教学外,国家发展研究院还安排学生进行了很多企业的实地参访。在课程创新方面,2019级MBA-UCL课程设置中新增设了《新兴技术》与《非营利机构管理》等4门课程;MBA-Vlerick增设了《数字化时代以客户为中心的价值创新》课程。

国家发展研究院EMBA项目2019年共招收102名新生,包括2名外籍和港澳台学生,其中13%的学生拥有硕士以上学位,累计开设课程38门。截至2019年12月,EMBA在校生422人。2019年毕业学生83人,其中包括第一批获得北京大学硕士研究生毕业证与学位证双证的学生25名。EMBA项目在2018年全面升级的基础上,2019年又新增《转型期中国社会的经济学原理》《转型期中国社会的伦理学原理》《私募股权融资》《企业资本市场战略》《金融科技与数字金融》《战略执行与总经理的角色》等课程。

科研工作。2019年,国家发展研究院共有SCI发表的论文88篇,其中A类3篇,B类7篇。国家自然科学基金17人次申请,4人中标。成功举办包括"中国与世界经济"(NBER-CCER)年会、北京论坛分论坛"全球化重构中的中国经济发展"在内的国际性学术会议10余场。CCER访问学者项目,目前已经有6名长期访问学者和19名短期访问学者。

智库工作。国家高端智库理事会对国家发展研究院3年智库工作给予肯定,综合评估意见为第二档次第1名(总排名第8),获额外奖励。通过中办、国办、高端智库办公室、国务院参事室、校办、社科部等渠道报送多篇政策研究报告。39人次以专家身份参加中央领导同志召开的座谈会。承担国家各部委和地方科研项目10余项。认领国家高端智库课题13项,主题涉及高质量发展、"一带一路"、金融改革、普惠金融等多方面内容。举办9场次朗润格政论坛。其中,受中办、中宣部委托,国家发展研究院举办第137期"朗润·格政"论坛暨中美贸易与中美关系专题讨论会,《人民日报》、《光明日报》、《经济日报》、CCTV等国家媒体进行了报道。举办第18次、19次中美经济二轨对话,当地经济学界、商界和新闻界人士约300人出席并参与交流。举办了第4次中美健康二轨对话。举办了第4届国家发展论坛、第54次中国经济观察报告会。

党建工作。国家发展研究院党委现有书记1人、副书记2人、党委委员7人。共有教职工党员89，其中在职教职工34人，离退休教职工4人，博士后21人，劳动合同制30人。设教职工党支部3个。共有在校学生党员123人，其中本科生17人，硕士生66人，博士生40人。设学生党支部5个。2019年10月，成立本科生党支部。国家发展研究院6个到届党支部完成党支部换届工作。2019年国家发展研究院共发展党员25人（本科13人，硕士8人，博士4人），共有14名预备党员转为正式党员（2名本科，6名硕士，3名博士，3名教职工）。国家发展研究院党委充分把握五四运动100周年、新中国成立70周年等重要时间节点，结合院实际开展党建工作，"以学术讲政治"，加强教师支部党建工作；注重实效、开展学生思政工作。院党委贯彻学校党委决定，落实基层党委会制度，落实党风廉政建设主体责任，落实意识形态工作责任制，加强师德师风建设；加强理想信念教育，做好意识形态工作。推进"不忘初心、牢记使命"主题教育、学习贯彻党的十九届四中全会精神等工作。

工会工作。2019年，国家发展研究院工会积极响应学校工会活动，组织参加校运动会、教职工各种球类比赛、健康讲座等活动。组织国家发展研究院师生校友徒步活动，春秋学期各1次，增强员工健康意识。调查教职员工需求，丰富职工生活。组织教职员工参加国家发展研究院新年晚会表演，成功演出。

南南合作与发展学院。1.招生工作。在国家国际发展合作署、商务部培训中心以及北大研究生院的指导下，南南学院对国家发展研究院驻各国使馆经商处推荐的候选人进行层层遴选，顺利完成2019级经济学博士（国家发展）项目、2019级公共管理硕士（国家发展）项目的招生工作，分别录取博士37人（包括15名中国博士学员）、硕士23人，共60名学员；2019级南南学院国际学生比例为75%；非洲学生59%，亚洲学生37%；新增9个生源国家——加纳、摩洛哥、马里、冈比亚、缅甸、印度、菲律宾、印度尼西亚、马来西亚。迄今为止，南南学院生源国已覆盖59个国家（含中国），共招收了217人，来自政府部门学员占83%，司级以上19%（含5位副部以上学员），38%为女性，平均年龄38岁。

2.短期培训项目。南南学院2019年承办了商务部援外短期培训项目，"2019年发展中国家国家发展研修班"1期以及向海外宣传推广南南学院的"2019年中国发展模式海外研修班"2期，分赴哈萨克斯坦、乌兹别克斯坦及塔吉克斯坦、印度、斯里兰卡和尼泊尔，举办"中国的改革：理论、战略和政策"专题培训、项目宣传推广以及校友回访，对南南学院海外传播起到了非常积极的作用。

3.教学活动。南南学院共开设了18门硕士和博士课程；公共管理硕士学位项目要求学生修满40个学分，经济学博士学位项目要求学生修满32个学分。2019年学院组织了2016级博士生预答辩、2018级硕士生毕业答辩、2018级博士生综合考试和开题答辩、2018级博士生预答辩等教学活动。2019年南南学院有19名博士生和26名硕士生毕业，学成归国服务。

4.交流合作。自成立以来，南南学院举办了20余次多场、各类型学术交流活动，迎来国际知名学者莅临授课，受邀参与了国际组织的会议和研讨，邀请到多位政府官员参与政策论坛。分别接待了包括埃塞俄比亚驻中华人民共和国大使特肖梅（Teshome Toga Chanaka），非洲绿色革命联盟理事会主席、埃塞俄比亚前总理海尔马里亚姆·德萨莱尼（Hailemariam Desalegn），英国议会上议院著名议员、前保守党副主席、前财政部主议大臣麦克贝茨勋爵（Lord Michael Bates）及夫人，亚洲开发银行（ADB）行长中尾武彦（Takehiko Nakao）以及可持续发展与气候变化局局长巫琼文（Woochong Um），国际农业发展基金总裁吉尔贝·洪博（Mr Gilbert Fossoun Komivi Houngbo）代表团，日本驻华使馆经济部公使石月英雄先生及日本国际协力机构（Japan International Cooperation Agency, JICA）代表团等在内的多次国际访问。同时，学院与国际组织积极合作，搭建国际交流平台，为其他发展中国家可持续发展提供学术助力，为实现全球可持续发展贡献智慧和力量。2019年10月，学院与国务院所属的国际扶贫中心合作，承办了主题为"全球贫困治理：世界经验与中国实践"的《2019年减贫与发展高层论坛》的南南合作分论坛，南南学院教授以及2018级博士学员作为演讲嘉宾在论坛上做了发言。11月与国际农业发展基金（IFAD）联合举办了国际组织《2019年农村发展报告》发布会。报告以"为农村青年创造机会"（Creating Opportunities for Rural Youth）为主题，是国际农业发展基金的年度旗舰报告，并首次在中国发布。

5.学生工作。在保障教学活动的基础上，南南学院开展各项教育、管理、服务与引导，保障学员在华期间的学习和生活顺利，并搭建校友网络，在学员回国后保持联系。学院还组织了丰富多彩的课余活动，并积极参与了北京大学和北大国家发展研究院组织的多项文体活动，包括参加北京大学运动会、北大国发院足球友谊赛、新年茶话会歌舞表演、户外登山活动、文化交流活动等。10月1日，南南学院10名师生参与到国庆70周年群众游行中，以"人类命运共同体"的方阵走过天安门，其他南南学员在校园观看阅兵直播。学院组织埃塞俄比亚学生参观了航天研究院航天教育基地以及我国制造即将发射的埃塞俄比亚卫星。

6.特色课程。为了更好地帮助学员了解中国的社会发展实践，南南学院在开学第一学期以系列讲座的形式为学员开设"中国发展理论与实践"，邀请专家学者为学员讲授中国的政治制度、国家治理、经济体制改革与发展规划、改革开放与全球化、和平发展外交政策、"一带一路"、教育改革等与国家发展密切相关的课程。2019年秋季学期，国情课主讲嘉宾包括中国国际贸易学会会长金旭、北大国发院以及北大市场网络经济研究中心主任张维迎、北大国发院教授刘国恩、北大教育学院副院长哈巍、商务部原部长陈德铭、财政部原副部长朱光耀、亚洲基础设施投资银行（AIIB）首席传讯官孙沅江、中国对外承包工程商会会长房秋晨等。

7. "北大公共国际政策论坛"系列讲座。南南学院设置了政策专题讨论与研究，涉及教育与减贫、人口与健康、社会保障与公共安全、城市规划与土地制度改革、能源与环境、产业进步与技术创新、全球治理与外交政策等。2019年政策论坛的主讲嘉宾包括国发院教授刘国恩、比尔和梅琳达·盖茨基金会北京代表处首席代表李一诺、罗马大学教授Angelo Petroni等。

8. 社会实践与调研。考察实践课为学院硕博项目必修课。在学习期间，南南学院组织学员到中国的经济特区、产业集群、政府机构、生产企业等进行实地考察，让学员学习中国的经济建设和社会管理模式，了解中国经济发展过程中取得的经验和教训。2019年1月，2018级硕博学员来到广东省深圳、东莞和惠州三地，考察中国改革开放的前哨；7月，学院赴中国的长三角地带，对中国农村改革的发源地——安徽凤阳小岗村，长三角经济带代表性城市上海、杭州，国际小商品集散地、小商品之都义乌进行了政治、经济、社会和文化等方面的实地考察。11月，2019级硕博学员赴前往河南省驻马店市平舆县，深入探索了当地产业发展和扶贫经验。

（韩文昊）

新结构经济学研究院

【发展概况】 **发展建设**。新结构经济学研究院是中国首个以社会科学自主理论创新为主旨的机构，其前身为北京大学新结构经济学研究中心，由世界银行前首席经济学家兼高级副行长林毅夫创办于2015年12月，2018年12月正式升级为新结构经济学研究院。新结构经济学研究院作为国家首批高端智库试点单位之一，在2019年继续以"立足中国及其它发展中国家的发展经验，深化新结构经济学的理论创新、运用与推广，建成引领国际发展思潮的学术研究基地和世界一流的旗舰型智库机构"为宗旨，开展新结构经济学领域的学术研究、政策实践、人才培养、国际交流等工作。

队伍建设。2019年，新结构经济学研究院引进助理教授1名，助理研究员1名，形成了教学科研系列11人、研究技术系列4人、博士后研究员10人、项目研究专员15人、行政管理13人，共50余人的团队。

科研工作。2019年，新结构经济学研究院在英文顶级期刊上发表文章1篇，被国际一流期刊接受2篇，在CSSCI期刊上发表中文文章数十篇，在新结构经济学研究院平台发布新结构经济学工作论文系列中，英文文章19篇。出版著作4本，其中英文专著2本。申请到国家社会科学基金青年项目3项，在研国家社会科学基金重大研究专项1项。

学术活动。2019年，新结构经济学研究院举办了24期新结构经济学学术研讨会、20期新结构经济学研讨班、9期国际发展论坛，并邀请5位国际顶尖学者前来访问。5月25日至26日，新结构经济学研究院在武汉举办第1届新结构经济学学术研讨会。5月28日，举办"发挥国别开发银行的潜力：支持可持续发展目标和经济结构转型"国际研讨会。7月5日至7日，主办第6届新结构经济学优秀学子夏令营。8月9日至11日，召开以"经济发展和发展经济学：过去70年的经验"为主题的第6届新结构经济学国际会议。8月12日至14日，与高等教育出版社联合举办"第1届新结构经济学教学师资培训研讨班"。9月22日，承办"中国青年经济学家联谊会第7期工作坊"。12月14日，与《中国社会科学》编辑部联合举办"大国增长路径及外部风险研究"学术研讨会。12月15日至18日，举办第5届新结构经济学专题研讨会（冬令营）。

合作交流。2019年，波兰华沙大学、武汉大学、华中科技大学、西安交通大学等8家新结构经济学研究中心正式挂牌成立。2019年5月，新结构经济学研究院与40家国内外高校、研究机构与期刊、出版社等合作单位共同发起新结构经济学研究联盟，旨在进一步深化新结构经济学的理论研究，共同推动新结构经济学在国内外发展。2019年12月，新结构经济学研究联盟第2次会议在北京举行，联盟单位代表讨论了内部合作与学科发展事宜。2019年11月，新结构经济学研究院作为经济结构转型全球研究联盟秘书处，主办该联盟年会，组织了主旨演讲2场、圆桌讨论1场和专题讨论5场，吸引40余位来自国内外高校、政策研究机构、政府部门、国际组织的专家学者参会。

荣誉获奖。林毅夫教授获得2019年当代经济学奖；王勇副教授获得2019年（第三届）"启程·思想者"中国优秀学者奖；颜建晔副教授的合作论文被美国经济协会评选为年度最佳论文。

发展政策实践。新结构经济学研究院下设国际发展合作部、国内智库部、企业发展部，承接多项研究案例、课题，将新结构经济学理论与方法用于政策咨询和发展实践前沿。2019年，1篇文章被收入《新型南南合作蓝皮书》，贝宁、乌兹别克斯坦和尼日利亚国别项目均在推进。国内智库部在《人民日报》发表文章1篇，在《光明日报》发表文章1篇，提出多项政策建言和建议。组织、承接和策划中宣部高端智库课题研究项目，1项课题研究已形成终稿，1项高端智库课题正在形成智库报告。企业发展部立足新结构经济学产业转型与企业发展理论研究，举办企业发展部产业发展论坛，策划新结构产业发展研修班，编写研修培训教材1本，研发分析框架1个，企业案例1个。

学生培养。2019年，新结构经济学研究院与经济学院推进在人才培养、学术交流等方面的合作，签订博士生培养合作协议，筹建"新结构经济学实验班（林毅夫班）"。2019年下半年，新结构经济学研究院正式发布国内首部新结构经济学学科综合类教材《新结构经济学导论（试行版）》，并在中国大学慕课（MOOC）平台上推出新结构经济学慕课。2019年9月，新结构经济学研究院招收6名博士研究生新生入学，并在新生中推行试行版学生培养方案，设立"博士资格考（单科）最高分奖"和"新结构经济学最佳三年级论文奖"，激励学生深入学习。

党建活动。新结构经济学研究院党支部现有在册党员22名，全部为正式党员。在"不忘初心、牢记使命"主题教育中，新结构经济学研究院党支部分别于2019年3月14日和11月4日召开两次组织生活会，并组织多项党建活动：5月，组织财政部国合司30余人与新结构经济学研究院党支部党员参观北京大学校史馆及"五四爱国运动100周年纪念展"；6月，组织新结构经济学研究院成员踏青学习；10月，组织党员参观北京大学赛克勒考古与艺术博物馆，并进行"不忘初心、牢记使命"主题教育集中学习；4月至6月，组织10期新结构经济学现象班。

（宋雨菡）

医学部

基础医学院

【发展概况】　**组织结构。**基础医学院下设12个学系、1个教研室、2个研究所、1个医学实验教学中心。拥有基础医学、生物学、药学和中西医结合4个一级学科（涵盖16个二级学科），7个国家重点二级学科、1个北京市重点一级学科、2个博士后流动站、6个省（部）级重点实验室，以及一批具备国际先进水平的科研基地和实验技术平台。

人才队伍建设。基础医学院在岗教职工总数382人，其中教授59人，副教授97人，中级职称52人，新体制37人（含培育计划7人）。中国科学院和中国工程院院士7人，海外高层次人才引进计划4人，万人计划领军人才2人，长江学者特聘教授7人，国家杰出青年科学基金获得者11人，国家优秀青年科学基金获得者9人，青年长江学者2人，海外高层次人才引进计划（青年项目）6人，万人计划-拔尖人才2人。

2019年，孔炜团队入选国家自然科学基金委创新研究群体，董尔丹为新增双聘院士，1人入选中组部"万人计划"领军人才，姜长涛获国家自然科学基金杰出青年科学基金项目支持，夏朋延和付毅获国家自然科学基金优秀青年科学基金项目支持，赵颖入选教育部长江学者奖励计划青年学者项目，刘昭飞获北京市自然科学基金杰出青年科学基金项目支持。加强对博士后队伍的培养。

学科建设。"2019软科中国最好学科排名"北京大学"基础医学"排名第一。学院推进综合改革，大力促进学科群建设与PI（Principle Investigator，学术带头人/课题组负责人）团队建设，加强学科交叉与合作。2019年获批"双一流"项目51项，落实经费3106万元，主要支持重点学科、人才引进与培养、平台建设、国际交流、学科交叉等。累计有5个国家自然科学基金委创新研究群体，4个教育部创新团队。

本科生教学。学院承担基础医学、临床医学、口腔医学、预防医学、药学、护理学、医学英语、医学实验、医学检验等专业的基础医学课程教学。2019年完成3000余名本科学生30余门必修课、20余门选修课的多轨道、多层次教学任务。优化PBL课程，完成2016—2018级10个案例的教学和培训工作。加强本科生科研能力培养，完成2016—2018级创新人才培养项目，组织完成2016级基础医学专业《科研思维训练课程》。加强毕业论文、专题实践全过程管理及毕业生资格审核。构建"新时代"基础医学专业创新人才培养体系，形成了基础医学一流专业建设培养方案和"北京大学未名学者基础医学基地"建设方案，组织完成了教育部一流专业建设和基础学科拔尖学生培养基地的申请工作。《守正创新，打造新时代基础医学专业拔尖人才培养新模式》获得2019年北京市高等教育"本科教学改革创新项目"立项；《基础医学专业导论课》正式开课。完成了机能综合实验室改造工作。完成实验教学中心2019年教育部修购专项工作。《BSL-2实验室中流感病毒分离鉴定虚拟仿真实验》被评为2019年度北京市级虚拟仿真实验教学项目。举办第八届PBL全国交流研讨会。《人体解剖学》被评为"北京高校优质本科课程"。张卫光获北京市教学名师奖，王宪获得"医学部桃李奖"，倪菊华获得"医学部教学名师奖"。王巍获得2019年北京市青年教师教学基本功比赛一等奖。方璇获得北京大学第十九届青年教师教学基本功比赛一等奖。

研究生培养。2019年，基础医学院在读研究生656名，其中博士生425，硕士生231名。完善推荐免试、博士统考、硕士统考等招生模式，完成年度招收硕士生56名、博士生76名。举办全国优秀大学生暑期夏令营，遴选43名优秀营员，为2020年推荐免试研究生提供优质生源。修订92门研究生课程教学大纲，强化课程更新，承担学校课程建设项目。评选研究生学术新锐，提高研究生前沿创新能力。完成年度授予博士学位90人，硕士学位57人。推行"学位论文质量提升计划"，通过研究生论文写作系列讲座、论文预审、双盲审、终审等制度，提升研究生学位论文质量。6名博士毕业生获得北京大学优秀博士生论文奖。完成学位授权点自我评估。获批增设医学信息学二级学科博士授权点。调研改进导师标准及招生资格，开展研究生教学优秀奖评选，提高导师队伍资质水平。建立合理育人导向与解决重大科学问题的研究生奖助制度。继续推进研究生创新基金，鼓励研究生解决重大科学问题，通过捐赠等方式资助延期研究生安心科研。学院正式实施了博士研究生奖助改革办法，落实了研究生"三助"工作。开办心理学讲座，解决学生心理、健康等问题，规范处理学生应急事件。加强就业服务，发布就业信息，组织就业参观，毕业生就业率达94.5%。

学生工作。邀请医学部领导、各职能部门管理人员、专业教师、学科专家一同参与学生的思政教育，通过担任兼职班主任、专业班主任、第二班主任、兼职组织员等形式与专职学工队伍一同构建起更加丰富的"三全育人"网络；通过前期深入招生工作与预科教育，后期加强毕业生教育和校友联系，中间强化学生过程管理和规范衔接教育，形成了全程育人的工作格局。通过交班制度精致化、奖学金评定规范化、榜样宣传氛围化、助学工作系统化、就业指导细致化、心理辅导人文化、党员教育严格化，使思想政治教育融入到学生学习生活的每个环节。借助主题教育，以重大节日为契机，以思政实践课程和党课为载体，提升学生思想政治理论水平，加强学生骨干队伍建设。通过纪念五四运动一百周年系列主题团日活动、"盛世繁花 锦绣年华"纪念新中国成立70周年系列活动、组织并带领学院124名同学参与国庆群众游行等系列活动，各类主题鲜明、形式多样的全员覆盖的思政教育活动，促进学院学生爱国、励志、求真、力行。积极搭建拓展学生活动平台，以医学生的特质与需求为出发点，以品牌活动为基础，举办党支部风采展示大赛、"感受医学生"活动、"感恩无言良师"活动、"撷英杯"医学知识竞赛、"翰墨丹青，书香医习谈"人文素养活动等各类第二课堂教育活动，形成了学院特有的"医道传习，以德育人、以文化人、以美动人"的素质教育理念。以"我和我的祖国——放飞理想 铸梦中华"为主题，开展系列爱国主义教育活动；围绕学习发展设计开展丰富多彩的教育活动，形成了研究生"Lab大讲堂""职点迷津""学术新锐报告会"等精品项目。

科研工作。承担国家科技任务。2019年学院新批国家自然科学基金项目52项，直接经费合计6082.7万元，面上项目和青年基金项目中标率分别达48.4%和31.8%；新批科技部等项目12项，批准财政经费2850.3万元；新批北京市自然基金项目11项，合计300万元；国际国内科技合作项目20项，合计1282.9万元，科技开发与服务项目45项，签约经费994.6万元。与上年比较，2019年获批的NSFC人才类和重点类项目显著增加，为近5年最好成绩，共获批基金委创新群体1项、杰出青年基金1项、优秀青年基金2项、重点项目8项。另有北京市杰出青年基金1项。全院承担各类在研科技项目339项。除"双一流"专项经费外，到位科研经费9350余万元。在研科技项目来源以国家自然科学基金和科技部资助的国家级项目为主，占比77%，各类科研项目执行情况良好。全院发表科研论文409篇，其中影响因子高于10的论文28篇、高于20的4篇；论文发表三年内引用次数>20论文18篇。邓宏魁团队发现干细胞研究新方法，成果发表在Science、NEJM等顶级期刊；姜长涛团队在肠道菌群致病机制和动脉粥样硬化机制领域取得突破，成果发表在Nature Medicine和Cell Metabolism。全院2019年出版专著、教材25部（主编10部，副主编2部，参编13部）。申请专利33项，获得授权18项；科技成果转让3项，签约金额86.55万元+1%销售额。韩晶岩团队获2019年度教育部科学技术奖二等奖；尚永丰获树兰医学奖。2019年全院主办/联合主办国际学术会议5次，国内学术会议16次，参会人数5000余人次；主办院长论坛21次，资深PI讲堂2次，院长特约学术讲座2次。邓宏魁凭借在人类干细胞基因编辑领域取得的成果入选《自然》年度十大科学人物；黄超兰被英国曼彻斯特大学授予"荣誉教授"称号。

党建工作。学院组织广大党员干部认真开展主题教育，党员的先锋模范带头作用充分发挥，使主题教育的成果不断转化为推进学院发展的强大动力。深入学习贯彻十九届四中全会精神，结合学院实际修订完善相关制度规定，着力解决影响制约学院发展的突出问题。围绕新时代党的历史使命，积极开展思想政治教育，做到四个"服务于"，落实好立德树人根本任务，不断强化思想政治和师德师风建设，构建三全育人工作格局。全面推进基层党组织建设，选优配强党支部书记，深入实施"双带头人"培育工程，积极开展教师党支部书记考核评价，组织院党委委员、党支部书记等培训学习，强化党性锻炼和理论武装。学院党委着力加强研究生党支部建设，指定教师党支部书记担任指导教师全面指导研究生党支部工作；组织完成党支部评议考核和民主评议党员工作，指导19个党支部完成换届工作；指导各支部每月开展主题党日活动。不断加强党风廉政建设。学院坚持落实全面从严治党主体责任，领导班子强化"一岗双责"意识，召开专题会议研究和部署有关工作。以问题为导向，建立台账、明确分工，做好落实，不断强化主体责任意识，把学院的各项管理工作与抓好党风廉政建设有机地结合起来。加强风险防控，规范内部管理，建立健全各系所"三重一大"集体决策制度实施细则，构建廉政风险防控体系。加强宣传教育，抓好党员的教育管理和监督，积极营造以优良党风促学风的浓厚氛围，打造风清气正的政治生态。强化思想政治引领，广泛征集统战人士推进学院综合改革的意见建议。推进工会教代会组织建设，充分发挥工会组织的桥梁和纽带作用，为庆祝新中国成立70周年，举办"我和祖国共成长"教职工摄影展、开展《我和我的祖国》知识竞答等活动。充分发挥学生团总支的作用，积极开展主题团日、社会实践、志愿服务等团建活动，开展各类思想文化及文体活动，完成为党组织培养青年、教育青年的任务。重视和关心离退休教职工，走访看望高龄教工，为80岁、90岁寿辰老同志送慰问金；举办迎重阳金秋健步走活动和迎新交流座谈会，为离退休教工搭建沟通交流平台。

行政管理。启动学院综合改革工作，坚持"统筹资源，开放办院"的原则，以人事制度改革为龙头，以教学改革为突破口，全面实施管理机制、资源配置改革。提高学院学系治理水平，加强制度建设，制定学院PI管理办法、学院工作用房管理办法、学院技术人员聘任管理办法；完善学院党政领导班子落实"三重一大"决策制度实施办法；成立了学院推进综合改革工作的五个相关工作小组。加强学院安全管理，多次召开安全工作部署会和安全培训会。建立院、系安全员巡查制度，定期联合保卫处和设实处进行全院安全检查，做好各项安全工作落实。

（张　燕、李平凤、赵　姗、孙　宏、徐　兰、石　爽、孙　敏、祝　虹）

【学院综合改革】 学院在充分调研、论证和研讨，并征求全院教师和教代会代表意见的基础上，制定了学院综合改革方案。11月28日，学院召开了综合改革方案动员部署会。此次综合改革符合新时代北大医学发展的总体要求，改革内容主要包括推进人事制度改革、加强学科群与PI团队建设、统筹学院资源管理等，宗旨是使学院形成良好的运行机制，实现学院全面可持续发展。完成了"基础医学院教师分系列管理和新老体制融合方案"，2019年10月，"北京大学基础医学院人事综合改革方案"经医学部第22次部务会审议通过。制定了学院Tenure评估科研工作受理标准，老体制正高聘任新体制教研系列教学、科研工作受理标准等，开展了第二批新体制人员Tenure评估工作，启动了高年资副教授Tenure评估工作。完善教研系列职位招聘程序，针对学科需求引进高水平科教人才，实行人才引进国际同行评估。

（祝　虹）

药学院

【发展概况】 人员基本情况。药学院在岗教职工178人，其中正高职称48人，副高职称60人，中级职称66人，初级职称4人。专任教师131人，占总数的74%。院士2人（已退休），长江学者4人，海外高层次人才引进计划（青年项目）7人，青年拔尖人才1人，青年长江学者1人，国家优秀青年科学基金获得者6人，跨世纪、新世纪人才12人。离退休人员150人。在校党员453人，其中，在岗党员141人，离退休党员65人，本科生党员5人，研究生党员182人。

教育教学工作。不断推行教学改革，本科课堂教学减少14学分，占可调整学分的12.5%，所有必修课集中在前三年完成，第四年实现分类化管理；研究生必修课精简为24门，专业必修课打破二级学科壁垒；以本科生《有机化学》和生物类课程为改革重点，跨学科组建教学团队，实行选课制，开展分班教学；新开设《细胞与分子生物学》等课程。调整研究生招生结构，减少科学学位硕士，增加科学学位博士。对有重大项目的导师以及高水平教师和团队给予每年2名博士生名额倾斜。从2016级本科生起提升学业难度，提高二级学科准入标准。新建"研究生夏令营报名网上申报系统"，加大宣传，报名人数实现历史新高。将修购项目及教改专项经费用于课程改革。首次设立研究生创新基金85万元。发挥服务社会功能，2019年共接受18名国内访问学者及进修教师，举办"药物经济学研究与实践培训班"。张礼和获"北京大学教学卓越奖"。6名博士生获评"优博论文"，1名博士获医学部博士创新基金，33个本科生大学生创新项目获得立项。2019年药学院被评为首批国家级"一流本科专业"建设点。

科研工作。作为牵头单位获准各类科研项目约100项，经费总金额约1.4亿元。其中，获资助国家自然科学基金29项，新批2项国家科技重大专项重大新药创制课题。申请发明专利8项（含国际专利1项），获得授权发明专利18项（含国际专利1项）。1项成果获2019年度国家科技进步奖二等奖，1项成果获2019年度高等学校科学研究优秀成果奖自然科学二等奖，1项成果获北京市科学技术二等奖，2项成果分别获北京市科学技术一、三等奖。在药学相关领域重要期刊发表200余篇高水平学术论文。一系列重要成果发表于 *Science, NAT CHEM, ACS Nano, J. Med. Chem.* 等顶尖专业期刊。焦宁团队在重要化合物酰胺及腈的合成领域取得的新进展发表在 *Science* 杂志。贾彦兴获第四届中国药学会-以岭生物医药奖创新奖。刘涛获北京大学-拜耳学者奖。

学科建设。药学学科进入基本科学指标数据库（Essential Science Indicators，简称ESI）全球前1‰学科，2019年美新社（USNEWS）药学学科全球排名第23位，QS世界大学药学和药理专业排名第32位，居中国大陆首位。焦宁入选科睿唯安2019年全球高被引科学家榜单，屠鹏飞、杨秀伟、吕万良连续荣登爱思唯尔（Elsevier）中国高被引学者榜单。

人才队伍建设。药学部率先在医学部实施人事改革，引进新体制教师5人，完成2位预聘制教师的Tenure评估，完成第一批老体制转新体制工作。制定新老体制融合中各系列人员的岗位职责、考核办法、年终奖发放原则。为进入新体制的不同类型教师调整薪酬。叶敏入选第四批国家"万人计划"中青年科技创新领军人才。贾彦兴、刘涛分别获得国家自然基金委国家杰出青年和优秀青年科学基金项目支持。

汪贻广获北京市自然基金杰出青年科学基金项目支持。1名教师入选海外高层次人才引进计划（青年项目）。博士后基金中标数、博雅博士后入选数均居医学部榜首。

合作交流。推动学生交流工作，完成教育部港澳与内地高校师生交流项目，首次资助本科生出国出境短期学术交流，组织学生赴美国加州、康涅狄格大学和香港访学、交流。

行政管理。配合基建处，组织专家优化卫生楼通风设施改造设计方案；协调基建处、总务处和保卫处完成药学楼设施的交接验收；在公共区域配备洗衣机，在教学实验室安装热水系统，定期对通风系统维保，为师生创造便捷、温馨、安全的环境。完成教育部2019年度高等学校科研实验室安全现场检查及复检核查；实施实验室安全主管运行机制；组织"化学品泄漏事故应急演练""实验室安全设施现场培训"及"药学院实验室安全准入考试"；为实验室配备特殊气体报警气瓶柜，在公共区域加设医药急救箱、紧急喷淋、逃生面罩等；开展安全管理专项调研、考察。加强学院信息建设，对学院信息员进行培训，完善门禁系统、宣传屏及网站平台建设。

党建工作。重视领导班子能力建设，坚持党政领导班子理论中心组学习制度，班子成员参加培训平均在120学时以上。严格按照上级部署开展"不忘初心、牢记使命"主题教育工作。以举办人文讲堂、下发学习材料并组织学习、组织观影、参观等形式推进"两学一做"学习教育常态化制度化。全院共16个党支部和312位党员参加党支部评议考核和民主评议党员，评出北京大学和医学部优秀党务和思想政治工作者各1人，北京大学党务和思想政治工作奉献奖5人。践行党管干部原则，配合学校党委组织部门进行干部推荐、考核、测评、考察等工作。坚持学院重大人事变动党委会先行讨论，完成学院行政办公室科级调整等工作。施行系室主任、副主任年终"一岗双责"述职述廉考核制度。抓好基层党组织基本建设，规范党费收缴和党员管理，2019年完成2位骨干教师的发展对象培养，推荐72名团员为入党积极分子，组织83人参加第5期药学院积极分子培训班，发展党员40人，其中，教师1人，预备党员转正17人。不断加强基层党务培训，组织赴井冈山"不忘初心、牢记使命"干部培训班，组织学生干部党务培训、赴天津主题教育实践等培训，2019年度累计推荐或组织干部约127人次参加基层党务培训。积极开展党建课题研究工作，4个支部完成医学部第十一期党建创新立项研究，2个项目获批医学部2019年度党建课题，1个项目获批北京大学2019年度党建课题，1个支部获批北京大学党建工作样板支部，1个支部获批第二批新时代高校党建"双创"工作全国党建工作样板支部。完成10余项规章制度制定或修订工作。

思想政治工作。严格执行各类信息发布、报告会、讲座论坛等分级、对口审批监管制度。报道学院在党建、教学、科研等方面的典型经验和工作成绩。强化教职工师德师风教育，要求专业教师落实"三个一"工程并做好思想政治工作手册的记录。坚持开展"百草驿站""心灵驿站"等特色学生活动，开展北京高校红色"1+1"等特色研究生活动，研究生第五党支部关爱罕见病志愿服务获北京市优秀奖。坚持实行新生导师制度，完善党政领导联系本科生班级制度，组织实施第二班主任制度。充分发挥教代会的职能作用，加强基层工会组织建设，建立健全送温暖慰问工作长效机制，开展丰富多彩的文体活动。建立健全离退休教师工作机制，开展适宜活动凝聚离退休教师队伍，发挥老同志在关心下一代中的作用。深化"党-团-班"三维共建机制，开展100余次主题团日活动，组织50余名师生参加国庆70周年重大活动，开展骨干训练营，药学院团委获"北京大学五四红旗团委"。

党风廉政工作。贯彻落实党风廉政建设责任制，健全领导工作机制，在院级领导层面建立"一岗双责"制度。加强文化引领和警示教育，提醒全院干部师生贯彻八项规定精神，宣传、学习党和国家党风廉政相关规章制度。修订《药学院关于党政领导班子落实"三重一大"制度的实施细则》。督促各系室制定"三重一大"集体决策制度实施细则，推动党风廉政风险防控体系向系室延伸。2019年度接待处理信访案件4起，审批大额资金使用83笔。

统战工作。推荐并组织统战人士参加干部培训。拓宽统战工作人士建言献策渠道。推荐周德敏为首都侨界代表人士，考察推荐屠鹏飞任九三学社北京大学第二基层委员会主任委员。为符合条件的归国人员申请办理归侨身份。为统战人士搭建工作平台并提供专项经费支持。

（陈　欣、崔博华、郭敏杰、韩　健、黄燕清、李晓菲、马小艳、宋书香、宋　艳、王铁军、徐国旺、杨林洁、赵帼英、邹晓民）

【**张强团队研究成果获2019年度国家科学技术进步奖**】药学院药剂学系教授张强团队的成果"药物新制剂中乳化关键技术体系的建立与应用"获2019年度国家科技进步奖二等奖。该团队瞄准乳化技术的国际前沿，着力攻克难溶药物口服吸收差等重大问题，经过20多年的努力，率先创建新型乳化关键技术体系，在药物制剂中获得成功应用。该项成果带动3个创新乳化制剂投入生产，涵盖不同治疗领域、不同药物剂型和不同给药途径；累计销售100多亿，培育出2个年销售过亿药物品种，1个年销售超10亿的重大药物品种；让更多重病患者用上高端制剂，改变中国药物依赖进口、乳化技术落后的现状；带动中国乳化技术发展，打破国际技术壁垒，形成自主知识产权，提升质量实现国际接轨。

该成果主要完成人为：张强、张雪霞、赵焰平、夏桂民、代文兵、周丽莹、刘树林、王会娟、吴翠栓、王学清。完成单位为：北京大学、华北制药股份有限公司、北京泰德制药股份有限公司、华北制药集团新药研究开发有限责任公司、北京德立福瑞医药科技有限公司。

（代文兵）

【*Science* 发表焦宁团队氮化反应新突破】 12月5日，北京大学药学院天然药物及仿生药物国家重点实验室教授焦宁团队在 *Science* 在线发表研究论文，报道硝基甲烷作为氮供体的施密特（Schmidt）类型反应。

焦宁团队首次利用硝基甲烷作为简单易得、安全稳定的氮源，完成施密特反应中叠氮试剂的替代，实现高附加值酰胺及腈类化合物的高效合成。该成果以 Research Report 的形式，在线发表在国际权威期刊 *Science* 上，题为《硝基甲烷作为氮供体的施密特 *Schmidt* 类型反应制备酰胺和腈》（Nitromethane as A Nitrogen Donor in Schmidt-type Formation of Amides and Nitriles）。该研究不仅使得施密特反应摆脱对叠氮试剂的依赖，解决酰胺合成中存在的挑战问题，而且对硝基化合物的新应用提供新的思路，并为进一步新反应的发现提供新的策略。

该研究受科技部973项目、国家自然科学基金委重点项目等经费资助。药学院2015级博士研究生刘建东为该论文的第一作者。该工作以药学院天然药物及仿生药物国家重点实验室为第一通讯单位，焦宁教授为通讯作者。

（宋书香）

公共卫生学院

【发展概况】 **党建工作**。2019年公共卫生学院党委获北京大学党务和思想政治工作先进集体奖。学院深入开展"不忘初心、牢记使命"主题教育，学研结合、榜样引领、知史明志、整改贯穿。党政领导班子脱产集中学习，多次召开党委扩大会部署相关工作，通过党委委员联系支部等制度推动各支部主题教育展开，确保全覆盖、零死角。党委委员及支部书记深入所联系支部讲授党课，邀请老教授、老党员参与集中学习研讨，赴西柏坡及正定进行培训，开展调查研究和检视整改工作，组织学习党的十九届四中全会精神，召开专题民主生活会、组织生活会和民主评议。作为首批被巡察的校内单位，学院将巡察整改与主题教育有机结合，将问题检视和整改贯穿始终。党政领导班子分工负责，结合学院实际，强化集中整改，根据台账清单，逐条逐项一一落实。结合主题教育，学院再次展开自检自查，对整改任务清单进行修订、删减和增补。对在巡察整改中已经完成的，学院在新阶段逐项审核，检查实施成效和长久坚持情况，采取会议座谈、私下访谈等措施了解整改落实在师生中的反响。对在巡察整改中尚未完成的以及此次主题教育新发现的情况，以问题为导向、以党建和学科建设为抓手，做到解决不彻底不放手、师生不满意不收官。

学科建设。2019年公共卫生学院积极建设学科与科技平台：1.全球卫生平台建设：公共卫生学院致力发展与非洲、亚洲以及"一带一路"沿线国家的合作伙伴关系，通过开辟海外教学科研实践基地等方式培养有全球视野的医疗和公共卫生人才，并为有志于全球卫生领域的师生提供深入学习及研究的机会。继2017年成立马拉维教学科研基地、2018年成立缅甸教学科研基地后，2019年公共卫生学院与格鲁吉亚第比利斯国立大学建立战略合作关系。2.以队列为基础的资源整合平台建设：公共卫生学院拥有七个大型队列，涵盖生命全周期，是学院学科建设所依托的资源平台，队列资源规范化的信息展示和共享机制日渐成熟。截止到2020年1月，中国队列共享平台已经纳入50个共享队列，成立11个研究工作组，为公共卫生和临床研究的发展提供新的合作渠道和数据来源，形成共享、共建、共生、共赢的队列数据生态系统。以队列为基础研究的产出进一步增加，多篇论文成果发表在《柳叶刀》（The Lancet）、《柳叶刀呼吸医学》（Lancet Respir Med）、《胃肠病学》（Gut）等国际顶级医学杂志上。3.公共卫生学院生物统计系：2018年底成立以来与多家机构建立合作关系，开展病历数据分析，建立数据中心，加强学科短板，培养我国生物统计人才。4.重点实验室的建设：学院对现有的"国家卫健委生殖健康重点实验室""北京市毒理与食品安全重点实验室"等平台进行经费和人员倾斜，多方面投入以支持平台建设和科研工作。卫生检验学系与国家传染病预防控制重点实验室建立共享合作机制。

队伍建设。现有教职工176人，其中在编教职工174人，在编教师133人，教辅26人，管理人员15人。导师人数114人，博导67人，硕导47人。包括，新晋博导14人，硕导5人。10月，学院引进1名外国专家，富布莱特全球健康杰出学者、美国布朗大学终身教授刘思敏进行为期半年的访问研究。授予马拉维第一夫人格特鲁德·穆塔里卡北京大学公卫学院荣誉教授。2019年，学院以人事综合改革为契机，以新体制人才政策完善和推进为切入点，启动人事综合改革，推动新老体制转换。高度重视师德师风建设和思想政治教育工作，正式实施三全育人综合改革方案和《北京大学公共卫生学院教师参与学生思政工作实施办法》。加强对教职工职称评定、新引进人才等思想政治情况进行审核，形成个人自评、支部谈话、党委委员谈话、党委会评估三级评估体系。今年完成老体制申请新体制教师师德师风与思想政治评估23人、新引进人才评估9人，教职工职称评定11人，离职教职工1人。郝卫东获得北京大学优秀德育奖。郭岩获得北京大学国华杰出学者奖，高培获北京大学方正奖教金优秀教师奖，郝卫东获北京大学方正奖教金管理奖，卢庆彬获北京大学绿叶生物医药杰出青年学者奖，张玉梅获北京大学仲外医学奖教金。

教学改革。学院教育教学改革事业稳步前进，组织教材编写，加强培养过程管理，在保证三基教学的基础上，增加学科进展及前沿。目前已有3本教材进行编辑和印刷，其余各本教材都在审校过程中。进一步深化预防医学教育教学改革，从专业学制、课程设置、授课方式、教师教学激励机制等方面进行充分论证基础上形成预防医学专业教育教学改革总体方案，提交医学部审核。2019年，学院作为教育部高等学校公共卫生与预防医学专业教学指导委员会主委和秘书长单位，举办公共卫生与预防医学教学指导委员会第一次会议。学院教师共获准立项7项教学改革课题，在北京大学教学新思路项目结题评审中，2个项目获得好评。在亚洲校园计划框架下，继2018年与日本大阪大学建成北京大学首个博士双学位项目后，与韩国延世大学拓展的博士双学位项目通过医学部学位委员会审批。学院1名教师获北京市青年教师教学基本功比赛医学类一等奖、最佳教案奖、最佳表现奖，1名教师获二等奖。李立明荣获医学部桃李奖，流行病与卫生统计团队获北京大学优秀教学团队奖，5位教师荣获北京大学医学部教学优秀奖。

科学研究。2019年学院发表论文518篇，其中中文论文246篇、英文论文272篇（其中长篇论著254篇，IF[Impact Factor，影响因子]≥10长篇论著有12篇）。学院教师在国际顶级医学杂志以及各学科领域领先杂志上发表多篇研究成果。2019年，学院新获科研项目共145项，总金额为6395.81万元，其中获科技部、国家自然科学基金项目22项，金额1087.42万元，获得一项国家基金委重点项目资助。流行病与卫生统计学系刘民团队荣获《中华预防医学会科学技术奖》（一等奖）、《全国妇幼健康科学技术奖》（一等奖）；儿童青少年卫生研究所马军团队荣获《中华预防医学会科学技术奖》（一等奖）。营养与食品卫生学系马冠生团队荣获《中华预防医学会科学技术奖》（三等奖）。

社会服务。学院社会服务工作实现从中央到地方全体系覆盖，有众多国家和行业咨询委员会委员，参与国家、地方行业标准和法律法规制定。作为卫生与健康发展高端智库，发挥政策研究优势，为国家医疗体系架构设计提供智慧支持。学院参与国家医疗保障局DRG分组与付费技术规范以及DRG分组方案的制定、ICD-9和ICD-10的编写，为推进国家DRG改革提供科学依据。4位老师被国家医保局聘任为DRG付费国家试点专家组专家。学院受教育部委托承担2019年全国学生体质与健康调研及国家学生体质健康标准抽查复核工作，受国家卫生健康委委托承担2019年全国学生常见病和影响因素监测及预防控制项目工作；作为国家卫生健康标准委员会学校卫生标准专业委员会的主体单位，参与第八届国家卫生健康标准委员会的筹建，正式成立第八届学校卫生标委会。受北京市委托承担北京市卫生健康事业发展相关规划、医改相关政策研究、市属医院运行绩效考核评价、北京市第六次卫生服务调查结果分析等。北京大学医学部卫生政策评估与技术评估中心与北京市卫健委合作，共建"首都卫生与健康发展高端智库"，2019年举办第二届首都卫生与健康高层论坛。

国际合作。2019年学院继续加强国际交流与合作。6月10日，博鳌亚洲论坛全球健康论坛首届大会在青岛召开，学院青年师生共同策划筹办大会最重要的分论坛之一的青年论坛"Healthy Youth, Healthy World"。6月17日，学院成功举办"青蒿素与全球疟疾防控和消除：历史与未来"研讨会。11月16日，中日"脑-肠轴与儿童健康"研讨会在北京大学斯坦福中心隆重举行。11月30日，第八届中日韩（北京大学-首尔大学-东京大学）公共卫生论坛（PeSeTo）在医学部举行，主题为"环境卫生·卫生事业管理"。12月3日，马拉维第一夫人格特鲁德·穆塔里卡率代表团访问北京大学医学部，北京大学公共卫生学院授予其荣誉教授称号。12月4—10日，由中国科学技术协会资助，公共卫生学院牵头的"中瑞青年科学家交流计划"项目启动，第一批瑞典卡罗林斯卡学院5名专家学者来访医学部。

学生管理。学院坚持立德树人根本，整合各方育人资源，夯实三全育人的基础，制定《北京大学公共卫生学院思想政治工作方案》。抓住2019年重大历史时期的关键节点，旗帜鲜明做好价值观引导，弘扬五四百年精神、开展爱国主义教育，全面推进学院学生思政教育工作。注重以文育人，以文化人，联合师生举办五四合唱比赛，毕业红毯仪式暨毕业晚会，元宵节、中秋节联欢，举办第十七届预防艾滋病宣传周、"我和我的祖国"歌曲视频拍摄、"卫你而歌"班歌创作录制、"图说江山如画"摄影征集、公卫人物事迹展示等活动，固牢文化教育载体功能。组织学院121名师生参加北大五四纪念活动"青春长跑"，组织学生参加北大"青春诗会"等活动，组织47名师生参加北大国庆重大活动事项。7年来学院坚持举办"公共卫生名家讲坛"。开展思想政治教育专题实践，秉持"培养爱国情怀，肩负公卫使命"的理念，学院暑期组成10支思政实践课团队前往9个省、自治区、直辖市，组织全体2018级本科生赴革命圣地西柏坡开展思政实践。从专业上了解基层扶贫、基层医疗卫生建设、医养结合模式、疫情应对等方面的社会现状，理论联系实际，培养公共卫生专业的社会责任感，实地了解红色革命历史。

（刘 杰、任巧萌）

【**人事制度改革**】根据北京大学及医学部人事改革相关文件精神，参照国际顶尖高校的岗位聘任及职位晋升办法，公共卫生学院正式启动并推进人事制度改革，推动新老体制转换。制订《北京大学公共卫生学院人事综合改革方案》，从教学、科研、社会服务、学术声誉等几个方面明确新体制教学科研人员引进、新老体制转换程序、标准和条件，召开全院教职工大会（人事制度改革说明会），秉持公平、公正、公开的原则向全体教师公布，在后续工作推进中继续明确方案细节。2019年共有12位老师通过了长聘教授的评审，7位教师通过了助理教授的评审。此外，学院申请长聘副教授2位老师的材料也按照评审程序进行了公示及送审。

（刘 杰）

【国际同行评议】 完成学院国际同行评议各项工作。在学校及医学部的统一部署下，在学科办的具体指导下，学院作为医学部第二家二级单位迎接国际同行评议，邀请Michael Klag等来自约翰斯·霍普金斯大学、哈佛大学等的国际顶级公共卫生专家参与对学院的评议。前期完成《北京大学公共卫生学院自评报告》中英文版撰写、印刷，协助北京大学图书馆完成《北京大学公共卫生与预防医学学术产出与影响力分析报告》，在现场评议阶段做好学院报告及系所报告会议组织、会场与专家服务、近百名师生座谈协调安排等各项评议工作。截至12月8日，历时半年多的学院国际同行评议圆满完成。

(刘 杰)

护理学院

【发展概况】 队伍建设。2019年，护理学院在职教职工56人，其中教学科研人员37人（含博士后4人），管理人员8人，教辅人员9人，合同制员工2人。专任教师中博士（学历）23人，硕士8人，本科2人；教授7人，副教授15人，讲师8人，新体制长聘副教授1人，助理教授2人。在岗博士生导师10人（含跨学科导师2人），硕士生导师19人（含跨学科导师2人），临床医院专业学位硕士生导师11人。管理人员中副高级职称2人，中级职称5人。教辅人员中中级职称7人，初级职称2人。

学院完成综合人事体制改革方案初稿并提交医学部。继续实施"北大护理青年英才计划"，设立"朗泰护理科研基金""红瑞护理青年学者发展科研基金"，共立项24项。聘任澳大利亚格里菲斯大学（GU, Griffith University）黛布拉·简·安德森（Debra Jane Anderson）为医学部客座教授。聘任美国伊利诺伊大学芝加哥分校（UIC, University of Illinois Chicago）特莉·伊丽莎白·韦弗（Terri Elizabeth Weaver）、宾夕法尼亚大学（UPenn, University of Pennsylvania）艾伦·I.·派克（Allan I. Pack）、克利夫兰州立大学（CSU, Cleveland State University）金曼·铂金斯·斯托（Kingman Perkins Strohl）、宾夕法尼亚大学萨缪尔·T. 库纳（Samuel T. Kuna）担任学院客座教授。

教学工作。护理学院承担护理学博士、硕士、本科3个层次6个轨道的教育教学工作以及继续教育工作。2019年招收博士生13名、硕士生44名、本科生85名。在校生共计634人，其中博士30人（占2%），全日制硕士64人（占8%），在职硕士70人（占10%），全日制本科生329人（占52%），夜大专升本学生141人（占22%）。自学考试专升本毕业论文指导学生46人。研究生毕（结）业22人，其中博士2人、硕士20人，就业率100%；本科生毕业82人，升学57人（占69.5%），工作24人（占29.3%），就业率98.8%。

在教学改革方面，学院立项建设4门在线课程，其中《传染病病人的护理》已上线；组织修订32门研究生课程教学大纲；持续推进国家精品在线课程建设，在线公开课程《护理科研方法》已申报线上金课；优化研究生课程群建设，2项研究生专业课程体系建设专项项目获医学部优秀结题，8门新开课程完成首轮授课；建立跨学科导师团队，首批4位跨学科导师招收9名跨学科研究生；举办四期NLN中国护理模拟规范化师资培训班；与临床教学团队合作完成7项情景模拟案例，护理学本科主干课程利用模拟教学案例库资源开展CBL教学，利用MOOC资源，开展混合式教学和翻转课堂；公布《北京大学医学部2020年非全日制护理硕士专业学位招生简章》，探索和落实非全日制护理学专业学位硕士培养方案；获2018—2019年度第八届创新教与学应用大赛奖项7项、北京大学创新教与学优秀论文4项及医学部教改立项5项，中华医学会教育分会教改立项3项，获"北京大学第八届创新教与学应用大赛优秀组织奖"。

在教学质量保障方面，制定《北京大学护理学院在线课程建设实施方法》等制度，更新教学制度汇编；完成27门本科课程、17门研究生课程及教师评价并反馈；对全部应届毕业生毕业论文开展论文查重工作，本科生全部论文重复率均低于15%，3篇论文推荐参评北京高校优秀本科毕业设计（论文）；加大学术型研究生论文匿名评审监管力度；建立外聘教师数据库，进行动态管理与监督。

在教师发展方面，举办7期"北京大学护理学教育教学沙龙"，培训近千人次；举办护理学院青年教师教学基本功比赛；组织教师参加学校及学院的教学活动共32项，150余人次参加。举办国家级、北京市级继续教育项目共10项11场次；申报2020年国家级继续教育项目2项。国内访问学者结业7名、接收12名；招收全国护理师资进修生21人。

科研工作。2019年，学院获批国家自然科学基金面上项目2项、北京市自然科学基金面上项目1项；新增100万元以上的横向课题2项。在研科研项目共102项，总合同经费1703.7万元，其中纵向项目17项，经费615.5万元；横向课题46项，经费1074.6万元；校级课题39项，经费123.6万元。在医学类核心期刊上发表论文89篇，其中45篇被SCI收录，累计影响因子155.221；中国科学引文数据库（CSCD）收录44篇。主编、副主编各种教材、编著或译著10本，65万余字。

北京大学护理科研创新青年委员会成员来自护理学院及6家附属医院、2家共建医院，2019年纳入新成员14名，总人数83人；举办8期学术沙龙，开展"一对一"科研专项辅导工作坊。举办"北京大学护理青年学者创新论坛"。

继续建设护理学机能实验中心，开展跨学科平台建设，向学院师生开放，并用于国家级、省市级等9项科研课题，累计使用时长达 11,304 小时。

党建工作。将学习原著、聚焦研讨、调研整改有机结合，完成"不忘初心、牢记使命"主题教育，贯彻落实十九届四中全会精神，落实整改。深化从严治党，落实党风廉政建设，坚持严格人才引进、选人用人等重要事项的廉政制度建设，完善学院惩防制度体系建设，重点监督招生、修缮项目、奖励奖学金的评定、免试攻读硕士、博士研究生等领域。加强领导班子民主集中制建设，发挥党委核心领导作用，切实强化制度意识，修订学院制度汇编。履行党委职责，加强党的组织和队伍建设，落实党委会、党政联席会等例会制度，开展党建理论调研，发展党员 26 名，完成《北京大学护理学院第 5 期入党积极分子培训班》《不忘初心，牢记使命——护理学院 2019 级新生党课》，培训 67 名积极分子。加强基层组织建设，发挥战斗堡垒作用，7 个党支部，认真落实"三会一课"制度，培育"双带头人"。持续推进思想政治和师德师风建设，评选师德优秀典型，聘任荣誉导师、校友导师，开展新生专业班主任专项工作，建立师德师风一票否决机制。12 月，启动学院行政领导班子换届工作。

工会工作。在党委的领导下，发挥院级教代会作用，落实教代会提案工作，年度内向医学部教代会递交六份提案；联合机能实验中心，举办"解密身体成分，打造健康体态"权益杯活动。

学生工作。全方位开展"三全育人"工作。弘扬主旋律，组织"加强思政教育，扣好人生第一粒扣子"系列讲座暨学生成长导师聘任仪式；开展"不忘初心跟党走，砥砺奋进新时代"系列红色教育；组织师生 46 人参加国庆 70 周年群众游行的志愿服务活动。持续推进优秀研究生生源选拔机制，举办全国优秀大学生暑期夏令营。完成护理学院博士研究生奖助改革工作及首次博士创新人才奖评定。举办"第四届京津冀护理学研究生学术论坛"，来自京津冀地区 11 所高校的 180 余名师生参加。组织"护路创新行"科技赛、"创意空间"设计赛、择业"模拟面试"等活动；完成 2019 年大学生创新实验项目立项 14 项及 2018 年大学生创新实验项目结题 6 项。

交流合作。2019 年，护理学院与日本朝日大学护理系、伊利诺伊大学芝加哥分校护理学院签署合作谅解备忘录（MOU, Memorandum of Understanding）；与泰国清迈大学续签署 MOU。在师生互访方面，学院派出 1 批 8 名本科生赴香港大学和香港中文大学交流访问；接待来自美国维拉诺瓦大学、香港大学、香港理工大学、香港中文大学共 3 批 26 名本科生进行为期 2 周的交流访问。学院教职工出访 34 人次；接待来自英国、美国、澳大利亚等国家和地区的代表团 12 批，59 人次。支持重点领域的国际合作，协办"北大—宾大睡眠护理论坛"；开展高级执业护师（NP, Nursing Practitioner）项目、循证护理、模拟护理教学、慢病管理等方向的国际合作与交流。

社会服务。作为全国医学专业学位与研究生教育指导委员会护理分委员会牵头单位，组织编写研究生核心指南课程大纲《高级护理实践》和《循证护理实践》；完成《护理硕士专业学位调研报告》；开展护理硕士专业学位专项调研立项工作；组织召开"护理硕士专业学位研究生教育年会暨 2019 年全国护理教育、科研与学科建设研讨会"，全国 100 余所高等院校的 300 余位代表参会。

作为教育部高等学校护理学类专业教学指导委员会主任委员单位，牵头对全国 273 所护理本科院校进行现况调查，形成《中国护理学类专业本科教学质量报告》；组织专家论证，形成《护理学类专业发展战略研究报告和咨询意见》。2019 年 4 月，组织全国 18 所院校举办"护理学本科生临床综合技能邀请赛"。8 月，组织《全国医学教育新理念师资培训班》，全国 800 余位护理师资参会。组织动员护理教师开展高水平课程建设。召开 4 次全体委员工作会议，开展护理学一流专业评审的工作。

北京大学护理学院护士执业资格考试试题命题小组协助卫生健康委人才交流服务中心完成护士执业资格考试命题及经费管理工作。

当选为吴阶平医学基金会模拟医学部第一届护理学专家委员会主任委员单位，获得吴阶平医学基金会首批"模拟教学培训示范基地"称号；当选为首届中国残疾人事业发展研究会照护专业委员会主任委员单位。

【**推进 NP 专业硕士学位教育**】推进高级执业护师（NP, Nursing Practitioner）专业硕士学位教育，率先开展国内首个在职 NP 培训项目，培养高层次临床护理人员，首批招生 16 人。4 月 9 日，北京大学与美国中华医学基金会共同举办"NP 项目启动仪式暨北大医学国际高级护理实践论坛"，第十二届全国政协副主席、中科院院士韩启德，教育部原副部长、医学教育专家委员会主任林蕙青，国家卫健委医政医管局副局长焦雅辉，北京大学医学部副主任段丽萍，CMB 驻华首席代表李文凯等专家代表出席会议，围绕卫生政策、护理人才培养、高级护理实践等主题展开交流。7 月，邀请伊利诺伊大学芝加哥分校（UIC）查尔斯·英灵（Charles Yingling）教授开展 NP 方向导师培训。9 月，《柳叶刀》发表詹启敏校长重磅文章——《助力弥补全科医生短缺：中国的高级执业护师》，是国际顶级刊物上首篇关于中国高级执业护师培养的文章。

【**北京大学护理青年学者创新论坛**】9 月 7 日，学院携 8 所附属医院及 1 所教学医院共同举办"新护理·新青年·新发展"——北京大学护理青年学者创新论坛，邀请国内知名护理学科及跨学科青年学者进行成果报告，展示北大护理青年学者的优秀科研成果并进行交流。此次论坛展出科研成果学术论文 38 篇，专利 8 项，评选出优秀论文一等奖 5 篇，二等奖 9 篇，三等奖 9 篇，优秀专利一等奖 1 项，二等奖 1 项，三等奖 1 项。来自北大护理学科及兄弟院校、兄弟医院的护理同仁及学院师生代表共计400余人参会。会议设有8个分论坛，分别由附属医院、教学医院主办，着力于培养护理青年人才。

（朱丽娜）

医学人文学院

【发展概况】 组织结构。2002年7月，在原社文部、外语部、体育部及数学、物理、计算机教研室的基础上组建医学部公共教学部。2008年4月，成立医学人文研究院，研究院领导班子由公教部领导班子兼任。2018年11月，医学人文研究院/医学部公共教学部更名为医学人文学院。2019年10月，学院所属机构调整为医学心理学系、医学史与医学哲学系、医学伦理与法律学系、健康政治学系/马克思主义理论教研中心、医学语言文化系、体育与健康系、美学与艺术教育中心、健康信息管理系、综合办公室、教学科研办公室、学生工作办公室，原医用理学系物理教研室所有教职工转入医学技术研究院。同时，拥有4个校级研究中心：医史学研究中心、临床心理中心、医学部性学研究中心、医学部中美医师职业精神研究中心。学院领导：院长周程，党委书记王玥，副院长郭莉萍、韩巍、王岳，党委副书记韩英红、于新亮，院长助理陈琦。

学科建设。目前设有生物医学英语五年制本科专业，科学技术史、应用心理学、马克思主义基本原理、中国近现代史基本问题研究、思想政治教育五个硕士点，科学技术史、应用心理学两个博士点，招收科学技术史、应用心理学、伦理学、社会学、科学技术哲学、思想政治教育、马克思主义基本原理等专业的硕士和博士研究生，科学技术史、应用心理学、伦理学、社会学专业招收博士后。

队伍建设。医学人文学院现有在编专任教师101人，其中老体制教师85人（教授/研究员14人、副教授/副研究员34人、讲师37人），新体制教研系列教师5人（博雅特聘教授1人、长聘副教授1人、助理教授3人），新体制教学系列教师11人（教学副教授2人、讲师8人、教学助理1人）。另有外籍教师3人。2019年，引进4名新体制教师，包括1名长聘副教授、2名助理教授、1名教学助理，退休2人。张大庆教授当选国际科学史研究院通讯院士，被聘为北京大学博雅特聘教授。进站博士后4人，出站1人，在站博士后10人。

完善人才队伍结构，做好新老体制的衔接工作。《北京大学医学人文学院人事综合改革方案》基本完成。启动首批老体制教师晋升新体制的工作，其中1名老体制副教授晋升为新体制教学教授（医用理学系物理教研室教师）、1名老体制讲师晋升为新体制教学副教授、1名老体制助教晋升为新体制讲师，另有1名老体制副教授晋升长聘副教授待学校批准。完成首批新体制教学系列教师晋升工作，1名新体制讲师晋升为新体制教学副教授，1名新体制助教晋升为新体制讲师。明确引进新体制教师的要件，进一步完善人才队伍结构。启动科研竞争力提升计划，举办青年教师讲课比赛，搭建学习和交流的平台。深化教师考核评价改革，开展教学、科研、院系服务工作量统计工作，严格业绩考核。适度扩大招收博士后规模，加强管理，提高质量，目前在站博士后累计获批中国博士后科学基金3项（2019年2项、2017年1项）。

教学工作。截至2019年底，医学人文学院共有学生254人。其中生物医学英语本科生202人，硕士研究生32人，博士研究生20人。2019年新招收本科生41人，新招收研究生18人，其中博士研究生8人。2018年完成医学各专业本科阶段必修课76门次，通选课27门次，任选课48门次教学任务；生物医学英语专业课必修课43门次，专业选修课16门次，新开选修课6门；研究生课程69门次，其中选修课28门次，新开选修课6门。

申请获医学部教改课题立项2项，中华医学会教改课题立项1项、学院级教改课题8项，北京大学本科教学改革立项40万元资助。医学心理学系教师官锐园获得北京大学仲外医学基金、健康政治学系教师张志获杨芙清-王阳元院士奖教金。

科研工作。2019年医学人文学院教师申报纵向课题12项，金额142万元；专项课题4项，金额98万元；横向课题13项，金额151.96万元。总计29项，总金额为391.96万元。共完成第一作者或通讯作者SCI/SSCI/ESCI论文7篇，CSSCI/北大中文核心26篇，科技核心7篇，英文论文7篇，其它论文55篇。专著5部，编著3部，教材1部。

交流工作。美国哈佛大学，加州大学洛杉矶分校，密歇根大学，英国华威大学，日本东京大学，关西学院大学等地的专家、学者来访20人次。赴美国、英国、瑞典等地进行短期访问交流近30人次。2名专任教师出国进行为期一年的访学，其中1名赴瑞士，另1名赴美国。另有3名博士后出国进行1至2年的研究项目，1名赴英国，1名赴美国，1名赴日本。举办医学人文讲坛共计17期。2019年主办、承办国际学术会议3次，国内学术会议10次，其中承办的"文明的和谐与共同繁荣——变化世界与人的未来"为主题的北京论坛（2019）分论坛"科学文化视域中的科技、健康与社会"，参会人员为200余人。

党建工作。医学人文学院党委下设10个党支部，其中在职职工支部7个，离退休支部1个，本科生支部1个，研究生支部1个。共有党员169人，其中教工党员79人，离退休党员44人，学生党员43人，暂存组织关系党员3人。2018年学院发展党员14名，其中学生党员12名，教工党员2名。学院党委以专题培训、主题党日、报告会等多种形式，有计划地开展常态化学习培训。学院领导班子全体成员在自学的基础上，开展了10次集中学习，学习研读《习近平关于"不忘初心、牢记使命"重要论述选编》等材料，学习十九届四中全会精神，组织党政领导班子、党支部委员到北京大学参观主题教育展览，与产业党总支交流，开展户外拓展及恳谈会等，邀请专家做"马克思主义与医学"专题报告，党员领导干部分别做主题讲座。举办党支部工作培训会，组织全部党政领导和支部书记等参加医学部中层干部及教职工党支部书记网络在线学习。在理论培训的基础上，组织党员干部赴四川汶川特大地震遗址等地开展了主题实践教育培训活动；到北京市党员干部党性教育基地参观；赴北京展览馆参观新中国成立70周年大型成就展，举办"赏电影 庆华诞"——新中国成立70周年观影活动。组织学生党员、骨干赴狼牙山、西柏坡开展主题实践培训，开展"不忘初心 跟党走·牢记使命勇担当"主题微党课比赛等。

学院作为医学部思想政治理论课教学的主体，严格落实教育部《新时代高校思想政治理论课教学工作基本要求》，继续"领导专家走进思政课堂"工作，合力打造《中国传统文化专题讲座》等思政课相关的拓展课程。制定学院本科生导师制度实施办法，强调导师是研究生培养第一责任人的要求，要"把立德树人作为研究生导师的首要职责"，"坚持六个统一"，明确导师"立德树人"的七项职责，学院遴选了13位专业教师担任2019级本科生的导师，每位导师指导一至四名不等的新生同学，对学生开展思想价值引导与专业学业指导。

行政工作。2019年，医学人文学院管理人员12人，其中事业编10人，合同制2人。组织召开多次安全稳定工作会议，参加消防安全演练等；利用宣传栏、网页、微信等多种媒介宣传各种安全知识。坚持节假日前及重要节点前全院安全大检查，督促相关单位落实整改要求。为教学一线服务，解决了4位教职工临时住房。配合医学部完成原医学物理教研室的人员、教学科研用房交接事宜。

学生活动。举办第十二届医学人文周英文短剧大赛、医学人文周医学与视觉文化展览等活动；开展第七届"抗·辩"——"是否应当取消私生子政策"、第七届外文歌曲大赛"人文杯"系列体育赛事、元旦晚会等系列特色活动。暑期，组织学生分赴山西、甘肃、福建漳州、江苏、江西宁都等地开展以安宁疗护现状调研、"一带一路"政策调查、传统中医应用及乙肝预防宣传、恒瑞医药企业参访、贫困户养殖情况调研为主题的实践调研活动。组织青年团员学生进社区活动4次，约60位青年团员走进社区开展志愿服务。开展"春燕衔食反哺 师生朝伴夕行"志愿服务活动，联合组织退休教师和学生志愿者赴密云北井开展植树活动，看望陪伴老教师同时定期到海淀区香山老年公寓开展志愿服务。

毕业生去向。2014级医学英语专业本科毕业37人，国内升学18人，境外留学7人，就业10人，待就业（考研）2人。毕业研究生9人，其中博士3人，就业率100%。

工会工作。有工会小组7个、工会会员132名，其中男会员48名，女会员84名。3月6日举办主题为"魅力巾帼花漾生活"插花体验活动。5月26日，举办用镜头定格快乐——萌娃六一晒照片主题活动。组织女教师积极参加医学部工会庆祝"三八"妇女节举办的书法讲座和女教职工论坛活动；组织新职工参加青教比赛分享会；2名教职工的作品在医学部教师节摄影作品展中荣获一等奖。福利工作方面，配合学校，完成子女幼升小、小升初教职工的摸底、沟通工作，做好职工福利品发放、办理京卡、生日券、职工体检等工作。

（黎润红）

【医学人文学院揭牌仪式暨"全国医学人文教育"论坛】 3月29日，医学人文学院揭牌仪式暨"全国医学人文教育"论坛在医学部会议中心大礼堂举办。本次论坛由北京大学医学部、中国学位与研究生教育学会医药科工作委员会和医学"双一流"建设联盟主办，医学人文学院、中国学位与研究生教育学会医药科工作委员会秘书处和医学"双一流"建设联盟秘书处承办。来自全国60多所兄弟院校和机构的300余名专家、医护人员和师生代表出席祝贺，并共同讨论如何在新时代推进医学人文教育，为健康中国助力。

（黄 蓉）

【医学部体育馆启用仪式】 12月24日上午，医学部体育馆启用仪式在新落成的医学部体育馆篮球馆举行，会议由医学人文学院主办。全国人大常委会原副委员长、全国政协原副主席、医学部原主任韩启德，北京大学常务副校长、医学部主任詹启敏，北京大学党委副书记、医学部党委书记刘玉村，北京大学原党委书记、原北京医科大学党委书记、校长王德炳，北京大学原常务副校长、医学部原常务副主任柯杨，医学部副主任段丽萍、王维民、肖渊、刘晓光、张新祥、张宁，医学部党委副书记徐善东、朱树梅，体育教研部主任钱俊伟等领导嘉宾出席，医学部各学院、医院及职能部处领导和参建单位代表也参加了启用仪式。仪式由医学部副主任宝海荣主持。

（鲍正洋）

【领导专家进思政课堂】 为深入贯彻习近平新时代中国特色社会主义思想和党的十九大精神，进一步落实教育部《新时代高校思想政治理论课教学工作基本要求》，2019年9月10日、9月16日、10月9日、10月11日，医学人文学院分别邀请医学部党委副书记徐善东，中国公共卫生领域著名学者郭岩，北京大学常务副校长、医学部主任詹启敏，基础医学院党委书记、院长万有，北京大学第一医院党委书记潘义生，走上思政课的讲台，为医学部学生做专题讲座，讲座现场的师生同学达1400人次。同时，学院的思政课教师深入各学院指导学生开展思政实践。

（黎润红）

医药卫生分析中心

【发展概况】 测试服务量及服务收入。2019年，医药卫生分析中心服务收入（含测试服务收入和技术支持收入）526万元（校内以大仪平台记录为准，校外以医学部收费缴款单为准），其中，校内322.3万元，校外203.7万元。与2018年同期收入（460万元）相比，增长了14.3%。与中心实施奖金分配与绩效挂钩前的2016年（285万元）相比，增长了83%。考虑到降价因素（3次降价）、人员因素（休产假、退休等）以及搬迁因素等，实际工作量较2016年增加了约100%。

教学工作。2019年中心承担了《激光共焦显微镜与流式细胞技术》《激光共聚焦显微镜技术在药学研究中的应用》、《科研仪器操作技能培训课程》《医学技术概论》《放射性同位素技术与安全》及《生物医学中的电镜方法》等多门课程，理论教学150学时，实验教学400多学时；申报了2门课程《激光扫描共聚焦显微镜与电子显微镜成像分析及样品制备技术》和《现代流式细胞术》并获批；承担了相关学院的部分教学工作。

科研工作。2019年，中心以第一作者或共同责任作者在 *Cell. Mol. Immunol.*（IF=8.213）、*Science Signaling*（IF：6.378）、*J. Chrom. A*（IF=3.78）、*Metabolomics*（IF=3.16）、*Oncology Reports*（IF=3.04）和 *Biochem Biophys Res Commun.*（IF=2.559）等国际杂志上发表SCI文章11篇，超过前四年10篇的平均水平。中心获得国家发明专利授权3项，发明人分别是吴后男、张雷和李小达。在"第十届北大实验技术奖（医学组）"评选中，邹霞娟和安丽华分别获得二、三等奖。

计量认证工作。中心按照国家计量认证的要求完成常规工作，出具CMA报告7份，比2018年增加了一份。按照国家认监委要求2019年编写了第九版管理体系文件，并于6月1日开始启用。经过中心全体教师11个月的努力，超过2018年的同期业绩。

建成磁共振成像平台。2019年完成磁共振成像平台的搭建，包括基建、设备再安装、调试、人员培养及技术准备等工作，2020年开始面向校内外提供相关服务。

党建工作。2019年党支部有正式党员13人，发展预备党员1人。坚持教育、管理和监督党员，坚持组织、宣传、凝聚和服务师生，努力建成政治先进、技术先进和服务型党支部；始终把政治建设摆在首位；坚持规范落实"三会一课"制度；加强师德师风教育，建设一支高素质技术过硬的教师队伍；节假日晚上加班加点服务师生；发展李小达为预备党员。

【测试服务价格下调】 截至2019年4月，中心完成各项测试服务价格的调整工作，全面下调医学部6家附属医院测试服务价格，按照校内标准收费。调价后，据估算，中心平均工作量增加26%，如除去不做测试服务工作人员及休假或退休的老师，平均工作量增加35%。

【2019年优质服务年】 2019年，中心持续开展"优质服务年"活动。进一步强化服务意识，继续要求各室合理安排人员，假期提供测试服务，做到零拒绝。改善管理，包括大仪平台的信息管理、聘用财务报销人员等，减轻实验室老师们事务性负担。根据科室工作量情况，调整部分科室人员，优化科室人员结构。创新预约管理流程，使用微信预约和扣费，外加提醒功能，方便用户，减轻中心老师负担。按照学校要求严格考勤制度。

2019年中心整体业绩提升。科室的人均业绩基本趋向平均；二是2018年6位老师服务收入超过20万元，2019年有15位，教师间服务收入差距显著缩小；教师业绩普遍提升，2019年24位开展测试服务的老师中，有15人服务收入增加。为满足学校师生的需求，大部分老师都经常在节假日、晚上加班加点开展工作。

【推进技术支持工作】 中心设立单项奖励，鼓励技术支持，同推进技术支持收费立项。中心技术收费立项申请获批后于4月1日正式按新标准进行收费。4月至11月，中心以技术收费项目或明确含有技术收费内容的测试合同共计24项，超过2018年全年的20项，技术收费总额度为13.12万元。根据不完全统计，2019年中心共有13位老师提供了技术支持服务，占中心提供服务老师的54%，其中45岁以下年轻老师9人。

除发表的SCI文章外，中心老师通过技术研发支持和方案设计，支持学院、附属医院等用户发表了多篇较高水平的文章。

【推进人事制度改革】 在医学部人事处的指导下，中心召开多次主任会，讨论和研究教师分系列管理的整体思路和改革方案，并在与人事处主管领导初步沟通的基础上，不断调整和完善，撰写《分析中心教研系列、研究技术系列与技术系列管理方案》。在9月中心全体会上，介绍中心人事制度改革的思路，中心利用人事制度改革的契机推进中心重点工作的落实等，为下一步推进人事制度改革奠定基础。

（孙崎、张雷）

中国药物依赖性研究所

【发展概况】 机构设置。中国药物依赖性研究所创建于1984年，是由国务院批准成立的中国专门从事药物依赖性研究的国家级综合性研究机构，研究所集药物依赖性基础研究、临床研究、药物滥用流行病学研究、药物滥用监测、药物依赖性信息研究以及编辑出版药物依赖性杂志和相关书刊、组织学术会议等职能为一体，承担药物成瘾及相关疾病的神经机制和干预策略研究、临床治疗药物和方法及药代动力学研究、新药临床评价研究、流行病学与社会学调查、信息和出版物的编辑等任务。研究所是药物依赖性研究北京市重点实验室及国家自然科学基金创新群体"精神疾病的神经可塑性机制"的实施单位，国家禁毒委中国毒品滥用防治专家委员会秘书处、中国毒理学会药物依赖性专业委员会秘书处设立在该研究所，研究所同时还是精神病与精神卫生学国家重点学科、神经科学教育部重点实验室的主要参与单位。

研究所在科技部、国家自然科学基金委、国家卫健委、教育部和北京市等100余项基金及多项国际合作项目的支持下，系统研究药物滥用与成瘾及相关疾病的神经机制，开发新的临床治疗药物和干预模式，掌握药物滥用与成瘾及相关疾病的流行规律并制定预防策略，发表研究论文500余篇，其中300余篇被 Lancet、Science、Lancet Psychiatry、JAMA Psychiatry、Am J Psychiatry、Mol Psychiatry 等国际知名SCI期刊收录，在药物成瘾及相关研究领域具有国际学术影响力。研究所现有研究人员及研究生100余名，在开展科研工作的同时，承担新药评价研究、药物滥用监测、为政府部门提供技术咨询及服务，为公安部和司法部系统培训等提供支持。

科研工作。研究所2019年在研项目30余项，经费超1亿元，包括科技部973计划项目、重点研发计划项目、国家自然科学基金（创新研究群体、重点项目、国际合作项目、联合基金、优青项目、面上项目、青年项目等）项目、脑科学与类脑研究北方科学中心项目、军科委国防科技创新特区课题等。2019年新获批9项，包括国家自然科学基金青年科学基金项目1项，科技部重点研发计划项目子课题3项，军委科技委国防科技创新特区项目1项，北京市科委"国际科技合作专项国际人才交流工作"项目1项，北京大学医学部-英国伦敦国王学院研究联合所项目1项，北京大学人才引进计划项目1项，山东省自然科学基金第二批（重大基础研究）项目1项。2019年，研究所围绕药物成瘾、抑郁症、睡眠障碍等相关疾病进行系统研究，在 Lancet Psychiatry（IF：18.329）、Mol Psychiatry（IF：11.973）、Lancet Public Health（IF：11.6）等期刊发表SCI论文36篇，IF>10分7篇，申请国家发明专利6项，获批1项，获得中华医学科技奖一等奖1项。

教学工作。研究所开设《情感认知障碍的基础与转化》、《药物滥用与成瘾》和《空间流行病学》课程，并承担《神经精神药理学》《药理学研究进展》等的授课任务。目前在研的硕士研究生21名，博士研究生18名，在站博士后3名，联合培养研究生10名。

人才引进与培养。获准北京大学人才引进计划1人，进入新体制计划1人。引进欧洲科学院外籍院士、欧洲科学与艺术学院院士、华南理工大学陈俊龙作为北京大学医学部兼职教授。研究所有2人分别到美国和英国做访问学者。

学术活动。社区吸毒人员智能监测管理体系研讨会（2019年3月）；海峡两岸医药卫生交流协会睡眠医学专业委员会成立大会暨第一届学术年会（2019年4月）；基于互联网的社区吸毒人员智能管理体系研讨会（2019年4月）；蛋白质研发工作专项会（2019年4月）；6.26国际戒毒论坛（2019年6月）；第六届中国睡眠与心身医学论坛（2019年6月）；MSM重点项目工作研讨会（2019年6月）；动态管控数据分析研讨会（2019年6月）；甘肃司法行政合成毒品使用人员管理业务培训（2019年7月）；传染病大数据项目会议（2019年10月）；被监管人员健康状况评估会（2019年10月）；2019年国际精神疾病新进展学术会议（2019年11月）。

国际合作。2019年邀请美国国家酒精滥用与酒精成瘾研究所行为与基因神经科学研究室主任Andrew Holmes访问并进行学术交流。与伦敦国王学院教授Gunter Schumann和中国青年网合作开展"城市化发展对网络使用不当及网络游戏成瘾的影响"研究。与耶鲁大学教授Joel Gelernter合作，将中国汉族酒依赖遗传风险因素与泰国、欧洲及非洲的酒依赖人群的遗传数据进行多基因关联分析。与加拿大多伦多大学成瘾和精神卫生中心教授Arun Ravindran团队合作进行中国-中美洲青少年精神疾病预防和干预措施推广研究，通过精神健康教育、筛查和干预的多水平综合措施，改善中国、洪都拉斯和萨尔瓦多青少年的精神健康。与美国密歇根大学医学院成瘾中心主任Frederic Blow团队建立合作，转化和改进现有的针对疼痛和物质滥用的认知行为疗法等干预方式，以解决中美两国共患疼痛的物质滥用患者的需求，减少疼痛和物质使用，改善生活质量。

社会服务。组织麦戈文脑研究所的相关学术交流和人才引进的评审活动；组织中国毒理学会药物依赖性专业委员会、中国睡眠研究会、中国神经科学会应激神经生物学分会、中国研究型医院学会脑功能与转化专业委员会、海峡两岸医药卫生交流协会睡眠医学专业委员会的各类学术活动。作为国家智库——中国毒品滥用防治专家委员会秘书处的所在单位，为公安部、司法部、国家卫健委、最高人民法院、国家市场监管总局等相关部门提供技术支持，协助司法部首次举办大型国际会议6·26国际戒毒论坛。参加最高法和公安部禁毒情报技术中心组织的《新精神活性物质办案实用手册》编写工作。

党建工作。开展"不忘初心、牢记使命"主题教育，组织党员和全体职工开展宣传教育活动。在思想政治政治工作方面，组织党员学习《习近平关于"不忘初心、牢记使命"论述摘编》、学习习近平总书记"牢记初心使命，推进自我革命"等重要讲话精神、学习贯彻党的十九届四中全会精神等。在"不忘初心、牢记使命"主题教育学习中，每个党员都交流学习体会，党支部和党员、群众谈心谈话，虚心听取意见和建议。组织党员和全体职工观看市教工委、市教委联合北京电视台制作的大型公益电视节目《春天的课堂——第八届首都十大教育新闻人物公开课》、组织观影《老师好》等，组织参加医学部党委副书记徐善东讲授"不忘初心、牢记使命"专题党课，进行爱国主义教育——参观平北抗战纪念馆，开展校史教育，参观北大校史馆及纪念五四运动100周年展，参观庆祝中华人民共和国成立70周年大型成就展等活动。在加强党组织建设方面，严格组织生活制度，坚持"三会一课"制度。在党风廉政建设方面，通过学习《中国共产党廉洁自律准则》《中国共产党纪律处分条例》《中国共产党党内监督条例》《关于新形势下党内政治生活的若干准则》加强党员的党风党纪教育，提高党员和干部的廉洁自律意识。新入职工参加机关党委及学校组织的培训学习。

（赵 苓、孟适秋）

【药物成瘾及相关疾病的发病机制和干预策略研究】 基于约6000例物质成瘾数据库，揭示多种物质成瘾共同遗传生物学基础；开展阿片类药物成瘾的治疗及疾病负担研究，发现阿片类药物激动剂美沙酮、半激动剂丁丙诺啡维持治疗及拮抗剂纳洛酮可显著减少阿片类药物成瘾导致的全死因死亡及用药过量死亡，为全球阿片危机提供数据支持；发现髓鞘碱性蛋白衍生多肽产生持久抗抑郁效果，创新性提出靶向中枢神经系统相关抗原治疗抑郁症的新的免疫疗法，为抑郁症等情感障碍性疾病的防治提供新方向；阐明外周血细胞因子水平与抗抑郁药物治疗反应性的关系，提示外周血细胞因子水平与抗抑郁药物治疗结局有关，可以作为预测抗抑郁药物治疗结局的潜在分子标记物；揭示抑郁焦虑对癌症发病及死亡风险的影响，提示及时对临床抑郁焦虑进行干预可减少癌症的发生及癌症病人的死亡，进一步验证精神心理疾病与躯体疾病之间的紧密联系。这些成果发表在 Lancet Psychiatry、Mol Psychiatry、Lancet Public Health 等重要 SCI 期刊上。

（孟适秋）

【神经精神疾病临床队列研究与整合平台建设】 开展神经精神疾病临床队列研究与整合平台建设，建立脑疾病数据采集平台，制定标准的队列建设和数据采集方案，建立包含多元人口学信息、危险因素、临床诊疗信息、认知功能、生物样本、影像学信息等的孤独症、抑郁症和痴呆队列，完成部分患者和对照的入组和数据采集，建立一键式云计算平台，完成多模态脑成像数据采集和分析方法的优化。

（赵 苓、孟适秋）

【完善实验室安全规章制度】 在强化原有规章制度的基础上，针对各类型实验室的不同特点，进一步制定《分子生物学实验室安全管理规定》《动物行为学实验室安全管理规定》和《心理与行为实验室安全管理规定》等细化的规章制度，并对用电安全、仪器设备安全、生物安全、化学安全等及时进行查验和整改，保障实验室的安全规范运行。

（赵 苓、孟适秋）

全国医学教育发展中心

【发展概况】 组织结构。全国医学教育发展中心（以下简称"中心"）设有综合办公室、教育评价与认证办公室、培训办公室、医学教育学系、项目管理与数据办公室、《中华医学教育杂志》编辑部6个办公室，共有27名工作人员，兼具管理、教学研究、服务、出版等多重职能，其中教学研究人员2人，教辅人员6人，管理人员7人；合同制人员11人。2019年，博士后入站1人。

科学研究。2019年中心稳步推进重大研究课题：《中国医学教育发展报告》《临床医学专业教学质量监测指标》《基于行业需求调整临床医学本科专业招生规模研究课题》《中国医学教育史》和《深圳市医学院设置与发展研究》。首次全国范围内开展"中国临床医学高等教育机构调查"，形成《中国临床医学本科教育发展报告》；首次全国范围内开展中国临床医学生培养与发展调查，形成《中国临床医学生培养与发展调查报告》。2019年中心人员承担科研课题24项，共发表论文20篇（详见表1），其中SCI论文4篇，SCI已接受论文1篇。完成两部书籍，2020年出版专著和译著各一部。

2019年组织教师开展医学教育教学研究工作。1月使用新项目申报系统完成医学部教育教学研究课题申报及评审工作，收到来自33个单位222项申报材料，其中有51个项目立项，下拨研究经费51万元。3月医学部在中华医学会医学教育分会和中国高等教育学会医学教育专业委员会2018年医学教育研究立项课题评审中，共有27个项目成功立项，其中4项为重点项目。11月医学部教师以第一作者身份发表的18篇论文获得中华医学会医学教育分会和中国高等教育学会医学教育专业委员"2018年度医学教育和医学教育管理百篇优秀论文"，其中一等奖2篇、二等奖11篇、三等奖5篇。12月医学部启动教育教学研究课题2019年结题工作，经过评审共33项获结题，其中4个项目被评为优秀。

学科建设。2019年5月完成医学教育学系换届工作。7月在北京大学教育学一级学科下自主设置目录外医学教育二级学科正式获批准。9月正式启动医学教育二级学科招生。

教学工作。2019年中心共有在读研究生8人。其中，公共卫生硕士（医学教育方向）6人，教育经济与管理专业（医学教育方向）学术硕士2人。2020年拟新招"医学教育"研究生6名。完成2019年教育经济与管理专业（医学教育方向）学术硕士研究生面试工作。完成2020年推免硕士研究生录取工作，在教育学一级学科下自主设置目录外二级学科（医学教育）录入2名，卫生事业管理二级学科下医学教育方向录入1名。2019年开设一门本科生课程的教学工作：《积极心理学》；一门研究生课程教学工作：《教育研究方法与医学教育研究实践》。2019年度组织开展研究生组会15次，研究生党团教育活动2次，毕业生欢送会1次，新生见面会1次。

本科教育教学评价。 2019年2月调整本科教学评价委员会成员，增补本科教育教学督导组成员。开展线上听评课与教室听课相结合的模式，提高听课效果。2月、7月和12月分别组织教育教学督导工作会议，搭建交流平台，共同探讨医学部本科教学评价工作。

2019年继续课程评价工作。3月和9月分别启动2018至2019学年第二学期和2019年至2020学年第一学期本科课程学生评教工作。持续完善评价调研系统，实现学生评教与成绩查询的关联、相关统计的优化、微信服务号的完善等功能；实现学生评教结果与督导听课的联动。同时将国际医院课程纳入医学部统一学生评教体系中。

4月启动北京大学教学奖励推荐评审及医学部教学奖励评审工作。药学院张礼和获得北京大学教学成就奖、北京大学第一医院赵明辉获得北京大学教学卓越奖，公共卫生学院流行病与卫生统计学团队获得北京大学优秀教学团队奖，此外，评选医学部桃李奖3名、教学名师奖3名、优秀教学团队奖3名等若干奖项。

10月完成临床教学基地标准的准入框架、评价框架初步构建，细化对框的各级指标，为统一医学部临床教学基地标准、推进医学部临床医学本科教学同质化、提升临床教学质量奠定基础。

3月对基础医学院、公共卫生学院、药学院、医学人文学院、护理学院、口腔医学院进行本科教学调研，了解各学院/教学医院的本科教学现状、主要问题、改革措施及具体需求。4月对北京大学第八临床医学院（北京大学国际医院）教学调研，了解首次承接本科教学任务的准备情况；5月至7月对其开展教学专项督查，共计21人次，累计听课48学时，对医院教学条件、教学质量、教师表现、学生表现等进行评价及反馈，确保北大医学部临床医学专业本科教学的同质化。

临床专业认证。 2019年完成17所院校临床医学专业认证，其中1所学校认证现场考察邀请1位国际认证专家，上海交通大学为世界医学教育联合会（World Federation for Medical Education, WFME）机构认定现场考察观摩院校。

3月和9月，分别组织上半年和下半年2020年临床医学专业认证申请工作。2019年完成11所院校的前期考察，39所院校提交临床医学专业认证进展报告，4所临床医学专业认证综合报告；截至2020年1月共完成3所院校的回访考察。

3月15日，召开教育部临床医学专业认证工作委员会年度工作会议。汇报临床医学专业认证2018年工作及2019年工作计划，审议临床医学专业认证结论及相关工作。7月23日，召开教育部临床医学专业认证工作秘书培训会，交流与讨论认证专家组秘书的职责、工作流程等内容。7月24日，在北京市召开教育部临床医学专业认证专家交流培训会，就临床医学专业认证标准与指南、认证流程等内容进行交流与讨论。7月25日，召开教育部临床医学专业认证工作委员会秘书处工作会议，审议申请2019年认证学校的申请材料和审读意见，讨论认证相关工作。10月26日，召开教育部临床医学专业认证工作委员会全体会议，接受机构认定专家组的全程观摩。

继续规范临床医学专业认证工作的流程和制度，3月公布《教育部临床医学专业认证工作委员会章程》《教育部临床医学专业认证工作委员会秘书处章程》《教育部临床医学专业认证工作投诉制度》《教育部临床医学专业认证申诉制度》《临床医学专业认证标准修订工作办法》等制度文件。推进翻译WFME《本科医学教育质量改进全球标准（2015年修订版）》，6月在《中华医学教育杂志》发表并在WFME官方网站上公布中文版标准。10月修订完成2019版中英文版《教育部临床医学专业认证专家手册》和《教育部临床医学专业认证院校手册》。同月，修订完成《本科临床医学专业认证指南（2019版）》。

师资培训。 2019年12月1日至5日举办"长春中医药大学临床临床医学教师教学能力提升班"，长春中医药大学35名临床教师完成培训并获得证书。

合作与交流。 2019年4月，教育部部临床医学专业认证工作委员会应邀参加2019世界医学教育联合会世界大会，在大会全体会议环节介绍中国医学教育及临床医学专业认证情况，是中国医学教育及医学教育认证在世界舞台的发声，获得国际同行的关注与认可。

8月，协同全国院校参加欧洲医学教育联盟AMEE的2019年国际年会，进行会议和报告展示，了解与分享国际医学教育的前沿发展与研究趋势，进行学术交流。2019年12月，教育临床医学专业认证工作委员会受邀参加2019年卫生人力认证和监管全球研讨会，在全体会议的研讨环节向与会嘉宾详细介绍中国临床医学专业认证体系，分享中国临床医学专业认证十年发展历程取得的成绩与经验。

中心与人民卫生出版社、天津天堰科技股份有限公司、爱思唯尔集团签署合作协议，在医学教育研究、医学教育学科建设与人才培养、学术交流与合作、医学教育培训、模拟课程建设以及出版等多方面开展合作。

中华医学教育杂志。 2019年《中华医学教育杂志》由双月刊改为月刊，共出刊12期，发表论文209篇，共计140余万字。复合影响因子0.458，学科排名103/274。2018年度中华医学会医学教育分会和中国高等教育学会医学教育专业委员会医学教育百篇优秀论文中，31%出自该刊，远高于其他期刊。该刊继续被中国科学技术信息研究所收录为中国科技核心期刊（中国科技论文统计源期刊），并获得2018年度中华医学会杂志社期刊管理优秀奖，2019年度中华医学会系列杂志审读中获得版权目次优胜奖。

2019年完成10次作者培训，受训作者超千人。4次会议的推广活动。该刊与北京大学医学图书馆就医药教育学科分类和医学教育中图分类号等沟通交流，筹备进入核心期刊。

（胡金彪、张菁蕊、程化琴、王一诺、王媛媛、于 晨、
王 丹、孙晓凡、梁峰霞、刘 理、李兆妍）

【教育部临床医学专业认证工作委员会接受WFME机构认定现场考察】 10月19日至27日，世界医学教育联合会（WFME）机构认定专家组Carol Hodgson等一行四位国际医学教育专家对中国临床医学专业认证工作开展考察。10月20日，工作委员会向WFME机构认定专家介绍中国医学教育现状和中国的医学教育认证概况，为后续现场考察提供背景基础。10月20日至24日，工作委员会委派的专家组对上海交通大学开展临床医学专业认证现场考察，WFME机构认定专家组对该过程进行全程观摩。10月25日，WFME机构认定专家组与教育部、国家卫健委、教育部高等教育教学评估中心相关部门领导在北京友谊宾馆会面并进行座谈交流。教育部医学教育专家委员会主任委员、教育部原副部长林蕙青与专家们进行会面交流。10月26日，WFME机构认定专家组观摩教育部临床医学专业认证工作委员会全体会议，共26名委员参会。会后WFME专家组与工作委员会代表和工作委员会秘书处办公室全体成员进行座谈。

（王媛媛）

【在教育学一级学科下自主设置目录外医学教育二级学科正式获批】 在北京大学教育学院和全国医学教育发展中心领导的共同努力下，在教育学一级学科下自主设置目录外医学教育二级学科正式获批。2019年4月，医学教育学系与教育学院举行工作会，商讨进一步合作意向。6月，医学教育学系向北京大学教育学院递交《北京大学2020年新增专业招生审批表》《北京大学申请启动二级学科和专业学位授权审批表》《申请启动二级学科授权审核专职教师团队情况确认表》《医学教育方向硕士研究生培养计划》《北京大学医学教育硕士研究生培养方案》，规范医学教育方向硕士生的培养与管理。7月24日，教育部公布自主设置二级学科名单，在北京大学教育学一级学科下自主设置目录外医学教育二级学科正式获批。

（程化琴、王一诺）

【制定临床医学专业质量监测指标并试运行】 为尽快实现到2025年，全国医学教育发展中心"建立医学院校教学状态数据库和临床医学专业教学质量数据库，常态监测医学院校运行状态"的发展目标。2019年中心与教育部高等教育教学评估中心共同研讨临床医学专业教学质量监测指标。临床医学专业教学质量监测指标的建设，对及时反映医学教育特色的质量状态数据和指标，增添数据的针对性、可测量性、可获得性、相关性、时效性具有重要作用，有助于推进医学教育管理从经验型、粗放型、封闭型向精细化、智能化、可视化转变，促进院校管理、决策的科学化。经过六轮专家研讨会、三十余名专家的反复讨论与修订，制定出临床医学教学质量监测指标及其内涵，并在全国范围内试运行。

（于 晨、王 丹、孙晓凡）

【全国高等院校医学教育研究联盟正式成立】 2019年3月，全国医学教育发展中心启动筹备全国高等院校医学教育研究联盟，同年5月16日正式成立联盟。联盟由中心和北京大学医学部倡导，全国20所高等医学院校联合发起，工作任务主要包括：聚焦国内外医学教育重大问题和热点问题，合作开展医学教育相关课题研究；搭建医学教育研究的学术交流与国际交流平台，举办医学教育研究论坛、研讨会等学术会议；加强学术交流与成果分享，提高中国医学教育研究者的国际参与度，提升中国医学教育的国际地位；支持教师教学发展，开展医学教育研究人员及教师教学研究能力培训等。截至2020年1月，已有98所高校和单位成为联盟理事（合作）单位。

（刘 理、李兆妍）

【召开北大医学·教育论坛（2019）】 10月15日至19日，医学部、国家医学考试中心、教育部高等学校临床医学类专业教学指导委员会、全国医学教育发展中心联合举办"北大医学·教育论坛（2019）"。该论坛主题为"医学教育行动与愿景：传承·融合·协同·创新"，会议设9个大会报告、10个工作坊、5个分论坛，开设会议征文环节，共收到200余篇会议征文并进行评审，会议挑选16篇论文进行口头报告，32篇论文进行海报交流。论坛主题涉猎临床医学八年制医学教育、医学考试、医学课程整合、医学生教育与发展、医学教育信息技术等医学教育核心问题，以及临床医学专业认证、医学教育研究、模拟医学教育等实战内容，为全国搭建跨界交流平台。

（刘 理、李兆妍）

【全国医学教育发展中心信息平台正式上线】 全国医学教育发展中心信息平台10月上线。网站发布全国医学教育发展的动态信息，梳理新中国成立以来国家部委发布的医学教育重要讲话、政策文件及医学教育文献等，发布建国以来医学教育发展大事记，国内各医学教育学会组织的动态公告，传播与分享医学教育资源。自上线至2020年1月平台累计访问量达66,315次。

（刘 理、李兆妍）

实验动物科学部

【发展概况】 实验动物科学部2019年度实验动物生产许可证（SCXK（京）2016-0010）和使用许可证（SYXK（京）2016-0041）年检合格；高压灭菌器年检合格。

实验动物生产供应。2019年SPF动物繁育室生产繁殖SPF/VAF（Virus Antibodies Free）级大、小鼠共22.8万只；大、小鼠在北京市实验动物管理办公室组织的动物质量抽

查、飞行检查及自检中均符合相应级别的实验动物国家标准；生产无菌大鼠102只。周淑佩等四人"无菌大鼠培育的技术创新及其繁育探讨"的技术成果荣获北京大学实验技术成果三等奖。

动物实验服务。清洁级动物实验室提供每天约2.4万只大、小鼠动物实验饲养服务；协助医学部及附属医院各课题组进行大、小鼠动物实验693项。普通级动物实验室提供兔子、犬、羊等大动物实验服务115项；完成362台大动物外科手术服务；建立创新手术大鼠模型2个。实验动物研究室完成血常规样品321批次6646份、血生化样品135批次3071份检测。

教学和培训。完成研究生院《实验动物学》必修课教学，共计四个班128学时，选课人数1200人，选课同学通过北京市实验动物从业人员上岗证考试，取得北京市科委颁发的"北京市实验动物从业人员岗位证书"；完成药学院本科生《实验动物学》选修课教学，28学时，选课人数135人；协助基础医学院病理学系完成《实验动物病理学》研究生选修课6学时教学工作；举办15期"北京市实验动物从业人员岗位证书"培训班，培训人数3500人。

设施改造和设备更新。2019年1月因学校停止供应蒸汽，为保证高压灭菌设备的正常使用，新增2台小型蒸汽炉；4月实验动物楼和动物实验楼楼顶完成防水工程。6月和11月灭火器更新及烟感报警装置安装完成。8月腾退的会议室及办公室改造的医药卫生分析中心的核磁室投入使用。9月配合北京市科委实验动物质量检测系统项目，在动物实验楼和实验动物楼安装项目监测系统。

社会服务。由郑振辉任组长、周淑佩参加的北京大学生物医学伦理委员会实验动物分会完成动物实验伦理审查330项；配合北京市科委、北京市动管办、区动监等部门完善实验动物废弃物处理项目并完成医学部医用废弃物清运处理126吨。

党建工作。将开展"不忘初心、牢记使命"主题教育和学习贯彻党的十九届四中全会精神贯穿始终。学习研讨《习近平新时代中国特色社会主义思想学习纲要》《习近平总书记在北京大学重要讲话汇编》《十九届四中全会学习材料》等习近平重要讲话及文件；参观北京大学赛克勒博物馆、参观庆祝新中国成立70周年大型成就展，参加北京大学马克思主义学院王九高讲座等。

工会工作。原工会小组长肖旭光退休，由张阔担任工会小组长，负责工会各项工作。

（田 枫、郑振辉）

中国卫生发展研究中心

【发展概况】 队伍建设。2019年，中国卫生发展研究中心共有8名教学科研人员。其中，9月从杜克大学医学院引进新体制助理教授祝贺。另有1名行政管理人员，3名博士后和2名项目聘用人员。

教学工作。截至2019年12月，中心共有学生22人，其中硕士研究生13人，博士研究生9人。2019年，新招收2名直博生和5名硕士研究生，2名博士研究生和4名硕士研究生毕业。中心教研人员开设5门本科生课程和9门研究生课程，共计196个学时。2019年，中心为研究生开设一门新课《健康影响评估》，系统讲授重大项目的健康影响评估的理论和方法，为实施《"健康中国2030"规划纲要》提供方法和技术上的支撑。与此同时，两门英文课程《卫生系统与卫生政策》《健康经济学》继续向全校学生开放。

科研工作。2019年，中心以第一作者和通讯作者发表SCI文章33篇。其中，由孟庆跃牵头，中心7名教师在国际著名医学杂志BMJ发表7篇系列文章（第一作者和通讯作者均为中心教师），累计影响因子193分（27.6×7），对医改10年的进展和成效进行了系统回顾。共有13期政策简报（《卫生发展瞭望》第47—59期）系列发布。2019年新获资助的科研项目22个，其中获得1项自然科学基金青年项目资助。经费分别来自国家自然科学基金委、国家卫生健康委员会、世界卫生组织、北京市卫健委、美国中华医学基金会等机构，资金总额超过900万元。2019年，主办承办国际国内学术会议5次，参加国际国内学术会议共计11人次。另外，组织5次外部学术研讨会和9次内部学术研讨会。

交流合作。3月15日，Karolinska大学教授Göran Tomson访问中心，并做了关于UN Agenda 2030 and the SDGs为主题的讲座。4月，受中心邀请，曼彻斯特大学Laura Alsami、Alex Turner、Jonathan Stoke、Yushing Lau一行4人来中心访问，就整合型卫生服务等主题探讨交流与合作。6月28日，美国杜兰大学公共卫生和热带病学院全球卫生政策与管理系副主任施李正访问中心并进行学术交流。10月13—21日，中心所有教学科研人员参加在加拿大（蒙特利尔、多伦多）举行的第二届基层卫生服务研讨会。此外，中心向世界卫生组织亚太观察（APO）申请成为其研究中心，经过激烈的竞争，中心作为亚太地区唯一的、以单一机构申请的单位，成功成为"National Resource Institute"。

政策服务。2019年，中心针对北京医耗联动综合改革进行独立的第三方评估。中心与中国疾病预防控制中心联合成立"北京大学医学部-中国疾病预防控制中心疫苗经济学联合研究中心"，在疫苗经济学研究方面开展合作，为国家疫苗应用政策和免疫规划的循证决策提供技术支持。另外，由国家卫健委和世界卫生组织委托，中心联合北京大学公共卫生学院、中国社科院、山东大学、复旦大学等机构，对过去10年医改进行系统评估，评估结果和政策建议对下一步医改工作提供重要指导。

【举办《英国医学杂志》中国专辑发布会暨研讨会】 6月22日,医学部和《英国医学杂志》主办、中国卫生发展研究中心承办"中国医药卫生体制改革:10周年进展回顾——《英国医学杂志》中国专辑发布会暨研讨会"。北京大学常务副校长、医学部主任詹启敏,《英国医学杂志》主编Fiona Godlee,世界卫生组织驻华代表Gauden Galea出席会议并致辞。第十届、第十一届全国人大常委会副委员长、第十二届全国政协副主席、中国科学技术协会荣誉主席韩启德发表题为"医改十年来取得的成绩以及下一个阶段改革与发展的关键"的主旨演讲。中心执行主任、北京大学公共卫生学院院长孟庆跃,代表《英国医学杂志》中国专辑的作者对专刊7篇文章进行介绍。来自国家卫健委、世界卫生组织和国内外研究机构的专家,及地方医改实践者,就国际全民健康覆盖、中国医改经验和未来方向等进行讨论。研讨会分别围绕"卫生筹资体系"和"初级卫生保健"展开主题研讨。

(潘文、刘晓云)

医学信息学中心

【发展概况】 发展历程。医学信息学中心(Peking University Medical Informatics Center)(简称"中心",下同)成立于2010年4月,隶属于北京大学医学部,是具有独立编制的实体机构。中心集医学信息学教学、科研、服务为一体,用医学信息作为纽带和平台,促进北京大学本部和医学部的学科交叉融合,加快医学信息技术人才队伍建设,推动基础和临床、临床和人群、临床和临床、防病和治病之间的研究,促进医疗卫生事业的发展。中心从海内外延揽多名高级科研人才,既有国际视野,也对国内环境有较深刻的了解,另外学科背景涵盖的领域很广,包括临床医学、公共卫生、数学、统计学、生物统计学、计算机科学等多种学科。

人事与团队建设。2019年完成对中心在编人员的业绩考核工作,同时对非在编人员完成考核和续聘上岗工作。中心现有全职教职员工10人,其中高级职称5人、中级职称4人、合同制聘用人员1人。

交流合作。2019年中心委派相关老师到丹麦奥尔胡斯大学临床流行病中心进行为期一年的学术交流访问,对丹麦、瑞典和芬兰三个北欧国家的全民医疗数据库进行研究,学习全民登记数据库的共享机制和运营模式。研究期间在该数据库上建立以全民登记系统为基础的出生队列,并在该队列上开展母亲孕期自体免疫疾病与子代疾病间的流行病研究。此外,中心邀请耶鲁、曼彻斯特等多所知名大学医学院的教授、医学专家开展多次学术访问交流,期间与中心师生围绕多病多药等老年常见问题的相关分析方法进行探讨,并讨论老年多病研究上的长期合作计划。

教学与人才培养。2019年中心共7名研究生(2名博士、5名硕士)已顺利完成学业并分配工作,目前中心现有在读研究生10人。2018至2019年度,在人才队伍建设、学科建设、教学、科研,以及对外交流等方面均取得一定的进展。部分老师根据自己的专业情况开设与医学信息学相关的课程,分别是《医学信息分析与决策》《临床大数据应用导论》《医学数据库》《营养流行病学》和《医学术语学》。除以往开设的医学信息学相关课程以外,今年新开设与医学大数据分析、挖掘和利用相关的《医学大数据》课程,以数据库为基础,分别介绍管理数据库、研究数据库、组学数据库的相关知识,重点提升学生在多学科领域数据融合与分析能力,推进多学科融合的人才培养的提升。

科研工作。2019年,利用中心现有的医学大数据,开展深度分析、挖掘工作,撰写研究论文,同时培养年轻教师的科研能力。2019年中心发表第一作者或通讯作者的SCI、EI文章共20余篇,大多发表在医学相关领域的顶尖优秀期刊,包括 Plos Medicine Environmental Pollution、Stroke、JMIR medical informatics、The Journals of Gerontology、Epidemiology、International Journal of Epidemiology 等。这些研究基于医学管理型数据和流行病学调研数据,研究内容包括病案首页数据、北京市医保数据融合外部数据源进行的空气污染对临床结局的影响分析、伴随疾病模式分析、多病共存、基于电子病历的信息抽取、命名实体识别、机器学习、糖尿病和脑卒中相关基因的生物信息学分析等。

2019年中心继续通过合作参与和自主申请的方式获得各类研究经费,其中包括国家自然科学基金面上项目2项、与国家卫生健康委卫生和计划生育监督中心合作项目1项,以及部委委托项目和其他横向合作项目多项。项目涉及大数据分析平台与服务创新、移动医疗与健康管理、临床数据仓库、人工智能、老年人多病共存等专业领域。

【医院质量评估和临床重点专科评估】 中心可以实现面向全国医院的病案首页数据接收、集成、检验、质量控制、数据计算和分析报告发布等功能和流程,并建立科学质量控制的可靠的数据库;中心首创的医院医疗综合能力评价模型,将病案首页数据信息与医院现场评价相结合对医院进行客观评价,从医疗能力、医疗质量、医疗绩效、学科声誉四个维度去评估,该评估模型是国内首次将医疗服务客观数据与同行评议主观数据实行有机结合,对医院学科从临床技术水准到学科管理提供全面综合评估,通过大数据技术使用,其结果更逼近临床学科客观真实现状。2019年,中心对原有的医院医疗综合能力评价模型进行进一步完善和改进,丰富评价指标。在现有的附属医院病案首页数据的基础上,深入研究打包付费(Bundled Payment,BP)的按照诊疗服务单元进行付费的分组方法与算法,逐渐完善、探索并建立基于数据的中国临床学科评估的体系，可以为北京大学提供北大附属医院或全国医院的学科评估排名，可以为医院提供客观反映医疗管理水平和管理能力的评估评价报告，为政府、行业和医院提供科学管理依据。

【中心数据平台的建设】 中心对现有的全国医院管理相关数据、北京大学附属医院的临床数据及其他来源的相关数据进行梳理和整合，深度融合并建成北京大学医学信息学中心数据平台。平台对目前所收集数据的情况进行介绍，分别对全国卫生监督数据、北京市病案首页数据、全国病案首页数据、北京大学临床数据仓库数据的情况进行描述。数据平台的变量及数据内容、格式可以通过中心开发的数据平台入口进行查询与浏览；特定角色和权限的用户可以下载浏览数据格式说明。目前，平台可以兼容10余种主流的各种格式的数据接口，支持接口多样性。

数据平台按照严格的安全机制实现数据收集、数据发布、数据应用分析等步骤，为了确保数据安全，整个平台采用物理隔离方式运行。数据中的敏感信息在数据入库时即进行脱敏处理，所有可分析的数据均无法通过数据回溯到患者个人。中心制定严格的数据使用流程，所有数据分析都要经过数据申请、数据审批、数据发布、数据分析结果评审、发布数据回收等安全管理措施。中心老师可利用平台上集成融合后的各种医学大数据，一方面进行流行病、临床、医学信息学等领域的探索和研究；另一方面，中心积极组织团队，研究如何基于融合数据进行深度挖掘和分析，尝试为推进医院的管理、科研等提供辅助决策支持。

【全国卫生监督数据分析与利用】 国家卫生健康委卫生和计划生育监督中心为了进一步加强数据质量，提高数据分析利用水平，2019年与中心继续签订有关全国卫生监督数据深度分析与利用的委托书，为其提供卫生监督数据质量评估和卫生监督体系的建设研究以及其他相关统计分析工作。

2019年中心完成全国卫生健康执法监督工作信息统计月报、国家随机监督抽查工作信息统计报告和全国卫生健康执法监督信息统计报告等；利用卫生监督数据开展研究，对卫生监督工作质量开展评价，建立评价体系；并利用卫生监督检查数据，对中国2018年中小学校教学环境卫生现状进行分析；利用卫生健康国家随机监督抽查，对目前双随机工作中的问题进行总结以及分析。此外，2019年进行基于卫生监督数据的深度挖掘工作研究与实践，完成基于日常监督业务数据的时间序列数据提取与分析，实现基于多模型的疑似突击填报等异常操作的自适应识别；同时，基于所能获取的公开数据源，对被监督单位信息的真实性、地区被监督单位的统计口径等进行广泛尝试，为卫生监督数据挖掘和利用融合多种数据源提供技术储备。

（金梦）

健康医疗大数据国家研究院

【发展概况】 组织结构。健康医疗大数据国家研究院于2018年4月28日正式成立，2019年9月经医学部学科建设委员会支撑平台建设专门委员会、机构编制委员会审议、医学部第20次部务办公会讨论，同意健康医疗大数据国家研究院转为实体机构，为医学部直属单位。健康医疗大数据研究中心挂靠健康医疗大数据国家研究院。2019年7月，国家研究院第一批成立的9个中心正式授牌。9个中心分别是：卫生健康政策与技术研究中心、流行病学研究数据共享中心、伦理与法律研究中心、智能医学影像中心、健康医疗可视化与可视分析中心、基层健康大数据研究中心、药物滥用防控中心、糖尿病视网膜病变大数据研究中心、学习型智慧医疗体系研究中心。

队伍建设。2019年国家研究院引进预聘助理教授1人，新入站博士后2人，其中1人获北京大学"博雅博士后"基金资助，新聘合同制综合办公室主任1人。截至2019年底，国家研究院共有全职在编人员7人，其中副教授1人，预聘助理教授1人，研究技术4人，教辅人员1人；双聘管理人员2人；博士后2人；合同制4人。

基础设施建设。2019年4月，健康医疗大数据平台通过中国信息安全测评中心的国家信息系统安全等级保护三级测评（业务信息安全等级为第三级、系统服务安全等级为第三级、网络安全保护等级为第三级【S3A3】）。平台集中部署运行在健康医疗大数据国家研究院自建机房，可实现健康医疗大数据标准化、流程化、自动化、系统化的专业安全运维管理。

学科建设。2018年获批二级学科"健康数据科学"。2019年，在"双一流"建设经费的支持下，先后派2名科研人员赴英国曼彻斯特大学进行学科建设工作访问交流。2019年制定并发布北京大学"健康数据科学"硕士及博士研究生培养方案。

科研工作。2019年受国家卫生健康委医政医管局推荐，国家研究院承担中国-世卫组织2018—2019双年度合作项目"大数据和人工智能驱动的跨区域就诊研究"，2019年项目顺利结题，并被评选为亮点项目；承接国家卫生健康委员会规划发展与信息化司《健康医疗大数据质量与价值评估研究》项目；作为参与单位，与中国科学院自动化研究所等单位共同申请获批科技创新2030"新一代人工智能"重大项目："跨模态医疗分析推理技术与系统"；承接北京市高精尖学科建设项目"健康医疗大数据技术建设"；此外，国家研究院教学科研人员申请获批北京市科技新星计划交叉学科合作课题"多维度环境污染与气候因素对中国人群罹患慢性肾脏病的影响及其时空格局分析"、北京大学"医学+X"种子基金项目"基于真实世界临床数据挖掘的脑卒中院前诊断模型的建立及验证"、北京大学医学部-密歇根大学医学院联合基金项目"构建学习型智慧医疗系统以改善慢性肾脏病结局的可行性研究（中国鄞州）"等科研项目。

2019年，国家研究院与肾脏病学系、肾脏疾病大数据研究中心近30名团队成员共同完成2015年中国肾脏疾病年度科学报告"China Kidney Disease Network（CK-NET）2015 Annual Data Report"，全文发表于国际肾脏病协会的官方杂志Kidney International和Kidney International Supplements，该报告为中国的肾脏疾病研究提供大量翔实的数据。此外，国家研究院组织举办中文版《中国肾脏疾病年度科学报告》发布会暨中国肾脏疾病数据网络（CK-NET）联合学术研讨会。

2019年，国家研究院科研人员以第一作者或通讯作者共发表SCI论著10篇，研究方案、综述、观点性文章及评论4篇，医学信息学国际顶级会议——美国信息学会报告论文1篇，人工智能影像分析领域国际顶级会议论文9篇。

交流合作。2019年7月，国家研究院成功举办第二届北京健康医疗大数据论坛。本届论坛主题为"开放共享，合作共赢"，论坛邀请第十二届全国政协副主席韩启德、中国卫生信息与健康医疗大数据学会会长、国家研究院院长金小桃，国家卫生健康委员会规划发展与信息化司司长毛群安，中国保险行业协会秘书长商敬国致辞，邀请信息科学技术学院院长高文、北京大学第六医院院长陆林、中国科学技术大学附属第一医院院长葛均波、2012年诺贝尔经济学奖得主埃尔文·罗斯（Alvin Roth）发表主旨演讲。本次论坛共有1060人注册参会，大会通过网络全程直播，直播总观看人数9829人，同时最大在线观看人数3848人，会议直播浏览量14,671人次。本次论坛为行业和领域搭建高水平的跨界交流平台，为国际间合作、交叉学科课题研究以及相关产业链品牌提供新的机遇和渠道。2019年11月，国家研究院与公共卫生学院共同举办中国队列共享平台第二届年会，此次年会为进一步推动国内丰富的队列研究数据的整合共享奠定基础，对加强国内队列研究资源的充分利用具有重要意义。2019年11月，国家研究院和科学新媒体"知识分子"共同主办"智慧医疗革命：潜力与挑战"论坛。论坛邀请医学、人工智能、伦理学领域的嘉宾，就人类智慧和人工智能在真实医疗情境下的发展，展开精彩对话。

2019年，国家研究院接待国家卫生健康委规划发展与信息化司副司长刘文先一行到院调研，北京大学常务副校长詹启敏主持召开座谈会；接待来自曼彻斯特大学、伦敦国王学院、乌尔姆大学、慕尼黑工业大学、密歇根大学、早稻田大学、康师傅控股有限公司、日本电气股份有限公司代表团等到访；接待2012年诺贝尔经济学奖得主埃尔文·罗斯（Alvin Roth）、《柳叶刀-数字医疗》主编Rupa Sarkar来访。

【举办首届健康医疗大数据国际联合工作坊】 2019年7月11—12日，健康医疗大数据国家研究院和医学继续教育学院共同发起举办首届"北京大学健康医疗大数据国际联合工作坊"。工作坊邀请来自北京大学、英国曼彻斯特大学、中国科学院自动化所、解放军总医院等单位的跨领域学者授课，60余名来自政府机关、大学及研究机构、大型临床医（学）院等相关单位的科研人员参与工作坊的研讨活动，内容涵盖健康医疗大数据领域多个层面，引导学员从理论到实践理解健康医疗大数据的价值与潜能，探讨使用电子病历系统（EMR）等多种数据源开展真实世界医学研究的路径与方法。

【举办"智慧之眼"国际眼底图像智能识别竞赛】 2019年7月13日，由北京大学主办，健康医疗大数据国家研究院承办的"智慧之眼"国际眼底图像智能识别竞赛正式启动，大赛共吸引包括北京大学、清华大学、加州大学洛杉矶分校、迈阿密大学、新加坡科技局、印度理工学院、英国帝国理工学院等40多个国家的1413支队伍同台竞技，境外参赛队伍占比超过47.48%。大赛于11月29日落下帷幕，共评选一等奖、二等奖队伍各1支，三等奖队伍共2支。该次竞赛是中国人工智能领域首次面向国际的眼底图像智能识别竞赛，得到领域内专家、学者的高度关注与全力支持，旨在为有志于智慧医疗研究与实践的优秀人才提供切磋交流的机会，并从中发现和选拔优秀的创新型人才。

（孙小宇）

精准医疗多组学研究中心

【发展概况】 实验室建设。2019年度，医学部精准医疗多组学研究中心（简称"多组学中心"，下同）质谱平台购入一套捕集离子淌度飞行时间蛋白分析系统和一台线性离子阱离子迁移质谱仪，均已投入运行使用；生物学实验室购入显影仪、落地式超速离心机、台式超速离心机各一台，正式用于纯化血清样品和细胞样品的细胞外囊泡研究。

队伍建设。多组学中心目前已基本实现人才队伍梯度建设，目前共有工作人员14名，具体为中心主任1名，预聘制助理教授1名，科研主管1名，博士后1名，工程师2名，技术员2名，博士生5名，硕士生1名。

科研工作。本年度多组学中心发表SCI论文6篇，申请专利2项，高效全面开展科研和技术开发、临床技术转化和生物学机制验证相关研究工作。1.前沿方法学开发。包括单细胞蛋白组学gOAD Chip研发，糖组学研究，临床血浆疾病标志物开发标准化方法学建立，多维多通道蛋白质组鉴定方法开发，腹膜炎蛋白质组学标记物预测模型建立，ITAM磷酸化模式调控的T细胞受体自我抑制新机制研发，疏风解毒胶囊抗病毒有效成分分析和机制研究等。2.临床技术转化。包括乌司他丁糖蛋白重症急救药临床快速定量方法开发，临床级二代测序分析法鉴定肾移植患者排斥反应的血液标志物开发等。3.细胞外囊泡研究。包括血清样品中新细胞器迁移体蛋白质组的首次鉴定，参与迁移体发生小分子药物及蛋白质的化学遗传学筛选，新细胞器迁移体发生机制研究，新细胞器迁移体内miRNA鉴定和转运机制研究，疾病外周血细胞外囊泡分析等。

组学服务。 多组学中心面向校内外各大科研院所，提供高质量、个性化组学服务。2019年度已开展组学服务课题60余项，检测样品数超过3000个。

对外交流合作。 多组学中心代表北京大学成功获得"香港大学、帝国理工学院、北京大学联合建立合成化学与化学生物学实验室"的重大合作项目资助。黄超兰被曼彻斯特大学生物，医学与健康学院授予"荣誉教授"称号。多位国内外知名专家学者到访多组学中心调研，进行学术交流活动。

综合改革。 1.科研方面。建立"一体交叉实验室"创新合作模式，将质谱技术与细胞生物学方法紧密结合，促进多个交叉学科成果出现。2.制度方面。积极响应"双聘"和"学科挂靠"招聘体制，依据工作时间和产出比完成科研人员绩效评估，提高整体工作效率。3.人才培养方面。接受和派出学生到香港大学、帝国理工学院、曼彻斯特大学等开展学术交流，采用学科交叉培养模式，拓宽学生国际视野。4.整合外部资源方面。积极开展国内外合作，立足北大医学，努力获取社会资源。

（黄超兰、陈　扬、王思媛）

【黄超兰受聘为曼彻斯特大学荣誉教授】 2019年9月16日，曼彻斯特大学生物、医学与健康学院正式授予多组学中心主任黄超兰"荣誉教授"称号。黄超兰长期致力于基于质谱的蛋白质组学技术开发和方法学研究工作。首次鉴定体内精氨酸化修饰底物并揭示其生物学功能，全面开启精氨酸化研究领域。此外，与浙江大学方群合作开展单细胞蛋白质组学分析研究，目前在单一颗体细胞中鉴定蛋白数量处于全球领域最高水平。目前已累计发表SCI论文74篇，包括 *Science*、*Nature Communications*、*Proceedings of the National Academy of Sciences of the United States of America*（*PNAS*）等。

（王思媛）

跨学部生物医学工程系

【发展概况】 组织机构。北京大学跨学部生物医学工程系（下文简称"生医系"）成立于2018年9月，是在北京大学"临床医学+X"的建设框架下，围绕"北大医学"的建设思路，由北京大学工学院和医学部联合共建的实体研究机构，为医学部直属单位。生医系以"解决临床医学核心与前沿问题""孵育前沿医学工程与技术""打造跨学科创新队伍"为基础，建设3个学科群，10个研究方向。3个学科分别为智能医学、医学成像工程与技术、精准医学与临床检查。生医系按照新体制设置教授、副教授、助理教授等职位。2018年11月医学部任命邓旭亮为生医系常务副主任。2018年12月启用"北京大学跨学部生物医学工程系"公章。

学科建设。 生医系是在现有工学院生物医学工程学科和医学部医学技术学科两个学科的基础上共同建立的新体制学系，面向国家人口与健康方面的重大需求，紧密结合生物医药产业发展趋势和所需关键技术，建立理工医相结合的多学科交叉研究团队。重点发展方向为先进医学影像与技术、生物材料与再生医学、计算医学与健康信息学、细胞工程、生物分子工程与纳米医学等学科方向。

队伍建设。 人员介绍：生医系PI已到岗6名，其中新体制人员共5名，包含长聘教授1名，预聘副教授1名，预聘助理教授3名，兼职教授1名。2019年集群面试通过3名。逐步推进研究系列人员招聘及管理办法。现有兼职工程师1名，兼职行政人员1名，博士后1名，合同制1名，博士及硕士研究生共计10名。PI双聘制度：建立临床医学与生物医学工程系的融合及合作模式，推动医学部、附属医院与校本部之间的产、学研联动互通。10月21日，生医系、魏勋斌教授与肿瘤医院共同签署《北京大学教学科研人员联合聘任协议书》。

学生培养。 3月生医系第一批博士生名额获批，一级学科名称为医学技术、生物医学工程。2019年共有7名博士，2名硕士入学。高卫平副教授承担生医系 Molecular Cell Biology 课程48学时教学；卢旷达助理教授参与北京大学工学院英文科技论文写作（研究生必修课）课程教学工作。

科研工作。 在研项目2项，其中国家杰出青年科学基金项目获得者1项、国家自然科学基金面上项目1项，新获批国家自然科学基金青年科学基金项目1项、获批北京大学临床医学+X青年专项2项（分别与北京大学肿瘤医院、北京大学人民医院合作）；发表SCI论文3篇，投稿2篇，申报发明专利2项。

交流合作。 7月14日至17日，在北京大学举办第14届北京大学/佐治亚理工/埃默里大学（PKU/GT/Emory）联合生物医学工程年会，会议邀请GT/Emory联合生物医学工程系主任Susan Margulies及美方一行16人共同探讨国际合作及联合博士培养的模式。7月17日，Susan与郝平校长会面，就生医系的国际合作、多学科教育改革提出建议，并指导要提出改革措施促进PKU-GT-Emory三校实质合作。生医系与北大国际医院共举办2次联合学术会议，有效促进神经科学与生物医学的交叉与融合。12月13日至15日召开2019生物医用高分子材料前言研讨会，研讨会从高分子材料与临床医学的交叉点出发，针对最新进展、研究热点、重点发展方向及成果转化进行交流和讨论。2019年魏勋斌被选为中国生物医学工程学会理事。

【第14届PKU/GT/Emory联合生物医学工程年会】 2019年

7月14日至17日北京大学第14届北京大学/佐治亚理工/埃默里大学（PKU/GT/Emory）联合生物医学工程年会在北京大学召开，会议邀请GT/Emory联合生物医学工程系主任Susan Margulies教授及美方一行16人，共同就生物医学工程系发展规划、国际合作、多学科教育改革等工作进行洽谈。北京大学常务副校长、医学部主任詹启敏院士在研讨会开幕式上致辞。Susan就佐治亚理工生物医学工程系的人才、教学、科研及转化工作进行了交流。生医系常务副主任席建忠、邓旭亮分别就生物医学工程系的现状及未来规划进行交流。美方、中方各教研系列人员就目前的科研及教学工作进行了交流。医学部副主任张宁主持生物医学工程系发展及新体制人才在院系与附属医院双聘工作研讨会。会后，中方邀请美方教授参观北大校园、生医系实验室，同时与佐治亚理工、埃默里大学生物医学工程系教授分别就未来的科研合作、教学工作进行洽谈。

【第一届生物医用高分子材料前沿研讨会】 12月14日，由北京大学跨学部生物医学工程系主办的"2019年生物医用高分子材料前沿研讨会"在北京大学英杰交流中心举行，来自全国著名高校和科研院所的20余位知名专家学者应邀出席会议，会议主题为生物医用高分子材料领域的新进展及成果转化。会议开幕式上，科学研究部部长、北京大学医学部副主任张宁教授受邀致辞，他代表学校对与会专家学者表示热烈欢迎，就学校的基本情况以及"临床医学+X"的发展理念内容进行了介绍，并希望通过本次会议，拓宽研究思路为生物医用高分子材料学科做出更大的贡献。研讨会上，16位专家学者围绕其近期研究方向、主要成果及研究前景分别进行了精彩的报告。报告主题涉及高分子纳米载体、生物大分子载体、框架诱导组装、蛋白质印迹聚合物、医疗器械涂层材料、生物医用水凝胶等。

（张　琳）

医学技术研究院

【发展概况】 机构设置。医学技术研究院（简称"医研院"，下同）成立于2019年，是医学部直属教学科研单位，重点承担教育部新批医学技术一级学科建设任务。设有综合、教学、科研办公室。

队伍建设。医研院现有专职教研和行政工作人员9人，其中在编职工5人，合同制员工4人。共有研究生导师60人，其中包括7位专职导师，53位双跨导师。同时，来自数学科学学院、工学院、信息科学技术学院的合作教学或科研PI（Principle Investigator，学术带头人/课题组负责人）共8人。

教学工作。2019年9月6日，医学技术首届41名研究生顺利入学，医学技术研究生横向班正式成立。完成医学技术总论40学时授课，申请新增医学影像技术学课程。完成物理学理论216学时，物理学实验1224学时，物理实验绪论4学时；选修课，医学磁共振成像基础36学时，现代医学影像成像基础36学时，眼视光基础36学时，近代物理与医学27学时教学任务。

科研工作。医研院承担北京市高精尖学科建设专项的组织建设任务，依托专项建设的智影系统已成功开通上线，重点服务临床一线的重点学科与专家，推动医学影像与图像的智慧AI（Artificial Intelligence，人工智能）、信息安全与大数据分析研究。申请教育部医学技术类研究管理专项1项，申请北京大学学科建设专项1项。

交流合作。医研院筹备工作组与科研部、研究生院、计财处等单位联合，于2019年9月和10月分别赴英国伦敦和美国芝加哥进行实地考察和调研，在伦敦参加第25届全英华人年会并与伦敦大学学院共同举办"第一届北京大学医学部-伦敦大学学院生命与医学科学研讨会"。

党建工作。按照北京大学"不忘初心、牢记使命"主题教育工作党政主要负责人讲好专题党课的要求，常务副院长韩鸿宾于10月30日上午讲授专题党课"结合北大医学技术学科建设历史，谈新兴学科和双一流建设"。2019年12月，医学部医学技术党支部成立，李辉担任党支部书记。

【举办首届北京大学医学技术高峰论坛暨夏令营活动】 2019年6月，首届北京大学医学技术高峰论坛暨夏令营活动在医学部举办。来自全国17个省、区、市的51位优秀学员入营为期两天的夏令营活动。25位北京大学医学技术专业研究生导师，8名2019级待入学医学技术专业研究生新生参加夏令营的组织工作。

【举办医学技术研究院学术交流月活动】 2019年11月，举办医学技术研究院学术交流月活动。举办北大医学外科智慧医疗与AI技术应用高峰论坛，设立AI技术应用主论坛，泌尿创新、智慧医疗、医用机器人分论坛及AI国际合作闭门研讨会；举办首届"北大医学"健康数据科学转化研究合作平台国际论坛，论坛以"健康医疗数据的集成与转化"为主题，围绕如何利用多种类型的健康医疗数据解决临床问题、完善公共卫生服务等议题展开讨论；举办第三届北京大学国际脑研究论坛，论坛以"高新技术在脑科学及临床医学的应用"为主题，探索中枢神经系统疾病中细胞微环境损伤的研究现状，并重点探讨脑细胞微环境成像相关神经科学及医学技术的未来发展方向；举办第三届北京大学国际脑研究高峰论坛——航天医学与医工结合论坛，论坛以"跨界、融合、创新、引领"为主题，围绕航天医学发展、医工结合等议题展开研讨；举办阿尔兹海默病专题研讨会及第二十届全国磁共振序列设计与理论应用学习班等活动。

【召开医学部医学技术研究院成立大会】 2019年11月13日，医学部医学技术研究院成立大会在医学部国际合作交流中心举行。北京大学常务副校长、医学部主任、医学技术研究院长詹启敏，中国医学装备协会理事长赵自林，教育部科技司基础处处长邹晖赵，医学技术研究院常务副院长韩鸿宾共同为医研院揭牌。

（刘英会、李　想）

国际癌症研究院

【发展概况】　组织结构。国际癌症研究院是依托基础医学院、肿瘤医院、人民医院、生物医学前沿创新中心（BIOPIC）、生命科学学院、药学院、公共卫生学院、工学院及相关附属医院等单位的跨学部研究机构。

学科建设。国际癌症研究院在北京大学校本部和医学部的统一指导下，以肿瘤生物学、临床肿瘤学、肿瘤新技术、肿瘤流行病学、肿瘤药学、血液肿瘤学以及肿瘤免疫学为重点研究领域，建设具有世界领先水平的癌症研究和诊疗基地。

队伍建设。院长詹启敏，学术委员会主任张学敏，副主任王红阳、林东昕和詹启敏，委员有谢晓亮等11位教授。国际癌症研究院于2019年10月22日成立，目前全职PI（Principle Investigator，学术带头人/课题组负责人）正在招募，兼职PI有57人。

【北京大学国际癌症研究院成立】　2019年10月22日，国际癌症研究院成立仪式在医学部国际合作交流中心成功举行，并随后召开研究院第一届学术研讨会。教育部科技司司长雷朝滋，国家自然科学基金委员会医学科学部主任张学敏，国家卫生健康委医药卫生科技发展研究中心主任郑忠伟，北京大学常务副校长、医学部主任詹启敏，牛津大学路德维格癌症研究所卢欣，基础医学院尚永丰，医学部副主任肖渊，诺辉健康CEO朱叶青，北京大学教育基金会秘书长李宇宁等会同北京大学及国内其他知名高校、科研院所、医疗机构的领导和专家，企业界的精英和媒体等百余名嘉宾共同见证了研究院的启动。医学部副主任、科学研究部主任张宁主持了本次会议。

（彭　燕）

其他教学科研机构

元培学院

【发展概况】　组织机构。截至2019年底，元培学院在校生共计1242名，其中普通高考生1068名，留学生87名，飞行双学籍学生87名。学生所选方向涵盖全校24个院系，横跨理学、信息与工程、人文、社科、交叉学科等五大类。开设5个跨学科专业：古生物、政经哲、外国语言与外国历史、整合科学、数据科学与大数据技术。开展一个联合培养项目（飞行双学籍项目，共53门课程）。

党建工作。2019年，元培学院党委以习近平新时代中国特色社会主义思想为指导，在学校党委的坚强领导下，全面落实从严治党主体责任，严格落实"三会一课"等基本组织制度，推进"两学一做"学习教育常态化制度化，深入开展"不忘初心、牢记使命"主题教育，以校党委巡察为契机，改进各项工作。2019年共计发展学生党员56人、教师党员1人，认定入党积极分子171人。在2019年北京大学"七一表彰"中，学院教工党支部书记获得"优秀党务工作者"称号、第二学生党支部书记获得"北京大学十佳党支部书记"称号。

教学工作。2019年元培学院继续推进教学改革，新开设1门理科通识课程。组建了政经哲、外语外史、古生物、整合科学、数据科学等五个专业教学指导小组并完成教学计划的修订工作。2019年起将专业预选时间提前到第二学期。同时新增学业辅导员，重点帮扶学业困难学生。2019年为了鼓励学生积极从事学术研究和科研学习，元培学院新设立"元培青年学者"荣誉称号，2015级古生物方向余逸伦、2016级社会学方向孙凝翔、2016级生物科学方向魏来当选首届元培青年学者。

团委工作。截至2019年元培学院共有团员1077人，元培学院继续推进4个品牌志愿服务项目，2019年累计志愿服务300余人次。新增陕西眉县、内蒙古呼伦贝尔、陕西榆林和广东深圳4个社会实践基地，2019年暑期组织思政实践团6支。开展"元行传薪"德育实践活动，2019年累计看望14位离退休老同志。2019年元培学院共有108名师生参与庆祝新中国成立七十周年群众游行活动。1名同学被评为"北京大学共青团标兵"，5名同学被评为"北京大学优秀团支部书记"，2名同学被评为"北京大学优秀共青团干部"，5名同学被评为"北京大学优秀共青团员"，10名同学被评为"北京大学优秀学生干部"，18名同学被评为"北京大学三好学生标兵"，109名学生被评为"北京大学三好学生"，149名学生获得北京大学社会工作、学习优秀等单项奖励，158名学生获得北京大学奖学金。2018级本科生4班被评为"北京市先进班集体"，2017级本科生3班和2018级本科生4班一致被评为"北京大学优秀班集体"和"北京大学示范班集体"，2018级本科生4班团支部被评为"北京大学优秀团支部"。

书院建设。2019年元培学院继续探索住宿书院建设。在学校大力支持下开展35楼地下空间改造，增设采光走廊、多学科讨论与交流空间、咖啡吧、冷餐厅等；在百度、华为、腾讯等公司的共同参与下，定制元培书院智能管理系统；新设住宿辅导员制度，截至2019年底招募住宿辅导员12人，入住35楼，与学生共同学习、生活。

交流合作。2019年元培学院继续推进国际合作。与美国加州大学伯克利分校、韩国高丽大学签订学生交换协议，并设立东京大学东亚研究项目。成功举办以"书院中心的通识教育：国际经验与亚洲探索"为主题的北京论坛-元培分论坛，来自剑桥大学、芝加哥大学等国内外20余所高校的近40名知名学者参会。2019年短期交换项目接收交换生71人次，派出64人次，学期交换项目接收交换生45人次，派出25人次。2019年资助学生境外学术交流31人次。

【新生教育实践课程】 2019年新设新生教育实践课程，包括三部分：新生训练营、新生实践系列讲座和新生导师交流活动。新生训练营：为期1周，元培学院邀请各学科负责人或知名教师，为新生介绍学科图景和学术研究的基本情况，2019年共计举办26场。新生实践系列讲座：邀请学术卓越教师，以自己的研究兴趣为基础，为新生介绍精深研究的现状和方法，2019年共举办11场。新生导师交流活动：要求和鼓励新生在第一学期完成3次导师交流，培养新生在遇到学术问题、生活问题或者其他问题时向老师寻求帮助的意识和能力。

【留学生特色实践活动】 组织留学生开展了解中国文化特色实践活动。3月"荆楚古诗文实践活动"：组织留学生前往武汉，参加武汉大学的古诗文课程、参观武汉长江大桥与长江、湖北省博物馆，让留学生对中国传统文化和长江流域的荆楚文化有深入了解。10月"中国近代名人与企业文化实践活动"：组织留学生前往上海，参观蔡元培故居、中共一大会址纪念馆、上海博物馆等，让留学生们了解中国近代历史发展与变迁，感受到中国现代的进步与发展。

【双学籍飞行学员培养】 思政培养：邀请校党委书记邱水平亲自担任飞行学员班第二班主任，邱水平高度重视并两次调研飞行学员班发展情况。学业培养：组织新一届双学籍学员教学指导委员会的建设，成立了来自于物理学院、工学院、信息科学技术学院、心理与认知学院、数学学院、中文系、体教部等多学科著名教授组成的新一届导师组。修订2019级双学籍飞行学员的培养方案，按照模块化原则，对原有课程进行整合加工，增设体育课程、实践课程、心理课程，培养方案更加科学合理。新生培养：组织导师为双学籍飞行学员单独开设特色新生讨论课程。兴趣培养：支持双学籍学员特色活动建设，如航模兴趣社团建设，并加强对毕业去向的跟踪统计。

【书院实践课程】 元培学院新开设1学分书院实践课程，并纳入2019级教学计划。2019年成功策划开展红酒品鉴、体育年会、舌尖上的家国、成为元培人-书院实践活动、收纳整理、心脏除颤仪急救培训、夜跑、戏剧体验课、瑜伽课、绘画课和体育舞蹈课等主题活动，学生参与度高。

（漆丽萍）

分子医学研究所

【发展概况】 队伍建设。2019年分子医学研究所事业编制职工38人，博士后21人，劳动合同制职工31人。有18位学术带头人，包括1位院士、3位"千人计划"国家特聘专家、7位国家海外高层次人才引进计划青年项目获得者、2位长江特聘教授、5位国家杰出青年科学基金项目获得者、6位优秀青年科学基金项目获得者、3位国家高层次人才特殊支持计划青年拔尖人才。陈良怡获聘教授，刘颖、李川昀通过学校Tenure评估。

获奖情况。陈良怡、刘颖入选国家杰出青年科学基金项目，赵扬入选国家优秀青年科学基金项目，刘颖入选国家"万人计划"科技创新领军人才，张岩入选国家"万人计划"青年拔尖人才。入选博士后创新人才支持计划2人，入选北京大学博雅博士后计划2人，北京大学优秀博士后1人。

课程体系建设。现有研究生专业必修课5门，专业选修课47门，分子医学学科建设架构基本完成。完成研究生教学任务，有17位老师主持或参与38门研究生课程的授课；积极参与本科教学，有12位老师主持或参与了7门本科生课程的授课。连续13年开设高级生物学英文论文写作课，选课研究生来自包括前沿交叉学科研究院、生命科学学院、化学与分子工程学院、心理与认知科学学院、工学院等在内的全校多个相关理科院系。

学生工作。2019年，研究所北京大学学籍学生126人，客座学生105人。25名博士研究生和3名硕士研究生毕业，累计83人次获得各级各类奖学金或荣誉称号。

科研工作。2019年发表、接收论文64篇，其中第一作者和/或责任作者文章51篇，平均影响因子9.45，包括 *Nature* 1篇、*Nature Cell Biology* 4篇、*Circulation* 1篇，包括Neuron在内的IF 10以上文章18篇。新增申请专利3项。获批国家自然科学基金重点项目2项、重大研究计划3项、面上项目4项、杰出青年科学基金2项、优秀青年科学基金1项、青年科学基金4项。获批北京市自然科学基金项目2项；参与科技部重点研发计划课题7项；横向课题2项。

学术交流与合作。5月24日在南京举办转化医学论坛；12月9日在南京举办"糖尿病及其并发症"国际专题学术研讨会；10月10日在昆山举办第七届中国小核酸技术与应用学术会议；5月11日在北京大学举办第一届全国核糖核酸（RNA）青年学术会议。协助举办于10月20日在南京举行的首届中国脑成像联盟科学年会。

IMM Seminar 系列讲座。自建所以来共举办 IMM Seminar 系列讲座 852 场，2019 年共举办 64 场。IMM Seminar 的报告人多来自国内外各领域的知名专家教授、学科领头人。

党建工作。2019 年度严格执行组织生活会、民主评议党员等有关制度，有完善的支部考勤制度。充分运用学习强国、E先锋微信客户端、微信群等，加强组织与党员之间，领导与职工之间的沟通、交流，做好上情下达，下情上传，不断丰富学习活动载体。

教工党支部结合研究所实际，与学生党支部联合开展活动，组织和参与赴沂蒙山红色实践活动、参观古北口烈士陵园党团日活动、参观改革开放 40 周年展览、维护未名湖卫生志愿活动等。邀请北京大学科研部部长张宁老师为学生做报告，邀请校友广西金秀县委常委兼组织部部长李耿、福建三明市尤溪县副县长李明立返校座谈，营造健康向上的文化氛围，增强学习教育效果。

2019 年，张郁林、张嘉宾、刘兵、吴润龙、张泉峰、严国楷、席广银 7 名博后加入教工党支部，教工支部完成换届工作。支部有党员 24 人，其中教职工 12 人，博士后 12 人。教工支部发展 2 名入党积极分子王雪连、张文迁，2 名劳动合同制教工吴冬梅、李雪提交了入党申请书。学生支部有党员 61 名，包含 4 名预备党员，1 名已经毕业但组织关系仍留在所内党员。

行政工作。综合办公室负责研究所行政业务，除完成常规性工作外，大型组织任务如学术会议举办，或突发事件等组成临时工作小组，集中快速处理，有效实现"办公室工作一切为科研"的工作目标。研究所行政在学校年度绩效综合评估中，综合管理评估为 A+。

工会工作。规划设计新装修设备二号楼的"教工之家"并购置健身器材，建设教职工健身房。组织教职工参加羽毛球、足球等日常体育活动，和生科工会联队参加北京大学工会举办的足球、乒乓球、篮球及游泳比赛。协助生科院工会组织秋游，和分子医学研究所学生会共同组织研究所师生参观园博会。丰富职工业余文化生活。

硬件建设。继续配合基建部推动施工方加快实验设备 2 号楼内部装修进度，包括精装修、洁净间装修、低温室装修、室外景观装修等，并推进试验台的制作等搬迁入驻前的各项工作。

安全工作。所领导高度重视安全工作，实行安全工作领导责任制、层级责任制、责任追究制及安全员奖励机制，牢固树立"安全第一"的思想，将安全工作规范化、制度化。在全所通过学生安全教育课程、应急事件处理演练及观摩、安全员培训、例会、自查互查巡查相结合等方式实现全员参与安全隐患防范。

【成立分子医学南京转化研究院】 为促进创新研究成果转化，北京大学与南京市江北新区管理委员会于 4 月 8 日签订《共建北京大学分子医学南京转化研究院战略合作协议》。5 月 23 日完成北京大学分子医学南京转化研究院（以下简称"转化院"）事业单位注册；5 月 24 日，转化院揭牌仪式在南京举行，北京大学校长郝平和南京市委书记张敬华等出席仪式。2019 年，转化院制定五年发展纲要；完成 I 期楼宇（8500 平方米）的装修和第一批总价超 1 亿元的仪器设备采购；初步完成管理和骨干团队建设；制定科研孵化项目运行管理机制。

【开设新技术全国培训班】 何爱彬研究组开发高通量单细胞 ChIP-seq 技术——CoBATCH 在单细胞水平上为解析细胞命运决定和功能异质性的表观遗传调控机制提供强有力的支持，并对研究器官发育和疾病发生过程具有重大意义。何爱彬于 11 月 17—20 日开设"单细胞 ChIP-seq 技术研讨实习班"，面向全国高校和科研院所免费培训相关实验技术，并开展交流合作。学习班通知发出 10 分钟即收到近 500 人报名，最终从全国各高校研究机构挑选 20 名学员参加学习。

【举办分子医学研究所学术年会】 为进一步推进"多模态跨尺度生物医学成像国家重大科技基础设施"建设并为学校在怀柔科学城项目暖场，研究所学术年会于 2 月 7 日在怀柔国科大国际会议中心举行。怀柔区委书记、怀柔科学城党工委书记戴彬彬，怀柔科学城管委会副主任伍建民，北京大学副校长王仰麟出席学术年会并致辞。300 多名师生通过 17 个报告和 37 份墙报，进行学术互动交流，评选出顾-吴奖学金、学术新星和优秀墙报奖等年度重要奖项。

（宋爱琴）

北京国际数学研究中心

【发展概况】 机构概况。北京国际数学研究中心成立于 2005 年，是一所由国家出资建设的数学研究机构，致力于数学学科的前沿问题研究，培养新一代世界级数学家，为促进数学思想和成果的交流提供平台。2009 年 9 月面向全国招收第一期研究生数学基础强化班学员；2010 年 7 月第一批博士后进站工作，同年 9 月学术委员会第一次会议召开；2011 年 9 月招收第一批博士研究生，同年秋入驻镜春园和朗润园办公新址；2017 年秋北大数学学科国际评估，国际专家一致认为北京国际数学研究中心已经发展为世界一流的数学中心。

学科设置。中心现有两个一级学科：数学、统计学，4 个博士招生专业：基础数学、应用数学、计算数学、概率论与数理统计，4 个博士专业都设有博士后流动站。

队伍建设。2019 年新引进全职教研人员 8 名（包括拟报到 2 名）、兼职教研人员 1 名。在代数学、量子拓扑、统计学等多个学科方向和分支，形成了更完备的人才队伍。2名教员晋升长聘副教授，1名教员完成中期评估。截至2019年12月，数学中心共有教师38名，其中教授9名，副教授6名，助理教授13名；中心聘副教授1名，助理教授1名，助理研究员1名；中心聘非全职教研人员7名。其中21人入选"国家海外高层次人才引进计划"（15人为青年项目入选者）。

新入站博士后15名（含外籍6名）；1人入选中国博士后"博新计划"项目，5人获得北京大学"博雅博士后"基金资助，1人获"北京大学优秀博士后"称号。截至2019年年底，在站博士后29名。

招聘合同制行政助理2名；截至2019年12月，数学中心共有行政人员13名，其中在编人员6名（含北京大学财务部派驻会计1名），合同制人员7名。

人才培养。 中心招收博士研究生11名（含留学生1名），在校博士研究生总人数52名。同时，中心教师在数学科学学院和前沿交叉学科研究院指导研究生20余名。毕业博士生6名，均获得国内外一流教研院所等机构职位，其中包括美国宾夕法尼亚大学博士后、密歇根大学博士后等。

中心设立了"北京大学数学中心英文授课博士留学生项目"，旨在吸引国外优秀学生来北大攻读数学博士。该项目开设一定数量的英文课程，参考国际顶尖大学的做法，结合北大实际，制订具有国际竞争力的项目培养方案。2019年已招收到1名来自柏林自由大学的学生。

中心教师在2018至2019学年共承担各类本研课程41门，共组织11个系列92场次的学术讨论班，邀请来自海内外的15位著名数学家来中心开设短期课程。

中心举办了第十一期"研究生数学基础强化班"，共招收来自国内十余个省份、二十余所高校的31名学员。共有19名学员通过考核，并获得数学中心颁发的结业证书。

共有5名博士生获得数学中心设立的"北大数学研究生奖学金"。

科研工作。 发表论文75篇，被接受论文33篇，预印本论文72篇，多篇发表在世界著名数学杂志上，其中许晨阳的论文《Fano簇的K-半稳定退化的唯一性》在线发表于数学四大顶尖期刊 Annals of Mathematics 上；方博汉的论文《三维卡拉比-丘环轨形的重塑猜想》和刘毅的论文 "Virtual Homological Spectral Radii for Automorphisms of Surfaces" 被另一数学四大顶尖期刊 Journal of the American Mathematical Society 接受；张磊课题组在 Cell 子刊 Cell Systems 发文，揭示了"适应-抗噪"双功能生物网络的设计原理；田刚、韦东奕等人合作的论文 "Small Gaps of GOE" 发表于世界一流数学期刊 Geometric and Functional Analysis 上；中心教员出版专著1部。

田刚院士获选中国数学会理事长；张继平教授当选中科院院士；刘毅研究员获得国家杰出青年科学基金项目资助；李文威教授获得国家自然科学基金委优秀青年科学基金项目资助；中心海外合作研究学者朱歆文获"科学突破奖·新视野数学奖"；刘若川教授入选"万人计划·中青年领军人才"，并作为数学领域唯一获奖者获首届腾讯"科学探索奖"。

新增纵向科研项目12个，新增横向科研项目7个。

交流合作。 共举办18场国际研讨会；邀请国际数学联盟主席、美国科学院院士 Carlos Kenig，法国科学院院士 Claire Voisin，澳大利亚院士 Neil Trudinger 等海外著名数学家主讲8场杰出学者报告。

到访及顺访中心的访问学者120余人次，其中约85%来自海外。中心教员共出访115人次。

继续推进"中法数学研究合作项目""TRAM计划""BICMR & IBS-CGP（韩国基础科学研究所几何与物理研究中心）合作项目"和"中越数学研究合作项目"等。

党建工作。 共有支部1个，由数学科学学院党委领导。党员19名，其中教师党员2名，行政职工党员7名，博士后党员10名。积极参与各项建设活动，做好各项考评、评议工作。配合上级党组织做好党员信息完善工作。

工会工作。 中心工会共有会员55名，其中事业编制会员49名，劳动合同制会员6名。结合中心业务需要，组织了设备使用、摄影、PPT制作等培训活动，并开展了三八妇女节手工体验坊、秋游等活动。

（陆宁波、李东璘）

前沿交叉学科研究院

【发展概况】 组织机构。前沿交叉学科研究院（以下简称"研究院"）包含11个研究中心和2个公共技术平台，具体包括纳米科学与技术研究中心、生物医学跨学科中心、理论生物学中心/定量生物学中心、环境与健康研究中心、生命科学联合中心、睡眠医学中心、大数据研究中心、脑科学与类脑研究中心、科学史与科学哲学研究中心（2010年）、科学技术与医学史系（2018年）、北京大学区域与国别研究院（2018年），以及磁共振成像中心/平台和北极星高性能计算平台。分布在生物医学、大数据、脑科学、纳米、环境、科学史、区域学等交叉领域。所涉及学科广泛，包括数、理、化、生、工、医、环境、历史、哲学、语言学、政治学等。

学科建设。研究院有3个交叉学科二级学科：纳米科学、数据科学和整合生命科学。协助并推动北京大学成立了全国高校第一个"交叉学科学位评定分委员会"（2014年）。作为分会依托单位，负责对全校交叉学科从招生和录取、学习和培养，到培训和毕业全过程、专业体系的质量把控，由交叉学科学位分会宏观指导和节点监督，整合多学科的科研训练，探索创新性拔尖人才的培养模式。还主要参与元培学院整合科学本科生项目的专业申报、人才培养涉及的相关工作，联合元培学院推进创新，积极拓宽整合科学专业学生的知识面和研究领域。

队伍建设。研究院以促进跨学科的交叉融合为使命，采取核心研究人员与关联院系进行专聘或双聘人才队伍特色聘任模式，以聘期评估决定是否继续聘用，与此同时维持相对稳定的辅助研究和服务支撑团队，事业编和合同制相结合，实行本院专聘。施以统一标准的考核体系，淡化人员身份，突出以岗位职责和合同制约的管理制度，全面高效地支撑科研和教学工作。2019年核心研究队伍合计222人，其中双聘209人，专聘13人。按人员编制分布跨越本部、医学部和临床医院共6个学部，涉及21个院系、机构。辅助研究和服务技术团队共86人，其中研究技术系列5人、副研究员/工程师/讲师5人、博士后29人、职员4人；合同制41人，退休返聘1人、派驻会计1人。

科研工作。研究院基于创设定位，充分保护双聘/双跨/兼职科研人员在交叉研究和合作方面的积极性，对研究人员科研成果产出的归属及署名不做硬性要求。2019年度承担在研项目51项，合计金额8228.34万元；其中2019年度新增科研项目18项，合计金额1858.27万元；由基金委和科技部等部门资助的项目28项，合计金额4021.45万元。各中心在研经费合计近9亿元、350项。2019年度，执行院长汤超当选中国科学院院士，成为首位物理生物学院士；刘云淮获批国家杰出青年科学基金项目；裴剑锋获得第十三届"药明康德生命化学研究奖"和第二届"中国化学会青年计算化学家奖"。

教学工作。共有在读研究生953人，其中硕士研究生196人，博士研究生757人。2019年共招收研究生251人（硕士60人，博士191人），毕业180人（硕士48人，博士132人），硕士应届毕业率为84.00%，博士应届毕业率为64.67%。获得"北京大学优秀毕业生"称号26人，"北京市优秀毕业生"称号9人，"北京大学优秀博士论文"1人。

研究院以各中心为单位，制定严格的监督培养机制，通过轮转、资格考试、中期考核、预答辩等几个环节对学生的培养质量进行把控。各中心全面统一安排新型研究生课程，为不同背景和基础的研究生提供个性化选择，采用多层次、模块化、结构化、开放式的课程体系。2018—2019学年开设研究生课程54门课程，面向全校开放40门，其中新开课程11门。研究生须在导师指导下选课。为进一步拓宽研究生的知识面和研究领域，共组织纳米科学5次、整合生命科学9次、定量科学26次、数据科学10次前沿学术讲座。学科领域跨越生命科学、物理、化学、心理学和医学等，为院内外师生提供了多学科交流的平台，促进了交叉学科的进一步发展。

研究院参与元培学院整合科学项目2016—2019级培养工作，负责制定培养计划，组织教师参与课程设计与教学，并承担必修课的教学和科研任务。目前已开设新型整合性课16门，2019年上学期开设一门英文授课的定量遗传学。9个大型实验课，并在17个从事生命科学相关和交叉研究的PI实验室进行实验训练，接受来自科研最前沿课题的挑战，强化对学生自主创新能力和实践科研能力的培养，培养学生的主动性、批判性、全方位、跨学科的创新型思维。

学工党团。现有学生工作团队人员总数为4人，包括分管学生工作党委副书记1人、团委书记1人、专职辅导员1人、合同制人员1人。953名研究生中共有224人次获得校级奖励表彰，其中三好学生标兵14人、三好学生84人、优秀学生干部7人、单项奖112人。共有141人次获得奖学金表彰，其中国家奖学金23人、专项奖学金51人，其他各门类奖学金67人。在团队和精神建设方面，2018级生命科学联合中心1班团支部获评北京市优秀团支部。研究院获评北京大学第二十七届"挑战杯"团体优秀奖。12月7日，52名教职工、91名学生首次参与北京大学一二·九师生歌唱比赛，获得"最佳精神风貌奖"和甲组二等奖。

现有教工支部2个、学生党支部24个。教工党支部党员总数为27人，其中事业编9人、合同制6人、博士后12人。学生党支部和团支部依托中心、年级进行成立。现有学生团支部总数为24个。学生党员总数为414人，占全院学生总数的43.44%。团员总数为836人，占总人数的87.72%。

学校党委高度重视研究院的发展，7月6日，学校发文成立中共北京大学前沿交叉学科研究院委员会，任命霍晓丹为党委书记，高静为党委副书记。自党委成立以来共召开8次党委扩大会议，8次党政联席会议。组织开展"不忘初心、牢记使命"主题教育，制定《前沿交叉学科研究院"不忘初心、牢记使命"主题教育实施方案》。9月25日召开主题教育动员部署会；为深入学习贯彻习近平总书记系列讲话精神、十九届四中全会精神，喜迎新中国成立70周年，研究院共有59名师生参加10月1日国庆重大活动，其中39人参与"凝心铸魂"游行方阵，9名为天安门广场志愿者和1名为合唱方阵成员。12月20日召开师德师风专题学习会，12月25日党政联席会通过《前沿交叉学科研究院师生交往规定》。

工会后勤。工会组织挂靠工学院工会，现有工会小组1个。总数为69人，其中事业编18人、合同制31人、博士后20人。自组建以来，积极参与学校和工学院组织的各项活动，包括"三八国际妇女节"环湖跑活动、4月校运动会、5月女子点球射门赛和游泳比赛、6月篮球联队比赛、10月的乒乓球联队比赛，取得了一系列好成绩。此外，工会还协助组织一二·九师生歌唱比赛教师组的合唱排练工作,加强学院安全保卫标准化建设工作,制定安全管理实施细则和处置预案,配合学校保卫部部署的安全检查各项工作,进行定期安全演习。下属中心及实验室建立完善的安全保卫工作规章制度,确保师生了解消防器材使用、安全疏散通道位置、紧急情况措施方案等。

学术交流。研究院积极开展各类学术交流活动,组织相关领域专题研讨会。在研究院层面,从2017年起,致力于打造联结科学界和工业界的"交叉沙龙"以及注重学科交叉融合、促进科普及思考的"周三茶座",每月一期。目前累计举办26期。在各中心层面,各类大型学术会议均有序开展:5月19日,磁共振成像中心举办第三届全国脑磁图科学年会和中国脑成像联盟科学年会;6月22—24日,定量生物学中心与烟台大学合办"定量生物学:细胞与胚胎中的动态信号传导"国际会议;9月27—28日,生命中心依托PI国际评估的机会,邀请13位国际顶尖的领域专家评委们举办国际学术交流会议;10月25—26日,纳米中心举办"北京石墨烯论坛2019";环境中心组织北京论坛环境健康分论坛,首次安排环境健康主题的分论坛;大数据中心联合举办机器学习青年论坛、各种小型研讨班;科技医史系组织中国首届科学文化论坛、北京论坛科学文化分论坛,联合人文社科研究院启动"科学·文明"系列定期学术讲座,创办《科学文化》(Cultures of Science)期刊。此外,还正式启动北京大学理科史研究并成功举办首次研讨会。成果转化与校企合作。研究院在学校中美创客计划的支持下成立了《北京大学前沿交叉学科研究——戴尔公司人工智能双创实验平台》。在科技开发部的协助下,与北京嘀嘀无限科技发展有限公司、北京大数据研究院、海信集团有限公司、武汉华悦立远科技有限公司、首都医科大学宣武医院、武汉新兴公共卫生科技信息服务有限公司、拉扎斯网络科技(上海)有限公司等公司分别签署了技术合作协议。

(李 宁、赵瑞颖、魏 朋、冯慧敏)

【第三届北京大学前沿交叉学科研究生论坛】 4月20日,第三届北京大学前沿交叉学科研究生论坛在英杰交流中心举行。共计240余校内外师生参加开幕式暨主论坛。主论坛分为上下两个半场,由研究院执行院长汤超、副院长陈鹏分别主持,香港大学讲座教授任咏华、北京大学讲席教授饶毅、加州大学圣地亚哥分校药理学教授Jin Zhang,韩国基础科学研究院主任Hee-Sup Shin为主论坛报告人。论坛采用全英文模式,体现国际视野。4月20日下午,生物与医学分论坛、大数据与人工智能分论坛、纳米科学与技术分论坛分别在金光生命科学大楼邓佑才报告厅、英杰交流中心星光、英杰交流中心第八会议室同时举办。在分论坛中,学生积极参与,上台做口头报告,分享自己的研究成果,还提交研究成果的展示墙报。各个分论坛的嘉宾对同学们的口头报告和展示墙报进行评议、打分,最终评选出优秀报告及墙报奖。从2017年至2019年,北京大学前沿交叉学科研究生论坛已经成功举办3期。为进一步共享前沿交叉研究进展,研究院与生命科学学院联动,共同开展研究生会组织和主持的年度"两岸三地生命科学领域研讨会"和"北京大学交叉生命科学研讨会"。

(许 可)

【生命科学联合中心国际评估】 9月27至28日,生命科学联合中心在博雅国际会议中心举办国际评估会议,邀请国际科学顾问委员会(以下简称"委员会")对中心成立以来在科学研究和人才培养方面所做的改革试点工作进行评价。

委员会由来自全球生命科学领域13位顶级专家组成。在评估中,委员会听取来自中心主任、本科生委员会、研究生委员会和博士后委员会的工作汇报和部分生命中心研究员的典型科研进展报告。此外,委员会还与中心研究员、博士后和研究生们进行座谈。9月28日下午,北京大学校长郝平、副校长龚旗煌、校长助理张平文、科学研究部部长张宁与清华大学常务副校长王希勤等参加国际评估委员会圆桌会议,聆听听取专家对于改革试点工作的初步反馈及建议。生命中心主任饶毅、施一公、汤超、董晨、王宏伟及相关人员出席圆桌会议。委员们一致认可改革试点获得巨大成功,建议国家与学校以更大力度在更大范围支持生命中心,吸引全世界优秀人才,进一步打造世界一流的科研和教育中心。郝平表示在当今发展态势下,唯有携手联合才能共存与前进,希望通过联合北京大学和清华大学,生命中心能把科研成果造福全人类,北京大学将在资源配置等方面全力支持生命中心的发展。王希勤对生命中心取得的成绩也表示肯定和继续全面支持的决心。

(龚思源)

【科技部调研生命科学联合中心】 11月19日上午,科技部副秘书长贺德方、政体司副司长张炳清、引进国外智力管理司二级巡视员赵慧君、监督司一级调研员汤孝军、评估评价指导处处长邱旭生、办公厅二级调研员韩蔚龙等领导及专家一行九人到北京大学调研座谈,了解生命科学联合中心(以下简称"生命中心")在破"五唯"、为科学家营造潜心研究的环境等方面的主要做法和经验。北京大学校长助理张平文,科学研究部部长张宁、副部长韦宇,人事部副部长戴长亮,财务部副部长王秀莉和生命中心主任饶毅,学术委员会主任汤超等人陪同调研。

调研活动分为座谈会和分组调研两部分。座谈会由张宁主持。张平文对科技部领导和专家表示欢迎,介绍生命中心对北京大学学科建设起到的重大引领作用,强调在科学界破除"五唯"的重要性。贺德方介绍此次调研的目的和期待达到的调研效果。汤超、饶毅介绍生命中心的成立背景、运行情况、成功经验以及未来目标。

在典型和自由发言环节,生命中心研究员魏文胜和瞿礼嘉以自身科研经历为例，围绕破"五唯"主题分享相关想法和建议。乔杰和刘颖分别分享了入职生命中心的经历，强调生命中心对于人才的筛选和评估体系切实抛弃"五唯"倾向，均以严格的国际评审程序综合审视其未来研究潜力，而不基于任何已取得的头衔、荣誉或是发表论文数量等。在分组调研中，贺德方和张炳清分别与管理部门和生命中心研究员代表进行深入交流。

（冯慧敏）

燕京学堂

【发展概况】 发展历程。燕京学堂成立于2014年5月5日，以"跨文化交流：聚焦中国，关怀世界"为基本定位，依托北京大学人文、社科领域雄厚的历史积淀和师资力量，围绕中国问题，培养沟通中国和世界的人才。燕京学堂第四届学生于2019年9月入学。经过五年的发展，燕京学堂共培养来自77个国家和地区共计263所学校的564名学生，包括439名国际学生，125名大陆及港台学生。

组织结构。院领导班子包括院长袁明、副院长王博、副院长范士明、学业主任陆扬；院长助理陈长伟、左婧和郭菲。2019年9月任命William Brent Haas为招生事务主任，David James Moser辞去副院长职务。

学科建设。燕京学堂开设中国学硕士研究生项目，下设哲学与宗教、经济与管理、法律与社会、政治与国际关系、文学与文化、历史与考古六个专业方向。

招生工作。2019年燕京学堂共招收来自42个国家和地区、108所高校的124名学生，其中包括94名国际学生和30名中国大陆学生。新增的学生来源国家和地区包括蒙古国、斯洛伐克、瑞典和玻利维亚等。国际招生方面，学堂共有海外合作院校71所，推广联盟院校39所；在13个国家的42所学府举办了招生宣讲及一场直播宣讲。国内招生方面，学堂举行了覆盖国内11所院校的9次官方宣讲，在北大校园举办开放日活动一次。2019年10月完成2020级22名推荐免试大陆学生拟录取工作。学堂国际申请率稳步上升，2019年的国际招生申请截止日期为12月中旬。

教学工作。2019至2020学年燕京学堂共开设41门课程，包括5门必修课、36门选修课。必修课为转型中的中国、实地调研、中国专题系列讲座、汉语和新增的论文写作。汉语课根据教学重点新增8班听说和8班读写。方向选修课新增民族志与现代教育、中国思想史中的关键概念，通用选修课新增领导力拓展。中国专题系列讲座邀请赵鼎新、Paul Pickowicz、Peter Hessler、彭波、王建宙、沈卫荣、徐冰等学者，以"中国"为核心，从中国的历史宗教、经济社会、科技发展、艺术哲学等相关议题出发，在全球视野下进行跨文化交流与学术前沿探讨。为满足学生课内外多角度、全方位深入理解中国，春季学期学堂选修课共组织11次实地调研，秋季学期共组织5次实地调研。学堂2019级学生中47名获得中国政府奖学金，7名获得百贤亚洲未来领袖奖学金。2019年学堂继续推进国家留学基金管理委员会资助的中外高水平人文交流项目，于秋季学期派出两名中国学生赴康奈尔大学进行为期一学期的交流学习，且获批2020—2022年的项目资助。2019年学堂一名中国学生成功入选北京大学人文学苑与剑桥大学三一学院的交换项目，赴剑桥大学攻读MPhil学位。学堂自2015年起设立院长研究基金，鼓励学生开展与中国相关的课题研究，2019年学生共获得17项院长研究基金的资助，研究议题涵盖国际关系、城市建设、区域经济发展、文化艺术和教育等多个领域。2019年学堂导师库包括全校25个院系128名硕士指导教师。学堂组织导师见面会，加强导师与学生之间的学术交流。

党建工作。燕京学堂党支部于2015年成立，截至2019年底共有党员33人，其中正式党员25人，预备党员8人。2019年新发展党员6人。学堂贯彻习近平新时代中国特色社会主义思想，通过学习教育、调研检视等方式开展一系列活动，把党建、团建与学生的思想政治教育、学生的培养结合起来。2019年学堂开展"不忘初心、牢记使命"主题教育系列活动，包括"晨读交流初心，青春告白祖国"和"我与新中国70年"的学生党团日联合主题教育活动、"忆昔壮丽七十载，携手奋进新时代"主题教育分享会、赴江西南昌开展"不忘初心，共筑梦想"主题实践活动、观看爱国影片《我和我的祖国》、参观"屹立东方——馆藏经典"美术作品展、参观"庆祝中华人民共和国成立70周年大型成就展"和收看70周年国庆阅兵和群众游行直播等。

学生工作。燕京学堂重视学生思想政治工作，探索具有学堂特色的中外学生管理模式，开展第二课堂活动。在"全员、全过程、全方位育人"精神指导下，关注学生思想、学业、身心健康动向，为学生提供多角度、全方位的发展支持。学堂2019级学生分为三个班，班主任通过定期开展一对一谈话和组织班级活动，了解每一名学生的学习生活和思想动态，帮助学生解决日常问题；同时，延续"一中一外"双班长制，配合班主任开展日常班级管理工作。2019年度组织17场文化活动，包括景泰蓝博物馆、天坛、董陶窑陶瓷村参访、面塑、茶艺、清明节讲座、文化遗产保护论坛等。此外，还组织"奋斗的我，奉献最爱的国"主题教育分享会、开展服务社区和净化校园等系列志愿服务、组织中外师生开展"我眼中的魅力中国"绘画活动等。学堂作为百贤学者在北大的培养单位，组织或对百贤学者开放了近30场课外讲座和实践活动，增强了百贤学者的内部凝聚力，促进了东亚青年间的文化交流。2019年10月22日，燕京学堂通过选举产生了第五届研究生会执行委员会，成员分别来自中国、美国、韩国、斯洛伐克和巴西五个国家。学堂研究生会组织在校生参加春、秋季各类校级运动赛事，在春季运动会中积分名列乙组第一。

获奖情况。2018级硕士2班荣获2018—2019学年北京大学"示范班集体"，硕士1班和硕士3班荣获"先进班集体"荣誉称号。燕京学堂直属团支部获得了北京大学2018—2019学年度"爱国励志新青年，求真力行新时代"党团联合主题教育二等奖。

毕业生去向。2019年，燕京学堂共计120名学生获得北京大学硕士学位，其中法学硕士56人，经济学硕士53人，文学硕士7人，历史学硕士2人，哲学硕士2人。中国大陆及港台毕业生共计24人，20人选择就业，进入外交部、中国建设银行总行、上海国际集团、参考消息等单位工作，另有4名中国毕业生被普林斯顿大学、芝加哥大学、香港中文大学等学校录取。

行政队伍。2019年燕京学堂员工共有32人，事业编制2人，劳动合同制30人。

工会工作。学堂工会小组获评2018年度北京大学优秀工会小组。组织员工生日会、妇女节手工团扇、集体观看国庆电影、参观双清别墅等员工活动，组织参与校工会举办的校职工运动会、游泳、羽毛球和乒乓球比赛等。

交流合作。使馆方面，2019年燕京学堂与75个国家包括欧盟国家在内的76个驻中国使馆建立了联系。2019年3月15日巴巴多斯驻华大使Francois Jackman、特立尼达与多巴哥大使Stephen Seedansingh Jr.来访；3月26日保加利亚驻华大使Grigor Porozhanov、希腊驻华公使Emmanuel Stantzos来访；10月18日波兰大使Wojciech Zajączkowski来访。高校交流方面，3月19日伊斯坦布尔城市大学代表团来访；9月16日意大利高校代表团来访；10月23日圣母大学代表团来访；12月9日布宜诺斯艾利斯大学代表团来访；12月16日华盛顿大学代表团来访；12月26日里约热内卢州立大学代表团来访。国内交流方面，2019年1月14日新疆生产建设兵团邱成国名校长工作室成员校学习团队前来学习交流；4月11日西南大学西塔学院代表团来访；9月29日北京师范大学代表团来访；11月4日百贤亚洲研究院委员会成员来访；12月3日军队院校长集训代表来北京大学及学堂学习访问。

（陆晨源）

【燕京学堂成立五周年】 2019年5月5日是燕京学堂成立五周年纪念日，学堂面向全体师生、校友，举办了系列线上、线下活动，回顾总结学堂发展历程。5月10日，学堂举办"HI 5"燕京学堂成立五周年答谢活动，北京大学校长郝平、副校长王博以及各院系和职能部门的老师们出席。

（李 水）

【全球青年中国论坛】 2019年3月29日至4月1日，学堂第四届全球青年中国论坛顺利举行。本届论坛以"我们：重述中国故事"为主题，吸引来自全球的青年学者及各行业精英来到北大，就经济与发展、政治与法律、社会与文化等多个议题展开讨论，共有来自60个国家的186名代表参加。29日开幕式上，此届论坛的联合主席Zoe Jordan主持，燕京学堂院长袁明致辞，CGTN《欣视点》栏目主持人刘欣做主旨演讲。

（陆晨源）

【学堂必修课《转型中的中国》】 燕京学堂核心必修课程"转型中的中国"贯穿整个学年，由袁明院长指导课程设计。课程聚焦当代中国，以现代性和可持续性两个中心概念为主题，探索中国自改革开放以来经济、政治、法律、社会、文化、环境等领域发生的变迁和面临的挑战。课程授课形式包括大课讲述、小组讨论、独立研究、实地调研、成果展示等。2019年，在14位来自不同专业的导师的指导下，30组学生赴全国三个直辖市、11个省份及香港特别行政区进行调研，调研题目涵盖中国社会的方方面面。

（范美文）

【实地调研】 燕京学堂于2019年11月9日至16日组织2019级全体学生前往成都和大足进行实地调研，通过实地参访、大师讲座、小组讨论等学习形式，组织引导学生从历史、宗教、民俗以及当代经济发展等方面了解中国的文化与发展，探讨中华文明在全球化时代中的地位和角色。历史文化方面，课程依据历史发展脉络组织参观三星堆博物馆、都江堰、成都博物馆等；宗教方面，安排参访青城山、大足石刻等；民俗方面，安排了川剧变脸、滚灯、水袖舞等互动表演；当代经济方面，成都国际铁路港、中国欧洲中心以及成都纵横自动化技术有限公司和成都高新减灾研究所的参访活动让学生们对中国的经济发展、科技发展和对外开放有更多了解。

（郑颖佳）

【附表】

表 5-1 北京大学燕京学堂 2019 级学生国籍分布

区域	国家/地区	汇总	区域	国家/地区	汇总	区域	国家/地区	汇总
亚洲 49	中国大陆	28	欧洲 27.5	保加利亚	1	非洲 8.5	加纳	1
	中国香港	2		捷克	1.5		肯尼亚	0.5
	印度	3		波兰	2		尼日利亚	3
	印度尼西亚	1		罗马尼亚	0.5		南非	1
	日本	2		俄罗斯	4		斯威士兰	1
	哈萨克斯坦	1		斯洛伐克	1		乌干达	1
	蒙古	1		乌克兰	1		津巴布韦	1
	尼泊尔	2		法国	0.5	北美洲 28	加拿大	2
	新加坡	4		德国	4.5		美国	26
	韩国	4		爱尔兰	2.5	拉丁美洲 6	阿根廷	0.5
	越南	1		意大利	1.5		玻利维亚	1
中东 1.5	以色列	0.5		荷兰	2		巴西	3
	土耳其	1		西班牙	0.5		墨西哥	1.5
大洋洲 3.5	澳大利亚	3.5		瑞典	1			
				英国	4			

注：双国籍学生，每个国籍按 0.5 计算。

（王 诚）

现代农学院

【发展概况】 发展历程。为适应中国发展现代农业的需要，将国家重大需求与北京大学的学科优势相结合，开展高起点、高标准、国际一流的前沿农业研究和人才培养，学校于 2014 年 10 月决定成立北京大学现代农学院（筹），并于 2017 年 12 月 13 日去筹，正式成立北京大学现代农学院。

组织结构。2018 年 1 月，学校正式聘请中国科学院院士许智宏任现代农学院首任院长，并任命顾红雅、彭宜本、欧阳晓玲任副院长。2019 年 3 月 8 日，学院成立博士后领导小组和学生奖励奖学金评审工作小组，2019 年 9 月 9 日，成立招生工作小组，并根据学院发展情况对学院研究生教育委员会、公共平台建设委员会、安全管理委员会进行改组，提高决策的民主性与科学性，促进相关工作的开展；经上级党委批准将原农学院师生党支部改建为农学院教职工党支部与农学院学生党支部，由副院长欧阳晓玲和学生王雪融担任各支部的书记。

学科建设。根据学科规划，现代农学院设置作物遗传与发育学、农业生物技术学、食品安全与营养学、农业经济与管理学四个学科方向。在 2016 年成功申报自主设置二级学科"农村转型经济学"基础上，2019 年，现代农学院成功取得"农林经济管理"一级学科博士点授权、农业生物技术二级学科授权，并进一步明确学科体系建设的基本思路，力争将现有学科建设成国内一流水平。

队伍建设。截至 2019 年底，现代农学院共有事业编制教职员工 16 人，劳动合同制人员 31 人，在站博士后 14 人。

教学工作。现代农学院共有博士研究生 35 名，博士研究生一年级 9 名，其中 3 名为生物技术方向，6 名为农业经济管理方向；博士研究生二年级 10 名，其中 3 名生物技术方向，7 名农业经济学方向；博士研究生三年级 10 名，其中 3 名生物技术方向，7 名农业经济学方向；博士研究生四年级 6 名，其中 2 名生物技术方向，4 名农业经济学方向。2019 年开设本科生及研究生公选课程和研究生必修课程共 13 门。

科研工作。现代农学院共成功申请各类课题项目 19 个。截至 2019 年底，在研项目共 52 项，在研项目科研经费总额约为 7774 万元。自 2018 年 10 月以来，共发表 SCI 及 SSCI 学术论文共 64 篇。

交流合作。现代农学院积极组织开展形式多样的学术交流活动，营造良好学术氛围，促进各领域科研人员及师生之间的沟通与互动。

"北京大学现代农业系列讲座" 2019 年共邀请到 Noam Weisbrod 教授、王继纵博士、张华伟博士等 5 位农业领域知名学者专家发表演讲。

"农业经济学前沿讲座系列" 2019 年共邀请到梁若冰教

授、何浩然副教授、宋逸副教授、余建宇教授等10位农业经济学领域杰出学者发表演讲。

4月25日，现代农学院开展作为北京大学现代农学院、北京大学现代农业研究院联合招聘活动的农业生物技术青年论坛。会上共有9位来自海内外的农业生物技术领域青年学者对其最新科研进展成功的进行介绍发言，另有十几位国内外相关领域的知名学者参加该次活动。

国际交流合作方面，学院与以色列特拉维夫大学、以色列本古里安大学、澳大利亚悉尼大学、日本北海道大学等相关院所进行交流，探讨合作契机，并积极支持吸引外籍专家来院交流。共邀请来访外籍专家23人次，其中3名为"北京大学海外名家讲学计划"入选者，8名参与北京大学海外学者讲学计划。

国内合作方面，为充分吸纳社会资源开展教学科研工作，并以教研成果服务地方、回馈社会，现代农学院根据学科发展现状及规划，积极开拓与地方政府的交流与合作，先后与山东省潍坊市人民政府、江西省人民政府和江西农业大学等开展交流，探讨服务地方的模式与内容。

党建工作。现代农学院党支部现有学生及教职工党员共计24人，党组织关系挂靠生命科学学院。2019年，现代农学院在党中央、学校党委、校第一指导组的领导下全面开展"不忘初心、牢记使命"主题教育活动。学院高度重视主题教育工作，始终把开展主题教育作为重大政治任务来抓，坚持高标准严要求，加强组织领导，突出以上率下，强化问题导向，狠抓整改落实，扎实推进主题教育各项工作，达到预期效果，展现出学院的风范。学院领导坚持学习先行，始终把学习贯彻习近平新时代中国特色社会主义思想摆在首位，"两个维护"的自觉性坚定性进一步提高；对标对表党中央、校党委决策部署，学习先进典型；深入查摆问题，认真检视反思，进一步明确初心、担使命的努力方向；强化整改落实，抓实专项整治；牢记初心使命，学院自身建设得到新的加强。

行政队伍。行政教辅人员共计7人，其中行政副院长1名、在编职员1人、合同制人员4人。

工会工作。工会挂靠生命科学学院。

学生工作。进一步完善学生培养方案，理顺招生与学生培养机制。6月，农林经济管理一级学科经教育部正式批复，专业培养方案得到进一步完善，学院实现农业经济管理研究生的单独招收与培养，基本完成挂靠国家发展研究院的在校生转学院工作。此外，学院完成农业生物技术学科培养方案及课程体系，并取得农业生物技术二级学科授权，实现挂靠生命科学学院的在校生转学院工作及该专业独立招生工作。

（欧阳晓玲、万芊）

【"农林经济管理"一级学科申报】 在2016年成功申报自主设置二级学科"农村转型经济学"基础上，2019年5月，现代农学院成功取得"农林经济管理"一级学科博士点授权、农业生物技术二级学科授权，并进一步明确学科体系建设的基本思路。

（万芊）

【获批各类科研人才项目】 刘承芳入选国家杰出青年科学基金项目。副教授易红梅、助理教授解伟入选国家自然科学基金委优秀青年科学基金项目。截至12月底，共有国家海外高层次人才引进计划特聘教授1人、国家海外高层次人才引进计划青年项目入选者2人、长江学者特聘教授2人、国家杰出青年科学基金项目获得者3人、优秀青年科学基金项目获得者2人，各类高层次人才在教研系列教师中的占比高达67%。

（王莉、万芊）

【2019年教学研讨会】 1月12日至13日，现代农学院举行2019年科研教学研讨会，院长许智宏及全体教职员工、博士后、学生共同参加会议。会议对学院成立以来在人才引进、科研教学、对外合作等方面的工作进行系统总结，交流科研进展与成果，并就下一步教学组织及有关工作的开展进行交流与研讨。许智宏对学院的教学工作进行总结。他结合教育教学的发展趋势指出，应认真总结农学院的教育教学模式并不断进行创新，更好地推动人才培养工作。一方面，学院从学科交叉角度出发，应让不同专业的学生们不仅仅从生物技术角度还要从经济、社会的角度来思考农业；另一方面，学院可以通过开设通识教育课程，让来自不同院系、不同学科的学生了解农业、了解中国广大农村，有助于学生未来知识体系的构建和职业发展。

（王莉、万芊）

【黄季焜团队国家自然科学基金重点项目结题】 2月27日，国家自然科学基金委员会管理科学部组织召开重点项目群"现代农业发展的政策研究"结题验收会，黄季焜团队国家自然科学基金重点项目结题获"特优"评价。

在该次验收会上，黄季焜代表"国家食物安全预测预警和发展战略研究"课题组，围绕研究计划、内容和目标等要求，进行工作过程、主要成果及其创新观点的验收汇报。验收评审专家组在听取课题的汇报，审阅结题报告及相关资料，并对课题的研究方案或结论进行质询与讨论后，经匿名打分，黄季焜主持的自然科学基金重点项目"国家食物安全预测预警和发展战略研究"结题获"特优"评价。

5年来，课题组在包括 *Nature Plants*、*AJAE* 和 *Global Food Security* 等高级别期刊上发表50余篇论文。关于粮食预测、食物安全、生产方式转变、目标价格、现代生物技术等政策咨询报告为中央和国家相关部委提供决策依据。组织召开了大量的学术交流活动。课题组项目成果以专著《中国农产品供需市场与食物安全的政策研究》出版，项目群6个课题组成果汇总形成专著《现代农业发展的政策研究》。

（王莉）

科维理天文与天体物理研究所

【发展概况】 领导班子。1月28日，学校任命科维理天文与天体物理研究所新的领导班子，何子山、吴学兵分别继续担任所长、副所长，新增Gregory Herczeg担任副所长，任期为5年。3月，美国科维理基金会新任科学项目副总裁Kevin Moses一行访问北京大学，双方对科维理天文所前5年的运行予以高度评价，并统一赞成增加对科维理天文所的投入。

队伍建设。东苏勃、李柯伽和王然先后通过届满评估，晋升为长聘副教授；12月，聘用上海天文台副台长袁峰为研究所兼职教授；截至12月底，北大天文共有全职教师21名，兼职教授5人，包括国家海外高层次人才引进计划1名，国家海外高层次人才引进计划（青年项目）7名，国家杰出青年科学基金项目获得者2名，科技部创新人才1名。

2019年，新入站博士后14人，其中获北京大学"博雅博士后"基金资助4人，国际交流引进项目资助博士后3名。2名博士后分别当选2018年、2019年"北京大学优秀博士后"。截至12月底，博士后人数达到37人，其中外籍博士后18人。1名行政人员离职。截至12月底，研究所有行政人员6人，其中事业编制1人，合同编制5人。

科研工作。共有278篇文章接收或者发表，其中一作或通讯作者文章67篇。新增1项科技部国家重点研发计划项目；10项国家自然科学基金资助项目，包括1项国家重大科研仪器研制项目，1项重大项目子课题，4项面上基金，3项国际（地区）合作与交流基金，1项青年科学基金；新增5项中国博士后科学基金项目。新增资助总金额达1845.65万元。

2019年4月，科维理天文所东苏勃团队"利用LAMOST望远镜发现新的系外行星族群：热海星"和江林华团队"发现早期宇宙中最大的原初星系团"双双入选2018年度中国十大天文科技进展；2019年7月，科维理天文所研究员东苏勃入选科技部2018年创新人才推进计划名单；2019年9月，国际科学突破奖基金会宣布，"事件视界望远镜"（EHT）合作组获得2020年基础物理学突破奖，何子山、邵立晶是该合作组成员。2019年11月，北京大学科维理天文与天体物理研究所获得"北京大学引智工作先进单位"表彰。

学科建设。7月11日，由中外专家组成的评审委员会，进行了北京大学天文学科的"双一流"建设中期评估，评审委员会对北大天文在科学研究、人才培养、领导和参加国内外重大项目以及获得科研基金等方面的成绩予以高度评价。11月，美国US News and World Report公布世界最佳大学天文学科排名，北京大学天文学科排名全球66，在亚洲仅次于东京大学，北京大学天文已连续三年成为中国高校唯一进入美国US News and World Report选出的进入世界前100名的天文院系。

学术交流。组织3个大规模国内外会议，包括两个大型国际会议"Cosmic Evolution of Quasars: From the First Light to Local Relics"以及"KIAA Forum on Gas in Galaxies"及年度科维理天体物理论坛。共举办40场学术报告，67场午餐报告，12次博士后报告会，13次研究生晚餐会。同时，每周二、周四下午1点半至2点举办咖啡讨论会，每周五下午4点举办happy hour（快乐时光）等交流活动。世界各研究机构中共48位不同层次的访问学者来访。研究所和Kavli基金会在中国的另一家研究所中国科学院大学卡弗里理论科学研究所建立战略伙伴关系并第一次联合招聘教师；另外，建立北京大学—中国科学院上海天文台联合天体物理研究中心虚体机构的申请正在审批过程中。

人才培养。天文专业招收本科新生38人，博士新生14人，目前天文学科有在读本科生128人，研究生78名，由天文系和研究所共同培养。面对着现在北大本科生可以更宽松地调换专业的新形势，天文专业加强了对新生的专业引导。系主任吴学兵亲自担任2019级本科生班主任，在第一学年就带领全体学生去密云、怀柔和兴隆观测站观测，让新生感受天文设备，加深对天文专业的理解。

北大天文学科教师们认识到观测实践是天文研究的一个非常重要的组成部分，对于天文专业的学生是必不可少的训练。为此，天文专业进行本科生教学改革，从2019年秋季开始，王然等老师开设了全新的天体物理实验课程，让学生的实践操作成为课程的主体，学生在课程中将亲自完成望远镜的操作、观测、数据的处理、以及物理参数的测量，获得必需的专业训练。

毕业生去向。2019年度，天文专业共有21位本科生毕业，本科毕业生中有12人国内保研，5人出国深造，研究生毕业生中有7名博士毕业，1名结业，其中6位在国外从事博士后研究，1位在国内从事博士后研究，1位工作。4月，校友王飞格获国际天文界最具声望的博士后奖励2019年美国宇航局Hubble Fellow奖；同月，校友徐思遥荣获2019年Cecilia Payne-Gaposchkin天体物理博士论文奖；8月，徐思遥在美国麦迪逊第36届国际宇宙射线会议上荣获2019年由国际理论物理和应用物理联合会（IUPAP）天体粒子物理委员会（C4）颁发的青年科学家奖。

党建工作。天文党支部在物理学院党委领导下开展各项工作，2019年，天文党支部定期召开全体党员的组织生活会，认真学习《北京大学关于加强党的政治建设的若干措施》《中国共产党支部工作条例（试行）》和《中国共产党党员教育管理工作条例》等各项文件。天文党支部在人才引进、晋升评估等重要关口都要考察候选者的思想政治水平和师德师风问题，做好把关工作。天文党支部组织多项"不忘初心、牢记使命"主题教育活动，包括观看红色革命主题教育京剧《红灯记》、参观天津盘山蓟县革命烈士陵园等教育活动。

【中国空间站2米望远镜项目】 2022年中国将建成长期绕地飞行的中国空间站，空间站上将建设独立飞行的两米空间望远镜。2019年6月，中国空间站总设计师周建平院士访问研究所探讨空间望远镜建设的科学问题，学校党委书记邱水平书面指示"北大对于建立科学中心将高度重视，全力支持"；9月，北京大学科学研究部联合多个相关职能部门召开关于北京大学共建"国家空间望远镜研究中心"的论证会；11月，何子山、吴学兵被聘为"载人航天工程空间科学与应用领域空间天文与天体物理专家组专家"。12月，载人航天工程空间应用系统制定多功能光学设施（CSST）科学工作组织方案，何子山作为5位成员之一，参加筹建多功能光学设施科学委员会，该委员会负责组织科学项目和管理CSST。载人航天工程空间应用系统领导已邀请包括北京大学在内的全国四个天文研究机构提交申请CSST科学中心建设方案。

【"建设全天自动超新星巡天望远镜中国节点"项目】 东苏勃的"建设全天自动超新星巡天望远镜中国节点"项目建设在新疆天文台南山基地完成进行混凝土基础的建设、翻盖式围罩和赤道仪等硬件的安装、调试和试运行，成功拍摄了初光图像；已完成在南山基地服务器和文件储存器的安装，并实现了翻盖式围罩、赤道仪和相机的远程操作；拟在2020年完成整个系统的全自动控制系统的调试并开始正式巡天。

（吴学兵、姚洁）

中国教育财政科学研究所

【发展概况】 组织结构。北京大学中国教育财政科学研究所（中文简称"北大财政所"，英文简称CIEFR-China Institute for Educational Finance Research）由财政部、教育部和北京大学于2005年10月27日共同设立，为我国第一所专门致力于教育财政研究的学术机构。北大财政所的成立是中央政府部门与著名大学合作尝试科学研究体制机制创新的有益探索。它主要承担财政部、教育部等政府部门委托的重大项目，组织大量前沿性与严谨的实证研究，以服务于我国教育财政政策的制定。

教学科研。北大财政所的教学工作挂靠于北京大学教育学院，招生和教学工作根据北京大学教育学院的安排统一进行。目前在读博士4名，在读硕士8名。北大财政所自成立以来一直由财政部、教育部提供运行经费，相关部门委托的研究所需经费亦涵盖其中，因此常规的纵向课题的统计方法不适用于该所。近年来，财政所来自财政部、教育部之外的横向课题的项目数与资金量日益增长，2019年项目数达到12个。

在科研成果方面，据不完全统计，2019年北大财政所研究人员发表情况包括：1. 中文学术期刊发表共计24篇，报纸发表2篇；2. 中文著作出版3本，参与撰写的著作章节2篇；3. 国际学术期刊发表10篇，其中数篇发表在国际知名期刊上，如 Comparative Political Studies、The Journal of Politics、Journal of Economic Behavior and Organization；4. 英文著作出版1本；5. ACM出版、EI索引的国际会议论文接收发表2篇，其他国际会议论文2篇；6. 向各部委提交政策研究报告超过30篇。

其中，重要的成果和项目包括：1. 出版教育政治经济学领域的研究著作《谁为教育发声》。刘明兴教授课题组历时五年，聚焦人大代表和政协委员在教育的公共政策动员中的角色与作用进行研究，课题成果由社会科学文献出版社出版。2. 探索开展大数据和人工智能相关的计算社会科学研究初步取得成效。3. 政策影响类评估研究。宋映泉副研究员研究团队系统地进行了农村县域学校、农村小规模学校、农村幼儿园的政府教育投入和社会公益项目对于儿童发展的影响评估，并融入了国内较为前沿的儿童非认知能力研究，形成了重要的社会影响和学术影响。此外，刘明兴的合作著作 Revolutionary Legacy, Power Structure, and Grassroots Capitalism Under the Red Flag in China 由剑桥大学出版社出版。

交流合作。2019年，研究所邀请国内外专家讲座19人次（其中外籍专家讲座16人次），师生出国访问、考察、合作研究、参加国际会议8人次，举办大中型学术交流活动6次。主要项目包括：

1. 国际暑期学校。自2017年研究所的"教育与发展"国际暑期学校项目获得了世界银行"中国政府伙伴基金"（China World Bank Group Partnership Facility, CWPF）支持以来，连续三年每年举办的国际暑期学校共计有来自近30个国家200余名决策者、实践者、政策研究者参加，北大财政所教师承担了重要的授课任务。2019年的国际暑期学校聚焦"教育财政视角下的国家、社区、家庭与个人"。

2. 国际经验系列讲座。研究所特别邀请了美国著名公立研究型大学的管理人员进行系列讲座，2019年举办了第二期，主要围绕教学与科研预算、绩效评估、支出功能分类、交叉学科研究组织、科技成果转化、博士后管理、院系治理、大学捐赠基金等主题。参加者包括来自清华大学、北京大学、东南大学、中国人民大学和北京航空航天大学等高校的分管财务副校长、总会计师、财务处长等。

3. 国际学术交流。（1）7月19至21日，研究所举办了"税收制度、公共财政能力与教育财政国际研讨会"（Taxation and Fiscal Capacity in Comparative Context）。与会者包括美国及欧洲主要学术机构的税法及财税体制改革专家学者，探讨过去三十年发展中国家和发达国家税收制度改革案例及其对公共财政、教育财政的影响，为分析我国税收制度改革对教育财政的影响提供参考。（2）10月22至24日，王蓉教授、周森博士后受俄罗斯高等经济大学（HSE）邀请参加"第十届国际高等教育会议"[X International Russian

Higher Education Conference（RHEC）Contributions of Higher Education to Society and Economy: Global, National and Local Perspectives］，并做主旨发言。（3）11月12至14日，魏易助理研究员受世行非洲局邀请参加"第三届世行中非教育论坛：教师教育"（The 3rd Africa-China-World Bank Education Partnership Forum on Teacher Education）国际会议，并做主旨发言。（5）黄晓婷副研究员参加"2019年国际教育评价协会年度大会"（The 2019 International Association for Educational Assessment Annual Conference）并发言，论文被大会收录。

4. 大型国内学术交流。（1）举办"聚力乡村教育振兴——2019年中国教育创新'20+'论坛年会"。（2）举办"第五届中国教育财政学术研讨会暨2019年中国教育发展战略学会教育财政专业委员会年会"。

5. 国际合作研究。（1）魏易助理研究员完成了"教育财政保障：中国人力资本发展的经验与挑战"这一由世界银行驻华代表处委托的项目。（2）宋映泉副研究员完成了"学前教育支出的公平性、效率和有效性及其公共财政政策研究"这一由联合国儿童基金会驻华办事处委托的项目。（3）周森博士后完成了"世界一流大学建设的国际比较研究"这一由北大财政所与世界银行和俄罗斯高等经济研究院合作的国际项目。

社会服务。完成财政部委托的"我国教育投入与支出结构调整与优化研究"任务，由全所同事耗时半年共同完成，提交的相关数据分析报告和专题研究报告共计十九个，涵盖我国所有学段。完成各部委委托的政策研究任务。包括：1. 提交给教育部的报告：《关于国家开发银行生源地助学贷款风险补偿金相关政策调整的研究报告》《校外补习机构现状与相关政策建议》和《产教融合视角下的区域职业教育发展研究报告》等。2. 提交给其他部委的报告：国家发改委《高等教育社会投融资体制改革问题研究》；国家高端智库重点课题（与中科院科技战略咨询研究院合作）《提升高校创新能力研究》等。

党建工作。2019年度北大财政所党支部共有中共党员11名，其中：教师党员3名、博士后党员1名、合同制员工党员7名。北大财政所的党建工作挂靠于北京大学教育学院，党建工作根据北京大学教育学院的安排统一进行。

行政工作。2019年，北大财政所有行政和教辅人员25人，其中劳动合同制人员14人，在编教师7人、博士后4人。

工会工作。北大财政所共有24名工会会员，北大财政所工会工作根据北京大学教育学院的安排统一进行。

学生工作。北大财政所的学生工作挂靠于北京大学教育学院，学生相关工作根据北京大学教育学院的安排统一进行。

【"聚力乡村教育振兴"论坛举行并发布《振兴乡村教育倡议书》】 4月20—21日，由北大财政所牵头组织的"聚力乡村教育振兴——2019年中国教育创新'20+'论坛年会"在北京举行，这是近年来首个聚焦于乡村教育的大规模、高规格的综合性会议。来自全国各地40多个高校的代表；来自甘肃省、云南、陕西、贵州、新疆、内蒙古等17个省份的地方各级政府部门代表和乡村中小学校的校长和老师（包括来自三区三州的30余名一线教师和校长）参加了本次会议；20余家在乡村教育领域开展了创新性实践的知名社会公益组织、基金会以及企业社会责任部门代表；10余家业界代表；来自教育部教师司、财务司等有关部门的代表500余人参与了本次会议。北京大学前校长林建华，新学校基金会创办人兼理事长、哥伦比亚教育部前副部长Vicky Colbert，教育部基础教育质量监测中心副主任胡平平等150余名嘉宾参会并发表了演讲。在广泛征求业界人士的意见并认真了听取了来自教育学、经济学界研究者和实践者对乡村教育问题的思考与建议的基础上，大会形成并发布《振兴乡村教育倡议书》明确提出：乡村教育扶贫和教育发展工作重心应从物质扶贫转向智力扶贫和技术扶贫，更加重视"人"的因素。努力构建致力于教学过程及学生发展的教育财政投入策略；尊重乡村学校的办学自主权，制定更具灵活性和本地化的农村教育政策，因地制宜地解决当前乡村教育发展发展的突出问题。

【北大财政所研究团队向财政部汇报重要研究成果】 12月3日，北大财政所研究团队赴财政部就财政部委托课题"我国教育投入与支出结构调整与优化研究"的课题成果进行汇报与交流。财政部相关处室负责同志及工作人员共8人和北大财政所主要研究人员10人与会。当前，我国面临着经济增长速度持续下滑，税收收入增速放缓，收入不平等程度加剧，人口老龄化等巨大挑战。党的十九届四中全会对坚持和完善中国特色社会主义制度、推进国家治理体系和治理能力现代化做出了全面的部署。在此背景下，我国亟需着眼长远、凝聚共识的教育财政策略。受财政部委托，北大教育财政所研究团队自2019年春季启动了专题研究，尝试对今后一个时期的教育财政工作提出若干政策建议。2019年12月初，课题组初步完成了课题研究任务，并提交了《公共财政支持义务教育教师队伍建设专题研究报告》《中央部属高校2017年决算数据分析报告》等涵盖所有学段的19个系列研究成果。

【第五届中国教育财政学术研讨会】 10月26—27日，由北大财政所和中国教育发展战略学会教育财政专业委员会联合主办的"第五届中国教育财政学术研讨会暨2019年中国教育发展战略学会教育财政专业委员会年会"举行。58名来自北京大学、北京化工大学、清华大学、南方科技大学等东、中、西部地区的传统优势高校、快速崛起新兴高校、行业性高校、应用型本科院校、"双高"职业院校等的管理者与决策者与学者同台发言，300余名来自123所高等院校代表等跨领域、跨界别的决策者、实践者共聚北京，就高校科技创新以及其他教育财政等相关问题展开对话与分享。本次年会重点关注"新时代的高校科技创新——愿景、政策与激励"，从多个维度全面探讨我国高校科技创新的发展路径，同时对学前教育财政、基础教育财政、职业教育财政、高等教育财政、宏观教育财政体制、教育评价等问题展开研讨。本次会议共包括12个分论坛和2个夜间沙龙。

【筹建全国教育经费管理数据研究中心】 北大财政所于2019年开始筹建全国教育经费管理数据研究中心（简称"数据中心"），目前数据中心已经与教育部财务司签署了合作与数据保密协议，建立了保密机房和常规工作机制与相应的队伍建设。基于已经整理的数据，北大财政所已经开展了从学前到高等教育各学段的研究工作。2019年10—12月，北大财政所向教育部、财政部提交了教育投入结构调整与优化报告，其中包括各个学段的教育财政收入与支出数据分析报告。

【开展乡村教育财政综合型研究项目】 2019年，北大财政所共有四个乡村教育领域的政策影响力评估项目，包括：中国扶贫基金会资助的农村学生"加油计划"项目；三一基金会-U来公益支持的"以县带村"网络支教项目；澳门同济慈善会、乐平公益基金会和中国发展研究基金会（CRRF）支持的"县域内农村学前教育发展质量评估指标体系研究"项目；以及三一基金会和上海互济公益基金会资助和委托的云南省富宁县"一村一幼"评估项目。四个课题均已经在2019年5—6月与贵州、甘肃、云南、河北等省份的地方院校合作完成了跟踪调研和数据的采集与数据清洗、分析与跟踪调研报告的写作。课题组与合作院校形成了很好的合作伙伴关系，参与调研的师生在工作和学习等方面均有提升；完成了项目资助方委托任务并受到肯定，其中云南省富宁县"一村一幼"评估项目受到三一基金会的特别肯定和宣传推广；同时，课题组内部的学术研究能力、服务社会的能力也得到了较大提升。"乡村教育振兴"论坛凝聚了乡村教育领域的研究者与实践者，并为未来的合作打下了良好的基础。

【《谁为教育发声》出版】 2019年11月，北大财政所"谁为教育发声"研究项目课题组完成项目第一阶段研究成果，形成专著《谁为教育发声》并由社会科学文献出版社出版。全书分为三个部分，分别探讨教育类两会议案/提案参与的整体特征，不同时代和政策背景下的呼声特点比较，发声者呼声的多元化趋势等几方面问题。这三个部分的内容互相印证，大致勾勒出了三十年来教育法律和政策出台过程中的两会代表委员的参与特点，进而丰富了就我国公共政策动员过程的实证研究。该书包含十三篇论文，通过对历年人民代表大会/政治协商会议中的议案/提案的分析，辅以政策文本、新闻文本等材料，对不同教育类议案/提案的公共参与特点进行考察，分析教育议案/提案在不同时期的数量、结构、议案/提案人身份等变化，以及两会呼声与教育政策变迁之间的关系。该课题历时五年，汇聚了本所教师指导的数位研究生的学位论文，其核心的特点是从教育中的"财"的问题作为切入点，进而研究我国的"政"的基本特点。

（张　眉）

中国社会科学调查中心

【发展概况】 组织结构。北京大学中国社会科学调查中心（Institute of Social Science Survey, ISSS）（以下简称"调查中心"）成立于2006年9月，是北京大学社会科学的数据调查平台，也是北京大学开展中国社会问题实证研究的跨学科平台。调查中心包括7个部门和2个项目组，分别是执行部、质控部、数据部、技术部、智库、行政部、发展部以及中国家庭追踪调查（CFPS, China Family Panel Studies）项目组和中国健康与养老追踪调查（CHARLS, China Health and Retirement Longitudinal Study）项目组。调查中心主要工作是数据采集、数据管理与服务和智库研究。2019年，北京大学中国社会科学调查中心的领导团队名单：主任：李强；副主任：赵耀辉、任强；主任助理：严洁。

数据采集。调查中心数据采集方面以中国家庭追踪调查（CFPS）、中国健康与养老追踪调查（CHARLS）和中国企业创新创业调查（Enterprise Survey for Innovation and Entrepreneurship in China, ESIEC）为基础，兼顾其他项目，采集有全国代表性的、大样本、高质量的微观追踪调查数据。中国家庭追踪调查（CFPS）是一项大规模、多学科社会追踪调查项目，基线样本覆盖全国25个省区市，调查问卷包括社区问卷、家庭问卷、成人问卷和少儿问卷，问卷基本上覆盖了国际上三个主要社会调查项目（美国收入动态追踪调查PSID、健康与退休调查HRS和美国青年追踪调查NYLS）的主要内容。CFPS旨在通过追踪收集个体、家庭、社区三个层次的数据，反映中国社会、经济、人口、教育和健康的变迁，为学术研究和公共政策分析提供数据基础。2019年，CFPS项目组在数据清理方面，已完成家庭库、个人自答库、父母代答库的样本核对、主要模块的逻辑清理、变量清理、元数据标准化清理等。截至2019年12月，CFPS第五轮调查的完访问卷数为79,426份；在家庭层面上，实现截面应答率69%、跨轮应答率86%；在个人层面上，实现截面应答率67%、跨轮应答率81%。

中国健康与养老追踪调查（CHARLS）旨在收集一套代表中国45岁及以上中老年人家庭和个人的高质量微观数据，用以分析我国人口老龄化问题，推动老龄化问题的跨学科研究。CHARLS问卷内容包括：个人基本信息，家庭结构和经济支持，健康状况，体格测量，医疗服务利用和医疗保险，工作、退休和养老金，收入、消费、财产，以及社区基本情况。2019年，CHARLS完成了18年全国常规访问家户的补访任务；并初步完成2020年数据采集工作的各项准备事宜，包括绘图系统、访问系统和访员培训管理系统的开发和改进等；同时开始新一轮问卷的设计工作。此外，CHARLS项目组已初步完成第三轮追踪调查数据的清理工作和用户手册的撰写，为数据的发布做好准备。

中国企业创新创业调查（ESIEC）旨在通过科学抽样和实地追踪调查，获得反映中国企业创新创业状况的微观数据，推动更高质量的学术和政策研究。调查内容主要包括企业家的创业史、企业创建过程、企业基本信息、企业创新、企业间关系以及营商环境等七个方面的内容。ESIEC项目是调查中心核心调查项目之一，由北京大学企业大数据研究中心组织实施，北京大学国家发展研究院张晓波教授担任总负责人。2019年，北京大学企业大数据研究中心联合上海对外经贸大学、哈尔滨工业大学（深圳）在上海、深圳地区针对2018年基线调查样本进行补访，同时在北京、上海、深圳三地开展高新企业的专项数据收集，对6273家样本企业和个体户展开调查，最终完访994家，实现完访率15.85%。2019年12月，张晓波教授在哈尔滨工业大学（深圳）第四届创新经济论坛上正式面向社会发布2017年中国企业创新创业调研数据。

除以上三个主要项目以外，2019年调查中心还开展了一系列其他调查项目：

自2015年起，调查中心承担民政部委托的"中国城乡困难家庭社会政策支持系统建设调查"及"社区治理动态监测平台及深度观察点网络建设调查"项目。2019年，调查中心已对这两个调查项目进行第五次调查，样本覆盖全国16省、34市、58个区县、2142个村居，最终共完成19,860份问卷。

2019年，调查中心受内蒙古自治区第三医院委托，执行"内蒙古自治区居民心理健康状况调查"项目，旨在了解内蒙古自治区居民的心理健康状态、失眠流行状况及人群对心理疾病的认知情况。该项目在内蒙古自治区11个盟市、41个区县、246个村居开展，采用计算机辅助面访调查方式进行入户调查，历时3个月，共完成CIDI（复合性国际诊断交谈量表）问卷12,395份。

数据服务与共享平台。中国调查数据资料库（China Survey Data Archive，CSDA）通过专业的数据管理与监护，实现便捷的数据共享。2019年，调查中心组织并参与第二届全国高校数据驱动创新研究大赛。此外，CSDA继续推动北大校内的数据共享，发布江苏生育意愿与生育行为调查数据（2007年和2010年）、中国企业创新创业调查数据（2017年）；拓展数据共享资源，与高校和研究机构沟通，促进优质调查数据共享。

智库研究。智库以构建开放性的、跨学科研究平台为目标，以开发和利用CFPS、CHARLS等优质数据资源为基础开展量化研究，为国家发展提供有实证依据的政策建议并对舆论和大众进行理性引导，发挥资政启民的作用。智库以中心丰富的微观实证数据为依托，通过吸引国内外优秀学者共同合作，组织养老、生育、教育等多个领域的课题研究。2019年，智库有17个课题在研。此外，受国家发展改革委就业收入分配与消费司委托，调查中心利用CFPS数据开展"我国中等收入群体消费特征及消费趋势研究"，为促进我国中等收入群体消费的政策制定提供数据依据与实证依据。

2019年，调查中心与国务院发展研究中心、中国宏观经济研究院合作，依托调查中心数据就住房、就业、人口流动、教育等民生问题展开政策研究。此外，调查中心受国务院发展研究中心市场经济研究所委托开展《房地产税出台的社会影响》的专项数据收集。调查中心还与社会科学文献出版社签署合作协议，将智库研究成果汇集成的《数据与决策》系列报告纳入社会科学文献出版社皮书数据库。

教学与培训。2017年调查中心与北京大学社会学系联合开办"社会调查与政策评估"硕士研究生课程。硕士研究生课程的设计主要包括调查方法研究和以数据为基础的政策评估研究两大方面。2019年，调查中心承担春季学期《大数据挖掘与分析》和《数据库管理》两门课程的讲授任务以及实习课程-追踪调查全程实习的督导工作。2019年调查中心与教务处、继续教育部等校内部门合作，通过暑期课程等方式推广量化数据的使用、普及实证科学研究的方法。暑期学校两门课程共有来自全国各院校社会学、管理学、统计学等相关专业的176名学生参加。

科研工作。2019年，调查中心在研课题7项，分别是：失能老人规模测算及长期照护体系构建研究、追踪调查样本流失模式及维护策略探索性研究、锚定法在社会调查中的应用与评估、复杂抽样数据的统计推断方法及其应用研究、社区民生监测与社区治理研究社科项目、中国农村老年人口的照料需求、照料服务体系及政策支持我国中等收入群体的消费特征与消费趋势研究。中心研究人员发表研究报告和中英文期刊论文14篇，其中1篇研究报告被国家卫生健康委人口家庭司采用。

交流合作。2019年，调查中心接待国内外访问学者3人，举办学术讲座12场，并与北京大学区域与国别研究院、北大教育基金会合作，邀请马来西亚双威集团主席暨创始人丹斯里谢富年博士访问北京大学。2019年9月，在北京大学和清华大学联合倡议下，"中国计算社会科学联盟"成立，调查中心主任李强教授担任联盟首任理事长。

党建工作。调查中心现有党支部1个，党支部委员会1个，正式党员11名，预备党员4名。调查中心党支部于2019年2—11月期间组织了一系列民主生活会和组织生活会。2019年10月，在北京大学社会学系党委的带领下，调查中心党支部前往北京展览馆参观"伟大历程 辉煌成就——庆祝中华人民共和国成立70周年大型成就展"。

【**第二届全国高校数据驱动创新研究大赛**】5月24日，第二届全国高校数据驱动创新研究大赛在重庆召开。大赛共吸引来自北京大学、清华大学、复旦大学等199所国内高校的600支队伍、1704名选手参加，涉及应用经济学、计算机科学与技术、统计学、社会学等48个学科领域。经过形式审查、初审、复审和现场答辩，共决出8个队伍分获特等奖、一等奖和二等奖。调查中心作为主办方之一，参与大赛组织、成果评审和参赛选手的答辩过程。比赛旨在鼓励各学科领域学子基于数据进行研究，创新性地利用新方法、新技术分析发掘数据潜在价值，促进数据的流通和共享。

【数据用户服务】 2019年中国家庭追踪调查（CFPS）数据用户快速增长，新增注册用户7763人次，其中新增北大校内用户899人次。截至2019年12月底，CFPS注册用户总数达33,348人，其中北大校内用户量4060人。据不完全统计，截至2019年12月，基于CFPS数据的相关研究成果已达1817篇，其中中文期刊论文1079篇，英文期刊论文377篇（其中SSCI、SCI期刊论文283篇），学位论文305篇。北大校内用户基于CFPS数据共产出SSCI、SCI期刊论文52篇。2019年中国健康与养老追踪调查（CHARLS）数据用户增长迅速。截至2019年12月底，CHARLS注册用户已超过36,000人。其中国内用户占90%，海外用户超过3400人。据不完全统计，截至2019年12月，基于CHARLS数据发表的相关研究成果已达到2024篇，中文期刊论文809篇，英文期刊论文761篇，中英文学位论文337篇。

（孔 涛、陈秋惠）

生物医学前沿创新中心

【发展概况】 生物医学前沿创新中心（Biomedical Pioneering Innovation Center, BIOPIC）于2018年11月6日正式发文成立。BIOPIC的前身是2010年成立的生物动态光学成像中心（Biodynamic Optical Imaging Center, BIOPIC）。北京未来基因诊断高精尖创新中心（Beijing Advanced Innovation Center for Genomics, ICG）挂靠在BIOPIC。中心主任谢晓亮教授，中心常务副主任苏晓东教授，中心副主任张泽民教授。

截至2019年12月底，中心已经建成14个实验室，一个公共服务平台（高通量测序平台）。全中心人员规模约280人，其中编制内在职人员22人（含校内其他院系兼职，教学研究系列15人，研究技术系列7人），合同制专职研究人员4人，在读本科生、研究生198人，博士后23人（学籍隶属校内多个院系），行政管理、技术支持等工作人员37人。中心14位实验室负责人中，美国科学院院士、中国外籍院士1人，2人入选"海外高层次人才引进计划"，4人入选"青年海外高层次人才引进计划"，1人入选"万人计划青年拔尖人才"，6人入选"长江学者"，7人先后入选国家基金委"杰出青年"，2人入选国家基金委"优青"，1人入选科技部"创新人才推进计划中青年科技创新领军人才"和"万人计划领军人才"。他们分布于生物物理学、生物信息学、数学生物学、结构生物学、工程学、细胞生物学、物理化学等各个专业，并与校内生物、化学、数学、工学、物理等各个理工学院、实体研究中心以及北大医学部和各个附属医院建立合作关系。2019中心两名预聘制助理教授通过学校tenure评估，成为长聘副教授。中心从美国引进邢栋、邓伍兰两名青年科学家。

科学研究。2019年1月至2019年12月，BIOPIC成员在国际知名学术刊物《科学》及其系列子刊、《自然》及其系列子刊《细胞》及其系列子刊、PNAS、Immunity等共发表SCI收录论文约70篇，另有多篇重要论文正在审稿中，其中CNS文章4篇。申请发明专利2项目。2019年4月，北京未来基因诊断高精尖创新中心顺利通过北京市组织的中期评估。

黄岩谊课题组建立了纠错码测序化学过程的数学模型并进行了仿真计算，模型的超前和滞后系数均小于2%，同时还证明了双色纠错码测序在信号校正上的可行性。高毅勤课题组建立染色质三维结构，并整合分析基因组、转录组、表观基因组等多组学信息，从多尺度理解染色质结构组装机理，提出基于染色质结构的表观遗传和基因调控机制。苏晓东组基于结构的蛋白质工程及蛋白和小分子药物设计，针对肿瘤诊断、抗体治疗及药物设计研究，同时发展NGS DNA测序技术及生物信息学分析大数据，进行癌症的基因组测序及生物信息挖掘研究，提出病因、肿瘤标志物及治疗的新方案。孙育杰课题组开发了新型高效低成本的荧光原位杂交（FISH）标记探针，为大规模研究染色质精细结构和功能提供了重要的工具。高歌课题组目前已建立了一套完整的高性能单细胞多组学数据计算系统，构建迄今注释最完整、覆盖最全面的跨物种、多平台单细胞转录组图谱ACA，并在此基础上首次实现了跨平台、多物种的单细胞数据比对检索，为最终实现对人类细胞调控图谱的完整解析提供了坚实的计算基础与支撑。

人才培养。2019年春季、秋季总授课量约719学时。2019年中心毕业博士生21人，其中有4名毕业生分别获得了南方医科大学、首都医科大学、河北农业大学、中山大学的教职。2019年中心新入站博士后12名，出站博士后7人，在研博士后23人，基本与2018年持平。中心博士后朱诗优入选"麻省理工科技评论"2019年35岁以下科技创新35人，并获先锋者称号。

国际合作。2019年中心主办了两次大型国际会议：单细胞基因组学国际研讨会共邀请了24位该领域全球的专家，探讨"单细胞表观基因组及基因组三维结构""单细胞转录组学""单细胞基因组学"等九个议题，向与会者展示单细胞组学方面最新研究进展；首届生殖基因组学大会暨国际生殖遗传学会由中心与北京大学第三医院，中国工程院共同主办，会议邀请到34位全球的专家做报告。

【建立基因编辑技术】 魏文胜课题组建立了原创性的基因编辑技术，并发展了一系列延展型应用，主要研究成果包括：1. 建立构建 CRISPR 文库的新方法 iBAR，首次实现在高 MOI 条件下的高通量功能性筛选，为在原代细胞或动物体内筛选提供可行手段；2. 利用 CRISPR 筛选技术鉴定发现人新生儿受体蛋白 FcRn 为 B 族肠道病毒的脱衣壳受体，为理解病毒入侵机制及相关药物的开发提供依据；3. 开发名为 PASTMUS 的新方法，实现对目标蛋白进行单氨基酸精度的功能图谱绘制；4. 首次报道名为 LEAPER 的新型 RNA 单碱基编辑技术，该技术仅需要在细胞中表达向导 RNA 即可招募细胞内源脱氨酶实现靶向目标 RNA 的编辑，为生命科学基础研究和疾病治疗提供一种全新的工具。

【揭示人类早期着床后胚胎发育过程】 汤富酬课题组与北医三院乔杰课题组合作，结合人类胚胎体外培养体系与单细胞组学技术，系统揭示了人类早期着床后胚胎发育过程中包括三个主要细胞谱系（上胚层、原始内胚层、滋养外胚层）发育与特化、X 染色体剂量平衡、谱系特异性 DNA 甲基化动态变化等分子表达图谱，论文发表于 8 月 22 日 Nature 杂志。

课题组还与合作者，利用团队自主开发的 MCTA-Seq 技术，对结直肠癌患者血浆游离 DNA 中异常高甲基化 CpG 岛进行基因组规模的高灵敏度测序分析，实现结直肠癌早期无创诊断，论文发表于 4 月 Clinical Chemistry，申请发明专利一项。

【描述肝癌微环境的免疫组分和状态】 张泽民课题组结合 10x 和全长单细胞 RNA 测序技术，描述了肝癌微环境的免疫组分和状态，以及肿瘤浸润免疫细胞跨组织的动态过程。前者利用单细胞表达谱将单个细胞映射到已知的细胞类群或状态上，后者用于评价单细胞表达谱聚类的清晰度和稳定性。

【报道儿童炎症性肠病研究领域进展】 白凡课题组 11 月与合作者合作在 Cell 上报道了儿童炎症性肠病研究领域的重大进展，揭示了结肠炎和炎症性肠病患儿肠黏膜多个细胞亚型中的 cAMP 通路被抑制，从而导致级联免疫紊乱并最终促进了 PIBD 的发生发展。该研究还发现胞内第二信使激动剂双嘧达莫可以提高 cAMP，增加 CD39 的表达，抑制炎性因子分泌和血小板活化，从而为儿童结肠炎及炎症性肠病的防治开拓了新的领域。

【开发一项基因检测方法】 2019 年谢晓亮课题组继续发展了单细胞测序技术和应用和基因组 3D 结构研究：他们成功开发了一项基于胚胎细胞培养液中 DNA 的胚胎植入前非整倍体基因的检测方法（niPGT-A）。相比传统的 TE 细胞活检 niPGT-A 不仅无创还更精准，未来更具潜力。他们利用 Dip-C 方法，首次重构了视觉和嗅觉组织中单个感觉神经元的 3D 基因组结构，发现了视杆和嗅神经元的染色体空间结构特征，为嗅觉神经元"一个神经元，一个受体"的表达规律提供了可能的基因组结构基础。

（李 犇、张卓筠）

中国画法研究院

【发展概况】 组织结构。北京大学中国画法研究院成立于 2010 年 5 月 25 日，并于 12 月 30 日在英杰会议中心举行成立仪式。中国画法研究院的设立旨在借北京大学宏阔平台，向世界彰显中国画之真面。

学术交流。中国画法研究院自成立以来举办多次学术论坛和学术交流活动，聘请国内外学者、艺术家参与"众芳所在"系列讲座，组织编写"北京大学中国画法研究院'众芳文存'系列丛书"，筹建"众芳文存·北京大学中国画法研究院文库"，建成"北京大学范曾先生艺文馆"。

刊物发表。出版书籍专著：2019 年 9 月，在中华人民共和国成立七十周年前夕，人民日报社《学术前沿》杂志为国庆七十周年发表《范曾文论专辑》（计 30 余万字）。2019 年 10 月，中国邮政发布《文明古国走进新时代》画册，集中介绍中国画法研究院院长范曾七十年来为中国邮电事业所做贡献。2019 年 10 月，南开大学出版社出版范曾《南开名彦》《南开日志》。发表刊物文章：2019 年 1 月 24 日，新华网、人民网、光明网等中央媒体同时刊发范曾《向潘建伟先生致敬》。

艺术创作。2019 年 1 月，中国国家博物馆举办书画展，中国画法研究院院长范曾自撰并书丹对联"且待青山笼紫气，犹欣白发照丹心"，被中国国家博物馆征集作为永久馆藏作品。2019 年 1 月 28 日，范曾画作《亥年读诗 乐在其中》于荣宝斋展览。2019 年 2 月 5 日，人民网发表范曾新春贺词。2019 年 3 月 28 日，范曾于洛桑国际奥委会总部向国际奥委会主席巴赫赠送画像《当年剑影动风云》，并由新华社向全球播发消息。2019 年 5 月 23 日，中国国家博物馆举行《馆藏新中国美术经典作品集》研讨会，范曾作品《中非友情源远流长》和《遵义人民迎红军》入选馆藏经典作品。2019 年 8 月 15 日，新华网、人民网、光明网同时发表《艺术与医学在巅峰握手 书画大师范曾为郭应禄院士画像》。2019 年 10 月，为纪念国庆七十周年，中国邮政总公司推出范曾所作王阳明、王夫之、顾炎武、黄宗羲、戴震、章学诚六位明清大哲的六帧邮票。

社会活动。2019 年 2 月 1 日，今日头条发布头条春晚拜年视频，中国画法研究院院长范曾以北京大学讲席教授身份谈对"初心"的理解。2019 年 4 月 16 日，范曾以联合国教科文组织特别顾问、北京大学讲席教授身份为巴黎圣母院尖顶遭遇火灾发表电文，并由新华网、人民网、光明网播发。2019 年 4 月 27 日，来华参加"一带一路"国际合作高峰论坛的塞尔维亚总统武契奇（Alesandar VUCIC）委托总统秘书卡尔罗·克拉茨专程拜访范曾。2019 年 6 月 22 日，范曾接受中央电视台拍摄大型纪录片《范曾》采访，其中介绍了北京大学中国画法研究院及中国画法研究。2019 年 6 月 26 日，联合国前秘书长潘基文拜会北京大学中国画法研究院长范曾教授，畅谈东方文明与世界，对习近平"世界命运共同体"的全球战略深表钦赞。2019年8月9日，范曾以北京大学中国画法研究院院长身份接受人民网专访，发表"传统文化像地火，永远不会熄灭"谈话。2019年9月18日，范曾在北京大学前沿交叉学科研究院院士公开讲演会上发表谈话讲述中国画法研究和中国绘画艺术特征。

队伍建设。中国画法研究院教师李艳参加人事部"北京大学2019年青年骨干教师培训"与社科部组织的"2019年秋社科部科研辅助队伍培训"，协助中国画法研究院院长范曾进行《以画境入市——中国文人画意境与创意城市建设》课题研究。

党建工作。中国画法研究院在2019年度注重加强教师思想政治和师德师风的建设与管理，遵守党的路线方针政策，组织学习十九大精神和习近平新时代中国特色社会主义思想。中国画法研究院院长范曾积极推动中国画法研究院各项工作，拥护党的十八大以来的各项方针政策，学习领会党的十九大精神和习近平新时代中国特色社会主义思想，在理论学习和艺术实践中阐述文化自信。

【中国邮政发布《文明古国走进新时代》画册】 2019年10月，为国庆七十周年中国邮政总公司发布中国画法研究院院长范曾所作王阳明、王夫之、顾炎武、黄宗羲、戴震、章学诚六位明清大哲的六帧邮票，并发布《文明古国走进新时代》画册，集中介绍范曾七十年来为中国邮电事业所做贡献。

【2019中国文艺评论峰会】 11月16日，由人民日报社指导，人民日报社人民论坛杂志社、国家治理周刊、人民智库、人民论坛网共同主办的"深入学习贯彻十九届四中全会精神——2019中国文艺评论峰会"在北京人民日报社新媒体大厦成功召开。北京大学中国画法研究院院长范曾教授参加会议，并在会上做《文明古国走进新时代》演讲。范曾院长在演讲中指出，中国精神是中华民族的集体记忆与近代以来全民族在血与火斗争中所形成的中国特有的时代价值观，弘扬民族精神和时代精神是文艺工作者的责任，要准确理解并贯彻四中全会提出的坚持和完善繁荣发展社会主义先进文化的制度，巩固全体人民团结奋斗的共同思想基础。

(李艳)

海洋研究院

【发展概况】 组织结构。北京大学海洋研究院是北京大学在海洋领域的实体交叉科研平台，以服务北京大学海洋研究发展为使命，以规划、协调、凝聚学校分散在各院系机构的海洋研究力量，开展尖端科技、交叉学科的海洋研究为主要任务，作为北大在海洋领域对外开展合作的窗口，服务、推进相关国内和国际合作。研究院立足深海大洋事业和现代海洋科技，以海洋科学、海洋工程、海洋药学、海洋人文社科和海洋战略为重点研究领域。10月15日，学校发布《关于海洋研究院班子任职的通知》，聘任周力平为海洋研究院院长，王磊、林文翰为海洋研究院副院长，原班子成员自然免职。现有下属机构：海洋研究院海洋战略研究中心、海洋研究院海洋信息研究中心。

学科建设。所涉学科包括海洋科学、海洋工程、海洋药学、海洋战略、海洋人文社科等，具体研究方向包括：海洋科学与工程，海洋工程、海洋能源、海洋地球物理、海洋地质学、海洋生物、海洋化学、海洋药学、古海洋学、大气与海洋科学、大洋环流和数值模拟、海洋电磁学、海洋观测、光纤传感、海洋遥感、水下机器人等；海洋战略与人文社科，海洋战略与政策、海洋法、海洋史、海洋经济、海洋信息学、海洋大数据、海洋文化、"一带一路"研究、区域与国别研究、国际关系、国际政治、国际法、海岛规划等。

队伍建设。海洋研究院现有专职研究技术系列人员2人，双聘教研系列人员1人，并有兼职人员分布在北京大学各个相关院系，包括城市与环境学院、地球与空间科学学院、法学院、工学院、国际关系学院、化学与分子工程学院、环境科学与工程学院、历史学系、人口与环境研究室、软件与微电子学院、生命科学学院、物理学院、信息管理系、药学院、政府管理学院等。

学生培养工作。海洋研究院博士研究生均系与学校相关院系联合培养，2019年在读博士研究生10人，毕业生1名，新生2名，分别从事海洋工程领域的装备防护数值模拟研究、多水下机器人智能群体识别与控制研究。1名博士生获短期出国（境）研究项目资助，3名获院级或校级奖学金，1名获全国研究生数学建模大赛三等奖。1月4日、12月21日举办2场博士生学术交流会。

科研工作。海洋药学承担国家自然科学基金、科技部和自然资源部大洋生物多样性资源挖掘相关项目，拓展大洋深远海海洋生物多样性与药用功能分子研究，通过生物基因挖掘与高效表达，获得系列新颖结构抗病毒和抗恶性肿瘤等海洋药源分子，抗代谢疾病海洋候选药物正进行临床前评价。

著作发表。《国民海洋意识发展指数报告（2017）》由海洋出版社正式出版；Chinese Maritime Power in the 21st Century 由英国Routledge出版社出版。

发明专利。7项发明专利获授权。

文章发表。2019年共发表海洋科学与工程类、海洋人文社科类文章46篇，其中SCI、EI文章27篇，CNKI文章19篇。

科研项目及经费。在研项目16项，新获批纵向项目5项，科研项目来源于国家自然科学基金（重大、重点和面上项目），科技部（重大新药创制专项），自然资源部（大洋资源勘查专项）等。正在开展的课题项目主要涉及大洋探测技术、海洋垃圾防治与管理、海洋生物技术与药学、海洋战略与政策等方向的研究工作。

学术活动。 学术讲座：主办、合办学术讲座7场，报告人包括中国科学院院士戴民汉、清华大学理学院院长宫鹏、台湾海洋大学陈正宗、荷兰乌特勒支大学法学院助理教授Dr. Otto Spijkers等国内外海洋领域专家学者。学术会议：主办、合办国际会议3场，包括6月22日主办第二届"北大海洋国际研讨会"，7月24日至25日在京举办"中美海洋战略与政策二轨对话"，10月28至29日在新加坡举办"中美海洋战略与政策对话第二次会议"；主办、承办国内学术研讨会4场，包括1月5日、9月7日举办2场"南海局势"研讨会，4月20日主办"能源开发与军民融合"研讨会，10月18日、26日承办"21世纪的海权与海洋治理"主题"黉门对话"；2019年举行座谈访问3场，交流单位包括自然资源部第二海洋研究所卫星海洋环境动力学国家重点实验室、厦门大学近海海洋环境科学国家重点实验室、美国海军战争学院等国内外海洋机构。

对外合作。 海洋研究院与中国船舶重工集团公司第七一五研究所、中船海洋探测技术研究院有限公司、装备预研中船集团联合基金管理办公室等单位开展水下观测方向的课题合作；与外交部、自然资源部下属单位、中国空间技术研究院等单位开展海洋战略与政策方向的课题合作；与地方政府（山东威海、青岛等地）交流互访，探讨合作。

行政队伍。 海洋研究院在职劳动合同制行政人员4人。新入职1人，减离2人。

党建工作。 7月1日，海洋研究院党支部正式成立。发展教工党员3人。党支部围绕"不忘初心、牢记使命"、新中国成立70周年等主题开展"三会一课"，组织生命关怀志愿服务。

（王玉霞）

【第二届"中国与全球海洋治理"主题北大海洋国际研讨会】6月22日在英杰交流中心举办第二届"北大海洋国际研讨会"。研讨会以主题演讲与平行会场相结合的形式展开，围绕"中国与全球海洋治理"主题进行探讨，旨在推动海洋研究领域的交流与合作。来自中国、英国、美国、日本、新加坡、阿拉伯联合酋长国、澳大利亚等多个国家的百余名嘉宾参会，共同探讨全球海洋治理领域的最新科研进展及研究成果。中国工程院院士李家彪、中国科学院院士吕达仁等专家学者做主题演讲。

（王 磊）

【中美海洋战略与政策第二轨对话】7月24日至25日，海洋研究院与国际非政府组织亨利·杜南人道主义对话中心（Centre for Humanitarian Dialogue）在京联合举办"中美海洋战略与政策二轨对话"，旨在推动改善中美海上互动，促进两国战略界对彼此海洋战略和政策的理解，并探讨如何管控政策分歧、减少海上风险和促进区域稳定。会议由人道主义对话中心亚洲区域主任Michael Vatikiotis和海洋研究院海洋战略研究中心胡波共同主持。中国外交部边界与海洋事务司大使韦宏添出席会议，并发表主旨演讲。来自中美双方的12名国内外专家参加会议。中国外交部、中国海警局和美国驻华大使馆的部分官员列席会议。

（胡 波）

【"21世纪的海权与海洋治理"主题黉门对话】10月18日、10月26日承办"21世纪的海权与海洋治理"主题"黉门对话"，围绕"国际海洋安全秩序演进与中国角色""涉海前沿技术：科学与政策"两个分主题展开，旨在促进学科交叉，拓展学生思维。来自北京大学、海南大学、华东政法大学、海军研究院、美国海军战争学院、自然资源部海洋战略规划与经济司、自然资源部海洋预警监测司、自然资源部海洋发展战略研究所、自然资源部第三海洋研究所、自然资源部国家海洋技术中心、国家海洋环境监测中心、中专隆天知识产权运营（深圳）股份有限公司等单位的专家受邀做主题报告。

（王 磊）

【专著在伦敦和纽约出版】9月12日，海洋研究院海洋战略研究中心胡波专著 Chinese Maritime Power in the 21st Century 由英国Routledge出版社出版。该书将战略设计、政策分析和趋势预测相结合，较为系统地阐释和规划了中国21世纪的海洋战略。该书已被纳入海权战略和海军历史专家杰弗里·蒂尔（Geoffrey Till）主编的"海军政策与历史"的丛书系列。

（胡 波）

【国民海洋意识发展指数报告（2017）正式出版】为持续评估国民海洋意识发展情况，进一步深化对国民海洋意识的测算与分析，2017年度课题组在结合专家论证的基础上，优化了国民海洋意识评价指标体系和测算方法，进而结合互联网大数据和线下调查数据对我国31个省（区、市）（香港、澳门、台湾地区除外）的国民海洋意识发展情况进行跟踪测算评估，并对评估结果进行了分析。可为及时掌握我国海洋意识水平、支撑政府海洋相关决策提供参考依据。

（王继民）

【第十四届海洋药物学术年会暨2019国际海洋药物论坛】由中国药学会海洋药物专业委员会主办的"第十四届海洋药物学术年会暨2019国际海洋药物论坛"于11月11至14日在广州召开。会议由中国药学会海洋药物专业委员会主任委员、北京大学海洋研究院教授林文翰主持。会议联合中国生物化学与分子生物学海洋专业分会、中国微生物学会海洋微生物学专业委员会、中国海洋湖沼学会药物学分会共同主办，中国科学院南海海洋研究所、暨南大学、中国科学院热带海洋生物资源与生态重点实验室、南方海洋科学与工程广东省实验室（广州）和广东省海洋药物重点实验室共同承办。大会以"探知深蓝，协同攻坚，提升海洋药物源头创新"为主题，来自多个国家和地区的500余名海洋药物领域的专家学者及研究生参加大会。

（林文翰）

人文社会科学研究院

【发展概况】 基本情况。北京大学人文社会科学研究院是以人文与社会科学基础学科为主、推动跨学科交叉研究并促进国际交流合作的实体学术机构。英文名称为 Institute of Humanities and Social Sciences, Peking University，中文简称为"文研院"。驻地为北京大学静园二院。文研院的宗旨是：涵育学术，激活思想。目标定位是：立足于人文社会学科基础研究，探索学科之基本原理及前沿领域，推动跨学科交叉合作，为知识积累和思想创新提供学术支撑。依托学校综合优势，凝聚多方学术精华，促进与海内外学界的深度交流，建设更有竞争力的学术队伍。基于中国历史变迁的经验和理论，从世界诸文明的演进路径出发加以比较和审视，探索中国社会发展和文明振兴的道路。继承传统，弘扬人文与科学精神；引领风气，优化学术生态。

组织架构。文研院主要机构由院务会、学术委员会、工作委员会和行政办公室组成。院务会是相关负责人进行议事决策的基本制度和主要形式，负责学术活动的统筹和组织、邀访学者项目的开展和实施与行政事务的保障和支持等常规工作，参会人员包括院长、常务副院长、行政副院长与院长助理。学术委员会在海内外人文社会科学领域专家学者中邀请聘任，任期四年，负责审核文研院章程、把握学术导向与发展规划、审议院长提交的讨论事项。经学术委员推举，陈平原教授担任本年度轮值主席，任期一年。工作委员会由北京大学人文与社会科学学科的中青年学术骨干组成，任期四年，负责讨论各项学术发展规划、组织实施相关学术活动、遴选邀访学者、参与商讨工作事项。经工作委员推举，韩笑为轮值召集人。行政办公室由办公室主任、行政主管、邀访项目与国际事务主管、邀访项目与国际事务主理、业务发展与推广主管、业务发展与推广主理、自媒体运营与宣传主管、档案收集与管理主管等人员组成，具体负责日常行政事务和学术活动的服务支持与保障工作。

行政工作。行政人员共计10人，包括在编人员2人、合同制人员8人。

交流合作。国际交流方面，文研院自2017年开展同德国、法国、英国、美国等国高校的交流合作，多个重点项目同时推进。2019年3月12日，柏林自由大学东亚研究生院助理教授孟爱莲（Elena Meyer-Clement）来访文研院，与常务副院长渠敬东商讨中德梅里安研究中心筹备事宜。3月25日，常务副院长渠敬东出访德国，与柏林自由大学等七所大学相关负责人共同向德国教育部正式申请成立中德梅里安研究中心项目。4月10日，德国哥廷根大学东亚系主任、梅里安北京中心德方筹建委员会委员多米尼克·萨克森梅耶（Dominic Sachsenmaier）来访文研院，与常务副院长渠敬东商议学术合作事宜。9月19日，法国社会科学高等研究院院长克里斯托夫·普洛夏松（Christophe Prochasson）教授到访，同文研院院长邓小南就两院治学理念、学术国际化发展、合作交流项目等议题进行讨论。9月25日，法国人类科学之家基金会科研主任吉乐·吕里耶（Gilles Lhulier）到访文研院，同常务副院长渠敬东讨论学术合作事宜。10月8日，法国国立东方语言文化学院院长余曦（Jean-François Huchet）、研究事务副院长彼得·斯托金格（Peter Stockinger）来访。10月18日，巴黎科学艺术人文大学（PSL）副校长范明河（Minh-Hà Pham）一行到访文研院，同常务副院长渠敬东就年度学术会议、学者互访项目等进行深入讨论。12月17日，文研院特邀访问教授、哈佛大学教授包弼德（Peter K. Bol）回访文研院，同北京大学副校长王博、文研院院长邓小南商讨双方在数字人文领域的合作与发展事宜。

国内交流方面，为积极响应学校与故宫博物院签署的共建合作协议，文研院与故宫博物院迅速落实双方学术方面的合作机制。11月起，文研院组织邀访学者及北大相关学者赴故宫进行专题讲座。11月29日晚，文研院主办的"故宫与故宫学"系列学术活动正式启动。12月，文研院第七期邀访学者及部分校内相关学者应邀前往故宫，同故宫博物院故宫研究院专家开展"故宫与故宫学的现状与未来"学术交流座谈会。同时，文研院与各兄弟高校进行互访学习，共同推进中国文科高等研究的发展。6月至9月，中山大学博雅学院院长谢湜一行、武汉大学文明对话高等研究院院长吴根友一行、台湾大学人文社会高等研究院院长廖咸浩、浙江大学高等人文研究院院长赵鼎新先后到访文研院并与院领导深入交流探讨。10月19日，文研院工作团队一行赴浙江大学人文高等研究院和浙江大学艺术与考古博物馆就学术发展规划、学术展览策划、跨学科平台搭建和学术共同体建设等方面进行调研。11月16日，文研院常务副院长渠敬东教授应邀参加于中山大学举办的"第五届中国高校高研院联盟会议暨中山大学人文高等研究院成立十周年座谈会"。

学术团队。文研院的学术团队主体分为两个部分：一是由学校各院系的优秀学者组成，文研院配合不同学者提出的重点主题和焦点议题，提供合理的学术资源配置以及各项学术活动支持；二是由国内外邀访学者组成，根据学者提出的研究计划，文研院提供"量身定制"的学术支持和行政服务，打造良好的研究环境。文研院每年设立若干邀访学者名额，海内外学者可自主申请，由工作委员会按照遴选程序进行遴选。邀访时间一般为4个月。自2019年3月起至12月末，文研院开展第六期、第七期邀访学者项目，共邀请40位国内外专家学者来校开展驻访研究，学科覆盖文学、历史学、考古学、社会学、哲学、艺术史、经济学、政治学等各大人文社会科学学科及相关领域。

学术活动。2019年，文研院举办"文研讲座""文研论坛""未名学者讲座""静园雅集""文研读书""文研纪念""邀访学者论坛""菊生学术论坛"等系列学术活动共177场,并形成了"早期中国与中华文明""族群凝聚与国家秩序""社会转型与精神重建""西学在中国""多文明互动与比较"、"科技、艺术与人文"等核心议题。文研院初步打造出"近者悦,远者来"的良好学术氛围,并积极调动了青年学者的研究热情及科研潜力,汇聚学术精华,为学术生态的优化打下坚实基础。

2019年春季学期,为期一年的"跨学科视野下的制度研究"系列讲座完结。该系列讲座聚焦"制度"这一人文与社会科学的核心命题,从历史学、政治学、社会学、经济学等不同学科的视野集中讨论古今中外的制度及制度研究的理论方法,在问题的梳理与路径的交叉中激活思想,拓宽制度研究的视野。春季学期,文研院开启"文明之间:交融与再造"系列讲座,围绕从埃及到中国这一广袤区域上的文明形态,加以深入阐发。一方面从具体区域的经验事实出发,深化对某一文明的分析和认识;另一方面则是在诸多区域文明基础上,经过分析与综合,建立更具包容性的对"文明"的新理解。系列讲座于年底结束。秋季学期,文研院推出"科学·文明"系列讲座,探讨和阐释现代科学的本质和现代文明的内涵,推进人们对科学-文明互动关系的再认识、再理解,为当下弘扬科学精神、建设科学文化奠定学理基础,同时也为中国科学发展和中华文明注入新的思想生机与活力。此外,文研院与故宫博物院于2019年11月起开展学术交流合作,共同举办"故宫与故宫学"系列学术活动,截至目前已进行7场。

2019年度,文研院组织2次学术考察活动,来自多个学科领域的专家学者赴不同地区进行走访与综合考察,从跨学科角度考察不同地区人文景观、出土文物与历史地貌,调研历史文化价值。6月19日至25日,"陇东、宁南地区史地考察"召集历史学、历史地理、考古学等领域的专家学者赴甘肃陇东地区及宁夏南部地区,实地探查宋代西北边防城寨遗址、秦汉祭祀遗址及陇东、宁南石窟寺遗址。7月19日至24日,"内蒙古阴山南北社会史考察"组织历史学、历史人类学、考古学等领域的专家学者赴呼和浩特、包头、达茂旗百灵庙等地进行实地走访与考察。

常规学术活动外,文研院继续开设"文研课程",共计3门,分别是伊朗考古:从旧石器时代到阿契美尼德王朝时期、西域南海史地研究与审音勘同、物质文化史的方法和实践。此外,"传承:我们的北大学缘"系列讲述活动第三场于9月20日举行。该系列讲坛旨在邀请北大人文社科领域的优秀学者讲述北大学术传承、治学机缘和为学理念,彰显文科学者代代相承的优秀学风,高扬北大老一代学人的精神品格,启迪和激励青年学子。

【文研三周年系列学术活动】 2019年9月,文研院成立三周年。延续既有传统,文研院通过组织主题学术报告、学人讲述、跨学科对谈等活动,邀请学者畅叙旧谊,激活议题,共同见证文研院的发展。9月20日下午,两场主题学术报告举行。北京大学国家发展研究院教授周其仁带来题为"全球化:国别本位与市场本位"的演讲,法国社会科学高等研究院院长克里斯托夫·普洛夏松(Christophe Prochasson)以"圣西门与欧洲思想之变"为题做主题演讲。9月20日晚,"传承:我们的北大学缘"学者讲坛举行。活动邀请北京大学中文系教授乐黛云、复旦大学文史研究院及历史学系资深特聘教授葛兆光、浙江大学艺术与考古学院教授白谦慎、北京大学中文系教授戴锦华、北京大学法学院教授吴志攀,围绕"学缘传承"的主线,以录制视频和现场讲述相结合的方式,讲述他们的求学历程与师承因缘,关切时代里的"小我"与"大我"。9月21日上午,文研院分别以"思想史与艺术史""文学与法学""考古学与人类学"为题举行三场跨学科对谈。来自北大校内外不同领域的学者围绕交叉学科问题展开热烈讨论,部分往期邀访学者回到文研院参加了该活动。

【五四百年系列活动】 2019年3月30日,文研院举办"五四与现代中国"主题论坛与分论坛,北京大学博雅讲席教授陈平原、日本京都大学名誉教授狭间直树、四川大学历史文化学院教授罗志田、美国哈佛大学东亚系教授王德威、英国剑桥大学亚洲与中东研究系教授方德万、台湾"中研院"史语所特聘研究员王汎森等二十余位海内外知名学者就"五四与新思潮""五四与新文学""五四与20世纪中国政治""五四与中国现代思想文化"等议题发表主题演讲并进行讨论。

4月26日,"新文化的曙光——五四时期北大学人群像"专题展览开幕,回顾展现了北大黄金时代新老两代学人的学术建设与精神风貌。展览分为"文化之激荡""风气之转移""精神之回想"三个单元,全面展现了新文化的曙光以北大为中心,经由五四运动轰动整个社会,进而影响到一个时代的过程,同时也展示了北大在新文化思潮中整理国故、再造文明的一系列历史材料。

(周诗雨)

【附表】

表 5-2　2019 年"文研讲座"汇总表

编号	主题	主讲人	时间
1	中国大学教育：反思与未来	林建华	2019.03.01
2	公共性：融入与排斥	Joel Migdal	2019.03.12
3	走向"活"的制度史：以宋朝信息渠道研究为例	邓小南	2019.03.14
4	王翚距离黄公望有多远——重新发现《富春山居图》子明卷	余　辉	2019.03.18
5	从《乡土中国》到经学史——"国民性"论的启发	乔秀岩	2019.03.24
6	希腊世界的埃及魔法	颜海英	2019.03.27
7	经济学的制度范式与中国经验	周黎安	2019.03.28
8	自下而上的制度史研究：以一条鞭法和图甲制为例	刘志伟	2019.04.09
9	有关汉语的另一种书面语"小儿锦"问题研究	刘迎胜	2019.04.10
10	豫湘桂会战：二战的转折点； 抗战时期战场以外的中国：战时的日常生活	Hans van de Ven	2019.04.11 2019.04.15
11	杜尚与西方当代艺术	王瑞芸	2019.04.12
12	清华简《摄命》篇源流考	Edward L. Shaughnessy	2019.04.15
13	阿拔斯朝百年翻译运动与阿拉伯文化的繁荣	林丰民	2019.04.19
14	反思奥斯曼帝国的多样性	昝　涛	2019.05.07
15	对位与错格——五四与电影	戴锦华	2019.05.09
16	比较历史分析的源流辨析	应　星	2019.05.10
17	保罗·克洛岱尔与中国； 1919—1930 年间法国思想界的东西方之争	Didier Alexandre	2019.05.14 2019.05.17
18	以史实矫正想像：以我的藏区文学书写为例	阿　来	2019.05.19
19	神采幽深：流转在古代近东文明之间的青金石	贾　妍	2019.05.23
20	荒野的呼唤：六十年守护自然之旅	George B. Schaller	2019.06.10
21	经济社会学的制度研究——两条不同的跨学科研究路径	刘世定	2019.06.13
22	经典性、母语问题及其它：谈中国当代诗歌英译选本	Maghiel Van Crevel	2019.06.21
23	雅集之后的图像与政治命运	尹吉男	2019.06.21
24	异中求同：帕森斯与二十世纪六七十年代哈佛知识圈	Mark Gould	2019.07.02
25	现代中国的演说及演说学	陈平原	2019.09.17
26	从《五族谱》看波斯人对欧亚诸民族的认知	王一丹	2019.09.17
27	欧洲如何崛起：经济知识在制度构建和经济增长中的作用； 随机系统中的"价值转形问题"； 经济学的普适性：现代经济学对古代欧洲资本主义形态的解释力	Bertram Schefold	2019.09.18 2019.09.25 2019.10.07
28	信息、票号、运输——晚清收藏活动中的网络因素	白谦慎	2019.09.19
29	全球化：国别本位与市场本位	周其仁	2019.09.20
30	圣西门与欧洲思想之变	Christophe Prochasson	2019.09.20
31	柔然与阿瓦尔考古调查——兼论 6—8 世纪中国与欧洲的文化交流	林梅村	2019.09.24
32	性格与历史； 历史是一种扩充心量之学	王汎森	2019.10.21 2019.10.28
33	科学与文明之问	韩启德	2019.10.22
34	怀疑者多马：看，触摸与信仰	Glenn Most	2019.10.23
35	古犹太教中作为世界观的天启主义； 古犹太教和早期基督教中的迦南传统	John Collins	2019.10.23 2019.10.25
36	北魏祭天方坛上的木杆	罗　新	2019.10.25
37	塑造人民：马基雅维利，米开朗基罗	Ginzburg Carlo	2019.10.29
38	关于资本主义的纷争：一个历史学家的观点	Jürgen Kocka	2019.11.04
39	希腊科学精神的起源	吴国盛	2019.11.07
40	从日本吴乐"师子"和唐乐"苏莫者"看西域乐的东渡和演变	葛晓音	2019.11.13
41	社会科学中的概念问题——以中国政治研究为中心的讨论	景跃进	2019.11.18
42	商业合伙关系：中国经济史为人忽略的一面	Joseph McDermott	2019.11.20

（续表）

编号	主题	主讲人	时间
43	中国院士制度及相关问题探讨	王扬宗	2019.11.25
44	王阳明的晚年思想	陈来	2019.11.28
45	口诵与书写——印度文化载体的流变与东传	叶少勇	2019.11.28
46	俄罗斯科学院西伯利亚分院青铜铁器时代考古研究新成果；青铜时代的西西伯利亚——区域性趋势与规律性；阿尔泰山区巴兹雷克文化	Viacheslav Molodin	2019.11.29 2019.12.02 2019.12.06
47	故宫文物南迁及其意义	郑欣淼	2019.11.29
48	最后的斯基泰人——追溯于阗王国社会宗教文化变迁	段晴	2019.12.06
49	古代画仿代者的揭示	肖燕翼	2019.12.11
50	从景德镇工匠传说看工艺技术传承与创新	高彦颐	2019.12.12
51	灾害与数字人文	Dagmar Schäfer	2019.12.17
52	日常食物的价值：酱油制造与中国历史	梁其姿	2019.12.19
53	丝绸之路：一个跨文明的交流系统	荣新江	2019.12.19
54	光绪帝死因研究	朱诚如	2019.12.23

（周诗雨）

表5-3 2019年"文研论坛"汇总表

编号	主题	主讲人	时间
1	北大本科教育：自我诊断与发展评价	林建华、裴坚、刘云杉等	2019.02.22
2	五四与现代中国	陈平原、狭间直树、罗志田等	2019.03.30
3	多文化语境中的夷夏认知	刘迎胜、姚大力、荣新江等	2019.05.10
4	边疆社会的文学镜像	阿来、汪晖、沈卫荣等	2019.05.20
5	丝绸之路上的民族迁徙与物种传播	荣新江、葛承雍、王永平等	2019.06.12
6	回到"乡村"：整体性视野与中国社会研究	刘志伟、刘守英等	2019.06.27
7	民族与国家：再思1950年代中国民族识别与社会历史调查	王铭铭、王娟、王利平等	2019.07.03
8	书谱石刻：中古到近世华南与西域研究的对话	刘志伟、郑振满、定宜庄等	2019.07.18
9	走近历史现场——陇东宁南地区的史地追索	李零、李孝聪、韦正等	2019.09.15
10	胡语写本与文明传承	Nicholas Sims-Williams、Jonathan Silk、吉田丰、段晴等	2019.11.05-06
11	划等而治：对中国历代县级政区等级演变的观察	马孟龙、陈侃理等	2019.11.23

（周诗雨）

表5-4 2019年"未名学者讲座"汇总表

编号	主题	主讲人	时间
1	围城考——东方世界的希腊知识	林丽娟	2019.04.15
2	维也纳体系最后的"大国协调"与清朝-民国连续性的创制	章永乐	2019.04.23
3	企业的道义：社会责任信息披露策略及其市场影响	张闫龙	2019.05.14
4	"湘人江督格局"与晚清政治	韩策	2019.05.20
5	灰尘的旅程：十九世纪英国文学与生活中的"洁净"	纳海	2019.05.28
6	全球化进程中的东方——以日本近代发展为例	董昭华	2019.06.03
7	如何重建一场葬礼——西汉遣策的用法与读法	田天	2019.06.11
8	"群众创造"的经验与问题——以1944年"《穷人乐》方向"为案例	程凯	2019.06.17
9	文明化与作为灵魂的民族文化：从涂尔干到土耳其主义的理论之旅	王利平	2019.10.08
10	荷马社会与荷马道德："荷马问题"再探	陈斯一	2019.10.15
11	佛教譬喻、因缘文献从印度到中国的嬗变	范晶晶	2019.10.24
12	"燕京学派"的乡土社会转型方案：基于费孝通与林耀华的比较	杨清媚	2019.10.31

（续表）

编号	主题	主讲人	时间
13	基层传播与晋冀鲁豫《人民日报》中的新闻治理经验	张慧瑜	2019.11.05
14	工厂、家庭和资本的边陲：中国企业在非洲的社会经济学考察	许 亮	2019.11.11
15	发明巴西：混血身份的构建与危机	樊 星	2019.11.19
16	礼乐传统与先秦人性论：从《乐记》"人生而静"谈起	孟 琢	2019.11.26

（周诗雨）

表5-5　2019年"静园雅集"汇总表

编号	主题	主讲人	时间
1	习字·学书·作书——以古代书迹、书家为例	刘 涛	2019.11.20
2	音乐作为社会镜像	T. M. Krishna	2019.11.27
3	将登太行——华北平原与山西高原间的古道考察	王 抒	2019.12.06

（周诗雨）

表5-6　2019年"文研读书"汇总表

编号	主题	主讲人	时间
1	从母权制到现代新世界：人类历史中的女性、家庭与社会		2019.01.06
2	毕加索与立体主义——《毕加索传》研读会		2019.03.16
3	林语堂与现代中国知识思想遗产——《林语堂传》研读会	钱锁桥	2019.04.13
4	经济史的写法——《剑桥中国经济史》研读会	Richard von Glahn	2019.04.13
5	我心归处是敦煌——樊锦诗的石窟考古与文物保护工作	樊锦诗	2019.10.22
6	传统中国的礼仪实践与社会形构——《礼仪下乡》研读会	刘永华	2019.11.10

（周诗雨）

表5-7　2019年"文研纪念"汇总表

编号	主题	与谈人	时间
1	陈梦家先生学术研讨会	李 零、朱凤瀚、Edward L. Ahaughnessy 等	2019.04.14
2	陈寅恪与近代中国的思想与学术——暨纪念陈寅恪先生逝世50周年学术研讨会	刘桂生、刘梦溪、王汎森等	2019.10.12
3	潘光旦与中国社会学——纪念潘光旦先生诞辰120周年研讨会暨《潘光旦全集》启动仪式	马 戎、周飞舟、渠敬东等	2019.12.07

（周诗雨）

表5-8　2019年"大学堂"顶尖学者讲学计划系列讲座汇总表

编号	主题	主讲人	时间
1	微物，即物，与极物——当代小说与后人类想象； 鲁迅，韩松，与未完的文学革命——"悬想"与"神思"	王德威	2019.03.30 2019.03.27
2	1857年印度起义； 印度早期自由主义的矛盾； 印度与现代性的遭遇； 甘地和尼赫鲁：爱与分歧； 泰戈尔的遗言	Rudrangshu Mukherjee	2019.04.15 2019.04.17 2019.04.19 2019.04.24 2019.04.25
3	如何成为社会主义者？——夏尔·安德勒《社会主义文明》导论； 圣西门与欧洲思想之变	Christophe Prochasson	2019.09.18 2019.09.20

（周诗雨）

习近平新时代中国特色社会主义思想研究院

【发展概况】 机构设置。北京大学习近平新时代中国特色社会主义思想研究院（以下简称"研究院"）实行理事会领导下的院长负责制，理事会是研究院最高决策机构，由北京大学党委书记和校长共同担任理事长。于鸿君为研究院院长，孙熙国为常务副院长，龚六堂、孙蚌珠、韩毓海、李琦、黄宇蓝为研究院副院长。研究院坚守"以学术讲政治，汇聚全球的顶级学术资源，研究、阐释习近平新时代中国特色社会主义思想，为以习近平同志为核心的党中央治国理政服务，为中国共产党长期执政服务，为新时代马克思主义中国化服务"的定位和使命，充分发挥跨学科优势，以建成国家级思想库为发展目标。研究院围绕习总书记治国理政方略，由校内外相关领域顶尖专家牵头，成立学术研究中心11个，分别为：乡村振兴中心、金融安全与风险管理研究中心、国家治理研究中心、全面依法治国研究中心、全球事务研究中心、健康中国研究中心、经济研究所、人口与社会发展中心、生态文明研究中心、贫困治理研究中心、国家科技战略研究中心。

教学工作。研究院设立了教学指导委员会，包括政治、经济、马克思主义理论、社会、中文、历史、哲学等多个学科多位较高的学术水平，熟悉教育教学规律的专家组成，并形成了教学指导委员会章程。探索跨学科博士培养体制机制，建立高质量的文科交叉学科博士人才培养方案，切实培养好研究宣传阐释好习近平新时代中国特色社会主义思想、能够讲好中国发展道路、制度、理论体系的创新型人才。参与思政课教师队伍建设的调研，参与探索以"专兼职结合"解决队伍规模不足的难题。参与制定《大钊人才计划》，聘请专家学者、离退休老专家以及中央各部门领导等高层次校外兼职教师讲授思政课，让"思政课程"与"课程思政"相向而行。

研究院紧扣服务国家战略，与国务院扶贫办联合设立公共管理硕士（贫困治理）专业学位研究生项目，第一批拟招录30名学员，经全国统考、学校复试选拔后于2020年9月入学。

科研工作。研究院涉及的研究领域包括：马克思主义中国化与百年中国的历史巨变，中国特色社会主义的特殊性与普遍性、个性与共性关系，大历史观下的新中国70年，"新时代"的本质特征，中国版的全球治理方案，文化软实力与中国话语体系的建设，现代化的国家治理体系和治理能力等当前亟需研究的一些重大的理论和实践问题。十余位包括博士后在内的来自哲学、历史学、政治学、经济学、新闻学等多个学科的青年学者在研究院开展研究工作。

服务决策方面：依托闭门会议，已刊印《新时代理论》内刊10期，《新时代动态》快报35期。

承担重大课题方面：研究院申请获批了《习近平总书记关于贫困治理的思想和实践研究》国家重大社科基金课题一项，承担了《习近平新时代中国特色社会主义思想的原创性贡献》《人类命运共同体的基本问题与基本理论研究》《中国特色社会主义制度"以人民为中心"的立场研究》《习近平新时代中国特色社会主义经济思想研究》《中国当代文艺论争的历史经验》等中宣部、教育部和北京市等相关单位委托的重点课题5项；开展《习近平总书记关于"改革开放前后两个阶段不能互相否定"重要论断的经济学内涵》、医疗体制改革、金融风险防控、乡村振兴等中长期课题10余项。

出版发表方面：《少年中国说：我读〈习近平谈治国理政〉》已经出版。研究院在《人民日报》《光明日报》《经济日报》《求是》等重要报纸刊物上发表文章7篇。《中共中央党校（国家行政学院）学报》相续刊载了以研究院"新时代学习大家谈"为依托的《马克思主义与中国道路》《全球危机与中国的乡村振兴》《新结构经济学在新中国的创立及其理论创新》《中国法治道路与法治模式——全球视野与中国经验》《中国崛起和经济学的革命》等文章。《经济研究参考》第十期、第十二期专刊也刊载了研究院"习近平新时代中国特色社会主义经济思想"课题组的研究成果。

交流合作。5月5日举办了"五四运动与新时代——纪念五四运动100周年学术研讨会"，来自校内外的专家学者围绕五四运动与五四精神主题进行研讨，指出以习近平新时代中国特色社会主义思想为指导，团结校内外研究力量开展五四运动及中国近现代史研究，向党和国家提供富有时代性、前瞻性、原创性和重大影响力的思想理论成果。10月26日举办了"21世纪马克思论坛——马克思中国化与新中国70年"，来着全国八十多所高校的专家学者围绕习近平总书记对马克思主义中国化的原创性贡献、人类命运共同体的内涵、中国道路的新范式等问题展开了广泛而深入的交流，全校200多名来自各个院系的辅导员、师生代表参加了论坛。在五四运动100周年、新中国成立70周年等重大时间节点，《新闻联播》对相关活动和习研究院学者进行了采访，深入阐释习近平新时代中国特色社会主义思想内涵。

举办系列闭门会议与"新时代学习大家谈"系列讲座，2019年以来，研究院围绕当前国际国内面临的重大现实问题，研究院通过组织闭门会议，校内外各学科顶尖学者共同讨论，形成有针对性和可行性的对策和建议报送上级单位。目前已举办13场闭门会。林毅夫、路风、强世功、王绍光、朱威烈等围绕"工业体系与中国经济增长的前景""中国宪制与法治：全球视野与中国经验""新中国建立70周年的历史反思和经济学的理论创新""改革开放，国家能力与经济发展"等主题做了"新时代学习大家谈"系列讲座，目前已开展15场。

社会服务。2019年春季学期，研究院与学工系统共同开设《习近平新时代中国特色社会主义思想概论》课程，为下一步更大范围地开设课程积累有益经验。2019年秋季学期，研究院与相关职能部门共同组织了基层选调生返校培训"薪火班"。72名来自西部省份的选调生参加培训，聚焦基层治理能力提升。选调生返校培训在全国高校中尚属首次。2019年秋季学期，研究院与学生工作部共同举办了辅导员"思想政治教育教学"专题培训班，来自全校各院系的160名辅导员参加培训，增强知识储备、理论基础和工作能力，为日常思政教育工作与思政课教学的有效结合打下基础。在新中国70华诞前夕，研究院向参加国庆70周年群众游行及志愿服务的3500余名师生发放《习近平的七年知青岁月》《习近平在正定》两本书，激励当代青年树立正确人生观。

党建工作。9月，在"不忘初心、牢记使命"主题教育期间，研究院党支部正式成立，发挥基层党组织战斗堡垒作用。随后组织开展多次学习教育活动，把理论学习与实践工作相结合，以主题教育为契机把学习教育、调查研究、检视问题和整改落实融会贯通，贯穿整个教育过程。

管理服务。成立近两年来，研究院逐步配强行政支持队伍、重视课题组秘书配备，行政人员工作投入、业务素质高，初步形成较为完整的院系管理服务架构。建立会议决策机制、建立较为严密的财务制度和程序、建立法务制度、建立OA管理系统、建立资产管理制度，对研究院进行科学合理的管理。同时，研究院持续优化空间环境，守仁中心中馆报告厅安装LED高清大屏幕、建设户外研讨空间、布置研究院发展理念及活动展陈等。

（范春莉）

【设立公共管理硕士（贫困治理）专业学位研究生项目】研究院紧扣服务国家战略设立公共管理硕士（贫困治理）专业学位研究生项目。该专业学位项目与国务院扶贫办联合举办，将从基层源头考核、选拔优秀青年人才，结合习近平新时代中国特色社会主义思想和脱贫攻坚、乡村振兴伟大实践，紧扣脱贫攻坚工作实际，进一步为在基层受到锻炼的优秀人才提供高水平交叉融合教育，提升他们的国际视野、爱国情怀、理论水平，培养造就忠诚干净担当的新时代栋梁之材。第一批拟招录30名学员，报考人数超过400人，经全国统考、学校复试选拔后于2020年9月入学。

（韩函岑）

【共同组织选调生返校培训"薪火班"】2019年10月，北京大学邀请毕业后赴西部地区的72名选调生代表回校，用一周的时间重现了"博雅塔下好读书"的时光，让选调生的实践再与理论相结合——这次培训是我国高校历史上第一次大规模、成系统的选调生返校培训，得到了地方组织部门的大力支持，被称为"薪火班"一期，由学生就业指导服务中心、习近平新时代中国特色社会主义思想研究院、研究生院三家单位共同发起。一批又一批政治坚定、道德品行良好、学习能力突出的北大人，带着母校的关怀，扎根于祖国最需要的地方，赓续前行，不悔初心。"薪火班"一期学员表示定将不负青春、不辱使命，自觉做到珍惜机会，扎实工作，为实现中华民族伟大复兴的中国梦贡献所有的力量。

（韩函岑）

【共同举办辅导员"思想政治教育教学"专题培训班】2019年11月13日至14日，北京大学辅导员"思想政治教育教学"专题培训班系列培训在陈守仁国际研究中心中馆报告厅举行。13日，法学院教授强世功围绕"中国法治道路与宪制模式"专题授课。14日，习近平新时代中国特色社会主义研究院副院长、马克思主义学院党委书记孙蚌珠围绕"北大思政课整体情况及课程体系概况"专题授课；多名思政课课程主持人围绕思政课课程导读专题授课。各院系辅导员、学生工作系统在学校和院系承担思政课教学任务的人员160名余人参加培训，增强知识储备、理论基础和工作能力，为日常思政教育工作与思政课教学的有效结合打下基础。

（韩函岑）

【举办"新时代学习大家谈"系列讲座】研究院组织了一批理论名家，聚焦当代中国与世界面临的重大问题，深入研究阐释习近平新时代中国特色社会主义思想的丰富内涵、精神实质与科学体系。2019年以来，林毅夫、路风、强世功、王绍光、朱威烈等围绕"工业体系与中国经济增长的前景""中国宪制与法治：全球视野与中国经验""新中国成立70周年的历史反思和经济学的理论创新""改革开放，国家能力与经济发展"等主题做了报告，目前已开展15场。

（范春莉）

深圳研究生院

【发展概况】组织结构。深圳研究生院现有信息工程学院、化学生物学与生物技术学院、环境与能源学院、城市规划与设计学院、新材料学院、汇丰商学院、国际法学院以及人文社会科学学院等八个学院。2019年深圳研究生院领导班子成员包括：院长：詹启敏；书记：谭文长；副院长：谭文长（兼）、杨震、徐信忠、牛宏伟、涂欢、曾辉；副书记：安晓朋、任硕、戚国伟；总会计师：徐颖。

学科建设。深圳研究生院通过"7+X"的顶层设计，布局和建设世界一流学科领域，建设围绕生物医药、先进材料、电子科技、绿色生态、跨国法律、经济管理、人文社科七个领域的学科体系。深圳研究生院将针对现有相关理工院系与汇丰商学院、国际法学院及人文社会科学学院，在保持现有学科生态体系稳定与平衡的基础上，重点支持能够服务于深圳市科技与产业发展的学科专业，构建融入东方智慧与创新基因的人才培养体系，为粤港澳大湾区、深圳先行示范区双区建设和国家发展提供强有力的人才和技术支撑，建设成为世界一流、引领中国高等教育发展的学术高地。

队伍建设。2019年深圳研究生院共引进教师25人，其中教授2人，副教授4人，助教授19人。截至2019年底，深圳研究生院有教职工706人，其中教师243人（含专职科研），实验技术121人，行政221人，博士后104人，工勤17人。人才认定方面，2019年申报各类人才计划保持平稳，新认定的深圳市国内及海外高层次人才达23人，其中国家领军人才1人，地方领军和B类各1人。高层次人才奖励申请达102人次，涉及补贴金额3200余万元，获得深圳市人才伯乐奖资金30万元。在人才项目上，2019年新引进海外高层次人才引进计划入选者2人。国家高端外专项目入选2个。申报深圳鹏城学者共3人，均为讲座教授。申报深圳市杰出人才培养计划共2人。申报深圳市创新人才奖共10人。申报海外高层次人才引进计划共8人，其中创新长期3人，海外高层次人才引进计划（青年项目）5人。在广东省珠江人才计划上，深圳研究生院2人分别入选科技创新领军青年拔尖项目。2019年5月，学校本部批复同意深圳研究生院教研系列人员的招聘与晋升评估分别参加学校相应人才评估专家小组的审议。按本部统一规范，深圳研究生院2019年第二季度上报2位教师的Tenure晋升评估，第四季度上报5位教师的Tenure晋升评估，7位教师的引进评估，最后6位教师通过Tenure晋升评估，4位教师通过引进评估。

教学工作。2019年深圳研究生院共计录取研究生1271人。其中硕士研究生1005人，博士研究生105人，港澳台地区学生24人，留学生137人，较上年增加8人。在学校缩减学术型硕士的大背景下，深圳研究生院内地硕士招生人数比较上年增加12人，内地博士招生人数比较上年增加14人。2019年度博士招生计划数为86人，较上年多13人。硕士招生计划数为1005人，与上年基本持平。其中，非全日制专硕增加25人，全日制名额相应减少。

2019年共开设课程680门，其中新开设课程50门。2019年，组织深圳研究生院教师参加"北京大学教学优秀奖"的评选和校本部青年教师基本功比赛。深圳研究生院共有3名老师参加校本部青年教师基本功比赛，分别获得理科组第二名、第三名和文科组优秀奖；2名教师参加"北京大学教学优秀奖"评选。积极组织"研究生教育创新计划"与"黉门对话"项目的申报工作。2019年有2个申报项目获得立项。在2019年"北京大学教学管理奖"的评选中，汇丰商学院的毛娜老师和国际法学院的徐文文老师获奖。

2019年出访学生317人，遍布34个国家和地区。积极组织学生申报校学校本部各项短期、长期出国项目和各项基金资助项目，并完成《北京大学深圳研究生院研究生学术交流基金评审细则（试行）》拟定和审批环节，理顺学术交流基金在校本部报销的程序。

2019年，共有893名学生顺利完成答辩并取得学位。1月，深圳研究生院共有78人被授予学位，其中硕士59人，博士19人。7月，共有813人被授予学位，其中硕士752人，博士61人。新材料学院刘同超同学博士学位论文被评为2019年度北京大学优秀博士学位论文。

2019年，通识教育中心与安徽工业大学户外体验式教学中心及厦门大学体育部等户外教育探索和研究机构建立科研资源共享机制，共同推动"以心理素养提升为目的的户外教育模式"的探索研究，中心首个横向课题《行为认知治疗理论下户外教育模式探索与研究》顺利完成中期报告。

科研工作。2019年，深圳研究生院在科研项目经费、高水平论文发表和科研创新的载体建设等方面都取得重要进展。2019年新增课题186项，合同经费总计15,916.09万元，其中横向课题106项，合同经费5318.49万元，纵向课题80项，合同经费10,597.6万元。横向经费与纵向经费比例达到1:2。师生共发表学术论文805篇，其中SCI、EI、SSCI收录674篇（同比增长23%）；申请发明专利120项，89项专利获得授权。2019年科研成果奖励的申请受理工作中共收到申请论文250篇（同比增长15.2%）、专利80项、获奖成果3项、专著1部。经审核共有232篇论文、80项专利、2项获奖成果、1部学术专著符合奖励标准。

深圳研究生院作为完成单位参与的"大气复合污染条件下新粒子生成与二次气溶胶增长机制"荣获国家自然科学二等奖，环境与能源学院何凌燕、黄晓锋作为主要完成人出席大会并领奖。2019年深圳市科学技术奖中，信息工程学院执行院长张盛东教授为主要完成人的"集成于电视面板上的栅驱动电路技术研究"项目获深圳市科学技术奖技术发明奖一等奖；2019年公布的2018年度深圳市科学技术奖中，北京大学深圳研究生院在多个奖项均有斩获，新材料学院潘锋教授、郑家新、吴忠振、王新炜、刘同超等为主要完成人的电动车动力电池材料结构及性能的基础科学研究获深圳市科学技术奖自然科学奖一等奖，化学生物学与生物技术学院李子刚教授、张庆舟为主要完成人的"稳定螺旋多肽方法及应用研究"项目获深圳市科学技术奖自然科学奖二等奖，信息工程学院李挥教授参与的"强一致电信级分布式数据库关键技术及应用"项目获深圳市科学技术奖科学进步奖二等奖。化学生物学与生物技术学院吴云东院士当选亚太理论与计算化学家协会主席，城市规划与设计学院杨家文教授入选2018年中国高被引学者榜单。

为做好2019年科研项目的申报工作，2019年1月11日组织召开申请国家自然科学基金动员布置会，并邀请主持过多项国家自然科学基金项目及其他国家级项目的专家刘虎威教授、孙立宁教授分别做《关于国家自然科学基金项目申请的几点体会》和《国家自然科学基金申报经验交流》的报告。2019年，共组织申报国家、教育部、省、市等各类纵向课题354项，其中国家自然科学基金120项（含非集中受理期申报项目），深圳市科技计划项目86项，广东省自然科学基金及科技计划项目126项，其他计划项目22项。

深圳研究生院成立设备与实验室安全管理办公室，挂靠科研处，具体负责研究生院安全管理。办公室成立后，修订和制订实验室技术安全和环境管理办法、奖惩细则等实验室安全管理制度11项，涵盖实验室安全管理、化学品采购、废弃物处理、奖惩等各方面工作。完善硬件建设，深圳研究生院实验室安全管理工作走向正规化，采购天津晟科思公司的化学品管理系统。9月份，系统上线测试，并组织全院进行系统使用培训，实现化学品信息化管理。各实验室已完成化学试剂原有库存溶剂登记。收集深圳研究生院理工类实验室相关信息，制作安全信息标识牌，做好相关防护。

2019年2月，深圳研究生院将技术转移办公室划归至未来产业技术研究院。技术转移办公室是全面管理知识产权、开展科技成果转化工作、推进产学研合作的机构。梳理并优化专利（申请）权转让、实施许可的工作流程。2019年，专利（申请）转让9项，累计金额79.15万元，累计办理技术合同登记24份，其中技术开发合同22份，技术转让合同1份，技术服务合同1份，累计合同金额2232.19万元。9月，深圳研究生院成功获批第三批专利快速预审服务备案主体单位。

党建工作。2019年，深圳研究生院党委共有60个党支部，其中教工党支部8个，学生党支部52个，合计1537名党员。2019年，根据学校党委统一部署，北京大学党委第八巡察组在深圳研究生院开展为期2周的巡察工作。深圳研究生院党委全面客观地真实报告情况，高效配合完成巡察工作。2019年，汇丰商学院党委选举产生第一届党委委员，深圳研究生院党委到届教工党支部也顺利完成换届工作。2019年，深圳研究生院党委认真组织学习党的十九届四中全会精神和《中共中央关于加强党的政治建设的意见》《中国共产党党员教育管理工作条例》等文件精神。院党委先后成立中共北京大学深圳研究生院委员会党校、北京大学深圳研究生院研究生党建研究会，更好地研究和指导党员发展和学生党建工作。2019年，共有254人（教师5人、学生249人）报名参加北京大学第32期党的知识培训班（初级党课）。136人（教师3人、学生133人）报名参加深圳研究生院第一期党性教育读书班（高级党课），126人通过高级党课结业考试。2019年，深圳研究生院党委完成党内统计工作和党费缴交工作。

10月8日，深圳研究生院领导班子赴深圳市莲花山瞻仰邓小平铜像，10月10日，院领导班子及党委委员集体参观"大潮起珠江"的主题展览，重温邓小平南方讲话的重要内容和深圳市建立经济特区、改革创新的初心，回顾高等教育在深圳市改革开放、飞速发展中所发挥的重要作用。10月12日，中共北京大学深圳研究生院委员会党校成立揭牌仪式暨"不忘初心、牢记使命"主题教育培训活动举行，深圳研究生院党政班子成员与全体党员、预备党员以及发展对象参会，北京大学党委组织部常务副部长霍晓丹做"党内法规制度体系和十九大新党章"的辅导报告，深圳市党校路云辉教授做《关于新形势下党内政治生活的若干准则》解读"的培训报告。11月8日至9日，深圳研究生院机关党支部一行18人，赴河源市和平县贝敦镇下溪村进行结对共建，开展"不忘初心、牢记使命"主题教育实践活动，与贝墩学校师生开展主题分享交流会，进行"爱心图书"捐赠，与下溪村党支部开展结对共建，深入下溪村贫困户村民家中，实地调研贫困情况，开展帮扶活动。

2019年，组织开展以"守正·廉洁·担当"为主题的廉洁教育宣传月系列活动。5月至8月，采用现场调研、项目调研、走访调研等多种形式，开展内部控制工作调研。结合"不忘初心"主题调研，围绕"现代大学治理和依法依规治校"走访深圳市司法局、院系和部门、召开职工代表座谈会等形式，梳理深圳研究生院在治理体系和依规治校等方面存在的制约性、瓶颈性问题，并提出整改措施。迎接学校本部审计工作，在分管院领导带领下，积极协调各部门完成资料准备、现场进驻审查配合、审计取证单反馈等审计工作要求。

行政工作。积极与深圳市沟通，促使生均拨款诉求有效解决。经与财务处、人事处等部门的沟通了解，深圳研究生院于2019年3月向深圳市教育局和财政局上报《北京大学深圳研究生院关于全额拨付生均经费的请示》。2019年4月25日，深圳市政府常务会议专题讨论并通过关于深圳研究生院全额生均拨款的请示，原则上同意从2019年起，由市财政按照市属高校生均拨款标准给予深圳研究生院生均拨款经费，拨款数额每年由市财政局、市教育局根据纳入国家招生计划的全日制在校生人数核算后确定。在行政管理方面，围绕文书工作、秘书工作、督办工作、党务工作、档案工作、宣传工作、信息工作、外事及国际事务工作，重要会议、活动的组织和印信管理等综合工作，做好各项基础事务，参与校区发展规划，并主动思考，创新工作。完成学年新春团拜会、教师干部大会、毕业典礼、开学典礼等工作任务。

学生工作。共有学工老师22人，班主任约60人，学生兼职辅导员13人，占全体教职工人数的15%，协助学工处、各学院开展学生思政工作。2019年开展新生心理测评815人；开展南燕心理讲座、大学生心理健康日等活动。此外，秋季学期起在新生入学教育周首次增加心理健康讲座课、印发新生心理健康家长手册，开设每周一次的《心理学与生活》小型讲座课，为学生科普心理知识。

在评优评奖工作方面，2019年深圳研究生院评优评奖工作主要按照学校的统一部署进行，各学院均成立评审小组，制定测评办法，召开奖励评审委员会会议评定。全年有近750人获个人奖励，占参评人数的40%；237人获奖学金，占参评人数的13%。深圳研究生院自主设立的1个院级奖学金（铁汉奖学金），每年评选20人。集体奖励有班级获得

"北京大学示范班集体"和"北京大学先进班集体"。

在学生资助工作方面，深圳研究生院是国内少有的实行国家助学贷款、商业助学贷款并举的高校。2019年，共完成助学贷款放款273人次，放款金额合共713.1万元；发放勤工助学工资308人次，合计21.25万元；此外，提供困难学生入学缓缴"绿色通道"76人、大学城临时困难补助164人次、退役士兵学费资助3人次等。

在学生社团管理方面。共有59个社团、囊括学术类、体育类、兴趣类、公益类等各个领域。每年定期开展社团嘉年华暨社团招新、社团干部沙龙、社团风采展、十佳社团评选和社团表彰大会等活动，其中，商业银行协会获"深圳市优秀学生社团"称号，同时代表深圳研究生院回本部进行"社团风向标"总评展示。

深圳研究生院强调做品牌促创新，发挥活动育人作用。开展镜湖之夜游园会、新生开学营、校园"十佳歌手"大赛、新生杯体育文化节、趣味运动会、合唱音乐会等校园文体活动；组织编排大学城运动会入场式方阵与校本部运动会入场式方阵"我们都是南燕追梦人"；深圳研究生院与四川省金堂县签订共建学生社会实践基地合作协议，组织党建引领乡村生态振兴——四川金堂寒假社会实践活动。2019年，北京大学汇丰商学院学生会荣获"深圳市优秀学生会"荣誉称号。

2019年4月，深圳研究生院运动代表队在北京大学2019年校运会上获得冠军，实现八连冠；11月，深圳研究生院南燕辩论队夺得第七届深圳高校青年学子辩论邀请赛总决赛冠军，夺得第五届深圳大学生思维之星思辨大赛冠军。4月，深圳研究生院代表队获得青年发展论坛之"五四百周年，青春勇担当"粤港澳高校青年知识竞赛冠军。3月，北京大学国际法学院代表队在"中国第十七届杰赛普国际法模拟法庭全国选拔赛"中荣获团队一等奖。在单项奖评审中，林逸夫同学和屈刚毅同学还荣获中国赛区最佳辩手。国际法学院代表队在"Vis北京邀请赛"中荣获团体亚军，其中张凤鸣同学获评决赛最佳辩手，黄少汶同学获评半决赛最佳辩手。北京大学国际法学院王宸宇同学获得北京大学第十六届学生"演讲十佳"大赛冠军。北京大学汇丰商学院财经传媒专业学生蓝星宇、梁银妍、叶霄麒的作品《寻路上海滩》脱颖而出，荣获中国数据可视化创作大赛最佳数据新闻奖金奖。环境与能源学院向静雅同学获得IWWG-ARB国际会议最佳学生汇报奖，梅思钰同学获2019年国际学生环境与可持续发展大会最佳报告奖。

（姚大伟、李燕红）

【深圳研究生院推进校区国际化建设】 2019年，北京大学深圳研究生院继续致力于创建世界一流国际化校区，加强与世界一流院校合作办学，国际化程度进一步提升。共有来自47个国家和地区的132名留学生和交换生，其中汇丰商学院113名，国际法学院19名。5月，AMBA正式宣布北京大学汇丰商学院通过AMBA认证，获得五年最高认证期限。汇丰商学院在获得AACSB认证后将全球"三大皇冠认证"中的又一权威认证收入囊中，也标志着汇丰商学院MBA、EMBA项目在教学质量、办学体系、学生发展及社会影响等各方面得到国际认可。12月20日，北京大学汇丰商学院与剑桥大学嘉治商学院正式启动合作高管教育项目。2019年4月，北京大学国际法学院迎来十周年院庆，与最高人民法院第一巡回法庭签署合作备忘录。

（姚大伟）

【深圳研究生院科研创新载体建设取得新突破】 4月由深圳研究生院与深圳市科创委共同举办的深圳湾实验室正式揭牌，深圳湾实验室以肿瘤、代谢性疾病与心脑血管、神经退行性疾病等重大疾病的预防和干预为重点，开展生命信息、创新药物、医学工程等方向研究。作为生命健康科学研究机构，深圳湾实验室是广东省委、省政府以培育创建国家实验室、打造国家实验室"预备队"为目标主导启动的广东省实验室，担负着建设科学人才高地以及加快生命科学领域研究的责任和义务。8月，深圳精准医学影像大设施筹建启动大会在北京大学深圳研究生院召开。由北京大学牵头，深圳研究生院执行建设的"深圳精准医学影像大设施"正在加快推进工作。作为首期确定落户深圳光明科学城的重大科技基础设施之一，精准医学影像大设施将提供先进的多模态跨尺度生物医学成像研究模式和技术成果，成像大数据分析和共享，人才培养和成果转化，打造"产学研医用"全产业链，推动深圳市成为全球生物医学成像技术创新中心和研发服务高地。此外，深圳研究生院参与研发的"视频编码国家标准AVS2支撑中央电视台播出超高清电视"入选2018年度"中国高校十大科技进展"。

（姚大伟）

【附表】

表5-9 2019年深圳研究生院科研成果

学院	论文				专利		专著
	总数	SCI	EI、ISTP	SSCI	新申请	新授权	
合计	805	487	149	38	120	89	17
信息工程学院	239	79	143		76	58	
化学生物学与生物技术学院	238	202			16	4	2

(续表)

学院	论文				专利		专著
	总数	SCI	EI、ISTP	SSCI	新申请	新授权	
环境与能源学院	80	61	6		7	10	1
城市规划与设计学院	72	38		15			2
新材料学院	106	106			21	17	1
汇丰商学院	53	1		23			9
国际法学院	17						2

（孟 祎）

表 5-10 2019 年深圳研究生院新增科研项目

学院	纵向		横向		合计	
	项目数	合同经费（万元）	项目数	合同经费（万元）	项目数	合同经费（万元）
合计	80	10,597.6	106	5318.49	186	15,916.09
信息工程学院	23	3412	11	560.95	34	3972.95
化学生物学与生物技术学院	33	3042	37	1721.66	70	4763.66
环境与能源学院	5	1060.6	15	1198.93	20	2259.53
城市规划与设计学院	9	332	17	641.10	26	973.1
新材料学院	6	192	7	372.90	13	564.9
汇丰商学院	2	39	18	802.95	20	841.95
国际法学院			1	20.00	1	20
医学工程研究所	1	2500			1	2500
其他	1	20			1	20

（孟 祎）

信息工程学院

【发展概况】 组织结构。北京大学信息科学技术学科具有悠久的历史，最早可以追溯到20世纪50年代数学力学系的计算数学专业和物理系的无线电物理、电子物理、半导体物理专业。此后，北大信息学科历经无线电电子学系、计算机科学技术系、信息科学中心、微电子学研究所等阶段。2001年，北京大学与深圳市人民政府签署《合作创办北京大学深圳校区协议书》，共同创办北京大学深圳研究生院。2002年4月，依托本部信息学科基础建立北京大学深圳研究生院信息工程学院。学院成立以来一直致力于电子信息领域的科学研究和人才培养，建成由政府批准设立的各类科研载体10余个，承担完成国家重点基础研究发展计划、国家高技术研究发展计划、国家科技重大专项、国家自然科学基金等国家、省、市各类科研项目500余项，实现多项重要科研成果转化，已发展成为北京大学信息学科的重要组成部分。信息工程学院院务会现任成员包括：张盛东（执行院长）、朱跃生（副院长）、崔小乐（院长助理）、王荣刚（院长助理）、李倩（教工党支部书记）、卢志明（办公室主任）。

学科建设。信息工程学院在电子科学与技术、计算机科学与技术两个一级学科下，分别设有微电子学与固体电子学（理学硕士、博士）、计算机应用技术（理学硕士、博士）两个专业，研究方向包括：微纳电子器件及其集成技术、系统集成芯片设计及其设计方法学、集成微纳机电系统、新材料与器件、光电器件与集成、光电器件、集成微系统、数据智能分析技术、无线网络与移动计算、智能人机交互与机器人技术、模式识别技术、网络与数据安全技术、分布式存储技术、网络信息工程、多媒体信息处理技术、通信及信息安全技术、人机交互与机器人系统、模式识别与机器学习、大数据智能处理技术。

队伍建设。2019年共有全职教学科研人员81人，其中教授11人，副教授8人，副研究员1人，讲师6人，助理研究员7人，全职博士后6人，行政教辅42人。2019年新入职15人，包括教师3人，博士后1人，劳动合同制11人，另有拟引进教师1人，新引进非全职聘用6人。师资队伍中，国务院政府特殊津贴获得者1人，海外高层次人才引进计划（创新长期项目）入选者1人，国家万人计划（科技创新领军人才）入选者1人，广东省珠江人才计划青年拔尖人才1人，广东省培养高层次人才特殊支持计划青年拔尖人才1人，深圳市地方级高层次领军人才1人，深圳市海外高层次人才B类1人，深圳市海外高层次人才C类8人，深圳市高层次后备级人才3人。

教学工作。截至2019年底，信息工程学院共有学生536人，其中硕士研究生485人，博士研究生51人。2019年共招收研究生178人（硕士162人，博士16人），实际报到注册174人（硕士160人，博士14人），毕业127人（硕士116人，博士11人）。信息工程学院2018—2019学年第二学期共开设研究生课程26门，共计78学分；2019—2020学年第一学期共开设研究生课程29门，共计82学分。其中增开全院必修课科技论文写作，微电子学与固体电子学专业开设新课半导体测试与分析，计算机应用技术专业开设新课立体视频技术。2019年6月共有9名教师遴选为博士研究生导师。

就业情况。信息工程学院2019年127名毕业生均已明确工作（含升学）单位，其中115名已明确工作单位，12名拟升学深造。典型就业企业有华为技术有限公司、中兴通讯股份有限公司、深圳市腾讯计算机系统有限公司、百度公司、网易公司、阿里巴巴网络技术有限公司、微软（中国）有限公司等，就业地域主要分布于北京、上海、广深、江浙等地区。

夏令营情况。2019年科技夏令营活动顺利进行，共收到全国各地高校967人申请。录取入营130人，入营营员均是来自"985""211"高校专业排名前10的生源，其中"985"高校生源占90%以上。

科研工作。2019年科研项目总经费4944.95万元，纵向科研项目经费4281万元，横向科研经费663.95万元。共发表学术论文239篇，其中SCI（Science Citation Index，科学引文索引）收录79篇，EI（The Engineering Index，工程索引）及ISTP（Index to Scientific & Technical Proceedings，科技会议录索引）收录222篇，以北京大学深圳研究生院为第一作者单位署名论文152篇，JCR（Journal Citation Reports，期刊引用报告）一区高水平论文27篇。有11位教师在微电子器件、光学、情报检索、计算机网络、人工智能、数据挖掘、多媒体等领域的顶级会议发表文章19篇。周航副教授团队在第65届电气电子工程师学会电子器件大会（IEEE IEDM 2019）发表论文，实现信息工程学院在微电子器件领域顶级会议IEDM（International Electron Devices Meeting）上零的突破。新申请发明专利75项：中国发明专利申请52项，发明专利PCT（Patent Cooperation Treaty，专利合作条约）国际申请23项；发明专利获授权58项：中国发明专利获授权50项，美国发明专利获授权8项。

交流合作。2019年学院共邀请15位业内的著名专家学者来校做学术讲座，学院师生赴美国、欧洲、日本、新加坡、中国香港、中国澳门、中国台湾等地参加学术会议100余人次。学院还积极推动产学研深度融合，2019年开展横向项目14项，合同金额达663.95万元。学院还与深圳市华星光电技术有限公司合作培养12名博士后人员，拟分别与深圳市深信服科技股份有限公司、鹏城实验室各合作培养1名博士后人员。

党建工作。2019年度，信息工程学院新组建学生团支部4个，学生党支部3个，共有56名正式党员和8名预备党员办理关系转入，新推优入党人数共19人。学生党团支部在各类党团评优以及主题活动中取得一定的成绩：获北京大学2018—2019学年"优秀团支书"1人；获北京大学2018—2019学年"优秀团员"1人；获深圳研究生院2018—2019学年"青年志愿者先进个人"铜奖1人；获深圳研究生院2018—2019学年"优秀团干部"1人；2018级微电子1班团支部获得深圳研究生院2018—2019学年"优秀团支部"荣誉称号；信息工程学院党员及团员代表队获得2019年深圳研究生院"一二·九"朗诵比赛三等奖及最佳人气奖。

2019年度，深圳研究生院党委教工信息党支部新转正预备党员1人，先后12次组织主题为"不忘初心、牢记使命"的党员活动，集中学习习近平新时代中国特色社会主义思想。在活动中，教工信息党支部的教职工党员们就"习近平新时代中国特色社会主义思想三十讲""习近平出席纪念五四运动100周年大会发表的讲话"和"习近平总书记在党的十九届四中全会上的重要讲话"等热点时事进行深入的探讨，对《中国共产党党员教育管理工作条例》《习近平关于"不忘初心、牢记使命"论述摘编》和《习近平新时代中国特色社会主义思想学习纲要》等材料进行学习与分享。为响应北京大学校党委的号召，教职工党员们还进行深刻的批评与自我批评，就如何开展主题教育、严格党员管理、密切联系群众、改进工作作风等方面的问题进行讨论。除采用会议讨论的形式进行学习外，教工信息党支部还组织7次实践活动，9月27日，教工信息党支部10名教师及学生信息党支部14名学生为庆祝新中国成立70周年开展"不忘初心、牢记使命"参观虎门销烟纪念馆活动；11月7日和11月15日，教工信息党支部举办"校园交通疏导"和"垃圾分类进校园"等志愿活动，为化解校园交通隐患，宣传垃圾分类献计献策；10月底至11月初教工信息党支部组织4次科技进校园活动，陆磊、金玉丰、陈杰、张健等党员教师先后到深圳市第三高级中学、深圳实验学校初中部、深圳实验学校光明校区等地举办讲座，既向初、高中学生普及科学文化知识，又展现北大教职工党员的精神风貌。

（卢志明、杨　柳、李建桦、张　婧、戴铭志）

【**多边共管的多标识网络体系及其在运营商网络上的原型实现**】信息工程学院信息论与未来网络体系重点实验室开发完成MIN（Co-Governing Multi-Identifier Network Architecture And Its PROTOTYPE on Operator's Network）多边共管的多标识网络体系，并在大规模运营商网络上实现原型验证。

多标识网络体系MIN突破目前IP（Internet Protocol，网际互联协议）单一标识且中心化管理的困境，以基于投票的联盟链构造网络管理面多标识系统 MIS：构建包括身份、内容、北斗地空、IP 等多标识平行共存的网络层，让各国共管并获得除 IP 外的标识空间主权；MIS 要求所有用户均真实身份注册；以签名密码技术实现隐私保护和可控可管平衡，使得 MIN 成为安全和平民主透明的法治空间，而不是 IP 网络事实上的法外飞地。

基于自主知识产权 PoV 共识算法的 MIN 体系项目成功入围第六届世界互联网大会（乌镇）2019 全球技术领先项目的评审，同时 MIN 体系项目被《世界互联网领先科技成果发布活动》收录。

（李 辉）

化学生物学与生物技术学院

【发展概况】 组织机构。2003 年，化学生物学与生物技术学院成立，旨在融合合成化学、计算化学、化学生物学、转化生物学等四大前沿领域，建设一个现代化的创新药物研究平台，培养交叉复合型高层次生物医药研发人才。学院现有科研平台包括：省部共建国家重点实验室 1 个，广东省重点实验室 2 个，深圳市级重点实验室 3 个，深圳市工程实验室 4 个，深圳市公共技术平台 3 个，南山区科技平台 2 个。学院实行北京大学深圳研究生院领导下的院长负责制，院长通过学院党政领导班子联席会（简称"党政联席会"）对学院重大行政工作行使决策权。学院院长杨震，学术委员会主任吴云东。学院"党政联席会"成员包括（姓氏拼音为序）：李子刚、潘峥婴、全军民、杨震、叶涛、翟宏斌、周强。

队伍建设。2019 年，学院引进 2 人作为 Tenure-Track 教师。共有专职高水平教师 37 人，其中中国科学院院士 1 人、教育部长江学者 1 人、国家杰出青年科学基金项目获得者 4 人、优秀青年科学基金项目获得者 3 人、国家海外高层次人才引进计划 1 人、广东省杰出青年科学基金项目获得者 1 人，博士后 59 人。

科研工作。学院新增各类科研项目 66 项，合同经费总额 5688.66 万元，其中国家级项目课题 17 项，合同经费 1105 万元；地方级项目 13 项，合同经费 2162 万元；横向课题 36 项，合同经费 2421.66 万元。纵向科研项目到账经费 8592 万元，横向课题到账经费 2066 万元，到账经费合计 10,658 万元。

申请中国专利 14 项，PCT（Patent Cooperation Treaty，专利合作条约）申请 2 项，获得中国专利授权 4 项；学院共发表署名论文 238 篇，平均影响因子（IF，Impact Factor）7.68，IF>10 的论文 57 篇，其中亮点重要论文共 11 篇（IF>10，学院均为第一完成单位）；此外参与发表专著 2 部。

杨震课题组的研究成果"四取代碳手性中心的构建"获得重庆市自然科学奖一等奖（第二完成单位），李子刚课题组的研究成果"稳定螺旋多肽方法及应用研究"荣获深圳市科学技术奖自然科学奖二等奖。

交流合作。主办国际/双边会议 4 次，组织各类学术报告 34 次；学院教师外出参加国际及国内会议 32 次，师生参会人数共计 61 人次；学院教师被邀外出讲座或大会报告 34 次。

教学工作。共有化学基因组学博士生导师 31 人。截至 2019 年底，共有学生 222 人，其中博士研究生 110 人，硕士研究生 112 人。招收博士研究生 44 人（硕转博 34 人、申请考核制招生 3 人、直博生 7 人），硕士研究生 38 人（推免招生 23 人、考试招生 12 人、港澳台招生 3 人）。共毕业 52 人（49 名博士，3 名硕士）。学院 2018—2019 学年第二学期开设研究生课程 50 门，2019—2020 学年第一学期开设研究生课程 70 门。

学生工作。1 月，组织开展深圳国家基因库参观活动。3 月至 4 月，组织召开"扣好人生第一粒扣子"主题学习班会 4 次。4 月，组织开展学院师生春游团建活动、深圳信立泰药业股份有限公司参观活动、实验室体育风采系列比赛活动。5 月，开展优秀毕业生评选活动，组织开展拟录取研究生政审调档工作。6 月，组织开展毕业季系列活动，如毕业照摄、优秀毕业生宣传、就业分享会等。7 月，组织参加深圳研究生院（以下简称深研院）毕业典礼、校本部毕业典礼，组织开展毕业生归档派遣工作。8 月，组织开展新生入学教育。9 月，组织开展素质综合测评和国家奖学金答辩评审。10 月，组织开展校级奖励奖学金评选、"奋斗的我，奉献最爱的国"主题班会等系列活动。11 月，组织参加消防演习。12 月，组织参加 2019 年一二·九朗诵艺术大赛活动，组织参办镜湖之夜活动，组织开展学院奖学金评选活动。

（王 锐、孟 芳、赵亚波、卢 菲、李佩佩）

【晨兴化学生物学前沿论坛】 1 月 8 日，北京大学深圳研究生院化学生物学与生物技术学院、省部共建肿瘤化学基因组学国家重点实验室、普林斯顿大学、生命信息与生物医药广东省实验室（深圳健康科学研究院）共同主办第十一届"晨兴"化学生物学前沿论坛暨北京大学-普林斯顿大学新药研究双边学术交流会（简称晨兴化学生物学前言论坛）。

深圳市科技创新委员会党组成员/副主任钟海、普林斯顿大学技术转移办公室主任 John Ritter、北京大学深圳研究生院院长吴云东参加活动并致辞。Joshua Rabinowitz、Yibin Kang、Zemer Gita、李子刚、黄昊、张欣豪等 6 名中外学者受邀做主题报告，来自各方的约 200 名师生和科研人员参加会议，并有 36 份海报在会议上展示。

（陈 锐、李 恩、李佩佩）

【第五届癌症研究新视野大会召开】 5 月 3 日，由北京大学深圳研究生院、省部共建肿瘤化学基因组学国家重点实验室联合深圳湾实验室与美国癌症研究学会（AACR）共同主办的 AACR 第五届癌症研究新视野大会（NHiCR, New Horizons in Cancer Research）在中国深圳开幕。癌症研究新视野大会系列会议旨在为介绍癌症科学和医学的进步、在国际范围内建立癌症研究合作的平台。大会议程委员会联合主席 Elizabeth M. Jaffee 博士和吴虹博士在开幕式上分别致辞。Jaffee 在致辞中表示癌症研究新视野大会的宗旨和目标主要为：为促进基础研究、转化研究和临床研究知识和最新发现的沟通和交流打造一个国际论坛；通过发展合作，致力于降低全球癌症发病率和死亡率。吴虹在致辞中表示癌症的发病率，所带来的痛苦以及死亡率并不分国界，大家在本届深圳会议中所获得的新知识将有助于在全球针对癌症的发现，通过改进癌症的预防，检测和治疗来挽救更多生命。

大会以聚焦特定癌症及针对各疾病类型应用的新兴研究领域为特色，包括全体大会、12 个专题分论坛以及海报环节，议题涵盖药物开发、表观遗传学、基因组学、免疫疗法、代谢和预防，以及关于胃肠道癌、肝癌、肺癌、鼻咽癌和性别特异性癌症等。来自十多个国家的 400 多名从事基础研究、转化研究和临床研究的专家学者和行业代表出席大会。

（NHiCR2019 组委会）

【第十二届 IUPAC 生物有机化学国际研讨会举办】 12 月 16 日至 18 日，第十二届国际纯粹与应用化学联合会（IUPAC）生物有机化学国际研讨会（ISBOC-12）在清华大学深圳国际研究生院举办。会议由清华大学深圳国际研究生院、北京大学深圳研究生院、深圳市科学技术协会联合主办。会议邀请来自中国、加拿大、美国、日本、英国、意大利等 17 个国家的知名学者讨论当今学术热点、难点问题，谋求强强联合，为国际生物有机化学的发展创造新的推动力。

2019 年是 IUPAC 成立 100 周年，也是德米特里·门捷列夫（Dmitri Mendeleev）发表元素周期表 150 周年。IUPAC 成立于 1919 年 7 月 28 日，是命名化学名词与术语、制定化学相关标准化测量方法、审定原子量等化学物质量的权威组织，在化学教育和研究中发挥着不可或缺的重要作用。

大会设置三个分会场，主题分别为影响和调节自然系统的合成生物大分子（Synthetic biomacromolecules for understanding and tuning of natural systems）、探测和处理生物过程的化学探针（Chemical probes for probing and perturbing biological processes）和化学生物学的新兴工具（Emerging tools for chemical biology）。会议进行 29 场特邀报告、44 场邀请报告以及 20 场口头报告，同时设置海报展示以及赞助商展示环节。

（金 天）

【吴云东当选亚太理论与计算化学家协会主席】 9 月 30 日至 10 月 3 日，亚太理论与计算化学国际会议（APCTCC-9）在澳大利亚悉尼召开。闭幕式上，亚太理论与计算化学家协会（APATCC）现任主席 Leo Radom 教授宣布理论有机化学家吴云东教授当选为新一任 APATCC 主席。吴云东也成为 APATCC 自 2004 年成立以来，担任主席一职的首位中国学者。

亚太理论与计算化学家协会（The Asia-Pacific Association of Theoretical and Computational Chemists，APATCC）是代表亚太地区理论和计算化学家的主要组织，成立于 2004 年，由 Kimihiko Hirao 教授担任第一任主席。APATCC 每 2 年至 3 年举办一届亚太理论与计算化学国际会议，该会议既是亚太地区理论与计算化学家之间学术交流的重要活动，同时也吸引政府、工业界和学术界的广泛参与。

吴云东教授主要从事计算化学与药物设计的研究，研究领域包括有机化学反应的机理、蛋白质分子力场发展，以及基于蛋白-蛋白相互作用的药物设计，于 2012 年当选为 APATCC 副主席，并作为第一位中国学者获得 2014 年度亚太理论与计算化学家协会 Fukui Medal（福井奖章）。

（张林星、张 雯）

【李子刚获得深圳市自然科学奖二等奖】 2020 年 1 月 2 日，深圳市委市政府在深圳会堂召开全市科学技术奖励大会，颁发 2018 年度和 2019 年度市科学技术奖，学院特聘研究员李子刚"稳定螺旋多肽方法及应用研究"项目获得 2018 年度深圳市自然科学奖二等奖。蛋白-蛋白相互作用（PPIs）通常被视为药物发现的非药物性靶点，大多数 PPIs 包括少于 15 个氨基酸残基的短螺旋多肽，通过化学手段将多肽稳定在某一固定构象的稳定多肽是重要的调节 PPIs 的代表性化合物。李子刚课题组关注多肽工程战略，致力于发展新型多肽螺旋构象稳定方法，以解释稳定多肽的二级构象对其生物物理性能的影响；与此同时，通过化学稳定的多肽来研究重要蛋白靶点的生物功能和作用机制，为探索更加有效的药物前体奠定基础。近年来，李子刚课题组在 Science Advances、Nature Chemical Biology、Cell Chemical Biology 等国际顶级学术期刊发表论文 80 余篇，研究成果多次入选高水平杂志封面。

（尹 丰）

环境与能源学院

【发展概况】 机构设置。环境与能源学院由院长办公会及党支部会议，结合人事专家委员会、空间规划专家委员会、学科发展专家委员会等专家会议对重大行政工作行使决策权。其中院长办公会及党支部会议实行例会制，对日常行政及事务工作进行安排。公共服务部门主要由执行副院长、副院长、党支部书记、行政办公室（人事、财务、宣传、教务、学工、科研、后勤等业务范围）组成。研究机构包括城市人居环境科学与技术重点实验室、重金属污染控制与资源化重点实验室、藻类新能源技术开发和应用工程实验室、聚硅酸盐复合环保材料工程实验室、太阳能与风能海水淡化关键技术工程实验室、节能减碳数据平台及分析技术工程实验室。

师资队伍。 截至2019年12月31日，学院共有教学科研人员23人，其中全职教研岗教师13人，全职研究岗教师4人，博士后研究员6人。全体教学研究人员中3人为外籍。学院目前有深圳市高层次或海外高层次人才15人。

教学培养。 2019年，学院在校全日制硕士生179人，博士生35人。所有课程均由常驻教师任课，保证教学秩序、教学质量和学生细致的沟通和交流。开设课程均由英语或双语教学，学生反应良好。全日制硕士毕业生授予学位45人，博士毕业生授予学位8人。

学术科研。 2019年新增科研项目17项，总合同金额1693.8万元，其中纵向课题经费1482.6万元，横向课题经费211.2万元。新增纵向课题国家级课题5项，其中包括国家重点专项2项，国家科技重大专项1项，博士后基金2项。新增纵向地方级项目5项，均为深圳市科技计划项目。新增横向课题共计7项。

共发表学术论文80篇。其中SCI（Science Citation Index，科学引文索引）收录论文61篇，EI（The Engineering Index，工程索引）收录论文6篇，中文核心期刊13篇。学院共有JCR（Journal Citation Reports，期刊引用报告）一区论文50篇，56篇SCI论文的影响因子在3.0以上，占全部SCI论文总数的76%，SCI论文数量较2018年提升22%，影响因子在3.0以上的论文数量较2018年提升100%。

出版书籍1册，申请专利7项，授权专利10项，完成深圳市产业标准1项。

举办"南燕讲座""午餐学术沙龙"近20次，参会人数达373人次；参加大型国际会议6次，参加中国国际高新技术成果交易会1次，合作主办会议1次；

党建工作。 学院教工党支部共计22人，学生党支部4个，学生党员共计115人。规范党内政治生活，进一步深化主题教育实践活动成果，切实增强党内政治生活的时代性。

积极开展支部学习活动，召开内部评议考核大会，组建环境与能源学院2019级新生党支部，完成其他四个学生党支部换届工作、预备党员转正工作、教工和学生党费缴纳工作、党章党规党纪和宪法法律法规在线测试等。组织生活会参与度高，进一步提高支部的凝聚力，规范学院支部的组织管理工作，进一步深化主题教育实践活动成果，切实增强党内政治生活的时代性。

学生活动。 获得研究生国家奖学金的共计4人，其中博士国家奖学金1人。获得"学术创新奖"2人，三好学生标兵3人，三好学生17人，校级单项奖24人。获得五四奖学金1人，北京大学一等奖学金1人，北京大学二等奖学金1人，北京大学三等奖学金3人，其他奖学金8人。

毕业生去向。 5名硕士、8名博士毕业，继续实现为珠三角输送人才的目标。

社会服务。 积极参加各种社会环保公益活动。"绿色+"协会作为大学生团队应邀参加深圳市南山区第四届社会组织嘉年华活动，秉承"垃圾减量分类，共享绿色家园"的活动主旨，通过垃圾分类宣传活动向市民朋友们科普垃圾分类的知识。"绿色+"学生社团获"2018—2019"学年度南燕"领袖社团"荣誉称号。

【**环境与能源学院荣获深圳市科学技术奖社会公益类一等奖**】
2019年1月2日，深圳市科学技术奖励大会隆重举行，表彰2017年度深圳市科学技术奖获奖者，环境与能源学院黄晓锋教授、何凌燕教授等为主要完成人的"深圳市空气质量改善关键支撑技术研究"项目获社会公益类一等奖（该奖项唯一的一等奖）。

【**何凌燕教授、黄晓锋教授获2018年度高等学校自然科学一等奖**】 由北京大学、北京大学深圳研究生院联合完成的"大气复合污染条件下新粒子生成与增长及其致霾机制"项目获得自然科学一等奖（2018-002号，完成人：胡敏、吴志军、何凌燕、郭松、黄晓锋、曾立民、张远航）。这是继2016年获广东省环保科技一等奖、2017年获深圳市科技进步一等奖之后，环境与能源学院大气组师生再获重要科技奖项。

【**向静雅同学获得IWWG-ARB国际会议最佳学生汇报奖**】
2月20日至22日，环境与能源学院的深圳再生复合环保材料工程实验室Jae Hac Ko（副教授）和杜越（硕士生）、向静雅（硕士生）一行三人参加在泰国曼谷举行的第四届"International Waste Working Group Asian Regional Branch"（IWWG-ARB 2019）会议。向静雅同学进行题为"Comparative Study on Municipal Plastic Waste Management at Two Areas in China"的汇报，介绍中国农村地区和城市地区废塑料的产生，回收和处理的特点，并分析废塑料的环境风险：重点关注废塑料的重金属可浸出性。该汇报被评为本次会议的最佳学生汇报。

【**中国大气复合污染生成的关键化学过程研讨会成功举办**】
2019年5月27日，由北京大学环境科学与工程学院、香港理工大学土木及环境工程学系和环境与能源学院共同主办的"中国大气复合污染生成的关键化学过程研讨"学术论坛在广东省深圳市成功召开。本次学术论坛邀请大气领域相关师生，共同探讨大气气溶胶研究领域相关研究。

【**参加2019年国际学生环境与可持续发展大会高峰论坛并获奖**】
6月12日，环境与能源学院梅思钰同学及国际法学院许雨婷同学（绿色+协会成员）赴上海参加"2019国际学生环境与可持续发展大会高峰论坛"并获奖。大会由同济大学、联合国环境规划署、新华社和北京绿色未来环境基金会共同举办，由中国农业银行、中国气象局上海城市气候变化应对重点实验室、污染控制与资源化研究国家重点实验室特别支持。两位同学代表北京大学深圳研究生院与来自全球37个国家和地区的200多名青年学子共同聚焦"可持续发展教育、可持续生产与消费、环境与健康、生态城市"四大重要议题，参加展览、现场学习、研讨会等系列活动，通过分组讨论、实地考察、海报展示等多种形式，分享全球青年学子对这些重要领域的最新实践与思考。经过投票和组委会评分，最终梅思钰获得最佳报告奖，许雨婷获得海报展示第三名，并分别获得荣誉奖金。

【向静雅和王倩在第三届全国净滩公益活动中荣获优秀志愿者称号】 9月8日，由中国海洋发展基金会主办，深圳市蓝色海洋环境保护协会承办的第三届全国净滩公益活动暨第十五届深圳国际海洋清洁日在深圳大梅沙海滨公园顺利举行。该活动有近50家企业和学校的2000多名志愿者参加。环境与能源学院副教授徐期勇、博士后陈钦冬以及该课题组学生向静雅和王倩到场参与此次活动。向静雅和王倩因在"海岸线垃圾监测公民科学家"项目中表现突出，被评为"优秀志愿者"。

【环境与能源学院参与项目获国家自然科学二等奖】 2020年1月10日，北京大学深圳研究生院作为完成单位参与的"大气复合污染条件下新粒子生成与二次气溶胶增长机制"荣获国家自然科学二等奖。环境与能源学院何凌燕、黄晓锋作为主要完成人出席2019年度国家科学技术奖励大会并领奖。

（胡宜华）

城市规划与设计学院

【发展概况】 组织结构。北京大学深圳研究生院城市规划与设计学院（简称"城规学院"，下同）2019年在任领导5人：李贵才（院长）、杨家文（副院长）、倪宏刚（副院长）、阴劼（院长助理）、仝德（院长助理）。

学科建设。截至2019年底，城规学院设1个硕士招生专业：地理学（城市与区域规划）；3个博士招生专业：自然地理学、人文地理学、生态学；设地理学博士后科研流动站。主要研究方向为城乡规划与设计和景观生态与土地规划。

队伍建设。截至2019年底，城规学院有常驻全职教师14人（其中教授5人，副教授3人，助理教授/助理研究员6人），北京大学本部派出任课教师7人，外聘兼职教授2人，外籍授课教师1人，在站博士后8人。其中"珠江人才计划"海外来粤短期工作专家1人（沈青教授），高端外国专家人才项目（文教类）1人（Ian MacLachlan教授），JCR一区期刊副主编1人（杨家文教授担任 Transportation Research Park D: Transport and Environment 副主编）。入选爱思唯尔发布的2019年中国高被引学者中"社会科学"领域榜单1人（杨家文）。

教学工作。截至2019年底，城规学院全日制在校硕士研究生195人，博士研究生33人。其中2019年入学硕士研究生57人，博士研究生11人（含硕转博5人）。2019年毕业50人，其中硕士44人，博士6人。2019—2020学年第一学期共开设课程19门；2019—2020学年二学期共开设课程20门。

科研工作。新增科研项目16项，总经费764.1万元，其中国家级纵向课题4项，经费313万元。包括国家科技重大专项1项、国家重点研发计划项目1项、国家自然科学基金面上项目1项、国家自然科学基金青年项目1项。横向课题10项，经费403.1万元。《粤港澳大珠江三角洲生态保护与建设规划系列研究》荣获"2019年度环境保护科学技术奖二等奖"，《万宁和乐蟹生态产业园发展战略规划及详细设计——规划助力生态文明乡村振兴的探索实践》和《福田环中心公园活力城区空间形态概念研究项目》分别荣获"深圳市第18届优秀城乡规划设计"一等奖和三等奖；《深中通道建设背景下中山市土地开发与交通规划提升研究》获"中山市一等奖"。

总计发表论文72篇，其中53篇 SCI & SSCI（较上年增长2.5倍），17篇中文核心，出版英文专著1部、中文专著1部。同时，朱再春老师论文荣获"Remote Sensing 10th Anniversary Best Paper"二等奖，且与合作者在 Nature Sustainability 上发表论文"China and India Lead in Greening of the World Through Land-use Management"，证明自2000年来全球新增绿化四分之一来自中国，受到海内外新闻媒体的广泛关注。杨家文老师论文"Funding Regional Rail in China's Pearl River Delta: From Metro to High-speed Rail"获"2019世界交通运输大会优秀论文奖"。

党建工作。截至2019年底，城规学院党委有教职工党员13人，设1个党支部，党支部书记仝德，支部副书记易哲星，组织委员朱再春、纪律委员吴健生、宣传委员常文静。积极组织支部成员开展"不忘初心、牢记使命"的各项党务结合业务的相关主题教育活动。充分发扬党员用心服务群众的优良传统，激励和引导广大党员"从群众中来，到群众中去"、奋力担当作为、用切身实际行动践行党员的初心和使命。11月14日到深圳市坪山区石井街道金龟社区，开展"不忘初心、牢记使命"主题教育暨服务基层社区实践活动等。

行政队伍。截至2019年底，城规学院行政教辅人员共计10人，其中项目自聘人员5人。新入职项目自聘人员2人。

工会工作。截至2019年底，城规学院工会共计会员26人，学院工会隶属于北京大学深圳研究生院总工会。

学生工作。1月组织研究生会学生干部换届。3月组织城市考察活动魅力珠海行。5月组织城市观察活动，参观腾讯公司总部；5月组织"五四"羽毛球友谊赛。6月组织城市观察活动，参观华润置地。7月举办优秀大学生夏令营活动和毕业生座谈会。11月组织北京大学深圳研究生院趣味运动会。12月参加一二·九朗诵艺术大赛，并获得二等奖。12月组织"镜湖之夜"游园活动。

毕业生去向。2019届毕业研究生50人，其中出国深造4人，占比8%；国内深造1人，占比2%；国家机关6人，占比12%；事业单位21人，占比42%；企业12人，占比24%；其他6人，占比12%。

（易哲星、刘爽、张黎黎、胡薇）

【"为国家治理现代化创造空间——北京大学城市规划与设计学院建院十周年纪念暨学术研讨会"召开】 12月14日，城规学院举办"为国家治理现代化创造空间——北京大学城市规划与设计学院建院十周年纪念暨学术研讨会"。会议在深圳大学城举行。北京大学深圳研究生院创院领导、原常务副院长史守旭教授及原党委书记兼副院长栾胜基教授、北京大学深圳研究生院现任党委书记兼副院长谭文长教授、现任副院长牛宏伟及现任党委副书记戚国伟、北京大学城市与环境学院院长贺灿飞教授出席会议，中国地理学会副理事长兼秘书长张国友研究员，外聘兼职（授课）教授、同济大学孙施文教授和北京师范大学梁进社教授应邀出席会议，北京大学城市与环境学院任课教师（双基地教师）代表、城市规划与设计学院毕业校友代表，以及在校师生100余人参加此次活动。十年来，学院发挥北京大学多学科优势，结合粤港澳大湾区快速城市化成功经验，探索全球化背景下我国城市化全新路径。学院确定并成功实践了面向应用的国家及地方重大和重点领域的发展方向，形成城市规划与区域发展、生态规划与生态修复技术、土地规划技术及城市设计四个学科方向。

（易哲星）

【"十三五"国家重点研发计划"村镇聚落演变的阶段特征与衍化规律"课题启动会召开】 5月18日，由城规学院李贵才教授主持，仝德、张文佳、晁恒等多位老师作为骨干成员参加的"十三五"国家重点研发计划"绿色宜居村镇技术创新"重点专项"村镇聚落演变的阶段特征与衍化规律（课题编号：2018YFD1100301）"课题在重庆大学建筑城规学院召开课题启动会。

"村镇聚落演变的阶段特征与衍化规律"课题是"村镇聚落空间重构数字化模拟及评价模型"项目的课题一，由北京大学牵头，北京大学深圳研究生院、中国科学院遥感与数字地球研究所、重庆交通大学、重庆大学、西安建筑科技大学参加。课题旨在通过研究中国村镇聚落衍化的内在规律，探索具有中国特色的村镇聚落空间转型重构机制，为村镇聚落规划管理提供理论指导与技术支持，推动中国村镇聚落科学转型重构，提升农村空间资源利用效率，服务国家乡村振兴战略。

（易哲星）

新材料学院

【发展概况】 学科建设。新材料学院下设"力学（先进材料与力学）"专业，研究方向为新能源材料与器件，于2016年11月正式获批二级学科博士学位授权点。新增"材料物理与化学"专业，于2019年6月获批二级学科博士学位、学术硕士学位授权点。

科研工作。新材料学院在2019年重点开展基于材料基因组的新型应用学科建设。立足已经建立的国家级国际联合研究中心、广东省级重点实验室、广东省OLED关键材料与器件工程技术研究中心、深圳市新能源材料基因组制备和检测重点实验室、纳米光电打印材料工程实验室等机构，以承担国家重点研发专项、省级项目等课题为契机，开展有针对性的学术研究。近年新材料学院还参与深圳市定位建设国家重大基础平台设施的"深圳市材料基因组大科学装置平台重大科技基础设施——高通量中子谱仪平台"建设。同时，新材料学院与精细化工广东省实验室达成协议，将合作共建研究基地，积极参与粤港澳大湾区国际科技创新中心建设。

2019年，学院师生共发表SCI收录论文106篇，包括 *Nature Energy*、*Nature Nanotechnology*、*Advanced Materials* 等领域顶级期刊，平均影响因子8.145，其中为第一作者单位发表论文77篇，其中影响因子10以上或Nature Index收录杂志的高影响力文章共计35篇。教师新增申请中国专利21项，获得中国专利授权17项。

教学工作。学院在2019年推免录取工作中共计录取硕士推免生29人，直博生2人。在2019级研究生新生中，硕士生共计34人，博士生12人。目前学院硕士在校生共计99人、博士在校生46人，共计145人。2019—2020学年第一学期面向研究生开设课程12门。在2018—2019学年第二学期课程评估工作中，新材料学院平均得分高于全校平均得分。

队伍建设。学院教学岗专职教师共计9人，并南燕荣誉教授4人，战略规划科学家4人，双基地教授等，总计近20位海内外知名学者共同参与研究生培养。

交流合作。2019年，学院共有3名在校博士生申请"国家建设高水平大学公派研究生项目"获批，分别前往哈佛大学、新加坡国立大学、美国西北大学联培一年；1名博士生赴美国密歇根州立大学学习访问一年；1名硕士生赴美国普林斯顿大学联培半年。暑期学校和国际会议等形式短期交流8人次。

党建工作。2019年度新材料学院召开党支部会议10次，开展组织生活会4次，开展团建活动6次，组织志愿实践活动5次，开展党员学习、知识竞赛等特色活动12次。

毕业生去向。2019年学院毕业生共计38人，其中11人选择继续深造，分别去往美国阿贡国家实验室、新加坡国立大学、英国帝国理工学院等国际知名机构和高校，6人北京大学读博，2人北京大学博后。27人就业，就业单位分别为广东省人民政府办公厅、云南省委组织部、华为技术有限公司等机关企业。深圳就业人数21人，占比55%，广东省内（含深圳）就业人数23人，占61%。其中，博士毕业生刘同超获得北大2019年优秀博士学位论文表彰，是新材料学院建院以来首位获得该殊荣的同学。

（林　海、赵晓卉）

【荣获2018年度深圳市自然科学一等奖和青年科技奖等】2020年1月2日，深圳市委市政府在深圳会堂召开全市科学技术奖励大会，隆重表彰为深圳科技创新发展做出突出贡献的单位和个人，共对2018年和2019年的208个项目和20名人选予以奖励。其中新材料学院创院院长潘锋讲席教授为主要完成人的"电动车动力电池材料结构及性能的基础科学研究"项目获得2018年自然科学奖一等奖，新材料学院王新炜副教授获得2018年深圳市青年科技奖。

（潘　锋、林　海）

汇丰商学院

【发展概况】　机构设置。汇丰商学院重大行政事宜由党政联席会讨论决定。职称评定等学术事项由学术委员会讨论决定。同时，北京大学和汇丰银行相关负责人共同组成咨询委员会，为学院发展提供决策咨询和建议。公共服务部门包括党委办公室院长办公室、财务办公室、人事办公室、信息化办公室、公关媒体办公室（经济金融网）、总务办公室（物业中心）。教学项目包括全日制硕博办公室、EMBA办公室、MBA办公室和EDP办公室。研究机构包括汇丰金融研究院、萨金特数量经济与金融研究中心、宏观经济与金融研究中心、海上丝路研究中心和中国直销行业发展研究中心等。另设有创新创业中心和就业指导中心。

师资队伍。截至2019年12月31日，汇丰商学院共有教学科研人员86人，其中全职教研岗教师64人，全职教学岗教师8人，全职研究岗教师2人，非全职聘用3人，博士后研究员9人。全体教学研究人员中30%为外籍教师，8%来自港澳台地区。学院有诺奖得主知名教授1人，深圳市高层次或海外高层次人才28人。

教学培养。2019年，汇丰商学院在校全日制硕士生1013人，MBA在校生320人，EMBA在校生212人。汇丰商学院英国校区的第二批8名外籍新生已正式入学。全日制研究生共开设课程237门（含英国校区课程共22门），全部课程采用全英文授课，MBA开设课程60门，EMBA开设课程35门。2019年全日制硕士毕业生授予学位306名，MBA136人获得硕士学位，EMBA86人获得学位。

2019年7月，学院首届"主修+辅修"的专业——新闻与传播硕士全部24名学生顺利毕业，就业去向包括上海证券报社、华夏时报、腾讯等单位，该专业学生在国内外赛事中屡创佳绩，获"中国数据可视化创作大赛"最佳数据新闻奖金奖、澎湃新闻最佳数据创作校园媒体奖等重要奖项。为培养财经传媒专业硕士准备的未来媒体实验室正式投入使用，开启中英文教学模式及实践型创新课程教学。

5月，汇丰商学院与新加坡国立大学合作的双硕士项目的24名学生前往新加坡学习。与美国纽约市立大学巴鲁克分校杰克林商学院合作的双硕士项目有6名同学前往纽约学习。9月，学院与剑桥大学嘉治商学院双硕士项目2020年秋季入学申请正式启动。

"萨金特数量经济与金融研究所博士项目"于2019年3月获得北京大学"深化博士研究生教育综合改革"立项。

学院进一步加强对学生培养质量控制，对学位论文开题、评阅、答辩等关键环节，严格执行全方位全流程管理；并持续加强学生学术规范道德建设，严肃惩治旷课、违规实习、考试违纪、作弊等行为；与此同时，学院继续坚持宽口径、厚基础、高标准、严要求，参照国际一流大学做法，坚定执行毕业平均成绩达到B以上的要求，强化学生的学术功底，打牢扎实的理论基础。

学院持续建立健全的研究生奖助体系，在现有奖学金管理体制下，自2019级起设立"数量经济学精英计划奖学金"，鼓励德才兼备的优秀学生勤奋学习，积极修读数量经济学精英计划的相关课程，并为进一步攻读博士学位及从事经济金融研究奠定扎实的基础。此外，博士研究生岗位奖学金实施办法也于2019年起施行，鼓励博士生积极发挥主动性参与学术实践活动，鼓励博士生积极参与海外学术交流活动。

国际化办学。2019年9月，英国校区迎来第二批外籍新生，第一批7名学生则回到深圳校区继续第二年的学习。2019年共有51名学生前往英国校区交流学习。英国校区的课程以及各种活动相继展开，2019年英国校区按照深圳校区的培养计划以及英国校区培养的特殊性，共开设经济、金融、管理、科技等方向22门课程。11月，中国建设银行国际化人才综合管理培训项目结业典礼在英国校区举行。25位参训学员将获颁北京大学首批英文版非学历学位教育结业证书。

此外，为推进下一轮校区品牌建设，英国校区正在大力投入建设可住宿100人的学生宿舍以及食堂等生活设施，逐步建立一个中外优势结合的优良教学和生活环境，增强招生吸引力和国际影响力。

2019年共有来自42个国家的113名在校外籍留学生，学习金融硕士、经济、管理、财新传媒、MBA、EMBA等专业。2019年9月，有44名全日制留学生硕士和1名MBA留学生在深圳校区入学，有8名留学生在英国校区报到。

截至2019年12月，汇丰商学院已与42个国家的110所院校达成合作关系，其中59所为交换项目合作方。共有

11名同学前往5个合作院校交换学习，共接收来自44个合作院校的108名外国交换生。

学术科研。2019年，汇丰商学院共举办学院内部英文学术研讨会59场，以及其他学术讲座一共67场，嘉宾来自国内外高校。此外，各个研究中心还举行"北大汇丰金融前沿讲堂""北大汇丰金融茶座""耦耕读书会""与教授下午茶""创讲堂""另类投资系列"等丰富多彩、面向不同群体的系列讲座活动，打造"到北大汇丰听讲座"的学术辐射力和社会影响力。

学院教师51人次参加在国内外召开的各学科重要国际学术会议，并在会议中宣读论文，如2019世界计量经济学会亚洲年会、第79届国际管理学年会、第十九届中国经济学年会、2019中国宏观经济国际年会、第四届PKU-NUS数量金融与经济学国际年会、第八届岭南论坛、第十届中国（深圳）金融科技发展论坛等。

2019年，学院持续投入完善金融实验室的软硬件建设。学院购买的重要数据库主要有：Bloomberg终端（12台）、WRDS金融数据库、国泰安、万得、SDC Platinum数据库、COMPUSTAT、CRSP、EVENTUS、EXCUCOMP、EBSCO、哈佛案例库等。

社会服务。7月，为传承知青精神，助力边疆乡村发展，由汇丰商学院部分师生发起捐款设立的"汇丰商学院教育基金"向虎林市9所学校捐赠图书卡，用于为全体在校生购买书籍；向19位0至7岁贫困家庭儿童捐赠"成长教育礼包"（包括教具、书籍、食品、玩具等）；向88名贫困中小学生捐赠助学金（小学每生1450元，初中每生1700元），捐赠总额共计50万元。

汇丰商学院在职项目学员长期坚持以班级名义参与公益活动，2019年在云南大理自治州巍山一中成立"北大汇丰商学院1415珍珠班"，帮助50名成绩优秀的贫困学生完成高中学业。2019年5月，EMBA18班捐建的"北京大学汇丰商学院1818图书馆"在云南怒江兰坪碧玉河完小挂牌成立；7月，该班同学再次为5所学校捐赠爱心图书馆。

EDP则组织PE166班学员资助捐赠贵州省从江县下江镇良文小学、岑送小学，捐赠课桌、学生宿舍床、书本等物资；11月，战略管理05班学生开展微公益活动，走进韶关市新丰县回龙镇的敬老院，捐赠大米、食用油、牛奶等物，为老人准备冰箱和慰问金。

党建工作。2019年5月，召开中共北京大学汇丰商学院全体党员大会，与会师生党员321人，会议选举产生汇丰商学院第一届党委班子。会后，当选委员召开委员会第一次全体会议，投票选举任颋为中共北京大学汇丰商学院委员会书记，选举张凡姗为副书记。学院党委成立后，已完成与深研院的400多名党员信息管理对接工作，并独立开展有意义有创新的党建活动。8月，党委组织包括外籍教师在内的全体教师赴延安革命根据地接受革命历史文化教育。教工党支部还积极发展教工党员，2019年完成教工预备党员转正3人，积极分子入党2人。

学工部门接收2019级91名新生党员的信息、组织组建2019级新生党支部、选拔党支部干部24人，确定发展对象44人，并完成支部委员的业务培训、完成2017级和2018级全体党支部的换届、完成2018—2019学年教工及学生党员的党费征收工作。学生党支部围绕"不忘初心、牢记使命"的主题，根据中共北京大学委员会《"不忘初心、牢记使命"主题教育实施方案》要求，开展一系列主题教育活动。一是开展"青春告白祖国"联合主题党团日活动，22个学生支部共举办10余次党团日主题活动，其中多个党支部联合组织在10月1日共同收看国庆70周年阅兵，共计100余名师生党员在海闻院长的亲自组织下在学校参加此项活动。二是组织主题班会，以"奋斗的我，奉献最爱的国"为主题，结合"向中国共产党告白""向中国特色社会主义告白""向新时代伟大祖国告白"三个维度，结合中华人民共和国成立70周年重要历史节点，学习相关材料，回顾共和国建设发展历程。

特色活动。8月21日至27日，2019级全日制硕博新生在海军虎门某部队开展为期七天的素质教育营活动，学生与部队士官进行深度交流和相互学习，加强爱国主义的教育。2019年9月开始，外籍留学生也开始参与日常的学生素质拓展训练，进一步加强留学生与中国学生的融合。2019年共开展32节常规素质拓展课程以及3次两天一夜的户外拉练。同时开设赛艇、棒球、有氧健身三个项目，以运动项目为载体，提升学生身体素质，促进团队交流。

2019年4月，学院组织召开第二届全院运动会，共有来自各项目学生和教职工代表600余人，参加29个运动项目的竞赛。

全日制学生在2019年秋季的北大深研院"新生杯"和趣味运动会中再次卫冕，成功蝉联团体冠军。

EMBA学生获得第十四届玄奘之路商学院戈壁挑战赛卓越奖、沙克尔顿奖、公益大使特别奖、最佳人气奖、最佳创意制作奖、最佳团队风采奖，最佳公益传播奖七项大奖，取得团体竞赛第9名和A+组团队季军的佳绩。EMBA高尔夫协会组织的北大联队征战2019第二十一届中国商学院联盟总决赛，勇夺亚军，刷新历史成绩。MBA学生荣获第八届亚洲商学院沙漠挑战赛代表最高荣誉沙鸥奖。EDP学生成功卫冕第五届工商大道中国经营者戈壁远征，收获92枚金牌、39枚银牌、7枚铜牌，并荣获团队冠军奖、沙克尔顿奖、十强小队奖2个、最佳领队奖、悟道征才奖、最佳亲友团奖、师道践行奖与敢当无我奖。

毕业生去向。2019年，汇丰商学院成立就业指导中心，海闻院长亲自兼中心主任。为响应教育部对专业型硕士加强实践能力的培养目标，设立汇丰商学院实习实践课作为必修课。2019年，学院共有254名全日制硕士中国毕业生，98%

的毕业生选择直接工作，2%的毕业生将继续深造。从就业行业看，学生择业更加多元化，有更多学生选择进入国家机关/事业单位（37人）、实业/综合性企业（22人）和互联网企业（14人）。从就业城市看，与往年情况相同。北京（103人）、深圳（76人）、上海（29人）近年来一直保持学院学生就业地选择的前三位。

（绳晓春、熊艾华）

【北大汇丰与剑桥嘉治合作高管教育项目正式启动】 2019年12月20日，汇丰商学院与剑桥大学嘉治商学院正式启动合作高管教育项目。汇丰商学院院长海闻、剑桥大学嘉治商学院院长克里斯托弗·洛赫以及近千名EDP学员在深圳出席启动仪式，共同见证两所世界一流商学院互助合作的崭新篇章。

该合作高管教育项目将由汇丰商学院和剑桥大学嘉治商学院高管教育中心共同设计教学，充分整合两所世界一流高校的学术资源，发挥粤港澳大湾区的地域优势，侧重管理理论在企业实际运营中的应用，致力培养知识与格局兼具的国际化人才。合作高管教育项目将率先推出企业创新能力提升（Making Innovation Happen）和全球化中的企业战略创新与转型（International Strategic Management）课程。

（熊艾华）

【第二届北大汇丰宏观经济与金融学国际会议成功举办】 2019年12月13至15日，第二届汇丰商学院宏观经济与金融学国际会议（PHBS Workshop in Macroeconomics and Finance）成功举办。来自华盛顿大学（圣路易斯）、芝加哥大学、普林斯顿大学、耶鲁大学、南加利福尼亚大学、加利福尼亚大学（洛杉矶）、威斯康星大学、麻省理工学院、华盛顿州立大学、康涅狄格大学、宾夕法尼亚大学、伦敦政治经济学院、北京大学、清华大学等国内外一流高校的著名学者，以及宏观经济与金融领域的年轻学者四十余人，共聚深圳，交流学术成果，探讨研究思路和数据模型优化的方法。

（熊艾华）

【汇丰商学院举行建院15周年庆祝大会】 在新中国成立70周年的金色十月，汇丰商学院也迎来15岁的生日。2019年10月26日下午，北大汇丰建院15周年庆祝大会在深圳大学城体育中心体育馆隆重举行。北京大学、深圳市相关领导，汇丰银行代表，长期关心和支持学院发展的社会各界人士代表，以及北大汇丰全体师生员工和校友代表近2000人聚集一堂，回首来路，欢庆今朝，启迪未来。

（熊艾华）

【汇丰商学院协助延安大学创办"乡村发展研究院"】 为落实中央乡村振兴战略规划和习近平总书记关于把延安大学办得"更有特色、更有水平"的重要指示，汇丰商学院协助延安大学创办"乡村发展研究院"，由海闻教授担任首任院长，国家发展研究院教授周其仁和林双林、新农村研究院教授黄季焜，以及汇丰商学院教授孔繁敏、岑维、童娜琼、王晴等担任兼职教授或兼职研究员。

9月15日，延安大学乡村发展研究院成立大会在延安大学新校区举行。中共陕西省委常委、延安市委书记徐新荣，陕西省教育厅厅长王建利，万科公益基金会理事长王石，御风集团董事长冯仑，原国家行政学院办公厅主任边保华，延安大学党委书记薛义忠，延安大学校长张金锁等有关单位负责人、相关领域专家学者及师生代表200余人出席和参加成立大会。

（熊艾华）

【举办第二届中国宏观经济国际年会】 2019年6月21日至23日，第二届中国宏观经济国际年会（China International Conference in Macroeconomics，CICM）在汇丰商学院举行。来自芝加哥大学、哥伦比亚大学、普林斯顿大学、耶鲁大学、宾夕法尼亚大学、牛津大学、北京大学、清华大学、新加坡国立大学等全球著名高校的150余名学者齐聚深圳，共同探讨宏观经济学前沿领域的重大问题。年会由汇丰商学院、清华大学五道口金融学院以及中国宏观经济研究论坛联合主办。

（熊艾华）

【汇丰商学院通过AMBA认证】 2019年5月15日，英国工商管理硕士协会（Association of MBAs，简称AMBA）正式宣布汇丰商学院通过AMBA认证，获得五年最高认证期限。这意味着，学院在获得AACSB认证后将全球"三大皇冠认证"中的又一权威认证收入囊中，也标志着学院MBA、EMBA项目在教学质量、办学体系、学生发展及社会影响等各方面得到国际认可。目前，全球仅有前2%的顶尖商学院获得AMBA认证。

（熊艾华）

【《北大金融评论》创刊】 2019年10月26日，《北大金融评论》创刊首发仪式在深圳大学城隆重举行。北京大学党委常委、副校长王博，金融校友联合会会长、汇丰商学院院长海闻，南方财经全媒体集团党委委员、副总编辑贾肖明等出席首发仪式。《北大金融评论》由汇丰商学院院长海闻担任学术委员会主任，汇丰金融研究院执行院长巴曙松担任学术委员会副主任和总编辑，厉以宁、林毅夫等担任顾问委员会委员，樊纲、吴志攀、刘伟、黄益平、金李等担任学术委员会委员。《北大金融评论》聚焦金融领域理论与实务前沿研究，将致力于用全球视野理解和讲述中国案例。

（熊艾华）

【北大汇丰英国校区颁发北大首批英文版非学历学位教育结业证书】 11月8日，中国建设银行国际化人才综合管理培训项目结业典礼在汇丰商学院英国校区举行。Keith Burnett爵士、国家外国专家局驻英办总代表梁伯枢，以及各界嘉宾60余人出席。仪式由项目负责人Carryn Yong博士主持。25位参训学员获颁首批英文版非学历学位教育结业证书。中国建设银行国际化人才综合管理项目历时九个月，旨在通过课堂学习、课题研究、机构访谈、实务见习等多种形式，聚焦金融科技、风险管理、人工智能等热点话题，全面提升银行高管的国际化领导力。

（熊艾华）

国际法学院

【发展概况】 队伍建设。截至2019年12月31日，深圳研究生院国际法学院教师共28人，教授9人（含外籍7人）、副教授3人（含外籍2人）、助理教授6人（含外籍3人）、讲师10人（含外籍7人）。行政人员17人（含外籍1人）。

教学科研。截至2019年底，国际法学院共有在校生482人，其中法律硕士和J.D项目454人，LL.M.项目28人。2019年国际法学院法律硕士和J.D.学位项目共录取新生150人，其中法律硕士（法学）和J.D.项目34人，含推荐免试研究生26人；法律硕士（非法学）和J.D.项目116人，含推荐免试研究生70人。国际法学院2018—2019学年第二学期开设课程60门；2019—2020学年第一学期开设课程64门。2019年国际法学院教师出版专著2部，发表论文20多篇，受邀出席和举办国内外学术讲座80多场。

学生成就。2月23日至24日，国际法学院代表队荣获首届"贸仲杯国际投资仲裁赛"团队一等奖、最佳辩手和优秀辩手称号。2月23日至25日，国际法学院代表队荣获"中国第十七届杰赛普国际法模拟法庭全国选拔赛"团队一等奖和最佳辩手奖。3月16日至17日，国际法学院代表队荣获"第三届Vis Pre-Moot国际商事仲裁模拟法庭北京邀请赛"亚军。3月18日，国际法学院代表队荣获"第一届广仲杯国际商事仲裁模拟辩论赛"冠军、申请方和被申请方最佳书状奖。3月27日，国际法学院代表队荣获第九届亚太地区企业并购模拟竞赛"最佳队员奖"和"最佳表现奖"。8月26日，国际法学院16级朱凯琪、许睿同学荣获最高人民法院优秀法律实习生称号。11月29日，国际法学院19级王宸宇同学荣获北京大学第十六届学生"演讲十佳"比赛决赛冠军。

交流合作。国际法学院2019年接收交换生9人，分别来自德国、荷兰、加拿大、西班牙和巴西。交换项目一共16个，分别为马斯特里赫特大学（荷兰），汉堡法学院（德国），EBS法学院（德国），洛桑大学（瑞士），圣保罗大学法学院（巴西），斯德哥尔摩大学（瑞典），特拉维夫大学（以色列），艾克斯-马赛大学（法国），迈阿密大学（美国），印第安纳大学（美国），爱荷华大学（美国），萨格勒布大学（克罗地亚），拉曼鲁尔大学（西班牙），IE大学（西班牙），迪肯大学（澳大利亚）和金达莱全球法学院（印度）。

就业情况。国际法学院2019届毕业生共79人，截至2019年9月，79名毕业生汇报就业情况，77名学生有就业意向。有就业意向的学生中，76名学生已就业，1名学生尚未就业，就业率为98.7%。从就业单位性质来看，律所依旧是国际法学院毕业生的最主要去向，占比达46%。工商行业、国企、政府及公共组织、自主创业、升学分别占比20%，13%，14%，4%，3%。2019届毕业生就业地域主要集中在北上深等一线城市，北京33%，深圳29%，上海16%。

（陈柯如、杜雅婷、谭佩华、
王倩、曾柯潞、周芸怡）

【十周年院庆之际与最高人民法院第一巡回法庭签署合作备忘录】 4月13日，北京大学国际法学院迎来创院十周年院庆暨校友大会。创院院长Jeffrey Lehman，现任院长Philip McConnaughay，北京大学校务委员会副主任、北京大学汇丰商学院院长海闻，最高人民法院第一巡回法庭副庭长张勇健等出席该次会议并致辞。出席嘉宾还有北京大学深圳研究生院副院长牛宏伟、北京大学深圳研究生院副书记戚国伟以及国际法学院多位教师。会上，国际法学院与最高人民法院第一巡回法庭在上百位校友的见证下签署合作备忘录。

最高人民法院第一巡回法庭与国际法学院就加强交流合作、进一步创新法治人才培养机制达成主要合作意向，签署合作备忘录，包括选派研究生到庭实习、开设审判实务课程、开展法学教育与司法实践交流等。这在全球化浪潮下为深圳乃至全国培养高素质、实务型、综合性法律服务人才具有重要意义。

（谭佩华）

【Geoffrey W. Crawford法官来访】 10月6日至12日，美国佛蒙特州地区法院首席法官Geoffrey W. Crawford受邀访问北京大学国际法学院，并在院内举办讲座和座谈会。Crawford法官曾是O'Neil、Crawford & Green律师事务所的合伙人。2014年，经美国奥巴马总统提名，Crawford法官开始担任佛蒙特州联邦地区法院的法官，并于2017年12月21日成为该法院的首席法官。

在Crawford法官来访期间，他做了题为"马伯里诉麦迪逊案与司法审查"的讲座，与Ray Campbell教授一同参与"美国的学习与工作生活"座谈会，同时还与Campbell教授共同开展"Unwritten Rules for Courtroom Lawyers"教学活动，运用多种形式促进与师生的交流。

（谭佩华）

【举行"2019年软法国际研讨会"】 11月13日，"2019年软法国际研讨会：国家法院和公共机构对软法的适用——中欧比较视角"在北京大学国际法学院举行。研讨会由北京大学国际法学院联合中国政法大学中欧法学院主办，由四个围绕"软法"展开的主题研讨会组成，来自赫尔辛基大学、米兰大学、艾克斯-马赛大学、马斯特里赫特大学、北京航空航天大学和澳门大学等高校的多位知名学者共同参与，研究软法领域的机遇与挑战，探讨软法在经济、环境、公共安全等领域的应用与创新。

此次研讨会涵盖的专题有"软法的机遇与挑战""公共

机关在金融和经济领域对软法的适用""公共机关在保护环境以及公共卫生领域对软法的适用"和"软法与法律的创新标准"。与会学者积极发起探讨，产生思维的碰撞与交流。

（谭佩华）

【举行第二届事实与证据国际研讨会】 11月16日至17日，"第二届事实与证据国际研讨会——法学与历史学的对话"在北京大学国际法学院举行。研讨会由国家"2011计划"司法文明协同创新中心、北京大学国际法学院、中国政法大学证据科学研究院（证据科学教育部重点实验室）共同主办。研讨会以2019年9月14日至15日举办的"第二届事实与证据国际研讨会中方专家工作坊"为基础，汇聚国内外二十余位知名法学家与历史学家共同探讨在司法程序和历史研究中的事实认定问题。中国政法大学教授朱伟一和北京外国语大学教授李长栓担任会议的同声传译。

研讨会由六个单元构成，分别是"法学与历史：重要课题""事实与证据的概念与应用""历史学视角下的证据与事实""法学视角下的证据与事实""历史与法学的案例研究"以及"在法学与历史学中寻找真相"，围绕事实与证据做出多角度多视域研究，进行多交叉学科对话。

（谭佩华）

人文社会科学学院

【发展概况】 组织结构。深圳研究生院人文社会科学学院（简称"人文学院"，下同）是北京大学在深圳的一个文科基地，一个多学科交流创业平台，从2004年至今，通过与本部院系合作办学和自己独立办学，先后开办过社会学、人类学、人口学、传播学、应用心理学、新闻与传播硕士、社会工作等专业方向，期间还与景观设计专业合作开展全程实践教学方式的"景观社会学"课程项目。到2019年，原有办学项目协议到期结束，学院开始申报新的专业方向。

人文学院与本部社会学系保持协作关系，与通识中心密切合作探索加强面向大学城的人文社科类通识教育课程，与继续教育部长期合作从事各类培训工作。

人文学院教师长期担任深研院教师文科党支部负责人，学院也成为文科教师党务活动的基础平台，一直多方参与学院党团和学工系统相关的宣传、思政和学生骨干培养等工作。

办学事务。人文社会科学学院继续探索自主办学新模式，在多年合作办学经验和近年独立办学实践基础上，正在申请创办"社会政策研究""南海周边-印度洋区域实地研究"等专业硕士项目。

科研工作。人文学院作为身处国家先行先试最前沿的社科研究平台，重点致力于实践导向的社会研究，发挥智库作用，积极投身大湾区和全国某些区域的社会建设和治理现代化，在社会学、民族、社会工作和当代艺术群落等领域积极探索。在课题方面，已完成科研项目4项，正在进行的科研项目2项，参加各项学术研讨会20人次，包括与上海大学经济社会学与跨国企业研究中心合作进行"非洲中资企业跨文化研究"项目。

【参与主办"民族和睦与社会发展论坛暨《21世纪中国民族问题丛书》推介会"】 人文学院参与主办"民族和睦与社会发展论坛暨《21世纪中国民族问题丛书》推介会"，该论坛由社会学会民族专业委员会、社会科学文献出版社、《西北民族研究》联合主办，邀请丛书作者和其他民族社会学领域的学者参会，将学术交流与丛书推介相结合，引起中国社会科学界对民族工作的关注与研究。

"21世纪中国民族问题丛书"是由北京大学马戎教授主编、社会科学文献出版社出版，共24册。该丛书的作者覆盖老、中、青三代，研究主题包含近年中国民族问题研究的主要议题。

【参与完成北京大学学生思想政治教育课题《新时代青年学生的思想状况与行为特点》】 人文学院与深研院学工处共同完成北京大学学生思想政治教育课题《新时代青年学生的思想状况与行为特点》。该课题一方面立足北大思想政治教育工作，一方面立足于深圳建设中国建设特色社会主义先行示范区的特殊背景，面对新情况，新问题，通过文献调研、实地访谈、问卷调查、数字人文等多种方式，从不同维度研究当代新时代青年学生的思想与行为特征，为挖掘新时代青年潜力提供参考，为新时期的高校思政教育提供指导。

（潘乐文）

教育教学

本科生教育

【发展概况】 机构职能与设置。教务部是学校负责本专科教育教学及人才培养工作的职能部门，主要工作职责：认真贯彻执行党和国家教育方针，落实学校办学及人才培养理念，组织制定有关本科教学和人才培养的规章制度、教学计划等，落实各项教学改革的探索及实施，做好教学运行保障及各项教务管理工作、招生工作及学生学籍管理、教学与教务管理的信息化建设以及上级主管部门和学校领导交办的相关工作。现任部长傅绥燕，副部长刘建波（教学、评估、教材）、金顶兵（教务与综合事务）、李祎（教研与宣传）、李喆（本科招生）、强世功（挂职，通识教育）、陆俊林（挂职，在线教育）、朱守华（挂职，拔尖计划）。内设办公室8个：综合办公室、教务办公室、合作交流暨暑期学校办公室、教学办公室、基础学科人才培养基地办公室、评估办公室、教材办公室、招生办公室；挂靠单位2个：教务长办公室、考试中心。在职在编26人，合同制职员7人。

专业和跨学科项目建设。梳理本科专业库及授予学位，停开名称不规范的本科专业，更新专业代码，微调完善本科主修专业教学计划、各专业辅修及双学位教学计划。学校新增获批设立"电子信息工程专业""机器人工程"和"马克思主义理论"3个本科专业，新增设"多语种国际化卓越外语人才拔尖学生培养实验班项目"；向教育部申报新增专业2个："生物信息学""大数据管理与应用"专业。

36个本科专业进入国家级一流本科专业建设点名单，9个本科专业进入省部级（北京市级）一流本科专业建设点名单。根据教育部文件要求，结合北京大学本科教育教学改革方案，教务部已要求相关院系完善人才培养计划，提升教学质量，认真开展一流本科专业建设工作。"计算机科学与技术专业"和"临床医学专业"入选"北京市重点建设一流专业"。

课程建设。院系申请新开380余门本科课程，共开设5590余门次本科课程，其中本科核心课程930余门。制定专业核心课程建设指导意见，严格课程准入和退出机制，依托专家委员会严格审核新开课程，落实课程主讲教师教学责任制。开展通识核心课程教学质量诊断与研究，完成通识核心课评估报告，举办通识核心课教学研讨会。新认定19门通识核心课，共开设通识教育核心课程50门79个班次。开展"混合式教学试点课程"立项申报工作，共批准32门课程在2020年春季学期开展混合式教学试点，举办混合式课程建设研讨会。2019年新增慕课21门；在国内外主流慕课平台开设课程总数为140门，其中32门课程申报2019年国家级精品在线开放课程。组织建设"ON CHINA"全英文授课课程（21门）和国际暑期学校项目英文课程（16门）。讨论出台《关于"外籍访问学者前沿性英文课程"的实施管理办法（试行）》。

根据教育部《新时代高校思想政治理论课教学工作基本要求》，落实思政实践课学分和课程要求，继续完善实践环节。从2019年秋季学期起，将"思政实践"分为"思想政治实践（上）"和"思想政治实践（下）"2门课，各1学分，方便本科生开展多样化的思政实践活动。马克思主义学院自2019年秋季学期起开设"马克思主义理论"专业，在全校范围内招收在读本科生开展专业学习。继续开设20学分的"马克思主义理论"本科项目（"大钊班"），引导本科生全面认识马克思主义的世界观和方法论。

教改立项与拔尖计划。3月至4月进行2018年教改项目的结题评审工作和2019年教改项目的立项工作。2018年教改项目结题139项，其中15个项目被评为优秀，2019年本科教改立项项目116项，涉及经费945.7万元。组织相关院系申报2019年北京高等教育"本科教学改革创新项目"，经济学院"构建中国特色经济学人才培养体系"等5个项目全部入选。组织相关院系开展拔尖计划2.0的申报工作，经专家评审，最终向教育部推荐申报7个"拔尖计划2.0学生培养基地"，其中包括未名学者数学基地、物理学基地、化学基地、生命科学基地、计算机科学基地、基础医学基地和中国语言文学基地。

教材建设。1月底，教育部公布首批国家教材建设重点研究基地认定结果，北京大学"高校思想政治理论课毛泽东思想和中国特色社会主义理论体系概论教材研究基地"被认定为国家教材建设重点研究基地。出台《北京大学关于进一步推进高水平教材建设的指导意见（试行）》，制订一系列激励措施，推进教材建设，编写出版更多高水平教材。促进信息技术与教育教学的深度融合，适应教师与学生教与学方式的改变，首次开展数字化教材建设立项工作，经院系推荐，专家评审，教材建设委员会复审，共确认20个数字化教材建设立项项目。切实做好境外教材选用管理工作，开展2次境外教材审定工作，对境外教材的科学性、先进性、适用性、政治性和价值导向进行审核。采取措施积极推进"马克思主义理论研究和建设工程"重点教材统一使用工作，按教育部要求统计填报"马克思主义理论研究和建设工程"教材使用情况。从2019年春季开始，将教材研究项目纳入教改立项之中，支持院系和教师开展教材研究，为教材建设提供理论支撑。

本科生学籍教务管理。在制度建设方面，整合校本部和医学部本科生学籍管理工作，修订《北京大学本科生学籍管理办法》《北京大学本科考试工作与学习纪律管理规定》《北京大学本科生成绩评定和记载办法》等学籍管理文件。在管理实践方面，为3412名新生、13,437名在校生进行学籍注册，发放毕业证书2858份，中英文学位证书3809套（含主修专业学位证书2848套，双学位证书961套），结业证书138份，专科证书29份，辅修证书132份。2019年双学位审核通过1278人。全年办理各类休复退转学籍异动1215人次，其中，转系转专业291人，另有：1人从医学部转入校本部，1人由校本部转入医学部，1人由校本部转学至中南大学。校本部2020届普通本科生共有1474人获得推免资格，落实接收单位1252人，校内接收950人。配合教学改革，稳步推进文史楼教室改造，改造方案已基本确定，各项前期工作正在进行。与计算中心合作开发毕业审查系统，努力实现学生管理系统闭环。

本科生招生。北京大学（校本部）共录取国内普通本科生3003人，包括内地普通本科新生2899人（含数学英才班学生27人）、港澳台学生75人、联合培养双飞籍飞行学员29人（空军20人、海军9人）、录取来自40个不同国家和地区的留学生361人，以及软件工程第二学士学位学生151人。北京大学在全国31个省（自治区、直辖市）中录取各省份文理科第一名39人，前十名365人，在24个省份理科分数线高居全国榜首，文科分数线在同等招生规模的高校中也稳居第一。五大学科竞赛（数学、物理、化学、生物、信息）保送北京大学126人，占总数的48%；数学、物理、化学三大国际奥林匹克竞赛中国代表队共获得14枚金牌和1枚银牌，其中10人保送北京大学。

教学奖励。北京大学陈保亚、孙蚌珠、顾红雅、李文新、张卫光5位教师获评北京市教学名师，车浩、穆良柱2位教师获评北京市青年教学名师，物理学院数学物理方法教学团队荣获"北京高校优秀本科育人团队"称号，付志明教授荣获"北京高校优秀本科教学管理人员"称号，苏彦捷教授主持的发展心理学等5门课程入选"北京高校优质本科课程项目"，刘玉鑫教授主编的《热学》等五项教材课件被评为北京高校"优质本科教材课件"。继续开展北京大学教学奖励评选，共评选出教学成就奖2人，教学卓越奖6人，优秀教学团队6个，教学优秀奖100人，教学管理奖57人。

质量监控。出台《北京大学本科课程教学质量评估实施方案（试行）》和《北京大学本科教育教学工作量核算指导意见（试行）》，完善教学质量保障体系建设；继续完善课程评估系统功能，加强评估结果的利用和反馈，全年评估课程共计4336门次，其中理论课3546门次，实验课227门次，体育课472门次，通选课93门次，回收问卷共139,326份（理论课117,246份），综合评估率为70.11%。加强教学督导工作，组织专家进行通选课、专业核心课、教学奖励等开展专题调研，全年听课1000余门次。定制并初步测试学校本科教学质量状态数据系统，组织并完成学校国家高等教育状态数据填报，撰写《北京大学本科教学质量年度报告》。依托学校教学质量状态数据，完善绩效考核指标体系建设，开展院系教学绩效考核。调研知网作业查重和论文查重系统，并组织本科任课教师试用知网作业查重系统。开展本科人才培养质量调查和本科课程考核方式调研，设计培养质量校友调查方案。

国际交流和暑期学校。推进学生国际交流和暑期学校工作。2019年共有2037人次本科生赴国外和港澳台高校交流交换。完成2019年秋季和2020年春季学期赴港澳台交换生、2020年春季和2020年秋季学期赴国外交换生工作。针对香港局势的变化，对在港学生的安全和转学分政策进行跟进和调整。完成2019年建设高水平大学公派研究生项目、公派硕士项目及艺术类项目等各类交流项目的选派和管理。修订《北京大学本科生交流课程及学分管理办法》。完成北大-港大法学、工商管理双学位项目、"未来领导者"计划、北大-港中文中国语言及文学、语言学、金融科技6个联合培养双学位项目和北大-东京大学"艺文书院"交叉学科项目的立项及启动。完成2019年暑期学校运营，含国际暑期学校专项、北大-港大MOOC翻转课堂项目等。共开设183门课程，本校学生2775人，外校学生3151人。

本科生科研创新能力培养。完成2018年本研项目中期审核（502项）和结题工作，537名学生获得学分；完成2019年592项立项工作，参与人数720人。完成申报国家大学创新创业训练项目122项（其中创新类项目100项，创业类项目22项），北京市大学生科研训练项目74项。

依托极客实验室，为信息科学技术学院、元培学院、生命科学学院、工学院、地球与空间科学学院、建筑与景观设计学院、创新创业学院的16门动手实践课程提供辅助；组织工坊系统性课程与活动139场次，大型活动20场，参加学生6890人次，使用实验室设备1578人次；组织留学生工坊活动8场，参加学生600人次；暑期举办"AI+艺术"暑期工坊项目，来自国内外30多所高校83名学生报名参加。

党建工作。继续落实"三会一课"制度，进行支部规范化建设，开展"不忘初心、牢记使命"主题教育。完成上级党委对基层党支部"五个一"的工作要求，并采取参观见学、辅导报告、观看影片等多种形式，开展革命传统教育、形势政策教育和先进典型教育。引导党员及职工增强对中国特色社会主义道路的政治认同、思想认同、价值认同、情感认同，自觉服务国家战略。12月，支部大会审核同意宋鑫、刘晓峰、姚畅等3位预备党员按期转正，报机关党委审批。

其他工作。与研究生院讨论助教改革方案，开展每学期本科生助教管理；管理每学期课程执行计划异动。7月在兰州大学召开中国高等教育学会理科教育专业委员会换届会议，理科分会理事长单位由北京大学调整为兰州大学，秘书处也正式移交兰州大学教务处。

（董 礼、董南燕、王海欣、冯倩倩、冯雪松、陈 虎、陈 岩、卿 静、王小玥、田英一）

【召开全校本科教育工作会议】4月2日，北京大学在英杰交流中心阳光厅召开本科教育工作会议，宣布将2019年确立为"本科教学质量提升年"。会议旨在深入贯彻落实习近平总书记关于高等教育的重要论述精神，围绕立德树人根本任务，构建世界一流、中国特色、北大风格的本科教育体系。党委书记邱水平、校长郝平等学校领导班子成员，各学部、院系、相关职能部门负责人出席会议。会议由副校长王博主持。

邱水平强调，本科教育是提高高等教育质量最重要的基础，是推动"双一流"建设、深化综合改革的重要内容。没有高质量的本科，就建不成世界一流大学。要进一步统一思想，提高认识，切实把本科教育作为全校的中心工作来抓，巩固本科教育人才培养的核心地位和教育教学的基础地位；要把准政治方向，把思想政治教育贯穿高水平本科教育全过程，打造能让学生信服的"金课"；要深刻意识到思想政治理论课在本科教育体制中的战略性基础性的地位，遵循教育规律，坚持"八个相统一"，以科学的态度，务实的举措，不断深化思想政治理论课的创新、改革；要充分发挥北大优秀的生源优势，打牢基础，严进严出，全方位提升北大本科教育的"含金量"；要"五育并举"，尤其要下力气补短板，培养德智体美劳全面发展的社会主义优秀建设者和可靠接班人。

郝平指出，全面加强本科教学是今年工作的重中之重。北大本科教育要坚持办学正确政治方向，把立德树人贯穿到人才培养全过程；要培养德智体美劳全面发展的社会主义建设者和接班人，做到德与才、体与魄、知与行、传承与创新、志向远大与脚踏实地、个性发展与责任担当六个"紧密结合"；要突出本科教学中心地位，夯实人才培养基础；要进一步理顺体制机制，深化教育综合改革。

教务部部长傅绥燕做题为"以培养人才为中心，持续推进本科教育综合教育"的发言，介绍本科教育改革的主要内容及进展，分析持续深化改革存在的问题和应对方案。学生工作部部长张莉鑫做题为"以本为本，助力成长：本科生思政教育的任务、挑战与应对"的发言，从当前北大本科生思想状况、高校德育工作面临的挑战等方面介绍本科生思政教育的情况。

马克思主义学院宇文利、生命科学学院王世强、法学院车浩、医学部王维民分别以"思政课教学育人实践与质量提升""坚实基础上的个性化人才培养""课程供给侧改革的两种模式""内求定力、外联共生——北大医学：从新途径走向新时代"为题进行发言。

教师代表、中国语言文学系陈保亚以"循环递进的'三一'教学模式——教学—实践—科研—教学"为题做发言。学生代表、元培学院李卓然以"我的大学"为题分享自己大学四年的学习经历。

（董　礼）

【开创新型境内外交叉联合培养项目】 2019年学校持续推动跨学科人才培养，重点推进文理交叉、境内外交叉项目。2月，与香港大学联合推出法学联合培养双学士学位项目，旨在推进"一国两制"实践，培养和输送通晓大陆法系和英美法系的一流人才。学校陆续推出北大-港大工商管理双学士学位项目和与香港中文大学的中国语言文学、语言学、金融科技3个专业的双学士学位项目。3月，北京大学与东京大学启动"东亚研究"本科跨学科合作项目，标志着两校立足东亚文明以对当代世界提出有益思考做出实质性合作探索。4月，学校依托光华管理学院正式启动"未来领导者"本科双学位项目，与莫斯科国立大学、加拿大约克大学、新加坡国立大学、以色列特拉维夫大学等来自13个国家和地区的14所院校开展合作。

为面向非外语专业学生开好第二、第三公共外语课程，培养"一精多会"和"一专多能"人才，外国语学院推出"多语种国际化卓越外语人才拔尖学生培养实验班项目"，以"点面结合，公专并举"的方式，在广泛开展多语种教学的基础上，有针对性地对专业拔尖人才试行专门外语强化培养，为国家培养既懂专业又精通外语的国际化人才。

（蒋晓涛）

【附表】

表6-1　通识教育核心课程名单

说明："通识教育核心课程"将通识教育理念贯穿在专业知识的传授中，透过对专业知识的学习和思考来提升学生的人生境界和思想品质，培养学生健全的人格和公民意识，使学生掌握阅读思考能力、反思创新能力和沟通表达能力，培养"懂中国、懂世界、懂自我、懂社会"的卓越人才。建设有人类文明及其传统、现代社会及其问题和人文、自然与方法三大系列。

系列一：人类文明及其传统。目的是让学生理解人类在思考人类永恒问题过程中如何形成不同的思考方式，以及由此形成的文化和文明传统。因此，课程需要具有潜在的比较视野，让学生充分理解人类文明的丰富性和多样性，思考人类面临的普遍问题以及各种文明思考问题的特殊性，提升文明对话的意识和能力，并面向未来思考全球化时代文明的发展方向，以及如何推动中国文明传统的现代性转化。

系列二：现代社会及其问题。目的是使学生理解身处其中的现代社会，反思现代社会面临的问题，具备批判性思维的方法，把握未来社会的发展走向，建构美好的未来社会。该系列课程需要从不同的专业视角切入，以问题为导向把握现代社会，帮助学生思考这些专业知识的由来及其解决现代社会问题的方法，以及这种学科和方法自身的问题与局限，鼓励学生将知识传承与对现代问题的思考批判有机结合起来，激发学生对交叉学科的兴趣和既定专业知识的批判和创新，推动知识的更新和发展，从而构想更加美好的未来社会。

系列三：人文、自然与方法。目的是围绕涉及人类心灵情感和自然认知中共同性的问题，激发学生好奇心、想象力和鉴赏力，培养学生认知自然和宇宙的能力、健全的情感意识以及自我控制和塑造能力。

北京大学通识核心课程				
课程系列		课程名称	开课院系	教师
系列一／人类文明及其传统	经典阅读类课程	四书精读	哲学系	杨立华
		孔子与老子	哲学系	王　博
		坛经	哲学系	周学农
		庄子哲学	哲学系	郑　开
		国学经典讲论	中国语言文学系	吴国武
		周易精读	马克思主义学院	孙熙国
		尼采《查拉图斯特拉如是说》	哲学系	赵敦华
		《资本论》选读	经济学院	方　敏
		文艺复兴经典名著选读	历史学系	朱孝远
		古希腊罗马历史经典著作阅读	历史学系	张新刚
		圣经释读	外国语学院	高峰枫
		中国现代文学经典选讲	中国语言文学系	吴晓东
		西方政治思想（古代）	哲学系	李　猛
		西方政治思想（中世纪）	哲学系	吴　飞
		西方政治思想（现代）	哲学系	吴增定
		《理想国》	哲学系	吴　飞、吴增定
		哲学导论	哲学系	李　猛
		孟子哲学	哲学系	王　鑫
		《汉书》导读	中国语言文学系	杨海峥
	文明传统类课程	考古学与古史重建	考古文博学院	孙庆伟
		中国传统官僚政治制度	历史学系	阎步克、叶　炜
		中国古代史（上、下）	历史学系	张　帆、叶　炜
		中国古代政治与文化	历史学系	邓小南、阎步克、叶　炜、赵冬梅
		佛教艺术和考古：南亚与中国	考古文博学院	李崇峰
		美索不达米亚艺术与文明（文明的根基）	艺术学院	贾　妍
		西方哲学史：古代与中世纪	哲学系	先　刚
		德语名家中国著述选读	外国语学院	罗　炜
		宗教学导论	哲学系	吴　飞
		古典文献学基础	中国语言文学系	漆永祥
系列二／现代社会及其问题	社会问题	西方现代社会思想	社会学系	渠敬东
		中国社会：结构与变迁	社会学系	周飞舟
		影片精读	中国语言文学系	戴锦华
		影像与社会	新闻传播学院	吴　靖
		国外社会学学说（上）（下）	社会学系	李　康、孙飞宇
		死亡的社会学思考	社会学系	陆杰华、周　云
		公共组织行为学	政府管理学院	田　凯
	政治问题	现代中国的建立：制度、思潮与人物	哲学系	干春松
		伊斯兰教与现代世界	历史学系	昝　涛
		中国当代法律与社会	法学院	彭　錞
		公法与思想史	法学院	章永乐
	经济问题	经济学原理	国家发展研究院	张维迎
		中国经济改革与发展	国家发展研究院	姚　洋
		全球视野下的中国工业与经济发展	政管学院	路　风
		明清经济与社会	历史学系	郭润涛
		公共财政学	国家发展研究院	李　玲

(续表)

北京大学通识核心课程			
课程系列	课程名称	开课院系	教师
系列三／人文、自然与方法	人文类课程：大学国文	中国语言文学系	漆永祥 等
	古代小说名著导读	中国语言文学系	刘勇强、潘建国、李鹏飞
	唐宋诗词名篇精读（一）	中国语言文学系	张 鸣
	西方美术史	艺术学院	丁 宁
	艺术史	历史学系	朱青生
	文学人文经典（近现代）	元培学院	张旭东
	欧洲文学选读	外国语学院	Tom Rendall
	自然类课程：音乐与数学	数学学院	王 杰
	气候变化	物理学院	闻新宇
	演示物理学	物理学院	穆良柱、李湘庆
	普通心理学	心理与认知科学学院	方方等
	实验心理学	心理与认知科学学院	吴艳红
	化学与社会	化学与分子工程学院	卞 江
	生物进化论	生命科学学院	顾红雅
	地球与人类文明	地球与空间科学学院	陈 斌
	地球与空间	地球与空间科学学院	宗秋刚、郭召杰
	中国历史地理	城市与环境学院	韩茂莉
	世界文化地理	城市与环境学院	邓 辉
	普通生物学	生命科学学院	佟向军
	太阳系中的科学	地球与空间科学学院	周煦之
	自然保护：思想与实践（原课名：保护生物学）	生命科学学院	吕 植、王 昊
	发展心理学	心理与认识学科学院	苏彦婕
	创新与快速原型研制	信息科学技术学院	陈 江
	矿产资源经济概论	地球与空间科学学院	朱永峰
	方法类课程：普通统计学	数学科学学院	耿 直、艾明要
	逻辑导论	哲学系	陈 波
	批判性思维（上、中、下）	生命科学学院	李沉简
	社会调查方法	社会学系	王 迪
	社会科学方法导论	社会学系	邱泽奇、严 洁、王洪喆、李晓明
	社会研究：经典与方法	社会学系	渠敬东
	社会博弈论	社会学系	陶 林

（教务部）

表 6-2　2019 年北京大学本科专业目录

当前所属院系	专业名称	专业英文名	教育部专业代码	学制	学科门类	学位授予门类	是否在用
城市与环境学院	自然地理与资源环境	Physical Geography	070502	4	理学	理学	是
城市与环境学院	人文地理与城乡规划	Human Geography and Urban-Rural Planning	070503	4	理学	理学	是
城市与环境学院	生态学	Ecology	071004	4	理学	理学	是
城市与环境学院	环境科学	Environmental Science	082503	4	理学	理学	是
城市与环境学院	城乡规划	Urban and Rural Planning	082802	5	工学	工学	是
城市与环境学院	地理科学	Geography	070502	4	理学	理学	否

（续表）

当前所属院系	专业名称	专业英文名	教育部专业代码	学制	学科门类	学位授予门类	是否在用
地球与空间科学学院	地理信息科学	Geographical Information Science	070504	4	理学	理学	是
地球与空间科学学院	地球物理学	Geophysics	070801	4	理学	理学	是
地球与空间科学学院	空间科学与技术	Space Science and Technology	070802	4	理学	理学	是
地球与空间科学学院	地质学	Geology	070901	4	理学	理学	是
地球与空间科学学院	地球化学	Geochemistry	070902	4	理学	理学	是
法学院	法学	Law	030101K	4	法学	法学	是
法学院	法学	Law	030102K	2	法学	法学	否
法学院	知识产权	Intellectual Property Law	030102T	2	法学	法学	否
工学院	理论与应用力学	Theoretical and Applied Mechanics	080101	4	理学	理学	是
工学院	工程力学（工程结构分析方向）	Engineering Mechanics（Engineering Structure Analysis）	080102	4	工学	工学	是
工学院	材料科学与工程	Materials Science and Engineering	080401	4	工学	工学	是
工学院	能源与动力工程（能源与资源工程方向）	Energy and Power Engineering（Energy and Resources Engineering）	080501	4	工学	工学	是
工学院	航空航天工程	Aerospace Engineering	082001	4	工学	工学	是
工学院	生物医学工程	Biomedical Engineering	082601	4	工学	工学	是
工学院	能源与环境系统工程	Energy and Environmental Systems Engineering	080502T	4	工学	工学	是
工学院	勘查技术与工程	Exploration Technology and Engineering	081402	4	工学	工学	否
工学院	机器人工程	Robotics Engineering	080803T	4	工学	工学	是
光华管理学院	金融学	Finance	020301K	4	经济学	经济学	是
光华管理学院	市场营销	Marketing	120202	4	管理学	管理学	是
光华管理学院	会计学	Accounting	120203K	4	管理学	管理学	是
光华管理学院	工商管理	Business Administration	120201K	4	管理学	管理学	否
光华管理学院	财务管理	Financial Management	120204	4	管理学	管理学	否
光华管理学院	人力资源管理	Human Resource Management	120206	4	管理学	管理学	否
国际关系学院	国际政治	International Politics	030202	4	法学	法学	是
国际关系学院	国际政治（国际政治经济学方向）	International Politics（International Political Economy）	030202	4	法学	法学	是
国际关系学院	外交学	Diplomacy	030203	4	法学	法学	是
国际关系学院	国际政治（国际组织与国际公共政策方向）	International Politics（International Organizations and International Public Policy）	030202	4	法学	法学	是
国际关系学院	科学社会主义	Scientific Socialism	030501	4			否
国际关系学院	国际事务与国际关系	暂无	030204T	2			否
国家发展研究院	经济学（国家发展方向）	Economics（National Development）	020101	4	经济学	经济学	是
化学与分子工程学院	化学	Chemistry	070301	4	理学	理学	是
化学与分子工程学院	应用化学	Applied Chemistry	070302	4	理学	理学	是
化学与分子工程学院	化学生物学	Chemical Biology	070303T	4	理学	理学	是
化学与分子工程学院	材料化学	Material Chemistry	080403	4	理学	理学	是

（续表）

当前所属院系	专业名称	专业英文名	教育部专业代码	学制	学科门类	学位授予门类	是否在用
化学与分子工程学院	核化工与核燃料工程	Nuclear Chemical and Fuel Engineering	082204	4	工学	工学	否
环境科学与工程学院	环境工程	Environmental Engineering	082502	4	工学	工学	是
环境科学与工程学院	环境科学	Environmental Science	082503	4	理学	理学	是
经济学院	经济学	Economics	020101	4	经济学	经济学	是
经济学院	资源与环境经济学	Resource and Environmental Economics	020104T	4	经济学	经济学	是
经济学院	财政学	Public Finance	020201K	4	经济学	经济学	是
经济学院	金融学	Finance	020301K	4	经济学	经济学	是
经济学院	保险学	Risk Management and Insurance	020303	4	经济学	经济学	是
经济学院	国际经济与贸易	International Economics and Trade	020401	4	经济学		是
考古文博学院	考古学	Archaeology	060103	4	历史学	历史学	是
考古文博学院	考古学（文物建筑方向）	Archaeology (Ancient Architecture)	060103	4	历史学	历史学	是
考古文博学院	文物与博物馆学	Museology	060104	4	历史学	历史学	是
考古文博学院	文物保护技术	Relics Conservation	060105T	4	历史学	历史学	是
考古文博学院	外国语言与外国历史（考古学方向）	World History and Foreign Languages (Archaeology)	060106T		历史学	文学,历史学	是
历史学系	历史学	History	060101	4	历史学	历史学	是
历史学系	世界史	World History	060102	4	历史学	历史学	是
历史学系	外国语言与外国历史	World History and Foreign Languages	060106T	4	历史学	文学,历史学	是
软件与微电子学院	软件工程	Software Engineering	080902	2	工学	工学	是
社会学系	社会学	Sociology	030301	4	法学	法学	是
社会学系	社会工作	Social Work	030302	4	法学	法学	是
社会学系	人类学	Anthropology	030303T	4	法学	法学	是
生命科学学院	生物科学	Biological Science	071001	4	理学	理学	是
生命科学学院	生物技术	Biotechnology	071002	4	理学	理学	是
数学科学学院	数学与应用数学	Mathematics and Applied Mathematics	070101	4	理学	理学	是
数学科学学院	信息与计算科学	Information and Computing Science	070102	4	理学	理学	是
数学科学学院	统计学	Statistics	071201	4	理学	理学	是
数学科学学院	应用统计学	Applied Statistics	071202	4	理学	理学	是
数学科学学院	数据科学与大数据技术	Data Science and Big Data Technology	080910T	4	理学	理学	是
外国语学院	英语	English Language and Literature	050201	4	文学	文学	是
外国语学院	俄语	Russian Language and Literature	050202	4	文学	文学	是
外国语学院	德语	German Language and Literature	050203	4	文学	文学	是
外国语学院	法语	French Language and Literature	050204	4	文学	文学	是
外国语学院	西班牙语	Spanish Language and Literature	050205	4	文学	文学	是
外国语学院	阿拉伯语	Arabic Language and Literature	050206	4	文学	文学	是
外国语学院	日语	Japanese Language and Literature	050207	4	文学	文学	是
外国语学院	波斯语	Peisian Language and Literature	050208	4	文学	文学	是
外国语学院	朝鲜语	Korean Language and Literature	050209	4	文学	文学	是

(续表)

当前所属院系	专业名称	专业英文名	教育部专业代码	学制	学科门类	学位授予门类	是否在用
外国语学院	菲律宾语	Philippine Language and Literature	050210	4	文学	文学	是
外国语学院	梵语巴利语	Sanskri & Pali Language and Literature	050211	4	文学	文学	是
外国语学院	印度尼西亚语	Indonesia Language and Literature	050212	4	文学	文学	是
外国语学院	印地语	Hindi Language and Literature	050213	4	文学	文学	是
外国语学院	缅甸语	Burmese Language and Literature	050216	4	文学	文学	是
外国语学院	蒙古语	Mongolian Language and Literature	050218	4	文学	文学	是
外国语学院	泰语	Thai Language and Literature	050220	4	文学	文学	是
外国语学院	乌尔都语	Urdu Language and Literature	050221	4	文学	文学	是
外国语学院	希伯来语	Hebrew Language and Literature	050222	4	文学	文学	是
外国语学院	越南语	Vietnamese Language and Literature	050223	4	文学	文学	是
外国语学院	葡萄牙语	Portuguese Language and Literature	050232	4	文学	文学	是
外国语学院	外国语言与外国历史	World History and Foreign Languages	060106T	4	历史学	文学,历史学	是
物理学院	物理学	Physics	070201	4	理学	理学	是
物理学院	应用物理学	Applied Physics	070202	4	理学	理学	是
物理学院	核物理	Nuclear Physics	070203	4	理学	理学	是
物理学院	天文学	Astronomy	070401	4	理学	理学	是
物理学院	大气科学	Atmospheric Sciences	070601	4	理学	理学	是
物理学院	核工程与核技术	Nuclear Engineering and Nuclear Technology	082201	4	工学	工学	是
心理与认知科学学院	心理学	Psychology	071101	4	理学	理学	是
心理与认知科学学院	应用心理学	Applied Psychology	071102	4	理学	理学	是
心理与认知科学学院	应用心理学	Applied Psychology	071102	2	理学	理学	否
新闻与传播学院	新闻学	Journalism	050301	4	文学	文学	是
新闻与传播学院	广播电视学	Media Studies	050302	4	文学	文学	是
新闻与传播学院	广告学	Advertising	050303	4	文学	文学	是
新闻与传播学院	编辑出版学	Editing and Publishing	050305	4	文学	文学	是
信息管理系	信息管理与信息系统	Information Management and Information System	120102	4	管理学	管理学	是
信息管理系	图书馆学	Library Science	120501	4	管理学	管理学	是
信息科学技术学院	通信工程	Communication Engineering	080703	4	工学	工学	是
信息科学技术学院	微电子科学与工程	Microelectronics Science and Engineering	080704	4	理学	理学	是
信息科学技术学院	电子信息科学与技术	Electronic and Information Science and Technology	080714T	4	理学	理学	是
信息科学技术学院	计算机科学与技术	Computer Science and Technology	080901	4	理学	理学	是
信息科学技术学院	软件工程	Software Engineering	080902	4	工学	工学	是
信息科学技术学院	智能科学与技术	Intelligence Science and Technology	080907T	4	理学	理学	是
信息科学技术学院	数据科学与大数据技术	Data Science and Big Data Technology	080910T	4	理学	理学	是
信息科学技术学院	集成电路设计与集成系统	IC Design and Integrated System	080710T	4	工学	工学	是

(续表)

当前所属院系	专业名称	专业英文名	教育部专业代码	学制	学科门类	学位授予门类	是否在用
信息科学技术学院	电子信息工程	Electronic Information Engineering	080701	4	理学	理学	是
医学部教学办	英语（生物医学英语）	English（Biomedical English）	050201	5	文学	文学	是
医学部教学办	基础医学	Basic Medical Science	100101K	5	医学		是
医学部教学办	基础医学	Basic Medical Science	100101K	8	医学	医学	是
医学部教学办	临床医学	Clinical Medicine	100201K	8	医学		是
医学部教学办	临床医学	Clinical Medicine	100201K	5	医学	医学	是
医学部教学办	口腔医学	Stomatology	100301K	8	医学		是
医学部教学办	口腔医学	Stomatology	100301K	5	医学	医学	是
医学部教学办	预防医学	Preventive Medicine	100401K	5	医学		是
医学部教学办	预防医学	Preventive Medicine	100401K	7	医学	医学	是
医学部教学办	药学	Pharmacy	100701	4	医学		是
医学部教学办	药学	Pharmacy	100701	6	医学	理学	是
医学部教学办	医学检验技术	Medical Inspection Technology	101001	4	医学		是
医学部教学办	口腔医学技术	Stomatology Technology	101006	4	医学		是
医学部教学办	护理学	Nursing	101101	4	医学	理学	是
艺术学院	艺术史论	Theory and History of Arts	130101	4	艺术学	艺术学	是
艺术学院	艺术史论（文化产业管理方向）	Theory and History of Arts（Cultural Industry Management）	130101	4	艺术学	艺术学	是
艺术学院	广播电视编导（戏剧影视文学方向）	Broadcasting and Television Playwright-director（Theatre Film and TV Literature）	130305	4	艺术学	艺术学	是
艺术学院	公共事业管理	Public Affairs Management	120401	4	管理学	管理学	否
元培学院	政治学、经济学与哲学	Philosophy, Politics and Economics	030205T	4	法学	法学	是
元培学院	古生物学	Paleontology	070904T	4	理学	理学	是
元培学院	航空航天工程（航空科学与技术方向）	Aerospace Engineering（Aeronautics science and technology）	082001	4	工学	工学	是
元培学院	元培计划	Yuanpei Program	无，校内自设代码 ypjh	4	理学		是
元培学院	数据科学与大数据技术	Data Science and Big Data Technology	080910T	4	理学	理学	是
元培学院	整合科学	Integrated Science	071005T	4	理学	理学	是
哲学系	哲学	Philosophy	010101	4	哲学	哲学	是
哲学系	宗教学	Science of Religion	010103K	4	哲学	哲学	是
哲学系	逻辑学	Logic	010102				否
政府管理学院	政治学与行政学	Politics and Public Administration	030201	4	法学	法学	是
政府管理学院	行政管理	Administrative Management	120402	4	管理学	管理学	是
政府管理学院	城市管理	City Management	120405	4	管理学	管理学	是
中国语言文学系	汉语言文学	Chinese Language and Literature	050101	4	文学	文学	是
中国语言文学系	汉语言	Chinese	050102	4	文学	文学	是
中国语言文学系	古典文献学	Studies of Chinese Classical Text	050105	4	文学	文学	是
中国语言文学系	应用语言学	Computational and Applied Linguistics	050106T	4	文学	文学	是
暂无	经济统计学	暂无	020102	4	经济学	经济学	否
马克思主义学院	马克思主义理论	Marxist Theory	030504T	4	法学	法学	是

（教务部）

表 6-3 2019 年北京大学本科核心课程目录

专业必修				
课号	课名		00430186	天体物理讨论班
数学科学学院			00431558	天文技术与方法Ⅰ（光学与红外）
00132321	高等代数（Ⅰ）		00431660	宇宙探测新技术引论
00132323	高等代数（Ⅱ）		00432245	理论天体物理
00135450	抽象代数		00431562	天体光谱学
00132341	几何学		00430191	大气科学导论
00131300	概率论		00432274	大气探测原理
00132320	复变函数		00432247	大气物理学基础
00132340	常微分方程		00432251	天气学
00130200	数学模型		00432252	大气动力学基础
00137170	机器学习基础		00432278	大气物理与探测讨论班
物理学院			00431149	光学讨论班
00432108	数学物理方法（上）		化学与分子工程学院	
00432109	数学物理方法（下）		01031100	今日化学
00432110	数学物理方法		01030200	化学实验室安全技术
00432198	理论力学（A）		01034310	普通化学
00432199	理论力学（B）		01034321	普通化学实验
00432211	理论力学		01034371	有机化学（一）
00432130	热力学与统计物理（A）		01034373	有机化学（二）
00431650	平衡态统计物理		01035003	有机化学实验
00431651	平衡态统计物理讨论班		01030120	结构化学
00432140	电动力学（A）		01035200	物理化学（一）
00432141	电动力学（B）		01035210	物理化学（二）
00432150	量子力学（A）		01035020	物理化学实验
00432150	量子力学（B）		00432510	固体物理学
00431641	量子力学讨论班		生命科学学院	
00432510	固体物理学		新开课	生物化学
00431701	固体物理讨论班		01139632	生物化学实验
00433327	近代物理实验（Ⅰ）		新开课	遗传学
00433328	近代物理实验（Ⅱ）		01130210	遗传学实验
00437160	核物理与粒子物理专题实验		新开课	细胞生物学
00433329	前沿物理实验		01130160	细胞生物学实验
00432222	综合物理实验（二）		01131161	生物学概念与途径
00414860	激光实验		01130370	生理学
00430011	计算物理学（A）		01139500	生理学实验
00430012	计算物理学（B）		01139381	普通生物学
00431443	计算物理学		01130311	普通生物学实验
00431561	基础天文		01138540	分子生物学
00430184	天体物理		01132677	分子生物学实验
			01139470	生物信息学方法

(续表)

01139330	现代生物技术导论		01531180	地貌学
01131110	生物技术制药基础		01531250	气象气候学
04830670	信号与系统		01534200	水文学与水资源
01139732	生物数学建模		01534300	土壤学与土壤地理
04830320	数字图像处理		01531130	中国自然地理
01131080	动物生物学		01534060	综合自然地理学
01131050	动物生物学实验		01235230	地图学
01131040	植物生物学		01235240	地理信息系统原理
01131060	植物生物学实验（生科），或植物学实验（城环）		12633080	地球系统科学导论
新开课	微生物学（生科），或环境微生物学（环境）		01531900	人文地理
新开课	微生物学实验（生科），或环境微生物学实验（环境）		01531010	经济地理学
新开课	演化生物学（生科）		01532420	城市地理学
12632040	生态学基础与应用		12634010	产业地理学
01536011	普通生态学1		12639040	历史地理学导论
01536012	普通生态学2		01532470	城市社会学
01536013	普通生态学3		新开课	城市规划原理
新开课	生态学实验与方法（生科+城环）		新开课	国土空间规划
	城市与环境学院		12635250	城市道路与交通规划
12631080	环境化学		12634060	计量地理与规划系统工程学
12631070	环境科学概论		12635280	区域分析与区域规划
12631060	大气环境导论		01532190	中外城市建设史
01536210	水环境化学		12635130	城乡社区空间规划与设计
12631110	环境工程学		01532370	城市设计
12631090	环境土壤学		新开课	总体规划课程设计
12631100	环境监测与实验		新开课	国土空间规划管理与法规
12631010	污染环境修复		01532350	城市基础设施规划
01536040	应用数理统计方法		12635290	详细规划
12631020	环境毒理学		12635230	城市生态与环境规划
12631130	大气物理学导论		12635210	建筑设计（一）
12632050	气候变化科学概论		01131080	动物生物学
12631160	环境健康风险评价		01131050	动物生物学实验
12631180	环境污染数值模拟		01131040	植物生物学
12631170	环境生物学		01131060	植物生物学实验（生科），或植物学实验（城环）
01536850	环境地学		新开课	微生物学（生科），或环境微生物学（环境）
01536800	污染物水文地质学		新开课	微生物学实验（生科），或环境微生物学实验（环境）
01531230	遥感基础与图像解译原理		新开课	演化生物学（生科）
01535122	植物学（下）		12632040	生态学基础与应用
01533260	自然地理概论		01536011	普通生态学1
12633020	普通地质学			

(续表)

01536012	普通生态学2		心理与认知科学学院
01536013	普通生态学3	01630900	普通心理学
新开课	生态学实验与方法（生科+城环）	01630051	心理统计（1）
	地球与空间科学学院	01630708	心理统计（2）
0123020X	地球科学概论系列课程	01630040	社会心理学
01231792	普通地质学（地球物质系统）	01630034	实验心理学
01231751	普通岩石学（一）	01603333	实验心理学实验
01231752	普通岩石学（二）	01603011	心理测量
01231880	地球系统演化	01630060	发展心理学
01231770	构造地质学	01630101	生理心理学
01231780	地球化学	01630121	认知心理学
01231740	结晶学与矿物学	01630600	组织管理心理学
01233580	地球介质力学基础	01630090	变态心理学
01233200	地球重力学		信息科学技术学院
01233130	地球物理信号处理	04830010	信息科学技术概论
01233220	地震学	04831750	程序设计实习
01233190	地磁学与地电学	04830050	数据结构与算法（A）
01233230	地球物理数值计算方法	04830070	集合论与图论
01233600	地球物理野外实习	04833040	计算机系统导论
01233490	岩石力学	04832363	计算机系统导论讨论班
	毕业论文	04830080	代数结构与组合数学
00432249	流体力学	04833050	算法设计与分析
00432140	电动力学（B）	04833060	算法设计与分析（实验班）
01233410	宇航技术基础	04832580	算法设计与分析（研讨型小班）
01233420	空间等离子体物理基础	04831770	微电子与电路基础
01233440	磁层物理学	04833800	电子系统基础训练
01233260	中高层大气物理学	04833860	信号处理与系统
01233430	太阳大气层与日球层物理学	04832450	数字逻辑
01233620	电离层物理学与电波传播	04833870	集成电路器件导论
01233460	空间天气学及与预报入门	04831030	数字集成电路原理
0123545OX	地理学基础	04831050	集成电路工艺原理
01230070	遥感概论	04832010	基于HDL的数字系统设计
01235230	地图学	04832470	模拟电路
01235240	地理信息系统原理	04830250	人工智能概论
01235430	卫星导航定位基础	04831090	模拟集成电路原理
01235180	GIS设计和应用	04831060	集成电路设计实习
01235190	地理信息系统工程	04832260	微纳集成系统实验班
01235260	3S野外综合实习	04833180	半导体器件物理（含讨论班）
01233610	空间科学与技术基础	04833000	固体物理基础
01233550	计算空间物理学基础	04831140	微米纳米技术概论

(续表)

04833070	半导体物理（含讨论班）		00332242	数学物理方法（下）
04831080	微电子器件测试实验		00332281	流体力学（上）
04833820	电子线路分析与设计＋小班		00332282	流体力学（下）
04830670	信号与系统		00332340	流体力学实验
04834290	信号与系统（实验班）		00332270	弹性力学
04832740	概率论与随机过程		00332330	固体力学实验
04832900	数字逻辑电路＋小班（含实验班）		00330760	工程数学
04833790	电子学基础实验		00332300	工程流体力学
00432141	电动力学（B）		00332290	工程弹性力学
04833830	微处理器与接口技术（含实验）		00332320	工程设计初步
04830720	通信原理（含实验班）		00332310	结构力学及其矩阵方法
04830760	数字信号处理（含上机）		00334010	现代工学通论
00432149	量子力学（B）		00334090	能源与环境工程导论
04832640	数学物理方法		新开课	能源与环境工程实验
04831760	程序设计实习（实验班）		00332190	物理化学
04830540	数据结构与算法（A）（实验班）		00332020	传热传质学
04833400	离散数学与结构（Ⅰ）		新开课	环境学
04833440	计算理论导论		00331960	工程热力学
04833420	机器学习		00331970	新能源技术
00131480	概率统计（A）		00333050	金工实习
04834260	操作系统		新开课	本科学术实践大课堂
04834200	编译原理		00332470	航空航天概论
04830140	计算机组成与体系结构		00333770	航空航天信息工程
04834040	人工智能引论		00332510	电路与电子学
04834041	人工智能引论实践课		00332680	飞行器结构力学
04830100	数字逻辑设计		00333790	飞行器设计与动力
04834210	计算机网络		00331960	工程热力学
04834220	软件工程		00334060	空气动力学基础
04834230	软件测试导论		00334100	生物医学工程原理
04831320	脑与认知科学		00332600	分子细胞生物学
04833460	前沿计算研究实践（Ⅰ）		00333920	生物医学工程设计Ⅰ
04833461	前沿计算研究实践（Ⅱ）		00334020	生物医学工程设计Ⅱ
04833410	凸分析与优化方法		00333930	生物医学图像处理
	工学院		00333580	生物医学信号处理
04831220	智能科学技术导论		00332820	解剖生理学
00331910	理论力学		00332830	解剖生理学实验
00332260	材料力学		00332641	材料科学基础（上）
00334050	材料力学实验		00332642	材料科学基础（下）
00331800	高等动力学		00333610	实验室安全与防护
00332241	数学物理方法（上）		00333210	材料科学与工程实验

(续表)

00332990	材料科学与工程专业英语		02033090	中文工具书
00333190	材料化学		02031540	中国古代文化
00333410	材料物理导论		02039240	古代典籍概要
00333000	材料性能分析与测试		02030790	比较文学原理
新开课	机器人学概论		02032020	民间文学概论
00330220	自动控制原理		00131421	高等数学（C）（一）
新开课	机械设计基础		00131422	高等数学（C）（一）
04832900	数字逻辑电路		04831410	计算概论（B）
04830670	信号与系统		04831420	数据结构与算法（B）
新开课	机器人学实验（一）		00132380	概率统计（B）
新开课	机器人学实验（二）		04832280	C++语言程序设计
新开课	机器人学实验（三）		02080431	高级汉语口语（上）
	环境科学与工程学院		02080432	高级汉语口语（下）
12730030	环境问题		02080421	阅读与写作（初级）
12732180	文献检索与论文写作入门		02080422	阅读与写作（中级上）
12730011	环境科学与工程专题		02080423	阅读与写作（中级下）
12732010	环境科学		02080424	阅读与写作（高级）
12732150	环境工程学（一）		02080261	中国现代文学（上）
12732080	环境工程学（二）		02080262	中国现代文学（下）
12732040	环境监测		02080331	中国当代文学作品（上）
12732070	环境监测实验		02080332	中国当代文学作品（下）
12732020	环境管理学		02080440	古文选读
12732160	环境研究方法		02080130	中文工具书使用
12732170	环境决策案例分析		02080410	中国民俗与社会生活
	中国语言文学系		02080420	中国古代文化基础
02030021	古代汉语（上）		02080400	中国人文地理
02030022	古代汉语（下）		02080341	中国古代文学（一）
02030011	现代汉语（上）		02080342	中国古代文学（二）
02030012	现代汉语（下）		02080343	中国古代文学（三）
02030031	中国古代文学史（一）			**历史学系**
02030032	中国古代文学史（二）		02080344	中国古代文学（四）
02030033	中国古代文学史（三）		02130011	中国古代史（上）
02030034	中国古代文学史（四）		02130012	中国古代史（下）
02030070	语言学概论		02132030	中国现代史
02030040	中国现代文学史		02130101	中国历史文选（上）
02033360	中国当代文学		02130102	中国历史文选（下）
02039200	文学原理		02132460	
02031080	《论语》选读		02132470	低年级小班研讨课（系列）
02031090	《孟子》选读		02132480	
02033830	经典讲读		02132490	

(续表)

02132081	世界史通论	02234010	文物显微形态学分析
02130110	史学概论	02230991	文物保护材料学
02133020	史学新生导学	02232210	考古学通论
02132110	社会调查与史学研究	02232220	文化遗产学概论
02130120	中国史学史	02240410	文物分析技术
02130130	外国史学史	02230830	无机质文物保护与实验
02132720	艺术史概论	02230820	有机质文物保护与实验
02133610	古代东方文明	02230730	文物法规与行政管理
02133620	古希腊罗马史	02231190	文物保护专业实习
02133630	中世纪欧洲史	02230840	不可移动文物保护
02133660	亚洲史	02240011	中国建筑史（上）
02133640	欧洲史	02240012	中国建筑史（下）
02133650	美洲史	02231150	中国传统建筑构造
02139190	非洲史	02231120	建筑设计（三）
02132091	外国历史文选（上）	02231130	建筑设计（四）
02132092	外国历史文选（下）	02233040	文化遗产踏查与测绘实习
02133681	外文历史史料选读（上）	02240140	文化遗产保护实践
02180011	中国古代史B（上）	02233050	文化遗产保护规划设计理论与方法
02180012	中国古代史B（下）	02234040	世界考古学（上）
02180101	中国历史文选B（上）	02234050	世界考古学（下）
02180102	中国历史文选B（上）	新开课	专题考古课程
\multicolumn{2}{c	}{考古文博学院}	01035180	定量分析化学
02133682	外文历史史料选读（下）	01035190	定量分析化学实验
02231080	考古学导论	01034390	仪器分析
02232111	中国考古学（上一）	01034400	仪器分析实验
02232102	中国考古学（上二）	\multicolumn{2}{c	}{哲学系（宗教学系）}
02232103	中国考古学（中一）	02330003	哲学导论
02232104	中国考古学（中二）	02330004	
02232105	中国考古学（下一）	02330092	中国哲学（上）
02232106	中国考古学（下二）	02330093	
02230120	田野考古学概论	02330096	中国哲学（下）
02240290	田野考古实习	02330097	
02230471	科技考古	02330051	西方哲学（上）
02231040	博物馆学概论	02330055	
02231060	博物馆陈列内容设计	02330053	西方哲学（下）
02231070	博物馆陈列形式设计	02330054	
02231280	文物鉴赏	02330160	宗教学导论
02231240	文物研究与鉴定	02330163	
新开课	博物馆教育	02336401	逻辑与论证
新开课	博物馆实习	02330142	伦理学导论

(续表)

02330152	美学原理	03631065	法国文学史和文学选读（上）
02330132	科学哲学导论	03631066	法国文学史和文学选读（下）
02332250	中国宗教史	03536121	基础梵语（上）
	学年论文	03536122	基础梵语（下）
	毕业论文		梵语经典选读（一）
	实践实习		梵语经典选读（二）
外国语学院		03536161	巴利语（上）
03538011	基础阿拉伯语（一）	03536162	巴利语（下）
03538012	基础阿拉伯语（二）	03536401	德语（一）
03538013	基础阿拉伯语（三）	03536402	德语（二）
03538014	基础阿拉伯语（四）	03535671	菲律宾语（一）
03538180	阿拉伯伊斯兰文化	03535672	菲律宾语（二）
03537671	基础波斯语（一）	03535673	菲律宾语（三）
03537502	基础波斯语（二）	03535674	菲律宾语（四）
03537503	基础波斯语（三）	新开课	菲律宾概况
03537504	基础波斯语（四）	03531011	基础蒙古语（一）
03531401	基础韩国（朝鲜）语（一）	03531012	基础蒙古语（二）
03531402	基础韩国（朝鲜）语（二）	03531013	基础蒙古语（三）
03531403	基础韩国（朝鲜）语（三）	03531014	基础蒙古语（四）
03531404	基础韩国（朝鲜）语（四）	03534011	缅甸语（一）
03632001	德语精读（一）	03534012	缅甸语（二）
03632002	德语精读（二）	03534013	缅甸语（三）
03632003	德语精读（三）	03534014	缅甸语（四）
03632004	德语精读（四）	03635151	葡萄牙语（一）
03632621	德语国家文学史与选读（一）	03635152	葡萄牙语（二）
03632622	德语国家文学史与选读（二）	03635153	葡萄牙语（三）
03632623	德语国家文学史与选读（三）	03635154	葡萄牙语（四）
03632624	德语国家文学史与选读（四）	03635031	葡萄牙历史和文化（上）
03730501	基础俄语（一）	03635032	葡萄牙历史和文化（下）
03730502	基础俄语（二）	03635101	巴西历史和文化（上）
03730503	基础俄语（三）	03635102	巴西历史和文化（下）
03730504	基础俄语（四）	03532021	基础日语（一）
03730071	俄罗斯文学史（一）	03532022	基础日语（二）
03730072	俄罗斯文学史（二）	03532023	基础日语（三）
03730881	俄罗斯国情（上）	03532024	基础日语（四）
03730882	俄罗斯国情（下）	03532120	日本文学史
03631001	法语精读（一）	03532160	日语概论
03631002	法语精读（二）	03533861	泰语教程（一）
03631003	法语精读（三）	03533862	泰语教程（二）
03631004	法语精读（四）	03533863	泰语教程（三）

（续表）

03533864	泰语教程（四）	03830131	美国文学史与选读（一）
03537251	基础乌尔都语教程（一）	03830132	美国文学史与选读（二）
03537252	基础乌尔都语教程（二）	03538021	阿拉伯语视听（一）
03537353	基础乌尔都语（三）	03538022	阿拉伯语视听（二）
03537354	基础乌尔都语（四）	03538381	阿拉伯语口语（一）
03633011	西班牙语精读（一）	03538032	阿拉伯语口语（二）
03633012	西班牙语精读（二）	03538041	阿拉伯语阅读（一）
03633013	西班牙语精读（三）	03537681	波斯语口语（上）
03633014	西班牙语精读（四）	03537682	波斯语口语（下）
03633015	西班牙语精读（五）	03537551	波斯语写作（上）
03633016	西班牙语精读（六）	03537552	波斯语写作（下）
03633061	西班牙语文学史和文学选读（上）	03537511	波斯语视听说（上）
03633062	西班牙语文学史和文学选读（下）	03537512	波斯语视听说（下）
03633071	拉丁美洲文学史和文学选读（上）	03537611	波斯文学史（上）
03633072	拉丁美洲文学史和文学选读（下）	03537612	波斯文学史（下）
03535161	希伯来语（一）	03632210	德国历史
03535162	希伯来语（二）	03730511	高级俄语（一）
03535163	希伯来语（三）	03730512	高级俄语（二）
03535164	希伯来语（四）	03730031	俄语语法（一）
03536501	印地语（一）	03730032	俄语语法（二）
03536502	印地语（二）	03730551	俄译汉教程（上）
03536913	印地语（三）	03730811	汉译俄教程（上）
03536914	印地语（四）	03730541	俄语写作（上）
03534810	印尼语（一）	03730311	俄罗斯文学选读（上）
03534842	印尼语（二）	03730312	俄罗斯文学选读（下）
03534843	印尼语（三）	03730381	俄语报刊阅读（一）
03534844	印尼语（四）	03730761	俄语新闻听力（上）
03533271	基础越南语（一）	03631005	法语精读（五）
03533272	基础越南语（二）	03631006	法语精读（六）
03533273	基础越南语（三）	03631021	法语视听说（一）
03533274	基础越南语（四）	03631022	法语视听说（二）
03830017	英语精读（一）	03631023	法语视听说（三）
03830018	英语精读（二）	03631024	法语视听说（四）
03830033	英语精读（三）	03535580	菲律宾文化
03830034	英语精读（四）	03535530	菲律宾历史
03830091	英国文学史（一）	03535700	菲律宾民间文学
03830092	英国文学史（二）	03532220	日语会话
03830100	普通语言学	03532041	日语视听说（一）
03830110	英译汉	03532042	日语视听说（二）
03830120	汉译英	03532321	高年级日语（一）

(续表)

03532322	高年级日语（二）		04331570	戏剧艺术概论
03532333	高年级日语（三）		04330649	影视理论与批评
03532334	高年级日语（四）		04330004	创意写作
03531959	日语文言语法		04332530	文化产业导论
03532060	日语写作		04330002	艺术心理学
03532440	日语语法概论		04330028	跨文化艺术传播学
03532110	日译汉		04334008	中西方音乐专题
03533829	泰国历史		04334001	世界美术简史
03533870	泰国文化和社会		colspan	国际关系学院
03533540	泰语语法		02430010	国际政治概论
03533590	泰国文学史		02430150	中国政治概论
02139190	非洲史		02430091	国际关系史（上）
03530180	古代东方文明		02430092	国际关系史（下）
02133620	古希腊罗马史		02430041	政治学原理
02133650	美洲史		02430211	中国对外关系史
02133640	欧洲史		02430140	中华人民共和国对外关系
02132110	社会调查与史学研究		02430050	外交学
02130110	史学概论		02430931	国际组织与国际法
02133020	史学新生导学		02431840	社会科学方法论
02132480	世界古代史练习		02431641	比较政治学
02132490	世界近现代史练习		02431684	原著译读
02132081	世界史通论		02430020	国际政治经济学
02130130	外国史学史		02430159	英语写作
02133660	亚洲史		02432421	专业文献选读（一）
02132720	艺术史概论		02432422	专业文献选读（二）
02130011	中国古代史（上）		02432423	专业文献选读（三）
02130012	中国古代史（下）		02432424	专业文献选读（四）
02132460	中国古代史练习		02431093	专业汉语（一）
02132470	中国近现代史练习		02431094	专业汉语（二）
02130101	中国历史文选（上）		02432340	国际公共政策导论（英文）
02130102	中国历史文选（下）		02432140	中国政治与公共政策（英文）
02130120	中国史学史		02432161	社会科学定量方法
02132030	中国现代史		02432300	谈判模拟与国际文书写作
02133630	中世纪欧洲史		02432310	国际组织与全球治理前沿名家讲座
	艺术学院		02432320	中外文化比较
04330013	艺术学原理			第二外国语（英语、法语、俄语、阿拉伯语、西班牙语）
04330101	电影概论		02432351	法语（1）
04333021	美术概论		02432352	法语（2）
04330005	音乐概论		02432353	法语（3）
04331541	美学原理			

(续表)

02432354	法语（4）		03130020	国外社会学学说（下）
法学院			03131500	社会调查与研究方法
02930060	宪法学		03130120	社会统计学
0293008a	民法总论		03131260	数据分析技术
02930010	法理学		03132550	社会调查实践
02930030	中国法制史		03130150	社会人类学
02930152	刑法总论		03132000	人类学理论
02930050	民事诉讼法		03132010	人类学史
02930920	刑事诉讼法		新开课	人类学方法
02939995	国际私法		新开课	田野作业
02930890	经济法学		政府管理学院	
02930470	商法总论		03232600	政治学前沿
03033400	信息资源管理基础		03231620	公共政策分析
信息管理系			03230040	比较政治学概论
03033740	信息行为导论		03230050	当代中国政府与政治
03032130	信息组织		03230100	当代西方国家政治制度
03033460	调查与统计方法		03230780	中国政治思想史
03033710	计算机网络概论		03230770	中国政治制度史
03033750	信息架构设计与实践		03231080	政治经济导论
03033650	信息计量学		03230790	西方政治思想史
03033730	信息服务学		03231700	政党学概论
03033770	信息存储与检索		03232500	政府与法治
03032110	信息政策与法规		03231120	比较公共管理
03030740	管理信息系统		03231160	人力资源开发与管理
03033030	信息分析与决策		03230120	组织与管理
03033450	信息系统分析与设计		03231130	地方政府管理
03030010	图书馆学概论		03232530	公共经济学
03033190	社科文献资源与检索利用		03232640	行政学研究方法
新开课	文献学		03231610	管理运筹学
03033490	中国图书史		03232560	城市经济学
03033810	知识服务组织的管理创新		03232550	区域经济学
03033180	信息资源建设		03231240	经济地理学
03033620	公共文化服务概论		03231250	城市管理
03033470	图书馆参考咨询		03231260	城市规划
03032270	图书馆管理		03232360	地理信息系统基础与应用
社会学系			03232890	城市治理定量方法
03130010	社会学概论		马克思主义学院	
03131190	社会工作概论		04030001	马克思主义理论导论
03130210	社会心理学		04030002	政治经济学
03100130	国外社会学学说（上）		04030003	科学社会主义

(续表)

04030004	中国化马克思主义		01833100	编辑出版概论
04030005	中国化马克思主义经典著作导读		01831300	中国古籍资源与整理
04030006	习近平新时代中国特色社会主义思想概论		01833770	数字出版技术
04030017	马克思主义发展史		01833120	选题策划与书刊编辑实务
04030008	中国近现代史重要问题研究		01833110	编辑实用语文写作
04030009	马克思恩格斯经典著作导读（上）		01833130	出版案例研讨
04030011	马克思恩格斯经典著作导读（下）		01833870	出版经营管理
	新闻与传播学院		01831550	近现代出版文化
01831800	汉语语言修养			经济学院
01834130	新媒体导论		02533340	中国经济思想史
01833920	马克思主义新闻观		02533350	外国经济思想史
01833850	传播学研究方法		02535240	中国经济史
01833740	传媒伦理与法律法规		02535250	外国经济史
01834230	新闻采访写作		02533600	产业组织理论
01833270	新闻编辑		02532260	信息经济学
01830710	新闻摄影		02535370	《资本论》选读
01834290	中国新闻史		02530150	发展经济学
01833750	世界新闻史		02535410	应用计量经济学
01833280	新闻评论		02534880	社会实践
01834160	互联网认知		02530090	国际贸易
01833780	当代新闻发展前沿		02530100	国际金融
01831740	视听语言		02530620	国际投资学
01832910	视频编辑		02533490	世界经济史
01834240	视频采访与写作		02532120	世界经济专题
01833020	广播电视新闻		02535380	中国对外经济
01833030	广播电视节目制作		02534060	货币银行学
01834270	节目创意与策划		02532240	金融经济学导论
01834250	口语传播		02533570	公司金融
01834290	影视制作		02530340	投资学
01831750	专题片及纪录片创作		02532220	金融市场学
01830480	广告学概论		02532420	金融工程概论
01834010	中外广告史		02534820	保险学原理
01830540	市场调查		02534200	风险管理学
01830490	广告媒体研究		02534960	保险经济学导论
01834260	广告策划与创意		02532090	保险精算
01833830	公共传播		02535390	金融会计
01833820	视觉传达		02531080	社会保险
01832420	品牌研究		02535400	保险资产管理
01833710	创意传播管理		02534520	财政学
01831330	中国图书出版史		02533390	福利经济学

(续表)

02530051	统计学		01231030	古生物学
02534500	公共经济学		01231320	地史学
02533530	预算经济学		01131040	植物生物学
02534760	比较税收学		01131080	动物生物学
02533850	农业经济学		01130200	遗传学
02534430	经济增长理论		01231640	普通地质实习A
02534000	生态经济学		01231680/01231420	综合地质实习
02533370	环境资源经济学		04630771	定量细胞生物学
02534830	人口健康经济学		04630994	定量分子生物学
02535420	能源经济学		04630981	整合化学动力学
光华管理学院			04630992	整合量子力学与分子光谱
02831113	商务英语（一）		新开课	整合热力学
02831114	商务英语（二）		新开课	综合实验课程Ⅰ
02831110	经济学		04630850	综合实验课程Ⅱ
02832110	微观经济学		04630790	数据科学导引
02832120 / E2832121	宏观经济学		00131300	概率论
02839000	中国经济改革与发展		00135460	数理统计
02832510	财务会计		新开课	数值与计算方法
02838430 英文			新开课	分布与并行计算
02830140	社会心理学		00110950	人工智能
02838500	组织与管理		04630791	深度学习：算法与应用
02832640	营销学		新开课	统计机器学习
02833430 / E2833431	公司财务管理		00130630	大数据中分析的算法
02838470	管理科学		00332470	航空航天概论
国家发展研究院			04831770	微电子与电路基础
06232000	经济学原理		04832930	电子技术实验
06239084	中级宏观经济学		00330760	工程数学
06239085	中级微观经济学		00332260	材料力学
06239086	计量经济学		00332250	理论力学
06234900	中国经济专题		00333960	空气动力学基础和实践
06239087	中国经济专题小班讨论课		00332300	工程流体力学
06239114	经济学研究训练		00332760	飞行力学与控制
	毕业论文		03232600	政治学前沿
元培学院			03232570	政治学原理（上）
01231790/01231791	普通地质学		03232590	政治学原理（下）
01231651	普通岩石学（一）		03232270	政治学概论
01231652	普通岩石学（二）		03231750	中国地方政府与政治
			03231080	政治经济导论
			02533160	经济学原理（Ⅰ）

（续表）

02533170	经济学原理（Ⅱ）		02330096	中国哲学（下）
02530060	微观经济学		02330051	西方哲学（上）
02530070	宏观经济学		02330053	西方哲学（下）
02330003	哲学导论			毕业论文
02330160	宗教学导论			
02330092	中国哲学（上）			

（教务部）

表 6-4　北京大学入选 2019 年度国家级一流本科专业建设点名单

（共计 36 个）

哲学	日语	心理学
经济学	印地语	统计学
金融学	世界史	理论与应用力学
法学	考古学	电子信息科学与技术
国际政治	数学与应用数学	计算机科学与技术
社会学	信息与计算科学	环境科学
汉语言文学	物理学	基础医学
英语	化学	临床医学
俄语	人文地理与城乡规划	口腔医学
德语	大气科学	预防医学
法语	生物科学	药学
阿拉伯语	生物技术	艺术史论

（教务部）

表 6-5　北京大学入选 2019 年度省级一流本科专业建设点名单

（共计 9 个）

保险学	西班牙语	应用化学
政治学与行政学	历史学	生态学
社会工作	文物保护技术	会计学

（教务部）

表 6-6　2019 年北京大学数字化教材建设立项名单

序号	项目负责人姓名与职称	院系	项目名称	适用对象
1	陈　军　高级工程师	工学院	工程制图	本科生
2	周小计　教授	信息科学技术学院	电子系统基础训练	本科生
3	罗定生　副教授	信息科学技术学院	人工智能	本科生
4	刘志敏　副教授	信息科学技术学院	计算机应用基础	本科生
5	韩茂莉　教授	城市与环境学院	中国历史地理	本科生
6	唐孝炎　院士	环境科学与工程学院	环境问题	本科生
7	胡敏　教授	环境科学与工程学院	环境监测实验	本科生
8	陈立翰　副教授	心理与认知科学学院	心理学研究方法-MATLAB	本科生 研究生
9	李同归　讲师	心理与认知科学学院	爱的心理学	本科生
10	郭锐　教授	中国语言文学系	现代汉语	本科生

（续表）

序号	项目负责人姓名与职称	院系	项目名称	适用对象
11	汪锋 教授	中国语言文学系	人类沟通的起源与发展	本科生
12	董秀芳 教授	中国语言文学系	语言学纲要	本科生
13	朱青生 教授	历史学系	艺术史（宗教建筑与场所研究）	本科生 研究生
14	吴泽南 助理教授	经济学院	微观经济学原理	本科生
15	姜万军 副教授	光华管理学院	绿色金融与社会责任投资	本科生 研究生 继续教育
16	李淑静 副教授	外国语学院	博雅英语	本科生
17	王雷 副教授	外国语学院	学术英语写作	本科生
18	刘迪南 副教授	外国语学院	蒙古文化	本科生
19	宋扬 讲师	外国语学院	西班牙语大声说——西班牙语语音及语调	本科生 研究生 继续教育
20	董进霞 教授	体育教研部	奥林匹克文化	本科生 研究生 继续教育

（教务部）

表6-7　2019年北京大学数字化教材建设配套纸质教材立项名单

序号	主编姓名与职称	院系	教材名称	教材所属系列
1	周小计 教授	信息科学技术学院	电子系统基础训练	专业核心课程教材
2	唐孝炎 教授	环境科学与工程学院	环境问题	专业核心课程教材
3	胡敏 教授	环境科学与工程学院	环境监测实验	专业核心课程教材
4	李同归 讲师	心理与认知科学学院	爱的心理学	其他教材

（教务部）

医学本科生教育

【发展概况】 机构职能与设置。北京大学医学部教育处是负责制定医学部本科教育教学规划、政策、规章制度，建立教育教学管理工作运行体制，探索并推进本科教育教学改革的行政职能部门。教育处下设教学管理办公室、教学支持办公室、学籍管理办公室、招生办公室、成人教育办公室、综合办公室、教师教学发展中心7个科室，现有在编人员21人。

教育教学改革。围绕建设一流医学本科、做强一流医学专业、培养一流医学人才的核心目标，结合学科发展特点及国家卫生人力需要，医学部教育处组织各专业重新梳理人才培养目标，调整培养方案，优化教学大纲。成立北京大学医学部教学改革领导委员会、调整北京大学医学部本科教学指导委员会、本科教学评价委员会，调动各学院师生参与教学改革。总结反思"新途径医学教育教学改革"的经验教训，结合医学科学人工智能、大数据、组学的发展和医学教育新理念、新方法，通过走访、调研、论证等方式，初步形成北大医学"新时代医学教育教学改革"方案。在临床专业改革方面，组织完成临床阶段中小科教学大纲与实习指导、临床二级学科阶段轮转方案修订工作，筹备启动临床医学专业桥梁课、系统课教学大纲修订工作。继续优化临床教学基地的教学任务分工，安排学生进入北京大学国际医院学习，明确临床医院建设目标。教育处成立中央高校教育教学改革专项资金管理小组，寻求更加科学合理的经费分配方案，以加强和规范中央高校教育教学改革专项资金管理和使用，提高资金使用效益，发挥教学改革经费的杠杆作用，为教学改革提供保障。

优化教学运行。在与北京大学校本部沟通论证的基础上，梳理教学管理制度，制定《学生修读校本部课程的认定办法》《本科生选修课选课规定》等多个文件。组织临床学院申报、新开设多门临床选修课程，实现临床选修课跨院选课，促进各临床学院教学资源共享。开放多门研究生课程，满足高年级学生学习科研方法的需求，为学生提供更多学习资源。针对临床医学专业博士学位授予问题，协调研究生院等部门调整临床医学专业八年制二级学科培养流程，为学生提供学位论文盲审服务，把关学位论文质量。

调整考核形式。首次对临床医学专业系统课实施统一结课考核，由医学部教育处组织专家命题并负责成绩整理及分析，通过对各学院间各项考试成绩的比较，促使学院深入分析临床教学方面存在的问题。完善题库建设，组织临床学科专家研讨临床医学专业本科阶段临床学科考核形式的优化及未来命题方向，内、外、妇、儿学科共约2500道试题经专家审核后录入医学部题库系统。

组织教学项目申报。组织申报2019年国家级一流本科专业建设点、2019年北京市教委"重点建设一流专业"、北京高校优质本科课程、北京高校优质本科教材课件、北京高校"重点建设一流专业"建设项目、2019年基础学科拔尖学生培养基地建设、2019年北京高等教育"本科教学改革创新项目"、北京市2019年虚拟仿真实验教学项目、北京高校优秀本科毕业设计（论文）、2019年国家精品在线开放课程认定等项目。

加强学系管理。协助完成重症医学学系、心血管外科学系、传染病学学系、眼科学学系、全科医学学系、风湿免疫学学系换届，6月成立急诊医学学系。依托临床学系，共同制定教学方案和管理要求。

开展学生创新交流。组织开展2018年度、2019年度大学生创新实验项目。2018年度共82个项目结题；2019年度共100余个项目通过评审获得立项，项目总经费达80余万元。完成30项国家大学生创新创业训练项目和52项北京市级大学生科研计划项目申报。协调来自美国、日本、韩国、俄罗斯、荷兰、新加坡、澳大利亚、马来西亚等国家22所院校38人的实习轮转安排。接收新疆石河子大学4名护理专业学生、2名医学检验专业学生和3名药学专业学生来医学部插班学习。接收西藏大学第4批17名临床医学专业学生赴首钢医院进行临床实习。组织教学骨干团队支援西藏大学医学院建设，2019年派出5名教师承担毒理学和医用化学课程授课任务。

规范本科招生工作。扩充招生学科专家库，与校本部招生队伍进一步融合，调动各学院、各部门参与招生工作。修订招生章程，招生政策与本部保持一致。多渠道开展招生宣传，利用网络媒体资源宣传"北大医学"。共录取本科生855人，包括基础医学专业112人，临床医学八年制164人，临床医学五年制108人，口腔医学八年制43人，口腔医学五年制42人，药学122人，预防医学86人，英语（医学英语）39人，医学检验技术30人，护理学99人，港澳台临床医学五年制学生10人。

规范学籍管理。根据学校工作部署，完成《北京大学本科生学籍管理办法》《北京大学本科考试工作与学习纪律管理规定》《北京大学本科生成绩评定和记载办法》和《北京大学医学部长学制学生二级学科资格审核管理办法》修订，并新制定《北京大学医学部本科生学籍管理补充规定》，实现两部制度衔接与融合。通过开展师生畅聊会、学籍管理业务培训、政策解读会与学籍案例交流分享会，定期发布《北京大学医学部学籍管理工作通报备忘录》，促进多方沟通，提升管理水平。在优化工作流程的基础上提升服务效率，实现业务办理网络提前预约，缩减各项业务办理时长。加强毕业环节审核工作。1月，2名临床医学（八年制）学生获博士学位；应届本科毕业生2人毕业并获学士学位；往届结业生1人毕业并获学士学位。7月，188名临床医学/口腔医学（八年制）学生博士毕业，其中183人获博士学位，1名往届口腔医学（八年制）博士毕业生获博士学位；应届本科毕业生（含完成本科阶段培养的长学制学生）772人毕业并获学士学位，23人结业；往届结业生13人毕业并获学士学位；往届毕业生6人获学士学位。10月，1名口腔医学（八年制）博士毕业生获博士学位。

促进信息化建设。医学部教育教学系统完成首轮教学周期运行。2019年末，教学管理模块已实施课程库管理、学生培养方案、教学任务、学生选课、公选课申报、课表查询、考试查询、学分认定等业务的线上办理。学籍管理模块上线，实现新旧系统转换，新一体机投入使用。初步实现医学部教务系统与本部教务系统的学籍信息对接，2019年起，医学部学生可以通过本部教务管理系统进行双学位/辅修报名、录取结果查询、选课等相关工作。

促进教师发展。通过开展助教、带教教师、青年教师培训，提升教师教学水平。完成第10、11期研究生助教培训，共374人参加；完成第三轮物理诊断学、外科总论带教教师的集中培训；举办2019年度青年教师基本教学技能提升研修班，来自15家学院、医院的76名教师参与研修交流。促进沟通交流，宣传推广先进教学理念。共组织32次讲座、沙龙和分享活动，内容涉及医学人文、教育评价、教学方法、信息技术、教学研究和教学比赛等，近2000人次参加学习和交流；共组织开放50次示课供教师观摩，并设计开展沙龙进行讨论。加强校内指导教师队伍建设，支持导师参加教学学术会议，不定期组织导师研讨会，对教发教师激励机制、青年教师提升计划、研究生助教培训及教发年度工作计划进行探讨。组织医学部教师参加"北京大学教学新思路"项目，医学部及各附属医院共有8人申请并获得资助，项目经费共计21万元，其中结题项目论文获得二等奖3名，三等奖4名。

做好成人教育收尾工作。完成2019届490名毕业生毕业数据、110名学生学位申请数据上报及电子注册。开展2020届495名毕业生数据审核及预注册数据准备工作。整理多年学生数据，进行全面收尾准备工作。

加强党风廉政建设。以立德树人为根本，组织开展"不忘初心、牢记使命"主题教育。下发学习材料，组织理论知识自学和集中分享。带领广大党员、入党积极分子利用支部生活会学习党风廉政建设相关文件，以廉政风险防控管理为依托，推进教育、制度、监督并重的惩治和预防腐败制度建设。先后组织参观"改革开放40周年纪念展"、参观世界园艺博览会、参观香山革命纪念地、共产党员献爱心、志愿服务等活动。

【医学部本科教育教学工作研讨会】 3月22日至23日，北京大学医学部本科教育教学工作研讨会在医学部跃进厅四层会议室召开。该次研讨会以推动并探讨本科教育教学工作改革为主题。北京大学常务副校长、医学部主任詹启敏，北京大学党委副书记、医学部党委书记刘玉村，医学部本科教学评价委员会主任委员、北京大学原常务副校长柯杨，北京大学教务部部长傅绥燕，国家医学考试中心处长张颖及医学部领导班子成员、校内各职能部处、各学院和临床医院院长、书记、教师、督导专家等340余人参加会议。詹启敏做大会总结，刘玉村讲话。医学部副主任王维民宣读关于成立本科教学指导委员会、本科教学评价委员会的通知，及增补本科医学教育督导组成员的通知，并以"北大医学——从新途径走向新时代"为题进行专题汇报。医学部教育处副处长刘虹就北大医学本科教育教学工作现状及问题进行汇报。医学部人事处处长戴清介绍北大医学教育人事制度及改革情况。基础医学院、药学院、公共卫生学院、护理学院、医学人文学院、北京大学第一临床医学院、第二临床医学院、第三临床医学院、北京大学口腔医学院、北京大学航天临床医学院分别分享学院本科教学工作现状与特色。会议围绕人才培养目标与定位、培养过程与考核、课程建设融合、教学激励机制、教学管理与服务、临床资源整合等问题展开分组讨论。

【首轮"新时代"医学教育改革方案论证会召开】 6月18日至21日，医学部首轮"新时代"医学教育改革方案首轮论证会在逸夫楼114会议室召开。医学部领导班子成员、部分评价委员会委员、教学指导委员会委员和督导专家、人事处、研究生院、学生工作部、基础医学院、药学院、公共卫生学院、护理学院、医学人文学院、第一临床医学院、第二临床医学院、第三临床医学院、口腔医学院等100余位代表参加论证会。论证会先后听取预防医学专业、药学专业、医学英语专业、护理学专业、口腔医学专业、临床医学专业的"新时代"教育改革方案，与会代表针对各专业的培养目标、教学资源、课程设置、培养模式、考核评价、教师队伍建设等核心问题展开讨论，并提出意见。

【2018—2022年教育部高等学校临床医学类专业教学指导委员会第二次全体会议】 10月26日至27日，2018—2022年教育部高等学校临床医学类专业教学指导委员会第二次全体会议在北京举行。教育部高等教育司副司长王启明，北京大学党委副书记、医学部党委书记刘玉村等76名教学指导委员会委员出席会议。临床医学类教指委委员介绍申报临床医学专业建设点的相关资料，精神医学教学指导委员会主任委员陆林、儿科教学指导委员会主任委员桂永浩、麻醉学教学指导委员会主任委员郑葵阳、眼视光教学指导委员会主任委员瞿佳等分别就各自分教指委讨论的推荐结果进行汇报和专业介绍。委员们按照教育部有关要求，开展临床医学类国家级一流本科专业推荐工作。会议还讨论了教指委未来工作安排，包括临床技能大赛的筹办以及如何促进中国临床医学教育的均衡发展等。通过此次会议，与会委员对教育部"双万计划"的总体思路和实施方案，尤其是一流专业建设目标和标准的认识更加清晰。

（张钰琪、刘晓萌）

研究生教育

【发展概况】 机构设置。研究生院现有招生办公室、培养办公室、学位评定委员会办公室、专业学位研究生教育管理办公室、综合办公室、中国研究生院院长联席会秘书处6个内设办公室。2019年新入职教职工1人，退休1人。

基本数据。截至9月，校本部在校博士研究生9479人、硕士研究生16,634人，共计26,113人。其中学术型研究生15,432人，专业学位研究生10,681人。外国留学生1417人，占校本部在校生比例约5.4%。医学部在校研究生人数总计4639人。其中，博士研究生2134人，硕士研究生2505人。此外，校本部在职攻读硕士专业学位研究生（单证、仅有学位无学历）836人。

学科设置。北京大学现有博士学位授权一级学科50个，博士学位授权二级学科261个、硕士学位授权二级学科284个。专业学位授权办学类别29个，其中校本部24个。

研究生招生。共录取研究生8855人，其中硕士生6122人，博士生2733人。其中校本部7230人，医学部1625人。

毕业结业与学位授予。校本部完成毕业审核6684人，包括结业155人，毕业6525人；其中博士研究生1607人，硕士研究生5077人。北京大学学位评定委员会共授予博士、硕士、学士学位16,686人（含医学部），其中博士学位2159人，硕士学位6660人，学士学位7867人。

导师队伍。2019年新遴选博士生导师165人，涉及35个院系。全校在岗博士生导师2712人，其中校本部2131人、医学部581人。

招生工作。组织完成2019年硕士研究生统考、管理类联考政治加试考试、博士研究生英语水平考试和小语种考试的考务工作以及招生全过程。完成2020年招生目录编制、推荐免试工作，以及2020年硕士研究生入学考试的组织工作。

调整研究生招生工作领导小组、工作小组，成立推荐免试研究生遴选工作小组、命题工作小组、考务安全小组、政审工作协调小组、考试应急预案工作领导小组等，从组织架构上保证招生工作的领导前置把关、纪检监督和多部门协同集体决策。督促各院系成立以研究生主管副院长为组长的招生工作领导小组，负责统筹领导本单位各学科的年度招生工作。

首次制定《立功受奖人员申请免试攻读研究生办法》《研究生入学考试应急预案》，根据当年度国家的文件要求修订了《研究生招生专业目录编制办法》《北京大学接收推荐免试攻读研究生办法》《2020年研究生招生考试自命题实施细则》《2020年研究生招生考试自命题印制细则》《2020年研究生招生考试自命题的保密要求》《2020年研究生招生考试阅卷工作》《采用申请审核制招收博士生工作办法》等。

稳步推进2020年招生改革，在院系的支持下，有效控制硕士生招生规模，适度扩大博士生招生规模。在保障基础学科发展的同时，通过设立"人文社科专项计划""科研博士支持计划"等，服务重大项目需求，支持博士生源向重点领域、高水平教师和团队流动，促进学校学科建设和科研工作开展。通过昌平校区住宿实施方案、推广实行住宿申请制，缓解学校住宿空间紧张的矛盾。

培养工作。完成学籍管理、培养管理、教学管理、奖助管理等各项日常工作。处理研究生学籍异动3788人次，各类出国境审核3466人次；审核2019级研究生各类培养方案778个；加强过程管理，全面检查培养环节的完成情况；完成毕业审核6684人；完成5166门课程的教学管理工作，审核新开课程467门；组织开展2019年北京大学教学优秀奖（研究生部分）评选。

把立德树人融入研究生培养全过程，突出思想政治素质方面的培养目标凝练。加强研究生思想政治理论公共必修课课程体系建设，鼓励和支持在院系开设体现学科特点的马克思主义理论研究生专业理论课。办好研究生新生"开学第一课"，开设留学生和港澳台学生中国国情教育公共必修课。

加强研究生国际化培养平台建设。精心组织实施公派留学项目，2019年，共有268人获得国家公派留学资助资格，录取比例居全国之首。组织实施研究生国际学术交流系列项目，包括项目申报、审核、经费管理、检查总结等工作，受资助研究生参加国际会议、短期出国境访学、参与博士生国际研讨会，以及文科博导短期出访等共计600余人次；组织开展与海外高校校际交换、联合培养及各类国际合作专项；组织"一带一路"研究生调研团项目，为学生提供全方位的国际交流平台。

组织实施"研究生教育创新计划"共计103项，主要工作包括项目申报、评审、管理、经费划拨、总结评估等。具体包括研究生暑期学校、黉门对话、博士生学术会议、博士生学术论坛等形式，为研究生培养模式的探索和创新提供平台。

实施全方位的学业过程管理。修订《北京大学博士研究生培养管理办法》，修改主要针对培养方案中学术训练和论文写作必修课等要求，以及对学术创新成果的综合评价机制。研究生院进一步规范新开课程的申请和管理流程；开展对于博士生的培养环节完成情况的全面检查；所有院系均完成论文写作必修课的开设；严格规范综合考试等培养环节的落实；组织院系开展研讨，建立符合学科特点的博士生创新成果的综合评价实施细则。

推动院系开展研究生教育的改革探索。通过设置"博士研究生教育综合改革"项目，支持各院系、导师及指导小组、教学科研团队，开展创新博士生培养模式、完善培养分流机制、提升国际化水平等工作的研究和实践。共支持14个院系开展培养模式创新的探索，并召开"深化博士研究生教育综合改革"工作研讨会。

继续推进博士研究生资助体系改革。在2019级博士研究生岗位奖学金预算工作中，推动资助体系与招生名额分配紧密结合，加强资源统筹和岗位设置考核管理。进一步加强助教的培训和考核，启动针对助教工作的评估。进一步完善助教岗位设置、选拔、培训、过程管理和评估等环节。859人参加助教培训，其中，网络培训546人，现场培训313人。

学科管理、评估及学位授予。完成3个目录外二级学科博士点的设置，分别是：政治学一级学科下设置国家安全战略与管理二级学科、力学一级学科下设置工业与系统工程二级学科、测绘科学与技术一级学科下设置导航与位置服务二级学科。按照《北京大学学位授权自主审核实施办法》，完成自主新增社会政策硕士专业学位、大数据硕士专业学位2个专业学位类别的审核工作。自主审核撤销体育人文社会学二级学科1个。

加强导师队伍建设，组织举办"2019年新聘任博士生导师论坛"，做好导师上岗培训，提升导师政治素养和指导能力。推出"北京大学导师指导能力提升计划"，创新工作机制，完善导师培训制度。

做好第五轮学科评估的前期调研和相关准备工作。开展教育部学位中心委托课题"中国特色哲学社会科学学科评价体系与评价方法"的研究工作。针对学科评估指标体系和组织机制，开展院系专题调研，及时向教育部学位中心反馈合理的意见和建议。

完善学位授予质量保障体系。组织论文查重系统培训，推动院系在论文评阅前对学位论文进行重复比检测；在部分院系试点博士论文实名制评阅方式；推行专业学位授予工作改革，包括论文形式多样化、论文评阅方式与答辩方式的革新等内容，制定专业学位授予工作报送方案模板，并备案管理；制定和完善《学位授予工作流程手册》《学位授予工作实务手册》《研究生论文答辩和学位申请指南（2019）》《2019年学位管理使用手册》；建立学位论文答辩信息公开制度和答辩旁听、分会会议旁听制度。

专业学位教育管理工作。加强专业学位课程建设和教学质量，推进专业学位案例教学和实践教学立项建设工作，立项14个项目，总经费140万元；继续推进专业学位论文形式多样化、审核方式多元化改革；推进专业学位评定分委员会组建工作；组织2019年度专业学位研究生学费新立项和调整立项工作，经学校收费领导小组审议，上报北京市教委；贯彻落实《教育部办公厅关于进一步规范和加强研究生培养管理的通知》(教研厅〔2019〕1号)，修订和审核22个院系的2019级专业学位培养方案86项。

加强学生综合能力培养，探索跨学科、跨领域证书项目体系建设，组织实施"国际组织人才培养"证书项目、"基层治理"证书项目、"非洲研究"证书项目建设工作。

院长联席会秘书处工作。作为中国研究生院院长联席会秘书处挂靠单位，带领联席会全体研究生院，2019年首次开展"研究生教育研究重大课题立项资助"工作；完成《中国研究生教育年度报告2018》和"Annual Report on China Graduate Education 2018"的编撰；举办联席会年会、20周年庆典和国际论坛，中外专家共话研究生教育改革，推动研究生教育的发展。

深入开展主题教育，加强研究生院内部建设。研究生院认真组织实施"不忘初心、牢记使命"主题教育。通过观看"砥砺奋进的五年"视频学习资料，集体学习十九大精神，支部书记讲党课，邀请专家做辅导报告和主题党课学习等活动，凝心聚力，贯彻落实主题教育。党支部组织一系列的学习实践活动，4月组织西柏坡主题党日活动，6月参加马克思主义学院学生党支部活动，10月组织全体老师参观"不忘初心、牢记使命"主题教育展览，组织赴国防大学研究生院交流调研，组织与全校师生面对面现场办公活动，11月组织北京展览馆参观庆祝中华人民共和国成立七十周年大型成就展等。集体学习和系列实践活动，提高老师们的思想认识，促进内部交流，提高整体的凝聚力。

（于 菲、王天兵、贾爱英、廖晓玲、
胡晓阳、黄俊平、何 峰）

【研究生录取通知书全新改版】 6月研究生录取通知书全新改版，新版录取通知书采用北京大学专用防伪纸，衬水纹底色，以北大红勾勒出相框式样，布局录取学生信息。通知书背面为校长郝平寄语新生的一封信，字里行间，饱含对北大的深情，对学生的期望。信封由天鹅绒特种纸制作，与北大红相呼应，营造喜庆气氛，正面北大校徽和"录取通知书"采用烫金工艺完成，庄重大气。录取通知书在传递录取信息的同时，也承载着责任的传承与约定。

（贾爱英）

【2019年新聘任博士生导师论坛】 12月6日至12月7日，研究生院举办2019年新聘任博士生导师论坛。新聘任博士生导师论坛是全面贯彻落实导师立德树人职责总体要求，切实加强研究生导师队伍建设，提高研究生培养质量而开展的重点工作。作为新聘任博士生导师的"岗前必修课"，论坛为大家提供一个了解北大研究生教育发展状况、全面学习博士生培养相关制度政策、深入理解博士生导师职责和要求并进行相互交流学习的平台。教育部学位管理与研究生教育司副巡视员唐继卫、教育部学位与研究生教育发展中心副主任林梦泉，副校长、教务长、研究生院院长龚旗煌出席论坛并做报告。新聘任博士生导师、资深博士生导师代表、校内相关职能部门及研究生院工作人员240余人参加论坛。

（黄俊平）

【"一带一路"暑期国际调研团项目】 为搭建研究生国际交流平台、加强研究生创新能力培养、服务国家"一带一路"倡议，研究生院2019年设立"一带一路暑期研究生调研团项目"。该项目以课题研究形式开展，是构建研究生问题导向、交叉研究的国际竞争力培养体系的创新举措。2019年暑期研究生院牵头组织斯里兰卡调研团、吉布提/埃塞俄比亚调研团、哈萨克斯坦调研团。以"北大人"的视角去实地了解、调查、研究"一带一路"沿线国家的政治、经济、文化，以问题为导向，以明确的课题研究为组织形式，形成专项课题调研报告，服务国家"一带一路"倡议。研究生暑期国际调研团项目是研究生院加强研究生创新能力培养，通过多种措施着力培养研究生的创新能力和国际意识，全面提高研究生培养质量的重要内容。

（胡晓阳）

【搭建跨学科、跨领域证书项目体系】 为探索和推进跨学科、跨领域人才培养工作，对接国家战略和社会发展对复合型人才的要求，研究生院组织实施系列证书项目并初步形成体系。研究生院联合北京大学学生就业指导服务中心等多部门，组织实施第一期基层治理证书项目，共计66名学员。以基层治理证书项目为基础，与就业中心、习近平新时代中国特色社会主义思想研究院合作，在10月组织实施基层选调生培训"薪火班"一期。与国际关系学院合作实施第二期国际组织证书项目，共计45名学员，6月25至7月5日完成具体教学组织工作。与非洲研究中心合作，整合推出2019年度非洲研究证书项目，目前已开展语言课程、系列讲座和实践调研工作。证书项目的组织实施体现"小而精""灵而行"的特点和优势，教学组织相对灵活，可单独组织教学模块，也可和常规教学相结合，为开展跨学科、跨领域人才培养做出新探索。

（何 峰）

【共建"北京大学中华优秀传统文化研究实践济宁基地"】 12月8日，"北京大学中华优秀传统文化研究实践济宁基地"签约揭牌仪式在济宁干部政德教育学院举行。北京大学中华优秀传统文化研究实践济宁基地在济宁干部政德教育学院挂牌设立，对于更好促进北京大学人才优势与济宁市传统文化资源富集优势的深度融合，推动优秀传统文化创造性转化、创新性发展和干部政德教育工作提质升级具有重要意义。

（常 铖）

【中国研究生院院长联席会20周年庆典大会】 11月14日至11月16日，中国研究生院院长联席会2019年年会、联席会成立20周年庆典大会暨国际论坛在广州华南理工大学召开。中国研究生院院长联席会首任秘书长周其凤院士、教育部学位与研究生教育发展中心主任黄宝印、广东省教育厅副厅长邢锋等出席会议并讲话，来自北大、清华等57所联席会成员单位和特邀单位的160余位高校副校长、研究生院院长参加会议，共同回顾院长联席会20年的发展历程，展望中国研究生教育未来的卓越提升之路。本次会议主题为"迈向卓越的中国研究生教育——回顾与展望"，美国研究生院委员会（CGS）执行委员会主席Sally Pratt教授、欧洲大学联盟博士教育委员会（EUA-CDE）主任Alexander Hasgall博士、澳大利亚研究生教育委员会（Australian Council of Graduate Research-ACGR）主席Sue Berners-Price教授分别介绍各自国家和地区研究生教育的发展现状、目前问题以及所进行的改革探索。中外专家共话研究生教育改革，推动研究生教育的发展。

（廖晓玲）

【"全球视野·研究生学术交流支持计划"】 研究生院全方位整合研究生各类型出国（境）学术交流项目，在"研究生教育创新计划"之后，推出"全球视野·研究生学术交流支持计划"。该计划以提高北大研究生学术全球视野和学术国际能力为目标，通过资助研究生参加短期、中期、长期的国际化学术科研和交流活动，提升北大研究生的全球竞争力，并鼓励研究生建立自己的"国际学术朋友圈"，实现自我学术成长。该计划所包括的项目有："学术交流基金项目"——支持研究生在高水平的国际学术会议上进行学术发表；"博士生短期出国（境）项目"——支持博士生赴国（境）外世界一流大学和研究机构从事1至6个月的学习研究；"国家建设高水平大学公派研究生项目"——支持博士生赴世界一流大学和研究机构从事6至24个月的学习研究或应届硕士毕业生继续赴国外攻读博士学位；"博士生专题学术研讨会项目"——以博士生为主组织的小规模专业领域内国际学术研讨会；"一带一路"暑期研究生调研团项目。在整合各项目，优化资源配置的同时，研究生院加强出国研究生的服务和教育工作，开办"全球视野·研究生学术交流系列讲座"。讲座从政策解读、项目指导、行前培训、安全教育、心理健康教育、文化交流、礼仪培训等角度为学校参与交流项目的同学进行全方位的指导和帮助。

（李 萌）

【附表】

表6-8 北京大学2019年在校研究生分院系统计（双证）

院系代码	院系名称	硕士	博士	合计	院系代码	院系名称	硕士	博士	合计
00001	数学科学学院	262	321	583	00043	艺术学院	278	78	356
00004	物理学院	130	1002	1132	00044	对外汉语教育学院	143	39	182
00010	化学与分子工程学院	12	635	647	00047	深圳研究生院	3092	161	3253
00011	生命科学学院	5	606	611	00048	信息科学技术学院	633	784	1417
00012	地球与空间科学学院	269	429	698	00062	国家发展研究院	367	93	460
00016	心理与认知科学学院	185	142	327	00067	教育学院	129	265	394
00017	软件与微电子学院	2477	113	2590	00068	人口研究所	79	41	120
00018	新闻与传播学院	183	39	222	00084	前沿交叉学科研究院	195	740	935
00020	中国语言文学系	264	311	575	00086	工学院	309	697	1006
00021	历史学系	140	226	366	00126	城市与环境学院	228	306	534
00022	考古文博学院	76	132	208	00127	环境科学与工程学院	96	236	332
00023	哲学系（宗教学系）	156	221	377	00182	分子医学研究所	38	88	126
00024	国际关系学院	369	181	550	00192	歌剧研究院	19	0	19
00025	经济学院	248	178	426	00195	建筑与景观设计学院	127	0	127
00028	光华管理学院	2553	215	2768	00206	新媒体研究院	92	42	134
00029	法学院	1177	266	1443	00208	燕京学堂	231	0	231
00030	信息管理系	68	73	141	00211	现代农学院	0	18	18
00031	社会学系	199	95	294	00217	南南合作与发展学院	24	97	121
00032	政府管理学院	638	136	774	医学部合计		2644	2185	4829
00039	外国语学院	338	191	529	全校合计		18,607	11,530	30,137
00040	马克思主义学院	100	148	248					
00041	体育教研部	34	0	34					

注：本表统计时间节点为2020年2月。

（刘佰军、张雪原、于 菲）

表 6-9　北京大学 2019 年学位授权点一览表

学科门类	一级学科 / 专业学位类别	二级学科 / 专业学位领域
01 哲学	0101 哲学	*010101 马克思主义哲学
		*010102 中国哲学
		*010103 外国哲学
		*010104 逻辑学
		*010105 伦理学
		*010106 美学
		*010107 宗教学
		*010108 科学技术哲学
	99J2 中国学	0101J2 中国学（哲学与宗教）
02 经济学	0201 理论经济学	*020101 政治经济学
		*020102 经济思想史
		*020103 经济史
		*020104 西方经济学
		*020105 世界经济
		*020106 人口、资源与环境经济学
		*020121 理论经济学（国家发展）
	0202 应用经济学	*020201 国民经济学
		*020202 区域经济学
		*020203 财政学
		*020204 金融学
		*020205 产业经济学
		*020208 统计学
		*020220 应用经济学（风险管理与保险学）
		*020221 应用经济学（农村转型经济学）
	99J2 中国学	0202J2 中国学（经济与管理）
03 法学	0301 法学	*030101 法学理论
		*030102 法律史
		*030103 宪法学与行政法学
		*030104 刑法学
		*030105 民商法学
		*030106 诉讼法学
		*030107 经济法学
		*030108 环境与资源保护法学
		*030109 国际法学
		*030120 法学（知识产权法）
		030121 法学（商法）
		030122 法学（国际经济法）
		030123 法学（财税法学）

（续表）

学科门类	一级学科/专业学位类别	二级学科/专业学位领域
03 法学	0302 政治学	*030201 政治学理论
		*030202 中外政治制度
		*030203 科学社会主义与国际共产主义运动
		030204 中共党史
		*030206 国际政治
		*030207 国际关系
		*030208 外交学
		*030221 政治学（国际政治经济学）
		*030222 政治学（中国政治）
		*030223 政治学（比较政治学）
		030224 政治学（国际组织与国际公共政策）
		*030225 政治学（国家安全战略与管理）
	0303 社会学	*030301 社会学
		*030302 人口学
		*030303 人类学
		030320 社会学（老年学）
		030322 社会学（女性学）
	0305 马克思主义理论	*030501 马克思主义基本原理
		*030502 马克思主义发展史
		*030503 马克思主义中国化研究
		*030504 国外马克思主义研究
		*030505 思想政治教育
		*030506 中国近现代史基本问题研究
		*030520 马克思主义理论（党的建设）
	99J2 中国学	0301J2 中国学（法律与社会）
		0302J2 中国学（政治与国际关系）
04 教育学	0401 教育学	*040101 教育学原理
		*040106 高等教育学
		*040110 教育技术学
		040120 教育学（体育教育与管理）
		040121 教育学（医学教育）
05 文学	0501 中国语言文学	*050101 文艺学
		*050102 语言学及应用语言学
		*050103 汉语言文字学
		*050104 中国古典文献学
		*050105 中国古代文学
		*050106 中国现当代文学

（续表）

(续表)

学科门类	一级学科/专业学位类别	二级学科/专业学位领域
05 文学	0501 中国语言文学	*050108 比较文学与世界文学
		*050120 中国语言文学（中国民间文学）
	0502 外国语言文学	*050201 英语语言文学
		*050202 俄语语言文学
		*050203 法语语言文学
		*050204 德语语言文学
		*050205 日语语言文学
		*050206 印度语言文学
		*050207 西班牙语语言文学
		*050208 阿拉伯语语言文学
		*050210 亚非语言文学
		*050211 外国语言学及应用语言学
		*050220 外国语言文学（国别和区域研究）
	0503 新闻传播学	*050301 新闻学
		*050302 传播学
		*050320 新闻传播学（新媒体学）
06 历史学	0601 考古学	*060100 考古学
	0602 中国史	*060200 中国史
	0603 世界史	*060300 世界史
	99J2 中国学	0602J2 中国学（历史与考古）
07 理学	0402 心理学	*040201 基础心理学
		040202 发展与教育心理学
		*040203 应用心理学
		040220 心理学（临床心理学）
	0701 数学	*070101 基础数学
		*070102 计算数学
		*070103 概率论与数理统计
		*070104 应用数学
	0702 物理学	*070201 理论物理
		*070202 粒子物理与原子核物理
		*070203 原子与分子物理
		*070204 等离子体物理
		*070205 凝聚态物理
		*070207 光学
		*070220 物理学（高能量密度物理）
	0703 化学	*070301 无机化学
		*070302 分析化学
		*070303 有机化学
		*070304 物理化学

（续表）

学科门类	一级学科/专业学位类别	二级学科/专业学位领域
07 理学	0703 化学	*070305 高分子化学与物理
		*070320 化学（化学生物学）
		*070321 化学（应用化学）
		*070322 化学（化学基因组学）
	0704 天文学	*070401 天体物理
	0705 地理学	*070501 自然地理学
		*070502 人文地理学
		*070503 地图学与地理信息系统
		*070520 地理学（环境地理学）
		*070521 地理学（历史地理学）
		070523 地理学（城市与区域规划）
		070524 地理学（景观设计学）
		070525 地理学（建筑文化与地域景观）
	0706 大气科学	*070601 气象学
		*070602 大气物理学与大气环境
		*070621 大气科学（物理海洋学）
	0708 地球物理学	*070801 固体地球物理学
		*070802 空间物理学
	0709 地质学	*070901 矿物学、岩石学、矿床学
		*070902 地球化学
		*070903 古生物学与地层学
		*070904 构造地质学
		*070905 第四纪地质学
		*070920 地质学（材料及环境矿物学）
		*070921 地质学（石油地质学）
	0710 生物学	*071001 植物学
		*071002 动物学
		*071003 生理学
		071005 微生物学
		*071006 神经生物学
		*071007 遗传学
		*071009 细胞生物学
		*071010 生物化学与分子生物学
		*071011 生物物理学
		*071020 生物学（生物信息学）
		*071021 生物学（生物技术）
		*071022 生物学（分子医学）
	0712 科学技术史	*071200 科学技术史
	0713 生态学	*071300 生态学

(续表)

学科门类	一级学科/专业学位类别	二级学科/专业学位领域
07 理学	0714 统计学	*071400 统计学
	0801 力学	*080101 一般力学与力学基础
		*080102 固体力学
		*080103 流体力学
		*080104 工程力学
		*080123 力学（先进材料与力学）
	0809 电子科学与技术	*080901 物理电子学
		*080902 电路与系统
		*080903 微电子学与固体电子学
		*080904 电磁场与微波技术
		*080921 电子科学与技术（量子电子学）
	0812 计算机科学与技术	*081201 计算机系统结构
		*081202 计算机软件与理论
		*081203 计算机应用技术
		*081220 计算机科学与技术（智能科学与技术）
	0830 环境科学与工程	*083001 环境科学
		*083002 环境工程
		*083020 环境科学与工程（环境健康）
		*083021 环境科学与工程（环境管理）
	0831 生物医学工程	*083100 生物医学工程
	1007 药学	*100701 药物化学
		*100702 药剂学
		*100703 生药学
		*100704 药物分析学
		*100706 药理学
		*100720 药学（化学生物学）
		*100721 药学（临床药学）
	99J3 数据科学	*0701J3 数据科学（数学）
		*0714J3 数据科学（统计学）
		*0812J3 数据科学（计算机科学与技术）
		*1004J3 数据科学（公共卫生与预防医学）
	99J4 整合生命科学	*0402J4 整合生命科学（心理学）
		*0702J4 整合生命科学（物理学）
		*0703J4 整合生命科学（化学）
		*0710J4 整合生命科学（生物学）
	99J5 纳米科学与技术	*0702J5 纳米科学与技术（物理学）
		*0703J5 纳米科学与技术（化学）
		*0801J5 纳米科学与技术（力学）
		*0809J5 纳米科学与技术（电子科学与技术）
		*0831J5 纳米科学与技术（生物医学工程）

(续表)

学科门类	一级学科/专业学位类别	二级学科/专业学位领域
08 工学	0801 力学	*080120 力学（生物力学与医学工程）
		*080121 力学（力学系统与控制）
		*080124 力学（能源与资源工程）
		*080125 力学（航空航天工程）
		*080126 力学（工业与系统工程）
	0805 材料科学与工程	*080501 材料物理与化学
		*080502 材料学
	0810 信息与通信工程	*081001 通信与信息系统
		*081002 信号与信息处理
	0816 测绘科学与技术	*081602 摄影测量与遥感
		*081620 测绘科学与技术（导航与位置服务）
	0827 核科学与技术	*082703 核技术及应用
		*082720 核科学与技术（医学物理和工程）
	0835 软件工程	*083500 软件工程
	99J3 数据科学	*0835J3 数据科学（软件工程）
10 医学	1001 基础医学	*100101 人体解剖与组织胚胎学
		*100102 免疫学
		*100103 病原生物学
		*100106 放射医学
		*100120 基础医学（病理学）
		*100121 基础医学（病理生理学）
		*100122 基础医学（人体生理学）
		*100123 基础医学（医学生物化学与分子生物学）
		*100124 基础医学（医学神经生物学）
		*100125 基础医学（医学细胞生物学）
		*100126 基础医学（系统生物医学）
		*100127 基础医学（医学生物信息学）
	1002 临床医学	*100201 内科学
		*100202 儿科学
		*100203 老年医学
		*100204 神经病学
		*100205 精神病与精神卫生学
		*100206 皮肤病与性病学
		*100207 影像医学与核医学
		*100208 临床检验诊断学
		*100210 外科学
		*100211 妇产科学
		*100212 眼科学
		*100213 耳鼻咽喉科学
		*100214 肿瘤学
		*100215 康复医学与理疗学
		*100216 运动医学

(续表)

学科门类	一级学科/专业学位类别	二级学科/专业学位领域
10 医学	1002 临床医学	*100217 麻醉学
		*100218 急诊医学
		*100231 临床医学（全科医学）
		*100232 临床医学（重症医学）
		*100233 临床医学（临床病理学）
		100234 临床医学（医学信息学）
		*100235 临床医学（临床研究方法学）
	1003 口腔医学	*100301 口腔基础医学
		*100320 口腔医学（牙体牙髓病学）
		*100321 口腔医学（牙周病学）
		*100322 口腔医学（儿童口腔医学）
		*100323 口腔医学（口腔黏膜病学）
		*100324 口腔医学（口腔预防医学）
		*100325 口腔医学（口腔颌面外科学）
		*100326 口腔医学（口腔颌面医学影像学）
		*100327 口腔医学（口腔修复学）
		*100329 口腔医学（口腔正畸学）
	1004 公共卫生与预防医学	*100401 流行病与卫生统计学
		*100402 劳动卫生与环境卫生学
		*100403 营养与食品卫生学
		*100404 少儿卫生与妇幼保健学
		*100405 卫生毒理学
		*100420 公共卫生与预防医学（全球卫生学）
	1006 中西医结合	*100601 中西医结合基础
		*100602 中西医结合临床
	1010 医学技术	*101020 医学技术（医学影像技术学）
		*101021 医学技术（医学检验学）
		*101022 医学技术（放射治疗物理学）
		*101023 医学技术（眼视光学）
		*101024 医学技术（康复治疗学）
		*101025 医学技术（呼吸医学技术）
		*101026 医学技术（口腔医学技术）
		*101027 医学技术（健康数据科学）
	1011 护理学	*101120 护理学（临床护理学）
	99J4 整合生命科学	*1001J4 整合生命科学（基础医学）
	99J4 整合生命科学	*1002J4 整合生命科学（临床医学）
12 管理学	1202 工商管理	*120201 会计学
		*120202 企业管理
	1203 农林经济管理	*120301 农业经济管理
	1204 公共管理	*120401 行政管理
		*120402 社会医学与卫生事业管理
		*120403 教育经济与管理

(续表)

学科门类	一级学科/专业学位类别	二级学科/专业学位领域
12 管理学	1204 公共管理	120404 社会保障
		*120421 公共管理（公共政策）
		120422 公共管理（发展管理）
	1205 图书情报与档案管理	*120501 图书馆学
		*120502 情报学
		*120520 图书情报与档案管理（编辑出版学）
13 艺术学	1301 艺术学理论	*130100 艺术学理论
20 专业学	0251 金融硕士	025100 金融硕士
	0252 应用统计硕士	025200 应用统计硕士
	0253 税务硕士	025300 税务硕士
	0254 国际商务硕士	025400 国际商务硕士
	0255 保险硕士	025500 保险硕士
	0257 审计硕士	025700 审计硕士
	0351 法律硕士	035101 法律硕士（非法学）
		035102 法律硕士（法学）
	0352 社会工作硕士	035200 社会工作硕士
	0451 教育博士	*045171 学校课程与教学
		*045173 教育领导与管理
	0452 体育硕士	045200 体育硕士
	0453 汉语国际教育硕士	045300 汉语国际教育硕士
	0454 应用心理硕士	045400 应用心理硕士
	0551 翻译硕士	055101 英语笔译
		055105 日语笔译
		055106 日语口译
	0552 新闻与传播硕士	055200 新闻与传播硕士
	0651 文物与博物馆硕士	065100 文物与博物馆硕士
	0854 电子信息	*085400 电子信息
	0855 机械	*085500 机械
	0856 材料与化工	*085600 材料与化工
	0953 风景园林硕士	095300 风景园林硕士
	1051 临床医学	*105101 内科学
		*105102 儿科学
		*105104 神经病学
		*105105 精神病与精神卫生学
		*105106 皮肤病与性病学
		*105107 影像医学与核医学
		*105108 临床检验诊断学
		*105109 外科学
		*105110 妇产科学
		*105111 眼科学
		*105112 耳鼻咽喉科学

(续表)

(续表)

学科门类	一级学科/专业学位类别	二级学科/专业学位领域
20 专业学	1051 临床医学	*105113 肿瘤学
		*105114 康复医学与病理学
		*105115 运动医学
		*105116 麻醉学
		*105117 急诊医学
		105127 全科医学
		105128 临床病理学
	1052 口腔医学	*105200 口腔医学
	1053 公共卫生硕士	105300 公共卫生硕士
	1054 护理硕士	105400 护理硕士
	1055 药学硕士	105500 药学硕士
	1251 工商管理硕士	125101 工商管理硕士
		125102 高级管理人员工商管理硕士
	1252 公共管理硕士	125200 公共管理硕士
	1253 会计硕士	125300 会计硕士
	1256 工程管理硕士	125600 工程管理硕士
	1351 艺术硕士	135101 音乐
		135102 戏剧（歌剧艺术）
		135104 电影
		135105 广播电视
		135107 美术

注：专业代码前标"*"的专业可招博士及硕士研究生，未标的仅招硕士研究生。

（瞿毅臻）

表6-10 北京大学2019年学位授予情况一览表

校本部		博士				硕士				研究生学位合计	学士			本科生学位合计	全部学位
		科学学位	专业学位	同等学力	博士合计	科学学位	专业学位	同等学力	硕士合计		普通	成教	留学生		
2019年1月	139次会议	180	2	0	182	101	477	71	649	831	0	1784	0	1784	
2019年6月	140次会议	1316	15	0	1331	1852	3126	262	5240	6571	3701	1181	202	5084	14,295
2019年10月	141次会议	15	0	0	15	5	0	0	5	25	0	0	0	0	
2019年合计		1511	17	0	1528	1958	3603	333	5894	7427	3701	2965	202	6868	

医学部		博士				硕士				研究生学位合计	学士			本科生学位合计	全部学位
		科学学位	专业学位	同等学力	博士合计	科学学位	专业学位	同等学力	硕士合计		普通	成教	留学生		
2019年1月	139次会议	23	6		29	11	27	4	42	55	3	191	0	194	
2019年6月	140次会议	347	218	5	570	385	307	23	715	1285	739	15	52	806	2394
2019年10月	141次会议	29	2	1	32	6	3	0	9	54	0	0	0	0	
2019年合计		399	226	6	631	402	337	27	766	1394	742	206	52	1000	

北京大学		博士				硕士				研究生学位合计	学士			本科生学位合计	全部学位
		科学学位	专业学位	同等学力	博士合计	科学学位	专业学位	同等学力	硕士合计		普通	成教	留学生		
2019年1月	139次会议	203	8	0	211	112	504	75	691	902	3	1975	0	1978	
2019年6月	140次会议	1663	233	5	1901	2237	3433	285	5955	7856	4440	1196	254	5890	16,689
2019年10月	141次会议	44	2	1	59	11	3	0	20	79	0	0	0	0	
2019年合计		1910	243	6	2171	2360	3940	360	6666	8837	4443	3171	254	7868	

（陈秋媛）

医学研究生教育

【发展概况】 机构设置。北京大学研究生院医学部分院下设招生办公室、培养办公室、学位办公室、评估办公室、综合办公室、学会秘书处办公室6个科室，现有在编人员23人，合同制人员4人。

学科建设。设立学科交叉人才培养专项，继续大力支持"心血管群""肿瘤免疫""医学技术"等交叉学科团队，带动学科结构的优化与调整。

促进学科交叉与融合，提升创新能力。定期举办"肿瘤免疫""糖尿病性脂肪肝的治疗与药物研发""脑神经科学基础与临床研究"等不同主题的学科交叉沙龙，促进临床-基础、不同学院、医学部与大学层面、医学部-校外之间的交叉联合，不同学科视角的学术思想交流和碰撞，为培育新的学科增长点奠定基础。

打破学科/学院壁垒，搭建跨学科人才培养平台。组建跨学科、跨领域的创新团队，充分释放学术活力，使跨学科合作成为常态。制定《北京大学医学部学科交叉研究生指导教师管理办法》，导师可以申请跨学科招生或实行"双导师制""导师小组制"，理顺导师管理机制，从制度上保障学科交叉人才培养工作的开展。

招生与学籍工作。完成2019年推荐免试工作，共有1369名申请者报名，报考人数较上年增长26.6%，拟录取考生385人，录取率28.1%，其中硕士生276人，直博生109人。完成临硕转博工作，申请转博者316人，实际转博者161人，转博比例50.9%。完成2019年全国硕士生统考考务工作，2019年统考硕士生、申请考核制博士生、申请考核制港澳台生、留学生的复试录取工作。

完成2019年学籍和学历电子注册工作，其中完成新生电子注册1657人（统招全日制硕士784人、统招非全日制硕士11人、统招全日制博士650人、统招非全日制博士7人、基础长学制博士61人、药学、公卫长学制硕士144人）；完成老生学年注册3187人（硕士1702人、博士1485人）；完成毕业（或结业）生学历注册1096人（博士428人、硕士668人）。

制定和调整招生计划。切实做好从规模发展到质量提升，从学术学位为主到学术学位与专业学位并重的转变。2020年硕士生计划相比2019年缩减10%，以学术学位为主，博士生计划基本保持稳定。继续按照"扶优、扶特、扶需"的原则进行招生计划分配。

推动交叉学科招生模式创新。对转化医学、群体交叉学科（血管医学、肿瘤免疫）、医学技术等进行专项招生计划支持。组织首届"群体交叉学科夏令营"。开展首届医学技术"全国优秀大学夏令营"。

培养工作。加强研究生培养过程管理，提升研究生培养质量。成立北京大学医学部（北大医学）学位与研究生教学督导委员会，并发布《北京大学医学部（北大医学）学位与研究生教学督导工作管理办法》，建立健全医学部研究生教学质量保障体系。修订医学部研究生培养与学位工作实施细则及各学科分则。规范学位论文工作过程管理，严格开题报告、论文工作中期报告、论文工作结束报告和学位论文预答辩制度。

加强内涵建设，完成研究生专业课课程体系建设。完成研究生专业课建设改革验收工作，助力新版教学大纲完成。专业课课程体系改革成果应用于2019版研究生教学大纲，完成2019版研究生课程教学大纲修订，新版大纲共包括14个开课单位开设的研究生课程525门。开设"通家学堂"系列现场观摩课，邀请"医药科精品课程""北京大学教学优秀奖"获奖课程进行公开展示，推动教学资源在师生中的共享。

试点特色人才培养项目。探索社会急需的高层次专业学位人才培养。探索药学人才（PharmD）、高层次公共卫生人才（DrPh）、高级职业护师（NP）的培养模式，与国际知名高校、世界卫生组织交流、培训，为试点建立符合中国国情的特色人才培养模式奠定基础。"肿瘤免疫"与"血管医学"群体交叉学科专项。完成直博生培养方案制定工作，组织2个专项在实验室轮转、资格考试以及预答辩制度等方面开展结合交叉学科特色的探索工作。

授予学位情况。共授予2397人学位，其中授予博士学位631人（含学术学位405人、专业学位226人），授予硕士学位766人（含学术学位429人、专业学位337人），授予学士学位1000人。共有907人参加了答辩前匿名评审，总体评价优良率为94.1%，较上年有所提升。共抽取55人进行事后抽检。制定《关于重申以同等学力申请学位资格审查条件的通知》，提高对其科研能力的要求，严把入口关。2019年接收同等学力申请硕士72人、博士86人。

评估工作。 探索构建内部质控体系，增强内驱力。协助开展医学人才培养评价指标体系研究，构建符合中国特色的医学研究生教育质量评价指标。针对2019届研究生毕业生，以SERVQUAL为模型，设计并开展以"立德树人"为核心的毕业生满意度调查。发布《北京大学医学研究生教育质量简报（第二期）》。

充分抓住外部质量评价，以评促建。组织各单位总结合格评估材料，审核并报送7个学术学位授权点、3个专业学位授权点合格评估总结报告。积极协调组织临床医学博士专业学位授权点合格评估抽评材料及答辩，以全票通过顺利完成评估答辩。协助开展公共卫生与预防医学学科国际同行现场评议工作。

奖助工作。 开展研究生奖助改革，2019年全面实施奖助改革，保留国家学业奖学金、国家助学金两类基本奖助金，新设立创新人才奖学金、研究生助教岗位奖学金、研究生助研岗位奖学金等3类岗位奖学金。

稳步做好奖助金评定和发放工作。共发放国家助学金3821.78万元，国家学业奖学金4958.00万元。

综合工作。 组织实施2020年修购项目申报，为学院研究生教育申请项目资金2250万元。为考博、择业、拟出国留学研究生近320人次办理研究生英文成绩单、英文学历、学位认证和证明信等2500余份；撰写《北京大学医学部研究生院教职工绩效考核实施办法》《北京大学研究生院医学部分院落实"三重一大"决策制度实施细则》《北京大学研究生院医学部分院消防安全工作奖惩实施办法》。梳理2015年至2019年研究生院规章制度共计110个文件。修订《2019年北京大学医学部研究生手册》《北京大学医学部学位与研究生教育工作手册（第五版）》（485页，近50万字）。

加强信息化建设，优化流程、智慧办公。开发建设研究生"三助"管理信息系统，实现研究生助教、助管业务从岗位设置、申请审核到考核评价全流程线上办理，服务于导师、研究生、各层级管理人员。

学会与社会组织工作。 建设中国医药学教育信息传播与服务平台。主办全国医学人文教育论坛、民族地区医药学研究生教育研讨会，联合举办首届全国心血管研究生论坛等。

加强网络课程平台建设，逐步推动新课上线。学堂在线搭建"中国医药学研究生在线教育平台"，提供近60门医学课及公共通识课。通过学分互认等方式让更多的院校和边疆地区的学生以及卫生行业人员通过在线教育平台。正式发布中国医药学研究生在线教育平台课程引进办法。组织专家录制《医学基因组学》《血瘀与活血化瘀》、生物信息编程》3门课程。

撰写学科发展报告、制定核心课程指南。组织全国专家开展《临床医学专业学位研究生核心课程指南》编写工作。

（张雪原、张小凯、崔爽、王青、郭玲伶、贾金忠）

【启动北大医学研究生教育综合改革】 在"顶层设计，调整结构，控制规模，强化质量，完善机制，服务需求"的理念下，启动北大医学研究生教育综合改革。通过对5家学院及6家直属附属医院的调研，了解学院学科状况、人才培养条件和诉求、发展前景等，在规模和结构调整、弹性学制等11项问题上基本达成共识，明晰不同专业、不同类型研究生培养模式的改革方向，出台或修订21项制度文件。

（张雪原）

【"不忘初心、牢记使命"主题教育】 主题教育开展以来，针对不同培养类型导师，分类设计立德树人工作评价指标，初步建立适应不同类型导师评价需求的分类评估体系。把立德树人评估评价体系融入到研究生教育教学的全过程。切实落实导师岗位制，实行"师德失范一票否决制"，明确导师职责，重视师德师风、医德医风潜移默化的育人作用。出台《北京大学医学部研究生指导教师培训管理办法》，规范导师培训制度，建立常态化分类培训机制，分层次、全覆盖，确保研究生教育相关政策、制度和措施在指导环节落地见效。开设临床带教师资的培训，出台《北京大学医学部研究生课程外聘教师管理办法》，吸引优质授课资源，补充师资力量。

全方位开展研究生学术诚信教育。学术诚信网站正式上线，包括政策法规、学术规范指导、课程介绍以及学习资料等模块。根据学科发展及学术诚信与学术规范的需求，开展《医学研究中的学术规范、安全防护与相关法规》第三次课程体系改革，并启动第二版教材的撰写工作。根据医学研究生特点，将医学研究生中的学术规范、安全防护与相关法规，科研诚信，临床研究伦理学，医学伦理学4门学术诚信相关课程纳入研究生限制性选修课。把论文写作指导课作为必修课纳入2019级研究生培养环节。

（张雪原、郭玲伶、王青、崔爽）

【中国医药学研究生教育信息网正式运行】 中国医药学研究生教育信息网依托北京大学医学部的医学"双一流"建设联盟、中国学位与研究生教育学会医药科工作委员会以及全国医学专业学位教育指导委员会联合秘书处建设，致力于传播党和国家的教育方针，服务国家战略需求，搭建经验交流和工作服务的平台。包括新闻动态、政策文件、质量保障、课题调研、交流培训、评奖评优、在线教育、校园风采、招生就业等9大内容板块。试运行期间注册院校已达246所，近2000名个人用户注册。中国医药学研究生在线教育平台由联合秘书处与"学堂在线"合作共建，致力于为全国医学院校提供在线教育服务。第一批上线的有来自59所院校的160门课程，包括10门国际课程。这些课程包括公共课、通识课、医药学位专业课。

（贾金忠、张雪原）

继续教育

【发展概况】 机构职能。北京大学继续教育部是负责统筹、协调、组织和管理北京大学成人教育、继续教育工作的机构，代表学校对继续教育工作统筹安排和管理，并代表学校与校外单位洽谈或签署开办继续教育的协议。继续教育部下设综合管理办公室、学历教育办公室、非学历教育办公室、教学管理与研究办公室四个科室。2019年部门职员总数为19人，其中事业编制10人，劳动合同制5人，离退休返聘4人。部门设部长1人，副部长2人。刘力平任部长，刘广送、迟春霞任副部长。

成人高等学历教育。2019年成人高等学历教育在校生注册人数总计15,381人，其中业余学习学生5480人，网络教育学生9901人。成人高等学历教育共有毕业生5664人，其中业余学习毕业生1405人，网络教育毕业生4259人。授予成人高等教育学士学位2965人，其中业余学习857人，网络教育1158人，自考950人。

进修教师、访问学者。2018至2019年度，全校接收来自全国兄弟院校、科研单位的进修访学人员共计424人，其中进修教师76人，访问学者348人。2019至2020年度，共接收357位进修访学教师，其中进修教师49人，访问学者308人。

自学考试。北京大学在北京市和广东省共负责8个专业的主考工作。2019年完成46门课程3988科次的阅卷任务；完成本科段毕业论文指导答辩1266科次；完成考生学位资格审核与学位授予工作，共授予950名自考学生学士学位，涉及法学、理学、管理学、经济学及文学学位。

非学历继续教育培训。全校共有30个办学单位举办各类非学历继续教育，共立项1494个项目，结业班次1257个，结业学员70,596人。

表彰奖励和督导。组织评选北京大学教学管理奖、北京大学继续教育优秀办学单位、北京大学继续教育精品项目和北京大学继续教育教学优秀奖。2019年继续教育督导组共督导办学单位19家，督导课程191门。

信息化建设。2019年"北京大学继续教育管理服务系统"全面使用，持续优化，建立督导评估体系，完成多部门数据对接。12月，启动进修访学管理服务系统开发工作。

中国高等教育学会继续教学分会工作。2019年是北京大学作为继续教育分会秘书处挂靠单位的第二年，共组织召开1次理事长工作会议，1次常务理事会议和1次学术年会。共完成21个课题的经费拨付工作。

"不忘初心、牢记使命"主题教育。9月起，按照学校党委统一布置，继续教育部扎实推进"不忘初心、牢记使命"主题教育，紧扣学习贯彻习近平新时代中国特色社会主义思想这一主线，牢牢把握"守初心、担使命、找差距、抓落实"的总要求，围绕理论学习有收获、思想政治受洗礼、干事创业敢担当、为民服务解难题、清正廉洁作表率的目标，把主题教育与部门工作实际相结合，在学习教育、调查研究、检视问题、整改落实等方面取得成效，推动各项工作向前发展。

（孟宪伟）

继续教育学院

【发展概况】 组织机构。继续教育学院下设综合办公室、市场开拓办公室、对外合作办公室、教学研究办公室、教学管理办公室、技术保障办公室、总务办公室和圆明园校区管理办公室等8个办公室，内设企业培训中心和网络培训中心。学院设院长1名，副院长4名，党总支书记1名，党总支副书记1名。7月底，继续教育学院由燕园大厦12层、13层整体搬迁至海淀区颐和园路19号和方正大厦304室办公。

教学工作。截至2019年12月，网络学历教育在校生共计13,425人（有效学籍期限内），含7个年级，13个专业，分布于全国56个学习中心。毕业生共计4259人，其中1158人取得学位。夜大学在籍共计3138人，毕业生887人，其中490人被授予学位。完成2019年度陕西、江苏、山东等省市所属学习中心的年检年报及备案工作。开展的远程培训项目涉及贵州、云南、内蒙古3个省区共12个国培项目，培训10,529人。组织3个省8个县22个中小学校的线下集中调研、面授和送教下乡活动，覆盖学员人数近2000人次。学院共有452个培训项目通过审批立项，结业班级近400个，结业学员2万余人。2019年11月，与哲学系签订战略合作框架协议。

社会服务。网络非学历培训以国培项目为抓手，在中西部地区包括贵州省、云南省、内蒙古自治区等地开展国培远程培训项目，推动线上与线下相结合的混合式培训模式，深入中西部偏远贫困乡村，开展以远程为主，送教为辅的教育扶贫工作；发挥多年网络课程资源建设的经验优势，继续承担"2019年北京市人才培养共建项目——高校信息化服务平台和在线资源开发建设"。集体编撰出版著作《关山万里重行行：北京大学"国培计划"理论与实践》（北京大学出版社，2019年）非学历面授培训方面，响应学校政策，积极服务港澳，完成中联办等国家机关交办的"北京大学香港YDC青年大使计划2019进阶境外培训"项目，使之成为香港青年了解内地经济、文化、社会发展的重要平台和两地交流合作的纽带。持续做好中央和国家机关委托的干部培训。承办中共中央组织部、中央和国家机关工委委托"2019年中央和国家机关司局级干部专题研修"5期；承办教育部委托项目4期，科技部委托项目1期，国家机关事务管理局委托项目1期，培训近600人次。为各行业系统提供培训服务，打造行业系统培训品牌。分别为广东、长春、南宁、满洲里、太原、湛江、青岛等地海关开展干部教育培训9个班次，配合支持国家海关总署学习年建设。为学校离退休老干部开展培训，积极探索博雅老年大学建设发展路径，支持回馈学校建设发展，共开设11个班次，200余名离退休人员及其家属享受到声乐、绘画等方面的培训资源。加大为中西部地区人才培训力度，为助力偏远地区和贫困地区跨越发展做出贡献。为云南、贵州、重庆等偏远地区举办的干部培训项目分别达到16个、18个、7个，包括云南楚雄、玉溪、临沧、普洱等市，云南云锡、云南机场等公司；贵州铜仁市、贵阳市花溪区、贵阳市贵定县、贵阳市开阳县、遵义市汇川区等地均安排干部来学院学习。为河南、湖南、四川等地举办的培训也分别达到10期以上。

党建工作。全面学习贯彻党的十九大和十九届四中全会精神，学习习近平新时代中国特色社会主义思想，认真贯彻落实中央重大决策部署和上级党组织重要工作安排。以党的政治建设为统领，深入开展"不忘初心、牢记使命"主题教育，切实抓好领导班子和党支部学习教育、调查研究、检视问题、整改落实四项重点措施。做好党员发展、党费收缴等党建工作，进一步强化学院党总支宣传工作。抓紧抓好思想政治工作，重视党风廉政建设，严明政治纪律和政治规矩，组织从严治党专题教育，深入巩固作风建设成果，持之以恒纠正"四风"，将纪律问题、作风问题作为重要工作常抓不懈。服务保障国庆70周年庆祝活动。配合落实学校党委巡视巡察工作。指导工会、团委开展系列主题党日、团日活动。

【北京大学继续教育2019新春论坛】 3月30日，北京大学继续教育部和继续教育学院举办"高质量发展与学习大国建设——北京大学继续教育2019新春论坛"。马克思主义学院、地球与空间科学学院、考古文博学院、外国语学院、艺术学院、教育学院、经济学院、深圳研究生院、医学继续教育学院、国家发展研究院、工学院、对外汉语教育学院、新闻与传播学院、信息科学学院、科学研究部、科技开发部等院系和部门共同协办。中央各部委组织人事相关负责同志，各省（自治区、直辖市）、地（市、州）委组织部负责干部教育培训工作领导干部，相关高等院校继续教育工作负责同志，知名继续教育、人力培训社会机构，各大商会、各地工商联负责同志，北大优秀学员代表等300余人参加论坛。这是北京大学主办的第二届继续教育新春论坛。

【2019一流大学非学历继续教育发展战略内部研讨会】 2月23日，北京大学继续教育部、继续教育学院召开"2019一流大学非学历继续教育发展战略内部研讨会"。教育部职业教育与成人教育司高等继续教育处处长高阳，国家教育咨询委员会委员、终身教育工作委员会理事长季明明，北京大学教育学院教授、中国成人教育协会人力资源教育专业委员会理事长吴峰，清华大学和中国人民大学继续教育学院负责人、北京大学医学继续教育学院以及校内有关院系代表应邀出席会议。北京大学继续教育学院领导班子全体成员和中层干部参加会议。北京大学继续教育学院院长章政主持会议。研讨会进一步明确了大学终身教育继续教育的使命、定位和发展战略。

（刘 宁）

医学继续教育

【发展概况】 组织结构。医学部继续教育处负责统筹管理毕业后医学教育和继续医学教育，下设住院医师规范化培训办公室和继续教育办公室。2019年部门职员总数为9人，7人为事业编制人员，2人为劳务派遣人员。部门设处长1人，副处长2人，办公室主任1人。

毕业后医学教育工作。1.完成毕业后医学教育工作委员会换届工作：将住院医师/专科医师规范化培训学科组和考核组专家统一，加强住专一体化培训管理；住院医师/专科医师规范化培训与临床专业学位研究生培养学科专家组统一，加强医教协同。

2.推进医教协同工作，建立"四考合一"机制：医学部建立住院医师规范化培训第二阶段考试、专科医师规范化培训中期考试、专业学位博士研究生临床能力考核与主治医师能力测试"四考合一"机制，完成相应培训并通过考试即具备主治医师资格。

3.完成住院医师/专科医师规范化培训考核工作：主治医师能力测试考试人数618名，合格人数547名，合格率为88.5%。其中专科医师226名，合格人数219名，合格率96.9%；住院医师248名，合格人数200名，合格率80.6%。共有110名2017级专业学位博士研究生第一次参加专培中期考核，作为博士研究生临床能力测试，107名合格，合格率97.3%。另有主治医师确认25名，16名合格，合格率64%；在职申请9名，5名合格，合格率55.6%。共有102名专科医师参加结业考核，100名合格率，合格率98%。医学部共有934人参加住院医师规范化培训结业考核，874人合格，合格率93.6%。其中住院医师608人，560人合格，合格率92.1%；专业学位硕士研究生326人，314人合格，合格率96.3%。

4. 医教协同，住院医师/专科医师规范化培训申请学位情况：在职申请硕士入学情况，2019年入学34人，累计入学209人。获得硕士学位情况，2019年30人，累计57人。博士研究生入学情况，2019年专科医师同等学力申请博士入学5人，累计8人。非全日制博士研究生入学7人。

5. 在培住院医师/专科医师人数：医学部2019年招录住院医师1043人。在培住院医师第一阶段2231人，第二阶段1136人，专科培训人数744人；专业学位硕士研究生1023人，专业学位博士研究生481人，共计5615人。

6. 专科医师规范化培训体系建设：4月，出版中国首部专科医师规范化培训细则《北京大学专科医师规范化培训细则》。5月，增设疼痛科培训专科，下发《疼痛专科规范化培训细则》，专培体系进一步完善，疼痛专科达到48个。7月，出台《专科医师培训结业考核方案》。建立过程考核-中期考核-结业考核完整的专培考核体系。11月，发布专科医师规范化培训基地标准，并在附属医院和教学医院开展基地申报和评审工作，鼓励联合申报，探索"强强联合"、优势互补的协同培养模式。11月，专科医师规范化培训管理系统正式上线。

7. 做好与国家专培衔接工作：遵循"积极参与，保持特色，优化方案"的原则，参与专科设置、培训细则和基地标准制定等设计规划工作，参与基地申报和招生培训。各附属医院和教学医院共有26个专培基地，在培专科医师151人。北大医院心血管内科和人民医院普外科为国家专培牵头单位。由于国家专科和医学部专培方案存在差异，继续教育处征求各试点专科衔接方案，结合实际情况优化培训方案。

非学历继续医学教育培训。2018年度秋季访问学者结业70人。接收2019年春季培养访问学者175名。接收2019年秋季访问学者80人，各二级单位接收北京市学科骨干49名。2019年举办单科进修班113班次，培训1927人，零散进修1737人。

举办国家级和市级继续医学教育项目共562项，共培训72,973人。其中国家级继续医学教育项目获准262项，举办258项，举办率98.47%，培训31,298人；远程国家级继续医学教育项目获准60项，举办60项，举办率100%，培训15,994人；基地备案项目获准99项，举办94项，举办率94.95%，培训6653人；北京市市级继续医学教育项目举办获准154项，举办150项，举办率97.4%，培训19,028人。

申报2020年国家级和市级继续医学教育项目共660项：新申报国家级继续医学教育项目227项，国家级备案项目147项，国家级基地备案项目99项；新申报市级继续医学教育项目100项，市级备案项目78项，国家级转市级项目9项。

申报区县级继续医学教育项目总数1231项，医学部审核通过1228项，通过率99.76%，实际举办项目数为1045项，举办率85.1%，培训12,9227人次。举办单位自管项目794项，培养29,675人次。2019年，医学部对内继续医学教育项目培训总人次达到21,5447人次，附属医院完成继续教育学分总达标率为99.91%，中级及以上职称人员达标率99.89%。

医学部参加继续教育的卫技人员共有15,561人，其中高级职称2146人，中级职称4323人，初级职称9060人。未完成25学分的有8人，达标率99.95%。

组织参加北京市学分审验工作。11月，北京市继续医学教育委员会办公室共抽查7家附属医院666人，不合格2人，合格率99.7%。

对继教学院开展远程学历教育进行全过程监管，完成2019届专升本本科毕业生学位信息审核及数据上报工作；完成2019级招生专业课程教学进程备及课时收费标准上报工作；完成医学继续教育学院各项合同的审核工作；拓展医学继续教育学院与各附属医院的深度合作。

以评促建工作。1月，开展"北京大学医学部继续教育管理奖"的申报和评审工作；3月，举行2018年专培结业典礼，表彰2018年优秀住院医师和住院医师心中"好老师"；4月，开展2018年"北京大学继续教育优秀办学单位""北京大学继续教育精品项目""北京大学继续教育教学优秀奖"和"北京大学医学部继续教育优秀办学单位""北京大学医学部继续教育精品项目""北京大学医学部继续教育教学优秀奖"的申报和评审工作；11月，开展评选2019年优秀住院医师、住院医师心中"好老师"以及优秀专科毕业生、优秀专科医师指导教师等活动。

2019年全国评比获奖情况：北医三院乔杰荣获"优秀住培基地负责人"称号，北大医院王荣福荣获"优秀专业基地主任"称号，北大医院闫辉、人民医院郭鹏、口腔医院潘洁、肿瘤医院肖绍文被评为"优秀带教教师"。医学部继续教育处获得中华医学会医学教育分会医学毕业后教育与继续教育学组/医学成人学历教育学组优秀论文组织奖。

课题研究。1. 开展胜任力导向的培训与评价体系研究：将普外、骨科、妇产科、儿科作为胜任力导向的培训与评价体系研究的重点专科，召开研讨会，推进研究进展。

2. 开展教学绩效考核与师资激励机制研究：建议在医学部新修订的职称晋升管理办法中，将毕业后教育的教学工作量纳入考核指标，指导医师等同于研究生指导教师的作用，激励临床医师更多参与临床带教工作。

3. 开展信息化管理平台建设研究：11月，专科医师规范化培训管理系统正式上线，实现轮转安排、考勤管理、出科考核、实时填报、意见反馈、微信提醒等功能。

4. 对2018年获批的《国家级继续医学教育基地评估方案》进一步开展研究。

5. 2017年获批的主任基金课题《非学历继续教育内部控制体系研究》于11月结题。

6. 医学部综合改革课题《国家级继续医学教育项目过程管理》立项，完成前期调研、问卷调查、到上海市继续医学教育委员会办公室学习交流等工作，并制定相关改进措施。

其他工作。承担中华医学会医学教育分会医学毕业后教育与继续教育学组／医学成人学历教育学组秘书处工作：召开学组2019年组长会、召开全国继续医学教育论坛暨学组2019年会。

（杨 英、马 真、胡 玮）

【**修订《北京大学医学部非学历继续教育管理办法》**】 根据国家的相关政策以及北京大学的相关管理规定，9月23日第21次部务会讨论通过，12月4日下发《北京大学医学部非学历继续教育管理办法》，对继续教育的主管机构和办学主体、项目申报、招生宣传、合作办班、收费、办学质量、结业发证、违规办学的处理程序和办法等进行规定。

（黄 静）

【**开展传染病培训**】 打造"北大医学传染病培训"课程，结合北大医学传染病师资优势，依托医学继续教育学院的网络技术优势，面向附属医院卫技人员免费开放，采取线上学习、线下授分模式，有8946人参加学习，最后通过考核获得学分的有8669人，授予传染病学时21学时，Ⅱ类7学分（约占北京市Ⅱ类学分达标标准的1/2），缓解附属医院全体专业技术人员的工学矛盾。

（马 真）

【附表】

表6-11 2019年北京大学专科医师规范化培训专科和亚专科设置情况表

代码	专科名称	培训时间（年）	亚专科设置
0100	心血管内科	3	
0200	呼吸与危重症	3	
0300	消化内科	3	
0400	肾脏内科	3	
0500	血液内科	3	
0600	内分泌科	3	
0700	感染疾病科	3	
0800	风湿免疫科	3	
0900	老年内科	3	
1000	普通外科	3	
1100	骨科	3	
1200	泌尿外科	3	
1300	胸外科	3	
1400	心血管外科	3	
1500	神经外科	3	
1600	整形与美容科	3	
1700	运动医学科	3	
1800	妇产科	3	妇科、妇科肿瘤、产科、生殖内分泌
1900	儿科	3	综合儿科、发育行为儿科、新生儿、儿童呼吸、儿童神经、儿童肾脏、儿童消化、儿童心血管、儿童血液肿瘤、儿童重症医学
2000	眼科	3	
2100	耳鼻咽喉科	3	
2200	皮肤病与性病科	3	皮肤病理、皮肤外科、皮肤激光及美容治疗、免疫性及变态反应性
2300	神经内科	3	神经内科综合、脑血管病、神经肌肉病、癫痫、神经变性病、神经感染和免疫病
2400	放射科	3	
2500	超声科	3	综合超声、妇产超声、心脏超声

(续表)

代码	专科名称	培训时间（年）	亚专科设置
2600	核医学科	3	
2700	介入科	3	
2800	病理科	2	
2900	康复医学科	3	
3000	临床检验科	3	
3100	重症医学科	3	
3200	麻醉科	3	心胸血管麻醉、高级外科综合麻醉、产科麻醉、儿科麻醉
3300	精神科	3	普通精神科、老年精神科、儿童精神科、成瘾精神科、睡眠医学、会诊-联络精神科、精神康复
3400	口腔综合科	2	
3500	牙体牙髓科	2	
3600	牙周科	2	
3700	儿童口腔科	2	
3800	口腔黏膜科	2	
3900	口腔预防科	2	
4000	口腔颌面外科	2	
4100	口腔颌面影像科	2	
4200	口腔修复科	2	
4300	口腔正畸科	2	
4400	口腔病理科	2	
4500	肿瘤放射治疗	3	
4600	肿瘤内科	3	
4700	肿瘤外科	3	
4800	疼痛科	3	

（杨　英）

表6-12　2019年北京大学专科医师培训人数

代码	专科名称	在培人数	代码	专科名称	在培人数
0100	心血管内科	11	2500	超声科	26
0200	呼吸与危重症	9	2600	核医学科	8
0300	消化内科	19	2700	介入科	7
0400	肾脏内科	18	2800	病理科	11
0500	血液内科	28	2900	康复医学科	4
0600	内分泌科	13	3000	临床检验科	5
0700	感染疾病科	2	3100	重症医学科	4
0800	风湿免疫科	8	3200	麻醉科	51
0900	老年内科	8	3300	精神科	12
1000	普通外科	19	3400	口腔综合科	14

（续表）

代码	专科名称	在培人数	代码	专科名称	在培人数
1100	骨科	29	3500	牙体牙髓科	11
1200	泌尿外科	11	3600	牙周科	9
1300	胸外科	6	3700	儿童口腔科	11
1400	心血管外科	6	3800	口腔黏膜科	1
1500	神经外科	7	3900	口腔预防科	3
1600	整形与美容科	8	4000	口腔颌面外科	11
1700	运动医学科	7	4100	口腔颌面影像科	0
1800	妇产科	53	4200	口腔修复科	16
1900	儿科	25	4300	口腔正畸科	7
2000	眼科	17	4400	口腔病理科	1
2100	耳鼻咽喉科	6	4500	肿瘤放射治疗	14
2200	皮肤病与性病科	12	4600	肿瘤内科	15
2300	神经内科	11	4700	肿瘤外科	24
2400	放射科	28	4800	疼痛科	2
	合计	628			

（杨　英）

表6-13　2019年北京大学参与国家专培试点在培专科医师人数

医院	心内	呼吸	神外	重症	老年	新生儿	普外	儿麻	颌外	合计
第一医院	4	3		0	6	3	0			16
人民医院	7	10	1				8			26
第三医院	6	5					1			12
口腔医院									9	9
北京医院	6	5			2		8			21
中日医院		32	2	4	3		6			47
世纪坛医院							7			7
首儿所						5		8		13
合计	23	55	2	5	11	8	30	8	9	151

（杨　英）

表6-14　2019年北京大学住院医师规范化培训基地和专业基地

培训基地	数目	专业基地
北京大学第一医院（协同航天总、航天中心、民航总）	17	内科、儿科、急诊、皮科、神内、全科、康复、外科、妇产、眼科、耳鼻喉、麻醉、病理、检验、放射、超声、核医学
北京大学人民医院（协同航天中心）	16	内科、急诊、皮科、神内、全科、外科、妇产、眼科、耳鼻喉、麻醉、病理、检验、放射、超声、核医学、口腔全科
北京大学第三医院（协同首钢、海淀、战略支援部队）	17	内科、急诊、皮科、神内、全科、康复、外科、妇产、眼科、耳鼻喉、麻醉、病理、检验、放射、超声、核医学、口腔全科
北京大学口腔医院	7	口腔全科、口腔内科、口腔颌面外科、口腔修复、口腔正畸、口腔病理、口腔颌面影像
北京肿瘤医院	5	病理、超声、核医学、放射、放疗

（续表）

培训基地	数目	专业基地
北京大学第六医院	1	精神
北京大学深圳医院（协同中山八院、盐田医院、蛇口医院）	24	内科、儿科、急诊、皮科、神内、全科、康复、外科、外科（神外）、外科（胸心）、外科（泌外）、外科（整形）、骨科、妇产、眼科、耳鼻喉、麻醉、病理、检验、放射、超声、核医学、口腔全科、口腔颌面外科
北京积水潭医院（协同华信、垂杨柳）	8	内科、急诊、全科、妇产科、外科、麻醉、放射、超声
北京医院	17	内科、急诊、皮科、神内、全科、康复、外科、妇产、眼科、耳鼻喉、麻醉、病理、检验、放射、超声、核医学、口腔全科
中日友好医院	16	内科、急诊、皮科、神内、全科、康复、外科、妇产、眼科、耳鼻喉、麻醉、病理、检验、放射、超声、核医学、口腔全科
北京世纪坛医院	12	内科、神内、全科、外科、妇产、麻醉、病理、检验、放射、超声、核医学、口腔全科
首都儿科研究所附属儿童医院	2	儿科、儿外
北京回龙观医院	1	精神
北京大学首钢医院	1	（协同）内科
航天中心医院	3	（协同）内科、全科、口腔全科
民航总医院	2	（协同）内科、外科
北京航天总医院	1	（协同）放射
解放军战略支援部队特色医学中心	1	（协同）口腔全科
北京市海淀医院	2	（协同）神内、全科
北京华信医院	2	（协同）内科、外科
北京市垂杨柳医院	1	（协同）全科
中山大学附属第八医院	5	（协同）内科、全科、外科、妇产科、检验
深圳市盐田区人民医院	2	（协同）内科、全科
深圳市南山区蛇口人民医院	1	（协同）全科
总计	164	13个基地医院，11个协同单位，共164个专业基地

（杨 英）

表6-15　2019年北京大学各医院在培住院医师情况表

所在医院	第一阶段在培人数			第二阶段在培人数	2019年招录数
	本单位	外单位	总数		
第一医院	59	119	178	31	72
人民医院	77	120	197	14	56
第三医院	120	174	294	33	134
口腔医院	49	22	71	28	35
肿瘤医院	34	10	44	15	18
第六医院	5	49	54	1	10
首钢医院	31	7	38	43	3
深圳医院	0	317	317	161	147
国际医院	11	0	11	155	0

（续表）

所在医院	第一阶段在培人数			第二阶段在培人数	2019年招录数
	本单位	外单位	总数		
积水潭医院	12	82	94	36	33
北京医院	52	130	182	79	58
中日友好	80	224	304	109	126
世纪坛医院	57	105	162	84	50
航天中心	73	2	75	126	18
民航总医院	27	10	37	61	6
首儿所	53	64	117	156	22
回龙观医院	15	41	56	4	23
合计	755	1476	2231	1136	811

（杨 英）

表6-16　2019年北京大学毕业后医学继续教育各类别考生考试情况

医院	住院医师			专科医师			专业学位博士		
	考生	合格	合格率	考生	合格	合格率	考生	合格	合格率
第一医院	15	15	100.0%	52	51	98.1%	33	32	97.0%
人民医院	19	13	68.4%	59	54	91.5%	15	15	100.0%
第三医院	15	13	86.7%	51	51	100.0%	27	27	100.0%
口腔医院	14	10	71.4%	32	32	100.0%	16	15	93.8%
肿瘤医院	10	9	90.0%	27	26	96.3%	6	6	100.0%
北医六院				5	5	100.0%	6	6	100.0%
积水潭医院	1	0	0.0%				1	1	100.0%
北京医院	30	24	80.0%				2	2	100.0%
中日医院	33	29	87.9%				3	2	66.7%
基础							1	1	100.0%
合计	137	113	82.5%	226	219	96.9%	110	107	97.3%

（杨 英）

表6-17　2019年北京大学毕业后医学继续教育各专业考试情况

学科	专业	考生	合格	合格率	学科	专业	考生	合格	合格率
内科	心血管	29	23	79.3%	外科	普外	35	25	71.4%
	呼吸	20	14	70.0%		骨科	34	32	94.1%
	消化	15	11	73.3%		泌尿	15	15	100.0%
	肾脏	12	9	75.0%		胸外	8	8	100.0%
	血液	18	13	72.2%		心外	5	5	100.0%
	内分泌	15	12	80.0%		神外	13	11	84.6%
	感染	10	8	80.0%		整形	7	5	71.4%
	风湿免疫	10	9	90.0%		运医	1	1	100.0%
	老年内科	4	4	100.0%					

（续表）

学科	专业	考生	合格	合格率	学科	专业	考生	合格	合格率
妇产科		30	30	100.0%	耳鼻喉科		8	7	87.5%
儿科		26	22	84.6%	皮肤科		8	8	100.0%
眼科		15	14	93.3%	神经内科		14	13	92.9%
影像医学	放射	25	24	96.0%	病理科		13	11	84.6%
	超声	20	20	100.0%	康复医学		4	4	100.0%
	核医学	6	6	100.0%	临床检验		3	3	100.0%
	介入科	5	5	100.0%	重症医学		7	5	71.4%
麻醉科		32	29	90.6%	颌面外科		17	16	94.1%
精神科		14	14	100.0%	颌面影像		1	1	100.0%
口腔综合	专科医院	10	9	90.0%	口腔修复		14	12	85.7%
口腔内科	牙体牙髓	6	6	100.0%	口腔正畸		3	3	100.0%
	牙周科	7	7	100.0%	肿瘤放疗		5	5	100.0%
	儿童口腔	5	5	100.0%	肿瘤内科		14	13	92.9%
	口腔黏膜	1	1	100.0%	肿瘤外科		14	13	92.9%
	口腔预防	1	1	100.0%	全科		3	3	100.0%
中医科	中医内科	5	4	80.0%	急诊科		8	7	87.5%
	针灸	1	1	100.0%	口腔综合	综合医院	22	20	90.9%
	合计	618	547	88.5%					

（杨 英）

表6-18 2019年北京大学专科医师参加结业考核情况表

专科	考生数	合格数	合格率	专科	考生数	合格数	合格率
心血管内科	6	6	100.0%	眼科	3	3	100.0%
呼吸与危重症	1	1	100.0%	耳鼻咽喉科	1	1	100.0%
消化内科	1	1	100.0%	皮肤科-外科	1	1	100.0%
肾脏内科	2	2	100.0%	放射科	1	1	100.0%
血液内科	1	1	100.0%	病理科	3	3	100.0%
内分泌科	3	3	100.0%	麻醉科-心胸	2	1	50.0%
风湿免疫科	3	3	100.0%	精神科-儿童	2	2	100.0%
普通外科	2	2	100.0%	精神科-睡眠	1	1	100.0%
骨科	7	6	85.7%	口腔综合科	2	2	100.0%
泌尿外科	3	3	100.0%	牙体牙髓科	5	5	100.0%
胸外科	3	3	100.0%	牙周科	5	5	100.0%
整形与美容科	2	2	100.0%	儿童口腔科	2	2	100.0%
运动医学科	1	1	100.0%	口腔黏膜科	1	1	100.0%
妇产科-产科	1	1	100.0%	口腔颌外	7	7	100.0%
妇产科-妇瘤	1	1	100.0%	口腔修复科	9	9	100.0%
儿科-危重症	1	1	100.0%	口腔正畸科	1	1	100.0%
儿科-心血管	1	1	100.0%	肿瘤放射治疗	1	1	100.0%

(续表)

专科	考生数	合格数	合格率	专科	考生数	合格数	合格率
儿科-新生儿	1	1	100.0%	肿瘤内科	5	5	100.0%
儿科-血液	1	1	100.0%	肿瘤外科	8	8	100.0%
儿科-综合儿科	1	1	100.0%	合计	102	100	98.0%

（杨 英）

表 6-19　2019 年北京大学住院医师规范化培训结业考试各基地情况表

基地	总体			住院医			研究生		
	考生	合格	合格率	考生	合格	合格率	考生	合格	合格率
第一医院	150	144	96.0%	72	66	91.7%	78	78	100.0%
人民医院	150	143	95.3%	84	78	92.9%	66	65	98.5%
第三医院	152	144	94.7%	98	90	91.8%	54	54	100.0%
口腔医院	62	58	93.5%	17	16	94.1%	45	42	93.3%
肿瘤医院	17	16	94.1%	12	12	100.0%	5	4	80.0%
北医六院	20	18	90.0%	12	10	83.3%	8	8	100.0%
首钢医院	5	4	80.0%	5	4	80.0%			
积水潭医院	46	40	87.0%	37	31	83.8%	9	9	100.0%
北京医院	90	84	93.3%	76	71	93.4%	14	13	92.9%
中日医院	104	90	86.5%	77	69	89.6%	27	21	77.8%
世纪坛医院	63	62	98.4%	53	52	98.1%	10	10	100.0%
航天医院	9	9	100.0%	9	9	100.0%			
民航总医院	9	8	88.9%	8	7	87.5%	1	1	100.0%
儿研所	40	37	92.5%	35	32	91.4%	5	5	100.0%
回龙观医院	17	17	100.0%	13	13	100.0%	4	4	100.0%
合计	934	874	93.6%	608	560	92.1%	326	314	96.3%

（杨 英）

表 6-20　2019 年北京大学住院医师规范化培训结业考试各专业情况表

专业	总体			住院医			研究生		
	考生	合格	合格率	考生	合格	合格率	考生	合格	合格率
内科	197	186	94.4%	121	111	91.7%	76	75	98.7%
外科	167	155	92.8%	92	84	91.3%	75	71	94.7%
外科（神外）	1	1	100.0%	1	1	100.0%			
妇产科	46	41	89.1%	30	26	86.7%	16	15	93.8%
儿科	48	46	95.8%	35	33	94.3%	13	13	100.0%
儿外科	7	6	85.7%	7	6	85.7%			
眼科	25	23	92.0%	15	13	86.7%	10	10	100.0%
耳鼻咽喉科	17	17	100.0%	10	10	100.0%	7	7	100.0%
神经内科	20	18	90.0%	10	9	90.0%	10	9	90.0%
皮肤科	19	19	100.0%	11	11	100.0%	8	8	100.0%

（续表）

专业	总体			住院医			研究生		
	考生	合格	合格率	考生	合格	合格率	考生	合格	合格率
急诊科	18	17	94.4%	14	13	92.9%	4	4	100.0%
麻醉科	41	36	87.8%	34	29	85.3%	7	7	100.0%
放射科	46	42	91.3%	33	30	90.9%	13	12	92.3%
超声医学科	25	21	84.0%	20	16	80.0%	5	5	100.0%
核医学科	7	7	100.0%	3	3	100.0%	4	4	100.0%
康复医学科	5	5	100.0%	5	5	100.0%			
康复（技师）	14	14	100.0%	14	14	100.0%			
口腔全科	29	28	96.6%	29	28	96.6%			
口腔内科	18	17	94.4%	4	3	75.0%	14	14	100.0%
口腔颌面外科	14	12	85.7%	1	1	100.0%	13	11	84.6%
口腔修复科	9	8	88.9%				9	8	88.9%
口腔正畸科	10	10	100.0%	2	2	100.0%	8	8	100.0%
口腔颌面影像科	1	1	100.0%				1	1	100.0%
临床病理科	14	14	100.0%	10	10	100.0%	4	4	100.0%
检验医学科	10	9	90.0%	7	6	85.7%	3	3	100.0%
检验（技师）	28	28	100.0%	28	28	100.0%			
精神科	37	35	94.6%	25	23	92.0%	12	12	100.0%
放射肿瘤科	10	9	90.0%	8	8	100.0%	2	1	50.0%
全科	22	22	100.0%	10	10	100.0%	12	12	100.0%
住院药师	29	27	93.1%	29	27	93.1%			
合计	934	874	93.6%	608	560	92.1%	326	314	96.3%

（杨 英）

表 6-21 2019 年北京大学在培住院医师同等学力申请硕士学位情况表

医院	2019年入学数	累计入学数	2019年获学位数	累计获学位数
第一医院	2	22	3	8
人民医院	4	17	0	4
第三医院	0	33	7	13
口腔医院	2	4		
北医六院	9	21	4	4
首钢医院	1	1		
积水潭医院	2	10	1	5
北京医院	4	25	3	7
中日友好医院	3	18	4	7
航天中心医院	0	1		
首儿所	3	28	4	4
回龙观医院	4	29	4	5
合计	34	209	30	57

（杨 英）

表6-22　2019年北京大学在培专科医师申请博士学位情况表

同等学力申请博士学位			非全日制博士研究生	
专业	2019年入学数	累计入学数	专业	2019年入学数
内科学	1	2	儿科学	2
外科学	1	1	牙体牙髓病学	2
儿科学	1	1	儿童口腔医学	1
麻醉学	1	2	口腔修复学	1
牙周病学	1	1	肿瘤学	1
肿瘤学	0	1		
合计	5	8	合计	7

（杨　英）

表6-23　2019年北京大学参加试点的医学专业学位博士研究生专业情况表

专业	2017	2018	2019	合计
心血管内科	8	11	12	31
呼吸内科	4	6	2	12
消化内科	2	6	4	12
肾脏内科	2	4	5	11
血液内科	4	5	2	11
内分泌	2	2	3	7
风湿免疫	2	3	4	9
感染科	3	2	2	7
普通外科	5	9	11	25
骨科	10	15	11	36
泌尿外科	4	5	9	18
胸外科	2	8	2	12
神经外科	1	3	2	6
整形	-	-	1	1
运动医学	-	1	1	2
妇产科学	5	7	12	24
儿科学	5	2	6	13
眼科学	4	5	6	15
耳鼻咽喉科学	3	4	5	12
皮肤病与性病学	4	7	7	18
神经病学	2	5	4	11
影像医学与核医学	8	8	11	27
临床病理学	2	2	1	5
临床检验诊断学			1	1
麻醉学	3	7	3	13
精神病与精神卫生学	6	9	8	23
牙体牙髓病学	1	2	2	5
牙周病学	1	4	5	10
儿童口腔医学	3	2	3	8

(续表)

专业	2017	2018	2019	合计
口腔预防医学	1	2	1	4
口腔颌面外科学	6	12	10	28
口腔正畸学	2	5	6	13
口腔修复学	2	8	5	15
口腔颌面医学影像学	1	1	1	3
肿瘤学	4	6	16	26
急诊医学			2	2
合计	112	178	186	476

(杨 英)

表6-24　2019年北京大学医学继续教育培养国内访问学者及学科骨干一览表

单位	学科骨干	高等学校中西部青年骨干教师国内访问学者	西部之光	新疆少数民族科技骨干特培	其他访学	北京市学科骨干	总数
第一医院	64	1	4	0	2	14	85
人民医院	44	0	1	0	0	8	53
第三医院	48	1	2	4	3	17	75
口腔医院	5	0	1	0	0	3	9
肿瘤医院	13	0	1	0	2	0	16
北医六院	4	0	0	0	0	0	4
北京积水潭医院	20	0	0	0	0	7	27
北大国际	5	0	0	0	0	0	5
基础医学院	6	4	0	0	3	0	13
药学院	0	2	0	0	0	0	2
护理学院	5	5	0	0	2	0	12
公共卫生学院	0	1	0	1	0	0	2
人文学院	0	0	0	0	1	0	1
小计	214	14	9	5	13	49	304

(胡 玮)

表6-25　2019年北京大学举办国家级和北京市级继续医学教育项目情况

单位	国家级CME项目				北京市级CME项目			
	获准数	举办数	举办率	培训人数	获准数	举办数	举办率	培训人数
第一医院	65	65	100.00%	8333	26	26	100.00%	1642
人民医院	53	53	100.00%	5717	29	29	100.00%	2698
第三医院	79	78	98.73%	11,118	61	61	100.00%	8760
口腔医院	12	12	100.00%	555	3	2	66.67%	52
肿瘤医院	27	26	96.30%	2677	1	1	100.00%	2462
第六医院	0	0		0	0	0		0
国际医院	11	9	81.82%	1555	29	26	89.66%	3017
基础医学院	2	2	100.00%	99	1	1	100.00%	20
护理学院	5	5	100.00%	288	0	0	—	0

（续表）

单位	国家级CME项目				北京市级CME项目			
	获准数	举办数	举办率	培训人数	获准数	举办数	举办率	培训人数
公卫学院	1	1	100.00%	66	0	0	—	0
药学院	1	1	100.00%	94	0	0	—	0
公共教学部	1	1	100.00%	99	0	0	—	0
继续教育学院（面授）	2	2	100.00%	258	3	3	100.00%	312
其他单位	3	3	100.00%	439	1	1	100.00%	65
小计	262	258	98.47%	31,298	154	150	97.40%	19,028
继续教育学院（远程）	60	60	100.00%	15,994				
总计	322	318	98.76%	47,292				

（马 真）

表6-26 2019年北京大学举办国家级继续医学教育基地备案项目情况

基地名称	基地负责人	备案项目数	举办项目数	举办率	培训人数
北京大学口腔医学院口腔颌面外科	俞光岩	13	13	100%	1035
北京大学第六医院精神病与精神卫生学	陆 林	34	31	91.18%	2499
北京大学第一医院儿科	姜玉武	11	11	100%	1031
北京大学第三医院骨科	刘忠军	5	5	100%	452
北京大学第一医院泌尿外科	周利群	2	2	100%	30
北京大学第一医院感染疾病科	徐小元	0	0	—	0
北京大学医学部病理学系	郑 杰	2	2	100%	90
北京大学医学部药理学系	李学军	1	1	100%	169
北京大学口腔医学院口腔内科	曹采方	18	16	88.89%	946
北京大学口腔医学院口腔正畸科	李巍然	12	12	100%	361
北京大学药学院药物化学系	叶 敏	1	1	100%	40
总计		99	94	94.95%	6653

（马 真）

表6-27 2019年北京大学申报和获准2020年国家级和市级继续医学教育项目情况

单位	国家级继续医学教育项目						市级继续医学教育项目					申报合计
	申报数	获准数	获准率	备案数	基地	申报小计	申报数	国转市一	国转市二	备案数	申报小计	
第一医院	33	29	87.88%	27	14	74	22	2	0	9	33	107
人民医院	32	31	96.88%	23	0	55	19	1	0	13	33	88
第三医院	46	42	91.30%	43	0	98	35	1	2	30	68	166
口腔医院	7	6	85.71%	5	45	57	8	1	0	1	10	67
肿瘤医院	16	13	81.25%	17	0	33	3	0	1	8	12	45
第六医院	0	0	—	0	26	26	0	0	0	—	0	26
国际医院	4	3	75.00%	4	0	8	0	0	0	15	21	29
基础医学院	2	2	100.00%	0	3	5	0	0	0	0	0	5

(续表)

单位	国家级继续医学教育项目						市级继续医学教育项目					申报合计
	申报数	获准数	获准率	备案数	基地	申报小计	申报数	国转市一	国转市二	备案数	申报小计	
公卫学院	1	1	100.00%	0	0	1	0	0	0	0	0	1
药学院	1	1	100.00%	0	2	3	0	0	0	0	0	3
护理学院	2	2	100.00%	0	0	2	0	0	0	0	0	2
人文学院	2	1	50.00%	0	0	2	0	0	0	0	0	2
继教学院（面授）	3	3	100.00%	1	0	4	1	0	0	2	3	7
其他单位	2	1	50.00%	1	0	3	6	0	1	0	7	10
继教学院（网络）	76	57	75.00%	26	0	102	0	0	0	0	0	102
总计	227	192	84.58%	147	99	473	100	5	4	78	187	660

(马 真)

医学部继续教育学院

【发展概况】 学院概况。医学继续教育学院业务涵盖网络学历继续教育、继续医学教育与培训、医学教育技术服务、媒体服务四大业务板块。学院坚持"管理规范，资源优秀，服务满意，技术可靠，提供一流的继续医学教育"方针，于2003年成为全国首家通过ISO9001：2000质量管理体系认证的远程教育机构，并于2018年顺利通过ISO9001：2015质量管理体系再认证审核。2019年，学院共有员工50人，80%具有本科以上学历，其中博士学位1人，硕士学位15人，本科学位24人。院长张海澄，执行院长张娟，副院长李秀惠。2019年学院总收入为3816万元，其中学历继续教育收入3337万元，非学历继续教育收入283万元，科研项目及其他经费为196万元。上缴学校1062万元。

网络学历继续教育。学院学历继续教育有护理学（专升本）、药学（专升本）2个专业。2019年学院继续加强对校外学习中心的指导与管理，关停8个校外学习中心，新建1个校外学习中心，现与学院合作的校外学习中心有19个。5月新建的宜春校外学习中心正式成立，并在宜春组织召开2019年校外学习中心工作会。2019年学院重点加强新生开学典礼和入学教育培训，在新生入学教育培训中加强思想政治教育。

2019年共招收学历继续教育学生2560人，毕业学生4483人，其中本科2925人，专科1557人，符合成人本科学士学位的学生387人。

2019年为14,549名学历继续教育学生共开出网络课程308门次，组织完成3月、9月两批次课程考试，共计93,320门次。落实北京学习中心考点考试组织实施工作，共计安排考生27,334人次。落实组织北京地区成人学士学位英语考试，完成5、11月两批次学位考试2542人次。完成2019年6、9、12月三批统考异地借考数据上报359人，审核上报2019年4、9、12月三批次统考免考1839门次。发布2018年12月、2019年6月、2019年9月三批次统考成绩共计8975门次，其中违纪处理共计6门次。完成全年春、秋两批次新生数据上报电子注册共2560人。完成1、7月两个批次毕业审核以及毕业生学历电子信息注册与毕业资料制作和发放，共计办理毕业4483人。

学院重点对毕业论文指导和管理相关制度和工作流程进行修订完善，在2020届本科毕业论文工作中全面启用毕业论文指导平台，做好规范化管理工作；同时引进"中国知网"检测系统，对毕业论文进行学术不端行为通查，同时开放给学生自查，引导学生加强科研诚信及学术规范。

组织完成优秀学生案例申报5个并被录用；护理学、药学专业入选北京高校继续教育特色专业，上报2篇毕业论文均获评优秀毕业论文，同时学院被北京市教委授予优秀组织奖；在2019年中国远程教育大会学院获得"2019年高等学校继续教育精品在线课程优秀组织奖"，学院报送的《急救护理学》课程在"2019年高等学校继续教育精品在线课程"评选中荣获二等奖，北京学习中心荣获"2019年全国高校现代远程教育优秀校外学习中心"称号。

继续医学教育与培训。学院开展各类面授项目21项，培训天数85天，培训总计1518学时，培训人数1226人。新申报远程继续医学教育项目76项；上线运行Ⅰ类、Ⅱ类学分项目近300项，在线学员1.5万人。

2019年学院开办"北京大学健康医疗大数据中英工作

坊""北京大学·Mayo Clinic 家庭医生能力建设中美联合研修班"等国际化培训项目，不断探讨新的培训形式。在"北京市卫生健康人才骨干培训暨石家庄市卫生系统中青年学科骨干培训"项目中，尝试线上线下相结合的教学模式；在"北京大学医学部临床医学专业骨干教师教学能力提升高级研修班"项目中，首次将医学教学中的主流模式"PBL 工作坊"植入继续教育的培训课堂；在"青岛市卫生健康委医疗卫生管理干部能力提升班"项目中，将管理理论学习与临床跟岗实践有机结合，将北大医学的教学与临床资源充分整合，精心制定"3 天理论教学 +6 天现场实习 +1 天总结分享"的培训方案。

2019 年非学历继续教育业务的开展，在调研合作方需求的同时，更加关注教学反馈，初步形成"问题挖掘-协作学习-经验交流-小组分享-专家点评-师生投票"的教学考核形式与教学活动方式，对提升培训质量与培训效果起到重要作用。

教育技术服务。TOSSII 学历教学教务管理平台是学院开展学历继续教育的基础，教育技术中心运维人员全年完成 300 余次问题处理，实现完成 1,300,000 次的浏览量，保证学历教学教务管理平台的正常运行。学习平台进行移动端微信及 APP 系统进行升级，实现移动端支持全部学习活动的功能。全年为学历继续教育更新完成《医学微生物学》《护理学研究》《无机化学》3 门网络课程。

教育技术中心进行设备系统升级改造，完成学院录制系统跨代升级，为今后数字音视频节目的制作及创新提供较先进的软硬件条件。

面向校内大学生网络选修课上下半年各申报并实现开课 4 门，共计开课 8 门次，完成 465 人次的教学组织和运行工作。

为医学部各学院部处及附属医院提供课程制作及线上教学服务工作。开发《病例故事》《遗传流行病学》等课程，支持研究生院、护理学院、公共卫生学院、临床医院等多个在线课程，在线学习人数逾 2000 人；配合继续教育处，为北大直属 4 所医院 9846 人完成"医疗机构法定传染病培训"线上学习任务，进行成绩评价及学分管理工作。完成《加强基层医疗机构建设提升基层医疗服务能力》等 2019 年度远程继续教育项目的课程制作任务。启动 2020 年远程继续教育项目的课程制作工作，已完成 80 讲 300 多小时的课程录制工作。

媒体服务工作。为不断提升媒体服务质量，2019 年学院对摄像编辑等设备进行升级，并承担医学部及各学院部处一年来多次重大活动的拍摄任务，远赴西藏高原拍摄医学部援藏医生的动人事迹，全年共拍摄 50 次活动，其中 19 次制成新闻片。拍摄制作专题片 27 部，包装制作视频 9 部。

内部建设。学院对兄弟院校继续教育系统的组织架构进行认真调研，并根据学院自身特点提出学院组织架构调整方案。学院还修订绩效考核方案，11 月按照新的绩效考核方案对全员进行考核。为提升全员工作业务素养，学院及各部门全年共完成 52 次培训活动。对三层空间进行装修改造，调整办公空间功能分布。建院以来首次申请到"中央高校改善基本办学条件专项资金"，为改善办学条件提供有力的资金保障。

党建工作。2019 年以党支部活动为主线，学院开展原原本本学原著，组织对《习近平新时代中国特色社会主义思想三十讲》《习近平新时代中国特色社会主义思想学习纲要》《习近平关于"不忘初心、牢记使命"重要论述选编》等进行原文研读，组织关于总书记有关教育主题的重要讲话、党的十九届四中全会精神的学习研讨交流，组织赴北京大学校史馆、北大红楼、香山革命纪念馆等实地参访学习，坚定不忘继续教育初心，坚持立德树人，担当服务医学终身教育的使命。学院还接受了北京大学党委巡察。

2019 年学院强化立德树人根本任务和育人为本的教育理念，将日常与学员关联的每一项工作融入思想政治教育。在关心学员、帮助学员、服务学员中教育和引导学员，从课程设置、师资选聘、教学过程、考核评价等各环节融入为全民健康服务的思想。抓住与学员密切接触的重要环节，如开学典礼、毕业典礼、面授课堂、学生座谈等，通过教育活动和各项管理规章的落实，引导学员保持积极向上的学习态度，培养良好终身学习习惯，不断提升自己职业能力。

（孙朝珍）

留学生与港澳台学生教育

【**发展概况**】 **长期留学项目**。共录取学位生 1010 人，其中本科生 381 人，硕士生 550 人，博士生 79 人。在校学生共 3771 人，其中学位生 2781 人，非学位生 990 人，来自 138 个国家。2019 年秋季学期，招生目录新增 13 个院系 60 个博士英文授课专业、4 个院系 16 个专业硕士英文授课专业，新申报 3 个全英文授课博士项目。

短期留学项目。共招收外籍学生 3424 人。暑期学校、"领赢中国"等项目持续发展。服务"一带一路"倡议，创办东方项目和东盟项目。东方项目于 2019 年秋季开设首届治国理政研修班，32 个国家的 38 名学员参加。东盟项目举办"加强中国—东盟治国理政和发展经验交流"培训班，东盟 9 个国家的 46 名学员参加。

留学生奖学金工作。中国政府奖学金国别双边项目、"丝绸之路"奖学金项目等共招收学生 200 余人。6 月，承接国家留学基金委"感知中国·首都行——中国政府奖学金来华留学博士生论坛"，邀请来自全国 14 个省市 40 所高校的 200 多名中国政府奖学金来华留学博士生参加，并汇报来华留学成果。

国际校友工作。编辑《北京大学新中国来华留学校友口述实录丛书》（第二辑），出版《从化学博士到驻华大使》《与中国结缘》2本图书。在北京大学校友会2019年表彰奖励中，北京大学马来西亚校友会获优秀校友组织奖，美国籍校友欧阳凯（Kyle Obermann）和德国籍校友（MechthildLeutner）获优秀校友奖。

港澳台学生工作。在校港澳台侨学生1058人，其中香港学生261人，澳门学生144人，台湾学生652人，侨生1人。参与港澳台地区交换学习学生169人次，其中派出学生赴港澳台交换学习50人次，接收港澳台地区高校交换学生119人次。

（国际合作部、港澳台办公室）

医学部留学生与港澳台学生教育

【发展概况】 2019—2020学年度医学部在校海外学生长期生总数581人，其中留学生418人，来自54个国家；港澳台侨学生163人。2019年共招收留学生116人（奖学金生26人，自费生90人），其中本科生51名（均为临床医学六年制51人），硕士研究生6名，博士研究生2个，预科生11名，进修生46名；共招收港澳台学生26人：其中临床医学六年制本科生8名，硕士研究生16名，博士研究生2名。

2019年留学生本科毕业结业34人，其中2人因毕业考试不及格而结业，32人毕业并获学位，硕士研究生毕业并获学位2人，预科班结业23人，进修生结业36人；港澳台学生本科毕业并获学位23人，硕士研究生毕业并获学位11人，结业3人。

医学部国际合作处、台港澳办公室积极与基础课各教研室沟通，为学生解决学习难题。对接临床医院各项事宜，对即将进入临床学习的学生提前进行学习方法、学习纪律等方面的教育。按照教育部统一要求，2019—2020学年，医学部在校408名长期留学生全部参加来华留学生综合医疗保险。顺利完成外国留学生、港澳台学生2019年度中国政府奖学金、北京市政府奖学金和北京大学及医学部等各类奖学金的评审工作。

（医学部国际合作处、台港澳办公室）

教师教学发展

【发展概况】 组织机构。教师教学发展中心主要承担学校的教学支撑服务、教师教学能力提高和教育教学改革发展研究。中心紧紧围绕教育教学改革和提高人才培养质量，做好教学支撑服务，推进教师培训、教学咨询、教学研究、公共教学资源管理等工作的常态化、制度化，切实提高教师教学能力和水平。孙华任中心主任，何山和蔡景一任中心副主任。

教学支撑服务。2019年，教师教学发展中心主要围绕教室管理与建设、"北大教学网"建设和资源建设、"北大媒体资源服务平台""学习强国"北大专栏等工作，开展北京大学教学支撑服务。

1. 教室管理与建设。教师教学发展中心进一步优化教室管理流程，确保各教学楼工作正常稳定，支持学校自主招生考试笔试及面试、大学英语四六级考试、研究生入学考试、博士生入学考试、每学期期末考试、韩国语考试、日语考试、德福考试和雅思考试，以及大学英语分级考试等相关考试活动的正常开展。中心对公共多媒体教室和语音教室的教学设备进行更新，包括投影机、教师机、大教室副显示、扩音设备等共计500件设备。

中心引入2间新型智慧教室建设，进一步完善北大教学环境。教室中悬挂名师肖像，打造教学文化空间，并在"不忘初心、牢记使命"主题教育期间为学校教师提供免费拍摄肖像照的服务。在教学楼公共空间增加信息发布屏，即时呈现教学楼教室使用信息，同时为各教学楼增加标识，确保师生可以清楚楼内规则和中心可提供的服务，以及关于教室功能介绍和对应服务电话的相关信息。启动文史楼改造，将实践智慧教室、智能管理系统和课堂互动的相关系统在教学中的应用。

2. 北大教学网和资源建设。"北大教学网"运转正常。开展院系重点课程、MOOC、教务部通识教育沙龙、学术讲座活动、青年教师培训等活动的摄像服务，已经完成录制17门完整课程，其中包括5门院系重点课程，12门北京大学MOOC课程，拍摄预约北京大学教学奖获奖教师96人次，制作北京市教学名师申报视频10人，万人计划1人，为学校各单位教学会议直播17次，青年教师培训15次，人事部长江学者申报录音30人次，新入职教师岗前培训2轮，学工部思政课6次。同时，提供上百次摄像服务，为学校各单位部门的重要活动保留视频影像资料。演播室在线预约年累计使用300次，合计630小时录制任务，总计承担约2000小时拍摄任务以及数百小时时长的视频剪辑工作。协助人事部、财务部、实验室与设备管理部等职能部门建设教学网在线学习课程，并支持北京大学相关院系慕课的建设工作。

3. "北大媒体资源服务平台"正式运营。1月，"北大媒体资源服务平台"正式投入运营，截至2019年底，注册用户777人（教师212，学生565），汇集近150门北京大学全程课程录像视频、6331讲学术讲座，608条讲座预告，共计12,505个教学视频文件以及大量图片和PPT教学模板素材，年度点击量1700万次。其中，排名前10位的热门讲座累计点击量超过13万次，排名前10位的热门课程点击量超过3000次，访问IP来自世界20多个国家和地区。目前已有700多位北京大学师生登录注册和使用。

4. 在"学习强国"平台上开设北大专栏。教师教学发展中心与"学习强国"平台开展积极合作，目前已开设北大专栏，向全社会共享优质的讲座和慕课资源。

教师教学能力提升。在充分调研的基础上，教师教学发展中心面向博士生助教、青年教师和骨干教师设计相应的教学能力发展计划，针对不同发展阶段的教师（助教）群体提供针对性的教学发展服务，初步形成教师教学发展综合体系。

1. 中心重点培训计划顺利开展。中心组织完成4个培训计划，具体包括青年教师教学能力发展计划培训、慕课相关教育技术培训、助教通用培训、教学新思路项目相关培训，整年累计培训3000余人次。其中，60位青年教师顺利完成青年教师教学能力发展计划的所有课程和活动，获得结业证书；全年累计2000多位博士生助教学完相关培训课程获得结业证书。开展慕课相关教育技术培训50人次，支持近20门课程建设，提供个性化咨询服务上百次。教学新思路项目开展14场讲座培训，培训342人次。

2. "北大教师教学发展专家组"正式成立。聘任20多位专家，为后续开展相关培训课程和活动提供师资保证。

3. 推进"名师论教"项目。继续编辑出版"教学的魅力"主题系列丛书，2019年与物理学院共同开展"名师论教"项目，访谈27位教师，完成29篇文章，超过25万字。编发4期《教师教学发展通讯》，为北大师生介绍最新的教学理念和发展趋势。

医学部教师教学发展。1. 培训项目。组织第10、11期研究生助教培训，374人参加培训活动，其中286人完成学习任务，获得结业证书。来自医学部15家学院、临床医院的74名教师完成青年教师教学能力提升研修活动，通过考核，获得结业证书。

2. 临床教学专题培训。组织第一、二、三临床医学院的临床导师，对来自8家临床医学院和教学医院的45名教师进行物理诊断学、外科总论的见习带教培训，统一教学内容要求和技能操作，其中41人通过考核，获得合格证书，具备带教资格。此外，根据北京大学第八临床医学院的需求，组织完成临床教师基本教学能力培训。

3. 教师教学交流。共组织32次讲座、沙龙和分享活动，内容涉及医学教育理念、教学方法、教学技术、教学研究和教学经验分享等，推荐50次示范观摩课，近2000人次参加学习和交流。通过网站和微信公众号，发布和推送活动信息及相关资讯，推广先进教学理念。定期组织医学部教师教学发展中心导师会，审议培训项目考核结果、研讨中心的工作计划和培训方案。

4. 大力宣传，积极动员、组织教师参与教学新思路项目，2019年医学部及各附属医院共有8个项目获得资助，并协助校本部教发中心完成医学部新思路项目的管理工作。协助开展教学优秀获奖者的风采实录。

党建工作。教师教学发展中心党支部认真完成上级党组织布置的各项任务，重点开展党员民主评议会和支部民主生活会，邀请群众教师代表和入党积极分子共同参与民主评议会，对党支部工作进行有效监督，并提出合理化建议。中心党支部采取领学宣讲、交流讨论等方式，集中组织全体党员学习习近平新时代中国特色社会主义思想，学习党的十九届四中全会和北京大学第十三次党代会报告精神，深入推进"不忘初心、牢记使命"主题教育。中心领导班子和党员发挥先锋模范作用，把学习成果和本职工作结合起来，将教育学习的主旨要求落到工作实处。

【**教学新思路2.0项目**】 教学新思路2.0项目是教师教学发展中心新启动的引领教师进行教学创新改革的项目，旨在推动教师对教育教学理念的思考和创新，切实提升教育教学质量。项目启动后收到来自全校26个单位的59份立项申请，最终立项25个项目，经过一年的项目研究实践，24项通过验收，其中5项评为优秀项目。中心在整个项目申请和实施过程中举办14场培训活动，帮助教师了解最新的教学技术发展趋势，并在此基础上开展创新实践。创新教与学应用大赛是该项目的一部分，7月6日举办的创新教与学应用大赛共评选出32个奖项。

【**2019高校教与学发展国际研讨会**】 11月30日至12月1日，北京大学教师教学发展中心联合中国教育技术协会高等学校教育技术协作工作委员会举办2019高校教与学发展国际研讨会。教育部教师工作司司长任友群，中国高等教育学会副会长、教育部高教司原司长张大良，中国教育技术协会副会长兼秘书长丁新出席会议，来自美国哈佛大学、布朗大学、英国伦敦大学学院、日本早稻田大学、新加坡洋理工大学等十几所世界一流大学的教师教学发展中心主任，联合国教科文组织北京代表处、美国教师专业与组织发展协会、英国高等教育协会、英国教师教育发展协会等机构的负责人，以及来自91所中国高校的200多位教师教学发展中心主任和工作人员、130位一线教师参加了此次国际研讨会。本次会议的主题是"连接、创新与改变"（Connection, Innovation and Change）。在大会主题报告阶段，中外学者就教师教学发展工作进行了广泛深入的交流，让各位与会者全面了解世界一流大学在教师教学发展领域的思考与实践。大会还设立了7个平行分论坛，主题分别为组织发展、教师及人员职业发展、考核与评估、教学学术、技术促进的教与学、研究生教学能力发展、学生学习体验。本次会议产生了8个由国际高校合作参与的创新项目，包括一线优秀教师教学论坛、混合式教学设计创新大赛、写作中心联合实践与合作研究、英文授课教师培训、助教培训和研究、教学档案系统开发、智慧学习空间建设、教师教学发展标准/机构标准及评

估等。

【"不忘初心、牢记使命"主题教育】 9月至12月中旬,按照学校党委统一部署,教师教学发展中心开展"不忘初心、牢记使命"主题教育。在此次主题教育中,中心结合工作实际,紧紧围绕"守初心、担使命,找差距、抓落实"的总要求,组织开展主题教育启动会、集体理论学习,设立意见箱,赴北京理工大学马克思主义学院重走长征路虚拟仿真实验室现场调研,赴李大钊烈士陵园开展重温入党誓词主题党日活动,开展关于青年教师培训的问卷调研,组织关于智慧教室的系列现场调研,组织参观国庆70周年成就展,开展为学校教师免费拍摄"肖像照"志愿服务,组织"不忘初心、牢记使命——重读经典《红星照耀中国》"党课活动,召开党支部检视整改专题会议,组织党员集体观看电影《小巷管家》并撰写观后感,组织党员参加国际关系学院王勇教授关于中美关系的时政讲座等。

(李志刚)

科研管理

理工医科科研管理

【发展概况】 科学研究部是北京大学科研管理组织结构中的职能部门，负责理工农科科研活动的组织、管理和服务工作。主要职责包括：为坚持原始创新的科研导向，开展国内外科研情况调研，提出科研发展规划建议；筹建、协调和管理国家、省部、地方科研基地，管理理工科虚体研究机构；组织科研人员、团队承担国家各级各类科研任务，服务国家需求、服务人才成长；负责理工农医科研经费的管理；科研成果奖励、专利的申报、管理和统计。

按照北京大学总体发展规划和部署，坚持以提升理工医科创新能力建设为核心，以取得重大原创性科研成果为导向；积极落实国家创新驱动发展战略要求，始终坚持面向世界科技前沿、面向国家重大需求、面向国民经济主战场；以产出重大标志性成果为目标，加强组织协调和策划，为北京大学的科研工作提供支撑和服务。2019年度科研管理工作围绕这一宗旨继续稳步推进，以创新发展理念引导科学研究组织工作，以重大科学问题、重大国家需求、重大仪器研制、重大学科交叉等为切入点，加强大平台、大项目的组织策划，加强培育重大原创成果，取得了丰硕的成绩。

2019年度北京大学理工科在研项目2716项（含深圳研究生院467项），医科1797项；理工医科到校科研经费43.87亿元，其中理工科到校经费38.50亿元（含深圳研究生院2.80亿元），医科到校科研经费5.37亿元。2019年度理工医科到校科研经费中，由财政部拨款的自然科学基金委项目和科技部主管项目到校经费分别达10.74亿元和10.69亿元，两项合计占理工医科到校经费总数的49%，是北京大学科研经费的主要来源。

2019年度北京大学理工医科在重大基础研究和应用基础研究领域继续保持竞争优势，新批"国家重点研发计划"项目25项、课题81个，获批项目总经费9.58亿，项目获批数及经费数均居全国首位。

2019年度北京大学新批国家自然科学基金直接经费10.55亿元，获资助各类项目723项。其中基础科学中心项目3项，创新研究群体（新立项）4项，国家杰出青年科学基金22项，优秀青年科学基金19项，重大科研仪器设备研制专项（自由申请类）5项，重点项目37项，面上项目327项，青年科学基金项目188项，重大研究计划33项，国际合作47项。

2019年度北京大学获批北京市自然科学基金38项、北京市其他项目19项、各类省市部委项目115项、企事业单位委托项目41项。

2019年度北京大学理工医科获得国际科技合作项目46项（理工科24项，医学部22项），其中国家重点研发计划国际科技创新合作重点专项7项（战略性重点专项2项，政府间重点专项5项）、北京市国际合作专项3项，另有36（理工科14项，医学部22项）项来自海外政府、基金会和企业。

2019年度北京大学作为第一完成单位获得国家科学技术奖3项，其中自然科学二等奖2项，科技进步二等奖1项；作为第一完成单位获得"高等学校科学研究优秀成果奖（科学技术）"13项/人（一等奖2项，二等奖10项，青年奖1人）。

北京大学入选2019年中国科学十大进展1项，入选2019年中国高校十大科技进展1项。2019年北京大学高文院士团队获得中国电子学会技术发明特等奖，10位青年教师入选首届"科学探索奖"，3位入选茅以升北京青年科技奖。

2019年度北京大学（包括有关独立法人单位）共申请专利1068项，其中申请国外专利22项；授权专利1410项，其中授权国外专利73项。2019年专利权人为"北京大学"的申请专利541项，其中国外专利13项；授权专利703项，其中国外专利42项。

2019年度北京大学发表SCI收录论文11,485篇，其中被SCI收录的北京大学为第一作者单位或通讯作者单位的论文7803篇，平均影响因子4.94。

科研基地建设。依托北京大学建设的理工医科重点科研基地包括：国家研究中心、国家重点实验室、国家工程研究中心、国家工程实验室、国家临床医学研究中心、国家国际科技合作基地、北京市高校高精尖创新中心、教育部和国家卫健委重点实验室、北京市重点实验室等，是北京大学组织重大科学研究活动，产生重大科研成果的重要科研平台；是北京大学汇聚高水平创新团队、拔尖研究人才的聚集地。

2019年，为完善基地管理，北京大学发布了《关于加强北京大学理工科重点科研创新基地建设的若干措施（试行）》（校发〔2019〕137号），旨在进一步优化基地运行软环境，强化挂靠院系的组织管理，提高基地运行效率。

国家级科研基地：1.国家研究中心：2019年依托北京大学建设的"北京分子科学国家研究中心"专项经费到校5085万元。

2.国家重点实验室：2019年依托北京大学建设的8个国家重点实验室专项经费到校经费共计18,609.5万元。完成"区域光纤通信网与新型光通信系统国家重点实验室"主任换届招聘工作。

3.国家工程实验室：开始筹备"大数据分析与应用技术国家工程实验室"的建设验收工作，计划于2020年初验收。

4.蛋白质科学研究（北京）国家重大科技基础设施（含北京大学基地）3600万元专项运行经费到校。

5.北京大学作为法人单位建设的"十三五"国家重大科技基础设施——多模态跨尺度生物医学成像设施，已于2019年6月29日在怀柔科学城启动建设，总投资17亿余元，建筑面积7.2万平方米，建设周期5年，该设施是生物医学成像领域由我国科学家首倡的大科学工程。

6. 根据国家发改委和教育部的总体部署和工作安排，继续推进北京大学参与国家重大科技基础设施的建设工作。北京大学牵头申报的"十四五"国家重大科技基础设施"激光驱动多束流设施"，总投资约24.5亿元，选址北京怀柔科学城，将成为北京怀柔国家综合性科学中心的重要建设内容。该设施已列为教育部重点培育项目，并通过中期评估，下一步将继续完善建设方案，推动列入国家"十四五"规划。中法两国元首见证签署"合作备忘录"，围绕"激光驱动多束流设施"项目，在科学研究、技术创新、建设运行等方面开展紧密合作。

7. "X射线自由电子激光试验装置（射频超导加速单元）"国家重大科技基础设施完成工程、工艺、设备、财务、档案、审计等自主验收，2020年初将由教育部组织主管部门验收。

8. "皮肤与免疫疾病""血液系统疾病"两个国家临床医学研究中心获批，至此，学校已有5个国家临床医学研究中心。

省部级科研基地：1. 教育部重点实验室："生物有机分子工程（化学领域）""功能高分子材料（化学领域）""计算语言学（交叉领域）"三个教育部重点实验室参评，"计算语言学（交叉领域）"获评优秀。为进一步加强教育部重点实验室建设，完成"纳米器件物理与化学教育部重点实验室"主任换届工作。

2. 教育部国际合作重点实验室："区域污染控制国际合作联合实验室"获教育部立项建设批准。

3. 教育部工程研究中心："骨与关节精准医学教育部工程研究中心"获批。完成"灵长类及大动物临床前教育部工程研究中心"主任换届工作。

4. 教育部前沿科学中心：为进一步加强中心建设，北京大学聘任了"纳光电子前沿科学中心"学术委员会和管理团队，梳理并完善了实验室的组织架构和章程，并于11月9日组织召开了北京大学"纳光电子前沿科学中心"揭牌仪式暨纳光电子学术论坛。

5. 高精尖创新中心：2019依托北京大学建设的"北京工程科学与新兴技术高精尖创新中心"和"北京未来基因诊断高精尖创新中心"专项到校经费共计2.2亿元。2019年，"北京未来基因诊断高精尖创新中心"参加中期评估并顺利通过考评。

6. 北京市重点实验室：2018年度北京市重点实验室三年绩效考评，"分子药剂学与新释药系统""行为与心理健康""肿瘤系统生物学""新型污水深度处理"等11个北京市重点实验室/工程技术研究中心参评，2019年公布结果"口腔数字医学""风湿病机制及免疫诊断""新型污水深度处理"获评优秀。完成"空间信息集成与3S工程应用北京市重点实验室"主任换届工作。

7. 北京市国际科技合作基地："区域大气污染控制""非酒精性脂肪性肝病诊断""冠心病临床与基础研究""上消化道肿瘤""仿生钛骨科内植入物"等国际科技合作基地被认定为2018年度北京市国际科技合作基地。

8. 2019年新获批5个省部级基地："生态环境部国家环境保护河流全物质通量重点实验室""骨与关节精准医学教育部工程研究中心""塞罕坝森林草原过渡带教育部野外科学观测研究站"，以及"区域污染控制教育部国际联合研究中心""区域大气污染控制北京市国际科技合作基地"。

校内虚体科研机构：在2017年巡视整改的基础上，依据《北京大学理工科虚体科研机构管理暂行办法》，2019年开展对现有62个虚体科研机构的3年评估。评估中，有5个虚体科研机构主动申请从"理工科虚体科研机构"中撤销；清理遗留公章3枚（"北京大学-林肯研究院城市发展与土地政策研究中心""北京大学生物医学跨学科研究中心""北京大学-香港理工大学儿童发展与学习研究中心"）；4个机构明确了实际负责人，5个机构通过其挂靠院系提供了整改方案。

论证成立了"北京大学亚洲季风区可持续发展集成研究中心"（负责人：张世秋）、"北京大学-中国科学院上海天文台联合天体物理研究中心"（负责人：何子山）两个校内虚体科研机构。相关结果已经上报校长办公会审批。

科研项目与科研经费。2019年度北京大学理工科在研项目2716项（含深圳研究生院467项），医科1797项；理工医科到校科研经费43.87亿元，其中理工科到校经费38.50亿元（含深圳研究生院2.80亿元），医科到校科研经费5.37亿元。

2019年度北京大学在研的国家自然科学基金各类项目2539项（牵头承担），到校经费7.52亿元（不含深研院）；新批项目723项，直接经费共计10.55亿元。

1. 面上青年项目：2019年度北京大学共获批准面上和青年基金项目515项，批准经费2.30亿元。

2. 重点项目：2019年度北京大学共获批准重点项目37项，获资助经费1.10亿元。

3. 重大项目：2019年度北京大学获批重大项目2项，重大项目课题10项。

4. 重大研究计划：2019年度北京大学获批重大研究计划33项。

5. 国家重大科研仪器研制项目（自由申请）：2019年度北京大学获批国家重大科研仪器研制项目（自由申请）5项。

6. 国家重大科研仪器研制项目（部门推荐）：2019年度北京大学获批国家重大科研仪器研制项目（部门推荐）2项。项目负责人分别是：吴凯（化学学院）、黄如（信息学院）。

7. 基础科学中心项目：2019年度北京大学获批基础科学中心项目3项。项目负责人分别是：席振峰（化学学院）、方精云（城环学院）、詹启敏（医学部）。

8. 国家杰出青年科学基金：2019年度北京大学共有22

人荣获国家杰出青年科学基金资助（2019年全国共批准296人），他们是：

化学学院（3人）：张文彬、赵达慧、王初
分子医学所（2人）：刘颖、陈良怡
工学院（2人）：杨越、张艳锋
环境学院（2人）：赵华章、孙卫玲
光华管理学院（2人）：张影、虞吉海
国际数学中心（1人）：刘毅
生命学院（1人）：李毓龙
现代农学院（1人）：刘承芳
城环学院（1人）：赵鹏军
计算机所（1人）：彭宇新
前沿交叉研究院（1人）：刘云淮
信息学院（1人）：杨玉超
医学部基础医学院（1人）：姜长涛
医学部药学院（1人）：贾彦兴
北京大学第三医院（1人）：李蓉
北京大学第一医院（1人）：吕继成

9. 优秀青年科学基金项目：2019年度北京大学共有19人获得优秀青年科学基金项目（2019年全国共批准600人），他们是：

物理学院（3人）：杨学林、张霖、陈建军
信息学院（2人）：彭超、熊英飞
现代农学院（2人）：解伟、易红梅
数学科学学院（1人）：李文威
生命学院（1人）：李宁宁
城环学院（1人）：沈国锋
分子医学所（1人）：赵扬
工学院（1人）：王启宁
环境学院（1人）：刘思彤
医学部基础医学院（2人）：夏朋延、付毅
医学部药学院（1人）：刘涛
北京大学第一医院（2人）：朱厉、汪旸
北京大学口腔医院（1人）：卫彦

10. 创新研究群体项目：2019年度北京大学孙庆丰（物理学院）、颜学庆（物理学院）、杨槐（工学院）、孔炜（医学部基础医学院）为学术带头人的4个研究群体，获得了基金委创新研究群体项目的资助。

11. 国际交流与合作项目：2019年度北京大学在基金委资助下开展各类国际交流与合作共47项，其中包括重点国际（地区）合作研究项目、国际（地区）合作与交流项目、在华召开国际会议，广泛开展国际交流与合作，很好地促进了科研人员所承担国家自然科学基金项目的高水平完成。

2019年度北京大学理工科的科技部到校经费8.56亿元。截至2019年底，北京大学拟获批国家重点研发计划重点专项25个项目（本部19项、医学部及附属医院6项），获批项目总经费达9.58亿元；北京大学共承担国家重点研发计划重点专项47个课题。

15项进入2019年"创新人才推进计划"答辩环节，结果尚未公布。自2012年科技部设立创新人才推进计划，北京大学共获批49位中青年科技领军人才、11个重点领域创新团队，并于2013年获批为科技部创新人才培养示范基地。

国际科技合作项目。2019年度北京大学理工医科获得国际科技合作项目46项（理工科24项，医学部22项），其中国家重点研发计划国际科技创新合作重点专项7项（战略性重点专项2项，政府间重点专项5项）、北京市国际合作专项3项，另有36项（理工科14项，医学部22项）来自海外政府、基金会和企业，2019年到校经费5119万元（校本部3934万元，医学部1185万元）。2019年北京大学举办国际学术会议和研讨班共82项（校本部33项，医学部49项）。

2019年度获批教育部项目3项。第十七届霍英东教育基金会青年教师基金3项、青年教师奖1项。

北京市科研项目。1. 北京市自然科学基金项目：2019年获批北京市自然科学基金38项，其中北京市杰青项目7项、重点研究专题2项、面上项目22项、青年项目2项、海淀联合基金前沿专题4项、合作交流项目1项。2. 北京市科技新星计划：2019年度获批北京市首都科技领军人才计划1项、北京市科技新星3项、北京市科技新星计划交叉学科合作课题1项。

其他部门及企事业委托项目：2019年获批各类省市部委项目115项、企事业单位委托项目41项。

科研成果。科技奖项2019年度以北京大学为第一完成单位获得的科技奖项包括：

1. 国家科学技术奖3项，其中自然科学二等奖2项，科技进步二等奖1项。

2. "高等学校科学研究优秀成果奖（科学技术）"13项/人（一等奖2项，二等奖10项，青年奖1人）。

3. 信息科学技术学院高文院士团队获得中国电子学会技术发明特等奖。

2019年度北京大学发表SCI收录论文11,485篇，其中被SCI收录的北京大学为第一作者单位或通讯作者单位的论文7803篇，平均影响因子4.94。2019年北京大学出版理工医类著作目录148部，其中校本部30部，医学部101部，深圳研究生院17部。

2019年度北京大学（包括有关附属独立法人单位）共申请专利1068项，其中申请国外专利22项；授权专利1410项，其中授权国外专利73项。2019年"北京大学"为专利权利人申请专利541项，其中国外专利13项；授权专利703项，其中国外专利43项。

（廖日坤、王纬超、范少锋、杨凌春、
鲍锦涛、陈　健、郑英姿、刘　超）

【附表】

表 7-1　国家研究中心

编号	中心名称	负责人
1	北京分子科学国家研究中心	席振峰

（张　琰、陈　健）

表 7-2　国家重大科技基础设施

编号	设施名称	负责人
1	蛋白质科学研究（北京）国家重大科技基础设施北京大学基地（与军事科学院军事医学研究院、清华大学、中科院生物物理研究所共建）	吴　虹
2	多模态跨尺度生物医学成像国家重大科技基础设施	程和平
3	X射线自由电子激光试验装置（射频超导加速单元）	刘克新

（张　琰、陈　健）

表 7-3　国家重点实验室

编号	实验室名称	负责人
1	人工微结构和介观物理国家重点实验室	刘运全
2	湍流与复杂系统研究国家重点实验室	陈十一
3	核物理与核技术国家重点实验室	高原宁
4	蛋白质与植物基因研究国家重点实验室	瞿礼嘉
5	天然药物及仿生药物国家重点实验室	周德敏
6	膜生物学国家重点实验室（北大分室）	高　宁
7	环境模拟与污染控制国家重点实验室（北大分室）	胡　敏
8	区域光纤通信网与新型光通信系统国家重点实验室（北大实验区）	陈章渊

（张　琰、陈　健）

表 7-4　国家工程研究中心

编号	中心名称	负责人
1	电子出版新技术国家工程研究中心	郭宗明
2	软件工程国家工程研究中心	张世琨

（张　琰、陈　健）

表 7-5　国家工程实验室

编号	实验室名称	负责人
1	数字视频编解码技术国家工程实验室	高　文
2	口腔数字化医疗技术和材料国家工程实验室	郭传瑸
3	大数据分析与应用技术国家工程实验室	张平文

（张　琰、陈　健）

表 7-6　省部共建国家重点实验室

编号	实验室名称	负责人
1	省部共建肿瘤化学基因组学国家重点实验室	杨　震

（孟　祎）

表 7-7　国家临床医学研究中心

编号	中心名称	负责人
1	国家精神心理疾病临床医学研究中心	陆　林
2	国家妇产疾病临床医学研究中心	乔　杰
3	国家口腔疾病临床医学研究中心	郭传瑸
4	国家皮肤与免疫疾病临床医学研究中心	李若瑜
5	国家血液系统疾病临床医学研究中心	黄晓军

（田　君）

表 7-8　国家国际科技合作基地

编号	中心名称	负责人
1	转化医学与临床研究国际联合研究中心	詹启敏
2	中法地球系统模拟国际联合研究中心	朴世龙
3	口腔医学国际联合研究中心	郭传瑸
4	干细胞国际研究中心	邓宏魁

（范少锋）

表 7-9　教育部前沿科学中心

编号	中心名称	负责人
1	纳光电子前沿科学中心	龚旗煌

（张　琰、陈　健）

表 7-10　教育部重点实验室

编号	实验室名称	负责人
1	数学及其应用教育部重点实验室	张继平
2	生物有机与分子工程教育部重点实验室	王剑波
3	纳米器件物理与化学教育部重点实验室	张志勇
4	地表过程分析与模拟教育部重点实验室	李双成
5	水沙科学教育部重点实验室（联合）	倪晋仁
6	造山带与地壳演化教育部重点实验室	张立飞
7	分子心血管学教育部重点实验室	董尔丹
8	神经科学教育部重点实验室	万　有
9	高分子化学与物理教育部重点实验室	陈尔强
10	机器感知与智能教育部重点实验室	查红彬
11	高可信软件技术教育部重点实验室	梅　宏
12	细胞增殖分化调控机理研究教育部重点实验室	张传茂

（续表）

编号	实验室名称	负责人
13	恶性肿瘤发病机制及转化研究教育部重点实验室	季加孚
14	计算语言学教育部重点实验室	穗志方
15	慢性肾脏病防治教育部重点实验室	赵明辉
16	辅助生殖教育部重点实验室	乔　杰
17	数理经济与数理金融教育部重点实验室	龚六堂
18	创伤救治与神经再生教育部重点实验室	姜保国

（张　琰、陈　健）

表 7-11　教育部工程研究中心

编号	中心名称	负责人
1	微处理器及系统教育部工程研究中心	程　旭
2	再生医学教育部工程研究中心	邓宏魁
3	体内局部诊疗教育部工程研究中心	谢天宇
4	地球观测与导航教育部工程研究中心	陈秀万
5	灵长类及大动物临床前研究教育部工程研究中心	程和平
6	移动数字医疗教育部工程技术研究中心	焦秉立
7	骨与关节精准医学教育部工程研究中心（筹）	李危石

（张　琰、陈　健）

表 7-12　教育部国际合作联合实验室

编号	实验室名称	负责人
1	转化医学与临床研究国际联合研究中心	詹启敏
2	区域污染控制国际合作联合实验室	张远航

（范少锋、田　君）

表 7-13　教育部野外科学观测研究站

编号	研究站名称	负责人
1	塞罕坝森林草原过渡带教育部野外科学观测研究站	方精云

（张　琰、陈　健）

表 7-14　国家卫生健康委员会重点实验室

编号	实验室名称	负责人
1	心血管分子生物学与调节肽重点实验室	高　炜
2	肾脏疾病重点实验室	赵明辉
3	精神卫生学重点实验室	张　岱
4	神经科学重点实验室	万　有
5	医学免疫学重点实验室	邱晓彦
6	生育健康重点实验室	刘建蒙
7	口腔数字化医疗技术重点实验室	郭传瑸

（田　君）

表 7-15 北京高校高精尖创新中心

编号	中心名称	负责人
1	北京工程科学与新兴技术高精尖创新中心	张东晓
2	北京未来基因诊断高精尖创新中心	谢晓亮

（张 琰、陈 健）

表 7-16 北京市重点实验室／工程技术研究中心

编号	实验室名称	负责人
1	医学物理和工程北京市重点实验室	高家红
2	空间信息集成与3S工程应用北京市重点实验室	晏 磊
3	城市固体废弃物资源化技术与管理北京市重点实验室	王习东
4	先进电池材料理论与技术北京市重点实验室	夏定国
5	食品安全毒理学研究与评价北京市重点实验室	郝卫东
6	造血干细胞移植治疗血液病研究北京市重点实验室	黄晓军
7	脊柱疾病研究北京市重点实验室	刘忠军
8	磁共振成像设备与技术北京市重点实验室	韩鸿宾
9	皮肤病分子诊断北京市重点实验室	李若瑜
10	生殖内分泌与辅助生殖技术北京市重点实验室	乔 杰
11	丙型肝炎和肝病免疫治疗北京市重点实验室	魏 来
12	恶性肿瘤转化研究北京市重点实验室	季加孚
13	肿瘤系统生物学北京市重点实验室	尹玉新
14	泌尿生殖系疾病（男）分子诊治北京市重点实验室	金 杰
15	风湿病机制及免疫诊断北京市重点实验室	栗占国
16	心血管受体研究北京市重点实验室	张幼怡
17	北京市智能康复工程技术研究中心	王启宁
18	北京市有源显示工程技术研究中心	刘晓彦
19	北京市新型污水深度处理工程技术研究中心	倪晋仁
20	代谢及心血管分子医学北京市重点实验室	肖瑞平
21	药物依赖性研究北京市重点实验室	时 杰
22	运动医学关节伤病北京市重点实验室	敖英芳
23	神经系统小血管病探索北京市重点实验室	黄一宁
24	视网膜脉络膜疾病诊治研究北京市重点实验室	黎晓新
25	北京市低维碳材料工程技术研究中心	张 锦
26	北京市虚拟仿真与可视化工程技术研究中心	汪国平
27	蛋白质修饰与细胞功能北京市重点实验室	罗建沅
28	儿科遗传性疾病分子诊断与研究北京市重点实验室	姜玉武
29	肝硬化肝癌外科基础研究北京市重点实验室	朱继业
30	骨与软组织肿瘤诊治研究北京市重点实验室	郭 卫
31	痴呆诊治转化医学研究北京市重点实验室	于 欣
32	北京市城市热管理工程技术研究中心	张信荣
33	行为与心理健康北京市重点实验室	方 方

（续表）

编号	实验室名称	负责人
34	分子药剂学与新释药系统北京市重点实验室	张强
35	妊娠合并糖尿病母胎医学研究北京市重点实验室	杨慧霞
36	急性心肌梗死早期预警和干预北京市重点实验室	陈红
37	幽门螺杆菌感染与上胃肠疾病北京市重点实验室	周丽雅
38	口腔数字医学北京市重点实验室	郭传瑸
39	固态量子器件和量子信息技术北京市重点实验室	徐洪起
40	矿物环境功能北京市重点实验室	鲁安怀
41	磁电功能材料与器件北京市重点实验室	侯仰龙
42	神经退行性疾病生物标志物研究及转化北京市重点实验室	章京
43	结直肠癌诊疗研究北京市重点实验室	王杉
44	女性盆底疾病研究北京市重点实验室	王建六
45	眼部神经损伤的重建保护与康复北京市重点实验室	张纯

（张琰、陈健、田君）

表7-17 北京市国际科技合作基地

编号	基地名称	基地依托单位
1	睡眠医学北京市国际科技合作基地	北京大学人民医院睡眠中心
2	仿生钛骨科内植入物北京市国际科技合作基地	北京大学第三医院脊柱疾病研究北京市重点实验室和中奥汇成科技股份有限公司
3	免疫性疾病体外诊断北京市国际科技合作基地	北京大学人民医院风湿病机制及免疫诊断北京市重点实验室
4	非酒精性脂肪性肝病诊断北京市国际科技合作基地	北京大学肝病研究所
5	出生缺陷防控北京市国际科技合作基地	北京大学第三医院
6	区域大气污染控制北京市国际科技合作基地	北京大学环境科学与工程学院
7	冠心病临床与基础研究北京市国际科技合作基地	北京大学第三医院血管医学研究所
8	上消化道肿瘤北京市国际科技合作基地	北京大学肿瘤医院
9	口腔数字医学北京市国际科技合作基地	北京大学口腔医院
10	低维碳材料北京市国际科技合作基地	北京大学纳米化学研究中心
11	液晶性调光膜规模化通用制备技术及设备北京市国际科技合作基地	北京大学工学院
12	国际知名大学技术转移孵化北京市国际科技合作基地	北京大学产业技术研究院

（张琰、陈健、田君）

表7-18 广东省、深圳市重点实验室

编号	实验室名称	负责人
1	化学基因组学广东省重点实验室	杨震
2	纳米微米材料广东省重点实验室	江必旺
3	广东省新能源材料设计与计算重点实验室	潘锋
4	集成微系统科学工程与应用深圳市重点实验室	张兴
5	城市人居环境科学与技术深圳市重点实验室	栾胜基

（续表）

编号	实验室名称	负责人
6	循环经济深圳市重点实验室	曾　辉
7	纳米微米材料深圳市重点实验室	江必旺
8	云计算关键技术与应用深圳市重点实验室	李晓明
9	计算化学与药物设计深圳市重点实验室	吴云东
10	重金属污染控制和资源化深圳市重点实验室	陶虎春
11	薄膜晶体管与先进显示深圳市重点实验室	张盛东
12	功能结构生物学深圳市重点实验室	罗　明
13	新能源材料人工设计深圳市重点实验室	陶国华
14	有机光电磁功能材料深圳市重点实验室	孟　鸿
15	细胞生理学深圳市重点实验室	周　强
16	信息论与未来网络体系深圳市重点实验室	李　挥
17	深圳市先进电子器件与集成应用重点实验室	林信南
18	深圳市智能多媒体与虚拟现实重点实验室	王文敏
19	深圳市新能源材料基因组制备和检测重点实验室	潘　锋
20	深圳市TSV三维集成微纳系统重点实验室	金玉丰
21	深圳市内容中心网络与区块链重点实验室	雷　凯

（孟　祎）

表7-19　其他省部级研究基地

编号	机构名称	负责人
1	国家中医药管理局中药配伍减毒重点研究室	张宝旭
2	国家中医药管理局痰瘀重点研究室	韩晶岩
3	国家中医药管理局微循环实验室（三级）	韩晶岩
4	国家中医药管理局中药药理（肿瘤）实验室（三级）	李萍萍
5	国家统计局统计科学研究所	耿　直
6	国家湿地保护与修复技术中心	吴晓磊
7	国家广播电视总局同轴宽带网络工程技术研究中心	吴建军
8	国家广播电视总局新闻出版智能媒体技术重点实验室	汤　帜
9	国家环境保护河流全物质通量重点实验室	倪晋仁
10	国家药品监督管理局口腔材料重点实验室	邓旭亮

（张　琰、陈　健、田　君）

表 7-20 北京大学 2019 年度理工医科在研科研项目数分类统计

单位名称	科技部			国家基金委					教育部项目	北京市项目	其他部门专项	海外合作	企事业单位	总计
	重点研发计划	973/重大研究计划	仪器国合其他专项	重大专项	杰青优青群体海外	重大重点重大计划及仪器	面上青年	国合联合专项协作						
校本部 数学科学学院及中心	6	4				15	45	24		4	14	1		126
物理学院	51	13	5		19	39	122	32	8	20	41	10	13	373
化学与分子工程学院	24	6		1	17	36	85	15	1	9	9	4	1	208
生命科学学院	27	5		1	13	32	65	6	1	10	17	5	17	199
地球与空间科学学院	14	2		2	8	13	81	9		4	31	6	16	186
城市与环境学院	13	1			9	15	55	2	1	0	24	12	18	150
环境科学与工程学院	18	3			3	15	27	10		5	31	4	14	130
信息学院	35	14			16	28	94	37	2	23	26	9	14	298
工学院	29			4	7	36	78	18	1	26	28	4	1	232
心理与认知科学学院		3			1	3	31	3		2	7	1	4	55
计算机科学技术研究所	4				1	0	15	3		6	5	3		37
分子医学研究所	5				3	11	19	4	1	4	5	3		55
科维理天文与天体物理研究所	1	1			1	2	5	4		1	3	4		22
现代农学院												5		5
其他	17	4			7	9	85	10	5	7	23	3	3	173
校本部合计	244	56	5	8	118	254	807	177	20	121	264	74	101	2249
医学部合计	161	11	5	27	24	64	868	28	12	54	5	22	516	1797
深研院	6				2	4	105	4			223		123	467
总计	411	67	10	35	144	322	1780	209	32	175	492	96	740	4513

(范少锋、廖日坤、杨凌春、鲍锦涛、柳皋隽、张秋月、孟 祎)

表 7-21 北京大学 2019 年理工科与医科科研项目到校经费（单位：万元）

经费来源单位	科技部项目				国家自然科学基金委	北京市项目	其他部委省市专项	海外合作项目	企事业委托项目	其他	科技开发	行业专项	2019年总计
	重点研发计划	重大专项	实验室专项	其他									
数学中心	103			30	937	213	1509				68	91	2951
数学科学学院	146			55	1752	189	915		7		1151	649	4864
物理学院	26,487		1957	5154	17,732	6753	4485	482	254		1890	1055	66,248
化学与分子工程学院	3243	21	7195	165	7898	536	411	65	10		3255	1214	24,012
生命科学学院[2]	3049	723	3535	115	4734	4297	5110	700	406		5626	150	28,444
地球与空间科学学院	1981	183			3864	100	1150	113	331		1798	288	9808
城市与环境学院	1863	100			5244		998	114	190		2138		10,647
环境科学与工程学院	1921	416	333	40	2359	95	5077	35	350		2355	508	13,488
信息学院 电子系	2394	133	4912	30	2923	200	282	20	47		1573	5164	17,677
信息学院 计算机系	3784	42		419	1886	1388	546	604	58		2473	2227	13,429
信息学院 微纳系	1413	403		40	1831	50	550	116			1018	5852	11,271
信息学院 智能科学系	145				246		29	77	12		949	978	2438
信息学院 其他	44				3		15				4535	524	5121
信息学院 合计	7781	577	4912	489	6889	1638	1422	818	117		10,548	14,745	49,936
工学院	6088	382	1287	55	6288	772	1817	183			1484	4290	22,647
心理与认知科学学院	20				1145		112	17	20		293	255	1861
农学院	186	172			448		209	470			728		2213
王选所	744			30	515	130	369	69			1123	258	3237
分子医学研究所	1058			30	2089	39	217	78			10,645	120	14,275
前沿交叉学科研究院	785	63			386	98	347				437		2118
景观所	109				130						305		545
科维理天文与天体物理研究所	253	75			73		58				24		1040
软工中心	380				539		89	9			1274	1496	3230
软件与微电子学院	400	11			18		15	30			314	130	918
暂存						1481	810			10,938	5123	9305	50,980
其他[1]	914	15			23,323		17,380	751					
					1415	22,078			7		803	134	43,497
小计	57,511	2739	19,219	6163	87,777	38,418	42,498	3934	1693	10,938	51,381	34,689	356,958

（续表）

经费来源单位	科技部项目			国家自然科学基金委	北京市项目	其他部委省市专项	海外合作项目	企事业委托项目	其他	科技开发	行业专项	2019年总计
	重点研发计划	重大专项	实验室专项	其他								
医学部	10,666	4628	4186	21	17,572	2128	1238	1185	11,852		212		53,688
深研院	1723		10		2070		17,820	135	4275				28,033
总计	69,900	7367	23,415	6184	107,419	40,545	61,556	5254	17,820	10,938	51,593	34,689	438,679

注1：包括生命科学联合中心（17,000，属于其他部委省市专项）、北京市高精尖中心（22,000，属于北京市项目）、文科院系和管理部门承担的科研项目等。
注2：包括凤凰工程（3800，属于其他部委省市专项）。

（王绮超、许木其、郝宗方、孟 希）

表7-22 北京大学2019年理工科新批科研项目（经费单位：万元）

单位	科技部重点研发计划		自然科学基金委项目		教育部项目		北京市项目		其他部委省市专项		企事业单位委托项目		海外合作项目		合计	
	课题	经费	项目	经费	项目	经费	项目	经费	项目	经费	项目	经费	项目	经费	项目	经费
数学科学学院	2	820	18	1029			2	232	7	1262					29	3343
物理学院	12	54,441	52	8616.9	1	30	11	6710	19	4154	4	42	1	400	100	74,393.9
化学与分子工程学院	4	1459	47	20,985			4	510	3	900					58	23,854
生命科学学院	8	4230	25	3005.5			4	1620	8	1141	10	487	6	1766	61	12,249.5
地球与空间科学学院			28	2489			1	100	10	656	4	415	1	164	44	3824
城市与环境学院	2	1092	34	11,098			3		9	1823	10	160			55	14,173
环境科学与工程学院	5	1627	13	1942			3	170	18	892	10	252			49	4883
信息科学技术学院	20	9698	42	9076.4			4	650	10	787	1	30	7	1497	84	21,738.4
工学院	3	1635	37	6724			11	296	10	1765					61	10,420
心理与认知科学学院			10	1172.5					5	100	1	20	2	300	18	1592.5
计算机科学技术研究所	1	291	4	808			5	173	1	20			3	94	14	1386
分子医学研究所	3	1893	17	3484			2	30	2	284					24	5691
前沿交叉学科研究院	1	458	3	459					2	387					6	1304
其他	7	1635	54	4338	2	6	1	30	8	280	1	3	4	4617	77	10,909
合计	68	79,279	384	75,227	3	36	48	10,521	112	14,451	41	1409	24	8838	680	189,761

（范少锋、廖日坤、杨凌春、鲍锦涛）

表 7-23 北京大学 2019 年医科新增科研项目（经费单位：万元）

单位	国家重点研发计划		科技部其他项目		国家自然科学基金委项目		教育部项目		北京市自然科学基金项目		合计	
	项目	经费	项目	经费	项目	经费	项目	经费	项目	经费	项目	经费
基础医学院	6	2021	1	326	52	6182.71	1	22	10	200	70	8751.71
药学院	2	675	2	2822	31	2424.5			5	100	40	6021.5
公共卫生学院					19	952.2			3	50	22	1002.2
第一医院	2	3061			46	2670			12	210	60	5941
人民医院	5	3662			53	2820.95	3	132	17	280	78	6894.95
第三医院	9	6119			53	2817	4	108	18	290	84	9334
口腔医院	4	3196			28	1859	1	50	5	69	38	5174
第六医院	2	92			8	270					10	362
肿瘤医院			1	390	25	1372.5	1	22	10	190	37	1974.5
深圳医院/医学中心					9	334	1	37			10	371
药物依赖性研究所	2	793			1	20.5					3	813.5
医药分析中心											0	0
中国卫生发展研究中心											0	0
医学人文学院					1	23			2	30	3	53
首钢医院					1	20	1	22			2	42
护理学院					2	102.5			1	20	3	122.5
医学信息中心											0	0
临床研究所					2	110					2	110
健康医疗大数据中心											0	0
国际医院					1	55					1	55
航天临床医学院					3	147.5					3	147.5
医学所											0	0
生医系					1	26					1	26
人事处					1	15					1	15
医学部					1	8000					1	8000
总计	32	19,619	4	3538	338	30,222.36	12	393	83	1439	469	55,211.36

（柳卓勇、张秋月）

表 7-24 北京大学 2019 年获批国家自然科学基金项目（经费单位：万元）

单位	面上项目		青年基金		重点项目		杰出青年科学基金		优秀青年科学基金		创新研究群体		重大科研仪器研制专项		重大项目		重大研究计划		国际（地区）合作交流		其他项目（含中心）		总计	
	项目	经费	项目	经费	项目	经费	项目	经费	项目	经费	项目	经费	项目	经费	项目	经费	项目	经费	项目	经费	项目	经费	项目	经费
数学科学学院	4	208	8	206	1	270			1	120									1	175	3	50	18	1029
物理学院	26	1625	2	53	5	1610			3	360	2	2000	2	1375.3			5	947	4	346.62	3	300	52	8616.9
化学与分子工程学院	16	1043	5	125	5	1500	3	1200					1	7352.7	1	488.8	5	353	9	655.82	2	8267	47	20,985
生命科学学院	11	640	5	110	2	599	1	400	1	120					1	500	3	635	1	1.5	0	0	25	3005.5
城市与环境学院	12	719	5	125			1	400	1	120					2	808	2	580	10	345.72	1	8000	34	11,098
地球与空间科学学院	12	764	10	264	2	602	2	800									2	387	1	229	1	243	28	2489
环境科学与工程学院	6	379	2	41	2	302	1	400	1	120									1	300	0	0	13	1942
信息科学技术学院	18	1097	7	173.5	3	933	2	800	2	240	0	0	1	5185	0	0	1	100	5	328.92	4	619	42	9076.4
工学院	13	812	7	173	3	920	2	800	1	120	1	1000	2	1478.5	1	514.51	2	460	1	175	4	271	37	6724
光华管理学院	4	198	6	112	1	240	2	560													1	90	14	1200
心理与认知科学学院	5	282.5	2	50	2	600			1	120											1	240	10	1172.5
分子医学研究所	4	234	4	80	2	600	2	800			0	0			1	540	3	1610	1	40	0	0	17	3484
计算机科技大研究所	1	59			1	299	1	400											1	50	0	0	4	808
科维理天文天体物理研究所	3	186	1	25															2	55	0	0	7	806
前沿交叉学院			1	25			1	400											1	34	0	0	3	459
校本部其他	17	888	5	116	1	238	2	560	2	240	1	1000	0	0	0	0	0	0	1	10	5	280	33	2332
医学部	175	9726.5	118	2484	8	2306	4	1600	6	720			1	800.21	4	1530	10	1041	8	682.65	4	8372	339	30,262
总计	327	18,861	188	4162.5	37	11,019	22	8320	19	2280	4	4000	7	16,192	10	4381.3	33	6113	47	3429.2	29	26,732	723	105,490

注：未含肿瘤医院、深圳研究生院。

（鲍锦涛）

表 7-25 北京大学医学部 2019 年获批国家自然科学基金项目和经费（经费单位：万元）

单位	面上项目 项目	面上项目 经费	青年基金 项目	青年基金 经费	重点项目 项目	重点项目 经费	杰出青年科学基金 项目	杰出青年科学基金 经费	优秀青年科学基金 项目	优秀青年科学基金 经费	国际地区合作交流 项目	国际地区合作交流 经费	重大项目课题 项目	重大项目课题 经费	重大研究计划 项目	重大研究计划 经费	联合基金 项目	联合基金 经费	仪器专项 项目	仪器专项 经费	创新群体 项目	创新群体 经费	专项项目 项目	专项项目 经费	基础科学中心 项目	基础科学中心 经费	合计 项目	合计 经费
基础医学院	31	1726	7	147.5	3	888	1	400	2	240	1	248	1	480	4	253			1	800.21	1	1000					52	6182.71
药学院	17	983	9	214.5	1	297	1	400	1	120			1	350	1	60											31	2424.5
公卫学院	8	435	6	114.5	1	230					3	72.7											1	100			19	952.2
第一医院	24	1314	17	351	1	297	1	400	2	240					1	68											46	2670
人民医院	25	1370	23	472	1	297					2	74.95	1	350			1	257									53	2820.95
第二医院	25	1383	24	507	1	297	1	400	1	120	1	247	1	350	2	280											53	2817
口腔医院	16	901	9	191																							28	1859
第六医院	3	165	5	105																							8	270
深圳医院	3	170	4	86																							7	256
首钢医院			1	20																							1	20
国际医院	1	55																									1	55
航天医院	2	127	1	20.5																							3	147.5
药物依赖性研究所			1	20.5																							1	20.5
医学人文学院			1	23																							1	23
临床研究所	2	110																									2	110
护理学院	2	102.5																									2	102.5
肿瘤医院	15	830	8	162.5							2		2	380													25	1372.5
深圳医学中心	1	55	1	23																							2	78
生物医学工程系			1	26																							1	26
人事处																							1	15			1	15
医学部																									1	8000	1	8000
总计	175	9726.5	118	2484	8	2306	4	1600	6	720	7	642.65	4	1530	8	663	381	257	1	800.21	1	1000	2	115	1	8000	338	30,222.36

（张秋月）

表 7-26 北京大学 2019 年度获批的国家自然科学基金重点项目

批准号	项目名称	负责人	所在院系
11931001	复杂结构的函数型数据分析	姚 方	数学科学学院
11932001	干沙类颗粒材料的跨尺度力学性质研究	刘才山	工学院
11934001	拓扑与关联体系的原位输运与扫描隧道电势测量研究	陈剑豪	物理学院
11934002	光晶格量子模拟多体轨道阻挫问题	周小计	电子学系
11935002	玻璃化转变及玻璃-玻璃相变——非平衡相变与相转变研究	徐莉梅	物理学院
11935003	快中子俘获过程中的核物理研究：基于形变相对论连续谱理论的原子核质量表	孟 杰	物理学院
11935004	新型核能结构材料的抗辐照损伤机理研究	王宇钢	物理学院
21932001	多相催化中的电子助催剂作用机制研究	吴 凯	化学与分子工程学院
21932002	基于金属-载体强相互作用的碳化钼基低温水汽变换催化剂的构筑与研究	马 丁	化学与分子工程学院
21933001	单分子化学反应动态过程的原位精准测量	郭雪峰	化学与分子工程学院
21933002	分子电子学理论计算方法的发展与高性能分子器件的理论设计	侯士敏	电子学系
21933003	金属催化环加成反应机理研究和反应发展	余志祥	化学与分子工程学院
21937001	基于生物正交断键反应的蛋白质化学调控与功能解析	陈 鹏	化学与分子工程学院
31930016	新型 CRISPR 筛选平台的搭建及其在基因功能与染色质调控研究中的应用	魏文胜	生命科学学院
31930043	抑制性气味引起嗅觉感知和行为的神经机制	罗冬根	生命科学学院
31930052	多物体认知加工中的时序特性及其神经机制	罗 欢	心理与认知科学学院
31930053	人类知觉学习的认知和神经机制	方 方	心理与认知科学学院
31930056	新型脂肪因子 FAM19A5 调控血管稳态与重构的分子机制	孔 炜	医学部基础医学院
31930061	神经元离子通道-动作电位-量子化分泌关系研究	周 专	分子医学研究所
41930103	行星地震学：月球与火星内部结构和震源机制的地震学理论与新方法研究	王彦宾	地球与空间科学学院
41930213	新生代柴达木盆地构造及其对青藏高原东北缘生长过程的启示	郭召杰	地球与空间科学学院
41930968	北京地区大气气溶胶作为冰核对云的影响	薛惠文	物理学院
51931001	可降解锌合金的关键基础科学问题	郑玉峰	工学院
51938001	制药废水绿色减排新技术及其对高风险污染物控制原理	温东辉	环境科学与工程学院
61932001	大规模图的复杂性分析与高效计算	邹 磊	计算机科学技术研究所
61935001	并行傅里叶域太赫兹相干析成像理论与技术研究	于晓梅	微纳电子学系
71932001	会计师事务所治理机制与审计质量	吴联生	光华管理学院
71934002	"一带一路"背景下公共卫生风险防范及其模式创新研究	刘 民	医学部公共卫生学院
71934003	乡村振兴进程中的农村经济转型的路径与规律研究	黄季焜	现代农学院
81930004	白血病干细胞免疫逃逸及其机制研究	黄晓军	北京大学人民医院
81930011	Myosin IIa 信号轴介导内皮与免疫细胞互作调控血管保护的作用与机制	罗金才	分子医学研究所
81930015	胃 X/A 样细胞在肝脏缺血再灌注损伤中的保护作用及机制	张炜真	医学部基础医学院
81930026	颅颌面部骨组织来源新型间充质干细胞的发现及其干性维持和成骨向分化的机制研究	周永胜	北京大学口腔医院
81930035	HuR 调控的衰老相关代谢紊乱对血管炎症与动脉粥样硬化的影响机制	王文恭	医学部基础医学院
81930047	超声增效的动脉粥样硬化基因治疗	戴志飞	工学院
81930097	选择性抑制内源性凝血途径的 FuCS 寡糖构效关系与机制研究	李中军	医学部药学院
81930105	抑制心房颤动进展中电与结构重构的机理与药物分子基础	吴 林	北京大学第一医院

（鲍锦涛）

表7-27　北京大学2019年度获批的国家自然科学基金重大项目

批准号	项目名称	负责人	所在院系	备注
11991052	大质量黑洞形成与宇宙学演化	何子山	科维理天文与天体物理研究所	课题
21991143	钙钛矿类分子铁电体的构筑、铁性功能调控和介微观机制研究	王哲明	化学与分子工程学院	课题
31991164	染色质高级结构的动态可塑性对乳腺癌发生与恶化的驱动机制	尚永丰	医学部基础医学院	课题
31991200	被子植物有性生殖过程中细胞互作的分子机制	瞿礼嘉	生命学院	项目
31991202	传粉过程中细胞互作的分子机制	瞿礼嘉	生命学院	课题
41991310	化工园区典型毒害有机污染物的环境地球化学过程与健康效应	陶澍	城市与环境学院	项目
41991312	典型毒害有机污染物的环境地球化学过程、跨界面传输与多介质分配	陶澍	城市与环境学院	课题
41991331	土壤复合污染多介质界面过程与生物影响机制	朱东强	城市与环境学院	课题
51991344	二维材料异质结构的界面特性和理论研究	张艳锋	工学院	课题
81991505	牙周稳态重塑新材料的作用机制研究	邓旭亮	北京大学口腔医院	课题
81991525	海洋药源分子的定向发掘与异源高效表达	林文翰	医学部药学院	课题
81991533	耐药菌流行克隆形成及传播机制	王辉	北京大学人民医院	课题

（鲍锦涛）

表7-28　北京大学2019年度获批的国家自然科学基金国家重大科研仪器研制项目

批准号	项目名称	负责人	所在院系	类别
11927804	新一代宽波段高通量光学光谱仪的科学需求与设计研制	吴学兵	物理学院	自由申请
21927802	无污染无损失三维直读数字PCR系统	黄岩谊	工学院	自由申请
51927806	超薄液晶/高分子复合材料的Roll to Roll加工试验装置系统及其电-光性能调控机理的研究	杨槐	工学院	自由申请
61927806	深紫外时间和空间分辨压力光谱系统研制	沈波	物理学院	自由申请
81927802	人工智能引导自适应成像的全环SPECT-CT设备研制	王凡	医学部基础医学院	自由申请
21927901	超高时-空分辨的离子化学研究系统	吴凯	化学与分子工程学院	部门推荐
61927901	半导体器件氧化层电缺陷演化原位分析系统	黄如	微纳电子学系	部门推荐

（鲍锦涛）

表7-29　北京大学2019年度获批的国家自然科学基金重大研究计划

批准号	项目名称	负责人	所在院系
91939105	外泌体介导的T细胞和巨噬细胞对话在腹主动脉瘤发生中的作用和T细胞迁移RNA甲基化新机制	冯娟	医学部基础医学院
91939301	高血压血管重构过程中关键膜蛋白复合体的动态调控机制及干预	李子健	北京大学第三医院
91940302	非编码RNA及相关复合物结构与功能研究	汪阳明	分子医学研究所
91942307	基于单细胞测序的肿瘤免疫特征研究	张泽民	生命科学学院
91949112	DDR1-p53调控途径对血管衰老过程中平滑肌细胞DNA甲基化的影响机制	周菁	医学部基础医学院
91949113	ERβ通过调控FOXO3a介导的自噬诱导卵巢早衰的机制研究	薛晴	北京大学第一医院
91950111	基于飞秒-光发射电子显微镜超高时空分辨研究激子与表面等离激元耦合现象和机理	吕国伟	物理学院
91950115	基于非厄米诱发拓扑态的新光场调控机理与激光研究	马仁敏	物理学院
91950204	宏观量子复合体系多模态调控及其应用	胡小永	物理学院
91951114	深海热液硫化物矿物热电子协同微生物驱动碳硫元素循环的机制研究	李艳	地球与空间科学学院

（续表）

批准号	项目名称	负责人	所在院系
91951206	稻田厌氧微生物的黄素基电子歧化作用及生态调控机理	陆雅海	城市与环境学院
91952108	动边界问题中的涡面演化与受力建模	杨越	工学院
91952201	自然与工程复杂边界层湍流统计结构的生成法则	余振苏	工学院
91953104	基于原位多糖特异性顺磁标记的全细胞固体核磁共振新方法	王申林	化学与分子工程学院
91953109	细胞铁死亡中新型羰基化修饰的组学发现和修饰率的定量分析	王初	化学与分子工程学院
91953111	基于均质可溶性糖化终产物受体蛋白的糖基化功能研究	董甦伟	医学部药学院
91953201	金属配合物导致基因组化学修饰的测序技术开发和分布规律解析	伊成器	生命科学学院
91954116	RNF115调控自噬体成熟的分子机制以及在肿瘤发生发展中的作用	陈英玉	医学部基础医学院
91954117	线粒体/肌质网互作网络调节心肌肥厚的作用及作用机制	郑铭	医学部基础医学院
91954124	内质网与线粒体、高尔基体等相关细胞器互作及其在细胞应激反应中的功能研究	滕俊琳	生命科学学院
91955202	祁连-昆仑构造域原特提斯洋形成演化及全球意义	宋述光	地球与空间科学学院
91956104	基于卡宾化学的手性中心构建	王剑波	化学与分子工程学院
91957101	糖脂代谢网络蛋白的时空调控技术	樊新元	化学与分子工程学院
91957119	血脂运输及稳态调控的特异分泌通路	陈晓伟	分子医学研究所
91957201	二型糖尿病重要药物靶点的结构机制研究	陈雷	分子医学研究所
91958207	菲律宾海与马里亚纳海盆海水多同位素环流示踪与深海沉积研究	周力平	城市与环境学院
91959110	基于家族性腺瘤性息肉病的结直肠癌演进研究	付卫	北京大学第三医院
91959116	应用深度学习技术建立多模态直肠癌术前放化疗后肿瘤退缩分级的智能诊断模型	孙应实	北京大学肿瘤医院
91959205	基于病理、影像及多组学智能预测胃癌抗HER2治疗疗效及耐药研究	沈琳	北京大学肿瘤医院
91961103	多级结构金属团簇催化体系的构筑与性能研究	王远	化学与分子工程学院
91964000	"后摩尔时代新器件基础研究"重大研究计划战略调研及学术研讨	黄如	微纳电子学系
91964101	亚10 nm低功耗和高性能晶体管的第一性原理量子输运理论探索	吕劲	物理学院
91964201	低能耗拓扑场效应晶体管新型器件研究	廖志敏	物理学院

（鲍锦涛）

表7-30 北京大学2019年度获批的国家自然科学基金重点国际合作项目

批准号	项目名称	负责人	所在院系
11920101004	光晶格中超冷原子气体量子动力学研究	陈徐宗	电子学系
21920102002	土壤中抗生素界面过程对其环境健康效应的影响及作用机制	朱东强	城市与环境学院
21920102004	高迁移率二维半导体/氧化物异质界面物理化学研究	彭海琳	化学与分子工程学院
41920104001	中生代海生爬行动物三叠纪起源和第一次辐射及其演化-迁移模式研究	江大勇	地球与空间科学学院
51920105006	抗炎抗氧化和免疫调节微环境促进构建高性能组织工程半月板的研究	余家阔	北京大学第三医院
81920108020	分子影像指导的整合素αvβ6靶向DNA纳米药物的肿瘤放射性核素联合治疗	刘昭飞	医学部基础医学院

（鲍锦涛）

表7-31 北京大学2019年度获批的国家自然科学基金基础科学中心项目

批准号	项目名称	负责人	所在院系
21988101	空气主份转化化学	席振峰	化学学院
31988102	生态系统对全球变化的响应	方精云	城环学院
81988101	肿瘤的分子变异与微环境	詹启敏	医学部

表7-32 北京大学2019年获批的国家重点研发计划项目（共25项）

序号	项目编号	项目名称	负责人	所在单位
1	2018YFB1307600	面向脊柱椎板切除手术的机器人系统	李危石	第三医院
2	2018YFB2100300	应用驱动的异质物联网系统互联平台架构关键技术研究及验证	刘云淮	前沿交叉学科研究院
3	2018YFA0902100	油藏环境合成微生物组的构建	吴晓磊	工学院
4	2018YFA0704400	纳光子器件及光电融合集成基础	龚旗煌	物理学院
5	2019YFF0302400	冬奥会冻伤及颌面创伤综合防治及关键技术研究	彭歆	口腔医院
6	2019YFF0302900	冰雪项目交互式多维度观赛体验技术与系统	陈宝权	信息学院
7	2019YFA0405100	基于LAMOST巡天的系外行星系统研究及观测搜寻	东苏勃	科维理天文与天体物理研究所
8	2019YFA0308400	自旋超导等新型关联体系的量子态	陈建豪	物理学院
9	2019YFC0214500	公约受控卤代烃减排成效评估和预测预警研究	胡建信	环境科学与工程学院
10	2019YFA09004700	高效生物固氮回路的设计与系统优化	王忆平	生命科学学院
11	2019YFA0801400	胚层前体细胞谱系编程机制	乔杰	第三医院
12	2019YFA0706400	面向图计算的探针计算机模型研究	许进	信息科学技术学院
13	2019YFC1005200	妇科肿瘤患者保留生育功能相关技术研发	王建六	第三医院
14	2019YFF01014400	拍瓦激光质子加速器装置研究与应用	颜学庆	物理学院
15	2019YFC0214700	大气污染航空测量关键技术与示范平台	陆克定	环境科学与工程学院
16	2019YFC0214800	区域空气质量的调控原理与技术途径	李少萌	环境科学与工程学院
17	2019YFB2204900	医疗用微纳集成芯片与集成系统	叶乐	信息科学技术学院
18	2019YFB2205400	仿生神经形态突触/神经元器件与电路	蔡一茂	信息科学技术学院
19	SQ2019YFB220122	随机计算新架构	王润声	信息科学技术学院
20	SQ2019YFA070162	俯冲带深部过程与非生物成气	张立飞	地球与空间科学学院
21	SQ2019YFA070163	"石墨烯基第三代+"深紫外固态光源器件	高鹏	物理学院
22	SQ2019YFC180009	污染场地中持久性有机污染物的积累效应和健康风险研究及预测模型建立	朱东强	城市与环境学院
23	SQ2019YFC180057	铬渣遗留场地土壤强化生物修复技术与装备	鲁安怀	地球与空间科学学院
24	2019YFB1311300	粒子植入近距离放疗微创机器人系统研制及验证	王俊杰	第三医院
25	2019YFC0840700	常见疾病队列建立及平台建设研究	李航	第一医院

（廖日坤）

表7-33 北京大学2019年获批北京市杰青项目名单

序号	姓名	所在单位
1	孙栋	物理学院
2	刘开辉	物理学院
3	梁云	信息科学技术学院
4	张蔚	生命科学学院
5	汪贻广	医学部
6	刘昭飞	医学部
7	陆克定	环境科学与工程学院

（杨凌春）

表 7-34 SCI 数据库 2019 年收录的北京大学为第一作者/通讯作者单位的论文及分布情况

单位	发表论文总数	论文收录期刊平均 IF	论文收录期刊最高 IF
数学科学学院	151	1.827	8.36
数学中心	43	1.803	8.982
工学院	776	5.496	46.859
物理学院	632	5.172	41.577
化学与分子工程学院	522	7.413	41.577
生命科学学院	250	9.624	79.258
地球与空间科学学院	306	3.346	41.058
城市与环境学院	240	4.514	41.577
环境科学与工程学院	157	4.476	12.353
心理与认知科学学院	94	5.391	15.393
信息科学技术学院	582	4.353	41.577
计算机科学技术研究所	3	5.071	5.071
科维理天文与天体物理研究所	67	5.268	8.561
分子医学研究所	49	9.429	41.577
前沿交叉学科研究院	128	7.867	41.577
现代农学院	33	4.958	9.616
其他	743	6.092	31.398
医学部	2951	4.280	79.258
深圳研究生院	563	5.621	41.058

（数据来源：图书馆）

表 7-35 北京大学 2019 年出版的理工医类著作目录

（共 148 部，其中校本部 30 部，医学部 101 部，深圳研究生院 17 部）

校本部（30 部）

理工科学院	中文编著	中文专著	英文专著	总计
城市与环境学院	1	1	2	4
工学院	1		1	2
化学与分子工程学院	1	2		3
环境科学与工程学院		3		3
建筑与景观设计学院		4	1	5
生命科学学院	1			1
物理学院	5			5
心理与认知科学学院	1	1		2
信息科学技术学院		2	3	5
总计	10	13	7	30

（郑英姿）

医学部（101部）

学院/医院	中文编著	中文专著	英文编著	译著	总计
基础医学院	5	4		3	12
药学院	2	1	1		4
公卫学院	4	5			9
护理学院	3	1			4
北京大学第一医院	15	10			25
北京大学人民医院	6	2			8
北京大学第三医院	15	4		1	20
北京大学口腔医学院	8	1			9
北京大学第六医院	3	3			6
北京大学深圳医院	2				2
北京大学首钢医院	1			1	2
总计	64	31	1	5	101

（许术其、刘梦瑜）

深圳研究生院（17部）

中文编著	中文专著	英文专著	译著	总计
4	6	4	3	17

（孟祎）

表7-36 北京大学2019年专利申请受理、授权情况统计表

专利权人	受理申请			授权专利		
	合计	国内申请	国外申请	合计	国内授权	国际授权
北京大学	541	528	13	703	661	42
北京大学深圳研究生院	157	149	8	143	116	27
北京大学深圳医院	102	102	0	234	234	0
北京大学第三附属医院	123	123	0	206	205	1
北京大学第二附属医院	41	41	0	32	30	2
北京大学第一附属医院	30	30	0	47	47	0
北京大学口腔医院	67	66	1	43	42	1
北京大学第六医院	0	0	0	2	2	0
北京大学软微学院	7	7	0	0	0	0
合计	1068	1046	22	1410	1337	73

说明：检索时间：20200218；来源：智慧芽
1. 表中"北京大学"统计的是专利权人含有"北京大学"的全部专利
2. 其他北京大学附属独立法人单位，统计是减去与"北京大学"共有权利的专利数

（郑英姿）

表 7-37　北京大学 2019 年院系专利统计

单位	申请专利			授权专利		
	总计	其中		总计	其中	
		国内	国外		国内	国外
城市与环境学院	2	2				
地球与究竟科学学院	20	20		25	25	
分子医学研究所	4	2	2	2	2	
工学院	102	100	2	96	93	3
化学与分子工程学院	48	44	4	71	60	11
环境科学与工程学院	15	15		11	11	
生命科学学院	10	10		21	16	5
数学科学学院	1	1		5	5	
王选计算机研究所	18	18		89	80	9
物理学院	49	49		47	47	
心理与认知科学学院	3	3		3	3	
信息科学技术学院	196	192	4	253	243	10
医学部	50	49	1	58	55	3
其他	23	23		22	20	2
总计	541	528	13	703	660	43

（郑英姿）

表 7-38　北京大学本部 2019 年主办的理工类国际学术会议和研讨班情况统计（33 项）

会议时间	会议名称	主办单位
2019.8.30	第二届形变相对论连续谱理论原子核质量表研讨会	物理学院
2019.9.9	多样的星际介质：从邻近到遥远宇宙活动和能源机制的描述国际研讨会	科维理天文与天体物理研究所
2019.10.21	类星体的宇宙学演化：从第一缕曙光到近邻遗迹国际会议	科维理天文与天体物理研究所
2019.12.14	2019 未来计算国际研讨会	信息科学技术学院
2019.8.14	第五届能源转化与存储国际研讨会	化学与分子工程学院
2019.12.15	第 21 届国际信息与通信安全会议	软件与微电子学院
2019.11.18	新一代原子核密度泛函研讨会	物理学院
2019.7.24	中美海洋战略与政策二轨对话	海洋研究院
2019.8.15	深谷范畴与同调镜像对称会议	数学科学学院
2019.9.27	计算社会科学国际学术会议	科学与社会调查中心
2019.6.27	农业科技与跨国生产力比较：来自中印两国的经验	现代农学院
2019.10.18	国际分子影像与微创治疗会议	工学院
2019.5.25	北京大学气候与大气环境变化国际研讨会	物理学院
2019.7.1	"环形正负电子及质子对撞机"物理探测器国际工作会议	物理学院
2019.7.5	第九届质量科学与可靠性技术国际研讨会暨质量与数据科学博士生学术会	工学院
2019.10.29	污水监测——第四届污水分析国际会议	城市与环境学院
2019.7.9	北京大学第三届软物质前沿学术研讨会	化学与分子工程学院
2019.6.3	第七届量子霍尔现象国际研讨会	物理学院

(续表)

会议时间	会议名称	主办单位
2019.5.3	第五届癌症研究新视野大会	深圳研究生院
2019.10.11	第二届河流通量国际学术研讨会	环境科学与工程学院
2019.10.26	2019生殖基因组学大会	生命学院
2019.5.15	第三届中国与国际开发协会政策对话	新结构经济学研究院
2019.7.27	第二届近极限火焰国际研讨会议	工学院
2019.5.16	智能空间大数据与全球位置编码框架国际研讨会	工学院
2019.6.28	中国城市发展国际会议	城市与环境学院
2019.4.19	气候干旱背景下受水分限制森林的动态及水文效应国际研讨会	城市与环境学院
2019.10.19	2019单细胞组学国际研讨会	生命科学学院
2019.6.27	农业科技与跨国生产力比较：来自中印两国的经验	现代农学院
2019.6.21	第二届北大海洋国际研讨会	海洋研究院
2019.8.7	第十一届环境地球化学国际研讨会	城市与环境学院
2019.8.2	第八届东亚环境与资源经济学年会	环境科学与工程学院
2019.1.21	第十四届东亚几何拓扑会议	数学科学学院
2019.7.28	第27届国际爆炸与反应系统动力学会议	工学院

（范少锋）

表7-39 北京大学医学部2019年主办的医学类国际学术会议和研讨班情况统计（49项）

会议时间	会议名称	主办单位
2019.5.26—31	第23届国际放射性药物科学会议	基础医学院
2019.9.13—15	The 2nd International Qi-Blood Conference	基础医学院
2019.9.21—22	第15届海内外病理学术论坛	基础医学院
2019.10.26—27	2019年北大医学孤独症国际论坛	基础医学院
2019.10.30	Frontiers of Physiology Beijing Forum 2019	基础医学院
2019.5.9—11	第十届国际肉苁蓉暨沙生药用植物学术研讨会	中国野生植物保护协会 中国中药协会 内蒙古阿拉善盟行政公署 天然药物及仿生药物国家重点实验室
2019.6.10	博鳌亚洲论坛全球健康论坛之青年健康分论坛	公共卫生学院
2019.11.1—3	东亚STS国际论坛	医学人文学院
2019.10.16	第二届北京大学麦吉尔大学基层卫生论坛	中国卫生发展研究中心
2019.7.13	第二届北京健康医疗大数据论坛	健康医疗大数据国家研究院
2019.10.10—13	第三届天然药物及仿生药物国际前沿研讨会"合成方法学前沿及药物创新"	医学部，国家自然科学基金委员会
2019.1.11—12	第十一届房颤介入治疗关键技术国际论坛	第一医院
2019.3.30—31	第七届北大医学妇产国际论坛暨第九届辅助生殖领域新视角研讨会	第一医院
2019.4.12—14	2019北京国际微创泌尿外科论坛	第一医院
2019.4.13—14	2019北京儿科神经病学国际论坛	第一医院
2019.4.18—19	MMTN Conference 2019	第一医院
2019.4.26—28	第十一届围产医学新进展高峰论坛	第一医院

(续表)

会议时间	会议名称	主办单位
2019.5.25	全球过敏与哮喘欧洲网络中国行	第一医院
2019.5.25—26	2019"神经病学时间","一个城市 一个大夫"暨"北京国际神经病学会议"	第一医院
2019.5.26	2019仙优过敏论坛	第一医院
2019.5.30	北京大学第一临床学院-约翰·霍普金斯大学医学院第七届国际分子影像高峰论坛	第一医院
2019.6.19—22	2019北大医学论坛-肾脏病分论坛	第一医院
2019.6.21—26	第六届北京呼吸内镜和介入呼吸病学高峰论坛暨第十三届北京大学国际介入呼吸病学术培训班	第一医院
2019.6.22—23	2019北京大学儿科战略发展论坛	第一医院
2019.6.28—29	2019首届直肠癌TME plus国际外科论坛	第一医院
2019.6.28—29	首届直肠癌TME PLUS国际外科论坛暨中国医师协会结直肠肿瘤专委会脏器联合切除与质量控制学组成立大会	第一医院
2019.7.6—7	过敏学院暨变态反应性疾病慢病管理国际论坛	第一医院
2019.8.10—11	2019儿童遗传病与精准医学论坛	第一医院
2019.8.11—12	加州大学戴维斯分校医学中心-北京大学附属医院神经内科交流研讨会	第一医院
2019.10.12—13	第五届亚洲皮肤外科大会	第一医院
2019.10.21	北京大学第一医院分子影像高峰论坛	第一医院
2019.11.13—16	第四届亚洲放疗联盟学术会议	第一医院
2019.12.1	首届中国母胎医学国际论坛	第一医院
2019.10.20	第十五届北京大学女性盆底重建与生殖整形研讨会	人民医院
2019.10.25	北京大学人民医院-《柳叶刀》杂志2019临床医学研究论坛	人民医院
2019.6.28—29	首届中国急诊医学教育国际发展论坛暨第二届北京大学国际复苏论坛	第三医院
2019.10.19	中国微循环学会神经变性病分会年会论坛	第三医院
2019.10.19—10.23	肌骨超声及浅表超声国际研讨会	第三医院
2019.11.2—3	第16届微创会	第三医院
2019.11.8—10	第三届北京大学国际脑研究论坛	第三医院 北京大学医学部医学技术研究院
2019.11.26	阿尔茨海默病专题会议	第三医院
2019.1.19	2018北京-首尔唾液研究研讨会暨北京大学口腔医院唾液腺疾病研究中心和唾液研究中心年会	口腔医学院
2019.5.27	2019首尔-北京联合学术研讨会	口腔医学院
2019.8.29	第五届基于循证医学的口腔种植先进技术研讨会	口腔医学院
2019.10.11	第三届北京大学口腔医学院-伦敦国王大学牙科、口腔及颅面科学学院联合学术年会	口腔医学院
2019.11.15	第12届亚洲口腔麻醉学术会议	口腔医学院
2019.10.26—27	第一届静观（正念）应用发展国际高峰论坛	第六医院
2019.11.30—12.1	2019国际精神疾病新进展学术会议	第六医院
2019.8.8	2019中日（深圳）脊柱外科高峰论坛	深圳医院
2019.10.25	第四届鹏城国际肿瘤精准医学与多学科协作高峰论坛	深圳医院

（许术其、刘梦瑜）

表7-40　北京大学理工医科2019年获得国家重点研发计划国际科技创新合作重点专项项目（7项）

负责人	项目名称	所在单位	合作期限	合作国家
瞿礼嘉	环境因子调控植物重要农艺性状的分子基础	生命科学学院	2019.1—2021.12	德国
王 源	新型神经形态器件与电路研究	信息科学技术学院	2019.1—2022.12	德国
黄 舟	MaaS移动即服务：智慧公共交通的关键技术与应用示范	地球与空间科学学院	2019.1—2020.12	以色列
饶 毅	神经营养因子参与神经退行性疾病的环路及机制研究	生命科学学院	2019.1—2021.12	以色列
张 成	基于DNA自组装复合纳米孔技术的生物大分子检测	信息科学技术学院	2019.1—2021.12	日本
张史梁	面向智慧城市的地空一体化视频内容分析与挖掘	信息科学技术学院	2020.1—2022.12	意大利
沈 波	Si衬底上GaN垂直和平面结构功率电子器件研究	物理学院	2020.1—2022.12	日本

（范少锋）

表7-41　北京大学理工科2019年获得其他国际（地区）合作项目（17项）

负责人	所在单位	合作国别	合作单位	项目名称	合作期限
李毓龙	生命科学学院	美国	南加州大学	Novel Fluorescent Sensors Dased on GPCRs for Imaging Neuromodulation	2018.9.30—2019.6.30
罗 欢	心理与认识科学学院	德国	马普学会经验美学研究所	Accelerating Research on Consciousness: An Adversarial Collaboration to Test Contradictory Predictions of Global Neuronal Workspace and Integrated Information Theory	2019.9.1—2020.8.31
黄 薇	基础医学院	美国	凯斯西储大学	ASPIRE: Air Pollution: Strategies for Personalized Intervention to Reduce Exposure	2018.8.1—2019.7.31
刘家瑛	计算机科学技术研究所	美国	微软亚洲研究院	Intelligent Medical Aide via Multi-Modal Video/Image Analytics	2019.1.1—2019.12.31
邹 磊	计算机科学技术研究所	美国	微软亚洲研究院	Scalable and Inductive Graph Representation Learning on Large Knowledge Graphs	2019.1.1—2019.12.31
刘譞哲	信息科学技术学院	美国	微软亚洲研究院	On-Device Mobile Edge AI with Better Performance and Privacy	2019.1.1—2019.12.31
张泽民	生命科学学院	美国	加州大学圣迭戈分校	Human Vascular Endothelial Cell Atlas in Young and Old	2019.6.1—2022.5.31
赵耀辉	国家发展研究院	美国	无	China Health and Retirement Longitudinal Study	2019.5.15—2020.4.30
吕 植	生命科学学院	美国	国际雪豹基金会	中国雪豹项目合作	2019.10—2020.8
李毓龙	生命科学学院	美国	加州大学伯克利分校	Novel Fluorescent Sensors for Imaging Neuromodulation	2019.8.15—2023.5.31
张 成	信息科学技术学院	日本	东京大学	基于DNA自组装的复合纳米孔器件研制	2020.1—2021.12
梁 云	信息科学技术学院	美国	加州大学洛杉矶分校	开源EDA软件联合实验室	2020.1—2021.12
张大庆	信息科学技术学院	美国	英特尔	Multiview Based Human Activity Recognition Using commodity WiFi Cards in Home Settings	2019.12.1—2020.12.31
王 莉	心理与认识科学学院	美国	联合国儿童基金会	喂养与儿童社会情绪发展追踪项目	2019.5.31—2019.12.31
曾 毅	国家发展研究院	美国	杜克大学	Demography of Sex Differences in Health and Survival	2019.5.1—2021.4.30
邹 磊	计算机科学技术研究所	英国	爱丁堡大学	Big Graph Data Management and Analysis	2019.3.27—2020.3.26

（范少锋）

表7-42　北京大学医学部2019年获得的其他国际（地区）合作项目（22项）

负责人	所在单位	合作国别	合作单位	项目名称	合作期限
刘建蒙	公共卫生学院	美国	美国疾病控制与预防中心	幼儿自动化体格测量的验证研究	2019.2.28—2019.7.31
马晓晨	卫生发展研究中心	澳大利亚	弗雷德·霍洛基金会	云南省白内障和糖尿病视网膜病变相关服务研究	2019.3.22—2019.7.31
濮鸣亮	基础医学院	德国	海德堡大学	视网膜结构和功能的客观评价	2019.3.27—2019.12.31
潘小川	公共卫生学院	美国	自然资源保护协会（美国）北京代表处	中国煤炭消费总量控制的健康效应	2019.4.1—2020.12.31
马迎华	公共卫生学院	英国	格拉斯哥大学	全球学校控烟试验合作伙伴范围界定前期研究	2019.4.10—2019.6.30
简伟研	公共卫生学院	美国	哈佛大学	对县级医院的评估好P4K供应商支付改革的实施	2019.4.17—2019.5.31
李会娟	临床研究所	瑞典	维斯特罗斯医院	术中单纯丙泊酚或七氟醚维持对乳腺癌结直肠癌患者手术后总生存率影响	2019.6.24—2019.12.31
尹慧	公共卫生学院	美国	卫健策略（美国）济南代表处（NGO）	中国烟草控制规划制定的政策分析与建议	2019.6.25—2020.12.31
简伟研	公共卫生学院	美国	哈佛大学	哈佛中国健康项目（HCHP）	2019.9.30—2021.6.30
简伟研	公共卫生学院	美国	哈佛大学	哈佛中国精神健康项目	2019.9.30—2021.12.31
方海	卫生发展研究中心	美国	比尔梅琳达·盖茨基金会（美国）北京代表处	中国自然科学基金会全球卫生研讨会支持协议	2019.10.22—2020.10.31
沈弢	基础医学院	美国	吉利德科学公司	HIV药物耐药基因型检测等实验室服务协议	2019.10.22—2019.10.22
王海俊	公共卫生学院	美国	联合国人口基金会	中国青少年健康预调查研究技术方案	2019.10.29—2019.11.15
黄旸木	公共卫生学院	美国	比尔及梅琳达·盖茨基金会（美国）北京代表处	G-FINDER项目中国一期补充项目	2019.10.29—2019.11.30
郑志杰	公共卫生学院	瑞士	世界卫生组织	记录非洲地区实施公共卫生应急中心的最佳实践	2019.11.8—2019.11.8
朱文丽	公共卫生学院	瑞士	联合国儿童基金会	特殊人群营养素养测量工具的建立及评价项目	2019.11.19—2020.10.31
朱文丽	公共卫生学院	瑞士	联合国儿童基金会	学校供餐发展报告项目	2019.11.19—2019.12.31
宋逸	公共卫生学院	美国	联合国儿童基金会	孕产妇和儿童健康发展优先领域及可持续发展目标一城一直的战略、干预措施和指标研究评估	2019.8.1—2020.1.31
刘建蒙	公共卫生学院	美国	联合国儿童基金会	中国妇女发展、儿童发展规划纲要（2021—2030）	2019.12.3—2019.12.31
王海俊	公共卫生学院	美国	联合国人口基金会	第二次全国青少年性与生殖健康状况调查	2019.12.11—2020.8.20
谢武祥	临床研究所	美国	米尔斯坦亚美医学基金会（NGO）	老年人视网膜微血管异常与新发轻度认知障碍及痴呆的关联系研究	2019.12.16—2020.9.30
周虹	公共卫生学院	美国	联合国儿童基金会	儿童早期发展项目评估合同	2020.1.2—2021.2.28

（郑宗方）

医学科研管理

【发展概况】 学科建设。加强新体制中心建设,成立北京大学健康医疗大数据国家研究院、北京大学医学部医学技术研究院、北京大学国际癌症研究院。组织完成医学部"双一流"建设8个项目中期自评工作和医学部17家教学科研单位绩效评估,组织开展公共卫生学院学科国际同行评议。完善青年学术交流平台,组织召开第三届、第四届北大医学青年科技创新发展论坛。

科研人才队伍建设。2019年,北京大学人民医院王俊、北京大学第三医院董尔丹当选中国工程院院士。共有6人入选第四批"万人计划"科技创新领军人才,3人入选第四批国家高层次人才特殊支持计划青年拔尖人才;新增国家自然基金委创新研究群体1个,国家自然科学基金委国家杰出青年科学基金项目获得者4名,优秀青年科学基金项目获得者6名;北京市自然科学基金杰青项目获得者2名,北京市科技新星3名,首都科技领军人才1名。

科研基地建设。2019年,新增国家临床医学研究中心2个、教育部工程研究中心1个、北京市国际科技合作基地4个、国家药品监督管理局重点实验室1个、北京大学校级/医学部级虚体研究机构12个。截至12月,北大医学共有国家重点实验室1个、国家工程实验室1个、国家临床医学研究中心5个、国家国际联合研究中心3个、教育部重点实验室6个、国家卫生健康委员会重点实验室7个、北京市重点实验室30个、教育部工程研究中心3个、教育部国际联合研究中心1个、北京市国际科技合作基地8个、国家药品监督管理局重点实验室1个、国家中医药管理局重点研究基地4个、北京市中西医结合研究所3个。

科研项目与科研经费。2019年,获批各类纵向项目/课题469项,经费5.52亿元。其中获批科技部及相关部委重大项目/课题36项,经费2.36亿元;获批国家自然科学基金项目338项,经费3.02亿元。出台《北京大学医学纵向科研项目管理办法》和《北京大学医学纵向科研项目经费管理办法》及相关配套实施细则。

科研成果。2019年,获得各类科技奖励50项(作为第一完成单位),其中药学院张强教授课题组的"药物新制剂中乳化关键技术体系的建立与应用"成果获得国家科技进步奖二等奖,获得教育部高等学校科学研究优秀成果奖6项,中华医学科技奖12项。2019年度北京大学共申请国内专利539项,获国内授权专利532项,申请国际专利7项,国际授权专利3项。2019年度北京大学医学发表SCI收录论文4317篇,其中被SCI收录的北京大学为第一作者单位或通讯作者单位的论文3118篇,平均影响因子4.59。

(许术其)

《北京大学学报(自然科学版)》

【发展概况】 刊载论文情况。《北京大学学报(自然科学版)》2019年出版6期共1178页,刊载学术论文131篇。其中力学3篇,物理学7篇,电子学与信息科学22篇,地球与空间科学39篇,地理学与环境科学56篇,心理学4篇。2019年做了两个专题报道:第1期刊载15篇"文本大数据分析与语义理解专题"研究论文,第5期刊载8篇"高铁地震学研究专题"论文。每篇论文都在中国知网学术期刊数字出版平台实行网络首发。

数据库收录情况。《北京大学学报(自然科学版)》刊载的论文2019年被多个国内外文献检索机构收录。重要国内文献数据库有:中国科学引文数据库(CSCD)、万方数据和中国知网。重要国际文献数据库有:Elsevier科学期刊数据库(Scopus)、美国工程索引数据库(EI)、美国《化学文摘》(CA)、美国《地质参考》(GR)、美国《数学评论》(MR)、俄罗斯《文摘杂志》(AJ)、日本科学技术振兴机构文献数据库(JST)、德国《数学文摘》(ZM)、英国《科学文摘》(SA)、英国皇家化学学会《质谱学通报(增补)》(RSC)和英国《动物学记录》(ZR)。

2019年,《北京大学学报(自然科学版)》在超星期刊平台和维普资讯期刊平台实行全文免费开放获取。

文献计量指标。据中国科技信息研究所《2019年版中国科技期刊引证报告(核心版)》对2018年出版的中国科技核心期刊(中国科技论文统计源期刊)的统计,《北京大学学报(自然科学版)》2018年主要科学计量指标见表5.1(同时列出2017年数据)。

获奖情况。据中国科学技术信息研究所2019年11月19日召开的"2018年度中国科技论文统计结果发布会"公布,《北京大学学报(自然科学版)》入选"2018年百种中国杰出学术期刊",至此连续十五年获此殊荣。

(李亚文)

【附表】

表7-43 《北京大学学报（自然科学版）》文献计量指标

年份	总被引频次	影响因子	即年指标	他引率	引用刊数	扩散因子	权威因子	被引半衰期	学科扩散指标	学科影响指标	开放因子	综合评价总分	红点指标
2017	1689	0.883	0.125	0.98	611	36.18	176.25	7.6	10.02	0.51	97	72.30	0.34
2018	1617	0.714	0.122	0.98	552	34.14	152.21	8.1	18.40	0.49	84	59.7	0.37

（李亚文）

《北京大学学报（医学版）》

【发展概况】 专题组稿。2019年《北京大学学报（医学版）》共开展了4个专题的组稿工作：北京大学口腔医院俞光岩、李铁军等组织的"口腔医学专题（第1期）"，北京大学医学部詹启敏、张宁、朱树梅、韩鸿宾等组织的"60年刊庆重点专题（第3期）"，北京大学第一医院郭应禄等组织的"泌尿外科专题（第4期）"和北京大学人民医院栗占国等组织的"风湿免疫专题（第6期）"，共计组稿197篇。

论文刊载。《北京大学学报（医学版）》2019年全年完成6期1184页204篇学术论文的报道。

稿件评审。《北京大学学报（医学版）》坚持三审制度，即同行双审和编委（会）定稿，2019年总计送审稿件758篇，涉及审次2100多次，自由稿100%在3个月内完成评审，并召开了4次专题编委定稿会议，编委定稿会议一定程度上保证了论文评审的公正和公平，以及刊载论文的学术水平。

数据库收录情况。于80年代首批进入了"中国科技核心期刊百名表"，随后进入了美国化学文摘数据库及其《化学文摘》（CA），俄罗斯《文摘杂志》（РЖ），世界卫生组织《医学增补文摘》（ExtraMED），世界卫生组织西太平洋地区医学索引，日本科学技术振兴机构文献数据库（JST），荷兰《医学文摘》（EMBASE），荷兰斯高帕斯（Scopus），波兰《哥白尼索引》（IC），美国EBSCO，中国科学论文与引文数据库（CSTPCD，中国科学技术信息研究所），中国科学引文数据库（CSCD，中国科学院文献情报中心），中国生物医学文献数据库（CBM，中国医学科学院医学信息研究所），中文生物医学期刊文献数据库（CMCC，解放军医学图书馆），《中文核心期刊要目总览》（北京大学图书馆），《中国医学文摘》，《中国生物学文摘》，《中国药学文摘》，《中国学术期刊文摘》（CSA），中国学术期刊网络出版总库（CNKI）Q1区，万方数据-数字化期刊群，中文科技期刊数据库（维普信息资源系统），中国科技论文在线（2010年，教育部科技发展中心）等25个国内外重要检索系统和数据库，其中，国外检索系统和数据库10个，国内检索系统和数据库15个。2003年，《北京大学学报（医学版）》被美国医学文献分析和联机检索系统（Medline/PubMed）收录，并于2010年实现了与其全文链接，全文链接后，Medline/PubMed每月提交一份《北京大学学报（医学版）》点击率，2019年的总点击率为40,317。

数字出版。2019年《北京大学学报（医学版）》为PubMed、EBSCO、CNKI、CSCD、超星、万方、维普、博看网、中国科技论文在线、中国学术期刊文摘、中邮阅读网等国内外各大电子期刊及引文数据库提交他们所需的各种格式文件，实现及时、广泛的线上传播。2019年《北京大学学报（医学版）》为Medline上传论文共计194篇。借助北京大学图书馆的数字化项目，制作2019年《北京大学学报（医学版）》发表的全部论文的HTML文本，在《北京大学学报（医学版）》网站上OA发布204篇文章。网络首发——数字优先出版：2019年《北京大学学报（医学版）》数字优先出版论文共204篇，平均每篇文章比纸质版提前30天与读者见面，数字优先出版即《北京大学学报（医学版）》将已通过评审并进行编辑加工后的论文，在未印刷之前提交到清华大学中国学术期刊电子杂志社中国知网（www.cnki.net）的数字优先出版平台上，通过互联网和手机发布，使读者能更早地获得论文信息。

获奖情况。11月19日，"中国科技论文统计结果发布会·卓越论坛"在北京国际会议中心举行，中国科学技术信息研究所在论坛上公布了2018年度中国百种杰出学术期刊名单，《北京大学学报（医学版）》入选2018年度中国百种杰出学术期刊。

学会工作。6月28日在中国高校科技期刊研究会（一级学会）换届大会上《北京大学学报（医学版）》编辑部再次当选第八届理事会副理事长单位，曾桂芳任副理事长。曾桂芳作为北京市高等教育学会科技期刊研究分会理事长，组织了研究会常务理事会议，并组织制定优秀编辑遴选方案和编辑研究课题方案。

【创刊60周年系列活动】 2019年《北京大学学报（医学版）》迎来了60周年的生日，在詹启敏、张宁和朱树梅等领导的支持下，围绕如何助力北京大学"双一流"建设，如何助力北大医学快速发展，《北京大学学报（医学版）》开展一系列活动，回顾《北京大学学报（医学版）》60年发展历史。

完成《北京大学学报（医学版）》宣传页的制作。通过中国知网中国科学文献计量评价研究中心完成《北京大学学报（医学版）》"基于大数据的期刊发展深度分析报告"。出版《学报60周年刊庆专辑》（《北京大学学报（医学版）》第3期）共刊载了34篇研究成果，通过与"临床科学家"计划项目、"临床医学+X青年项目"专家和《北京大学学报（医学版）》编委约稿，集中展示北大医学在交叉学科和前沿学科的研究成果。完成了编委会换届，成立《北京大学学报（医学版）》第十届编委会，编委人数达到81名，基本上覆盖了医学部本部、附属医院的主要学科，对《北京大学学报（医学版）》稿件的学术质量的把关更加精准。7月16日张宁副主编主持召开了"《北京大学学报（医学版）》创刊60周年暨第十届编委会成立大会"。

（王蕾）

人文社科科研管理

【发展概况】 机构设置。北京大学文科包括人文学部、社会科学学部、经济与管理学部3个学部，21个院系。社会科学部作为学校职能部门，负责全校文科学科建设和科研管理工作。社会科学部下设综合与规划、项目管理、成果与人才、基地与机构4个办公室，另下设智库中心办公室（筹）。

综合与规划及服务创新。社科部统筹管理与综合服务能力继续提升。协调推进北京大学与国家重要机构（故宫博物院、敦煌研究院等）的战略合作，促进文科学科发展。优化科研服务体系建设，加强科研辅助队伍建设，组织开展科研辅助队伍培训。搭建北大文科学术评价体系，完善科研评价机制。与科研部共创"北大科研"微信公众号，创新学术成果与重大活动发布平台。组织协调文科领域专题会、部务会、文科院系负责人会。协助完善文科顶层设计，推进重大学术平台和文科学科建设，做好纵向横向课题经费和过程管理。完成教育部和学校党委行政要求的各类文字统筹与报告的撰写。加强基础研究，主动培育、重点推进重大科研平台和项目（校长基金/双一流经费/精准支持），支持资助基础领域的重大科研、服务国家重大战略的应用研究、学科发展内在需求的重大联合攻关课题。打破传统职能划分和岗位设置，全面整合各类经费（学科建设经费、纵向课题经费、横向课题经费、机构和智库以及其他经费）与合同管理职能，创建"一站式"服务平台和新的综合与规划办公室。

调研与中期评估。协助校领导对文科院系和重要机构开展调研。赴上海、武汉等地开展学科调研，学习文科建设经验。开展文科"双一流"学科建设中期评估工作。完成文科院系科研绩效排名工作。

部门建设。统筹人事、财务、组织和党务、公文、学科经费、合同审核、科研项目的信息化建设。配备部门和文科院系科研辅助队伍建设。做好宣传、安全稳定、保密、学风、统战、离退休、档案、年鉴、统计、设备家具等各类工作，做好部门内部的行政后勤工作。做好与校内外单位、文科院系的沟通协调，确保科研管理服务有效运行。

公文与预算。处理294份OA收发文、39份督察督办文，审核42项国际学术会议。2019年度文科纵横向科研经费入账2.714亿元。

党建工作。社科部党支部深入学习贯彻党的十九大和习近平总书记系列重要讲话精神，牢固树立"四个意识"，坚定"四个自信"，做到"两个维护"，结合党建和科研业务工作，推进部门党建工作。社科部结合北大文科院系、机构、教师的实际需求和亟待解决的问题进行工作落实和创新，把中央对哲学社会科学的阐述应用到文科建设各项工作中来。在"不忘初心、牢记使命"主题教育中，围绕"夯实基础、提升应用、推动交叉、服务国家战略"开展主题教育调研，梳理学科交叉、机构建设、智库建设、期刊建设、管理服务各领域问题，针对虚体机构管理不善、科研辅助人员能力不足进行了专项整改。

科研项目。积极组织推进人文社科各类项目申报工作，落实学校《文科纵向项目支持计划》。2019年度国家社科基金年度项目申报中，立项总数首次突破50项大关，立项率达31.5%。2019年度国家社会科学基金重大项目12项入选，总数全国第一。承担教育部"知识体系"重大专项7项；教育部哲社科重大课题攻关项目3项；教育部重大专项课题3项；国家社会科学基金冷门绝学专项4项；国家社会科学基金后期资助项目9项；国家社会科学基金学术外译项目6项；国家社会科学基金艺术学一般项目2项；国家社会科学基金教育科学规划项目1项；教育部人文社科年度项目17项；教育部后期资助项目2项；教育部重点研究基地重大项目4项等。

科研成果。2019年文科各单位共发表各类科研成果3017项，其中专著126部、论文2636篇、编著和教材156部、工具书和参考书3部、古籍整理作品7部、译著44部、研究咨询报告27篇、译文15篇、电子出版物3部。2018年文科各单位共发表各类科研成果3686项，其中专著255部、论文3000篇、编著和教材136部、工具书和参考书2部、古籍整理作品17部、译著43部、研究咨询报告60篇、译文28篇、电子出版物145部。在第十五届北京市哲学社会科学优秀成果奖中，北京大学共23项获奖（特等奖1项，一等奖7项，二等奖15项）。完成第八届教育部评奖工作，组织参与文科院系15场评审会，推荐候选成果225项。

人才工作。加大对青年人才的支持力度，对新引进人才给予20万元的人才启动项目支持，共核定2016—2019年新引进人才项目139项。2019年北大文科新增长江学者7人、青年长江学者7人，目前共计长江学者20人、青年长江学者58人。

科研机构。1. 基地。11个教育部基地已完成换届工作。依照教育部全国基地主任会议要求，对2020年的基地评估工作进行部署。中国化马克思主义发展研究基地在北京市基地验收评估中获得优秀。2. 机构。加强实体、虚体研究机构管理，推动机构评估以及机构调整工作。文科实体机构共16个，已启动机构负责人换届工作。截至2019年底，北京大学文科虚体研究机构共292个；整改期间（2017年6月—2019年12月）撤销3个、终止12个、清理违规设立的27个虚体机构，收缴虚体机构公章29个（2019年终止2个、拟撤销2个，收缴机构公章19个）；5个机构在2018年度工作检查中不合格，现已完成整顿。起草《北京大学人文社会科学研究机构（虚体）评估工作方案》，并在文科院系暨教育部基地负责人会议上征求了意见。完善机构管理系统，推进信息化建设。

【重大科研】 2019年北大文科领域的一大批重大科研项目开始启动或取得突破进展，包括"丝绸之路重大考古发掘与丝路文明传承"项目、"海上丝绸之路与郑和下西洋"项目、中华文明文物基因库、"知识体系"专项、马藏工程、儒藏工程、政治通鉴、马克思主义历史考证大辞典、改革开放四十年与中国社会科学丛书、中国出土青铜器全集、北京大学中国史、中华文明传播史、北京大学中国史、英帝国史、"一带一路"沿线国家经典诗歌文库、北大人文学科文库等。

【基础学科与精准支持】 支持"一带一路"研究2个重大项目（分由考古文博学院和历史系牵头）556万元，5项"加强基础"重大项目500万元。常规支持21个院系、13个教育部基地、新体制机构共计7450万元。专项学科发展，包括8个院系的科研助理、文科纵向支持83项（771万元）、新引进人才启动费（1046万元）等。设立"人文社科战略发展基金"，对薄弱学科、重点项目进行精准支持，已支持22个项目经费912万元。设立"科研秘书管理课题"13项，共16万元。

【思政课人才队伍建设方案】 社科部牵头撰写并由北大党委下发《北京大学关于加强思想政治理论课教师队伍建设的若干意见》（党发〔2019〕46号）。该方案的内容包括加强党对思政课建设及思政课队伍建设的领导，完善人才储备体系、打通选才用才渠道，按"全员思政"要求建设好思政课辅助队伍，并进一步优化评价体系。

【《北大文科工作简报》】 创办《北大文科工作简报》，报送校领导、传达至文科各单位。截至2020年1月已印发9期，包括"文科综合规划、学科建设、项目成果、机构智库"等板块内容。文科简报已成为展示北大文科的窗口和学术交流的重要平台。

【科研辅助队伍建设】 社科部大力推动科研辅助队伍建设，为院系科研和学科建设服务。2019年共支持8个文科院系申报14名学术辅助人员，包括考古文博学院6人，外国语学院2人，习近平新时代中国特色社会主义思想研究院、法学院、艺术学院、体育教研部、教育学院、经济学院各1人。10月底，社科部对全校文科学术辅助人员队伍开展关于财务、科研管理和信息技术的业务培训。学术辅助人员队伍建设，为教师在项目申报、经费使用、成果统计与宣传、学术会议组织等方面减轻压力、提升工作效率。

【"一站式"服务平台】 社科部打破传统纵横向项目申报、经费管理的职能划分，在综合与规划办公室下打造各类经费、纵横向课题、合同管理的"一站式"服务平台。把各类繁重庞杂的业务整合到一个办公空间，方便教师线下办事。上线全校科研管理信息系统，把科研项目、经费管理、成果管理全流程纳入线上服务体系，为全校教师提供便利，提高管理服务工作效率。建立学校合同审核管理系统，启动校内规范性文件的汇编和审核工作，对与法律法规不相符的，督促尽快修订调整。

【期刊资助】 对学术期刊进行摸底调研并制定期刊资助方案，2019年度共立项资助优秀期刊35种。社科部有重点、有层次地培养一批文科学术期刊，给予经费和空间上的支持，帮助北大期刊提高质量、提升影响力，使其成为北大文科成果发布的重要平台。

【跨学科平台建设】 推进"一带一路"重大项目（3+X）以及习近平新时代中国特色社会主义思想研究院、人文社会科学研究院、区域与国别研究院跨学科平台建设。推动法律与人工智能研究中心、计算社会科学研究中心、经济社会数据研究开发中心、哲学与人类未来研究中心、海洋研究院等交叉平台建设。

【校际战略合作】 推动北京大学与故宫博物院、敦煌研究院、圆明园管理处、中央档案馆国家档案局、国家文物局、国家博物馆签署合作协议，进行全面合作。加强校地、校部合作，与国家统计局共建经济社会数据研究开发中心，与中国科协共建科学与文化研究院，与北京市教工委共建五四运动研究中心等，促进北大文科学术整合，提升服务国家社会需求的能力。

（李　净）

【附表】

表7-44　2019年度北京大学人文社科主要纵向项目立项情况

项目类别	2019年立项数
国家社科基金重大项目	12
国家社科基金年度项目	52（含重点8）*
教育部哲学社会科学研究重大课题攻关项目	3
教育部人文社科年度项目（含专项）	17（含专项4）

注：标"*"表示含1项重大转重点。

（社会科学部）

表 7-45　2019 年度北京大学人文社科其他纵向项目立项情况

项目类别	2019 年立项数
国家社科基金重大研究专项	13
国家社科基金"思政理论课"专项	1
国家社科基金冷门绝学专项	5
国家社科基金后期资助项目	9
国家社科基金学术外译项目	6
国家社科基金艺术学重大项目	0
国家社科基金艺术学一般项目	2
国家社科基金教育学一般项目	1
教育部重大专项课题	3
教育部后期资助项目	2
教育部重点研究基地重大项目	4
国家自然科学基金项目	25
北京市社科基金项目	5

（社会科学部）

表 7-46　2019 年北京大学人文社科各类纵向课题立项名单

序号	课题名称	院系	首席专家	项目类别
1	实质性减税降费与经济高质量发展研究	光华管理学院	龚六堂	国家社科基金重大项目
2	中国共产党党内政治生态建设的百年历程与历史经验研究	马克思主义学院	程美东	国家社科基金重大项目
3	《马藏》早期文献（1871—1921）与马克思主义在中国的早期传播	马克思主义学院	孙熙国	国家社科基金重大项目
4	习近平总书记关于贫困治理的思想和实践研究	习近平新时代中国特色社会主义思想研究院	于鸿君	国家社科基金重大项目
5	新时代我国残疾人社会融合问题研究	法学院	叶静漪	国家社科基金重大项目
6	"一国两制"台湾方案研究	国际关系学院	李义虎	国家社科基金重大项目
7	新时代中国特色大国外交能力建设研究	国际关系学院	王逸舟	国家社科基金重大项目
8	两宋建筑史料编年研究	考古文博学院	徐怡涛	国家社科基金重大项目
9	中国西北科学考查团文献史料整理与研究	历史学系	朱玉麒	国家社科基金重大项目
10	日本全面侵华战争的决策问题研究	历史学系	臧运祜	国家社科基金重大项目
11	西方史学史谱系中的文明史范式研究	历史学系	朱孝远	国家社科基金重大项目
12	北京大学藏甲骨整理、保护与研究	中国语言文学系	李宗焜	国家社科基金重大项目
13	5G 时代互联网传播方式的变革和治理对策研究	新闻与传播学院	彭波	国家社科基金重大委托项目
14	国家治理中的积极政策比较研究	政府管理学院	王丽萍	国家社科基金重大委托项目
15	不当得利法中的获益内容与返还范围研究	法学院	许德峰	国家社科基金年度项目（重点）
16	习近平关于意识形态工作的重要论述研究	马克思主义学院	孙来斌	国家社科基金年度项目（重点）
17	基于临床路径按病种付费的医疗服务定价研究	人民医院	陈颖	国家社科基金年度项目（重点）
18	2022 北京冬奥会危机管理研究	体育教研部	张锐	国家社科基金年度项目（重点）
19	当代中国"死亡话语"及发展考察	外国语学院	高一虹	国家社科基金年度项目（重点）

（续表）

序号	课题名称	院系	首席专家	项目类别
20	俄语巴赫金学重要文献整理与研究	外国语学院	凌建侯	国家社科基金年度项目（重点）
21	西方古代至中世纪哲学中的自由与责任研究	哲学系	吴天岳	国家社科基金年度项目（重点）
22	近代中国政治学学科发展史研究	政府管理学院	金安平	国家社科基金年度项目（重点）
23	穆斯林移民问题与欧洲的身份认同危机研究	国际关系学院	王 联	国家社科基金年度项目（一般）
24	贫困脆弱性视角下我国农村医疗保障"精准防贫"研究	经济学院	周新发	国家社科基金年度项目（一般）
25	古埃及神庙典籍与仪式研究	历史学系	颜海英	国家社科基金年度项目（一般）
26	全球史视野下的土耳其革命与变革研究	历史学系	昝 涛	国家社科基金年度项目（一般）
27	复杂抽样数据的统计推断方法及其应用研究	社会科学调查中心	吕 萍	国家社科基金年度项目（一般）
28	大变革背景下中国社会政策的基本方向与主要议题研究	社会学系	熊跃根	国家社科基金年度项目（一般）
29	"意识三态观"视野下的家校合作研究	社会学系	钱民辉	国家社科基金年度项目（一般）
30	中国流动人口调查的比较研究	社会学系	周 皓	国家社科基金年度项目（一般）
31	算法中介的网络平台劳动研究	深圳研究生院	叶韦明	国家社科基金年度项目（一般）
32	民国时期北京大学对中国图书馆事业的贡献研究	图书馆	范 凡	国家社科基金年度项目（一般）
33	助力"双一流"建设的高校图书馆学科服务创新研究	图书馆	吴爱芝	国家社科基金年度项目（一般）
34	梵文原典《数论颂》的释读与研究	外国语学院	张保胜	国家社科基金年度项目（一般）
35	波斯史诗文献里的中西交通研究	外国语学院	刘英军	国家社科基金年度项目（一般）
36	当代英语文学中的后人类主义思想和人性批判研究	外国语学院	丁林棚	国家社科基金年度项目（一般）
37	16世纪欧洲视域下的《中华大帝国史》与中国形象研究	外国语学院	高 博	国家社科基金年度项目（一般）
38	菲律宾当代文学的现实主义潮流研究	外国语学院	吴杰伟	国家社科基金年度项目（一般）
39	王重民书信与年谱研究	信息管理系	顾晓光	国家社科基金年度项目（一般）
40	中国特色现代儿童福利与家庭福利制度研究	医学部公共卫生学院	刘继同	国家社科基金年度项目（一般）
41	一阶模态逻辑的可判定片段研究	哲学系	王彦晶	国家社科基金年度项目（一般）
42	上清经系的形成历史与中古道教信仰的超越性建构模式研究	哲学系	程乐松	国家社科基金年度项目（一般）
43	新时代党内法规制度的评估机制建设及优化路径研究	政府管理学院	庄德水	国家社科基金年度项目（一般）
44	计算社会科学背景下的政治学研究方法变革研究	政府管理学院	严 洁	国家社科基金年度项目（一般）
45	嘉戎语组语言的植物学研究	中国语言文学系	林幼菁	国家社科基金年度项目（一般）
46	地方性立法事务与央地立法权分配研究	法学院	俞 祺	国家社科基金年度项目（青年）
47	环境规制对僵尸企业形成的影响机制与异质性研究	光华管理学院	孙博文	国家社科基金年度项目（青年）
48	新时代中国特色大国外交视阈下的伙伴关系外交研究	国际关系学院	王 峥	国家社科基金年度项目（青年）
49	经济高质量发展的区域型产业政策转型研究	国家发展研究院	李欣泽	国家社科基金年度项目（青年）
50	面向高质量发展的人工智能与制造业良性互动研究	国家发展研究院	朱 兰	国家社科基金年度项目（青年）
51	国际竞争新形势下的知识产权保护与高新技术创新研究	国家发展研究院	任晓猛	国家社科基金年度项目（青年）
52	太原东山汉墓M6出土简牍文物科学保护研究	考古文博学院	王 恺	国家社科基金年度项目（青年）
53	明宣德青花瓷钴料产源的科技考古研究	考古文博学院	姜晓晨阳	国家社科基金年度项目（青年）
54	基于文本批判的契丹早期史研究	历史学系	苗润博	国家社科基金年度项目（青年）

（续表）

序号	课题名称	院系	首席专家	项目类别
55	古希腊寡头政体的历史与理论研究	历史学系	张新刚	国家社科基金年度项目（青年）
56	20世纪20年代苏联培养中共军事干部研究	马克思主义学院	叶 帆	国家社科基金年度项目（青年）
57	中国共产党党团制度研究（1921—1949）	马克思主义学院	马思宇	国家社科基金年度项目（青年）
58	中国传统社会中的土地与社会治理研究	社会学系	凌 鹏	国家社科基金年度项目（青年）
59	生命早期阶段教育不平等与新时代中国的社会流动研究	社会研究中心	柳皑然	国家社科基金年度项目（青年）
60	听力障碍对老年人口社会功能的影响及社区康复干预的效果评价研究	社会研究中心	高嘉敏	国家社科基金年度项目（青年）
61	巴西"30一代"左翼作家研究	外国语学院	樊 星	国家社科基金年度项目（青年）
62	两岸图书馆学术交流史	信息管理系	张劼圻	国家社科基金年度项目（青年）
63	康德形式伦理学的空洞性问题与人性价值研究	哲学系	郭宇航	国家社科基金年度项目（青年）
64	梵本《时论》中的古印度时间哲学研究	哲学系	赵 悠	国家社科基金年度项目（青年）
65	苏联-俄罗斯政治转型研究	政府管理学院	费海汀	国家社科基金年度项目（青年）
66	谶纬辑佚史研究与谶纬文献的重新校理	中国语言文学系	张学谦	国家社科基金年度项目（青年）
67	明清华北金火匠家族传统技艺的抢救性研究	考古文博学院	张剑葳	国家社科基金冷门绝学专项
68	蒙元时期天文学研究	历史学系	郭津嵩	国家社科基金冷门绝学专项
69	古代两河流域楔形文字王表文献整理、译校与研究	外国语学院	陈 飞	国家社科基金冷门绝学专项
70	巴基斯坦史	外国语学院	孔菊兰	国家社科基金冷门绝学专项
71	朝鲜社会主义经济建设史资料整理与研究	外国语学院	李婷婷	国家社科基金冷门绝学专项
72	税收立法的核心价值及其体系化研究	法学院	张守文	国家社科基金"核心价值观"专项
73	共建"一带一路"高质量发展典型案例研究	光华管理学院	赵龙凯	国家社科基金"一带一路"建设研究专项
74	理性主义的政治学：流变、困境与超越	国际关系学院	唐士其	国家社科基金后期资助
75	比较马克思主义经济思想史论纲	马克思主义学院	聂志红	国家社科基金后期资助
76	果戈理：心灵的事业	外国语学院	刘洪波	国家社科基金后期资助
77	中国文化在沙特影响力调查研究	新闻与传播学院	关世杰	国家社科基金后期资助
78	马克思所有制思想的哲学研究	哲学系	陈广思	国家社科基金后期资助
79	感知、模拟与人工智能：智能化城市管理研究	政府管理学院	刘 伦	国家社科基金后期资助
80	华兹华斯叙事诗研究	中国语言文学系	秦立彦	国家社科基金后期资助
81	汉语情态词的语义地图研究	中国语言文学系	范晓蕾	国家社科基金后期资助
82	"名词动用"与上古汉语名词和动词的语义属性	中国语言文学系	任 荷	国家社科基金后期资助
83	"一带一路"视域下高校思想政治教育的国际向度及提升路径研究	医学部医学人文学院	薛方圆	国家社科基金思政专项
84	基层政权：乡村制度诸问题（英文）	社会学系	张 静	国家社科基金中华学术外译项目
85	自然和人：近代中国两个观念的谱系探微（日文）	外国语学院	葛奇蹊	国家社科基金中华学术外译项目
86	浮出历史地表：现代妇女文学研究（韩文）	外国语学院	文丽华	国家社科基金中华学术外译项目
87	中国近代大学精神史（英文）	外国语学院	纳 海	国家社科基金中华学术外译项目
88	自然和人：近代中国两个观念的谱系探微（英文）	哲学系	张广保	国家社科基金中华学术外译项目
89	庄子哲学讲记（英文）	建筑与景观设计学院	李 溪	国家社科基金中华学术外译项目
90	影人年谱与中国电影史研究	艺术学院	李道新	国家社科基金艺术学项目

(续表)

序号	课题名称	院系	首席专家	项目类别
91	符号学视域中的艺术生成思想及其关键概念整理与对译研究	艺术学院	朱俐俐	国家社科基金艺术学项目
92	核心素养导向下基于语义图示和思维可视化工具的智能教学系统优化设计研究	教育学院	孟青泉	国家社科基金教育学项目
93	《马藏》编纂与研究	马克思主义学院	孙代尧	教育部重大攻关项目
94	我国体育产业高质量发展研究	体育教研部	张锐	教育部重大攻关项目
95	中国网络文学创作、阅读、传播与资料库建设研究	中国语言文学系	邵燕君	教育部重大攻关项目
96	决策中断对消费者选择的折中效应影响的研究：内在机制、边界条件和应对策略	光华管理学院	张成虎	教育部一般项目
97	社会资本视角下的互联网金融平台用户还款行为研究	光华管理学院	张晓丹	教育部一般项目
98	子女人力资本对于老年人健康的反哺效应研究	光华管理学院	周羿	教育部一般项目
99	中庸思维对女性领导者应对角色冲突的影响及效果：基于角色理论视角的多方法研究	国家发展研究院	尹俊	教育部一般项目
100	高铁、结构转型与经济增长的政策效应评估：基于新结构经济学的视角	国家发展研究院	柯潇	教育部一般项目
101	大学"三维融通"创新型学习环境的要素构成、过程模型及效果评估研究	教育学院	余继	教育部一般项目
102	南宋时期的木构建筑形制与屋木画研究	考古文博学院	王书林	教育部一般项目
103	阿拉伯政治冲突的符号化与媒介化趋向研究	外国语学院	廉超群	教育部一般项目
104	印度"早期现代"黑天文学研究	外国语学院	王靖	教育部一般项目
105	"健康中国2030"视域下学生体力活动指南开发——基于大数据分析和定性研究	医学部公共卫生学院	宋逸	教育部一般项目
106	中国抗生素药物社会史研究（1941—1978）	医学部医学人文学院	李彦昌	教育部一般项目
107	马克思哲学的普遍性-特殊性问题研究	哲学系	陈广思	教育部一般项目
108	中国现代文学中的"个体"形象与现实主义的边界研究	中国语言文学系	王钦	教育部一般项目
109	深入贯彻新发展理念研究	马克思主义学院	王在全	教育部中国特色社会主义理论体系研究专项
110	人类命运共同体的哲学意蕴研究	哲学系	张梧	教育部中国特色社会主义理论体系研究专项
111	高校思想政治教育改革创新研究——以学生沟通机制为切入点	政府管理学院	李海燕	教育部中国特色社会主义理论体系研究专项
112	"党的建设"专业研究生培养研究	马克思主义学院	王久高	教育部高校示范马克思主义学院和优秀教学科研团队项目
113	从转型到崛起——新中国电影专题研究（1949—2019）	新闻与传播学院	张慧瑜	教育部后期资助项目
114	20世纪中国女性文学经典重读研究	中国语言文学系	贺桂梅	教育部后期资助项目
115	西方哲学经典和名著解读	外国哲学研究所	赵敦华	教育部基地重大项目
116	儒家经典整理与研究	中国古文献研究中心	刘玉才	教育部基地重大项目
117	东吴三惠研究	中国古文献研究中心	漆永祥	教育部基地重大项目
118	语言变异和接触机制研究	中国语言文学系	陈保亚	教育部基地重大项目
119	正确处理政府和市场关系研究	政府管理学院	黄恒学	北京市社科基金重大项目

（续表）

序号	课题名称	院系	首席专家	项目类别
120	京津冀协同发展中的区块链与供应链金融应用研究	经济学院	冯 科	北京市社科基金重点项目（基地）
121	经济冲击、民粹主义与西方政治重组	经济学院	周 强	北京市社科基金一般项目
122	古代两河流域王表研究	外国语学院	陈 飞	北京市社科基金青年项目
123	法国童话在中国的译介与接受（1908—2019）	外国语学院	章 文	北京市社科基金青年项目

（吴 明）

表 7-47 2019 年北京大学人文社科虚体研究机构变化名单

挂靠单位	机构名称	负责人	变更内容
光华管理学院	经济社会数据研究开发中心	周黎安、陈松蹊	2019.4.17 成立
政府管理学院	公共治理研究所	燕继荣	2019.5.22 成立
外国语学院	柬埔寨研究中心	宁 琦	2019.4.17 成立
艺术学院	书法教育与研究中心	吴志攀	2019.1.7 成立
教育学院	教育研究中心	阎凤桥	2019.5.3 增补
国家发展研究院	未来教育管理研究中心	林建华	2019.2.26 成立
社会科学部	五四运动研究中心	郝 平	2019.5.8 成立
历史学系	敦煌学研究中心	荣新江	2019.12.4 成立
法学院	国际冲突法研究中心	邱水平	2019.11.20 成立
马克思主义学院	思政课教学创新研究中心	陈培永	2019.11.20 成立

（李 楠）

《北京大学学报（哲学社会科学版）》

【发展概况】 2019 年度，《北京大学学报（哲学社会科学版）》在办刊方面采取一系列重要举措。

开设"马克思主义研究"专栏。为深入学习贯彻党的十九大精神，从学术精神上理解马克思主义，号召更多的学者关注新时代的思想建设，《北京大学学报（哲学社会科学版）》在 2019 年第 2 期，设立"马克思主义研究"栏目，推出 2 篇专题文章：一篇是北京大学学报主编杨河教授的《马克思对"历史之谜"的解答》，提出自由是人类对自身命运的理解和期待，近代资产阶级革命使之成为一种天赋的平等权利，但是私有财产在占有事实上的不平等导致法权与现实之间的裂口，解决自由与平等的矛盾指向人类解放，取决于"私有财产即人的自我异化的积极的扬弃"，对此历史之谜的解答贯穿在马克思全部理论研究中，是马克思主义的主题。另一篇是中央党校陈曙光教授的《论"每个人自由全面发展"》，对于马克思哲学的这一核心概念进行结合现实的理解，合理阐释马克思主义关于个人与社会、个人与集体之间深刻关系的意涵。对于马克思主义核心概念的重新梳理，结合现实进行深入阐释，既是重要的，也是必要的。《北京大学学报（哲学社会科学版）》设立该栏目，充分发挥学术研究阵地、意识形态阵地作用，更好服务党和国家的工作大局。

开设"新中国成立 70 周年回顾与展望"专题专栏。为纪念新中国成立 70 周年，《北京大学学报（哲学社会科学版）》特别推出"新中国成立 70 周年回顾与展望"栏目，立足现实，回顾过去，放眼未来，从不同领域对新中国走过的道路进行反思、总结和瞻望。栏目发表 2 篇文章，一篇是著名教育学家顾明远教授的《中国特色社会主义教育理论 70 年》，文章论证中国教育是伴随着新中国成立的整个历程，从新民主主义教育走向社会主义教育，以马克思主义为指导，逐渐建立起来的一套中国特色社会主义教育理论体系。习近平总书记在全国教育大会上指出："教育是民族振兴、社会进步的重要基石，是功在当代、利在千秋的德政工程，……是国之大计、党之大计。"中国特色社会主义教育理论建设，要以习近平新时代中国特色社会主义思想为指导，深入学习习近平总书记关于教育的重要论述，认真领会其精神实质，结合中国教育的鲜活经验，使教育本土化，逐步建立完善中国特色社会主义教育理论体系。另一篇是张晓芳教授的《中国社会主义工业化道路的早期探索》一文，指出工业化是现代化的基础和必要阶段，新中国成立以后的头十年，中国共产党带领全国人民在实践中对中国社会主义工业化的道路进行早期探索，在取得重大成果的过程中有过经验也有过教训，对于今天我们推进中国特色社会主义视野，新型工业化的道路实现民族复兴，具有重要意义。

开设"纪念五四运动100周年"专题专栏。2019年是五四运动100周年，习近平总书记指出：五四运动"是一场传播新思想新文化新知识的伟大思想启蒙运动和新文化运动，以磅礴之力鼓动了中国人民和中华民族实现民族复兴的志向和信心"。《北京大学学报（哲学社会科学版）》认真学习贯彻落实习近平总书记关于五四运动的重要讲话精神，特别推出"纪念五四运动100周年"专栏，邀约文史哲领域的专家学者，对五四精神进行讨论。2019年第1期刊发北京大学马克思主义学院教授闫志民的《五四运动与中华民族伟大复兴》，阐明五四运动在中华民族复兴历史上具有十分重要的地位。在新时代，我们要发扬五四光荣传统，沿着中国特色社会主义道路继续前进，努力实现中华民族伟大复兴的中国梦。2019年第3期刊发3篇文章，分别是：北京大学哲学系教授赵敦华《百年回首话五四》，北京大学中文系教授陈平原的《新文化运动中"偏师"的作用及价值》，北京大学马克思主义学院教授程美东的《新知识群体与五四运动》，以独立论文的形式，侧重学科背景，从各个方面讨论五四精神。视野宏阔，学术性和现实性兼备。这3篇文章具有广泛的社会影响力。

开设"纪念李大钊诞辰130周年"专栏。习近平总书记指出："在实现中华民族伟大复兴的新征程上，应对重大挑战、抵御重大风险、克服重大阻力、解决重大矛盾，迫切需要迎难而上、挺身而出的担当精神。"担当起该担当的责任，是当代中国共产党人的精神风范和崇高境界，也是对党忠诚的重要体现。2019年是李大钊诞辰130周年。李大钊是中国共产党的主要创始人之一，李大钊为"改进立国之精神""求一可爱之国家"而勇敢地承担起救国救民的重任，矢志不渝地努力于民族解放的事业。李大钊为国家和民族的命运，勇敢地承担起时代和历史所赋予的艰巨使命。他的献身精神和英雄气概，影响和感召着一代代中国共产党人。为此，我们在2019年第6期特别开设纪念李大钊专栏，刊发杨河《大钊先生130年祭》，张亚光、沈博《李大钊与马克思主义经济学说在中国的早期传播》等文章。

北京大学特色栏目"文研讲坛"。《北京大学学报（哲学社会科学版）》在"双一流"建设目标的引领下，以促进学科建设为根本目标服务学校各类学科的发展，发挥着自身的学术影响力和传播力。自2016年开始，学报设立"文研讲坛"，依托文研院，定期组织相关领域知名学者就某一主题思考和写作。2018年第5期，学报推出文研讲坛主题"历史人类学研究的中国经验"，刊发刘永华等人的4篇文章。2019年第3期，推出文研讲坛主题为"历史和全球视野中的社会转型"，刊发彼得·诺兰等两篇文章。2019年第3期，学报推出"文研讲坛"专栏，从中摘取出彼得·诺兰的《中国与西方长期发展中的趋同与趋异》和张静的《社会转型研究的分析框架问题》两篇文章。两位作者分别来自欧美和中国，从中可以见出不同的学术传统、不同的研究方法和不同的关注点。

加强学术主持人制度，发挥专家办刊优势。期刊要形成自己的个性和特色，就要结合本校实际，突出本校特色。《北京大学学报（哲学社会科学版）》的总体构思，就是依托北大丰厚的人文社会科学资源，把创世界一流大学的品牌意识和办刊的精品意识结合起来，把优良的学术传统和现代办刊理念结合起来。学报要体现学校的特点，北大学报的特点"既兼容并包而又不媚流俗"，这是与北大的特点一致的。兼容并包意谓能容纳各种不同的学术流派和学术观点；不媚流俗意谓能坚持一贯的学术标准，不赶时髦，不凑热闹，高屋建瓴，言之有物。《北京大学学报》认为：综合性学术期刊改革的出路应在于专题化而不一定是专业化。专题，既是学术期刊重点打造的热点，也是读者的看点。而学术专题一般是从"问题意识"出发的，总是和重大课题联系在一起的，它既体现某一学科链的必要延伸，又体现多个学科生长点的有效聚合。在栏目设置方面，发挥北大文、史、哲的传统优势，主要为文史哲各学科提供发表高水平科研成果的平台，为人文院系学科建设服务，并以此选择学术热点、学术前沿以及重大社会问题，确定自己的主打栏目和品牌栏目。

2019年度，学报仍然坚持一贯的办刊宗旨，通过召开各种研讨会等形式，加强选题策划，建设特色栏目如，文研讲坛（2018年第5期、2019年第3期）、"诗学与诗歌史研究"（2019年第1期）等。

刊发代表性成果，引领学术。《北京大学学报》注重以问题为导向，肩负起引领学术潮流和智库建设的职责，把学报的发展与建设工作放在中国的发展与建设的大局中考虑。选题注重理论联系实际、立足中国特色社会主义伟大实践，注重时代视野和世界视野，注重培养和弘扬社会主义核心价值观，注重以广大人民群众最关切的问题为研究导向。2019年第2期"哲学研究"栏目，发表陈曙光《论每个人自由全面发展》一文，《中国社会科学文摘》2019年第8期全文转载，《新华文摘》2019年第14期转载观点。2019年第1期"哲学研究"栏目，发表张文喜《置于阅读总问题中的马克思哲学》一文，人大复印资料《哲学原理》2019年第6期转载。2019年第1期"哲学研究"栏目，发表牛宏宝《判断力批判中的隐喻问题》一文，人大复印资料《外国哲学》2019年第5期转载。2019年第2期"哲学研究"栏目，发表张立文《为道屡迁，唯变所适》一文，《社会科学文摘》2019年第6期，《新华文摘》2019年第16期全文转载。2019年第2期"哲学研究"栏目，发表曹刚《人类命运共同体与全球伦理和国际法治》一文，《高等学校文科学术文摘》2019年第3期，人大复印资料《伦理学》2019年第7期全文转载。2019年第1期"哲学研究"栏目，发表邱耕田、王丹《美好生活的哲学审视》一文，《高校学术文摘》2019年第2期，人大复印资料《哲学原理》2019年第6期，《红旗文摘》2019年第5期全文转载。2019年第2期"史学研究"栏目，发表范韦里克《古代帝国中枢与地方政治之互动》，《新华文摘》2019年第16期转载。2019年第4期"史学研究"栏目，发表王晴佳《拓展历史学的新领域：情感史的兴盛及其三大特点》一文，《高等学校文科学术文摘》2019年第5期转载。

编辑队伍建设。编辑部鼓励编辑在做好本职工作的同时，从事相关专业研究和编辑学研究，承担各类研究课题。编辑部郑园、管琴、李铄等同志都承担有专业或编辑学方面的各种课题。编辑部鼓励编辑积极参加校内外各种学术会议，与兄弟院校期刊进行交流、切磋、研讨，鼓励编辑深入到各院系组约稿件，与专家学者交朋友，不断提高政治素质和业务水平。2019年度，刘曙光、郑园被评为北京市高教学会文科学报研究会、全国高等学校文科学报研究会"优秀主编"，管琴、李铄被评为"优秀编辑"。刘曙光编审在期刊协会主办的编辑培训班上，就期刊的导向与选题策划等问题做专题讲座。在中国新闻出版研究院、中国期刊协会等单位举办的期刊编辑业务培训中，就"学术期刊的编排规范""人文社科期刊的选题策划"等主题担任主讲。

在2019年3月中国人民大学人文社会科学学术成果评价研究中心公布的2018年度复印报刊资料转载指数排名中，转载量、转载率、综合指数三项均名列前茅。进入数字化、信息化时代以来，人文社科类期刊的纸质发行量不断减少，学报的发行量一直保持在4500册左右，稳居高校人文社会科学学报的前列。与此同时，学报积极建构自己的网络平台、微信公众服务号，以扩大社会影响力和传播力。

（刘曙光）

党政管理与群团工作

党政综合管理

【发展概况】 党委办公室校长办公室（以下简称党办校办）是校党委、校行政的综合办事机构。党办校办围绕学校中心工作，发挥领导的参谋助手、决策的督促检查、部门的综合协调作用，服务领导、服务部门、服务基层，承担文秘、信息、督查、调研、重要活动组织、综合事务管理和领导交办的其他工作。2019年，党办校办下设文书室、秘书室、信息室、综合室、年鉴与统计办公室、调研室等6个科室，另有督查室（信访办公室）、标识管理办公室、网络安全和信息化委员会办公室、校长法律顾问办公室、校园卡管理和结算中心等5家挂靠单位。

（徐聪颖）

文书工作。全年公文处理无泄密、无延误，无重大疏漏，形成了每日办理文件、每周预报活动、每月整理批件的文书工作"周期律"。2019年全年，累计流转各类文件8311件（其中，内收文2997件、外收文2278件、机要文1526件、其他1510件），制发文件1500件，审核发布学校公告145项，汇编《每周重要活动》72期，平均每个工作日文字处理量达6万余字。开发上线了新版OA系统和北大规章制度库，推进智能合同管理系统。

（王艳新）

秘书工作。承担2次党委全会（战略研讨会）、55次党委常委会会议、27次校长办公会议及其他专题会议的服务工作，修订党委常委会会议和校长办公会议议事规则。9月起主动印发会议纪要，并编发《学校决策会议通报》。加强科室建设和对校领导联系人的教育培训，年内共召开15次会议，组织联系人到后勤系统和保卫部调研。梳理繁杂的日常事务性工作，坚持每个工作日编发《党政领导班子每日工作》。

（孙启明）

信息工作。截至12月31日，报送《情况反映》366期，及时准确地向教育部、北京市委、市委教育工委等上级主管部门汇报学校有关情况。收集汇编《党政信息》40期，精心组织每周党口职能部门信息会。承担学校信息公开工作，全年共收到校内外发起的信息公开申请43件，全部按时答复，完成《2018—2019学年度北京大学信息公开工作年度报告》；依照教育部相关规定，修改完善信息公开主页，保证相关信息发布及时、全面、明晰。

（王 浩）

综合服务工作。组织全校教师干部大会等会议，保障主题教育动员大会等重点工作。全年共接待上级部门来校视察十余次，地方领导来校访问近十次，协调校领导会见柬埔寨王国首相洪森等政要、各国大使和高校访问团等。服务校领导考察、慰问、出席活动等，保障学校党委行政的日常运转。暑期组织完成学校领导和两办从办公楼到燕园大厦的搬迁工作。

（郭 超）

年鉴统计工作。全面梳理框架体例和工作流程。年内出版4卷年鉴，其他卷次基本完成编辑部层面工作。做好全校工作总结布置汇编工作，将各单位报送方式调整为经由OA系统报送分管校领导。以2019年世界大学排名数据报送为抓手，全面细化各类数据项，首次基本实现"摸清家底"的目标，并形成数据报送规范。编制报送高基表，建立学校高基表和大学排名数据库，撰写5篇排名分析报告。与泰晤士高等教育合作举办大学国际评价体系的改革与发展研讨会。

（孙启明）

调研工作。加强重要文件精神和理论读物学习，梳理、研究学校各方面工作开展情况。起草学校行政领导在中央领导同志视察、全校本科教育大会、科技创新大会、干部大会、战略研讨会等重大活动中的文稿，整理校领导参加校内外各类活动的参考资料。建立并不断充实学校重大成果和典型人物素材库。结合主题教育要求，积极服务主要校领导的调研活动，沟通落实调研安排，并形成调研纪要。

（冯 路）

党建工作。充分发挥党支部的战斗堡垒作用，严格执行"三会一课"制度。创新实践活动形式，赴百度总部、怀柔科学城等地开展主题党日活动，参观国庆70周年、学校主题教育等展览。班子成员通过座谈会、单独谈话等方式，主动与干部、师生沟通、谈心，倾听意见建议。班子成员和党员干部积极响应学校号召，担任本科新生第二班主任。

（刘 鹏）

工会工作。发挥党办校办工会小组的作用，坚持每月举办一次集体生日会。关心离退休职工生活状况和身心健康。

（魏 姝）

【信息化建设】 建设北大规章制度库。梳理20世纪80年代以来学校出台的规章制度，盘清底数并分门别类。与北大英华有限公司联合开发北大规章制度数据库，于10月中旬正式上线，方便师生查询利用学校规章制度。改版OA系统。与计算中心等有关单位联合开发新一版OA系统，于11月初正式上线。在传承既往规范审批的基础上，新系统在文本搜索、数据分析、提醒督办等方面有了较大的优化和提升。新开发的"中层正职离京请假"模块拟纳入新版系统，进一步提升OA系统的集成度。

（王艳新）

督查与信访

【发展概况】 督查督办工作。全年协助督办各类重点工作

109项。重点包括：全国教育大会、2018年教育重点工作、清理达标评比评估等上级重要部署落实情况，邱水平同志在学校十三届党委二次全会（扩大）上的讲话精神、校年度重点工作、校党委常委会和校长办公会重要议以及校领导批示指示精神等专项工作的督促办理，协同创新研究院建设、人工智能研究院建设等工作的协调推进等。加大督办检查力度，对学校深化全面从严治党暨强化师德师风建设工作视频会议召开情况进行现场检查。

与法律事务办公室密切配合，打击假冒北大名义从事活动事件36项。重点包括：调查处理"北大酒业联盟""北大博雅产学研基地""北京大学中华文化创意产业联盟""北京大学文化创新创意孵化基地""北京大学国家软实力研究院"等。在学校主页公告冒名事件4起，就有关情况函复相关机构19次。加大对校外单位涉嫌侵犯我校权利行为的追责力度。

做好学校太阳卡清理审核工作小组日常工作，组织召开太阳卡审核小组会议1次，协调完成20个单位提交的提高太阳卡办理额度及重大活动临时餐卡申请审批。

（温俊君）

信访工作。2019年共接到各类传统信访事项1541件次，其中来访278件，来电862件，来信401件。信访事项主要集中在住房管理、校办企业管理、子女教育、薪酬待遇、职称评审、历史遗留、招生、后勤保障等方面。

2019年共发布10次《校领导接待日安排通知》，收到10件预约申请，内容涉及师德师风、学术道德、干部管理、校企管理、子女教育、住房管理等方面。校领导接待日后，督查室、信访办通过简报、纪要等方式及时整理接待资料、进行督办、反馈和存档工作。

2019年累计收到主页书记/校长信箱来信2969封，除了垃圾邮件和重复来信外，其他均已分办处理，其中办结533封。对来信人有自动回信和针对性回信两种回复方式相配合，及时、妥善解决了师生反映的关于教学科研、生活学习等诉求，回应师生和社会关切，起到密切联系群众、及时处理问题、随时化解矛盾的作用。

协调答复处理未名BBS校长信箱版面师生反映的问题建议，妥善处理师生关于就餐、住宿、交通、医疗、学业学风、学习场所、教学秩序、校园秩序与管理等多方面的反映和诉求。其中，根据BBS发帖，协调开发校园卡招领系统并列入主题教育校级整改台账，效果显著。

（王 良）

提案工作。对七届一次教代会提案进行审议立案和督办，协调有关单位答复处理。2019年度共处理提案/建议61件，数量较往年有大幅增加，部分提案/建议反复催办，于2019年11月均已答复完毕，经校领导审阅后答复提案人。其中，就"改善机关管理服务职能""提高大学治理体系与治理能力"提案协调召开协调会，为提案人与相关部门直接沟通搭建平台；"增加教员休息室、加强维护"已得到初步解决或在教学楼改造中逐步解决、"环境大楼、微纳大厦和法学院南侧土路修整和增加路灯照明"等问题也得到了改善解决；"为职工提供高水平的便捷医疗服务""解决职工就医难"问题已纳入主题教育校级整改台账。

（田 越）

印信工作。为简化办事流程，与计算中心一起开发了"微信公众号、微博账号""横幅展板"网上审批系统分别于10月和12月上线运行，12月又上线了"值班报备"系统进行各单位寒假值班网上报备，达到师生只跑一次腿或不跑腿的办事目标。

2019年全校因教育教学、科学研究、外事交流及其他各类事务等共用印407,148次，领取事业单位法人证书3527件、校长身份证复印件1053件。党办校办印章共用印1412次。目前，2019年度办理微信公众号认证共206个，其中新审请60个，个人账号主体迁移2个，年审144个。审批了164个横幅展板。开具53份介绍信。共收到106家单位的公务交往礼品汇总表，其中22家单位收到公务交往礼品总计119件，其余84家单位零报告。启用公章18枚，停用印章4枚。协助科研部和社科部核实虚体机构公章上交情况，向档案馆移交印章45枚，其中虚体机构公章21枚。

（傅苏红）

带值班工作。统筹做好党办校办24小时工作，及时协调处理紧急突发事件，加强值班培训和保障服务，完善值班规范。坚持重大活动期间、敏感时段和节假日学校党政领导班子带班制度，以及党办校办、保卫部、学生工作等相关部门联动带值班制度，保障学校安全稳定。协调加强全校近120家单位寒暑假带值班工作，有效确保了寒假期间学校管理服务工作正常有效运行。加大值班检查力度，完善值班检查通报制度，并对值班检查中发现的管理服务问题跟踪督办。研究建设全校应急值守联动沟通机制。

（刘凡子）

【"不忘初心、牢记使命"主题教育整改工作】 根据学校主题教育实施方案，督查室作为整改组成员单位，负责统筹协调推进整改任务落实，督导基层单位整改工作推进，协调相关部门做好专项整治。牵头制定主题教育整改工作方案和通知，明确工作目标、工作要求和内容、工作方案和立项程序。通过"自己找、群众提、集体议、上级点"四种方式多渠道征集意见建议。建立校级整改台账两批次共计48项任务，形成问题清单和整改措施，限期完成。截至2019年底，已完成（含已提出方案并长期坚持、逐步落实的）46项，有实质进展2项。

梳理统计二级单位自查自改任务清单871项，其中事关发展建设的难事大事495项，事关民心民生的实事好事376项，二级单位建议列入校级台账的104项。经整改组会议讨论并报学校党委常委会会议审议，将其中15项列入校级台账，其余建议列入校级台账的任务由督查室分办交有关部门办理。为减轻二级单位负担、方便报送材料，督查室配合计算中心开发二级单位自查自改任务提交系统，所有自查自改任务均通过系统提交办理和维护更新。

开展"一站式"服务大厅建设可行性调研。牵头召开教学、科研、人事、外事、财务等专题调研座谈会，听取院系、教师、学生意见建议。就座谈会上提到的难点问题，如大额资金审批流程跑腿多、时间长等，召开专题协调会研究优化措施。赴人民大学等兄弟院校调研学习，借鉴先进经验。

落实专项整治工作方案，整治各类侵害群众利益的问题，统筹安排、上下联动，针对问题、集中整治。

（余浚、田越）

标识管理

【发展概况】 2019年，在法律事务办公室和法学院支持下，标识管理办公室自主进行商标注册申请21项273件、商标异议申请125件、无效宣告申请101件、商标续展42件、撤销连续三年不使用注册商标16件、商标转让3件、商标驳回复审12件、补办商标注册证10件、著作权登记2件等对外维权和商标版权保护工作；配合公安、市场监督管理部门清除清华西门北侧北大清华纪念品非法经营场所，29楼地下线上线下侵权销售假冒伪劣产品、套开发票、套用其他经营主体资质签订租房合同等违法违规侵权案件；受理"29楼地下益点点文具店侵权纪念品""广州未名咖啡有限公司侵权月饼""未名君合酒店侵权经营"等11件维权举报并展开调查；受理二级单位标识授权申请34件，受理二级单位标志设计申报16件，受理日常标识咨询57件。

（曲丹）

法律事务

【发展概况】 合同审核。2019年，法律办共审核合同（含授权类文书）776份，每份合同至少审2轮。负责审核的合同主要为：须由学校签章的横向科研课题合同、国际合作协议、捐赠协议、学校授权类文书等。

推进学校智能合同管理系统（以下简称合同管理系统）建设；并在广泛调研职能部门需求的基础之上，着手修订《北京大学合同管理办法》，推动建立权责明晰的学校合同管理体系。协助职能部门推进常用合同范本起草工作，共修改/制订合同范本3份。

规章制度审查。2019年，法律办共接处45项规章制度审查工作，其中内收规章制度40项、外收法律法规征求意见稿5项，每份规章制度需要经历3轮以上反复审查。已反馈完毕审核意见的36项规定中，学校正式发文通过23项（例如：《北京大学教师违规违纪调查处理试行办法》《北京大学学生社团管理办法》《北京大学预防与处理学术不端行为办法》《北京大学博士后研究人员管理服务办法》《北京大学教职工代表大会实施办法》《北京大学本科生学籍管理办法》等），国家正式发文通过1项（《食品安全法》）。法律办的意见或建议被不同程度采纳。

推动规范性文件管理系统建设，修订《北京大学规章制定管理办法》，进一步规范学校规章制度制定及修改程序，提升学校规章制度质量。

10月，学校规章制度数据库正式上线。《北京大学规章制定管理办法》经过法律办内部多次会议讨论和数十次的修改，形成征求意见稿。

仲裁/诉讼案件处理。2019年，法律办共处理仲裁/诉讼案件38件（其中2019年新收案件22件），目前已结案20件。已结案件中，有2个案件经法律办多次沟通协调，原告最终撤诉；其余18个案件，学校主张均得到法院支持（胜诉）。

在妥善处理被动应诉案件的同时，2019年初法律办委托中介机构通过遴选确定十家预聘律所入围学校法律事务服务库，提升学校涉法涉诉案（事）件应对处理效率和质量。2月以来，法律办代表学校全面启动侵犯学校权益类案件的主动维权工作，共委托律师事务所针对6起侵权案件正式启动维权工作，6起案件目前均在推进中。

OA事务处理。2019年，法律办在OA中协助各单位会签事务115件，作为发起单位报签事务6件。

其他涉法涉诉事务处理。2019年，法律办参与学校各单位各类涉法涉诉事务处理逾百件；组织或参与各类涉法涉诉讨论会议/决策会议数百场。

内部管理制度与规范完善。2019年，法律办初步审议通过《法律事务办公室招聘录用管理办法》《法律事务办公室员工考核管理办法》《法律事务办公室考勤管理办法》等3项内部管理制度，其他管理制度也在陆续讨论与修订完善中。

进一步规范业务接处规范，统一入口、规范出口，对各类业务进行分类编号，初步建立起合同审核、规章制度审查及仲裁/诉讼案件双人负责的工作机制；探索仲裁/诉讼案件结案简报工作；规范仲裁/诉讼案件卷宗/资料归档工作，基本完成历史案件卷宗/资料整理归档（含纸质、电子）工作。

协助标识管理工作。结合法律实务，2019年法律办协助标识管理办公室（以下简称标识办）制订学校标识管理办法、建立标识授权管理系统，协助推进学校标识、名称保护等管理工作规范化运行。

（陆忠行、张晶、张子温、贺瑞）

校园卡管理与结算

【发展概况】 日常管理服务。2019年，校园卡账户新开约4.4万户，销户2.3万户（包括医学部）。现用户约15万户，包括2.2万户校友账户（无任何功能）。本年度，商户结算约1.9亿元，支付宝转账约1.4亿元，微信转账约3500万元，银行转账约600万元，现金存款约1100万元。电子支付已成为师生员工主要的充值手段。2019年，为2019级本科生制卡3518张，硕士制卡5913张，博士制卡2070张，暑期学校学生制卡2824张，职工制卡1460张，留学生制卡3668张。

业务功能拓展。1.就医功能拓展。2019年，校园卡实现就医功能拓展，校园卡中心为校医院免费配备了262台读卡器支持校医院用校园卡替代就医卡就医，方便了师生员工。2.国庆纪念卡制作。本年度，校园卡中心根据学校部署，在网信办、计算中心协调下，配合团委，为参加庆祝新中国成立70周年重大活动的同学老师制作了国庆纪念卡3000余张。

保障措施。2019年，配合计算中心完成了等保测试与评定，保障了校园卡系统的安全。完成了网站改造，用户访问更加便捷。校园卡中心配合完成审计工作，并根据意见制定整改计划。

（高晓明）

医学部党政综合管理

【发展概况】 医学部主任办公室党委办公室是医学部行政、党委的综合办事机构。办公室围绕学校的中心工作，积极发挥领导的参谋助手、决策的督促检查、部门的综合协调作用，服务领导、服务部门、服务师生员工，认真做好文秘、综合协调、信息、信访、机要收发、安全稳定、法律事务、发展规划和领导交办的其他工作，确保学校日常事务的正常运转，确保校园的稳定和谐，不断提高工作质量和效益。主任办公室党委办公室下设综合办公室、文秘办公室和信息规划办公室3个科室，现有在编人员9人。

服务工作。服务领导，协调安排部领导的校务活动和联系基层工作；服务部门，综合协调各单位之间的有关事宜；服务师生员工，沟通解答各项事宜。

文书工作。起草学校重要文件和部领导的重要讲话，完成《北京大学医学部主任工作报告》《北大医学综合改革方案》等文稿撰写、审阅及修改150余次。

公文管理。管理公文流转，保障上传下达，共接收处理各级各类党政文件1809件，分别是内收文933件，外收文876件，处理文件9045次；共印发编号文302份，不编号文172份，审核报校本部发文75份。注重文件质量，保证文件流转速度，基本上做到了件件有落实，为医学部各方面工作的顺利开展提供支持。

会务组织。完成医学部34次部务会、8次党委会、4次处长例会的组织工作，为学校决策提供智能服务，督促检查学校决策和重要事项的贯彻落实情况。完成北京大学医学部2018年度工作会、北京大学医学部2019年新春团拜会、北京大学医学部教师干部大会、北京大学医学部毕业典礼、北京大学医学部开学典礼暨教师节表彰、北京大学医学部学生先进集体优秀个人表彰大会等常规大会会务工作。

印章管理。贯彻落实医学部印章管理规定，严格审查把关每一项用印，审批医学部公章用印共28,721个，医学部党委公章用印共555个，审批北大用印213人次（共2922份）。

信访工作。医学部信访工作全部纳入OA流程化、痕迹化管理，力争做到件件有回复，事事有回应，共处理信访事项84件。

数据信息统计。统筹医学部相关信息和数据，编写和上报《高等教育基层统计报表》（医学部部分）《北京高等学校本科教学质量状态核心数据采集》（医学部部分）；编制《北京大学医学部数字报告》《北京大学医学部学院医院总结汇编》；编印《信息周刊》共6期。

法律事务。利用互联网、微信等工具，为需要提供法律咨询或者涉及案件的部门和外聘律师事务所建立创建微信群，为外聘律师准确了解背景资料、及时准备案件应诉、为相关部门及时获得法律支持提供了更便捷的平台，共审核、办理了1628份合同，维护医学部在合作中的权益。

国内合作。全年接待各类来访百余次，包括与深圳医院、首钢医院、国际医院、滨海医院的共建工作，与天津医科大学、大理大学、湖南科技大学、宁夏回族自治区、天津市、宁波市、长沙市、兰州市、威海市、上饶市、中卫市的合作工作，与云南白药、百度、华为、光大集团、中外建、宝丰集团、法政集团、尚东集团等企业的校企合作工作；对云南省大理州弥渡县、南昌大学的对口支援工作；协调选派第五批医疗人才"组团式"援藏医疗队员共21名到西藏自治区人民医院开展支援工作。

专项工作。完成怀柔科学城校区医学中心、国家中长期科技发展规划、第六次国家技术预测、肿瘤战略性国际科技创新合作、北京大学国际癌症研究院等专项工作。

党建工作。贯彻落实党的十九届三中、四中全会精神，紧密联系北大医学改革发展实际，认真开展"不忘初心、牢记使命"主题教育，扎实推进党建工作。

【推进信息化工作】 2019年10月，以适应新时代信息化发展需要，医学部新版主页正式上线，为师生提供更好的服务。2019年1月，启用会议室线上管理系统，优化会议室管理流程；共完成会议室的登记、借用700余次；维护、更新/换会议室设备10余次。2019年9月，启用电脑端线上日程管理系统，2019年11月，启用手机移动端日程管理系统，利用信息化技术，进一步提高每日工作管理效率。

（马　麟、田祎娴）

纪检监察工作

【发展概况】　组织机构。纪委办公室与监察室合署办公，下设综合室、纪律审查室、监督检查室3个科室，在编人员9人，另有派驻产业系统纪检监察组1人。2019年6月，正式成立纪委驻产业系统纪检监察组。经11月18日机构编制委员会2019年第2次会议审议，11月26日北京大学十三届党委常委会第91次会议讨论决定，纪委办公室监察室增加2个事业编制职员岗位，用于向深圳研究生院、软件与微电子学院选派纪委书记。

人员变动。2019年1月，学校任命张庆东为纪委副书记、监察室主任，王雷不再兼任监察室主任职务；任命庄德水为纪委办公室副主任，免去戚国伟的纪委办公室副主任职务。4月，学校同意王雷辞去纪委副书记、党委巡察办公室主任、内部控制管理办公室主任职务。6月，学校任命赖林涛为纪委驻产业系统纪检监察组组长；任命房玉元为监察室副主任，免去赖林涛的监察室副主任职务；任命严敏杰为方正集团纪委书记。8月，郭京京、杨柠泽到纪委办公室监察室工作，任正科级纪检员。

党支部建设。8月26日，经支部党员大会选举，增补张庆东、曲春兰、王强为支部委员；经支部委员会选举，张庆东任党支部书记。根据分工，房玉元任党支部副书记，王强任组织委员，江卓任宣传委员，曲春兰为纪检委员。

上级调研指导。2月，中央纪委国家监委第二监督检查室入校调研"如何建立健全派驻机构考核评价指标体系"。6月，北京市纪委副书记、市监委副主任刘振刚一行入校调研落实中央58号文件情况。7月，中央纪委国家监委驻教育部纪检监察组组长吴道槐一行入校调研"如何加强教育部直属高校政治监督"。9月，中央纪委国家监委机关事务管理局副局长、机关扶贫办公室主任武世平一行入校调研支持四川省马边县定点扶贫工作。

持续深化"三转"。先后退出国家奖学金评审委员会、管理职员本部机关聘任小组和继续教育指导委员会3个议事协调机构，不再对教职工年度考核和聘期考核进行全程监督。

履行监督第一职责。突出政治监督，监督落实中央八项规定精神，5次发布纪律要求；监督意识形态工作责任制的落实和师生思想政治工作；监督选人用人，廉政意见回复487人次，提出暂缓或暂不任用意见3次；监督科研经费"放管服"政策落地，参与修订5项规章制度；监督对口扶贫工作，党委副书记、纪委书记叶静漪2019年4月深入扶贫点监督检查。加强日常监督，对4个单位党政负责人进行约谈提醒，及时通报舆情和风险59件次，9次对招生工作人员开展纪律教育，3次面向1176位师生入党积极分子开展廉洁教育2月，在全校范围内开展"领导干部利用名贵特产和特殊资源谋取私利问题"专项检查。11月7日，叶静漪以"做忠诚干净担当的好干部"为题对35位新上岗中层干部进行集体廉政谈话。

依规依纪依法执纪。全年召开问题线索排查会30次，排查信访举报件358件次，受理问题线索63件，谈话函询5件、初步核实57件、了结1件。当年办结31件，属实或部分属实8件，立案审查5人。运用第一、第二、第三种形态处置的比例分别占75%、12.5%、12.5%。

履行协助职责。协助党委召开2019年深化全面从严治党暨强化师德师风工作会议，193个分会场9200余人参会。协助党委开展全面从严治党主体责任落实情况监督检查。协助党校研究部署加强党的政治建设、开展"不忘初心、牢记使命"主题教育。协助党委防范和化解重大风险，报告群体性事件风险5次、舆论风险9次、意识形态风险4次。

干部教育培训。选派纪检监察干部参加中央纪委国家监委业务培训18人次，组织纪检监察干部参加北京市纪委监委理论学习中心组扩大会议、警示教育大会及"高校纪检监察干部技能提升大讲堂"等培训共234人次。设立"集体学习日"制度，12次集体学习纪检监察干部培训课程，共340人次参加；12月31日，纪委全体工作人员参加中央纪委国家监委全员培训专项考核测评。

3月22日，邀请中国纪检监察学院贺夏蓉解读《关于深化中央纪委国家监委派驻机构改革的意见》；4月10日邀请中国纪检监察学院王希鹏解读《中国共产党纪律检查机关监督执纪工作规则》，共75人次参加。

协作配合。全年按规定协助10个校外纪检监察机构开展协作配合事项10件20次。

"不忘初心、牢记使命"主题教育。按照党中央统一部署以及中央纪委国家监委和学校党委的要求，纪委办公室监察室、党委巡察办公室分别在领导班子、党支部和全系统纪检监察干部三个层面组织开展"不忘初心、牢记使命"主题教育。9月20日，召开主题教育动员会，叶静漪，第六指导组组长、继续教育部部长刘力平出席并讲话。

领导班子分8个单元原原本本、逐字逐句研读《习近平关于"不忘初心、牢记使命"重要论述选编》，围绕"集中学习体会""立德树人根本任务""'双一流'建设与服务国家战略""提升管理服务水平""突出政治监督实现纪检监察工作高质量发展"等主题开展集中研讨。除规定任务外，领导班子先后学习习近平总书记国庆系列重要讲话以及在内蒙古、甘肃、河南、上海等地考察时的重要讲话，学习十九届四中全会公报及《决定》，学习重要的党内法规。

党支部在主题教育期间先后开展12次学习活动，主要形式和内容包括：一是学习原著，即《习近平新时代中国特色社会主义思想学习纲要》；二是参观展览，即"伟大历程、辉煌成就——庆祝中华人民共和国成立70周年大型成就展""共命运、同前进——北京大学和马克思主义"专题展览和"弘扬红楼精神、争做教育标杆"主题展览；三是观看电影，即《我和我的祖国》《决胜时刻》《小巷管家》；四是集体研讨，围绕政治纪律要求、十九届四中全会精神开展研讨；五是专家报告，邀请孙熙国教授主讲"新时代中国特色社会主义思想的精神实质和原创贡献"；六是专题学习，与党委组织部、审计室党支部联合学习《中国共产党问责条例》。

全系统专职纪检监察干部以"集体学习日"形式开展学习，共开展集体学习12次。学习内容包括：中央纪委国家监委关于主题教育和十九届四中全会精神学习的要求，中央纪委国家监委重要文件及纪检监察干部培训课程，北京市纪委监委重要文件、理论学习中心组扩大会议和专题培训等。

10月至11月，围绕"加强党的政治建设与强化政治监督""依法依规治校与纪检监察系统运行机制""加强制度建设与监督执纪工作规范""防范化解风险与纪检监察机构协助职能""纪检监察干部初心使命与队伍建设"5个主题开展调查研究。叶静漪带领领导班子成员分别面向巡察组工作人员、被巡察单位负责人、学院党委和机关职能部门党支部纪检委员、教师和学生党支部纪检委员召开4场专题座谈会，听取相关方面的意见建议；分别赴医学部纪委、第一医院纪委、人民医院纪委、第三医院纪委、第六医院纪委、口腔医院纪委、肿瘤医院纪委开展调研，听取工作情况汇报，了解基层纪委的工作难点、特色经验和创新工作，帮助查找问题、答疑解惑。调研共涉及12个院系、8个职能部门、7个直属附属单位和7个基层纪检监察机构，先后向76位师生代表征求意见建议，共查找体制机制、职能发挥、队伍建设和巡察工作4大方面22个问题。

10月25日，叶静漪以"不忘初心、牢记使命，建设纪检监察铁军，实现纪检监察高质量发展"为题面向全系统专职纪检监察干部讲授专题党课。10月31日，党支部书记张庆东以"敬畏之心、奋斗之命"为题面向党支部成员讲授专题党课。

11月11日、13日，领导班子和党支部分别召开"对照党章党规找差距"专题会议，查找问题、检视差距。11月30日，纪委书记班子召开专题民主生活会，中央纪委国家监委第二监督检查室六处李明、李港到会指导。12月5日，召开领导班子专题民主生活会，叶静漪，第六指导组组长、继续教育部部长刘力平到会指导；党支部召开专题组织生活会并进行党员民主评议，机关党委委员、国内合作委员会办公室主任陈永利到会指导。

针对查找的问题和差距，领导班子带领全体工作人员进行了扎实整改，具体事项包括：向学校党委提出了落实《中国共产党问责条例》的具体措施；把列席二级单位领导班子民主生活会作为监督途径；固定领导班子办公会时间（每周一上午），规范会议记录、纪要管理；研究制定《关于纪委内设机构调整和加强人员配备的建议方案》；规范了各级纪委监督检查审查调查措施使用、重要事项请示报告的程序；规范了监督检查纪律审查工作文书；规范了问题线索排查会议机制；建立了监督检查纪律审查专题会议机制；落实《关于中央部委、中央国家机关党组（党委）开展巡视工作的指导意见（试行）》要求，从十三届党委第三轮巡察开始，参加巡察意见反馈会；细化并明确了信访举报受理、问题线索管理、协作配合等事项的责任人；研究提出公文分类编号集中管理工作方案；分别组建全系统专职纪检监察干部、二级党组织和机关职能部门党支部纪检委员微信群；等等。

其间，纪委牵头开展了"违反中央八项规定精神问题""领导干部利用名贵特产和特殊资源谋取私利问题"2项专项整治工作；参加学校主题教育领导小组办公室有关工作。纪委办公室工作人员共列席12个单位的领导班子专题民主生活会。

（庄德水）

【全面从严治党工作会议】 3月1日，纪委协助党委召开北京大学2019年深化全面从严治党暨强化师德师风建设工作会议。党委书记邱水平做总体工作部署，党委副书记、校长郝平主持会议。党委常务副书记于鸿君就强化师德师风建设做出工作部署，党委副书记、纪委书记叶静漪报告2018年度党风廉政工作情况并布置2019年纪检监察工作。主会场设在英杰交流中心阳光厅，校领导班子成员、校务委员会副主任、校党委委员、校纪委委员，各学部主任、各院系和部门负责人、校办产业各公司负责人等参加；各院系、各部门以及医学部和附属医院、深圳研究生院、软件与微电子学院等单位设立分会场，党员干部、教职员工、医务工作者共同参加。

叶静漪指出，学校纪委2018年主要围绕"协助、监督、执纪、教育、改革"五个方面开展工作，协助学校党委落实全面从严治党主体责任，履行监督专责，严肃执纪问责，开展廉洁教育，推进体制机制改革。叶静漪分析了学校党风廉政建设的总体形势，并提出2019年纪检监察工作的主要思路，即：提高政治站位，加强政治监督；履行监督职责，形成日常监督与长期监督的有效机制；依规依纪依法执纪，提升纪律审查效果；强化责任意识，激发责任担当。

（庄德水）

【干部任职个别廉政谈话】 纪委办公室从2019年4月起探索开展干部任职个别廉政谈话制度。主要的做法是：掌握每位干部的岗位职责分工，分析每一个岗位的政治要求和每一项职责的廉政风险，从新上岗中层干部入手，选择干部方便的时间进行廉政谈话。谈话坚持"四必谈两提供"，即政治纪律和政治规矩必谈、中央八项规定精神和反"四风"要求必谈、"一岗双责"必谈、岗位廉政风险及防控机制必谈；干部在谈话中提出的具体问题，纪委根据监督执纪经验为其提供政策建议；谈话结束后，纪委主动向干部提供履行岗位职责需要掌握和遵守的法律法规和规章制度。全年共与17位新上岗中层干部谈话，人均谈话时长80分钟。

（张庆东）

医学部纪检监察工作

【发展概况】 机构设置。医学部纪委办公室、监察室实行合署办公。2019年共有在岗职工4人，其中，处级干部3人，科级干部1人。

全面从严治党。医学部纪委书记范春梅在医学部党委会和部务会上及时传达上级重要文件精神，将其融入医学部全面从严治党工作范畴和医学部纪检监察工作重点。协助党委抓好巡视巡察整改工作。督促二级单位总结党风廉政工作，落实主体责任。推动修订完善《北京大学医学部党政领导班子落实"三重一大"决策制度实施办法》，与医学部主任办公室党委办公室联合开展对二级单位党政班子"三重一大"集体决策制度制定和修订工作监督检查。严格履行《中国共产党纪律检查机关监督执纪工作规则》，重要重大信访问题线索和案件以及专项工作向医学部党政主要负责人汇报，为决策提供参考。12月23日，召开2019年度纪检监察工作述职报告会，北京大学党委副书记、医学部党委书记刘玉村出席，对纪检监察工作提出"防治结合、标本兼治"工作方针和"防"要有层次、"治"要有深度的明确要求。

"不忘初心、牢记使命"主题教育。9月23日召开医学部纪委会，范春梅就医学部纪检监察系统开展主题教育作动员讲话。医学部纪委4人参加北京大学"不忘初心、牢记使命"主题教育工作组和指导组，各级纪检监察干部认真参与"不忘初心、牢记使命"主题教育活动。

政治监督。1.落实中央八项规定精神的监督。认真落实中央八项规定精神和北京大学关于作风建设有关规定，开展信访工作中存在的形式主义、官僚主义问题专项整治。开展医学部及附属医院办公住房、公务用车违规行为和礼品登记工作专项检查，实行领导干部利用名贵特产类特殊资源谋取私利问题零报告制度。对涉及违反中央八项规定精神内容的信访优先办理，对违纪问题严肃处理，加大问责力度。

2.协助做好巡视巡察监督。选派干部参加学校党委组织的巡察工作，发挥纪检监察干部的专业优势，向巡察组提供被巡察单位党风廉政建设情况、信访情况等。

3.在主题教育中，牵头负责医学部整治违反中央八项规定精神的突出问题、整治对黄赌毒和黑恶势力听之任之、失职失责，甚至包庇纵容、充当保护伞的问题、整治领导干部利用名贵特产、特殊资源谋取私利问题3项工作，参与其他7个整治项目，积极推进整改落实。

重点领域监督。1.选人用人监督。参与教育部干部调研工作，参与部分直属单位班子换届考察，在干部任用、人才推荐、评奖评优等工作中严把"廉政意见回复"关，截至12月31日，共出具廉政意见190人次。前移监督关口，对拟调入医学部的人员进行廉洁审查。

2.招标工作监督。落实招标工作监督办法，监督招标单位履行主体责任，按照要求报备。截至12月31日，共备案审核基建工程处34项比选项目、13项招标项目，总务处9项委托招标项目和设备与实验室管理处77项自行招标项目。此外，还就招标情况报备、采购管理、实验室试剂采购与管理等问题向主责部门提出建议。

3.招生工作监督。对招生人员、研究生招生考试自命题人员等开展廉洁和纪律教育，对研究生初试、复试以及自主招生、本科生录取等工作进行巡查抽查。

4.形成监督合力。与医学部党委组织部、人事处就干部、引进人才的监督管理问题沟通交流，推进习惯做法固化为制度；与审计室、计划财务处就基建（修缮）工程、规范主责单位权限问题进行交流，敦促相关部门完善制度，建立长效机制。

执纪问责。1.认真落实《中国共产党纪律检查机关监督执纪工作规则》和纪检监察机构改革要求，严格落实请示报告制度，向北京大学纪委与医学部党委汇报，接受领导。

2.指导各附属医院信访、执纪问责工作，审核把关各附属医院纪委办理的信访初核报告，从程序和内容两个方面提出改进意见。开展信访情况分析，及时发现倾向性问题并进行情况通报。

3.科学运用监督执纪"四种形态"。截至12月31日，医学部两级纪检监察共收到信访124件，受理37件。对1个单位党政班子负责人提醒谈话，诫勉谈话2人；立案5件，开除党籍1人，严重警告1人。协助有关单位核查11次。

廉洁教育。1.红色基地廉洁教育。6月3日至6日，范春梅带领医学部纪检监察系统干部30余人，赴西柏坡和正定开展"不忘初心、牢记使命"专题培训。

2.干部廉政教育。向医学部党委委员、党政领导班子成员和纪检监察干部发放《中国共产党纪律处分条例》《中国共产党问责条例》《中国共产党纪律检查机关监督执纪工作规则》《中共中央关于加强和完善中国特色社会主义制度、推进国家治理体系和治理能力现代化若干重大问题的决定》等学习材料，提醒干部绷紧纪律规矩弦，正确对待和使用权力。开展纪检监察干部应知应会廉洁知识测试，共60人参与测试。坚持班子换届和新上岗干部廉政谈话制度，提醒干部加强自我修养。

3.学生、党支部书记、新入职员工廉洁教育。每年坚持为学生和教职工发展对象培训班、"双带头人"党支部书记培训班和新生团课讲授党章党规党纪，结合案例教育使培训对象增强纪律和规矩意识。

队伍建设。1.强化纪委会工作职能。执行《北京大学医学部纪律检查委员会工作规则》，行使纪委会领导和指导医学部纪检监察工作职责。指导各附属医院强化纪委委员作用，向党支部纪检委员延伸管理工作。

2.加强队伍能力建设。组织干部参加中纪委、教育部、北京市、北京大学举办的各类培训活动。以问题为导向开展调查研究，赴浙江大学就高校附属医院重点领域廉政风险防控问题进行专题调研。

（刘晓瑜、刘馨阳）

巡察工作

【发展概况】 组织机构。2018年6月，北京大学成立巡察工作领导小组，学校党委书记邱水平、校长郝平任双组长，分管组织工作、纪检监察工作和分管医学部党委工作的副书记任副组长，成员单位包括党办校办、纪委办公室监察室、党委巡察办公室、党委组织部、党委宣传部、党委教师工作部。2018年9月，成立党委巡察办公室，作为学校党委工作部门，是巡察工作领导小组日常办事机构，设在纪委，与内部控制管理办公室合署办公。2019年5月14日，北京大学十三届党委第64次常委会会议审议，2019年11月18日，学校编制委员会2019年第2次会议审议，2019年11月26日北京大学十三届党委第91次常委会会议讨论决定，内部控制管理办公室不再与党委巡察办公室合署办公，党委巡察办公室使用独立机构代码，人事、财务等相对独立运作。党委巡察办公室设立主任1名（正处级，由纪委副书记兼任），副主任1名，正科级巡察干部1名。同时决定，党委组织部副部长、党委宣传部副部长、党委教师工作部副部长、党办校长办公室督查室副主任、医学部党委职能部门副职兼任党委巡察办公室副主任。

巡察开展情况。2019年，在学校党委领导下，巡察工作以习近平新时代中国特色社会主义思想为指导，贯彻落实党的十九大全面从严治党的战略部署，学习贯彻十九届四中全会精神，结合"不忘初心、牢记使命"主题教育，根据《中国共产党章程》《中国共产党巡视工作条例》和《关于中央部委、中央国家机关部门党组（党委）开展巡视工作的指导意见（试行）》（简称《指导意见》），不断加强政治巡察，推动全面从严治党治校，使北大成为树牢"四个意识"，坚定"四个自信"，坚决做到"两个维护"的坚强阵地。

1.党委巡察工作领导小组3次听取巡察综合情况汇报，党委常委会9次研究巡察工作，党委书记邱水平在深化全面从严治党暨强化师风师德建设工作会议等专题会上多次强调巡察工作的重要性，分管巡察工作的党委副书记、纪委书记叶静漪参加了19场巡察动员会、反馈会和4场调研座谈会。

2.学校党委对30家二级单位进行了巡察工作，其中二级党委25家，直属附属单位和医院5家，具体情况如下：第二轮巡察了城市与环境学院党委（含建筑与景观设计学院）、工学院党委（含前沿交叉学科研究院）、光华管理学院党委、考古文博学院党委、人民医院党委、校医院党委、科技开发部（产业技术研究院）、出版社党委、计算中心、北大附小党委；第三轮巡察了数学科学学院党委（含北京国际数学研究中心）、软件与微电子学院党委（含软件工程国家工程研究中心）、档案馆（含医学部档案馆）校史馆、哲学系党委、科学研究部（含医学部科研处）、经济学院党委（含人口研究所）、社会学系党委（含中国社会科学调查中心）、北大附中党委、药学院党委、继续教育学院（含医学继续教育学院）；第四轮巡察了生命科学学院党委、地球与科学空间学院党委、环境科学与工程学院党委、马克思主义学院党委、艺术学院党委、教育学院党委、元培学院党委、深圳研究生院党委、第三医院党委、肿瘤医院党委。

巡察实施。学校党委根据中央巡视工作精神，立足学校实际，从工作机制、监督重点、统筹协调、干部培养等角度加强对巡察工作的领导。

1.突出巡察工作监督重点。2019年，中央政治巡视的监督重点由"六围绕一加强"调整为"四个落实"，党委巡察办在第四轮巡察中，将"四个落实"、十九届四中全会精神、"不忘初心、牢记使命"主题教育作为巡察"观测点"写进《巡察工作规程》，调整后的"巡察要点"包含了21个一级观测点，48个二级观测点，137个三级观测点。

2.建立"会诊"制度。巡察前党委巡察办公室协调纪委办公室监察室、党委组织部、党委宣传部、人事部、督查室信访办公室、审计室、财务部等近20个职能部门，对被巡察单位进行"会诊"，收集有关信息以及存在的问题，向巡察组组长、副组长进行通报，使巡察更具针对性。

3.加强干部培养锻炼。发挥巡察的"熔炉"作用，把巡察工作作为培养、锻炼干部的平台，发现、考察干部的重要途径，把巡察干部的教育培训纳入全校干部教育培训总体计划，以干代训。2019年三轮巡察全校共抽调19名正处级、38名副处级、81名科级干部，其中26名干部参加了两轮巡察，1名干部参加了三轮巡察。

4.通过多种方式做好巡察工作。巡察组通过听取汇报、列席会议、召开座谈会、受理信访、个别谈话、重要问题了解、抽查核实、调阅资料、走访调研、开展专项检查等方式进行巡察，形成巡察情况报告。2019年三轮巡察共发放问卷1958份，进行谈话1827人次，列席会议70场，听取专题汇报32场，共发现问题550个，移交问题线索28件。针对院系、机关、后勤、直属单位、附属医院等单位的不同特点，积极探索分类巡察模式，将常规巡察与专项巡察贯通起来，探索延伸巡察等有效的方式，破解"熟人社会"监督难题。

巡察整改。作为中央巡视整改四所标杆学校之一，北京大学党委对照教育部部党组对巡视整改的部署要求，系统梳理和查摆目前尚存在的问题，同时对巡察发现的新问题，强调整改落实，将推进巡视巡察整改与深化教育综合改革结合起来，压实二级党委整改的主体责任。

1. 进行巡察反馈。一般采取班子反馈和大会反馈结合的形式，特殊情况将向班子主要领导进行会前个别反馈，具体采取何种方式根据实际情况合理确定。2019年共进行了两轮20家单位的巡察反馈，从第三轮巡察反馈开始，邀请被巡察单位分管校领导和纪检监察机关、组织部门负责人参加反馈会，确保整改效果，切实增强师生员工满意度和获得感。

2. 强化整改落实。根据《指导意见》精神，学校党委强化整改监督责任，明确了纪检监察机关和组织部门对于整改落实的日常监督责任。强化整改报告审核责任，从第二轮巡察开始，巡察整改报告主送纪委办公室监察室和党委组织部，党委巡察办公室以及巡察组做好配合工作。紧扣"四个落实"，针对中央巡视指出的问题，重点监督整改。加强巡察监督与纪律监督、监察监督贯通融合，构建"四个全覆盖"的监督格局，巡察后梳理共性问题，对被巡察单位进行警示提醒，督促未巡先改。

3. 开展"深度精准"述职。被巡察单位整改任务基本完成后，党政一把手到常委会结合各自工作分别进行"深度精准"述职，2019年共完成7家单位的整改述职。

（王 强）

组织工作

【发展概况】 机构设置。党委组织部是在学校党委领导下负责全校党的组织建设和干部队伍建设的职能部门，主要工作职责：贯彻新时代党的组织路线；负责党的基层组织和党员队伍建设；负责中层领导班子和干部队伍建设；负责党员、干部和入党积极分子的教育培训工作；协助筹办学校党代会，做好区县、市和全国人大代表、党代会代表的推荐审查等上级部门和学校党委交办的其他工作。部长柴真，常务副部长霍晓丹（干部与综合事务），副部长刘雨龙（干部）、张洪峰（党校）、唐金楠（党建）、戴长亮（人才，2019年12月兼任）。内设办公室5个：干部工作室、干部考评工作办公室、党建工作室、干部与党建研究室、综合办公室；挂靠单位2个：党校办公室、高校党建研究专委会秘书处。部门在职事业编制职员14人，合同制职员2人。

领导班子换届、调整。校本部共完成班子换届、组建、整体调整30个，其中基层党组织11个，行政班子11个，实体研究机构8个；班子个别调整83个。

干部任免。校本部共任命中层干部209人，其中新任干部76人，提任干部13人，连任干部56人，调配任命干部64人；免职干部135人。共选任实体研究机构负责人31人，调整科级干部40余人。

选人用人监督。落实干部选拔任用纪实制度，开展领导干部个人有关事项抽查核实115人次、干部档案审核58人次，征求纪检部门意见214人次。

干部交流。推荐选派干部、教师到校外单位挂职锻炼、借调20人（到中央单位2人，到地方18人）。输出11名干部到校外单位任职（驻港驻外2人，到高校4人，到地方5人；任职正局级2人，副局级3人，正处级2人，副处级2人）。

援派干部。服务国家战略，选派31名干部人才参加援疆援藏、对口支援、定点扶贫等工作，出台《关于加强援派干部人才激励保障的若干措施》。

基层党务培训。定期举办学部党组织书记党建交流会，举办4期组织员培训沙龙，开设基层党务专题党课，组织教工党支部书记业务能力专题培训，举办北京大学第二期"双带头人"培训示范班，全面提升基层党务工作者业务水平。

党员培养发展。教师方面，举办第二期"党的建设和国家发展专题研讨班"，已有超过半数的参训教师提交入党申请书；继续开展"加强教师党员发展专项行动计划"，由校领导亲自联系、党委组织部跟踪培养，积极推动教师入党工作。学生方面，在江西招生组试点建立临时党支部，举办党性教育读书班，与高中做好入党积极分子培育和接续培养工作；将新生军训与入党积极分子培养工作结合起来，编写《北京大学新生入党指南》，跟踪新生思想动态，邀请党委书记邱水平和党委常委、组织部部长柴真为全体本科新生讲授专题党课并作入党动员，2019级本科新生中递交入党申请书的人数超过半数；针对国庆重大活动期间申请入党的人员，制定专门培养方案。2019年全校新发展党员1930人。

2019年上半年，第31期党的知识培训班共结业学员1689人；下半年启动第32期党的知识培训班，共有3722人报名参加。举办北京大学第31、32、33期学生党性教育读书班，第15、16期教职工党性教育读书班，共培训1548名学生和71名教职工。

党员教育管理。及时稳妥处理不合格党员，定期开展党员党性分析，完成与党组织失去联系党员的组织处置工作，提高党员队伍质量。严格管理和使用党费，教育党员按时足额缴纳党费。开展党组织关系集中排查，从源头抓好高校毕业生党员组织关系管理工作，提升基层党建工作的制度化和规范化水平。

党组织管理。集中整顿软弱涣散基层党组织，对全校基层党组织排查摸底，建立台账，推动整顿工作。加强学校党委对实体科研机构的领导，发挥政治核心和战斗堡垒作用，为教学科研等各项事业发展提供思想政治保障和精神动力。2019年7月成立前沿交叉学科研究院党委。

党支部规范化建设。依托"不忘初心、牢记使命"主题教育，集中破解教师党支部规范化建设问题，制定具体措施10余项，提高教师党支部建设水平。持续推进"标杆院系""样板支部"建设，树立典型，提炼经验。抓好组织生活会和民主评议党员等常规工作，推动基层党建工作标准化、制度化、规范化。

党内统计工作。按照中组部、教育部、北京市工作部署，统计各类专项数据。

评优表彰。2019年，共表彰"党务和思想政治工作先进集体"10个、"优秀党务和思想政治工作者——李大钊奖"5人、"优秀党务和思想政治工作者"115人、"党务和思想政治工作奉献奖"65人、"十佳学生党支部书记"10人。

党建研究。扎实做好高校党建研究专业委员会秘书处和校内党建研究工作。以《北大党建》杂志为平台，以北大党建研究会课题研究为抓手，提升党建研究质量。

全国党建研究会高校专业委员会秘书处工作。作为全国党建研究会高校专业委员会秘书处日常办事机构，承担全国党建研究会2019年指定课题，联合11所高校开展"贯彻落实习近平总书记重要指示批示精神 开展攻坚克难案例研究"相关工作；面向100余所会员高校开展自选课题申报，确定重点课题11项，自选课题29项；受全国党建研究会委托，继续修改完善《中国化的马克思主义党建理论体系概论》相关章节。

党校制度建设。制定《中共北京大学委员会关于2019—2023年干部教育培训工作的实施意见》，明确今后五年学校干部教育培训总体要求；出台《北京大学分党校工作实施细则（试行）》，推动分党校工作的科学化、规范化、制度化建设。

党员干部教育培训。3月至10月举办第46期干部研讨班，6月至12月举办第47期干部研讨班。通过增加培训频次，缩短新上岗干部接受培训等待周期，提升培训的针对性与实效性，全年累计培训新上岗干部108人。6月至12月举办第10期中青年骨干研修班，培训副高级及以上专业技术职务的中青年教师和正科级管理干部47人。

4月至7月，先后与江西弋阳方志敏干部学院、江西井冈山干部学院、陕西延安干部培训学院枣园分院签订合作协议，建立党员干部教育培训基地，为在岗干部、新上岗干部、中青年骨干教师、教师党支部书记"双带头人"等提供教育培训资源。4月，组织干部分别赴方志敏干部学院和井冈山干部学院开展培训。7月，组织第46期干部研讨班学员与教工党支部书记赴延安干部培训学院枣园分院开展培训。8月，组织第47期干部研讨班、第10期中青年骨干研修班、第二期教师党支部书记"双带头人"培训示范班学员赴山东临沂开展培训。

干部大讲堂。3月至6月，党委书记邱水平、党委常务副书记于鸿君、副校长王仰麟、党委常委、宣传部部长蒋朗朗等学校领导和国防大学教授金一南少将等全国知名专家就社会主义法治、高校法律事务、组织管理、舆情应对和国家安全等主题做讲座。10月至11月，党委书记邱水平、校长郝平分别以高校党的政治建设和党的十九届四中全会精神为主题做讲座。

青年干部未名管理论坛。举办第五届"青年干部未名管理论坛"，通过论文评审、论坛研讨等形式，提升青年干部理论水平和解决问题的能力。组建17个调研组赴全校120余家单位调研，制订《关于进一步加强北京大学优秀年轻干部队伍建设的若干意见》。

【"不忘初心、牢记使命"主题教育】 按照中央统一部署，学校以学习贯彻习近平新时代中国特色社会主义思想为主线，聚焦"守初心、担使命，找差距、抓落实"总要求，坚持把"学、研、查、改"四项重点措施贯穿始终，突出北大特色，"擦亮北大红"，从严从实推动主题教育开展。作为主题教育领导小组办公室所在部门，主题教育期间，党委组织部统筹全校各单位共开展5000余场相关活动，学习教育持续深入，调查研究落实落细，检视问题深刻全面，整改措施扎实有效，专项整治到位有力，建章立制系统及时，分类指导细致务实，确定48项校级整改任务和871项二级单位整改任务。

（曲一铭）

医学部组织工作

【发展概况】 医学部党委组织部、党校是医学部党委的职能部门，主要负责党的组织建设，干部队伍建设，党员、干部和入党积极分子的教育培训等方面的工作。党委组织部设部长1人，副部长2人（其中1人兼医学部党校副校长）；下设综合办公室、党校办公室2个科室，科室主任各1人。截至2019年12月31日，编制7人，在编6人。

2019年，医学部党委组织部在医学部党委领导下贯彻落实党的十九届三中、四中全会精神，以党的政治建设为统领，扎实开展"不忘初心、牢记使命"主题教育，压实责任，不断提高基层党建工作规范化、标准化水平，加强干部队伍建设，为医学部综合改革稳步推进奠定组织基础。

开展"不忘初心、牢记使命"主题教育。9月起，按照中央部署，学校开展"不忘初心、牢记使命"主题教育。医学部党委组织部作为主题教育的主要牵头单位，在医学部党委的领导下，将学习教育、调查研究、检视问题、整改落实四项措施有机融合，统筹运行，沟通协调学校联络组、医学部各工作组和4个指导组，汇总传递信息，将学校的实施方案和各项重点措施进行分解、细化、明确，结合医学部实际，指导医学部各基层单位将工作要求落实到位，确保医学部主题教育整体工作平稳有序开展。11月，按照中央部署和北京大学党委整体安排，聚焦"不忘初心、牢记使命"这一主题和学习贯彻党的十九届四中全会精神总体要求，布置医学部专题民主生活会和组织生活会，参加各学院、医院专题民主生活会并作现场指导，确保各单位严格围绕五个目标，按照习近平总书记关于"四个对照""四个找一找"的要求，开好专题民主生活会。

专项调研工作。4月，开展优秀年轻干部集中调研工作，专项工作组在医学部范围内采取个别访谈、调阅材料等形式，对年轻干部和具有管理能力的专业技术人员进行摸底，初步建立医学部优秀年轻干部数据库；10月，开展基层党组织建设情况调研，走访基础医学院等5家学院和6家直属附属医院，通过调阅相关制度文件和工作资料、抽查支部工作手册、检查发展党员材料和个别访谈等方式，掌握基层党建工作第一手材料，发现存在的问题和困难，完成情况反馈；11月，开展新体制教学科研单位党建工作专项调研，全面摸排医学部新体制教学科研单位的党组织隶属关系和人员构成情况，与人事处、机关党委等相关部门开展研讨，探索新形势下新体制教学科研单位党组织设置方式和党建工作思路。

党建工作。截至12月31日，医学部共有党支部484个，其中学生党支部93个、教职工党支部346个、离退休党支部45个；共有党员11,079人，其中在职教职工6444人、学生2149人、离退休人员2342人、其他人员（含组织关系暂存人员）144人。党员中女性7301人，占党员总数的65.9%；少数民族616人，占党员总数的5.56%。发展党员399人，其中在职教职工181人、学生218人（研究生117人、本科生101人）。

规范二级单位党政领导班子运行机制和议事规则。指导各直属附属医院贯彻落实《加强公立医院党的建设的实施意见》精神，各学院贯彻落实《北京大学关于院（系）党政领导班子职责及工作规则的规定》等文件精神，规范医院和学院党政领导班子运行机制和议事规则。进一步贯彻落实"党管干部"原则，各医院成立干部人事小组，由院党委会讨论决策干部事项。

推进基层党组织规范化建设。以教育部第二批"新时代高校党建示范创建和质量创优工作"申报为契机，推进基层党组织的规范化、标准化建设，抓好"三会一课"制度、主题党日制度建设，打造"标杆院系"和"样板支部"。在2019年度参评工作中，6个申报支部全部入围，其中4个支部被北京市委教育工委列为重点关注单位进入全国评比。最终，药学院学生党总支第四党支部、人民医院血液病研究所第一党支部获批"全国党建工作样板支部"培育创建单位。为理顺教学医院学生教育管理工作机制，加强教学医院学生党建工作，解决医学部学生在教学医院学习期间的党员发展等难点问题，经过与相关部门及教学医院调研、沟通，7月1日，正式成立医学部教学医院学生党总支，总支部隶属医学部机关党委，由5名委员组成，其中书记1人（由学生工作部负责人兼任）、副书记1人，下设12个党支部（学生工作部党支部和11个教学医院学生党支部）。医学部同时聘请22名教学医院负责学生工作的教师担任医学部兼职组织员，以加强教学医院的学生党建工作，聘期两年。

选优配强党支部书记。结合教育部教师党支部书记"双带头人"培育工程要求，探索"把党建带头人培养成为学术带头人"和"把学术带头人培养成为党建带头人"的双向培育机制，将干部培训、党支部书记培训和学术骨干培训相结合，促进党务人才和学术人才的沟通交流和共同进步。督促各单位通过支部换届和个别调整的方式，按照"双带头人"的标准选优配强教师党支部书记，截至2019年12月31日，医学部教师党支部符合"双带头人"要求的支部书记比例达到96.3%。

开展党建课题研究工作。组织申报北京大学党建研究会2019年度课题，开展医学部2019年度党建研究课题工作，鼓励和支持基层党务工作者针对高校党建工作的难点和重点问题开展研究。经过专家评审，共有17项课题获批北大党建研究会立项，25项课题获批医学部党建研究课题立项。获得学校经费支持9.5万元，医学部经费支持3.75万元。

认真做好党员发展工作，突出在高级知识分子群体和大学生中发展党员两个工作重点。16位来自各学院、医院的具有高级职称的教职工参加医学部高知发展对象培训班，对高知发展对象的思想情况、发展进度进行重点跟踪关注，截至2019年12月31日，9位同志发展入党。全年共发展学生党员218人，其中本科生101人、研究生117人。

评优表彰工作。在纪念中国共产党成立98周年之际，医学部共有2位同志荣获北京大学优秀党务和思想政治工作者——李大钊奖，30位同志被评为北京大学优秀党务和思想政治工作者，35位同志荣获北京大学党务和思想政治工作奉献奖，3个单位被评为北京大学党务和思想政治工作先进集体。医学部党委评选表彰5个先进集体和20位优秀党务和思想政治工作者。

干部工作。截至2019年12月31日，医学部副处级以上干部183人，其中，局级2人、正处级61人、副处级120人；女干部91人；中共党员161人，民主党派13人（含3名双重身份），其他12人；少数民族8人；具有高级职称136人，占74.3%；具有硕士以上学位156人，占85.2%。正处级平均年龄51.8岁，最小39岁；副处级平均年龄47.3岁，最小33岁。

换届工作和干部调整。贯彻落实中共中央印发的《党政领导干部选拔任用工作条例》文件精神，按照学校要求，调整议事规则、工作机制，梳理完善工作流程，修订干部选任系列文件。完成医学部产业党总支和护理学院行政班子换届工作，共任免干部14人次（任9人次，免5人次），其中，提任干部4名，调配干部2名，连任干部3名。

搭建干部轮岗交流、挂职锻炼平台，有序开展干部轮岗交流、挂职锻炼工作，逐步推进医学部机关、学院、医院之间的干部轮岗交流。2019年度共有1名学院专业技术干部在机关挂职（现已完成挂职任务），1名机关专职管理干部在医院挂职，1名专职管理干部完成轮岗交流。做好援派干部的轮换工作，截至12月31日，共有中组部第九批援疆干部5人在受援单位开展工作；完成援派干部考核工作5人次；落实中央关于援派干部的激励保障文件精神，8月起按照学校规定给予援派干部相关生活补助。

加强对干部的日常管理监督，严格执行新任干部试用期满考核工作，以面谈、测评、征求纪委意见等形式全面考察干部在试用期间德、能、勤、绩、廉等各方面的表现，11月30日前完成试用期满考察30人。

严格执行干部个人事项报告制度，通过举办专题培训会、加强填报环节预审工作、使用"企查查"等专业网站辅助初核工作等方式，帮助干部完善信息，提高填报质量，降低漏报、瞒报发生率，2019年度应报告153人，实际报告153人，报告率100%；截至12月31日，共有45名干部的个人事项接受上级查核。

规范干部出国境审批和兼职审核，落实干部出国境审批和干部兼职审批制度，坚守管理底线。与国际合作处分工合作，建立干部证件使用情况定期检查制度，2019年度共审批出国境359人次、干部兼职46人次；对干部出国境证件管理情况进行专项检查，切实做到应交尽交，应还尽还。11月30日，完成离京干部请假备案归口管理。

做好机关职能部处绩效考核。配合机关职能部门发展状况绩效评估工作组，在往年工作经验和多方调研基础上，采用多维度评价与现场述职测评相结合的考核评价形式，对日常工作与推动发展改革工作情况、干部民主测评、师生满意度测评、上级领导评价、平时情况及其他有关指标等不同考核结果进行综合分析，完善评估体系，进一步加强对机关职能部门的管理与监督、激励与约束，不断提升管理水平和服务质量。

培训工作。党支部书记培训。5月，举办学生党支部书记培训班，来自各学院、医院的104名学生党支部书记和学生工作负责的教师参加培训。6月起，11名党支部书记参加北大第二期"双带头人"教师党支部书记示范培训班。7月2日至7日，举办医学部干部暨教师党支部书记"双带头人"培训班，组织新上岗干部、中青年骨干和"双带头人"教师党支部书记赴江西干部学院，接受"不忘初心、牢记使命"革命传统教育和国情国策教育，实现党务和业务同向发力。

干部培训。6月至11月，依托中国教育干部网络学院平台，组织医学部170名干部和325名教职工党支部书记参加在线学习，通过政治理论、高校管理、法律知识、人文社科等多方面课程的学习，提高干部和教职工党支部书记的综合素养。9月至10月，组织14名医院副院长参加国家卫健委公立医院行政领导人员职业化培训班。

发展对象培训。根据基层党员发展工作需求，增加各类培训班频次，每半年各举办一次学生发展对象培训班、教职工发展对象培训班和高知发展对象培训班。合理设置培训内容，以党章和党内政治生活准则为主体，结合"不忘初心、牢记使命"主题教育和新中国成立70周年等时事热点内容，通过多种形式提高培训效果。2019年共培训发展对象437人，指导、监督和配合各二级党委做好入党积极分子培训工作。

（许　中）

宣传工作

【发展概况】组织结构。党委宣传部（新闻中心）是在学校党委领导下贯彻和落实新时代党的宣传思想工作路线、方针和政策，围绕学校中心工作，面向全校开展宣传思想工作的部门。2019年，党委宣传部围绕开展"不忘初心、牢记使命"主题教育、学习贯彻党的十九届四中全会精神、庆祝新中国成立70周年、纪念五四运动100周年、加快推进"双一流"建设，不断加强和改进思想政治工作，凝心聚力、铸魂育人、守正创新，推动北大宣传思想工作不断向前。党委宣传部机关下设综合办公室、理论办公室、宣传办公室、校风与文化建设办公室、思想政治办公室、海外传播办公室，新闻中心下设《北京大学校报》编辑部、电视台、广播台、新闻网、图片编辑部及新媒体工作团队。融媒体中心建设工作正在稳步推进中。

理论工作。围绕"积极开展重大主题理论宣传，服务重大庆典活动"的年度工作主题，组织12次学校党委理论中心组学习，协同党委组织部组织学校领导班子"不忘初心、牢记使命"主题教育暑期读书班和集体学习，分12个专题编写6册学习材料。开展2019年度落实意识形态工作责任制调研，举办纪念五四运动100周年师生座谈会，参与举办纪念五四运动100周年学术研讨会暨五四运动研究中心成立仪式。承担国家互联网应急安全协调指挥中心小型应急专项课题；承建教育部高校思想政治工作创新发展中心，编写6期研究简报，组织召开2场专题研讨会；《把学术优势转化为宣传优势 推动理论、舆论同频共振》收入《第二届高校宣传工作创新发展高层论坛案例集》；《思路：思想理论热点专报》编印至第143期。

思想政治工作。落实党委意识形态工作责任制，组织2次学校意识形态专项工作例会。加强教师思想政治工作，编发《专项工作简报》51期。北京大学讲座论坛报告会申报审核系统平稳运行，共审核、复核相关活动1532件次；就58项重大新闻事件与教育部、相关主管部门和地方政府有关部门沟通协调。起草或参与起草党委"不忘初心、牢记使命"主题教育和学习贯彻落实十九届四中全会精神有关学习材料；向教育部思想政治工作司、北京市委教育工委等上级有关部门提交意识形态半年度报告、年度报告和专题分析报告10余篇。统筹组织"学习强国"学习平台注册工作；协调相关部门推荐宋玺、唐孝严、韩茂莉申报北京榜样、首都精神文明建设奖、感动海淀十大文明人物等奖项。

新闻宣传。 2019年，中央电视台各套新闻栏目总计报道北大新闻94次，其中《新闻联播》20次；《人民日报》报道北大相关新闻总计39篇，新华网报道38篇，《光明日报》62篇。与33家媒体建立长期稳定联系，其中包括16家中央媒体、12家都市媒体、5家网络媒体。组织策划16次重大活动宣传报道，配合人民日报新媒体中心完成庆祝澳门回归20周年拍摄活动。组织召开1次全校宣传委员培训会。与人文社会科学研究院联合开展"大师传承"主题策划，与科学研究部联合开展"科研精神"专题策划。3月，正式在今日头条平台上开设官方账号，截至2019年12月31日，总计发文491条，发布视频31条，积累200余万粉丝，阅读量超300万。6月，策划组织光明网《光明大直播——北大站》直播活动。

文化建设。 举办"庆祝新中国成立70周年北京大学学者书法展"，编辑《翰墨英华——北京大学学者书法展作品集》。编辑出版人物通讯《躬行在道——爱岗敬业的北大师者》。编辑共和国勋章候选人等奖项申报材料。推进"北京大学文化精品项目"的组稿编辑工作。北大获评"礼敬中华优秀传统文化进校园示范校"。

校报校刊。 《北京大学校报》2019年出报35期（第1506—1540期），同时发布校报网络版。积极做好"不忘初心、牢记使命"主题教育活动以及师德师风建设、重大活动、重大科研成果宣传，出版国庆70周年专刊、纪念五四运动100周年专刊、北京论坛专刊和地质学系建系110周年专刊。编辑出版《信息周刊》33期。近10篇校刊作品被《中国教育报》等社会媒体转载，另有作品分别获得中国高校校报协会"中国高校校报好新闻"一等奖和三等奖。

电视台。 2019年，北大电视台共制作播出《北大新闻》39期、新闻500余条，播发图文信息66期、逾1300条。承担学校各类活动直播与多机位现场切换18场，完成专题片与宣传片34部，视频思政课25期，多个节目获得"中国高校电视奖"等奖项。与马克思主义学院共同策划、制作视频思政课《思政热点面对面》（共18集）和《新中国70年七个重大理论问题》（共7集）。作为中国教育电视协会高校电视专业委员会秘书处，组织全国59所高校参与高校融媒体建设调研。

新闻网。 2019年，新闻网编辑发布稿件4500余篇，其中原创稿件近300篇，建立"庆祝中国共产党成立98周年""纪念李大钊同志诞辰130周年""研究生教育综合改革"等各类专题20余个。"不忘初心、牢记使命"主题教育期间，新闻网推出专题网站，发布稿件近600篇。推出庆祝新中国成立70周年、纪念五四运动100周年专题网站。推出纪念五四运动100周年、"不忘初心、牢记使命"主题教育系列评论和"国家教学成果奖巡礼""北京论坛2019"等系列原创报道。2019年春季学期开学之际，完成新闻网改版工作。完成《北大学科》《北大师说》等对外传播主题片的宣传报道工作。

广播台。 2019年，广播台共制作播出新闻快讯30期、要闻300余条，通讯及访谈120余期，各类文化专栏80余期。继续加强新闻报道工作和广播记者团建设，优化快讯、要闻、通讯及谈话等各栏目的定位与协同机制，扩大广播覆盖面。优化手机收听体验，明确节目发布主平台；优化校园广播收听体验，进一步扩大声场更加均匀柔和的草坪音箱使用比例。探索智能化广播发展趋势，研究融媒体环境下广播媒体的发展方向。完善广播台组织机构，明确听评小组成员及分工，落实播音指导岗位。

新媒体。 2019年，北京大学微信公众平台共发稿446篇，总阅读量超过1900万，粉丝数从96万增长至160万，《团结起来，振兴中华！》《你在等秋天，北大在等你》《这里的"一分钟"很北大》《今天，北大为你而开放》等33篇"爆款"微信原创稿件单篇阅读量均超过10万，成为2019年获得"10万+"最多的全国高校微信公众号。北京大学官方微博共发布微博3300余条，粉丝数从80万增长至150万。起草《北京大学微信公众号、微博账号管理办法》，并经学校党委会审议修订通过。

摄影与图片。 2019年，图片编辑部在学校官网主页拍摄制作大图共计208张。摄影组全年拍摄约270余场次，为新闻网、校刊和官微新闻提供配图约200余篇，其中在"北京大学纪念五四运动100周年"和"北京大学庆祝中华人民共和国成立70周年"系列活动中为相关部门提供大量照片。主页设计大图70余张，其中国庆70周年庆祝活动相关设计6张；与计算中心等单位合作完成主页改版、大图改版工作。设计制作校办一层宣传展板20余幅，设计官方微信所需图片。

海外传播工作。 2019年，英语新闻网发布新闻共计525篇，北大国际新媒体矩阵（Facebook、Twitter、LinkedIn、Instagram、YouTube、英文官微）发布推送1466篇，海外总展示次数4624.4万次，获得点赞、评论、转发66.5万次，总互动率为1.4%，平台总粉丝数162.4万，打造"北大校园""大事纪""北大科研"等品牌标签。2019年共制作视频60部，开设"与北大同行2019"专题页面；新增《北大学科》《北大科研》《PKU MINUTES》等品牌视频，其中《北大学科·总括篇》与《数学篇》首发观看量突破10万；制作北京大学李大钊奖得主事迹宣传片。打造"大学堂·北大讲坛"主题演讲品牌、图片品牌"蓝图北大"，举办"游园听梦"北京大学光影技术科技展。策划"2019年录取通知书"主题传播活动。协办国际文化节，制作《汉语演讲之星》系列视频,支持北京论坛、中外国际媒体论坛等大型活动,服务校内16项大型活动。与46个校内院系/涉外单位/社团建立合作,与22家主流外宣媒体、22家境外媒体建立合作,与22所国内外高校、7家传媒机构建立联系,启动"媒美与共"艺术计划。与央视《开讲啦》合作策划3期节目,首期开讲嘉宾为"光催化之父"、北大客座教授藤嶋昭(2019年中国政府友谊奖得主),现场连线北大战略合作高校东京大学;第二期开讲嘉宾为图灵奖得主、北京大学前沿计算中心主任约翰·霍普克罗夫特(John Hopcroft)教授,现场连线北大对口支援高校石河子大学;第三期开讲嘉宾为北大数学科学学院教授、中国科学院院士张继平,现场连线北大战略合作高校澳门大学。

（靳 戈、周 航、杨 萌、李 彤、汤继强、陈 波、陈云超、刘乃勇、王颜欣、王天天、陈雪霁、张 硕）

【五四运动100周年系列宣传报道】 为纪念五四运动100周年,2019年4月30日下午,党委宣传部牵头举办纪念五四运动100周年师生座谈会。本次座谈会主题为"学习贯彻习近平总书记在纪念五四运动100周年大会上的重要讲话精神,培养新时代中国特色社会主义事业的建设者和接班人"。党委书记邱水平在会上寄语北大学子,希望大家把五四精神发扬光大,认真学习国家最需要的本领,将来走上国家最需要的岗位、干国家最需要的事业,做新时代的"追梦人""圆梦人"。校长郝平表示,要把五四精神熔铸进青年灵魂,培育和践行社会主义核心价值观,继续深化高等教育综合改革,勇于探索、敢于创新,努力为民族、国家和人民作出新的历史性贡献。教师代表刘忠范、刘军、李炳奎,共青团干部代表石长翼,辅导员代表李珣,学生代表王麟、张栋杰等结合各自工作和学习经历,围绕主题畅谈学习总书记重要讲话精神的心得体会。相关职能部门负责人、青年教师、辅导员、共青团干部及学生代表等近300人参加座谈会。

新闻中心策划、制作6集人物纪录片《新时代 新青年》,挖掘心理与认知科学学院临床心理学专业2018级硕士研究生宋玺,基础医学院病原生物学系2016级博士研究生王麟,中国语言文学系2013届硕士毕业生、宁夏吴忠市利通区东塔寺乡党委书记宗立冬,物理学院重离子物理研究所所长颜学庆,国家发展研究院党委书记余淼杰,城市与环境学院1992届本科毕业生、深圳市铁汉环境生态有限公司董事长刘水等人物的鲜活案例和感人事迹,展现新时代的北大青年如何在五四精神激励下,把个人理想融入民族复兴伟大理想,以自己的实际行动在各行各业发挥引领作用。

党委宣传部还与校史馆合办"北京大学与五四运动"展,编辑画册《赓续五四精神 再谱奋进篇——北京大学纪念五四100周年活动集萃》。推出纪念五四运动100周年专报刊,推出五四专题网站,集中展示了160多张与五四运动相关的老照片。编纂《继往·为新——纪念五四运动100周年新闻评论选辑》一书。

（张 硕）

【庆祝新中国成立70周年系列宣传报道】 2019年9月,党委宣传部向中央宣传部、教育部报送大量"青春告白祖国""小我融入大我,青春献给祖国"等主题的视频、图文素材,并参与组织央视、人民网等中央媒体发起的"与国旗同框"快闪活动以及"70年——与祖国共成长""70年·70人"等系列拍摄活动。9月份,"学习强国"报道北大新闻3次,央视《新闻联播》《朝闻天下》《人物》等各频道各栏目报道共计18条(不计重播),《人民日报》、人民网报道共计18篇(不含转载,下同),新华社报道9篇,《光明日报》报道16篇,《中国青年报》报道11篇,《中国教育报》、中国教育电视台、《中国日报》、北京电视台等媒体报道共计12篇。10月1日至2日,《人民日报》、人民网连续两天刊登北大学生关于新中国成立70周年大型庆祝活动的感想,2日至3日《光明日报》连登5条北大师生感想,5日央视《新闻联播》详细报道北大师生收看庆祝大会的情况和师生感想。

党委宣传部推出庆祝新中国成立70周年专题网站,编辑《北大记忆——70位北大人的故事》一书。策划、制作《青春告白祖国》系列专题片(共7集)。出版《北京大学校报》国庆70周年专刊。策划、编辑"奋进70年 与共和国同行——北京大学庆祝中华人民共和国成立70周年专题图片展",通过几百张历史图片,再现北大70年砥砺前行的奋斗历程。

（杨 萌、陈 波、李 彤、陈云超、汤继强）

【"不忘初心、牢记使命"主题教育活动宣传报道】 党委宣传部积极做好"不忘初心、牢记使命"主题教育的宣传报道工作。策划制作"弘扬红楼传统,争做教育标杆——北京大学不忘初心、牢记使命"主题教育展,专门招募师生志愿者45人组成讲解团队;展览第一部分"初心如磐、使命在肩"系统梳理了北京大学与中国共产党的密切关系以及北大人听党话、跟党走的历史传统,彰显了北大人和中国共产党人在初心和使命上的内在一致性;第二部分"为党育人、为国育才"聚焦北京大学的初心和使命,展现北大师生始终与祖国和人民共命运、与时代和社会同前进,在各条战线上为革命、建设、改革事业砥砺奋进的历史;第三部分"新思想引领新航程"展现深入学习贯彻习近平总书记关于"不忘初心、牢记使命"重要论述、扎实推进主题教育的坚实步履。展览先后接待校内外近200个团队、约3000人次观展。

组织编写并向师生发放《见证初心与使命的北大人》,选取秉持理想信念、保持崇高境界的先进典型和坚守初心使命、敢于担当作为的北大丰碑楷模,在主流媒体报道的基础上,编辑加工整理成书,展示光辉群体、先进事迹。与马克思主义学院、教务部联合制作"新中国70年七个重大理论问题"视频思政课,总时长近400分钟,在微信公众号、新闻网和电视台同步推出,视频围绕"马克思主义的魅力何在""马克思主义为何能在中国而不是西方发扬光大"等议题诠释初心、回应困惑、解决思想和实践问题。

推出"不忘初心、牢记使命"主题教育专题网站,深入宣传中央开展主题教育的指示精神和部署要求,及时发布学校及各单位主题教育进展成效和师生反映,发布稿件650余篇。校报推出主题教育专刊,刊登文章包括回溯北大初心的史论、思政课教师对初心与使命的诠释、青年学生对初心与使命的感悟以及学校整改进展等内容。在《北大新闻》节目中开设"不忘初心、牢记使命"主题教育专题节目,播出12期,并把主题教育相关宣传报道改编成短视频,在学校官方抖音账号、官方哔哩哔哩账号、央视频等视频平台推出。"两微"宣传齐发力,打造一系列"爆款"文章,官方微信发布主题教育稿件14篇,总阅读量超过35万;官方微博发布主题教育宣传内容15条,除重点内容密切同步外,还充分运用图片、视频等方式展示主题教育开展过程中校园里发生的新变化,总阅读量超过311万,点赞达5500人次。

主流媒体先后报道北大开展主题教育进展。《光明日报》"红船初心特刊"整版报道北京大学主题教育工作的主要做法、理论思考和生动实践;《人民日报》在《中管高校和其他高等学校全面启动第二批主题教育——坚守初心使命 强化责任担当》一文中报道北大创立"双班主任制"的特色举措;《人民日报》海外版报道北大将重大活动纳入主题教育,开展形式多样的思想政治教育,增强铸魂育人效果;教育部网站《提高政治站位 强化理论武装》一文报道北大领导班子以上率下,扎实推进主题教育工作取得实际成效;央视《新闻联播》《朝闻天下》报道北大专门汇编和重点学习习近平总书记关于教育领域和到高校的重要讲话、给师生的回信等情况;党建网报道北大领导班子赴红楼参观主题展览并面向党旗宣誓;"学习强国"对北大"服务师生解难题 立行立改见成效"的举措进行转载。

(靳 戈、王 岩、周 航、陈 波、李 彤)

【融媒体中心建设】 2019年,党委宣传部继续推进校园媒体融合发展,开设北京大学头条号、北京大学澎湃号、北京大学抖音账号、北京大学快手账号、北京大学哔哩哔哩账号、北京大学央视频账号等新媒体账号,并在全国高校中首先开设"学习强国号",拥有了越来越多直接面向社会的新闻宣传渠道,媒体矩阵建设日臻完善。由党委宣传部牵头,相关部门参与,北京大学积极申请教育部融媒体中心试点。10月,北京大学获批首批"教育融媒体试点单位"。以此为契机,党委宣传部强化新闻中心向融媒体中心的转变,整合内部校报、图片编辑、广播、电视、新闻网、新媒体、海外传播七类媒体,实现网络化、视频化、融合化;推动校内有影响力的新媒体平台与校园主流媒体协同传播,实现校级媒体与院系媒体一体化管理、传统媒体与新兴媒体一体化管理。以庆祝新中国成立70周年、纪念五四运动100周年、开展"不忘初心、牢记使命"主题教育、学习贯彻党的十九届四中全会精神等重大活动为抓手,推出纪念五四运动100周年系列报道、国庆70年重大活动报道、"思政热点面对面"和"新中国70年七个重大理论问题"视频思政课等多个融媒体报道组合,将文字、图片、音视频、H5等不同媒体方式融于新闻产品中,通过新媒体和传统媒体矩阵推送,受到广大师生热烈欢迎。北京大学融媒体格局初步形成,媒体融合发展成效显著。

(陈 波)

【思想政治工作创新发展中心建设工作】 北京大学思想政治工作创新发展中心于2018年底设立,接受教育部思想政治工作司的领导,中心主任为学校党委常务副书记于鸿君,日常工作挂靠党委宣传部。完成中央网信办委托课题1项(20万字),完成教育部思政司委托研究3项。组织召开意识形态形势专题研讨会,教育部思政司分管领导和全国20所重点高校党委宣传部部长参加,形成报告《2019年高校意识形态工作形势分析》。组织召开2020年全国高校意识形态工作分析座谈会,教育部思政司、高等学校社会科学发展研究中心负责同志,北京、上海、广东等地教育行政部门和京内高校代表参会,形成报告。

(靳 戈)

医学部宣传工作

【发展概况】 2019年,在医学部党委的领导下,党委宣传部始终高举中国特色社会主义伟大旗帜,深入学习贯彻党的十九大及十九届四中全会精神,以习近平新时代中国特色社会主义思想为指导,积极开展"不忘初心、牢记使命"主题教育,以庆祝新中国成立70周年、纪念五四运动100周年为契机,紧密围绕立德树人这一中心任务,不断推进和完善医学部的思想政治工作、新闻宣传工作、校园文化建设与党风廉政建设,为北大医学的改革发展提供良好的思想基础。

理论工作。3月20日下午,医学部党委在逸夫教学楼二层报告厅举行两会精神学习报告会。全国政协委员刘玉村、吴明、季加孚和全国人大代表顾晋、刘忠军分别传达两会精神并介绍参加两会的体会和履职情况,医学部党政领导、各二级单位负责人、师生代表等200余人参加了报告会。5月21日,举办党委理论中心组学习,邀请北京大学博雅讲席教授、新闻与传播学院教授彭波做《网上舆论工作新背景新挑战新任务》主题报告。9月28日,举办党委理论中心组(扩大)学习,组织集体观看电影《我和我的祖国》。

思想政治工作。收集整理各二级单位意识形态工作责任制落实方案,加强对各单位的监督管理。继续加强对各单位新媒体平台的管理,督促各单位在新媒体管理问题上,明确职责，责任到人。对校外媒体约访及学术活动进行审核备案。

加强党支部战斗堡垒作用，每月组织一次学习或者实践活动。先后学习加强党的政治建设、十九届四中全会精神、习近平总书记系列重要讲话精神等，先后前往湖南韶山、平西情报交通联络站、北大校史馆、世界园艺博览会、北京展览馆等开展党员培训、思想教育、文化交流等实践活动。

立德树人工作。利用校园媒体积极宣传医学生的思政"三堂课""领导专家进课堂"等医学部特色育人活动，通过传统媒体与新媒体开展全方位、立体化宣传，并将医学部"三全育人"工作推向社会媒体平台，在主流媒体的重要版面进行宣传，不断扩大医学部"三全育人"工作体系的影响力。医学部党委宣传部部长焦岩为学生讲授党团课4次，并担任基础医学2018级本科3班第二班主任。

通过校园媒体平台宣传师德师风榜样、优秀共产党员、援藏队员、首都十大健康卫士、优秀辅导员等教师、医生榜样。与人事处联合举办新教职工大会，邀请医学部党委书记刘玉村为新教职工带来入职"第一讲"，对新教职工在加强师德师风建设上提出新的要求。向白求恩精神研究会、中国医师协会推荐三位"白求恩式好医生"。

新闻宣传工作。全年累计编发医学部网站首页新闻1000余篇。编发北医新闻网各栏目稿件3000余篇，设立《"不忘初心、牢记使命"主题教育》《新中国成立70周年·我和我的祖国》《北大医学综合改革》等10余个专题栏目。英文网站编发117篇稿件。新增"爱国情奋斗志""我与祖国共成长""初心·使命"和"北医人·追思"等特色专题栏目。《北医》报全年出版19期，配合五四运动100周年、新中国成立70周年，策划推出"爱国情 奋斗志"系列故事专版4期10版；配合"不忘初心、牢记使命"主题教育，策划推出"初心使命"系列专版6期6版；推出原创报道身边故事、春节故事、军训故事、志愿故事、榜样故事、文化故事、档案故事等专版专题。《北医人》杂志完成4期策划、采写、组稿、编辑、排版、出版、发放事宜，配合五四运动100周年推出"那些曾获得北大学生最高荣誉的医学生们"等专题。北医官方微信公众号用户总数达到58,521人，较上年增长32.5%，发送图文消息230条，累计阅读量为119.5万次。北医官方微博于2019年正式上线，共发布182篇微博。广播站举办两期"广播台播音骨干培训"活动、北医广播站第二届"医路有你"配音大赛、19学年广播站迎新大会。校园橱窗围绕医、教、研中心工作编辑制作了10期活动展板，推出"不忘初心、牢记使命"专题人物报道、庆祝新中国成立70周年专题报道。

全年承担学校各类会议及重要活动新闻采写20余次、拍摄任务80余场次，完成图片编辑、资料整理和检索工作，为各单位及校内外媒体等部门提供图片资料，在校内媒体发表图片300余张。制作常规视频新闻18期。开展医学部重要校园文化活动的主题教育视频策划制作，以及组团式援藏医疗团队等专题视频策划制作。

在社会重要媒体重要版面刊发报道，为宣传北大医学开辟新路径。《中国教育报》头版头条刊发《上好医学生的思政"三堂课"》，同时在学习强国平台刊发。《光明日报》焦点专版开辟重点策划"思政课和爱国主义教育"，刊发《那堂坚定信念的思政课》《国旗下的教育最动人》。

队伍建设。4月23日召开社会媒体座谈会，三十家社会媒体机构100余人参加。11月15日举行新闻宣传业务培训会，各单位共130余人参加。配合教育处招生工作，联合光明网开展招办主任大直播活动，观看人数达71万。常规栏目由医学部党委宣传部牵头、各二级单位供稿，重点宣传实行联合采写团队协作模式。积极建立与北大校报、北大新闻网以及《医师报》的合作，组建学生团队，指导成立学生社团北医新闻传媒社。

校园文化工作。在逸夫楼内展示医学生誓言、习近平总书记用典、最美奋斗者和蔡元培奖获得者事迹等；在跃进厅西侧设立共享钢琴房；制作援藏专题、北医之歌（学生版）视频、开学典礼《北医十二时辰》、毕业典礼《青春不散场·医路行远方》等文化宣传视频，营造向上向善的厚道文化氛围。

党风廉政建设工作。医学部党委宣传部高度重视党风廉政建设，认真落实主体责任。部门领导积极践行"一岗双责"，认真履行主体责任。财务预算和报销严格执行学校统一规定，做到经费申请实事求是、经费使用勤俭节约、财务报销严格审核，确保账目清楚、程序完备。严格执行"三重一大"制度，各项常规工作有章可循、管理规范。

中国卫生计生思想政治工作促进会秘书处工作。7月21日，全国高等医学院校"三全育人"研讨会在成都举行。此次会议由中国卫生计生思想政治工作促进会医学教育分会主办，北京大学医学部、四川大学承办，会议主题聚焦新时代高等医学院校"三全育人"工作研讨，来自全国50余所院校的近200名代表参会。

12月19日，2019年中国卫生计生思想政治工作促进会（以下简称政促会）医学教育分会与医学科研分会年会在武汉大学召开，来自全国50余所医学院校、科研单位（会员单位）的领导、代表、优秀学生辅导员300余人参加会议。会议由政促会医学教育分会与医学科研分会主办，武汉大学医学部承办。大会期间召开了政促会医学教育分会常务理事会，就2019年会议的筹备情况、常务理事更换、2020年会议承办等事宜进行讨论。

（陈 平、张湄芷、黄大无）

【《媒体看北医》创刊】《媒体看北医》于2019年1月创刊，共有媒体观察、服务社会、北医人物、学科前沿和言论声音5个部分，全年共10期。《媒体看北医》通过各期热点排行和年度监测报告对新闻报道加以分析，力求借助社会媒体视角，反映北大医学的各项工作，为学校各部门增设一个了解北大医学的窗口。

（郑凌冰、张湄芷）

【与《医师报》签约合作】4月1日上午，北京大学医学部与《医师报》有限责任公司签约仪式在会议中心209举行。为了更好地展示北大医学改革发展取得的成绩，助力健康中国、教育强国建设，本着充分发挥各自资源优势，共同致力于医学健康事业、医学教育事业的发展和传播的目标，北京大学医学部与《医师报》有限责任公司结为战略合作伙伴，在《医师报》人文频道开设北大医学专栏，记录北大医学故事、传播北大医学精神，并在医疗宣传报道领域开展广泛、深入的合作。

卓信医学传媒集团总裁、医师报社社长潘力，副总裁赵兵、黄向东，常务副社长兼执行总编辑张艳萍等报社领导；北京大学党委常委、常务副校长、医学部主任詹启敏，党委副书记、医学部党委书记刘玉村，医学部副主任肖渊、医学部党委副书记李文胜等医学部领导出席签约仪式。医学部各学院、医院、相关单位宣传工作负责人参加活动。仪式由北京大学医学部党委宣传部部长焦岩主持。

为了更加充分地开展战略合作，医师报社聘请詹启敏、刘玉村担任医师报编委会副主任委员，潘力、张艳萍为詹启敏、刘玉村颁发聘书。

（韩娜）

【"不忘初心、牢记使命"主题教育】9月至11月，根据学校整体工作安排，医学部党委宣传部作为宣传工作小组牵头单位承担医学部主题教育的思想理论宣传工作。在主题教育期间编发新闻200余条，编发简报40期，组织完成"初心·使命"专题采写报道15篇，校园橱窗推出"不忘初心、牢记使命"专题人物报道；播放《红星照耀中国》《我和我的祖国》《决胜时刻》《攀登者》《老师好》《中国机长》等6部主题教育系列电影，约5000人次观看，深受党员师生好评。

（张湄芷）

统战工作

【发展概况】2019年，党委统战部以习近平新时代中国特色社会主义思想为指导，全面加强和改进新时代北大的统一战线工作，围绕"不忘合作初心，继续携手前进"主题教育活动，以加强党外知识分子工作为主线，以强化自身建设为保障，健全工作机制、创新工作方法，推进学校统一战线工作取得新进展。

夯实共同思想政治基础。1.3月22日，分别召开全校统战干部会议和民主党派负责人会议，深入学习贯彻党的十九大精神及中央关于统战工作系列重大决策部署，学校党委书记邱水平，党委副书记、医学部党委书记刘玉村出席全校统战干部会议并讲话。1月10日、12月26日，两次召开全国、北京市两会代表委员座谈会。邱水平、刘玉村等学校领导以及学校相关职能部门负责人参加座谈会。

2.开展统战系统"不忘合作初心，继续携手前进"主题教育活动。北大党委精心筹划、系统实施，在全国高校中率先开展支持民主党派、无党派人士"不忘合作初心，继续携手前进"主题教育活动。9月，学校党委出台《关于支持北京大学各民主党派、无党派人士开展"不忘合作初心，继续携手前进"主题教育活动的方案》。9月至12月，统战系统开展"不忘合作初心，继续携手前进"主题教育活动，举办专题座谈会、学习会、培训班、征文、书法展、文艺汇演等活动。9月23日至25日，举办统战系统庆祝新中国成立70周年暨人民政协成立70周年书法邀请展。医学部举办主题征文活动，制作统一战线工作专题片。9月27日，学校党委举办"不忘合作初心，继续携手前进"党外人士专题座谈会。

3.加强党外知识分子教育培训，做好思想引领。组织党外知识分子参加各类培训班、"统战大讲堂"、社会实践考察等，提高培训活动吸引力。同时，支持各民主党派以基层组织为依托开展自主培训、自我教育。3月20日，刘玉村、吴明、季加孚、顾晋、刘忠军等两会代表委员在医学部传达两会精神并介绍履职情况。3月29日，党委统战部联合党委教师工作部、学生工作部，举办两会精神报告会。

4.扎实推进统战系统工作，加强日常交流和研讨。3月22日，学校党委副书记、医学部党委书记刘玉村主持召开学校各民主党派、侨联负责人工作会议，总结2018年工作，研讨2019年度工作。7月4日，中央统战部部长尤权就开展主题教育在北京召开调研座谈会，医学部党委副书记徐善东作为基层单位代表介绍医学部统战工作情况。10月13日，组织民主党派、无党派代表人士等30余人前往香山革命纪念地参观学习。10月，举办"不忘合作初心，继续携手前进"主题教育培训班，组织学校民主党派、无党派代表人士前往南京、上海、武汉等地开展现场考察学习。

5.发挥党外人士监督作用。通过邀请学校各民主党派、侨联会负责人和无党派人士参加座谈会、与党外人士谈心、书面征求意见等多种方式，深入开展教育实践活动和专题教育，多方听取意见建议，认真剖析查摆问题，加强统战工作生态环境的建设和优化。

党外知识分子工作。1.切实加强党外知识分子思想教育引导工作。结合学校工作实际和党外知识分子的思想特点，制定党外知识分子思想教育引导工作方案。

2.为优秀的党外知识分子更好地发挥智库作用积极搭建平台。部分党外人士通过参加参事室、文史馆等体制内平台建言献策，部分党外人士通过政党协商、建言献策小组等平台发挥智库作用，还有一些党外知识人士通过学校的研究机构发挥智库作用。在2019年北京市党外知识分子联谊会换届工作中，北大有17人担任市高级党外知识分子联谊会理事（其中李海潮担任副会长，李晓明、李义虎、刘怡、丁洁4人担任常务理事）。

3.进一步加强归国留学人员的统战工作。面对新形势和新要求，积极开展调研，在基层党委推荐的基础上建立学校留学人员中青年骨干库。以留学人员的吸收引进、教育培养、作用发挥、条件保障为抓手，以加强联谊交友为纽带，全面加强归国留学人员统战工作。

4.发挥无党派人士作用。积极推荐无党派人士参加中央、北京市相关单位组织的培训和挂职锻炼。推荐无党派人士参加中央科技、经济工作等重要座谈会，向中央统战部、北京市委统战部上报无党派人士建议信息，部分信息被中央统战部部门刊物采用并报送中央领导同志。

5.积极推进北京市党外知识分子领域理论政策研究基地建设，承担北京市委统战部有关党外知识分子领域的重点课题研究任务。

民主党派和无党派工作。1.积极协助民主党派组织加强自身建设。引导和带领基层组织负责人扎实工作，加强队伍建设，协助各民主党派有计划地稳步发展新成员。

2.支持民主党派发挥自身特色，开展有影响的活动。2019年，民革北大支部分别承办台湾高校杰出青年大陆参访团和台湾青年大陆暑期实习团来访北大参观交流活动。民盟北大医学部委员会与九三学社北大第二委员会联合组织赴上海参观学习。举行第七届民建"城市发展论坛"。农工党北大支部先后举办3期"健康北大"系列讲座。农工党北大委员会召开学习习近平总书记在纪念五四运动100周年大会上重要讲话精神座谈会。致公党北大第一医院支部牵头组织西城区6个支部联合赴居庸关长城唱红歌，为国庆70周年献礼。学校民主党派合唱团参加"一二·九"师生歌会，近60位民主党派成员通过合唱《共和国从这里走来》表达爱国情怀。

完善"大统战"工作格局。1.完善和加强院（系）统战工作领导机制。3月，下发《北京大学基层统战工作手册》，进一步明确基层党委的定位和职责，为统战工作重心下移、推进基层统战工作提供指导和制度保障。

2.推动院系建立党外人士参与民主管理、民主监督的机制。推动院系通过举办交流协商会、吸收党外人士参加专门工作委员会等形式，对涉及院系发展建设的重大问题向党外人士通报情况、征求意见。

3.进一步推动院系建立党员领导干部与党外代表人士联谊交友制度。在校级党员领导干部与党外代表人士联谊交友的基础上，2019年积极推进和落实基层党委建立和完善党员领导干部与党外人士联谊交友制度。

民族宗教工作。1.重视少数民族教师骨干队伍建设，做好少数民族学生工作。建立少数民族教师重点人才库，与北京市民委以及北大少数民族问题研究专家保持联系，及时寻求工作指导。

2.发挥联动机制作用，做好宗教工作。2019年，党委统战部、学生工作部、保卫部、团委等相关部门三次召开联席工作会议，分析研究民族宗教工作有关情况，研究提出对策，认真做好抵御和防范校园传教渗透工作，按照上级要求及时开展地下宗教组织或团契参与情况排查工作。3月，顺利完成中央统战部专项检查工作。

3.积极组织和参与各级部门开展的宗教事务方面的工作。8月，由国家民委和教育部联合主办的"全国民族教育工作专题研讨班"的学员70余人来北大座谈交流。向全校各基层党委书记、统战委员印发《校园宗教政策知识应知应会20问》《校园宗教政策知识与实务问答》，加强对校园宗教工作的指导。

港澳台侨及海外统战工作。加强港澳台学生工作，做好港澳台交流，与港澳台办、学工部等相关职能部门共同做好复杂形势下的港澳台学生工作。做好涉侨及海外统战工作。协助北大侨联与爱心社等学生社团建立联系，做好老归侨、侨眷的关心照顾工作。协助中国侨联在北大举办海外侨领中国国情研修班。协助中央统战部十局在北大举办2019年第一、二期"一带一路"海外侨领国情研修班。

统战理论与信息工作。积极承担全市无党派、党外知识分子工作领域干部和代表人士的部分授课任务。与多部门联合，在新闻网站、电视台、党委统战部官方网站以及微信公众号、微博上对北大参加两会的代表委员参政议政风采进行宣传报道。加强对党外代表人士典型人物和突出业绩的宣传报道。

及时报送统战工作信息，全年向上级部门报送工作简报28期，向学校党委报送《党委统战部每周党务信息》40期。

【北京市委统战部副部长祁金利一行来北大调研】 4月10日，北京市委统战部副部长祁金利、党外干部处处长王斌、无党派人士和党外知识分子工作处处长张猛等一行来北京大学调研统战工作。调研组一行首先与学校党委副书记、医学部党委书记刘玉村以及党委统战部长张晓黎、医学部党委统战部长王军为等座谈。随后，调研组一行到工学院先进微纳制造及流固耦合实验室调研。九三学社社员、工学院副院长段慧玲教授为调研组一行介绍实验室的情况以及学院其他研究项目的进展情况。最后，调研组一行同中科院院士、民建中央常委、环境科学与工程学院倪晋仁教授，农工党中央委员、口腔医院副院长邓旭亮教授等七位北大党外人士举行党外知识分子座谈会。

【民盟、九三学社北医委员会联合举办主题教育活动】 4月12日至14日，民盟北京大学医学部委员会和九三学社北医委员会联合开展"不忘合作初心，继续携手前进"主题教育活动。医学部58位民盟盟员和九三学社社员参加活动，医学部党委统战部长王军为应邀参加。活动以现场教学为主，学员共同参观中国共产党创立的两个重要地点——上海中共一大会址和浙江嘉兴南湖革命纪念馆，以及上海中共二大、四大会址等。九三学社北医委员会主委吴明教授以"加强自身建设,推进基层组织发展"为题作了报告,药学院支社主委贾彦兴分享了药学院支社的工作经验。

【九三学社纪念五四运动一百周年座谈会在北京大学举行】 由九三学社北京市委员会主办,北京大学党委统战部、党委宣传部协办,九三学社北京大学委员会、北京大学第二委员会、清华大学委员会承办的"传承时代担当弘扬科学精神——纪念五四运动一百周年座谈会"于5月10日在北京大学中关新园科学报告厅举行。

九三学社中央原主席韩启德,社中央副主席、北京市委主委刘忠范,社中央组织部副部长周群英,社市委副主委王训练、吴明,社市委专职副主委李丽萍,以及中共北京市委统战部副部长刘先传等领导和嘉宾出席座谈会。北京大学党委书记邱水平会见了与会的九三学社和北京市委统战部领导。北京大学党委副书记、医学部党委书记刘玉村,党委统战部部长张晓黎,医学部党委统战部部长王军为等参加座谈会。来自九三学社北京大学委员会、北京大学第二委员会、清华大学委员会,以及九三学社各区委、区工委、直属基层委员会、直属支社的负责人和社员代表,社市委各职能部门的负责人和工作人员等80余人参加座谈会。

主题报告环节,韩启德做了题为"五四运动与科学精神"的报告,刘忠范做了题为"传承五四精神、做好新时代参政党"的报告,北京大学历史学系教授王奇生做了题为"历史上的五四运动"的报告,许德珩先生之孙许进做了题为"九三学社与五四运动的历史渊源"的报告,青年社员代表许莉做了题为"青年九三人的时代担当"的报告。主题报告对五四精神尤其是科学精神进行了全面解读。

为配合此次研讨会,九三先贤肖像展和五四主题书法展在会场同时举行。

【第七届民建"城市发展论坛"在北京大学举行】 6月16日,第七届民建"城市发展论坛"在北京大学英杰交流中心阳光厅举行,论坛主题为"打造具有国际影响力的消费枢纽城市"。

全国人大常委会副委员长、民建中央主席郝明金,北京大学党委书记邱水平,北京市委统战部副部长刘先传,民建北京市委主委司马红,民建中央调研部部长陈百灵,民建北京市委常务副主委任学良,民建北京市委副主委赵亚洲、李申虹、安庭、李莉,海淀区委组织部部长兼统战部部长周志军,北京大学党委统战部部长张晓黎,民建海淀区委主委王玉梅,民建中央、北京市委、海淀区委各专委会和基层组织负责人,北大其他民主党派负责人,以及校内外民建会员近300人出席论坛。

论坛共邀请5位嘉宾进行主题演讲,北京大学经济学院教授郑伟、哲学系教授陈少峰、建筑与景观设计学院副教授李迪华、经济学院教授夏庆杰、北京师范大学地理学部教授周尚意分别以"中国社会保障的发展完善与消费提升""文化产业升级与文旅新消费""城市品质与消费提质""精准扶贫与增加消费""北京的地方营造与地方消费"为题做了演讲。

【北京大学统战系统举办庆祝新中国成立70周年书法邀请展】 9月25日至27日,"不忘合作初心,继续携手前进"——北京大学统战系统庆祝新中国成立70周年书法邀请展在百周年纪念讲堂展出。全校各民主党派、党外知识分子、少数民族教职工、统战干部等参与邀请展。九三学社中央原主席韩启德、北京大学原常务副校长柯杨,特为此次书法邀请展挥毫。民进北大委员会主委佟新、九三学社北大委员会主委沈兴海、外国语学院教授董强等民主党派、无党派人士积极参与。中国人民大学、北京师范大学、首都师范大学、北京航空航天大学等高校党委统战部门也送来了党外人士的书法作品。此次书法邀请展,共有36位作者、70幅作品参展,作品主题鲜明,风格多样。

【"不忘合作初心,继续携手前进"民主党派、无党派人士座谈会】 9月27日,北大党委召开"不忘合作初心,继续携手前进"民主党派、无党派人士座谈会。北京大学党委书记邱水平、北京市委统战部党外知识分子工作处处长张猛以及学校各民主党派、侨联负责人和无党派人士代表,学校"不忘初心、牢记使命"主题教育第七指导组成员、相关职能部门负责人出席会议。北京大学党委副书记、医学部党委书记刘玉村主持座谈会。

邱水平强调,各民主党派、无党派人士开展"不忘合作初心,继续携手前进"主题教育座谈交流,回顾和总结中国共产党领导的多党合作和政治协商制度的发展历史和取得的成果,针对北大改革发展建言献策,具有特殊的意义。

各民主党派、侨联负责人,无党派人士代表结合座谈会主题,交流了对多党合作初心的认识和理解,介绍了各民主党派和侨联的特色工作,并为学校"双一流"建设建言献策。

【民革中央、北京市领导调研北大党外高层次人才工作】 10月16日,全国政协副主席、民革中央常务副主席郑建邦,民革中央副主席、北京市委主委,北京市副市长王红等一行到北京大学调研党外高层次人才工作。北京大学党委书记邱水平、校长郝平会见了郑建邦一行,邱水平全程参加调研活动。

民革中央、北京市委领导和邱水平等学校有关人员就民革组织建设、高层次人才培养等方面进行了交流。座谈会后,邱水平陪同郑建邦一行来到燕南园53号楼参观了北大民革"党员之家",并与北大民革支部的部分教师合影留念。

【北京市委统战部领导来北大调研党外代表人士工作】 11月12日,北京市委统战部常务副部长周开让带队来北大调研党外代表人士建言献策及智库工作。北京大学党委副书记、医学部党委书记刘玉村,党委统战部部长张晓黎,党委统战部副部长兼医学部党委统战部部长王军为等参加调研座谈。

刘玉村代表学校党委向北京市委统战部对北大统战工作的长期支持表示感谢。张晓黎汇报了北大在党外代表人士队伍建设方面的工作。周开让对北大党外代表人士在建言献策和智库工作中发挥的积极作用给予高度评价。学校党委统战部、国际合作部、校友工作办公室，以及国际关系学院、经济学院等职能部门和院系的相关负责人参加调研。

【**组织学校统战人士赴长三角考察学习**】 11月14日至17日，根据北京大学"不忘合作初心，继续携手前进"主题教育活动和2019年党外人士培训安排，由党委统战部长张晓黎带队，学校各民主党派、侨联和无党派人士代表一行30余人赴长三角一带开展考察学习活动。考察团在上海参观中共一大、二大会址和周公馆，并与复旦大学党委统战部，复旦大学各民主党派、侨联和无党派人士代表进行座谈交流；在南京参观梅园新村、八路军办事处和渡江胜利纪念馆，重温中国共产党与各民主党派、无党派人士在抗日战争、解放战争期间的合作初心和携手历程。此次考察学习是党委统战部联合学校各民主党派、侨联共同组织的"不忘合作初心，继续携手前进"主题教育活动的重要内容，也是2019年学校党外人士培训的重要一环。党委统战部副部长高慧芳、李晓鹏全程参加考察学习。

（谢　宁）

医学部统战工作

【**发展概况**】 2019年，医学部统战工作以习近平新时代中国特色社会主义思想为指导，深入学习党的十九大和十九届四中全会精神，贯彻落实上级统战工作部署，围绕中心，服务大局，各项工作取得新进展。

2019年上半年，组织撰写26篇征文，选送9幅书法作品参加北京大学书法邀请展。制作北医统一战线工作视频专题片；采访44位党外代表人士，制作领导寄语、参政议政、民主党派、老中青统战人士心声、祝福等5个视频；制作10块统战工作宣传展板。9月11日，在会议中心礼堂举办"不忘合作初心 继续携手前进"——统战系统庆祝新中国成立70周年文艺演出。从统战渠道推荐参加新中国成立70周年庆祝大会等活动23人次，黄河清、姜婷、鲁凤民、杜权、方海作为仅有的高校归侨代表，参加中华儿女方阵群众游行。

3月20日，医学部党委举行两会精神学习报告会。刘玉村、吴明、季加孚、顾晋、刘忠军传达两会精神并介绍履职情况。3月22日，组织参加北京大学统战干部会议，学习全国统战部长会议和北京市统战部长会议精神。7月4日，中央统战部部长尤权就开展主题教育在北京召开调研座谈会，医学部党委副书记徐善东作为基层单位代表介绍医学部统战工作情况。10月16日，组织参加"北京高校统战大讲堂"。

各二级单位党委结合本单位实际积极开展统战工作。1月和10月，人民医院党委分别召开统战新春座谈会和统战人士座谈会，收集涉医疗、教学、科研等方面建议和意见，并与各负责部门积极沟通，紧密合作，实现了建议和意见100%落实和反馈，同时通过"指尖上的同心圆"微信群，为民主党派建言献策提供更加便捷、有效的沟通平台。1月10日和12月20日，药学院党委分别召开统战人士座谈会，通报学院主要统战工作，听取统战人士意见建议。1月11日，第六医院党委举行统战人士座谈会，邀请统战人士建言献策。12月14日，口腔医院党委组织统战人士参观全国政协礼堂，了解从协商建国到新时代人民政协新使命。

支持并协助民主党派加强自身建设。1.思想建设。按照上级要求，各民主党派积极开展"不忘合作初心、继续携手前进"主题教育。

民革：民革北大医院支部组织学习台海局势、祖国统一政策和党的十九届三中全会等重要精神。

民盟：4月12日至14日，民盟北医委员会与九三学社北大第二委员会联合组织赴上海参观中共一大、二大、四大会址，嘉兴南湖革命纪念馆等。

民进：5月26日，民进北大医院支部参观首都博物馆一带一路主题展览；9月，民进人民医院支部联合民进北京市西城区金融支部和青委会参观北京现代集团三厂。

农工党：5月16日，农工党北大委员会在医学部召开学习习近平总书记在纪念五四运动100周年大会上重要讲话精神座谈会；7月24日，农工党北大委员会主委顾晋带队组织党员前往中央红军二万五千里长征集结出发地于都，参观中央红军长征出发地纪念馆，重温革命精神；10月25日，农工党北大医院支部参观"伟大历程 辉煌成就——庆祝中华人民共和国成立70周年大型成就展"；12月20日，农工党北大委员会在第三医院召开总结表彰大会。

致公党：9月22日，致公党第一医院支部牵头组织北京市西城区6个支部联合赴居庸关长城举行唱红歌活动，为共和国70周年献礼。

九三学社：1月4日，九三学社北大医院支社举办主题为"九三人在西藏"的新春茶话会，许戎、赵亮、李俊霞三位援藏队员先后分享他们的"西藏故事"；6月26日，九三学社人民医院支社组织参观北京大学红楼；10月29日，九三学社药学院支社联合民盟药学院支部，赴京张铁路青龙桥车站参观中国工程师在20世纪初期的开拓性设计；11月12日，阳光之家组织老社员参观徐悲鸿纪念馆。

2.组织建设。协助各民主党派发展31名新成员，分布在7个民主党派。

3.参政议政。民盟：3月20日，民盟北医委员会组织盟员参观首钢医院安宁疗护中心，了解"安宁"疗护目前的运转情况、安乐死以及发展前景等。11月27日，民盟北医委员会举办第十届医改沙龙，薄世宁、安建雄、方璇、吴永华、季建英、陈源源作主题发言。11月29日，民盟北大、清华两校三委联合举办第十四届民盟高教论坛。

农工党：11月15日，农工党北大委员会举行以"口腔人工智能产品探索与智能化未来展望"为主题的第三届青年论坛。

致公党：人民医院支部完成《率先开展老年综合评估干预，提升西城区老年人生活质量研究》等致公党西城区委课题调研，被评为2019年致公党北京市委优秀调研报告。

九三学社：6月26日，与北京市科协社团服务中心等联合举办"如何做科普报告——演讲技巧培训班"。8月6日，九三学社北大第二委员会妇女工作专委会成立。10月24日，阳光之家读书会邀请马大龙分享《尼安德特人》读书心得。

4. 社会服务。民盟：7月12日，民盟北大委员会与增爱公益基金会赴内蒙古自治区喀喇沁旗联合开展义诊与医疗培训活动。季加孚、卫燕、步召德、唐丽丽、黄薛冰、李涛、王墨培等参加各级组织的医疗帮扶活动。

农工党：4月19日至20日，农工党北大委员会组织党员专家赴邢台医学高等专科学校第二附属医院开展义诊和调研活动。8月13日，农工党北大委员会和邢台市委会"京津冀协同发展联合共建基地"挂牌仪式在邢台举行，并在当地医院进行查房和专业指导。7月24日，农工党北大委员会主委顾晋和12名党员赴江西省赣州市人民医院开展对口医疗帮扶。

民建：10月11日，李海丽、刘占兵、马庆春、宋清华参加民建中央组织赴河北省丰宁县开展健康扶贫活动。10月26日，李海丽、刘占兵、程渊、王少波、刘雪芹参加民建中央、西城区委医疗专家赴山东省广饶县义诊活动。12月3日，李海丽在民建中央脱贫攻坚表彰大会上获"民建脱贫攻坚突出贡献奖"并代表获奖个人发言；马庆春、王少波、刘占兵、刘雪芹获"民建脱贫攻坚先进个人"。

致公党：7月18日，黄磊、姜婷、马兰、谢京城、王鲁雁、魏俊和侨联黄河清、林剑浩、杨宝学、静媛媛、吴晓英、杨冬红等随同北京市侨联前往内蒙古兴安盟科尔沁右翼前旗人民医院医疗义诊。9月1日，第一医院支部、人民医院支部参加致公党北京市西城区医疗专委会组织的到首钢曹妃甸厂区社会调研和义诊讲座活动。

九三学社：昌晓红、路瑾、裴秋艳、张璘在九三学社中央医药卫生专门委员会带领下设立"九临合作名医工作室"。口腔医院支部在北京华彬幼儿园为儿童及家长举办爱牙科普活动，并联合门头沟区支社以及相关医院专家赴河北省涿鹿县养田庄村、内蒙古自治区察哈尔右翼后旗进行医疗义诊。第三医院支部到北京市健翔学校、中国科技馆等举办健康科普宣讲，联合基础医学院支社、第六医院支社到中国食品药品检定研究院开展"先进医学科学技术惠民行"活动。

党外代表人士队伍建设工作。1. 培训工作。2019年，调整完善由96人组成的党外后备骨干名单。5月24日，举办党外人士建言献策培训班，刘民教授做专题培训，会后小组成员撰写近10篇建议。6月14日，邀请中央统战部一局副局长付强做报告，并组织党外人士分两批前往河南林州红旗渠精神培训基地开展异地教学，学员先后参观红旗渠纪念馆、谷文昌纪念馆、扁担精神纪念馆等，全方位领悟红旗渠精神实质。11月1日至3日，组织20余名党外骨干参加在京医学院校第五期党外骨干研修班，赴武汉开展异地实践和理论教学，参观武昌中央农民运动讲习所、中共五大会址纪念馆、辛亥革命博物馆、武昌起义纪念馆等地。

2. 推荐干部工作。推荐首都侨界代表人士17人。向市委统战部推荐民主党派市委领导成员候选人9人、高层次代表人士11人、正科级党外干部3人。推荐海淀区科技医疗大健康新阶层联谊会副会长1人、理事3人。

9月12日，李海潮、丁洁、沈宁、王殊、赵颖当选北京党外高级知识分子联谊会理事，丁洁当选常务理事，李海潮当选副会长。

推荐姜勇、王殊分别参加中央统战部一局和五局培训班，吕继成、孙露洋、杨飏、卢剑参加北京高校党外代表人士高级研修班，黄磊参加北京高校校级民主党派负责人培训班，李子健、李剑锋参加医学部干部暨教师党支部书记"双带头人"培训班。

九三学社社员王俊教授增选为中国工程院院士，并获得"九三楷模"称号。

3. 发挥民主监督、民主管理作用。1月7日和12月4日，两次召开统战人士座谈会，学校常务副校长、医学部主任詹启敏学校党委副书记、医学部党委书记刘玉村通报了2018年和2019年医学部工作情况，并听取统战人士的意见和建议。

根据学校党委"不忘初心、牢记使命"主题教育的部署，聚焦"八个围绕"，9月24日，医学部党委召开统战人士座谈会，医学部党委副书记徐善东通报学校情况，听取统战人士意见建议。会后，党委统战部对意见建议进行梳理并协调职能部门逐条反馈，其中改造操场夜间照明设施以便于运动锻炼等得到采纳。

民族宗教工作。宣传贯彻党的民族宗教政策，协助有关部门及时妥善处理与民族、宗教工作相关的问题。第三医院获评全国首都民族团结进步奖先进集体。

港澳台侨工作。2019年度，为3位教师办理归侨身份确认，为5位归侨子女办理中高考加分证明。7月，推荐护理学院学生张鹏、平泽军2人参加京港穗大学生实习交流活动。7月2日，北京市侨联党组书记赵宏生来医学部调研侨联工作。11月14日，医学部侨联举办第四届归国留学人员创新论坛。乔杰、吕继成、林剑浩、孔炜、贾彦兴、李建平做主题发言。

在北京市第十五次归侨侨眷代表大会上，林剑浩、周德敏、黄河清、孔炜当选为市侨联委员，林剑浩当选为市侨联常委，校友焦德泉（美国）被聘为市侨联海外委员。医学部侨联获评"北京市侨联工作先进集体"，谢秋菲获评"北京市侨联工作先进个人"，林剑浩、杨宝学获评"北京市归侨侨眷先进个人"。于长隆、刘国魂、陈淑华、黄河清、谢秋菲、谭如玉、程眉荪、张继英等8人获得从事侨联工作20年和10年以上专兼职干部荣誉证书。

医学部侨联王昱、黄涛、黄河清、王红漫课题获得北京市侨联立项。医学部侨联获"2018年度北京市侨联系统信息工作二等奖"、首批北京市侨联"示范侨之家"荣誉称号；方海获北京市侨联系统课题研究优秀成果一等奖，柴巍中、王红漫获二等奖。王嘉东担任中国侨联青年委员会委员。

政策宣传、研究与其他工作。完成官网信息宣传90余篇，在部刊、新闻网站以及上级统战部门、《团结报》等媒体刊登信息20余篇。通过"风雨同舟"（北医统战）微信平台宣传统战理论政策和统战信息。

1月10日，由医学部党委统战部主办，第一医院党委、各民主党派、侨联承办的医学部2019年统战系统新春联欢会隆重举行。

（杨丽丽）

【九三学社北大第二委员会七届一次代表大会召开】6月23日，九三学社北京大学第二委员会召开第七届委员会第一次社员代表大会。北京大学党委副书记、医学部党委书记刘玉村，医学部党委副书记徐善东，北京大学党委统战部部长张晓黎，医学部党委统战部部长王军为，九三学社北京市委副主委孟安明、李丽萍，九三学社中央原副主席、北京市委主委马大龙，民盟北医委员会副主委田华，九三学社北京大学委员会主委沈兴海，九三学社清华大学委员会副主委邢志，九三学社北京市委相关部室负责同志以及医学部各基层党委负责同志出席会议，童坦君院士等社员代表90余人参加会议。会议由九三学社北大第二委员会副主委李子健主持。

刘玉村代表北京大学党委致辞。九三学社北大第二委员会主委吴明代表上届委员会作《第六届委员会工作报告》。李丽萍代表九三学社北京市委宣布了第七届委员会主委、副主委和委员名单：主委屠鹏飞，副主委昌晓红、阙呈立、崔涛、李子健、唐志辉、万巧琴、伊鸣。屠鹏飞代表新一届委员会做《第七届委员会工作思路和2019年工作计划》报告。孟安明代表九三学社北京市委做了总结讲话。

（杨洋）

【农工党北大委员会赴江西赣州开展对口医疗帮扶活动】7月24日，农工党北大委员会主委顾晋带领委员会各支部12名党员和医疗专家团队，赴江西省赣州市人民医院开展对口医疗帮扶指导活动。专家组一行根据各自专业特长，分赴神经外科、妇产科、胃肠疝外科、内分泌科、甲乳外科、口腔科、全科医学科、药剂科，以坐诊、查房、手术示教、疑难病例讨论、讲座授课、管理指导等方式进行点对点帮扶、一对一指导，将先进的医学理念与技能、优化的管理方式传授给赣州当地医护、管理人员。在本次医疗帮扶活动中，顾晋、佟富中、姚红新三位教授分别为当地疑难病例患者做了示范手术。

在赣州期间，党员们还参观了中央红军长征出发地纪念馆、中华苏维埃共和国临时中央政府旧址、沙洲坝革命遗址和中央革命根据地历史博物馆等，传承红色基因，探访长征之源，感悟艰辛历程，重温革命精神。

（甄橙）

【举办统战系统庆祝新中国成立70周年文艺演出】9月11日下午，北京大学医学部党委在会议中心礼堂举办统战系统庆祝新中国成立70周年文艺演出。全国人大常委会原副委员长、全国政协原副主席、北京大学医学部原主任韩启德，全国政协原副主席、民盟中央原第一副主席张梅颖，九三学社中央原副主席马大龙，中央统战部一局局长桑福华、五局局长李莉，北京市委统战部副部长祁金利，民盟北京市委专职副主委宋慰祖，民进北京市委专职副主委吴森堂，农工党北京市委专职副主委李亚兰，致公党北京市委秘书长李满英，北京市侨联副主席苏泳，医学部领导以及基层党委领导和职能部门负责人，医学部各级人大代表、政协委员，各民主党派主委以及成员代表、无党派人士、归侨侨眷、少数民族代表等500余人齐聚一堂，共同庆祝新中国成立70周年。北京大学党委副书记、医学部党委书记刘玉村代表医学部党委致辞。

文艺演出以庆祝新中国成立70周年为主线，通过播放视频和文艺节目两种形式交替进行。现场播放了《北医统一战线》《寄语统战工作》《参政议政工作》《民主党派侨联工作》《老中青统战人士心声》《祝福》等视频，人大代表、政协委员，民主党派和侨联负责人、老中青统战人士代表结合自身经历，回顾历史，展望未来。文艺节目内容丰富，演唱的歌曲和朗诵的诗歌既有大家耳熟能详的红色经典，也有自编、自创颂扬新时代的诗歌和风采展示，充分表达统战人士对祖国的深情热爱，对祖国和北大医学发展的真挚祝福。

（杨丽丽）

【民盟北医委员会举办第十届医改沙龙】11月27日晚，民盟北京大学医学部委员会在人民医院举办第十届医改沙龙。民盟北京市委专职副主委宋慰祖、秘书长严为，北京大学医学部党委副书记徐善东、党委统战部部长王军为，人民医院党委书记赵越、副书记陈红松，民盟北京市委医疗卫生委员会副主任李刚以及九三学社医学部支社等民主党派成员80余人参加活动。沙龙由民盟北医委员会副主委、人民医院支部主委叶颖江教授主持。

九三学社社员、第三医院重症医学科副主任医师薄世宁以"怎样打磨一门医学通识"为题简要介绍了制作线上课程《薄世宁·医学通识50讲》的经历。民盟盟员、中国医科大学航空总医院副院长安建雄介绍了治疗顽固性失眠新策略，提出了治疗顽固性失眠的方向——多模式睡眠。民盟盟员、基础医学院人体解剖与组织胚胎学系讲师方璇以"卓越医师还是医师科学家"为题就临床医学八年制的培养模式进行了探讨。民盟盟员、第三医院检验科副主任吴永华以"新形势下的检验"为题,提出"准、快、广"的服务模式。民盟盟员、肿瘤医院医务处主任医师季建英通过案例介绍了病历在医疗纠纷中的重要地位。民盟盟员、人民医院心血管内科主任医师陈源源以"谈谈慢病管理的瓶颈"为题分享了慢病管理中遇到的困难、解决方法以及主要建议。

（李冬梅）

学生工作

【发展概况】 2019年,学生工作部围绕为党育人、为国育才的初心使命,深入学习贯彻党的十九届四中全会精神,结合五四爱国运动100周年、新中国成立70周年重大节点,结合"不忘初心、牢记使命"主题教育,深入广泛开展高校学生思想政治教育工作,大力培养德智体美劳全面发展的"圆梦新一代"。

教育宣传。深入广泛开展"青春告白祖国"系列爱国主题教育活动,荣获第六届首都大学生思想政治工作实效奖特等奖。开展"不忘初心、牢记使命"主题教育,覆盖全校各院系学生党支部,学生党员主动自学、参与1次以上志愿服务活动、为身边师生群众办1件实事好事,学生党支部书记为所在支部党员讲授1次专题党课或分享1次个人学习体会,全体学生党支部组织1次专题调研或社会实践活动,10月组织召开1次专题组织生活会。主题教育自9月启动,到11月底基本结束,每个学生党支部开展集中教育时间不少于3个月。开展以"不忘初心、牢记使命,做爱国主义精神坚定的弘扬者、实践者、传播者"为主题的高校红色"1+1"共建活动,6月至10月初,学生党支部与结对党支部持续深入开展共建;10月,择优报送34个学生党支部活动材料至北京市;12月31日,考古文博学院时代楷模柴生芳学生联合党支部代表北京大学参与现场答辩并荣获二等奖（同类奖项中最高分）,此外还有2个学生党支部获三等奖,6个学生党支部获优秀奖。

持续推进基层党组织政治建设,举办第18期学生党支部书记培训班,覆盖全校各院系共326名学生党支部书记。第五期学生党员骨干基层共建"圆梦先锋"鸿雁计划96名学员分为11支实践团,在8位校内导师行前指导和22位专职辅导员带领下,奔赴山西怀仁、山东青岛、河南郑州、浙江嘉兴、新疆和田、上海虹口、吉林长春、河北石家庄、重庆璧山、上海闵行和西藏拉萨开展调研,完成10万余字调研报告。调研结束后,学生工作系统启动"鸿雁飞院系,计划到支部"学生党员骨干思政课程主题实践报告团宣讲活动,宣讲团成员走进12个院系,累计宣讲逾300小时。10月26日,《人民日报》在"要闻"版面发布专题报道。

扎实推进毕业生教育,开展毕业生座谈会、策划主题毕业展览、发放毕业生纪念品。6月27日,在校史馆一层大厅召开2019届毕业生代表座谈会,校长郝平,党委常委、副校长陈宝剑与来自14个院系的本硕博毕业生代表分享交流。6月24日至7月5日,举办"念你·依旧"——北京大学2019年毕业主题展览,展览共分为相见欢、满庭芳、蝶恋花和长相思四个板块,共展出包括入学录取通知书、科技发明专利证书、课堂笔记本、社会实践报告在内的100余件展品。7月1日至5日,向近12,000名2019届本硕博毕业生发放毕业纪念印章。

创新"燕园学子微助手"宣传阵地建设,系统性规划微信公众平台在思政教育、活动宣传、通知整合、学生服务等板块的功能。2019年度共发布图文信息270条,各类平台累计转载浏览量超过6000万。

学生事务管理。10,200人获得学生个人年度奖励,47个班集体获评北京大学"示范班集体",100个班集体获评北京大学"先进班集体",10个宿舍获评北京大学"示范学生宿舍"。在校级奖励评选基础上,评选产生北京市三好学生55人、北京市优秀学生干部18人、北京市先进班集体19个。环境科学与工程学院2018级硕士生班获评北京高校"十佳示范班集体"。共评出校级奖学金78项（不含新生奖学金）,奖金总额3408.3万元,奖励学生3702人,人均奖励额度为9068元。

参与并协助完成2场毕业典礼、2场开学典礼的学生组织工作。组织17项奖学金颁奖典礼、见面会、参访活动,通过培训获奖学生组织、主持小型奖学金见面会、指导学生为赞助方设计并制作礼品、引导学生深入了解设奖企业等方式,对获奖学生进行感恩教育。学生工作部和各院系学生工作办公室组成"助教"团队,以精细化的组织理念完成3500余名本科生、6000余名研究生的毕业典礼"最后一堂课",高效、顺畅地组织本科生、研究生的毕业合影和拨穗环节。学生工作部负责4387名本科新生和5628名研究生新生的典礼坐席安排、票务发放、学生入场组织和发言学生遴选等工作,与各院系学生工作负责人和学生工作办公室老师在典礼现场担任"助教",组织新生圆满完成开学典礼这一新生入学教育的重要一课。

严格落实相关制度规定,加强日常行为管理,对个别违纪学生给予处分。做好危机个案处理,建立多方参与、直达一线、有效协同的学生危机个案处理机制。与保险公司合作开通网络投保方式,为同学投保提供便利。2019年度,共计19,204人投保,受理学生保险理赔申请124人次。

组织建设。落实党风廉政建设主体责任,加强班子自身建设。2019年1月以来,学生工作部部长张莉鑫带领学工部领导班子落实"一岗双责"主体责任,通过协同系统转发相关文件精神、部长办公会集体学习上级文件等形式,把学校党委加强党风廉政建设的要求落到实处。

加强辅导员队伍建设,推进学生工作队伍专职化。为17个院系配备20名专职辅导员,为少数民族学生的日常管理等工作配备1名少数民族专职辅导员，院系还有3名应届毕业生留校从事学生工作。25名2019届选留辅导员上岗工作，秋季学期选拔20名选留辅导员，协调相关部门，落实选留辅导员的相应待遇。选聘316名学生带班辅导员在一线开展学生辅导工作。评选出2018—2019学年优秀班主任标兵13人，优秀班主任132人，优秀德育奖50人；2017—2018学年唐立新优秀辅导员奖10人，奖金每人1万元；北京大学嘉里集团郭氏基金优秀辅导员奖9人，奖金每人5万元。举办2019年新任班主任培训，各院系首次担任班主任的专任教师、机关党委与学生工作部共同选聘的担任第二班主任的机关干部等共计90余人参加培训；建立2019年新任班主任微信群。举办第六届辅导员职业能力大赛。

鼓励保障辅导员积极开展课题研究。2月21日，学校召开学生工作研讨会，根据跨学部搭配、机关院系混编的原则，为聚焦关键问题、凝聚研究力量，全校学生工作队伍结成13个课题组，每组设置1名召集人，围绕13个议题展开研讨。13个小组的议题被确定为2019年学生思想政治教育立项课题，课题负责人由讨论组召集人担任，讨论组成员成为课题组成员。学生工作部在2月26日向各课题组下发立项通知书，划拨课题支持经费。3月25日，课题组完成调查研究，共有212人参加课题研究，形成规范性研究报告13篇，总字数达13.7万字。此外，学工系统共有4项课题中标2019年北京高校思想政治工作研究课题，其中一般课题2项，专项课题2项。

实施分层次、多形式、重实效的北京大学辅导员队伍建设"赋能计划"，探索思政教育供给侧改革实效提升路径。按照"赋能计划"安排，面向2019年新上岗辅导员进行集中培训和长期培养。6月，举办2019年新上岗辅导员训练营，2019届专职辅导员21人、2019届选留辅导员25人参加培训。11月，面向各院系辅导员、学工系统在学校和院系承担《思想道德修养与法律基础》教学任务的人员，携手马克思主义学院和习近平新时代中国特色社会主义思想研究院共同举办"辅导员思想政治教育教学专题培训班"。此外，积极选派辅导员参加上级部门组织的各项培训。2019年，共组织2943人次参加学工系统培训30场次；选派27人参加教育部组织的全国高校思政工作骨干示范培训班27个班次。

做好辅导员保障工作。按月发放辅导员岗位补贴，共发放169万余元；详细统计认真核算，按时向院系划拨学生活动经费和临时困难补助；组织开展学生助理聘任，上半年全校共有85个单位聘任1036名学生助理，下半年全校共有85个单位聘任1053名学生助理。指导助理学校秘书处春季学期开展两次助理培训工作；11月下旬，完成学生助理学校秘书处换届和相关工作交接。

进一步加强民族宗教工作。完成新疆籍少数民族专职辅导员的配备工作，配合新疆内派管理服务教师开展相关工作。

（王艳超）

【"青春告白祖国"系列爱国主义教育活动】 开展"青春告白祖国"系列爱国主义教育活动，获第六届首都大学生思想政治工作实效奖特等奖。

在新生中扎实开展理想信念教育、爱国主义教育，扣好初心肇始的"第一粒扣子"。首次将"开学第一课"前置到军训环节，由学校党委书记邱水平为近4000名本科新生讲授点燃理想信念的"开学第一课"，人民日报、新华社、党建网、学习强国、中青报等多家媒体报道；开展2019级本科新生训练营，9月3日，新生参加"青春告白祖国"庆祝新中国成立70周年主题教育活动报告会，聆听敦煌研究院名誉院长樊锦诗校友和"排雷英雄战士"杜富国的报告；9月4日，全体新生共学习近平总书记给北大的"三封回信、两次讲话"精神；9月4日晚，"开学第一跑"在五四操场举行，校长郝平带领新生跑步2.019km；9月5日，湖畔晨读、校园导览、理想起航等教育引领环节相继开启，帮助学生适应大学生活。

深入开展先进人物进校园工作，承办由中宣部、教育部等7部门联合举办的"奋斗的我 最美的国"新时代先进人物进校园工作启动仪式，教育部部长陈宝生作重要讲话；邀请国家勋章和国家荣誉称号获得者、改革先锋、"时代楷模""最美奋斗者"等新时代先进人物讲述奋斗故事。

结合五四爱国运动100周年、新中国成立70周年重大节点，打造爱国主义教育课堂。老中青三代北大人共同唱响歌曲《今天是你的生日》，录制北大版MV；举行"我和国旗同框"百周年纪念讲堂快闪活动，央视新闻、央广网、澎湃新闻等多家媒体报道；分批次、多轮次组织全校近40个院系、7000余名师生代表观看新中国成立70周年成就展。

（王艳超）

【"圆梦先锋"鸿雁计划思政课程学生党员骨干主题实践宣讲】 9月25日，学生工作系统正式启动"鸿雁飞院系，计划到支部"学生党员骨干思政课程主题实践报告团宣讲活动，《人民日报》进行专题报道。此次宣讲活动是"圆梦先锋"鸿雁计划三个阶段中的最后一环，行前课进行开题指导，实践课拓展思政内涵，宣讲课丰富党课形式，为学生党支部开展"不忘初心、牢记使命"主题教育注入实践活力，引领广大学生厚植爱国主义情怀。

"圆梦先锋"鸿雁计划由党政领导干部、党员专家学者担任指导教师，选派政治素质强、业务水平高的专职辅导员担任领队，与地方党政机关建立共建关系，选拔优秀学生党员骨干组成小组，开展基层见习调研，践行"爱国、励志、求真、力行"要求。9月25日，在"不忘初心、牢记使命"主题教育学生党支书培训会暨北京大学2019年鸿雁计划"奋斗的我，奉献最爱的国"主题实践宣讲启动仪式上，嘉兴团守护初心之路、青岛团回溯五四精神、长春团展望振兴蓝图、和田团见证民族团结等精彩展示，为宣讲团深入院系党支部讲党课作了示范。此后一个多月，作为学生党支部开展主题教育的有力抓手，70余名学生党员骨干组成11支宣讲队，走进各院系学生党支部开展巡回宣讲。宣讲团创新打造"半小时微党课"，展现实践见闻、调研收获，累计宣讲近300小时。

（王艳超）

【第18期学生党支部书记培训班】 第18期学生党支部书记培训班覆盖全校各院系326名学生党支部书记，开展梯队式、长期化、系统性培养，以"班级"建制凝聚力量，配备学生助理担任联络员，邀请校内外著名学者、校友、专家在理论学习、思想教育、实践调研和经验分享等多个层面开展全面、深入的教育培训。

9月25日，培训班全体学员参加"奋斗的我，奉献最爱的国"北京大学暑期社会实践报告团宣讲启动仪式暨第18期学生党支部书记培训班第1次培训，聆听"圆梦先锋"鸿雁计划学生党员骨干基层共建的见闻收获，在观摩学习中了解祖国基层现状、锤炼实践求真本领；10月18日，政府管理学院教授赵成根为学生党支部书记作"新公共管理视野下的学生党支部书记能力建设"主题报告。围绕学生党支部书记角色，结合新公共管理理论和理念，勉励青年学生骨干把契约精神与信任文化厚植管理环节的各个方面。10月31日晚，校长郝平为学生党支部书记讲授题为《人类命运共同体与国际组织人才培养——以联合国教科文组织为例》的主题教育专题党课，旨在通过解读习近平总书记人类命运共同体理念的重大意义和深刻内涵，增强学生党支部书记理想信念。

通过全方位、全过程、多层次的党课培养和培训学习，以坚定正确的政治立场、政治方向、政治原则和政治道路，提升学生党支部书记的党性修养和理想信念，是北京大学贯彻为党育人、为国育才使命的重要举措。

（王艳超）

【推进奖学金改革】 为更好地发挥奖学金的激励作用，平稳顺利开展好2019年奖学金评审工作，经校长办公会、党委常委会会议审议通过，学校提高原有五四奖学金的金额，明确其为校设年度最高荣誉奖学金，2019年是建校121周年，奖励121名优秀学生，奖励金额12,000元/人，以后随建校时间逐年递增1个奖励名额。同时增设北京大学一等奖学金、北京大学二等奖学金、北京大学三等奖学金，在原有1000个校设奖学金基础上增加501个名额，保证校级奖学金大盘子的稳定。

为突出五四奖学金的荣誉性，除符合奖学金的基本条件外，2019年度五四奖学金评审条件突出思想引领、学业过硬、全面发展的评审导向。学工部单独下发评审通知，明确规定评审条件、评审要求；院系对符合资格的申请学生进行初评并单独公示，强调过程育人。

（依力亚尔）

【修订《北京大学学生违纪处分办法》】 为落实立德树人根本任务和以学生为本的教育理念，进一步细化落实《普通高等学校学生管理规定》（教育部第41号令）等上位法确立的制度规范，与时俱进更新校内学生行为管理规范，以应对学生日常管理工作中出现的一些新形势、新情况、新问题，学生工作部于2018年12月启动《北京大学学生违纪处分办法》（2017年6月13日第923次校长办公会审议通过）的修订工作。2019年5月8日校长办公会审议通过《北京大学学生违纪处分办法》。此次修订共涉及九条内容，着力增强针对性、规范性、科学性和可操作性，更加突出立德树人根本要求和以学生为本的文化自觉。

（郭一杰）

【探索创立"第二班主任"制度】 作为学校育人工作的重要组成部分，班主任在学生的思想政治教育、核心价值引领、班级集体建设、学业规划指导以及校园生活适应等方面发挥着重要作用，是学生成长成才的护航人。针对高校育人工作中出现的新形势、新问题、新情况，北京大学于2019年探索创立"第二班主任"制度，以专任教师担任第一班主任，学校党政领导、职能部门负责人、机关干部担任第二班主任的形式，助力学生树立理想信念、明确价值导向、努力成长成才。

"第二班主任"制度的实施由学生工作部牵头，负责对第二班主任的人员配备、激励保障与管理考核进行全方位、多层次的设计规划。在院系选聘专任教师担任班主任的基础上，由学校机关党委推荐人选，学生工作部结合院系情况，统筹院系需求和第二班主任个人优势，做好人岗匹配。通过深入基层联系学生的机制安排，强化和落实领导干部联系基层制度；通过优化人才队伍内部资源配置，完善用人体系，充分发挥第二班主任在思想政治引领方面的优势，与专任教师特长互补、资源互补、形成合力。2019年8月启动以来，已配备第二班主任148人（含医学部28人），其中学校党政领导16人，其他为职能部门负责人和机关干部。第二班主任已完成与院系、班级的对接工作，并配合院系辅导员开展了内容丰富形式多样的班级活动。

（吴文婧）

学生就业指导服务中心

【发展概况】 就业质量。2019年，北京大学全体毕业生（含医学部）合计9904人，截至2019年10月31日，全校总体就业率为97.83%，继续保持高位。校本部毕业生合计7808人，截至2019年10月31日，校本部就业率为98.66%，其中国内升学比例为16.82%，出国（境）留学比例为14.79%，就业比例为67.05%。第三方调查显示，北京大学毕业生就业满意度超过86%，用人单位对北京大学毕业生整体质量满意度超过97%。

市场信息。2019年，学生就业指导服务中心（简称"就业中心"，下同）共举办1000余场企事业单位校园宣讲会；

分行业、地域举办超过65场大中型就业及实习双选会，吸引2500余家用人单位进校选才；接待29个省（自治区、直辖市）、60余个市（区）来校开展选调生招录或专项人才引进工作，累计提供14万余条岗位信息。

信息化建设。2019年，就业中心以省份、重点行业为单位，为有意向到京外工作的应届毕业生建立地域求职微信群，覆盖超过5000人次；正式上线"北大选调生"网站、微信服务号和手机端，为已毕业的1527名北大选调生建档立卡，以长期跟踪关注选调生成长轨迹，截至2019年底，已完成800余人的个人信息实时采集和系统绑定；推出"PKUIO"微信公众号，建设"PKU IO Club"和"PKU IO Family"微信社群，整合发布国际组织实习招聘信息和职业发展活动资讯。

就业指导。基于不同年级学生生涯规划特点，分类指导、全程关照。面向大一新生开展新生生涯发展启蒙教育，通过生涯绘画、新生画展、访谈辅导等帮助4000余名新生树立职业规划意识、进行主动探索实践。针对非毕业班学生，开展"职场面对面""生涯OPEN DAY"和"心手计划"生涯发展导师等多种团体辅导项目；扩大一对一职业咨询服务范围，通过双向选择预约平台每星期提供20个时段咨询服务；在就业中心生涯咖啡厅设立创新创业图书角，整理编写"北京大学学生创业指南"，为创业学生和团队提供参考服务。针对毕业班同学，开展"求职下午茶"专题工作坊、职场胜任力、领导力、职业形象管理、角色转换与适应等系列职前培训。2019年，就业中心共举办各类就业指导活动113场，参与学生8200余人。各院系举办职业发展类活动394次，参与学生近万人。

针对经济困难家庭学生、少数民族学生、残疾学生等特殊群体，就业中心联合各院系就业工作小组，对全体毕业生进行多轮逐一摸底，建立动态服务台账，专人对接、一生一策、精准帮扶、持续关注。面向国防生、退伍学生、港澳台学生，分别组织开展就业交流指导会，分析就业形势、提供岗位信息、提升求职技巧、疏导求职心理。

国际组织人才培养。2019年，北京大学共有89人到国际组织实习或任职，人数创历史新高，连续三年居全国高校首位。4月，受教育部委托，就业中心编撰并正式出版《高校毕业生赴国际组织实习任职入门》，这是全国首本系统指导大学生前往国际组织实习求职的教材。暑期，与研究生院、国际关系学院联合举办"2019年北京大学国际组织人才培养证书项目"。10月，与国际合作部以及国家留学基金管理委员会举办首届联合国宣讲咨询活动（UN Job Fair），这是截至目前全国规模最大的国际组织校园宣讲咨询活动，来自24家国际组织的35名国际组织专家受邀来校宣讲，超过40所中国高校的1600余名学子参加宣讲活动。2019年，就业中心共举办"IO Career"国际组织职业发展系列活动25场，参与学生超过2000人次。

党建工作。2019年，就业中心党小组对照《中国共产党支部工作条例（试行）》，深入学习十九大报告、习近平新时代中国特色社会主义思想以及习近平总书记历次重要讲话精神，围绕立德树人根本任务，深入开展"不忘初心、牢记使命"主题教育。9月起，有序推进主题教育工作，组织多次主题教育理论学习和民主生活会，以读书班的形式组织参观北大红楼、马克思主义主题展览、赛克勒考古与艺术博物馆和北京市展览馆等主题教育展览5次，走进北京大学附属中学举行生涯规划讲座和咨询志愿服务1次。提出"最多跑一次"服务承诺，为民服务解难题，强化服务意识、优化服务流程、提升服务质量，提升全校师生的满意度。

队伍建设。2019年，就业中心建立网格化工作协同模式，每位老师对口联系6至7个院系，主动深入各院系送服务上门，面向学生开展就业政策、就业形势和就业指导方面的咨询指导服务，并设立专项资金，支持院系开展基层就业引导等重点工作。

完善校院两级就业工作机制，制定试行《院系学生就业工作建设标准》《院系就业工作教师工作标准》和《2020年毕业生就业工作实施意见》，为各基层院系毕业生就业工作的规范化、专业化和特色化建设提供指导，为更好地协同工作提供基础。以学生需求为导向，出台《学生就业管理工作办法》，优化办理流程，提高办事效率。

分层次系统开展教师培训活动，针对院系就业工作队伍，统筹北京市教委、专业生涯培训认证机构的优势资源，组织开展北京大学学生生涯发展工作队伍系列培训；针对职业咨询师，引入心理咨询领域前沿的咨询技术，开展焦点解决技术和格式塔教练技术培训，建立职业咨询师督导机制，聘任专业督导师，每两周举办一次咨询师案例督导和交流培训活动。此外，积极提高就业教师的求职指导技能，邀请业界人士开展"简历特训""面试特训""情绪智慧"等培训沙龙活动。2019年，就业中心共组织教师195人次参加各类专业化培训。

宣传工作。2019年，就业中心开展"基层北大人"主题宣传工作，推出"建功新时代"选调生自述，采访报道30位选调生典型人物并辑录成书，拍摄选调生专题纪录片《初心和使命》。央视《新闻联播》、《光明日报》、新华网、人民网、《中国青年报》等主流媒体分别报道北大学生就业引导工作的最新举措。

（谢爱丽）

【"国际组织人才培养"证书项目】6月26日至7月5日，2019年度北京大学"国际组织人才培养"证书项目举办。项目由研究生院、国际关系学院、学生就业指导服务中心、教务部、国际合作部等部门联合主办。来自各院系40名学员参加了基础课程、专家讲座、国际组织调研和访问、分组研讨和汇报等各个环节，并顺利结业。联合国前副秘书长吴红波，联合国粮农组织前副总干事何昌垂，原文化部副部长、全国妇联原副主席孟晓驷、世界银行高级人力资源业务伙伴矫英莉、联合国驻华协调员办公室项目经理娄亚等拥有丰富国际组织工作经历的专家受邀到校授课。项目期间，学员分批赴联合国粮农组织北京办事处、绿色和平组织北京办公室开展调研访问。各小组结合自身兴趣，围绕当前国际组织和全球治理发展状况自由选题、开展研究讨论，并进行汇报交流。

（谢泽中）

【"知行计划"地方党政机关暑期见习】 2019年，学生就业指导服务中心正式启动"知行计划"地方党政机关暑期见习，旨在通过深入基层一线了解党政机关运行机制和工作模式，帮助学生进一步提升就业能力、明确就业方向，引导更多学生扎根基层、服务社会。北京大学"知行计划"2019年地方党政机关暑期见习的参加人数达到330人，共有30个见习团分别赴天津、山西、辽宁、吉林、上海、浙江、福建、山东、湖北、湖南、广东、广西、重庆、四川、云南、陕西、宁夏等全国17个省区市进行为期4至6周的地方党政机关见习。

（张雯）

【"求职下午茶"系列工作坊】 9月，通过调研深挖学生"痛点"需求，就业中心创办"不忘初心、牢记使命"之"求职下午茶"系列工作坊特色活动，帮助学生了解行业发展，培养就业技能，拓展就业机会，以"痛快办""马上办"的劲头为学生解决难题。活动结合秋招时期的招聘特点和学生的动态需求，聚焦学生需求最为迫切的简历修改、单面和群面技巧、选调生咨询等主题，在两个月内共举办活动12场，以小型工作坊形式为300余名应届毕业生提供就业指导服务。

（谢爱丽）

【基层选调生返校培训"薪火班"一期】 10月8日至14日，北京大学基层选调生返校培训"薪火班"一期正式举行，来自西部地区12个省份的72名北大选调生受邀参加。此次培训是国内高校历史上第一次大规模、成系统的选调生返校培训。培训以8次专题报告的形式开展，报告主题包括"新时代年轻干部的使命与担当""国家治理与政治发展""新中国与新时代""中国扶贫战略转型与乡村振兴""事在人为：目标、团队和领导力""法治国家的理念及其实践开展""发挥制度优势改善基层治理"等。

（张雯）

青年研究中心

【发展概况】 网络管理。2019年，青年研究中心对未名BBS管理制度和管理规范进行适当调整，推动未名BBS不断发展，服务校园师生；与站务组保持密切联系，强化指导；完善技术支持，通过与计算中心合作，提升其安全性和稳定性；完成安全等级保护测评，保持校内平台最高安全等级。

指导PKU Helper团队完善空闲教室查询、课表查询、成绩查询、官方回复附加标签等功能，均受到用户好评。

理论研究。2019年，青年研究中心牵头开展若干重大课题研究任务。完成北京市委教育工委专项课题研究工作，该课题历时10个月，形成合计超过15万字的六项课题成果，得到了市委教育工委的高度肯定，为下一阶段全国高校开展相关工作提供了理论支持。围绕在专项事件以及其他学生思政工作中的特殊情况与现实困境，策划组织一系列与学生群体性事件、思政教育、网络文化有关的课题研究，已形成课题成果约10万字。在此基础上，根据上级部门和学校党委安排，完成若干重大文稿写作工作。

办刊提质。编辑出版《北大青年研究》杂志第15卷，共4期，包括2019年北京大学学生工作研讨会专刊和2019年第2期至第4期。2019年12月底，开通"北大青年研究"微信公众号，定位于依托《北大青年研究》杂志、兼具理论研究与时效资讯的有关青年研究的资料数据库。

文化建设。评选和颁发2018年度北京大学云舒写"好读书"奖学金。配合教育部和中央网信办举办的"全国大学生网络文化节"和"全国高校网络教育优秀作品推选展示活动"，面向全校师生进行作品征集，共上报优秀网络文化作品60余条、优秀教育案例3个。在国庆70周年之际，开展"祖国与我，青春为证"献礼新中国成立70周年短视频征集活动，共收到参赛作品20余份，评选出一等奖1名、二等奖2名、三等奖4名和优秀参与奖8名。组织开展冬至"包裹传情"活动，代送60余张祝福明信片，传递温暖与校园正能量。

队伍建设。继续加强院系网络思政教育专项工作联络人队伍和校内网络舆情联络人队伍，通过组织定期培训、工作交流和理论分享，不断强化网络舆情管理和网络育人的线下协同机制。注重学生骨干培养，成立并不断建设网络空间工作室、"新青年"理论研究室、"新青年"网络文化工作室，已形成近百人规模。

（李婷婷、许凝、张鑫、马丽晨、唐舒、唐博、于雅茹）

【成立"北大新青年"新媒体中心】 探索校园网络文化建设新举措，努力建设一个核心、多个平台齐抓共管的新矩阵。2019年，完成"北大新青年"微信公众号、抖音账号、哔哩哔哩账号、澎湃账号、今日头条账号注册和官方认证。10月，成立北京大学新媒体运营中心，全面打造"北大新青年"核心品牌形象，从网络文化节到新媒体矩阵架构建设，逐渐实现新媒体工作的转型升级。

3月，第四届北京大学网络文化节顺利收官，共评选特、一、二、三等奖30余名。自2015年以来，累计推出500余部优秀网络文化作品，60余位优秀个人、团队从幕后走到台前。4月28日，完成"北大新青年"微信公众号改版升级。此后，累计发布推送60余篇，累计阅读量约42万次，总关注量约2万人，累计增加关注数5000余人。注册运营"北大新青年"抖音账号，累计发送短视频25部，其中原创24部，累计阅读量超过64万次，累计点赞数近1万。注册运营"北大新青年"哔哩哔哩账号，注册今日头条、澎湃账号等媒体账号，以"北大好故事""北大正青春"为目标，不断提高团队优质内容输出水平，努力打造有温度有深度的"北大新青年"品牌形象。

（马丽晨）

【"青年空间"工作分享会】 2019年，"青年空间"工作分享会进行改版，依托此前活动形式，重点面向基层院系，主题定位于青年学生思想动态、思政工作前沿领域、网络与青年文化现象等，观照现实问题，分享先进经验，已逐渐发展成为北大网络育人和立德树人的品牌项目。每次分享会由一名院系辅导员就所选主题进行分享，两名点评嘉宾分别从理论和实践角度进行点评，与会师生集体交流讨论。2019年，"青年空间"工作分享会成功举办9期，近300人次参与。

（于雅茹）

【阅读马拉松】 "阅读马拉松"系列活动由北京大学网络文化建设与网络思政教育领导小组办公室联合北京大学图书馆、北京云舒写教育科技有限公司共同举办，旨在激发北大学子对于经典书目的阅读兴趣。2019年，"阅读马拉松"共举办5期活动，共计250余人参与。1月4日，第二届"阅读马拉松"互联网阅读行动之第三期线下沙龙举行，中国语言文学系教授张辉担任"领读导师"，带领同学们共读莱辛著作《拉奥孔》；3月8日，第四期线下沙龙举行，中国语言文学系教授贺桂梅担任"领读导师"，带领同学们共读丁玲著作《"三八节"有感》；4月24日，第五期线下沙龙举行，建筑学研究中心副教授董豫赣担任"领读导师"，带领同学们共读日本学者栗山茂久著作《身体的语言》；12月2日，第六期线下沙龙举行，信息科学技术学院副教授陈江担任"领读导师"，带领同学们共读刘慈欣的系列长篇科幻小说《三体》；12月30日，第七期线下沙龙举行，历史学系教授邓小南担任"领读导师"，带领同学们共读邓广铭著作《陈龙川传》。

（于雅茹）

【"新青年"理论研究室】 2019年，青年研究中心成立"新青年"理论研究室，吸纳校园内大批对思政问题和青年问题研究有兴趣、有热情并且有一定水准的学生。初步形成较为成熟的工作机制和工作模块，组织内部课题研究、定期形成时事评论文章、举办各类读书会和培训会，邀请校内外专家交流指导，充分发挥学生既作为研究主体也作为研究对象的独特优势，以官方平台的定位有效回应和引导学生在理论研究方面的热情与诉求，打造凝聚全校学生研讨思政工作的重要理论阵地和学术园地，也为学校的理论研究工作和文字工作储备力量、锻炼队伍。

（许 凝）

学生资助中心

【发展概况】 **队伍建设**。2019年，学生资助中心共有工作人员7人，其中主任1名、副主任3名、合同制职工1名、选留工作干部2名。全年，共减离3名事业编制人员，新进2名事业编制人员，减离1名选留工作干部，新进1名选留工作干部。减离2名合同制员工，招聘2名合同制员工。

资助奖励。2019年，学生资助中心持续加强工作队伍建设。经过单位推荐和资助工作委员会评审，2018—2019学年度共评选出10个学生资助工作先进单位、37名学生资助先进个人和21个学生资助新人奖，以表彰为学生资助工作做出突出贡献的院系和工作人员，树立优秀典型，鼓励资助工作队伍健康发展。

理论研究。继续开展学生资助课题研究立项工作，鼓励院系辅导员结合实际工作进行调研，共计形成7项研究成果，4篇文章发表至青年研究中心，提升了院系资助工作的理论化和专业化水平。

信息系统。2019年暑期，学生资助中心改变以往向新生邮寄纸质申请表的方式，开发利用"PKU经济情况调查"微信小程序采集家庭经济情况信息，提升工作效率。同时，为适应取消民政部门盖章的新要求，升级改造学生资助管理信息系统，信息采集、院系认定、中心审核三个线上步骤均要求提供认定依据。同时，系统上线测评打分环节，所有学生的经济困难程度均按照严格设定的后台公式，采集多项影响家庭收入的指标进行加权计算，根据认定分数匹配相应的助学金，极大提高了工作效率和资助的准确性。

寻访困难生。2019年，学生资助中心加大寻访困难生的工作力度，共组织132名辅导员在学期内以及寒暑假组建47支寻访队伍，奔赴21个省份、86个地级市进行走访调研，累计寻访学生家庭162户，寻访队伍和寻访家庭的数量均较上年增加一倍。通过走访，各院系和学生资助中心对困难学生的家庭情况有了更加细致深入的了解。

经济资助。通过国家财政、学校经费、社会捐赠等多种途径对家庭经济困难学生进行经济资助，资助资金已足额覆盖家庭经济困难本科生在校学费和基本生活费。助学金方面，2019年助学金名额为4439个，总金额1873.43万元；减免学费方面，为60名学生减免学费30.36万元；助学贷款方面，发放助学贷款654.9万元，总计718人，其中，校园地国家助学贷款为113.2万元、总计112人，生源地国家助学贷款为541.749万元、总计606人；补偿代偿方面，发放赴基层就业补偿代偿金、服义务兵役补偿代偿金86人次、共计91.7万元；补助补贴方面，发放国防生专项补助4人，总计0.8万元，发放寒假留校营养补助13人，总计0.65万元，发放北京市三项补贴1593人，总计29.47万元，发放四批次献血补贴550人次，总计13.845万元，发放两个学期的期末营养补助3168人次，总计63.36万元；紧急救助方面，通过临时困难补助（涵盖紧急受灾补助），向本人和家庭遭遇重大变故的45名学生及时足额发放慰问金13.3万元；奖学金方面，面向学习成绩优秀的家庭经济困难学生增设新鸿基奖学金135万元（包括双学位奖学金）、唐仲英奖学金8万元以及国强基金校级交换项目奖学金13万元，旨在为优秀的家庭经济困难学生提供激励资金，鼓励他们开阔眼界增长才干。

2019年，学生资助中心与教育基金会合作，为通过国际合作部国际交流项目选拔的12名家庭经济困难优秀学生提供国际交流奖学金，支持他们顺利完成学业。

绿色通道。2019年暑期，在入学报到前，提前为100名家庭经济困难新生发放总计20万元的燕园关爱助学金，减免全部经济困难新生的军训伙食服装费和部分家庭经济困难学生的床具费用。8月17日，学生资助中心连续第20年开设迎新绿色通道，为学生提供一站式资助服务。学生资助中心、财务部等单位现场办公，学生在现场可以快捷、便利地办理学生借款、提交贷款回执等手续。为保护学生隐私，加大资助力度，学生资助中心联合校友基金和校内多家单位集中为新生提供总价值约130万元、内含30余项生活学习用品的无辨识度礼包，减免全部新生保险费用3.08万元。

党建工作。学生资助中心领导班子坚决落实《北京大学关于加强党的政治建设的若干措施》，执行民主集中制、"三重一大"等决策制度，按照《北京大学学生资助中心关于落实"三重一大"制度的实施办法》，明确中心主任班子"三重一大"决策事项的范围、内容、实施程序和保障机制，做到用制度管人，靠制度管事。结合五四运动100周年和新中国成立70周年，学生资助中心组织策划"雏鹰心向党、青年肯担当"赴西柏坡参观学习活动，通过实践学习，党员们进一步理解了共产党员全心全意为人民服务的宗旨。

积极开展"不忘初心、牢记使命"主题教育，对党性修养工作常抓不懈。多次组织集体学习，深入贯彻主题教育要求，认真组织党小组活动，组织参观赛克勒博物馆"弘扬红楼传统 争做教育标杆"——北京大学"不忘初心、牢记使命"主题教育展和马克思主义学院"共命运，同前进——北京大学与马克思主义"主题教育展览。为扎实推进主题教育，守初心、担使命、找差距、抓落实，做身边的好人好事，学生资助中心党小组前往承泽园社区养老驿站，了解老年人具体需求，思考真正推进学生志愿活动契合老年人需求，增强老年人的安全感、获得感与幸福感。

2019年，学生资助中心1名预备党员按期转正。

勤工助学。2019年，校本部增设燕园起航助教、学生发展支持项目助教岗位，同时为教室协管员、图书馆管理员、礼仪队、校园引导队员、老教授合唱团指挥伴奏、燕园起航助教、学生发展支持项目助教等7个岗位发放勤工助学薪酬85.86万元，受助学生1642人次。医学部为1240名本科生提供校内外勤工助学岗位，发放勤工助学薪酬222万余元；组织开展长期校外勤工助学5项。深圳研究生院共设置勤工助学学生助理固定岗位28个，发放勤工助学薪酬23.14万元，受助学生324人次。

（曹蓓）

【燕园翱翔计划】 2019年，学生资助中心与教育基金会合作，拓展资源，共同推进家庭经济困难学生的国际化培养，引导学生走出校门，立足国内，放眼世界，立鸿鹄志，成栋梁才。1月至7月，共派出7个研学团143名师生分赴新加坡、韩国、俄罗斯、马来西亚和中国香港等地开展参访活动。

（石运佳）

【优才拓展项目】 2019年，学生资助中心与教育基金会合作，组织优秀低年级本科生走出校门，到全国各地开展社会实践活动，参访大学、企业、政府等单位，开阔视野、提升能力。6月至12月，共组织6个参访团77人分赴上海、山东青岛、福建、陕西、浙江等地开展实践活动。

（石运佳）

【燕园起航计划】 2019年，学生资助中心进一步加强燕园起航计划建设，破除部门和院系的藩篱，在全校范围内选拔优秀的专职辅导员作为导师，为每一位同学提供来自学校、院系的专属指导，构建具有针对性的帮扶体系，旨在实现学校、院系资助工作小组和起航导师对于经济困难学生的交叉覆盖，形成以学生需求为中心、校系联动的工作格局。

（林思聪）

【学生发展支持】 2019年3月，针对学校学生缺乏学业辅导以及综合素质发展辅导的情况，学生资助中心专门启动学生发展支持项目，面向全校学生开展学业辅导和综合素质发展支持。4月，"北京大学学生发展支持项目组"（简称SDS）开始运行，通过举办高数、物理、化学、计算机等科目日常答疑和周末串讲，论文写作、文献检索、英语学习保研修双等大型学业技能讲座，"不只是早餐"生涯规划沙龙、摄影、书画等技能提升工作坊，致力于为学生提供学业指导、实用技能、生涯规划等方面的系统性支持，为学生发展助力。6月，申请创办"北京大学学生发展支持"公众号，并进行资质认证，专门用于发布项目活动预告、活动内容总结、活动反馈和各类学习资源。12月，项目进行社团化，申请成立"北京大学学生发展支持促进协会"并通过答辩，社团下设秘书处、讲座规划部、朋辈辅导部和多媒体部4个部门。

（何丽琼）

【北京大学第二届校园文化大使风采大赛】 2019年5月17日，由学生资助中心主办的北京大学第二届校园文化大使风采大赛在英杰交流中心第三会议室举行。大赛旨在锻炼校园引导员队伍，提高学生的语言表达能力，为学生提供展示自我风采的舞台。艺术学院教授马清，校史馆党支部书记、校史馆研究室副研究员林齐模，保卫部秩序中心办公室石慧，教育学院团总支书记汪卓群和学生资助中心主任陈征微共同担任评委。此次大赛还邀请 20 位在校学生担任大众评委。

(何丽琼)

学生心理健康教育与咨询中心

【发展概况】 2019 年,学生心理健康教育与咨询中心(简称"心理中心",下同),在学校领导的关怀和支持下,在相关部门、各院系的配合下,坚持以人为本原则,不忘初心,牢记使命,始终以培养社会主义合格建设者和可靠接班人为最高目标,心系大学生健康成长成才,在完成各项日常心理服务工作的同时,开展以"心教育"为主题的心理健康教育活动。在北京大学心理健康教育三级体系建设总体思路的引领下,心理中心全体人员共同努力,完善并创新北大特色的心理健康心教育模式。

师资配置。心理中心工作团队由 17 名专职心理咨询师(含行政教师)、30 名兼职咨询师以及每学期招录的实习、见习咨询师组成。为提升全体咨询师的业务水平,针对性地提高应对不同咨询服务的各项能力,心理中心 2019 年持续开展专业督导工作,推进"多层次、多角度、跨学派"督导。根据不同督导目的和对象,将督导形式细分为专家督导、专兼职咨询师同辈督导、兼职咨询师专题案例讨论会、实习咨询师案例讨论会和危机干预工作督导 5 种。2019 年累计开展团体督导 26 场。为优化学生心理咨询流程,改善预约排队、规范案例记录、完善咨询排班、方便数据统计,继续更新心云心理健康信息化管理平台,升级相关功能模块,规范用户操作。为提升咨询质量,优化心理健康教育环境,学校为心理中心增设 3 间咨询室,并在学生宿舍楼下开辟地下团体室、咨询室、援助热线接线室供日常咨询服务、心教育活动开展使用。

党建工作。2019 年,心理中心党小组依托学生工作部党支部,落实全面从严治党,开展"不忘初心、牢记使命"主题教育,积极学习十九届四中全会精神,擦亮学生工作队伍底色。在学校组织国庆游行群众方阵集训期间,心理中心派出 2 名专职教师执行驻队任务,为国庆重大活动提供心理专业支持。在"不忘初心、牢记使命"主题教育阶段,组织专职教师观看成就展、集体观影,举行民主生活会,组织开展志愿服务活动,发挥专业特长,总结工作中的问题与不足,促进转变工作作风,牢记初心使命,奋进担当作为。

心理健康教育。2019 年度,心理中心开设《大学生心理素质拓展》《朋辈心理辅导》《自杀学与危机干预》《精神障碍的本质》《压力管理》《灾难心理学》《青少年心理访谈》《大学生性格优势团体辅导》《心理创伤治疗》《焦点解决短期咨询》和《大学生心理健康》网络慕课等 11 门课程。邀请校内外各单位教师举办 12 场心理健康科普系列讲座,涵盖"人际交往""美食心理学""认识抑郁""亲密关系""原生家庭"等不同主题,场均百余位校内外观众,反馈良好。依托微信公众号"北京大学心理中心"进行新媒体心理健康教育,承载咨询预约、对外宣传、知识科普三大功能:2019 年全面开放线上预约,学生预约效率提升;发布新闻通知类稿件 51 篇,公众号受众范围不断扩大;持续推进心理学科普原创文章征集活动,在鼓励创作的同时传播心理学知识,共计推出 80 篇原创文章。此外,通过"新生心教育晚会""一杯心茶""时光慢递""影视心理剧""5·25 大学生心理健康节"等项目,探索具有北大特色、符合学生实际需要的创新"心教育"活动形式,打造系列"崭新、贴心、暖心"服务。

心理咨询。心理咨询服务是心理中心工作的重要组成部分,包括个体面询和团体心理辅导两种形式。针对所有咨询学生,心理中心制作完备咨询档案,既便于对咨询过程进行有效督导,也便于对学生问题进行纵向跟踪解决。团体心理辅导方面,2019 年,心理中心组织专兼职咨询师面向北大学生精心设计并开展 19 个不同主题的团体心理辅导小组或工作坊,主题涉及自我探索与成长、压力管理与自我照顾、职业规划、积极心理学、人际关系、新生适应等大学生群体的共性议题,形式包括每周一次的常规团体、短程训练团体,除谈话以外,还融入音乐、绘画、戏剧等表达性艺术辅导形式以及正念行为训练。

危机排查干预。2019 年,心理中心以心理健康普测结果为基础,结合心理危机监控网络,完善并随时更新问题学生心理健康档案,同时定期给予追踪、监控、建议和治疗。依托"学校-中心-院系-班级"四位一体的心理危机监控网络,通过定期院系会商,结合高风险期临时上报制度,识别学生中的危机个体;通过月报、周报、日报等制度,分析和总结危机情况与干预个案,并向学工部、学校主管领导汇报,危机台账保持更新状态;同时,采用访谈、经验交流以及专业督导等形式,加强对干预体系各环节的指导与沟通,结合院系意见和实践反馈,修订危机干预工作条例。

(李思彤)

【心理危机援助热线】 为保障及时响应学生心理需求,减少心理问题,降低心理危机发生率,在学校党委的统筹和学校领导的支持下,学生心理健康教育与咨询中心经过数月筹备,建成热线接线室、督导室,并于 2019 年 4 月 26 日成功开通"北京大学心理危机援助热线——010-61943712/010-62760521"。

为保障热线的顺利运营,心理中心开展形式多样的宣传活动,在心理健康教育主题活动中融入热线宣传,与多部门合作在食堂、宿舍楼、教学楼、院系楼宇等张贴热线海报、标牌等宣传品,在"双十一"举办"拒绝孤单、聆听彼此、传递温度"活动，面向全校发放危机援助热线纪念抱枕、寄语明信片等，提高热线知晓度；培训形成一批可靠的接线员队伍，包括实习咨询师、见习咨询师和院系学生辅导员，为热线24小时响应提供充裕的人员力量。

（李思彤）

【影视心理剧《出走的打卡少年》】 为推进学生生命健康教育，做好学生心理健康知识科普工作，学生心理健康教育与咨询中心联合艺术学院、中央广播电视总台央视社会与法频道"心理访谈"栏目组，以"高校校园心理健康服务体系""学生心理健康素质教育""心理危机援助热线"等现实工作为题材，创作影视心理剧《出走的打卡少年》，用于传播阳光心态、引导构建积极心理品质，为学生提供支持与服务。影视剧于12月1日在央视社会与法频道首播，反响良好。

（朱湘怡）

【心理健康节系列活动】 为有效推进北京大学心理健康教育工作，依托2019年首都大学生心理健康节"逐梦、圆梦、追梦"主题，学生心理健康教育与咨询中心牵头，联合北京工商大学举办"逐梦之舟"经典阅读与分享大会。活动于5月正式启动后，在首都各高校顺利展开。各高校自行组织活动形式，引导学生报名参与，支持学生组建读书团队；协助学生选择心理学领域经典书籍；提供优秀的心理咨询师或心理学领域资深教师，带领学生阅读书籍，鼓励学生通过思维导图、文章、画册、音乐、微视频等多种形式进行阅读体会的分享与传播。活动共收到来自首都28所高校提交的优秀个人成果36项、优秀团队成果22项。

心理中心在"5·25"首都大学生心理健康日的基础上，率先提出"5·21"心理健康日的倡议，由"我爱我"偏向内心自我的"小我"发展为"我爱你"偏向外界的"大我"。5月21日，举行"说出你的故事——爱的五种语言"主题活动，"爱你""爱家""爱校""爱国"和"大爱无疆"五种爱的语言篇章依次展开，内容包括演讲故事、舞台剧、诗朗诵、独唱、合唱、沙画制作等。通过举行文艺演出，激发大学生内在成长动力，让学生主动发现爱、感悟爱、带着爱的力量面对生活，在爱的指引下，树立目标、坚定信念，创造幸福人生。

（李思彤）

【特色"心教育"系列活动】 "一杯心茶"系列活动。以茶会的形式聚集对心理话题感兴趣或需要心理帮助的学生，在团体带领者和茶艺师的协助下，品茶聊天，以多种视角进行交流，帮助学生提升心理健康水平。2019年共举行茶会17场，涉及"减压、抑郁、健康"等10余个主题，共计100余名学生参与茶会并给予良好反馈。

"时光慢递·给未来的一封信"。活动依托慢递方式，学生书写对未来的寄语并投入心理中心的时光邮筒，一年后由心理中心助理负责整理寄出，为学生搭建了一个长期记录成长、感受变化、表达感情的平台。2019年度共计寄出100余封信件，新收到信件100余封。

"心理健康 社会和谐 我行动"主题心教育晚会。10月9日，由国家卫生健康委主办，国家卫生健康委疾控局、北京大学学生心理健康教育与咨询中心以及中央广播电视总台央视社会与法频道共同承办的"心理健康 社会和谐 我行动"健康中国行动心理健康促进行动主题推进活动暨2019年世界精神卫生日现场活动在北京大学百周年纪念讲堂成功举办，共计2000余名校内外人士参加。通过大学生辩论表演赛、学生心理情景剧演出、舞蹈表演、现场宣传片播放、专家学者访谈等活动，围绕"做好大学生心理服务""科学面对抑郁""社会心理服务的星火燎原"三个话题展开讨论，引导人们关注自身心理健康，促进社会心理和谐。

（李思彤）

【朋辈辅导员"阳光伙伴"队伍】 为推进学生心理健康发展，普及心理健康知识，学生心理健康教育与咨询中心继续开展"朋辈辅导员（'阳光伙伴'）项目"，旨在建立校内学生同辈支持体系，丰富学校心理健康工作队伍构成，激发学生热情，提升心理健康工作效率。2019年共招募70余名朋辈辅导员，管理精细化、小组化模式初步成型，工作流程、工作内容在一期试点基础上得到进一步明确和规范。朋辈辅导员先后参与心理热线建设意见收集反馈、网络回帖、影视心理剧剧本修改、主题调研、主题晚会等心理健康教育活动，共有8组40余名朋辈辅导员完成第二期工作，主题调研涵盖7个主题，调研报告共计5万余字。

（李思彤）

【心理协会】 北京大学学生心理协会在心理中心指导下，持续关注学生心理健康问题，注重传播心理健康知识，引导大学生培养健全人格，创造魅力自我。

2019年，学生心理协会沙龙组对沙龙带领者进行包括团体体验、理论培训、方案设计在内的共计15次正式培训、28次对外带领、4次压力管理短期团体，参与培训的10名带领者分别设计并带领亲密关系、OH卡、人际沟通、自我探索、时间河流、职业探索等多个主题沙龙，共有240余人次参与。

"尺素心友"项目，是以"爱心陪伴，通信支教"为主旨的公益项目。2019年度共计招募80余名志愿者，与对接中学学生完成两次通信，实现项目成员与对接中学学生的心理陪伴与自我成长。坚持实践育人导向，指导学生心理协会开展"尺素心友"回访调研活动，项目志愿者深入河北省涉县鹿头中学，以社团组织、兴趣驱动的形式，调研了解青少年心理健康状态，参观涉县一二九师旧址，在通信与调研中理论结合实际，以行动感受基层脉搏，将个人发展与民族、国家的发展紧密结合，争做"圆梦新一代"。

（李思彤）

医学部学生工作

【发展概况】 组织机构。医学部学生工作部（以下简称学工部）设有四个办公室和四个中心：综合（国防教育）办公室、本科生教育办公室、研究生教育办公室、医学生预科办公室、学生就业指导服务中心、学生资助中心、学生心理健康教育与咨询中心、辅导员发展中心。其中，综合（国防教育）办公室、本科生教育办公室、研究生教育办公室、医学生预科办公室、学生就业指导服务中心办公室、学生资助中心办公室为内设科级机构。2019年，医学部学生工作部共有工作人员17人，其中事业编制16人、合同制1人。

宣传教育。2019年，学工部结合国庆重大活动、开学典礼、毕业典礼、表彰大会等，以庄严仪式激发学生爱党爱校的强烈情感，将北大医学理念、北医厚道精神和推进"双一流"建设融入其中，教育学生矢志投身国家医疗卫生事业，勇担社会主义建设者和接班人的重任。为庆祝中华人民共和国成立70周年，引导学生弘扬爱国主义与五四精神，6月起学工部开展"我和我的祖国——放飞理想 铸梦中华"主题教育活动，各单位通过主题学习、宣传展示、服务实践等方式开展内容丰富、贴近师生的教育活动120余项，覆盖在校生超1.5万人次。

除开展"春燕行动""青春心向党，圆梦新一代"主题教育、"博言厚道"等一系列有针对性的思想政治教育活动外，学工部还积极推进学生思想政治工作"供给侧结构性改革"，推进辅导员日常工作"进课堂、进班级、进宿舍"，使辅导员真正成为学生政治上的引路人、学业上的指导者、生活上的贴心人。在以往素质类讲座基础上，学工部首次邀请中国医学插画师、北大艺术学院音乐教授、中国音乐学院教师分别以"医学图画之美""怎样与音乐交朋友""讲解型中国传统音乐会"为题开设人文素养讲座，带领学生走进科学与艺术、音乐与传统，增强学生美育教育。

利用"北医学工"微信公众平台等新媒体工具与在校生积极互动，对学生开展思想教育工作。平台设有校园服务、学工特色等栏目，已经成为本科生和研究生教育办公室利用新媒体开展思想教育工作的重要工具。2019年1月至11月30日，推送图文消息128篇，关注量超过7000人。

国防教育。医学部武装部积极响应国家政策号召，将征兵工作整体纳入学生教育工作，通过专题部署、充分动员，2019年有5名同学顺利应征入伍；通过积极协调、统筹组织，武装部与学院师生代表多次赴军营慰问在役服役学生。8月至9月，顺利完成826名2019级新生的军训组织工作，军训期间医学部共有426名同学递交入党申请书。着力推动军事理论课程改革，邀请军事医学研究院研究员结合医学生特点增设"军事医学简史""野战输血""战伤止血药械"等内容，课堂学习外增加前往军事博物馆、航空航天博物馆习的实践课程，课程改革获得学生普遍认可。

奖励、奖学金。2019年，对专项奖学金结构进行较大的调整，获奖比例较往年减少，同一等级的获奖金额较往年大幅增加。完成3种集体奖项、39种个人奖项的评审工作，获奖集体51个，奖励获得者2380人，奖学金获得者1334人（有交叉），奖金总额达846.7万元，其中，最高额度奖学金3万元/人，最低额度奖学金2000元/人，个人人均专项奖学金额度4211元。

党建工作。2019年，学工部将"不忘初心、牢记使命"主题教育作为最重要的政治任务，前往5个学院、13个医院开展基层学生工作调研，对学生思想政治教育、日常管理和党建工作中遇到的难点、痛点进行梳理。药学院魏巍、第三临床医学院蔺雨萱当选为北京大学第九届十佳学生党支部书记。医学部4个学院的6个学生党支部在年度红色"1+1"活动中顺利完成与社会基层党支部的共建活动。

队伍建设。2019年，学工部从15个单位选聘28名专业课教师担任2019级新生"专业班主任"，协助辅导员做好学生的专业思想引导和学生成长成才教育；选聘机关职能部处管理干部、学院专职辅导员、专业课教师和退役大学生27人参与新生军训领队工作，他们与学生同吃、同住、同训练，用实际行动践行"三全育人"的教育理念；下半年，学工部试行第二班主任制度，医学部领导及各职能部处领导积极加入第二班主任的行列，参与学生的教育管理；为缓解基层学院学生工作一线人员紧缺的现状，学工部将新入职4位老师派往一线担任辅导员。经费方面，学工部在年初下拨生均100元活动经费的基础上，通过主题教育、就业培训等项目向基层追加活动经费。通过资源向基层移动，保障各学院、医院学生工作的全面开展，保证辅导员工作有条件、干事有平台、待遇有保障、发展有空间。2019年，医学部有5名教师荣获北京大学优秀德育奖，4名教师荣获北京大学优秀班主任标兵称号，27名教师荣获北京大学优秀班主任奖，10名教师荣获医学部十佳辅导员奖；在北京大学第四届十佳导师评选活动中，2名教师获得"十佳导师"称号。

（郭昀、柳絮）

学生就业指导中心。2019年，医学部共有毕业生1996人（不含留学生与港澳台学生），其中本科生739人，硕士生653人；临床、口腔八年制博士生190人，其他博士生414人，学生总体就业率为94.6%。

就业宣传。为拓展毕业生就业渠道，中心通过微信公众号及各类新媒体向师生发布医药类求职、实习信息，累计发送286条，点击量20万次，协助用人单位组织专场宣讲会64场，参与学生3000余人次。

就业辅导。针对中低年级本科生继续开设职业生涯规划与辅导选修课，并在授课内容上进行优化创新，加入校友讲述、职业人物访谈、嘉宾点评生涯规划等形式。整合资源开展全新的"医职为你"系列职业生涯指导活动，共计开展校友沙龙 5 次、专题培训 5 次、企业参访 7 次、专题座谈会 2 次、城内宿舍区咨询专场 1 次，参与学生 600 余人次；校友沙龙邀请从事临床、科研教学、选调、自主创业等工作的毕业生与同学们近距离交流，进行经验分享和答疑；职业培训开设求职策略、简历修改、面试技巧和礼仪规范等内容的培训课程；职业参访定期组织深入企事业单位等各用人单位的参访活动，为同学们提供最直观的职业发展体验；人物专栏通过对目前从事各行业的北大医学毕业生的宣传报道，树立榜样，帮助同学坚定求职自信。

就业咨询。为在校同学提供一对一就业辅导咨询，咨询师包括企事业单位人力资源专业老师、经验丰富的就业指导老师等，共计提供咨询 21 人次。学生就业指导中心与学生心理健康教育与咨询中心 2019 年首次联合推出毕业生减压咨询服务热线，存在焦虑等状况的毕业生可以第一时间通过热线电话求助。

（郑　辉）

学生资助中心。2019 年，学生资助中心顺利完成医学部学生家庭经济困难学生认定、年度贷款管理、助学金评审发放管理、勤工助学管理、学费代偿补偿管理、资助育人等工作，加强宣传，开辟途径，精准施助，逐步实现经济资助与资助育人并重。

家庭经济困难学生认定。2019 年，共认定家庭经济困难学生 1195 人，其中本科生 787 人、研究生 408 人。为家庭经济困难学生（含研究生）发放各类补助 153.8535 万元（3017 人次）；853 名学生获得 2019—2020 学年度助学金，总金额 575.2 万元，本科生学年度助学金平均受助额度近 7000 元。首次进行家庭经济困难学生家庭访问，共访问贵州、云南 2 省 6 县 10 个家庭，学生认定结果与其家庭情况基本符合。

助学贷款。办理 185 名 2019 级新生绿色通道缓交学费及住宿费 164.559 万元；办理各类贷款 733 人，发放贷款金额 648.9295 万元；办理中西部基层就业、应征入伍学生贷款代偿、学费补偿 16 人，申请金额共计 28.36 万元；办理 2019 年毕业确认手续 181 人。

勤工助学。为 1240 余名本科生提供校内外勤工助学岗位，发放勤工助学报酬 222 万余元；组织开展长期校外勤工助学 5 项。指导学生服务团开展校内外各类公益志愿服务和素质拓展活动，组织加油课堂活动和勤工助学活动，并组织赴河北省滦平县暑期支教社会实践团。组织 2 次与捐助方的交流活动，创建、扩增交流微信群，加强资助受助双方交流。

资助系统。资助管理系统各模块功能继续完善，并纳入医学部综合服务平台登录管理，实现与教育处、研究生院学籍数据对接。资助网站与微信平台实时更新，师生办理资助业务更加便捷高效。

制度建设。修订医学部资助工作办法、家庭经济困难学生认定、助学金、贷款、勤工助学、临时困难补助等 10 项工作制度。

（方爱珍）

学生心理健康教育与咨询中心。中心由医学部主管学生工作的党委副书记和学工部领导，专门从事学生心理健康教育、心理咨询服务以及心理危机干预三项工作，旨在促进学生的心理健康，维护校园的和谐与稳定。

心理健康教育。根据学生需求，有针对性地开展团体辅导、同伴教育等心理健康教育活动。2019 年，共组织 4 个不同主题的团体辅导活动，每个活动持续 8 至 13 周不等。

心理测评。2019 年 9 月至 11 月，对 1658 名研究生新生进行心理测评。把测评中发现的情况分别反馈给各学院、医院，帮助辅导员制定关注和干预方案。

（张丝艳）

【成立教学医院学生党总支】　为解决医学部学生在教学医院学习期间的党员发展等难点问题，经医学部党委研究决定，2019 年 7 月，医学部教学医院学生党总支成立。学工部教师党支部配合各教学医院寻找解决方案，切实服务好每一名党员，使积极向党组织靠拢的同学"入党之路"更加畅通，从而增强党支部凝聚力、激活发展原动力。

（柳　絮）

保卫工作

【发展概况】　机构设置。保卫部是北京大学党委、行政双重领导下的负责学校安全管理工作的职能部门，由 6 个机关科室和校园秩序管理中心 3 个区队组成。2019 年，保卫部新入职 3 人，退休 2 人。现有在编人员 36 人，合同制职工 1 人。全校共有专兼职保卫干部 210 余人。2018 年 12 月 31 日，原接受学校和北京市公安局海淀分局双重领导的燕园派出所从学校剥离，成为服务燕园地区的标准化派出所，在燕园派出所工作的 14 名保卫部干部以及治安预防和户籍管理职能回归保卫部。

党建工作。组织全体党员干部以党小组为单位认真开展理论学习，以支部为单位组织参观新中国发展成就展、学校纪念五四爱国运动 100 周年纪念展等；组织参观沙滩红楼，重温北大光荣传统；组织"不忘初心、永远跟党走"主题党日活动，参观李大钊故居、唐山抗震纪念馆等红色教育基地；认真落实要求，开展民主生活会、组织生活会和领导班子成员讲党课活动。严格按照学校党委组织部的要求，召开领导班子民主生活会，广泛听取意见建议、认真查摆问题、开展批评与自我批评；坚持群众路线，自觉接受监督，切实解决师生反映强烈的各类问题。2019 年，保卫部接听综合治理服务热线 22,854 次；处理北大未名 BBS 帖文 213 条，答复 121 条，主要涉及校门管理、校内机动车违停、校内流浪犬隐患等问题，回复督查信访件40封。"不忘初心、牢记使命"主题教育开展以来，召开2次教师、学生征求意见会，组织5场校内单位座谈会，了解师生需求，不断改进工作，结合调研情况研究制定电动自行车充电桩建设方案、校医院周边围栏改造方案，落实东侧门东移工作。

校园安保工作。 2019年，保卫部分别制定两会、国庆等节点安保工作方案，并按照部署，从隐患排查整治、校门管理、空间巡查和重点部位防控等方面，与公安机关联勤联动、协同配合，确保国庆70周年等重大活动安保任务顺利完成。

安全检查工作。 2019年4月，指导二级单位开展火灾隐患"自知、自查、自改"活动，通过上半年安全大检查、实验室安全大检查和学生宿舍专项检查助推二级单位整改，针对个别单位安全责任落实不力，提供上门服务；9月，围绕国庆70周年重要节点，协同派出所，组织化学与分子工程学院、物理学院等多家单位召开涉毒实验室安全和波谱仪特殊仪器使用管控专项工作会议，并重点对文物古建、实验室、校内外工地、人员密集场所进行检查；11月，结合"不忘初心、牢记使命"主题教育开展，牵头成立检查组对王克桢楼、太平洋大厦相关部位进行安全检查、建立台账，并对楼内单位以及物业人员提出工作要求，同时对理科一、二、五号楼和第二教学楼制高点进行检查，针对发现的安全隐患和问题，及时制止并要求各单位进行整改；12月，牵头成立5个检查组，对全校120多家单位进行安全大检查，就安全管理责任落实情况、单位内部安全管理情况、重点部位安全隐患自查自改情况等进行系统、全面检查。

校园秩序管理工作。 加强校门管控、校园巡逻、视频监控和重点区域24小时防控；认真做好国庆70周年重大活动训练期间校园交通管控和人流疏导，确保学校整体安全稳定；严格大型活动风险评估，2019年共进行风险评估71次，参与执行各类勤务252次，出动执勤力量7892人次；加强日常秩序维护，2019年全年，学校各机动车门放行车辆共计1,254,886辆次，审批活动入校车辆437次、共计4768辆，审批校内活动、会议、培训班人员入校4444次，共计370,982人。

交通管理工作。 2019年下半年，相继完成燕园大厦校门、太平洋大厦校门、东侧门、校医院校门等机动车门相关设备建设与改造，设计并完成燕园大厦和王克桢楼相关区域地上地下交通导流方案，打通王克桢楼与燕园大厦地下车库，平稳完成地库行车线路变更工作。互换地面非机动车和机动车停车区域，提高空间利用率，校园新增车位400个；严格落实政策法规，做好非机动车管理。禁止无号牌、无非机动车临时标识的车辆进入校园，禁止所有校外电动自行车进入校园；两次集中清理废旧自行车和电动车，共清理废旧自行车5000余辆。引入专业公司提供地下车库标准化服务，每日服务时间从8小时提升至24小时全覆盖，有效提升服务水平。

治安预防工作。 2019年，保卫部协助公安、司法机关等有关单位核查案/事件中涉及学校师生的人员信息、情况27起；配合派出所破获盗窃案件18起，骚扰他人6起，处置突发事件7起；协助公安机关处理非正常死亡案件4起。暑假期间，协调燕园派出所和中关村西区派出所对学校周边黑导游扰乱秩序行为进行联合打击，共计抓获扰乱秩序人员30余名。

安全宣传教育。 利用保卫部官网与"平安燕园"微信公众号安全宣传与教育平台，完成2019年度国家安全日、网络安全宣传周、消防宣传月、交通安全日等重要节点的宣传教育；2019年，通过"平安燕园"微信公众号发布安全服务信息和安全知识提醒共计46篇，累计阅读量76,033人，篇均1728人，较2018年篇均阅读量提升近5倍，其中，单篇最高阅读量达12,093人。9月，先后完成2019级学生军训期间安全知识讲座、消防疏散演练及消防器材体验等教育实践活动，并针对校内涉学生案/事件特点，深入国家发展研究院、对外汉语教育学院、光华管理学院等多个院系开展安全教育，受众达2000余人。

信息化建设。 完成安防系统数字化改造，建设新指挥中心和中控室，实现视频监控室外全覆盖，推进各二级单位视频监控与学校安防系统对接；加速实施各校门人脸系别系统建设，启用临时出入证、家属证联网办理平台，试用继续教育部的招生信息备案系统，推进访客、参观人员预约入校系统并网运行。在第二教学楼地下车库建设安装消防视频报警系统；为全校22栋建筑的消防水安装水压监测系统；为24栋学生宿舍楼建设安装感烟探测器、无线手动报警按钮、声光报警系统等无线报警系统等。更新校门车辆识别系统，进行软件的数据化本地运行开发；推进建设机动车鸣笛监测系统，优化机动车违规处理系统，推进校门车牌识别系统、机动车入校预约系统、车证办理系统、鸣笛监测系统、机动车测速系统、短信平台统一管理；与计算中心沟通，设计新版校园秩序管理平台，完善活动、会议等信息报备，完善校园秩序管理平台各项功能，设计开发保安员考试模拟软件，全面提升秩序中心内部管理、保安员管理自动化水平。

课题研究工作。 先后完成中国高等教育学会保卫学专业委员会2017—2019年度课题《微时代大学生安全防范宣传教育模式研究》、北京市高等教育学会保卫学研究会2017年度重大课题《首都高校安全稳定工作手册》和重点课题《首都高校维护安全稳定工作的问题、特点和形势分析》的研究工作，其中北京学会两个课题获评优秀。

内部建设。 汇总整理学校相关规章制度，梳理学校涉及保卫部内部工作的相关制度7类29项；开展部内调研座谈，走访院系征求意见，对部门内部现有工作制度和现行工作流程进行梳理；初步制定保卫部内部工作制度框架，具体包括岗位职责、决策制度、人事制度、财务制度、物资管理制度、网络安全和信息工作制度、行政保障工作规范、保密工作规范等8类，需要进一步修订、制定的职责、规定、办法和细则共28项；编写《校园秩序管理中心工作守则》并推动试行。

（王颖杰）

【全国防灾减灾日主题宣传教育活动】 5月9日，保卫部、学生工作部组织校内师生参观海淀公共安全馆，通过聆听讲解、观看影片、互动体验等方式，学习自然灾害、事故灾害、公共安全等领域相关知识，并在场馆讲解员的带领下体验自救和逃生技能。5月12日，保卫部、学工部联合开展防灾减灾主题活动，在新太阳学生中心举行以"珍爱生命、共抗风险"为主题的图片展，展览为期7天，共展出自然灾害现场图片31幅，涵盖地震灾害、气象灾害、森林火灾、洪水灾害、海洋灾害等5种类型，并配合展示相关灾害知识；邀请中国消防协会科普教育委员会副主任李进以"提高灾害防治能力，构筑生命安全防线"为主题，向各院系师生系统介绍中国防灾减灾工作的发展历程和各类自然灾害的应对方法，并结合高校情况和自身救火经历，从校园火灾防范的角度进行详细讲解。

（程启帆）

【保卫部党支部、工会联合主题参观学习活动】 6月21日至22日、6月28日至29日，保卫部党支部、工会联合组织"不忘初心、永远跟党走"主题参观学习活动，全体职工分两批次赴河北省乐亭县、唐山市和天津市参观学习。在李大钊纪念馆和故居，全体党员职工向李大钊先生塑像敬献花篮，党员在塑像前重温入党誓词，随后依次参观纪念馆和故居，详细了解李大钊先生从幼年到求学的成长经历及革命道路；在唐山抗震纪念馆，参观纪念大道、纪念广场、纪念水池和由13面黑色大理石墙组成的地震纪念墙；在平津战役纪念馆，重温革命先烈的英雄事迹和天津解放的历史；在全国爱国主义教育示范基地、全国廉政教育基地和国家一级博物馆周恩来邓颖超纪念馆，体会周恩来、邓颖超为党和人民的利益鞠躬尽瘁，为革命理想不懈追求的精神。

（王颖杰）

【2019年新生安全教育系列活动】 8至9月，为增强新生的安全防范意识，提升防范技能，保卫部统筹安排，多渠道开展本科、研究生新生安全教育。8月27日，在学工部的支持下，保卫部在怀柔学生军训基地组织开展消防疏散演练、油盆灭火体验、安全教育讲座、安全知识问答等宣传教育活动。消防疏散演练结束后，全体参训学生分批次进行油盆灭火体验，学习灭火器使用并实际操作；结合大学期间学习生活需要和大学生群体特点，保卫部组织开展线上安全知识问答，并为全体新生发放安全宣传材料包，包括《初入燕园安全为先》知识手册等宣传材料和安全文化帆布袋、安全文化地图、安全文化手账本等衍生宣传品，内容涵盖国家安全、人身安全、财产安全、消防安全、交通安全、校园安全、出行安全、网络安全、大型活动安全、自然灾害防范应对等多个方面。此外，针对新生开学季易发高发的诈骗、盗窃、校园传教等案/事件，还通过在新生报到日提供安全咨询、在新生宿舍楼放置易拉宝、发布系列微信推送等方式，进行全方位、有针对的安全提醒。9月2日，作为2019级新生军训系列讲座的重要部分，保卫部干部、派出所民警在邱德拔体育馆为本科新生做安全教育讲座，详细梳理常见的校园安全隐患及应对方法，并对火灾、电信诈骗等发案高、危害大的安全问题进行重点介绍。

（王颖杰）

【保安员反恐防暴应急技能培训】 9月19日下午，保卫部邀请燕园派出所徐良胜警官对保安员骨干近60人开展反恐防暴应急技能培训。培训内容主要包括防爆毯的使用和站岗执勤突发极端事件处置两部分。结合与保安员配合示范，徐良胜介绍校园巡逻、门岗执勤中可能出现的各种突发事件，并对处置方法进行详细的讲解，包括盾牌和警棍的配合使用、防暴钢叉使用的时机方法。参训保安员分小组针对讲解内容进行反复模拟演练，力求人人了解基本技巧、熟练使用器材、准确反应处理不同突发事件。

（戴玉娇、王颖杰）

【"119消防宣传月"主题活动】 11月，保卫部围绕"防范火灾风险，建设美好校园"主题，开展丰富的消防安全宣传体验活动，包括疏散演练、电影放映、主题体验活动等，营造人人关注消防、学习消防、参与消防的良好校园氛围。11月7日上午10点，消防疏散演练在畅春新园举行。北京大学副校长兼总务长王仰麟出席，海淀消防救援支队副支队长刘洋、东升消防大队大队长丁波军到场指导。保卫部、公寓服务中心、校医院工作人员，应急分队队员，颐和园消防救援中队官兵，畅春新园住宿学生及楼长等参与演练，校内部分单位组织师生到场观摩。演练现场模拟学生宿舍电动车电池着火、楼内师生疏散、消防中队灭火等过程，全程紧张有序。当天下午，保卫部、学工部在百周年纪念讲堂观众厅放映主题电影《烈火英雄》，面向师生员工免费放票，共有1000余人到场观看。11月8日，保卫部在百周年纪念讲堂广场举行内容丰富的宣传体验活动，包括激光灭火、烟雾逃生、VR体验等体验类项目和逃生绳结、心肺复苏、止血包扎等培训类项目，吸引众多师生员工参与。围绕消防宣传月主题，利用学校主页，北大官微，"平安燕园""燕园学子微助手"等公众号，北大电视台，学生宿舍和各单位电子屏等线下渠道，以主题海报、图文推送、现场报道等形式宣传、普及消防知识，确保消防知识进宿舍、进楼宇、进单位、进人心。

（程启帆、王颖杰）

【全国交通安全日系列宣传活动】 12月2日是第八个"全国交通安全日"，保卫部围绕"守规则除隐患、安全文明出行"主题，聚焦校内和社会最普遍的交通安全隐患——"手不离机"，开展"拒做马路低头族、抬头看路保安全"系列交通安全宣传活动。12月2日中午，保卫部和师生志愿者共同在新太阳学生中心东北角组织现场宣传活动，海淀区高校交通安全工作部门联席会办公室主任、海淀交通支队李希宝警官到场指导。积极运用线上、线下多种渠道，联合燕园街道、餐饮中心、校园服务中心、公寓服务中心、万柳学区、昌平校区、大兴校区、圆明园校区、中关新园、附属小学、附属幼儿园、燕园地区车管企业及校内其他二级单位，通过海报、易拉宝、LED电子屏等方式，播放宣传海报和主题短片，形成宣传合力，增强宣传实效。活动现场共发放交通安全知识手册和纪念品500份。

（赵　琳、王颖杰）

医学部保卫工作

【发展概况】　医学部保卫处是校园安全管理机关，下设综合办公室、政保办公室、治安办公室、消防安全与交通安全办公室、校卫队办公室、家属区综合管理办公室6个科室，现有在编人员17人，返聘2人。

2019年，保卫处被评为北京市高校系统交通安全先进单位，主持开展的安防项目获北京市安防优秀工程奖；被花园路街道评为花园路地区消防安全工作先进单位；获第七届教代会提案落实奖。保安中队荣获北京市保安服务总公司集体三等功、北京市保安先锋岗称号。1人被评为海淀区高校系统交通安全先进个人；1人被评为花园路地区消防安全工作先进个人。

队伍建设。保卫处现有工作人员19人，均为党员；聘用保安队员223人。保卫处党支部定期组织召开学习会、交流会14次，开展主题党日活动5次。保卫处党支部和行政领导班子高度重视干部培训，先后派出6批次13名干部参加绿色校园、安全生产、消防安全、交通管理、应急处置、政保保密培训；组织支部16名党员参加医学部管理与服务保障系统"不忘初心、牢记使命"主题教育培训班，锤炼意志党性，提高服务管理水平。

为提高保安队伍业务能力和执勤质量，应对复杂的安稳形势，更好地完成校园安保任务，3月至4月，保卫处对保安队开展"热爱北医、守护北医、奉献北医"春季大练兵，围绕"知北医、爱北医""知处置、强能力""知职责、更文明""知学生、乐服务"四个主题，切实通过"看""学""练"等形式，坚定队伍理想信念，增强凝聚力、战斗力，实现"五好四知三满意"的训练目标。10月至11月，为巩固春季大练兵的成果，深入开展以"一学二训三规范"为主要内容的保安队秋季整训，具体内容包括学习规章制度、训队列、抓勤务；规范处置流程、内务环境、管理制度。通过整训，在保安员队伍中形成"守初心、担使命、找差距、抓落实"的良好氛围，着重解决岗位职责不明确、处置流程不规范、服务意识不到位、队伍管理不严谨等问题，更好地为师生服务、为北大医学保驾护航。

政保保密。针对医学部多个科研团队申请并承担军工科研项目的状况，保卫处靠前服务，审核《北京大学保密资格证书使用申请表》9份，组织保密基本知识考试21人次；组织相关涉密部门依据《机关、单位保密自查自评表》逐条梳理、汇总情况，并形成保密自查自评报告，全年共销毁不宜公开资料260余袋、7600公斤。

4月8日至19日，保卫处以"坚持总体国家安全观，着力防范化解重大风险，喜迎中华人民共和国成立70周年"为主题，开展国家安全宣传周活动。

消防安全。2019年，保卫处对校区所有楼宇的灭火器材及时进行年检，维修检测灭火器材7000余具，开展消防电气检测63栋楼宇，消防维保面积约278,000平方米，在医学部15栋老旧楼宇新建消防报警系统，汇集报警信号至消防中控，实现消防报警统一管理、互联互通。

交通安全。5月至6月，保卫处调研、制定2019年机动车管理方案，组织全校二级单位职工代表召开机动车管理沟通会，广泛征求意见后，经医学部交通安全委员会讨论形成《2019年北京大学医学部机动车管理实施细则》，并报医学部部务会批准通过。2019年通行证办理采取线上、线下相结合的方式，共计办理机动车通行证3825个。为满足电动汽车车主充电的需求，在留学生公寓半地下停车场东侧建设电动车充电站，安装4组7千瓦壁挂式交流充电桩（慢充），电费为0.49元/度；经与电动充电桩管理公司协调，充电服务费确定为0.4元/度（原价为0.8元/度），并由海安停车管理公司和停简单公司对充电站设备进行日常维护、管理，确保充电安全。为解决校园机动车数量增加与车位数有限的矛盾，为师生员工提供良好交通环境，保卫处施画道路标线6500米、交通标志标识114处，翻修家属区8号楼停车场和3、4号楼之间停车场，在大数据中心、家属区9号楼南侧施画新车位38个；此外，在游泳馆地下停车场施画车位74个并逐个安装倒车杠，停车场已与游泳馆同步启用。

治安安全。2019年，受理校园安全事件229起，其中丢失类案件占比69.4%，找回笔记本电脑、钱包、电动车等失物126件，挽回经济损失约30万元，抓获盗窃、偷窥嫌疑人8人，与施工单位签订《安全协议》23份。梳理户籍办理流程，形成新的户籍办理指导手册，修订《北京大学医学部学生集体户口相关事项办理流程》和研究生报到须知中关于户籍迁移部分内容；规范户籍业务相关表格，制订《户口首页复印件领取登记表》《各类情况的户口卡领取登记表》《户口迁出保证书》等，优化户口首页借用流程和户口卡领取流程，简化师生办理流程，从源头上减少户口滞留情况。

校园秩序。落实全天候治安巡逻，24小时接、处警，全年处警542起；严格校门管控，阻止无关人员入校136,200余人（日均373人）；清理校园内"僵尸"共享单车780余辆；护送学生或病人就医91人次，修理、发放爱心自行车70辆，成立义务服务队，帮助师生运输大件物品9450件；开展爱心体验岗活动1次。根据师生需求和安稳形势变化，与医学部党委宣传部、科研处等部门协同配合，规范大型活动审批管理流程，2019年度共备案大型活动543次，报备人数88,843人，部署安保加勤518人次，共计2472小时。

家属区安全管理。净化社区环境，维护社区秩序，配合居委会督导、检查消防安全等各项安全管理工作；全年共清运建筑垃圾30车，清除安全隐患200余处，清理私人违规占地1处，拆除违规建筑2处。

综合管理。全年组织附属医院及各二级单位召开安全稳定工作会4次，召开处长办公会33次。

按照医学部安防系统建设规划，申请教育部专项修购资金，在校园区生理楼、生化楼等8栋老旧楼宇和家属区室外公共区域加装监控摄像机，共计487台；建设逸夫楼、中心楼2处分控机房和GPS巡更系统，试点接入部分消防报警信号1800个，实现安、消联动。

安全教育。保卫处致力于打造校园安全文化，探索安全教育入脑入心的途径。2019年，"平安北医 和谐校园"微信公众号发布推送90篇，用户数6609人。在"4·15"国家安全教育日、"11·9"消防安全宣传日、安全生产月等时间节点悬挂横幅、布置展板，开展安全讲座、参观体验、发放宣传品等系列宣传活动，扩大宣传覆盖面和影响力，同时大力推动安全教育进课堂、安全防范进宿舍、安全设施动手用活动，全年为学生讲授安全课22次，深入学生宿舍张贴安全提示1.5万份，进行实操演练28次，营造良好安全文化氛围，传播安全理念，提升师生安全意识。

【"不忘初心、牢记使命"主题教育】 2019年9月至12月，保卫处按照医学部整体部署，开展"不忘初心、牢记使命"主题教育，在指导组的指导下，始终牢牢把握"守初心、担使命、找差距、抓落实"的总体要求，深入学习习近平新时代中国特色社会主义思想和十九届四中全会精神。保卫处领导班子高度重视，召开支部会和处办公会，制定学习计划，开展集中学习26次，深入师生、居民、关系单位调研6次，召开专题研讨、座谈会8次，外出参观2处；通过读原著、学原文、悟原理，汲取守初心、担使命的定力和能力；通过专题学习、专项研讨十九届四中全会精神和《中共中央关于坚持和完善中国特色社会主义制度 推进国家治理体系和治理能力现代化若干重大问题的决定》，梳理、修订安全管理制度，深入调研查找问题，探索设立处内督查督办制度，构建完善的安全管理、治理体系，提升管理水平；按照北京大学专项整治方案部署，清理校园安全管理中存在的漏洞和死角，及时整改师生居民反映的保安文明执勤、消防惩处规范落实、安全教育、家属区某公共区域被私人占用、24号楼门前路面整修等问题；安装电动汽车充电桩，解决职工电动汽车充电难题。

通过召开主题教育学习会、民主生活会，保卫处领导班子、保卫干部转变工作作风，勇于解剖自己，理论联系实践，正确处理学习与工作的关系；践行群众路线，坚持问题导向，师生反映什么问题就关注什么问题，实际存在什么问题就解决什么问题，敢于动真碰硬，广泛吸纳师生和居民住户参与校园安全管理；正确处理本位主义和大局意识的关系，将部门发展统一到学校整体部署；查找工作中存在的问题，并逐一整改。

【重点时期安保工作】 2019年，医学部保卫处在全国两会、"一带一路"国际合作高峰论坛、五四运动100周年、中华人民共和国成立70周年等重点时期研判安稳形势，制定安全预案，检查消除隐患，排查化解矛盾纠纷，落实双人值班和两级带班制度，确保学校安全稳定，平稳度过各个敏感时期。8月15日至10月1日，抽调专职保卫干部和保安队骨干，调配队员160人次，护送参加国庆群众游行方阵的学生班车进出校门、有序停放，确保学生顺利参加排练、预演和庆祝活动。

（沈　鹏）

保密工作

【发展概况】 组织机构。保密委员会办公室是学校保密工作机构，在保密委员会领导下，组织、协调、指导和监督检查学校保密工作落实情况，推动保密工作与业务工作相互融合发展。现有编制3人，在编人员2人。

材料报送。1月，向北京市国家保密局报送《武器装备科研生产单位保密自检报告》。7月，向教育部保密办报送《北京大学2019年度保密自查自评工作总结报告》；向北京市国家保密局报送定密事项报备统计表。8月，向北京市国家保密局报送北京市保密宣讲团师资库推荐表格。9月，向教育部保密办报送《北京大学国防科技保密管理自查报告》。

上级检查。4月，接受装备承制单位资格年度审查检查，向先进技术研究院提供档案资料。8月14日，参加北京市对学校国庆重大活动志愿者保密工作检查会议，9月向北京市国家保密局报送整改报告。10月23日，接受教育部国防科技保密管理专项检查；11至12月，根据检查结果推进整改工作。10月28日至11月1日，参加教育部国防科技专项检查组，对西安、成都、天津和北京的4所高校进行专项保密检查。

保密检查。9月，联合保卫部、计算中心、先进技术研究院对工学院、化学与分子工程学院、信息科学技术学院、物理学院、数学科学学院、心理与认知科学学院、地球与空间科学学院、软件工程国家工程研究中心、王选计算机研究所等单位进行检查，按照保密资格认定标准，整理学校年度保密工作档案，核对学校科研项目清单，并根据教育部办公厅国防科研专项检查通知精神和北京市国家保密局保密自查自评督查工作安排，督促相关单位做好保密自查和迎检工作。10月7日，召开专项工作会议，向相关单位通报上级检查通知精神和学校近期保密检查结果，征求各单位对办公室工作的意见建议。11月，启动学校2019年度保密自查自评、年度自检和先进评选工作。12月，购置保密检查装备。

人员管理。两次赴北京市公安局出入境管理处进行国家工作人员备案、撤销、更新；协调做好脱密期来校人员的脱密期管理工作；7月，结合学校实际情况，提请校领导对学校指定定密责任人重新授权；10月，落实上级文件要求，对相关人员进行保密复审；11月，根据教育部通知要求，协调相关学院做好对应人员的保密管理工作。

审查审批。做好对科研项目、拟发表文章、职称晋升评审材料、展览材料、评奖评优材料、申报院士材料等保密审查工作，对涉密和内部保存研究生学位论文进行审核；提供学校保密资格单位证书复印件；就涉密科研项目协作单位保密资质问题咨询北京市国家保密局，并为相关人员办理协作配套单位保密监督检查表和外协科研生产合作项目保密协议书。

宣传教育。完善充实网站内容，通过网站开展2019年度保密基本知识考核；向各单位逐月发放《保密工作》杂志；组织学校师生参加北京市国家保密局"五法"普法知识竞赛；向涉密人员、保密管理人员发放《近年窃密泄密案件警示教育读本》；向党委组织部、人事部提供保密须知和保密常识读本，用于新提职干部和新入职教职工保密教育。8月，为2019级新生军训提供保密教育短片。9月，对信息科学技术学院涉密管理人员进行专场保密培训。9月26日，邀请北京市国家保密局副局长许新文以及武汉大学信息安全专家，举办2019年度保密教育培训活动，全校240余人参加培训。

服务工作。对全军面向社会公开招考文职人员统一考试、北京市成人三级英语考试、四／六级英语考试、研究生入学考试等教育考试进行保密监管；参加研究生院入学考试命题与阅卷工作会议，对参会人员做保密培训。针对销毁中心不再承接非密资料销毁的情况，委托公司销毁学校非涉密不宜公开资料，2019年销毁资料共计25.2吨。落实文件要求，印制并发放"禁止带入和使用便携电子设备"标牌。

归口管理。11月6日，与国际合作部沟通因公出访回访归口管理工作；12月，针对教育部国防科技保密工作专项检查落实归口管理整改要求，向学校党委常委会作专项汇报；20日，向党组织部报送《明确保密职责，推进归口管理》专题内容。12月8日，召开保密委员会专项工作会议，成立"归口管理"整改落实工作小组，部署具体工作。

党建工作。积极开展党建工作，加强理论学习，组织内外交流。多次开展谈心交流活动，听取组织成员建设性意见，共同研讨规划年度工作重点。同时，重视组织外部监督，以多种途径和方式向学校保密委委员、有关单位分管保密工作领导、涉密人员征求对办公室领导班子的意见建议。结合意见建议，深入思考，认真实践，推进落实各项工作。

（杨 梅）

【涉密科研信息集中处理平台正式启用】 2019年，办公室赴北京邮电大学调研保密介质输出平台，联合计算中心、房地产管理部、北京市国家保密局、北京航空航天大学、北京邮电大学等单位相关专家进行专项研讨，召集相关职能部门、学院管理人员和项目组代表对平台进行现场考察。在此基础上，结合院系需求，大力推进学校涉密科研信息集中处理平台建设，与计算中心明确涉密科研信息集中处理平台管理要求和管理流程，及时对接平台涉密计算机安全防护软件安装和升级，并做好计算机搬迁过程中的设备销毁工作。

10月，北京大学涉密科研信息集中处理平台正式启用。

（杨 梅）

【召开学校保密委员会年度会议】 召开北京大学保密委员会2019年度会议，传达上级文件精神，汇报2018年度保密办工作，审定2018年学校自查自评工作报告，审议2019年保密工作要点，表决2018年度学校保密工作先进集体和个人，部署保密归口管理工作，党委常委、副校长龚旗煌出席会议并发言。

（冯支越）

【"不忘初心、牢记使命"主题教育】 落实机关职能部门联系基层工作方案，及时与光华管理学院2015级本科生党支部做好日常联系；5月，组织光华管理学院2015级本科生党支部党员和入党积极分子到北京交通大学保密实训平台进行保密培训。

保密委员会办公室主任冯支越参加党委理论中心组（扩大）学习会、主题教育动员大会和指导组工作会议，并作为第十三指导组组长参加8个单位的主题教育工作部署会和对照党章党规找差距专题会议。

9月，召开保密委员会办公室主题教育工作部署会，向指导组报送主题教育简报。10月，参加机关党委组织的北大红楼学习活动，参观新中国成立70周年成就展。11月，举办主题教育党课活动，冯支越为工学院、光华管理学院等院系人员讲党课，交流学习体会；召开主题教育对照党章党规找差距专题会议和民主生活会。

（冯支越）

【2019年度专题保密培训】 9月26日，组织北京大学2019年度专题保密教育培训，对全校相关人员进行集中业务培训。培训会由党委常委、副校长龚旗煌及保密委员会办公室主任冯支越主持，全校各单位共计240余人参加。北京市国家保密局副局长许新文就"当前保密工作的形势和保密认定

标准"作报告，并按照标准对保密工作中的归口管理、定密管理、新闻宣传、考核奖励、涉密载体管理、保密检查等方面作了详细解释和周密指导；武汉大学崔晓晖教授介绍美国科学研究中存在的保密工作情况，并以多例华裔科学家的案例对国际科研项目的警戒线进行讲解，强调国内高校树立保密意识的重要性；计算中心马皓对学校"涉密科研信息处理平台"相关信息作了说明。

（冯支越）

政策法规研究

【发展概况】 政策法规研究室（党委政策研究室）内设法规与制度建设办公室、战略规划办公室、深化改革办公室、综合办公室4个科室，承担学校政策研究、法规与制度建设、战略规划、综合改革等方面的工作。2019年，政研室紧紧围绕学校改革发展的主要目标，顺利完成多项重要工作。

政策研究。按照中央及上级精神和学校各项部署，从北大改革发展的具体实际出发，牵头或参与起草一批重要文稿。2019年，政研室参与起草、修改的各类文稿累计达200余篇，总字数超过100万字，包括学校十三届党委二次全会报告、十三届党委三次全会报告、"双一流"建设战略研讨会报告等多项重要报告，以及学校深化全面从严治党暨强化师德师风建设工作会、全校本科教育工作会、学校军民融合大会、学校科技创新大会等重要会议文稿，同时还完成了推进思政课改革创新的若干措施、深化中央巡视整改情况汇报材料和庆祝中华人民共和国成立70周年、纪念五四运动100周年、纪念李大钊同志诞辰130周年、2019年北京论坛等专项活动相关文稿。

政研室全体同志利用工作之余，扎实学习，不断提升理论水平，针对高等教育发展和北大实际开展一系列研究，形成一批理论成果，出版《大数据时代的舆情管理》《中华人民共和国70年70个第一》，在《人民日报》《社会学研究》《中国高教研究》《四川日报》《学习时报》《北京大学教育评论（增刊）》《中国高等教育》《中国大学教学》等校内外刊物上累计发表各类文章20余篇，涉及党的理论、"双一流"建设、高校教学改革等多个主题，为学校发展建设提供了积极的政策参考；牵头或参与多项课题研究，包括"新时代党建工作与高校发展""增强我国在联合国教科文组织的规则制订权和议题设定权研究""国际组织在中国推进'一带一路'建设中的角色与作用——以联合国教科文组织为例"等。

制度建设。1.结合一系列反映新时代党的教育方针的文件和会议精神，对兄弟高校的章程修订情况进行调研。2.起草《北京大学党委关于办好思想政治理论课的若干措施》《关于进一步改革和完善我校学术评价体系的意见》。

综合改革。1.负责与教育部综合改革司等上级部门的联络沟通工作，组织起草《关于北大2018年教育重点工作落实情况的报告》《北京大学贯彻落实〈教育部2019年工作要点〉任务分解方案》等文件并向教育部报送。

2.继续做好学校各专项改革之间的衔接与服务工作，将综合改革作为落实立德树人根本任务、推进"双一流"建设的重要抓手，参与学校各类改革的论证工作。

3.创办编发《综合改革简讯》，及时反映学校发展改革动态，目前已发布18期。

战略规划。1.继续推动"十三五"规划与"双一流"建设方案的融合衔接，持续更新北大整体战略规划体系，协助校内相关单位做好专项规划。

2.结合规划实施，对学校中长期发展战略开展专项研究，研究主题包括本科生和研究生教育教学情况专题研究、世界主要大学排行榜北大排名变化情况和排行榜指标研究、北大在全球高水平期刊发表情况研究、中日高水平科研产出对比研究、博士毕业发文要求等，形成一系列研究成果。

3.协助学校各单位推进专项战略制定，与国际合作部、学科建设办公室等单位共同完成编制《北京大学国际发展战略》。

4.参与学校空间规划编制，参与完成昌平新校区、怀柔新校区等可研报告。

内部建设与党支部建设。1.完成党支部换届。9月，政研室党支部完成换届，吴旭为党支部书记，林永兴为宣传委员、纪检委员，潘聪平为组织委员。

2.坚持定期开展学习研讨。政研室领导班子带领全体同志集体学习习近平总书记在学校思想政治理论课教师座谈会与纪念五四运动100周年大会上的重要讲话、深入学习《习近平关于教育的重要论述》《习近平新时代中国特色社会主义思想学习纲要》《中共中央关于加强党的政治建设的意见》《习近平在正定》《思想方法工作方法文选》等重要讲话、文件、文章及著作，取得良好效果。

3.积极参加各项学习培训活动，不断增强团队政治素养和业务能力。政研室副主任吴旭于2019年1至5月继续在国务院研究室挂职锻炼。副主任吴旭、林永兴参加学校第47期干部培训班。此外，政研室其他同志分别参加北京大学第10期中青年骨干研修班、赴北大红楼学习和赴上海、嘉兴学习等主题党日与调研活动。

4.强化研究力量建设，与北京大学教育研究中心形成深度合作。

5.积极开展同境内外高校的交流活动。2019年，赴德国柏林自由大学进行交流学习，赴日本京都大学、东京大学进行交流调研，赴美国耶鲁大学参加国际研究型大学联盟相关活动，赴美国芝加哥大学参加国际合作伙伴员工培训会议；赴复旦大学、重庆大学、厦门大学、湖南大学、哈尔滨工业大学等高校开展调研学习活动。同时，邀请日本京都大学教授，接待德国柏林自由大学相关工作人员，共同研讨大学发展等问题。

【开展"不忘初心、牢记使命"主题教育】 学校"不忘初心、牢记使命"主题教育开展以来，政研室积极参与到理论组、宣传组和综合组的工作中，全力配合学校主题教育领导小组办公室做好相关工作，并扎实开展党支部主题教育。政研室全体同志坚持以习近平新时代中国特色社会主义思想为指导，积极开展扎实深入的学习，撰写多篇理论文章和系列评论员文章，积极开展与主题教育相关的理论研究。将理论学习与学校具体工作紧密结合起来，组织开展"不忘初心、牢记使命"主题教育征文活动，共收到党员师生征文100余篇；同时，结合中央和学校党委部署，强化调查研究，将理论研究与学校改革发展稳定大局紧密结合，取得阶段性理论成果，8位同志被授予北京大学"不忘初心、牢记使命"主题教育优秀工作奖。

（李 根）

学科建设

【发展概况】 学科建设办公室是在原985/211工程办公室的基础上设立的独立建制的学校职能部门，在学校学科建设委员会的领导下，负责全校学科规划和建设，负责"中央高校建设世界一流大学（学科）和特色发展引导专项资金"和"中央高校基本科研业务费"等学科建设经费日常管理和院系国际同行评议工作，下设综合办公室、项目管理办公室、学科规划办公室3个科室。2019年4月，学科建设办公室加挂"北京大学学术委员会秘书处"牌子。现有行政事业编制人员6人，劳动合同制人员2人。

2019年8月，学校研究决定，任命方方为学科建设办公室主任，免去张平文的学科建设办公室主任职务。10月，任命伊成器、宋令阳为学科建设办公室副主任（挂职）。学科建设办公室现任领导：主任方方，副主任王周谊（兼）、黄俊平（兼）、贺飞、张存群、韩鸿宾（兼）、伊成器（挂职）、宋令阳（挂职）。

理学部办公室、信息与工程科学部办公室、人文学部办公室、社会科学学部办公室以及经济与管理学部办公室等5个学部办公室作为学部日常办事机构，挂靠在学科建设办公室。

2019年1月，任命原帅为理学部办公室主任，免去向妮理学部办公室主任的职务；任命黄宗英为信息与工程科学部办公室主任，免去刘小鹏信息与工程科学部办公室主任职务。现任学部办公室主任：理学部，原帅；信息与工程学部，黄宗英；人文学部，魏巍；社会科学学部，佟萌；经济与管理学部，杨超。

2019年，北京大学学科建设成绩显著，学术影响力进一步提升，主要办学指标已与世界一流大学具有可比性，初步实现跻身世界一流大学的阶段性目标。

党建工作。 落实全面从严治党主体责任，完成《北京大学2019年全面从严治党主要工作任务分工》《北京大学关于加强党的政治建设的若干措施》任务。认真执行《中国共产党党员领导干部廉洁从政若干准则》，坚决执行"三重一大"制度。深入学习习近平新时代中国特色社会主义思想，贯彻全国教育大会精神，严格按照"不忘初心、牢记使命"主题教育部署，统筹推进学习教育、调查研究、检视问题、整改落实四项重点措施，落实意识形态工作责任制，认真开展"两学一做"学习教育，加强作风建设，坚定不移地开展党风廉政建设和廉政风险防范，认真落实中央八项规定精神。

学科建设经费。 2019年，北京大学"引导专项"（双一流）经费额度16.2亿元，中央高校基本科研业务费额度1.5062亿元，主要用于人才队伍建设、学科支撑体系、公共平台、院系基础学科建设、新体制机构及各中心机构运行经费、重点实验室建设、引进人才启动经费、"临床医学+X"建设经费、加强基础研究专项等。"稳定支持科研经费中提取奖励经费试点"方案获教育部批复，并于2019年开始试点实施。

"双一流"建设重点项目。 积极推进人工智能研究院、碳基电子学研究中心和材料学院建设工作；"临床医学+X"青年专项2019年新立项25项，支持经费1250万元；启动临床科学家计划专项项目建设；加强基础研究专项，2019年资助14项项目，经费1500万元。积极推进科研辅助队伍建设和专职科研队伍建设工作，对数学科学学院、考古文博学院、经济学院等院系科研辅助队伍建设提供经费支持；配合学生工作部加大对班主任工作的支持力度，完成班主任工作经费安排。做好对国家自然科学基金委重大科研项目实施保障工作；配合先进技术研究院推进军民融合相关工作，积极推进燃烧推进实验室、原子钟等重点项目建设；国家发改委科研基础设施项目人工智能研究型7T磁共振成像系统、教育部纳光电子前沿科学中心首期基础设施完成立项评审。

一流大学共建。 2019年，北京市"双一流"专项年度经费额度1.703亿元。北京大学进一步加强与5所市属高校6个学科的共建工作：与首都师范大学共建历史学、中国语言文学学科；与首都医科大学共建口腔医学学科；与北京第二外国语学院共建外国语言文学学科；与中国音乐学院共建音乐与舞蹈学学科；与北京电影学院共建艺术学理论学科。分子光谱学、人工智能、智慧医疗工程等3个北京市高校高精尖学科获批准，2019年度经费1500万元。

信息公开。 编写《2018年度北京大学学科建设年报》，汇总统计并在一定范围内公布2018年度北京大学各单位学科建设经费投入和执行情况、教学科研和实验技术人员情况、一级学科及其人员数情况，统计公布各学部和院系学科

建设经费明细情况、各学科及其评估概况以及校内公共平台相关情况等。

学术实体机构管理。论证成立能源研究院、文学讲习所等实体研究机构。生态研究中心、前沿计算研究中心、应用物理与技术研究中心、科学技术与医学史系4个机构的负责人完成遴选与聘任；科维理天文与天体物理研究所、《儒藏》编纂与研究中心、统计科学中心、海洋研究院4个机构的负责人完成换届；计算机科学技术研究所更名；科学技术与医学史系转挂靠单位；区域与国别研究院实体化等完成论证程序；南南合作与发展学院实体化工作推进。调整完成学校主页院系和实体研究机构分类。

学科建设委员会。2019年，学科建设委员会及其分委员会严格按照相关议事规则，定期组织会议，通报工作情况。召开5次学科建设委员会会议，研究审议学校学科建设相关议案，充分履行职责，推动学科建设各项工作顺利进行。

学术委员会。2019年，召开1次学校学术委员会会议，完成20余家单位学术委员会成立、换届、调整审核工作，完成学校学术委员会、学术道德委员会成员调整工作。收到学术不端举报20起，受理15起，9项完成调查反馈程序，5项基本完成调查环节。《北京大学预防与处理学术不端行为办法》通过学校学术委员会、党委常委会审议，启动修订《北京大学学术道德委员会工作办法》。

其他工作。2019年，完成心理与认知科学学院、公共卫生学院国际同行评估现场评议工作；开展教学科研单位发展状况绩效评估工作；继续推进精准支持队伍建设工作，在部分院系开展试点。

（何　洁、马　信、刘小鹏）

【开展"双一流"建设中期自评】 2019年，根据教育部《关于开展"双一流"建设中期自评工作的通知》要求，在学校统一领导和组织下，开展北京大学"双一流"建设中期自评工作。全校各"双一流"项目建设单位、相关部门认真开展自我诊断评估，依据"北京大学一流大学建设高校建设方案"、38个"双一流"项目建设方案进行对照检查，完成并提交中期自评报告和特色发展材料；学校按理工科、人文社科、医科等三个领域对38个"双一流"建设项目分别组织考核评审。完成教育部委托评阅11所高校"双一流"建设高校中期自评报告工作；接受财政部"双一流"建设引导专项资金绩效评价检查，并根据评价结果反映的问题认真梳理，深入分析原因，总结并提出整改措施。

（贺　飞、何　洁）

【学科大调研】 2019年，学科建设办公室完成北京大学47个博士学位授权一级学科调研（科学技术史暂未参加），并完成学校及学科调研情况报告。调研以学科为牵引，内容涵盖党的建设、学科发展、队伍建设、学生管理等诸多方面。调研针对性强，基本达到预期目的，取得预期成效。各被调研单位在调研过程中认真总结建设成效，厘清发展中存在的问题，进一步明确发展思路。针对调研中发现的部分突出问题，部分参与调研的职能部门结合"不忘初心、牢记使命"主题教育，着手推动解决，取得实际进展，包括成立中共北京大学前沿交叉学科研究院委员会、核定科维理天文与天体物理研究所学科建设经费、落地实施历史学系精准支持队伍建设方案、成立经济学院经济史学系、完成海洋研究院班子换届工作等。

（何　洁、原　帅）

对外交流

【发展概况】 机构设置。国际合作部是执行涉外政策、协调对外交流与合作事务的职能部门，主要职责包括：起草全校对外合作工作的发展规划；协调全校对外活动，为院系的教学、科研和对外学术交流提供信息和联系服务；负责重大外事接待活动及校级出访活动的策划及实施；拓展学校与海外高校、科研机构、政府团体、国际组织的合作项目，并负责校际交流计划的统筹管理；负责北京大学各级各类学生海外交流项目的统筹规划和协调管理；归口管理全校各类外国留学生、港澳台学生、交换学生和研究学者、交流学者；面向国际学生开放校级层面的北京大学国际暑期学校项目；归口管理各类来华外国专家的聘请、报批、外事和生活管理等事务；涉外会议的审核报批；北京论坛的筹办；境外办学、中外合作办学的联络、审核和报批；教职工和学生出国出境申报审批，以及教职工和学生因公出国护照、签证的办理；归口管理北京大学孔子学院日常事务；学校交办的其他对外合作交流事务。

国际来访。2019年共接待国际代表团179个，其中高校及学术研究机构代表团124个，其他代表团55个。来访的重要客人包括柬埔寨首相洪森（Samdech Hun Sen）、韩国国会议长文喜相（Moon Hee-sang）、美国前国务卿基辛格（Henry Kissinger）、卢森堡副首相利克斯·布拉兹（Félix Braz）、沙特阿拉伯王国文化大臣巴德尔·阿勒沙特（Badr bin Abdullah bin Mohammed bin Farhan Al-Saud）、哈佛大学校长白乐瑞（Lawrence S. Bacow）、剑桥大学校长斯蒂芬·图普（Stephan Toope）等。2月21日，沙特阿拉伯王国文化大臣巴德尔·阿勒沙特亲王来访，参观阿卜杜勒·阿齐兹国王公共图书馆北京大学分馆，观看"东方智慧书法展"和"丝绸之路"图片展。3月20日，哈佛大学校长白乐瑞来访，发表题为"真理的追求与大学的使命"的演讲。3月24日下午，剑桥大学校长斯蒂芬·图普来访，发表题为"焦虑时代下的全球大学"的演讲。4月25日，柬埔寨首相洪森来访，接受北京大学名誉教授称号，并发表演讲。5月7日，韩国国会议长文喜相来访，发表题为"为共创和平与繁荣的美好未来+韩中两国的角色"的演讲。6月10日,卢森堡副首相兼司法大臣布拉兹来访,发表"持续合作带来互利共赢"的演讲。11月23日,美国前国务卿基辛格博士来访,并与师生代表座谈,谷歌前董事长埃里克·施密特(Eric Schmidt)陪同。此外,芝加哥大学校长司马博(Robert Zimmer)、康奈尔大学校长玛莎·波拉克(Martha E. Pollack)、伦敦政治经济学院校长达梅·米诺切·沙菲克(Dame Minouche Shafik)、伦敦大学学院校长麦克·阿瑟(Michael Arthur)以及多国驻华大使等来访。

重要出访。 1月,郝平率团访问俄罗斯、瑞士,拜会莫斯科国立大学校长维克多·萨多夫尼奇(Victor A. Sadovnichiy)、中国驻俄罗斯大使李辉,赴苏黎世联邦理工学院参加国际研究型大学联盟2019年校长年会和达沃斯世界经济论坛。5月,田刚率团赴美国,访问加州大学伯克利分校、斯坦福大学、芝加哥大学、麻省理工学院和哈佛大学,成功举办北京大学美国海外学术人才见面会。6月,郝平率团赴德国、比利时,访问柏林自由大学、洪堡大学、德国马普学会、慕尼黑大学、欧盟教文委、鲁汶大学,拜会中国驻德国大使吴恳,并与柏林自由大学续签两校学生交换协议。6月,王博率团赴美国,出席环太平洋大学联盟校长年会,访问加州大学洛杉矶分校、乔治城大学,拜访捐赠人及校友代表。7月,郝平率团访问法国、葡萄牙、意大利,执行第30届世界大学生夏季运动会任务,顺访巴黎政治大学、法国文理研究大学、联合国教科文组织、葡萄牙科英布拉大学和里斯本大学。期间,与法国文理研究大学签署合作协议,与联合国教科文组织人事局签署实习生培养合作协议。7月,邱水平率团赴日本,访问日本理化学研究所、东京大学、庆应大学、早稻田大学、创价大学和京都大学,出席"日中植树造林国际联合事业"欢迎会,拜会中国驻日本大使孔铉佑。9月,郝平率团赴俄罗斯、瑞士访问,在俄罗斯期间,出席由北京大学、莫斯科国立大学联合主办的"中俄综合性大学校长圆桌论坛",与莫斯科国立大学签署《关于成立中华人民共和国与俄罗斯联邦综合性大学联盟中俄青年联合会的协议》,访问圣彼得堡国立大学;在瑞士期间,参加由中国驻瑞士大使馆和瑞士德科集团(Adecco Group AG)共同举办的"第二届中欧人才论坛",郝平发表题为"大学的核心使命:高层次人才培养"的演讲,之后参加国际大学生体育联合会年度会议。9月,田刚率团访问卡塔尔、科威特、黎巴嫩,拜访相关合作高校、科研机构,出席北京大学卡塔尔国中东研究讲席项目国际咨询委员会第六次会议。10月,郝平、王博率团访问韩国,与SK集团首席董事长崔泰源、副董事长崔再源、前副会长金在烈,及韩国高等教育财团总长朴仁国等会面。10月,田刚率团赴英国,访问伦敦大学学院,参加伦敦大学学院孔子学院理事会;访问剑桥大学,拜会剑桥大学副校长;访问汇丰商学院英国校区。11月,王博访问日本,出席第十一届中日大学校长论坛,在开幕式上作题为《变化世界与合作的时代》的主旨报告。

学生国际交流。 2019年,校际交流项目121个,暑期项目21个。派出学生550余人,其中校际交换360余人、暑期项目187人。举办首届"北京大学日内瓦国际组织暑期项目",项目成员除参加课程学习外,还参访联合国日内瓦总部、世界贸易组织、世界卫生组织等10个国际组织。10月,和国家留学基金管理委员会联合举办首届联合国机构宣讲咨询活动,邀请联合国教科文组织、国际劳工组织、世界卫生组织、联合国儿童基金会、联合国妇女署、国际电信联盟等24个国际组织机构近40位代表出席。11月,举办"2019年北京大学学生海外学习暨港澳台交流教育展",近30所大学和教育机构的代表来校设立咨询展位并作宣讲报告。

外籍专家。 聘请外籍专家和教师1178人次。院士、教授、研究员以及博士学位者占较大比例。日本著名电化学和光催化领域科学家、北京大学名誉教授藤嶋昭获得2019年度"中国政府友谊奖"。18个院系申请科技部2019年度"高端外国专家引进计划",成功获批28个项目,经费支持总计1764万元。信息科学技术学院和环境科学与工程学院分别申报科技部2020年度"高等学校学科创新引智计划""人工智能创新引智计划"和"城市大气化学与健康效应"两个引智基地在专家评审中获得优秀免答辩直接入选。实施"与大师对话——诺贝尔奖获得者中国校园行""高端学术讲学计划""高端国际会议""北大海外名家讲学计划"等高端引智项目,吸引约50位高端学者到校讲学、工作,包括3位诺贝尔奖获得者、15位各国科学院院士和30多位世界一流大学的讲席教授,其中,3位诺贝尔奖获得者分别为2018年诺贝尔化学奖获得者弗朗西斯·阿诺德(Frances Arnold)、2011年诺贝尔经济学奖获得者托马斯·萨金特(Thomas Sargent)、2010年诺贝尔经济学奖获得者克里斯托弗·皮萨里德斯(Christopher Pissarides)。

国际会议。 2019年,共召开各种规模的国际学术会议90次,中方参会人员约11,000人,外方参会人员约7000人。

港澳台工作。 2019年,接待校级港澳台访问团组9个,安排校级港澳台出访团组3个。执行教育部"港澳与内地大中小学师生交流计划"项目22个,接待港澳台师生约1100人次,接待规模居全国高校前列。举办庆祝澳门回归20周年活动,和全国港澳研究会、澳门基本法推广协会、澳门基金会共同主办"映日莲花:一国两制的澳门特色——庆祝澳门回归祖国20周年研讨会",举办"中国方略:庆祝澳门回归20周年"青年研习营。建设联合学位项目,与香港大学、香港中文大学启动联合本科双学位项目,项目首批学生2019年秋季学期入学。继续面向港澳台地区打造交流平台,开展"京港大学联盟""未名湖畔好读书:北京大学暑期学校(港澳台学生)""中国方略:当代中国与世界"研习营、"北大—港大暑期MOOC翻转课堂"等项目。

派出工作。 因公出国10,687人次,其中教师5195人次,学生 5492 人次。因公赴港澳台 1044 人次，其中教师 527 人次，学生 517 人次。

主题教育。开展"不忘初心、牢记使命"主题教育。一方面，将党务工作和业务工作紧密结合。学习中央的战略思想，领会国家的方向定位，提高班子的政治站位和政策水平。进一步将党务与业务工作深度结合，把党的战略思想贯彻到北京大学外事工作的各项业务中，实现党务和业务的"同频共振"。另一方面，将检视问题与整改落实紧密结合。对表对标检视问题，把对照党章党规找差距与对照习近平新时代中国特色社会主义思想找差距结合起来，扎实开展调查研究，深入剖析检视问题，形成整改任务清单，抓好整改落实。

学习党的十九届四中全会精神。结合部门职能进行贯彻落实：一方面，在全球培育人才；另一方面，培育全球治理人才。此外，依托北京论坛等平台，加强对国家治理体系和治理能力现代化的学术研究和讨论。

新中国成立 70 周年庆祝活动。组织师生参加新中国成立 70 周年系列庆祝活动：34 个国家的 43 名留学生参加第 32 号"人类命运共同体"群众游行方阵，11 位老师参加 70 周年外国专家招待会，4 位师生参加国庆文艺晚会，1 位外国专家参加国庆招待会，4 位师生参加首都国庆联欢活动，组织留学生参观新中国成立 70 周年大型成就展。

五四运动 100 周年庆祝活动。国际合作部党支部、医学部国际合作处党支部与孔子学院总部第五党支部举行联合主题党日活动，来自三个党支部的 50 多名党员同志一起参观北大校史馆。邀请马克思主义学院近现代史专家张永副教授作题为"追寻先辈足迹、践行五四精神"的专题讲座。

【**制定北京大学国际发展战略**】 结合新时代开展国际交流合作工作的需要，学校起草、制定《北京大学国际发展战略——全球卓越：面向未来的责任与担当》，于 2019 年 5 月正式发布。战略包括六大理念：创新、引领、开放、独特、多元、塑造。战略明确六大行动路径：以增强创新创造实效为方针，推进科研国际协同创新；以提升引领未来能力为主线，全面培育全球卓越人才；以开放融通互利共赢为途径，构建好国际学术共同体；以中国特色北大风格为底蕴，争创国际交流独特范式；以多元聚才品质校园为载体，打造一流国际智识高地；以塑造国际发展动能为统领，优化全球合作协同体系。战略制定六大行动计划：国际科研协同创新计划、全球卓越人才培养计划、全球卓越新型互联计划、国际发展特色行动计划、国际智识高地打造计划、全球合作协同推进计划。

【**举办第十六届北京论坛**】 2019 年 11 月 1 日至 3 日，以"文明的和谐与共同繁荣——变化世界与人的未来"为主题的第十六届北京论坛举行。来自全球 60 个国家和地区的 509 位专家学者受邀出席本届论坛。论坛举办期间成立了北京论坛高端顾问委员会。论坛设置三个主题板块，分别为"多元文明""变化世界"和"人的未来"。论坛包括十三个分论坛和三个专场，领域涵盖文明交流、国际关系、女性发展、环境健康、人工智能、"一带一路"、中非合作、通识教育、艺术鉴赏等方面，主题分别为："治理与文明：不同文明体系中的国家起源"、"多元文明交融下的语言、文化与认同"、"全球史视野下的文明交流"、"馈赠与交融：中华文明的传播"、"早期文明的书写实践：起源、构成与融通"、"世界的脉搏——丝绸之路考古与古代文明"、"文明进程中的女性能动力和发展"、"变革中的世界秩序"、"全球化重构中的中国经济发展"、"科学文化视域中的科技、健康与社会"、"环境健康"、"数字时代的人性与法治"、"书院中心的通识教育：国际经验与亚洲探索"、"非洲通史与非洲研究新视角"（专场）、"中非大学科技创新与科技成果转化"（专场）、"艺境汇"（专场）。

【**举办北京大学第十六届国际文化节**】 2019 年 10 月 19 日，北京大学第十六届国际文化节在百周年纪念讲堂广场举办。本届文化节以"世界无界，未来已来"为主题，上级单位领导、多个国家的驻华使节等嘉宾出席开幕式，来自 58 个国家和地区的中外学生参与。今年的国际文化节系列活动自 7 月第四届音乐剧学院奖拉开序幕，相继举办留学生十佳歌手大赛、中国—尼泊尔文化艺术展演、博尔赫斯图片展、留学生汉语演讲等一系列活动。主体活动日当天，活动分为舞台表演、美食广场、游园展台板块。今年的国际文化节推出"游园听梦"光影科技艺术展和"跨界造极"极客实验室特别活动。

【**组建学术交流促进中心**】 因应外事工作新形势、新挑战和加快"双一流"建设需要，为进一步提升北京大学的国际交流与合作水平，2019 年 11 月 26 日，经学校第十三届党委第 91 次常委会会议审议，同意机构编制委员会 11 月 18 日 2019 年第 2 次会议的决定，国际合作部组建"学术交流促进中心"，旨在充分发挥学校人才优势、发挥专家学者作用，加快推进双边及多边学术交流。

【**筹备北京大学芝加哥中心**】 该中心旨在拓展北京大学的全球布局，为加强学校与北美地区高校和机构的合作、做好在当地的招生、校友等工作提供支持。2019 年，学校完成对中心的定位及活动的全面规划；确定中心的职能，包括：服务双边学术交流，服务学生联合培养，帮助联系校友，协助开展留学生招生，人才招聘及海外资金的募集等方面；完成中心注册并选定办公地点。

【**加强英文课程建设**】 国际合作部和教务部、研究生院及院系共同努力加强英文课程建设。2019 年，共开设 467 门非语言类英文课程，其中本科 212 门、研究生 255 门。推进四大英文课程模块建设，包括：国际暑期学校课程系列、海外学者课程系列、中国学课程系列和本科生荣誉课程系列等。其中国际暑期学校课程系列和中国学课程系列已建设完成。海外学者课程系列依托"海外学者讲学计划"，鼓励院系根据学科建设和人才培养需求，邀请国际知名学者来校开设"外籍访问学者前沿性本科英文课程"。本科生荣誉课程系列正在筹划中。

【设立北京大学国际战略合作伙伴项目基金】 为落实《北京大学国际发展战略》，促进北京大学与战略合作伙伴的科研合作，推进国际协同创新，学校2019年设立"北京大学国际战略合作伙伴项目基金"，鼓励教师与国外顶尖大学开展实质性的国际科研合作项目。2019年度，有效申请项目数量110个，最终获批项目数量42个，最终项目经费执行率接近97%。

【设立北京大学学生海外学习专项基金】 为落实《北京大学国际发展战略》，加强学生的国际化培养，为学生海外学习提供更多支持，北京大学于2019年设立"北京大学学生海外学习专项基金"。该基金每年提供600万人民币用于支持各类海外交流项目。2019年，该基金共资助253学生赴海外交流学习。

（陈峦明、王 萌）

汉语国际推广

【发展概况】 学生培养。2019年，北京大学10所孔子学院（简称"孔院"，下同）共培养学生40,989人。其中，学分学生15,218人，较上年增加16%；非学分学生25,771人，较上年大幅增加。德国柏林自由大学孔院、泰国朱拉隆功大学孔院（简称"朱大孔院"，下同）和俄罗斯莫斯科大学孔院（简称"莫大孔院"，下同）初级水平学员占比分别达58%、73%和55%，日本早稻田大学孔院（简称"早大孔院"，下同）高级水平学员占比达71%。

汉语考试。2019年，10所孔院参加汉语水平考试（HSK）和中小学汉语考试（YCT）的人数分别为8125人和3305人。朱大孔院和埃及开罗大学孔院（简称"开大孔院"，下同）参加汉语水平考试（HSK）的人数分别位居第一、第二，各占总人数约46%和35%。

来华项目。2019年，孔子学院奖学金项目招收汉语国际教育专业硕士生8人，汉语普通进修生18人，较上年人数下降明显。孔子新汉学计划来华攻读博士学位人数共25人，较上年增幅明显，中外联合培养博士共5人，较上年略有上升。来华体验项目共接收来自早大孔院、西班牙格拉纳达大学孔院（简称"格大孔院"，下同）、朱大孔院、开大孔院学生夏令营、春令营、文化体验营项目团体10组，来华学生共计306人。

出版物。2019年，莫大孔院编写配套教材《汉语情景对话》《汉字书写》《HSK考试辅导》。早大孔院编纂《中国侵权法研究——以公平责任和补充责任为中心》。

学术研讨。2019年，10所孔院共举办讲座81场，参与人数3783人；共组织学术研讨会、工作坊16次，参与人数790人。

文化活动。2019年，10所孔院组织各类文化活动总计724场，参与人次达75,372人次。其中，英国伦敦大学学院（UCL）教育学院孔院45所孔子课堂共主办文化活动608次，参与人次达45,911人次；朱大孔院主办文化活动15场，参与人次达7100人次。

重大活动。8月22日，由国家汉办/孔子学院总部和湖南省人民政府主办，湖南省教育厅、湖南广播电视台承办的第十八届"汉语桥"世界大学生中文比赛总决赛暨闭幕式在湖南省长沙市举行。开大孔院学生诗雨夺得该届"汉语桥"比赛全球总冠军，并被授予"汉语大使"和"汉语之星"荣誉称号。11月12日，中共中央政治局常委、全国政协主席汪洋出席在开大孔院举办的"孔子学院开放日"活动。12月10日，北大副校长张平文出席由国家汉办/孔子学院总部在湖南省长沙市主办的2019年国际中文教育大会。

理事会。5月22日，希伯来大学孔子学院理事会在希伯来大学孔院办公室召开。9月3日，日本立命馆孔子学院理事会在立命馆大学朱雀校区召开。10月11日，柏林自由大学孔子学院理事会在北京大学临湖轩召开。10月28日，英国伦敦大学教育学院孔子学院理事会在伦敦UCL大学召开。12月6日，西班牙格拉纳达大学孔子学院理事会在北京大学临湖轩召开。

【"来自东方的问候"英国书法巡展】 5月19日至23日，由汉推办联合校友书画协会主办的"来自东方的问候"英国书法巡展及"汉字之美——中国书法"巡讲在英国举办。该次展览共展出书法作品51幅。作品主题涵盖中华传统名言、中国古典文学、北大精神标语、英国大学校训、英国经典文学等多方面内容。书法作品在谢菲尔德市、谢菲尔德大学、伦敦政治经济学院、伦敦大学亚非学院、金斯福德社区中学等多地展出。

【气贯中西 看见太极——太极文化巡演】 6月12日至15日，北京大学"气贯中西 看见太极——太极文化巡演"在西班牙大加纳利岛成功举办。该次活动由汉推办、西班牙拉斯帕尔马斯大学孔子学院联合主办。巡演先后在拉斯帕尔马斯大学孔子学院、泰尔德教师培训中心、坎特拉斯海滩等地举办。汉推办推出的两次文化巡演活动均在海外社交媒体引起广泛关注。Facebook、YouTube等社交媒体的点击量过20万。

（任燕飞）

医学部对外交流

【发展概况】 组织结构。医学部国际合作处、台港澳办公室是医学部对外及台港澳地区合作与交流的管理和服务部门，国际合作处暨台港澳办公室下设综合办公室、交流办公室、留学生暨台港澳学生办公室工作。

交流合作。 2019年医学部因公出国和赴港澳台地区共计1415批，2167人次，其中赴港澳台188人次。办理外国人来华签证邀请函共计185人次，其中短期外国专家176人次。2019年度接待来自美国、英国、日本等20余个国家来访448人次，中国台湾地区41人次。

2019年，北京大学常务副校长、医学部主任詹启敏等领导分别率团赴美国、德国、泰国等多所著名高校出访，召开多场联合研讨会，举行战略合作会议，与加州大学伯克利分校、牛津大学等签署合作谅解备忘录。2019年医学部层面共签署11项合作交流协议，根据协议，双方将在科研合作、人员互换、资源共享等方面开展合作。组织各类重要国际交流活动，围绕生物医学、公共卫生、应急医学等领域开展交流研讨。

2019年医学部共计4项科研项目申请获美国中华医学基金会批准，资助金额总计529,710美元（约合人民币370万元），资助项目领域：公共卫生、护理、药学，经费分别为8.971万美元、40万美元和4万美元。

学生海外交流。 2019年医学部派往包括美国密歇根大学、日本名古屋大学等海外院校短期交流人数为140人（11个国家和地区，26个子项目）。接待来自全球19个院校海外短期交流学生39名。与21所院校开展境外PhD联合培养项目，共举办15场境外博士学位及国际组织工作实习相关的宣讲、咨询和面试活动。

信息化建设。 2019年初启动调研，之后多次举行工作沟通会，在医学部信息中心和北大计算中心的技术支持下，因公临时出国（境）服务（申报平台）在医学部综合服务平台上线，并进行内测和完善；国际合作管理信息系统软件（管理后台）已安装，将依据申报平台进行进一步的调试和修改，服务于医学部教职工（2019年底仅限医学部本部，待医院基础数据完善后推广），实现在线申报和预审。

党风廉政建设。 2019年，医学部国际合作处认真开展"不忘初心、牢记使命"主题教育，深入学习贯彻习近平新时代中国特色社会主义思想和党的十九届四中全会精神，使全处党员干部的廉洁自律意识和责任意识得到了进一步增强。领导班子分工明确、各负其责；坚持和执行"三重一大"制度，始终把廉政建设放在第一位。严格按照国家各级主管部门的有关规定，协助财务处收取海外学生的各项费用。

（杜晓鹏、刘焰葳）

【**国家级国际联合研究中心建设**】 国家级国际联合研究中心包括五个联合研究所/中心，2019年医学部与联合研究所/中心的外方合作伙伴不断深化合作领域，举办多场联合研讨会，进行多次互访。

2019年，北京大学医学部—密西根大学医学院转化医学与临床研究联合研究所启动了第八轮项目的申请，该轮12个新项目获批，项目总数达到60个。已有百余名科研人员与学生赴合作方接受专业的临床研究与转化医学研究培训或参加交流学习项目。2010年至2019年底，双方已入组128,000名病人的数据，相关样本库已按国际标准建立，并在SCI杂志联合发表67篇原创性成果，双方联合申请美国专利1项。10月30日至11月1日，北京大学医学部与密歇根大学医学院转化医学与临床研究联合研究所第九届联合研讨会在北京大学医学部举行，此次会议主题为分子医学。

2019年9月，第四届中英（北京大学医学部-曼彻斯特大学）国际临床遗传学及遗传咨询高级培训课程顺利举办。课程为国内学员特别设计，在线课程与面授课程有机结合，共招收学员19人。

2019年，北京大学医学部-乌尔姆大学神经科学联合研究中心的6个合作项目已经结题。2017年至2019年已发表论文23篇，共同出版电子书1部，申请发明专利1项。

2019年，北京大学医学部-英国伦敦国王学院医学研究联合研究所第一轮7个项目已全部结题，第二轮3个新项目获批，第三轮项目招标已启动。2019年7月，北京大学医学部-日本庆应大学医学院-瑞典卡罗琳斯卡医学院-英国伦敦国王学院（PUHSC-KEIO-KI-KCL）四校联合科研暑期学校项目在伦敦举办，受到师生一致好评。

（刘 源）

【**中国-东盟高校医学联盟成立**】 10月14日，由中国-东盟中心和北京大学医学部共同主办的"中国-东盟高校医学联盟成立大会"在北京大学顺利召开。在中国-东盟中心的支持下，由北京大学医学部牵头的中国-东盟高校医学联盟正式成立，在成立大会上发布《中国-东盟高校医学联盟北京宣言》。来自东盟9个国家18所高校和国内21所高校的院校长代表出席会议。

联盟旨在推动中国与东盟国家医学院校和医疗卫生机构在医学教育、医学研究和医疗卫生等领域的深入交流与合作，促进区域医学教育和医学研究的共同发展，促进医学人才的培养和医疗卫生水平的提升，为改善区域人民健康水平做出积极贡献，并服务于全球医疗健康事业的发展。

联盟创始成员单位共计43家，其中中方21家，东盟方22家。与会代表一致赞同将联盟中方常设秘书处设在北京大学医学部，并一致选举北京大学医学部为联盟首届中方主席单位，北京大学常务副校长、医学部主任詹启敏任首届中方主席。

（白 婧）

【附表】

表8-1 2018—2019年医学部短期交流项目派出情况

年份	美国	加拿大	英国	荷兰	德国	挪威	澳大利亚	新加坡	韩国	日本	泰国	中国香港	中国台湾	合计
2018	27	26（1+25*）	0	0	2	2	13（4+9*）	5	9	24（16+8*）	10	5	0	123
2019	21	15（2+13*）	5*	2	2	0	5（1+4*）	5	11	18（16+2*）	14	0	42*	140
合计	48	41	5	2	4	2	18	10	20	42	24	5	42	263

注：标"*"为非临床项目，包括医院及医疗机构参观、学术语言、公共卫生、科研轮转、文化体验、亚洲校园项目；未标记为临床实习或见习项目。

（医学部国际合作处、台港澳办公室）

表8-2 2018—2019年医学部接待的境外短期交流学生情况

年份	中国台湾	中国香港	美国	澳大利亚	英国	德国	荷兰	俄罗斯	韩国	日本	新加坡	马来西亚	泰国	合计
2018	72*	4	10	4	5*	1	1	0	5	17	8	0	4	131
2019	0	2	10	1	0	0	1	2	4	10	7	2	0	39
合计	72*	6	20	5	5*	1	2	2	9	27	15	2	4	170

注：标"*"为四校联合科研暑期学校及台湾团项目（科研暑期学校、文化项目课程及中医课程）；未标记为临床见习项目。

（医学部国际合作处、台港澳办公室）

人事管理

【发展概况】 人员概况。截至2019年12月31日，校本部全职在职人员5249人，具有博士学位2855人，占54.4%。其中教学科研人员2689人，具有博士学位2470人，占91.9%。另有非全职聘用74人，均为教学科研人员。

增员情况。校本部2019年增员244人。其中，教学科研132人，较上年有较大幅度增加，占54.1%；党政管理63人，占25.8%。另外新增非全职聘用6人。全校新增员244人中，博士学位147人，占60.2%；硕士学位90人，占36.9%。录用应届毕业生77人，占全校增员的31.6%，其中博士10人、硕士67人。留学回国（含外籍及港澳台人员）80人，占全校增员的32.8%；博士后留校22人，占全校增员的9.0%，地方单位调入65人，占全校增员的26.6%。留学回国、博士后留校以及地方调入共167人，其中博士学位137人，占82.0%。

减员情况。校本部2019年减员207人，其中离退休134人，调出、辞职、自动离职、在职死亡、选留结束等73人；教学科研人员78人，非教学科研人员129人。

校本部2019年实际净增员37人。另外非全职聘用不再续聘10人。

离退休减员的134人中，包括教学科研人员51人（其中教授35人，副教授或副研究员11人，讲师5人），占38.1%；非教学科研人员83人，占61.9%。其他形式减员73人，包括教学科研人员27人（含教授7人），其他人员46人（含学工选留结束30人）。

人才队伍建设。全校7人入选中国科学院、中国工程院2019年新当选院士，入选人数为全国高校第一。物理学院教授高原宁、前沿交叉学科研究院教授汤超、数学科学学院教授张继平、化学与分子工程学院教授张锦、信息科学技术学院教授彭练矛新当选为中国科学院院士。北京大学人民医院胸外科主任王俊、北京大学第三医院血管医学研究所研究员董尔丹新当选为中国工程院院士。

2019年，学校入选第15批国家海外高层次人才引进计划26人，其中创新长期项目1人，青年项目25人；入选2018年度长江学者奖励计划24人，其中特聘教授14人（全国第一），青年学者10人；入选第四批国家高层次人才特殊支持计划24人，其中科技创新领军人才23人，教学名师1人，青年拔尖人才10人（自然科学类8人，哲学社会科学、文化艺术类2人）。22人获2018年国家杰出青年科学基金项目（全国第一）；19人获2018年国家优秀青年科学基金项目；1人获2019年求是杰出青年学者奖。

截至2019年12月，学校有中国科学院院士81人（其中兼职29人），中国工程院院士19人（其中兼职8人），发展中国家科学院院士30人（其中兼职11人），百千万人才国家级人选69人，国家海外高层次人才引进计划（不含青年项目）入选者65人，国家海外高层次人才引进计划（青年项目）入选者191人，国家高层次人才特殊支持计划入选者（不含青年拔尖人才）68人，青年拔尖人才入选者51人，国家杰出青年科学基金获得者275人，基金委优秀青年科学基金159人，长江学者特聘教授181人，讲座教授34人，青年学者52人。国家重点研发计划项目负责人129人，基金委创新研究群体学术带头人47人。

人事管理。1. 年度考核。全校5257人中的5202名在职在岗职工参加2019年年度考核，其中400人考核结果为"优秀"档次，4728人为"合格"档次，3人为"基本合格"档次，4人为"不合格"档次，67人为"参加考核不确定"档次。

2. 聘期考核。2019年共有535人进行聘期考核与合同续签，经学校审议，同意35人续签无固定期限合同（主要为达到法定"双十"等条件）、496人续签固定期限合同、4人终止聘任不续签合同。

3. 国家通用岗位聘任。（1）专业技术岗位聘任。2019年度全校新聘专业技术二级岗位48人、三级岗位53人。学校现有专业技术二级岗位189人，三级岗位199人，四级岗位314人。（2）管理职员岗位聘任。2019年新聘五级管理职员7人，六级管理职员33人，七级管理职员15人，共计55人。本次管理岗位聘任工作完成后，校本部管理职员共聘任985人。

4. 专业技术职务聘任。（1）教学科研职位评审聘任。2019年是全面实施教学科研职位分系列管理的第二年，且首次代评博士后研究人员、劳动合同制专职科研人员的副研究员资格。为做好教学科研职位评审聘任工作，3月6日至4月1日，人事部到校本部39个教学科研单位进行调研沟通，在综合考虑各方意见建议的基础上，拟定2019年度校本部教学科研职位聘任工作方案，确定教学系列和研究技术系列的学部控制指标和各院系推荐指标，经校长办公会批准后启动聘任工作。教研系列：经审议，66人通过教研系列Tenure评估，其中人文社科31人、理工科34人、马克思主义理论学科（简称"马学科"）1人，1人通过教研系列教授晋升评估。教学系列：经审议，晋升教学教授5人、教学副教授3人。研究技术系列：经审议，晋升研究员10人、副研究员6人。

（2）非教师专业技术职务评审聘任。各分会严格按照学校要求，对申请聘任正高、副高职务的人员逐个进行审议。正高职务审议情况：经审议，校本部晋升正高7人、认定正高1人、医学部1人、代评1人。经各分会审议，全部通过。副高职务审议情况：经审议，校本部晋升副高33人、引进确认3人、转系列1人、医学部5人、未通过5人，未通过人员均为第一次申请。中初级职务审议情况：经审议，校本部通过中级职务49人（含代评合同制11人），其中实验/工程分会4人（含代评合同制1人），财会审计系列评聘小组1人，图书出版分会9人（含代评合同制2人），教育管理分会35人（其中代评合同制8人）。审议通过初级职务5人，均为教育管理分会代评合同制人员。

5. 人事制度建设。人事部在调研国际顶尖大学有关通行做法，结合学校教师队伍发展实际情况，并征求有关院系和青年教师意见的基础上，制定《关于进一步完善青年教师学术发展指导体系的意见》，于5月以校发文形式正式印发。

奖教金评审。2019年奖教金的奖励名额为304人，奖金总额为1499万元。2019年度方正奖教金特等奖奖励名额保持1人，奖励金额从10万元增至20万元；优等奖奖励名额从17人增至20人，奖励金额从2万元增至5万元；优秀管理奖奖励名额从10人增至15人，奖励金额从1万元增至2万元。大成国学奖教金上年未分配名额2人增加至2019年奖励名额，共计26人。黄廷方/信和青年杰出学者奖励基金奖励金额不变，奖励名额从13人增为20人。曾宪梓优秀教学奖奖励金额不变，奖励名额从16人增为18人。王选青年学者奖教金分配方式从连续三年每年奖励5万元变为一次性发放15万元。北京银行奖教金奖励金额不变，奖励名额从20人减至19人。树仁学院奖教金奖励金额不变，奖励名额从5人减至4人。宝洁奖教金奖励金额不变，奖励名额从5人减至4人。

工资福利。1. 年度绩效。1月，根据《北京大学专项岗位绩效奖励实施办法（试行）》，同时结合2011计划的人员绩效，顺利完成2018年度专项岗位绩效奖励发放工作，奖励总额约2.2亿元。专项岗位绩效奖励的发放工作坚持"按劳分配、优劳优酬，强化激励、突出重点"的奖励原则，坚持"学校指导、院系自主"的分级管理原则，坚持"科学考评、动态调整"的分配原则，是健全和完善校内分配激励机制的重要内容之一。2. 待遇调整。统筹考虑学校待遇调整的历史、青年人才竞争态势和当前薪酬水平等，人事部经过调研和测算，并与财务部、组织部等职能部门多次讨论，制定并实施校本部2019年度教职工待遇调整方案。3. 院系精准支持工作。按照"扶优、扶需、扶特、扶新"的原则遴选被支持单位，加强对相关学科的支持。精准支持工作的本质在于遴选一批优秀的老体制教师，在资金上给予支持，激活教师活力。人事部从院系遴选委员会的成立、候选人的产生、遴选的具体过程以及遴选的公示等多方面严格监督学院的执行情况。2019年已经落实数学科学学院、外国语学院、中国语言文学系等12个院系的精准支持工作。

央保中心养老保险改革。截至2019年底，完成全校5483名退休人员的养老金发放工作。退休人员统筹内待遇转由央保中心发放，是事业单位养老保险改革迈出的关键性的一步。根据国家部署，在央保中心发放退休人员养老金的同时，在职职工自2018年5月起进行养老保险与职业年金的实际征缴，截至12月，学校共11,500人进入央保系统，其中在职人员6017人（含博士后）、退休人员5483人。自2014年10月改革始，学校养老保险改革工作过渡平稳。

博士后发展。截至2019年12月31日，校本部正常在站博士后1310名。2019年累计办理博士后进站620名，其中校本部全职招收486名，深圳研究生院招收67名，校企联合招收63名，代医学部招收4名。校本部2019年招收的486名全职博士后中，合作导师科研项目招收267名，博雅博士后项目资助招收176名；国家博新计划资助招收14名，国际交流计划资助招收24名，国际联合博士后项目招收5名。620名进站博士后中，外籍博士后42名，中国籍博士后578名。

2019年累计办理博士后出（退）站576名。其中留校工作40名（含留校本部、深研院和医学部），国内高校科研机构工作291名，其他事业单位工作35名，出站后继续从事二站博士后研究工作17名，非国有企业工作88名，国有企业工作37名，出国27名，政府机关工作11名，军队系统4名，退站26名，其他40名。

根据全国博管办关于改革博士后进出站和落户政策的变化，结合学校博士后工作实际情况，综合国内外高校博士后工作调研情况，起草《北京大学博士后研究人员管理服务办法》，新办法经2019年7月6日学校十三届党委第71次常委会会议审议通过，已于9月份印发全校并执行。

根据博雅博士后项目实施经验，2019年初修改完善《北京大学2019年博雅博士后项目申请公告》并发布公告英文版。2019年先后组织实施两批次博雅博士后项目申报、评审工作，202名申请人获得博雅博士后项目资助。

劳动合同制职工管理。劳动合同制职工已经成为北京大学人力资源的重要组成部分。截至2019年12月31日，校本部签订劳动合同并在人事部备案的劳动合同制职工为4027人，其中女性职工占64.34%，男性职工占35.66%。劳动合同制职工主要分布在行政管理岗和工勤岗。劳动合同制职工固定期限劳动合同3088份，占合同总数的76.7%；以完成一定任务为期限的劳动合同543份，占合同总数的13.5%；无固定期限劳动合同396份，占合同总数的9.8%。

5月22日，根据北京市有关通知发布《关于2019年劳动合同制职工申报积分落户的通知》，启动2019年度劳动合同制职工北京市积分落户申请工作。2019年度学校共152名职工（含10名医学部职工）申请，最终有2名职工获得北京市积分落户资格。

5月根据北京市《关于降低本市社会保险费率的通知》，调整北京市养老保险单位缴费比例。自2019年5月1日起养老保险单位缴费比例由原来的19%降低为16%。2019年8月根据海淀区社会保险基金管理中心《2019年关于工伤保险浮动费率调整的通知》，自2019年7月起将学校工伤保险缴费比例由0.48%调整为0.4%。

10月30日发布《关于加强劳动合同制职工岗位设置和劳动合同管理的通知》，对劳动合同制职工岗位设置和固定期限劳动合同到期时间提出相关要求。

4月26日，为完善科研队伍结构，加强重点领域和重点科研创新基地建设，学校党委通过《北京大学加强理工科专职研究人员队伍建设试点方案》。6月，协助科研部出台《关于实施理工科专职研究人员队伍试点建设工作的通知》。修改和完善人事信息系统。2019年，共有10名理工科专职研究人员办理入职。

6月20日，启动2019年度劳动合同制职工职称代评工作。2019年度为激励和引导专职科研人员提升科技攻关能力，加强科研队伍建设，具有博士学位在北京大学专职科研岗位连续工作满三年的劳动合同制职工可以参加高级专业技术职务资格代评。

人事档案管理。人事部负责的档案主要是教职工人事档案和学生档案，2019年在库档案为59,249卷。其中，在库教职工档案13,865卷，在库学生档案45,384卷。2019年教职工档案转递（含博士后）464卷，学生档案转递7089卷。按照中央组织部和教育部的文件要求，校本部人事档案数字化工作全面展开。截至12月底，北京大学六十余批次数字化档案及原本接收入库，数字化人事档案已经完成6100卷。

教职工专项培训。1.新任教职工岗前培训。9月2日至4日，2019年新任教职工岗前培训在京郊举行。人事部立足新任教职工的特点及培训需求，分类引导，有针对性地制订培训计划，为170名新任教职工提供一次关于北大历史传统与人文精神、思想政治与师德师风、学术道德与学术规范、教学规范与科研经验、健康心态和团队精神等的全方位培训。

2.青年骨干教师培训。4月12日至14日，北京大学第10届青年骨干教师培训会在京郊举行，来自校本部、医学部和附属医院的70余名青年骨干教师参加培训。培训内容包括思想政治与师德师风、学术伦理和科研经验、人才培养和团队建设、人事财务管理政策、学科建设概况展望等课程。报告间隙还安排青年教师学术沙龙，旨在加强帮传带，增进青年教师与职能部门的沟通、促进青年教师的跨学科交流与合作。

3.管理职员培训。人事部自2015年起组织开展管理职员专项培训工作，促进管理职员队伍的专业化和职业化能力建设。2019年管理职员专项培训重点提升管理职员的专业能力、职业化能力、沟通能力和职场英语能力。截至2019年底，共组织88门课376学时培训课程，7200余人次参加培训。

4.青年教师教学能力培训。人事部与教师教学发展中心密切配合，积极推动青年教师教学能力培训，2019年度共同完成20门课程的培训组织工作。

青年人才国情研修。7月中旬，人事部、党委教师工作部组织举办北京大学第四期青年人才国情研修班，全校各教学科研单位26名优秀青年教师代表赴黑龙江大庆、哈尔滨参加研修。该期研修班通过专题报告、现场教学等形式开展。

人文基金高级访问学者项目。人文基金高级访问学者项目于2010年正式启动，该项目旨在资助中文系、历史学系、哲学系、考古文博学院等4个人文院系的海内外高端学术交流。截至12月31日，已累计资助海内外学者216人，学术团队短期交流项目10个，从事海峡两岸人文领域相关研究的博士后3名。2019年，该项目共审批出访学者7人、来访学者7人，资助中文系国际会议1次。

出国研修项目选拔推荐。2019年国家公派高级研究学者及访问学者项目，推荐25人，入选22人；2019年青年骨干教师出国研修项目，推荐7人，入选7人；2019年青年骨干教师出国研修项目/高等教育教学法出国研修项目，推荐1人，入选1人；2019年国外教育调研访问学者项目推荐2人，入选2人；2020—2021年中美富布莱特项目，推荐1人，入选0人；2020—2021年哈佛燕京学社访问学者项目，推荐3人，结果未出。

教职工公派出国。2019年在职教职工办理长期（三个月以上）公派出国（境）共计19人。

【**教师节表彰大会**】 9月10日，北京大学2019年教师节庆祝大会在英杰交流中心阳光厅举行。校党委书记邱水平、校长郝平等校领导班子成员出席大会。获奖教师代表，各院系和职能部门负责人，民主党派负责人，工会、教代会代表和学生代表参会。会议由党委常务副书记于鸿君主持。

【**青年教师学术沙龙**】 2019年共组织10期"北京大学青年教师学术沙龙"，内容涵盖"考古与大数据""脑科学研究""生物医学工程"以及"生物医学技术"等主题，邀请20余位学校相关领域的资深教授和职能部门领导担任点评嘉宾，推荐51位优秀青年学者分享研究成果，校本部、医学部及附属医院的300余位青年教师参加。

（罗小廷）

【附表】

表8-3 校本部全职人员分布表（截至2019年12月31日）（单位：人）

总计	教学科研	党政管理	实验工程	图书出版	财会审计	医护	中小幼教	工勤
5249	2689	909	520	247	128	96	382	278

表8-4 校本部全职人员职称分布表（截至2019年12月31日）

专业技术职务	人数	百分比
正高级职务	831	20.3%*
其中：教授	685	82.4%**
副高级职务	1438	35.1%*
其中：副教授	669	46.5%***
中级职务	1343	32.8%*
初级职务	190	4.6%*
无	296	7.2%*
老体制小计	4098	78.1%****
新体制	1151	21.9%****
合计	5249	100%

注：标"*"表示该职务人数占老体制总人数的百分比。标"**"表示教授人数占正高级职务总人数的百分比。标"***"表示副教授人数占副高级职务总人数的百分比。标"****"表示该体制人数占总人数的百分比。

（人事部）

表8-5 校本部中国籍教师民族分布表

民族	汉族	满族	回族	朝鲜族	蒙古族	土家族	其他少数民族
人数	2502	36	20	13	13	9	24

（人事部）

表 8-6　校本部教师学历分布表

学历	博士	硕士	本科及以下	合计
人数	2470	174	45	2689

（人事部）

表 8-7　校本部 2019 年全校增员分布表

类别	总计	教学科研	党政管理	实验工程	图书出版	财会审计	卫生技术	中小幼教
人数	244	132	63	9	8	5	4	23

（人事部）

表 8-8　校本部 2019 年增员来源及学历分布表

	总计	应届毕业生	留学回国（含外籍）	地方调入	博后留校
总计	244	77	80	65	22
博士	147	10	79	36	22
硕士	90	67	1	22	0
学士	7	0	0	7	0

注：地方调入含其他（研究技术系列聘任教研系列）2 人。

（人事部）

表 8-9　校本部 2019 年录用应届毕业生分布表

	总计	教学科研	党政管理	实验工程	图书出版	财会审计	卫生技术	中小幼教
总计	77	0	45	4	4	2	0	22
博士	10	0	5	1	0	0	0	4
硕士	67	0	40	3	4	2	0	18

（人事部）

表 8-10　校本部 2019 年引进人员（非应届生）分布表

	总计	教学科研	党政管理	实验工程	财会审计	图书出版	卫生技术	中小幼教
总计	167	132	18	5	4	3	4	1
博士	137	131	2	3	1	0	0	0
硕士	23	1	3	1	3	3	3	1
学士	7	0	3	1	0	0	1	0

（人事部）

表 8-11　校本部 2019 年减员分布表

减员分类	小计	教学科研			其他人员							
		正高	副高及以下	新体制	党政管理	工程实验	图书出版	财会	医护	中小幼教	工勤	选留学工
离退休	134	23	16	12	16	14	6	10	6	9	22	0
其他减员	73	2	6	19	12	2	0	0	0	1	1	30
合计	207	25	22	31	28	16	6	10	6	10	23	30

（人事部）

表 8-12 2019 年派出类别分布情况

派出类别	人数	派出类别	人数
单位公派研修	7	国家公派研修	5
单位公派任教	2	借调	4
国家公派任教	1		
总计 19 人			

（人事部）

表 8-13 2019 年派出人员专业技术职务级别、学位、年龄分布情况

专技职务级别	人数	学位	人数	年龄	人数
正高	7	博士	15	50 岁以上	6
				46—50 岁	6
副高	8	硕士	2	41—45 岁	3
中级及以下	4	学士及以下	2	36—40 岁	3
				31—35 岁	1
总计 19 人					

（人事部）

表 8-14 2019 年回校教职工派出类别分布情况

派出类别	回国人数	批准延期人数
国家公派任教	3	0
国家公派研修	9	2
单位公派研修	12	1
单位公派任教	4	2
借调随任	1	0
总计	29	5

（人事部）

医学部人事管理

【发展概况】 教职工队伍。截至 2019 年 12 月 31 日，医学部在职事业编制教职工总数 12,859 人（含医学部本部、北京大学第一医院（简称"北大医院"，下同）、北京大学人民医院（简称"人民医院"，下同）、北京大学第三医院（简称"北医三院"，下同）、北京大学口腔医院（简称"口腔医院"，下同）、北京大学第六医院（简称"北大六院"，下同）、北京大学肿瘤医院（简称"肿瘤医院"，下同），其中医学部本部 1519 人。

人事调配管理。1. 医学部本部在职事业编制人员增减情况。（1）新增 46 人，按新老体制分，新体制 25 人（教研系列 21 人、研究技术系列 3 人、教学系列 1 人），常规体制 21 人（教辅岗 17 人、管理岗 4 人）。按入职方式分，留学回国人员 9 人、京外调入 4 人、京内调入 7 人、出站博士后 7 人、应届毕业生 19 人。（2）减员 67 人，其中调出 7 人、退休 58 人、去世 1 人、开除转出 1 人。

2. 临床医院接收人员情况。（1）接收应届毕业生 450 人，其中北大医院 146 人、人民医院 57 人、北医三院 127 人、口腔医院 31 人、肿瘤医院 28 人、北大六院 6 人、北京大学首钢医院 37 人、北京大学国际医院（简称"国际医院"，下同）18 人。（2）接收留学回国人员 21 人，其中人民医院 4 人、北医三院 12 人、肿瘤医院 4 人、北大六院 1 人。（3）接收军转干部 4 人，其中北医三院 3 人、口腔医院 1 人。

3. 京外调干工作。医学部部务会通过 3 人，已报教育部审核，另有 2 人正在申办。

4. 解决夫妻两地分居工作。2019 年共报教育部 40 人，收到批复 28 份。

5. 处分工作。成立北京大学医学部教职工职业道德和纪律委员会，规范行政处分流程，制定北京大学医学部教职工职业道德和纪律委员会议事规则。开除 1 人，降低岗位等级

2人。

6. 滞留档案转出及相关手续办理。2019年转出滞留档案3份。

师资培养与学术梯队建设。医学部现有两院院士16人（含双聘），海外高层次人才引进计划长期项目专家5人、短期项目专家2人、青年项目18人，在岗长江学者特聘教授17人、讲座教授3人，国家级有突出贡献的中青年专家16人，"百千万人才工程"国家级人选13人，万人计划领军人才13人、青年拔尖人才8人。

自2015年1月1日医学部正式实施《北京大学教学科研职位分系列管理规定（试行）》以来，医学部共有教研系列教师138人（本部131人），其中教授47人（本部43人）、长聘副教授12人、预聘制副教授/助理教授79人（本部76人）；教学系列14人，其中教学教授1人、教学副教授3人、讲师9人、教学助理1人；研究技术系列14人，其中研究员1人、副研究员4人、助理研究员9人。

2019年医学人才专家评估小组会议共审议并同意引进教研系列教师30人，其中教授1人、长聘副教授1人、预聘副教授2人、助理教授26人；引进研究技术系列4人，其中副研究员1人、助理研究员3人。完成8位预聘制教师（海外高层次人才引进计划（青年项目）3人、助理教授5人）中期评估，其中优秀1人、良好4人、合格2人、不合格1人。共有13位预聘制教师启动Tenure评估，4人通过Tenure评估晋升为长聘副教授、1人未通过Tenure评估、3人同意延期2年后启动Tenure评估、1人不同意Tenure评估延期申请放弃Tenure评估，另有4人正在评估中。教学系列职位审议专家小组审议并同意引进教学系列教师1人。完成9位培育计划届满评估，其中优秀3人，经评审聘为教研系列助理教授；合格6人，继续续聘2年。

2019年基础医学院、药学院、公共卫生学院综合改革方案相继获批，并启动新老体制教师融合，经医学人才专家评估小组会议审议，共有36位老体制教师纳入新体制教师管理，其中老体制教授转为教研系列教授27人、老体制副高转为教研系列助理教授9人。

2019年医学部共有32人获得各类奖教金，其中俞光岩、郭岩获国华杰出学者奖，王建六获宝钢教育基金优秀教师特等奖，4人获方正奖教金教师优秀奖，3人获方正奖教金管理奖，5人获杨芙清-王阳元院士奖教金，1人获王选青年学者奖，6人获绿叶生物医药杰出青年学者奖，10人获仲外医学奖教金。

2019年共审批优秀骨干教师长期出国留学（90天以上）86人，其中国家公派28人，单位公派58人；正高职称5人，副高职称30人，中级职称47人，初级职称4人；派往美国56人，欧洲21人，其他国家和地区9人。医学部本部办理离校手续22人，办理返校手续15人。批准在外留学人员延期申请30人次。

专业技术职务/职位评聘。根据各单位队伍现状及学科发展要求，确定晋升比例，宏观控制队伍结构。2019年经各级评审，410人（含医学部本部教学系列4人、研究技术系列3人）通过高级专业技术职务评审，其中晋升正高级专业技术职务83人、副高级专业技术职务180人（不含代评）。

2019年是医学部本部全面实施教师分系列管理的第一年。各单位在综合改革方案获得批复前，符合条件的老体制副高级职务教师，经本人申请、学院批准并报医学部审批同意，可直接申请教研系列长聘职位（即启动Tenure评估），通过后纳入新体制管理。符合申报教学系列或研究技术系列职位的教师，可向所在单位提出晋升申请，通过后纳入新体制管理。经各级评审，医学部本部获聘新体制教师10人，其中教研系列长聘副教授1人、教学系列6人（教学教授1人、教学副教授3人、讲师2人）、研究技术系列3人（研究员1人、副研究员2人）。

教职工年度考核。2019年医学部共有在职教职工1511人、博士后171人参加年度考核，5人因故未参加考核。经个人总结述职、各单位测评公示、个人申诉与复议、医学部考核工作小组审议、医学部公示等程序，确定169人考核结果为"优秀"，1449人考核结果为"合格"，2人考核结果为"基本合格"，1人考核结果为"不合格"，61人考核结果为"不确定档次"。

国家通用岗位聘任。1. 专业技术岗位聘任。2019年度专业技术岗位聘任工作与高级专业技术职务评聘工作同期进行，四级及以下的专业技术岗位按照文件规定的条件由各单位直接聘任；二、三级岗位由各单位根据条件并结合工作需要和实际贡献推荐人选，经医学部学术委员会审议，由学校聘任。

2. 管理岗位聘任。2019年医学部本部新聘五级管理职员1人，六级管理职员20人，七级管理职员12人，九级管理职员1人，共34人。各附属医院新聘五级管理职员1人，六级管理职员5人，七级管理职员43人，八级管理职员28人，九级管理职员6人，共83人。

专项岗位聘任。根据"双一流"引导专项资金的使用要求和北京大学的指导原则，进一步完善分配机制，医学部从2019年起实行"学校定额下达、院系自主支配"的分配原则。2019年对17个二级单位下达年度总额度，聘任ABC岗795人，同时完成引导专项津贴分配工作。

工资与福利。1. 根据国家和学校相关政策，落实教职工薪酬福利待遇。2019年1月根据《国务院办公厅转发人力资源社会保障部财政部关于调整机关事业单位工作人员基本工资标准和增加机关事业单位离休人员离休费三个实施方案的通知》，调整1454人在职职工基本工资及50人离休干部离休费。根据学校政策，为增强广大教职工在新中国成立70周年之际的获得感，普惠全体教职工，2019年11月调整1400人职务补贴标准并补发。

2. 加强人才队伍激励。一次性发放2019年度博雅青年学者津贴27人，医学部人才奖励计划津贴17人。根据学校政策，2019年11月，调整92人基本年薪待遇水平并补发，调整932人专技岗位、356人职员岗位津贴待遇水平及发放时间（由下发调整为上发）并补发。

社会保险。 1. 事业单位养老保险改革工作。2018年12月，中央国家机关事业单位养老保险中心（简称"央保中心"，下同）下达《关于开展中央国家机关事业单位养老保险改革实施准备期基础信息确认及基金结算工作的通知》（央保函〔2018〕41号），启动准备期在职人员养老保险清算工作。学校按要求于2019年1月完成准备期（2014年10月至2018年4月）期间在职人员养老保险清算工作及退休人员养老金返还清算工作。

根据学校政策，从2019年1月1日起，按照国家规定的养老保险基数核定原则，结合学校薪酬发放实际，调整学校养老保险缴费基数核定办法。2019年3月，共计核定申报1666人次首次完成年度养老保险职业年金缴费基数。

2019年7月，央保中心下达《关于集中征缴准备期职业年金的紧急通知》，对准备期职业年金进行集中征缴。学校根据通知要求，完成2014年10月至2018年12月准备期期间职业年金归集工作。

2019年9月，人社部下发《人力资源社会保障部办公厅财政部办公厅关于2019年调整在京中央国家机关事业单位退休人员基本养老金的通知》（人社厅发〔2019〕89号），央保中心启动退休人员2019年待遇调整工作。学校按文件规定核算退休人员养老金待遇调整数据，并做解释工作。

2019年11月，央保中心下达《关于抓紧做好退休中人信息变更工作的通知》（央保函〔2019〕28号），启动退休中人信息核实、变更工作。学校按照文件要求，翻阅全部303名退休中人人事档案，核实303名退休中人信息，变更存在问题的49名退休中人信息。

2. 北京市社会保险相关工作。北京市社会保险覆盖事业编制人员（含博士后流动站人员、部分外籍人员）、企业编制人员、合同制聘用人员（不含劳务派遣人员）。2019年北京大学医学部共缴纳社会保险费用（至海淀社保账户）937万元，其中单位缴纳737万元，个人缴纳200万元。

博士后工作。 1. 博士后进出站及在站人员情况。2019年医学部博士后进站157人，其中与工作站联合培养26人。博士后出站（含退站）66人，其中留校工作13人，高校、科研单位及医院就业19人，企业就业9人，其它11人，退站14人。截至2019年12月31日，医学部8个博士后流动站累计招收博士后1143人，累计出站（含退站）805人。目前在站338人，其中与工作站联合培养56人。性别结构：男性161人，占47.6%；女性177人，占52.4%。年龄结构：30岁及以下162人，占47.9%；31—35岁140人，占41.4%；35岁以上36人，占10.7%。流动站分布：基础医学70人、药学93人、临床医学105人、公共卫生与预防医学32人、生物学10人、中西医结合2人、口腔医学11人、护理学4人、哲学和公共管理11人。

2. 重点工作。（1）调整博士后待遇。根据北京大学有关政策，从2019年3月1日起调整博士后待遇，包括调整博士后年薪组成、调整基本年薪标准、提高租房补贴标准、调整社保公积金缴费办法、调整合作导师承担经费标准等。（2）应对国家进出站和落户北京的政策调整。3月1日起，国家对于进出站政策和落户北京政策调整。人事处认真学习文件精神、与上级部门沟通，积极应对，修改流程，理顺管理，实现新旧政策顺利过渡。（3）医学技术获批博士后科研流动站。9月，经人力资源社会保障部、全国博士后管理委员会批准，北京大学医学部获批增设医学技术一级学科博士后科研流动站。医学部博士后科研流动站增至9个。（4）博士后工作信息化。2019年博士后注册报到平台、人员管理模块、住房管理模块先后上线。

3. 博士后在站管理。（1）博士后考核评估。适时调整考核评估细则，并完成2017年进站博士后的4批次81人考核评估。在此基础上完成考核评估后继续在站博士后的经费入账、工资调整和公寓延期等工作。（2）博士后基金申报和资助情况。组织申请中国博士后科学基金申报，共有30人获批面上资助，2人获批第12批特别资助（站中），3人获批特别资助（站前）。（3）各类国家计划申报情况。2019年共有2人获批全国博士后创新人才支持计划，1人获批博士后国际交流派出项目，1人获批国际交流计划引进项目，1人获批国际交流计划学术交流项目。（4）完成医学部博雅博士后项目申报、评审及优秀博士后评选。2019年共组织完成2批博雅博士后申报和评审，共有18位博士后获得资助。医学部博士后工作专家小组会评选出11名医学部优秀博士后（推荐7人为北京大学优秀博士后）。（5）博士后公寓分配。根据国家政策调整校外博士后公寓分配办法。完成富润、科大博士后公寓现有空房分配。（6）博士后主要科研成果。2019年博士后共获得37项中国博士后科学基金（含博新计划2人）、32项国家自然科学基金、8项北京市自然科学基金及3项其他基金，共获批经费1212.2万元。2019年博士后共发表SCI收录的第一作者论文74篇，累计影响因子355.82，平均单篇影响因子4.81；发表EI收录及中文核心期刊文章33篇。（7）与工作站联合招收博士后。研究同意2家博士后科研工作站与医学部联合招收博士后事宜。

非事业编制人员管理。 自2019年6月1日起，非事业编制人员管理业务除薪酬工作外移交至人才服务与培训中心（简称"人才中心"，下同）负责。2019年医学部本部有合同制聘用人员515人（含劳动合同制95人、劳务合同制139人、劳务派遣制281人，不含出版社、动物部、幼儿园等机构），本年度入职113人，离职63人，年度净增加50人。2019年平均每月完成360人的薪酬发放工作。2019年共为489人

（含劳务派遣387人）办理社会保险业务。2019年协助总务处解除2名劳务派遣人员、1名劳动合同制人员和1名劳务合同人员的合同，均为经协商顺利解除，未产生不良影响和后果。

人才中心工作。1. 人事代理工作。截至2019年底，人才中心共代理11,344人，解除代理2149人，目前共代理9195人。2019年签订聘用合同551人，其中毕业分配人员413人，调入人员138人，与北大国际医院应届毕业生签订保存人事档案关系合同书17人。解除合同95人，解除人事代理6人（北大国际医院）。续签合同2151人。2019年接收附属医院人事档案495卷，其中毕业生档案419卷、调入人员档案76卷、转出档案93卷。2019年4月18日起承担博士后研究人员档案工作，截至2019年12月，共接收博士后档案123卷。

2. 规范附属医院档案管理。2019年共完成六家附属医院（北大医院、人民医院、北医三院、口腔医院、肿瘤医院、北大六院）及北大国际医院8000余人档案新增材料的整理归档工作。2019年对除毕业生档案阅档外的新调入76人的人事档案进行逐一审查，并对档案所缺材料一一列举，告知相关医院人事处，通知本人补送材料，做到每本档案符合接收要求。

3. 代管人员管理与服务。目前代管人员12人，事业编制11人，企业编1人。

4. 非事业编制人员积分落户年度申报。2019年为总务处、设备与实验室管理处、基础医学院、继续教育学院共12位非事业编制人员进行积分落户年度申报。

（王珊珊）

【附表】

表8-15　2019年医学部教职工基本情况一览表

人员及分布	医学部本部人数（比例）	医学部人数（比例）
在职总人数	1519	12,859
其中：医疗教学研究	702（46.22%）	5530（43.00%）
管理	367（24.16%）	1029（8.00%）
其他专技	379（24.95%）	6038（46.96%）
工勤	71（4.67%）	262（2.04%）

（医学部人事处）

表8-16　2019年医学部教师队伍专业技术职务、年龄结构统计表（单位：人）

职称 \ 年龄	≤35岁	36—45岁	46—55岁	≥56岁	合计
正高级	—	222	653	394	1269
副高级	124	947	446	68	1585
中级	1153	597	150	13	1913
初级	731	19	13	—	763
合计	2008	1785	1262	475	5530

（医学部人事处）

表8-17　医学部近三年教师队伍学历结构统计表

年份 \ 学历	博士		硕士		本科及以下		合计
	人数	比例	人数	比例	人数	比例	
2017	3826	73.22%	1016	19.45%	383	7.33%	5225
2018	4019	74.70%	1009	18.76%	352	6.54%	5380
2019	4198	75.91%	1013	18.32%	319	5.77%	5530

（医学部人事处）

表 8-18　2019年医学部高级专业技术职务聘任情况表（单位：人）

单位	正高级职务			副高级职务			合计
	晋升	增聘	确认	晋升	增聘	确认	
医学部本部	4			13			17
临床医院	79	24	6	167	52	5	333
教学医院	2*	9		1*	35		47
国际医院	2*			11*			13
合计	87	33	6	192	87	5	410

注：标"*"表示代评。

（医学部人事处）

表 8-19　2019年医学部专业技术二级、三级、四级岗位比例表

单位	二至四级总人数	二级		三级		四级		二、三、四级比例（聘任后）
		人数	其中新增	人数	其中新增	人数	其中新增	
北大医院	275	54	8	111	16	110	19	2∶4∶4
人民医院	304	61	7	121	14	122	20	2∶4∶4
北医三院	293	59	8	111	23	123	24	2∶4∶4
口腔医院	140	28	2	56	5	56	8	2∶4∶4
北大六院	39	9	2	15	3	15	1	2∶4∶4
医学部本部	193	31	4	61	7	101	3	2∶3∶5
合计	1244	242	31	475	68	527	75	

（医学部人事处）

离退休工作

【发展概况】　组织结构。北京大学对离退休教职工实行学校、院系/机关职能部门二级服务管理的工作机制。离退休工作部下设综合办公室、离退休事务管理办公室、老干部活动中心三个科室，其中综合办公室与人事部综合办公室合署办公。离退休工作部现有事业编制职工7名，合同制职工1名。领导班子一正一副，部长马春英，副部长陈默。北京大学关心下一代工作委员会秘书处及秘书处办公室挂靠离退休工作部。

截至2019年11月30日，校本部共有离退休教职工5669人，离休干部125人，退休教职工5463人，社会养老及退职人员81人。2019年共新增退休人员134人。校本部离退休教职工中，60岁及以下452人，占比8%；60岁至69岁2020人，占比35.6%；70岁至79岁1376人，占比24.3%；80岁至89岁1631人，占比28.8%；90岁以上190人，占比3.3%。

"不忘初心、牢记使命"主题教育。离退休工作部领导班子带领部门全体成员深入学习研讨，开展主题调研，进行志愿服务，推动解决实际问题。主动征求离退休教职工对老同志活动安全、校园文化养老事业发展的意见和学生对关心下一代工作发展的相关意见建议，按时完成整改任务。撰写《满足老同志文化需求，发挥老同志独特优势》调研报告，针对北大老年活动安全现状、校园文化养老事业发展现状和关心下一代工作的开展情况与问题提出建议。

工作制度。继续贯彻落实《中共北京大学委员会关于进一步加强和改进离退休工作的实施办法》，起草并提请离退休委员会老同志委员会议审议出台了《北京大学离退休教职工社团活动安全规定》及相关配套文件，加强离退休教职工社团活动的制度建设。

工作队伍建设。组织开展北京大学2016至2019年度离退休工作先进集体、先进个人评选表彰活动，评选出16个（含医学部4个）先进集体和36名（含医学部8人）先进个人。11月20日在英杰交流中心月光厅召开表彰交流会，校党委副书记兼秘书长安钰峰和老同志委员代表参加并为先进集体、先进个人颁奖。2019年先后组织两次离退休工作系统培训会，传达上级有关离退休工作的文件精神，交流离退休

工作经验体会，并进行离退休工作总结年度汇编，校本部45个二级单位提交工作总结材料。

三重保障体系。在国发养老金（退休金）基础上，持续完善学校特困补助、补充商业保险等离退休教职工特困帮扶机制。校本部设立离退休教职工重大疾病补助专项经费和离退休教职工生活特困补助专项经费，补助总额达到170万元。4月份，根据有关文件规定，协同人事部对因病导致生活完全不能自理的离休干部上调护理费。2019年继续为校本部在编离退休教职工出资购买老年人意外伤害险。

走访慰问。坚持年节慰问、生日慰问、疾病慰问制度。及时将离退休活动经费下拨至各二级单位，督促各二级单位建立完善走访慰问制度，通过座谈会、团拜会、祝寿活动等形式开展慰问，并在重要纪念日、重大庆典节日由领导带头集中走访看望离退休教职工。在重阳节前夕，离退休工作部为校本部每位90岁及以上离退休教职工发放长寿补贴2000元。

关心下一代工作。北京大学关心下一代工作委员会秘书处结合"五四"运动100周年和新中国成立70周年等重大时间节点，围绕"我和我的祖国"主题，开展老同志"口述实录"项目。带领学生全程拍摄录制、剪辑制作《我和我的祖国》主题宣传片，片中40余位北大老同志回忆往昔、展望未来、寄语青年。为信息科学技术学院杨芙清院士与王选院士夫人陈堃銶教授制作的短片，分别荣获教育部关工委"读懂中国"最佳微视频与优秀微视频。6月14日，北大关工委召开"我看新中国成立70周年新成就"座谈会。11月29日，教育部关工委在北京大学英杰交流中心召开"读懂中国"活动理论研讨会，由北京大学关心下一代工作委员会秘书处承办。教育部关工委主任李卫红出席并讲话，教育部关工委主任常务副主任杨贵仁、王富，副秘书长于虹出席会议。作为教育部关工委理论研究中心的依托单位，北大关工委围绕教育系统关工委的重点工作，完成2019年度各期《理论研究动态》编发工作。

【出版老同志回忆文集】 离退休工作部组织开展《我和我的祖国——北大老同志庆祝新中国成立70周年回忆文集》出版工作，邀请北大45位老同志（含医学部6位）参与编撰回忆文集。老同志们结合亲身经历回忆国家发展中的重要历史事件，梳理新中国成立后北大走过的光辉历程和取得的卓越成就。9月26日召开《我和我的祖国——北大老同志庆祝新中国成立70周年回忆文集》出版座谈会，北京大学党委书记邱水平、党委副书记兼秘书长安钰峰出席，来自19个二级单位的29位老同志作者参加。

【奖励老同志学术贡献】 经校长办公会审议，首次划拨500万元用于奖励老同志学术贡献，由离退休工作部组织开展相关工作。共有来自36个单位的405位老同志提交成果，包括论文5053篇、著作1421部、专利29项。经院系学术委员会、各学部学术委员会评审、校长办公室审议通过，评选出首届北京大学离退休教职工学术贡献奖特等奖21位、一等奖45位、特别贡献奖11位、二等奖116位，确定特等奖奖励3万元，一等奖奖励1万元，特别贡献奖奖励1万元，二等奖奖励8000元，纪念奖奖励5000元（提交3篇及以上论文者）或3000元（提交2篇及以下论文者），共发放奖金299.2万元。12月12日组织召开表彰会，校长郝平出席并为来自19个院系的51位特等奖、一等奖、特别贡献奖获奖老同志代表颁奖。

【校园文化养老】 离退休工作部持续强化"博雅银龄课堂"建设，并推出"博雅悦龄计划"，扩展老年教育，丰富老同志文化生活。9月16日，在百周年纪念讲堂二层展廊组织"我和我的祖国——北京大学老年艺术作品展"，展览汇集校本部和医学部百余位离退休教职工的各类艺术作品，包括书画作品50幅、摄影作品45幅、工艺作品25幅。12月17日，北京大学离退休工作部与中华人民共和国文化和旅游部离退休人员服务中心签署合作协议并举办《经典永存》名家名篇诗词朗诵吟唱会，推动文化和旅游部老艺术家文化志愿者工程与"博雅悦龄计划"深度合作。北京大学党委副书记兼秘书长安钰峰，关心下一代工作委员会副主任岳素兰、孙丽等出席活动，文化和旅游部离退休人员服务中心及相关司局、院团领导出席活动。

（张慧君、郭奕冲）

医学部离退休工作

【发展概况】 组织结构。医学部离退休工作处是为医学部离退休老同志提供管理和服务的部门。1985年原北京医科大学成立老干部处，2000年北京医科大学和北京大学两校合并，2002年机构改革后，更名为北京大学医学部离退休人员办公室。2013年恢复离退休工作处，下设离退休工作处办公室，同时负责离退休人员活动中心的管理、日常运行工作。离退休工作处同时是医学部关心下一代工作委员会（简称"关工委"，下同）的秘书处，负责医学部关工委的联络、协调工作。

综合管理服务工作。2019年医学部共有离退休教职工6200余人，其中六家附属医院有离退休教职工4600余人，医学部各学院、机关、产业、后勤共有离退休教职工1600余人。离退休综合管理办公室主要负责医学部各学院、机关、产业、后勤离退休教职工的服务和管理工作，同时负责对接各附属医院离退休教职工管理部门。

日常管理服务工作。坚持走访慰问常态化，落实老同志生活待遇和政治待遇。医学部及各二级单位领导坚持在重要节日期间走访慰问老同志，及时关心、看望生病住院、家庭发生重大变故的老同志。落实情况通报制度，每年召开医学部情况通报会，邀请医学部主要领导向老同志通报学校改革发展建设进展。关注离退休教职工身体健康，做好离退休教职工年度体检工作，协调医学部医院每周到离退休活动中心为老同志办理医药费用报销。按照学校统一部署，每年为离退休职工购买意外伤害险。对接各附属医院离退休教职工管理部门，做好北京大学和医学部离退休政策的通报、宣传以及数据统计等工作。

活动组织工作。 离退休人员活动中心于2008年5月投入使用，总建筑面积1200平方米，包括多功能厅、乒乓球室、台球室、书画教室等，室外建有1个300平方米的门球场。2019年共有离退休教职工文体社团20余个，涵盖舞蹈、合唱、乒乓球、台球、民乐等方面。2019年离退休工作处通过推荐离退休教职工舞蹈组参加北京市教育系统演出，推荐书画摄影班参加北京市和北京大学相关展出，组织新年联欢会、书画展、摄影展、门球赛、运动会、离退休教职工科研成果奖等活动为离退休教职工搭建自我展示平台。通过《北医人》国庆特刊，北京大学出版社出版的《我和我的祖国——北大老同志庆祝新中国成立70周年回忆文集》等宣传老同志事迹。

关心下一代工作委员会工作。 医学部关工委成立于20世纪90年代。离退休工作处作为医学部关心下一代工作委员会的秘书处，和医学部其他部门联系，推动关工委日常工作开展，传达上级关工委的有关指示。2019年年初医学部关工委完成换届工作，新一届关工委积极配合学校中心工作，与学生工作部、团委等部门密切联系，发挥离退休老同志在青年学生教育引导方面的积极作用。

【庆祝中华人民共和国成立70周年系列活动】 离退休工作处3月份开始策划医学部离退休系统庆祝新中国成立70年系列活动，包括组织文艺演出、开展二级单位离退休工作展、刊发老同志回忆文集。活动方案得到各二级单位离退休部门的大力支持，离退休工作处迅速成立国庆活动筹备组。4月至8月，完成两次节目审核，收集各二级单位工作材料并制作展板，征集老同志文章并与宣传部对接。9月19日，医学部离退休系统庆祝中华人民共和国成立70周年文艺演出在会议中心举行，医学部近千名离退休教职工参与活动，其中300余人参加节目演出。演出现场设置各单位离退休工作展板。《北医人》国庆特刊在国庆前夕刊发，20余名老同志的回忆性文章得到宣传。

【离退休人员活动中心改造工作】 2019年初，医学部召开教师干部大会，会上提出校园内空间建设、提升校园品质等重要改革内容。离退休工作处围绕品质校园建设主题，根据离退休教职工实际需求，申请140万元品质校园专项经费，在3月至6月对离退休人员活动中心进行设备升级和配套工程改造。改造涉及面积1000余平方米，包括墙面粉刷、舞台改造、设备安装、家具置换等多个方面。

【离退休工作先进集体和先进个人评选工作】 离退休工作处坚持完善离退休工作的两级管理，在做好离退休工作整体计划和政策把关的基础上，通过重大工作提前沟通、工作经费及时拨付等方式调动二级单位工作的积极性。2019年3月，离退休工作处召开离退休工作会议，布置2019年离退休工作整体计划，拨付二级单位工作经费近20万元。9月启动北京大学和医学部"离退休工作先进集体"和"离退休工作先进个人"评选工作。北京大学"离退休工作先进集体"和"离退休工作先进个人"每四年评选一次。2019年医学部离退休工作处在评选出北京大学"离退休工作先进集体"和"离退休工作先进个人"的同时，评选出医学部"离退休工作先进集体"和"离退休工作先进个人"。

（白砚华）

财务工作

【发展概况】 财务总体情况。截至2019年底，全校资产合计达5,717,853.94万元，负债合计484,632.88万元，净资产总额5,233,221.06万元。2019年学校资产、负债及固定资产净值均保持稳健趋势，学校教学科研事业持续健康发展，国有资产保值增值良好，综合办学实力稳步增强。

财务收支情况。 2019年全校收入总额1,414,088.58万元，其中财政拨款978,235.97万元，占总收入的69%。财政拨款是学校财力的主要来源，学校自筹经费则是学校办学财力的重要组成部分。2019年，全校总支出为1,268,614.92万元，其中教育事业支出与科研事业支出分别占总支出的63%和27%，是学校最大的两项支出。学校在支出预算安排上始终以教学、科研为核心，资金投向明确。

落实国家重大科研管理政策。 落实中办发50号文、教党函37号文等国家重大科研管理政策，为优化财务服务，学校各级领导广泛调研走访，多渠道征求师生意见，针对财务工作中的痛点、难点，即抓即改。通过在线审表、开具电子发票、优化业务流程等技术手段，让师生足不出户就可以办理科研拨款、材料审核、退费换票等业务。

简化办事流程。 实现财务报销一站式服务，让科研人员不再为杂事琐事分心劳神；加强制度建设，修订《北京大学关于大额资金使用审批的规定》《北京大学会议费管理暂行办法》《北京大学国内差旅费管理暂行办法》《北京大学教学科研人员因公临时出国经费管理暂行办法》；简化报销手续，修改原制度中不合理之处，最大限度地激发科研人员的积极性、主动性。

全面实施政府会计制度。 新的政府会计制度的实施是国家全面深化财税体制改革的重要举措。学校自2019年1月1日起全面实施新制度，重点从以下几个方面推进新政府会计

制度的顺利实施：一是按照政府会计制度要求建立和完善新的账务核算模式，构建政府会计核算和报告体系；二是与学校内部相关责任部门继续加强制度落实的对接工作，完善学校的合同管理、科研管理、人事管理以及资产管理等工作，提升学校整体的会计核算水平和财务管理水平；三是以新制度实施为契机继续推进财务信息化建设和发展，校外对接财政国库业务、银行业务、发票及非税票据业务，校内对接科研、资产、人事、教务等业务部门，以业务为驱动，提升财务管理的质量和水平。

科学决策。认真研究国家政策，结合学校事业发展规划，科学编制预算，建立三年滚动项目库。通盘考虑学校教学、科研、人才队伍建设、基础设施等方面需求，统筹做好资金配置。落实党中央八项规定和国务院"约法三章"精神，继续压缩、严格控制"三公经费"预算。合理编制预算基础数据，校内各单位共同参与专项资金申报环节，积极向财政部、教育部争取财政资金，保证学校在改善人员待遇、保障基本运转、加大教学科研投入、进行基础设施建设等方面的资金需求。

预决算管理改革。印发执行《北京大学预决算管理办法》（校发〔2019〕249号），新增"预算绩效管理""决算管理"等有关内容，填补学校决算管理制度空白；深化"零基预算"改革，在收回2019年结余预算指标的基础上，对机关职能部门历年结余的预算指标统一收回，避免预算指标长期留存于各预算单位，造成校级财力的分散、闲置。

信息公开。通过校园网向全社会公开部门预算和部门决算。即时维护财务信息，保证师生可以随时登陆校内门户网站查询相关财务数据。为党委常委会、校长办公会、寒暑假研讨会、院长例会、教代会上的各类财务工作汇报提供学校预算、决算以及财务状况分析等数据支持。通过财务部微信公众号及时向全校发布重要财经信息，使各级财务信息能够及时、准确地向包括学校领导、院系领导、课题负责人、教职工、学生在内的各层面人员公开。

业财融合。立足信息化建设，完善"校级预算管理系统"功能。财务系统与学科建设经费管理系统、科研管理信息系统资产管理系统深度对接。推进出国任务批件、出国报销审批流转、出差人员信息等无纸化高效率办公。信息化建设全面提高了财务管理水平，对打破信息孤岛，实现财务部门与业务部门的融合具有重要意义。

国有资产管理。落实深化放管服改革要求，修订《北京大学国有资产管理暂行办法》，强调学校统一领导和归口管理，强化分级管理权责及内部控制。完善资产管理工作机制，设立学校固定资产处置工作小组，明确资产处置流程，对未达使用年限的固定资产报废处置从严审批，鼓励闲置资产校内调剂使用，提高资产使用效率。推进资产管理信息化建设，牵头组织资、财系统对接工作，逐步实现资产建卡、变动、折旧和处置等全流程业务信息向财务系统的传递，提高资产核算的完整性和准确性，保障《政府会计制度》的顺利实施。

（张辰阳）

医学部财务工作

【发展概况】 组织结构。医学部计划财务处下设六个科室：预算管理办公室、核算管理办公室、薪酬管理办公室、科研管理办公室、综合管理办公室和国有资产管理办公室。部门在职事业编制人员27人，合同制人员7人。

党风廉政建设。医学部计划财务处领导班子严格执行处务会制度及"三重一大"议事规则，保证决策科学民主。党支部依托"三会一课"，持续深入开展"不忘初心、牢记使命"主题教育，认真学习贯彻党的十九届四中全会精神。组织全体党员学习《中国共产党章程》、习近平总书记系列重要讲话读本，并通过支部书记讲党课等形式加强理论学习，开展"弘扬红楼传统·争做教育标杆"主题教育展参观等实践活动。

内控及制度建设。坚持"内控优先、制度先行"的工作理念，及时更新、完善内控管理制度。2019年，先后参与修订完善《北京大学医学部国有资产管理暂行办法》《医学部报销手册》等14项制度，修订1套国有资产制度汇编，规范3项新的业务流程，并完善医学部创收收入分配办法。

"放管服"工作。为落实贯彻《中共教育部党组关于抓好赋予科研管理更大自主权有关文件贯彻落实工作的通知》等文件精神，与北京大学共同讨论制定《会议费管理暂行办法》等5项制度，在开展问卷调查、院系座谈、兄弟高校调研的基础上，梳理62项报销事项，简化手续优化流程32项，减少报销说明事项16项。本着"干成事、不出事"的原则，建立"自查-财务稽核-联合纪委自纠"监督机制，对红线案例定期归纳汇总，面向师生以宣讲方式予以警示教育。加大宣传培训力度，累计开展全校性财务政策培训会12次。与部委、大学及相关单位调研沟通40余次。组织参与部门间工作推动会40余次。提供科研预算审核621份。

创新服务工作。建立"财务报销咨询"微信群，为师生提供不间断在线咨询服务；实现报账大厅"认款-开票-入账"一站式服务；引入智能财务POS机，开通微信、支付宝等多种收费渠道，更新自助缴费机和ATM机，提升线下缴费体验；上线电子票据系统，配合"医信随行"APP，提供学生网上学宿费"缴费—开票"一站式服务；搭建"短信服务平台"并利用电子邮件系统，实现"无等候报销服务"报销到账实时提醒，开通科研经费入账、待上缴科研项目结余资金提醒等功能服务；试运行网上"到款查询"系统，师生可查询外单位汇入款状态。

国有资产管理工作。2019年是国有资产管理办公室正式成立的第一年，国有资产管理工作坚持用制度管资产，建章立制、规范资产管理处置流程，理顺医学部国有资产管理运行体系。根据教育部相关要求，组织各资产管理部门开展资产清查核实工作，彻底摸清医学部的资产家底，结清历史问题，强化资产管理意识，保证国有资产安全完整。

财务信息化工作。2019年上线财政电子票据系统、短信服务平台，积极推行网上收费平台二期项目建设。打破信息壁垒，推进财务系统与校内其他业务部门数据共享，已完成财务与科研接口一期对接工作，人事与财务共享平台完成需求调研及框架设计，财务与学生助研系统接口已完成流程对接梳理工作。截至2019年底，医学部计划财务处自行维护管理的系统程序、财务接口及数据库47个，较上年增长46%，完成财务系统模块升级10余次。

争取金融机构资金支持。与银行等金融机构开展银校合作，争取到农业银行对智慧校园项目千万级资金支持，用于学校安防设施及信息安全项目建设；争取建设银行100多万元资金支持财务智能报销系统建设。

落实个税红利及公积金缴存政策。及时落实国家个人所得税改革政策，顺利完成个人所得税专项附加信息采集工作。根据国家公积金政策调整医学部职工公积金缴存比例，保证职工待遇稳中有升。

北大医学财务课题研究工作。推进财务工作从核算型向管理型转变，2019年医学部计划财务处拟定《北京大学医学部财务研究课题管理条例（征求意见稿）》，明确财务课题申报流程，医学部及附属医院财务人员以课题组为单位参与申报，共有14项课题通过专家评审。

工会工作。计财处工会小组以"党政所需、职工所急、工会所能"为出发点，创新工会工作形式和方法，发挥"桥梁和纽带"作用。2019年工会小组申报建立职工小家，并获得"北京大学模范职工小家"荣誉称号。

（马文韬、王妍）

【**预算管理改革**】 2019年医学部计划财务处推行校级预算改革，收回沉淀结余资金，试行"零基预算"。通过监督各单位预算，规范追加预算和预算调整程序，引导建立高效运行机制。要求各单位全面申报2020年预算需求并设定合理绩效目标，考核结果与下一年度预算挂钩，推行"花钱必问效，无效必问责"的预算绩效管理体制。

（马文韬）

实验室与设备管理

【**发展概况**】 **组织架构。**实验室与设备管理部负责仪器设备的国有资产管理、仪器设备的招标与采购、大型科学仪器的可行性论证、大型科学仪器开放共享与使用管理、大型科学仪器公共平台的建设与管理、仪器创制与关键技术研发的相关工作组织，负责进口仪器设备免税、境外赠送及临时性科教用品进出口等，负责全校实验室技术安全、环境保护和辐射防护相关工作，负责全校实验室建设与管理、实验技术队伍建设与管理、同教务部共同负责实验教学改革与各级实验教学示范中心评建工作。此外，还是中国高等教育学会实验室管理工作分会秘书处、教育部高等学校国家级实验教学示范中心联席会秘书处的挂靠单位。根据实际工作需要，实验室与设备管理部下设综合办公室、设备管理办公室、采购管理办公室、实验室管理办公室、进口管理办公室和家具管理办公室等6个办公室以及北京大学环境保护办公室暨辐射防护室和仪器设备储运中心等2个挂靠单位。现有工作人员31人，其中事业编制人员16人，劳动合同制人员15人。

（黄凯、张媛）

实验室建设。北京大学共有实验室195个，总面积20.98万平方米，开设教学实验项目1612项。其中，校本部实验室共98个，使用面积15.41万平方米，开设教学实验项目1460项，实验教学工作量150.07万人时。

（王洋洋、杜改霞、张媛）

中央高校改善基本办学条件专项。2013年，学校将本科实验教学条件提升改造项目列入"中央高校改善基本办学条件专项"支持范围；2015年，又纳入校级科研公共平台，由实验室与设备管理部负责项目的需求审批与执行。2019年校本部共执行5184.51万元，用于基础实验教学、公共平台和图书馆的条件提升改造。

（张媛、王洋洋、杜改霞）

实验技术队伍建设。校本部共有实验技术人员367人，其中，正高级工程师21人，高级工程师/高级实验师161人，工程师/实验师169人。2019年，新评聘正高级工程师2人，高级工程师13人，工程师2人。

（张媛、王洋洋、杜改霞）

校级奖励。奇数年份实验室与设备管理部负责组织北京大学实验技术成果奖评审。2019年，全校共评选出实验技术一等奖4项，二等奖7项，三等奖13项。

（张媛、王洋洋、杜改霞）

仪器设备管理。2019年，全校在用仪器设备总量为352,964台，价值人民币88.11亿元（校本部264,411台，价值67.76亿元；医学部88,553台，价值20.35亿元），其中40万元以上大型仪器设备2624台，价值39.87亿元（校本部2012台，价值31.92亿元；医学部612台，价值7.95亿元）。2019年，全校新增1000元以上仪器设备33,657台，价值11.95亿元。其中校本部新增25,915台，价值9.57亿元；医学部新增7742台，价值2.38亿元。2019年，全校新增40万元以上大型仪器设备338台，价值5.93亿元。其中校本部新增273台，价值5.16亿元；医学部新增65台，价值0.77亿元。

2019年全校共报废仪器设备10,666台，原值1.31亿（其中校本部7124台，原值8714.21万元），为学校回收设备残值128.14万元（其中校本部120.14万元）。

（张黎伟、马　宁、李　卿、齐　昕、张楠楠、刘　军）

大型仪器设备管理。2019年，实验室与设备管理部共组织40万元以上大型设备可行性论证253台/套（其中校本部142台/套）。

根据教育部和北京市教委文件要求，完成全校1723台（其中校本部1249台）大型仪器设备2018—2019学年度使用情况调查，并按要求上报统计数据。

组织完成第27期大型仪器开放测试基金工作。共开放设备214台/套（含实验动物中心），完成课题1193项，使用基金678.65万元，机时16,353,878小时（含CPU小时数），测试样品数3,076,764，成果涉及SCI论文1025篇，专利112项，专著17部，相关人才培养1674人。

组织开展第28期大型仪器开放测试基金工作。该期开放设备229台/套（含实验动物中心），经专家评审，最终获得批准的课题共1718个，测试基金总额900万元，其中学校出资450万元，申请人配套经费450万元。

组织开展大型仪器设备开放测试服务工作。2019年，除大型设备开放测试基金900万元外（第27期），北京大学大型仪器设备测试服务总收入9058万元。（2008年为693万元；2009年为1159万元；2010年为1864万元；2011年为1960万元；2012年为3675万元；2013年为5522万元；2014年为5353万元；2015年为6872万元；2016年为7190万元；2017年为7469万元；2018年为8447万元。）

根据科技部和财政部要求，完成全校1249台50万元以上大型仪器设备向科研设施与仪器国家网络管理平台的数据报送工作，包括设备基本信息、运行使用状况、集约化管理情况、科技创新成效、共享服务成效、组织管理情况等，并实现学校大型仪器开放共享管理系统与国家网络平台的成功对接。

（张黎伟、张宇波、马　宁、李　卿、齐　昕、张楠楠）

校级公共平台建设。实验室与设备管理部组织编制高校中首个公共平台绩效考评指标体系。2019年完成学校公共平台2018年度绩效考评，从公共性、科研能力、管理机制、队伍建设、平台特色等方面全面检验各平台的管理与服务。

北京大学于2009年成立"北京大学仪器创制与关键技术研发中心"，并设立"仪器创制与关键技术研发基金"，2018年至2019年，组织开展第六期"仪器创制与关键技术研发"项目的申评和执行工作，12个项目获得第六期仪器创制基金支持，项目经费合计424万元。

（张黎伟、李　卿、齐　昕、张楠楠）

设备采购管理工作。实验室与设备管理部按照国家和学校相关法律法规要求，提供仪器设备招标采购，进口免税等相关服务。2019年共组织设备招标和竞争性磋商133次161包，中标金额共计3.87亿元。2019年办理科教用品免税768项，免税合同金额折合人民币4.18亿元，按平均税率20%计算，为学校免除设备进口税款约0.84亿元。2019年共签订国内采购合同（5万元及以上）950个，共计金额3.05亿元；共签订外贸合同632个，共计金额5.04亿元。完成2018年度《减免税货物使用报告》及海关免税年报，顺利通过海关年审并获得2019年度免税资格。

（石　铄、荆明伟）

实验室安全与环境保护。组织各院系与学校签订实验室安全责任书和辐射安全责任书，逐级落实安全责任，制作并发放各类实验室安全标识约1.5万余张，并于2019年7月正式上线北京大学试剂管理平台。

教育部专家组于6月19日对北京大学进行实验室安全现场检查，并针对检查中发现的问题提出整改要求，9月25日再次入校现场核查整改情况。

2019年与院系合作组织开展实验室安全系列讲座16次，累计培训师生约2500人次，1800余人次通过"实验室安全教育与考试系统"完成线上学习和考试。

组织全校辐射工作人员开展4年一度的辐射安全和防护知识培训工作，170余位校内辐射工作人员参加培训。与继续教育学院合作，组织3期辐射安全与防护培训（对外）工作，京津冀共317位辐射工作人员参训。办理非密封放射性物质进口、转让审批及备案工作，共7批次。组织完成个人剂量检测（800余人次）和辐射工作场所的环境剂量检测。

组织开展环境质量检测工作，监测50余个办公空间的空气质量，完成学校饮用水、未名湖和污水水质监测工作2次。组织开展"认知燕园草木，爱护校园环境"活动。

（李恩敬、刘雪蕾、李悦天、赵小娟）

实验教学建设。2019年继续开展分学科世界著名高校实验教学比较研究工作，对考古、环境和电子等学科展开调研。

北京大学实验教学改革经费共支持7个院系的18项实验教学改革项目，经费总额135.68万元。

（张　嫒、王洋洋、杜改霞）

制度化建设。2019年出台《北京大学试剂管理平台管理办法》（校发〔2019〕277号）和《北京大学试剂管理平台协议供货商管理办法》（部门规章）。

（李恩敬、刘雪蕾、李悦天、赵小娟）

党建工作。实验室与设备管理部党支部根据学校安排部署开展"不忘初心、牢记使命"主题教育，组织党团员先后参观北大红楼"五四现场"展览，校史馆"五四运动100周年纪念展"、赛克勒博物馆"新文化的曙光：五四时期北大学人群像"展和北京展览馆"庆祝中华人民共和国成立70周年大型成就展";奔赴"李大钊纪念馆"和"狼牙山纪念馆"开展主题党日活动;开展部领导讲党课活动,集中学习习近平总书记在庆祝中华人民共和国成立70周年大会上的讲话和党的十九届四中全会精神。贯彻党风廉政建设责任制,严格遵守"六项纪律",深入贯彻执行学校党风廉政相关制度,制定《实验室与设备管理部党风廉政建设责任制实施细则》,严格落实"三重一大"制度,做到决策结果科学、民主、透明、公开,重要决策及时存档。

其他工作。作为国家级实验教学示范中心联席会秘书处,受教育部委托,举办示范中心联席会学科组和管理组组长工作组会议。作为高教学会秘书处,受高教学会委托,举办中国高等教育学会实验室管理工作分会学术年会暨会员代表大会,开展"2019年度实验室管理专项课题"申报工作,最终确定重大课题2项、重点课题10项、一般课题20项,同时对2017年课题进行验收。

（张　媛、王洋洋、张黎伟、张宇波、
荆明伟、石　铄、李恩敬）

【国家虚拟仿真实验教学项目认定】 2019年1月,生命科学学院开发的"被子植物双受精虚拟仿真实验教学项目"和地球与空间科学学院开发的"晶体形态分析及矿物鉴定虚拟仿真实验教学项目"被教育部认定为"国家虚拟仿真实验教学项目"。

（张　媛、王洋洋、杜改霞）

【仪器设备国有资产清查】 2018年11月至2019年4月,实验室与设备管理部组织开展仪器设备资产清查工作,全面核查校本部各单位仪器设备账物相符情况和使用情况,共涉及校本部121个单位,仪器设备236,435台,价值55.64亿元。此外,根据调查结果,调整实验室与设备管理信息系统。

（张黎伟、王洋洋、马　宁、李　卿、
齐　昕、张楠楠）

【高性能计算平台建设】 北京大学高性能计算公共平台是国内首个超低能耗水冷高性能平台,2019年平均PUE（Power Usage Effectiveness,能源使用效率）为1.17,节省超过40%的制冷散热成本。2019年2月27日,高性能平台支撑的"揭示水合离子的院子结构和幻数效应"研究成果入选"2018年度中国科学十大进展",相关论文发表在2018年5月31日的Nature杂志上。2019年,平台陆续完成"未名大数据一号""未名环境一号"两套集群的安装调试,以及"未名教学二号"的招标采购。

（张黎伟）

【环境全要素分析测试平台正式成立】 2019年7月,依程序经专家评议,环境工程实验室正式成为学校第8个校级公共平台,并更名为"环境全要素分析测试平台",该平台专注于环境检测领域,为全校提供开放共享和检测服务。

（张黎伟）

【"北京大学报废设备竞价系统"正式上线运行】 2019年,实验室与设备管理部和计算中心联合开发的"北京大学报废设备竞价系统"正式上线。系统优化了报废仪器设备处置程序,使竞价处置更加规范和公开。

（张黎伟、王洋洋、刘　军、童文静）

【高等学校固定资产分类方法与编码研究】 实验室与设备管理部承担中国高等教育学会高等教育科学研究"十三五"规划实验室管理专项重大课题——高等学校固定资产分类方法与编码研究。按要求完成项目建设任务并于2019年顺利结题,所取得的研究成果——国有资产分类编码已作为教育行业标准由教育部发布并在全国高校中实施。

（张黎伟、马　宁、王洋洋）

【首都科技条件平台北京大学研发实验服务基地建设】 2019年,北京大学继续承担北京市科委现代服务业促进重大专项——"首都科技条件平台北京大学研发实验服务基地建设及运营"项目建设工作,项目经费145万。基地建设由实验室与设备管理部牵头组织,成果涉及科技资源开放共享、科研成果转化、专利技术转移等方面。

（张黎伟）

【推进危险化学品全流程管理】 "北京大学试剂管理平台"（简称"试剂平台",下同）于2019年7月1日正式上线。试剂平台是集试剂采购、台账管理、废弃物处置、管制类化学品/精神药品/麻醉药品的审批与收验货、财务结算和安全资料查询于一体的一站式管理服务平台,人/财/物痕迹管理全程可追溯。系统上线后校本部所有试剂均须通过试剂管理平台采购,否则不予报销,只有特殊情况经申报审核流程可办理系统外采购。管制类化学品（剧毒、易制毒和易制爆）由院系和保卫部二级审批,倒逼台账管理,减少实验室存量。试剂平台正式上线后,新增厂商112个,新增用户数量2076人,新增课题组96个,新增访问量470万次,采购金额约7802万元。

（李恩敬、刘雪蕾、李悦天、赵小娟）

【"点-线-面"多层次、全覆盖的实验室安全检查模式】 建立由日常巡查、专项检查和全校检查相结合的"点-线-面"多层次、全覆盖实验室安全检查模式。2019年在全校范围开展实验室安全检查4次,开展危化品安全专项检查和巡查工作。全校安全检查采取自查与抽查相结合的方式,对发现的问题实行隐患销账管理,及时督促整改并回头看整改落实情况。此外,结合《教育部高等教育司关于开展2019年度高等学校教学实验室危险化学品安全管理专项检查的通知》,对全校实验室危险化学品安全管理情况进行抽查。继续开展第三轮实验室、设备和安全巡查,每周巡查1—2个实验室,2019年共巡查43个实验室（全校共99个实验室）并反馈巡查报告。巡查中共检查出各类安全问题及隐患百余项,要求各实验室限期整改并提交整改报告。

（李恩敬、刘雪蕾、李悦天、赵小娟）

【附表】

表 8-20 2019 年北京大学实验室基本情况一览表

序号	单位	实验室个数	实验室使用面积（m²）	教学实验（2017—2018 学年）			仪器设备		其中 20 万元以上大型设备	
				实验个数	实验时数	实验人时数（万）	数量	金额（万元）	数量	金额（万元）
		195	209,824	1639	29,472	299.3036	178,129	56,3507.2	3603	33,3364.78
1	数学科学学院	2	2100	20	383	2.181	3482	5109.32	32	1330.1
2	工学院	11	25,937	155	5056	3.7199	15,208	52,800.66	329	30,044.6
3	物理学院	12	23,941	176	1531	11.1731	24,078	136,788.76	789	96,140.59
4	化学与分子工程学院	13	20,787	143	1305	19.3501	18,086	70,346.22	573	49,905.54
5	生命科学学院	8	22,109	189	571	5.9708	15,804	77,962.88	472	56,776.4
6	地球与空间科学学院	6	5485	131	899	2.0588	7344	18,494.24	120	8950.24
7	心理与认知科学学院	5	3042	84	1076	2.162	2236	4666.84	41	2096.83
8	中国语言文学系	1	80	6	740	0.933	2554	2281.89	4	150.42
9	新闻与传播学院	1	275	5	131	1.1464	689	957.35	1	58
10	考古文博学院	1	1200	26	2283	3.8353	3401	6102.18	43	2234.17
11	光华管理学院	1	450	120	437	3.4187	9790	8475.84	15	479.44
12	法学院	1	780	4	360	0.864	2050	2019.75	2	139.8
13	教师教学发展中心	1	1128	0	0	0	5979	4871.65	2	50.9
14	生物医学前沿创新中心	1	2000	0	0	0	2479	16,547.47	97	12,296.36
15	体育教研部	2	180	11	84	0.4892	1622	1654.84	6	240.1
16	信息科学技术学院	18	23,683	248	5533	92.3187	21,119	66,221.96	478	33,780.73
17	王选计算机研究所	1	1100	0	0	0	1238	3420.94	12	562.9
18	人口研究所	1	587	0	0	0	376	291.19	0	0
19	计算中心	1	3111	0	0	0	17,782	17,985.5	72	7164.92
20	图书馆自动化实验室	1	140	0	0	0	3728	14,979.21	67	3455.6
21	城市与环境学院	3	5273	111	1099	4.3612	8410	16,807.12	166	7449.97
22	环境科学与工程学院	4	6293	14	1120	3.0608	7420	24,620.96	191	14,648.96
23	分子医学研究所	1	3316	2	16	0.0176	3221	10,066.69	91	5408.21
24	极客实验室	1	500	15	671	2.013	3	1.5	0	0
25	北京现代物理研究中心教育部重点实验室	1	600	0	0	0	30	32.24	0	0
26	基础医学院	63	18,305	84	2584	108.01	19,522	47,296.06	333	21,333.99
27	药学院	9	23,083	22	1126	15.14	11,486	28,674.79	221	16,353.14
28	公共卫生学院	14	4800	16	1012	5.95	6498	9861.52	57	2976.89
29	护理学院	1	1373	14	251	2.82	2232	2456.92	5	678.62

（续表）

序号	单位	实验室个数	实验室使用面积（m²）	教学实验（2017—2018学年）			仪器设备			
				实验个数	实验时数	实验人时数（万）	数量	金额（万元）	其中20万元以上大型设备	
									数量	金额（万元）
30	医学人文学院	4	2011	38	892	7.46	2349	2575.71	14	1018.63
31	医药卫生分析中心	1	1500	5	312	0.85	618	9257.47	39	6810.63
32	实验动物科学部	1	1538	0	0	0	239	175.85	2	49.60
33	中国药物依赖性研究所	1	947	0	0	0	1213	1623.24	9	468.04
34	信息中心	1	570	0	0	0	892	5792.48	27	2086.24
35	生物医学工程系	1	600	0	0	0	291	642.86	4	256.57
36	精准医疗多组学研究中心	1	1000	0	0	0	164	2158.79	11	1892.16

（王洋洋、杜改霞、马　宁、许嘉珉、姚婧婧）

表8-21　2019年新增40万元以上大型仪器设备一览表

序号	设备名称	单价（万元）	经费来源	单位
1	感应耦合等离子增强化学气相沉积系统	191.18	修购项目	信息科学技术学院
2	真空钎焊炉	40.00	建设世界一流大学项目	信息科学技术学院
3	真空除气炉	60.00	建设世界一流大学项目	信息科学技术学院
4	蒸镀系统（含手套箱系统）	120.00	科研专款或基金	信息科学技术学院
5	导航信号模拟器（卫星导航与仿真验证系统）	65.00	科研专款或基金	信息科学技术学院
6	扫描探针显微镜	180.18	科研专款或基金	信息科学技术学院
7	半导体参数分析仪	69.29	科研专款或基金	信息科学技术学院
8	精密变温分析探针台	126.17	科研专款或基金	信息科学技术学院
9	半导体特性分析系统	79.19	科研专款或基金	信息科学技术学院
10	数字通信分析仪	113.63	建设世界一流大学项目	信息科学技术学院
11	高速相机	70.00	科研专款或基金	信息科学技术学院
12	任意波形发生器	107.45	建设世界一流大学项目	信息科学技术学院
13	场发射扫描电子显微镜	194.88	修购项目	信息科学技术学院
14	铁电测试系统	41.15	建设世界一流大学项目	信息科学技术学院
15	信号和频谱分析仪	44.96	建设世界一流大学项目	信息科学技术学院
16	近红外InGaAs面阵探测器	99.52	科研专款或基金	信息科学技术学院
17	太赫兹激光器	80.54	211工程	信息科学技术学院
18	等离子体增强原子层沉积系统	188.25	修购项目	信息科学技术学院
19	键合机	40.68	科研专款或基金	信息科学技术学院
20	被动型氢原子钟	66.42	科研专款或基金	信息科学技术学院
21	S参数测试模块	66.70	科研专款或基金	信息科学技术学院
22	S参数测试模块	66.70	科研专款或基金	信息科学技术学院
23	紫外曝光机	114.93	科研专款或基金	信息科学技术学院

（续表）

序号	设备名称	单价（万元）	经费来源	单位
24	探针台	237.22	自筹经费	信息科学技术学院
25	超高真空电子枪	58.57	科研专款或基金	信息科学技术学院
26	低温恒温箱	61.67	科研专款或基金	信息科学技术学院
27	低温真空探针台	43.87	科研专款或基金	信息科学技术学院
28	任意波形发生器	180.18	科研专款或基金	信息科学技术学院
29	化学机械抛光机	146.11	985工程	信息科学技术学院
30	半导体器件分析仪	41.01	科研专款或基金	信息科学技术学院
31	近红外脑功能成像仪	66.53	科研专款或基金	心理与认识科学学院
32	近红外脑功能成像仪	66.53	科研专款或基金	心理与认识科学学院
33	快速纯化液相色谱系统	68.50	建设世界一流大学项目	现代农学院
34	红外热像仪	54.00	建设世界一流大学项目	现代农学院
35	超速离心机	40.85	建设世界一流大学项目	现代农学院
36	体式荧光显微镜	41.71	建设世界一流大学项目	现代农学院
37	超高分辨率激光扫描共聚焦显微镜	235.28	建设世界一流大学项目	现代农学院
38	极低温强磁场系统	943.45	科研专款或基金	物理学院
39	超连续谱光源	71.11	科研专款或基金	物理学院
40	荧光上转换光谱仪	47.11	科研专款或基金	物理学院
41	超快可调谐飞秒激光系统	166.49	科研专款或基金	物理学院
42	高性能计算集群	96.95	科研专款或基金	物理学院
43	高速互补金属氧化物半导体相机	67.98	建设世界一流大学项目	物理学院
44	键合机	45.59	建设世界一流大学项目	物理学院
45	超快激光器系统	177.12	科研专款或基金	物理学院
46	300kV场发射透射电子显微镜	4309.28	建设世界一流大学项目	物理学院
47	光谱分析仪	50.77	科研专款或基金	物理学院
48	低温恒温器系统	98.28	科研专款或基金	物理学院
49	光谱仪	41.95	科研专款或基金	物理学院
50	绿光泵浦激光器	81.75	科研专款或基金	物理学院
51	无液氦综合物性测量系统	261.01	建设世界一流大学项目	物理学院
52	分子束外延系统	117.03	科研专款或基金	物理学院
53	分子束外延系统	280.29	科研专款或基金	物理学院
54	超导纳米线单光子探测器	310.49	科研专款或基金	物理学院
55	帕纳科悦影X射线衍射系统	122.11	科研专款或基金	物理学院
56	飞秒激光器系统	147.20	科研专款或基金	物理学院
57	毫米波云雷达	177.90	建设世界一流大学项目	物理学院
58	无液氦超导磁体低温系统	164.12	科研专款或基金	物理学院
59	可编程直流电源	75.16	建设世界一流大学项目	物理学院
60	金属间化合物熔炼炉	70.47	建设世界一流大学项目	物理学院
61	光学参量放大器	52.56	科研专款或基金	物理学院
62	等离子清洗仪	46.06	科研专款或基金	物理学院

（续表）

(续表)

序号	设备名称	单价（万元）	经费来源	单位
63	变温强磁场系统	78.28	科研专款或基金	物理学院
64	真空紫外光谱仪	44.66	科研专款或基金	物理学院
65	微波闪烁仪	91.71	先导计划	物理学院
66	低温光学恒温器	142.77	科研专款或基金	物理学院
67	5飞秒载波相位稳定激光器	130.55	科研专款或基金	物理学院
68	原子力显微镜	55.35	科研专款或基金	物理学院
69	光阴极制备与传输系统	74.00	科研专款或基金	物理学院
70	超高真空超低温-扫描探针显微镜系统	150.00	科研专款或基金	物理学院
71	稀释制冷机系统	773.86	科研专款或基金	物理学院
72	小型预封装机	61.13	建设世界一流大学项目	微米纳米加工技术国家级重点实验室
73	半自动平行封装机	67.24	建设世界一流大学项目	微米纳米加工技术国家级重点实验室
74	傅里叶变换红外光谱仪	52.77	修购项目	图书馆
75	傅里叶变换红外光谱仪	52.12	修购项目	图书馆
76	氙灯试验箱	55.01	建设世界一流大学项目	图书馆
77	磁带库	59.34	建设世界一流大学项目	图书馆
78	交换机	86.12	科研专款或基金	数学科学学院
79	高密度存储	65.61	科研专款或基金	数学科学学院
80	分布式存储系统	285.00	科研专款或基金	数学科学学院
81	服务器	40.72	科研专款或基金	数学科学学院
82	分布式存储系统	53.90	科研专款或基金	数学科学学院
83	分布式系统管理软件	45.10	科研专款或基金	数学科学学院
84	箱式清洗消毒机（双门）	114.81	建设世界一流大学项目	实验动物中心
85	箱式清洗消毒机（单门）	96.55	建设世界一流大学项目	实验动物中心
86	箱式清洗消毒机（单门）	96.55	建设世界一流大学项目	实验动物中心
87	真空新垫料分装系统	58.00	建设世界一流大学项目	实验动物中心
88	162笼位双面IVC（一拖二）	46.23	建设世界一流大学项目	实验动物中心
89	162笼位双面IVC（一拖二）	46.23	建设世界一流大学项目	实验动物中心
90	162笼位双面IVC（一拖二）	46.37	建设世界一流大学项目	实验动物中心
91	162笼位双面IVC（一拖二）	48.28	建设世界一流大学项目	实验动物中心
92	固定波长飞秒激光器	51.61	建设世界一流大学项目	生物医学前沿创新中心
93	一体化皮秒OPO激光器	167.39	建设世界一流大学项目	生物医学前沿创新中心
94	微量声波液体转移系统	236.22	建设世界一流大学项目	生物医学前沿创新中心
95	流式细胞仪	321.94	科研专款或基金	生物医学前沿创新中心
96	流式细胞仪	172.47	科研专款或基金	生物医学前沿创新中心
97	流式细胞仪	178.41	科研专款或基金	生物医学前沿创新中心
98	流式细胞仪	178.41	科研专款或基金	生物医学前沿创新中心
99	半导体高通量测序系统	40.15	科研专款或基金	生物医学前沿创新中心

(续表)

序号	设备名称	单价（万元）	经费来源	单位
100	多模式转盘共聚焦显微成像系统	453.36	科研专款或基金	生物医学前沿创新中心
101	超高分辨液质联用系统	891.14	科研专款或基金	生物医学前沿创新中心
102	转盘共聚焦显微镜	183.20	科研专款或基金	生物医学前沿创新中心
103	300kV 场发射透射电子显微镜	3162.60	科研专款或基金	生命科学学院
104	高性能存储计算集群	71.50	科研专款或基金	生命科学学院
105	冷冻制备设备	131.53	建设世界一流大学项目	生命科学学院
106	实时荧光定量PCR仪	49.15	科研专款或基金	生命科学学院
107	弱荧光成像系统	63.53	科研专款或基金	生命科学学院
108	细胞辐照激光损伤系统	65.35	科研专款或基金	生命科学学院
109	荧光寿命成像仪	63.32	科研专款或基金	生命科学学院
110	超高分辨显微成像系统	124.77	科研专款或基金	生命科学学院
111	飞秒激光器	217.79	科研专款或基金	生命科学学院
112	磁盘阵列	119.38	科研专款或基金	生命科学学院
113	高分辨率活细胞成像系统	192.51	基建设备费	生命科学学院
114	超高速共聚焦活细胞成像系统	350.03	科研专款或基金	生命科学学院
115	实时荧光定量PCR系统	42.78	科研专款或基金	生命科学学院
116	体式荧光显微镜	44.16	科研专款或基金	生命科学学院
117	超快实时双标放射自显影系统	140.98	科研专款或基金	生命科学学院
118	全自动荧光显微成像系统	65.76	科研专款或基金	生命科学学院
119	分选流式细胞仪	196.94	科研专款或基金	生命科学学院
120	激光扫描共聚焦显微镜	179.67	科研专款或基金	生命科学学院
121	数字切片扫描系统	89.97	科研专款或基金	生命科学学院
122	液滴式测序文库构建系统	174.43	科研专款或基金	生命科学学院
123	高通量单细胞表达谱文库制备解码系统	84.99	建设世界一流大学项目	生命科学学院
124	Wes 全自动蛋白质表达定量分析系统	58.11	建设世界一流大学项目	生命科学学院
125	质谱流式系统	595.09	科研专款或基金	生命科学学院
126	LED 显示屏	66.00	建设世界一流大学项目	生命科学学院
127	液相悬浮芯片分析系统	50.97	科研专款或基金	生命科学学院
128	晶格光片显微镜	593.21	科研专款或基金	生命科学学院
129	非结构型数据分布式存储磁盘阵列	190.00	科研专款或基金	生命科学学院
130	实时荧光定量PCR系统	58.52	科研专款或基金	生命科学学院
131	高性能流式细胞仪	316.07	科研专款或基金	生命科学学院
132	实时荧光定量PCR仪	40.10	科研专款或基金	生命科学学院
133	多功能酶标仪	63.37	科研专款或基金	生命科学学院
134	自动载网投入冷冻仪	64.98	科研专款或基金	生命科学学院
135	电子直接探测系统	518.84	科研专款或基金	生命科学学院
136	等离子清洗机	56.47	科研专款或基金	生命科学学院
137	200kV 场发射透射电子显微镜	1687.39	科研专款或基金	生命科学学院
138	冷冻替代仪	43.32	科研专款或基金	生命科学学院

（续表）

（续表）

序号	设备名称	单价（万元）	经费来源	单位
139	细胞分选激光系统（分选流式细胞仪用光源）	100.00	科研专款或基金	生命科学学院
140	蒸汽灭菌柜	68.31	科研专款或基金	生命科学中心
141	蒸汽灭菌柜	68.31	科研专款或基金	生命科学中心
142	蒸汽灭菌柜	68.31	科研专款或基金	生命科学中心
143	蒸汽灭菌柜	68.31	科研专款或基金	生命科学中心
144	蒸汽灭菌柜	68.31	科研专款或基金	生命科学中心
145	蒸汽灭菌柜	68.31	科研专款或基金	生命科学中心
146	大型计算机系统	76.03	科研专款或基金	生命科学中心
147	飞秒激光器	105.87	科研专款或基金	生命科学中心
148	智能化全自动流式细胞分选仪	191.02	科研专款或基金	生命科学中心
149	高内涵成像分析系统	221.61	科研专款或基金	生命科学中心
150	高性能计算系统	960.07	科研专款或基金	生命科学中心
151	双通道活细胞工作站显微镜	223.03	建设世界一流大学项目	生命科学中心
152	三维双光子激光显微镜	120.04	科研专款或基金	生命科学中心
153	转盘式激光共聚焦活细胞成像系统	295.30	科研专款或基金	生命科学中心
154	多光谱激光成像仪	90.34	科研专款或基金	生命科学中心
155	三光子显微镜系统	114.15	科研专款或基金	生命科学中心
156	三重四级杆质谱仪	344.70	建设世界一流大学项目	生命科学中心
157	高通量单细胞表达谱文库制备解码系统	83.39	科研专款或基金	生命科学中心
158	激光共聚焦活细胞成像系统	296.57	科研专款或基金	生命科学中心
159	磁盘阵列	71.82	科研专款或基金	社科调查中心
160	LED 显示屏	68.20	科研专款或基金	经济学院
161	心理测量装置	40.93	修购项目	教育学院
162	交换机	62.33	建设世界一流大学项目	计算中心
163	交换机	59.57	建设世界一流大学项目	计算中心
164	高性能计算系统	1358.40	建设世界一流大学项目	计算中心
165	微模块	107.90	教学事业费	计算中心
166	高性能计算集群机房部分	164.98	建设世界一流大学项目	计算中心
167	核心交换机	53.37	建设世界一流大学项目	计算中心
168	大气常压离子长飞行时间质谱仪	494.29	科研专款或基金	环境科学与工程学院
169	超高分辨飞行时间黑炭气溶胶质谱仪	452.87	科研专款或基金	环境科学与工程学院
170	质子转移反应飞行时间质谱仪	456.64	科研专款或基金	环境科学与工程学院
171	稳定同位素比质谱联用系统	378.09	建设世界一流大学项目	环境科学与工程学院
172	气相色谱质谱联用仪	44.10	修购项目	环境科学与工程学院
173	气相色谱质谱联用仪	142.81	科研专款或基金	环境科学与工程学院
174	低压荧光检测系统	101.44	科研专款或基金	环境科学与工程学院
175	电子顺磁共振波谱仪	56.55	211 工程	环境科学与工程学院
176	超高压高效液相色谱仪	58.90	科研专款或基金	环境科学与工程学院
177	质谱仪	48.63	科研专款或基金	环境科学与工程学院

(续表)

序号	设备名称	单价(万元)	经费来源	单位
178	染料激光器	82.59	科研专款或基金	环境科学与工程学院
179	高性能集群服务器	387.32	科研专款或基金	环境科学与工程学院
180	离子色谱仪	52.48	科研专款或基金	环境科学与工程学院
181	半挥发性气溶胶热解气相色谱仪	101.50	科研专款或基金	环境科学与工程学院
182	通量观测系统	40.25	科研专款或基金	环境科学与工程学院
183	气相色谱-三重四级杆串联质谱仪	89.83	科研专款或基金	环境科学与工程学院
184	高能窄带高重频激光系统	103.45	科研专款或基金	环境科学与工程学院
185	振动圆二色光谱仪	92.96	科研专款或基金	化学与分子工程学院
186	实时在线反应分析系统	66.83	科研专款或基金	化学与分子工程学院
187	小角X射线散射仪	431.10	建设世界一流大学项目	化学与分子工程学院
188	高灵敏度高分辨率小动物活体成像系统	664.75	科研专款或基金	化学与分子工程学院
189	完全无液氦综合物性测量系统	257.89	科研专款或基金	化学与分子工程学院
190	高分辨液质联用仪	380.29	建设世界一流大学项目	化学与分子工程学院
191	高效液相色谱仪	78.21	科研专款或基金	化学与分子工程学院
192	全二维超高压液相色谱	82.83	科研专款或基金	化学与分子工程学院
193	三重四级杆气象色谱质谱联用仪	103.75	科研专款或基金	化学与分子工程学院
194	飞秒激光器	57.38	科研专款或基金	化学与分子工程学院
195	皮秒激光器	42.78	科研专款或基金	化学与分子工程学院
196	飞秒激光器	57.38	科研专款或基金	化学与分子工程学院
197	循环制备液相色谱仪	53.68	建设世界一流大学项目	化学与分子工程学院
198	超高分辨率显微镜	186.83	科研专款或基金	化学与分子工程学院
199	分子束外延系统	154.43	科研专款或基金	化学与分子工程学院
200	光栅光谱仪	40.39	科研专款或基金	化学与分子工程学院
201	三合一高分辨液质联用仪	822.03	建设世界一流大学项目	化学与分子工程学院
202	低温共聚焦显微镜	152.04	建设世界一流大学项目	化学与分子工程学院
203	快速截止停流光谱仪	61.20	科研专款或基金	化学与分子工程学院
204	快速纯化液相色谱系统	55.18	科研专款或基金	化学与分子工程学院
205	原子层沉积系统	74.71	科研专款或基金	化学与分子工程学院
206	科研级倒置型显微镜	43.31	科研专款或基金	化学与分子工程学院
207	激光直写仪	104.57	科研专款或基金	化学与分子工程学院
208	激光共聚焦扫描多维显微成像系统	703.78	修购项目	化学与分子工程学院
209	液相色谱-四级杆-超高分辨组合式质谱仪	450.21	科研专款或基金	化学与分子工程学院
210	稳态荧光/瞬态吸收测量系统(低温磁场)	329.72	科研专款或基金	化学与分子工程学院
211	防护合成热室	78.00	科研专款或基金	化学与分子工程学院
212	喷淋式进样化学气相沉积生长系统	70.00	科研专款或基金	化学与分子工程学院
213	全数字化核磁共振谱仪	838.60	建设世界一流大学项目	化学与分子工程学院
214	共聚焦显微镜	46.59	建设世界一流大学项目	工学院
215	高级流变系统	71.60	科研专款或基金	工学院
216	高压高精度柱塞泵	41.86	科研专款或基金	工学院

(续表)

序号	设备名称	单价（万元）	经费来源	单位
217	小型超音速风洞测量系统	62.05	建设世界一流大学项目	工学院
218	四极杆质谱仪	40.19	科研专款或基金	工学院
219	半导体激光器	121.23	科研专款或基金	工学院
220	金属激光三维打印机	99.80	建设世界一流大学项目	工学院
221	高分辨三维X射线显微成像系统	290.15	建设世界一流大学项目	工学院
222	MHz脉冲照明与时序控制系统	679.90	科研专款或基金	工学院
223	3D打印机	44.68	科研专款或基金	工学院
224	步态分析跑台系统	141.95	科研专款或基金	工学院
225	粒子图像测速仪	99.00	科研专款或基金	工学院
226	电子束曝光系统	78.12	科研专款或基金	工学院
227	高真空镀膜仪	57.29	科研专款或基金	工学院
228	高频多通道可编程超声成像系统	312.31	科研专款或基金	工学院
229	高性能计算系统	1287.39	科研专款或基金	工学院
230	液晶综合参数测试系统	40.02	科研专款或基金	工学院
231	全自动台式扫描电子显微镜	121.75	科研专款或基金	工学院
232	全真空型傅立叶变换红外光谱仪	93.94	科研专款或基金	工学院
233	液相色谱质谱联用仪	94.99	捐赠	工学院
234	实时在线反应分析系统	71.20	捐赠	工学院
235	电感耦合等离子体发射光谱仪	40.13	科研专款或基金	工学院
236	科研级超高精度微尺度3D打印机	75.30	科研专款或基金	工学院
237	流变仪	40.14	科研专款或基金	工学院
238	飞秒脉冲激光器	70.25	科研专款或基金	工学院
239	金属激光选区熔化3D打印机	340.50	科研专款或基金	工学院
240	X射线光电子能谱仪	404.53	建设世界一流大学项目	工学院
241	原子力显微镜	237.40	科研专款或基金	工学院
242	高频PIV激光器系统	78.75	科研专款或基金	工学院
243	超声波疲劳试验机	102.27	科研专款或基金	工学院
244	动静态拉扭双轴试验机	167.76	科研专款或基金	工学院
245	超高效液相色谱/高分辨四极杆飞行时间质谱联用仪	420.00	建设世界一流大学项目	分子研究医学所
246	细胞收缩及钙离子浓度同步测量系统	105.87	科研专款或基金	分子研究医学所
247	全自动多功能明场、荧光及FISH玻片扫描与分析系统	148.95	科研专款或基金	分子研究医学所
248	心脏离体灌流系统	94.70	科研专款或基金	分子研究医学所
249	分析型超速离心机	261.18	科研专款或基金	分子研究医学所
250	剪切波组织定量超声诊断仪	67.00	科研专款或基金	分子研究医学所
251	高分辨拉曼光谱仪	165.60	建设世界一流大学项目	地球与空间科学学院
252	交变退磁仪	44.18	科研专款或基金	地球与空间科学学院
253	综合矿物分析系统电镜	253.19	建设世界一流大学项目	地球与空间科学学院
254	准分子激光器	62.19	自筹经费	地球与空间科学学院
255	气体纯化装置	82.70	建设世界一流大学项目	地球与空间科学学院

（续表）

序号	设备名称	单价（万元）	经费来源	单位
256	CO_2激光熔融加热系统	50.57	建设世界一流大学项目	地球与空间科学学院
257	二氧化碳激光器	67.86	建设世界一流大学项目	地球与空间科学学院
258	高性能计算集群	120.00	建设世界一流大学项目	地球与空间科学学院
259	地物光谱仪	55.73	建设世界一流大学项目	地球与空间科学学院
260	光电测量仪器短周期地震仪	72.00	建设世界一流大学项目	地球与空间科学学院
261	裂变径迹分析显微镜	94.38	建设世界一流大学项目	地球与空间科学学院
262	太赫兹-红外光谱仪	305.23	建设世界一流大学项目	地球与空间科学学院
263	液相色谱/三重四级杆串联质谱仪	281.83	建设世界一流大学项目	城市与环境学院
264	光合荧光测量系统	67.93	建设世界一流大学项目	城市与环境学院
265	超高效液相色谱仪	62.20	教学事业费	城市与环境学院
266	二氧化碳同位素分析仪	59.78	建设世界一流大学项目	城市与环境学院
267	高级光合荧光测量系统	53.65	建设世界一流大学项目	城市与环境学院
268	红外热像仪	42.56	建设世界一流大学项目	城市与环境学院
269	四级杆质谱	55.00	教学事业费	城市与环境学院
270	激光雷达背包平台	50.00	建设世界一流大学项目	城市与环境学院
271	倒置荧光显微镜	40.23	建设世界一流大学项目	城市与环境学院
272	氧化亚氮/甲烷分析仪	82.79	建设世界一流大学项目	城市与环境学院
273	高内涵成像分析系统	155.89	建设世界一流大学项目	城市与环境学院
274	高速共聚焦成像系统	98.00	科研专款或基金	系统生物医学研究所
275	激光显微切割系统	144.90	科研专款或基金	天然及仿生药物国家重点实验室
276	超高分辨率激光共聚焦扫描成像系统	275.29	建设世界一流大学项目	天然及仿生药物国家重点实验室
277	多光谱全自动组织切片分析系统	330.50	科研专款或基金	天然及仿生药物国家重点实验室
278	全自动蛋白质印迹定量分析系统	119.60	建设世界一流大学项目	北京大学第三临床医学院（北京大学第三医院）
279	荧光酶联免疫斑点分析仪	70.00	科研专款或基金	天然及仿生药物国家重点实验室
280	高分辨率快速共聚焦显微镜（含全电动活细胞工作站）	169.60	科研专款或基金	精准医疗多组学研究中心
281	超薄切片机	61.95	建设世界一流大学项目	医药卫生分析中心
282	台式超速离心机	59.50	建设世界一流大学项目	北京大学临床肿瘤学院（北京肿瘤医院）
283	小动物活体三维多模式成像系统	304.70	科研专款或基金	天然及仿生药物国家重点实验室
284	下一代防火墙	134.96	建设世界一流大学项目	信息通讯中心
285	病理切片扫描仪	238.50	教学事业费	北京大学临床肿瘤学院（北京肿瘤医院）
286	厨房排烟系统	68.13	捐赠	北京大学第二临床医学院（北京大学人民医院）
287	厨房排烟系统	72.68	捐赠	北京大学第二临床医学院（北京大学人民医院）

(续表)

序号	设备名称	单价（万元）	经费来源	单位
288	三维高精度扫描仪	56.00	基建设备费	北京大学口腔医学院（北京大学口腔医院）
289	口腔修复数字化设计软件	56.00	基建设备费	北京大学口腔医学院（北京大学口腔医院）
290	厨房排烟系统	94.84	捐赠	北京大学第二临床医学院（北京大学人民医院）
291	Mimics Innoviation Suite 医学影像分析及设计软件	74.90	基建设备费	北京大学口腔医学院（北京大学口腔医院）
292	超高分辨超高灵敏度药物分析与生物制药分析鉴定系统	709.90	科研专款或基金	天然及仿生药物国家重点实验室
293	病毒计数仪	94.80	科研专款或基金	化学生物学系
294	高端智能儿童模拟病人	84.12	教学事业费	北京大学第一临床医学院（北京大学第一医院）
295	高端综合婴儿仿真模拟人	79.41	教学事业费	北京大学第一临床医学院（北京大学第一医院）
296	高端智能无线新生儿模拟病人	44.21	教学事业费	北京大学第一临床医学院（北京大学第一医院）
297	高端智能成人仿真模拟人	226.06	教学事业费	北京大学第一临床医学院（北京大学第一医院）
298	高端智能妇产仿真人	166.17	教学事业费	北京大学第一临床医学院（北京大学第一医院）
299	口腔教学用仿真机器人模拟教学系统	239.90	科研专款或基金	北京大学口腔医学院（北京大学口腔医院）
300	口腔技能训练级实时评估系统（含硬件及软件）	45.80	科研专款或基金	北京大学口腔医学院（北京大学口腔医院）
301	口腔技能训练级实时评估系统（含硬件及软件）	45.80	科研专款或基金	北京大学口腔医学院（北京大学口腔医院）
302	口腔技能训练级实时评估系统（含硬件及软件）	45.80	科研专款或基金	北京大学口腔医学院（北京大学口腔医院）
303	口腔技能训练级实时评估系统（含硬件及软件）	45.80	科研专款或基金	北京大学口腔医学院（北京大学口腔医院）
304	口腔技能训练级实时评估系统（含硬件及软件）	45.80	科研专款或基金	北京大学口腔医学院（北京大学口腔医院）
305	口腔技能训练级实时评估系统（含硬件及软件）	45.80	科研专款或基金	北京大学口腔医学院（北京大学口腔医院）
306	口腔技能训练级实时评估系统（含硬件及软件）	45.80	科研专款或基金	北京大学口腔医学院（北京大学口腔医院）
307	口腔技能训练级实时评估系统（含硬件及软件）	45.80	科研专款或基金	北京大学口腔医学院（北京大学口腔医院）
308	口腔技能训练级实时评估系统（含硬件及软件）	45.80	科研专款或基金	北京大学口腔医学院（北京大学口腔医院）
309	口腔技能训练级实时评估系统（含硬件及软件）	45.80	科研专款或基金	北京大学口腔医学院（北京大学口腔医院）
310	口腔技能训练级实时评估系统（含硬件及软件）	45.80	科研专款或基金	北京大学口腔医学院（北京大学口腔医院）
311	口腔技能训练级实时评估系统（含硬件及软件）	45.80	科研专款或基金	北京大学口腔医学院（北京大学口腔医院）

(续表)

序号	设备名称	单价（万元）	经费来源	单位
312	磁共振教学机 0.2T	52.00	教学事业费	北京大学第三临床医学院（北京大学第三医院）
313	磁共振教学机 0.5T	87.00	教学事业费	北京大学第三临床医学院（北京大学第三医院）
314	磁共振教学机 0.7T	109.00	教学事业费	北京大学第三临床医学院（北京大学第三医院）
315	流式细胞仪	41.80	教学事业费	生物医学实验教学中心
316	宫腔镜手术模拟训练系统	137.00	教学事业费	北京大学第二临床医学院（北京大学人民医院）
317	流式细胞仪	97.50	建设世界一流大学项目	北京大学临床肿瘤学院（北京肿瘤医院）
318	离子色谱仪	59.50	建设世界一流大学项目	北京大学第一临床医学院（北京大学第一医院）
319	全自动可加热式组织处理器	45.80	建设世界一流大学项目	北京大学精神卫生研究所（北京大学第六医院）
320	流式细胞仪	122.00	建设世界一流大学项目	生物医学工程系
321	高通量蛋白质稳定性分析系统	140.00	建设世界一流大学项目	天然及仿生药物国家重点实验室
322	超高分辨率组合式串接液质联用仪	198.98	科研专款或基金	天然药物学系
323	超速离心机	67.70	科研专款或基金	北京大学第三临床医学院（北京大学第三医院）
324	圆二色光谱仪	78.50	建设世界一流大学项目	天然及仿生药物国家重点实验室
325	蛋白液相色谱系统	64.00	建设世界一流大学项目	生物医学工程系
326	捕集离子淌度飞行时间质谱仪	479.80	科研专款或基金	精准医疗多组学研究中心
327	多参数细胞与超微颗粒分析系统	234.70	建设世界一流大学项目	天然及仿生药物国家重点实验室
328	户内高清 LED 全彩显示屏系统	47.83	教学事业费	北京大学第三临床医学院（北京大学第三医院）
329	超声波破碎仪	59.40	科研专款或基金	北京大学第三临床医学院（北京大学第三医院）
330	实时荧光定量 PCR 仪	62.86	科研专款或基金	天然及仿生药物国家重点实验室
331	多通道荧光生物分子成像系统	133.00	科研专款或基金	天然及仿生药物国家重点实验室
332	超高效液相色谱仪	47.00	建设世界一流大学项目	北京大学生育健康研究所
333	实时在线反应分析系统	69.90	科研专款或基金	天然及仿生药物国家重点实验室
334	全自动荧光显微镜成像系统	129.90	建设世界一流大学项目	北京大学临床肿瘤学院（北京肿瘤医院）
335	超灵敏纳米流式细胞仪	159.69	建设世界一流大学项目	北京大学临床肿瘤学院（北京肿瘤医院）
336	双压线性离子阱液相色谱质谱联用仪	188.93	985 工程	基础医学院
337	线性离子阱质谱液质联用仪	59.57	科研专款或基金	基础医学院
338	线性离子阱-静电场轨道阱组合式质谱仪	96.80	科研专款或基金	基础医学院

（实验室与设备管理部）

医学部实验室与设备管理

【发展概况】 组织结构。医学部设备与实验室管理处（简称"设实处"，下同）是医学部设备采购与实验室管理的归口管理部门，主要承担三部分职能：一是负责医学部各类设备采购、进口设备免税办理、大型仪器设备使用管理、教学仪器设备维修维护等相关事宜；二是负责医学部实验室建设的服务支撑、实验室安全相关、实验用品询购与供应、危险化学试剂管理等；三是负责医学部仪器设备和家具类的固定资产管理工作。设备与实验室管理处下设3个办公室：综合办公室、设备管理办公室和实验室管理办公室。

队伍建设。2019年设实处共有职工19人，其中正式在编职工17人，合同制员工2人。高级职称4人，中级职称人员8人。

制度建设。起草《北京大学医学部实验室安全准入实施细则》《北京大学医学部实验室安全责任追究实施细则》《北京大学医学部实验室危险废物事故应急预案》《北京大学医学部实验室安全督导员管理办法（试行）》《北京大学医学部实验室安全学生巡查员制度（试行）》《北京大学医学部危废仓库管理办法》《北京大学医学部集中供应液氮的注意事项》《北京大学医学部实验室危险化学废物处置流程》《北京大学医学部关于处理废旧钢瓶的流程说明》9份文件，并下发《关于简化实验用品在线询购系统平台外采购程序的通知》。协助校本部共同修订《北京大学科研急需设备采购实施细则》《北京大学仪器设备招标采购管理办法》《北京大学仪器设备竞价采购管理实施办法》《北京大学仪器设备合同管理实施细则》《北京大学仪器设备采购管理办法》《北京大学采购档案管理办法》《北京大学科教用品进口管理实施办法》《北京大学采购项目履约验收管理实办法》等8项设备采购相关管理办法，至2019年年底各项新办法报请北京大学校长办公会讨论。明晰岗位职责，明确岗位工作标准，完善考核及激励机制。按照北京大学"不忘初心、牢记使命"主题教育实施方案，梳理整改清单，制定单位领导班子落实"三重一大"决策制度的实施办法，建立健全议事决策机制。进一步完善资产采购、处置、平台安全、实验室安全、廉洁自律等方面的规范管理。

资产管理。截至2019年底，医学部共有仪器设备88,553台，价值20.35亿元，其中40万元以上大型科学仪器设备612台，价值7.95亿元。2019年，医学部新增1000元（含）以上仪器设备7742台，价值2.38亿元，其中新增40万元以上大型仪器设备65台，价值0.77亿元。根据《北京大学国有资产管理暂行办法》，对医学部设备类资产报废处置流程进行优化，经2019年11月11日第27次部务办公会讨论通过实行，保证设备类资产处置工作顺利开展。按时按规计提折旧，保证数据及时准确上报，发挥邮件、微信和短信等平台的作用，加强业务流程、政策讲解，增进日常工作沟通和交流。2019年完成3542台件仪器设备报废减账工作，原值0.44亿元，为学校回收设备残值8万元。完成教育部、财政部、国管局以及北京大学和医学部各类数据统计报表上报工作。

大型仪器设备效益管理。组织第28期"大型仪器开放测试基金"申报工作，批准课题18个，获批基金49,950元。推动预约共享平台上大型仪器设备维修基金管理工作，针对一般教学、科研类设备，共完成2台设备维修审批。组织完成40万元以上大型设备可行性论证111台（套），其中80万元及以上大型设备可行性论证71台（套）。完成医学部及附属医院474台大型仪器设备2018学年度使用情况调查；完成201台50万元以上大型仪器设备的科技基础条件资源调查及设备开发共享情况数据上报。

实验室管理工作。完成医学部97个实验室基础信息普查以及2019年度北京大学实验技术成果奖评选工作。进行管控试剂药品的供应工作及废旧试剂的处置工作。组织6批次2316台件报废设备处置拍卖，组织配送液氮48,000余升，配送西格玛试剂1400余单，处置185.14吨实验废弃物和113.16吨医疗废弃物，处置危废库房内2批次95公斤剧毒和不明物。完成14台10年以上电加热设备免费更新工作，免费为实验室提供500个盛装硅胶塑料桶，配备安全信息牌1000个、安全警示标识5万余个。加强实验气体管理，继续推行气体钢瓶租赁制度，办理租赁钢瓶73只，报废钢瓶135只。完成12位放射工作人员查体工作；完成7批次同位素审批和购买，完成2019年辐射工作场所环境监测，完成辐射工作场所地标复审复验，完成辐射许可证重新申领工作，召开放射防护委员会工作会议，审批两台射线装置的采购申请；办理易制毒购买证16批次；完成易制毒使用情况每月上报工作及易制毒管理信息系统上传数据；完成易制爆库房备案工作；办理精麻品购买审批2批次。

2019年1月、3月、6月、9月、12月设实处组织5次全校安全检查；6月，医学部首次迎接教育部专家组对实验室安全现场检查，督促各学院针对各隐患进行逐项整改，并为学院提供技术支持及条件保障；9月，教育部专家组再次对隐患整改情况进行核查，确认所有隐患整改到位。

2019年医学部实验用品在线询购系统供货商410家，试剂及耗材产品数据6175万条，校内用户约4000人，教师账户2237个，2019年全年订单9.9万单，累计采购金额约9282万元。

库房建设。设实处从2019年上半年开始，积极申请双一流经费和校拨预算经费，策划利用原管控品库房内部区域改造建设易制爆化学品库房及剧毒化学品库房。至2020年初，易制爆化学品库房硬件改造已全部完成，并通过相关部门验收。剧毒化学品库房已完成硬件改造，还需通过北京市电子产品质量检测中心检测，北京市劳动保护科学研究所验收，履行公安机关审批手续。完成危废库房改造工作（地面防渗漏处理、空气过滤系统、防爆空调、悬挂灭火器、烟感报警装置）；根据教育部要求完成对危废库房的整改（安装应急喷淋设施、除静电柱、张贴警示标识等），9月顺利通过核查。

设备采购管理工作。2019年组织设备招标和竞争性磋商100次100包，中标金额共计1.70亿元，其中进口招标1.05亿元、国内招标0.65亿元。通过招标和谈判，为学校节省经费约876.70万元。2019年办理科教用品免税152项，免税合同金额折合人民币1.27亿元，按平均税率20%计算，为学校免除设备进口税款约0.25亿元。2019年共签订国内采购合同（5万元及以上）421项，共计1.20亿元；共签订外贸合同133个，共计1.27亿元。完成2018年度《减免税货物使用报告》及海关免税年报，顺利通过年审并获得2019年度免税资格。

（张惠玲、俞赤卉）

【实验室安全文化建设】 2019年6月10日至7月5日，举办医学部首届实验室安全月。安全月活动分四个阶段，第一周为安全月的启动及宣传阶段，第二周为全校实验室安全检查阶段，第三周开展2场培训及3次应急演练活动，第四周为总结交流阶段，期间走访调研6个附属医院实验室安全情况。组织辐射安全管理小组17位师生参加北京市环保局指定的辐射安全管理与防护培训，获得合格证；组织医学部各实验室22名安全员参加2019年医学实验室安全管理专题培训会；为研究生新生进行实验室安全入学教育，先后为基础医学院师生进行实验室安全培训4次。调研北京大学本部建设的实验室安全教育与考试系统，并根据需求升级调试。

（俞赤卉）

【解决附属医院科教用品免税问题】 按照教学科研设备相关免税规定，北京大学各附属医院作为独立法人单位，不具备科教用品免税资格。2017年至2018年期间，医学部、校本部与教育部、海关多次协调，均未使各附属医院享受免税政策。2019年海关机构调整后，各附属医院免税审批工作统一纳入中关村海关进行管理，与医学部、校本部同属一个审批管理机构。2019年10月24日，医学部设实处联合各附属医院相关领导再次赴中关村海关，就此问题与中关村海关领导进行协商交流，会议主要讨论3个解决方案。该次会后，经医学部部务会2020年1月6日第1次部务办公会讨论同意采用"备案管理方式"解决附属医院采购科教设备免税资格问题。

（姚婧婧）

审计工作

【发展概况】 组织结构。审计室是负责全校内部审计工作的职能部门，内设财务审计、管理审计、工程审计三个办公室。现有在编人员10人，合同制人员3人。

财务、管理审计。持续提高内部审计专业服务效能。优化审计项目管理模式，拓展审计类型，推进审计项目"限时办结"，推动审计逐步全覆盖。优化审计业务操作流程，通过审前加强针对问题清单培训、审中加大沟通力度和实施取证单书面预先征求环节、审后召开业务研讨会等方式，不断提升审计发现问题能力。不断优化审计整改工作，结合"不忘初心、牢记使命"主题教育，积极调研审计整改工作，建立审计发现问题整改台账，不断优化审计发现问题整改措施。加大与组织、财务、纪检监察、巡察以及其他业务部门的协调配合，通过审前抄送审计通知书、线索沟通、审后经济责任审计工作联席会通报、校长办公会通报、重要问题线索移送等方式，加强审计结果运用。

2019年1月至12月，财务、管理审计共实施项目378项，包括大额资金审计审签196项、科研审签59项、经济责任审计36项、综合管理审计39项、内部控制评审39项（单独出具内部控制评价报告7项）、资产管理审计5项、专项审计调查2项（含国庆70周年重大活动跟踪审计）、预算管理审计1项、采购审计1项。配合学校巡察办参与巡察项目4项，配合巡察办提供巡察所需资料20个项目。在参与的校内巡察项目中，作为巡察组副组长参与附属人民医院、校医院等两个单位巡察工作，负责经济活动巡察，顺利完成任务。配合学校内控办、财务部完成2018年度北京大学内部控制建设报告、2018年度北京大学财务管理工作评价工作。通过审计，提出审计建议111条，显性增收节支近2200万元，移送纪委监察室问题线索2份。2019年经济责任审计项目较上年增加一倍，审计发现的大部分问题均督促整改完毕。

建设工程管理审计。2019年度共对17项投资计划和61项投资立项报告进行评审，批复建安工程费用总额6.42亿元，召开学校建设工程投资评审小组会议1次。结合"不忘初心、牢记使命"主题教育，赴审计署教育审计局、市教委审计处及其他兄弟高校开展建设工程投资评审工作体制机制调研，形成调研报告，提出完善学校建设工程投资评审工作体制机制的建议。加强与基建工程部门沟通与协调。针对工程建设出现的超投资问题，多次与基建工程部召开会议，研究对策，明确责任，形成审计室与基建工程部的工作机制。发挥中介机构咨询作用，完成中介机构年度评价及合同续签工作。加强建设工程审计，为学校增收节支。抓住关键环节，突出审计重点，更加注重绩效，推进建设工程审计全覆盖，积极提供政策咨询，从体制机制上理顺工程管理模式，落实管理责任，发挥审计监督职能。持续优化建设工程审计模式，建立全面覆盖事前事中事后全过程审计监督体系。

2019年审计资产总额43.41亿元，共完成建设工程造价审计144项、招标审计161项、付款审计52项，提出审计建议132条，工程造价审减总额10,413万元、核减工程进度款总额10,923万元。其中，在对图书馆东馆修缮室内装修工程招标控制价审计中，送审金额8436万元，审减金额1981万元，审减率23.5%。

审计工作数量。2019年共完成审计审签项目（出具审计报告、意见）942项，包括综合管理审计、经济责任审计、建设投资评审、建设工程管理审计、参与"三重一大"经济事项等共5个方面25个类别的工作，提出审计建议243条。

审计工作绩效。增收节支、创造效益。除去隐性效益之外，显性效益主要包括：通过综合管理审计、工程造价审计，增收节支12,621万元；通过工程月度拨款审计，直接减少月度拨款10,923万元。纠正和处理违法违规事项，防范违规风险。促进优化学校内部管理控制机制，落实经济责任，提高资源绩效。

审计制度建设。修订《科研管理审计规定》《内部审计业务管理规范》（2019年版），编写《2017—2018年度审计报告汇编》，编写2018年度审计发现问题案例分析。对基建工程部牵头制定和修订的《北京大学基本建设管理办法》《北京大学建设工程招标管理办法》提出审计意见和建议。根据《北京大学党政领导班子落实"三重一大"决策制度实施办法》，修订《北京大学审计室领导班子落实"三重一大"决策制度实施办法》。

审计信息化建设。财务、管理审计持续强化"数据式"审计技术运用，加强审计信息化工作的研讨、培训和平台建设。审计室与学校信息办、计算中心、财务部、继续教育部、科研部、人事部分别沟通数据采集，2019年已采集学校财务、科研、继续教育、人事相关数据，并在学校财务系统嵌入审计专用财务分析报表，优化财务数据的采集。工程审计信息化建设稳步推进。结合学校实际情况，2019年按照工程审计信息系统建设计划，完成工程审计管理信息系统调研和需求分析，阶段性地完成工程审计管理软件的功能开发和系统培训。北京大学工程审计管理信息系统V1.1版是围绕建设工程全过程设计开发的审计项目管理软件，通过软件可直接提取原始业务数据形成送审数据，审计人员经过审计后形成审计数据，软件根据送审数据和审计数据可实时生成多种审计报表，实现建设工程审计全流程信息化管理。

专业化建设。2019年，审计室所有员工均按要求参加后续教育。组织开展1次集体业务学习。召开2次审计业务研讨会，对科研管理政策、2019年各审计项目案例进行探讨和分析。多次召开工程审计业务会，对进度款支付、工程预算追加、项目投资评审等事项进行专题研究。继续加强审计队伍专业化、职业化建设。有国际注册内部审计师（CIA）11名、中国注册会计师（CPA）3名、高级审计师5名、高级会计师1名、法律职业资格1名。

党建工作。以习近平新时代中国特色社会主义思想统领审计工作，严格落实党中央和学校党委关于开展"不忘初心、牢记使命"主题教育的要求，采用领导班子自学和集中学习研讨、参加支部学习、班子成员讲党课、领学四中全会精神、组织联合党日等多种形式。审计室领导班子带头执行审计室党风廉政建设责任制实施办法。审计室全体党员积极参加党支部活动，将党建工作与优化审计业务相结合，通过观看电影、参观展览、讲党课、联合党支部活动等方式，促进党员干部学习教育常态化。组织支部党员赴赛克勒博物馆参观"弘扬红楼传统，争做教育标杆"主题展览，赴北大红楼、李大钊烈士陵园参观，单位负责人及党支部书记分别讲党课，与教育部财务司开展联合党支部活动2次，与纪委办公室开展联合党支部活动1次。

（张　婷）

【附表】

表8-22　2019年度部门项目情况统计表

方面	类别	项目个数
综合管理审计	预算管理审计	1
	内部控制评审	39
	大额资金管理审计（校本级及12家二级独立核算单位月度审计）	196
	资产管理审计	5
	采购管理审计（大额货物、服务等）	1
	二级单位管理审计	39
	科研项目管理审计、审签	59
	专项审计（调查）	2
	小计	342

(续表)

方面	类别	项目个数
经济责任审计	中层领导干部经济责任审计	34
	提任副校级领导干部经济责任审计	2
	小计	36
建设投资评审	投资计划评审（1000万以上项目）	17
	设计立项评审（50万元以上项目）	65
	小计	82
工程管理审计	招标控制价审计（50万元以上项目）	73
	竣工结算审计（20万元以上项目）	71
	招标文件审计（50万元以上项目）	91
	大型项目评标监管	43
	合同审计（50万元以上项目）	70
	工程月度请款审计（5个管理部门）	42
	拆迁管理审计（2个拆迁项目）	10
	小计	400
参与"三重一大"事项	预算、财务管理类	13
	资产管理类	10
	采购招标管理类	0
	建设工程管理类	23
	教学科研类	6
	其他	26
	小计	78
配合巡视组织审计	配合巡视工作项目	4
合计		942

（张　婷）

医学部审计工作

【发展概况】 机构人员设置。医学部审计室是医学部内部审计机构，现有工作人员6人，包括经济、管理、法律、建设工程等领域专业人员，具备必要的职业资格。2019年，医学部审计室开展经济责任审计、工程管理审计、财务收支及内部控制审计、审计咨询服务、专项审计等工作，不断完善审计规范化建设、统筹内外部审计资源、加强审计队伍自身建设，提升审计服务质量效率。

经济责任审计。2019年，医学部审计室根据医学部委托，开展经济责任审计共8项，包括4家职能部处、3家附属医院、1家二级学院，在审计实施中履行监督和服务职责，发挥审计规范权力运行、完善内部管理、防范风险的重要作用。开展经济责任审计整改对照梳理工作共9项，建立健全长效机制，推动各部门各单位即知即改、立行立改、限时整改、督促检查，实现审计闭环管理。

工程管理审计。一是在工程管理审计中，加强建设工程前期造价控制，规范设计概算审计程序流程，出具概算审计报告6份；完成工程类招标文件及控制价审核意见8份；出具工程合同审核意见30份。二是继续开展重点工程项目全过程跟踪审计服务，实施过程造价控制，开展基建项目的设计变更、施工签证审核工作，完成变更、洽商、签证审核28项。三是关注工程造价管理、工程实施中的风险控制，向工程管理部门提出管理建议书10份。四是加强竣工阶段的审计监督，在规范审计资料要求、提高工程参建各方责任意识基础上，完成结算审计项目37项、出具结算审计报告37份，在审结算审计项目5项。五是根据不断变化的工作要求，开展沟通协调会，及时为工程管理部门提出完善内控、风险提示等方面意见和建议。持续完善工程管理审计流程，协同相关职能部门优化建设工程付款程序，提升工程管理审计效率，降低管理成本。

财务收支及内部控制审计。一是银行对账单及余额调节表审签方面，出具审计意见12份，关注重点账户收支情况和大额资金支付审批过程，加强资金管理的风险防控。二是将内部控制审计嵌入每项审计业务，推进经济活动全覆盖的同时，立足单位实际，重点关注重要业务事项和高风险领域，出具医学部年度内部控制情况评价报告，提出优化措施，推动改善管理。

审计咨询服务。参与医学部预算管理等十多个专门委员会和小组工作。配合科研"放管服"等政策实施，接待日常审计业务咨询，为学校管理提供审计建议，发挥内部审计为组织增值、改善治理和管理的作用。

对下属单位开展审计业务工作指导。统筹调配附属医院审计骨干参与医院经济责任审计项目质量督导，通过现场"以审代训"、问题研讨的方式，对附属医院审计工作进行指导，双向提升审计人员综合素质和业务能力。

其他专项工作。一是建立健全审计与学校党委巡察工作、纪委案件查办工作的协调配合机制，抽调业务骨干参与学校党委巡察工作。二是参与大学、医学部工会经费审查委员会工作，完善工会预算执行和财务收支管理，保障经费监督规范化、常态化管理。

常规工作。一是完善内控制度建设，贯彻"三重一大"集体决策制度，结合新的形势和工作要求，在医学部审计室现有24件制度性文件基础上，修订完善制度共计12项。二是整合内外部审计资源，通过前期把控审计方案、中期召开阶段沟通会和专家督导会、后期审定报告、后续督促整改，强化审计项目质量管控。内外部审计优势互补，提升审计服务整体效能，加强审计成果运用。三是继续完善审计操作规程，协同相关职能部门优化联动管理流程，提升审计工作质量和效率。充实审计相关法律法规制度共160项。四是开展审计工作与政策宣传，面向领导干部和师生实际需求，采取定期汇报通报审计工作、召开工作沟通协调会、更新部门网页、印发审计服务指南等，广泛征求和听取意见和建议，推介审计工作成果，加大审计沟通。五是探索信息化建设，以工程管理审计为试点，探索通过办公信息化平台管理审计项目，实现信息沟通实时化、办公移动化、审批流程透明化。前往上级主管部门、兄弟院校开展审计信息化调研，关注大学信息化工作部署和审计信息化建设进展。六是强化审计队伍建设，培养具备审计、财会、工程、法律、计算机等综合知识的复合型审计人才；通过在线教育、调研交流、处内学习等方式，促进审计人员不断提高综合素质和专业技能；引导审计人员开展职业生涯设计，数名审计人员先后取得高级审计师、高级会计师专业技术资格、国际注册内部审计师资格。

党建工作。2019年9月起，开展为期四个月的"不忘初心、牢记使命"主题教育。医学部审计室领导带头，覆盖全体党员，以"提前确定学习编目、领读人、发言人，自学加集中研讨"的方式，认真读原著、学原文、悟原理；组织开展学习贯彻党的十九届四中全会精神知识竞赛，以及北京展览馆"伟大历程 辉煌成就——庆祝中华人民共和国成立70周年大型成就展"、北京大学"不忘初心、牢记使命"主题教育展和校史馆参观；全室围绕"党员的初心和使命""党员的权利和义务""审计人的三严三实"等主题开展研讨。医学部审计室领导班子带头，与北京大学审计室、北京科技大学审计室以及医学部主要经济管理部门开展8次联合学习和交流研讨，学习国家政策形势，听取工作服务对象、党员群众的意见建议。在此过程中，医学部审计室党支部成功发展预备党员1名。

（张　莹）

网络安全和信息化管理

【**发展概况**】　组织结构。2019年4月16日，学校发布《关于成立北京大学网络安全和信息化委员会办公室的通知》（校发〔2019〕180号），网络安全和信息化委员会办公室（简称"网信办"，下同）正式成立。网信办挂靠党委办公室校长办公室，主任兼任党委办公室校长办公室副主任，本着"管办分离""责权统一"的原则，在职能范围内，发挥综合协调职能，协同党委宣传部、计算中心、保卫部、总务部、青年研究中心等单位，开展网信工作。11月26日，北京大学机构编制委员会下达《关于网络安全和信息化委员会办公室机构设置等相关事宜的批复方案》（〔2019〕31号），网信办设置6个事业编制职员岗位，正处级职数1个，副处级职数1个，正科级职数2个，副科级职数2个，除原有网络安全（含舆情）管理协调、信息化建设规划等业务外，明确软件类无形资产归口网信办管理。内设综合协调办公室、项目规划办公室、资源管理办公室三个科室。

网络安全工作。1.规章制度建设。出台《北京大学网络安全管理办法》（试行）（校发〔2019〕117号）。该办法划定网络安全的内容和边界，明确组织机构职责分工和权责，建立集防御、监测、响应、处置全流程于一体，覆盖校内各单位、各类人员、各类信息系统的网络安全（含舆情）保障制度和责任体系。该办法另有15种配套管理细则。出台《北京大学官方新媒体平台日常管理及应急处置规程》（校办〔2019〕5号），明确官方新媒体平台的范畴、管理机制和应急流程。2.召开网络安全工作部署会。5月17日，协同督查室、计算中心组织召开2019年网络安全工作部署会。督促各单位落实网络安全责任制、推进网站群建设、组建网络安全工作队伍、签署网络安全承诺书、加强各单位网络安全管理，提升安全意识、工作水平和防护能力。3. 网络安全风险通报及协调处置。2019年，通报网络安全风险事件51起，并组织协调学校相关单位调查处置。4. 等级保护工作。协调完成学校2个三级信息系统和11个二级信息系统的等保定级、备案和测评工作。5. 网络安全总结及宣传教育工作。12月，组织开展网络安全年度总结暨先进单位和先进个人评选表彰工作，评选出先进集体10家、优秀团队10家和先进个人25人。开通网信办微信公众号"未名赛博空间"。启动网络安全宣传教育、网络安全意识和素养教育工作。

网信项目管理工作。1. 2019年网信项目立项实施。4月，组织召开北京大学2019年度第1次网信项目论证会，组织协调10个二级单位的网信项目申报立项。论证会后，协调学科管理办公室对立项单位进行拨款审核，并通过论证评审、定期沟通的方式，督促立项单位按计划实施。10月，启动网信项目备案管理系统的设计工作，同步进行初步的功能开发。2. 2020年网信项目需求申报。11月，启动2020年度网信项目申报工作，加强跨领域数据共享管理及一站式服务相关项目引导，促进各领域信息化建设，提升校园管理服务质量。

网络资源管理工作。1. 软件购置审批。2019年共审批163项大型软件，软件涵盖信息资源数据库、办公教学软件及系统开发项目等，总金额近5000万元。制定《北京大学软件购置和管理办法》（试行），将软件购置审批流程与财务部大额资金审批流程统一，推进在线提交申请、在线审批等工作。2. 编码管理。启动编码管理办法修订，开展调研。2019年发放6个新增单位编码，分别为天然气水合物国际研究中心、网络安全和信息化委员会办公室、深圳研究生院、人工智能研究院、怀柔科学城校区筹建办公室和碳基电子学研究中心。

网信发展规划调研论证。1. 学校5G应用和信息化中长期规划调研论证。自9月起，开展跨校际和跨部门院系的论证调研工作，制定改造优化网络基础设施、推进教育信息化典型应用、促进学校管理优化、构建物联网环境下的智慧校园及建设校级数据共享平台的长效运行发展机制等5个方面的应用规划思路。2. 一站式平台优化管理服务调研论证。协同督查室、计算中心，开展一站式服务办事大厅可行性论证暨优化流程、简化环节调研，校内召开教育教学、外事、科研、财务、人事等场次调研沟通会，并到保卫部、校园卡管理与结算中心调研；组织工作团队，相继赴东南大学、中国人民大学、北京理工大学、天津大学、电子科技大学，开展一站式大厅调研学习，推动若干优化管理服务网信措施落地。

（蒋广学、闫保桦、陈 晨、窦家兴）

【校级数据共享平台规划建设】 3月，网信办协同计算中心，形成建设方案和技术方案，7月至8月，完成主要的招标购置工作。截至2019年底，形成对标工业4.0、创新2.0的数据生产体系，构建人（X）-事（Y）-时（Z）三维立体数据结构模型，完成1.5亿条异构数据集成，规划数据共享平台运行机制、管理模式。运用数据治理理念和技术手段，将人员基础信息、教学科研信息等10多个系统、近1.5亿条异构数据记录按照新的集成方案形成新的结构化且易于分析运用的可用数据仓库，形成跨部门共建、共管、共享的数据生成和运行管理机制，实现一键式数据获取。在保障安全（包括系统安全、存储安全、传输安全和使用安全）的前提下，按照工业4.0标准，做到从数据源头、到过程、到结果的全流程标准化和质量控制，解决长期以来数据标准各异形成的数据割裂不流通窘状。统筹场景和时间，理解高等教育的基础业务和基本规律，把握学校现有业务管理体系和信息数据系统基本情况，整合推出人（X）-事（Y）-时（Z）的三维数据结构模型。

（蒋广学、刘福东、闫保桦）

计算中心

【发展概况】 人员情况。截至2019年底，计算中心共有职工105人，其中，正式在岗职工64人，返聘11人；正高级职称7人，副高级职称33人，中级职称19人，初级职称5人。硕士及以上学历55人，占中心正式在岗职工总数的85.94%，其中7人拥有博士学位。2019年计算中心新入职3人，调入1人，退休2人。

科研工作。参与国家发改委项目2项：互联网+重大工程"面向教育领域的IPv6示范网络"项目、"未来网络试验设施"国家重大科技基础设施项目。其他在研项目4项，包括："中国教育科研网统一认证和资源共享基础设施CARSI服务升级及快速部署功能开发""无线漫游用户端工具开发""CARSI资源共享服务产品化相关技术开发""鱼叉式钓鱼邮件检测方法研究"。2019年共发表论文16篇，其中核心期刊15篇，三大检索收录论文2篇。

交流合作。2019年3月26日，由中国计算机用户协会网络应用分会主办、北京大学计算中心、汉柏科技有限公司承办的"高效信息化-人工智能"高校应用交流会在英杰交流中心第二会议室举行。来自北京大学、北京交通大学、中央戏剧学院、北京理工大学、北京语言大学、中国石油大学、中央音乐学院、中国青年政治学院等近30所高校的信息化专家齐聚一堂，围绕人工智能技术在教育领域中的应用展开交流。

4月12日，空军指挥学院教研保障中心主任陈红涛一行10人访问计算中心，就智慧校园建设、信息门户建设以及网络基础设施建设等情况展开调研。双方就IT治理、数据治理、数据共享以及数据标准等问题进行交流。

10月24日，北京吉利学院党委书记、副校长王培民一行十六人来到计算中心参观学习。双方围绕智慧校园建设进行沟通交流并达成共识，北京大学计算中心将为北京吉利学院智慧校园建设提供帮助和支持，助推吉利学院智慧校园建设。

党建工作。 5月10日，党支部组织党员参观北大校史馆"五四百年"专题展览。9月27日，党支部组织计算中心班子成员以及主任助理参观北京大学"不忘初心、牢记使命"主题教育展。10月10日，党支部组织在职党员参观北京大学马克思主义学院专题展览。10月17日，党支部组织在职党员参观"庆祝中华人民共和国成立70周年大型成就展"。10月26日，党支部组织全体党员及部分职工群众赴河北乐亭参观李大钊纪念馆。11月5日，党支部组织计算中心全体党员及部分群众赴香山参观双清别墅、来清轩，以及"毛泽东同志在香山"展览。11月15日，党支部组织计算中心在职党员和部分群众赴图书馆参观"不忘初心、牢记使命"李大钊特展。12月31日，计算中心党支部完成到期换届。杨雪任支部书记，欧阳荣彬任组织委员，付中南任宣传委员兼纪检委员。

"不忘初心、牢记使命"主题教育。 2019年9月起，计算中心领导班子认真开展"不忘初心、牢记使命"主题教育。计算中心领导班子组织党员学习党章党规，学习贯彻习近平新时代中国特色社会主义思想，学习先进典型事迹材料，开展形式多样、内容丰富的学习活动，共集中理论学习10次，参加人次达40余人次；中心行政负责人和党支部书记各讲党课1次；开展参观学习、党员志愿者服务等主题党日活动6场次；开展调查研究十余次，形成班子专题调研报告1份；会同学校巡察反馈意见共检视摆出各类问题和整改任务8类21项，建立整改台账，明确整改时限和责任人，建立长效整改机制，完成计算中心列入整改任务清单中的"大事难事""实事好事"共5项，配合学校完成校级整改任务实事好事5项，难事大事2项。同时，按照学校部署，计算中心领导班子先后完成心得体会交流、征求意见、专题座谈、谈心谈话等环节，结合学校党委巡察反馈、整改方案落实情况，检视问题与不足，剖析产生问题的深层次原因，认真部署召开"不忘初心、牢记使命"主题教育专题民主生活会和组织生活会，撰写相关总结和报告，并按照《关于做好第一批"不忘初心、牢记使命"主题教育评估工作的通知》认真开展自查评估，做好查漏补缺。

成人教育。 完成2038名远程及夜大在校生的注册、授课、答疑、考试、阅卷等工作。

奖励荣誉。 2019年，计算中心共获得集体奖两项，个人奖五项。其中由陈萍老师指导的"鱼叉式钓鱼邮件检测方法研究"项目获得第五届下一代互联网创新大赛全国决赛甲组一等奖，在国家反计算机侵入和防病毒研究中心举办的2019年高校网络信息安全管理运维挑战赛中获得全国二等奖和优胜奖，欧阳荣彬、邓昌明、高志同、郭强、马皓、杨雪分别荣获"直属单位党委优秀共产党员""北京大学青年岗位能手""北京大学招生工作先进个人""北京大学学生资助先进个人"和"'不忘初心、牢记使命'主题教育优秀工作者"荣誉称号。

校园网公共服务建设。 1.校园网基础设施平台建设。推进校园网基础设施优化和改造，加强无线网建设。完成综合科研楼、经济学院、政府管理学院等13栋教学科研楼的网络改造，实现"双万兆到楼、千兆到房间、无线全覆盖"的新一代有线无线一体化接入，提升校园网性能与可管理性。全面完成燕园校区南半区的室外无线网覆盖工程。完成位于计算中心、对外汉语教育学院大楼和物理大楼三个高速网络核心节点的科研传输网建设，实现实验室到区域核心的10/40/100G高速接入。完成肖家河教工家属区网络建设。

2.高性能计算平台建设。2019年计算中心完成高性能计算平台"未名大数据一号""未名环境一号"两套集群的安装、调试和上线运行。高性能计算平台总计算核心数达11,620个，峰值计算规模达999Tflops，存储容量达9649.6TB。高性能计算平台已累计为1143名用户提供计算，其中教师282人、学生859人，分布全校22个院系。2019年平台助力全校科研团队发表论文105篇，其中SCI论文96篇，包括*Nature*正刊3篇、子刊6篇、*Science* 1篇、*PRL* 3篇、*JACS* 2篇、*CELL* 1篇。截至2019年底，累计发表论文194篇，其中SCI论文180篇，包括*Nature*正刊6篇、子刊11篇、*Science* 1篇、*PNAS* 1篇、*PRL* 4篇、*JACS* 3篇、*CELL* 1篇。平台支撑全校247项科研课题，课题总经费超过20亿元。

3.正版软件平台服务。北京大学正版软件平台共有15大类，448种正版软件。2019年，计算中心在保障各类正版软件稳定服务的基础上，增加购置VMware Workstation校园版软件，满足全校师生对虚拟化软件的使用需求。2019年度计算中心举办软件培训十余次，上千人次参与。

4.北大网盘建设。2019年计算中心完成北京大学网盘系统建设。网盘于12月1日正式投入使用，总用户量近10万人，支持医学部师生使用。网盘系统为教职工和学生分别提供500GB和200GB的个人存储空间。

5.人脸识别应用平台。2019年计算中心持续推进人脸识别技术在学校重要业务中的应用，完善"刷脸入校"部署，在东北门、校医院便民通道、燕园大厦东门等4处设置立式单屏及刷脸道闸；完成学生宿舍31楼、37楼、畅春新园3号楼等3栋刷脸闸机的部署；建立基于SaaS的人工智能应用管理平台，通过构建涵盖全校师生的人脸数据库，提供人脸数据的在线采集、更新和授权服务；优化"刷脸报到"，让迎新工作业务流程更加便捷高效。

6.网站群平台建设。北京大学二级单位网站的安全治理是学校网络安全与信息化工作的重要工作。截至2019年底，全校各类网站共有1490个，其中二级单位静态网站约600

个。2019年计算中心完成新建和迁移网站120个、改版网站10个，网站群平台的网站总量达500个，约占全校二级单位网站的83%。

7. 网络安全支撑保障平台建设。2019年计算中心以网络安全等级保护为抓手，参与起草《北京大学网络安全管理办法》等17个制度。建设和完善北京大学网站备案管理平台，在摸清家底的基础上，制定科学有效的安全策略，实施自动化管控。通过对全校网站定期进行安全扫描和渗透测试，重要时期启用网站白名单管控机制，优化并演练"一键断网"，为师生提供查杀病毒、多因素身份认证等个人桌面服务，加强网络安全运维。网络安全支撑保障平台从校园网边界、网站及信息系统、服务器和用户终端等四个层面实施技术防护，保障学校网络安全。

关键业务系统优化提升工作。1. 研究生招生系统全新上线、数据零差错。2019年研究生招生系统全新开发和上线运行，有力支持北京大学2019年度研究生招生工作。功能模块214个，报表220张，2019招生目录69份，6.8万条志愿信息，实现2019年招生数据零差错。

2. 本科生毕业审查实现精细化管理。研发完成本科生毕业审查系统，对主修、辅修、双学位学生根据教学计划的自审查、院系审核等实现精细化、明确化管理，为2020年毕业季的毕业结论审定工作提供信息化保障。

3. 跨部门全流程线上服务。科研管理系统与学科建设管理信息系统上线运行。项目申报、财务立项、经费划拨等多个关键节点实现无纸化全流程线上服务，共管理项目4万余项，每年经费数十亿元，实现院系、科研管理部门、学科建设部门与财务管理部门的跨系统协同工作。

社区便民网络维修服务。2019年10月22日，计算中心、燕园街道办及周边7个居委会就学校周边家属园区老年教师的网络服务问题展开调研和工作对接，建立计算中心与居委会网络服务微信群。一方面，校园网故障及停电消息通过居委会及时通知周边家属院老师，有需要时居委会上门帮助老师重启小路由；另一方面，居委会及时将家属园区老师的网络问题反馈给中心，10月底通过此机制解决燕东园居委会及燕北园老师的网络问题。

为保障肖家河教工住宅入住工作的顺利开展，计算中心安排专人现场办公解决联网问题，并组织团队赴肖家河开展集中便民服务。同时，计算中心在周边家属园区开展"不忘初心、牢记使命"网络服务党员志愿服务，为家属园区老师提供上门服务，解决网络使用中碰到的问题。

【北大主页全新上线】 北大主页于2019年12月31日全新上线。新主页在设计风格、网站内容、一级栏目、技术手段、浏览模式等方面均有显著提升，秉承北大独特风格的设计元素，尊重现有使用习惯，同时采用新的设计手段，最大限度地展示学校百年历史文化底蕴和锐意创新的时代风貌。

【网上办事大厅建设】 基于流程的网上办事大厅将"为民服务解难题"作为具体实施目标，新开发上线20多个模块，其中"正职干部离京请假""干部兼职申报""开设微信公众号、微博账号申请""室外横幅/展板审批""讲座申请和审批"等业务已全程线上办理，初步实现"少跑腿"的目标。同时，值班报备、督查专项填报、网安年度总结填报、主题教育任务填报等线上填报功能的实施减少跑腿送材料的情况。自2019年6月上线以来，网上办事大厅已接受申请1000多件，办结事项700多件。

【数据共享平台建设】 2018年11月30日北大信息数据共享平台启动建设，计算中心与学校相关单位密切配合完成平台的技术方案设计、基础构建、数据集成与共享服务等工作。数据平台对学校核心业务数据实现统一采集、存储和管理，已从人事、学生、科研、设备等13个系统中采集和存储142类别的3358项数据项，数据条数达1亿1千多万。平台已逐步为其他系统提供共享服务，实现就业信息到学生系统、职工数据到家具资产系统的数据共享。平台完成运行管理和安全体系的基础构建，做到对所有数据的流转过程可管、可控。通过管理和技术手段实现仅允许平台的操作者看到数据的流向和运转情况，而不能看到数据本身，为数据平台安全提供保障。

【大数据分析平台建设】 大数据分析平台以学校"数据共享平台"为支撑，以宏观管理、效益分析和决策支持为目标，建立"学生数据平台、教师数据平台、校情展示平台、校领导工作台、四大排行榜、转系转专业、学业预警、失联预警、贫困生"等一系列学校关心的大数据应用。2019年，校领导工作台增加土地面积、访问面积、实验室、设备等统计功能，并增加课程平均分、选课排行榜、教师课时统计等实时反映教学情况的统计排行功能。

【肖家河教职工公寓入住办理程序】 计算中心配合房地产管理部，持续跟进管理，通过紧贴实际需求的肖家河教职工公寓入住办理程序，完成一区至三区入住手续办理和车位、库房的选购。

【教师证明自助打印服务】 计算中心和人事部协同建设"教师证明自助打印服务"，该服务依托于自助服务机与人事综合管理系统，实现职工人事证明材料的在线申请办理，职工就近自助机打印功能，简化教师各类人事证明办理手续。11月底已在学校部署2台自助打印机。

【新增中央保险子系统】 针对国家对机关事业单位工作人员养老保险制度改革，人事管理出现新业务，人事管理系统新增"中央保险子系统"，涵盖保险基数管理、央保缴纳管理和央保缴纳情况的查询和统计，并支持与财务部的对账。功能全面、数据准确、响应及时，贯彻国家社会保障制度改革，确保教职工的合法权益。

【校园卡招领系统建设】 主题教育整改组从校长信箱中发现同学反映的校园卡丢卡找寻不便的问题，于2019年8月底立项进行整改。9月中旬计算中心开发完成"校园卡招领系统",督查室协调相关单位在丢卡高发地点设置 29 个校园卡招领点。系统自 9 月 17 日上线以来,共收到捡失卡片 1110 张,被认领 808 张,学校电视台进行专项报道。

【"随手拍"APP 开发】 基于手机 APP "随手拍",师生可以随时记录身边的好人好事,反映发现的违章停车、校园环境等问题,提交给学校的相关部门。师生可以随时参与校园治理,并切实推进有关问题整改。计算中心已完成"随手拍"功能设计方案,预计 2020 年春季学期上线使用。

【临时证、家属证申办管理系统建设】 临时出入证和家属证申办管理系统上线运行,已完成 14,200 多人申办工作,申办数据同步到校门口闸机,持证人员可以"刷脸"入校。

(杨雪、杨眉)

医学部信息通讯中心

【发展概况】 组织结构。医学部信息通讯中心(简称"中心",下同)是医学部信息化建设的主要力量,承担着学校网络、信息系统、校园卡系统、电话通讯、信息安全等信息化建设任务的管理规划、设计实施和组织协调,以及日常管理、运行维护、咨询培训、用户服务等工作。信息通讯中心现有正式员工 17 人,其中医学部编制 16 人,北大编制 1 人;博士学位 1 人、硕士学位 6 人、本科学历 6 人、大专学历 2 人、工人 2 人;教授级高级工程师 1 人、高级工程师 3 人、工程师 7 人、助理工程师 3 人、高级技师 3 人。

自身建设。坚持周办公例会制度,参会人员为中心行政领导和支部书记,所有重要人员、重大项目和大额资金安排使用等事项都在中心例会讨论通过。发挥工会及民主监督小组的作用,对中心决策进行民主监督。申请医学部工会"权益杯"活动并通过立项,组织开展运动打卡、白洋淀红色教育、红色经典视听、毛泽东诗词比赛等爱国主义教育活动。

校园网络。保障覆盖医学部学院路、草岚子、产业园三个校区的校园网运行稳定。升级网络核心设备和出口路由设备,网络骨干从 10G 升级至 40G,满足未来 5 年网络稳步增长、安全运行的需要。扩容校园网出口带宽,出口带宽从 6.4G 扩至 11.4G,增长达 78%,每设备带宽从 30M 增至 50M,增速 66.7%,师生人均可用总带宽达 250M。持续优化无线网覆盖,覆盖产业楼空白区,优化室外覆盖,增加 30 余个室外 AP 终端,全校总运行无线网络 AP 终端达 5416 个。建设并完善北大医学网建设,光缆已联通 6 家直属附属医院、1 家共建附属医院,Sdwan 联通 2 家临床医院和深圳医学中心,北大医学网基本形成。依托北大医学网,为附属医院提供更优质的网络接入服务,附属医院医学部出口网络高峰用量从 400M 增至 800M。尝试为附属医院提供数据备份服务,2019 年为人民医院提供 100TB 数据备份。

配合基建工程建设,完成游泳馆弱电方案设计、产业楼弱电方案设计、西北区弱电方案设计、毒理楼改造弱电方案设计,同时积极根据基建进度,配合进行产业楼无线网建设、游泳馆网络和电话建设,保障学校楼宇建设。配合总务部门,在计财处的大力支持下,与中国农业银行合作建设医学部水控系统,2020 年初进入选型招标环节。支持总务处在产业园校区开设第二食堂,为第二食堂设计校园卡消费的建设方案,并提供技术支持。

信息服务。为 49 个应用系统、近 3 万个信息网络用户提供统一身份认证服务,其中 11 个应用系统为 2019 年内新接入,包括研究生管理系统、科研管理系统等。2019 年综合服务平台新设计开发并已发布上线微服务 11 个,更新已在用的微服务 5 个,涵盖人事、财务、办公等 6 个业务领域,另有近 10 个微服务在测试或试运行。持续为教育处、计财处等十余个部门提供近 400 个数据共享接口服务。维护老版网上支付系统,建设新版网上收费系统,升级 PC 端办公 OA 系统,新建综合视频网站"北医视界"和校情数据展示与分析平台"数读北医"。升级原移动应用为"医信随行"。新升级的移动应用提升了系统后台技术的先进性、整体安全性以及用户体验。"医信随行"自 2019 年 7 月 5 日试运行,2019 年已迭代更新四版,至 2019 年底提供的功能包括课表查询、网上缴费、志愿服务报名、学宿费票据查询、领导日程管理等。配合医学部两办梳理单位名称和编码,推动医学部单位编码规则制定和编码发布。协助医学部两办、宣传部制作并发布新版主页、新版新闻网,并提供技术保障。

校园卡应用。更新医学部圈存机系统,升级后的圈存机系统布局简洁,新增支付宝领取、毕业延期、家属区教工缴纳网费等功能。依托移动应用"医信随行",开发虚拟校园卡,2019 年底虚拟校园卡已实现会议签到功能,可用于在会议现场持手机中的虚拟卡签到。2019 年年底已完成虚拟卡消费方案的制定并启动建设工作,借助银联的技术支持,在"医信随行"中发布虚拟卡片,可在校内各类消费场所实现虚拟卡扫码消费。2019 年为教育处、研究生院、学工部等多部门提供校园卡签到服务,累计达 1000 人次。

电话通讯。修复家属区 21 栋楼宇的电话外线接口,电话接入点可用率从 65% 升至 90%。办公区持续推广网络电话,解决因线路问题而无法安装固定电话的问题,2019 年安装网络电话 38 部,提供网络电话总门数达 108 部。

信息安全。启动网站和信息系统备案年审工作,2019 年医学部共有 21 个部门的 125 个网站和系统通过年审。启动加强附属医院网络接入安全工作,2019 年附属医院共有 14 个系统通过校内备案。2019 年信息通讯中心主动检测校内网络和信息系统 1172 次,及时发现漏洞,处置有效。更新高性能出口防火墙设备,校园网出口防火墙配套升级至 40G,与骨干网保持一致,校园网出口实现 IPv4 和 IPv6 双协议安全防护。对 IPv4 和 IPv6 网络提供无缝安全防护，防护性能提升为之前设备的 4 倍。新设备增加野火动态安全防护、DNS 诱导防护等感知防护功能，保障医学部网络安全。原有出口安全设备下沉至数据中心，数据中心出口性能提升为原有设备的 3 倍，满足不断增长的数据中心业务的安全需要，同时将原数据中心防火墙规划为 VPN 专用设备，为校外接入校园提供网络安全服务。在国家重大节假日和重大活动期间，启动校园网络应急预案。完善重保期间应急处置预案方案，做到响应及时、调度有序、处置果断，确保医学部信息网络安全当年零事故。

资源共享。继 2018 年实现医学部和校本部的网络互访，2019 年推进校本部、医学部以及附属医院之间的融合。实现校本部和医学部学生学籍信息共享，规划校本部与医学部学生成绩的信息共享方案，减轻教务管理部门工作负担，方便学生在两个校区获取更多的学业信息服务。实现附属医院在职在编工作人员在医学部和校本部开通信息网络账号，附属医院员工可以和医学部、校本部教工采用同样的方式参会签到、缴费上网。开发校园卡系统手持终端应用，开放直属附属医院校园卡餐饮功能。

数据分析。数据中心建成使用以来，持续提供数据采集、标准化转换、存储、共享服务，汇集教学科研、行政管理、校园生活等多主题数据，2019 年建设校情展示、数据分析系统，通过将多主题数据进行关联分析，为学校管理决策提供支撑。应学生工作部门需求，分析特定群体学生的上网行为轨迹，掌握学生学习生活动态；应资助中心需求，分析学生的消费习惯和水平，为餐饮补助的精准发放提供依据参考；应两办需求，统计附属医院员工来医学部就餐消费数据，分析预测其就餐消费趋势，通过数据进而推动校本部向附属医院校园卡开放就餐消费功能，促进两校区融合、医校融合。

【发布医学部移动应用2.0版"医信随行"】 2019 年 7 月，发布医学部移动应用 2.0 版"医信随行"，陆续上线学宿费电子票据查询、成绩查询、课表查询、薪资查询、领导日程管理、网上缴费等功能，引入银联云闪付、支付宝、微信支付渠道。协同计财处与中国银联、中国工商银行洽谈合作事宜，争取更多的资金和设备支持，为校内师生提供多渠道在线缴费服务，为校园信息化提供数据保障服务。

【医学部开放直属附属医院校园卡餐饮功能】 2019 年 7 月，配合医校深度融合新要求，医学部开放直属附属医院校园卡餐饮功能，信息通讯中心分赴北京大学人民医院、北京大学口腔医院、北京大学肿瘤医院、北京大学第一医院现场办工，同时发放新职工校园卡。现场共激活校园卡 1844 张，发放直属附属医院新职工校园卡 585 张，同时在学校圈存机发布自助激活功能，满足附属医院职工随时到访使用的需求。

【医学部本科生教务系统与本部教务系统的学籍数据对接】 2019 年 3 月，实现医学部本科生教务系统与本部教务系统的学籍数据对接，医学部本科新生入学、在校生学籍异动等数据自动更新到本部教务系统中，减少教务管理工作量，方便学生跨校区获取信息服务。

(魏 仿)

工会与教代会工作

【发展概况】 *教代会制度建设*。2019 年 1 月 9 日，召开北京大学第七届教职工代表大会暨第十九次工会会员代表大会，选举产生第七届教代会执委会和第十九届工会委员会。教代会首次设立教职工发展工作委员会，聚焦教职工发展权益维护。学校党委书记邱水平发表讲话，校长郝平作工作报告。全体与会代表听取学校工作报告和财务工作报告，审议教代会、工会工作报告以及教代会提案工作报告、工会经费审查委员会工作报告。

闭会期间，以通讯形式征求全体代表关于《北京大学预防与处理学术不端行为办法（征求意见稿）》的意见建议。邀请教代会代表列席全校中层干部大会，参加基层党委书记述职评议考核会议；参与学校"不忘初心、牢记使命"主题教育专题调研，为教育教学工作、外事工作等建言献策；参与学校年度考核审议工作。

教代会代表围绕学校事业发展和教职工关心的实际问题提出 61 件提案，参与代表 672 人次。提案内容涉及学科建设、人事管理、学生工作、招生工作、校园规划、后勤保障、子女就学、医疗服务、校本部与医学部深度融合等方面。经提案工作委员会审理，立案 44 件，转为建议 17 件。5 件提案被评为"优秀提案"，6 件提案的 11 个承办单位获得"提案办理奖"。提案答复率达 100%。2019 年 10 月，启动提案系统升级改版。

11 月 12 日，出台《北京大学教职工代表大会实施办法》，由学校党委、行政联合印发，为推进校、院两级教代会建设提供制度保障。

弘扬劳模精神、劳动精神。2019 年推荐评选出 1 个 "全国工人先锋号"获奖集体、1 个"首都劳动奖状"获奖集体、1 名"首都劳动奖章"获奖个人。出版《追梦赤子心：北京大学劳动模范访谈录》。为全国劳模发放"庆祝中华人民共和国成立 70 周年"纪念章。

服务青年教师全面发展。举办北京大学第十九届青年教师教学基本功比赛，分设文、理、医三场，来自 47 个教学单位的 88 名青年教师参加。组织选手参加北京高校第十一届青年教师教学基本功比赛，9 人获一等奖，7 人获二等奖，17 人获三等奖。举办第十八届青年教师教学基本功比赛颁奖会暨第六届青年教师教学论坛，多名校领导出席活动，为获奖选手颁奖，并围绕"卓越教学：思考与实践"主题与青年

教师、资深教授、教学管理服务部门展开交流探讨。

工会首次将交流活动扩展至海外。校党委副书记、工会主席安钰峰带领9名青年教师赴莫斯科国立大学交流访问，并代表北大与莫斯科国立大学签署促进青年学者合作交流意向书。组织18名青年教师和青年岗位能手赴山西进行社会实践，探寻晋绥边区革命历史，与山西大学开展交流。组织青年教师沙龙活动，参观"千山共色——丝绸之路文明展"。

平民学校办学工作。 平民学校第十四期招收86名学员，75人结业，60名北大师生志愿者参与教学与管理服务。开设主课、英语课、计算机培训等课程，举办专题讲座、素质拓展、读书电影分享会、参观等活动，组建8个兴趣小组。启动新时期学员需求调查与课程评估。北京大学工会受邀在全国教科文卫体系统扩大工会组织覆盖面工作会议和第二十五次教育部部分直属高校工会工作会议上介绍平民学校典型经验。

矛盾调解和福利保障工作。 做好教职工接待和劳动争议调解等工作，就劳动合同执行问题与来访职工和用工单位进行沟通协调，化解矛盾。

继续推进劳动合同制职工入会工作，劳动合同制职工会员总数达10,875人。实现会员集体福利、工会活动、爱心基金大病救助全覆盖。

开展送温暖活动，为在职患重病或家庭有特殊困难的教职工送去慰问金。依托工会"爱心基金"延展大病救助渠道，2019年接受教职工捐款29.5万元，支出22.5万元，看望慰问9名教职工。为2位在职罹患重病教职工及2位在职身故教职工遗属申请"首都教职工爱心基金"帮扶资金。

办理在职女职工特殊疾病互助保险4868人次、在职职工重大疾病互助保险7314人次，协助教职工办理出险赔付36人次，累计赔付58万元。

落实工会会员福利，为全体会员发放节日慰问品和文娱兑换券，办理"京卡·互助服务卡"。增加工会会员法定节日慰问年度预算。

慰问教学、科研、管理骨干和坚守岗位一线职工，春节、"五一"慰问劳动模范，暑期慰问招生和军训工作人员，教师节慰问三十年教龄教职工，冬季慰问保安员，慰问年度荣休教职工和援藏援疆干部等，2019年累计慰问教职工3000余人次。组织15名教职工赴北京市工人北戴河疗养院参加北京市教育工会优秀先进教职工休养活动。

开展寒暑假旅游信息服务、办理手机话费优惠套餐、组织驾驶培训等便民服务。举办"陪孩子走过幼儿园三年""幼小衔接"主题父母沙龙。以雏鹰公益社为平台，为教职工子女课后活动提供经费、人力和场地上的支持。"三八"妇女节期间，以"快乐工作，健康生活"为主题开展女教职工环湖接力跑、烘焙体验等活动。

举办"健康大讲堂""幸福学堂"系列讲座10场。与北大国际医院联合开展义诊活动，签署为教职工提供优惠医疗服务的框架协议。

教职工文体生活工作。 群众体育工作积分制贯穿全年，通过奖励经费鼓励基层工会参与校级工会活动和自主开展体育运动。组织1260余名教职工参加运动会开幕式太极拳表演。以田径运动会、游泳、乒乓球、足球、篮球比赛等为主线，以社团活动、体育培训班为辅助，开展全民健身。组队获得北京市教育系统职工乒乓球比赛团体冠军、羽毛球比赛团体亚军。3名教职工入选北京市代表队，参加全国教科文卫体系统职工乒乓球比赛。全年有10万余人次参加校工会组织的群众性体育活动。

18个校级社团按期注册、集体招新，新成立燕园印社、教职工古琴协会。支持社团自主开展活动，为社团购买设备器材、租订场地、聘请教员。通过评选表彰激励二级工会组建文体社团和兴趣小组，搭建多级交流平台。

"不忘初心、牢记使命"主题教育。 深入学习贯彻习近平新时代中国特色社会主义思想，把理论学习与学校中心任务、工会发展的具体实践结合起来。全体人员集中学习《习近平新时代中国特色社会主义思想学习纲要》；重点研读《习近平关于"不忘初心、牢记使命"论述摘编》第六部分，"坚持以人民为中心，把群众观点和群众路线深深根植于思想中、具体落实到行动上"。参观红楼、赴李大钊烈士陵园缅怀纪念，参观校史馆、"不忘初心、牢记使命"主题教育展、"北京大学与马克思主义"主题展览、长辛店革命遗址等。

工会履职能力建设。 举办工会干部培训暨工会工作研讨会，探讨新时期工会工作要求和教职工需求，通过专题讲座、典型发言、分组讨论、参观考察促进工会干部能力提升。中国教科文卫体工会全国委员会主席章国贤到会指导，全国总工会研究室副主任陶志勇作辅导报告。前往清华大学、浙江大学、南京大学、复旦大学、上海交通大学、上海外国语大学等高校工会开展调研。

基层工会建设。 坚持重心下移，使政策措施、工会经费、服务资源向基层组织倾斜。开展"建家"验收活动，支持校内"教职工之家""教职工小家"建设，为14家单位申报北京市总工会"职工暖心驿站"荣誉称号。开展创先争优活动，表彰工会先进集体和优秀个人，评选工会好新闻奖，通过经验交流暨评审会、现场观摩会等方式推广经验、促进交流。

财务和资产管理。 编制工会经费预决算，加强工会经费收支管理，规范大宗商品采购招标流程，盘点基层工会固定资产，确保工会经费使用正确、合理、有效。

（张莹、张宇）

【**第七届教职工代表大会暨第十九次工会会员代表大会**】1月9日，北京大学第七届教职工代表大会暨第十九次工会会员代表大会在英杰交流中心阳光厅举行。北京大学党委书记邱水平、校长郝平等校领导，中国教科文卫体工会全国委员会主席章国贤，北京市总工会党组成员、经审委主任何广亮，清华大学工会副主席高策理等校外领导及兄弟院校嘉宾参加会议。会议主题为：以习近平新时代中国特色社会主义思想为指导，学习贯彻党的十九大精神和工会十七大精神，深入贯彻落实中央党的群团工作会议、全国高校思想政治工作会议和全国教育大会精神，全面落实学校第十三次党代会部署，切实依法履行教代会、工会职责，竭诚服务教职工，团结动员广大教职工为创建中国特色世界一流大学而奋斗。章国贤、何广亮分别致辞。郝平作题为"同舟共济 脚踏实地 深化改革再出发"的工作报告。学校财务部部长张新祥对学校财务工作进行报告，教代会执委会副主任、工会常务副主席张宝岭代表第六届教代会执委会、第十八届工会委员会作题为"尽责履职 竭诚服务 团结动员广大教职工为创建中国特色世界一流大学而奋斗"的工作报告。邱水平作总结讲话。与会代表分为16个代表小组，对学校工作报告、财务报告，教代会、工会工作报告，第六届教代会提案工作报告，第十八届工会经费审查委员会工作报告进行讨论和审议。经到会代表无记名投票，万有等21人当选为第七届教职工代表大会执委会委员，丁伟忠等45人当选为第十九届工会委员会委员。大会也选举产生新一届教职工代表大会3个专门工作委员会委员，第十九届工会经费审查委员会委员和工会6个专门工作委员会委员。

（陈思伽、王　岩、张　莹）

医学部工会工作

【发展概况】　*完善制度建设*。12月25日，医学部第七届教职工代表大会暨第十二届工会会员代表大会第二次全体会议举行。北京大学常务副校长、医学部主任詹启敏作《医学部工作报告》，医学部第七届教代会常设主席团主席周永胜作《医学部教代会、工会工作报告》。医学部七届一次教代会共收到提案49件，立案13件；二级工会共征集提案178件，立案122件，答复率100%，满意率90%以上。指导院级教代会换届工作，医学部机关、后勤、产业在2019年完成换届工作。落实教代会代表巡察制度，医学部工会于6月组织开展教代会代表巡察综合体育馆建设项目。

扩宽沟通渠道。通过举办座谈会、沙龙、沟通会等方式，向教职员工讲解学校发展规划、部门相关政策。通过"汇聚未名、共话发展"女教授主题沙龙，本部和医学部老师交流寻找专业发展合作的机会。针对医学部青年教职工关心的孩子入托问题，工会特别组织招生宣讲会。组织召开医学部体育馆收费标准教职工调研会，听取教职工对收费价格、游泳馆水质、安全服务保障等的意见建议。与保卫处联合召开机动车管理沟通会，就校园停车场管理情况等问题提出意见和建议，提高职能部门管理服务效率，维护教职工合法权益。

助力教职工队伍建设。2019年，第三医院药剂科荣获全国工人先锋号称号。口腔医院荣获首都劳动奖状称号。医学部评选出"女教职工之星"14名、"优秀女教职工"17名、"天使之星"14名。以青年教师教学基本功比赛为载体，以"立德树人"为目标，助力教职工队伍建设。2019年12月，医学部工会组织北京大学第十九届青年教师教学基本功比赛（医科类），比赛继续进行比赛实况直播并增加视频回放功能，累计观看近2.6万人次。比赛首次开设照片直播。组织青年教师参加北京高校第十一届青年教师教学基本功比赛（医科类），医学部选派26位选手参赛，其中9人获一等奖。1名选手参加中华医学会第九届全国医学院校青年教师教学基本功比赛获二等奖。

结合学校开展"不忘初心、牢记使命"主题教育，医学部工会以青教比赛为切入点，针对参加过青教比赛的约190位青年老师开展调研，组织人事处、教育处等职能部门负责人和参赛青年教师座谈，深入了解医学部青年教师职业发展方面的需求，提出助力青年教师职业发展工作方案。

宣传工作。2019年，医学部工会建设开通"北医教工微语"官方微信公众号。目前"北医教工微语"已经开设"活动报名""意见反馈""会员管理"等栏目，注册会员人数1.2万人。借助微信公众号平台，宣传和推广教职工文化体育活动，鼓励教职工线上报名参与文化活动。通过"意见反馈"栏目，实时对开展的活动及日常工作开展调研，及时收集教职工意见建议。

充分利用《教工之声》《工会之窗》，医学部工会、医学部新闻网、北京大学工会、北京市教育工会等官网平台加强工作交流。2019年出版《教工之声》4期，《工会之窗》13期、各级网站和微信新闻信息发布近800篇次。在北京市教育工会每月网站发文排行榜中，持续在全市高校系统排名名列前5。

职工服务。举办第56届田径运动会；组织1600余名教职工参加"热爱北医母校、建设北大医学"师生校园大步走活动；组织教职工参加第一届北京教育系统乒乓球比赛、C9高校首届教职工乒乓球邀请赛等取得优异成绩。"杏林学苑"活动丰富多彩，深受职工喜爱。各类文体活动全年参与的职工人数近4000人次。女工活动方面，举办"汇聚未名、共话发展"女教授沙龙活动、"杏林墨韵——庆'三八'北医女性书法作品展"及书法艺术讲座等。开设"午间健康讲堂"，推出各种健康专题，增加开办频次，提升讲堂质量。2019年先后举办"心理减压""肩痛怎么办"等健康讲座。提高职工疗休养经费投入，调整疗休养时长，从过去的2—3天调整为5天，增加频次，拓展疗休养备选城市。2019年，医学部工会分三批组织100余名教职工到杭州、青岛、北戴河疗休养。每批疗休养结束后工会还开展满意度调查，为今

后不断完善疗休养工作做好准备。

2019年，医学部工会针对基层职工需求，依法依规开展职工福利慰问工作。医学部工会分别协助7314名和3862名教职工办理重大疾病、女职工特殊疾病互助保障计划入保和续保手续，投保金额合计93.8万元，并协助19名教职工办理出险赔付，赔付金额54万元。组织医学部本部1777名教职工进行健康体检；积极开展各级各类送温暖慰问工作，截至12月1日，医学部工会系统看望慰问援藏援疆干部、大病住院、婚丧、生育、特殊岗位、劳模先进等教职工累计2232人次，慰问金额95万余元；为医学部教职工发放节日福利品1万余人次，227万元；积极协调解决医学部工会系统333名教职工子女入托、入学问题；为医学部本部1500余名教职工办理了2020年公园年卡等。

工会工作改革创新。2019年，制定出台《北京大学医学部工会工作改革方案》（征求意见稿），制定和完善《医学部工会消防安全责任追究处罚实施办法》和《医学部工会教职工活动厅管理制度》。顺利通过北京市教育工会对医学部工会经费收支情况的第三方审计。

医学部工会选派工会专职干部参加上级工会组织的专项培训，定期组织医学部工会系统培训，支持并参与各二级工会组织业务培训，借助不同层面的培训提升工会干部政治理论素养和业务能力。2019年，医学部工会系统有13项理论调研课题获得立项，12个课题结题，课题内容涉及教职工队伍建设、人事制度改革、教职工身心健康、工会组织建设及工作创新等多个方面。医学部工会参加全国教科文卫体系统工会思想政治工作会议，并以"强化政治责任践行时代使命"为题进行大会交流发言；作为中国高等医学教育工会理论研究会会长单位，组织参加2019年常务理事会议，并在会上作主题发言。

2019年，9个工会小组（分工会）通过"北京大学模范职工小家"的验收。7个工会小组被评为2019年北京市总工会职工暖心驿站。2019年共有22项活动获得"权益杯"活动立项，医学部工会提供经费支持32万元，其中10项被评选为"权益杯"精品活动。

【"不忘初心、牢记使命"主题教育】 2019年9月，在主题教育中医学部工会结合工会工作实际，组织开展医学部基层工会干部政治理论水平现状调研，并成功举办了持续六周的有600余名工会干部参与的每周答题及知识竞赛活动，进一步提高医学部工会系统干部的政治理论水平。组织开展与劳模座谈活动，邀请全国五一劳动奖章获得者、北医三院杨渝平老师分享他作为观礼嘉宾参加中华人民共和国成立70周年盛典的感受。与口腔医院三门诊党支部及离退休工作处党支部开展口腔健康义诊志愿服务活动，以实际行动践行初心和使命。

医学部工会充分发挥工会组织教育职能，提升广大教职工的政治素质，2019年围绕新中国成立70周年、北医107周年庆典和教师节组织一系列主题教育活动，包括"为祖国喝彩，与时代同行"庆祝中华人民共和国成立70周年征文朗诵比赛；"我与祖国共成长"教职工摄影展；"精彩演绎，魅力绽放"青教比赛之我谈活动；"你好·新会员"新职工卡拉OK联谊活动等。

（胡　畔）

共青团工作

【发展概况】 2019年，共青团以习近平新时代中国特色社会主义思想为指导，以培养社会主义建设者和接班人为根本任务，以纪念五四运动100周年、新中国成立70周年为契机，在学校党委的指导下，不断把习近平总书记关于共青团和青年工作的重要指示精神与学校十三次党代会精神贯彻落实到共青团改革的全过程，在团员青年思想引领与成长服务工作中取得新突破，在服务学校"双一流"建设过程中取得新进展。在2019年五四前夕，北京大学团委荣获"全国五四红旗团委"荣誉称号。

思政引领。4月14日，"歌唱祖国，传承接力"北京大学纪念五四运动100周年、中华人民共和国成立70周年主题教育活动在未名湖区域举行，邀请北大两院院士、教授、学生、校友等代表和1000余名师生齐声合唱《歌唱祖国》，唱响新时代北大青年的爱国最强音。4月30日，100余名北大师生代表在人民大会堂参加纪念五四运动100周年大会，51名师生承担纪念大会志愿服务工作，同时在校内安排多场在线直播，组织广大师生共同学习讲话精神；下午，团中央书记处第一书记贺军科来到北京大学，参加历史学系2018级硕士团支部"青春心向党·建功新时代"纪念五四运动100周年主题团日活动，与同学交流学习习近平总书记重要讲话精神的认识与体会。5月2日，正值习近平总书记给北京大学考古文博学院2009级本科团支部全体同学回信6周年，校团委开展"学讲话、学回信、迎五四、悟初心、践使命"特别主题党团日活动；5月4日，举行纪念五四运动100周年升旗仪式，并在北京大学红楼举办"青春心向党·建功新时代"纪念五四运动100周年主题团日活动，在静园草坪举行"百年追梦路，时代圆梦人"北京大学纪念"五四运动"100周年青春诗会。5月9日，承办"爱国情·强国志·报国行"首都大学生纪念五四运动100周年主题演讲比赛。各项活动均得到了广大师生的积极参与，取得丰硕的育人成果。

国庆70周年重大活动期间，校团委以创新的"北大模式"、严格的"北大标准"、优良的"北大形象"，创建近3000名师生组成"凝心铸魂"群众游行方阵、广场合唱、联欢方阵和志愿者团队，再次喊响了"团结起来，振兴中华"

的时代强音。"撒盐"式思政教育取得突出成效，重大活动中，近400名学生主动递交入党申请书；国庆后，覆盖全校的主题宣讲和分享会持续发挥育人实效，在全校掀起爱国主义教育的新高潮。

思想政治实践课程。按照教育部高校思政课程改革方针，校团委面向2018级本科生开设2学分的"思政实践"必修课；2019级本科生的思想政治实践课程"社会实践"模块则由选修变为必修，第一课堂进一步向第二课堂拓展延伸。在校团委统一规划下，调动整合基层院系力量，20余位院系党政一把手和马克思主义学院思政理论课教师亲临教学一线，用扎实的理论修养和深厚的爱国情怀铸魂育人。2019年，100多个主题鲜明、各具特色的思想政治实践课教育基地在全国各地落地生根，构建了思政实践课程的优良载体。暑假期间，83支思想政治实践课程团队的1000多名学生在指导教师带领下，到革命老区、改革前沿、基层一线开展思政实践，足迹遍布全国绝大部分省区市。

队伍建设。推进"固本计划"，经费及资源支持进一步向基层团支部倾斜；依托"智慧团建"系统，扩大组织有效覆盖范围，推进基层团组织规范化建设；制定《北大共青团基层工作指导手册》，认真落实关于加强团干部直接联系青年（1+100）工作要求，推行团委书记班子联系基层团支部制度；通过转换红旗团委的自愿申报制为全面述职评议制，激发基层团组织内生动力；发布"2019年度北京大学共青团与青年工作"专项课题研究，鼓励青年教师积极参与共青团、青年工作理论研究，推动基层团务工作进一步创新。

加强团系统内部管理尤其干部管理，制定北京大学共青团干部培训方案，建立院系团组织走访调研机制，提升团干部对理论的应用能力；开展"队伍建设月"等主题活动，在团委基层例会中增设"青年大家谈"环节，鼓励参会成员结合工作实际进行主题交流分享。

青年培养。高级团校创新采用"校外导师、校内辅导员、校外辅导员"三级导师制度，形成联合团校、学部共建等办学模式；深入实施青年马克思主义工程，推出"圆梦先锋计划"，构建统一部署、一体推进的学生骨干培养体系。

在完善《北大青年时评》的基础上，进一步推出《北大青年视野》《北大青年探索》等相关品牌，开展有关北大青年未来展望及更加深层次的理论研究工作，形成集时事热点评论、青年未来展望、理论深层研究于一体的北大青年理论文章体系，全方位提升北大青年理论水平。

3月，举办"不忘初心跟党走、争做圆梦新一代"2019年研究生新生骨干训练营，把思想政治教育自入学伊始贯穿研究生教育教学全过程，引导研究生新生铸就理想信念、锤炼高尚品格、打好成才基础。策划"青年发展沙龙"活动，邀请知名教授和优秀往届毕业生分享经验，围绕青年需求为青年持续提供获得感，为青年点亮理想之灯、照亮前行之路，引导青年形成正确的价值观和发展观，找到适合自身的发展选择和职业发展方向。

创新创业教育。推进北京大学第二十七届"挑战杯"系列赛事。5月，举办北京大学第十六届"江泽涵杯"数学建模与计算机应用设计竞赛。6月，组织北京大学代表队参与第十届"挑战杯"首都大学生课外学术科技作品竞赛，15件作品参赛，1件获得特等奖、2件获得一等奖、4件获得二等奖、6件获得三等奖，北京大学获得优胜杯。在第十六届"挑战杯"全国大学生课外学术科技作品竞赛中，北京大学3件作品参与角逐，最终2件作品获得二等奖，1件作品获得三等奖。7月15日至21日，举办全国青少年高校科学营北京大学分营。10月中旬，发起"学术科创周"系列活动，首场活动"未名科技学术展"于10月14日中午在北京大学百周年纪念讲堂广场举行。10月30日，启动北京大学第二十八届"挑战杯"系列赛事。9月至11月，组织开展北京市第三十届大学生数学竞赛暨第十一届全国大学生数学竞赛北京赛区预赛工作。11月20日晚，北京大学"创新创业大讲堂"首场讲座在二教101教室举行，讲座主题为"华为如何在极端挑战下活下去"，华为技术有限公司高级副总裁、董事彭博发表演讲。12月20日下午，北京大学2019年度学生课外学术竞赛及创新创业比赛颁奖典礼暨北京大学第二十届创业大赛启动仪式在北京大学中关新园群英宴会厅举办。

校园文化建设。4月27日至5月24日，举办"燕园寻梦"北京大学首届校园戏曲节，弘扬美育精神，宣传传统文化；6月28日，举办"一生燕缘"2019年毕业生晚会；12月7—8日举办北京大学2019年新生"爱乐传习"项目暨纪念"一二·九"运动84周年、庆祝新中国成立70周年师生歌会，歌会以"同心共筑中国梦，青春唱响爱国情"为主题，强化北大师生爱国主义思政教育属性；12月31日，举办2020年新年联欢晚会。

社团工作。修订完善学生社团管理制度体系，通过新的《北京大学学生社团管理办法》，激发学生社团活力，通过重点打造马克思主义理论类社团，推动思政实践教学与社团活动相结合。坚持举行"学生社团四方沙龙交流会"活动，以轻松形式促进挂靠单位、指导教师与学生社团的沟通联络，加强挂靠单位对学生社团日常工作和发展规划的了解与支持，形成校团委、挂靠单位、指导教师与学生社团的良性互动。

志愿服务。动员、招募、培训、组织、带队、保障683名志愿者圆满完成4月第二届"一带一路"国际合作高峰论坛、5月世界园艺博览会、5月亚洲文明对话大会志愿服务工作；配合冬奥组委共招募选拔了3期共30名长期驻会冬奥志愿者；面向全校招募选拔2019/2020赛季国际雪联高山滑雪世界杯延庆站北大志愿者，严格按要求向冬奥组委推荐11名优秀青年志愿者。

社会实践。2019年寒假返乡实践136支实践团队分赴全国29个省级行政区开展实践活动。2019年学生暑期社会实践"力行计划"以"壮丽七十年,建功新时代"为主题,分为以国内社会实践为内容的扎根国情民情,感悟青春使命"深耕者项目"和以海外社会实践为内容的向世界讲述中国故事"领航者项目",展现了新时代大国青年笃信、包容、务实的形象,458支团队,4396人次立项参与,覆盖了全国34个省级行政区域,还有团队赴德国、意大利等海外国家开展实践活动。

学生组织管理。指导学生会、研究生会开展工作。6月9日,召开北京大学第三十五届学生会常务代表委员会第八次全体会议。举办2019年度十佳歌手大赛、2019年十佳教师评选等活动,11月16日,研究生会举办"砥砺奋进新时代,青春筑梦新征程"——高校研究生"党的十九届四中全会精神"学习论坛,11月29日晚,举行北京大学第十六届学生"演讲十佳"比赛决赛。12月13日,学生会举办"语国同庆,声动人心"十佳主持人大赛决赛。

(李晓瑭)

【国庆70周年重大活动】 2019年6月起,在学校党委的领导下,校团委建设了由近3000名师生组成的北京大学国庆70周年群众游行方阵、广场音乐表演及联欢演出方阵和志愿者团队,圆满完成北京大学国庆70周年相关工作任务,充分发挥重大活动育人成效。设置综合协调、组织训练、教育宣传、后勤保障、安保应急、集散交通、卫生医疗和彩车工作8个专门工作组落实各方面工作,并为每一位参训师生精心定制纪念版校园卡、扇子、背包、水壶等精美纪念品和专属纪念册。集训出发前对大、中、小队长进行了细致的统一培训,并在集训期间建立各级临时党团组织,奠定了爱国主义教育工作队伍基础。通过开展500余次每日评议会和常态化的组织生活会,进行"一对一"谈心谈话,最大限度激发队伍积极性,进一步坚定师生意志、凝聚爱国丹心;通过"爱国'唱'起来""爱国'动'起来""爱国'讲'起来""爱国'学'起来"系列活动、"青春告白祖国"系列活动之"我和祖国共成长"主题交流会、"爱国情·强国志·报国行"庆祝新中国成立70周年专题报告会和"同心共筑中国梦"迎国庆联欢会等创新性的活动形式,引导师生坚定爱国情感,勇担责任使命。工作组结合每日关键词发布近百期每日动态,极大提振了工作士气;在训练期间通过设置"怀柔起居注"、倒计时牌、专题展板等,充分激发参训师生爱国热情;重大活动结束后,通过举行总结大会,邀请参训师生代表进行主题分享,将"团结起来、振兴中华"的时代强音转化为永久奋斗的不竭动力;在党委领导下,校团委筹备组织了服务保障国庆活动宣讲团全国巡讲工作,实现从1到N的放大效应,辐射感染更多高校青年建功新时代。

(叶威惠)

【"歌唱祖国,传承接力"大型爱国主义教育活动】 4月,校团委举办"歌唱祖国,传承接力"大型爱国主义教育活动,1200余名师生齐聚未名湖畔唱响《歌唱祖国》。活动以"心"形未名湖为主场景,通过信息媒介等手段串联图书馆、教室、实验室、校友工作地等辅场景,表达北京大学对于祖国七十华诞的祝福,向祖国告白;参与群体由老中青幼四代北大人构成,表现他们在不同领域为祖国建设和发展做出的努力和贡献;活动以红旗、拟音等元素贯穿串联,体现家国情怀在代代北大人之间传承接力。活动以形式创新尝试充分利用未名湖区域区位特点和精神象征,巧妙设计延展时空维度,提升快闪活动呈现效果的丰富性,力求在"歌唱祖国,传承接力"系列活动中发挥引领作用。活动结束后,同学们激动地喊响了"团结起来,振兴中华",一声声誓言在未名湖畔久久回荡。北大在校师生与校友通过快闪的方式共同唱响《歌唱祖国》,是对五四运动100周年的深切纪念,也是对祖国母亲七十华诞的真情献礼。该次活动不仅展现出了新时代北大人"爱国、励志、求真、力行"的精神追求,更凝聚了广大青年,激励他们坚定理想信念,传承发扬爱国进步的五四精神,弘扬矢志奋斗的时代精神,在实现中华民族伟大复兴中国梦的征程中发出时代强音。

(明淳露)

【"百年追梦路,时代圆梦人"纪念五四运动100周年青春诗会】 5月4日,"百年追梦路,时代圆梦人"——北京大学纪念五四运动100周年青春诗会在北京大学静园草坪举行。本次诗会共分"赤子情怀"和"青年担当"两个篇章,旨在号召广大青年不忘历史,牢记使命,将五四精神与时代精神紧密结合,在实现中国梦的伟大实践中创造自己的精彩人生。该次诗会精选五四运动百年来诗歌作品,以朗诵为主要形式,辅以精心编排的合唱、舞蹈等进行了新的演绎。除《祖国啊,我亲爱的祖国》《生活是多么广阔》《新秋之歌》等脍炙人口的名篇之外,以北大山鹰社登顶珠峰为背景的《极目的蓝》《向上,向上》,和为纪念五四运动100周年特别创作的《聆听青年》与《奋斗吧,青年》等一批北大精品原创诗歌的入选,反映出"永在巅峰"的北大精神,也宣告着北大人紧扣时代脉搏、不负祖国重托的坚定志向。诗会当天舞台区设计以红旗、红星为主要元素,并通过延伸舞台、副舞台的设置丰富舞台空间层次,观众席的座位排布为巨幅"五四"字样。外场区则竖立有"团结起来,振兴中华""北大爱中国""百年五四"等字样的立标,并在景观树上悬挂有以诗会入选诗歌中的名段名句特制的纪念书签,为整场诗会打造了全方位沉浸式体验。

(明淳露)

【首届五四青春长跑】 2019年是五四运动100周年,为纪念五四运动,弘扬五四精神,引领广大青年积极践行总书记提出"爱国、励志、求真、力行"的新要求,校团委、体教部于4月29日举办"奔跑吧,青年"首届五四青春长跑,北京大学党委书记邱水平、党委副书记安钰峰、党委常委、副校长王博、党委常委、副校长陈宝剑,两院院士、长江学者与5400余名师生参与了活动。全体师生从五四体育场出发,沿着未名湖、博雅塔，穿过绮春园、圆明园，跨越5.4公里，到达设在圆明园内的终点，以奔跑的姿态抒发爱国情，用奋斗的精神砥砺报国志，展现出北大人深厚的家国情怀和昂扬向上的青年形象，在校园内外产生广泛影响。

（田定方）

【"燕园寻梦"首届校园戏曲节】 4月27日至5月24日，北京大学举办首届校园戏曲节系列活动，围绕戏曲专场展演、戏曲游园汇、名家讲座、戏曲晚会4个板块，以北大师生为主体，举办10场活动。5月24日晚，"燕园寻梦"北京大学首届校园戏曲节晚会在北京大学百周年纪念讲堂启幕。北京大学党委书记邱水平，党委副书记、纪委书记叶静漪，党委常委、副校长龚旗煌出席晚会，与在场近两千名师生共同探寻北大人与戏曲的渊源故事，共同留存一段校园戏曲记忆。轻拢慢捻复挑，戏曲之音婉转悠扬；霓裳羽衣窈窕影，戏曲之舞曼妙摇漾。晚会汇聚了众多师生、校友、名家、附中附小学生带来的戏曲节目，精彩纷呈，为观众带来一场视听盛宴。伴着丝竹琼音，三大篇章"良时豪俊""成均又新"和"文章气节"依次展开，为北大师生奉献了一场关于戏曲的传统文化盛宴。

（李晓丹）

【思想政治实践课程】 3月18日，习近平总书记在学校思想政治理论课教师座谈会上发表重要讲话。为全面贯彻落实总书记重要讲话精神，5月21日，学校党委常委会会议审议通过了思想政治实践课程指导方案和执行方案，党委书记邱水平、校长郝平牵头成立课程建设领导小组，探索增强思政课实践性的新路径。马克思主义学院、习研院、教务部、学工部、校团委与各院系密切配合落实课程建设和实施环节，坚持党委统一领导，党政齐抓共管，整合多方资源，形成全校上下合力建设思想政治实践课程的良好工作格局。

思想政治实践课程是北京大学核心思政课程，旨在引导学生多读"国情"书、"基层"书、"群众"书，到人民群众中去，厚植家国情怀，树立远大理想，融入社会、融入国家、融入时代主流，成长成为担当民族复兴大任的时代新人。6月22日起，1062名2018级本科生组成83支思政实践课程团队，在100多位马克思主义学院教师、院系教师和助教带队指导下（其中14位院系书记院长带队授课），奔赴革命老区、改革前沿和基层一线开展思政实践教学，足迹遍布全国绝大部分省区市，不走过场、不凑学分；脚踏实地、求真力行。通过党团日活动、每日评议会、座谈会、调研走访等形式，学生们在课程中深刻体悟新中国成立70年来中国共产党领导全国人民实现站起来、富起来到强起来的伟大成就。

（李晓丹）

【2019年研究生新生骨干训练营】 2019年9月至12月，北京大学研究生院和北京大学团委联合创办了首届研究生新生骨干训练营，主题为"不忘初心跟党走·争做圆梦新一代"。训练营实行学分制培养，设置必修和选修两类课程，共开设80学分课程，来自31个院系的347名硕士生、151名博士生在近千名报名同学中脱颖而出，加入训练营行列。在498名新生骨干中，有党员430人、入党积极分子25人，占营员总数91.4%；在43名团员中，有18名同学在训练营期间提交了入党申请书。训练营历时四个月，除了开设思想政治教育专题报告、主题交流研讨会、青年发展沙龙和志愿服务活动等课程外，还举办了"不忘初心、牢记使命"主题教育实践、"青春心向党·建功新时代"主题党团日活动、"我和我的祖国"主题演讲比赛等丰富多样的思政教育活动。研究生新生骨干训练营以新生骨干为抓手、以主题教育为依托、以班团建设为载体、以培养社会主义合格建设者和可靠接班人为使命，成功引领一批研究生新生骨干铸牢理想信念、练就高尚品格、夯实成才基础。

（索天艺）

医学部共青团工作

【发展概况】 组织结构。医学部团委下设综合办公室、组织部、宣传部、青工部、社团部、社会实践与志愿者工作部6个科室，现有在编人员5人。

思想引领工作。坚持两条思想引领主线：培育和践行社会主义核心价值观、"厚道"北医精神下的北大医学概念，将青年思想引领贯穿于全年工作始终。深入学习宣传贯彻党的十九大和十九届四中全会精神，开展"不忘初心、牢记使命"主题教育并积极组织团学骨干共同学习实践，探索启动"国旗下的教育"、食堂桌贴等新型育人方式，有机融入思政教育、校史校情教育等关键要素。结合五四运动100周年、新中国成立70周年等重要时间节点，继续开展"青春心向党 传递正能量"主题团日活动、纪念五四运动100周年系列活动、北大医学107周年庆典系列活动，圆满完成国庆70周年庆祝活动。4月25日，举行"发扬百年五四精神 共迎祖国七十华诞"主题团日活动。4月30日，组织团学骨干观看纪念五四运动100周年大会直播，认真学习总书记重要讲话精神。5月9日，举办医学部共青团系统五四表彰暨百年纪念活动。6月至10月，组织北医师生参加70周年国庆重大活动，包括北京大学"凝心铸魂"群众游行方阵、志愿服务、文艺演出，10月1日圆满完成任务。国庆当天，在北医校园内也同步举办了国庆系列活动，包括"国旗下的教育"国庆专题升旗仪式、集体观看中华人民共和国成立70周年庆祝大会、阅兵和群众游行直播等。10月底，围绕北大医学107周年庆典，组织开展"107庆典打卡""北医兔DIY设计"、北医107周年专题升旗仪式、校史知识现场答题活动、"北医兔"形象设计展示等系列庆生活动。

宣传阵地建设工作。发挥新媒体宣传优势，加强网络新媒体宣传平台建设，统筹规划"北医青言微语""医学部学生会""北医研究生会""北医青协"等团属媒体建设，同时联合各基层团组织微信公众平台，共同打造青年思想引领新阵地。在此基础上，从4月起开始制作推出《北医团内信息》，定期收集整合相关新闻信息，截至年底已经推出7期。分别以五四百年和国庆70周年为主题，组织基层团组织和学生组织进行涂鸦墙创作。利用校园橱窗和学生食堂桌面，定期更换展板、桌贴，宣传国家与校园事实热点，进行爱国、爱校教育。

组织育人工作。继续推进"初级团校——团支部书记培训班——高级团校"三级团校培养模式，打造有医学特色的青年马克思主义者培养工程。春季学期，采取多种形式开展高级团校课程培训；以线上培训的形式，对团支部书记就日常团务知识、工作方法以及团日活动开展进行系统培训，并为每一位团支部书记配备《北京大学医学部团支部书记工作手册》；11月，举办医学部第三十二期新生团校暨初级党课。结合医学部共青团工作实际，探索成立教学医院学生团总支。继续加大对基层团组织工作支持力度，给各二级团组织专项下拨基层组织建设经费，并以团队奖励形式对基层团组织暑期社会实践进行经费支持。

进一步深化"创先争优"竞赛活动。在2018年至2019年度首都大学、中职院校"先锋杯"评选活动中，第三医院杨钟玮同志等4人荣获"北京市优秀基层团干部"称号；人民医院曹煜隆同志等4人荣获"北京市优秀团员"称号；公共卫生学院2015级预防2班团支部、口腔医院第三门诊部团支部等6个团支部荣获"北京市优秀团支部"称号。继续开展医学部部级"创先争优"竞赛活动，多个集体、个人荣获红旗团委、先进团委、优秀团支部、优秀提名团支部、优秀团支书、优秀团干部（团员）等荣誉称号，并有多个集体和个人在北京大学"创先争优"竞赛活动中取得荣誉。

实践育人工作。6月至8月，医学部共青团系统以"壮丽七十年、建功新时代"为主题，积极动员组织1200余名师生共计97支团队奔赴各地，深入一线、走进基层、奉献爱心、回报社会。期间，医学部团委专门组织团学骨干赴延安接受红色专题教育。在学校的统一部署下，医学部团委制定《2019年度北京大学医学部思想政治实践课程实施细则》，6月至10月组织各学院首次开展思想政治实践课程，各学院根据要求分别组织队伍到西柏坡等红色革命圣地开展实践，传承红色基因、坚定理想信念。10月17日，举行2019年学生暑期社会实践评审会，为参与实践学生提供交流展示的平台。在志愿服务领域，医学部青协在坚持交通安全志愿服务团、松堂志愿服务团、校史讲解志愿服务团等长期服务项目的同时，加强校内志愿服务项目建设，拓展志愿服务领域，建立了与人民医院、第三医院、肿瘤医院、国际医院和北京儿童医院等单位的长期合作，打造长效化、体系化志愿服务品牌。5月26日，医学部共青团系统推荐近200名青年志愿者为密云生态马拉松赛事现场提供医疗救护保障服务。在新中国成立70周年重大活动中，共有35名医学部学生作为专项志愿者圆满完成相关服务工作。12月，为迎接第34个国际志愿者日，医学部团委举办"汇聚点滴温暖 共倡文明之风"公益志愿服务周，广泛汇聚校内各学生团体力量，通过联合义诊、旧衣传递、走访慰问等方式在校园内开展各类志愿服务。

校园文化建设工作。5月至6月，顺利完成年度换届工作，分别选举产生医学部第二十七届学生会主席团（中调后）、第三十六届研究生会主席团、第十六届青年志愿者协会会长团。5月至10月，指导各类团学组织陆续开展系列活动。学生会相继举办医学部第31届校园十佳歌手大赛、新生风采大赛、新生杯篮球赛、十院新生联谊舞会、中外学生交流舞会、"我爱你中国"庆祝新中国成立七十周年学生文艺汇演等系列校园活动，并与团委社团部共同举办以"各美其美 美美与共"为主题的第二届世界文化节暨第二十六届社团文化节。秋季学期，医学部研究生会举办"我和祖国共成长"第五届研究生"达人秀"和第二十届北大生物医学论坛。继续指导学生社团建团和文化发展，注册的61家学生社团建团数量达52家，在文体艺术、志愿服务、学术科技等方面开展丰富的校园文化活动。面临社团活动场所、设施的严重老化问题，在医学部领导的直接关心下，专门拨付资金对学生活动排练厅地胶进行了整体更换。各学院（部）基层团组织也积极开展形式多样的校园文化活动，如基础医学院"感受医学生"活动，公共卫生学院"预防艾滋病宣传周"，护理学院"加强思政教育，扣好人生第一粒扣子"系列讲座，医学人文学院外文歌曲大赛等。各学院还积极响应、参与并轮流主办医学部团委"国旗下的教育"系列活动。

青工团组织工作。注重搭建医学部共青团系统青年团干部交流平台，6月14日至16日，组织医学部各二级单位团组织负责人参与全校共青团干部统一培训活动。5月，开展医学部"青年文明号"创建活动、"青年岗位能手"评选活动。其中，人民医院周颖等三人获评"北京大学青年岗位能手标兵"；基础医学院初明等四人获评"北京大学青年岗位能手"。各医院基层团组织结合医院工作实际和青年需求开展各类丰富的学术、文体、交流活动。第三医院团委与医学部学生社团阳光爱心诊所、中医协会在医学部校园联合开展以"感恩劳动，传递爱心，共筑美好校园"为主题的义诊志愿服务活动；第一医院团委联合医学部关工委、医学部团委在医学部离退休工作处开展"汇聚点滴温暖 共倡文明之风"校园联合义诊；人民医院、口腔医院、肿瘤医院、第六医院的共青团组织也纷纷通过组织多样的活动进一步丰富了青年职工的文化生活。

党建工作。团委党支部共有党员5人，以抓好思想政治工作为重点，长期坚持"三会一课"重要制度，按期召开相关会议，认真落实上级党组织工作部署要求，严格党风廉政建设各项要求，认真开展"不忘初心、牢记使命"主题教育，进一步夯实战斗堡垒作用。支部先后组织全体党员及团学骨干共同观看全国两会开幕式、纪念五四运动100周年大会。在"不忘初心、牢记使命"主题教育期间，依托团学组织建设、校园文化活动等平台，将主题教育融入日常工作，带领团学骨干实地观看"庆祝中华人民共和国成立70周年大型成就展"、北京大学"不忘初心、牢记使命"主题教育展览、北京大学红楼（北京新文化运动纪念馆）等爱国主义教育基地，并开展十九届四中全会知识答题活动。

【纪念五四运动100周年系列活动】 2019年4月至5月，医学部共青团系统组织开展纪念五四运动100周年系列活动：4月25日，"发扬百年五四精神 共迎祖国七十华诞"主题团日活动举行，北京大学常务副校长、医学部主任詹启敏，北京大学党委副书记、医学部党委书记刘玉村，及医学部多位领导都来到活动现场，与北医青年一同感受五四精神的传承和发展；4月30日，医学部团委组织团学骨干观看纪念五四运动100周年大会直播，认真学习总书记重要讲话精神；5月9日，医学部共青团系统五四表彰暨百年纪念活动举办，北京大学党委副书记、医学部党委书记刘玉村出席活动并作专题讲话，医学部多位领导老师参加活动并为获奖代表颁奖。

【参加70周年国庆重大活动】 2019年6月至10月，医学部团委组织北医师生参加70周年国庆重大活动，包括北京大学"凝心铸魂"群众游行方阵（正式队员253人、替补人员2人）、志愿服务（35人）、合唱（2人）、联欢演出（1人）。经怀柔集训和多次实地演练，10月1日当天圆满完成任务，再次喊响了"团结起来 振兴中华"的时代强音。

国庆当天，在北医校园内也同步举办了70周年庆祝活动，包括"国旗下的教育"国庆专题升旗仪式（500多名学生及近百名校园安保工作者参加）、集体观看中华人民共和国成立70周年庆祝大会、阅兵和群众游行直播等，在校师生也共同喊响了"团结起来，振兴中华"的口号。

（郭 雪）

机关党建

【发展概况】 召开第三次机关党代会，选出新一届机关党委和书记班子。完成"七一"庆祝优先评选和表彰组织活动。审议支部考核和民主评议党员结果，研究生活困难党员帮扶，答复教代会提案等事宜。配合学校解决肖家河住宅小区个案问题，参加学校联合检查，召开17个部门支部书记会，强调党纪、提出要求。配合燕园街道办事处，组织各支部完成海淀区人大代表补选投票工作。接待浙江大学和清华大学机关党委来访交流，牵头落实武汉大学机关与直属单位党委青年干部对口见习实践活动。

主题教育。成立主题教育领导小组，紧密结合机关作风建设重点工作制定实施方案。召开主题教育部署会，布置工作任务，通报调查发现主要问题，传达学校主要领导相关批示。参与对机关党的作风建设和加强机关党的建设召集的三场调研；组织各部门代表围绕三大主题集中调研；征求机关民主党派老师对机关作风建设的意见；赴昌平校区现场听取建议等，并形成调研报告。认真开展6次主题教育集中学习研讨。召开学习贯彻党的十九届四中全会精神交流会，8名党委委员和6位部门党支部书记逐一交流学习的体会收获。领导班子撰写《个人检视剖析材料》，开展谈心谈话。结合对照党章党规找差距自查工作，既找理论短板、工作弱项，又找思想差距、作风不足。召开专题民主生活会，全方面剖析根源，明确努力方向和具体改进措施。全面排查梳理开展主题教育情况，实事求是填报自查评估情况表，及时提交集中学习交流研讨记录、主题教育简报和工作总结等材料。

落实《北京大学关于加强党的政治建设的若干措施》。参加北京市领导来校调研党的政治建设、纪念五四运动100周年等活动。组织学习邱水平书记在十三届党委第三次全会上的讲话、"关于中国特色社会主义法治的几个理论与现实问题"专题报告和"加强高校党的政治建设"专题党课，郝平校长集中宣讲党的十九届四中全会精神，以及学校中层干部专题培训报告等。组织动员101名机关干部公开选聘第二班主任，占比达到93.5%。

举办"新时代的中国特色社会主义"理论讲座。以"用习近平新时代中国特色社会主义思想武装全党"作为党员教育管理的首要政治任务，为开展主题教育做好思想铺垫。举办"全球环境治理中的国际组织与习近平生态文明思想的世界意义"专题学习会。使机关同志既牢固树立本土意识、中国情怀，又主动培养国际视野、世界眼光。

按月召开党委全委会，及时研究决策部署涉及机关改革发展稳定的重大问题。认真贯彻执行民主集中制原则，严格落实"三重一大"决策制度。召开2018年党支部书记述职评议考核会暨党建工作交流会，以落实全面从严治党责任、推动全面从严治党向基层延伸。获评学校优秀党务和思想政治工作者10名、奉献奖7名。

党组织建设和党员发展工作。督促年度所有到届的15个部门党支部按时完成支委会换届或者改选工作，及时审议各党支部委员会的换届结果并公布批复决定。严格遵照规定程序，审批6名预备党员发展、10名预备党员转正，并予以书面批复。督促3位担任机关部门正职的"双肩挑"党员领导干部将党组织关系转至机关党委。将3个原来由科级同志担任的支部书记全部换成部门负责人。对党员总数超过50人的党办校办、人事部党支部进行合理拆分。刘旭东主讲"浅谈中国共产党人强烈真挚深厚的人民情怀"专题党课并对党支部书记集体轮训，参加高校院系级党组织书记网络培训示范班并顺利结业。先后组织观看《我和我的祖国》《决胜时刻》和《小巷管家》，激发机关同志爱国热情，回顾党的光辉历史，焕发干事创业精气神。

制度建设。 制定《机关党委2019年工作计划》《机关党委工作条例》《机关党委议事规则》《机关党委委员联系党支部制度》《机关党委党支部书记述职评议考核实施办法》《机关党委"不忘初心、牢记使命"主题教育实施方案》等6份文件。按时报送关于"整治对群众关心的利益问题漠然处之、口头承诺、推诿扯皮，以及办事不公、侵害群众利益问题"相关工作的报告，并主动督促各部门完成自查自纠、提交报告。提醒18个部门认真落实专项整治工作任务。

群团工作。 举行"2019年青年岗位能手（标兵）"答辩会，推荐12人获得学校"青年岗位能手/标兵"。推荐两名机关优秀团员参评学校共青团系统最高荣誉——"高君宇奖"。开展"机关干部职工思想状况调查"，以深入了解机关党员干部工作、学习、生活与思想认识动态的真实情况。机关分工会获得"2017、2018年北京大学模范工会委员会"和"2018年北京大学工会群众体育工作先进单位一等奖"。

机关工会举办"女神节"微景观创作体验活动。继续举办机关教职工台球赛。组队参加学校教职工篮球赛、教职工男子六人制足球赛及女子点球射门赛。组织赴承德市滦平县开展徒步穿越活动，欣赏风景、磨砺意志。继续举办机关"品牌"活动——第十三届机关秋季趣味运动会。组织机关职工代表参加"纪念'一二·九'运动84周年、庆祝新中国成立70周年师生歌会"，与学生合唱团演唱开场曲目《我的祖国》。

【**民生服务**】 在勺园入口显著位置增设楼号标识。在楼门口设立各部门分布立体导引牌、在一层大厅设立各部门所在楼层及其内设科室房间索引，在各层电梯口详注各部门及内设科室的房号与方向。在通往勺5乙的连廊、电梯口设指示语。要求各部门更换门牌标识，做好橱窗设计。在楼道门上张贴温馨提示语，卫生间门上张贴提醒牌。在勺5乙连廊处安置自助咖啡机，开辟办公休闲区。在勺5乙设立橱窗，建设机关宣传阵地和形象展示窗口。建立机关综合办主任微信群，加大跨部门事务的沟通速度与协调力度。协同党校办公室建立面向机关科级以下干部的培训与能力提升体系。

（刘旭东）

后勤党建

【**发展概况**】 2019年，后勤党委按照学校党委和行政的工作要求及部署，以深入学习贯彻习近平新时代中国特色社会主义思想，党的十九届四中全会精神，学校第十三次党代会，十三届党委二次、三次全会（扩大）会议精神，落实《高校党建工作重点任务》、"两学一做"学习教育常态化制度化要求、学习党章和《中国共产党纪律处分条例》《中国共产党支部工作条例（试行）》等党内法规为重要切入点，以后勤改革、五四运动100周年及国庆70周年相关保障工作、巡视巡察、"不忘初心、牢记使命"主题教育、后勤党委换届、党支部建设、群众工作为契机，重点做好基层治理体系和治理能力现代化、领导班子和干部队伍建设、党员干部学习教育、基层党组织建设和思想政治工作、后勤队伍建设、规范管理、党风廉政建设、安全稳定、宣传传播工作等，履行好党委政治核心、战斗堡垒、配合行政保障监督、思想政治与精神文明建设的职责。

组织结构。 后勤党委负责后勤系统党建和思想政治工作。截止到2019年12月，后勤党委所属6个党总支、26个党支部，其中在职支部16个、混编支部2个、退休支部8个。

加强领导班子和干部队伍建设。 加强政治建设、组织建设、干部队伍建设和党风廉政建设，努力建成坚强有力的领导班子，发挥好后勤党委、后勤干部"带头人"的作用。1.领导班子认真贯彻执行党的路线方针政策，落实学校党政工作精神，坚持正确的政治方向，不断提高思想认识水平。带头学习、主动学习，带领后勤党委、基层党组织和广大干部职工深入领会把握党、国家和学校的政策方针，坚持正确的政治方向和舆论导向。2.召开好专题民主生活会，开展批评与自我批评，制定整改措施并严格落实。3.坚持民主集中制，集体议大事。一方面，遇有重要的事项都要召开党委会，进一步规范党委会、党委扩大会会议制度，建立书记会制度；另一方面，以巡视巡察为契机，推动未巡先改，指导监督后勤各单位执行好集体议大事的制度，后勤党委和各单位都坚持党政联席会议制度，完善基层治理体系，党政配合，团结协作。4.坚持群众路线，深入基层，建立为民务实清廉的作风，为群众办实事和解决问题困难。5.配合组织部，进一步做好干部出国（境）证件管理和严格履行出国审批手续，做好干部离京请示报告工作。6.在党风廉政建设方面，突出对领导干部加强教育、完善制度、重点防控，切实提高"一岗双责"的履职能力。定期群发警示教育相关主题的邮件，推进各单位廉政风险防范管理，加强制度建设和干部廉洁教育，无违法违纪问题。

推进党的思想政治建设和作风建设。 1.认真学习十九届四中全会精神。按照组织部要求，为后勤全体党员发放《中国共产党第十九届中央委员会第四次全体会议文件汇编》，邀请习近平新时代中国特色社会主义思想研究院副院长、中国语言文学系教授韩毓海围绕十九届四中全会精神作辅导报告，后勤系统各单位党政工团负责人及人事干部参加学习；召开党委会，部署学习十九届四中全会精神，后勤系统各单位组织党员干部及党员认真学习、深入研讨，确保党组织和党员全覆盖。2.后勤党委及后勤系统各单位开展主题党日活动，贯彻落实"两学一做"学习教育常态化制度化。后勤党委联合行政和工团赴河北举办"不忘初心、牢记使命"红色主题党日活动；总务部与外交部楼宇管理及工程服务中心举办以"传承五四精神、践行时代使命"的联合党日活动；房地产管理部联合总务部、公寓服务中心赴李大钊烈士陵园、香山革命纪念地参观学习，追寻红色足迹，感悟初心使命；基建工程部党总支、公寓服务中心党总支分别赴西柏坡开展爱国主义教育活动；会议中心党总支组织党员赴延安参观学习；餐饮中心与环科学院举行联合党日活动；动力中心党总支赴中国人民抗日战争纪念馆和卢沟桥爱国主义教育基地开展参观学习活动；校园服务中心党总支组织党员赴门头沟斋堂镇爨底下村参观学习。

开展"不忘初心、牢记使命"主题教育。 1.后勤党委提前部署，各单位先行自学。根据指导组的要求，及时快速确定后勤各单位联系人，并邀请指导组负责同志与各单位联系人见面、部署具体工作。2.在开展好自身主题教育相关工作的同时，利用多种形式督促各单位、各党组织开展好主题教育。根据各单位提交的材料，后勤党委每周编写主题教育工作简报并及时群发，给各单位提供了经验交流和分享的平台。3.在主题教育期间，后勤党委及后勤系统各单位将主题教育与全面贯彻全国教育大会精神结合起来，与落实立德树人根本任务结合起来，与"双一流"建设和深化综合改革结合起来，认真开展主题教育工作部署会、集中学习研讨、调查研究、检视问题、整改落实及专题民主生活会和组织生活会等，并且围绕"为民服务解难题"这一目标，各单位积极探索提升服务师生员工幸福感、获得感的有效方法。4.结合主题教育，各党组织积极开展党日活动及志愿服务。总务部党支部组织全体党员抄写不同时期的入党誓词；房地产管理部党支部组织学习党的十九届四中全会精神，学习党章党规；基建工程部一支部前往故宫博物院修缮工地，开展志愿活动；会议中心开展"再访红楼见初心，重温誓词担使命"主题党日活动；餐饮中心退休党支部参观新中国成立70周年成就展；动力中心二支部党员参观北京大学校史馆；公寓一支部党员干部、积极分子以及保洁员开展义务清扫活动；校园服务中心二支部组织在职党员帮助司机师傅清洗大客车座套等。

做好后勤改革、规范管理和专项工作。 1.继续做好后勤改革和队伍建设，探索推出校园巡查机制，本年度共开展了五轮巡查工作，从各单位正职、领导班子成员扩展到管理干部，改进工作方式，提高大家发现问题、解决问题的治理能力，为美丽校园贡献力量。2.配合行政，参加"我的校园我做主"沟通座谈会，构建密切联系和服务师生的长效机制。3.领导班子成员通过参与总务长办公会、碰头会、主任联席会和部分招投标项目等形式，发挥党委监督作用。4.根据《教育部办公厅关于开展2019年教育系统"安全生产月"和"安全生产万里行"活动的通知》的要求，结合后勤党委及各单位的实际情况，通过线下与线上相结合的形式，开展好培训、做好宣传。

做好基层党建工作。 依托基层党支部开展丰富多彩的活动，协调指导党支部做好管理服务党员和基层党建工作。1.后勤党委被评为党务和思想政治工作先进集体，于虹、王太芹被评为优秀党务和思想政治工作者，段利久、韩淑英获得党委和思想政治工作奉献奖。2.按照计划完成发展党员、党员转正工作，10人分别参加第15、16期教职工党性教育读书班，接转组织关系40人次，做好党内统计工作。3.共有469名共产党员参加献爱心捐款，捐款共计24,699元。4.5人获得学校级"生活困难党员帮扶补助"，2人获后勤级"生活困难党员帮扶补助"。5.按照街道武装部要求，做好后勤各单位民兵推荐工作，后勤共推荐8人。6.组织部署后勤系统党员下载安装学习强国APP，确保后勤系统在职党员完成注册并参与学习。7.按照要求统计好处级干部教育培训情况。8.组织后勤系统全体党员、全体在职职工集中观看国庆献礼影片《我和我的祖国》；按照学校党委组织部、党委宣传部要求，部署后勤各单位组织党员干部群众观看现实主义旋律电影《小巷管家》。9.按时收缴党员党费及党员捐款。10.根据党委组织部要求，做好党员信息库中每月新增或删除党员信息工作。

加强党务工作规范创新。 加强后勤党组织自身建设，规范党务工作细则，进行创新尝试。1.10月28日，配合学校党委完成副书记增补工作；12月27日顺利完成后勤党委换届选举工作，11名同志当选为新一届后勤委员会委员、7名同志当选为新一届后勤纪律检查委员会委员。2.指导基层党组织进行支部设置和完成换届。2019年完成5个党总支、19个党支部的换届及1个党支部调整委员的工作。严格按照《中国共产党支部工作条例（试行）》相关要求，进一步明确各党组织负责人人选和委员分工。3.进一步加强对后勤基层党组织负责人的培训，参加学校党支部书记培训。4.公寓服务中心申报"凝沙成塔——高校基层党支部团结引领外来务工人员的作用发挥研究"的课题。5.向党委组织部报送年度基层党建优秀案例。

做好后勤宣传工作。 为进一步讲好后勤故事、传播后勤声音，通过与学校新闻网、官微等合作，在新闻网推出了"后勤故事"精品栏目。同时，与总务部一起做好燕园微后勤公众号的改版、运行、题材遴选等相关工作。

做好后勤系统诺如病毒防控工作。 根据网络等途径获悉校内有学生出现呕吐腹泻等症状后，后勤系统高度重视，应急处置领导小组主动响应，立即开展调查，密切关注动态，与相关单位配合完成各项工作。

支持好老干部工作。 加强对离退休党组织和党员的管理服务，主动向离退休老同志介绍学校和后勤工作的近期动态与发展变化，向党委组织部申请困难帮扶补助，关心他们的思想状况和现实困难并帮助解决问题。协助做好总务部2位老师投稿《我和我的祖国——北大老同志庆祝新中国成立70

周年回忆文集》的相关工作。

支持好工团工作 支持后勤工会开展各项工作，如学校教代会、工会代表履行好职责，开展平民学校工作，组织后勤职工参加运动会、文体比赛、爱心基金捐款、学校"一二·九"合唱，每月发放生日礼包、每季度举行集体生日会、每半年发放电影兑换券等。指导后勤团委开展工作，如加强对后勤团员青年教育、引导、服务，2019年后勤8位职工获得青年岗位能手称号（含2位青年岗位标兵），引导青年职工参加平民学校班主任志愿服务等。在2018—2019年度首都大学、中职院校"先锋杯"优秀团支部、优秀基层团干部、优秀团员评选中，分别有一个支部、一名团员和团干部获得殊荣。

【中共北京大学后勤党员代表大会】 10月28日，后勤党委配合学校党委和组织部完成副书记增补工作。11月11日召开党委扩大会部署启动后勤党委换届工作，经"两下两上"及党委会产生"两委"委员候选人初步人选、选举产生党代表并审查党代表资格、后勤党委对"两委"委员候选人初步人选进行考察及校党委组织部组成考察组听取对新一届党委书记、副书记、纪委书记、候选人的推荐意见等大会前准备工作。12月27日顺利完成后勤党委换届选举工作，11名同志当选为新一届后勤委员会委员，7名同志当选为新一届后勤纪律检查委员会委员，并召开新一届后勤委员会、纪律检查委员会第一次全会选举产生后勤党委书记、副书记、纪委书记，获得学校党委的批复。

【后勤系统防控诺如病毒】 12月27日，根据网络等途径获悉校内有学生出现呕吐腹泻等症状后，后勤系统高度重视，应急处置领导小组主动响应，立即开展调查，密切关注动态，与相关单位配合完成各项工作，包括成立诺如病毒防控工作领导小组、积极配合疾控部门和学校防控专家组工作、紧急采购确保防控物资储备充足、认真培训员工消毒和防护知识、组织实施公共区域集中消毒、加强防控全流程监督检查、严格大型会议活动申办和监管、宣传告知广大师生防范措施、密切关注后勤系统职工健康状况、为兄弟单位提供后勤保障、升级后勤校园环境与报修平台等，同时加强跟学生患者相关数据的收集分析，研究判断疫情特点和趋势，为每日工作重点提供参考。以3319作为协调督促平台，以部分党员干部夜间巡查为发现问题的重要辅助力量，以各单位保洁员为处置问题的重要力量，重点做好及时处置呕吐物、每日按要求消毒等相关工作。充分发挥支部战斗堡垒和党员先锋模范作用，组织后勤系统党员干部开展夜间巡查，及时协调处置呕吐或腹泻现场。

【探索建立校园巡察机制】 2019年度共开展了五轮巡察工作，从各单位正职、领导班子成员扩展到管理干部，改进工作方式，提高发现问题、解决问题的治理能力，为建设美丽校园贡献力量。各单位在此前后也相应建立起巡察机制，如校园服务中心建立湖区、卫生间、饮水机巡察机制；餐饮中心每个工作日午餐时段进行食堂巡察，每位值班巡察人员随机选择三至四个食堂；动力中心每月对水、电、暖、浴基础设施运行情况和重点区域进行安全检查、每月对中心职工宿舍进行安全检查，掌握职工思想动态，确保安全无虞；房地产管理部建立肖家河教工住宅小区巡察和解决问题机制；中关新园自2008年5月实行总值班制，每日都有值班经理驻园巡察运行情况、处理突发事件。

【继续开展后勤系统治理能力现代化系列学习培训】 2019年，后勤党委继续组织开展后勤系统治理能力现代化系列学习培训品牌项目。学习培训主要分为四个模块，包括常规集中培训、学习工作坊、线上学习教育、外出专题培训，把学习延伸拓展到基层、覆盖到后勤系统广大干部群众，全年共开展14次培训。

【北大后勤人观看《我和我的祖国》暨第三、四季度集体生日会活动】 2019年10月17日，在后勤党委、后勤工会、后勤团委和后勤系统各单位的精心筹备下，来自总务部、房地产管理部、基建工程部、会议中心、餐饮中心、动力中心、公寓服务中心、校园服务中心以及肖家河项目建设办公室的共1000多名后勤员工和多位已退休的老后勤人齐聚百周年纪念讲堂观众厅，其中近500位是7月份到12月份过生日的"寿星"。

活动开始，首先由八位职工代表在所有人"祝我和我的祖国生日快乐"的祝福声中切开了带有"后勤❤北大❤中国"字样的生日蛋糕。接着，大家共同观看了电影《我和我的祖国》，沉浸在让人激情澎湃的七个故事中，体会70年来人民群众与祖国同呼吸、共命运的风雨历程，是一场"不忘初心、牢记使命"主题教育和爱党爱国爱校教育。

（徐 悦）

直属单位党建

【发展概况】 北京大学直属单位党委下设计算中心党支部、档案馆党支部、教育基金会党支部、教师教学发展中心党支部、校史馆党支部、歌剧研究院党支部、燕京学堂党支部、校友会党支部、幼儿园党支部共计9个党支部。截至2019年底，共有党员267人，其中正式党员244人，预备党员23人；女党员181人，少数民族党员21人，学生党员25人，离退休党员69人。2019年共转入组织关系26人，转出组织关系14人，发展党员12人，预备党员转正2人，总人数比上年增加21人。

2019年，直属单位党委深入贯彻落实党的十九大、全国教育大会和十九届四中全会精神，按照学校总体部署扎实推进"不忘初心、牢记使命"主题教育，进一步增强"四个意识"、坚定"四个自信"、做到"两个维护"，并把做好主题教育各项工作和基层党建业务工作紧密结合起来，推动党建工作和党风廉政建设在各行政单位及党支部的有效落实。同时，继续深入贯彻落实民主集中制，增强党性，完善制度，在开展批评和自我批评的基础上，消除分歧、统一认识，形成良好的民主氛围。工作中，班子成员深入贯彻党风廉政建设责任制，坚决落实上级关于党风廉政建设和反腐败工作的要求，对于讨论审议的议题严格按照集体领导、民主集中、个别酝酿、会议决定的原则，由党委会或党委扩大会集体研究决定。

思想建设。直属单位党委积极贯彻落实党的十九大和十九届四中全会精神，通过集中学习、研讨、讲授党课、参观学习等多种方式组织各党支部和党员学习习近平新时代中国特色社会主义思想、党的十九届四中全会精神、习近平总书记关于教育工作的重要论述特别是在北京大学的重要讲话精神。同时，按照学校部署，认真开展"不忘初心、牢记使命"主题教育，并紧密结合主题教育和四中全会精神，严肃开展民主生活会及组织生活会，发挥直属单位党委的政治核心和监督保障作用，不断推进基层党组织的思想建设、组织建设、作风建设和反腐倡廉建设。

"不忘初心、牢记使命"主题教育。直属单位党委按照学校《"不忘初心、牢记使命"主题教育实施方案》和《关于进一步开展好主题教育相关工作的通知》要求，以高度的思想自觉、政治自觉、行动自觉认真组织和参与主题教育，成立了直属单位党委主题教育领导小组，制定了主题教育实施方案，并在此基础上认真完成工作部署动员、集中理论学习、调查研究、问题检视和整改落实等主题教育工作任务，确保主题教育扎实有序推进，取得实实在在的成效。党委先后组织班子成员进行集体学习和交流研讨，并通过组织党员观看《我和我的祖国》《中国机长》《小巷管家》等电影，参观李大钊文献展览、马克思主义学院主题教育展览、香山革命纪念馆、"中华人民共和国成立70周年大型成就展"等多种形式扎实推进主题教育往纵深发展。同时，注重用理论武装筑牢夯实党员干部思想根基，教育引导党员自觉按照党员标准规范言行，牢记党的宗旨，进一步坚定理想信念，提高党性觉悟。指导所属支部深入领会把握党、国家和学校的方针政策，坚持正确的政治方向和舆论导向，为各项业务工作的有序开展提供思想和政治保障。

制度建设。严格落实党委会制度和支部会议制度，明确班子成员职责，每月定期召开党委会或党委扩大会，结合直属单位党建工作特点，研究制定党建工作实施活动方案，指导督促各党支部开展工作。每学期对各支部会议记录工作手册进行抽查，进一步提高基层党建工作的规范化水平。

通过专题座谈和主题党日等活动，进一步激发大家立足本职、创先争优的奋斗精神。号召党员认真贯彻党的群众路线，尊重师生的主体地位，不断提高服务水平。

作风建设。认真落实思想政治和师德师风考察评估主体责任，在各部门职称（职务）评聘、岗位聘用、年终考核、招生录取、评奖评优等方面，结合各单位的师德师风和思想政治考察情况，对相关人员的思想政治和师德师风情况进行认真考察审议和全面把关。

主题党日活动。积极支持所属各党支部开展主题党日活动，丰富党的组织生活。5月23日至25日，燕京学堂党支部前往江西鄱阳县及南昌市开展"不忘初心、牢记使命、共筑梦想"主题党日活动。活动期间，学堂师生与鄱阳中学师生展开交流，通过分享中国故事、北大故事，鼓励青少年追求理想；参访茨山村爱国主义教育基地，感受改革开放40年来鄱阳县政府在保护环境、推进生态文明建设、改善民生方面所做的工作及成果；参观革命烈士纪念馆，缅怀先烈，了解中国共产党在江西的峥嵘岁月，时刻提醒党员不忘初心，牢记使命。10月22日，计算中心党支部组织党员参观李大钊纪念馆，深切缅怀革命先烈的丰功伟绩，感受革命伟人的爱国主义情怀，让广大党员认真学习李大钊先生为实现共产主义理想而矢志不渝、英勇献身的共产主义精神，增强党员意识，坚定理想信念。此外，校友会党支部还在开展党日活动过程中为党员购买了党旗党徽，校史馆党支部为党员购买了学习书籍若干。

支部换届。2019年9月，指导校友会党支部完成换届选举，产生了校友会党支部新一届委员会。此外，计算中心党支部、教师教学发展中心党支部、校史馆党支部、档案馆党支部、燕京学堂党支部、歌剧研究院党支部6个党支部委员会到期，在党委的部署和指导下，6个到期的支部换届工作均按期完成换届，党员知晓率和参与度接近100%。

党员发展。充分发挥支部书记、单位领导、老党员的模范带头作用，积极引导德才兼备的职工向党组织靠拢。坚持落实"点对点联系人"和"入党积极分子定期考察"制度，发挥支委、党小组长的"传帮带"作用，吸引新的入党积极分子不断向党组织靠拢，同时也保证了党员发展质量。2019年共发展党员12人（燕京学堂6人，幼儿园3人，基金会1人，校友办2人），完成预备党员转正12人。新发展党员有在校学生，也有一线教学管理人员和专业技术骨干。

先进表彰。讨论并申报直属单位党委副书记、档案馆党支部的刘晋伟和幼儿园党支部的刘燕两位同志为"北京大学优秀共产党员"。档案馆党支部被评为"北京大学直属单位党委优秀党支部"，计算中心党支部的欧阳荣彬、档案馆党支部的张娜、教师教学发展中心党支部的曾腾、基金会党支部的胡俊、校友会党支部的李存峰被评为"北京大学直属单位党委优秀共产党员"。此外，教育基金会的马宇民、计算中心的邓昌明、附属幼儿园的谢珍金、教师教学发展中心的于青青、校友工作办公室的张莹分别荣获北京大学"青年岗位能手"荣誉称号。

【**爱心帮扶**】在九个党支部的全体党员中开展捐款活动，共收到捐款10,270元，共计97名党员（含流动党员）、25名入党积极分子和81名群众参与捐款，捐款参与人数和捐款金额为历年之最。为更好地建立健全党内激励、关怀、帮扶机制，促进党内和谐及校园和谐，直属单位党委为两位生病老党员每人发放慰问补助2000元，申报3位党员为校级困难补助对象，确定5位党员为直属单位党委困难补助对象，共发放补助19,000元。

（杨雪）

产业系统党建

【发展概况】 产业党工委现有2个二级党委，5个三级党委，7个直属党支部。截至2019年12月，共计122个基层党组织（其中党委数7个、党总支数11个、党支部数104个），党员2100名。全年发展党员76名，预备党员转正52名。

围绕学校党委"不忘初心、牢记使命"主题教育的部署，结合产业实际，产业党工委从方案制定、成立工作组、组织开展等各环节认真组织，先后向学校指导组报送专题简报8期，组织外出调研、参观学习8次，建立问题清单台账，全程跟进整改进度，为产业系统广大职工解决实际困难和为校属企业改革发展排除难题。以高标准、严要求、实举措落实好主题教育的各项要求，引导广大党员干部认真读原著、学原文、悟原理，创新学习方式方法，弘扬马克思主义学风，使得产业系统党员干部在忠诚干净担当方面学出能力水平，提升政治能力，在引导党员干部固思想之元、守为政之本上收到了良好效果。

针对校外办学机构违规使用北大冠名的举报及投诉开展维权，对校属企业违规办学信访举报内容进行核实，并督促企业进行整改。6月份召开规范办学工作专题会议，深入分析问题，对于各种渠道收到的以北大名义办学的信函、举报投诉等，研究制定统一的工作程序。10月份产业办和资产公司召开年度校企规范办学工作会议，通报2019年度产业办收到的涉及侵犯北大声誉的信访、举报和处置情况，听取北大培文、北大学园、北大新世纪、北大青鸟四家公司规范办学整改工作进展情况，并提出进一步工作要求。根据2019年规范校企办学工作计划，并结合主题教育深入基层调研工作要求，11月中旬产业党工委、学校驻产业纪检组和资产经营公司组成工作组，到上述四家企业在江西和广东的五所学校进行实地调研、检查和收集材料。通过近两年持续高压整治，目前已经形成了整改工作有据可依、整改要求严肃明确、整改企业高度重视，整改效果初步显现的局面。根据企业上报信息，2019年各企业新办学校已经不再使用北大品牌，各企业基本上按照工作计划开展工作，取消了部分北大冠名的企业名称和北大冠名的学校名称，取消了之前计划用北大冠名合作办学的合同。

2019年，学校党委、纪委加强了产业系统纪检干部队伍力量，先后在产业系统派驻纪检监察组，在方正集团选派纪委书记。驻产业系统纪检监察组充分发挥作用，在改作风、抓落实上下苦功，特别是作为派驻纪检组，按照中央纪委、学校纪委要求，进一步转变作风，真正把改作风、勇担当、带头真抓实干变成行动自觉，贯穿于工作全过程。组织召开纪检监察工作专题会议（含各基层党组织负责人和纪检干部）一次，约谈企业负责人三次，召开专题问题线索排查工作会13次。

校办产业管理委员会办公室机关党支部于2019年11月29日召开党员大会，对本支部进行了换届选举，产生了新一届支部委员会。

【专题学习活动】 2019年，以纪念新中国成立70周年、中国共产党成立98周年为契机，产业系统于6月至12月系统开展"打开新局面、开辟新境界、担当新使命"主题学习教育工作，这也是产业成立分党校以来开展的一项专题活动，以突出政治标准，向实干聚焦，加快推动校属企业改革发展步伐为目标，结合发展党员培训、党务干部培训、核心干部培训，采用集体学习、线上学习、调研学习、专项学习等形式，以新时代、新阶段、新局面、新境界、新使命为主题贯穿于整个过程，学员共计317名。在2019年6月14日开班仪式上，学校党委副书记兼秘书长安钰峰讲话。结合"不忘初心、牢记使命"主题教育相关要求，在12月6日下午，产业党工委书记萧群结合校企体制改革实际作了题为"学习贯彻习近平新时代中国特色社会主义思想，全面推进北大校企体制改革工作"的专题报告。

（马军长）

后勤管理与保障

总务工作

【发展概况】 总务部是学校的行政职能机构，是学校教学科研中心工作和各项日常工作正常运转的后勤保障部门。其主要职责是：坚持"为教学科研和师生员工提供优质服务"的宗旨，以"做好保障服务和实现安全稳定"为根本目标任务，根据学校建设和发展的需要，制定后勤保障服务规划和总务系统工作计划；按照"小机关、多实体、大服务"的管理运行模式，协助学校，管理监督协调服务总务系统各中心做好各项后勤保障服务工作；做好和政府有关部门及校外业务单位的接口衔接工作。经学校审批同意，房地产管理部房屋维修管理办公室于2019年5月迁入总务部作为内设机构办公室。2019年，北京大学总务部下设综合办公室、计划管理办公室、运行管理办公室、人事办公室、房屋维修管理办公室5个办公室。同时，北京大学爱国卫生运动委员会办公室、北京大学绿化委员会办公室常设于总务部。截至2019年12月，总务系统在职事业编制258人（其中总务部16人）、非事业编制人员2989人（含劳动合同制人员1263人、劳务派遣、劳务外包、合作经营单位人员等1726人），共计3247人。

运行管理工作。总务部与会议中心、餐饮中心、动力中心、公寓服务中心、校园服务中心协调分工合作，全力做好后勤保障服务工作：

1. 落实"厕所革命"，完成部分卫生间改造。对使用较久、条件较差的三、四教卫生间，电教卫生间，理科三号楼卫生间更新改造，解决厕所异味问题，提升卫生间品质和舒适度。

2. 学校地理信息公共服务平台建设。建设学校地下管线及附属设施的三维系统，对校园地面设施、道路、绿化、文物、建筑等进行三维建模。降低学校建设过程中地下设施的矛盾与事故隐患，保障管线运行安全，提高管线工程规划设计、施工与管理的准确性和科学性。

3. 学生宿舍消防系统更新改造。完成畅春园、畅春新园及校内部分学生公寓楼内原有消防应急广播系统、应急疏散门控系统改造升级，提升紧急状态下的学生疏散和应急管理能力；对24栋学生公寓楼新增无线式火灾报警系统，使用无线传输及控制方式，实现学生公寓楼火灾预警全覆盖。

4. 电力智能管控平台和开闭站及配电室综合智能化改造。2019年，完成勺园、五四、学生区、博雅塔4座配电室综合智能化改造，利用电力智能管控平台对完成改造的开闭站及配电室实现远程监控、智能管理。

5. 校园基础设施维修改造。完成校园水电暖基础设施改造，包括光华管理学院2号楼防雷改造，保障楼内设施、人员安全；45—48楼配电系统进线柜设备更新，使学生用电更加安全稳定；学生宿舍45—48、45甲、45乙楼地热水管及自来水管更新工程，解决"跑冒滴漏"问题；45—48楼电热开水器采购及安装，学生用水更加安全可靠；学生宿舍浴室水站水箱辅助加热改造，使学生洗浴环境、舒适度得到进一步提升；实施探漏平台的二期建设，改善学校老旧管线"跑冒滴漏"状况。完成校园建筑楼宇基础设施维修改造，包括暑期毕业生宿舍维修改造，使宿舍环境得到较大改善；农园食堂钢结构雨棚维修改造，使就餐人员的出入安全得到保障；学生宿舍安装视频监控系统，提高宿舍整体安全性；完成食堂自动灶台灭火装置采购及安装，使餐厅后厨安全环境得到提高；二教吊顶、扶手的维修改造工程，使师生安全得到保障。完成部分建筑楼宇消防设施更新改造，包括61甲、畅春园食堂楼内消防主管道更换工程；昌平校区图书馆消防系统更新改造，消除消防安全隐患。完成幼儿园硬件设施更新改造，包括：燕东幼儿园门窗更换工程；蔚秀幼儿园外墙粉刷及盥洗间洗手台更换工程；蔚秀幼儿园食堂排烟设备更新改造，改善幼儿园师生的教学、生活环境。

6. 校园环境整治。推进未名湖水系（朗润园）水质改善工程，增强朗润园湖区内水体的流动性和自净能力，对改善未名湖水系末端的水生态环境起到良好的推进作用。完成车辆管理科前办公区域大客车停车场修建，燕北园家属区道路的修缮工程。

7. 校园节能减排改造工程。完成集中供暖锅炉房低氮改造二期工程，将集中供暖锅炉房一期未完成的锅炉进行低氮改造。实施二教照明智能控制系统改造、老旧计量器具更换等，减少水和电资源的消耗，推进公共教室区域分时分区换热站及外网改造工程，减少能源消耗。

房屋维修工作。1. 做好日常零修工作，2019年房屋维修办公室共完成房屋零散维修770余项，配合公寓服务中心完成教师公寓与博士后公寓整体粉刷40套。

2. 配合办公楼临时搬迁，暑期完成对燕园大厦党委办公室校长办公室临时办公相关楼层及地下车库的装修改造。

3. 校内房屋屋面防水维修工程。进行燕园大厦、资源东楼、陈守仁国际研究中心、保护生物学楼、技物楼等多家公房的防水维修工程。针对多栋家属楼发生的屋顶及阳台漏雨问题，及时进行防水维修。

4. 古建维修工程。配合房地产管理部文物保护办公室，开展中国古代史图书馆及会议室古建维修、治贝子校园古建屋面维修、博雅塔砖石掉落维修、湖心亭兽头掉落、西门兽头掉落、静园二院瓦片脱落等古建维修工程。

5. 其他专项维修工程。完成资源东、西楼卫生间修缮、外墙面粉刷维修、地下消防水池管道拆换维修等工程；理科五号楼卫生间修缮、公共部位灯具维修更换、外墙雨水管加固及更换、空调机组维修等工程；人文学苑门厅连廊维修、大理石外墙裙修缮等多项专项维修工程。

6. 开展房屋安全排查。对校园内及校园周边楼宇开展外墙皮排查并清除松动墙皮；对楼顶落叶杂物开展清理，防止冬季雪后堵塞雨水管道，造成房屋漏水；对古建屋顶杂草进行清理，同时补修加固残损瓦片。

节能工作。坚持执行北京大学用水用电全额收费的市场运作机制，将节约能源纳入到市场经济的轨道。2019年是执行全额收费办法的第18个年头，也是执行学生宿舍"定额管理，计量收费"制度的第14个年头。全年水电费总支出为：9984万元，总收费为：12,334万元，收支基本平衡，略有结余。全年完成节能减排项目12项，总金额达2121万元。

1. 校园西区水电外线综合改造、东部区域水电外线综合改造。学校承泽园、燕东园区域建设年度相对较远，管线"跑冒滴漏"现象相对严重，电力设施陈旧。2019年，完成区域内上下水管线更换，更新电缆、变压器、路灯等电力设施。

2. 北京大学供水管网渗漏报警平台二期工程。在一期平台建设的基础上，二期新增探漏仪130台、通讯用基站7台，覆盖校园东南部区域、畅春新园、北大附小、勺园等区域，实现更大范围的有效监测，解决地下给水管线找漏点难的问题，提高供水可靠性、减少供水管网的水资源浪费。

3. 居民电表改造一期。更换燕东园、4—7公寓、中关园等区域的老旧电表共计2000余块，同时实现居民线上缴费。

4. 北京大学公共教室区域分时分区换热站及外网改造。对公共教室区域不同使用功能的建筑进行分时分区供暖计量监控，实现区域供暖能耗的统计分析与管理。同时根据策略进行供暖分区或分楼栋分时分温优化控制，并且根据外网情况，调整二次水循环水泵、二次水补水泵及配套电气系统的运行实现供暖能耗的下降，减少能源消费，节约成本。

5. 健全学校节能工作机构，制定节能工作计划。

6. 完成北京大学2019年度碳排放报告，并按照北京市发改委要求完成重点碳排放单位2019年度履约工作。

7. 根据北京市发改委、北京市质监局、北京市财政局共同下发的《关于推进在京万家企业和市级考核重点用能单位能源管理体系和碳排放管理体系建设工作的通知》要求，继续完成学校能源管理体系认证工作。

8. 按照北京市发改委要求，完成北京大学能源利用状况报告，并顺利通过北京市重点用能单位年度节能减碳目标责任考核。

9. 加强节能宣传。积极配合各级政府的能源管理部门及市区节水办在世界节水日、全国节水宣传周及节能宣传周开展节水、节能宣传。加强与其他高校的沟通，学习周边学校切实可行的节水、节能经验和技术；与学校相关学生社团联系，开展宣传活动，引导学生树立节能环保观念。2019年，利用节水宣传周、节能宣传周，联合城市与环境学院团委及"林歌"校园环保项目、爱心社等学生社团，开展"爱我北大·校园可持续发展系列活动"，包括校园文印纸回收、节水节能LOGO有奖征集等形式多样的宣传活动。利用学校后勤燕园微公众号，号召广大师生员工积极参与水利部和全国节约用水办公室举办的"2019年全国节约用水知识大赛"等。

队伍建设工作。1. 完善人事管理制度，加强用工管理，做好舆情处置。（1）强化政治建设，严格落实意识形态责任制，及时排查后勤用工管理和人员风险点，制定和落实风险防控措施。（2）牵头编写后勤人事工作简报。（3）牵头汇总整理后勤各单位用工管理主要风险、用工数据主要变化、关心、服务员工工作和队伍建设情况，向后勤党委、总务部汇报。（4）牵头组织后勤各单位开展劳动（劳务）用工自查，重点对劳务派遣、劳务外包、合作经营单位的用工情况进行了摸排，对自查中发现的问题制定具体整改措施。（5）牵头推进后勤系统人事管理信息化建设，完成后勤人事信息管理系统的需求分析和前期开发。

2. 组织工程技术（后勤/产业）学科组职称评审。1人晋升高级工程师、1人晋升工程师。

3. 推荐并获评后勤唐立新奖教金10人。

4. 做好总务部在职人员人事工作。（1）加强领导班子和干部队伍建设。做好班子、干部述职测评和年度考核，民主生活会和重要事项报告，新上岗干部试用期满考核。（2）配齐科室干部和工作人员队伍。招聘2名劳动合同制人员，完成房屋维修管理办公室调整至总务部的人事关系调转，逐步改变总务部缺员状况。（3）做好月考勤考核、985岗位考核和续聘、聘期考核和续聘、年度考核等。事业编制人员参加年度考核16人，其中优秀1人、合格15人。做好5名合同制人员试用期满考核及年度考核，其中优秀1人、合格4人。（4）做好总务部独生子女互助医疗、生日庆祝会等薪酬福利。（5）协调解决总务部机关干部的各种培训、考核、通用岗位申请、职称职务晋升、续聘、薪酬福利以及职工人事问题。

5. 协调服务总务系统中心做好在职人员人事工作。（1）加强干部队伍建设。配合组织部为中心配备正、副职干部，协调做好中心领导班子、干部述职测评和年度考核，民主生活会和重要事项报告，新上岗干部试用期满考核。（2）深化后勤队伍改革，在学校总体招聘指标非常紧张的情况下，申报并完成招聘计划5个，完成招聘事业编制人员1名，加强中心骨干力量。（3）组织中心科室干部招聘。（4）完成通用岗位聘任。（5）做好聘期考核和续聘、年度考核等。事业编制人员参加年度考核258人，其中优秀15人、合格241人，不确定档次2人。（6）协调中心事业编制人员调动、各种考核、职称职务晋升、续聘、工资返还以及职工人事问题协调解决。（7）在人事部的指导下，协调监督中心做好合同制人员的规范管理，进一步规范合同签订、社会保险等用工管理。（8）在学校人事部的帮助下，和中心一同面对合同制职工管理中出现的新问题，处理好相关诉求和劳动纠纷问题。（9）依托各单位组织职工培训，技能大赛，参加平民学校，实施激励机制等。在做好上述工作的同时，特别注意加强好干部，管理、技术骨干和一线职工队伍建设，构建精干高效可靠的后勤队伍。

6.做好离退休人员服务工作。（1）做好总务部离退休职工微信群、加强沟通、慰问、生活特困帮扶、支部活动等。（2）协调服务总务系统中心做好离退休人员服务。及时向离退休人员传达学校组织的离退休人员政治学习、工资调整政策，发放活动经费、特困职工补助等；加强离退休人员思想政治学习和离退休党支部工作；关怀离退休人员的生活福利，对生活困难和遇有难事的离退休人员给予帮助，组织年底慰问和团拜等活动。

7.组织人事干部培训，提高人事干部工作水平。

综合工作。1.协调做好北京大学庆祝新中国成立70周年系列活动。总务部协调后勤保障相关单位为系列活动提供餐饮、动力、车辆等保障工作，确保各项活动后勤保障工作有序平稳开展。

2.协调学校年度重大活动保障工作。与学校相关部门密切配合，协调北京大学开放日、五四青春长跑、全国优秀高中生夏令营、高考阅卷、迎接新生、新生党员培训、军训、毕业生离校、校庆活动、北京论坛、国际文化节等大型活动的后勤保障服务工作；完成开放暑期校园游等校内活动的相关组织协调工作，维护校园秩序、保护校园环境。

3.安全检查工作。（1）总务部牵头，会同保卫部、学工部等6个单位配合学校开展春季、秋季安全教育和联合检查活动。对校本部、畅春新园学生宿舍的消防设施和违章用电现象进行安全检查，排查安全隐患。（2）配合保卫部、燕园街道办，对学校进行年底安全大检查，对学校办公场所重点防火部位和校内商铺进行重点检查，消除校内商户及其他地下空间的不安全因素。

4.组织会议及对外接待工作。（1）2019年度完成总务长办公会、后勤各中心主任联席会等会议的筹备、议题收集、会议纪要报送工作。（2）组织4次"我的校园我做主"学生代表与后勤系统座谈会，完成议题收集、督办和答复。

5.信息化工作。（1）管理总务部网站，定期更新网站内容，发布相关信息动态至校园门户及总务部网站。（2）建设"燕园微后勤"微信公众号。全年发文约200篇，粉丝量增长4000余人，总阅读量近30万次，《探秘博雅塔内丨灯光背后的已知与未知》等文章深受好评。

6.其他综合性事务。（1）管理未名BBS总务部账号，对校长信箱版面中针对后勤工作提出的意见和建议进行及时了解、答复、处理。（2）做好爱国卫生委员会工作，完成灭四害的年度计划、购药、消杀、检查监督等相关工作。（3）推进无烟校园建设，积极宣传控烟活动，张贴禁烟标识，发布《北京大学控制吸烟管理规定（暂行）》。2019年，北京大学荣获"北京市控烟示范单位"荣誉称号。

（黄宇、王霈、钱群、张怡、任嘉庆）

【开展"不忘初心、牢记使命"主题教育】 总务部于2019年9月至2020年1月开展"不忘初心、牢记使命"主题教育，深入学习贯彻习近平新时代中国特色社会主义思想、习近平总书记在"不忘初心、牢记使命"主题教育工作会议上的重要讲话、党的十九届四中全会精神等。总务部严格按照党中央、学校关于主题教育要求制定《总务部"不忘初心、牢记使命"主题教育实施方案》，召开主题教育工作部署会，通过自学和集中学习的方式加强对习近平新时代中国特色社会主义思想、党章党规等材料原原本本的学习；结合日常工作开展研讨学习，开展调查研究，重点关注后勤一线职工住宿事宜；全体党员同志对照党章党规找差距专题开展自查、抄写入党誓词重温入党时刻；开展专题讲党课、学习党的十九届四中全会等会议精神；开展校园巡查志愿服务、参观赛克勒博物馆北京大学"不忘初心、牢记使命"主题展、李大钊烈士陵园和香山双清别墅、集体观看《我和我的祖国》《小巷管家》、为公寓服务中心一线员工捐赠书籍等活动，努力实现理论学习有收获、思想政治受洗礼、干事创业敢担当、为民服务解难题、清正廉洁作表率。

总务部坚持边学边改、即知即改、应改尽改，为民服务解难题。重点解决如下疑难问题：1.服务师生。33楼东侧快递点增设三盏高杆灯、勺园天桥修缮、协同图书馆进行图书馆周边停车环境改善等工程已经完成；燕南园公共卫生间和民主楼北侧公共卫生间改造、垃圾楼搬迁、未名湖水系（朗润园）水环境改造等工作正在进行。2.服务后勤员工。实施后勤员工集体宿舍环境质量提升工程，缓解200余名员工住宿拥挤的状况；进行电力增容改造和安装空调，改善240余名员工住宿环境。

（任嘉庆）

会议中心

【发展概况】 组织结构。北京大学会议中心下设综合办公室、财务办公室、对外交流中心、百周年纪念讲堂管理部、勺园管理部和中关新园管理部。现有建筑面积22.6万平方米，拥有1个2063座位的礼堂和39个大、中、小型会议室，各类不同风格特点的餐厅6个，接待床位5000多张。会议中心现任主任张胜群，副主任孙战龙、李榕、刘寿安、周锋。

业务发展。2019年，会议中心为学校春节团拜会、校领导班子寒假战略研讨会、纪念五四运动100周年师生座谈会、北京大学国庆70周年活动动员大会、柬埔寨王国首相洪森北京大学名誉教授授予仪式暨演讲会、哈佛大学校长白乐瑞（Lawrence S. Bacow）访问北京大学、诺贝尔化学奖得主弗朗西斯·阿诺德（Frances H. Arnold）北京大学演讲会等重要活动提供场地和服务保障等；承办17个国内外重要学术会议；接待34批1100人次海外宾客来访；全年会场使用4244场次，参加会议活动约47.4万人次；举办各类演出76场，放映电影110场，引进多种美育形式的艺术课堂23场，展览9场，观众20万人次；接待中外宾客8万人次住宿，76万人次就餐；累计接待中外学生3647人，目前在住留学生1848人，国内学生856人，博士后191户。实现总收入2.6亿元，利润7439万元，上缴学校3440万元；为学校及师生免收、减收服务费用177万元。

对外交流中心组织承办北京论坛2019、第五届中华文化论坛等重要学术会议9项，承办中共中央统战部、国务院侨务办公室、中华全国归国华侨联合会、中央人民政府驻香港特别行政区联络办公室组织的海外研修项目8项；接手帕卡德公寓、岛亭和燕南园55号院三处接待场所的运行管理工作。讲堂继续开展五四交响音乐会、新生音乐会、新年芭蕾音乐会、"春风上巳天"昆曲演出、欧盟影展学术放映周等品牌项目；首次推出"讲堂戏曲艺术节"，邀请中国戏剧表演艺术最高奖"梅花奖"得主石小梅、孔爱萍、茅善玉等10位名家做客讲堂；讲堂李莹厅5月份改造完毕投入运行后，策划引进北京人艺进北大等系列高雅艺术活动；讲堂合唱团于2019年5月受邀赴南通大学举办专场音乐会，讲堂剧团推出小剧场话剧《第三人称的我》和《非虚构幻想》；自主策划《攀登者》剧组映后与观众交流活动，配合完成电影《我和我的祖国》北大录演及拍摄工作。勺园推出北大版中秋月饼礼盒，推介弥渡古树红茶以及其他农产品，助力弥渡脱贫工作；做好勺园1、3、4号楼博士生两人间家具调整工作；举办中外师生"新春包饺子""中秋品月饼"等活动，与中关新园留学生公寓联合举办首届中外师生羽毛球联谊赛，开展"致青春 再出发"的毕业季留念活动；组织学生公寓管理与服务问卷调查，236名学生参与评价，满意度为98.73%。中关新园通过网络订房渠道开展营销，推出客房优惠促销活动；与大众点评网合作，应季推出"闲庭时光"休闲餐饮和团餐自助火锅等餐品与服务，并重新调整教职工餐厅自助菜品菜单；建立留学生公寓管理参事会，为留学生提供便捷服务，将公用洗衣机和烘干机付费方式由投币改进为刷卡，启用公寓门禁人脸识别系统，更换新型自动售卖机，加装电动车刷卡充电桩，增设智能快递柜等；组织"我们一起品""粽情端午"主题活动、毕业季"跳蚤市场"活动等。

硬件改造。2019年，完成讲堂李莹厅改造，自筹资金1224.6万元改造硬件设备设施。主要有：英杰交流中心卫生间、帕卡德公寓部分客房和岛亭会场改造；讲堂东门电子屏改造、增设自动取票亭、观众厅灯光及视频购置；勺园餐厅装修和厨房设备改造、前厅部办公区维修改造、加装弘雅厅LED显示屏；中关新园1号楼弧廊护栏更换加固、各餐厅厨房油烟净化器改造、部分空调管线改造、地面石材更换翻新等；推进勺园7、8、9号楼装修改造和中关新园9号楼装修改造前期工作。

队伍建设。2019年，会议中心共有员工1024人，其中，学校编制员工65人（干部15人、工人50人）。学校编制员工退休6人。

2019年，会议中心聘任内设一级机构助理及以上人员8人；组织第五期青年骨干训练营，20名40岁以下骨干人员参加；以"铭记使命，固本守正，凝心聚力，协同共行，顺势而为，创新发展"为主旨举行每年一度的干部研讨会；组织员工参加学校工勤岗位聘任，勺园许春生获聘中式烹调师二级技师；完善岗位分级管理机制，评定129人为中高级岗位员工。

2019年，会议中心组织培训738课时、1.8万人次受训，18人参加平民学校学习，46人在职进修大专及以上课程。继续开展新入职员工培训和中高层管理人员培训，组织骨干赴日本东京大学、早稻田大学和京都大学考察学生公寓服务管理工作；赴华中科技大学和厦门大学考察交流会议组织和会场服务工作；接待清华大学、南京大学等多批次高校后勤同行参观考察；支持讲堂艺术管理主题系列培训、勺园和中关新园中高级管理人员联合培训和"同读一本书"等特色培训；支持员工参加行业比赛。勺园厨师团队荣获第十五届国际美食养生大赛团体金奖，王宝忠获个人金奖，吴俊林、崔江胜、许春生获三项全能金奖，并被授予"世界美食药膳名师"荣誉称号；中关新园陈义洪获得由世界中餐业联合会颁发的"锋火杯—2019年度中餐厨师艺术家"等餐饮界奖项；在第二届"味道中国 鼎厨大赛"上，中关新园杨正声、宋会军分别荣获"十大名厨"奖和"优秀作品"奖。

2019年，会议中心开展4期"赏精品 享艺术 悦生活"活动，由中心出资组织员工欣赏艺术演出，面向全体员工发放价值12万元的文娱活动兑换券；举办庆祝会议中心成立20周年系列活动；组织员工参加学校运动会、"一二·九"师生歌会等文体活动，荣获教职工游泳比赛总分全校第1名；勺园开展员工音乐兴趣课堂、花艺及插花兴趣课堂，组织"亚健康职业病"中医诊断及中医调理活动，继续举办健康大步走、新春游园会等活动；中关新园组织"共绘新园美好生活，庆祝建国七十周年"绘画比赛、第二届迷你马拉松等活动，完成制作"人文新园"宣传片和运行10周年纪念画册。

2019年，会议中心继续完善薪资体系，为非城镇户口员工缴纳住房公积金；改善员工住宿条件。勺园给宿舍加装除湿机，更换床和储物柜等设施；中关新园持续利用腾退的办公用房改造员工宿舍，并接收讲堂、勺园员工入住；做好探亲房管理工作，全年有38名员工申请并使用探亲房；组织员工参加后勤生日会等活动；举行退休人员迎新春茶话会，组织赴世界园艺博览会参观，慰问探望80岁以上高龄人员和其他有困难的退休员工。

党建工作。2019年，会议中心共有6个党支部，党员94人。中心党总支和所属5个在职党员支部完成换届改选工作，张胜群为中心党总支书记；组织党员赴延安、张家口董存瑞烈士纪念馆、白洋淀雁翎队纪念馆、顺义焦庄户地道战遗址、平谷冀东抗日根据地、国子监和孔庙博物馆等参观学习，接受教育。

2019年，会议中心领导班子深入开展"不忘初心、牢记使命"主题教育，围绕习近平新时代中国特色社会主义思想、习近平总书记系列重要讲话、党的十九届四中全会精神等组织集中学习研讨，结合工作实际开展调查研究，广泛收集师生员工意见建议，并对照党章党规检视问题，开展谈心谈话活动，组织专题党课和民主生活会，制定针对性整改举措。党总支和各支部组织党员开展主题教育理论学习活动，组织赴香山革命纪念地、北大红楼、校史馆、北京展览馆等处参观学习，观看《我和我的祖国》《攀登者》《决胜时刻》《敦煌女儿》等主旋律电影和演出，进行校园环境巡察和清洁校园等志愿服务，组织支部书记讲党课、专题组织生活会、民主评议党员等活动，并通过设立漂流书屋、美化宿舍环境等措施为身边群众做好事实事。

2019年，会议中心贯彻中央八项规定精神，落实全面从严治党主体责任，贯彻办公会会议制度和"三重一大"决策议事制度，通过主任信箱、员工座谈会等形式广泛听取群众意见，组织233人次员工代表对会议中心领导班子和各单位班子以及18名班子成员进行民主评议。

内部管理。2019年，会议中心以成立20周年为契机，制定《会议中心2023发展计划》任务分解实施台账，制定修订14项规章制度；加强大额资金审批管理，完善中心发展基金运行管理机制，规范大宗物料联合采购；完成中心层面23个项目的招标工作，协助总务部、房产部、实验室与设备管理部开展12个招标项目，共涉及招标金额约1027万元（不含长期供货商项目）；开展内外宣传，在学校新闻网发布宣传报道28篇，网站更新新闻动态322篇，微信公众号和微博发布信息556篇。配合学校庆祝新中国成立70周年各项安保工作，落实会场使用和大型活动审批机制，健全突发事件应急预案，开展安全宣传教育、定期巡检和消防应急演练；配合卫健、市场监管、城管等行业相关主管部门专项检查和年审；做好新冠病毒防控工作。

对外交流中心理顺帕卡德公寓、岛亭、燕南园55号院等3处新接手服务场所的运行机制和管理模式；完善会议注册系统；理顺院系拨付会议承办费财务流程；执行每日值班巡察、每周问题汇总、每月安全检查制度。讲堂完善演出项目评审流程，规范活动承接工作程序；改进网上订票系统；落实安全网格化管理责任；赴哈尔滨大剧院、哈尔滨工业大学等单位参观学习。勺园将学生公寓部从总经理办公室划入房务部管理，改革预订销售体系，规范细化客房卫生二次检验、餐具破损管理等业务流程；推行网上报修，完善财务系统功能模块，启用新的考勤系统，实现微信自助点菜及结账功能；完成勺园7号楼消防安防设备更新改造，勺园6—8号楼消防电气火灾设备检查；修订消防、反恐、防爆突发应急预案等，并配置专业设备。中关新园制定修订23项规章制度；增加酒店管理系统功能，实现管理系统与公寓人脸识别设备对接，推进办公系统在线工作流程的使用、网络设施升级改造和电视系统设备更新；加强对配电室、电梯、锅炉房等重点区域设备的巡查和监控，定期检查与集中保养相结合；开展月度安全大检查、年度建筑消防设施检测和电气防火检测，每月组织微型消防站拉练；接待清华大学、南京大学、中国人民大学、天津大学等高校后勤同行参观考察，并赴北京师范大学、中国人民大学、北京友谊宾馆等单位参观学习。

荣誉表彰。2019年，会议中心被评为北京大学2019年度安全管理先进单位、北京大学2019年度网络安全工作优秀团队、北京大学2016—2019年度离退休工作先进集体；中关新园管理部第8次荣获"海淀区涉外宾馆饭店先进单位"称号；中关新园何海燕、讲堂李春亮和闫海刚、勺园李刚四人获评北京大学2019年度安全管理先进个人；讲堂刘玉辉获评2018—2019年度"北京大学青年岗位能手"；勺园冯治国获"唐立新奖教金"。

（马冬妮、刘　晴、李春亮、盛　伟、林　峰）

【会议中心成立20周年】 2019年，会议中心以成立20周年为契机，系统梳理规章制度和档案资料，制作宣传片和专题画册，在校刊推出专版，举行专题讲座和干部研讨会，围绕"述说20年故事，见证20年成长"举办"讲述"活动，开展游艺竞赛、知识竞赛、国庆联欢、歌唱比赛等群众性活动，并以活动积分兑换形式为员工提供体验中心服务产品的机会；向王悦亭、王颖、邵华、周媛媛、闫海刚、邻俊明、马钧、杨继光、关玲、李凤莲、王秀亭、赵黎蕊、李建富、鞠国峰、母之华、何辉辉、李宝利、周梅、张莹、张学勤等20名员工授予"会议中心优秀个人"称号；向对外交流中心会场部，百周年纪念讲堂管理部技术办公室技术组、勺园管理部餐饮部勺园中餐厅炉灶班组、房务部学生公寓部、人力资源部，中关新园管理部客房部公寓接待中心、餐饮部怡园中餐厅、工程部强电班组、财务部采供班组、人力资源部人力后台等10个集体授予"会议中心优秀集体"称号。

校党委书记邱水平对会议中心成立20周年作出批示：20年来，北大会议中心秉承"服务学校大局，服务广大师生"的宗旨，开拓进取，社会效益和经济效益齐头并进，成为北大学术和北大精神的展示窗口，为北大创建世界一流大学做出了独特贡献。祝愿会议中心在服务北大发展中再创佳绩。

2020年1月10日，庆祝会议中心成立20周年大会在中关新园举行。北京大学副校长王仰麟到会并讲话。

（马冬妮）

【留学生公寓管理参事会】 2019年3月，会议中心中关新园管理部组建留学生公寓管理参事会。在借鉴国外学生公寓管理经验的基础上，让留学生参与到公寓的日常运行、管理和服务工作中，参与宿舍文化建设。参事会面向在住留学生进行选聘，获聘人员签订聘任协议，承担及时收集学生建议等信息并与管理部共同研究讨论、协助管理部开展各项安全宣传活动、参与学生宿舍卫生检查及评比等工作，同时可获得房费减收或免收优惠。经选聘，第一届参事会由来自9个国家和地区的13名留学生组成。

参事会成立以来，成员们发挥身份和语言优势，收集整理在住留学生的需求和建议，制作相关宣传材料，推进落实管理措施，解答同学们生活中遇到的疑难问题，参与组织心理健康咨询、秋季迎新、留学生安全宣传月、端午中秋传统佳节美食活动等，推进留学生公寓互动式管理模式的探索和搭建。

（马冬妮、林　峰）

餐饮中心

【发展概况】 **食堂规模**。2019年，餐饮中心直管食堂11个：学一食堂、艺园食堂、燕南美食、学五食堂、农园食堂、畅春园食堂、勺园食堂、佟园食堂、中关园食堂、松林快餐厅、最美时光咖啡厅；校外托管食堂3个：圆明园校区食堂、昌平校区食堂、万柳食堂。

食品安全。为有效应对猪肉和禽类等食品原材料价格激增带来的影响，餐饮中心在合理利用学校平抑资金的基础上，通过启动部分食品原材料临时补贴、开发替代产品、紧盯市场等多项措施平抑物价，保证食堂饭菜质价稳定，保障师生生活不受影响。为防控诺如病毒，餐饮中心坚持每月定期检查，先后邀请燕园街道办事处市场监督管理所、专业第三方培训机构开展培训，并针对诺如病毒防控开展多次专题培训，提高食品安全防控能力。

生产安全。餐饮中心除完成例行安全检查与消防培训外，加强技防措施，安装灶台灭火设施、更换燃气报警系统等，实现全年安全生产"零"事故的工作目标，连续4年被评为"北京大学安全管理标准化建设先进单位"及"海淀区高校交通安全先进单位"。

人员情况。截至2019年底，餐饮中心共有员工1105人，其中：在职事业编制职工50人，占员工总数的5%；事业编制返聘职工10人，占员工总数的1%；校劳动合同制91人，占员工总数的8%；劳务派遣制433人，占员工总数的39%；合作经营及劳务外包单位员工合计521人，占员工总数的47%。

营业收入。2019年，伙食营业总收入2.29亿元，比2018年增加2606万元，增幅12.81%。

服务情况。2019年，日均服务就餐师生66,000人次（采样数据：2019年9月）。生均月伙食费（含本、硕、博，75餐/月以上，采样数据：2019年3月）为689元/人/月。

食品原材料采购。2019年，食品原材料采购总量合计3212.6万斤，比2018年增加170.6万斤。大宗食材采购均来自北京高校直供基地和北京高校伙食联合采购平台，采购量占全年采购总量的70.79%。

伙食补贴。受2019年下半年猪肉等肉类产品价格大幅上涨影响，为保持伙食稳定，全年伙食补贴支出总额共计1924.47万元，其中，使用北京市和学校平抑资金约1723.99万元；使用自有资金补贴约200.48万元；伙食补贴总投入比2018年增加659.14万元。

硬件改造。为保证食堂生产加工正常运转，全年投入基础设施改造、设备购置费用约660万元（含总务部出资约100万元）。

党建和群众工作。2019年，餐饮中心党总支按期完成中心党总支换届工作，积极配合支持后勤党委开展换届工作。按照学校党委统一部署，餐饮中心认真组织实施"不忘初心、牢记使命"主题教育方案，领导班子开展10次集体学习活动，并对燕园校区餐饮布局及规划、丰富校园餐饮及组织实施中青年技术骨干培训班系列培训、餐饮中心文化建设和餐饮中心信息化建设分别进行重点调研，餐饮中心主任陈杰讲授专题党课。此外，按照后勤党委的统一部署，餐饮中心党总支和党支部前往昌平革命历史纪念馆、革命老区昌平区狼儿峪村和国家博物馆等地进行参观学习，并联合环科学院党支部开展系列主题党日活动。同时，餐饮中心领导班子和党支部书记按时参加后勤党委组织的治理能力现代化系列学习培训，提高政治站位。以党建带群建，做好工会群团工作。改造45乙地下空间用于改善职工居住条件；开展职工集体生日会、趣味运动会、主题手工DIY、新入职职工校史培训等活动丰富职工业余文化生活。

餐饮综合楼合作经营项目招标。餐饮中心反复调研，多次邀请总务部、招标代理公司等部门共同确定招标方案、制订经济政策。招标涉及8个包件，分别为特色风味、中式快餐、休闲餐、咖啡厅和水吧，截至2019年12月25日，所有中标公司已公示完毕。

文化建设与服务育人。2019年，餐饮中心通过组织研讨和交流，总结提炼餐饮中心的初心与使命、团队建设目标、餐饮运营理念等，进行组织文化的迭代。力推"燕园味道送祝福"新春糕点售卖活动，利用"十佳菜肴"和"十佳服务"评选、"地方小吃进北大"之嵊州美食文化节等活动逐步树立校园餐饮品牌活动，吸引师生广泛关注和参与。以餐饮综合楼内部装修设计为契机，引入校友文化企业进行VI视觉识别系统设计，更好地塑造组织形象，体现组织文化。餐饮中心在"三全育人"领域不断探索，坚持学生监督员制度；微信公众号学生运营团队力量也逐步扩大，多个院系学生参与共建，发表在微信公众号的学生作品曾被共青团中央、央视新闻、人民日报和北京大学新闻网等媒体转发，达到很好的宣传效果。

食堂改扩建工程。2019年，餐饮中心配合基建工程部、总务部、房地产管理部等部门，推进食堂重点改扩建工程。截至年底，餐饮综合楼主体结构已完工，硬装、软装工作有序推进，家具、设施设备招标正在进行；成府园食堂改造工程也在按计划实施中；燕南美食、佟园食堂改造工程处于前期改造方案讨论阶段。

推进信息化建设。2019年，餐饮中心完成菜肴出品系统、临时餐卡线上充值系统的研发，启动财务信息化平台的研发。在餐饮综合楼的设计中，融入智能科技，采用智能结算系统。

（甄　涛、张　琪）

【国庆70周年北京大学师生游行方队餐饮服务保障】 2019年8月至10月，餐饮中心协调完成6次国庆套餐制售任务，累计服务方队师生11,454人次；为训练师生提供早餐包，凌晨分装和配发；制作临时餐卡17,886张；制作并发放定制款中秋月饼3150块；推出深夜食堂服务，制作热姜汁可乐、热奶、热包子、热粥等，保障师生餐饮正常进行。

（张　琪）

【帮扶弥渡县脱贫攻坚】 根据北京大学对口帮扶弥渡工作安排，为助力弥渡县脱贫攻坚，餐饮中心于2019年9月20日至24日，配合学校国内合作办公室等部门、弥渡县政府，举办"燕园味道庆华诞，弥渡真情荐优品"活动，展示和宣传弥渡特色农产品，并供学校师生现场选购。此外，餐饮中心直接采购弥渡酸菜等农副产品，开发新菜品，通过消费扶贫为弥渡脱贫贡献力量。

（张　琪）

【做好校内巡察整改】 2019年3月至4月，餐饮中心根据巡察组的巡察反馈意见，列清任务清单、责任清单，制定、修订和完善《餐饮中心理论中心组学习制度》《餐饮中心主任办公会会议制度》《餐饮中心党总支委员会会议制度》《餐饮中心退休返聘制度》《餐饮中心党总支民主议事决策制度》《餐饮中心供货商二次遴选机制》《餐饮中心供货商年度考核评估办法》《餐饮中心设施设备评标管理办法》等多项制度。同时，启动《餐饮中心2025年干部队伍建设规划方案》的制定工作，为餐饮中心人才队伍建设做好远景规划。

（张　琪）

动力中心

【发展概况】 动力中心主要承担全校水、电、暖、浴、物业的运行服务保障及全校水电暖节能收费管理工作，包括水电暖系统的运行、水电暖管网的检修维护、防汛抢险、零星维修、水电暖费用的收缴、浴室的管理服务、校内公共区域的物业管理服务等。动力中心下设9个科室：水管科、电管科、节能供暖运行科、综合办公室、财务室、节能收费科、计划修缮科、物业管理办公室、工程管理办公室。

2019年，动力中心共有员工508人，其中自有员工248人。现有事业编制职工74人，劳动合同制员工164人，劳务派遣制9人，退休返聘人员1人，共计：248人；另有劳务外包人员135人，供暖季节工125人。2019年共有6名事业编制退休，新入职事业编制1人。

运行保障工作。截至2019年底，全校供水量约424万吨；供电量约1.3亿度，供暖面积约219万平方米。零修面积约90万平方米。浴室日均洗浴人数8648人，单日最高可达14,550人次。全年实际收取水费1742万元，电费10,592万元，供暖费838万元。

1. 排水系统。完成排水管网清疏、雨水沟清掏、全校管道检修、浴室设备检修等工作。水系统维修跑票全年共计18,036张。

2. 电力系统。确保校园电网全年8760小时安全稳定运行；完成110kV电站、14座10kV开闭站和配电站的继电保护装置试验；完成4座10kV开闭站的智能化改造，接管新建的北大附中实验学校10kV开闭站。电力系统维修跑票全年共计9660张。

3. 供暖系统。保障集中供暖锅炉房、蔚秀园锅炉房和燕北园锅炉房燃气锅炉及26个换热站设施设备在供暖季稳定运行，完成全校219万平方米供暖系统夏季常规检修工作；完成集中供暖锅炉房、蔚秀园锅炉房和燕北园锅炉房的燃气锅炉维保工作；完成全校供暖系统检修；完成燕北园暖气外线（南线）主干管更换工程等多项工程。供暖系统维修跑票全年共计2075张。

4. 物业管理办公室完成辖区照明系统、空调系统、电梯系统的检修、保养；完成二教中央空调冷却塔漏水修补、理科楼地下顶棚翻新、三四教卫生间改造等工程。物业维修跑票全年共计7471张。

水电暖基础设施建设工作。2019年，动力中心完成各类维修、改造工程154项，其中水专业完成工程70余项，造价1850余万元；暖专业完成工程50余项，造价650万元；电专业完成工程30余项，造价2110余万元。

党建工作。动力中心党总支有教工党支部5个，党员86人，其中：在职党员31人，离退休党员42人，劳动合同制13人。2019年，动力中心党总支认真开展"不忘初心、牢记使命"主题教育，组织党员参观北大红楼、校史馆等活动；坚持把党建工作与中心水电暖运行保障工作共同安排、相互促进。

工会工作。2019年，动力中心工会拥有会员222人，其中：事业编制会员74人，劳动合同制会员148人。全年主要活动包括：女工活动、健康大步走、跳绳比赛等。

（解　芳）

【校园环境与后勤报修平台建设】 2019年1月1日，"3319报修值班室"完成整合并正式更名为"校园环境与后勤报修平台"，负责校园环境和后勤报修工作。截至12月31日下午4时，平台全年共承接报修任务39,216单，电话接打量约101万起。另外，报修平台在做好传统电话报修工作的基础上，积极推动网络报修系统建设，网页报修与微信报修的接单量稳步增长，2018年网页微信报修的接单量不到总接单量的1%，2019年增加到占总接单量的10%。

（方 晨）

【集中供暖锅炉房低氮改造二期工程】 拆除原有3台14MW锅炉，新增1台46MW低氮燃气热水锅炉，其氮氧化物排放浓度控制在30毫克每立方米以内。2019年供暖季开始后，动力中心根据天气情况及时调整锅炉房的供暖运行参数，在保障供暖温度的同时减少能源消耗；在集中供暖锅炉房安装了烟气在线监测系统，实时监测锅炉的氮氧化物排放，并与北京市环境保护局联网。

（王宪辉）

【国庆70周年期间水电保障】 2019年，为确保学校举行庆祝中华人民共和国成立70周年系列活动顺利进行，动力中心提前对辖区水电设施、消防中控、安防值勤、设备管道、电梯等进行检查和维修，并提供国庆期间各活动场所的临时用电，圆满完成学校庆祝活动的保水保电工作。

（方 晨）

【自备井置换】 根据北京市2019年关于自备井置换的总体安排和要求，动力中心进行规划设计，提前启动相关区域的配套管网改造工作，已完成燕东园、北大附小、畅春新园、液化气站四个区域的自备井置换报装工作，启动上述区域配套管网改造工程的设计、招标和施工工作。

（马歌行）

公寓服务中心

【发展概况】 机构设置。公寓服务中心内设学生公寓办公室、教师公寓办公室、万柳公寓办公室、综合办公室和财务办公室。

服务范围。在学生公寓管理委员会的领导下，按照学校招生计划，协调落实国内学生（包括港澳台生）住宿安排。2019年底，燕园校区学生宿舍34栋，建筑面积23.6万平方米，宿舍7550间，住宿学生23,564人。在教职工住房管理委员会的领导下，承担教师公寓、博士后公寓的周转住宿服务。现有教师公寓（含博士后公寓）1652套（间），居住教职工（含博士后）1400余人。万柳公寓建筑面积10万平方米，住房953套（间），住宿研究生3059人，教职工397人。

队伍建设。2019年公寓服务中心干部员工共有329人，其中管理人员29人，综合服务保障一线员工300人。学生宿舍楼长105人，卫生保洁75人，综合服务、工程维修、运行保障、安保等89人，服务外包单位员工（安保、消防中控、安防和卫生保洁等）60人。

学生公寓管理。做好毕业生文明离校和暑期宿舍综合维修工作。2019年，燕园校区本硕博5889名毕业生安全文明离校；配合总务部完成宿舍粉刷检修1600余间，检修家具床铺7100件。

加强与同学沟通座谈，结合同学意见和建议，进行宿舍搬迁调整，共涉及宿舍调整1000多人次。

配合国际合作部、教务部、招生办公室等部门做好暑期学校、招办体验营等项目暑期住宿工作，累计5700多人次。

协调落实新生住宿方案，筹划做好迎新入住工作安排。2019年，本硕博7574名新生顺利入住宿舍；配合学生工作部做好3721名本科新生报到和军训时间调整安排。

积极开展宿舍文化建设。指导"北大燕窝"开展宿舍文化建设活动，组织楼长、楼委会同学参与"祖国在我心中"国庆70周年主题板报展等；会同学生工作部开展"示范学生宿舍"评选和宿舍教育，构筑友爱校园氛围和阳光校园文化。

加强安全管理，提升公寓服务规范化水平。坚持开展综合检查，在安全秩序、卫生环境以及维修服务等方面，提升工作实效；会同保卫部评选"安全管理先进楼管组"15个。

教师公寓管理。统筹规划、优化利用教师公寓房源，重点保障引进人才入住，同时解决应届来校新教工的公寓申请。2019年，共有150余人入住教师公寓。

逐步改善教师公寓的条件和配套服务，进行必要的装修和家具配备；继续推进畅春园青年公寓60楼和中关园新标准教师公寓装修改造工程；完成公寓简装检修150套。

提升博士后公寓服务。做好粉刷检修、设备设施检查、卫生保洁，优化服务流程。2019年，博士后进站入住46人。

结合肖家河教工住宅入住工作，做好教师公寓腾退。已购肖家河住宅需腾退教师公寓931人，已完成腾退201人。

推进修订和完善教师公寓管理办法。在与教师开展座谈广泛征求意见和建议的基础上，会同房地产管理部、人事部等商讨修订《北京大学教师公寓管理办法》。

积极稳妥推进校内南门区域19-24楼搬迁腾退工作，完成4处历史遗留问题住房的腾退。

万柳公寓管理。加强住宿资源整合与统筹使用，改善师生住宿条件。2019年，直博生和学术硕士600人、专业硕士1000余人入住万柳学生公寓。

做好毕业生文明离校和暑期住宿安排。1038名毕业生安全文明离校。协助有关院系做好暑期夏令营接待，共计1500余人入住万柳公寓。

落实精细化管理，提升服务质量。园区前厅部、保安巡逻、消防控制室和"万柳大家庭"微信全天候24小时提供服务，及时解决师生生活和安全方面的问题。全年收到同学赠送锦旗、感谢信及各类表扬百余次。

全面排查老旧设施，做好综合维修改造，确保设备运行安全。万柳学区各项设备设施进入高损耗期，2019年初以来对各类水电管网及相关设备及安全巡视检查约3万余次，园区各类维修维护保养2万余件次，维修房屋近500间。

加强队伍建设，营造团结向上的良好氛围。开展《员工手册》学习讨论、礼仪培训、安全管理、心理健康、安全与应急演练培训及有关业务培训，举办万柳学区第二届岗位技能大赛。

提升服务育人和文化建设。支持万柳师生联合会组织开展了"图书捐赠""萌新迎新""志愿服务""生活课堂"等系列活动。

开源节流，2019年上交学校收入1500万元。

党建工作。 开展"不忘初心、牢记使命"主题教育，加强思想政治建设和作风建设。按照学校党委工作部署，深入学习贯彻习近平新时代中国特色社会主义思想和党的十九大和十九届四中全会精神，不断增强"四个意识"、坚定"四个自信"、做到"两个维护"。扎实认真开展"不忘初心、牢记使命"主题教育，贯彻"守初心、担使命，找差距、抓落实"的总要求，将主题教育与巡视整改工作紧密结合起来，与做好公寓服务保障紧密结合起来。贯彻党的群众路线，执行民主集中制，反对"四风"，推动工作开展。

坚持立德树人根本任务，把党建工作和后勤服务紧密结合。积极探索学生公寓管理服务育人的方式方法，努力践行服务育人和立德树人宗旨；把思想政治工作和后勤服务保障工作紧密结合起来，深化为师生服务的理念，提升敬业精神和职业素养，展现良好的工作风貌。

加强基层党团组织建设，增强凝聚力和战斗力。中心党总支注重加强党支部建设，发挥先锋模范作用。组织党员和积极分子开展主题党日和特色活动，到李大钊公墓、北大红楼、香山革命纪念馆等参观学习。万柳师生联合党支部开展系列活动，把师生员工党员凝聚起来，发挥示范引领作用。引导党员勇担职责使命，思想政治受洗礼，焕发干事创业的精气神，带动中心各项工作的开展。

认真贯彻落实党风廉政建设责任制，加强制度建设。1.加强中心班子的思想、组织、作风、制度和党风廉政建设。针对有关管理不规范等事项，中心班子深入研究讨论，认真排查薄弱环节和有关问题，制定整改措施，规范管理制度。2.把思想政治建设和作风建设贯穿班子建设始终，规范领导班子民主生活会有关制度，贯彻党的群众路线，反对"四风"。认真执行领导干部个人有关事项报告、述职述廉制度。3.加强以贯彻民主集中制为核心的各项制度建设。严格执行"三重一大"和党风廉政建设责任制各项规定，认真落实党风廉政建设责任制实施细则和领导班子落实"三重一大"决策制度实施办法。

工会工作。 2019年，公寓服务中心工会共计拥有会员135人，其中事业编制会员19人，劳动合同制会员116人。全年主要活动包括：组织参加校运动会、平民学校学习、迎"三八"北京大学女教职工环湖接力跑、"一二·九"师生歌会、新春联欢会、保洁员及楼长素质拓展活动。开展职工技能大赛及消防、安全生产、礼仪以及相关职业技能培训。组织"爱摄影、爱生活"摄影大赛、员工座谈会、大步走、集体生日会、棋类大赛、春节慰问、退休职工欢送会等活动。慰问患病、受伤员工，做好爱心帮扶。

【统筹宿舍资源解决住宿困难】 公寓服务中心与研究生院、计算中心等部门通力配合，对现有学生宿舍及住宿情况进行总结分析。2019年1月，学校发布《关于进一步推广实施住宿申请制暨昌平校区宿舍申请的通知》，全面实行研究生住宿申请制。2019年，燕园校区已经无法容纳本科、学硕和博士生住宿，有600余名博士生和学术硕士在万柳公寓安排住宿；同时利用万柳公寓空余床位，帮助校本部1000余名专业硕士解决住宿困难。另外，与研究生院、学生工作部、总务部等密切配合，推进研究生住宿资源配置改革，实行研究生住宿院系员额制，并与相关院系进行沟通座谈。

【推进解决万柳燕园校区班车问题】 万柳学区地处校外，居住在万柳的师生每天需要往返两地，班车是最便捷的交通方式。目前园区每天往返校本部和万柳公寓班车14趟。但随着万柳学区住宿师生的逐年增加，班车早晚高峰时段运力不足的问题日渐显著。为缓解班车紧张问题，万柳学区多次与公交集团沟通增加班车事宜。同时，万柳学区通过学生联合会、新生座谈会、微信群等多种渠道与同学们沟通交流，介绍中心所做的努力和尝试，班车时刻表、停靠地点等制定的过程以及未能增加的原因等，取得同学们的理解；配合制作"万柳—北大"公共交通小贴士，引导同学们选择公共交通出行；组建"万柳大家庭拼车群"，增加出行选择。这些措施赢得万柳师生的理解和支持。经过中心与公交集团多次走访沟通，车队承诺在年底向总公司上报2020年运力安排时考虑万柳班车增加情况，争取在春节后学校开学时为居住在万柳的北大师生增加一辆班车，解决高峰时段班车紧张问题。

【学生公寓管理信息系统建设】 在学校网络安全和信息化委员会办公室、计算中心、学生工作部、保卫部等相关部门的支持下，"学生公寓管理信息系统"项目立项、开发，现已进入试行和调试阶段。在学生宿舍管理工作中，信息准确性和使用便利性的需求日益增加，怎样及时、主动、为学生提供服务保障，对公寓管理水平也提出了新的要求。通过"学生公寓管理信息系统"建设，最大程度保障学生公寓数据的准确性和使用便利性，提升学生的生活与学习环境。此外，为加强学生宿舍安全管理，在前期广泛调研和征求意见的基础上，在相关部门的支持和配合下，在3栋学生宿舍楼进行人脸识别通行闸机的试点。

【修订《北京大学学生公寓管理办法》】 为贯彻落实习近平总书记在全国教育大会上关于"立德树人"的重要论述，按照学校的整体部署，根据教育部关于《普通高等学校学生管理规定》和北京市教工委《北京高校学生公寓管理办法》等有关文件规定的基础上，结合北京大学实际情况，经过多次征求相关部门、学生代表、公寓楼长等的意见建议，反复讨论修订《北京大学学生公寓管理办法》并报请学校通过。2019年7月，学校发文成立北京大学学生公寓管理委员会，印发《北京大学学生公寓管理办法》（校发〔2019〕255号），进一步加强学生公寓服务保障工作规范化、制度化建设。

（李慧娟）

【附表】

表9-1 2019年公寓服务中心学生公寓基本情况一览表
（统计时间：2019年12月31日）

序号	楼号	宿舍间数	宿舍间型（人）	住宿人数	学生类别	建筑年代	建筑面积（平方米）	宿舍面积（平方米）
1	28	291	4	1141	男本	2016	9592	20.5
2	29	161	4	639	男本硕	2015	6063	20.8
3	30	162	4	627	女本硕	2015	6054	20.8
4	31	275	4	1045	女本	2015	9642	20.8
5	32	291	4	1133	女本	2016	9592	20.5
6	33	152	4	607	女本	1998	5894	20.4
7	34	240	4	939	女本硕	1999	8290	20.4
8	35	306	4	1190	男女本	2016	9592	20.5
9	36	228	4	901	男本硕博	2003	8065	21.9
10	37	246	4	982	男本	2003	8319	21.9
11	38	198	4	782	男本	2004	6941	18.8
12	39	248	4	970	男本硕	2004	8206	18.8
13	40	218	4	862	男女本硕	2005	7676	21.9
14	41	213	4	795	女本硕博	2005	8203	21.9
15	42	202	4	805	男本硕博	2005	6698	21.9
16	44	159	4	615	男女本	2014	5406	18.9
17	45	233	2-4	771	女本硕博	1985	6285	14.2
18	45甲	221	4	887	男本	2000	7735	22.8
19	45乙	239	4	961	男本	2003	8423	22.8
20	46	222	2-4	732	男硕博	1985	6034	14.2
21	47	198	2-4	577	男女硕博	1985	5450	14.2
22	48	198	2-4	462	女硕博	1985	5450	14.2
23	畅春园60甲	80	2	155	女博	2007	2252	15.4
24	畅春园61甲	71	2	134	男博	2007	2041	15.4
25	畅春园63	189	2	369	男博	2005	5460	14.7
26	畅春园64	161	2	312	男博	2007	4530	15.4
27	畅春园65	204	2	388	男女博	2007	5308	15.4
28	畅春新园1号	341	2	664	男博	2005	9241	17.1
29	畅春新园2号	399	2	775	男博	2005	10,526	17.1
30	畅春新园3号	475	2	925	女博	2005	12,494	17.1

序号	楼号	宿舍间数	宿舍间型（人）	住宿人数	学生类别	建筑年代	建筑面积（平方米）	宿舍面积（平方米）
31	畅春新园4号	365	2	703	男女博	2005	9745	17.1
32	勺园1号	124	2	244	男博	1981	3320	13.6
33	勺园3号	124	2	242	女博	1981	3320	13.6
34	勺园4号	116	2	230	男博	1981	3534	13.6
总计		7550		23,564			235,381	

（管晓宁）

表9-2　2019年教师公寓、博士后公寓基本情况一览表
（统计时间：2019年12月31日）

类别	园区	套（间）数	人数	备注
教师公寓	畅春园及承泽园（含青年公寓）	401	333	3居10套 2居10套 1居34套 标准间347间
	蔚秀园	99	96	4居1套 2居89套 筒子楼单间9间
	朗润园	10	11	4居5套 3居5套
	燕东园（含清华园）	119	118	4居1套 3居2套 2居83套 1居33套
	中关园	293	227	3居135套 2居67套 1居91套
	燕北园	149	148	3居129套 2居20套
	万柳公寓	402	397	4居2套 3居37套 2居106套 标准间257间
	附中	1	1	2居
	合计	1474	1331	
博士后公寓	畅春园	72	34	标准间
	承泽园	70	26	2居
	中关园	36	39	1居
	合计	178	99	
	总计	1652	1430	

（张　伟）

表 9-3　2019 年万柳公寓基本情况一览表
（统计时间：2019 年 12 月 31 日）

房屋类型	使用人	房间数量	人数（人）	备注
学生公寓	专业硕士	621 间	2237	4 人间
	学硕	75 间	298	4 人间
	直博生	177 间	524	3 人间
	留学生	3 间	8	4 人间
		1 间	1	标准间
		3 套	8	3 居
教师公寓	教职工	257 间	155	标准间
		145 套	242	2 居 106 套 3 居 37 套 4 居 2 套
有关院系和部门用房	外国专家、外教、访问学者、挂职交流干部等	41 间	/	标准间
		7 套	/	3 居 4 套 4 居 3 套
办公用房	有关院系、单位	6 套	/	2 居 2 套 3 居 3 套 4 居 1 套
其他用房	合作单位宿舍	2 间	/	标准间
		5 套	/	2 居 4 套 3 居 1 套
	合作单位办公	2 套	/	3 居 1 套 4 居 1 套
总计		953 套（间），折合 1576 间		

（陈　刚）

说明：上表专业硕士具体包含：法学院 701 人；光华管理学院 332 人；对外汉语学院 86 人；新闻与传播学院 93 人；城环学院 1 人；外语学院 80 人；心理系 96 人；社会学系 64 人；考古学院 50 人；景观学院 55 人；歌剧院 16 人；中文系 62 人；经济学院 182 人；人口所 30 人；数学学院 105 人；新媒体研究院 62 人；分子医学所 14 人；艺术院 48 人；口腔医学院 156 人；物理学院 4 人。

校园服务中心

【发展概况】 组织结构。2019 年，校园服务中心下设三科两室一组：综合事务管理科、绿化环卫管理科、车辆管理科、综合办公室、财务室和校园卫生巡查小组。综合管理科主要负责全校公共教室及部分行政楼宇的日常保洁服务及开水器巡检保洁服务。绿化环卫管理科负责学校的绿化养护，校园季节花卉的培育养护及花卉布置，学校重大活动的后勤保障工作；负责校内（除家属区外）的环境卫生清扫，校内垃圾（除建筑及餐厨垃圾外）及无主垃圾的收集及处理，清掏校内化粪池，协助爱卫会定期开展相关工作。车辆管理科为本校教职员工提供安全高效的车辆运送服务。校园卫生巡查小组是 2019 年校园服务中心新成立的工作组，由中心一位副主任分管负责，主要负责校内公共卫生间保洁及管理，及校内所有卫生间环境改善的巡查督促工作及校内环境巡查提醒工作，2019 年在校园服务中心的领导下，巡查小组积极推进校园卫生间环境的提升工作，校内公共卫生间的环境得到很大改善。

队伍建设。2019 年校园服务中心共有在职员工 150 人，其中事业编制职工 34 人，劳动合同制员工 116 人；劳务及事业编返聘 33 人；离退休人员 313 人。2019 年共招聘 4 人。同时，加强干部职工队伍的培训工作，努力提高干部职工队伍的综合素质，多次组织骨干员工及干部参加学校、后勤及中心内部的培训，推荐干部及骨干参加校外培训。

党建工作。校园服务中心员工中的党员人数为 64 人，其中预备党员 1 人，离退休党员 45 人。校园服务中心党总支下设 3 个支部，分别是一支部、二支部和离退休支部。

中心党总支落实从严治党要求，党风廉政建设常抓不懈，严格遵守"三重一大"制度，贯彻落实民主集中制，采取主要领导统筹管理、分管领导具体负责、科室落实执行、全体干部职工积极参与的领导体制和工作机制，通过班子扩大会、办公例会、专项工作会等形式强化集体决策，全面加强纪律建设、作风建设。加强党的群众工作，党政工团共同努力，加强中心文化建设，增强职工的凝聚力和群众的幸福感、获得感。

2019年完成1名预备党员转正和1名入党积极分子的发展工作；积极开展各项学习建设活动，结合"不忘初心、牢记使命"主题教育，组织全体党员开展集中学习、主题党日活动、义务志愿活动、整改落实等多项活动，加强党组织建设。带领党员干部积极发挥先锋模范作用，顺利完成新中国成立70周年大庆等系列活动的服务保障任务。2019年，校园服务中心第一党支部获优秀党支部荣誉。2名职工分获唐立新奖教金和青年文明号荣誉。

工会工作。2019年，校园服务中心工会组织开展不同形式的文体活动，如棋牌比赛、室外拓展活动等；引导职工群众积极参与学校工会、后勤工会组织的运动会、健身跑、集体生日联谊会、"一二·九"大合唱等活动；每月坚持举办职工集体生日会，加强中心与基层，党员干部与群众的密切联系；组织开展安全讲座、参加学校消防安全演练，增强职工安全意识；加强做好离退休工作，中秋节、重阳节关心慰问离退休老同志，年底开展一系列离退休职工慰问活动。通过多措并举，不断增强职工的幸福感、获得感，增强中心的凝聚力、向心力。

业务工作。2019年，校园服务中心的内设机构和人员都趋于稳定，各项工作开展较为顺畅，特别是在年终应对诸如病毒等突发性事件的服务保障工作，中心战斗力得到充分检验，服务保障工作受到师生认可。一年来，中心加大工作梳理力度，以问题为导向，在人、财、事、物等方面查找问题和风险，聘请专业法律机构，对规章制度进行查漏补缺，尤其在用工管理方面加强整改，强化制度管人管事的效果，捋顺及规范管理流程和行为。优化内部行政管理流程；加强和规范人员管理；启动部分劳务外包业务招投标工作，为劳务人员购买商业意外险；修改完善宿管理制度，增设宿舍长，加强员工宿舍管理；建立中心领导干部、科室干部、主管及班组长的信息联络网，增加上下信息贯通。

校园绿化美化方面。完成约85万平方米绿地、10万平方米湖泊（含水生植物）的养护管理及卫生保洁工作，500余株古树巡视管理工作，1000余株杨柳树飞絮治理工作，约9万盆花卉布置工作，昌平200号义务植树责任区3500余亩的山林养护管理任务，洛阳市政府捐赠的2000株牡丹的种植任务。全年共完成20余项园林工程建设任务，改造恢复绿地约3500平方米，种植各类苗木5000余株，修复路面约1200平方米，布置山石景石约300吨，配合燕园街道完成各项绿化整改项目，共解决疑难整改问题200余件。

环境卫生清扫方面。完成约38万平方米道路清扫及垃圾桶、雕塑小品、庭院座椅等园林绿化公共设施的卫生保洁工作，校内4个公共卫生间的卫生保洁和服务工作，校内无主垃圾渣土杂物清运工作；购置1台高压喷雾车和2台电动扫路车，提高清扫效率和工作质量；完成全校180余座化粪池清掏工作，全年清掏约955车次；完成三座垃圾站值守以及协调海淀环卫部门完成垃圾清运工作；完成校园室内灭蟑灭蚊蝇和室外1300余处灭鼠点投放工作；安置杀虫灯约25处，害虫诱捕器约30处。

教学楼和部分办公楼宇保洁管理方面。完成校园教学区约8万平方米公共教室的保洁服务工作，其中教室300余间，卫生间100余个，座位2.4万个左右；为学校50余个院、系、所、中心提供物业及保洁服务；完成二教、理教部分卫生间安装净化器，教室公共卫生间布置洗手液和卫生纸工作；协助完成理教、三教、四教卫生间改造工作。

饮水机和开水器维护方面。完成学校300余台开水器的日常巡检、保洁和维修保养工作。

重大活动保障服务方面。完成"迎新"的各项保障工作，包括：环境美化、场地布置、新生接站、行李存取、万柳校区接送等，为新生办理公交卡2600余张。完成电话查号、咨询等相关业务。另外，完成校庆纪念、纪念"五四运动"一百周年，研究生考试及阅卷，全国四、六级考试，校友返校，毕业和开学典礼等重大活动的后勤保障工作。尤其在庆祝国庆70周年系列活动中，校园服务中心上下一心、团结奋战，累计出动工作人员200余人，派出车辆约150车次，圆满完成服务保障工作。

车辆运输服务方面。面对校内用车需求，中心以"优质的服务、专业的技术"圆满完成学校班车运行、重大任务运输保障、学生外埠实习及各单位公务用车等保障任务。全年总运行里程约80万公里，较上年增加近7万公里。

（熊蕾、吴江）

【**车辆置换和升级改造**】 2019年初，摸索推进工作，成功利用报废车辆指标，车辆管理科置换2辆大型客车，为车辆管理科十年来首次更新大客车。适应形势，及时整改，确保车辆符合环保的新要求。同时根据海淀区环保部门的要求，及时整改柴油车尾气超标情况。通过调研、招标、安装、检测等程序，在2019年底前完成10辆柴油大客车加装尾气净化器工作，确保车辆符合环保要求的同时，保障教学科研正常执行。

（熊蕾、吴江）

【**校园环境及卫生间巡查**】 1.校园环境巡查。校园卫生巡查小组每天巡视校园2次，巡视内容包括未名湖、道路及周边建筑物，重点关注未名湖湖面的水质、落叶等漂浮物，同时关注路面垃圾、建筑垃圾以及路面、台阶、建筑物外观的破损情况。每天及时将巡视情况和日志上报后勤领导微信群，一般问题由后勤各单位认领解决，涉及其他单位的问题及时协调解决。至12月共发现校园内建筑垃圾63处，督促清理了57处，起到较好的监督作用，其余按无主垃圾进行了清理。2.卫生间巡查和监管。截至12月，巡查小组对校园114栋楼宇、1255间卫生间进行三轮巡查，重点查找设施设备、保洁用品、卫生气味、规范管理等方面的问题；建立各楼宇卫生间档案，对存在问题的及时反馈楼宇使用单位和管理物业，协调进行整改，一般问题基本得到解决，难点问题及时报总务部、房产部、督查室等部门协调解决，校园楼宇内卫生间整体有很大改善。自9月底调整五四、一体、燕南园和民主楼四个公共卫生间的管理模式，由巡查小组负责管理后，安排专人值守，制定工作制度，提高清洁标准和要求，及时维修损坏或故障设施，加强培训、监管和指导，卫生清洁和设施设备焕然一新，改变了原先脏乱差的情况，每天都能做到干净整洁无异味，整体环境大大改善，受到使用对象的一致肯定。

（熊 蕾、吴 江）

【"不忘初心、牢记使命"主题教育】 结合"不忘初心、牢记使命"主题教育，对中心自查、群众反映、师生反映的一些问题和建议，校园服务中心高度重视，第一时间调研和解决，做到立查立改。截至2019年12月底，已整改涉及校园卫生、车辆安全、职工福利等各类问题20余个。包括：1月调整劳动合同制员工薪酬结构，职工人均月收入有所提升；给所有劳动合同制和劳务人员免费体检，个别员工检查出问题并及时治疗；为每位员工精心制作工作服一套；改善员工住宿条件，逐步更换宿舍老旧家具及设施；10月与学校同步调整提高了事业编薪酬；及时看望慰问生病、困难的职工和退休老党员、老同志；购买新式工具和设备，升级和改善职工生产工具；要求在职党员在岗期间须佩戴党徽，亮明身份等。同时，为营造更好的校园环境，提升校园品质，2019年绿化工作重点通过局部整理绿地、修缮山石、引种果树及各类宿根花卉等，将镜春园、朗润园、鸣鹤园部分边角空白绿地进一步丰富和完善，解决边角空白绿地，提高园林景观效果。

（熊 蕾、吴 江）

【诺如病毒应急处置】 2019年12月至2020年1月，校内突发诺如病毒疫情，校园服务中心按照学校统一部署，坚决做好防控有关工作，除承担责任区域的病毒防控任务外，还承担校内应急处置任务。购置配发呕吐包、消毒液、口罩、手套、宣传标识等大量病毒防控物资，中心全员普及病毒防控知识，进行呕吐物处置专项培训，确保中心全员掌握呕吐物处置方法，全方位加强疫情防控工作，中心应急处置小组成功处置多起校园及公共区域发现的呕吐物。

（熊 蕾、吴 江）

医学部总务工作

【发展概况】 北京大学医学部总务处是医学部的行政职能机构，保障医学部医教研等中心工作和各项日常工作正常运转。下设7个办公室和9个部门，承担医学部房产管理、教室及会议服务、水电气暖供应、餐饮服务、修缮维护、绿化卫生、运输服务、医疗保障、幼教服务和社区服务等后勤保障任务。截止到2019年12月底，总务处、后勤党委共有事编人员115人，非在编人员324人（含企编7人）。

廉政建设。2019年，总务处认真贯彻落实上级精神，积极参与医学部和后勤党委组织的反腐倡廉培训教育工作，先后派领导干部参与医学部纪委组织的西柏坡"不忘初心、牢记使命"主题培训，赴韶山接受党性教育、理想信念教育和革命传统教育，后勤纪委组织的专题培训等活动。后勤党政一把手签订《落实党风廉政建设主体责任承诺书》，明确责任内容、责任范围、责任目标以及责任追究的内容，形成"一把手负总责、分管领导各负其责、班子成员集体负责"的组织架构。

制度建设。2019年，总务处强化内控管理，在征求学校相关部门及总务处内部意见建议的基础上，从人、财、物的角度重新梳理并完善相关工作制度与流程，初步完成《总务处制度汇编》；新增《总务处立项管理办法》《总务处20万以下工程结算审核制度》和《总务处1000万以下工程设计概算审核制度》；制定《北京大学医学部后勤党委、总务处联席会制度》。

队伍建设。2019年，总务处完成284名职工的全员聘任工作。其中有10名职工轮岗交流成功，成功率30%；255名职工在公开选聘环节竞聘成功，成功率94%；13名职工在二次选岗环节竞聘成功，成功率100%；共有98人交流或竞聘到新岗位工作，整体岗位调整率为35%；另有6人未成功应聘到合适岗位，总务处与本人谈话后进行合理安排，落聘和待岗的2人重新竞聘上岗，4人解聘。在2018年走访调研各部门的基础上，2019年，总务处全面推进非在编职工薪酬制度改革，努力实现以岗定薪、按劳取酬、注重实绩、正面激励。

服务保障。2019年，总务处积极推动建立医学部公用房配置工作小组，颁布《北京大学医学部公用房管理暂行办法》《北京大学医学部公用房出租管理细则》；持续推进公用房管理信息系统建设工作；利用寒假时间完成城内学生食堂的全面改造工作。

【庆祝新中国成立70周年系列活动】 2019年，总务处各部门积极参加后勤党委组织的"庆祝新中国成立70周年唱响初心"红歌汇演活动；组织师生员工集体观看庆祝中华人民共和国成立70周年大会、阅兵式和群众游行现场直播；集体观看宣传部组织的《红星照耀中国》《我和我的祖国》

《决胜时刻》等爱国主义电影。此外，总务处机关制作新中国成立70周年专题展板和"党员之家"党建园地；房地产管理中心在学生公寓、教师公寓以及中心实验楼等楼门口悬挂灯笼、国旗等，增加节日气氛；城内学生宿舍管理办公室组织1969届校友返校同青年学生座谈会，通过校友寄语青年学生的形式，感受祖国70年来的变迁，激励青年学生不负韶华，努力学习；教室管理服务中心组织员工前往天安门广场、登天安门城楼；幼儿园组织"祖国在我心中"爱国主义教育活动，小朋友们将自己最心爱的礼物拼成"70"字样，祝祖国妈妈生日快乐；幼儿园教师赴霞云岭红色教育基地《没有共产党就没有新中国》原创地参观，并开展音乐诗歌朗诵会"我的祖国"。

【"不忘初心、牢记使命"主题教育】 自9月9日北京大学开展"不忘初心、牢记使命"主题教育以来，后勤党政领导在集中学习研讨及检视问题过程中，总结聚焦事关改革发展的难事大事17件，聚焦事关民心民生的实事好事14件。教室管理服务中心在逸夫楼内设立"爱心角"，提供师生临时急需的医疗救助和便民物资；增设环境监控系统，在所有教室安装温湿度传感器，实时监控教室温度；对逸夫教学楼教室所有插座进行了统一检修、统计和贴标签；幼儿园开设温馨的亲子阅读区；运输服务中心购置7部中型客车，填补运输中心10座—22座车辆不足的情况，提高运输服务保障能力；饮食管理办公室、饮食服务中心为照明不足的电梯加装LED灯和反光贴纸、为全体职工配发除湿机、改造地下室通风设施、对电瓶车进行维修保养、给职工购买手套和棉大衣、对职工进行食品原材料安全教育；部医院进行硬件和环境改造。

【推进品质校园建设】 2019年，总务处全面开展品质校园建设工作，对逸夫楼、行政一号楼、会议中心、运动场开展"厕所革命"，改造厕所80间，改造面积1687平方米；完成会议中心礼堂LED显示系统、扩音系统、电影放映系统、舞台机械系统、舞台地板等礼堂设备设施建设改造项目；完成会议中心204会议室、205会议室、206会议室、209会议室、二层走廊会议室和逸夫楼209报告厅的整体修缮改造工作；完成行政1号楼前、生化楼南侧、会议中心东侧、跃进厅西侧家属区8、9号楼前绿地的整体设计和改造工作；完成跃进厅西侧下沉广场的整体修缮和改造工作；完成逸夫教学楼三层公共区域的功能改造工作，将其打造成集学习、休闲于一体的公共休闲区。

【邀请师生共建共治共享】 2019年10月23日，医学部总务处在学生公寓五号楼四层自习室召开"面对面交流、零距离沟通"开放咨询会，了解同学们关心的问题和活动情况；为更好服务同学，加强同学和学校间的联系，总务处启动学生宿舍楼宇管理委员会的成员招募工作，楼管会是依托总务处房地产管理中心成立的"自我教育、自我管理、自我服务"的学生组织，是连接同学和学校职能部门的纽带，是服务同学的公益性组织，旨在更深入地了解同学们住宿的情况，解决住宿期间出现的各种问题，打造共建、共治、共享的学生公寓服务；城内学生宿舍成立城内宿舍监督管理委员会，让同学们参与到宿舍的管理和服务中来，发挥学生自我教育、自我服务、自我管理的作用；2019年秋季，总务处组织开展餐饮岗位技能大赛，邀请师生当评委，共同助力餐饮服务质量提升；2019年1月至11月，总务处官微"务必行"平台共受理师生意见建议1500余条，认真倾听师生的意见建议，努力做到件件有回复，事事有着落。

（王双佳）

房地产管理

【发展概况】 经学校机构编制委员会和党委常委会研究决定，2019年4月房屋维修办公室从房地产管理部转至总务部，同时校园置换与腾退办公室加挂"配套服务管理办公室"名称，并增加相应职能；2019年12月，家具管理办公室从房地产管理部转至实验与设备管理部。

公用房调配与管理。1.公用房分配与调整：2019年，完成信息科学技术学院、生态研究中心、化学与分子工程学院、现代农学院等校内34家单位的办公、科研用房的调配工作，安排10家单位临时借用和周转用房，支持各单位教学科研和行政办公的顺利开展。2.公用房日常使用管理：加强公用房日常使用管理，联合校内督查室、学科办等单位，加大清理收回闲置办公用房及违规使用办公用房力度，启动收回治贝子园工作，完成收回燕东园24号小楼、燕东园39号小楼工作。3.根据学校"不忘初心、牢记使命"主题教育整体部署，面向全校开展处级领导干部办公用房核查，顺利完成超标整改任务。4.产业用房回收：收回燕东宾馆，收回资源东楼及资源大厦内部分合同已到期房屋，启动资源宾馆、方正大厦回收工作。根据北京大学、清华大学两校协议，完成蓝旗营小区底商使用权回收和管理分割事宜。5.地下空间管理：全面摸排学校地下空间情况，建立地下空间基本信息数据库，完成信息上报；启动校内住宿地下空间规范管理和改造工程，排除安全隐患，改善住宿条件，完成45号乙楼地下空间试点改造工程，启动36号楼和37号楼后勤员工住宿地下空间改造。6.公房数据管理工作：完成"高基报表"有关土地、公房等方面的数据统计填报工作，开展燕东园、中关园、万柳公寓产权登记工作。

住房日常管理工作。1.日常接待及手续办理：办理住房调查表、开具住房证明360人次，办理减离转单120人次。2.访问学者公寓管理：现有访问学者公寓143套，接受新申请，审核、上会、办理访问学者公寓各项手续125人次，收取租金127笔，共计932多万元。3.已购公有住房回购：收到申请20套，按照申请时间顺序及年度预算额，6套住房已完成签订评估协议、交纳评估押金、现场评估工作。

校园置换与腾退。1.4月1日召开平房搬迁领导小组会，商讨北京鼎盛拆迁工程有限责任公司在承泽园和吉永庄两处强制解危排险工程费和吉永庄56号巩亮亮的补偿款支付事宜。根据此次会议决议，房地产管理部按照申报审批流程进行款项支付。2.完成近年来平房区搬迁腾退相关工作发生的各项费用全部暂付款项的清账工作。

配套服务管理。1.通过公用房出租招标领导小组审议完成北京趣智科技有限公司、北京知兔科技有限公司、北京易咖科技有限公司、北京说一不二科技有限公司、北京咖趣科技有限公司、云印小站（北京）云科技有限责任公司、北京顶全便利店有限公司、北京燕东博大商贸有限责任公司、北京铭创印刷有限公司、北京燕鸿润广告有限公司、北京益高佳印图文设计有限公司、北京山合谷商业连锁有限公司、麦隆企业管理有限公司的续签合同工作。2.通过公开招标完成校内快递服务中心招商租赁、29号楼生活服务区杂货店招商租赁、45号甲楼地上生活服务区洗衣房招商租赁、43号楼、生命科学楼、财务部大楼四处自助式咖啡机招商租赁、45号甲楼地下生活服务区美发美甲招商租赁、36号楼102室洗衣房招商租赁项目、勺园5号甲楼自动贩卖机招商租赁项目、29号楼师生配套生活服务招商租赁项目、新太阳学生中心地下二层超市招商租赁项目、畅春新园打印店招商租赁项目的招标与合同签订工作。3.配合海淀区市场监督管理局对29号楼地下生活服务区3号裁缝服装进行检查，查获假冒伪劣产品600余件，并发现套开发票、套用其他经营主体、无照经营等情况，对商户进行清理，并做出不予续约的处理。针对国安社区破产的情况与相关单位进行协商，并对欠租铺位（29号楼地下国安社区、新太阳地下二层国安社区超市）进行清理腾退。4.对45号甲楼地下及29号楼地下配套服务区的中央空调、消防设备、电梯、厕所设施、灯光照明灯进行检修与更换，对未出租商铺加装调动卷帘门及玻璃隔断墙，对多个商业区域的入口门联进行换新。5.诸如病毒防控专项工作，成立专项巡察小组，对物业、麦隆、瑞幸、好邻居、全家、禾日香、等慢咖啡、hi菓奶茶、3W咖啡等重点防控消杀单位进行监督与巡察，确保防疫工作有力实施。

房改工作。1.肖家河项目相关工作：为有原已购公有住房并已入住肖家河住宅的教职工办理原已购公有住房学校回购的委托公证等的相关工作，共计为429户老师办理委托公证书；对选购肖家河职工的原已购公有住房相关材料进行整理，对材料齐全并已办理肖家河入住的老师的原已购公有住房进行分批次办理回购，其中第一批共计办理131套，第二批共计办理196套，均已上报海淀区房改办，第三批加急办理3套，已完成回购工作取得不动产权证；为3户丁队腾退承租公有住房老师计算购房款，与9位丁队老师签订和收取原房回购的相关材料。2.推进办理历史待回购住房10户，已取得国管局批复；办理西三旗拆迁安置调房6户，已取得房改备案。办理1户校外调房不动产权证。3.学校周边已购公有住房的回购工作。2019年共计对学校周边7套房屋按市场评估价格进行回购，第一批5套已办理完成，第二批2套已上报海淀区不动产登记中心。4.2018年以房改成本价出售公有住房的工作。共计对15户承租公有住房的职工进行售房，2019年已取得10户住房的不动产权证。5.向央产房交易办公室报送我校已售住房档案信息。共计报送申请办理继承、共有、校外房上市及抵押等各类房屋及人员信息330户。6.按照国务院机关事务管理局的相关政策要求，对申请办理上市出售、继承、共有等业务的教职工代为办理专项维修金补交业务，共计为81户住户开具住宅专项维修资金结余情况查询结果告知单。对超标住户进行超标处理，2019年度各类超标处理人数共计10人。7.住房改革资金测算和住房调查及审核工作。按照国家要求和学校规定，为739名新进校职工及时建立住房档案。同时，对我校现有教职工住房档案进行完善。编制上报北京大学住房制度改革支出预决算报表，为3960名在职无房职工和住房未达标职工申报2020年住房补贴资金5361.72万元。8.教职工住房补贴发放。全年为4027名无房及未达标教职工发放住房补贴5577.8万元，其中为739名新进职工及时核定和发放住房补贴及临时生活津贴。继续做好老职工住房补贴揽进补缺工作，为54名老职工核定和发放住房面积未达标补贴和级差补贴。

家具资产管理。1.依据《北京大学家具管理办法》，2019年，为18,562件总价值为2058.272171万元新购置家具进行审核、建立固定资产账目，打印家具固定资产标签；对全校1467件总价值为61.8642万元已经损坏、无法修补的家具进行报废处置；协助全校各单位对可继续使用的家具进行家具调拨和转让工作，全年校内共调拨家具886件，总价值为116.87337万元。2.全校部门提出批量采购家具需求（20万元以上），组织并协助开展家具招标工作。协助和监督各招标需求部门完成合同签订及家具的验收工作。（1）批量购置家具总额预算为20万至200万元，家具办全年组织以公开招标的方式完成7次家具招标工作，分别为：光华管理学院2号楼教师家具招标采购项目、勺园7号楼餐厅家具招标采购项目、图书馆阅览室家具招标采购项目、光华管理学院公告空间家具招标采购项目、高访公寓（朗润园）家具招标采购项目、经济学院办公家具招标采购项目、图书馆东楼家具招标采购项目，中标总金额为496.40654万元。（2）批量购置家具总额预算超过200万元，家具办委托并协助国家机关政府采购中心进行2次家具招标工作，分别为：北京大学图书馆密集架招标采购项目、北京大学图书馆书架招标采购项目，总中标金额为384.826885万元。3.依据上级部门资产管理办法，调整并逐步规范家具资产管理流程，提升家具资产管理的效率。（1）依据校发〔2019〕168号文《关于印发北京大学国有资产管理暂行办法》，梳理家具各方面管理流程，完善家具报废管理办法，重新制定家具报废程序，对已达和未达使用年限的家具进行分类管理，严格控制家具报废条件，协助全校家具转让，提升家具资产管理效率。（2）为配合学校财务部提升资产管理效率，在学校计算中心的支持下，完善家具管理系统和学校财务系统进行对接，增加家具资产的计提"折旧"功能，同时将家具资产数据与中间库资产数据对接，增强学校家具资产管理的协同性与统一性，进一步增强家具资产的规范性。（3）为优化家具招标流程，对家具招标文件进行修正：A. 修改家具评标办法：由"评标总得分最高中标"改为"得票率最高中标，得票率相同时总得分最高中标"的优先次序评标办法；B. 依据《国家计委关于印发招标代理服务收费管理暂行办法的通知》，修改中标服务费缴纳方法。4. 家具资产统计与报表填报：2019年依据教育部要求完成全校家具资产的统计清查工作，完成填报各个季度《已达使用现限固定资产处置情况汇总表》以及各月份《固定资产折旧表》，向学校国有资产管理委员会办公室（简称"校国资办"，下同）上报；填报《2018年中央行政事业单位国有资产年度决算报表》；配合财务部工作完成填报《教育部所属高校2018年度相关审计情况表》；完成填报《2018年行政事业单位资产报表》；向校国资办和财务报上报年末及季度全校家具资产的数目明细和增减状况。5. 家具管理办公室其他工作：（1）对全校家具管理员进行管理，辅助院系家具管理员的更换和帮助新家具管理员熟悉家具管理业务；（2）协助全校各单位进行家具搬运工作，并统计支付全年家具搬运费用；（3）国家发展研究院承泽园家具招标项目的持续跟进，完成餐饮综合大楼招标项目委托工作。

校园规划。1. 规划校区定位，拓展办学空间：多次组织和参加昌平新校区考察，调研吉利学院校园及楼宇建设情况。参与撰写昌平新校区和怀柔科学城校区可行性论证报告。为亦庄云计算产业园、中科电商谷办公楼空间分配工作提供技术支持。与北京市和海淀区相关部门及相关校内外单位进行会谈，商讨挂甲屯规划问题。2. 校园规划相关会议工作：组织召开校园规划委员会会议3次，审议和通报物理学院关于建设"射电天文教学望远镜"的报告、马克思楼工程选址调整及立项、燕园街道养老服务综合楼及蔚秀园老年活动中心工程选址及立项、勺园8号楼改造工程立项、"十三五"基本建设规划调整、马克思楼工程设计方案、北京大学新建东校门工程设计方案、校友之家改造工程立项等29项议题。召开校园规划建设调研座谈会，联系城市与环境学院开展校园规划建设意见征集工作，并遴选学生代表参会。就北大附小改建肖家河分校周转楼项目立项、吕志和楼东南面草坪放置景观石、五四体育场东南区域规划改造、实施校园夜景灯光工程、洛阳捐赠牡丹相关事宜等事项，通过邮件征询规划委员会专家意见。为生命科学学院、体育教研部等出具项目审批意见书。3. 提升校园品质：就体育教研部申请一并规划改造五四操场东南区域停车场事宜进行实地踏勘，草拟改造方案，推进停车场的清理和移交。就洛阳捐赠牡丹相关事宜与校园服务中心沟通。调研学生宿舍45楼至48楼区域自行车棚现状问题，草拟改造方案。参加30楼雨水花园交流会，协助推进建设。4. 校园土地资源规划与使用：购买昌平校区周边红线及蓝线图，及时更新上位规划要求，调整相关地块建设条件。出具燕园街道养老服务综合楼、蔚秀园老年活动中心、东校门、马克思楼、昌平校区高超声速静风洞、东操场区域、燕东食堂计划建设区域等地块的规划设计条件图。参与中关村北一街打通工程相关工作。就外国语学院申请拓宽民主楼门口道路事宜进行实地踏勘，提出施工建议。会同基建工程部完成海淀本部校区垃圾楼迁建、昌平校区新建风洞及电站改扩建工程选址工作。与校园服务中心车队踏勘车队搬迁候选地点。踏勘校园服务中心垃圾运输车停放场地。5. 推进校园5G通信建设：协助中国铁塔股份有限公司将校园内8处原有老旧天线升级替换为5G天线，以实现5G网络初步覆盖。6. 回复校长信箱涉及校园规划信件4件、教职工代表大会相关提案2项，内容涉及校园朗读空间设置、中关村北大街天桥改造、校园电子导览系统建设、未名湖石碑位置等。参与宣传部校园文化品牌项目材料编写。组织召开东校门竣工仪式。参加总务部等部门关于学校基本建设项目、改造项目的开标、评标会约10次，评标项目约计20项。

文物保护与管理工作。1. 召开北京大学文物保护管理委员会会议。根据工作需要和岗位变化，调整委员会部分人员名单。召开委员会2019年工作研讨会，北京大学副校长王仰麟参会并作总结讲话。2. 推进文物保护管理和文物修复修缮工作。推进红一至红四楼、钟亭与铜钟、抗日战争联络点的修缮事宜；对北阁、红一楼、红二楼、静园二院进行小修和加固；启动北京大学西校门修缮项目立项事宜；修复8件具有保护、使用价值的明清家具，修复后调拨给北京大学习近平新时代中国特色社会主义思想研究院使用；申报2020年度文物保护专项补助资金，2020年度到账专项经费103.32万元；将火神庙院内的畅春园东北界碑（一块）、六圣祠碑（两块）移至塞克勒考古与艺术博物馆库房保存；会同校园服务中心，对影响古建安全的树枝和屋顶杂物进行修剪和清理，同时对静园二院、三院东侧的爬藤类植物进行修剪，保障古建安全。3. 为可移动文物增设防护设施。2019年对花神庙石碑（西侧）、杭爱碑（东、西两侧）加装护栏；对梅石碑、乾隆诗碑护栏进行维修和维护。4. 完善和推动古建消防设施。会同保护部为校长办公楼、生物东馆、鲁斯亭增加无线消防报警器，做到消防报警设施全覆盖。5. 复制并恢复校内燕大时期井盖。校园内现存有"燕大"和"1952年三校建委会"字样的井盖，文保办对井盖进行复制，并按照以往的记载进行恢复，选取保存情况较好的井盖存于学校档案馆，复制的一批井盖交由动力中心统筹。6. 对北京大学文物和具有保护价值的历史建筑内部装修改造进行指导、审批。

对俄文楼、北阁、生物东馆露台、燕东园32号小楼内部装修改造进行监督指导、审批。7. 推动校内散置文物集中展示工作。根据学校文物保护管理委员会的意见，与校内相关部门进行现场勘察和研讨，选取红湖东岸作为集中展示地点，邀请相关专业师生制定方案，对制定的方案进行研判。8. 根据国有资产清查要求对文物盘盈资产进行核查。2019年有2751件文物作盘盈处理，其中赛克勒考古与艺术博物馆馆藏2477件文物，考古文博学院标本274件，共计2751件，文物名义金额2751元。9. 加强文物知识的宣传和普及力度。通过部门网站、微后勤微信公众号、燕遗社团微信公众号等多种方式进行宣传，加大文物知识的普及力度，提升师生爱国、爱校情怀。10. 校内文物标识系统。对校内文物标识进行补充，增加文物标识上的二维码，构建实物本体与网络宣传相结合的展示方式。

（于　潇、赵　悦、于　斐、鞠一郎、
龚　芸、夏旭东、张　通）

【拓展办学空间】 1. 推进北京大学吉利校园接收、建设和调配工作。2. 参与推动学校在怀柔科学城的规划拓展等。3. 参与推动学校在亦庄科技创新研究院的规划拓展等。

（于　潇）

【肖家河教师住宅配售后续】 完成肖家河一区、二区、三区2240户的入住手续办理；完成一区、二区、三区1980户车位、1377户储藏间配租工作；完成丁二队人才房的配售后续工作；与获得终身教职的丙队人才签订正式购房协议；肖家河腾退住房的收回与验房接收工作。

（赵　悦）

【丹陛加装玻璃罩试点】 考虑到文物因受酸雨腐蚀和安全问题，启动研究办公楼西侧丹陛加装玻璃罩保护方案。根据调研情况和专家意见，选定加装玻璃罩和四角护栏的方案，玻璃选择防紫外线的高透钢化玻璃，两侧充分考虑通风的需要，既能保证丹墀防酸雨和内部清洁，同时也符合内部温湿度要求。

（张　通）

【校内可移动文物数字化】 2018年以来，与考古文博学院考古虚拟仿真实验教学中心合作，对校内可移动文物进行数字化，通过对文物进行拍照和三维扫描采集文物信息，再利用技术手段制作成三维数字模型，信息采集过程无接触、无损坏文物，通过数字化的方式准确、有效地记录文物真实信息。

（张　通）

【文物语音导览系统】 与相关单位合作，逐步完善未名湖燕园建筑保护区内的所有石雕石刻、古建、石件等文物的语音、文字导览信息，初步搭建通过语音介绍北大文物变迁、发展史的语音信息库。通过介绍文物常识，提升文物保护意识，使其成为宣传北大的一张名片。同时，拓展"参观北大"微信小程序内功能，补充和完善文物信息，开发3条建议游览线路，更好地维护学校正常的教学、科研秩序。

（张　通）

【校园夜景灯光工程项目】 组织立项及方案审议工作，召开各相关单位协调会和专家座谈会，协调校内单位支持配合项目设计施工，组织设计团队踏勘场地和现场协调，收集相关建筑图纸资料，协调和参与工程项目竣工移交等。

（夏旭东）

【附表】

表9-4　2019年北京大学房屋基本情况汇总表
（单位：平方米）

	编号	学校产权校舍建筑面积				正在施工校舍建筑面积	非学校产权校舍建筑面积		
		计	其中				合计	独立使用	共同使用
			危房	当年新增校舍	被外单位借用				
总计	1	2,893,273		94,770		213,017	0	0	0
一、教学科研及辅助用房	2	1,004,481		26,900		178,437	0	0	0
教室	3	101,682					0	0	0
图书馆	4	80,359					0	0	0
实验室、实习场所	5	432,008		26,900		22,000			
专用科研用房	6	313,246				134,437	0	0	0
体育馆	7	61,252				22,000			
会堂	8	15,934					0	0	0
二、行政办公用房	9	93,436					0	0	0

（续表）

	编号	学校产权校舍建筑面积				正在施工校舍建筑面积	非学校产权校舍建筑面积		
		计	其中				合计	独立使用	共同使用
			危房	当年新增校舍	被外单位借用				
三、生活用房	10	898,132				34,580	0	0	0
学生宿舍（公寓）	11	453,749					0	0	0
学生食堂	12	53,483				34,580	0	0	0
教工宿舍（公寓）	13	160,749					0	0	0
教工食堂	14						0	0	0
生活福利及附属用房	15	230,151					0	0	0
四、教工住宅	16	409,854					*	*	*
五、其他用房	17	487,370		67,870			0	0	0

（于　潇）

表 9-5　2019 年北京大学土地基本情况汇总表
（单位：平方米）

序号	资产名称	土地面积
1	昌平区十三陵镇泰陵园村东南侧	1938
2	昌平区十三陵镇西山口村南苗圃	11,260
3	昌平区十三陵镇西山口村南	3935
4	昌平区十三陵镇北京大学昌平园区	346,296
5	海淀区北京大学中关园	160,200.68
6	海淀区海淀路 50 号	2150.52
7	海淀区海淀路 46 号	1548.05
8	海淀区海淀路 36 号	589.44
9	海淀区海淀路 38 号	777.79
10	海淀区万柳大学生公寓	23,557.61
11	北京大学 4—7 公寓	15,732.44
12	海淀区骚子营北京大学燕北园	94,472.54
13	北京大学畅春园	60,644.06
14	海淀区中关村 19 号楼	663.66
15	海淀区中关村 23 号楼	651.55
16	海淀区中关村 26 号楼	1045.24
17	海淀区中关村 25 号楼	1017.84
18	北京大学燕东园	18,5073.08
19	北京大学蔚秀园	84,851.11
20	北京大学承泽园	58,748.41
21	海淀区海淀路 44 号	132.61
22	海淀区中关村北二条 3 号	13,182.95

（续表）

序号	资产名称	土地面积
23	海淀区海淀路 5 号	1,016,971.11
24	海淀区蓝旗营教师住宅小区	25,323.84
25	海淀区大泥湾北大附中	55,485.32
26	海淀区北京大学畅春新园学生宿舍	19,999.94
27	海淀区中关村北二条街 7 号	1527.07
28	海淀区北河沿 3 号楼	581.68
29	海淀区上地朱房	7529.8
30	海淀区教养局 10 号	353.8
31	海淀区苏家坨镇金仙庵	16,779.39
32	海淀区苏家坨镇金仙庵朝阳院	6667
33	海淀区苏家坨镇寨口村 44 号	1681.83
34	东城区黄米胡同 7 号	837
35	东城区黄米胡同 9 号	400
36	东城区礼士胡同 141 号	375.2
37	东城区东高房胡同 21 号	3093
38	昌平区南口镇太平庄村	6667
39	昌平区十三陵镇北京大学昌平园区污水处理池	120
40	海淀区蓝旗营教师住宅小区商建	5964.45
41	海淀区北京大学簸斗桥学生宿舍	7774.67
42	海淀区北京大学成府园	10,2212.3
43	大兴区工业开发区金苑路 24 号软微学院	40,000.03
44	塞罕坝机械林场	10,000
45	医学部	392,305
	总计	2,791,118.01

（于 潇）

表 9-6 2020 年北京大学教职工住宅汇总表

区片	套数（套）	建筑面积（平方米）
主校园内	96	9834.00
医学部校内	1628	112,417.94
黄庄	108	6000.00
中关园（含科学院）	1286	79,083.00
蔚秀园	793	43,403.00
畅春园（含青年公寓）	662	31,790.00
承泽园	394	24,961.00
燕东园（含清华园）、北河沿	884	51,698.00
燕北园	1390	96,700.00
蓝旗营	641	77,420.80

（续表）

区片	套数（套）	建筑面积（平方米）
西三旗		
其中 1. 校本部	449	35,471.76
2. 医学部	81	5794.23
六道口		
其中 1. 校本部	83	5994.30
2. 医学部	18	1291.60
燕东园小楼		2337.00
燕南园小楼		2101.40
筒子楼		
其中 1. 校本部		4134.00
2. 医学部	22	1936.83
平房		
其中 1. 校本部		965.00
2. 医学部	48	877.02

注：校本部教职工住宅中，（1）筒子楼为蔚秀园23楼、科学院19楼；（2）西三旗和六道口建筑面积为产权证面积；（3）燕东园小楼、燕南园小楼不含转办公用房面积及已搬迁安置不再配售面积。

（赵　悦）

基建工作

【发展概况】 2019年底，基建工程部在编人员24人，其中：部长1人，副部长3人，综合办公室3人，前期管理办公室3人，计划办公室4人，维修管理办公室5人，工程建设办公室5人。在编人员中副高级职称6人，中级职称及以下18人。基建工程部党总支共有党员48人，其中：（在职）一支部党员26人（含北京大学建筑设计院5人，肖家河建设办2人），退休支部党员为22人。

基建投资计划与完成情况。 截至2019年底，北京大学在建项目（包括新建、改造项目）共26项，建设总规模297,410平方米，计划总投资192,147万元。其中，新建项目7项，建筑面积232,411平方米，计划总投资154,088万元；改造项目19项，建筑面积64,999平方米，计划总投资38,059万元。

截至2019年底，新建项目累计完成基建投资35,308万元，其中完成中央预算内资金9853万元，完成自筹资金25,455万元。维修改造工程投资17,979万元。

工程前期报批情况。 2019年度处于前期报批及设计阶段的主要新建项目有12项，分别是：马克思楼、密闭式清洁站、东校门、昌平校区环境风洞、东操场体育活动中心及地下车库、燕东食堂、蔚秀园老年活动中心、燕园街道养老服务综合楼、理科三号楼改扩建工程、附中体育馆二期及综合楼、生命科学园连楼、昌平校区实验动物中心等。

1. 马克思楼（约50,290平方米）：该项目于2019年7月6日第964次校长办公会审议立项。基建工程部于7月完成方案征集及评审工作，会同使用单位马克思主义学院，及图书馆、习近平新时代中国特色社会主义思想研究院调整完善方案，正在编制项目建议书。

2. 密闭式清洁站（约269平方米）：该项目于2018年12月31日第950次校长办公会审议立项。基建工程部在2019年内完成主要的前期报建工作，并完成工程设计及招投标工作，于9月开工建设。

3. 东校门：该项目于2019年7月6日第964次校长办公会审议立项，原计划于2019年国庆节期间亮相，但迫于设计工作需要基本的时间周期保障。基建工程部统筹安排报建与设计工作，于7月至9月完成设计方案与北京市规划与自然资源委员会的多轮沟通、教育部立项备案、北京市规划与自然资源委员会规划意见及规划许可证等前期报建工作，工程设计及招投标工作，并于2019年10月开工建设，12月22日举行竣工仪式。

4. 东操场体育活动中心及地下车库工程（约64,915平方米）：该项目承接2018年度工作，方案重新上报文物局后于

2019年取得批复，配合基金会捐赠相关工作，讨论项目方案。

5. 燕东食堂（约24,300平方米）：该项目承接2018年度工作，方案重新上报文物局后于2019年取得批复，正在沟通设计方案。

6. 昌平校区环境风洞（约3710平方米）：该项目承接2018年度工作，由使用单位确认方案，基建工程部向教育部申报备案申请并取得回函，会同各专业负责人及昌平校区相关工作人员探勘现场。

7. 蔚秀园老年活动中心（规模待定）：该项目为2019年新增项目，基建工程部会同使用单位对方案进行多次讨论。

8. 燕园街道养老服务综合楼（规模待定）：该项目为2019年新增项目，由校园规划部门提供用地范围，基建工程部会同使用单位对方案进行多次讨论。

9. 理科三号楼改扩建工程（约26,340平方米）：2019年，因西连廊的划归问题，已进行多次方案的推敲及完善。

10. 附中体育馆二期及综合楼（约27,500平方米）：2019年，附中协调拆迁工作，至下半年拆迁工作已近尾声；设计方案已与北京市规划和自然资源委员会进行多次沟通。

2019年度处于设计阶段的改造项目主要有25项，分别是办公楼改造、勺园7号楼改造、19—24楼修缮、成府园食堂装修、35楼地下室装修工程、电教大楼改造、文史楼改造、昌平校区航空航天推进实验室装修、红三、红四楼修缮、勺园9号楼装修改造、方楼改造、动物中心A座改造、团委相关用房装修、廖凯原楼地下一层局部及342报告厅装修、校友之家改造、五四运动场翻修、二体网球场篮球场翻修、校友之家改造、燕南园54号院修缮、高访公寓（五期）装修、畅春园60号楼装修、南门地下室改造、中关新园4号楼留学生公寓卫生间改造、中关新园2020年留学生、公费生、博士后退房粉刷、光华管理学院达园厨房改造等。

工程招投标情况。 2019年完成新建和大型改造工程类招标项目共计23项。其中，施工14项：北大附中北校区综合楼新增装修；五四体育场灯光照明设施工程；化学学院E区大楼项目；附中北校区综合楼屋面、下沉广场虹吸排水；附中北校区食堂改造工程；附中北校区综合楼首层广场景观；化学学院D区一层测试平台装修工程；北京大学新太阳学生活动中心维修工程；北大附中北校区综合教学楼塑胶跑道和人工草坪工程；密闭式清洁站工程；35楼地下室装修改造工程；东校门工程；成府园食堂装修工程；餐饮综合楼室外绿化景观工程。

监理6项：北大附中北校区综合楼新增装修监理；五四体育场灯光照明设施监理；附中北校区食堂改造工程监理；35楼地下室装修改造工程监理；新太阳学生活动中心维修工程监理；成府园食堂装修工程监理。

设计3项：文史楼改造设计；南门区域19—21楼、22—24楼修缮工程设计；办公楼修缮工程设计。

工程建设情况。 本年度竣工工程包括附中北校区综合楼（31,314平方米）、百年讲堂多功能厅改造（546平方米）、光华管理学院达园宾馆装修改造（6172平方米）、外文楼民主楼修缮（4454平方米）、勺园零点餐厅及自助餐厅装修（480平方米）、45乙楼地下室装修改造（1345平方米）、附中北校区开闭站改造（220平方米）、化学学院D区一层器件加工测试平台装修（520平方米）、光华管理学院一、二层改造（980平方米）、新太阳学生活动中心维修（2600平方米）、东校门工程（100平方米）、万柳3、4区配电室增容、生科地下车库装修工程（4200平方米）共计13项。

2019年度在施工程包括：1. 城环景观设计学大楼（22,300平方米）：该工程于2016年12月开工，由于地铁影响因素重新进行基础设计，截至2019年底正在进行室内外装修工程。

2. 国家发展研究院大楼（29,223平方米）：该工程分新建和古建维修两个部分，于2016年5月开工。

3. 实验设备2号楼（23,000平方米）：该工程于2016年6月开工，因使用单位调整功能，机电专业重新设计，至2019年底正在进行室内装修工程。

4. 餐饮综合楼（34,602平方米）：该工程于2016年12月开工，至2019年底进入室外管线和室内装修工程施工阶段。

5. 工学院与交叉学科2号楼（69,479平方米）：该工程于2018年6月取得开工证，基本完成土方工程，至2019年底正在进行基础施工。

6. 化学学院E区大楼（22,493平方米）：该工程于2019年5月获得施工许可证，11月进场开工建设，至年底正在进行土方及边坡支护工程。

7. 图书馆东楼修缮（26,682平方米）：由于图书馆搬家及设计调整等原因，工程于2018年五四校庆后正式开始建设，至2019年底正在进行室内装修工程。

8. 太平洋大厦外立面改造：该工程于2017年5月取得开工证，至2019年底基本完成外立面工程。

9. 昌平园区实验动物临时设施（1761平方米）：该改造工程于2018年10月开工，至2019年底完成室内钢结构及外立面涂料、铝合金窗户施工。

10. 昌平南平房改造（1540平方米）：该改造工程于2019年7月开工，已竣工交付。

11. 附中北校区食堂改造（2272平方米）：该项目为附中北校区综合楼的配套项目，于2019年5月开工，至2019年底进入收尾阶段。

12. 密闭式清洁站（269平方米）：该工程于2019年9月开工建设，至2019年底室内工程已基本完成，正在进行室外工程建设。

13. 成府园食堂（1048平方米）：该工程于2019年11月开工建设，至2019年底室内拆除工作已基本完成，正在进行机电预留预埋等工作。

工程结算审核情况。 竣工结算工作已完成学生公寓二期、北大附小体育馆、北大附中惠新东街改造、百年讲堂多功能厅改造、光华达园宾馆装修改造等53项工程结算审核工作，其中送审计44项，结算审定金额约为33,500万元（经监理审核后申报额约为36,700万元，经审核审减约为3200万元）。结算送审项目返回49项，金额56,083万元，审减912万元，审减率1.62%。

招标控制价已完成化学楼E区、北大附中食堂改造、北大附中教学楼装修、国发院装修、国发院仿古建筑、餐饮装修等58个项目招标控制价编制协调工作，并在咨询公司初稿基础上内部核审并报校审计，控制价编制金额约为41,600万元，另有文史楼改造等8个项目控制价正在编制中。

合同签订工作共计完成208份，其中包括化学E区、实验设备2补充协议、工学院补充协议、东门等施工及监理合同共计135份，签订勘察设计合同73份。

（黎　黎、汪　竞、高　丹、刘文建、
王佳曦、苗京楠、任　慧）

【北京大学东校门改造】 东校门改造筹划工作于2004年启动，截止到2017年共举办五次设计方案评选，累计有16个方案参选。东门改造前因门前宽度过小，交通状况比较混乱，校园行人、参观人员以及骑车人和其他车辆交叉混行，存在安全隐患。2019年6月至7月，经校园规划委员会、校长办公会、党委常委会等会议审议研究，选定北京市建筑设计研究院有限公司的方案。新东门的建筑风格既要尊重北大文化，延续历史经典，又要面向现代发展，符合当代功能。以代表当代北大校园建筑的灰色调为主色调，并融合五四时期沙滩红楼的建筑元素和燕园的古典建筑元素。新东门由六根立柱将门口广场围合，用代表北大五四时期建筑的灰砖作为大门的主要外饰材料，柱头用雕刻石材延续中式文化建筑的经典语言。主体采用立柱式校门，简洁挺拔、庄重大气；立柱的攒尖顶来源于燕园南北阁的攒尖顶，并参照圆明园柱式和近代建筑大门的柱式，采用抽象与概括方式形成新中式风格；铁艺门拱来源于沙滩红楼大门的铁艺设计形式，古砖的砌筑设计传承于红楼的砌筑和线脚细节。在建设过程中，基建工程部与设计、施工和监理单位，精益求精，对古砖尺寸、砌筑方式、石材选择等细节反复推敲，柱顶、铁门等关键构件先做实物模型，顺利完成东校门改造的建设任务。东门改造工程于2019年10月5日开工，2019年12月22日正式竣工启用，用时两个多月。

（白利明）

肖家河项目建设

【发展概况】 组织机构。肖家河项目建设办公室（以下简称"肖建办"）是北京大学肖家河教工住宅项目建设领导小组的办事机构，专职负责肖家河教工住宅项目的报批、拆迁、规划设计和工程建设全过程的组织协调与管理工作，直到项目全部建成并交付校内相关产权机构管理为止。肖建办内设综合管理部、前期管理部、建设管理部、造价合约部、财务部5个部门，有事业编制人员4人，事业编制退休返聘员工1人，合同制员工22人，劳务协议员工1人。2019年10月15日，学校免去张宝岭主任职务。12月27日，学校任命白利明为主任。

2019年，肖建办围绕教工住宅建设主线，全面推进教工住宅及还建商业的建设管理工作。教工住宅一、二、三区顺利交付，园林景观已竣工；四区正在紧张结构施工中。

党风廉政建设。2019年，肖建办贯彻落实党的十九届四中全会精神和学校党委会议精神，结合"不忘初心、牢记使命"主题教育，全面落实建设党风廉政建设责任制，加强党风廉政宣讲和培训，对腐败现象保持"零容忍"态度，认真对待群众举报和相关信访案件，保证件件有着落；认真贯彻执行"三重一大"事项集体决策程序，坚持主任办公会、现场例会决策机制，体现民主集中制优势；进一步严格执行中央八项规定精神，对财务管理、会议管理、接待管理都做出相应要求，严防"四风"问题出现。

总体投资计划与完成情况。经教育部批准，肖家河项目2019年初编制年度投资计划95,685万元，由于幼儿园地块未开工建设及各因素停工影响，2019年底调整为65,294万元。2019年全年实际完成投资56,512万元，完成率86.6%。

制度建设。肖建办一直高度重视制度建设，将其作为一项重要的日常基础性工作，坚持"制度化、规范化、流程化"。2019年，陆续新增《北京大学肖家河项目建设办公室防火安全管理规定》及《员工奖惩审批表》《重大通知员工签收单》《工会入户意向表》等人事管理的制度表格。坚持将各项规章制度深入贯彻到日常管理的各个环节角落，真正实现制度"无处不在，无时不有"，使项目建设更加规范化、科学化，有效提升工作水平。

安全标准化建设。2019年，肖建办根据学校各项安保工作安排，认真履行安全管理职责，以北京大学安全管理标准化建设要求为蓝本，从工作实际出发，逐条逐项落实。成立专项安全领导机构，由肖建办主任挂帅，各部门各负其责；制定相应安全工作预案，出台《北京大学肖家河项目建设办公室防火安全管理规定》并严格予以执行；逐个办公区排查电气安全隐患，开展消防安全宣传；利用多种渠道和方式提高肖建办工作人员安全防范意识和自防自救本领。经主任办公会讨论，决定于2020年度预算中增加专项安全经费。

工会组织建设。根据学校工会相关文件，应劳动合同制员工要求，向学校提交劳动合同制职工加入工会申请。经学校工会、后勤工会批准，21名合同制职工于2019年11月正式加入工会组织。会员活动和基建工程部分工会一起开展。积极组织会员参与后勤工会"一二·九"合唱、长跑等各项活动。

拆迁收尾工作。 1.明确肖家河项目拆迁收尾工作机制。2019年10月21日，学校总务长办公会同意由肖家河住宅项目拆迁资金联审组行使原"五人组"工作职责，完成项目拆迁收尾工作。2.宅基地拆迁。2019年，宅基地拆迁安置新签定拆迁安置协议3份，涉及1个宅基地院落。尚余2.5个宅基地院落已拆除但因各种因素未签定拆迁安置补偿协议。经项目拆迁资金联审组审议累计通过并签订的住宅拆迁协议961份，已签订协议的被拆迁户全部完成选房并发放拆迁补偿款。3.处理回迁房阁楼问题。回迁房阁楼户型拆迁安置共计175套。截至2019年底，业主已收阁楼150套，已收阁楼中按学校批复的改造补偿政策已签约补偿129套，未签约21套；未收阁楼25套，业主自身原因未收房屋2套，拒收23套，累计签订《阁楼改造协议》35份，其中2019年签订13份。

土地手续办理工作。 项目回迁住宅全部2个地块及教工住宅一、二、三区3个地块已取得土地划拨决定书，其中自持经营性配套设施已完成土地出让合同签订并于2019年3月完成土地出让金缴纳工作。2019年12月30日，经协调，规委组织专题会议，在文物局、国管局等委办局大力支持下，已完全消化规划图纸核对工作中出现的问题，责成设计单位进行规划图纸修改，进一步申报项目建设规划许可证。

教工住宅建设工作。 2019年一季度，教工住宅二区、一区、三区相继具备交竣条件，根据学校统筹安排陆续交付。教职工业主集中装修期间，项目穿插进行园林景观施工，二区、一区、三区园林景观施工先后于2019年8月及11月完成验收。四区建设范围内国防大学水井房于2019年1月15日实施拆除，教工住宅四区开工建设，已完成土方施工，全面进入结构施工阶段。

外电源工程建设工作。 在各方支持下，肖家河外电源工程有序推进电缆敷设、设备采购、设备安装、发电等工程环节，经艰苦努力，于2019年上半年取得阶段性成果。2019年春节前，完成新建开闭站、回迁住宅西区、教工住宅一、二、三区的高压发电，2019年5月实现上述教工住宅和一区15、16号回迁住宅低压发电到户。经建设办多方协调，积极寻求政府相关管理单位及电力管理部门的政策支持。已经取得圆明园西路小型市政规划许可证。电力隧道管井施工基本完成，回迁住宅东区、还建商业的正式用电施工、发电工作正在努力推进过程中。

垃圾楼建设工作。 肖家河地区现状清洁站位于项目幼儿园用地范围内，在用未拆除，严重影响项目配套幼儿园的开工建设。项目住宅工程仅余四区在施，其余回迁住宅、教工住宅均已入住，幼儿园地块亟待开工建设。新建清洁站相关配套工程已按规划要求完成，进入设备采购阶段。

五环路隔音屏建设工作。 肖家河教工住宅销售后，建设办陆续收到老师来电、来信，要求在一区（G地块）和四区（E″地块）南侧的五环路安装隔声屏。经与多个政府主管部门咨询、沟通，北京市交通委原则同意北京大学按有关程序开展相关工作。据此，建设办委托专业环评单位完成了《交通噪声影响专项分析报告》，结论："E″地块距北五环匝道距离超过200米，不属于评价范围，五环路交通噪声对E″地块影响较小"及"G地块圆明园西路和北五环匝道交通噪声影响较为严重，建议可以采取设置声屏障"。就此，经再次沟通，市交通委原则同意仅在一区南侧肖家河桥匝道建设隔声屏。根据市交通委意见，肖建办委托肖家河桥原设计单位论证可行性，该设计单位明确"在一区南侧肖家河桥匝道上建设2.5米高的隔声屏从技术上是可行的"。2019年12月3日，北京市交通委组织召开第三次协调会，专题研究北京大学申请在北五环肖家河桥区加装隔音屏事宜。北京大学、市首发集团、市交通委项目中心、公路管理处、工程协调处等单位参会。北京大学就前期委托环评单位补充声环境评测情况进行了通报。北京市市政设计总院就加装隔音屏技术可行性研究进行了专项汇报。会议研究确定在既定区域加装隔音屏技术上可行，提出后续推进途径，建议北京大学进一步展开项目立项、工程设计、确定施工单位、养护单位等后续事宜。

造价合约管理工作。 1.招标工作。2019年，三个地块教工住宅工程已经竣工，根据工程进度，招标工作重点是部分配套工程招标。从2018年11月至2019年11月共计组织完成F地块、E′地块和G地块景观园林工程建筑市场公开招标3次，中标总价约3000余万元。组织E′标志标识、H地块、J地块安防监控工程等3项工程校内公开招标，共计中标价近260万元。2.合同管理。2019年经建设办各部门共同努力，共审核肖建办直接签订各类合同50项（不含拆迁安置补偿类合同），包括教工住宅一、二、三区园林景观及四区标志标识等各项配套工程合同，合同金额近4000万元。每月定时整理合同和台账的归档，完成整理、编号、登录工作。将各类合同的审核作为合同管理的重要环节，重点把控合同范围、合同类型、技术要求、付款条件及结算方式等重点环节，尤其是工程款支付的复核工作。3.工程量核算及结算。2019年，每月完成各地块工程进度量的审核及进度款申报工作。全年完成设计变更、工程洽商及签证审核近3000份，组织召集各施工方、监理方召开工程结算专题会，对工程结算提出明确要求，推进教工住宅一、二、三区主体工程结算工作。

废旧设备处理工作。 2019年为处理废旧临时设备设施，避免浪费，积极咨询相关机构，最终经学校批准，在北京市产权交易中心进行公开拍卖，已经完成第一批19台件废旧临时设备的处理工作，取得拍卖收入12.53万元。

协调处理教职工业主诉求。 自2019年1月教工住宅交付入住以来，建设办通过各渠道陆续收到教职工业主的咨询和诉求，建设办本着为教职工服务的原则，领导一线办公、工程师角色前移、协调施工单位与物业对接，通过电话、微信群、书面回复、现场处置、座谈会等多种形式，及时反馈、积极处置、力争妥善处理。

法务工作。2019年肖建办法务工作主要围绕首层排水仲裁工作展开。自2019年2月以来，陆续接到教职工业主关于教工住宅一区、二区首层排水设计的咨询和投诉，质疑并非承诺的"独立下水"。学校领导高度重视，肖建办梳理问题始末，走访专业机构进行咨询，组织多场教职工业主沟通会解释说明，并充分了解首层教职工业主诉求，责成设计单位提出改造方案及图纸，并在此基础上对改造费用、改造施工相关影响因素等做出评估。6月14日，校党委书记邱水平、校长郝平召集督查室、肖建办、法律事务办公室、房产部等部门召开专题会，研究肖家河项目有关问题，决定由法律事务办公室与肖建办具体负责启动司法程序。

（肖彬彬）

医学部基建工作

【发展概况】 组织结构。北京大学医学部基建工程处是负责医学部基建工程和大型房屋修缮工程项目的管理部门，主要职能包括编制和实施校园建设总体规划、中长期建设规划和年度建设计划；负责新建、改建、扩建工程以及大型房屋修缮等建设工程项目的质量、进度、成本和安全等全过程管理工作。下设综合办公室、招标造价管理办公室、建设管理办公室3个科室。现有在编人员10人，返聘2人，非在编6人，科级及以上干部成员：处长余也，副处长何素丽、田广，综合办公室主任彭光苗、招标造价管理办公室副主任（主持工作）王雪菲、建设管理办公室副主任（主持工作）姚希、建设管理办公室副主任韩丽。

综合事务。1. 人才引进。2019年4月和8月，通过社会招聘先后引进1名文职人员、1名高级暖通工程师。2. 宣传工作。多渠道加强宣传，基建工程处新版网页于4月初正式上线运行；2019年开始编制基建工作季报，微信公众号运营管理进一步优化。3. 制度完善。制订《基建工程处事业编制人员月绩效发放办法（试行）》；制定《网络平台信息发布审批流程》，规范操作，保障信息安全；将基建处处长办公会调整为基建工程处、后勤党委联席会并修订配套制度。

党建工作。医学部基建工程处党支部现有党员10人，其中在编人员9人，非在编1人。2019年利用周学习例会，组织全体党员认真学习党章、党规，习近平新时代中国特色社会主义思想，十九届四中全会精神等，激励支部党员通过"学习强国""学习公社"等多媒体渠道丰富知识。组织开展党员实践活动，如赴密云义务植树，参观烈士纪念馆，红歌汇演，党员干部赴湖南韶山学习培训等活动。

9月至12月，认真组织开展"不忘初心、牢记使命"主题教育系列学习，组织4次集体学习与研讨，3次在建施工项目调研，通过自己找、群众提、集体议和上级点等方式进行检视整改。组织观看主题教育系列电影，参观"伟大历程 辉煌成就——庆祝中华人民共和国成立70周年大型成就展"，赴北大六院开展党员志愿服务，自掏腰包为医药科技园区项目工地工人购买护手霜，为身边群众办实事好事。

工会工作。2019年积极推进非事业编制人员入会工作，共办理1名非事业编制人员入会手续。现有工会会员共计15人，其中事业编制会员10人，非事业编制会员5人。全年主要活动包括：组织在职职工、离退休职工的年度例行体检，过节福利品发放，医学部运动会，员工生日送福利，世园会参观等。

建设项目情况。全年累计完成各类工程投资约2.4亿元，重大工程建设项目按计划推进：10月，北京大学医学科技楼（医药科技园区综合楼）主体结构封顶；12月，体育馆项目竣工验收，投入使用。完成图书馆改扩建工程前期调研、方案设计、施工图设计等前期工作。组织实施2019年度产业楼改造、毒理楼改造、体育场改造项目一期、教学场所空气处理及空调购置项目共4项"中央高校改善基本办学条件专项"资金项目，均按时间节点要求完成预算支付；组织实施老干部活动中心、游泳馆电增容工程等其他改造项目。

（彭光苗、王程程、王砚迪）

【医学科技楼结构封顶】 北京大学医学科技楼项目于2018年7月底正式开工建设，2019年完成以下主要工作：5月上旬完成全部地下结构施工；7月11日，通过地下室结构验收；7月30日，通过北京市结构"长城杯"第一次验收；9月5日，通过"北京市绿色安全样板工地"验收；10月20日，通过北京市结构"长城杯"第二次验收；克服物料运送及交通受限的困难，于10月底完成全部主体结构施工。自开工建设历时1年3个月，于2019年10月29日顺利举行结构封顶仪式。

相关配套、附属项目也在同步推进：完成电梯、给排水管材等选型；完成二次砌筑；消防水管道、消防排烟管道、强弱电桥架完成过半；完成石材幕墙深化设计并启动招标；完成通用型实验室平面布局、通风系统及供电等资源配置方案；开展动物房工艺、核磁楼防震防磁方案研究；完成从锅炉房至大楼供热外管线设计；为优化大楼周边环境，协调自来水集团同意将地上水源井改为半地下，顺利完成水源井改造方案以及医学科技广场设计方案等。

（彭光苗）

【体育馆竣工验收】 体育馆项目于2017年3月开工，2018年底新建场馆完成内墙二次砌筑、老馆完成全部结构施工。2019年主要完成以下内容：屋面钢结构、防水、外墙装饰、玻璃幕墙安装、消防及暖沟等各类管道安装及室内装修。同期完成体育馆室外运动场及绿化景观、文化及指示标识等配套项目。经过各参建单位奋力推进，体育馆于2019年11月完工，12月18日通过五方验收，12月24日举行启用仪式。另外，因体育馆内游泳池维温、洗浴以及部分采暖使用地热资源，为确保体育馆顺利交付，必须在项目竣工同期完成地热资源开采利用的审批工作。经过历时近一年的努力，医学部地热采矿权于2019年9月9日顺利在北京国际矿业权交易所挂牌。医学部成为自2017年北京市严格控制地热资源开采以来，六环内唯一获批地热采矿权单位。

（彭光苗）

【图书馆改扩建项目】 图书馆改扩建项目拟用学校自筹资金建设，改扩建后建筑面积约13,000平方米，通过下挖争取地下空间实现立体书库藏书功能，地面建筑面积保持不变，拆除夹层、释放空间，封闭原建筑的"U"形开口，提升空间使用效率和使用感受。项目于2018年获得建设工程规划许可证，2019年主要完成前期调研、方案设计、施工图设计、室内设计等前期工作。现已确定建筑设计及室内装修设计方案，施工图设计基本完成，并已启动施工及监理单位招标。

（彭光苗）

【毒理楼、产业楼改造工程】 毒理楼、产业楼改造工程均为2019年教育部"中央高校改善基本办学条件专项"资金项目。其中，毒理楼改造面积1640平方米，产业楼改造面积978平方米。为吸引实力较强的施工单位投标，便于施工管理和施工场地集约使用，将两个项目合并招标。为减少对校园日常秩序的影响，产业楼、毒理楼改造于2019年7月16日正式开工，计划工期半年。

（彭光苗）

昌平校区管理

【发展概况】 组织机构。北京大学昌平校区位于北京市昌平区西北4公里的天寿山脚下，占地面积约550亩，已有建筑面积约5.6万平方米，是北京大学上世纪60年代建设的分校区。昌平校区管理办公室（以下简称"昌平办"）设主任1名（正处级），副主任2名（副处级）。内设3个办公室，分别为综合办公室（下设发展联络办公室及公寓管理中心）、运行保障办公室、安全保卫办公室。2019年6月25日，王新强被任命为北京大学昌平校区管理办公室主任。

党建工作。按照北京大学"不忘初心、牢记使命"主题教育动员大会安排和《北京大学"不忘初心、牢记使命"主题教育实施方案》的具体要求，在学校第十指导组的指导下，结合校区实际情况，制定"不忘初心、牢记使命"主题教育实施方案。坚持将学习教育、调查研究、检视反思、整改落实四项重点措施贯穿始终，组织开展集中研讨学习9次、集中观影学习3次、专题民主生活会等各类会议4次、专题教育3次、歌咏比赛等各类活动2次、调查研究2次、组织集体参观4次；严格按照《昌平校区管理办公室关于落实"三重一大"制度的实施办法》和民主集中制原则，明确了办公会制度、大额支出审批制度、三重一大实施细则等，保证重要事项的通报、汇报及决议实现民主、科学决策，紧盯"关键环节"，加强警示教育，持之以恒纠正"四风"。

综合事务。2019年，昌平办新入职职工9人、离职2人、事业编制调出1人；办理职工工伤、转社保及病退等手续4项；于北京大学实验室与设备信息系统录入设备186件、于北京大学家具管理系统录入家具427件，定期对昌平校区资产进行核查，变更资产信息。

实验室管理。截至2019年12月底，共有8个院系（中心）的36个课题组入驻昌平校区，具体包括信息科学技术学院8个、环境科学与工程学院1个、地球与空间科学学院4个、物理学院1个、化学与分子工程学院5个、工学院10个、城市与环境学院6个、软件工程国家工程研究中心1个，合计45名相关实验人员在昌平校区入住；保障实验室人员工作、居住等，2019年，共开展实验室配套工程建设项目3项；出台《高效利用昌平校区科研用房监督管理办法》，修改《北京大学昌平校区库房管理办法》，统筹管理库房租赁情况，将科研用房及库房彻底区分开，共计7个院系（课题组）在昌平校区租用库房作为科研配套使用；关注实验室安全问题，坚持每周对实验室至少巡查1次，及时发现并解决各类问题；重视实验室安全教育，定期组织实验室师生参加安全培训讲座及消防演练。

富余资源利用。2019年，入驻昌平校区的长期租赁单位合计7家，租赁校区宿舍105间，目前昌平服务的租赁单位师生人数约500人；服务短期租赁单位15家，拍摄单位6家。昌平办严抓租赁单位管理，对在日常及周巡月检工作中发现的问题，及时处理并解决。

运行保障工作。2019年，昌平办积极配合北京大学基建工程部完成基础设施改造工作，完成昌平校区新配电室改造；独立负责改装昌平校区南平房地台10个，铺设1至4号公寓楼平台防水合计约400平方米，修缮主楼A座北门外广场地面约450平方米，A座北门广场松树移栽、广场庭院灯安装、灯线电缆入地、设置广场石材圆球，昌平校区电缆入地186米，东平房南80平方米改造为实验室，安装小绿人充电桩及巢自提柜；绿化换土工作方面。2019年，昌平校区主楼东南角、B座南、公寓楼东侧绿化整地共约6000平方米，昌平校区绿化种草约6400平方米，打草约10万平方米，修剪树枝约500棵，种绿篱9500棵，新种各类树木212棵，树木刷药、防虫350棵，安装绿篱防冻、防护罩900米，安装主楼B座楼前绿地喷灌及2号、3号公寓楼西侧喷灌管道2000米、喷头170个，铺装喷灌带400米；维修工作方面。2019年，共处理完成昌平校区报修、零修工作合计570件；技术保障工作方面。完成弱电管道光缆布线约2000米，使昌平校区网络覆盖进一步扩大，网络账户建户81个，销户163个，建设弱电管道900多，新建管道井19个、手井3个，昌平校区所有架空线缆完全撤除，架空电缆入地，新建35米高铁塔1座，引入联通、电信、移动三家运营商，校内移动信号明显增强。

公寓管理工作。公寓管理中心成立于2018年3月，是下属于综合办公室的内设机构，现服务公寓楼5栋，处理各项住宿事务。2019年，公寓管理中心共收房费约35万元，接待来自9个学院的10名博士生入住2号楼公寓单人间。另外，昌平办组织职工对中关新园宾馆及万柳公寓进行参观学习。

安全保卫工作。昌平办根据学校安全管理工作年度规划，结合昌平校区实际情况，重点在实验室、消防、治安、交通安全及监控覆盖方面做工作，实现全年无刑事案件、无重大治安案件、无安全责任事故。1.消防安全。积极参加上级组织的各类会议及培训，参与消防安全工作部署会等相关会议及培训11场；自发组织紧急疏散与灭火消防演练等安全教育培训4次；配合北京市相关单位在2019年两会期间，部署开展消防安全百日会战专项暨今冬明春火灾防控工作。2.实验室安全。通过与驻校区实验室签署安全责任书，层层落实安全管理任务，对所有实验室进行化学试剂的登记与检查，特别是易燃、易制毒、易制爆品、气体钢瓶等；在北京大学实验室与设备管理部的支持下，昌平校区实验室废弃物暂存柜已于2018年正式运行，2019年昌平办每周定期对实验室开放，进行实验室废弃物存放、转移；2019年8月，完成历史遗留化学废弃物的分拣工作，并于11月处理完毕。3.监控工作。2019年度继续扩大校园视频监控范围，逐步实现校园监控全覆盖。

【10名博士生在昌平校区安家】 依据学校相关政策，共接待来自9个学院，10名博士生入住昌平校区2号公寓单人间。昌平校区对所有入住博士生进行统一管理，着力为其提供良好的生活和学习环境。2019年，昌平办对博士生进行专项生活、学习满意度调查。根据调查结果，对昌平校区图书馆西二层外间教室进行装修，于2019年10月31日正式投入使用并作为博士生自习室开放。

【紧急疏散与灭火消防演练】 昌平校区管理办公室于2019年10月24日组织"牢记安全使命 共建平安校园"主题紧急疏散与灭火消防演练，邀请北京大学保卫部及昌平校区属地消防支队的领导与专家现场观摩指导，参演人员共计160余名。该演练针对实验室突发火情预设，模拟昌平校区主楼B座某实验室超负荷用电造成室内着火展开。十三陵消防中队消防员在昌平校区东操场为师生员工讲解并示范各类型灭火器、灭火毯的使用方法，对扑火过程中注意事项及面对火情的应急处置方法进行重点讲解。师生员工以10人一组为单位，使用150个灭火器进行模拟灭火演练。

【"不忘初心 共创一流"歌咏比赛】 2019年9月25日，昌平校区管理办公室主题教育实施领导小组联合党支部及工会小组共同举办"不忘初心 共创一流"歌咏比赛，校区50余名职工观看比赛。比赛中，全体职工以饱满的热情、嘹亮的歌声共同唱响新时代主旋律，展现职工风采及对祖国母亲的深切热爱。

【职工趣味运动会】 2019年10月30日，昌平校区管理办公室举办2019年职工趣味运动会，50名职工报名参加比赛。其中个人项目4项，分别为袋鼠跳、摸石头过河、投掷飞镖和立定跳远；集体项目2项，分别为毛毛虫和动力火车。

（张原源）

社会服务与联络

国内合作

【发展概况】 机构设置。国内合作委员会办公室（以下简称"国内合作办"）是在北京大学国内合作委员会领导下，统筹协调全校各单位开展国内合作事务，承担对口支援、部省合建高校工作和国家定点扶贫政治任务的部门。国内合作办下设对外合作办公室与对口支援办公室。其中，对外合作办公室主要负责协调和保障学校与中央和地方各级政府、军队、企事业单位开展高层互访、合作洽谈；推动以学校名义签订校地战略合作协议或专项协议，并积极有效落实；承担学校领导部署的其他校地合作事务，助力国家经济社会发展和学校长远发展。对口支援办公室主要负责对口支援新疆石河子大学和西藏大学的具体工作，承担对口支援两所高校团队秘书处工作职责；定点帮扶云南省大理白族自治州弥渡县，助力贫困地区脱贫摘帽；承担上级单位部署的其他帮扶、支援工作，有效落实中央支持民族地区、贫困地区发展的政策。2019年，国内合作办加挂扶贫工作办牌子，国内合作办主任兼任扶贫工作办主任，进一步强化定点扶贫相关工作。

校地合作。以服务国家发展战略、解决学校瓶颈问题为工作定位，国内合作办坚持国内合作科学布局、协调推进，为学校"双一流"建设助力护航。在京内，重点拓展空间资源，推动吉利校区签约，实现亦庄合作空间项目落地，积极对接海淀以及中关村科学城资源，在服务首都发展的同时，缓解学校空间资源压力。在京外，积极争取地方支持，协助校领导接待地方领导来访，服务校领导出访甘肃、天津、山东、山西、江西、宁夏、黑龙江、上海、福建等地，筹划学校与甘肃、天津、山东、福建签署省校战略合作协议，开启校地合作新局面。推动学校与中国农业银行、兴业银行等金融机构合作；促成北大与故宫博物院、敦煌研究院开展三方战略合作，弘扬传统文化。

在区域分布上，积极推进京津冀以及雄安新区教学科研及医疗合作；在长三角重点布局产学研创新及转移孵化项目；依托粤港澳大湾区最新政策探索建设深圳国际校区，开展对港及国际交流工作。在教育部牵头指导下，积极参与雄安大学筹备建设，组织召开多次校内部门协调会，推进相关工作。

在新型研发机构建设上，推动学校与北京市签署《共同推进碳基集成电路技术创新发展协议书》，与南通市共建北京大学长三角光电科学研究院，与南京江北新区共建北京大学分子医学南京转化研究院，累计合作资金超过15亿元。

2019年，国内合作委员会共召开4次会议，审议议题20项，并提交学校党委常委会审议。同时，根据《北京大学国内合作管理办法（试行）》执行国内合作审批流程，有力引导校内二级单位合规有序开展对外合作。

对口支援。高质量做好党中央、国务院交给北大的政治任务，积极落实中央支持民族地区、边疆地区发展的政策措施。重点帮扶石河子大学、西藏大学，按传统支持内蒙古大学、烟台大学，根据部省合建要求对接山西大学、云南大学、南昌大学等高校。学校主要领导多次会见中西部高校党政主要领导，并赴石河子大学出席70周年校庆活动。根据教育部工作部署，牵头协调有关高校专家赴石河子大学、西藏大学开展工作调研，深入教学科研现场了解学校发展情况。2019年，共有两位山西大学干部在国内合作办挂职锻炼，分别挂职主任助理和副主任。

定点扶贫。2019年是云南省弥渡县脱贫摘帽的关键之年，国内合作办（扶贫办）高度重视，大力支持弥渡精准脱贫。及时落实学校常委会3次对扶贫工作的专题研究部署，推动学校出台《关于进一步加强北京大学定点扶贫工作的意见》，参与《北京大学扶贫经费管理办法》《关于加强援派干部人才激励保障的若干措施》等文件制定。11月14至15日，校长郝平率队赴云南省大理白族自治州弥渡县调研，研究推进学校定点扶贫工作。

国内合作办（扶贫办）协助教育部举办"2019教育扶贫论坛"，推动学校开设公共管理硕士（贫困治理方向），搭建教育扶贫人才培养高水准平台。通过直接购买和渠道引入的方式进一步落实消费扶贫任务，确保相关指标高质量完成。以"互联网＋"为依托，采取线上线下相结合的方式，进一步协调医学部健康扶贫重点项目落地。有力推动与中国农业银行共建乡村振兴研究院，与福建省宁德市共建乡村振兴示范区，与宁夏闽宁镇围绕扶贫开展经验交流。

党建工作。国内合作办坚持以习近平新时代中国特色社会主义思想和党的十九大及十九届二中、三中、四中全会精神为指导，深入领会其精神实质和丰富内涵，有力指导工作实践。

高度重视办公室党支部建设。扎实组织开展"不忘初心、牢记使命"主题教育，聆听邱水平同志、郝平同志主讲专题党课和党的十九届四中全会精神北京市宣讲团报告会，参观"共命运、同前进——北京大学与马克思主义""马克思主义在中国的早期传播"等主题展览，严格落实"三会一课"制度，持续加强党员管理和干部队伍建设，用好学习强国教育平台，学习传承红色基因。

积极支持机关党委开展工作。协助组织机关党委赴中国农业银行开展联合主题党日活动、赴上海和嘉兴专题学习调研，组织机关党委重要政策文件知识问答，组织机关党委党员干部集体观看北京市委组织部和市委宣传部共同推出的电影《小巷管家》。

由领导班子带头，全体同志坚持读原著、学经典、悟原理。认真学习新出版的《习近平新时代中国特色社会主义思想学习纲要》《习近平在正定》《论坚持党对一切工作的领导》等书籍，学习与工作密切相关的《习近平在"两不愁三保障"突出问题座谈会上的讲话》《摆脱贫困》等文献，学习与北大红色历史相关的著作，强化理论武装。

（李尧星）

【天津市委书记李鸿忠考察北京大学】 3月27日，天津市委书记李鸿忠来到北京大学考察，并与党委书记邱水平、校长郝平座谈，双方签署战略合作框架协议。天津市委副书记、市长张国清出席活动。邱水平主持座谈会。他表示，京津冀协同发展战略是以习近平同志为核心的党中央在新的历史条件下作出的重大决策部署，北京大学有责任、有能力服务京津冀、服务天津。北大与天津有着深厚的传统友谊和良好的交流合作基础，希望以校市签署战略合作协议为契机，不断深化拓展各领域务实合作。张国清、郝平分别介绍了市校合作和发展的具体情况。李鸿忠对北京大学长期以来给予天津发展的支持帮助表示感谢。他指出，京津冀协同发展给天津带来了难得的历史机遇。北京大学的先进理念观念思维、高端创新人才和创业团队、智能科技前沿创新项目，正符合天津战略转型发展急需。天津市委市政府将全面升级加力，抓好校市战略合作协议落实，加快推动创新成果产业化，努力为人工智能新技术提供应用场景，为科技体制改革创新提供"试验田"，为创新创业者提供贴心服务，共同谱写校市合作新篇章。张国清、郝平分别代表双方签署战略合作框架协议。双方还在医疗、新一代信息技术、人才合作等领域签署子协议。

（李尧星）

【与故宫博物院、敦煌研究院签署战略合作协议】 10月20日，北京大学与故宫博物院、敦煌研究院在故宫博物院建福宫花园敬胜斋召开战略合作座谈会，并签署战略合作协议，深入开展文物保护与研究、人才培养等工作。校党委书记邱水平、校长郝平，故宫博物院院长王旭东、北大校友、敦煌研究院名誉院长樊锦诗，敦煌研究院院长赵声良，以及专家学者和媒体代表出席座谈会。校党委常委、副校长王博，校党委常委、宣传部部长蒋朗朗等出席座谈会。

座谈会上，邱水平指出，北京大学与故宫博物院、敦煌研究院历史渊源深厚、联系密切，也共同肩负着传承和发扬中华优秀传统文化的历史使命。希望三方通力合作，为坚定文化自信、推动中华文明的发展、实现中华民族伟大复兴作出贡献。郝平表示，三方战略合作聚焦文博人才培养，北大愿为双方培养和提供文物保护和研究领域最优秀的人才，也欢迎故宫和敦煌的青年学者来北大进修访学。北大将全力支持，密切配合，把三方合作推向新的高度。根据协议，三方将本着"立足长远、优势互补、务求实效"的原则，启动战略合作，发挥北京大学历史学系、考古文博学院、艺术学院等院系优势学科力量，借助故宫博物院、敦煌研究院资源优势和现有研究基础，建立多学科协同研究机制，发掘现有及潜在的物质与非物质文化遗产资源。

（李尧星）

【与福建省启动新一轮战略合作】 11月21至23日，党委书记邱水平率团访问福建，会见福建省委副书记、省长唐登杰，双方续签省校战略合作协议。邱水平一行在福州看望慰问北大福建引进生代表，并到厦门考察交流。福建省委领导，厦门大学党委书记张彦、校长张荣，北京大学党委副书记、纪委书记叶静漪等分别出席相关活动。

唐登杰表示，福建与北大渊源深厚，合作持续深化。当前，福建正按照习近平总书记擘画的宏伟蓝图，推进新时代新福建建设，加快高质量发展落实赶超，尤其需要北大提供人才支持和创新引领。希望省校以新一轮合作为新起点，丰富内涵，拓展外延，健全机制，强化激励，以高水平合作推动高质量发展。

邱水平表示，福建是古丝绸之路的重要起点，是对台交流合作的先行区，是改革开放和现代化建设的前沿。习近平总书记曾在福建工作17年半，亲自推动了一系列具有重要意义的理论创新与实践探索。在新一轮省校合作中，双方要深入开展习近平新时代中国特色社会主义思想研究，拓展合作领域，提升合作水平，更好服务国家发展大局。

在厦门期间，邱水平会见厦门市委书记胡昌升，就深化市校合作深入沟通；并赴厦门大学，会见张彦、张荣，开展座谈交流。深化与宁德市战略合作，签订校地合作示范区共建协议。

（李尧星）

【北京大学长三角光电科学研究院正式揭牌】 11月30日，北京大学长三角光电科学研究院揭牌仪式在江苏省南通市国际会议中心举行。党委书记邱水平，党委常委、副校长、教务长龚旗煌，物理学院院长高原宁，南通市委书记、市人大常委会主任陆志鹏，南通市委副书记、市长徐惠民出席。揭牌仪式由徐惠民主持。邱水平高度赞同南通市委、市政府在推动科技创新方面的远见卓识。他指出，北大要走出燕园、走进地方，扎根中国大地办大学，与社会和实践紧密结合，让大学的科技创新转化为地方的经济动能。他希望双方以此次研究院揭牌为起点，把研究院建设好发展好，不断拓展合作领域，建立长期合作伙伴关系。陆志鹏表示，北京大学光电科学研究院落户南通，必将显著提升科技创新对南通高质量发展的支撑力。龚旗煌表示，北京大学长三角光电科学研究院落户南通是北大在光学与光电子前沿交叉领域的又一重大布局。邱水平、陆志鹏代表双方共同为北京大学长三角光电科学研究院揭牌。揭牌仪式后，北京大学长三角光电科学研究院第一届理事会第一次会议顺利召开。

（李尧星）

【郝平率队赴云南弥渡推进定点扶贫工作】 11月14至15日，校长郝平率队赴云南省大理白族自治州弥渡县调研，研究推进北京大学定点扶贫工作。校长助理张平文，参与定点扶贫的院系和医学部、党委办公室校长办公室、党委组织部、国内合作委员会办公室、校友工作办公室、校团委、教育基金会、燕园街道办事处、餐饮中心等单位负责同志陪同调研。11月15日上午，郝平一行来到弥渡县新街镇永祥村委会下坝庄村，深入贫困户家中走访慰问，了解脱贫攻坚工作情况。郝平一行还赴弥渡一中了解"博雅自强班"建设情况，看望慰问北京大学研究生支教团云南分团志愿者。当天下午，郝平一行在弥渡县政府出席脱贫攻坚座谈会。郝平指出，近年来，弥渡县委县政府带领广大干部群众，众志成城、团结一心，各项事业快速发展，人民生活水平大幅提高，解决了许多制约脱贫攻坚的核心问题，强有力地推动了弥渡高质量脱贫摘帽。他表示，当前脱贫攻坚已到了决战决胜、全面收官阶段，北京大学将继续强化责任担当、切实提高帮扶质量和效果，做好脱贫攻坚与乡村振兴的衔接，发挥综合性大学优势，研究新时代扶贫模式和路径，探索解决"相对贫困"的长效机制。大理州政协副主席、县委书记沙伟风介绍了弥渡县脱贫攻坚情况，信息科学技术学院、医学部有关负责同志进行交流发言。调研期间，张平文率队考察了弥渡县电子商务中心、德苴乡青丰村北片区光伏提水工程、青丰完小博雅图书室、弥渡县非遗传承中心等地，并赴寅街镇勤劳村看望北大驻村挂职干部。

（刘爽健）

首都发展研究院

【发展概况】 能力建设。北京大学首都发展研究院（简称"首发院"，下同）作为首批14家首都高端智库建设试点单位之一，发挥北大与北京市对接的桥梁与纽带作用，依托北大丰富的智力资源，为北京市及京津冀区域协同发展提供智库服务。2019年，首发院在参与政府重大决策咨询、完成市委交办任务、制度建设、打造首都文化品牌等方面持续发力，服务首都经济社会发展各项工作，综合协调管理、课题研究、政策咨询等能力不断提升。全年共承担委托课题57项，完成研究报告26篇，发表学术论文60篇，出版著作11部，荣获北京市及相关奖项3项，内刊4期，成果采纳与领导批示5项。

智库管理议事制度建设。学校于2018年专门成立由校党委书记邱水平、校长郝平共同担任组长的北京大学智库工作领导小组，积极筹建智库中心管理办公室，研究制定《关于服务国家战略、推进新时代北京大学新型智库建设的若干意见》，筹备创办《北大智库要报》。5月9日，按照《北京大学首都高端智库章程》和《北京大学首都高端智库学术委员会章程》的要求，首发院召开北京大学首都高端智库年度理事会会议。会议由北大首都高端智库理事长、社科部部长龚六堂教授主持，首发院院长李国平报告了《北京大学首都高端智库2018年工作汇报和2019年工作计划》；会议审议通过《北京大学首都高端智库2019年工作计划》，原则上通过了对《北京大学首都高端智库章程》的修订意见，同意聘请科技部原副部长、国务院参事刘燕华为北大首都高端智库首席顾问。5月30日，首发院召开年度学术委员会会议，听取《北京大学首都高端智库2018年研究工作汇报》，并审议通过《北京大学首都高端智库2019年研究工作计划》。

与北京市相关委办局对接情况。6月12日，北京市规划和自然资源委员会总规划师、北京市城市规划设计研究院院长施卫良一行7人莅临首发院，出席北京市规自委、规划院与首发院需求对接会。12月17日，首发院与民进北京市委正式签订战略合作框架协议，探索高校新型智库与民主党派的合作，共同推进高校研究成果的政策转化，多渠道为国家以及首都发展提供决策咨询服务。

研究、决策咨询服务情况。9月16日，北京市副市长隋振江主持召开《首都功能核心区控制性详细规划（街区层面）》专家座谈。李国平作为首都发展专家发言并提出具体修改意见。10月12日，北京市常务副市长林克庆率市发展和改革委员会等七部门，与民进北京市委就《关于进一步推进核心区疏解整治促提升工作的提案》办理进行座谈。首发院院长李国平，副院长万鹏飞和北大首都高端智库学委会委员、政府管理学院副院长陆军分别作为特邀会外专家和会内专家参加座谈会，并就疏解整治促提升、核心区街区治理、提升城市活力、优化核心区人口结构等相关工作提出专家意见。12月9日，国发院教授余淼杰参加由市委书记蔡奇主持的专家学者征求意见会，余淼杰以《创新、开放、消费三箭助力北京经济高质量发展》为题做了发言，支撑谋划首都2020年重点工作。12月12日，北京市委常委、政法委书记张延昆主持召开"首都法立法调研"工作座谈会，院长李国平、副院长万鹏飞及其他三位专家应邀参加座谈，并各自发表相关建议。

2019年，首发院共完成10余项决策咨询建议。其中，由首都高端智库理事会委托的"首都高端智库决策咨询项目"共6项，分别为"在人口调控政策下保持城市活力对策研究""打造南五环国家功能区探讨""生态涵养区'绿水青山就是金山银山'的实现路径和机制研究""'首都法'探讨""北京市'微中心'布局研究"以及应急保密课题。李国平提交的《关于北京城市副中心建设现代产业体系的若干建议》《吸引高素质人才在京就业的几点建议》和张波提交的《推动北京市"微中心"建设的建议》咨询报告被"首都高端智库报告"采纳，李国平主持的应急课题成果被北京市发改委采纳，彭建提交的《北京市国土空间生态保护修复建议》被"首都高端智库报告"拟采用。

2019年，北大首都高端智库专家在中央"三报一刊"、北京日报、《前线》杂志以及中央党校《行政改革内参》等主流媒体和重要内参发表多篇理论或政策建议文章。首发院与科学出版社合作打造"首都研究精品图书系列：北京大学首都高端智库系列报告"，正式出版发行《2020首都发展报告》。3月，首发院编撰的《大国首都方略：北京大学首都发展研究院建院20周年纪念文集》由科学出版社正式出版。

高端交流平台建设。1. 北京大学首都发展新年论坛。自2016年以来,首发院连续四年主办"北京大学首都发展新年论坛",已经成为首都与京津冀协同发展领域的重要学术交流平台,被专家誉为该领域"新年学术第一会"。1月5日,北京大学首都发展新年论坛(2019)在北京大学举行。此次论坛以"超大城市与区域治理现代化"为主题,设主会场和三个专题论坛,来自北京大学,中国科学院,京津冀等地大学、科研院所和政府机构的专家学者参加。论坛开幕式上举行了《2019首都发展报告:社会治理研究》与《2019京津冀协同发展报告》新书发布仪式,这两本报告是北京大学首都高端智库系列报告的重要组成部分。

2. 京津冀协同发展参事研讨会。2019年,由国务院参事室指导,北京大学首都高端智库与河北省政府参事室、北京市政府参事室、天津市政府参事室、河北经贸大学等单位联合主办"2019京津冀协同发展参事研讨会",研讨会以"同筑生态文明之基,同走绿色发展之路——坚持生态优先、绿色发展,加快构建京津冀生态安全屏障"为主题。

3. 其他学术交流会议。首发院策划主办"'十四五'时期首都发展形势研判及战略选择研讨会""创新软实力建设"北京大学首都高端智库首席顾问主题演讲会、北京市与京津冀疫情综合管理研讨会等学术交流会议。首发院院长、北大首都高端智库首席专家李国平先后接受人民日报、新华财经、东方卫视、搜狐网等媒体平台专访,分别就"大兴国际机场推动首都高质量发展""智慧治理带来未来城市变革""《长江三角洲区域一体化发展规划纲要》解读"等发表学术观点。

若干重大项目建设。1. "空间大数据与政策模拟"数据库建设。数据库以复杂系统理论、方法和建模技术为基础,开发应用于京津冀区域协同发展的模拟分析平台,实现一个可控的计算机实验环境(Beijing Lab),设置不同情景,展开产业布局、功能疏解、空间规划以及政策组合等的动态模拟,为区域规划和管理提供决策支持。

2. 面向北京大学全日制博士生开展"首都发展研究资助"计划。2019年共支持6位在校博士生开展研究,培养不同学科的优秀青年人才,为智库建设提供长期人才资源保障。

3. 完善"北大首发院"微信公众号的内容管理与运营。

4. 举办北大首都高端智库内部刊物《北大首都智库》(季刊)。截至12月已经刊印8期。

《决策要参》期刊。该刊由首发院与北京市经济与社会发展研究所合作主办,紧扣首都发展中的重大问题,为市委、市政府相关政策制定提供针对性较强的海内外重要政策研究成果。自2006年2月创刊至2019年底,已出版155期,成为北京市各级政府的主要理论阅读材料。

国际学术交流与合作。首发院同主要国际合作伙伴(世界银行、国际区域科学学会、联合国环境规划署、联合国开发计划署、联合国教科文组织等)保持日常联系,增进与北美、欧洲、亚洲地区高等院校和研究机构的学术合作与交流。

决策支持研究。2019年,首发院在北京市、京津冀地区和国家3个层面开展研究咨询工作,内容涉及人口调控政策下保持城市活力对策、北京南五环国家功能区建设、生态涵养区'绿水青山就是金山银山'的实现路径和机制、"首都法"探讨、北京市"微中心"布局、北京产业空间布局同城市功能定位、北京市开发区土地集约利用评价、地价与城市发展的关系、城市交通发展与城市空间重构的互动响应、京津冀"一体两翼"协同创新、"十四五"时期京津冀协同发展重大问题、雄安新区土地资源价值核算和供给模式、国土空间规划、城市精细化管理、东西部协作扶贫成效评价、中国产业集群地图系统(CCM)建设与应用、国际能源新形势对中国发展与战略环境影响等多项研究。研究咨询项目主要来自首都高端智库理事会委托年度重点课题,北京市科委、市发改委、市统计局、市规自委等北京市委办局和各区政府课题,国家发改委、科技部、住建部等部委的委托课题,以及国家社科基金和国家自科基金的支持课题等。

"不忘初心、牢记使命"主题教育。首发院贯彻"守初心、担使命,找差距、抓落实"的总要求,将主题教育与巡视整改工作紧密结合起来,与首发院岗位职责紧密结合起来,组织学习贯彻党的十九届四中全会精神和习近平总书记重要指示、讲话精神,集体观看庆祝中华人民共和国成立70周年阅兵式,参观"庆祝中华人民共和国成立70周年大型成就展"主题展览等。

【**国子监大讲堂**】 2019年,北京大学国子监大讲堂共授课17讲,邀请北京大学历史学系、艺术学院,天津师范大学,中央民族大学等院校名师为北京普通市民举办国学和中国传统文化讲座,内容涉及历史、艺术等。与东城区教委继续开设8期流动大讲堂,深入北京的街道、社区和中学,举办传统文化相关讲座。11月7日,北京大学国子监大讲堂落户北京国际职业教育学校,开办"北京大学国子监大讲堂国职讲堂",为文物保护与修复专业的学生提供历史建筑类、北京历史与文化类、书画鉴赏类的讲座,培育文物保护与修复的传承人。5月,北京大学出版社正式出版发行国子监大讲堂市民读本《京华往事——一个地理历史的视角》。

(程 宏)

怀柔科学城校区、科技创新研究院(亦庄)相关工作

【**发展概况**】 组织结构。2018年9月13日,学校党委(党发〔2018〕100号)和学校机构编制委员会发文成立北京大学怀柔科学城研究院筹备办公室,挂靠党委办公室校长办公室。2019年4月16日,学校党委(党发〔2019〕52号)和

学校机构编制委员会发文，决定更名为北京大学怀柔科学城校区筹建办公室（下称"怀柔办"）。10月28日，学校党委发文（党发〔2019〕62号），任命李航为怀柔办主任。11月26日，学校发文（校发〔2019〕346号、347号），决定怀柔办调整为校内独立建制的正处级单位；成立科技创新研究院（亦庄）筹备办公室（下称"亦庄办"），与怀柔办合署办公，"两块牌子、一套人马"。截至2019年底，怀柔办（亦庄办）共有事业编制5个，在岗人员2名，分别为主任李航、副主任俞挺（正科级）。挂靠单位1个：多模态跨尺度生物医学成像设施建设指挥部办公室。

党建工作。2019年，按照机关党委和党办校办党支部的统一部署，办公室党员同志参加"不忘初心、牢记使命"主题教育，学习贯彻党的十九届四中全会精神，参与支部党建工作。9月，办公室组织专题学习习近平总书记重要讲话《努力造就一支忠诚干净担当的高素质干部队伍》。12月，原党办校办党支部调整为党办校办第一、第二、离退休三个支部，怀柔办（亦庄办）等在勺园办公区工作部门的党员属于第二党支部。

怀柔科学城校区筹建工作。3月6日、11日，校长办公会（第953次）和党委常委会（十三届党委第55次会议）先后听取怀柔科学城校区筹建工作进展汇报，要求把握机遇，突出重点，加强怀柔科学城校区工作专班。11月5日，党委常委会（十三届党委第87次会议）研究成像设施有关工作，决定调整项目指挥部及其办公室。指挥部办公室挂靠怀柔办，相对独立运行。怀柔办主要为成像设施建设做好服务保障。学校将依托分子医学研究所成立国家生物医学成像科学中心，作为设施建成后的运行机构。国家重大科技基础设施和北京市交叉研究平台建设取得阶段性成果。多模态跨尺度生物医学设施可行性研究报告和初步设计概算先后于2019年5月、12月获得国家发改委批复，6月5日，校长办公会（第961次）同意怀柔办、大设施办提出的按照"一会三函"模式组织设施项目开工，按照肖家河模式组建大设施建设期机构。6月29日举行启动仪式，进入实质性开工阶段。北京激光加速创新中心项目建议书（代可行性研究报告）获得北京市发改委批复，于年底正式启动。科技部配套的重大仪器研制项目于年底获批。怀密医学中心及其配套项目有序推进，12月24日，党委常委会（十三届党委第97次会议）原则同意签订《北京大学 密云区人民政府战略合作协议》，要求统筹考虑、一体化推进怀密医学中心及配套项目。12月28日，学校与密云区政府签订战略合作协议，明确了校区选址范围，并纳入怀柔科学城控规。"激光驱动多束流设施"被列入教育部和北京市"十四五"国家重大科技基础设施重点培育项目，中法两国元首共同见证项目对法合作备忘录签订。

科技创新研究院筹备工作。4月20日，北京经济技术开发区党工委书记王少峰一行来校访问，双方达成在亦庄共建北京大学科技创新研究院的共识。5月15日，学校与北京经开区管委会签订战略合作协议。学校明确在怀柔办基础上成立工作组，5月28日，党委常委会（十三届党委第66次会议）决定成立科技创新研究院建设领导小组和科技创新研究院筹备办公室（亦庄办）。亦庄办组织和承担了学校与北京经开区双方领导的多次考察、交流活动，重点洽谈选址和合作模式两个关键问题。2019年底，双方就选址中科电商谷C区达成共识，同意租金和基础装修费用由经开区承担，物业管理费由北大承担。亦庄办先后组织校内近百人次赴亦庄云计算产业园和中科电商谷考察，并实地测量楼宇基础数据，开展入驻意向调研，为制定科创院学科规划提供依据。设计科技创新研究院项目建议书，编制"北京大学科技创新研究院项目申报手册"，梳理出项目申报汇总表。开展空间改造设计工作，基于中国云计算产业园选址方案形成了楼宇划分初步方案，邀请专业团队制定了园区装修改造方案。12月，学校国内合作委员会会议审议通过《北京经济技术开发区管理委员会 北京大学共建北京大学科技创新研究院合作协议》。

【多模态跨尺度生物医学成像设施启动建设】 6月29日，多模态跨尺度生物医学成像设施启动仪式在怀柔科学城成像设施施工现场举行。教育部副部长孙尧、教育部科学技术司副司长李楠，中科院生物物理所党委书记、副所长汪洪岩，北京大学邱水平、郝平、王仰麟、龚旗煌、程和平等出席仪式。

成像设施是国家重大科技基础设施建设"十三五"规划确定的10个优先建设项目之一，是生物医学成像领域由我国科学家首倡的大科学工程。项目的法人单位为北京大学，共建单位为中科院生物物理研究所。5月20日，项目的可行性研究报告获得国家发展和改革委员会批复。6月28日，项目获批施工意见函，按照北京市"一会三函"程序，具备开工条件。项目批复总投资超过17亿元，新建建筑面积72,000平方米，建设周期为5年。

仪式结束后，中共中央政治局委员、北京市委书记蔡奇，中科院院长白春礼，北京市市长陈吉宁，国家发改委副主任林念修，北京大学邱水平、郝平等来到怀柔科学城材料基因组平台A楼5层平台，俯瞰高能同步辐射光源和成像设施施工现场。

【与密云区签订战略合作协议】 12月28日，北京大学与密云区战略合作协议签约仪式在密云云湖度假村举行。协议明确，双方将在怀密医学中心和研究型智能医院建设、北京第二实验学校建设、科技成果转化、教育合作和人才交流、提升密云区医院医疗服务水平等5个方面开展全面战略合作。协议同时明确了医学中心选址的四至范围。协议的签订标志着北京大学怀柔科学城校区怀密医学中心项目筹建取得阶段性进展。北京市委常委、统战部部长齐静，密云区潘临珠、龚宗元、王玉江等，北京大学邱水平、詹启敏、刘玉村、王仰麟等出席仪式。

【与北京经济技术开发区管委会签订战略合作协议】 5月15

日，北京大学与北京经济技术开发区管理委员会战略合作协议签约会在经开区博大大厦召开。协议明确，双方共建北京大学科技创新研究院，标志着科技创新研究院筹备工作正式启动。北京大学邱水平、詹启敏、王仰麟、张平文，开发区王少峰、梁胜、绳立成、沈永刚、陈小男参加会议。

(李 航、俞 挺)

科技开发

【发展概况】 组织结构。科技开发部是负责学校科技开发、成果转化与技术转移工作的职能部门，是"国家技术转移示范机构"、首批"中关村国家自主创新示范区高校技术转移办公室"和"北京大学专利运营办公室"。作为学校全资的企业法人，科技开发部由校长授权对外签署技术合同。2011年4月，学校为加强产学研工作，成立产业技术研究院，与科技开发部合署办公。根据实际工作需要，科技开发部/产业技术研究院内设知识产权办公室、经费与信息办公室、综合办公室、企业管理办公室和技术转移中心。现有工作人员20人，其中事业编制人员8人，劳动合同制人员12人。

党建工作。科技开发部根据"不忘初心、牢记使命"主题教育的整体要求和部署，以及《北京大学"不忘初心、牢记使命"主题教育实施方案》《关于进一步开展好主题教育相关工作的通知》等相关文件精神，结合部门工作实际，第一时间制定了主题教育工作方案，围绕学校"双一流"建设和综合改革的各项任务，于9月至12月有序开展了集体学习、走访参观、调查研究、征求意见、检视整改等一系列活动。组织党支部全体同志集体学习中共十九届四中全会重要精神，学习《中共中央关于坚持和完善中国特色社会主义制度 推进国家治理体系和治理能力现代化若干重大问题的决定》，在工作中认真贯彻党的十九届四中全会精神。根据学校巡察工作的统一部署，5月29日至6月17日，科技开发部/产业技术研究院接受学校党委第四巡察组的巡察，积极配合、顺利完成巡察工作。

校企合作。科技开发部持续推进校企合作，积极开展与国内外科技企业建立联合研发平台，充分发挥学校科研人员的作用，从上游创新端解决产业的高端技术问题与行业关键技术等，并与企业合作培养创新型人才、促进学校学科建设，形成稳定、持续的高质量合作。2019年，科技开发部与北京市商汤科技开发有限公司、旋极伏羲（福州）大数据技术有限公司、华为技术有限公司、郑州路桥建设投资集团有限公司、安徽德众发展控股集团有限公司、中债金融估值中心有限公司、沈阳自贸投资发展有限公司、中核高能（天津）装备有限公司等企业建立研发合作平台，共签署共建校企联合研发平台合同13项，合作经费1.33亿元，合作领域涉及人工智能、健康医疗、智能空间、智能制造、大数据、脑科学、金融、教育等。坚持"面向未来、立足创新、优势共享、合作共赢"的合作理念，通过举办"北京大学-华为技术有限公司科研合作交流会"、"北京大学-默克创新研讨会"，组织科研人员参与"2019中兴通讯产学研合作论坛年会"等专题活动，深化校企合作。

技术转移工作。科技开发部技术转移中心坚持向院系下沉，启动对院系科研成果"拉网式"的梳理总结。持续更新工作方式，线上开通"北大科技成果"微信公众号，线下主抓项目路演。2019年，微信公众号持续发布北京大学科技成果89项，获得2389人关注，平均每篇阅读350次，推动校企对接50次以上。按主题组织了针对性较强的项目路演活动，通过邀请式的线下路演桥接大学成果、产业界和资本方，主办了"北京大学科技成果发布会暨人工智能产业论坛""北京大学科技成果发布会暨北京市科技成果转化统筹协调与服务平台系列项目路演——北京大学王选计算机研究所专场""北京大学科技成果发布会暨首都科技条件平台专场路演"等活动。组织相关院系科研团队参加数十次国内成果交易活动，推介北京大学重点科技成果，积极推动北京大学科技成果转化。

校地科技合作。围绕地方产业布局、经济转型升级及社会民生需求，学校近年来陆续与地方政府共建地方研究院和产学研合作办公室，重点围绕企业合作、项目对接、成果转化、政策咨询、智库服务等内容，推动北京大学优质科技资源向合作城市聚集，助力区域经济转型升级和创新发展。2019年新成立北京大学分子医学南京转化研究院（江苏南京）与北京大学长三角光电科学研究院（江苏南通），科技开发部负责核心的产学研合作业务，并履行管理与服务职责。10月，科技开发部与新乡市人民政府签署"北京大学科技开发部-新乡市共建产学研合作办公室"协议，成立产学研合作办公室。在调研摸底的基础上，科技开发部草拟了《北京大学产学研合作平台管理办法（草稿）》，并组织专门会议征求职能部门、院系、新型研发机构和教师代表的意见。

技术合同管理。科技开发部为校内科研人员提供投标、签订进出款技术合同等相关法律事务咨询，认真履行北京大学横向技术合同及相关合同的法律审核职责，在推进合作的同时控制风险。2019年科技开发部签订合同691项，合同额77,861.96万元，其中进款合同615项，合同76,175.54万元；出款合同76项，合同额1686.42万元。其中合同额在100万元以上的大项目进款合同共111项，合同额61,148.81万元，占进款合同总额的80%。与北京市相关单位签订进款合同343项，合同额20,056.91万元。进款合同按合同类型分，包括：技术开发合同253项，合同额57,449.99万元；技术转让合同29项，合同额3046.82万元；技术服务及咨询合同314项，合同额14,577.73万元；其他类型合同19项，合同额1101万元。技术合同额前三位的院系分别为：信息科学技术学院138项，合同额22,281.10万元；物理学院37项，合同额18,260.56万元；数学科学学院23项，合同额6172.54万元。全年办理合同免税登记74个，涉及免税的合同总额35,754.07万元，合同免税额1041.38万元。

经费管理。科技开发部严格按照项目管理的原则开展经费管理，完善已有工作流程；积极开展有关科研管理政策与工作流程的解读和培训，推进科研经费网上划拨，实现"一站式"无纸化办公；认真完成北京大学职务科技成果转化现金奖励的公示和领取工作；在防范风险的前提下，为院系教师提供便利服务。2019年科技开发部技术合同到款共计48,955.54万元，比上年增加68%，其中信息科学技术学院与分子医学研究所到款均突破一亿元。增幅明显的院系包括：信息科学技术学院到款11,315.65万元，比上年翻倍；分子医学研究所到款10,760.57万元，比上年增加10,244.57万元；化学学院到款3669.07万元，比上年增长166%；物理学院到款2342.81万元，比上年增长144%；数学科学学院到款943.44万元，比上年增长94%。按照项目类别分，技术开发项目到款32,177.67万元，比上年增长111.95%；技术转让项目到款2262.98万元；技术服务与技术咨询项目到款14,514.89万元。2019年科技开发到款共上交学校管理费2857万元，比上年增长12%。根据《北京大学职务科技成果转化现金奖励管理办法》，科技开发部全年共完成23个技术转让类项目申请领取现金奖励的公示，公示金额1256.50万元；共有44名科研人员领取了科技成果转化现金奖励，涉及项目21项，发放89人次，发放金额计996.27万元，累计减免税款约200万元。

专利运营工作。2019年科技开发部继续运用"北京大学专利转化基金"资助高价值专利的培育和运营，资助了物理学院、生命科学学院和信息科学技术学院共5项技术发明的专利评估、申请，其中2项PCT申请进入国家的调研评估。自设立以来，专利转化基金共资助25项高价值专利，涉及生物医药、化学材料、信息等多个领域。2019年的专利运营讲座重点对关键细分领域的专利运营进行培训，累计200余名师生参加。科技开发部申报并获批立项"海淀区高价值专利运营培育中心"专项、"2019年海淀区高校院所专利运营办公室"专项、北京市科技专项"北京市科技成果转化平台建设"等项目，用于支持专利运营的平台建设与项目建设。2019年科技开发部与国家知识产权运营公共服务平台签署了知识产权运营战略合作协议，通过与服务企业的全方位合作，提高北京大学知识产权保护水平，推进转化意向信息的全面发布，加快高价值知识产权转移转化的步伐。

企业整改工作。根据教育部要求和学校工作安排，科技开发部开展对下属企业的全面梳理，收集整理资料，建立企业管理档案，摸清基本情况。2019年科技开发部、北大资产经营有限公司共召开7次联合小组会议，审议32项议题，通报25项议题。从工商部门调取吊销企业档案；聘请律师事务所、会计师事务所对企业管理过程中的问题予以专业指导；要求各下属企业按时提供财务报表，了解企业经营情况；下发《关于进一步加强北京大学科技开发部控股企业重大事项报告的通知》，要求各控股企业及时上报重大事项；下发《北京大学科技开发部关于持股企业取消冠以"北大"名称、停办继续教育培训活动的通知》。已完成北京北大临湖科技发展有限公司中科技开发部股权无偿划转给资产经营公司的工商变更工作；基本完成科技开发部股权退出北大阳光科技有限公司等5家企业的资产评估工作，进入上报校办产业管理委员会办公室的材料准备阶段。

国际交流与合作。科技开发部继续积极参与国际技术转移工作，加强国际交流与合作。4月10至14日，科技开发部组织院系科研团队参加"第47届日内瓦国际发明展览会"；5月9至10日，参加"国际应用科技开发协作网（ISTA）第十届理事会第二次会议"；6月25日，与中日青年科技交流计划访华团进行科研交流；8月29至30日，参加"第十六届中日大学展暨论坛"；11月2日，承办"北京论坛（2019）'中非大学科技创新与科技成果转化'专场论坛"。

展示宣传。为对北京大学科技成果进行展示和宣传，自3月起，科技开发部陆续制作了27张有代表性的科研展板。展板内容涵盖北京大学近年的横向科研概况、科技成果转化政策汇总、合同及到款情况、校企合作、专利运营、科技成果转化、地方研究院及重点科技成果介绍等。该批科研展板多次在地方政府代表团来访、企业来校洽谈时进行展示，并用于北京大学科技创新大会、北京大学科技成果发布会等重要科研交流活动。

第四届"北京大学产学研工作奖"评选。1月初，科技开发部启动2019年第四届"北京大学产学研工作奖"申报和评选工作。经过申报、评选、公示、学校审议等评选流程，6月，北京大学第四届产学研合作奖名单正式出炉，7家单位获先进集体奖，13个项目入选产学研合作优秀项目，22名产学研先进个人受到表彰。

【完善科技成果转化政策体系】3月6日，北京大学第953次校长办公会审议通过《北京大学技术转让管理办法》（修订）（校发〔2019〕60号）和《北京大学科技成果评估备案实施细则》（校发〔2019〕61号）；3月11日，北京大学十三届党委常委会第55次会议审议通过《北京大学技术入股管理办法》（校发〔2019〕66号）。连同科技开发部此前制定的《北京大学职务科技成果转化现金奖励管理办法》（校发〔2018〕367号）、《北京大学科技开发管理办法》（校发〔2015〕111号）、《北京大学科技开发技术合作项目及经费管理办法》（校发〔2017〕91号）、《北京大学专利运营管理办法》（校发〔2015〕114号）、《北京大学产学研工作奖励办法》（校发〔2013〕88号）等制度文件，学校逐步形成了比较完备的成果转化制度体系。

4月17日，科技开发部在英杰交流中心举行北京大学科技成果转化政策说明会，就科技成果转移转化的国家政策、学校制度和具体工作流程进行了详细解读。来自理工科院系的科研人员、科研管理人员，以及相关职能部门、医学部技术转移部门负责人等近120人参会。

【组织院系科研团队参加第47届日内瓦国际发明展】 4月10至14日，第47届日内瓦国际发明展览会（International Exhibition of Inventions of Geneva）在瑞士日内瓦举办，参展的800多个项目来自48个国家和地区。科技开发部组织和推荐北京大学三项发明成果参展，取得了1项特别金奖、1项银奖、1项铜奖。地球与空间科学学院传秀云教授课题组黄杜斌学生创业团队"新一代环保锌离子电池项目"荣获特别金奖，地球与空间科学学院陈斌教授课题组张子玄学生创业团队"dxkStick Python语言创新套件项目"荣获银奖，生命科学学院伊成器研究员课题组"核酸修饰特异性标记方法及其应用项目"荣获铜奖。北京大学先后组团参加了6届日内瓦发明展，共送展17个创新科技项目，取得了5项特别金奖、8项金奖、4项银奖和1项铜奖。

【实现科研经费网上划拨】 4月15日，北京大学科研管理信息系统正式上线运行。该系统由科研部、科技开发部、社科部、先进技术研究院及计算中心、财务部、图书馆等部门共同建设，旨在为学校师生提供"一站式"服务，"让信息多跑路，让老师少跑路"。系统上线后，科技开发部及时修改和完善工作流程，积极开展有关科研管理政策与工作流程的解读和培训，网上经费划拨工作推进顺利。科研管理信息系统启动后半年内，科技开发部通过网上提交划拨的经费数达到了总经费的近90%。

【举办"北京大学科技成果发布会暨人工智能产业论坛"】 6月14日，"北京大学科技成果发布会暨人工智能产业论坛"在中关村国家自主创新示范区展示中心举行。该次活动为2019年全国双创周北京会场科技成果转化"火花"系列活动的首场活动，科技开发部具体负责本次成果发布会与产业论坛的组织工作。现场发布了三个项目：北京大学肿瘤医院放射科吴昊的"人工智能推动放疗质量提升和医疗资源下沉项目"、计算机科学技术研究所邹磊的"gStore图数据库项目"和信息科学技术学院计算机软件研究所李戈的"aiXcoder——智能编程机器人项目"。中关村科技成果转化"火花"活动旨在发挥高校院所的科技成果转化源头作用，通过联合首都高校和科研院所，邀请科学家、技术经理人、投资人、企业家参与，促进成果寻找应用场景，加速成果转变为产业技术和落地企业。

【项目获批"怀柔科学城科技创新专项"】 3月13日，科技开发部组织院系科研团队申报北京市科学技术委员会的"2019年度怀柔科学城成果落地专项"。该专项用于支持在京高校和中科院在京院所的优秀科技成果落地怀柔科学城，支撑怀柔科学城建设和北京市高精尖产业发展。经评审，6月，工学院席建忠项目"基于自组装细胞芯片开发肿瘤患者个体化用药新方法"入选，获得北京市科委支持资金500万元，合作企业配套1000万元。该项目以自组装细胞芯片SAMcell为核心，结合原代肿瘤细胞培养技术、高通量测序和独有的数据分析算法系统，以及下游小鼠PDX肿瘤移植模型，建立一个强大的临床前检测平台，实现快速、大量、方便、准确的药物测试，为临床肿瘤患者个体化治疗提供更加专业化、全方位、有效的参考。

【成立北京大学科技成果转化基金】 北京大学科技成果转化基金由北京大学与北京市科技创新基金合作设立，基金规模预计为10亿元人民币，其宗旨是进一步支持北京大学的早期重大原始创新，推动学校面向世界科技前沿、面向国民经济主战场、面向国家重大需求开展科技创新与成果转化工作。6月26日，学校校长办公会审议通过北大转化基金组建方案；6月27日，北京大学面向全社会发布了《关于公开遴选北京大学科技成果转化基金管理机构的公告》，公告期间累计收到全国范围内20家基金管理机构提交的申请材料，经审核筛选确定5家管理机构参加遴选路演。8月9日，北京大学科技成果转化基金管理机构遴选路演会召开，方正和生投资有限责任公司最终当选该基金的管理机构。

【成立分子医学南京转化研究院和长三角光电科学研究院】 5月24日，北京大学分子医学南京转化研究院揭牌，北京大学分子医学研究所携手南京江北新区生物医药谷，将围绕"重大疾病创新药物"和"高端生物医学成像装备"两大研发方向，进行转化医学的探索与实践。11月7日，北京大学与江苏省南通市人民政府签署共建"北京大学长三角光电科学研究院"协议；11月30日，研究院在南通揭牌成立。长三角光电科学研究院依托北京大学物理学院、人工微结构和介观物理国家重点实验室学科优势及科研力量，致力于建设光电研究和产业发展的创新人才集聚平台、面向新兴产业科技创新的前沿研究平台，促进高端激光器、超高分辨成像系统、纳光电子芯片等一批成果的孵化和转化，为南通市和长三角区域发展提供创新支撑。

【举办两次"北京大学-华为技术有限公司科研合作交流会"】 10月24日，华为技术有限公司董事、战略研究院院长徐文伟一行访问北京大学。校长郝平，副校长、教务长龚旗煌，校长助理张平文在临湖轩会见来宾，党办校办、国内合作办、科技开发部等部门负责人陪同会见。会见结束后，龚旗煌和徐文伟共同为"北大-华为智能媒体联合实验室"和"北大-华为数学联合实验室"揭牌。随后，徐文伟一行参观了"微型双光子-超分辨率显微成像实验室"等4个实验室。下午，双方在英杰交流中心举办科研合作交流会，医学部、科学研究部、物理学院、生命科学学院、化学与分子工程学院分别介绍了学校和各院系科研情况，五位教授分别报告了最新研究进展。

12月10日，徐文伟率团再次访问北京大学，参加在医学部、校本部分别举办的"北京大学-华为技术有限公司科研合作交流会"，重点研讨医学和前沿交叉学科领域的科研成果。在医学部举办的交流会上，医学部六位老师介绍了所在研究机构的基本情况和成果转化情况，对其研究领域的最新科研成果作了主题报告。在校本部举办的交流会上，华为到访人员与生命科学、信息科学及前沿交叉领域的老师们进行了学术研讨。

【承办北京论坛（2019）专场论坛】 11月2日，北京论坛（2019）"中非大学科技创新与科技成果转化"专场论坛在北京大学举行，该论坛由北京大学与联合国教科文组织非洲部主办、北京大学国际合作部与科技开发部联合承办。来自非洲18个国家和地区、20所高等院校的23位校长和代表，国内14所知名高校的24位校长和代表，以及30余位青年创业者代表参加，围绕中非高校科技创新与国际合作、科技成果转化与高校科技园建设等议题，深入开展对话交流，推动中非在科技创新与科研成果转化等领域加深合作。校长郝平，副校长、教务长龚旗煌，教育部科学技术司司长雷朝滋，北京市科学技术委员会副主任刘晖，联合国教科文组织非洲部门协调和伙伴关系局局长杜越等出席了本次论坛开幕式。

【陈徐宗团队"小型光抽运铯原子频率标准"技术入股项目获批】 12月4日，北京大学科技成果转化工作领导小组召开2019年第二次会议，审议信息科学技术学院陈徐宗教授的"小型光抽运铯原子频率标准"技术入股项目。12月24日，北京大学十三届党委常委会第97次会议批准了该技术入股项目，并发布项目公示。该项目是《北京大学技术入股管理办法》制定以来的第一个技术入股项目。

【科技成果转化现金奖励税收减免】 根据《北京大学职务科技成果转化现金奖励管理办法》，科技开发部优化科技成果现金奖励申请和领取流程，继续推动和完成职务科技成果转化现金奖励的公示和领取工作，协助科研人员享受国家税收减免优惠，鼓励其参与科技成果转化。2019年，科技开发部共完成23个技术转让类项目的公示，公示金额1256.50万元，共有44名科研人员领取了科技成果转化现金奖励，涉及项目21项，发放89人次，发放金额共计996.27万元，减免税款约200万元。自2018年11月学校实行科技成果转化现金奖励税收减免政策以来，科技开发部已完成31个技术转让类项目的公示，公示总金额3120万元，共有53名科研人员领取了科技成果转化现金奖励，涉及项目23项，发放111人次，发放金额共计2641万元，累计减免税款500余万元。

（廖峥华、刘淑媛）

【附表】

表10-1 2019年度北京大学签订的进款技术合同统计表（单位：万元）

院系	技术开发		技术转让		技术服务与咨询		联合实验室		保密协议和共同投标协议等		合计	
	合同数	合同额	合同数	合同额	合同数	合同额	合同数	合同额	合同数	合同额	合同数	合同额
信息科学技术学院	87	17,620.39	5	1489	37	1521.71	2	1650	7	0	138	22,281.1
物理学院	10	15,513.5	6	590.8	19	656.26	2	1500	0	0	37	18,260.56
数学科学学院	11	1155.54	0	0	8	517	4	4500	0	0	23	6172.54
工学院	25	1217.13	5	570.18	15	428.57	2	3000	2	0	49	5215.88
化学与分子工程学院	23	1821.87	1	300	32	1600.57	0	0	0	0	56	3722.44
城市与环境学院	2	90	0	0	33	3027.32	0	0	1	0	36	3117.32
环境科学与工程学院	11	619.5	0	0	64	2320.25	0	0	1	0	76	2939.75
软件工程国家工程研究中心	8	268.7	0	0	15	353.07	2	2116	1	0	26	2737.77
地球与空间科学学院	8	658.68	0	0	36	1260.58	0	0	0	0	44	1919.26
生命科学学院	7	1519.1	0	35	5	123.6	0	0	0	0	14	1677.69

（续表）

院系	技术开发		技术转让		技术服务与咨询		联合实验室		保密协议和共同投标协议等		合计	
	合同数	合同额	合同数	合同额	合同数	合同额	合同数	合同额	合同数	合同额	合同数	合同额
王选计算机研究所	22	1444.86	1	5	2	36	0	0	1	0	26	1485.86
科技开发部	2	43.31	0	0	4	320	0	0	5	1101	11	1464.31
北京国际数学研究中心	6	840.66	0	0	1	150	0	0	0	0	7	990.66
现代农学院	0	0	0	0	2	750	0	0	0	0	2	750
分子医学研究所	3	304.21	0	0	5	380	0	0	0	0	8	684.21
建筑与景观设计学院	1	492.65	0	0	8	146.4	0	0	0	0	9	639.05
前沿交叉学科研究院	2	140	0	0	5	405.5	0	0	0	0	7	545.5
教育学院	0	0	0	0	0	0	1	500	0	0	1	500
心理与认知科学学院	1	25	0	0	7	348.33	0	0	1	0	9	373.33
考古文博学院	1	200	0	0	7	73.5	0	0	0	0	8	273.5
海洋研究院	4	108.9	0	0	0	0	0	0	0	0	4	108.9
计算中心	4	45	0	0	1	40	0	0	0	0	5	85
经济学院	0	0	1	13.5	1	49.6	0	0	0	0	2	63.1
中国语言文学系	0	0	8	43.34	0	0	0	0	0	0	8	43.34
软件与微电子学院	1	30	0	0	1	5	0	0	0	0	2	35
现代教育技术中心	0	0	0	0	2	33.5	0	0	0	0	2	33.5
科维理天文与天体物理研究所	1	25	0	0	0	0	0	0	0	0	1	25
学生工作部	0	0	0	0	3	20.98	0	0	0	0	3	20.98
继续教育学院	0	0	0	0	1	10	0	0	0	0	1	10
总计	240	44,183.99	29	3046.82	314	14,577.73	13	13,266	19	1101	615	76,175.54

（袁敏九）

表 10-2　2019 年度科技开发部技术合同到款（单位：万元）

院系	技术开发	技术转让	技术服务与咨询	合计
信息科学技术学院	9392.88	394	1528.77	11,315.65
分子医学研究所	10,309.77	100	350.8	10,760.57
生命科学学院	3543.84	35	336.11	3914.95
化学与分子工程学院	1864.99	372.41	1431.67	3669.07
环境科学与工程学院	443.67	213.75	1810.58	2468
物理学院	675.5	590.8	1076.51	2342.81
城市与环境学院	70	0	2239.1	2309.1

（续表）

院系	技术开发	技术转让	技术服务与咨询	合计
工学院	1060.6	495.18	694.41	2250.19
地球与空间科学学院	709.19	0	1349.82	2059.01
其他	447.13	56.84	1363.37	1867.34
软件工程国家工程研究中心	1473.79	0	134.07	1607.86
王选计算机研究所	1088.14	5	24	1117.14
数学科学学院	686.44	0	257	943.44
现代农学院	0	0	750	750
前沿交叉学科研究院	60	0	400.5	460.5
建筑与景观设计学院	101.48	0	222.88	324.36
心理与认知科学学院	25	0	276.44	301.44
软件与微电子学院	122.33	0	137	259.33
计算中心	63.1	0	40	103.1
新闻与传播学院	10	0	57	67
海洋研究院	29.82	0	34.86	64.68
合计	32,177.67	2262.98	14,514.89	48,955.54

（朱　梅）

表10-3　2019年第四届"北京大学产学研工作奖"获奖名单

奖项	奖项等级	单位/个人	获奖项目/单位名称
特别贡献奖			分子医学研究所
先进集体奖	一等奖		生命科学学院
	一等奖		北京大学第一医院临床试验中心
	二等奖		计算机科学技术研究所
	二等奖		北京大学肿瘤医院
	三等奖		北京大学第三医院
	三等奖		物理学院重离子物理研究所射频超导实验室
优秀项目奖	一等奖	计算机科学技术研究所	"一种个性化汉字数字墨水的生成方法"等专利和专有技术转让
	一等奖	生命科学学院	北大-勃林格殷格翰公司（BI）合作项目
	一等奖	北京大学第三医院	一种关节软骨修复再生用支架及其制备方法
	一等奖	北京大学第三医院	生殖细胞冷冻保存相关技术产品研发与转让
	二等奖	北京大学肿瘤医院	抗细胞型朊蛋白单克隆抗体及其在诊断检测试剂盒中的应用
	二等奖	药学院	613-1、613-2、613-3、902-1、902-2项目的研究开发
	二等奖	工学院	半焦掺混燃烧大规模利用方法
	二等奖	数学科学学院	应用驱动的机器学习方法
	三等奖	基础医学院	不同灵芝孢子粉和孢子油对癌因性疲劳药效评价
	三等奖	工学院	自由飞模型数据采集系统技术研究
	三等奖	工学院	基于70平方米农村小型住房的相变供暖系统中试研究
	三等奖	北京大学口腔医学院	符合中国人参数的直丝弓矫治器
	三等奖	工学院	多功能石墨烯填充高聚物复合材料的研究

(续表)

奖项	奖项等级	单位/个人	获奖项目/单位名称
项目合作先进个人奖		崔一民	北京大学第一医院
		冯　健	城市与环境学院
		吕培军	北京大学口腔医学院
		蒲小平	药学院
		寿成超	北京大学肿瘤医院
		孙玉春	北京大学口腔医学院
		万小军	计算机科学技术研究所
		王雪松	环境科学与工程学院
		魏文胜	生命科学学院
		徐茂智	数学科学学院
		于海峰	工学院
		翟茂林	化学与分子工程学院
		占肖卫	工学院
		周　丰	城市与环境学院
产学研管理先进个人奖		程　刚	药学院
		邓旭亮	北京大学口腔医学院
		贾淑芹	北京大学肿瘤医院
		姜　怡	分子医学研究所
		李　娓	北京大学第一医院
		乔　杰	北京大学第三医院
		周　虹	工学院
		朱小健	生命科学学院

（廖峥华）

校办产业管理

【发展概况】 校办产业管理委员会（简称"产管会"）是按照《国务院办公厅关于北京大学清华大学规范校办企业管理体制试点问题的通知》（国办函〔2001〕58号）要求成立的、管理学校经营性国有资产的决策机构，当任校长为负责人，由分管校领导及法律、财务、审计等职能部门负责人组成，代表学校作为出资人和国有资产管理者，审议决策校办企业的重大事项。校办产业管理委员会办公室（简称"校产办"）是产管会的常设办事机构，下设综合事务部、企业管理部和财务审计部三个部门。目前，校产办有主任1名、副主任1名、派驻纪委书记1名，综合事务部和企业管理部各有部门主任1名，财务审计部无职工。

2019年，校产办督导北大资产公司向北京大学上交1.6亿元；向国家上交国有资本经营收益490.17万元。

2019年共召开产管会办公会5次，审议研究了有关经营性国有资产变动的重大事项，清产核资、资产评估、产权登记等国有资产基础管理事项，以及校企整改工作、贷款担保和相关人事问题等75个议题。

2019年初，在充分论证的基础上，调整了北大产业系统的管理模式，从传统的事业管理方式转变为现代化的市场管理方式，实现了北大资产经营有限公司的转型。

加强国有资产监管，截至年底，共办理国资项目40个。落实校属企业整改工作，加强改善国资监管：完成6家僵尸企业的清理整顿工作，有5家无偿划转企业已得到教育部批复同意。

加强改善评估备案管理：按照《教育部关于改进企业国

有资产评估项目备案管理的通知》，校产办、财务部和资产公司共同制定了《北京大学企业国有资产评估项目备案管理办法》，经教育部确认后，学校于8月5日正式发布执行。

（王 颖）

【实施中央高校所属企业体制改革】 产业党工委、校产办联合资产公司认真学习贯彻落实《国务院办公厅关于高等学校所属企业体制改革的指导意见》《教育部、财政部关于做好中央高校所属企业体制改革试点工作的通知》《教育部、财政部关于印发〈高等学校所属企业体制改革政策解读〉的通知》等文件精神，并及时向下属企业转发。2018年9月初启动实施中央高校所属企业体制改革，在上级指导下制定了北大校属企业体制改革工作方案，各项工作稳步推进。

（王 颖）

【主导企业完善社会责任，落实花家地84户居民房改售房】 北京方正实业开发公司为北大方正集团有限公司100%控股企业，于1994年从北京建筑材料集团总公司房地产开发公司购买朝阳区花家地西里84套住宅，并于2001年办理房产证。该房屋产权虽在方正实业名下，但由于诸多历史原因，被安置的拆迁住户多次向方正实业及北京大学提出房改售房要求。本着解决历史遗留问题、化解社会矛盾，主导所属企业完善社会责任、尽量为居民解决问题的原则，在党委副书记安钰峰带领下，校产办、资产公司和方正集团、资源集团、资源物业公司就花家地84户承租户上访事宜，与上级主管部门多次咨询沟通。12月，北京大学上报的售房请示及方案获得市住建委批复同意，该事项得到依法合规解决。

（刘俊英）

北大科技园

【发展概况】 基本情况。北大科技园始创于1992年，是学校为响应国家科教兴国战略、"985工程"战略，促进科研成果产业化而建立的大学科技园，也是教育部、科技部首批认定的国家级大学科技园之一，已成为北京大学科技成果转化、企业孵化、创新人才培养、高技术产业化发展的重要服务平台与载体。

交流合作。3月，北大科技园与中国技术交易研究所合作签署《西安北大科技园与中国技术交易所合作共建技术转移中心框架协议》，推进重大科技项目的落地应用；9月，北大科技园与深圳市金融科技协会签署战略合作协议，打造南北金融科技合作新生态；11月，西安北大科技园与中国高校（华东）科技成果转化中心签约合作，联手开展技术评估、科技产业论坛、高级技术经理人培训等科技创新服务合作。

服务社会。北大科技园创新研究院聚焦科技前沿，深入创新研究，形成《中国大学科技园创新发展与实践》课题报告、《中关村科学城创新发展服务体系研究报告》、科技部火炬中心人工智能课题研究报告、深圳大湾区科技创新调研成果、《"面向科技创新的第三方专业服务机构"政策研究报告》等一批科研成果。北大科技园人才研究院专注科技人才研究，形成《金华市数字经济人才发展研究报告》《昆山新一代电子信息人才发展研究报告》，并向地方政府提供人才战略布局建议。北大科技园通过与"北大创业训练营"合作举办特训营，全面培养创新创业人才；通过开展"北领计划"一期项目，重点培养科技行业领军人才；通过西安地区高级技术经理人培训、北京地区技术经纪人（技术经理人）培训，培养懂技术、懂市场、懂管理的复合型高端技术转移服务人才。

党建工作。北大科技园党支部在册正式党员30名，预备党员3名，发展对象3名，积极分子4名。坚持将红色文化与北大科技园"以奋斗者为本，向奋斗者致敬"的企业文化有机融合，充分发挥党员模范带头作用，为企业发展贡献力量。4月，党支部开展"传承红色基因，牢记时代使命"主题党日活动。6月，北大科技园企业联合党委召开庆祝中国共产党成立98周年暨新建党支部成立大会，同期北大科技园党支部荣获"北京大学产业系统先进基层党组织"称号。

【持续深化校地合作】 北大科技园传承北大精神，服务地方经济社会发展，持续拓展示范性校地合作创新样板。6月，南京北大科技园正式落地，以5G通信和未来网络产业为切入点，拓建新一代通信技术创新应用中心，融入长三角战略布局；10月，金华北大科技园落地开园，首个5G智慧园区正式投入运营，致力打造浙中创新人才与技术高地；11月，扬州北大科技园落地开园，推动工业设计、软件与互联网、文化创意、总部经济等产业发展，助力扬州"新兴科创名城"建设；12月，广州北大科技园签约落地，北大科技园首次进军华南地区，打造"数字创新中心"和"智能制造基地"，融入粤港澳大湾区建设。此外，建立北大科技园西安新材料创新中心，打造"第二总部基地"。

【升级双创服务】 北大科技园作为北京大学双创服务平台，6月亮相"2019全国大众创业万众创新活动周"；11月中国留学人员创业园建设25周年座谈会上，"北大留创园"荣获第二批"中国留学人员创业园区孵化基地"授牌；12月北京孵化30周年总结大会上，北大科技园荣膺"时代先锋机构"称号。成功举办2019年度"创启未来"国际青年科技创业大赛，全年开展15场赛事，覆盖6大国内赛区、9个赛点城市，吸引国内外879个优秀项目报名参赛，其中129个项目获得参赛资格，44个项目获奖，12个项目荣获TOP奖，15个项目得到资源支持与市场的深度对接。本赛季10个获奖项目将直接入围第一届"北极星计划"，享受全流程的明星企业"经纪人"服务。

（包红梅）

北大方正集团有限公司

【发展概况】 方正集团是北京大学于1986年投资创办的大型国有控股企业集团。王选院士是方正集团的技术奠基人，其发明的"汉字信息处理与激光照排系统"奠定了方正集团的起家之业。方正集团坚持"科技顶天、市场立地"的发展理念，践行"产学研深度融合"发展模式，面向国家发展战略，服务北大教学科研，促进科技成果转化。

方正集团以IT产业的不断深耕和发展为基础，逐步形成了IT、医疗、产业金融、产城融合等业务协同发展的产业格局，旗下拥有方正科技、方正控股、北大医药、北大资源、方正证券、中国高科等6家上市公司。

党建工作。方正集团党委把方向、管大局、保落实，全面加强企业党建工作。一是深入学习贯彻习近平新时代中国特色社会主义思想。编发16期《中心组学习参阅》，在各种宣传渠道刊发稿件340多篇。二是认真落实管党治党责任。重点成立方正信产党委、北大资源党委以及集团总部党总支，优化调整基层党务干部。三是扎实开展"不忘初心、牢记使命"主题教育。四是加强干部人才队伍建设。实施各类培训项目98期，培训约4000人次，方正商学院蝉联"中国企业大学50强"荣誉称号。五是深入加强党风廉政建设。2019年集团总部、二级企业共签署1848份责任书。

技术进步与产学研结合。3月4日，北大资源与北大医学部医养结合养老产业研究中心签署合作协议；3月，北大医信"银川智慧医疗建设项目互联网+医疗监管平台"建设经验入选国内首部《数字中国》系列红宝书；3月，北大科技园与中国技术交易研究所签署合作共建技术转移中心框架协议；4月，方正宽带通过"北京市企业技术中心"认定；5月29日，北京大学第八临床医学院揭牌仪式举行；6月28日，北大资源与北京大学光华管理学院签署战略合作协议；7月15日，中国高科与齐鲁工业大学合作举办的"山东省人工智能人才培养基地首期培训班"开班；10月18日，方正集团资助的"中国计算机学会（CCF）王选奖"颁奖。

承担企业社会责任。4月4日，云南省"墨韵智能·书法进校园助力项目"启动，面向1000余所学校提供书法教育支持；4月，由北大方正人寿、方正信产、北大医疗支持的"星宝蓝书包"孤独症公益项目启动；5月16日，2019北大资源"星火助学·快乐学校"关爱留守儿童教育公益活动启动；6月11日，中国高科主办的"青少年阅读教育关爱公益行动"启动；8月21日，方正证券·大爱有方特困高中生自强班捐赠仪式在国务院扶贫办举行；10月15日，北大方正人寿向北京大学捐赠仪式暨"优才拓展"项目汇报会举行；12月，方正集团制作了首本企业社会责任报告，系统梳理了2018年集团上下在践行社会责任方面的工作。

企业荣誉。方正集团所获奖项：1.获人民网"建设幸福企业优秀单位"；2.扶贫案例入选《企业社会责任基础教材（第二版）配套案例集》。产业集团、直管企业所获奖项：1.珠海越亚《全加成铜柱阵列集成电路系统封装基板关键技术及产业化》项目获四川省政府颁发的2018年"四川省科学技术进步奖一等奖"；2.方正PCB、珠海越亚获中国电子电路行业协会评选的"中国电子电路行业百强企业"；3.方正微电子、方正PCB获国家知识产权局"国家知识产权优势示范企业"；4.方正证券获中央结算公司"结算100强——优秀自营机构奖"；5.方正证券获上海证券交易所"十佳期权经纪商"。

【王选获九部委授予的"最美奋斗者"称号】 9月25日，"最美奋斗者"表彰大会在人民大会堂隆重举行，中共中央政治局常委、中央书记处书记王沪宁会见了受表彰人员和亲属代表。方正集团技术奠基人王选院士被九部委授予"最美奋斗者"称号。

【方正集团在"2019中国企业500强"排行靠前】 9月1日，中国企业联合会、中国企业家协会举办的中国500强企业高峰论坛发布了"2019中国企业500强"排行榜，方正集团排名138位，创多年新高，并荣获"中国服务业企业500强"第60名。

【方正集团获电子信息百强企业第5名】 7月18日，经工信部电子信息司审定，中国电子信息行业联合会发布了2019年（第33届）电子信息百强企业名单，方正集团名列第五，比上年提升3位。

【举办中华精品字库工程成果展】 8月24日，方正集团等主办、方正电子等承办的"字载中华——中华精品字库工程成果展"在中国国家博物馆举行开幕仪式，向中华人民共和国成立70周年献礼。"中华精品字库工程"是"中华优秀传统文化传承发展工程"支持项目，由中国文学艺术界联合会、国家语言文字工作委员会共同指导，将精选100款中国历代书法名家作品，开发成计算机字库。

【获评"国家级科技企业孵化器"】 12月25日，科技部火炬中心公布了"2019年度国家级科技企业孵化器"名单，北大医疗产业园、深圳北大方正科技园入选国家级科技企业孵化器。

【入选国务院扶贫办精准扶贫案例】 3月，方正证券、方正中期期货分别入选国务院扶贫办"30例企业扶贫分领域案例"（全国仅3家证券公司入选）、"企业扶贫50佳案例"（全国仅2家期货公司入选）。

【北大医疗产业园荣获创新中国·2018年度评选"创新服务平台"奖】 5月20日，在科技日报社主办的"创新中国·2018年度评选"活动中，北大医疗产业园荣获创新中国·2018年度评选"创新服务平台"奖。

【北大医疗荣膺"社会办医医院集团100强"榜首】 6月

28日，艾力彼医院管理研究中心揭晓了"社会办医医院集团100强"排行榜，北大医疗位居榜首。评选标准涉及基础指标、竞争力排名、品牌诚信、服务能力等多维度的实际数据。

【方正集团与华为深化合作】 方正PCB与华为在多个领域深化合作，得到华为对方正品质、交付、技术、配合度的全面认可。2018年，方正PCB季度质量考评为4A，年度质量考评A级；2019年上半年质量考评均为A级。

3月，方正PCB于"华为2019年CBG供应商质量大会"上荣获华为在质量领域的最高奖项"质量优秀奖"；11月，方正PCB于"2019华为核心供应商大会"上荣获"优秀质量奖"。

【潞安医院正式进入北大医疗体系】 1月17日，北大医疗潞安医院融合仪式举行，标志着潞安医院正式进入北大医疗体系，顺利完成改制交接，同时全面拉开了融合工作的序幕。

潞安医院是一所集医疗、急救、教学、科研、预防、康复为一体的三级甲等综合医院，现有床位1401张，设置了46个临床医技科室，拥有2个省级重点学科和5个市级重点学科（专科）。

【方正集团获中国最具价值品牌第86名、亚洲品牌榜第196名】 6月26日，在2019世界品牌大会上，方正集团获评2019"中国500最具价值品牌"第86名，品牌估值556.89亿元。8月27日，方正集团首次入选"亚洲品牌500强"排行榜，获评第196名。

【北大资源（控股）居《财富》中国500强第342名】 7月10日，财富中文网发布了《财富》中国500强排行榜，北大资源（控股）位列第342名，在地产行业中位列第37名。这是北大资源（控股）连续第3年进入该榜单，且排名较上年大幅跃升近百位。

【方正证券跻身《福布斯》全球最佳雇主榜单前50名】 10月18日，《福布斯》杂志发布了"2019年全球最佳雇主榜单"（The World's Best Employers 2019），方正证券排名第48位，较上年提升47位，首次进入全球前50，在中国金融企业中排名第一。

【方正物产荣获芝商所"2019年度风险管理杰出企业"奖】 11月，在芝加哥商品交易所举办的中国企业风险管理年度获奖企业评选中，方正物产荣获最高奖项"年度风险管理杰出企业"。这是方正物产连续第三年获得芝加哥商品交易所风险管理奖项（2017年获"年度信用风险管理企业"，2018年获"年度治理和操作风险管理企业"）。

【方正人寿获"金理财"年度保障型保险产品卓越奖】 11月29日，北大方正人寿"爱无忧系列重大疾病保险"荣获上海证券报社第十届"金理财"年度保障型保险产品卓越奖，该奖项已成为国内财富管理领域最具公信力和影响力的权威奖项之一。

（杨霁）

北京北大先锋科技有限公司

【发展概况】 北京北大先锋科技有限公司（简称"北大先锋"）是北京大学所属的高新技术企业，由化学与分子工程学院谢有畅教授团队于1999年10月13日创立，并于2012年被认定为"北京市著名商标"。截至2019年末，公司合并报表资产总额超8.7亿元，员工总数200余人，下设固安兴业、百达先锋、天盾新材等多家子公司，拥有北京市认证的工程实验室和企业技术中心资质，多个研发中心、生产基地和中试基地，以及37项发明专利等自主知识产权。

北大先锋立足于工业气体领域，面向节能环保和新材料领域发展，业务范围涉及变压吸附制氧技术及成套设备、变压吸附分离一氧化碳等技术及成套设备、国防新材料、氢能业务等领域，均以具有国际先进水平和自主知识产权的核心技术为基础开展业务，为全球化工、钢铁、有色冶金、玻璃玻纤、造纸、电子、垃圾焚烧、水处理等基础工业领域的百余家企业提供了成套装置的产品和服务，创造了显著的经济效益和社会效益。

北大先锋坚持诚信守法经营，是北京市纳税信用A级企业，主动依法纳税约3.5亿元；自2012年起连续8年向股东分红，自公司成立起向北京大学所属的股东单位累计分红约1.822亿元；多次向北京大学及相关二级单位捐款，设立"北京大学先锋奖教/奖学金"等长期捐赠项目，为学校教学、科研等事业贡献力量。3月22日，北大先锋召开2018年度工作总结会议，2018年公司新增销售合同总额突破6亿元大关，创造了公司成立以来的业绩新高。

北大先锋是教育部直属高校投资企业中第一家"中关村国家自主创新示范区企业股权和分红权激励改革"试点单位，已于2014年顺利实施完成股权激励，完善了公司法人治理结构。

10月16日，中国通用机械工业协会成立30周年纪念活动在沈阳隆重举行。活动对通用机械行业中的优秀企业进行了表彰，北大先锋获"特色优势企业"荣誉称号。

（罗珍、兰娜）

【臭氧与氧气分离回收技术及设备开发】 本项目采用改性优选的沸石类吸附剂，利用变压吸附工艺对臭氧和氧气的混合物进行吸附分离，可实现连续的臭氧/氧气分离，减小产氧设备规模和臭氧用户的运行费用。项目已完成吸附剂研发和成型生产、工艺研发和试验，开发出自主知识产权分离技术，制造完成了工业样机，正开展工业化推广应用。

（李世刚）

【提供关键技术的全球首套转炉煤气制甲酸项目顺利通过验收】 4月，北大先锋参与建设的山东阿斯德科技有限公司转炉煤气制甲酸项目顺利通过验收。该项目系全国首套使用转炉煤气进行化工产品生产的工业示范项目，于2017年2月开工建设，2018年4月开车运行，以北大先锋研发的"钢厂煤气资源化利用技术"为依托，可有效减少二氧化碳排放，增加企业经济效益。

（田东方）

【中标世界最大 PSA-CO 装置，配套于国内首个荒煤气制乙二醇项目】 9月9日，广汇能源股份有限公司荒煤气综合利用年产40万吨乙二醇项目全面开建，该项目使用迄今为止世界上规模最大的变压吸附提纯一氧化碳装置，由北大先锋提供该装置建设的核心技术和关键配套产品。作为国内首套利用荒煤气制乙二醇项目，项目建成后将大大降低自然资源消耗和污染物排放。

（兰娜）

【20周年庆典圆满举行】 10月13日，北大先锋在北京东方美高美国际会议酒店举行了以"厚德健行，起势腾飞"为主题的20周年庆典活动。公司领导班子携全体员工及各子公司代表参加庆典，北大资产经营有限公司、科技开发部、化学与分子工程学院、北大学园公司、丹化集团、华电煤业集团等单位领导应邀出席活动。北大先锋董事长张佳平、总经理唐伟对公司20年来的发展作回顾报告。

（兰娜）

【获评商业信用中心"AA"级信用资质】 8月，经中石化旗下工业品电子商务平台易派客网站审核，北大先锋信用等级获评"AA"级（受评对象履约能力很强，违约风险很低，受不利经济环境的影响较小），由商业信用中心颁发信用证书。北大先锋是该评价体系内获得最高信用级别的气体分离公司之一。

（兰娜）

【公司启动科创板上市申报工作】 5月，北大先锋开启科创板上市申报工作，先后与华泰联合证券有限责任公司、北京市天元律师事务所、天职国际会计师事务所签订合作协议，目前现场尽调工作已完成，历史沿革事项和内控体系梳理规范等工作正在进行中。

（刘小进）

北京北大未名生物工程集团有限公司

【发展概况】 北京北大未名生物工程集团有限公司（简称"未名集团"）聚焦生物经济体系的建立和生物产业的发展，重点投资生物医药、生物农业、生物能源、生物环保、生物服务、生物智造六大领域。

【制药发展战略（2.0）取得突破】 1月10日，坐落于安徽巢湖半汤生物经济实验区（中国合肥半汤生物谷）的未名生物医药产业园隆重举行抗体药CDMO基地机械竣工验收发布会，未名集团旗下合肥北大未名生物制药有限公司和安徽未名生物经济集团相关负责人与地方政府领导、业界专家、技术精英等共同参与验收活动。本次验收范围总计7栋单体，总面积近10万平方米，为接收全球抗体药CDMO订单提供了必要条件；验收项目投产后，年产值可超过200亿元。

【与中国通用技术集团签署战略合作框架协议】 3月6日，中国通用技术集团总经理陆益民一行莅临未名集团参观考察，未名集团董事长潘爱华博士、总裁杨晓敏接待考察，双方领导就医药健康产业发展进行了深度交流。通用技术集团是国资委批准的以医药为主业的三家中央企业之一，业务领域与未名集团的生物医药板块高度契合。4月24日，未名集团与中国通用技术集团在通用技术大厦签署战略合作框架协议。未名集团潘爱华董事长、杨晓敏总裁、罗德顺高级副总裁等与中国通用技术集团许宪平董事长、陆益民总经理、李晓春副总经理、谢彪副总经理等高管团队共同出席签约仪式。双方将依托各自经营优势，在生物医药研发、生产和销售，现代中医药体系建设和大健康等领域建立公平共享创新的合作关系，提升市场竞争力。

【河北省领导考察未名集团旗下经济示范区】 5月7日，河北省委副书记赵一德一行到未名集团旗下保定通天河生物经济示范区参观考察，详细了解了示范区项目，并对该项目在周边乡镇扶贫方面起到的作用表示肯定。保定通天河生物经济示范区是未名集团全国生物经济产业布局的重要一环，也是未名集团通过生物经济产业拉动区域经济、助力乡村振兴的独特方案，连续三年成为河北省重点项目。

【再次参展 BIO 大会】 美国当地时间6月3至6日，2019年美国生物技术大会暨展览会在宾夕法尼亚州费城国际会展中心举办。展会上，未名集团展示了重点打造的世界最大抗体药 CMO 项目，以及新药高速公路和健康高速公路的建设情况。

【旗下深圳未名新鹏荣获"中国医药行业成长50强"和"中国医药守法诚信企业"】 6月5日，由全国工商联医药业商会主办的2018年度中国医药行业最具影响力榜单发布会暨第十一届中国医药产业发展高峰论坛在济南圆满结束。在年度医药品牌盛典环节，未名集团旗下深圳未名新鹏荣获"中国医药行业成长50强"和"中国医药守法诚信企业"。

【与吉林大学签订框架合作协议】 6月28日，未名集团与吉林大学框架合作协议签订仪式暨白求恩铜像落成仪式在吉林大学医学部举行。未名集团总裁杨晓敏与吉林大学白求恩医学部学部长李凡签署战略合作框架协议。双方希望发挥各自优势，通过多种形式开展全面合作，共同构建专业、产业相互促进、共同发展的产学研合作创新体系。

（潘崑）

北大资源集团有限公司

【发展概况】 组织结构。北大资源集团有限公司实行扁平化管理,总部内设产业运营部、大健康战略研究院、法务部、品牌管理部、信息管理部、研发设计部、战略投资部等16个部门。

北大资源旗下核心公司24家,其中城市公司17家,产业公司7家。北大资源(控股)有限公司为北大资源旗下港股上市公司,股票代码00618。

战略合作。北大资源秉持合纵连横发展理念,先后与光华管理学院、医学部、现代农学院和工学院等建立深度合作;与多地政府、外部机构达成战略合作。

战略发展。2019年,北大资源坚持"科创产业服务商"战略定位,走产城融合发展道路,实现签约额223.8亿元,回款额218.6亿元。2019年,北大资源业务实现环渤海、长三角、华中经济带、西南经济带、粤港澳大湾区五大战略区域全面布局,覆盖北京、天津、石家庄、包头、济南、郑州、贵阳、遵义等33个重点城市。

产业运营。在大健康方面,7月,北大资源大健康战略研究院正式成立,并相继成立大健康专家委员会、国家特聘专家联合联合工作站,为大健康战略提供顶层设计、智慧大脑和项目孵化。9月27日,北大资源大健康产业园正式开园,该园区位于中关村生命科学园内,占地5.8万平方米,集"医、康、养、研、孵化"等功能为一体。11月23日,北大资源旗下首家社区健康服务体验中心"颐康小站"在北大资源遵义梦想城项目示范区正式开放。12月26日,北大资源大健康产业园人民健康系统工程中心(筹)、人民健康系统工程院士专家联合工作中心、人民健康系统工程健康物联网协同创新中心、人民健康系统工程展示体检中心落地揭牌。

在育人方面,北京北大方正软件技术学院(简称"软件学院")于2002年由北京市教育委员会批准成立,设有电子信息学院、健康管理学院、国际教育学院等5个二级学院、26个专业,承担和参与教育部、行指委、北京市等课题近百项,累计开发自主知识产权课程162门。2019年,软件学院参加北京市职业院校技能大赛,在移动互联网应用软件开发、动漫制作、虚拟现实(VR)设计与制作、民航服务技能和护理技能等赛项中荣获一等奖4人项、二等奖7人项、三等奖9人项。软件学院近三年毕业生平均就业率达99.6%。

在文创方面,北大资源双创园天竺园区占地7万平方米,3月18日正式获批北京市创建生活服务示范街区名单;4月2日园区建设项目获顺义区发改委批复,成为《顺义区老旧厂房利用试点实施方案》出台后的首个试点项目,并进入市政府固定资产投资支持文创领域重点项目库,列入北京市创建生活服务业示范街区,被认定为2019北京国际设计周专题园区。

城市配套。在产品打造方面,强化设计管控、推广新技术应用,构建"丛林计划"产品体系,深化紫境系、颐和系、未名系、梦想城四大产品系列内涵。2019年,共出台设计管理制度11项,设计标准14项,北大资源成都紫境府、南京颐和翡翠府、广州博雅1898等项目斩获金盘奖,武汉方正国际金融中心项目荣获"中国最佳商业高层建筑5星奖"。

在酒店服务方面,2019年,北大博雅国际酒店(简称"博雅酒店")完成客房升级改造;完成联合国前秘书长科菲·安南(Kofi Atta Annan)、美国前国务卿亨利·基辛格(Henry Alfred Kissinger)、德国马普学会主席马丁·斯特拉曼(Martin Stratmann)、澳大利亚前总理陆克文(Kevin Michael Rudd)等贵宾的接待任务。4月24日至25日,2019亚洲酒店论坛暨第十四届中国酒店星光奖颁奖典礼在上海举行。北大资源荣获"中国酒店最佳业主"奖项,旗下北大博雅国际酒店荣获"中国最佳文化主题酒店"奖项。

在物业服务方面,2019年,北大资源旗下的北京北大资源物业经营管理集团有限公司(简称"物业集团")完成方正国际大厦改造升级,并荣获中国指数研究院2019中国物业服务第60位百强企业、2019中国特色物业服务领先企业一科创服务奖。

党建工作。11月,中共北大资源党委正式成立;2019年北大资源举办3期"北大资源先锋讲坛",紧扣中央精神、集团战略、企业文化主线,为全体党员领导干部提供党课学习平台;开展"纪念五四运动一百周年""庆祝中华人民共和国成立七十周年"等党员主题活动。"北大资源党建"公众号全年推送稿件24篇,"资源党建栏目"累计发布稿件21篇,被"方正党建"采纳稿件18篇。

社会服务。2019年北大资源积极践行校企责任担当,举行社会公益活动20余次。5月16日举办关爱留守儿童教育公益活动;8月举办第六届考古游学营;10月1日重庆北大资源开州巴渝民宿扶贫项目正式开放;10月7日上海北大资源组织敬老慰问活动;10月10日物业集团启动"带一斤回家"消费扶贫系列活动,让贫困地区的优质农产品从产地直接送到社区的餐桌;10月21日携手北大附小发起关爱留守儿童游学周活动及其他公益活动。

(李吉芝、胡耀辉、张晓梅、邵玉群)

【人民健康系统工程四大中心在北大资源大健康产业园落地揭牌】 12月26日,由中国工程院院士俞梦孙领衔的人民健康系统工程中心(筹)、人民健康系统工程院士专家联合工作中心、人民健康系统工程健康物联网协同创新中心、人民健康系统工程展示体检中心在北大资源大健康产业园正式落地揭牌,将有力促进科技合作交流和园区招才引智、助力产学研成果转化及创新发展、助推人民健康系统工程实践落地。四大中心由北京大学工学院健康系统工程研究所、中国移动通信联合会、北大资源联合发起。与会嘉宾就人民健康系统工程的理论优势、四大中心成立的意义与战略定位、5G时代与万物互联的背景下大健康事业的发展走向等议题，进行了主题发言与探讨。

（邵玉群、冯　亮）

【北大资源国际金盘周揽得七项大奖】 12月19日，2019年国际金盘周系列活动在广州拉开帷幕。在第14届金盘奖评选中，北大资源选送的成都紫境府、成都紫境东来、南京颐和翡翠府、开封未名府、杭州未名府、广州博雅1898等项目，从全国上千个参评项目中脱颖而出，分别摘取了综合类总评选"年度最佳住宅""年度最佳示范区""年度最佳交付区""年度最佳预售楼盘"等7大奖项，入选项目及获奖数量均再创新高。

（韩友强、王科军）

【北大资源博雅城开业】 12月12日，北大资源在杭州打造的首个体验式文化主题商办综合体——杭州北大资源博雅城正式开业。博雅城以"漫游生活"为主题，集主题商业街、精品公寓、假日酒店、科技艺术中心和城市湿地景观等功能于一体，总体量约25万平方米，总商业体量约10万平方米。

（邢增军、王科军）

【北大资源颐康小站开启社区健康管理新模式】 11月23日，北大资源旗下首家"颐康小站"社区健康服务体验中心在遵义梦想城示范区正式开放。"颐康小站"定位于中国首个"全体系社区健康服务中心"，依托北京大学工学院健康系统工程研究所等产业和专家优势，整合大健康领域其他专业资源，打造一站式、全流程的O2O智慧社区健康服务平台。

（吴亚萍、王科军）

【北大资源大健康产业园正式开园】 9月27日，以"科创聚能 健康未来"为主题的北大资源大健康产业园开园仪式在新落成的产业园报告厅举办。邹学明、刘喜富、薛杨、居金良、苗振伟、王正平、赵勇、刘炳宪等第一批"千人计划"专家入园，涵盖生物医药与生物科技研发、高端医疗器械、医疗大数据等多个领域的特聘专家联合工作站正式启动。

（邵玉群、冯　亮）

【北大资源与光华管理学院签署战略合作协议】 6月28日，北大资源与光华管理学院签署战略合作协议，双方将以"校企合作产学共赢"为目标，共同搭建"光华思想力"智库平台、北京大学"一带一路"书院和金融合作平台，为地区产业升级与经济发展注入新动能，打造产学研创新融合新范本。

（王少将、邵玉群）

【北大资源双创园天竺园区入选北京市文创领域重点项目库】 4月，《顺义区老旧厂房利用试点实施方案》出台后的首个试点项目——北大资源双创园天竺园区（一期）建设项目获得区发改委立项批复，并已通过市政府固定资产投资支持文创领域重点项目库的专家评审。该项目由北大资源集团文化艺术传播（北京）有限公司实施建设，总占地7万平方米，旨在打造以双创园区为主题的文化科技融合园区，引进优秀企业入驻该园区，创新文创人才培养模式，加快文创产业发展升级。

（杨　栋、王科军）

北京北大英华科技有限公司

【发展概况】 北京北大英华科技有限公司是由法学院创办和主管的高新技术和软件企业，致力于法律知识工程、法律人工智能、法律教育培训和法律文化传播事业，服务于全面依法治国基本方略。

2019年北大英华技术团队依托法律大数据平台，利用人工智能和大数据技术，持续优化"北大法宝V6""智慧立法""智慧执法""智慧司法""智慧法务""智能问答""智能合规""法律大数据分析平台""北大法宝学堂"等产品，全面加速发展法律人工智能应用。其中：

智慧司法立足司法办案实际，深化大数据、人工智能在法律实务领域的融合应用，开展司法智能化深度研究、应用落地研发与项目部署，为司法办案提供精准的法宝智识服务，提升司法办案整体质效。

智慧法务是北大法宝为企业提供的以合同管理作为核心，包含纠纷案件、规章制度、授权委托、法律风险、合规审查等内容的全面法务管理解决方案，依托多年来积累的海量专业法律大数据及高端客户资源，采用先进的人工智能技术，将法律知识库、行业案例数据等大数据与法务管理过程有机融合，重新定义了企业法务管理，是新一代"知识+智能+管理"的智慧法务平台。

智能合规管理平台立足北大法宝法律大数据，是一款以国家法规所规定的合规管理框架为基础，专为大中型企业提供实务指引内容的在线产品。

法宝大数据分析平台以20多年法律行业积累的海量数据库为基础，通过自然语言、机器学习、大数据等技术对法律要素进行挖掘、加工处理，为机关、单位、企业、院校、律所及法律人士提供行业领域数据供应、法律实证研究报告、科研项目和大数据平台项目建设等服务。

北大法宝学堂是北京大学法学院与北大法宝联合推出的法律在线教育培训平台，依托法学院深厚的学术资源和英华"北大法宝"产品多年的积淀，通过互联网技术聚焦解决知识生产与传播过程中的法律实务和学术问题，开启法律知识生产与服务新模式。

2019年销售收入继续增长，较2018年增长20%。用户总数3500余家，单一用户平均购买力2.2万元，较上年普遍增加。

6月21日，北大英华子公司广州法宝总经理何远琼，北大英华股东代表、华宇科创CEO余晴燕参加北京大学粤港澳大湾区知识产权研究院揭牌仪式。

【荣获知识产权"年度十佳特色服务机构"称号】 2月23日，由强国知识产权论坛组委会和北京强国知识产权研究院主办的"洞察趋势·照进未来——2019强国知识产权论坛新春分享会暨服务业颁奖典礼"在北京大学博雅国际酒店中华厅举行。北大英华科技有限公司荣获知识产权"年度十佳特色服务机构"称号。英华公司副总经理何远琼出席会议并登台领奖。

【参加第三届检法信息化融合发展创新大会】 4月16日，第三届检法信息化融合发展创新大会在天津召开，大会主题为"科技强检、智慧法院、融合创新发展"。人工智能分会秘书长郭晓雷为北大法宝智慧法务平台颁发了"2019年度法检信息化（智慧法务）最佳创新驱动解决方案奖"奖牌和荣誉证书。

【推出智慧法务管理平台】 5月11日，第八届中国公司法务年会在北京维景国际大酒店召开，大会主题为"AI时代的信息立法与合规管理"。北大法宝智慧法务产品总监刘爱和参会，并全面介绍了智慧法务产品。

【中选"智慧检务十大解决方案提供商"】 6月12日，由法制日报社举办的"2019全国政法智能化建设创新案例征集活动"发布评审结果，北大法宝中选"智慧检务十大解决方案提供商"。

【承办北京大学智慧法务论坛】 6月21日，由北京大学法学院主办，北京大学法律人工智能实验室、北京大学中国企业法律风险管理研究中心、北京北大英华科技有限公司承办的"2019北京大学智慧法务论坛"在法学院凯原楼学术报告厅举行。国资委、航天科工集团、大唐集团、国家电网等单位负责人，北京大学法学院等高校专家学者，国内外著名律师、大型企业法务负责人、法务专家等约300人出席会议。论坛围绕推进企业法治建设的主题，探讨了企业法治建设的政策热点、目标要求、实现路径、方法策略，大型企业智慧法务管理实践经验、人工智能技术在企业法务领域的应用现状与前景、高等学校和科研单位服务企业法务管理等问题。

【入选2019全国政法智能化建设十大解决方案提供商名单】 7月3—4日，2019全国政法智能化建设技术装备展及成果展和首都公共安全防范建设应用成果展在中国国际展览中心顺利举办。北大法宝之法宝智刑项目入选本次装备展"智慧检务十大解决方案"。

【携智能立法平台参加"首届地方立法理论与实务论坛"】 8月17日，由西北师范大学、甘肃省人大常委会法工委、甘肃省法学会主办，西北师范大学法学院承办的"首届地方立法理论与实务论坛"在兰州举行。北大英华总经理赵晓海与全国近20个省市、20多所高校的近百位立法工作者和专家学者应邀出席论坛。

【参加2019执法行业信息化融合发展创新大会】 11月15日，由中国信息产业商会主办，中国信息产业商会人工智能分会承办的"2019执法行业信息化融合发展创新大会"在北京召开。北大法宝行政执法综合管理监督信息系统荣获"2019年度执法行业信息化（智慧执法）最佳创新解决方案奖"。

【北京大学智慧法治论坛暨北大法宝20周年庆典隆重举行】 12月21日，北京大学智慧法治论坛暨北大法宝20周年庆典于法学院凯原楼报告厅隆重举行。最高人民检察院、司法部、浙江省人大、北京大学、中国航天科工集团、国家电网、北京市司法局、广西壮族自治区司法厅、北京市怀柔区司法局、北大资产经营有限公司、美国德杰律所、小米集团等有关方面负责人，以及法学核心期刊主编、国内律所合伙人、企业创始人、公司法务等300余名嘉宾出席此次论坛。此次论坛回顾了科技驱动法律发展的历史，探讨了如何综合运用人工智能等科技手段，提高法治智能化水平，推进我国治理体系和治理能力现代化的若干重要议题。

（姚　娟）

北京北大软件工程股份有限公司

【发展概况】 组织结构。北京北大软件工程股份有限公司面向法治政府、软件工程、智慧人事等领域，提供业务系统平台化、数据资产整合化、管理服务智能化的信息化建设服务，帮助用户实现业务智能化赋能、数据驱动式发展、管理科学化重塑。2019年，公司形成了研发建设平台、技术能力平台、客户支持平台、推广销售平台、公共服务平台、公共资源平台六大平台，下设24个专业部门。

核心技术。经过多年探索，北京北大软件工程股份有限公司形成了以"AI平台赋能领域信息系统方法"为基础，以"大数据、代码安全"为技术核心，集技术研究、产品研发、领域应用和市场推广为一体的"大数据+领域"协同发展模式。截至目前，已形成"二条核心技术线、六条核心领域线"的业务布局，二条核心技术线即数据智能（包括数博数据治理平台、数博数据分析平台、数博知识图谱平台、数博文本理解平台）和代码智能（包括源代码缺陷检测工具、代码大数据安全分析平台），六条核心领域线即法治政府、信访维稳、智慧组工、智慧人事、领域大数据和软件工程。

队伍建设。截至2019年底，公司员工约600人，平均年龄29岁；本科以上学历人员占比91%；具备10年以上行业背景的员工占比37.76%。

研发工作。2019年公司研发新产品10余项，主要包括数博数据治理平台、规划智库、法治知识库平台等；参与制定《行政执法综合管理监督信息系统数据元和代码集（SF/T 0052-2019）》行业标准，申请著作权33个、专利2个。

（白　丹、赵　飞）

【获得知识产权管理体系认证】 11月27日，北京北大软件工程股份有限公司获得知识产权管理体系认证证书，此次通过认证的范围有：大数据治理平台、大数据分析平台、大数据知识图谱平台软件的开发，大数据、人工智能应用软件的开发以及销售的知识产权管理。这一认证标志着公司知识产权管理工作进入标准化、规范化、系统化的新阶段。

（赵　飞、张　萌）

【入选2019北京市软件企业核心竞争力评价榜】 11月20日，北京软件和信息服务业协会第九届会员代表大会第三次会议在京召开，会上发布了2019北京市软件企业核心竞争力评价报告。北京北大软件工程股份有限公司成功入选2019北京市软件企业核心竞争力评价（创新型）榜单。

（赵　飞、张　萌）

【研发数博数据治理平台】 8月16日，北京北大软件工程股份有限公司正式发布自主研发的以大数据采集、融合和治理为主的数据资源管理平台——数博数据治理平台。该平台采用主流的分布式存储、大规模并行计算和统计学习技术，支持流计算和批处理等数据处理方式，满足政府采集多源异构数据、基于动态本体的数据融合、存储组织大规模数据资源等需要，同时支持数据资源应用和运营等多种应用场景，可根据用户的需求量身定制。

（赵　飞、张　萌）

【参与规划智库系统】 9月6日，北京北大软件工程股份有限公司正式发布服务于规划编制、政策研究的智能辅助系统——规划智库。规划智库是基于知识图谱、自然语言处理技术，集规划文本采集、信息提取、知识检索、关联分析和自学习于一体的智能化文本知识集成平台，目前收集了包括习近平同志讲话、中央和国务院有关文件、政府工作报告、国内外规划和专题研究等公开资料约7000篇。

（赵　飞、张　萌）

北京北大维信生物科技有限公司

【发展概况】 北京北大维信生物科技有限公司1994年9月1日创建于中关村高科技园区，注册资金8000万元，是由山东绿叶制药有限公司与北京大学共同合作投资的国家高新技术企业，致力于天然药物和现代中药的研究、开发、生产和销售。

2019年，北大维信总计实现销售收入4.29亿元，实现工业总产值4.5亿元，利润3480.66万元，实现纳税总额5123.26万元，资产总额5.69亿元。公司现有员工464人。

北大维信坚持以自主创新为导向，致力于中药天然药和固体新型制剂等新药研发。2019年研发投入2658.13万元，占销售收入6.2%。2019年，公司通过国家知识产权优势企业复审，成功获批国家知识产权示范企业称号；通过国家知识产权标准化管理体系认证（IPM）；获得北京市知识产权示范企业首批认定。截至2019年底，公司累计拥有有效专利及申请155件，已授权专利116件，其中已授权的发明专利99件。

北大维信主要产品血脂康是入选国家医保目录和基本药物目录的拥有独立自主知识产权的调脂中药，在国产自主知识产权的调脂中药市场份额中名列前茅，自1996年上市以来已经进入国内上千家大医院和药店，为千万病患解除病痛。

北大维信自2006年开始启动血脂康胶囊在美国的新药注册，相继完成中药药代动力学研究、国际多中心2期临床研究、药学研究，并已根据FDA的指导原则，完成血脂康全部非临床研究内容及在美国健康志愿者中进行的PK研究。2019年就现有研究结果向FDA申请3期临床前会议，就3期临床与FDA进行磋商。

【绿叶制药向阿斯利康授予血脂康胶囊独家推广权】 1月16日，北大维信控股公司绿叶制药集团宣布与阿斯利康中国签署协议，授权后者在中国大陆地区独家推广血脂康胶囊产品。这是跨国药企首次和中国药企达成一致，在华合作推广由中国药企自主研发的创新药。根据协议，阿斯利康负责血脂康胶囊在中国大陆地区的独家推广，而绿叶制药继续持有该药品除推广权以外的权利。3月25日，双方签署新一轮战略合作备忘录，正式达成关于血脂康胶囊在中国以外市场的战略合作意向，加速血脂康的国际化进程。8月26日，绿叶制药授权阿斯利康在新加坡享有血脂康胶囊的独家推广权。

【血脂康片高含量规格获得国家药品监督管理局许可】 9月，北大维信天然调脂药物血脂康片的高含量规格（LY02404）已获得国家药品监督管理局许可，即将在中国开展临床试验。LY02404为已上市血脂康片的生产工艺变更品种，通过改进生产工艺，可显著提高主要有效成分含量，提升患者的服药依从性。

【"血脂康"荣登2019"中国医药·品牌榜"】 11月5日，被业界誉为"中国医药行业发展风向标"的全国医药经济信息发布会暨米房会年会在广州召开。会上，由米内网主办、三年一度的"中国医药·品牌榜"获奖榜单揭晓，血脂康胶囊成功入选"基层终端"榜单。

【血脂康胶囊获评"临床价值中成药品牌"】 11月24—25日，中国中药协会第四次会员代表大会在北京召开，会议期间举办了"2019中国中药品牌建设大会暨中国中药品牌发布会"，首次发布了2019年度中国中药品牌，血脂康胶囊荣获"临床价值中成药品牌"。

【通过知识产权管理系统认证】 2019年，公司知识产权管理工作取得重大进展，充分调动员工创造知识产权的积极性，强化知识产权风险防范意识。年初开展了企业知识产权标准化管理体系运行工作；6月通过国家知识产权标准化管理体系现场认证，获得"知识产权管理系统认证证书"（IPMS）。

【**通过两化融合管理体系认证**】 北大维信于2016年被工信部列入两化融合管理体系贯标试点企业名单，逐步搭建和完善两化融合体系各项基础架构，提升生产制造和经营管理水平。1月，北大维信两化融合管理体系正式启动运行。9月，连续通过了第一阶段和第二阶段现场评估审核，并于年底通过专家组评审，获得认证。

【**通过能源管理体系认证**】 1月，北大维信启动能源体系认证工作，完成了体系实施计划的制定、能源知识的培训、能源体系文件的编写、能耗数据的收集等工作；4月开展体系试运行，逐步完成各车间能源数据统计绩效参数设置及比对、合规性评价、能源体系内审等各项工作，最终通过了能源管理体系的认证，显著提高了节能管理水平，基本形成了节能长效机制。

（孙冰琦）

北京北大明德科技发展有限公司

【**发展概况**】 2019年，北京北大明德科技发展有限公司逐步完善结构布局，积极响应政府发展硬科技的指示精神和学校资产公司相关要求，聚焦生物医药、大消费、新能源、新材料、物联网等领域深耕发展。根据高科技成果的项目产业链，优选配套的项目进行孵化开发，与苏南分子研究院、北大科技园、地方政府强化合作，逐步发展成为科技孵化器、基金投资管理平台、校地合作科技产业园"三位一体"的综合平台。2019年，公司再次顺利通过北京市高新技术企业认定。

（许海婷）

【**研发成果获多项专利**】 北京北大明德科技发展有限公司坚持开展基于自主创新的科技成果研发，2019年申请发明专利2项、实用新型专利4项。目前公司共获得授权专利11项，其中发明专利7项、实用新型专利4项，另有在审发明专利2项、实用新型专利1项。

（许海婷）

【**"不忘初心、牢记使命"主题教育**】 2019年，北京北大明德科技发展有限公司成立了临时党支部，在北大产业党工委校产办的领导下，组织党员及员工认真学习，充分发挥党组织战斗堡垒作用和党员先锋模范作用，高质量打造团队建设。按照校产办主题教育工作安排，11月19日，北大明德公司全体党员与部分员工前往香山双清别墅参观，开展"不忘初心重温党史感受红色情怀"主题党日活动。通过此次参观学习，大家深刻体会到建国大业的来之不易，在新的历史时期，要以习近平新时代中国特色社会主义思想为指导，不断提高党性修养，做到不忘初心，担负使命。

（郭新秋）

北京开元数图科技有限公司

【**发展概况**】 主营业务。北京开元数图科技有限公司（简称"开元数图"）是主要从事CALIS（China Academic Library & Information System，中国高等教育文献保障系统）项目系统规划、软件开发、系统运行、技术支持、数据加工及数据库维护、全国高校图书馆服务等业务的高新技术企业，承担北京大学图书馆、CASHL（China Academic Social Sciences and Humanities Library，中国高校人文社会科学文献中心）等单位的馆藏上载、编目、数据加工、期刊数据分析、引进数据库成员馆管理，以及数据库资源建设与维护等任务。

年度经营。2019年末从业人员102人，其中在职职工92人、退休返聘及其他从业人员10人；工龄5年以上的职工占比51%。企业全年营业总收入1428.99万元。

【**通过2019年质量管理体系认证**】 2019年，开元数图在软件开发、安装调试及维护服务方面通过质量管理体系的复核认证，符合GB/T19001-2016/ISO9001：2015标准，取得《质量管理体系认证证书》。

【**获得7项软件著作权证书**】 2019年，开元数图获得国家版权局颁发的数字图书馆业务平台系统V3.0、数据管理平台系统V3.0、CALIS对外服务接口系统V2.0、数字图书馆业务平台系统V4.0、数据管理平台系统V4.0、数字图书馆业务平台系统V5.0、数据管理平台系统V5.0等7项计算机软件著作权证书，继续开展在图书馆应用软件领域的技术创新。

（张树然）

医学部产业管理

【**发展概况**】 开展"不忘初心、牢记使命"主题教育。产业党总支认真贯彻落实学校党委主题教育工作安排，召开主题教育动员会，组织学习习近平新时代中国特色社会主义思想和十九届四中全会精神，开展与产业实际工作相关的专题研讨会和参观学习等活动，并通过总支书记讲党课、班子成员分享学习体会等形式提高学习效果；通过走访企业、深入支部开展调查研究、征求意见等形式发现问题，对征集到的意见与问题进行讨论研究，制订整改措施，明确任务责任人，做好整改方案的落实；专题民主生活会取得实效。

党建工作。认真抓好制度建设，严格落实党总支委员会制度和党支部"三会一课"制度。按照学校党委培养"双带头人"的要求，选拔产业办副主任担任产业办支部书记。

加强意识形态管理，对网页和公众号进行规范管理，建立审核审批机制，责任层层落实；加强对各类讲座、培训以及科创中心举办活动的审核。

确定选人用人的政治标准，针对岗位要求和特点，严把政治关，总支书记和每位新入职人员岗前和试用期满谈话。

组织申报党建课题；定期开展主题党日活动；各党支部认真开展支部评议考核、民主评议党员工作和组织生活会。完成党支部换届。组织爱心捐款、慰问老党员等活动。

技术转移与成果转化工作。 加强制度建设，2019年出台《关于成立北京大学医学部科技成果转化工作领导小组的通知》《北京大学医学部技术转让管理办法（试行）》《北京大学医学部技术入股管理办法（试行）》《北京大学医学部职务科技成果转化现金奖励管理办法（试行）》《北京大学医学部科技成果评估备案实施细则（试行）》。

平台建设。 正式启动北大医学科创中心，3—12月，科创中心各单元共接待来访、举办展览、路演、会议等390次，其中校内活动149次、校外活动241次；10月20日，举办以"'临床医学+X'与成果转化"为主题的第二届健康产业论坛，成立"北京大学临床医学协同创新联盟"，医学部六家直属医院和四家共建附属医院共同参与；启动"北大医学科创导师"计划，中国工程院院士詹启敏、中国科学院院士韩济生等七位行业专家加入该计划；举办北大医学部-密歇根医学院临床与转化医学第九届年会"国际合作与成果转化"分论坛。

2019年，技术转移办公室获评北京市科技成果转化平台、中关村国家自主创新示范区技术转移服务平台、国家知识产权局专利局专利审查协作北京中心专利审查和服务实训基地，并参加全国双创周北京会场的展示；与北京银行、海南银行、中国对外建设有限公司等重要企业建立合作关系。

孵化北大医学科技成果，确定首批入孵项目8个，其中校内5个，校友2个。"北大医学产业与成果转化"微信公众号共计推送19个项目。技术转移办公室签署技术转移转让协议7份，签约额超过2000万元。

企业管理工作。 2019年，出台《北京大学所属企业国有资产评估项目备案管理办法》；修订《北京大学医学部产业落实"三重一大"决策制度实施办法》《北京大学医学部所属企业国有资产管理办法（试行）》《北京大学医学部所属企业之间借款及担保管理办法》《北大医学部产业管理办公室房屋租赁管理办法》等制度文件。

组织产业办及企业负责人到国家会计学院进行为期5天的企业管理能力培训；参加教育部校企体制改革及国有资产管理、监管信息系统培训、财务管理人员继教培训等。

完成医学部4个一级公司（北京北医控股有限公司、北京博士苑宾馆、北京蒙特因技术开发公司、《中国糖尿病杂志》社）资产清查核实工作。据此，医学部明确了对4个公司的股权投资金额、投资方法和投资渠道。

启动《中国糖尿病杂志》《妇产科临床杂志》改制及《中国介入心脏病学杂志》股权无偿划转工作；调查并报送企业体制改革摸底情况报告及僵尸空壳企业调查表；完成药学院医药科技分公司关闭，完成眼视光研究中心关闭工作并为医学部获得117万元投资收益；完成医大时代公司股权划转北医控股公司工作；重新成立博士苑宾馆关闭清算组，确定资产处置方案，与总务处配合进行资产处置工作；继续推进赛腾公司关闭及清算工作。

完成北京北医控股有限公司董监事会变更备案、经营范围增项（货物进出口、技术进出口、代理进出口）的工商备案登记以及海关、商务部门的审批备案工作。

核查北京北医投资管理有限公司下属北京北医医疗投资有限公司、北京福日药物载体技术有限公司年报，下发整改通知，并将统一组织审计加以解决。

重点企业经营。 医学出版社工作。2019年，图书出版品种620种，造货码洋1.70亿元，净发货码洋1.25亿元，销售收入7300万元，利润总额2100万元。

《疼痛学》入选"新中国成立70年最值得对外译介推广的百种图书"；《泌尿外科学》入选"新中国成立70周年百种科技新书"；《坎贝尔骨科手术学（第13版，共8卷）》获引进版优秀图书；《排忧解男题》入选"2018年北京医学科技奖医学科普奖"。2个项目增补为"十三五"国家重点图书出版规划项目，2个项目获国家出版基金资助，3种图书入选2019年全国中小学图书馆（室）拟推荐书目项目库；4种图书入选2019年农家书屋重点出版物推荐目录项目库。

启动高职临床医学教材第5轮建设工作和北京大学口腔医学核心教材第3轮建设工作。数字化转型升级及专业数据库构建项目基本完成。出版资源库、教育平台、社新版网站年底上线运行。与博雅君益公司达成战略合作，全面开展现有教材、专著、考研资料等内容的电子出版工作。

医大时代教育培训工作。 中国护士成长工程研发适合护士学习的"护理科研""护理管理"课程，目前学员遍布30个省、自治区、直辖市，近400家医院1200余名护士参与学习，"粉丝"累计3万余人。"诠医通"项目已在301医院、山东曹县医院试用，并与华润医疗、社区机构合作，开发上线500个医学视频。

制作北医出版社项目44节、护理学院204节、研究生院4节、心理教研室课程18节；制作医学部新生开学典礼宣传片、北医出版社宣传片；四项直播业务播放量2.2万余人。

参加教育部主办的"全民终身学习活动周"教育资源共享联合行动，在教育部与全国老龄办开设的"网上社区教育大讲堂"活动中制作老龄健康类课程资源；获得教育部1+X老年照护职业技能等级证书北京考评站资质；医大爱思唯尔子公司为全国执业药师培训16万人；获"双软"（软件企业和软件产品）认证，获得6个软件著作权。

杂志工作。 《中国糖尿病杂志》完成11个刊期的出版工作，刊登临床及基础研究论著文章160余篇，组织以"糖尿病精准诊治"为主题的学术论坛。《中国妇产科临床杂志》编辑部共收稿件1091篇，刊登216篇，刊登率为19.8%，杂志发行传播和继续教育项目等方面取得很大进展。《中国介入心脏病学杂志》2019年收入344万元，支出311.9万元，税费3.05万元，企业所得税3.91万元，利润29.05万元。

工会工作。加强职工教育培训，开展理论学习会；根据产业实际，与产业党总支主题教育结合开展活动，搭建职工交流平台；密切联系群众，根据产业工作特点开展形式多样的文体活动。

党风廉政建设。定期召开产业党政联席会议决定本单位重大事项。认真贯彻"三重一大"制度和民主集中制原则，坚持集体决策。职工大会通报产业重大发展规划、改革方案、财务收支情况等重大问题，产业主要负责人汇报年度工作及规划设想，进行述职述廉，大会对党政班子进行群众满意度测评。

维权打假。共处理冒用医学部名义的举报事件8起，并在"维权打假"网页专栏中发布声明。

网页改版工作。9月，产业办网页启动改版，完成网站主体框架搭建，数据迁移及目录细化工作预计2020年初上线运行。

房屋资源管理。完成卫健委卫生发展中心在产业楼二层、三层的腾退工作，协调出版社从三层搬至二层，为国家医学教育发展中心腾退房屋。

产业楼装修更名工作。配合基建处和总务处确定产业楼三层和楼体外立面装修设计方案，工程于7月开工实施，2020年初改造完成。协调医学出版社进行四层的装修。经医学部批准，产业楼正式更名北大医学科创楼。

离退休工作。梳理掌握离退休职工各类情况，专人负责离退休职工工作，与离退休处协调，帮助困难离退休职工解决实际问题，定期开展送温暖活动。

【北大医学科创中心启动仪式】 北大医学科创中心是医学部为医学科技创新提供全方位服务的成果转化与创新创业平台。5月29日，北大医学科创中心启动仪式在"水准原点"路演厅举行。本次仪式由医学部主办、医学部产业管理办公室承办、北京医创联合科技发展有限公司协办，医学部副主任肖渊主持仪式。北京大学、医学部各机关部处、学院、临床医院，以及政府、企业和关心北大医学发展的各界朋友参加此次仪式。

启动环节后举行北大医学科创中心管理委员会成立仪式，詹启敏担任管委会主任，肖渊、刘晓光、张宁、姚卫浩担任副主任。活动现场，医学部与三家合作单位签署协议：与中关村管委会签署战略协议，中关村管委会发挥中关村科技园区示范和引领作用，支持和保障北大医学创新人才发展和创新成果研发；与北京银行签署战略合作协议和捐赠协议，北京银行捐赠科创基金支持北大医学科技创新工作；与北京医创联合科技发展有限公司签署运营合作协议，双方共同运营北大医学科创中心，为科技成果转化与创新创业平台提供全方位的服务。

【北大医学第二届健康产业论坛】 10月20日，以"'临床医学+X'与成果转化"为主题的第二届健康产业论坛在医学部会议中心礼堂举办。论坛由医学部主办，医学部产业管理办公室/技术转移办公室、北京北医控股有限公司、北大医科创中心承办，北大医疗产业集团、北大资源集团和北京医创联合科技发展有限公司协办。论坛由医学部副主任肖渊主持。论坛旨在充分发挥北大医学综合优势，将北大医学打造成为中国乃至世界医学创新与转化基地，共同推动健康中国和科技强国战略的实现。北京大学、医学部各机关部处、学院、临床医院，校友和政府、企业界共计600余人参加此次论坛。

论坛期间，成立"北京大学临床医学协同创新联盟"，医学部六家直属医院和四家共建附属医院共同参与；医学部与国家知识产权局专利局专利审查协作北京中心签署全面战略合作框架协议，并进行"专利审查和服务实训基地"揭牌；与中国对外建设有限公司、海南齐瓦颂成美医疗科技发展有限公司签约，共同组建"北京大学大健康国际研究院"；启动"北大医学科创导师"计划，中国工程院院士詹启敏、中国科学院院士韩济生等七位行业专家加入该计划；论坛下半场，来自政府、高校、医院的各界专家分别进行主题发言。

【北京大学医学出版社医学教育与出版发展论坛】 12月26日，北京大学医学出版社医学教育与出版发展论坛在医学部成功举办。该论坛是北京大学医学出版社成立30周年系列活动之一，以"医学教育与出版发展"为主题，旨在回顾出版社过去30年的发展历程，探讨目前医学教育与出版发展中的热点和焦点问题，研究出版社的未来发展方向。

会议开幕式由医学部副主任肖渊主持。来自政府、院校、企业的各界专家和领导、合作伙伴以及北医的老领导、老专家等出席本次论坛。韩启德、詹启敏、王辰、陈国强和韩济生等五位院士参加了论坛。论坛期间，医学部领导为5位出版社创始人颁发了"突出贡献奖"；举行"北京大学医学出版社知识服务平台——北医云书院"启动仪式。论坛主旨演讲部分由王维民教授主持。詹启敏院士、王辰院士、邬书林和陈国强院士分别作了主旨演讲。

（赵淑苹）

北京大学医学出版社有限公司

【发展概况】 企业概况。北京大学医学出版社成立于1989年8月，是国家一级出版社、全国百佳图书出版单位，也是首批获得医疗保健类图书出版资质的中央级医学专业出版社。

经营情况。2019年，出版图书620种。销售码洋1.25亿元，销售收入7300万元，实现利润2100万元。社会效益评价考核（2018年度）得分为90.82分，等级为优秀。

业务发展。 启动高职临床医学教材（第5轮）、北京大学口腔医学核心教材（第3轮）。主办第二届人体解剖学与组织胚胎学课程讲授和教材建设研讨会、首届护理教育教学研究与师资培训论坛。协办全国医学教育新理念师资培训、教育部高职专业教学标准解读及专业建设研讨会。

重点项目。《北大医学口腔临床医师丛书》（10册）等2个项目增补为"十三五"国家重点图书出版规划项目。《基于器官系统的PBL案例丛书（含视频）》（6册）等2个项目获国家出版基金立项。

获奖情况。《疼痛学》入选"新中国成立70年最值得对外译介推广的百种图书"。《泌尿外科学》入选"新中国成立70周年百种科技新书"。《坎贝尔骨科手术学（第13版）》（共8卷）获引进版优秀图书。《排忧解男题》入选"2018年北京医学科技奖医学科普奖"。

（许海婷）

出版工作

【**发展概况**】 **经营状况。** 2019年，出版社实现生产码洋8.28亿元，净发货实洋4.56亿元，退货率9.23%。经营成果稳中有升，财务状况良好。资产总额达10.7亿元，同比增加4701万元，增长4.6%，全年实现回款4.40亿元，资本保值增值率为105.8%，资产负债率为14.2%，流动比率7.9，速动比率4.84。上缴国家各种税费3277万元（含音像社32万元），上缴国有资本收益799万元（含音像社12万元），上交学校利润2250万元（含音像社50万元），上交学校捐赠款1050万元。

图书出版。 2019年，出版社出版图书3764种（新书860种，重印2904种）。其中，教材新书312种，学术新书407种，大众新书141种。教材（含教学参考书）新书和学术新书出版占比为83.60%，比2018年上升6.73%。大众新书品种占比16.40%，比2018年下降6.73%。

音像、电子出版物出版。 出版《思维导图趣味记古诗》《学霸六步提分法》《新CES学习法6.0小学》3科，《新CES学习法6.0初中》5科等12种音像电子刊物。

队伍建设。 队伍规模保持基本稳定，全社员工369人（含音像社）。其中，事业编制43人，其他人员326人；正高职称26人，副高职称49人，中级职称156人，中级及以上职称占全社职工人数比例为62.60%；博士学历26人，硕士学历163人，本科学历122人，大专学历21人，硕士研究生以上学历占全社职工人数比例为51.22%。

重点项目。 全部累计获批各类出版资助金额483.2万元，获得国家出版基金项目立项7种，国家社科基金后期资助项目立项24种，教育部哲学社会科学系列发展报告项目出版3种，增补入选"十三五"国家重点出版规划项目2种。

教材建设。 2019年度组织100种教材申报"十三五"职业教育国家规划教材。按照国家教材委员会办公室要求，组织"全国大中小学教材调查统计工作"，整理制作出了全社2006年以来出版且还在使用的教材基础信息，共上报4778条信息。2019年第一批北京大学数字化教材建设立项共20项，由7个编辑部门承担出版任务。

版权引进与输出。 2019年引进完成签约的新项目81项，版权输出完成签约171项，版权贸易品种顺差继续扩大。实现版税收入约123万元人民币。全年版权输出语种18种，国际影响力进一步提升；获得各种"走出去"项目立项24项，其中国家社科基金"中华学术外译"项目入选15项，立项数位居全国第一。《中国历史十五讲》《纳米表征与调控研究进展》荣获2018年度输出版优秀图书奖，《听觉心理学导论（第6版）》荣获2018年度引进版优秀图书奖。

数字出版。 电子书全年累计制作2358种，上线销售7185种，同比增长25.7%。联合北京大学教务处规划数字化教材建设项目，启动实施开发"博雅云学堂"在线教育平台及首期19门精品课程的拍摄制作。与北京大学图书馆签署《数字大仓文库》建设协议，完成数据采集量70.78万张（占总量的六分之一），秉承"藏用并举"的理念，设计数据库平台功能，展现其独特的文物、文献价值。

党建工作。 2019年发展党员4名，转入组织关系8名，转出组织关系4名，减员2名（去世1人、出党1人），年底实有党员数212名。1月，完成出版社党委换届改选工作。6月，迎接学校党委第四巡察组到出版社开展巡察工作，7月起开展巡察整改工作。9至11月，组织实施"不忘初心、牢记使命"主题教育。

（1）强化党组织政治功能，把党的领导贯穿企业治理全过程。发挥党委领导核心和政治核心作用，贯彻执行学校和上级的相关决策部署；坚持民主集中制，党委会前置讨论企业重大经营事项；坚持履行党管干部原则，党委会讨论决定中层干部任免、社领导工作分工等。加强对党员的教育管理，全面摸查党员和群众宗教信仰情况，并根据组织工作要求，进行谈话教育或组织处理。

（2）坚持党对意识形态的领导权，党委书记对全社意识形态工作承担第一责任人职责，领导班子其他成员抓好分管领域的意识形态工作。通过理论辅导讲座、讲党课、举办后进员工座谈会等形式开展教育培训，抓工作队伍的政治意识和文化安全意识。严格落实三审三校、印前质检、社领导调审等环节，严把政治导向关和文化导向关。2019年社领导共调审书稿86种次，重点把握书稿出版导向和意识形态责任制落实情况。

（3）深化全面从严治党主体责任。一是做好工作安排，将党风廉政建设责任制与业务工作同布置、同检查、同考核。二是履行一岗双责，班子成员对分管领域的党风廉政责任制负责，并推动责任制向各部门、各支部延伸，融入各个岗位，分解落实到每个干部，使人人肩上有担子。三是抓好制度执行，把全面从严治党主体责任落实到加强和改进作风上，遵守中央八项规定、执行廉洁自律准则、纠正"四风"，严格执行公务用车、公务接待、公款出国出境、兼职取酬等方面的制度规定。

出版社荣誉。2019年9月，出版社被商务部、中宣部、财政部、文化和旅游部、新闻出版署评为"2019—2020年度国家文化出口重点企业"。全年各类图书荣获奖项68项，其中国家级奖项2项，省部级奖项37项，其他奖项29项。与人民出版社、中国少年儿童出版总社联合出版的《速读新时代》入选2018年"中国好书"，《国粹：人文传承书》获得第七届中华优秀出版物图书提名奖。《物种起源（彩图珍藏版）》获第六届全国优秀审读报告一等奖，《儒藏（精华编一三七）》获第六届全国优秀审读报告二等奖。12月，总编辑张黎明荣获第十三届韬奋出版奖（中国出版界对个人的最高奖项）。

公益捐赠。在"共产党员献爱心"活动中，132人（124名党员、5名入党积极分子、3名群众）共捐款15,666元。在为北京大学工会爱心基金的捐款活动中，职工捐款27,165元，出版社捐款20,000元。

出版社全年累计捐赠图书4786册，码洋448,945.70元：（1）新疆大学843册，码洋88,844.90元；（2）新疆石河子大学845册，码洋88,953.70元；（3）中国光华科技基金391册，码洋21,723.00元；（4）深圳书城487册，码洋29,858.00元；（5）北京大学图书馆2220册，码洋219,566.10元。

（陈　健、卢旖旎、谢　娜）

【"不忘初心、牢记使命"主题教育】　出版社成立主题教育工作小组，由党委书记任组长，制订学习计划、组织集中学习、外请专家进行理论辅导、开展义务导购和做实事好事，确保学习教育取得实效。组织班子成员深入一线开展2个专题调研，举办4场座谈会和个别谈心谈话，调取数据分析支部作用和党员在中心工作中的表现，实事求是地指出党员在工作效率、质量、效益等方面存在的问题，始终把解决问题、推动工作作为调查研究的出发点和落脚点。在调查研究的基础上，党委书记和总编辑分别以《加强党的基层组织建设，不忘初心，做好新时代出版工作》《以高度的政治自觉，强烈的使命担当，提升效益效率，推动高质量发展》为题，面向全体党员、编辑人员和部门负责人讲党课。召开对照党章党规找差距专题会议和主题教育领导班子专题民主生活会，确保既找理论短板、工作弱项，又找思想差距、作风不足。主题教育整改任务清单聚焦事关单位改革发展的5件难事大事和事关民心民生的4件实事好事，明确责任人、责任部门、进度时限，确保条条有整改，件件见成效。对需要学校协调解决的问题，转指导组列入校级整改任务清单。

（卢旖旎）

【学校党委第四巡察组到出版社开展巡察工作】　出版社党政班子始终站在政治和全局的高度，全力支持学校党委第四巡察组对出版社的巡察工作，并以高度的政治责任感，直面问题，深究原因，在广泛听取职工意见的基础上，认真抓整改落实。对巡察反馈的意见，出版社先后召开9次党委会和党政联席会，专题研究巡察整改工作，对照巡察报告中的意见进行逐条梳理，制订整改方案，整改台账涉及5大类、19项、41条具体措施。

（卢旖旎）

筹资与基金管理

【发展概况】　北京大学教育基金会成立于1995年，是在民政部正式登记注册的高教领域非营利性组织，是中国成立最早、运行最完善、发展最迅速的大学基金会之一。2013年北京大学教育基金会被民政部评为中国社会组织最高等级5A级；2016年，基金会被民政部依法认定为慈善组织。

组织结构。理事会是基金会的决策机构，本届理事会由23名理事组成，邱水平任理事长，王博任副理事长。基金会设监事会，由3名监事组成，张旋龙为监事长。理事会下设秘书处。李宇宁任秘书长，赵文莉、耿姝、胡俊、王勇、赵琳任副秘书长。秘书处设有亚洲事务部、欧美事务部、项目管理部、投资事业部、财务部、行政部、品牌文化部、法务与信息办公室等8个办事机构。现有工作人员39人，其中在编人员20人，社会招聘签订劳动合同18人，离退休返聘1人。基金会设投资委员会，王博任投资委员会主任，孙波彬任首席投资官。

筹资工作。2019年是，全年接收社会捐赠到账金额9.38亿元人民币；争取2019年国家财政配比资金1.86亿元；签署捐赠协议348份，达成捐赠承诺总额约26.87亿元。全年协议金额达1000万及以上的有20项，包括：周凯旋女士捐赠1.1亿元设立兰园教育基金和庄子研究基金；吴先红校友及同景集团捐赠1.1亿元支持经济学院同景教育奖学奖教金和未来教育管理研究中心建设；张邦鑫校友及好未来公司捐赠1亿元设立学而思博雅奖学基金、博雅青年学者奖和学而思基金，支持学校人才培养、师资建设和院系发展；北大资源集团捐赠8300万元支持北大资源教育基金；北京中公公益基金会捐赠5000万元支持政府管理学院中公教育基金、院友捐赠项目等，为北京大学各方面事业的发展提供强大的资金支持。

创新筹资思路，"基金会+"的筹资模式初见成效。面向校内，积极加强与多个院系及学术机构的密切合作，打造品牌项目，传播北大学术魅力，并与校内各窗口部门协同筹资，真正实现"1+1大于2"。面向校外，充分借助名誉校董和校友力量，与故宫博物院、敦煌研究院等知名机构，香港澳门中联办等政府部门以及地区商会加强联系与合作，进一步开拓筹资渠道，在密切北大与各界联系、发掘新增捐赠资源、提升捐赠人关系维护质量等方面取得显著成效。

聚焦长远发展。基金会努力搭建北京大学优势学科、学者与企业家、慈善家之间的桥梁，以双方的共同关注点为导向，突破院系边界、开展跨学科协同创新。基金会与北大学科办、科研部、社科部等建立起联动机制，探索发展型学术机构的设立与管理机制。

建立健全二级筹款体制，支持院系稳健发展。基金会进一步充实各院系、部门筹资队伍，召开工作座谈会，沟通筹资工作，理顺管理机制，提升服务水平，支持各院系、学科的筹资发展工作。本年度，政府管理学院、经济学院、国际关系学院、中文系、新结构经济学研究院等均获得了发展基金的新突破。

创新海外筹款方式，不断完善运行机制，助推北京大学教育基金会（美国）再上新台阶。北美基金会保持了继2018年开始中国高校海外基金会的领跑优势，全年总到账金额1556万美元，账面余额2966万美元。召开理事会，修订章程，改组投委会，确定委托JPM为受托方，开始系统化和标准化的投资工作。美国旧金山时间8月24日，北美基金会携手方李邦琴基金会等在旧金山湾区成功举办中美建交40周年回顾与展望高峰论坛。

项目管理工作。全年直接奖励资助师生9983人。其中，资助博雅讲席教授90人、冠名讲席教授5人，津贴逾3000万元；支持校级奖教金18项，奖励304人次，金额约1500万元；支持校级奖学金（包括综合素质、海外交流、新生和其他奖学金）90项、助学金57项，奖助4430人次，金额逾3500万元。进一步丰富学生奖助的形式，为贫困学生提供平等的发展机会，"燕园翱翔"项目执行力度为历年之最。加强讲席教授项目的统筹管理，积极落实讲席教授冠名和完善发放流程，积极推动重点项目的落地和实施。注重服务院系，帮助院系解决具体问题，使院系项目的执行更加顺利。

财务工作。全年完成公益支出5.49亿元人民币。完成年度例行财务审计，完成2018年度工作报告的填报工作；配合多项审计检查工作顺利开展，包括教育部检查组对中央财政配比资金的公益项目有关检查工作，学校审计室对校内多个二级单位的审计工作；配合税务管理部门进行的多项税务检查，按时完成各项纳税申报；积极推进财务管理系统的升级改造。

投资工作。在理事会、投资委员会的领导下，基金会投资工作遵循"合法、安全、有效"的基本原则，控制投资风险，优化资产配置，完善内部治理，确保基金会业务支出，圆满完成了资产保值、增值的目标。截至12月31日，基金会投资资产总市值66.66亿元，较年初增长10.54亿元，其中新增投资资金3.49亿元，投资增值7.04亿元，投资收益率约12.0%。2019年度实现投资收益3.87亿元，实现收益率约6.7%。

法务工作。有效开展捐赠项目立项管理、捐赠协议管理、捐赠资产入账、境外非政府组织捐赠备案、日常捐赠项目法律事务咨询和处理、项目信息统计与披露、中央高校捐赠配比专项资金申报与核查等工作。梳理和探讨各类非现金类捐赠接收和管理的法律问题分析和处理方式建议，加强对早期股权捐赠、小额多渠道捐赠项目等的管理。配合公安机关对于捐赠资金来源合法性进行调查，提高捐赠人资格审查和资金来源合法性调查信息准确性和及时性。

宣传与信息公开工作。以高效、及时、准确、深入为要求，做好新闻发布和信息公开工作；完善月报、季报、年报和年检的信息报送，加强基金会工作透明度；维护与完善18个信息宣传渠道和平台，构建全周期和全覆盖的宣传体系；起草《基金会宣传工作管理办法》，加强对外宣传的内容和渠道管理，提升信息安全，保障宣传阵地，推进品牌文化建设。

党建工作。党支部发展预备党员1人，现有党员21人。支部围绕"不忘初心、牢记使命"主题教育活动，精心组织，周密安排，取得实效：秘书处班子成员贯彻"守初心、担使命、找差距、抓落实"的总要求，深入院系开展调研工作，多次举行全体学习，主要负责人、党支部书记讲党课；参观北京大学"不忘初心、牢记使命"主题教育展，参观香山革命纪念地。加强党风建设和作风建设，始终营造风清气正的发展氛围。

内部建设。按照学校领导干部选拔任命的规定，经公开招聘、个人申报、述职、民主测评和拟任人选公示等程序，招聘两位青年老师充实到基金会科级干部队伍里。建设学习型组织，组织开展15次"能力提升专项工作暨党支部集体学习活动"，深入学习领会上级精神，促进国情校情的认识，提高基金会的管理和服务水平。全面推进信息化建设，正式启动基金会财务系统和项目管理系统的开发工作，着力提高行政效率和服务能力。做好人事管理，完善合同制员工的薪酬管理制度，提升广大员工的获得感；推动基金会办公空间调整和环境优化。

（马宇民）

【逸夫生命科学园命名仪式】7月5日，北京大学逸夫生命科学园命名仪式在北大生命科学学院举行，邱水平书记代表学校聘请邵氏基金会主席陈伟文为北京大学名誉校董，期待陈伟文校董为北大教育事业的发展贡献更多真知灼见。

早在20世纪八九十年代，邵逸夫先生就慷慨捐资支持北京大学的发展，兴建北京大学理科楼群。在北大120周年校庆之际，邵氏基金会再次捐资设立生物动态光学成像中心逸夫创新基金和生命科学学院逸夫发展基金。此次逸夫生命科学园命名，成为北大继"逸夫苑""逸夫楼"之外，第三个以"逸夫"命名的新建筑景观。

（王 婷）

【中美建交40周年回顾与展望高峰论坛】 美国旧金山时间8月24日，中美建交40周年回顾与展望高峰论坛在旧金山湾区伯灵格姆市举行。本次高峰论坛由李邦琴基金会主办，北京大学教育基金会（美国）、湾区理事会、旧金山-上海姐妹城市委员会等机构协办。来自中美两国500多位政商学界领袖和精英共赴盛会，以"并肩远航"为主题回顾中美关系走过的40年，并展望中美两国未来发展。中国驻美国大使崔天凯、美国前总统卡特（Jimmy Carter）、美国众议院议长佩洛西（Nancy Pelosi）、北京大学校长郝平、斯坦福大学校长Marc Tessier-Lavigne等向峰会的举办发来贺信，中国驻旧金山总领事王东华、北京大学校务委员会副主任叶静漪出席致辞。峰会主席、北京大学名誉校董方李邦琴指出，峰会以"并肩远航"为主题，主要目的不仅是庆祝，更是折射过往、审视当下、寄望未来。只有中美通过优势互补，才能实现互利共赢。

（王 婷）

【樊锦诗校友获"吕志和奖"正能量奖】 10月3日，2019年"吕志和奖-世界闻名奖"颁奖典礼在香港会议展览中心举行，表扬获奖人士及团队对共建美好世界的杰出成就。由北京大学提名推荐的敦煌研究院名誉院长樊锦诗校友获颁三个奖项之一的"正能量奖"。吕志和奖-世界文明奖"由北京大学名誉校董吕志和博士于2015年捐资20亿港元创办，是一年一度的国际性跨界创新奖项，表彰为人类文明作出恒久卓越贡献的人士或团体。每位获奖者获授予现金奖2000万港元。

（王 婷）

【北京大学"智华楼"命名仪式】 11月20日上午，由香港恒基集团副主席、智华基金会主席、北京大学名誉校董林高演捐资支持改造的北京大学"智华楼"命名仪式在百周年纪念讲堂举行。林高演校董、林福祥先生、陈国钜校董、陈伍玉华女士、陈上智校董、邱水平书记、郝平校长、王博副校长、数学学院史宇光教授共同启动水晶球，命名"智华楼"。"智华楼"原为北京大学电化教学楼，启用于1986年，是当时全北大最好、设施最先进的教学楼。2017年6月，林高演先生签署捐赠协议，捐资6000万元支持北京大学改造电教楼，作为教学科研楼，支持北大数学学科发展。根据林高演先生的提议，大楼被命名为"智华楼"，取"智慧华人"之意。

（王 婷）

【2019年度北京大学奖教金、奖学金捐赠人交流会暨茂林奖颁奖典礼】 12月6日，2019年度北京大学奖教金、奖学金捐赠人交流会暨"茂林奖"颁奖典礼在百周年纪念讲堂李莹厅举行。交流会开始前，北京大学党委书记、教育基金会理事长邱水平，副校长、基金会副理事长王博会见了部分捐赠方代表。邱水平向所有支持关爱北大的捐赠方表示感谢。近40家奖教金、奖学金捐赠机构和个人和获奖师生代表等出席交流会。北京大学党委副书记、秘书长安钰峰、医学部党委副书记徐善东分别为捐赠方颁发2019年度北京大学茂林奖，感谢他们对北大人才培养和师资队伍建设的鼎力相助。2019年是茂林奖首次颁奖，该奖项由中文系资深教授、国学研究院院长、中央文史馆馆长袁行霈先生拟名并题字。"茂林"出自王羲之《兰亭集序》中的"茂林修竹"，寓意着在捐赠方的支持培育下，北大人才辈出，成就国家栋梁，有如茂密的树林。

（王 婷）

【北京大学丁石孙-桂琳琳优秀学生奖学基金捐赠仪式】 12月11日，著名数学家、教育家、社会活动家，北京大学原校长丁石孙先生和夫人、著名化学家桂琳琳教授之子丁干校友代表家属捐资设立"北京大学丁石孙-桂琳琳优秀学生奖学基金"。1992年9月5日，丁石孙老校长立下遗嘱，将自己的遗产捐给北大数学系。2019年10月，丁老校长与世长辞。根据他和夫人桂琳琳教授的遗愿，他们的两个儿子丁诵青、丁干把父母留下的存款共计400万元，全部捐赠设立不动本基金，以基金收益奖励北大数学、化学学院基础课程成绩优异的北大学子。捐赠仪式前，北京大学党委书记、教育基金会理事长邱水平会见丁干校友，向丁石孙、桂琳琳两位老师表达敬意和缅怀，向两位老师的家属表示慰问。邱水平向丁干校友颁发北京大学教育贡献奖。丁干校友表示，父亲曾多次鼓励老师们重视教学，希望他们做好铺路石，更好地教学。他希望受到这份奖学金鼓励的北大学生将来不忘关注教育、反哺母校。

（王 婷）

【附表】

表10-4 2019年北京大学校级社会捐赠讲席教授项目

项目名称
黄廷方博雅讲席教授
李兆基博雅讲席教授
吴先红博雅讲席教授
金光博雅讲席教授
陈明刘卿讲席教授
徐淑希讲席教授
瑞声慕课讲席教授
李兆基讲席教授
王宽诚讲席教授

（教育基金会）

表 10-5 2019年北京大学校级社会捐赠奖教金项目

项目名称
国华杰出学者奖
人文杰出青年学者奖
方正奖教金
黄廷方/信和青年学者奖
曾宪梓优秀教学奖
绿叶生物医药杰出青年学者奖
中国工商银行奖教金
王选青年学者奖
唐立新奖教金
嘉里集团郭氏基金树人奖教金
杨芙清-王阳元院士教师奖
正大奖教金
北京银行奖教金
宝钢奖教金
陈明、刘卿伉俪奖教金
树人学院奖教金
宝洁奖教金
大成国学奖教金

（教育基金会）

表 10-6 2019年北京大学校级社会捐赠奖学金项目

项目名称
廖凯原奖学金
明德奖学金
方正奖学金 & 新生奖学金
黄廷方/信和优秀学生海外交流奖学金
陈守仁本科生海外交流基金
大成国学奖学金
工商银行工银星辰奖学金
福光奖学金
嘉里集团郭氏基金奖学金
李彦宏奖学基金
广药王老吉奖学金 & 海外交流奖学金
林护新生奖学基金
李惠荣奖学基金
金龙鱼奖学金
苏州工业园区奖学金
唐仲英德育奖学金
林振芳奖学金

（续表）

项目名称
奔驰奖学金
中国石油奖学金
俞敏洪海外交流奖学金
蒋震奖学金
海亮奖学金
杨芙清-王阳元院士奖学金
宝钢奖学金
戴德梁行奖学基金
永旺奖学金
三星奖学金
中国电科十四所国睿奖学金
华为奖学金
宏信奖学金
君远奖学金
深交所奖学金
POSCO奖学金
章文晋奖学基金
杨辛荷花品德奖
佳能奖学基金
中国航天科技集团公司CASC奖学金
NITORI国际奖学金
SK奖学金
笹川良一优秀青年奖学基金
帝人奖学金
SPRIX奖学金
1997级MBA奖学金
王家蓉-王山奖学金
王沈亚昭奖学基金
高通奖学基金
休斯顿校友会奖学基金
三菱商事国际奖学金
Panasonic育英基金奖学金
西南联大国采奖学金
西南联大奖学金
冈松奖学基金
三菱日联银行奖学金
北京大学鸿升奖助学金
费孝通奖学金
李信麟奖学基金

（续表）

项目名称	项目名称
李龙堂-杜淑敏奖学基金	北京大学方晴励志奖学金
明德校友奖学基金	新东方助学金
鄢万韬奖学基金	轩辕种子助学金
林超地理学奖学金	郑格如助学金
季羡林奖学基金	戴勤助学金
北京大学共雅奖、助学金	李健球助学金
北京大学吴育庭奖、助学金	李震熊助学金
北京大学龙元长泽奖、助学金	奔驰助学金
北京大学柏莱诗奖、助学金	中国扶贫基金会新长城助学金
北京大学柯创龙奖、助学金	中国研修班同学会助学金
张昀奖学基金	北京大学民荣助学金
百人会英才学者奖	唐仲英德育奖学金
优衣库奖学金	曾富城助学金
松下奖学金	黄乾亨奖助学金
钟天心奖学基金	中国石油奖学金
庄绍华奖学基金	刘淑清助学金
欧阳爱伦奖学基金	天涯路助学金
田村久美子奖学基金	北京大学喜来健助学金
吴达元-陈穗翘奖学金	北京大学徐建成助学金
西南联大曾荣森奖学基金	北京大学李仙霖助学金
ESEC 奖学基金	北京大学竞技世界助学金
顾温玉生命科学奖学基金	北京大学王胜地励志助学金
张海燕奖学金	北京大学雁行助学金
谢培智奖学基金	兴诚助学金
西南联大吴惟诚奖学基金	北京大学欧莱雅助学金
张景钺-李正理奖学基金	8308 助学金
方树泉奖学基金	中国宋庆龄基金会中国海油大学生助学金
侯桂芳-李计忠奖学基金	香港思源奖助学金
芝生奖学基金	陈明、刘卿伉俪助学项目

（教育基金会）

表 10-7　2019 年北京大学校级社会捐赠助学金项目

项目名称	
罗氏慈善基金罗定邦励志奖学金	北京大学淑英助学金
张明为教育基金	南加州校友会奖学金
霍宗杰助学金	许戈辉助学金
北大之友-张荣发基金会助学金	香港校友会博雅助学基金
新鸿基地产郭氏基金励志奖学金	北京大学顶层设计高尔夫俱乐部助学金
黄奕聪伉俪助学金	北京大学鸿升奖助学金
	国宏奖学基金
	纽约校友会助学金
	季羡林助学金
	北京大学潮商会十一兄弟奖、助学金

（续表）

项目名称
北京大学共雅奖、助学金
北京大学吴育庭奖、助学金
龙元长泽助学金
柯创龙助学金
柏莱诗助学金
方氏育才助学金
成舍我奖学金
杜洪林孔晓棠医学助学金
智慧助学金
田村久美子奖、助学基金
程思远奖学金
社会育才助学金

（教育基金会）

校友工作

【发展概况】 机构设置。校友工作办公室是为海内外广大校友和各地校友会提供服务的职能部门。以"构建校友永远的精神家园"为理念，"凝聚、服务校友"为核心使命，广泛联络校友，凝聚校友力量、助力母校发展。2019年4月16日，学校任命李存峰为副主任（试用期一年）；2019年10月22日，学校续任金锦萍为副主任（挂职），任期两年。在职事业编制职员7人（其中离岗创业1人），劳动合同制职员10人。主任李文胜，校友会执行副会长邓娅，副主任张向英、李存峰、金锦萍（挂职）。内设行政部、信息部、联络与发展部、活动与服务部、合作与运营部。

党建工作。2019年，校友会党支部转入党组织关系1人，预备党员转正1人，确定发展对象2人。5月完成党支部换届，产生支部委员3人。9月至12月，开展"不忘初心、牢记使命"主题教育，专题学习研讨，采取实地走访、座谈访谈、书面征求意见等方式，广泛听取校友组织、校友代表及党员群众的意见建议，开展谈心谈话，深入领悟学习收获，深刻剖析问题根源，深化落实整改措施。结合校友工作特点，先后开展与四川眉山果园村党组织合作共建、学习邹碧华校友先进事迹、赴香山革命纪念地参观学习、携手地方校友会党支部在小平故里举行联合主题党日等活动。

内部治理。注重服务对象调研，召开2019年院系校友工作交流会、部分地方校友组织负责人座谈会（北京）、校友工作主题交流调研会（海南）、北京大学第十三次校友工作研讨会；注重交流学习，与清华校友总会、美国西北大学校友会、新加坡国立大学、瑞士苏黎世联邦理工学院、英国牛津大学、南非开普敦大学、澳大利亚国立大学等国内外高校校友会交流工作经验。

完成校友会秘书处、校友工作办公室2013年1月至2017年10月综合管理情况审计；完成民政部全国性社会团体2018年度检查和教育部社会团体分支机构专项检查、校友会法定代表人、章程修订报备。审议通过《北京大学校友会秘书处领导班子落实"三重一大"决策制度实施办法》《北京大学院系校友组织管理办法（试行）》等七项制度，推进讨论修订《北京大学关于校友组织名称与标识授权使用管理办法（征求意见稿）》《校友组织筹备活动报批流程》。

北京大学校友会于7月5日、11月21日召开第九届常务理事会第三次、第四次会议，11月30日召开第九届理事会第三次会议。

校友组织。经北京大学校友工作办公室、北京大学校友会秘书处批准，宁波市北京大学校友会、美国俄勒冈北大校友会、北京大学犹他州校友会、北京大学校友高尔夫协会、北京大学校友赛艇俱乐部、北京大学校友青年CEO俱乐部完成备案工作。截至2019年12月，共有备案校友组织129个，其中院系校友组织29个，地方校友会（含港澳台地区）50个，海外校友会31个，行业、兴趣类校友组织19个。引导和支持校友组织举办活动。4月，首次校友组织代表加入北京大学运动会开幕式校友工作办公室、校友会方阵。

服务项目。继续推广传统服务项目：提供校友邮箱申请、《北大人》杂志2018年刊发行等服务；2019年办理中银北大信用卡合计3471张，办理电子校友卡3.8万张，办理实体校友卡2.7万余张。举办2019年北京大学校友新年音乐会、纪念北京大学建校121周年校友"家年华"活动、"一路有你"北大毕业帮毕业季系列活动、第二届马拉松北大赛中赛、系列单身校友联谊活动等品牌活动。助力秩年校友返校活动，先后举办79级入学40周年、85级毕业30周年、89级入学30周年和99级入学20周年秩年返校活动。

信息网络建设。北京大学校友数据库34.96万条数据；升级后，数据库实现院系数据共建共享、智能信息检索、校友新闻聚合等功能；支持开发医学部校友数据库，实现数据库间数据动态共享机制。

全球北大人实名制网络平台——"燕缘"，截至2019年12月31日注册校友68,227人。2019年对"燕缘"进行优化升级，12月初正式发布"北大校友"微信小程序，校友可进行校友身份认证、办理校友卡、查询关注校友、加入校友组织、参加校友活动、享受校友福利。"燕缘"已实现与校友数据库数据实时交换。

2019年，北京大学校友网发布各类文章667篇；微信订阅号"北大人"发布图文消息218篇，总阅读量超过49万次；微信服务号粉丝数量超过12万，总阅读量70万次。联合北京大学新闻网推出"共和国70年70人"专题和文集；

拍摄校友视频短片5条。编辑、发行《北京大学校友通讯》2期、《北大人》校友刊物1期。

（李存峰、黄 赟、袁 远、申一博、张 莹）

【北京大学校友会第九届理事会第三次会议】 11月30日，北京大学校友会第九届理事会第三次会议暨第十三次校友工作研讨会在湖北武汉召开。北京大学校领导、北京大学校友会常务理事、顾问、监事及全球300余位校友代表参加大会。

北京大学校友会第九届理事会第三次会议审议并通过了《2019年北京大学校友会工作报告和财务报告》《关于调整北京大学校友会部分负责人的建议方案》，通报了北京大学校友会2019年表彰奖励名单。

北京大学第十三次校友工作研讨会上，北京大学校长郝平、校友屠光绍、校友工作办公室副主任金锦萍分别作主题报告；宣读了2019年新增备案校友组织名单，举行了2019年校友工作表彰奖励颁奖仪式，对校友工作优秀集体和个人进行表彰。与会校友就校友组织规范管理、创新发展的内生需求及校友组织功能的发展与变化等议题展开分组讨论，提出涵盖学校发展和校友工作等方面的建设性意见和建议。

（陈韩梅、黄 赟、陈莉媛）

【2019北京大学全球校友论坛在武汉举行】 12月1日，2019北京大学全球校友论坛在武汉举行。论坛由北京大学校友会主办，湖北省北京大学校友会承办。该次论坛主题为"新时代大学使命与社会担当"，以求北大人更好完成肩负的使命及责任，阐释北京大学及北大人所做出的探索与努力。

北京大学副校长王博，武汉市委常委、宣传部部长张世华为论坛开幕致辞。中国科学院院士、武汉大学物理科学与技术学院院长徐红星，北京大学博雅特聘教授、长江学者、国家发展研究院党委书记余淼杰，青海天佑德青稞酒董事长、北京大学青海校友会会长李银会，中公教育集团创始人、北京大学企业家俱乐部理事李永新进行主题演讲。来自全球各地、不同行业的20余位北大校友及学者就"精准扶贫与乡村振兴""商业向善与面向未来""北大与荆楚文化"三个圆桌主题进行深入研讨。

（陈韩梅、陈莉媛）

【北京大学校友会第九届常务理事会召开第三次、第四次通讯会议】 7月5日，北京大学校友会第九届常务理事会第三次会议通讯召开。会议通过了《北京大学校友会工作报告》《北京大学院系校友组织管理办法（试行）》《北京大学校友会第九届理事会第三次会议暨第十三次校友工作研讨会筹备的有关事项》的报告。11月21日，北京大学校友会第九届常务理事会第四次会议在北京大学临湖轩西厅召开。会议应到常务理事14人，实到常务理事8人，委托参会4人。会长林建华主持会议，监事刘艳、艾才国、李德明、陆忠行及校友会秘书处张向英、孙莉莉、李存峰列席。会议通过了北京大学校友会2019年表彰奖励名单、北京大学校友会2019年新增会员名单。

（黄 赟、田 萌）

【举办地方校友组织交流座谈会】 3月27日，北京大学部分地方校友组织负责人座谈会在北京大学召开。北京大学校友会监事聂海舟及广东省北京大学校友会、山东省北京大学校友会等12个地方校友组织负责人参会。北京大学校友会副会长兼秘书长、校友工作办公室主任李文胜介绍召开座谈会的背景及目的及校友会近期工作情况，北京大学校友会副秘书长、校友工作办公室副主任金锦萍解读地方校友组织规范化管理相关文件。各地方校友组织负责人就如何规范化开展校友工作进行交流讨论，并对相关文件提出意见和建议。11月9日，北京大学校友工作主题交流调研会在海口召开。来自天津市北京大学校友会、海南省北京大学校友会、南京市北京大学校友会、重庆市北京大学校友会等12个地方校友组织负责人参会。北京大学校友会副会长兼秘书长、校友工作办公室主任李文胜介绍校友会下半年工作重点，并就"北京大学"标识的使用规范、校友身份认证，校友组织的奖项评比与参会的校友组织负责人进行交流沟通。各地校友组织负责人针对校友组织的管理进行经验分享和讨论，并提出意见和建议。

（袁 远、田 萌）

【举办2019年北京大学院系校友工作交流会】 3月13日，2019年北京大学院系校友工作交流会在北京大学全球大学生创新创业中心举行。会议旨在贯彻党和国家对社会组织的要求，推动和引导院系校友工作健康有序发展。校友会执行副会长邓娅，校友会副会长兼秘书长、校友工作办公室主任李文胜，校友会常务副秘书长、校友办副主任张向英，校友会副秘书长、校友办副主任金锦萍以及各院系校友工作主管领导、校友工作人员等60余人参加会议。李文胜作校友会2018年工作报告。金锦萍以院系校友组织的法律地位和行为规范为主题，对院系校友工作进行分析，重点解读《北京大学院系校友工作管理办法（试行）》。各院系就校友工作中组织体系、制度建设、内部治理、院系与地方校友组织融合等方面展开热烈讨论。

（陈韩梅、黄 赟）

【2019北京大学校友新年音乐会在百讲举办】 1月7日，2019北京大学校友新年音乐会在北京大学百周年纪念讲堂举办。该次音乐会由北京大学校友会、校友工作办公室主办，北京大学校友爱乐俱乐部承办，中国银行北京市分行赞助支持，北京大学会议中心、北京大学校友摄影俱乐部协办，意大利西西里爱乐乐团及校友共同演绎。原文化部部长蔡武，北京大学副校长、校友会常务副会长王博，北京大学原常务副校长、校友会常务副会长柯杨，北京大学原副校长、校友会常务副会长王杰，北京大学校友会副会长彭兴业，北京大学原常务副校长迟惠生及学校相关部门负责人出席。上千名校友及在校师生共同聆听了该场音乐会。北京大学校友爱乐

俱乐部会长、著名音乐评论家、1979级历史系校友刘雪枫担任音乐会导聆。北京大学校友诗歌与朗读协会会长、1987级东语系校友李莹担任主持。

（陈韩梅、陈莉媛、田 萌）

【北京大学建校121周年"家·年华"校友返校系列活动】 5月4日，北京大学建校121周年"家·年华"校友返校系列活动在北京大学举办。约1500人次校友及家属返校。活动设置总接待站欢迎校友回家，协同餐饮中心提供临时就餐服务。图书馆、校史馆、赛克勒考古与艺术博物馆共推出了6场专题展览。院系校友组织分别举行校友秩年返校、主题讲座、体育赛事、亲子活动等庆祝活动。

（田 萌、袁 远）

【举办秩年校友返校活动】 7月28日，同学在，青春就在——北京大学1985级校友毕业30周年纪念活动在北京大学举行。853位1985级本科校友及亲属齐聚燕园。北京大学校长郝平，副校长、校友会常务副会长王博，教师代表、原副校长王义遒出席纪念大会。纪念大会上补办拨穗仪式，由曾在1985级校友就读期间担任学校教务长的王义遒老师拨穗；会上集体发出成立"八五公益基金"的倡议。该次活动向1985级校友征稿，辑录47篇文章，出版毕业30年纪念文集《五十知天命》。

8月9日，北京大学1989级校友入学30周年纪念活动在北京大学举行。200余位1989级校友及亲属返校。北京大学副校长、校友会常务副会长王博出席纪念活动并致辞。

8月24日，燕缘七九·青春依旧——北京大学1979级校友入学40周年纪念活动在北京大学举行。纪念活动分为79@40书画纪念展、"苔园"修缮和命名仪式、怀旧午餐、北京大学1979级入学40周年纪念大会等子活动，800余位1979级校友重返燕园。李正元、林纯镇等来自13个院系的27位老教授代表应邀出席纪念活动。北京大学党委书记邱水平，校长郝平，副校长、校友会常务副会长王博，副校长龚旗煌出席纪念大会。

9月7日，北京大学1999级校友入学20周年返校纪念活动在北京大学燕园校区和昌平园举办。毕业于人文社科院系的200余名1999级校友重返母校。来自考古文博学院、经济学院、社会学系的部分1999级授课教师代表出席纪念大会。北京大学副校长、校友会常务副会长王博出席活动并致辞。

（陈韩梅、申梧村、田 萌）

【"一路有你"北大毕业帮毕业季系列活动】 6月至7月，组织开展"一路有你"北大毕业帮毕业季系列活动，为2019届毕业生开通校友卡办理绿色通道，建立毕业生联系人制度并于6月26日在北京大学全球创新创业中心举行2019届校友联系人见面会，联合学生工作部帮助新校友与各地校友会建立联系并组建毕业生联络微信群，邀请多位校友代表返校演讲和观礼。联合校友企业，为毕业生共12,399人提供专享服务。

（田 萌、张 莹）

【"燕缘"网络平台优化升级】 全球北大人实名制网络平台——"燕缘"于2019年进行优化升级。发布多项活动报名，如讲座、马拉松、单身联谊；联合多家校友企业，如赛德阳光口腔、霸蛮牛肉粉等为校友提供专属福利。6至7月结合毕业季系列活动，专门开设应届毕业生办理校友卡绿色通道。12月初发布"北大校友"微信小程序，开发人脸识别功能，前台体验更好，后台开发受限更少。12月，向各备案校友组织发布报送系统管理员的通知，目前初步建立遍及海内外、院系、行业兴趣的信息和联络工作人员队伍。

（李存峰、张 莹）

医学部校友工作暨基金管理

【发展概况】 1月24日，柯杨会长看望深圳北医校友，并参观北大深圳医院内科楼ICU。4月20日方伟岗常务副会长在深证访问北医口腔校友企业友睦口腔。5月10日，柯杨、方伟岗、肖渊等校友会领导参观校友创办企业"柳叶刀烧烤店"。5月24日举办"鼎新如故 革故创新"校友论坛，柯杨、段丽萍、肖渊等校友会领导及常务理事、秘书长、校友代表、特邀嘉宾和学生近60人出席论坛。10月25日，韩启德、詹启敏、肖渊、张宁等校友会领导及多地校友参加钱煦校友学术思想研讨会。

服务校友返校及日常接待。7月20日举办北医89级同学三十周年聚会，7月27日举办北医83级毕业30周年庆典，8月17日举办北医04级临床五年制校友毕业十周年论坛，10月13日举办北医79级入学40周年庆典等，共举办15次校友返校活动。

1月26日北医辽宁校友会举办2019年新春金康沙龙，3月北医大华府校友会举办2019年春节晚会，9月4日北大口腔北美校友会举办迎新会，10月13日北医大纽约地区校友会举办2019年重阳节聚会等，各分会举办活动20余场。

校友工作数据化和信息化。夯实校友会基础性工作，加强北医校友数据库的建设。获得学校批准和支持的为期两年的校友数据库建设专项工作已基本如期完成，目前收录数据达3万条左右，运转正常。不断加强和优化"北医校友会"微信公众号信息推送，构建母校和校友相互联系了解的窗口，截至统计时间微信公众号共推送72条新闻，关注人数3321人，总阅读量55,435次，内容涵盖校友和筹资活动、校园重大新闻和风采、优秀人物事迹、各类信函等。

不断规范校友卡的办理流程和制度，整理2019届应届毕业生的详细资料，制作、发放校友卡。大力促进地方校友工作的开展。7月口腔校友会正式成立，肿瘤医院校友会积极筹备。按时完成教育部、民政部的财务审计和年检工作。充分利用医学部领导出访机会，拜访、看望当地校友。积极配合北大校友会开展工作，组织北医校友参加北京大学校友会第九届理事会第三次会议、第十三次校友工作研讨会等活动。

服务与联络。注重捐赠人的联络、接待和服务工作，协助做好捐赠协议的起草、执行工作和捐赠仪式的会务工作。不完全统计，2019年新签捐赠项目42项，举办5场捐赠仪式，捐赠金额36,883.5万元（签约额），包括：菲仕兰项目（500万）、广东智汇谷医疗康护发展项目（1000万）、康师傅大数据项目（2000万）、诺辉健康癌症早筛捐赠项目（2000万）和中外建的3个亿项目等。

资源挖掘。与医学部国内合作、产学研转化、教学、医疗等各部门密切配合，先后完成美国AA肉食品集团严柏志董事长一行、武汉市职业教育与成人教育协会会长一行、北京巴瑞医疗器械有限公司总经理魏威一行，碧桂园集团大健康管理部战略投资总监一行等多次重要接待活动，逐渐形成大基金工作氛围，共同助力北大医学发展建设。

完善基金管理工作机制。为进一步优化医学部捐赠基金的使用管理，规范财务审计流程，进一步提高捐赠基金的整体使用效益，加强使用督导，落实项目执行单位如期提交基金使用的总结评估报告等工作，11月26日医学部正式成立北京大学医学部教育基金管理委员会，办公室设在校友工作办公室（医学教育基金办公室），承担委员会日常工作。

（冯江星）

医　　院

医院管理

【发展概况】 工作职责。2019年，医院管理处在职在岗职工7人，工作内容包括：北京大学、医学部与医院的对接工作；对口联系国家卫生健康委员会、北京市卫生健康委员会等上级行政部门，并协调完成各项医疗工作和医改任务；与学校有关部处沟通、合作，协调做好医院有关工作；对附属医院进行医疗质量监督和干部培训，建立工作平台整合北大医学优势医疗资源；协调处理各类医疗来信来访；完成各项干部保健任务。

附属医院基本医疗情况。2019年医学部各附属医院门诊总人次达1813万，与去年同期相比增长6.57%；急诊总人次150万，与上年同期相比增长12.97%；出院总人次62.4万，与上年同期相比增长12.91%；实际床位共1.1万余张，手术人次27.8万；各家医院平均住院日都进一步缩短。

医学部医疗人才"组团式"援藏工作。医学部2019年派出第五批援藏队员21名，并于7月12日，在人民医院陆道培学术报告厅组织召开了医学部"组团式"援藏医疗队员欢送会，并为队员颁发了装备和纪念品，提出2019年援藏工作重点关注高原医学。

年度医疗检查。2019年首次从各附属医院选用专家开展年度医疗质量安全检查工作；分医疗、药事、护理、院感4组完成了对附属医院手术室管理的全面检查，发现问题现场反馈，为各家医院提供了学习交流平台。

北京市医耗联动综合改革组织协调工作。医学部作为5家直属附属医院归口管理单位，成立医改工作领导小组和工作小组，多次前往各医院实地走访调研和沟通；建立医改工作台账，实行对账销账机制；定期整理分析数据，发现问题及时与医院沟通，保证数据上报质量；向北京市申请为医学部开放在京7家公立附属医院数据阅览权。

医疗共建工作。协调北京大学深圳医院医务人员及管理干部前往医学部、北京大学第一医院、北京大学人民医院、北京大学第三医院等学习进修；完成北京大学滨海医院理事会换届事宜，举办滨海医院建院70周年庆祝表彰活动，并进一步优化医院绩效考核方案，梳理学科布局。

护理工作。5月11日，在北京大学医学部会议中心礼堂举行"我和我的祖国"庆祝新中国成立70周年之"5·12"国际护士节表彰活动，共30人获得北京大学医学部优秀护士长称号，109人获得优秀护士称号。协助医学部成立手术室护理管理项目，11月22日，在北京大学深圳医院召开项目启动会，为各附属医院手术室护理管理工作搭建交流学习平台。

医疗信访管理工作。2019年共接待、处理群众医疗投诉类来访、来信、来电及传真等共计28件次，去除重访后，计14件，比上年同期共计减少2件。目前所有事件都得到妥善化解或按照程序写出相关报告，辅助医院缓解医疗矛盾。近年来，各医院医疗投诉事件呈现逐年减少趋势。

党建工作。紧密围绕"不忘初心、牢记使命"主题教育及北京大学和医学部部署的重点整治任务，深入各附属医院和北京大学校医院、医学部医院走访调研、座谈，突出问题导向，结合实际工作，对医疗管理及医疗改革发展过程中、学校师生在就医过程中反映较多的问题，提出整改方案并积极推进落实。在工作中充分认识到学习十九届四中全会精神的重要性，带领全处成员全面系统展开学习，并召开专题民主生活会和组织生活会。开展党风廉政建设工作，处内固定资产由专人负责管理，账务公开，严格执行财务报销制度；重大决策、重要人事安排、重要项目确立、大额资金使用领导班子集体决定，并记录。

【对附属医院医疗工作开展调研并整改落实】 结合日常工作，突出问题导向，开展调研。在处务会专题讨论和梳理附属医院医疗管理工作中存在的不足。10月21日在医学部副主任刘晓光的带领下实地走访调研了北京大学第一医院和北京大学口腔医院，并于10月22日召开直属附属医院主题教育整改落实工作座谈会，对医疗管理及医疗改革发展过程中最突出的问题进行了集中讨论，在此基础上，提出初步整改落实方案并成立了医疗专项整改工作小组。根据医学部部务办公会讨论决定，以《北京大学医院医疗管理制度》为抓手，全面开展并深化制度培训工作，并开展附属医院满意度调查评估项目。

【《北京大学医院医疗管理制度》编撰并发布】 《北京大学医院医疗管理制度》（以下简称《制度》）编撰全程共有10家附属医院140余人参与，4个编写组先后进行了十余次讨论和修改；终稿校对三审三校，反复共识，先后召开两次编委会把相关问题逐一热议，提出明确修改意见，最终完成终稿的修订。9月10日，《制度》发布会在医学部国际合作交流中心202报告厅举行，自发布之日起在北京大学6家直属附属医院和4家共建附属医院正式实施。

【举办首届《北京大学医院医疗管理制度》培训班】 12月23日，医学部医院管理处和继续教育学院共同组织举办首届《北京大学医院医疗管理制度》培训班，来自北京大学10家附属医院的医疗、护理、药事、感控4个专业的41名管理骨干参加培训班。不仅有来自附属医院的管理专家进行理论培训课程，而且医院管理处还组织学员实地参观了北医三院手术室，围绕手术台工作效率管理、手术室医用耗材管理、手术麻醉药品管理、手术室院内感染管理，全体学员分组进行讨论。在满意度调查中，95%的学员高度肯定了该次培训。

【推进北京大学校医院工作】 按照北京大学第十三次党代会要求，深入落实北京大学教职工便捷就医工作，医管处与附属医院多次协调，北大校医院自6月份开始在原有转诊医院北医三院的基础上，增加了北大医院和人民医院两所转诊医院，并在校医院内开通了3家医院的预约挂号系统。

根据北京大学"不忘初心、牢记使命"主题教育有关部署和学校党委常委会会议精神，改善校园民生，为北京大学女职工生育建档提供便利，医院管理处深入推进落实，三家医院积极协助和支持，多次召开沟通会，目前北大育龄期女教职工已能畅通建档，并制定了相应流程。

【医学部医院工作】 根据2019年9月9日第20次医学部部务办公会会议精神，部医院业务管理由医院管理处负责。医管处接管部医院后，首先改善部医院外观，重新粉刷墙面、更换座椅及标牌，改善就医环境；方便社区服务人群，将原来在二层的保健科与一层对调，从根本上解决上下楼不方便及潜在安全隐患的问题；与北医三院配合推进开通离退休人员就诊绿色通道工作，11月14日召开座谈会说明情况，尽量简化转诊报销流程，方便离退休人员就诊。

（李　清、夏　静）

【附表】

表11-1　2019年北京大学附属医院医疗数据统计表

机构名称	实际床位（张）	总诊疗人次数（人次）	门诊人次数（人次）	急诊人次数（人次）	出院人次数（人次）	手术人次数（人次）	出院者平均住院日（天）
第一医院	1835	2,923,907	2,738,343	185,564	98,200	38,249	6.50
人民医院	1738	3,076,697	2,854,840	221,857	100,620	43,587	7.50
第三医院	2057	4,531,584	4,221,987	309,597	137,655	70,189	4.96
口腔医院	171	1,760,212	1,660,485	99,727	7777	7251	7.36
肿瘤医院	810	736,720	736,720	0	88,999	16,411	3.49
第六医院	221	350,569	350,569	0	3392	0	25.91
深圳医院	1686	3,018,145	2,576,258	243,712	83,033	58,379	6.89
首钢医院	944	932,812	834,203	98,609	36,996	8448	8.83
国际医院	1059	956,840	890,066	66,774	35,571	17,746	8.15
滨海医院	919	1,543,019	1,266,614	276,405	31,891	18,233	9.28
总计	11,440	19,830,505	18,130,085	1,502,245	624,134	278,493	—

（李　清、夏　静）

第一医院

【发展概况】 基本情况。1.队伍建设。医院共有职工4331人，其中正式职工3572人（在编3433人，编外139人），派遣制职工759人。医疗岗位1038人，护理岗位1798人，医技岗位221人，药剂岗位93人，管理岗位135人。正高级职称257人，副高级职称351人。

2.组织架构。医院设有临床科室35个，医技科室11个，研究科室1个，职能处室21个，后勤部门1个。11月13日，第一医院药剂科更名第一医院药学部，原药剂科班子成员转任药学部班子成员。2月24日，与密云区人民政府签订"关于深度融合统筹共建密云区医院战略合作协议"。

3.党政领导班子调整。调整后，潘义生任党委书记，刘新民（兼）、杨柳、张静任党委副书记，程苏华任纪委书记，刘新民任院长，李海潮、杨莉、王鹏远、孙晓伟、王平任副院长，李敬伟任总会计师。

党建工作。1.全面坚持党的领导，不断强化基层党建工作。（1）落实基层党建"双带头人"。截至年底，医院81个党支部中，绝大部分党支部已经落实"双带头人"建设。2019年发展党员51名，其中35岁以下37名，本科及以上学历33名，具有中、高级技术职称23名。现有党员2071名，其中在职党员1172名，学生党员285名，离退休党员614名。（2）贯彻"立德树人"根本任务。医院积极用好课堂教学主渠道，使专业课堂与思想政治理论课同向同行，开展"学前一课"；推进思政小课堂与社会大课堂深度融合，开展"与时代同行"系列活动。"红色1+1"学生党支部主题活动入围北京高校示范活动。（3）开展宣传工作。围绕主题教育，以五四运动100周年和中华人民共和国成立70周年为契机，继续开展"青春的五月"文化品牌,落实"守初心、担使命,找差距、抓落实"主题教育总要求,多部门联动,启动医院形象工程。同时,榜样树立、科普传播、便民服务共同发力。

2. 医院党委认真学习中共中央《关于加强公立医院党的建设的意见》,在上级党委领导下,调整形成分工明确、责权清晰的新班子。医院新班子经过逐渐磨合,健全党委与行政领导班子议事决策制度。同时,党委切实落实党管干部的要求,统领科室诊断配齐配强学科班子。党政领导共同负责,将学科建设和人才培养作为"一把手"工程,以"学科诊断"的形式,找到学科发展瓶颈,探讨人才梯队建设。至今已基本完成临床、医技科室学科诊断和干部调整。

落实全面从严治党责任制度。全面履行党委主体责任和纪委监督责任。医院党委通过完善全面从严治党责任制度,推动主体责任和监督责任协调贯通、层层落实。把落实中央八项规定精神作为切入点,进一步突出作风建设。开展警示教育、推出廉政美文、专题培训。实施各项谈话70余人次,廉政审核124人次,廉洁教育61人。推进科室"三重一大"工作常态化,通过科室集体决策制度规范权力运行。坚持做好干部管理,完善干部轮岗制度。医院党委全面梳理干部岗位,按照民主推荐、核心组意见、医院党委讨论决定三级公开透明机制对干部进行调整。党委累计个别谈话各级各类干部人才超百名,选拔了一批政治合格、敢于担当、清正廉洁的干部。中央巡视整改问题抓住不放。对中央巡视发现的医疗耗材采购问题,医院细化管理流程,持续整改,形成了切合医院实际工作情况的管理模式。2019年,在骨科手术器械管理方面总结出的工作流程,得到上级主管部门的肯定。

3. 统战工作。不断加强民主党派自身建设。医院现有民主党派成员242名,全国政协委员3人,国家监委特约监察员1人,市政协委员1人,市人大代表2人。2019年发展民主党派成员3人。

4. 群团工作。(1)打造"民生组合"品牌,保障职工权益。工会发挥家文化优势作用,以"扬红旗之家风帆,续民生幸福启航"为主题,服务大局。以落实教代会制度为重点,保证民主管理稳步推进,以维护职工权益为核心,提升职工满意度和幸福感。2019年,医院荣获"全国模范职工之家红旗单位"。(2)发挥群团桥梁作用。医院团委在五四运动100周年之际,结合主题教育,巩固完善基层团支部建设,积极开展"新时代、新青年"系列活动。

5. 离退休工作。认真贯彻落实中央关于离退休工作方针政策,开展赴延安红色革命圣地离退休党务干部培训班、节假日送温暖、送祝福等活动。

行政工作。1. 医疗工作。期末实有床位数1835张,门急诊量2,923,907人次,其中门诊量2,738,343人次,急诊量185,564人次;入院患者98,424人次,出院患者98,200人次,住院病人手术量38,249人次,出院者平均住院日6.5天。

(1)医政管理工作。获首批"国家分娩镇痛试点医院";经重新遴选,继续作为北京市危重孕产妇救治中心、北京市危重新生儿救治中心;完成对口支援及政府公益性工作,对口支援19家单位,对外合作5家医院;准入医疗技术44项;组织会诊52,621例;终末病历质控14,512份;建立门诊服务中心;启动门诊志愿服务;年度停诊率1.0%;新增预约转诊合作社区4家;新开设MDT(Multiple Disciplinary Team,多学科团队协作)门诊2个;完成国家门诊专业质控中心工作;新发纠纷核定57例。

(2)护理管理工作。成为第八届国家卫生健康标准委员会护理标准专业委员会主任委员和秘书处挂靠单位。深化优质护理服务,三级公立医院绩效考核中住院患者满意度100%。护理带教2000余人次。获批科研基金35项,发表论文87篇,授权专利19项。

(3)感控管理工作。全年医院感染零暴发,全年传染病报告6101例,无迟报、漏报。通过北京市健康促进与优秀实践基地评选。

(4)医学装备管理工作。确立多学科共管的以成本控制为导向的医用耗材管理体系;全面接管体外诊断试剂工作;完成2019年保健中心工程开办及其他财政、自筹经费的采购工作。

(5)信息化建设工作。完成西南楼信息中心信息化软硬件建设,通过电子病历四级及互联互通四级认证。完成医院信息管理系统(HIS系统)升级改造。开展和完善疑难病症的远程会诊系统,加强医疗中轴线的建设。统筹安排信息系统国家信息安全等级保护三级认证工作。

(6)药事管理工作。落实"国家组织药品集中采购和使用"工作。健全重点监控药品管控。开展临床药师门诊,实施药物基因组学科研、"精准用药"研究。

(7)医保管理工作。完成北京市医耗联动综合改革相关工作。参加国家医疗保障局DRG(Diagnosis Related Group,诊断相关分组)国家试点工作。配合国家"打击欺诈骗取医疗保障基金"专项行动。

(8)医疗保健工作。圆满完成干部保健医疗、体检工作以及两会、"一带一路"、国庆70周年庆祝活动等若干重要会议的医疗保障任务。

2. 教学工作。创新开展"与时代同行""课堂教学讲故事"思政教育33项。获首批"国家级教学培训示范中心"。获加拿大住院医师培训机构国际认证。丁文惠、杜军保、赵明辉获桃李奖、北大名师奖、教学卓越奖,全国医学教育百篇优秀论文7篇。全面推进医学教育教学和评价考核以及教师激励信息化,应用自主创新PBL-APP(Problem-Based Learning,基于问题的教学方法)、评价考核ePortfolio(电子档案袋)和教学绩效管理系统,并向全国推广。创新PBL-APP教学,上线"临床教学案例库"1500余例。临床住院医师规范化培训结业考试总体通过率北京市第二，年度测评全国第二。

3. 科研工作。2019年，医院获批国家自然科学基金各类项目44项（较上年增加10项）。杨莉、林志淼获批国家万人计划中青年科技创新领军人才，汪旸获批青年拔尖人才；杨莉获批"长江学者"特聘教授；吕继成获批国家自然科学基金杰出青年基金，朱厉、汪旸获批优秀青年基金。获批纵向课题139项，经费16,064.06万元，其中获"双一流"建设经费支持1942万元，并通过建设中期考评；发表SCI收录论文569篇，最高IF27.516分；出版书籍38部；获批各类科技奖励14项；授权专利44项，转化1项。

4. 后勤管理。2019年，未发生安全生产事故。圆满完成国庆70周年各项保障任务，协助西南楼开办。组织招标205项。落实公车改革，保障重大会议用车。

5. 安全保卫。处置危险废液1.178吨，消防检查共计25,442次，消电检共计404,286.1平方米，更换标识240块，组织消防各类演习培训42次，接报警电话900余次，实现停车手机移动支付和快捷支付。

6. 基础建设。保健中心工程于国庆节前完成建设任务，完成国庆演练和保障任务，目前正进行竣工验收和信息调试工作。城南院区工程3月19日召开开工动员会，8月6日正式开工建设，目前已完成桩基施工，土方施工完成70%。

7. 经营管理。全年总收入600,910万元，总支出473,049万元，人员经费/支出占比为40.00%。

社会服务。 7月29日，北京大学第一医院第五批医疗人才"组团式"援藏医疗队开始执行为期一年的援藏任务。该次派出的八名医疗队员分别是：普通外科姜勇（队长）、消化内科戴芸（副队长）、内分泌内科李昂、儿科张宏文、泌尿外科张中元、胸外科张诗杰、肿瘤化疗科金璐、信息中心朱佳龙。7月15日至8月20日，医院组建国家医疗队赴山西开展巡回医疗工作，医疗队由9个科（处）室、23名专家组成。此外，医院进一步对接并落实国家卫健委健康扶贫任务，医院对口帮扶山西永和县人民医院、河南兰考县中心医院、安徽临泉县人民医院，通过加强临床专科建设、培养合格专业人才、提高医院管理水平、开展远程医疗服务等形式提升县级医院的医疗服务能力。

表彰荣誉。 2019年医院多位医者荣获表彰。在医院管理方面，潘义生荣获"第十二届最具领导力中国医院领导者·卓越贡献奖"；在科学研究方面，霍勇获"世界杰出华人医师霍英东奖"，王东信荣获中国麻醉"杰出研究者"奖，杨慧霞、杨志仙、侯新琳课题组荣获全国妇幼健康科学技术科技成果奖。此外，朱学骏荣获北京市"首都市民学习之星"，姜玉武获得"首都健康卫士"，周福德荣获2018年度"中国最美医生"，张隽、张骞、何志嵩、汪旸荣获2019年"荣耀医者"公益评选奖项。

（田　雨、张惺惺、戚　晴、张　静、武骁飞）

【完成国庆保障任务】 在新中国成立70周年庆典中，作为国家队医院，逾千位专家参与系列活动医疗保障任务。在连续多次演练和正式庆典过程中，保障人员配合整体工作部署，坚守岗位，医院西南楼（保健中心）工程也于国庆节前完成所有建设任务，圆满顺利完成国庆演练和保障任务。医院各相关部门做好祖国70华诞的各项宣传工作，推荐医院中医、中西医结合科教授谢竹藩参加国家卫健委"我从医70年"大型人物宣传活动。

（张　静、武骁飞）

【城南院区建设】 3月19日，第一医院城南院区工程开工动员会在城南院区院址举行，这标志着城南院区破土动工，预计2023年年中项目完工。未来，城南院区将建设成为具有"国际水准，北大模式"的新院区，与中心院区"国家任务，学术引领"、密云院区"医疗先行，学系统筹"的布局形成南北呼应，共同打造第一医院的医学中轴线。

（张　静、武骁飞）

【服务改善】 6月15日，北京市部署开展"医耗联动综合改革"。医院精心筹划准备，各部门进行了数十场现场演练，百余场政策宣传，保证改革顺利实施，医疗工作平稳。此外，为了持续改善医疗服务，优化就医格局，门诊大厅建立了"一站式"服务窗口，新的"一站式"门诊服务中心实现了取预约号、报销单据查询、医保政策咨询、医疗文书确认盖章、预约检查等门诊的全部医政医管服务职能。同时，医院利用信息化手段优化诊疗流程，目前实现全预约挂号，推行线上支付、中草药免费配送到家、共享轮椅等服务，实现线上就诊提醒、化验单查询、住院办理等功能。2019年，成为中央在京首家三甲医院电子票据上线单位，实现了从预约挂号、缴费到电子票据等"一站式"互联网医疗服务。

（张　静、武骁飞）

人民医院

【发展概况】 队伍建设。截至2019年12月，人民医院在岗职工总数4471人，其中正式职工2476人，合同制职工1995人。医生1152人，护士2036人，管理人员202人，医技人员670人，其他技术岗253人，研究人员74人，工人84人。其中，正高级职称304人，副高级职称375人。

组织架构。医院设有45个临床科室，17个医技科室，28个行政处室。

院区情况。医院使用运行2个院区，西直门院区（建筑面积11万平方米）和白塔寺院区（建筑面积2.2万平方米），编制床位1448张。筹建2个院区，建设中的通州院区预计2020年投入使用，北院区建设在积极推进中。

学科建设。医院拥有1个国家临床医学研究中心，1个国家临床医学中心，1个国家疑难病症诊治能力提升工程项目，11个国家教育部重点学科，18个国家卫生健康委临床重点专科建设项目，1个教育部重点实验室，1个教育部工程研究中心，2个北京市医疗服务与保障能力提升项目，1个北京市临床重点专科建设项目，9个北京市重点实验室，3个北京市国际科技合作基地，1个北京临床医学研究中心，5个北京大学研究所，4个北京大学研究中心和3个北京大学医学部研究中心。

医疗工作。 2019年，医院门急诊就诊患者307.6万人次；出院患者10.1万人次；全年手术53,692台；实际床位1738张；病床使用率93.2%；出院患者平均住院日7.5天。继续健全以《医疗质控周报》《医疗监测指标月报》《药事管理与质控月报》《门诊工作月报》为核心的院科两级医疗质控管理体系、合理用药监管体系、静脉血栓栓塞症（VTE）综合防治管理体系、手术室效率安全管理体系和门诊质量与安全管理平台。继续完善和优化自助机、APP服务功能，加强门诊导诊服务，提高患者就诊体验。

教学工作。 2019年医院承担临床八年制、研究生、护理等16个轨道共计1292位学生的教学管理和师资培养工作。此外，医院还承担包括各级各类住院医师、进修人员、访问学者及各类人才项目等13个轨道1484名人员的培训、培养工作，举办各级继续教育项目422个，其中国家级53个、北京市级28个、区县级341个。拥有博士学位授予点20个，硕士学位授予点22个，博士生导师81名，硕士生导师98名。

科研工作 1. 科研项目和经费。负责、参加获批的科研项目共计306项，科研基金总额12,792.6万元。获批科技部项目4项，资助经费为3317万元；国家自然科学基金53项，获批数创历史新高，总直接费用资助额度为2820.95万元；北京市自然科学基金项目18项，立项数创历史新高，资助金额300万元；北京市科技计划项目14项，资助金额1341万元；首都卫生发展科研专项自主创新转化项目5项，资助金额200万元，立项数居北京市第一位。"双一流"学科建设、人才培养及人员绩效奖励等经费合计1485.71万元。

2. 科研成果。国家统计源期刊发表论文397篇，SCI（Scientific Citation Index，科学引文索引）期刊发表论文351篇，其中，以第一作者单位发表的影响因子10分以上论文有8篇（2篇Article），作为共同通讯作者单位，发表影响因子10分以上论文2篇。共有32项专利获得授权，其中，授权发明专利17项。作为第一完成单位获得科技成果奖和个人奖共18项。其中，血液科张晓辉项目组"危重出血性疾病发病机制新发现和关键治疗技术的创新及推广"获中华医学科技奖二等奖；血管外科张小明项目组"大血管疾病临床外科诊疗和研究体系的建立、创新与推广"获中华医学科技奖二等奖；骨关节科林剑浩项目组"大血管疾病临床外科诊疗和研究体系的建立、创新与推广"获中华医学科技奖三等奖。

3. 个人荣誉奖励。2019年，胸外科主任、教授王俊当选为中国工程院院士。这是继陆道培后医院当选的第二位院士。血液科主治医师吕萌、内分泌科主治医师邹显彤入选2019年北京市科技新星计划，目前医院共有23名北京市科技新星。血液科教授黄晓军获谈家桢生命科学奖临床医学奖；妇科教授魏丽惠获妇幼健康科学技术奖杰出贡献奖；风湿免疫科主任医师何菁获茅以升北京青年科技奖；检验科教授王辉和妇科研究员昌晓红获中国女医师协会亚洲女子科技奖基础医学科研创新奖。

4. 机构建设。先后获批"国家血液系统疾病临床医学研究中心""国家创伤医学中心""创伤救治与神经再生教育部重点实验室"顺利完成建设立项论证。北京大学肝病研究所获批"非酒精性脂肪性肝病诊断北京市国际科技合作基地"。

党建工作。 1. 医院现设置党总支3个，54个教职工党支部，4个离退休党支部，7个学生党支部。共有党员1791名，其中包括在职党员1249人，离退休党员203名，学生和研究生党员339人。

2. 继续完善党建规章制度。修订《北京大学人民医院党政领导班子落实"三重一大"决策制度实施细则》《中共北京大学人民医院第十一届委员会委员联系支部工作制度》《北京大学人民医院党支部书记工作职责》《北京大学人民医院党支部书记工作考核办法》等。

3. 深入开展"不忘初心、牢记使命"主题教育。医院制定《北京大学人民医院"不忘初心、牢记使命"主题教育实施方案》。领导班子围绕医院党建学习体系建设、学科综合发展、人才梯队搭建、教师队伍建设、医院运营效率、后勤保障提升、学生思想教育等方面，召开座谈会15次，约330人参加。实地考察20余次，约170人受访，发放各类调查问卷200余份。医院紧扣北京大学党委第三巡察组提出的意见建议，围绕调研发现的问题，针对群众提出的困难，详细列出整改清单，共计102条整改任务，持续追踪落实整改情况。

4. 认真学习贯彻十九届四中全会精神。通过领读学习、观看视频等形式深入学习领悟习近平总书记考察北京大学时的重要讲话精神、十九大报告以及习近平总书记在全国教育大会上的重要讲话精神等内容。

社会服务。 1月24日，北京冬奥组委举行了2022年冬奥会和冬残奥会医疗保障工作责任书签署暨授牌仪式。人民医院成为北京2022年冬奥会和冬残奥会定点医院，并签署医疗保障工作责任书。

选派第五批"组团式"援藏医疗队共7名队员赴藏进行医疗援助；1名专家赴新疆支援医疗建设。派出2个医疗队，共29名医护人员顺利完成国庆阅兵医疗保障工作。承担"卫健委西部地区卫生人才培养项目"，接收来自西部13个省、自治区、直辖市和新疆生产建设兵团的59名学员来院进行临床专业技术培训。对口支援工作范围进一步延伸，辐射到西部边陲，派出基层锻炼医疗队 11 批次，派出队员共计 48 人。此外，医院还派出 6 名医务人员参加乌兹别克斯坦"光明行"活动。

文化建设。由中国研究型医院学会医患体验管理与评价专业委员会、国家卫生健康委员会医患体验研究基地、北京大学人民医院共同主办的第二届中国医患体验高峰论坛胜利召开，同时，首届中国 Wakley- Wu Lien Teh Prize（威克利—伍连德奖）正式揭晓。开展"我和我的祖国"主题作品征集、"做有温度的护士——追爱篇"护理人员职业精神培养系列活动，开展"回顾医院百年，与国同行"主题活动，组织"我的青春梦"照片及短视频作品征集活动；开展"学习新思想、建功新百年、助力强国梦"主题讲演比赛，策划拍摄《心声》微电影，发布《医者初心，健康使命——致全体"人民医者"的慰问信》等。

群团工作和离退休工作。工会进一步增强"互联网家"的建设，医院获全国模范职工之家、北京市示范职工之家荣誉称号，并承担北京市教育工会的改革试点项目。现有 1 个全国模范职工小家，2 个北京市总工会"职工暖心驿站"，2 个北京市教育工会先进教职工小家，以及 15 个北京大学模范职工小家。医院为离退休人员购买意外伤害险，组织离退休人员参加文艺、出游、讲座等 9 项大型活动，编写《重阳风光》报刊等。院团委开展"青年课堂""青春飞扬""青力相助，青暖桑榆""青年管理沙龙"等活动，获评"北京大学医学部红旗团委"荣誉称号。

【获批国家血液系统疾病临床医学研究中心】 5 月 21 日，科技部、国家卫生健康委员会、中央军委后勤保障部和国家药监局联合印发了《关于认定第四批国家临床医学研究中心的通知》，人民医院正式获批成为国家血液系统疾病临床医学研究中心。这是中国首次在血液病领域设立国家临床医学研究中心，依托中心临床医学研究网络，医院已获批"危险分层指导预防单倍型造血干细胞移植后造血重建不良研究"国家重点研发计划项目。

【急诊急救中心正式启用】 医院急诊急救中心历时两年工程改造，于 8 月 28 日正式竣工，9 月 11 日正式启用。医院以急诊急救中心投入使用为契机，建立完备高效的急诊医疗救治体系，以创伤救治、卒中、胸痛、危重孕产妇救治四大中心为平台，集相关临床、医技科室为一体，充分发挥多学科团队的优势，将院前救治、院内急诊和严重创伤救治无缝衔接，并专门设置城市突发公共卫生事件应急救援空间，全面提升城市民众生命救治能力。

【国家创伤医学中心启动】 9 月 5 日，国家卫生健康委员会印发《关于设置国家创伤医学中心的通知》，决定以北京大学人民医院为主体设置国家创伤医学中心，在全国发挥辐射带动作用。这是中国首次在创伤领域设立国家临床医学中心。12 月 7 日，国家创伤中心启动仪式在人民医院举行。国家卫生健康委员会医政医管局副局长焦雅辉、北京大学党委副书记刘玉村等为国家创伤医学中心揭牌。随着国家创伤医学中心落户医院，医院将充分发挥严重创伤诊断与治疗、高层次创伤医学人才培养、高水平创伤基础医学研究与临床研究成果转化、应对重大公共卫生问题等方面的示范、引领和带动作用，进一步推动区域创伤救治体系建设，提升创伤救治医疗服务能力。

【王俊教授当选为中国工程院院士】 11 月 22 日，胸外科主任王俊教授当选为中国工程院院士。这是继陆道培院士后医院当选的第二位院士。王俊院士 1997 年荣获国际胸心外科学界最高青年奖 Graham Fellowship（每年全世界仅一人），先后在美国芝加哥大学、麻省总医院，梅奥医学中心等单位学习工作。兼任国家卫生健康委胸外科内镜诊疗技术专家组组长，中国医师协会毕业后医学教育胸心外科专业委员会主任委员，中国抗癌协会肺癌专业委员会候任主任委员，中国医师协会胸外科分会及内镜医师分会副会长等。在中国最早成功开展电视胸腔镜手术，探索出绝大多数胸腔镜手术的中国术式，并一直在手术例数和难度上居领先地位。连续二十多年举办全国胸腔镜手术学习班，培训了中国早期 80% 以上的胸腔镜医师，主持制订了胸腔镜手术国家规范，引领中国胸外科完成了从传统开胸到现代微创的转型升级。研创出被《柳叶刀 肿瘤》杂志封面文章命名的"王氏技术"，解决了中国肺癌手术的独特难题，推动了中国肺癌微创手术的普及。针对早期肺癌的系列创新研究成果写入多项国际指南，先后获国家科技进步奖二等奖，中国工程院光华工程科技奖及中央保健工作先进个人奖等。发表论文 380 余篇，中英文专著 14 部。

【首届"威克利——伍连德奖"征文颁奖】 12 月 27 日，由中国研究型医院学会医患体验管理与评价专业委员会、国家卫生健康委员会医患体验研究基地、北京大学人民医院共同主办的第二届中国医患体验高峰论坛召开。同时，首届中国 Wakley- Wu Lien Teh Prize（威克利—伍连德奖）正式揭晓。征文活动围绕主题"传承百年医魂，展现医学温度"展开，自 7 月发布征文启事以来，经过广泛公开征集和评审专家组匿名评选等环节，最终评选"威克利—伍连德奖"1 篇，"优秀奖"4 篇。

（张瑞琨）

第三医院

【发展概况】 基本情况。2019 年，北京大学第三医院（以下简称"北医三院"）设有 36 个临床科室、10 个医技科室、26 个行政职能处室、3 个直属分院区（第二门诊部、党校院区、机场院区），4 个托管分院区（海淀院区、延庆医院、延安分院、崇礼院区）。共有在岗职工5924人，正式编制职工2984名，合同制职工2940名，医生1489名，护士2347名，管理人员173名，医技人员963名，研究人员153名，正高级职称298名，副高级职称413名。

机构设置。与北方置业集团签署《兵器工业北京北方医院整体移交协议》。与曙光社区卫生服务中心签署共建合作。机场街道东平里社区卫生服务站投入运营。延安分院成立一周年。北医三院崇礼院区获批成为国家区域医疗中心。4月，北医三院医学创新研究院成立，形成基础医学研究中心、临床医学研究中心和创新转化中心三大平台，探索从基础研究、临床研究到成果转化的全链条发展模式。

医疗工作。1. 基本医疗情况。门诊4,221,987人次，急诊309,597人次，出院137,655人次，平均住院日4.96天，手术76,385例次，开放床位2057张。

2. 医疗质量管理。落实医疗质量管理院科两级责任制；围绕医疗质量安全开展"医务讲堂"系列讲座；开展急诊预检分诊分级，推出《急诊外科疾病分诊原则》和《急诊工作评议考核规定》；引进 BMJ Quality & Safety（IF：7.043）中文版；优化"五大中心"急诊服务流程，缩短核磁、胃镜等检查预约时间；完善急诊手术分级管理，设立紧急手术备用手术间并优化启动流程；加强定期巡查，定向反馈和督促整改，有效解决手术平台相关问题；探索鼓励开展周末手术，扩大日间手术病种范围；完善多学科诊疗模式（Multiple Disciplinary Team，MDT）准入考核评估机制；加强抗菌药物合理应用和多重耐药菌管理；修订手术名称标准化字典命名方案和工作细则，推进标准化字典全覆盖；完善门诊检验检查危急值三方互通与管理流程；制定下发临床即刻用血方案，确保合理用血；推动电子病历无纸化归档项目，获评为国家卫生健康委2018年度电子病历系统功能应用水平分级评价六级医院；探索制定《进修医师独立执业管理制度》，为专业指导及质量评估提供依据。

3. 护理工作。坚持深化护理文化建设，打造专业、温馨的护理队伍，开展治疗安全周活动、"5S"管理、护理并发症管理等项目，提升护理质量；在各分院区积极探索与医师组模式相适应的专科护士建设，打造专科护理队伍。

4. 健康促进。努力践行《健康中国行动（2019—2030年）》，开展并完善门急诊健康教育电子处方工作；17人被聘为北京市健康科普专家；建立院内流感监测预警模型。

教学工作。完成604名本科生的教学任务，共计6202个学时，41名医学生顺利毕业；在读研究生513名，较2018年同比增长12.1%，126人通过学位论文答辩并获得学位；进入住院医师规范化培训327人，完成各级继续医学教育项目129个。巩固本科生临床基本能力培训，推进医学生"双轨制"科研培训模式。出台专项管理细则，严格研究生招生复试和导师遴选，建立学位论文预评审制度，强化研究生培养过程管理。2个集体获北京大学先进示范班集体荣誉称号，各有2人获北京大学教学优秀奖和优秀班主任奖。医院荣获2018年度北京大学继续教育优秀办学单位。骨科获医学部优秀教学团队奖，刘忠军等4人获医学部教学优秀奖。乔杰获"2019年全国优秀住院医师培训基地负责人"荣誉称号，急诊科马青变获"2019年全国优秀全科专业指导医师"称号。

科研工作。1. 复旦大学中国医院综合排名第十一，专科声誉排名第十。生殖医学、临床药学位列第一名。中国医学科学院"中国医院科技影响力排行榜"综合排名中名列第十，妇产科蝉联榜首。11月22日，中国工程院2019年院士增选结果揭晓，北京大学第三医院血管医学研究所研究员董尔丹增选为中国工程院院士。

2. 获批纵向经费1.62亿元，其中国家重点研发计划项目4项、国家重点研发计划课题7项，经费总计1.11亿元。国家自然科学基金各类资助项目53项，直接经费3292.28万元，其中包含面上项目25项，青年基金项目24项，重点国际（地区）合作研究项目1项、重大研究计划培育项目课题1项、重大研究计划集成项目课题1项；国家杰出青年科学基金项目1项。北京市科委"首都临床诊疗技术研究及示范应用专项"中，获批协同创新重点项目1项，优势学科培育项目2项，项目经费共计880万元。获批北京市自然科学基金14项，其中重点项目1项，面上项目8项，青年项目4项，项目经费共计280万元。获得北京大学"双一流"学科建设专项经费及基本科研费共1582.5万元。

3. 2019年度国家自然科学基金资助项目数在北京地区医疗机构名列前茅。妇产科教授李蓉获得杰出青年科学基金资助、运动医学研究所教授余家阔获得重点国际（地区）项目资助、心血管内科研究员李子健获得重大研究计划集成项目资助。骨科教授李危石、田耘分别牵头国家重点研发计划项目，总经费3885万元，其中中央财政经费1585万元。牵头建设的"骨与关节精准医学教育部工程研究中心"获教育部立项；"冠心病临床与基础研究"和"仿生钛骨科内植入物"等两个基地获批北京市国际科技合作基地。

4. 获奖情况。获得高等学校科学研究优秀成果二等奖3项、中华医学科技二等奖1项、三等奖1项，其他社会力量奖项9项。

5. 论文成果。影响因子10分以上8篇，其中乔杰团队和北京大学生命科学院汤富酬团队合作在《自然》（Nature，IF：43.07）在线发表研究成果；乔杰团队与北京大学医学部基础医学院姜长涛团队在《自然医学》（Nature Medicine，IF：30.641）在线发表了合作研究成果；余家阔团队在 Advanced Materials（IF：25.809）发表研究成果。

6. 专利及成果转化。获批专利181项，实现专利成果转化26项，金额共计5250万元。

7. 创新和亮点。成立北医三院医学创新研究院，打造基础医学研究中心、临床医学研究中心和创新转化中心三大科研服务平台；发起成立了由十余个国内知名高校、科研院所组成的"北京学院路临床医学创新联盟"。

交流合作。长期公派出国学习交流8人；派出第二批共16人赴美国密歇根大学医学院进行领导力及质量管理相关的医院管理培训。接待美国加州大学伯克利分校、斯坦福大学医学中心、美国梅奥诊所以及哈佛医学院附属布列根妇女医院等来自14个国家的来宾，共计160余人。

改善医疗服务、履行社会责任。顺利完成北京市实施医耗联动综合改革；组织完成国家卫健委三级公立医院绩效考核。完成了包括新中国成立70周年庆祝活动、第二届"一带一路"国际合作高峰论坛、北京世界园艺博览会等在内的多项重大活动医疗保障任务。落实《北京市改善医疗服务规范服务行为2019年行动计划》任务清单，梳理重点行动目标，推进各项服务改善措施优化就诊流程；统筹推进启用电子就医卡和实施门诊全预约。组织开展职能处室干部职工参与自助机使用引导志愿服务，使自助机具使用率明显提高。开展老年友善医院创建，加强人文关怀，不断改善就医环境，探索开展安宁疗护。采用多种手段缓解停车难问题，使医院周边拥堵状况明显改善；开展打击号贩子专项行动，号贩子数量月均同比下降97%。继续组织实施医疗人才"组团式"援藏，选派6名医师作为第五批医疗队进藏开展援助工作；选派2名专业干部赴山西省大宁县分别担任业务副院长和护理部主任；选派52名医师分别赴北京延庆、内蒙赤峰、甘肃环县、山西大宁等地7家医疗机构开展支援工作，参加山西临汾山体滑坡救援、四川宜宾地震救援等国家应急工作以及京内外医疗保障任务14次。

党建群团。2019年，医院设有74个党支部，2个党总支，共计1957名中共党员。2019年新发展党员35名，其中职工23人，学生12人，培养积极分子66人。开展"不忘初心、牢记使命"主题教育。落实加强公立医院党的建设工作要求，制定及修订《加强党的建设工作实施方案》《党委会议议事规则》《院长办公会议议事规则》以及《专题会议议事规则》，三级研讨决策机制相辅相成，发挥公立医院党委领导下的院长负责制的有力作用。落实党风廉政建设责任制，开展追踪巡视整改工作，加强对重点环节监督管理，做好廉政宣传教育。不断建立健全领导干部的激励机制。12月，启动科主任、党支部书记述职考核，推动基层干部管理制度革新。2019年，医院工会设有73个工会小组，会员5700人，药剂科荣获"全国工人先锋号"荣誉称号；全院有52个团支部，共青团员1518人。

（刘温文、李文君、仰东萍）

【**签署北京冬奥会和冬残奥会医疗卫生保障工作责任书**】1月24日，在位于北京石景山的北京冬奥组委会议楼，北京冬奥组委与北京市和河北省相关委办局、冬奥会定点医院、公共卫生保障机构主要负责人签署责任书，并授牌。2022年冬奥会和冬残奥会的三个赛区分别为北京赛区、延庆赛区和张家口赛区。北京大学第三医院在三个赛区均有相应的医疗机构，它们分别是北京大学第三医院、北京大学第三医院延庆医院（北京延庆区医院）和北京大学第三医院崇礼院区（崇礼区人民医院）。北京大学第三医院院长乔杰、延庆医院执行院长周方、崇礼院区副院长张晓伟同时到会，接受定点医院授牌。

（仰东萍）

【**牵头组建"学院路临床医学创新联盟"**】5月31日下午，北京大学第三医院2019年科技论坛暨第二十五届科研年会召开。会上，由北医三院牵头组建的"北京学院路临床医学协同创新联盟"正式成立。联盟发起单位包括：北京大学、清华大学、北京航空航天大学、北京理工大学、北京科技大学、北京化工大学、北京邮电大学、北京林业大学、北京师范大学、中国矿业大学（北京）、中国地质大学（北京）、国家纳米中心、中国科学院计算所、大唐移动通信设备有限公司、大唐高鸿数据网络技术股份有限公司、北京大学第三医院，希望通过该平台吸引更多的人才、资源和智慧为医学科技创新与成果转化提供新机遇、创造新突破。

（李文君）

【**举办延安分院运行一周年活动**】10月16日，北京大学第三医院延安分院运行一周年。当日，延安市推进医院托管改革现场会、北京大学第三医院乔杰院士工作站揭牌仪式、第六届中医养生文化节活动、现代医院管理培训会在延安分院举行。托管一年来，延安分院在管理制度完善、业务技术提升、人才队伍培养、重点学科建设和医疗技术研究等方面取得了显著成效。为此，延安市委市政府专门发来感谢信。

（郭婧博）

【**药剂科荣获"全国工人先锋号"荣誉称号**】5月，医院药剂科荣获"全国工人先锋号"荣誉称号。10月15日中午，揭牌仪式在药学楼举行。医院药剂科北医三院药剂科作为面向患者的一线窗口部门，多年来不断深化服务内涵，在医、教、研和管理等方面均取得了突出成绩，以同行评比第一名的成绩首批入选国家临床重点专科，荣获首届中国医院药学奖优秀团队奖，连续三年位列《中国最佳医院声誉排行榜》临床药学专科第一名，在2012年荣获"北京市模范职工小家"、2017年荣获"北京市工人先锋号"、2018年荣获"暖心驿站"等多个荣誉称号的基础上，由医学部工会推荐，经过逐级评审，荣获2019年"全国工人先锋号"荣誉称号。

（王梦楠）

【**完成北京市实施医耗联动综合改革**】6月15日零时，北京近3700所医疗机构实施医耗联动综合改革。6月14日起，医院严格落实重点部门24小时值班和领导带班制度，院内设立医耗联动综合改革工作指挥部和专项工作热线电话，1000余名干部职工坚守岗位，确保医院信息系统平稳切换过渡，维护正常就医秩序。

为最大限度地减少系统切换期间对正常医疗活动带来的影响，信息管理与大数据中心制定了周密的切换方案，6

月14日晚上23：50，系统停止使用。与此同时，急诊科增加值班医生，减少患者滞留，保证系统切换期间急诊工作有序。

6月15日零点，开始系统切换；零时7分，急诊系统恢复正常使用，检验系统恢复正常使用；零时8分，微信、自助机、线上APP等系统恢复正常使用；零时9分，全院所有住院业务（包括党校院区、机场院区、北方医院院区等）恢复正常工作。从停机（10分钟）到恢复使用（10分钟），北医三院信息系统用时仅20分钟，恢复正常使用。

（仰东萍）

口腔医院

【发展概况】 组织结构。口腔医院实行党委领导下的院长负责制，院长是法定代表人。医院设有临床科室15个，医技科室8个，行政职能部门19个，下属分支医疗机构5个。

医疗工作。2019年，医院门急诊就诊患者176.02万人次，同比增长7.0%，日均5721人次。全院实有开放椅位662台，根据教学椅位调整统计椅位477.5台，诊椅使用率99.4%，每医师日均接诊9.8人次，每椅位日均接诊9.3人次。

2019年，出院患者7777人次，同比增长2.7%；完成手术7251例次，同比增长2.6%，占出院总人次的93.2%。医院5个病区共开放床位171张，床位使用率92.8%，同比减少6.1%；平均住院日7.4天，同比减少0.1天；床位周转45.5次，同比减少5.6%。

2019年，完成北京市医耗联动综合改革，取消医用耗材加成。开展远程医疗工作，进行远程会诊共计14例次，远程病理诊断179例次。继续加强抗菌药物合理使用专项管理、开展"临床路径"专项管理、推进"日间手术"开展。继续以月报、季报等为抓手提升医疗质量控制与管理、医疗安全管理、药事管理、医保与物价管理等服务水平。

继续促进成立省级口腔医学质控中心，截至2019年12月，全国共28家省级口腔医学质控中心。完成《2018年国家医疗服务与质量安全报告（口腔医学分册）》并由人民卫生出版社出版。

葛立宏教授获评第三届"白求恩式好医生"。

教学工作。截至2019年12月，医院在院本科生（含八年制）272人，研究生423人（含统招、非全日制、在职硕博士），住院医师和专科医师145人，进修生137人，总计977人。

2019年，医院毕业生160人，其中口腔医学八年制51人，五年制35人，六年制台港澳学生2人，口腔医学技术11人，硕博士研究生61人（博士33人、硕士28人）。

本科生（含八年制）理论课33门次，860学时，研究生理论课22门次，744学时。修订研究生课程大纲，增设医学人文课和牙体牙髓病学文献阅读课，增加《数字化口腔医学》课时。完成首批并轨专博专科医师培训及考核。继续推进多学科课程融合，增加涎腺、颞下颌关节等部分的融合，尝试黏膜病和病理学部分内容融合，于2019年10月纳入2016级口腔医学专业课表中；推进口腔临床教学病例库建设，在11个学科开展专项教改。举办首届学生科研周系列活动。口腔医学获教育部2019年度首批国家级一流本科专业建设点。创建历届毕业生照片墙。

继续教育。申报国家级和市级继续医学教育项目57项，实际举办55项70个班次，培训1853人；举办北京市区县级项目62项，参加人数6640人。

2019年，医院进修结业125人，招收进修生新学员221人，其中少数民族21人，西部地区38人，访问学者及基层骨干学员8人，"西部行"计划免费学员2人，"西部之光"骨干1人，贵州省"黔医人才计划"第四期免费学员3人，对口支援协议培养70人（其中免费2人），共招收免费学生7人。

完成口腔颌面外科国家专培基地首批招生工作，首批招收6名本单位专科医师，第二批招录3人。

在培住院医师及专培医师（含二阶段培训人员）共145人，其中纳入北京市住院医师规范化培训（原一阶段培训）45人，纳入北大医学部住院医师二阶段培训16人，纳入北大医学部专科医师培训84人。

科研工作。2019年，医院项目申请175项，共获资助49项，总计5457万元。其中国家自然科学基金28项（重大项目1项、重点项目1项、优秀青年科学基金项目1项、面上项目16项、青年科学基金9项），直接经费1859万元；牵头国家重点研发计划政府间国际科技创新合作/港澳台科技创新合作重点专项1项，97万元；牵头科技基础资源调查专项项目1项、课题2项，305万元；牵头科技冬奥项目1项、课题2项，1311万元。

2019年，医院作为第一作者单位发表SCI（Scientific Citation Index，科学引文索引）期刊收录文献203篇。其中影响因子在10分以上的文章有5篇。申请专利59项，31项专利获得授权，其中授权发明专利18项，专利转化10项。

郭传瑸课题组获2019年度教育部高校科研优秀成果奖科学技术进步二等奖，葛立宏课题组获2019年度中华医学科技奖三等奖。

学科建设。医院继续推进口腔医学学科"双一流"建设。医院有1个国家工程实验室——口腔数字化医疗技术和材料国家工程实验室，1个口腔疾病国家临床医学研究中心，1个口腔医学国家级国际联合研究中心，1个国家级口腔医疗器械检验中心，1个全国口腔医疗质量管理与控制中心，1个国家卫生健康委计算机工程技术研究中心，1个国家药品监督管理局重点实验室，1个北京市重点实验室。

持续优化学科布局，形成8个优势基础学科方向和6

个临床学科方向，制定 PI（Principle Investigator，学术带头人/课题组负责人）遴选制度及方案。

队伍建设。 截至 2019 年 12 月，医院共有在岗职工 2632 人（在编 953 人、编外 1679 人），其中卫生技术人员 2104 人，包括正高级职称 139 人、副高级职称 193 人、中级职称 728 人、初级师 640 人、初级士 646 人。

2019 年，医院获批国家"百千万人才"工程计划 1 人，中组部"万人计划"青年拔尖人才支持计划 2 人，科技部中青年科技创新领军人才 1 名，国家自然科学基金委优秀青年项目 1 人，北京市科技领军人才 1 人，北京市科技新星 1 人。

2019 年 5 月，医院制定实施《北京大学口腔医院博士后培养计划实施方案（试行）》，从优秀的博士毕业生中遴选人才，10 月完成博士后入站 8 名，其中 2 名博士后入选医学部博雅博士后，1 名博士后获中国博士后科学基金面上一等资助。

交流合作。 截至 2019 年 12 月，医院共拥有 4 个国际学者培训中心，2019 年培训 4 名外国中青年医师，共计 40 人。与境外 10 所知名院校开展师生互访交流项目，派出医院学生研修 28 人次，接待海外学生 42 人次；7 名专家在国际组织担任重要职位；分别与英国伦敦国王学院、美国爱荷华大学举办 2 次国际双边研讨会。

党建工作。 2019 年，医院完成支部换届工作，按照"双带头人"标准配备党支部书记，设有职工党支部 42 个，1 个离退休党支部，1 个学生党总支（8 个学生党支部）。党员 1120 名，其中在职党员 689 名，离退休党员 211 名，学生党员 220 名。

扎实开展"不忘初心、牢记使命"主题教育。调研形成与医院改革发展相关的重要问题和意见共 78 项，每个领导班子成员和党委委员最终形成 11 项专项整治任务清单，包括难事大事 9 件、好事实事 2 件，进行整改落实，与十九届四中全会精神学习贯彻结合，制修订规章制度 12 项。发出"专题简报" 60 篇。

持续履行党建责任。落实党委领导下的院长负责制，2019 年召开 44 次党委会，6 次党委理论中心组学习，制定实施《北京大学口腔医（学）院定期召开党政领导班子分管工作促进例会》，定期召开院领导主管工作促进例会。

推进基层党建。落实"三会一课"、主题党日组织生活制度，每月定主题，开展党支部组织生活，修订《党支部书记工作考核细则》，每半年考核一次，开展党支部书记述职。组织党支部书记赴井冈山培训学习。

推动思想政治工作。举办"思创导师"活动 9 场，推动教育引导常态化。设立院级"思政课题" 10 项，提升"三全育人"工作水平。医德医风讲评连续开展 26 年，强化教育效果。医学人文讲堂开展 4 期，加强医学职业道德教育。创建 2 个省级社会实践基地——石河子大学医学院第一附属医院和内蒙古医科大学口腔医学院，为学生搭建社会实践平台。

深化党风廉政建设。修订《党政领导班子落实"三重一大"制度的实施办法》《各科室落实"三重一大"制度实施办法》《院务公开实施办法》，制定《2019 年落实全面从严治党主体责任任务分工》《关于加强党的政治建设的若干措施》《关于加强党支部政治建设的若干措施》《从业人员行为规范》《科务公开实施办法》。

2019 年，医院获评北京市思想政治工作优秀单位、北京大学党务和思想政治工作先进集体。

统战工作。 加强党外人士队伍建设，协助民主党派做好自身建设。侨联代表姜婷参加国庆 70 周年"中华儿女"方阵群众游行；组织统战人士参加医学部统战系统庆祝新中国成立 70 周年文艺汇演；统战人士参加北大统战系统庆祝新中国成立 70 周年书法邀请展、参观全国政协礼堂。

群团工作。 召开第五届教职工代表大会暨第八届工会会员代表大会第三次会议，征集提案 19 件。以新中国成立 70 周年为契机，开展了"翰墨飘香写中国"教职工硬笔书法比赛、"继往开来看中国"红色电影周以及"诗词歌赋颂中国"艺术展演活动。

医院团员 954 人，其中学生团员 396 人，职工团员 558 人。下设 41 个团支部，其中青工团支部 27 个、本科生团支部 8 个、研究生团支部 6 个。开展志愿服务与社工管理 428 次服务，2374 小时。2019 年，医院团委获北京大学"先进团委"、医学部"红旗团委"，2 个学生社会实践团获医学部学生暑期社会实践团评比一等奖。

离退休人员工作。 医院离退休人员 504 人，举办集体祝寿会、离退休志愿服务队成立九周年座谈会、举办老年生活座谈会，刊印《工作手册》和《夕阳心语》年刊。

公益工作。 医院与 51 家基层院校签订帮扶协议。在"脱贫攻坚战"中贡献"口腔力量"，派驻医师、护士到内蒙古正镶白旗医院长期支援。继续推动海淀区口腔专科医联体建设，作为为核心医院，联合区域内 39 家成员单位，落实分级诊疗制度，提升整体口腔医疗服务能力。2019 年，医院入选 2022 冬奥会和冬残奥会定点医院。中华口腔医学会"口腔健康促进与口腔医学发展中部崛起"公益活动志愿者 2 名，"西部行"公益活动 10 名志愿者参加西部省区医疗帮扶。完成赴基层服务人员 4 批、29 人次。医学影像科孙志鹏完成为期一年半的援疆任务。

拓展运营工作。 开展全国三级公立医院绩效考核工作。建立并实行分支机构工作例会（季度）制度，加强对分支机构的统一管理和服务。对科主任实施《科室目标责任制》，签订科室目标管理责任书。继续筹备"三亚分院"建设。推进医院东楼建设。

信息建设工作。 推动医院医疗、教学、科研、管理信息化建设，通过电子病历应用水平分级五级、互联互通成熟度获四级甲等认证。推进"互联网+"便民服务和智慧医院建设，成立北京大学口腔智慧医疗技术研究中心。组建中国卫生信息与健康医疗大数据学会口腔医学专委会、标委会，成员单位113家。

基建装备后勤工作。完成污水处理系统改造工程项目验收，完成院内整体电力规划工作与部分改造工作。优化医学装备管理，完成5个财政专项招标采购，招标采购20次，金额8431万元；耗材管理采购3亿余元。

（王明亮）

【北大口腔校友会成立】 6月19日，在国际牙科研究联合会（International Association for Dental Research，IADR）第九十七届年会召开期间，北京大学口腔医院在加拿大温哥华会议中心召开"北大口腔校友会"成立大会。北大口腔校友会是由北大口腔校友自愿结成的非营利性社会组织，在北京大学医学部校友会登记备案，挂靠在北京大学口腔医学院。大会选举出第一届校友会理事会，表决通过第一届组织架构名单。9月，校友会在美国旧金山举办的国际牙科联盟年会上举办校友聚会。

（李国涛、王冕）

【郑麟蕃教授百年诞辰纪念大会举办】 10月26日，"郑麟蕃教授百年诞辰纪念大会暨北大口腔病理论坛"在北京大学口腔医院教学楼报告厅举办，来自全国近30所口腔院校的病理学专家学者出席大会，大会纪念了郑麟蕃百年诞辰，并召开学术论坛，400余人参加。郑麟蕃教授（1919—2009）是我国著名的口腔医学专家、口腔医学教育家、我国口腔医学以及口腔组织病理学的开拓者及主要奠基人之一，曾任原北京医学院口腔系主任、口腔医学研究所所长，原北京医科大学口腔医学院名誉院长，中华医学会口腔科学会主任委员等职。

（张然）

【第十次荣列"中国医院专科排行榜"口腔医学专科榜首】 11月10日，复旦大学医院管理研究所发布"2018年度中国医院专科排行榜"，北京大学口腔医院连续十年荣列口腔医学专科第一名，在专科综合排行榜和专科声誉排行榜均荣列口腔医学专科榜首。

（王明亮）

肿瘤医院

【发展概况】 组织架构。2019年，医院设有34个临床科室，14个医技科室，15个基础研究科室，28个行政职能科室（含独立亚科）。成立临床流行病学研究中心，重症监护病区（ICU）更名为重症医学科（ICU）。

队伍建设。2019年，医院在岗职工2445人，其中正式职工1178名，合同制职工1243人，按在职职工管理的博士后24人。晋升高级职称51人，其中正高级11人，副高级40人；有中国工程院院士1名，长江学者1名，北京学者2名，教授39名，副教授75名。有正高级职称140名，副高级职称228名，中级职称537人，初级职称283人，未定级1人。入选人才项目10项33人次，主要有：张志谦入选万人计划-科技创新领军人才，沈琳入选北京学者计划，张志谦入选使命计划，吴楠、杨志、孙应实入选登峰计划。朱军入选"北京市有突出贡献的科学、技术、管理人才"。

学科建设。拥有1个国家重点学科，4个北京市重点学科，2个原国家卫生计生委临床重点专科，1个教育部重点实验室，1个北京市重点实验室，1个北京市国际科技合作基地，1个北京大学医学部研究中心，1个科技部转化医学与临床研究国际联合研究中心（参与）。

医疗工作。医院门诊患者736,720人次；出院患者88,999人次；全年手术16,411台。开放床位802张；病床使用率105.6%；平均住院日3.49天。建立质量指标监控系统，上线医院危急值预警管理平台；21个科室使用"临床路径信息系统"，上线使用138条路径，入径率73.63%，完成率99.46%，变异率1.07%。更新完善DRGs（Diagnosis Related Groups，诊断相关分类）住院医疗服务监测系统，增加肿瘤重点病种监控模块，监控重点患者1381人次。建立VTE（Vein Thromboembolism，静脉血栓栓塞症）防治管理、技术体系，修订VTE防治诊疗规范，制定《深静脉血栓管理制度》，举办肿瘤静脉血栓防治讲座3次，落实手术住院患者VTE风险评估。建立PTE（Pulmonary Thromboembolism，肺动脉血栓栓塞症）急危重患者院内MDT（Multiple Disciplinary Team，多学科团队协作）急诊救治绿色通道，举办"关注血栓 关爱生命"世界血栓日大型健康咨询活动。建立肿瘤多学科评估标准。开通北肿云病历APP，"人肠癌SDC2基因甲基化检测"项目通过审批。

科研工作。医院获科研经费7499.25万元。获资助院外课题100项，科研项目经费6091.65万元。其中，国家科技重大专项后补助项目1项，经费389.8万元，国家重点研发计划子课题6项、大气污染专项子课题1项。国家自然科学基金中标25项，总资助额度1569.8万元。其中重大研究计划2项、面上项目15项、青年基金8项。医院作为第一或责任作者单位发表论文402篇，其中SCI（Scientific Citation Index，科学引文索引）论文257篇，合计IF为1266.017分，IF大于5分的论文76篇，IF大于10分的论文16篇。医院获得实用新型专利4项，软件著作权4项。

2019年，获得1项国家科技进步奖二等奖（第二完成单位）、2项中国抗癌协会科技奖二等奖、1项中国中西医学会科学技术奖三等奖。北京市科技成果转化平台建设专项（一类）。

7月，医院"上消化道肿瘤北京市国际科技合作基地"被北京市科学技术委员会认定为2018年度北京市国际科技合作基地。与德国慕尼黑工业大学共同建立上消化道肿瘤联合重点实验室，与北京大学医学部联合申请并获批了科技部国家级国际科技合作基地。

教学工作。医院在院研究生320人，其中全日制研究生272人，八年制15人，在职研究生33人。较2018年增加18人。毕业后教育规模共计154人，住培阶段住院医师67人。接收住院医师进修人数125人，完成进修197人，接收访问学者16人。

学术交流。6月28至30日，组织召开北京消化肿瘤国际高峰论坛暨中国胃肠肿瘤临床研究协作组（CGOG2019）年会。7月12日，医院专家团队一行16人赴内蒙古自治区满洲里市参加第三届国际肿瘤诊疗峰会暨满洲里论坛系列活动。10月18日，组织召开"第十届肿瘤精准放化疗规范暨2019全球肿瘤放疗进展论坛"。11月1至3日，组织召开阳光长城肿瘤学术会议暨第六届结直肠肿瘤论坛。11月9日，组织召开北京地区胸部肿瘤MDT病例研讨会暨北京肿瘤医院胸部肿瘤中心第四届学术年会。2019年，美国俄亥俄州立大学医学院教授胡志伟，华盛顿大学医学院教授、肉瘤和皮肤癌领域专家Lee D. Cranmer，密歇根大学医学院资深专家John Y. Kao、Andrea Todisco，英国伦敦卫生与热带医学院慢性病流行病学系资深专家Isabel Dos-Santos-Sil，韩国首尔国立大学医学院预防医学系资深专家Daehee Kang，澳大利亚悉尼大学教授Xin Maggie Wang，北京大学医学部生物医学工程系长聘正教授魏勋斌，北京大学医学部免疫学系主任、教授邱晓彦，第二军医大学教授曹广文、华南肿瘤学国家重点实验室研究员贝锦新来院做学术交流。8月，成立"国际精准肿瘤学中心-北京大学肿瘤医院分子影像与放射靶向诊疗中心"，启动放射性核素靶向诊疗领域合作。10月，与韩国首尔大学医院及其子公司因德斯马特签署谅解备忘录。

医疗合作。向合作医院派出专家13,250人次，服务患者101,415人次。向受援医院派出专家43人次，服务当地患者386人次，义诊195人次。开通海淀区肿瘤专科医联体双向转诊通道，上转诊患者11名，下转诊患者913名。与20个省市41家医疗机构建立远程协同关系，开展远程教学63次，培训11,080人次，远程会诊550例，远程影像诊断4667例，远程病理诊断63例。入选国家区域医疗中心建设试点。

党建工作。医院有40个教职工党支部，2个离退休党支部，4个学生党支部，共有党员932名，其中在职党员689名，离退休党员109名，学生党员134名。发展党员26名，预备党员转正20名，转入组织关系82名，转出组织关系42名。实行党委领导下的院长负责制，修订《院长办公会议事规则》《党委会议事规则》《党政领导班子落实"三重一大"制度实施办法》，制定《医院科室落实"三重一大"集体决策制度的意见》。9—12月开展"不忘初心、牢记使命"主题教育，利用院刊、官网、院内网络平台、微信、微博和党务干部微信群、宣传团队群，报道教育开展情况，依托"学习强国"平台深化主题教育成果。12月接受北京大学党委校内巡察。组织党务干部109人赴西柏坡红色教育基地开展培训，举办"不忘初心、牢记使命——第三届党支部书记讲党课比赛"。获批并完成北京市高校党建研究会党建C类课题"新时期高知群体发展党员工作的研究"。2名党支部书记承担为期一年的支边工作，"共产党员献爱心"活动中，676名同志捐款68,696元。

群团工作。组织庆祝中华人民共和国成立70周年医学人文展演活动，举行以"暖"为主题的系列活动，举办"北肿心空间——曾经"活动，临床、科研、管理专家讲述切身经历事件感悟，弘扬劳模精神、劳动精神和工匠精神。举办庆三八"清逸杯"女职工作文比赛。组织拔河、篮球、足球、乒乓球、集体跳绳、登山和"5·12"护士节毛毛虫趣味竞速比赛。工会职工子女托管班自2008年起，已开办11年。

医疗援助。派出3人支援西藏大学医学院和拉萨市人民医院，派出2人支援新疆和田地区人民医院和石河子大学医学院第一附属医院，派出36人对口支援内蒙古自治区包头市肿瘤医院、宁夏回族自治区中卫医院，派出1人对口支援北京市延庆中医医院，派驻9人对内蒙古自治区巴林右旗医院开展健康扶贫。

医院文化。构建"心音坊""心语墙""心空间"三心联动的文化生态，营造温馨愉悦诊疗环境。依托"心音坊"，组织患者及家属、医务人员和社会爱心人士100多人志愿者团体，每周定期为患者演奏。依托"心语墙"，鼓励患者和医务人员书写美好寄语，向患者及家属、医务工作者传递携手向前的信念和力量。依托"心空间"，医务人员抒发从医感悟，传承北肿医者"不忘初心、牢记使命"的精神风貌。举行第七届井盖文化节。

行风建设。组织全院行风建设管理工作巡查2次，将违规介绍患者外出检查检验风险点由B类升级为A类。制定《北京大学肿瘤医院企业关联人员接待管理制度》，建立企业关联人员接待管理工作流程，公布投诉举报电话。开展不合理医保行为清查、医疗乱象专项整治、落实红包回扣和欺诈骗保专项治理，组织行风案件清查专项活动。

（姚勇、高轶欣、刘晨）

【**承办"现代医院管理制度实践与品质持续改进现场观摩会"**】5月24日，"管理制度实践与品质持续改进现场观摩会"在北京大学肿瘤医院开幕。观摩会由国家卫生健康委医院管理研究所主办，北京大学肿瘤医院承办，全国300余位代表参加会议。国家卫生健康委医政医管局局长张宗久、国家卫生健康委医院管理研究所所长叶全富、国家卫生健康委医院管理研究所医院评审评价研究部主任陈晓红、北京医院协会副会长英立平、北京大学医学部医院管理处处长张骞出席并致辞。北京大学肿瘤医院院长季加孚致辞并作"基于Baldrige体系下的医院自评与管理优化"主题演讲，党委书记朱军做"充分发挥党的独特优势，推进医院管理品质持续改进"主题演讲。观摩会已举办10期，主要采用"理论授课+现场观摩+深度研讨"的交流方式，展现医院现代化管理、全面质量管理及持续改进的创新理念和科学规范与系统严谨的管理方式；探索灵活运用 PDCA（Plan、Do、Check、Act，即计划、执行、检查、处理）解决问题的方法，促进医院管理水平科学化、规范化、标准化。

（刘 晨）

【中国本土第一个自主研发抗癌新药在美获批上市】 1月15日，美国 FDA（Food and Drug Administration，食品药品监督管理局）授予由北京大学肿瘤医院作为牵头单位、主任医师朱军担任主要研究者完成临床试验的中国原研新药 Zanubrutinib 突破性疗法认定；11月14日，批准完成临床试验的中国原研的 BTK（酪氨酸激酶）抑制剂泽布替尼（Zanubrutinib）在美国上市，用于治疗复发难治的成年套细胞淋巴瘤患者。这是中国本土研发的抗癌药物首次获得 FDA 批准，成为第一个在美获批上市的中国本土自主研发抗癌新药。

（傅志英）

【院长季加孚获首届中非亚洲国际和平奖】 3月20日，在菲律宾马尼拉举行的中非亚洲国际和平奖颁奖典礼上，医院院长季加孚荣获首届中非亚洲国际和平奖。中非亚洲国际和平奖成立于菲律宾马尼拉，涵盖教育、环境、医疗保健和医学、公共服务等领域，旨在表彰在各领域作出杰出贡献的和平缔造者。来自中国、美国、菲律宾、瑞典、比利时、英国、伊朗等国的九位人士获得该奖。季加孚从事胃癌外科工作36年，历任中国抗癌协会胃癌专委会主委、中国首位国际胃癌学会主席，英国皇家外科学院、美国外科学院院士。创建模块化胃癌手术规范，将胃癌手术死亡率从10%降低至0.24%，使中国胃癌根治手术（D2）比例从不足20%提高到92.2%，研究成果获得国家科技进步奖二等奖。

（顾芳慧）

【郭军团队创立国际黏膜黑色素瘤一线治疗新标准】 8月12日，《临床肿瘤学杂志》（J Clin Oncol）在线发表了北京大学肿瘤医院教授郭军团队的一项研究成果，证实了程序性死亡因子受体-1（PD-1）单抗（特瑞普利单抗）联合抗血管生成药物（阿昔替尼），在晚期黏膜黑色素瘤一线治疗中，客观缓解率达到60.6%，75.8%的患者出现了肿瘤退缩，以往粘膜黑色素瘤一线治疗的客观缓解率从未有超过20%的报道。该方案是迄今为止国内外已报道的晚期黏膜黑色素瘤中有效率最高的一线治疗方案，有望成为国际黏膜黑色素瘤一线治疗的新标准。

（刘 晨）

第六医院

【发展概况】 基本情况。第六医院共有职工423人，其中在编313人，派遣合同制110人。具有正高级职称38人，副高级职称38人，中级职称163人，初级及未定职称184人。医疗设备总值7081.42万元，年内购置医疗设备2534.46万元，其中甲类医疗设备无，乙类医疗设备无。医院总收入55,088万元，其中医疗总收入32,894万元。医院连续十年获得复旦大学中国医院"最佳专科声誉排行榜"精神医学专科第一，连续五年获中国医学科学院医学信息研究所"中国医院科技量值（STEM）"精神病学排行榜第一。

党建工作。1.医院深入学习贯彻党的十九届四中全会精神，坚持和完善党委领导下的院长负责制，重新修订《党委会议事规则》和《院长办公会议事规则》，深入扎实开展"不忘初心、牢记使命"主题教育，成立主题教育领导小组和工作小组，制定《北京大学第六医院"不忘初心、牢记使命"主题教育实施方案》。班子成员开展自学与集中学习研讨，并专门召开十九届四中全会精神学习会，通过调查研究、检视问题、整改落实、对照党章党规找差距、专题民主生活会等，加强整体管理能力和水平；通过参观北大"不忘初心、牢记使命"主题教育展览、"北京大学与马克思主义主题展览"，以及与北京大学医学部出版社团队、北京大学医学部基建处开展主题教育工作经验交流等，进一步加深对习近平新时代中国特色社会主义思想丰富内涵的理解。各党支部由支部书记带头，结合"五个一"的要求，充分发挥专业特长，通过开展支部书记轮训、支部讲党课、专题组织生活会和民主评议党员、开展社会心理服务体系调研、为群众办实事好事、参观学习、世界精神卫生日义诊等活动，不断加强对支部党员的党性教育。

2.贯彻落实北京大学党委和医学部党委关于加强基层党建的要求，进一步完善党支部建设，于2019年4月，完成党支部换届，结合"双带头人"培育工程对党支部进行拆分，将原来9个支部拆分为12个支部；通过开展"学习领会十九届四中全会精神"、支部书记讲党课等活动，加强党员教育，丰富学习形式，从理论上不断提高党员的政治修养。进一步健全、规范党支部主题党日制度，不断提高主题党日活动的质量。

医疗工作。1.组织和落实医改的有关工作和精神，配合北京市有关部门，不断深入推进落实医改工作，完成北京市药品带量采购改革和医耗联动综合改革，完成医改实施后的数据上报、医改政策的告知和解释工作。按照北京市医疗机构依法执业自查的要求，组织各部门积极开展自查。配合北京大学医学部，整理和修订医疗管理相关制度。

2.全年共完成350,569人次门诊量，工作日平均门诊量为1402.28人次。其中普通门诊211,240人次，专家门诊104,237人次，特需门诊35,092人次。入院总人次3392，出院总人次3383，平均住院日25.91天。

3.临床心理测评中心新增12项心理评估量表。检验科新增项目1项（丙戊酸盐血药浓度测定）。成立物理治疗室、突发公共事件心理救援中心，整合资源组建影像中心，新增中医诊疗科目。成立临床心理中心实体，首次引入3位专职心理治疗师，完善相关诊疗制度和流程等。

4. 医疗合作。建立覆盖全国的精神卫生合作网络，拥有紧密型合作医院27家，技术托管延安市第三人民医院，加强海淀区的医联体工作。每季度向合作医院外派专家指导，共计派出专家29人，共计80天。配合医学部教育处接收支援单位研修和进修人员的轮转，督促病房加强培训。

护理工作。1. 护士130人，其中硕士研究生6人，本科83人，专科41人。ICU床位无。2. 优化护理工作流程，加强基础护理和重点环节管理，保障患者安全，临床护理和康复护理服务量稳步提升。继续抓好"三基三严"训练和护理人员继续教育工作，注重骨干护士培养，加强护理队伍建设，提升专科护理水平；注重护理文化建设，举办"护士驿站""素质拓展"等活动，提升护理团队综合素质。

科研工作。1. 共获批8项国家自然科学基金项目，总资助经费322.2万元。承担国家重点研发计划课题2项，获批经费共计92万元。获批省部级项目7项，获批金额482万元。

2. 2019年，医院人员作为第一作者或通讯作者共发表学术论文163篇，其中，英文论文82篇，中文论文81篇。在英文SCI（Scientific Citation Index，科学引文索引）收录期刊中，医院人员作为第一作者或通讯作者，共发表论文81篇，分别发表在 Nature Genetics、Lancet Psychiatry、Molecular Psychiatry 等重要期刊上。医院人员主编、主译或参加编写著作共计7部，其中主编4部、主译1部、参编2部。

3. 王玉凤获得第七届ADHD（Attention Deficit Hyperactivity Disorder，注意力缺陷多动障碍）国际大会突出贡献奖，于欣荣获国际老年精神病学学会（IPA）老年精神医学服务杰出贡献奖，黄悦勤获得"中国女医生协会第六届五洲女子科技奖"与2019年"敬佑生命·荣耀医者"第四届公益活动"科普影响力奖"，司天梅团队完成的"基于基础和临床的抑郁症诊疗生物学标记研究"项目获得北京市科学技术奖二等奖。

教学工作。年内北京市在培住院医师54人，二阶段在培住院医师1人，专科医师规范化培训学员11人。硕士招生20人，博士招生13人，八年制招生2人，同等学力申请硕士学位6人，加强研究生的培养和管理。承担北京大学医学部临床医学、预防医学、护理学和部分协和医学院学生精神病学课及见习教学工作，共完成7个临床教学医院的本科生精神病学教学工作。年内共组织申请国家级继续医学教育项目34项，实际举办31项，32个班次，参加人员2499人次，办理学分证书1000多个。

学术交流。1. 国际合作交流。应邀赴德国、英国等知名大学和研究机构交流访问，同时与伦敦国王学院签署合作备忘录，共建脑科学联合研究中心；与牛津大学、哈佛大学等国际知名高校开展合作交流，并与国际阿尔茨海默病协会、世界卫生组织总部和西太区办公室、康复国际等国际组织和机构开展多领域的合作研究；参加包括欧洲神经精神药理学会年会、国际老年精神病学协会国际会议等；接待澳大利亚墨尔本大学、英国曼彻斯特大学、巴拿马国会第一副主席等领导人或学术团体来访。2. 国内合作交流。主办第六届中国睡眠与心身医学论坛、2019年国际精神疾病新进展学术会议、中国心理卫生协会危机干预专业委员会学术大会、老年期痴呆非药物治疗新进展讲习班、抑郁症的规范化治疗等学术交流活动，吸引国内专家学者共计1400余人次参会。

公共卫生服务。1. 国家精神卫生项目办公室工作。686项目（中央补助地方卫生经费重性精神疾病管理治疗项目）工作已覆盖全国100%的区县。截至2019年12月底，登记并录入国家严重精神障碍信息系统患者623万余人，已纳入社区随访服务587万余人，在册患者管理率94.24%，在册患者服药率84.08%。2. 进一步推进全国精神卫生综合管理试点工作，完善国家严重精神障碍信息系统，推动社会心理服务体系建设试点工作方案的出台。

健康教育。加强健康教育培训和宣传工作，做好医院内外精神疾病科普知识宣传，利用多种途径做好健康教育知识宣传工作。组织派出专家参加北京市"心理健康科普大讲堂"。组织专家参加北京市卫生健康委组织的科普专家培训会，提高医院专家健康科普能力。利用院内媒体在医院简报、官方微信公众号、微博、医院官网等发布精神疾病有关健康教育知识。结合世界精神卫生日等重要活动日，举行健康讲座及义诊活动，扩大科普知识受众。与媒体合作协调专家参与科普节目，撰写科普文章。

信息化建设。完成医院HIS系统（Hospital Information System）、电子病历系统、门诊分诊叫号系统、无线医护系统、心理测查系统、检验系统、美康医药系统、门禁等系统的运维工作。完成医院信息数据统计及上报、信息系统改造、医保相关项目、信息化建设采购等工作，完成国家卫生健康委平台项目相关工作。通过2018年度北京地区电子病历系统分级评价评审，评审等级为三级；完成2019年北京医耗联动综合改革工作中信息化支持工作。

（孙思伟、白 杨）

深圳医院

【发展概况】 组织结构。医院占地面积5.9万平方米，总建筑面积21.2万平方米，编制病床1600张，医院实际开放床位1686张，下设55个临床医技科室，2019年深汕门诊部开业，是深汕特别合作区内首家开业的市级医疗机构。2019年12月4日，免去王琦副院长职务，聘任赵永胜为副院长。

队伍建设。2019年，医院人员总数3055人，其中职工总数2646人，岗位培训生数139人。其中，医疗985人；

护理1242人（含岗培生112人）。正高级专业技术职务342人；副高级专业技术职务447人；具备博士学位265人；硕士学位528人；国家级领军人才4人，地方级领军人才9人，后备级人才17人；海外高层次B类人才4人，海外高层次C类人才12人；广东省医学领军人才1人，广东省杰出青年医学人才7人。

医疗工作。 2019年门急诊总诊疗人次3,018,145，同比增幅3.52%，门诊人次2,576,258，同比增幅2.92%，其中专家门诊1,844,300，同比增幅4.75%，急诊人次243,712，同比增幅8.78%，其中急诊抢救人次13,831，同比增幅4.18%，全院体检人次198,175，同比增幅5.21%，其中，体检科体检人次198,175，同比增幅9.08%。2019年病房期末床位数1686，同比增幅3.12%，平均开放病床数1661，同比增幅2.85%，出院人数83,033，同比增幅11.42%，平均住院日6.89，同比增幅-6.39%，病床使用率94.05%，危重病人抢救成功率96.26%，CD型病例比率87.61%。2019年门急诊手术例数67,311，同比增幅-5.31%，手术室的手术例数31,889，15.41%，其中三四级手术量24,013，同比增幅20.81%，介入手术例数4896，同比增幅19.24%，其中三四级手术量3209，同比增幅41.12%。

全院通过备案开展医疗新技术新项目63项。开展全球首例CART（Chimeric Antigen Receptor T-Cell Immunotherapy，嵌合抗原受体T细胞免疫疗法）治疗T细胞淋巴瘤临床研究，成功治愈濒临死亡恶性血液肿瘤患者。卒中中心、胸痛中心获国家资质认证。推行急诊溶栓，DNT（Door to Needle time，脑卒中患者到院至开始静脉溶栓时间）时间缩短至44分钟，D to B（Door to Balloon，患者从进入医院大门到再灌注）时间缩短至67分钟。创伤中心成为中国创伤救治联盟单位、"全国严重创伤规范化救治培训中心深圳培训基地"。新增省、市级专科护士培训基地6个。医院CMI值（Case-Mix Index，病例组合指数）排名全省第十位，深圳市综合医院第一，综合能力指数排名全省21位，疾病诊治能力跃升广东第一梯队。

作为全国首批建立健全现代医院管理制度试点单位，北京大学深圳医院以章程为"基本法"开展探索，以公益性为导向，以党建为引领，以健康为中心。2019年12月，经深圳市卫健委医改办推荐，医院建立健全现代医院管理制度的做法作为典型案例刊发在《广东医改》简报第22期，上报国务院医改领导小组秘书处、国家卫健委等各部门，并在《羊城派》进行发布。

学科建设。 7月17日，北京大学深圳医院正式获批广东省第三批高水平医院重点建设医院。2019年，医院11个学科跻身华南区医院专科声誉榜或获得华南最佳专科提名，医院妇产科、内分泌、皮肤科、普通外科、心外科、整形外科、老年科、超声医学、重症医学、病理科和健康管理11个学科获华南区医院专科声誉榜提名，其中病理科、妇产科、内分泌、心外科、超声医学5个专科连续两年获得提名。口腔科入选广东省高水平临床重点专科。整形外科学（39名）、口腔医学（45名）、护理学（46名）、泌尿外科学（54名）、肾脏病学（60名）、皮肤病学（80名）、精神病学（81名）、心血管外科学（96名）、变态反应学（97名）共9个学科进入中国医院学科科技量值评价报告榜单前100名，是深圳市入选前100名学科最多的医疗机构。其中，整形外科学、口腔医学、护理学3个学科入选全国前50名。

科研工作。 2019年，成立医院首个国家级实验室——北京大学深圳医院骨科生物材料国家地区联合工程研究中心，成立北京大学深圳医院精准医学研究院、肿瘤研究院。开展以多组学研究为重点的基础研究与临床转化工作，为中心实验室和各研究平台投入的首期设备将达到6000万元。2019年科研立项24项，其中国家自然科学基金项目立项7项（面上项目3项），广东省自然科学基金项目7项，创历史新高；广东省医学科研基金项目4项；中国博士后基金面上项目5项，特别资助1项，发表SCI（Scientific Citation Index，科学引文索引）论文150篇（较2018年增长50%），影响因子最高为15.27，核心期刊论文166篇，发明专利5项。推进临床研究和成果转化47项，其中运动医学与康复中心手术器械发明专利已经被企业投入生产。24个"三名团队"绩效明显上升，有7个团队获得表彰。

教学工作。 2019年，派出117名医师外出进修学习，参加国内各类学术交流及培训学习2200余人次。举办省级师资培训班1次，为全市培训带教师资100余名。在培研究生185名，2019年招生69名，毕业研究生72名，毕业研究生发表SCI论著共45篇，人均篇数较2018年增加237.6%，总影响因子共89.726。2019年新增硕士研究生导师47名。在培住培学员317名，2019年招录147名，结业139名，结业考核首次通过率95%，位列深圳三家主基地之首，2019年国家住培业务水平测试总成绩名列全国前50强。完成全年实习带教450余人次。完成各项临床技能培训及考核12,000余人次。获授美国心脏协会（AHA）心脏急救培训中心认证及挂牌。6月18日，深圳大学临床教学医院揭牌仪式在北京大学深圳医院举行。医院作为深圳大学临床教学医院，双方将在临床教学、联合培养研究生、科学研究、现代医院管理制度等方面探索合作。

党建工作。 在医院发展建设中，院党委始终坚持党建与医院业务工作"深融合，共促进"。在现代医院制度建设、高水平医院建设、学科和人才培育、党风廉政、医院文化建设等各项工作中，进一步落实党委在医院发展建设中"把方向、管大局、作决策、促改革、保落实"的领导作用。2019年7月，院党委顺利完成党支部换届工作，下设52个党支部，现有党员1117人，在职党员978人，学生党员58人，离退休党员81人。2019年共有15名预备党员转为正式党员，新发展10名预备党员。医院党委荣获深圳市"先进基层党组织"，深圳市培育和践行社会主义核心价值观示范点，党建创新项目组荣获"深圳市工人先锋号"。

2019年，作为第一批主题教育工作开展单位，院党委深入开展"不忘初心、牢记使命"主题教育，认真落实公立医院加强党建各项工作任务，着力推动党建的规范化和标准化建设，提升基层党支部组织力，推动主题教育常态化。建立医院"初心·使命"党建课堂，加强对干部和党员的教育培训。医院坚持以党建引领文化建设，重视意识形态工作。

援疆和对口帮扶工作。积极承担医疗体和对口帮扶等公益责任。做好双向转诊，上转总数1055人次，下转总数8038人次。派出50余名医护人员执行18项医疗保障任务。牵头成立12个专科联盟。完成深圳市卫健委指派的对市非公医院700名医护人员的临床技能考核工作。2名柔性援疆人员助力新疆当地建设卒中中心、胸痛中心、高原记忆门诊。北京大学深圳医院深汕门诊部开业，为合作区建设者及周边地区居民提供与院本部同质化的基本医疗服务。对喀什市人民医院、田东县人民医院、紫金县第二人民医院、龙川县第二人民医院、紫金县人民医院、龙川县人民医院开展医疗帮扶。

宣传工作。全年医院官网发送204篇通讯稿件，对接电视台、纸媒、网络媒体大型采访10余次，全年报道共239篇。发送美篇文章15篇，阅读量160,289人次。荣获全省卫生健康系统网站与新媒体建设测评"优秀"单位。2019年，医院服务号共推送文章44期98条，粉丝量达112万，荣获深圳市卫生健康宣传好案例——脑洞大开奖。微信公众号运营荣获中国医疗自媒体联盟、医学界"第三届医疗品牌建设大赛"最佳实践奖。2019年5月24日，荣登2018年度中国医疗机构品牌传播百强榜地市级公立医院50强。

工会工作。2019年9月20日，北京大学深圳医院第六届职工代表大会第一次会议暨工会委员会换届工作会议在医院七楼会堂召开。来自医院各个岗位的正式代表和列席代表共299人参加了会议。深圳市委卫生工委专职副书记、卫健委党组成员丘孟军、卫生健康委员会工会副主席黄洪斌、机关事业单位工会主席叶铁军出席大会并作重要讲话。

工会主席王琦作了题为《贯彻新思想，建功新时代 在实现医院高水平高质量的发展中发挥主力军作用》的工作报告。大会进行新一届工会委员会、工会经费审查委员会和工会女职工委员会的现场投票选举。通过无记名投票方式，选举产生工会主席、副主席、工会经费审查委员会和工会女职工委员会委员，选举产生医院第六届工会委员会委员。其中工会主席：王琦；工会副主席：杨冬艳；工会委员会委员15名，分别为（以下均以姓名笔画排序）：王峰、王晓倩、邓乾华、吕忠东、刘淼、庄伟清、江长青、吴延杰、余光银、陈惠燕、易黎、赵正平、秦琴、程芳、潘映红；工会经费审查委员会委员3名：黄薇（兼主任）、赵羚谷、潘谊；工会女职工委员会委员3名：杨冬艳（兼主任）、赵春艳、梁莉。

（田怀谷、李梦圆、黄贤君、王晓倩）

【20周年院庆】 2019年8月8日是北京大学深圳医院门诊开业日，12月8日是住院部启用日。12月6日，北京大学深圳医院举办院庆20周年"科技引领 创新启航"院士论坛、"传承 创新发展"圆桌论坛等系列学术活动和职工文艺晚会，出版《最真情的告白》职工征文集和医院宣传画册，"医荟坊"职工休闲健身吧正式开业。《深圳特区报》等对医院20年办院成绩进行大篇幅报道。借助院庆20周年，以"医路坚守 感恩同行"为主题，凝练医院文化传播医院品牌。

（田怀谷、李梦圆、黄贤君）

【通过电子病历系统功能应用水平分级评价六级认证】 2019年7月3日，2019年度智慧医院评价系列标准宣贯解读会在广州举行。会上，北京大学深圳医院通过国家卫生健康委医院管理研究所电子病历系统功能应用水平分级评价六级认证，成为广东省首家通过认证的综合医院（当年度全国共3家），并在中国卫生信息大会上获得表彰。

电子病例系统是指医疗机构内部支持电子病历信息的采集、存储、访问和在线帮助，并围绕提高医疗质量、保障医疗安全、提高医疗效率而提供信息处理和智能化服务功能的计算机系统，是医院信息系统的重要组成部分。2019年，成为电子病历系统功能应用水平分级评价六级认证单位，标志着闭环管理和智能医疗决策支持在北京大学深圳医院的信息化建设中得以实现。

（田怀谷）

【深汕门诊部正式开业】 2019年6月6日，北京大学深圳医院深汕门诊部举行试业仪式，这是深汕特别合作区内首家开业的市级医疗机构。该门诊部将为合作区建设者及周边地区居民提供与北大深圳医院本部同质化的基本医疗服务。深汕门诊部位于深汕特别合作区鹅埠区同心路南侧，占地面积约3000平方米，总建筑面积约7200平方米，作为重大民生工程项目，是深汕特别合作区内首个以深圳市三甲医院医疗技术团队为依托的门诊部，功能齐全，能够满足区内基本医疗救治和康复理疗需求。

（高玉霞）

【落户首个国家级实验室】 10月11日，北京大学深圳医院骨科生物材料国家地方联合工程研究中心正式揭牌，标志着北京大学深圳医院建立起第一个国家级实验室。研究中心结合上海交通大学丁文江院士团队的技术优势和北京大学深圳医院骨科团队的基础及临床研究优势，以北京大学深圳医院省级重点学科骨科群为基础，下辖五个亚学科：骨关节科、脊柱外科、运动医学科、手显微外科和康复医学科，各学科同时借助深圳市"三名工程"项目，成为医院骨科生物材料研发和骨科疾病治疗的重要技术支撑力量。

（于斐、康斌）

【精准医学研究院成立】 12月6日，北京大学深圳医院精准医学研究院在"科技引领 创新起航"院士论坛上正式揭牌。随后，聘任尹玉新为精准医学研究院院长。北京大学深圳医院成立精准医学研究院后，将设五个实体性精准医学研究所：肿瘤精准医学研究所、心血管与代谢性疾病精准医学研究所、神经系统疾病精准医学研究所、肾病精准医学研究所和感染与免疫精准医学研究所。

（李梦圆）

【吴瑞芳团队项目获中华预防医学会的科学技术奖二等奖】 2019年12月，中华预防医学会的科学技术奖获奖名单公布，北京大学深圳医院妇产科教授吴瑞芳团队《宫颈癌防控创新体系的构建与大规模人群推广应用》项目获中华预防医学会的科学技术奖二等奖。该项目主要关注宫颈癌防控创新体系的构建与大规模人群推广应用包括完善自取样筛查技术；研发便于运输与存储的固体样本卡；建立创新的筛查模式；探索HPV筛查阳性者管理及二次分流方案、阴道镜隐匿型高度病变临床管理、宫颈鳞状上皮内低度病变（LSIL）的转归及合理干预；人群HPV感染和宫颈病变流行病学调查等多处医学创新。

（杜辉）

首钢医院

【发展概况】 组织结构。医院设有36个临床科室，12个医技科室，18个行政职能处室，4个社区服务中心，1个办公厅保健室，1个科研机构。2019年医院经营财务处与财务处合并，成立经营财务处。取消干部保健外科，成立普通外科胃肠肿瘤多学科协作诊疗中心。制定医院中长期发展规划。召开北京大学首钢医院2019年度理事工作会议。按照首钢集团关于《首钢医院改制重组工作推进情况表》推进医院改制重组各项工作，2019年8月医院完成改制工作。

队伍建设。2019年，北京大学首钢医院在岗职工1893名，其中正式职工972名、合同制职工921名，医生528名、护士847名、管理人员118名、医技人员131名，正高级职称48名、副高级职称129名。2019年引进人才2名。

基本建设。医院占地面积6.56万平方米，建筑面积10.55万平方米。新建高压配电室，建筑面积608平方米。7月23日，新门急诊医技大楼开工建设，建筑面积52,727平方米。

教学工作。医院完成北京大学医学部2015级生物医学英语专业教学任务和2016级海外口腔专业教学任务，共计学生45人935学时。完成2014级西藏大学医学院临床教学实习任务、2014级北京卫生职业学院临床教学实习任务、2016级沧州医学高等专科学校教学实习任务、2016级山西同文职业技术学院临床教学实习任务、2016石家庄医学高等专科学校教学实习任务、其他学校教学实习任务，共计50名。承接2015级西藏大学医学院临床教学实习任务，共计学生17名。

医院有教授职称教师4名，副教授职称教师5名。培养硕士研究生2人。参加北京市卫健委专科医师规范化培训的住院医师共计75人，其中一阶段32人，二阶段43人。参加继续医学教育的人员1465人。接收进修生共计47人。举办短期学习班36次，参加人数7200人次。为职工举办学习班115次，脱产学习244人次。到院外进修20人，出国进修4人。录取研究生1人。

科研工作。2019年医院首次获得国家自然科学基金（青年项目）。医院申报中标课题中，国家级项目4项、市级项目5项、区级项目3项、医学会项目2项。在研课题139项。全年结题53项。备案论文总数181篇，SCI（Scientific Citation Index，科学引文索引）文章24篇。备案10部出版物，其中为主编1部、主译1部，副主编2部，其余6部为参编。2个区级重点扶持专科建设结束待评（肿瘤内科、病理科）。举办大型会议5场；组织申报评审5次，邀请评审专家11人次；组织伦理会议12次，伦理培训6次，邀请院外专家授课3人次。

医疗工作。2019年，出院患者36,996人次，病床周转次数38.60次/床，病床使用率93.12%，平均住院日8.83天，住院手术例数9595例，剖宫产率47.54%。实施临床路径的科室22个及病种数量135个。医护比1:1.5，床护比1:0.6。重症监护病房床位数45张。医院通过区级创建老年友善医院评审，开展老年友善医院建设。推进改善医疗服务和医耗联动综合改革工作。6月15日零时顺利完成了医改系统切换工作。推进药品带量采购。重新编写了18项医疗质量安全核心制度的内容，共涉及条款156项。

医院响应国家鼓励医师多点执业的相关政策，依据《中华人民共和国执业医师法》和《北京市医师多点执业管理办法》中的受理范围，2019年共有33名医师在医院进行多点执业。

参与完成2019年国际冰联女子冰球世界杯、2019年国际高校冰球联赛、2018—2019年世界壶联冰壶世界杯总决赛、2019年国际沸雪比赛医疗保障工作，共计4次。

医疗援助。医院成为紧密型医联体试点单位。撰写北京大学首钢医院紧密型医联体建设试点工作方案，协助石景山区在北京市申报紧密型医联体试点示范区。

医院社区紧跟改革步伐改善医疗服务行为，扩大家医服务内涵，为重点人群提供上门服务，为肿瘤患者提供居家安宁疗护，开展医养结合、做好医养康护工作、打造优质功能社区，提供连续性医疗服务。通过双向转诊、建立紧密型医联体建设示范区、医联体内会诊及患教情况，落实改善医疗服务目标。落实分级诊疗，建成一套可复制、可推广的依托紧密型医联体的"三级医院-社区-家庭"慢病防与治体系，实现"让信息多跑路、患者少跑路"的惠民项目。完成上转患者2473人次，下转患者123,018人次。

继续对水钢总医院、内蒙古四子王旗医院、内蒙古一机医院、赤峰宁城中心医院、大兴区中西医结合医院等兄弟医院的帮扶工作。2019年共派驻医师71名，接受进修13人次，开展义诊3次，开展手术105次，进行会诊和疑难病例讨论244次，开展新技术新业务10项，进行手术示教34次，来京参会7人次。

护理工作。医院有硕士学历护士8名，本科学历护士276名。进修2人次，参加专科护士培训14人，外出学习76人次，承担医学院校本科生教育52人，大专生204人，中专生33人。作为北京市首批试点医疗机构率先正式上线开展"互联网+护理"试点居家护理服务。

党建工作。医院设有党委，向平超任党委书记。党支部19个，其中含离退休党支部1个。现有中共党员460人，其中在职党员445人，离退休党员15人。医院各级党组织陆续开展"不忘初心、牢记使命"主题教育实践活动，通过讲党课、参观学习、民主生活等方式加强党员党性修养；认真学习贯彻党的十九届四中全会精神，并结合实际开展工作。

交流合作。获北京市科学技术委员会批准出国（境）培训项目8人。2019年派出医师赴美国学习2人，赴加拿大参加医师师资项目培训2人。主办2019北京西部医学论坛举行，为期2天，设主论坛1个、分论坛4个。举办中韩结直肠癌多学科综合治疗研讨会。

信息化建设。医院建成基于RBRVS（Resource-based Relative Value Scale，以资源消耗为基础，以相对价值为尺度，用来评价医务人员劳务价值及支付医师劳务费用的方法）的医院绩效核算平台，进一步完善医院分配激励机制。完成医院医疗物资耗材的一体化管控，实现条码化全流程追溯管理，严控医院耗材成本。区域互联互通实现北京大学首钢医院信息系统与石景山区社区医院信息之间的互联，完成并推进医联体在线双向转诊。建成远程会诊系统。2019年共取得了7项自主研发软件著作权。

【70周年院庆】 2019年是北京大学首钢医院建院70周年。医院通过整理历史相关资料，编撰《北京大学首钢医院建院70周年画册》、制作建院70周年宣传纪录片及医院院史墙。12月18日，"不忘初心奋勇前行"北京大学首钢医院建院70周年活动开幕式在首钢体育大厦举行。12月18日，北京大学首钢医院建院70周年院庆《医学大师论坛》在医院泌尿楼八层学术报告厅举行，会议邀请北京大学医学部主任詹启敏致辞，邀请清华大学药学院教授鲁白、北京大学分子医学研究所所长肖瑞平、韩国延世大学教授金南奎、生物芯片上海国家工程研究中心教授郜恒骏四位医学家从成果转化、科研论著、学科建设及生物银行建设等方面进行演讲。12月18日，由医院职工组织演出的北京大学首钢医院建院70周年文艺汇演在首钢体育大厦举行。

（何赛男）

国际医院

【发展概况】 队伍建设。2019年，全院职工1941人，医、技、药、护人员1602人，其中，全职医生502人，副主任医师以上核心专家115人，覆盖全院57个科室，已有71%的科室具备独立运行能力，较2018年提升9%。

组织架构。医院设有49个临床科室，14个医技科室，22个职能部门。

院区情况。医院有1个院区，位于北京市昌平区北清路生命科学园生命园路1号，占地面积297亩，建筑面积44万平方米，编制床位1800张，实际开放床位1059张。

学科建设。以"强学科、树品牌、优服务，突出专科特色"为重点，形成"骨与关节疾病中心""妇产医学中心""神经疾病中心""心脏中心""消化医学中心""器官移植中心"等十大临床医疗中心。2019年成为北大医学部口腔颌面外科复杂疑难疾病诊疗基地。

医疗工作。2019年医院医疗收入共计16.21亿元，门急诊总诊疗人次95.68万人，出院人次3.6万人，全院总手术量为2.19万人次，平均住院日8.15天。医保门诊次均费用较上年同期下降2.1%，住院次均费用较上年同期下降1.4%，北京市医保住院结算人次同比增长27.24%，异地医保持卡实时结算人次同比增长12.88%。患者平均就诊等待时间不超过30分钟，医技检查当日完成人次增长10%。

建立科室质控方案，形成临床医技科室监控数据43项，每季度定期发布医疗和院感质控简报，完善6大类43项医疗应急预案和开展应急演练，实现全员CPR（Cardiopulmonary Resuscitation，心肺复苏术）技术培训。实现病历形式内涵双质控，全年甲级病案率99%，无丙级病历。首页编码正确率高于全市三级医院平均水平。

通过12个院级质量与安全目标、124个监测数据、10个院级高风险事件评估及应急预案、46次全院制度培训和应急演练，完善了"以患者安全"为中心的医院质量与安全管理体系。修订感控制度流程242项，成为国内首家完成DNV GL（Det Norske VeritasGermanischer Lloyd，挪威船级社&德国劳氏船级社）感控卓越中心专项认证评审的医院。

开展多学科合作和MDT（Multiple Disciplinary Team，多学科团队协作），消化科获批国家卫健委、财政部医疗卫生机构专科能力建设项目资助100万元。

教学科研工作。完成首届北京大学医学部台港澳临床27名本科生教学任务。2019年获得"北京大学青年教师基本功比赛"一等奖1名，"北医优秀住院医师"3名，"住院医师心中好老师"1名。全年开展继续医学教育培训项目363项，接收国内、外进修医技、护理人员共127人，其中接收坦桑尼亚医护人员共计5名。

全年申报课题获批科技部重点研发计划1项，国家自然科学基金1项，北京市科委首都临床诊疗技术研究及示范应用项目1项，作为参加单位纵向课题2项，横向课题立项12项，作为外协单位的纵向课题3项，批复经费总额400余万元。

与诺思格集团建立了战略合作，共建I期临床试验研究平台。药物临床试验共计开展46项。全年培训考核量达23,674人学时，建立美国心脏协会（AHA）培训基地，开展BLS（Basic Life Support，基本生命支持）及ACLS（Advanced Cardiac Life Support，高级生命支持）培训17次，共计295人次。与北京航空航天大学共建骨科机器人实验室。完成医院图书馆建设。

护理工作。开展院内护士分层培训，规范基础护理技术操作流程及评分标准，完成临床科室实地考核，达标率为95%。专科护士总数占比近10%。通过中华护理学会血液透析、心血管专科护士培训临床教学基地评审，取得首批国家级专科培训基地。

推行护理质量三级管理，全年护理质量检查80余次，合格率达93.94%。完成护理部质量内审3次，持续追踪检查175个项目，完成136项标准化护理计划，4个模块的临床护理路径上线并运行使用。专项推进不良事件管理，开展院内患者安全主题活动，成立院级预防意外跌倒项目组。全年院内跌倒发生率同比下降57.8%。患者院内压疮发生率同比下降69.65%。给药错误发生率同比下降40.43%，患者安全得到良好的保障。

文化建设。实现传播影响力整体突破5000万，签署"一带一路"医学人才培养联盟合作协议，开展医护继续教育合作项目；联合北京市血液中心，开创"生命联盟"献血活动。开展"承源攀新 第五届健走活动"、乒乓球赛、足球联赛、篮球联赛及演讲比赛等文体活动。

党建工作。夯实"实稳优正"的党委结构，完善"高严清好"的工作机制。充分发挥各党支部战斗堡垒作用，通过党支部回头看工作，深入党支部检查调研，规范党支部建设，做好党员队伍教育，落实"三会一课"制度，注重廉政风险防控。开展"党员示范岗"标兵的评选工作。开展"不忘初心、牢记使命"主题教育。

获奖情况。2019年医院入选第一批国家分娩镇痛试点医院。4月1日获批昌平区级危重孕产妇救治中心。6月14日，获批北京市卫健委新生儿先天性心脏病诊断机构。4月12日，由全国医院建设大会举办的中国医院建设奖颁奖典礼中，医院荣获"十年十佳——新医改十年精典医院建筑奖"。

【完成医耗联动综合改革任务】 出台《医耗联动综合改革实施工作方案》，保障改革在医院的顺利执行。改革半年来运行结果显示，药品收入占比由上年同期24.4%下降至22.71%，耗材收入占比由上年同期27.97%下降到24.06%，医疗服务收入占比由上年同期14.49%上涨至18.37%。

【DNV国际医院管理标准评审】 自2017年11月启动，至2019年11月完成DNV国际医院管理标准的认证，以DNV评审为抓手，对标国际标准，结合医院实际情况，建立起符合国际医院管理要求、具有国际医院特色的体系完整、相互关联、职责清晰的三级医院质量与安全委员会管理架构；对医院管理制度和流程进行了全面梳理及修订，依据四个层级、十个维度的制度文件框架体系，形成制度汇编19册，建立了全面完整的医院管理文件及制度体系。通过12个院级质量与安全目标、124个监测数据、10个院级高风险事件评估及应急预案、46次全院制度培训和应急演练，完善了"以患者安全"为中心的医院质量与安全管理体系。同时，成为国内首家完成DNV GL感控卓越中心专项认证评审的医院，建立起全面系统、标准严格、科学有效的感控管理体系，修订感控制度流程242项，根据DNV感染风险管理的18项要素对医院感染管理工作进行全面梳理，按照国际标准开展医院感染风险评估工作。

【"生命联盟"无偿献血季暨无偿献血公益热血跑活动】 11月12日，为进一步倡议广大企事业单位和职工加入无偿献血的公益事业，保障首都冬季淡季临床用血，由北京市卫生健康委员会、北京市红十字会主办，北京市献血办公室、北京市红十字会血液中心、北京市红十字会捐献服务中心、北京大学国际医院承办，昌平区卫生健康委员会、中关村生命科学园有限责任公司共同协办的第三届北京大学国际医院"生命联盟"无偿献血季暨北京市红十字血液中心为爱行动——无偿献血公益热血跑新闻发布会在北京大学国际医院召开。"生命联盟"于2017年由北京市红十字血液中心联合北京大学国际医院、中关村生命科学园倡议成立，旨在倡导中关村生命科学园企业为首都无偿献血公益事业联合行动起来，一起献血、常常献血、每年献血，共助生命。2019年"生命聪明"献血活动共有35家企业参加，共计献血98,420毫升。

（王 磊）

滨海医院

【发展概况】 组织架构。医院设有31个临床科室，11个医技科室，19个行政职能处室，3个群团组织，27个专业委员会。2019年3月27日，天津市滨海新区人民政府与北京大学医学部共建天津市第五中心医院（北京大学滨海医院）签署（第三周期）合作协议。7月3日，经中共天津市滨海新区委员会批准，张骞任医院党委委员、副书记；7月13日，经天津市滨海新区人民政府批准，张骞任医院院长。11月3日，经第三届理事会第三次会议讨论，同意任命裴征、杨万杰为院长助理。

党建工作。2019年医院有37个党支部，共有在职党员394名，离退休党员7名。召开党委会40次，集体研究党建工作21次，集体专题研究廉政行风工作11次，开展党组织书记讲党课40次，民主生活会3次，党支部书记党建工作述职1次，理论中心组学习17次。修订《天津市第五中心医院"三重一大"实施办法（试行）》。开展"不忘初心、牢记使命"主题教育，制定《天津市第五中心医院开展"不忘初心、牢记使命"主题教育实施方案》，组织党委理论中心组及党员集中学习《习近平新时代中国特色社会主义思想学习纲要》《习近平关于"不忘初心、牢记使命"重要论述选编》《中国共产党党内重要法规汇编》；结合党支部联系点，组织医院领导班子成员深入临床一线开展调查研究，向全体党员干部群众征求意见8条。

学科建设。医院拥有15个教研室，1个临床实训中心，1个动物实验基地，1个天津市重点实验室，10个国家级临床住院医师规范化培训基地。4个合作共建重点学科，8个滨海新区医学重点学科，2个滨海新区医学重点发展学科。编制床位1000张。2019年医学部共派出56位专家1000余人次参与手术、查房、会诊等工作，并指导学科建设。

1月30日，滨海新区首例（天津市第3例）注射式植入式心脏监测器（ICM）在心内科成功植入，为心律失常患者提供了更先进的检查方法。2月15日，入选国家级首批罕见病诊疗协作网。3月26日，检验科获中国合格评定国家认可委员会（CNAS）ISO15189实验室认可证书。5月28日，成功完成第一例超声引导下手臂输液港植入术，标志静脉治疗水平达到天津市领先水平。11月9日，成为中国创伤救治联盟成员单位。11月27日，增设全科医病科。11月28日，由中心实验室、小儿内科、小儿外科联合申报的"天津市早产儿器官发育表观遗传重点实验室"获天津市政府正式批复并挂牌成立，标志医院早产儿领域的基础医学研究与临床转化水平步入国际先进与国内领先行列。中心实验室被天津市科技局评为"天津市重点实验室"。12月6日，被国家卫健委脑卒中防治工程委员会授予高级卒中中心建设单位。

医疗工作。2019年，医院门急诊患者154.3万人次；出院患者3.19万人次；完成各类手术和操作4.43万例，其中四级手术5988例；床位使用率89.1%，出院者平均住院日9.3天。开展临床路径科室22个，已纳入病种总数150种，临床路径管理率达到54.99%，完成率达到81.52%。疾病病种数2651，手术病种数1340。

护士总数685人，其中在编护士438人，合同制护士247人；护士中有硕士学历6人，本科学历351人。

制定《天津市第五中心医院国家集采药物工作实施方案》。开展无陪护病房试点工作；移动护理系统、电子病历质控系统、医院感染管理信息系统正式上线并投入使用。增加分级诊疗报到及服务功能，引导慢性病取药患者到社区医院。2月15日，医院开设特需门诊，为患者提供差异化诊疗服务，首批特需门诊有神经内科、口腔颌面外科、肿瘤放化疗、糖尿病及内分泌疾病、皮肤外科、激光美容、消化疾病及内镜治疗、肝胆外科。8月23日至29日，承担全国第十届残疾人运动会暨第七届特殊奥林匹克运动会运动员健康体检和比赛的医疗保障任务。比赛期间，医院共派出医护46人次，提供医疗服务59人次，其中转诊2人。签约医联体心衰中心15家、卒中中心16家。

科研工作。获批国家自然科学基金项目2项，天津市自然科学基金3项，天津市滨海新区卫健委项目5项，获天津市科技成果2项，国家专利13项，填补滨海新区空白13项，在国内专业期刊及核心期刊上发表论文63篇，其中核心期刊目录58篇，SCI（Scientific Citation Index，科学引文索引）论文19篇。

教学工作。完成规范化培训学员培训、毕业生实习等310余人次。举办国家级继续教育项目学习班4个，省市级继续教育项目学习班11个，区院级继续教育项目56个，组织实习医生参加院内临床课程学习28次，派出8名带教老师参加了省市级以上师资培训，派出20名医务人员赴北京大学各附属医院和国内顶尖医疗机构进修学习。

行政管理。探索医疗机构去编制化及财政补偿方式，探讨医院薪酬制度、年薪制、协议工资制，撰写编制总额管理配套方案。完善绩效考核RBRVS系统（Resource-based relative value scale）和成本控制方案，逐步加大人员成本核算比例，实行按岗位进行绩效分配；完成DRGS（Diagnosis Related Groups）管理系统和行政职能科室二次绩效分配方案。完成临床数据中心（CDR）搭建，形成医院数据仓储，实现系统单点登录、数据挖掘分析、患者360全景视图展示等功能；完成PACS系统（Picture Archiving and Communication Systems）、LIS系统（Laboratory Information System）、手术麻醉系统与电子签名认证系统对接。完成新购置64排CT、1.5T核磁机房改造及设备安装调试并正式使用。耗材管理数据分析系统上线投入使用，利用高值耗材柜实现高值耗材日清月结。成立医院经济运营管理委员会，推进公立医院财政基本补助政策改革进程及实施。加强节能降耗管理，2019年节水4913吨，节约水费21,743元；节电135,460度，节约电费104,4862元；节天然气138,329立方米，节约气费621,386元，累计节省168.80万元。获得天津市政府颁发的"节水型单位"称号。坚持全面巡查的主动管理模式，强化物业等外包服务管理及考核力度，确保服务质量。

医疗援助。3月1日选派放射科马春忠，9月2日选派放射科高宗辉赴雄安新区安新县人民医院进行为期半年的医疗援助工作。6月14日，接收安新县医院放射科3名青年骨干医师来院进行为期三个月至半年的进修学习。7月2日，选派党委副书记、纪委书记、副院长吴培东及心内科张成、放射科刘圣源参加天津市第四批青干部队伍，赴青海省黄南州人民医院执行为期一年半的支援工作。8月22日，选派放射科赵坤参加援刚果（布）第26批医疗队，耳鼻喉科任庆参加援加蓬第21批医疗队，执行为期一年的援非任务。

10月10日，选派骨科杨剑、麻醉科孙苏庆赴甘肃省张家川县中医医院，执行为期三个月的医疗援助任务。10月25日，选派普外科徐杰、眼科张海霞、儿科王霞赴青海省黄南州泽库县医院，执行为期半年的医疗援助任务。

队伍建设。 2019年共有在岗职工1558名，其中在编1019名，合同制539名。有博士17人，硕士367人。硕士研究生导师1名，高级技术人员192人。1人入选"131"创新型人才培养工程第一层次，23人入选第二层次，25人入选第三层次。2人入选"天津市青年医学新锐"；6人参加首届"天津名医"遴选。与北京大学继续教育学院共同举办为期半年的国家级继续医学教育项目"北京大学医学部现代医院管理职业化培训班"，120名中层管理人员获得结业证书。

基本建设。 医院远期建设规划方案已获滨海新区政府批复。在建新门急诊楼项目及连通口（对接连廊）项目进入精装修施工阶段。

【**70周年院庆**】 2019年是医院建院70周年。医院以"厚德精医七十载、合作共建迎未来"为活动主题，先后开展大型义诊、摄影演讲比赛、庆祝表彰等系列活动。10月31日，医院图片展长廊正式揭幕。

11月3日，在滨海文化中心举行"和祖国共成长"北京大学滨海医院建院70周年庆祝表彰活动。滨海新区区委副书记、区长杨茂荣，中国工程院院士、北京大学常务副校长、医学部主任詹启敏，中国工程院院士、泌尿外科专家郭应禄，中国工程院院士、泌尿外科专家孙颖浩，中国工程院院士、国医大师石学敏，天津市卫健委党委书记、主任王建国，滨海新区副区长梁春早、赵永强出席。在活动上，"北京郭应禄无创微能量医学研究院天津分中心"挂牌，郭应禄亲自为中心揭牌，标志着北京大学滨海医院承接的天津市和北京大学市校合作的第一批具体项目落地。第十届、十一届全国人大常委会副委员长，第十二届全国政协副主席，中国科学技术协会名誉主席韩启德为医院题写院训"厚德精医仁爱济世"。

（裴　征）

校医院

【**发展概况**】 **队伍建设。** 2019年医院职工362人，其中在编职工94人，劳动合同制人员268人；卫生技术人员321人，其中医师137人，护士145人；正高级职称5人，副高级职称49人。2019年正式调入2人，退休5人。2019年医院派出学习进修培训4人。

组织架构。 医院设有24个临床科室，6个医技科室，25个职能和管理科室。口腔科、体检科、血液透析室为医院特色科室。

医政管理。 2019年医院医疗机构执业许可证新增临床免疫血清学科目；共完成医师执业变更注册6人次、多执业机构备案26人次，护士执业首次注册10人、延续注册33人次、执业地点变更8人次。2019年医院成为海淀区肿瘤医联体成员单位，被评为北京市基层血管健康管理中心示范单位。

临床医疗工作。 2019年门诊量464,853人次，同比增长1.22%；日均门诊量1988人次，同比增长6.48%；急诊量30,498人次；住院量409人次。2019年健康体检38,452人次，发现教职工健康重大问题并追访810人，筛查确诊肿瘤34人；追访学生体检异常358人；为无社会养老保障老人及精神疾患病人免费体检52人次。2019年口腔科共接诊101,863人次，开展牙齿种植等手术769例，激光治疗10例，为中小学、幼儿园学生进行免费口腔检查及操作共5650人次，其中涂氟3806人次、窝沟封闭841人次（牙数1447颗）。至2019年底透析人数58人，2019年全年透析8041人次。2019年医院超声科诊断并经上级医院临床证实或手术诊断肿瘤共51例。

2019年院长业务查房12次，门诊病历、住院病历及处方督导、检查48次，护理查房12次，召开医疗质量管理会议6次，医疗应急演练6次，全年住院甲级病历合格率100%。

学校卫生医疗保障。 2019年医院在"4·29青春长跑""19级新生军训""国庆70年方阵"等学校活动中共派出医疗保障人员173人次，保障师生万余人。国庆70周年重大活动医疗保障受到北京市、学校表彰，姜天乐被评为"北京市筹备和服务保障中华人民共和国成立70周年庆祝活动先进个人"。

2019年医院对师生37,262人次进行"甲肝""乙肝""麻腮风"等9种疫苗接种，保证学校传染病防控体系健全；"疫苗与健康"微信公众号推送传染病防控及疫苗接种常识19次，师生阅读量172,833人次；对师生需求强烈的HPV疫苗予以接种，接种率远高于社会及其它高校；及时处理学校突发传染病聚集病例，为高校传染病防控积累防控经验，校园公共卫生管理与疫情防控工作成为北京高校典范。

2019年医院继续开展教职工家属区医疗巡诊服务，开展家庭巡诊及上门医疗服务1313人次。10月，医院采取定期巡诊方式对接承泽园养老服务驿站，解决离退教职工常规医疗就诊问题。

公费医疗管理。 2019年学校公费医疗拨款106,296,917.37元，北京市拨款62,238,200元，总支出168,535,117.37元。2019年公费医疗门诊报销13,917人次，报销金额20,828,559.48元；住院报销2242人次，报销金额48,437,844.48元。

6月，学校顺利通过北京市医保局公费医疗经费专项审计。6月，学校试行增加北京大学第一医院、北京大学人民医院为学校合同医院。7月，公费医疗住院报销采用"投递式报销"，一定程度上减少师生报销时间。8月，对享受公费医疗师生开通校园卡就诊功能，实现校园卡医院就医"一卡通"，同时医院自主开发开通校园卡就诊账户线上充值功能。

社区医疗工作。1. 传染病管理。医院常年对辖区居民提供疫苗接种服务，2019年预防接种人数49,254人，同比增加55%；其中流感疫苗接种4880人，减少社区暴发流感风险；对辖区内传染病进行流行病学调查及密接者管理。

2. 家庭医生签约服务。至2019年底，医院对辖区居民进行家庭医生签约服务46,687人，签约率97.77%，其中："四类慢病"签约5049人，65岁及以上老年人签约3842人。建立辖区居民健康档案58,483份，其中：学生32,624份，居民25,859份。

3. 老年人、慢性病社区健康卫生管理。至2019年底，医院对辖区65岁及以上老年人进行社区卫生健康管理5694人；规范管理高血压病人4247人，管理达标4708人；规范管理糖尿病病人2030人，管理达标1265人；规范管理冠心病病人2410人；规范管理脑卒中病人1286人。

4. 妇儿社区健康卫生管理。2019年医院辖区0—6岁儿童健康管理人数541人，健康管理率97.65%；儿童系统管理人数528人，系统管理率95.3%。2019年医院辖区产妇人数270人，围产儿数271人，产妇产后访视率95.6%，住院分娩率100%，高危孕产妇169人，高危管理率100%，孕妇早检率98.6%，孕妇早建册率86.0%，产妇检查率100%。

5. 健康管理宣教。2019年医院对辖区共开展健康教育大课堂66次，发放健康宣教折页、宣传单等46种共计13,480份，发放自制宣教材料12种共计13,100份，发布健康教育微博2025条，发布健康教育微信33条，发布健康科普文章15篇，举办14场健康咨询，全年受益人数超4万。

科研工作。2019年医院参加"国家重大公共卫生专项""国家自然科学基金"、北京大学、各省市级项目共计9项。继续与日本渡边牡蛎社合作，开展DMHBA相关课题研究。2019年发表论文4篇。

教学工作。2019年医院继续承担本科生"大学生健康教育"15学时、2学分公选课，共有65名同学参加学习，综合成绩合格率100%，优秀率55.38%。医院指导的北京大学红十字会学生分会被评为"北京大学2019年度优秀学生社团称号"；2019年共开展急救培训讲座4次，参与学生617人；开展防艾同伴教育、主题宣传6次；12月举办"首都高校第四届防艾主题活动"，共有50所高校，近500人参加；2019年组织开展无偿献血6次，共有596名师生捐献全血697.25单位，血小板17单位。

学术会议。5月17日，医院承办2019年世界高血压日主题活动暨"健康血压校园行"系列活动启动式。5月17日至19日，医院与北京大学第一医院共同举办"血管通路"第三届培训班。7月25日至27日，医院与北京大学人民医院共同举办"毛发与皮肤美容新进展学习班"。2019年医院各种业务讲座、培训47场次，全院医务人员305人完成在职继续教育学习，达标率100%。

医疗合作。2019年，北京大学附属医院专家诊区出诊专家共计64人，出诊单元467个，接诊学校师生6297人次。在现有附属医院派出专家基础上，医院聘请市属三甲医院专家6人来院出诊，完善附属医院专家诊区科室结构。6月，实现在附属医院专家诊区一站转诊三家附属医院，同时可为师生预约三家附属医院门诊号源。

医改工作。2019年，医院顺利完成北京市"4+7药品带量采购改革"和"6·15医耗联动改革"工作。通过改革，医院规范服务收费、取消耗材加成，向内涵质量效率型发展，保障师生就医需求。

基础设施建设。1月，医院实现在学校网站个人门户查询师生体检报告，方便师生关注自身健康。7月，医院氧气站改造完成并投入使用，由液态氧瓶替代气体钢瓶，并增加远程监控等安全设施，提高医院及患者用氧安全性。7月，医院信息系统版本升级，提高医生工作效率和患者就医体验，促进医疗质量进一步标准化、规范化。10月，医院对就诊排队叫号系统进行升级，优化诊疗秩序。12月，医院配合学校将医院食堂改造为学校食堂，未来将方便学校北区师生就餐。2019年，医院招标采买设备物资9次，新增固定资产5,036,949元，至2019年底，医院固定资产总额36,965,878元。

党建工作。2019年发展党员2名，预备党员转正1名，转入组织关系2名，转出组织关系2名。至2019年底，医院党员145人。

医院严格按照学校党委要求，制定开展"不忘初心、牢记使命"主题教育实施方案，认真组织医院领导班子和理论学习中心组成员学习贯彻习近平新时代中国特色社会主义思想，坚持读原著、学原文、悟原理，深入学习领会《习近平关于"不忘初心、牢记使命"论述摘编》、习近平总书记在出席庆祝中华人民共和国成立70周年系列活动时的重要讲话、在党的十九届四中全会上的重要讲话等重要讲话，学习党章党规，有计划组织医院领导班子和医院党委理论学习中心组等集中学习14次，邀请校内外知名专家教授理论辅导讲座4次，坚持党委书记上党课，学习贯彻党的十九届四中全会精神，开展知识竞答等，达到理论学习有收获、思想政治受洗礼、干事创业敢担当、为民服务解难题、清正廉洁作表率的目标。深入基层开展调查研究8次，形成专题调研报告4份；问题检视辅导督导2次，汇同学校巡察反馈意见共检视摆出各类问题13类31项，全部纳入到整改整治范畴，建立整改台账，明确整改时限和责任人，建立长效整改机制。

严格落实全面从严治党主体责任。履行党委工作职责，以高度的政治责任感，配合学校党委对医院的巡察工作，并按规定落实学校党委巡察整改工作要求，认真制定《医院落实学校巡察整改工作方案》，建立《整改任务台账》，明确整改责任和整改时限，做到即知即改，立行立改。加快完善医院制度建设，修订和完善《北京大学医院党委工作规则》《北京大学医院党政联席会议制度》《北京大学医院党政领导班子落实"三重一大"决策制度实施办法》《北京大学医院党风廉政建设责任制度》等核心制度，严格执行民主集中制和"三重一大"制度。按规定召开民主生活会，开展谈心活动，认真开展批评与自我批评。

定期召开党风廉政建设工作会，强化领导干部"一岗双责"和"谁主管，谁负责"班子成员分管责任。在医院职工中认真开展"廉洁教育"培训，与医院职工签订"医务人员廉洁行医承诺书"。在医院中层干部及关键岗位人员中，开展党风廉政建设警示教育，强化干部、职工纪律意识和规矩意识，筑牢廉政建设和廉洁行医的"防火墙"。

加强医院党组织自身建设。制定和完善医院理论学习中心组学习制度，坚持每周四下午召开党政联席会和每月召开医院党委会和支部书记例会，做好职工职务职称晋升有关思想政治和医德医风综合考评及年度职工医德医风评定工作和全院职工年度考核工作。2019年召开医院党委扩大会及支部书记例会19次，医院党员大会3次，医院党政联席会以及落实学校巡察整改专题会13次。加强支部建设，认真做好职工党支部届满换届工作。严格落实"三会一课"制度，认真开展支部间联合党日活动。加强党员学习教育，开展"不忘初心、牢记使命"主题教育延安行、"延安精神永存"支部座谈交流会和职工党员座谈交流会，聘请知名教授进行专题理论辅导等特色活动。参观北京大学主办的"弘扬红楼传统争做教育标杆"展览"伟大历程，辉煌成就"大型展览。加强作风建设。严格贯彻中央八项规定精神，严格执行公务接待标准和办公用房及公车使用管理规定，自觉抵制不良风气影响。

群团工作。医院工会小组16个，会员261人。2019年组织工会会员、职工春游、秋游、徒步健身、艾滋病宣传、义诊等活动6次；组织医院职工参加北京大学教工运动会团体操表演；双节慰问困难职工2人。2019年医院关心慰问走访离退休职工32次；组织离退休职工"党日活动""重阳节游园"等活动5次。当选共青团北京大学第十九次代表大会代表1人。

医院文化建设。医院在第108个国际护士节和第2个中国医师节上鼓励全院医护人员维护医护队伍良好形象，营造尊医、重医社会氛围，构建和谐医患关系。2019年医院组织医护人员参加学校重大活动保障，在活动中感受五四精神，感悟新中国成立70年巨大成就，知史爱党、知史爱国激励全院医护人员自觉践行初心和使命。

行风建设工作。医院强化医疗质量管理，以临床路径为抓手，规范医疗行为，保障医护核心制度落实，加强患者安全，加强医德医风教育，培养职工爱岗敬业精神和职业操守。10月29日，组织召开校内监督员座谈会，征求师生意见和建议。2019年收到师生患者表扬信28封，锦旗10面；门诊患者满意度97%，住院患者满意度98%。

【校医院巡诊室成立】 校医院为配合学校首家社区养老驿站——承泽园社区养老驿站工作，与燕园街道办事处在前期调研基础上，采取在养老驿站设置巡诊室的方式，解决社区居民基础医疗服务需求。10月15日，巡诊室（承泽园）正式接诊，为北大社区内老年人提供更加便捷化、精细化基础医疗服务，真正打通服务教职工，尤其是老年教职工最后一公里，是医院在探索为北大社区老年人提供高质量居家养老服务的有益尝试。

【公费医疗投递式报销】 7月，学校公费医疗住院费用报销开始采取投递式报销。学校目前执行公费医疗政策，受客观条件限制，师生公费医疗报销仍采取人工报销方式，报销等待时间较长。医院与财务部共同会商，开展公费医疗住院费用投递报销工作。此项工作开展在一定程度上提高公费医疗报销审核效率，减少师生等待时间，报销费用通过财务部直接汇入师生绑定银行卡，减少师生往返报销次数。

【校园卡开通医院就诊功能】 为落实教代会精神、响应财务部"无现金校园"号召、充分开发校园卡一卡通功能，医院联合学校多部门开通校园卡医院就诊功能。9月，校园卡替代就诊卡、校园卡就诊账户在线充值工作就绪，向全校师生开放校园卡医院就诊功能。此举减少现场师生排队等候时间，方便师生。

【学校重大活动医疗保障】 2019年多项学校重大活动医疗保障由医院派员全程参加。医院严格按学校部署要求成立"4·29青春跑""国庆70周年方阵"重大活动医疗卫生保障工作组，严格按照"统一指挥，预防为主；快速反应，迅速控制；提前介入，确保安全"的工作原则，积极做好重大活动医疗卫生保障工作，确保重大活动顺利进行。

（姜天乐）

其他单位

图书馆

【发展概况】 组织机构。1月8日，学校任命陈建龙为馆长，别立谦、刘素清、童云海、姚晓霞为副馆长。6月，《北京大学图书馆组织机构调整方案》完成并实施，成立文献资源服务中心、古籍资源服务中心、特藏资源服务中心、知识资源服务中心、数据资源服务中心、协同服务中心、计算服务中心、综合管理中心以及6个挂靠机构。其中综合管理中心下设7个办公室：综合办公室、发展与改革办公室、人事与馆员发展办公室、后勤保卫办公室、用户关系办公室、科研管理办公室、分馆管理办公室。6个挂靠机构分别为：CALIS（China Academic Library & Information System，中国高等教育文献保障系统）管理中心、CASHL（China Academic Humanities and Social Sciences Library，中国高校人文社会科学文献中心）管理中心、教育部高等学校图书情报工作指导委员会、中国图书馆学会高等学校图书馆分会、北京大学数字图书馆研究所、北京大学亚洲史地文献研究中心。

2019年完成图书馆学术委员会、岗位聘任委员会换届工作，制定《北京大学图书馆2035愿景与2019—2022行动纲领》，修订《北京大学图书馆学术委员会章程》，完成并实施《北京大学图书馆岗位聘任工作方案》，构建职责清晰、合理高效的馆员职位分类管理体系。

党建工作。4月18日，中共北京大学图书馆委员会党员大会召开，选举产生新一届党委委员。同日，在新一届委员会第一次全体会议上，选举郑清文为党委书记、周春霞为党委副书记。图书馆党委现有书记1人，副书记1人，党委委员11名。共有教职工党员171人，其中在职教职工党员93人，离退休教职工党员66人，合同制党员12人。2019年10月，图书馆完成机构调整之后，随之开展支部调整和换届工作。设立教工党支部9个，其中包括文献中心支部、古籍中心支部、特藏中心支部、知识中心支部、数据中心支部、协同中心支部、计算中心支部、综合中心支部、项目中心支部（由CALIS管理中心、CASHL管理中心共同组建）。2019年图书馆共发展党员1人，有1名预备党员转为正式党员。

图书馆党委认真开展"不忘初心、牢记使命"主题教育，举办了理论学习讲座、专题理论研讨、调研座谈、爱国主义教育参观等活动。依托特藏资源服务中心举办"纪念五四运动一百周年文献图片展"和"不忘初心 牢记使命——纪念李大钊先生诞辰130周年文献展"。深入学习宣传贯彻党的十九大精神、十九届四中全会精神、北京大学第十三次党代会精神，认真贯彻落实全国教育大会等系列重要会议精神，进一步筑牢"四个意识"、坚定"四个自信"、做到"两个维护"，实现"学思用贯通、知信行统一"，提升理论联系实际、指导实践的能力。完成6个基层党建创新立项项目结项工作，其中包括1个重点项目，2个一类项目。探索支部共建，加强主题联学，开展综合支部与保卫部支部共建、古籍特藏支部与新华社阿语支部共建。通过支部共建，探索合作机制，提升业务能力和服务质量。2019年，图书馆党委获评"北京大学党务和思想政治工作先进集体"，这是自2013年来连续4次被授予该称号。

队伍建设。2019年，图书馆共有事业编工作人员149人，合同制工作人员66人。其中正高级职称19人、副高级职称51人、中级职称63人。全馆工作人员博士学历20人，硕士学历103人，本科学历61人。2019年入职6人，退休5人。

资源建设。深化学科采访，着力推进交叉学科资源建设，加强特色资源和古籍资源的保护、整理与开发，提升资源综合保障能力。引入采购代理机构，完成图书馆总馆和医学分馆中外文纸质书刊共8个标的的招标工作；规范电子资源采购、揭示与服务流程。推行电子资源单一来源文献资源的采购公示制度并完成5批中外文电子资源的单一来源采购公示。落实电子资源推荐购买和续订评估的论证流程，加强资源建设的规划化运行。

以中国社会科学出版社、社会科学文献出版社为试点，探索向出版社按单一来源采购图书的单采模式，优化采购业务流程，提高重点出版社的到货速度和到货率。截至12月中旬，已完成社科文献出版社新书847种（1621册）、中国社科出版社新书1018种（2016册）的采编工作。

增强特色馆藏建设，购入《李大钊同志遗墨》，接受侯仁之、段宝林、柳鸣九、安南等多批名人赠书2542种。

文献资源组织与揭示。2019年，总馆普通图书编目73,238种，其中中文图书56,056种、外文图书17,182种，完成期刊编目78种。荣获CALIS联合目录馆藏数据建设先进单位奖，中文、西文、小语种、日文数据库、俄文数据库建设先进单位奖。

针对未编古籍进行整理厘清。清点3种大型古籍（《谕折汇存》186函1757册、《华制存考》72函446册、《阁钞汇编》169函672册）；完成以明版书为主的未编善本典籍的编目258种1071册，其中元版4种9册，明版典籍247种1036册，清版6种25册，民国影印本1种1册；完成拓片回溯编目1500条，增加内容包括校对发布图像、增加首题、额题等客观题名检索点。

总分馆建设。召开北京大学文献保障与信息服务发展委员会换届筹备工作会议，讨论并通过《北京大学文献保障与信息服务体系管理办法》，推动总分馆体系建设。

摸底清查全校古籍，开展分馆古籍调查，统筹规划分馆古籍编目工作。对历史学系、中国语言文学系等8个院系、中心线装古籍摸底汇总，共5万余册；并为历史学系藏古籍制作简编目录。

古籍保护与特藏整理。开展古籍保护科学研究。建立传统手工纸标准样品库，开展修复用纸性能检测、重度破损古籍脱酸、函套荧光白度和酸碱度检测等工作。

完成北大文库47位名师论著、照片、传记资料、手稿、手迹、书信等的整理和著录；完成《燕京大学图书馆馆藏本校毕业论文》（1923—1941年）整理录入，并上线燕京大学毕业论文数据库；开展馆藏晚清民国期刊签名、印章等信息的收集与整理工作，对相关期刊进行逐本筛选，已挑选出253册，并已完成148张图片的高清扫描；对侯仁之本年度赠书中带有题记批注者进行了整理和扫描。

协同服务。开展各项信息素质教育。2019年，共开展一小时讲座系列培训累计94场1806人次，专场培训25场919人次；2019年10月，邀请业界专家为北大师生举办SPSS（Statistical Product and Service Solutions，"统计产品与服务解决方案"软件）应用系列培训，共有80名师生参加培训。

提供情报研究服务。2019年，完成5期《未名学术快报》；完成北京大学学科国际评估第三方报告——心理学和公共卫生学科报告、光华管理学院订制的学术影响力分析报告、北京大学学科前沿报告（人文社科）、研究生院研究生学术成果评估和学科评估数据获取测试等项目。累计完成查收引报告1305份；查新报告和审核查新报告147份。

开展知识产权信息服务。2019年，北京大学图书馆入选首批高校国家知识产权信息服务中心。完成工学院、现代农学院、软件与微电子学院、国家发展研究院和信息管理系等院系师生的知识产权数据支持、咨询等服务14项；通过微信公众号和官方微博等渠道推送专利检索技巧和案例4期；完成《未名学术快报》知识产权专版1期；开展知识产权信息培训共计5场；为地方经济、知识产权管理部门、教育部门提供服务共计6项。

信息化建设。重点实施用户导向的线上图书馆系统建设，开发线上保存本室内阅览系统，昌平储存馆报刊、工具书在线预约系统，特藏、古籍图书线上服务系统，架位码管理系统。推进图书馆官方微信公众号移动服务开发，整合图书检索、借书查询、预约续借、借阅信息提醒、活动预约等功能。

推进馆藏数字化与长期保存工作。开展《数字大仓文库》数据库项目的文献数据采集工作；推进馆藏拓片数字化，截至12月1日，馆藏拓片书目数据共29,931条有图像，共发布图像72,844幅。负责国家数字科技文献资源长期保存体系（NDPP）北京大学节点系统维护与摄入插件开发、数据摄入等工作；签署Elsevier SD长期保存主协议；开发Brill电子书摄入插件，摄入并保存2018年及以前订购的电子书共计2547种。

完成由科研部牵头的科研管理综合信息系统（SCIMS）成果子系统模块。提供学术成果收集、认领、统计、导出、成果管理和统计分析服务。

助力教学。与人文学部合作，将馆藏原本古文献用于实际教学，图书馆员以专业讲座形式参与教学活动。2019年度与中国语言文学系、历史学系、外国语学院、考古文博学院合作开展古籍原典嵌入教学系列活动8次。与中国语言文学系古典文献教研室达成合作协议开展嵌入教学，包括3门本科生课程，6门研究生课程。

校园文化建设。推出阅读马拉松、北大读书讲座、文化工作坊等系列讲座和展览，促进文理交融，拓展研究视野。阅读马拉松活动被评为"2018年阅读推广优秀项目""2019年全国高校信息文化与素养教育优秀案例一等奖"。

以迎新季、读书月、毕业季为契机，打造活动矩阵，建立从开学到毕业、从学习到科研的全方位服务体系。

科研工作。2019年，图书馆（总馆）科研项目总数为25项，其中新立项9项，完成6项。"民国时期北京大学对中国图书馆事业的贡献研究（范凡）""助力'双一流'建设的高校图书馆学科服务创新研究（吴爱芝）"2个项目获得国家社科基金立项。图书馆（总馆）共有78项成果，其中专著、译著等12本，英文论文4篇（SSCI论文1篇），中文期刊论文56篇（核心期刊论文38篇，其他论文18篇），会议论文、报纸等6项。北京大学数字图书馆研究所在研课题8项（其中新增横向课题2项），课题经费入款共计133万元。

社会服务。CASHL中心继续推动全国范围的人文社科文献信息资源共建共享。统筹订购外文印本期刊2116种，外文电子数据库16个，外文印本文专图书总计4093.3万元。落实CASHL服务转型，构建"E-first"服务框架，实现CASHL平台从以印本文献为主的文献服务转向以直接全文下载和智能调度为主的智慧服务。

CALIS中心持续推进"建设信息时代新一代图书馆"的规划。研发新一代图书馆服务平台（CLSP），构建开放互联、可动态扩展的图书馆云服务平台；贯彻落实《国家职业教育改革实施方案》，全力推动高职院校信息素养教育。

高校图工委秘书处协助图工委开展工作，对全国高等学校图书情报事业进行咨询、研究、协调和业务指导。

交流合作。6月14日，根据《北京大学支持山西大学建设与发展实施方案》，北京大学图书馆、山西大学图书馆签署战略合作协议。接待山西大学馆领导及业务骨干一行14人到馆交流学习。接待西藏大学图书馆、西藏民族大学图书馆、西藏农牧学院图书馆、西藏藏药大学图书馆的9名馆员跟岗学习。完善外事管理制度，制定《图书馆因公出国审批与管理细则》草案。组织馆员参加国际学术交流访问。公派出国16人次，公派访问学者1人次。接待国际及港澳台专家学者到馆交流访问163人次。

工会工作。2019年，图书馆工会组织"不忘初心，砥砺前行"拔河比赛、"秋游慕田峪长城"等活动，并联合图书馆离退休工作组开展"80整生日老师集体祝寿活动""秋游植物园"等活动。组织教职工参加运动会、游泳比赛、乒乓球比赛等活动。2019年获得北京地区高校图书馆第十一届运动会亚军、全校运动会总分第二名、2017—2018 年度北京大学模范工会委员会、2018 年度北京大学工会群众体育工作先进单位、北京大学离退休工作先进集体等成绩和荣誉称号。

【图书馆 2035 年愿景与 2019—2022 年行动纲领】 2 月，图书馆发布《北京大学图书馆 2035 年愿景与 2019—2022 年行动纲领》。为积极融入学校"双一流"建设伟大征程、建成世界顶级的大学图书馆，经图书馆"四下四上"深入研讨以及在全校机关院系主要领导和师生代表、国内外同行专家中征求意见后，以此纲领为指引，确立了"用户导向、服务至上"的办馆理念和"全心全意、服务用户"的服务宗旨，明确了"固本应变、服务转型、综合改革、立杆引领"的建设方针，努力开创发展根基更坚实、新型服务更有效、综合改革更深入、引领作用更突出的新局面。

【文献保障与信息服务发展委员会换届筹备工作会议召开】 11 月 12 日，北京大学文献保障与信息服务发展委员会换届筹备工作会议在北京大学英杰交流中心召开，来自学校各院系及职能部门有关负责人和学生代表共 30 人出席会议。会议围绕修订《北京大学文献保障与信息服务体系管理办法》、文献保障与信息服务发展委员会换届方案以及总分馆体系建设发展等内容进行深入讨论。北京大学图书馆馆长陈建龙就此次《北京大学文献保障与信息服务体系管理办法》的修订背景和重要变化做了说明，包括体系核心思想的延续，文献信息服务体系的定义、定性和定位，指导思想和主要任务，总分馆职责分工及文献信息体系的机构设置。北京大学副校长王博指出北京大学文献保障与信息服务体系是由图书馆总馆和 41 个院系分馆、4 个院系资料室、法律图书馆组成的。要管理好这样一个体系，需要制度建设的完善来提高工作的确定性和预定性。与会代表提出目前起草的管理办法明确了文献信息服务体系的建设方向、建设任务和各方职责，给全校的总分馆体系建设提供了业务和管理规范，有利于发挥图书馆的文献保障、文化教育和信息服务职能，同时，也对进一步完善该管理办法、细化相关术语的界定等提出宝贵意见。

【"纪念五四运动一百周年文献图片展"】 4 月 23 日，"纪念五四运动一百周年文献图片展"在图书馆中厅开展。此次展览包括展板和实物两部分。展板部分包括"五四运动爆发的背景""五四运动的爆发""事件的发展及各界响应""'五四'爆发后新文化运动的深入发展""五四运动与中国共产党的成立"五大部分，以文字、图片的形式介绍五四运动的历史背景、发生经过和重大影响。展板图片主要来自北京大学图书馆藏民国旧报刊，同时也得到北京新文化运动纪念馆、美国杜克大学图书馆、北京大学教育学院蔡磊砢教授的大力支持，其中包括北京政府任命蔡元培为北京大学校长的任命状、西德尼·甘博拍摄的五四运动演讲等珍贵照片。实物展览方面，展出了揭示五四运动前因后果的民国报刊，以及民国时期名人回忆纪念五四运动的文章，为观展者提供了解五四运动细节和思考五四运动意义的资料，发人深思。

【纪念李大钊先生诞辰 130 周年文献展】 10 月 26 日，"不忘初心 牢记使命——纪念李大钊先生诞辰 130 周年文献展"在图书馆一层中厅开展。本次展览由图书馆主办，将李大钊先生诞辰 130 周年纪念活动与"不忘初心、牢记使命"主题教育相结合，旨在通过李大钊任北京大学图书馆主任期间主持引进的马克思主义文献，缅怀李大钊同志为马克思主义传播和中国共产党建立作出的卓越贡献，从中体会中国共产党人为中国人民谋幸福、为中华民族谋复兴的初心和使命的孕育过程。本次展览以新发现的李大钊任主任期间"国立北京大学西文书登录簿"（1919 至 1920）为线索，分"马克思主义""各种社会主义思潮""俄国革命与俄国问题""李大钊与亢慕义斋藏书""影响青年毛泽东信仰马克思主义的三本书"五个主题，以文献和展板相结合的方式进行了深入的介绍和揭示。

【纪念图书馆学家刘国钧先生诞辰 120 周年学术研讨会】 11 月 13 日，由北京大学图书馆、北京大学信息管理系联合举办的纪念图书馆学家刘国钧先生诞辰 120 周年学术研讨会在北京大学召开。会议以"图林硕望，薪火相承"为主题，围绕刘国钧先生学术成就、生平事迹、业界贡献和人文精神进行了深入学术交流与研讨。来自北京大学图书馆、北京大学信息管理系、国家图书馆、南京大学信息管理学院、甘肃省图书馆、武汉大学图书馆、南京大学图书馆、江南大学图书馆等单位的 30 余位专家学者出席会议并发言。研讨会为进一步深入梳理刘国钧先生的图书馆学学术造诣、思想脉络、实践经验及治学精神等提供了一个良好平台，也为推动新时代下中国图书馆事业发展与图书馆学研究的不断进步贡献了新的力量。

【提高跨学科研究的文献保障能力】 图书馆不断加强学科采访的创新与深化，着力交叉学科资源建设，为跨学科研究提供坚实的文献支撑。配合人文学部开展的"古典语文学"跨学科项目，加强对古典学文献资源的系统性建设。引入 Brill 西方古典学 3 个数据库；订购著名出版社德古意特推出的 380 卷的外文纸本大型文献——古典学论文集丛书。联合中国语言文学系、外国语学院、历史学系、考古文博学院、中古史中心、社会学系、数学科学学院、物理学院、化学与分子工程学院、信息科学技术学院等院系，订购学科建设急需的数据库资源和大码洋图书，提升学科文献资源的支撑度。联合医学分馆推进数据库资源共建共享，加强校本部与医学部之间的深度融合，使全校资源共建共享跨上新台阶。

服务学校"区域与国别研究"的全方位布局和学科体系建设，增强文献资源建设的系统性和前瞻性。引进 Adam Matthew Digital、ProQuest、Taylor & Francis 等学术出版公司"区域与国别研究"相关的历史文献类系列数据库，初步建成西文历史档案文献资源体系。深度契合国家"一带一路"倡议，协助沙特国王分馆开展"中东研究"的文献资源建设，拓展阿拉伯语文献建设。与北大日本研究中心、德国研究中心合作，订购了日文和德文的学术数据库资源。

【**入选首批高校国家知识产权信息服务中心**】 2019年初，国家知识产权局、教育部联合开展了首批高校国家知识产权信息服务中心遴选工作，经自主申报、初步筛选、专家初评、现场答辩、名单公示等环节，确定了首批23家高校国家知识产权信息服务中心。北京大学知识产权信息服务中心作为北京大学图书馆内设机构成功入选。北京大学知识产权信息服务中心充分发挥图书馆信息资源和人才资源优势，不断丰富知识产权信息服务内容，为知识产权的创造、运用、保护、管理提供全流程服务，支持北京大学的"双一流"建设，促进北京大学产学研协同创新和科技成果转移转化，支撑国家创新驱动发展战略和知识产权强国建设。

【**馆藏大型古籍善本《大仓文库》数字化项目正式启动**】 5月13日，图书馆与北京大学出版社签署馆藏大型古籍善本《大仓文库》数据采集协议，由图书馆数据资源服务中心承担《数字大仓文库》数据库项目的文献数据采集工作。5月22日《大仓文库》的数据采集工作正式启动。

【**基础服务再上新台阶**】 2019年，图书馆开馆时间进一步延长，单周最长达122.5小时，除去七个法定节假日外，全年连续开馆。为满足广大同学复习迎考需求，图书馆秉承"用户至上，服务至上"的初心，在考试季将部分阅览室开放时间延长到24点，延长开放服务由图书馆党员志愿者、新入职馆员及知识中心的老师携手接力完成。为满足师生教学、科研和学习的需要，图书馆取消寒暑假周末闭馆的传统，实现除法定节假日外，零闭馆服务。

12月23日，图书馆决定完全取消图书逾期使用费。图书逾期使用费的取消，不仅是图书馆转变服务思路、以鼓励师生用书为核心服务理念的重要体现，同时也是突破以往"以罚代管"的简单管理方式，向着以人为本、以教育为纲的现代化管理方式而迈出的重要一步，为今后优化用户信息服务、推进现代大学图书馆制度建设奠定了重要的基础。

（邵亚雄）

【**附表**】

表12-1　北京大学图书馆2019年度新增文献资源统计

项目		中文		外文		总计	
		（种）	（册/份/个）	（种）	（册/份/个）	（种）	（册/份/个）
实体资源	普通图书	44,171	94,988	18,406	19,183	62,577	114,171
	期刊	2855	6866	1457	1134	4312	8000
	报纸	121	800	16	0	137	800
	学位论文/博士后出站报告	—	—	—	—	7649	7649
	拓片	—	—	—	—	782	1028
电子资源	多媒体	—	—	—	—	214	304
	数据库	213	213	287	287	500	500
	电子期刊	31,372	31,372	38,268	38,268	69,640	69,640
	电子报纸	470	470	974	974	1444	1444
	电子图书	1,004,906	1,004,906	561,595	561,595	1,566,501	1,566,501
	电子学位论文	10,880,406	10,880,406	762,881	762,881	11,643,287	11,643,287

注：1. 普通中文图书：包含内地版普通中文图书、年鉴方志、线装书籍、港台图书。
　　2. 报刊的册数为装订后的合订本册数。

（图书馆）

表 12-2 2015—2019 年北京大学图书馆读者服务总体情况统计

统计项目＼年份	2015	2016	2017	2018	2019
入馆人次	2,084,103	2,071,188	1,482,313	1,216,252	1,363,290
纸本借阅册次	925,167	858,071	690,412	719,639	760,298
馆际互借/文献传递（笔）	28,263	21,927	17,510	17,949	19,056
网上咨询（个）	6537	11,636	6361	14,344	11,541
课题咨询（个）	983	1160	1292	1335	1469
信息素养服务场次	116	124	132	114	119
人文素养服务场次	17	36	11	20	9
电子资源检索频次	179,883,396	174,612,390	148,740,082	334,906,836	155,542,783
电子资源全文下载篇次	27,729,438	28,844,632	32,961,293	42,129,113	131,090,741
多媒体资源在线检索与点播频次	2,083,605	1,934,092	3,657,621	5,009,937	4,858,721

（图书馆）

表 12-3 2019 年度图书馆开展校园文化建设系列活动统计表

序号	时间	主讲嘉宾	主题	活动系列
1	2019 年 1 月 4 日	张 辉	启蒙的另一面	阅读马拉松
2	2019 年 3 月 8 日	贺桂梅	《"三八节"有感》与女性主义的原点问题	阅读马拉松
3	2019 年 4 月 24 日	董豫赣	身体与语言	阅读马拉松
4	2019 年 12 月 2 日	陈 江	某科学的《三体》读法	阅读马拉松
5	2019 年 12 月 30 日	邓小南	史事与人事：《陈龙川传》导读	阅读马拉松
6	2019 年 5 月 13 日	刘岠渭	音乐欣赏讲座：民国乐派精选	文化工作坊
7	2019 年 5 月 17 日	杨 芬	馆藏古文献之美	文化工作坊
8	2019 年 4 月 23 日	吕 植	半个地球，是否可能	北大读书讲座
9	2019 年 10 月 17 日	陈春花	共生：企业未来组织进化的路径	北大读书讲座
10	2019 年 10 月 25 日	罗伯特·达恩顿	图书馆、图书与数字前景	北大读书讲座
11	2019 年 4 月 1 日		"于无声处"手语文化节摄影展	系列展览
12	2019 年 4 月 24 日		纪念五四运动一百周年文献图片展	系列展览
13	2019 年 5 月 29 日		"学子推荐"实体书展	系列展览
14	2019 年 10 月 8 日		"阅百廿历史，品北大精神"迎新书展	系列展览
15	2019 年 10 月 26 日		不忘初心 牢记使命——纪念李大钊先生诞辰 130 周年文献展	系列展览

（图书馆）

医学图书馆

【发展概况】 组织结构。医学图书馆下设 5 个部室：综合业务办公室、采访编目部、系统部、流通阅览部、信息咨询部。由教育部指定的全国医学外国教材中心设立在医学图书馆。医学图书馆是 CALIS（China Academic Library & Information System，中国高等教育文献保障系统）下设的 CALIS 全国医学文献信息中心。医学图书馆还下设虚体机构北京大学医学信息咨询中心。现任馆长张大庆。

队伍建设。2019 年，医学图书馆共有事业编制职工 44 人，其中研究馆员 3 人，副研究馆员 11 人，馆员 25 人。

党建工作。医学图书馆增强"四个意识"、坚定"四个自信"、做到"两个维护"，不忘初心，牢记使命。在重大事项决策上，坚持重大问题集体研究决策，做到决策科学化、民主化。掌握职工的思想动态，鼓励职工战胜各种困难。采用网页、微信群、微信公众号、医学部服务平台中的党支部管理模块等方式，推送各种会议及活动信息。组织共产党员献爱心捐款，书记讲党课，开展"不忘初心、牢记使命"主题教育等活动。2019年，经党支部大会表决通过并报医学部机关党委批准，医学图书馆党支部完成换届。图书馆党支部现有党员22名，副馆长王金玲继续担任支部书记。

资源建设。2019年，医学图书馆加入总馆的北京大学图书馆文献资源建设供应商入围项目并公开招标。根据读者需求及学科发展需要，对双一流学科和重点学科的资源建设与利用进行调研。2019年，医学图书馆新增图书4918册、期刊21,513册，单独续订或新订医药学数据库30个、分析软件3个、电子单刊10种。电子资源继续采取医药学资源单独订购、其他资源总馆共享相结合的模式。

阅读推广。医学图书馆以网站、微信、微博等为媒介，开展换书大集、悦读节、检索大赛、在线阅读挑战赛、阅读之星评选、经典书籍展赠、海报大赛、大师讲座、口语大赛、主题书推荐、主题书架展示、学长荐书、新生大通关、图书漂流、阅读计划等阅读推广活动29场次。

改扩建准备。调研国内外自动化立体书库调研情况。确定改扩建期间的临时办公地点在医学部逸夫楼一层南侧，临时阅览空间位于跃进厅四层原多功能厅，并进行装修改造。调研改扩建期间的书刊存储地点。

读者服务。通借通还作为纸质文献借阅的补充方式，2019年，医学图书馆通借10,792册、通还10,743册。医学图书馆提供专职人员到总馆和附院图书馆取送书服务70天。2019年，医学图书馆完成医药卫生科技查新报告52份，论文收录引用报告171份。2019年，医学图书馆与医学部研究生院、教育处合作，对应届硕士博士开展学位论文查重工作，共计2142人次。与护理学院合作开展本科生论文查重88人次。

CALIS全国医学文献信息中心。组织"CALIS全国高校医学图书馆2019年学术年会暨两岸三地医学图书馆馆长论坛"，44所医学高校图书馆的80位代表参会进行学术交流。开展CALIS全国医学文献信息中心科研基金项目的申报、评选。医学图书馆作为高校图书馆数字资源采购联盟（DRAA，Digital Resource Acquisition Alliance of Chinese Academic Libraries）的牵头馆之一，承担医学文献数据库的组团责任，组织完成11个数据库的集团采购。在全国范围内开展馆际互借与文献传递工作。

学科知识服务。2019年，医学图书馆实施以学科国际前沿跟踪为基本点的学科知识服务模式。协助医学部科研处完成《生物医疗技术子领域战略研究报告》撰写。为北京大学第一医院科研处完成调研报告《北大医院肾内科2009—2018科研产出计量》。完成北京协和医学院党委办公室委托基金项目——协和医学人文学科发展策略研究。撰写研究报告《基于文献计量学的2009—2018年国际生命伦理学研究热点分析》《2009—2019年国际医学心理学研究热点与发展趋势分析》《护理信息学近十年研究热点可视化分析》《近十年医学社会科学研究趋势分析》。

北大医学机构知识库建设。北大医学机构知识库是涵盖医学部及其各附院、各个院所团队、各个成员发表的各类研究知识成果的记录、集成、再组织、展现的资源平台。该平台以动态可视化的方式展现北大医学的科研成果，为北大医学学科评价、学术竞争力评价、个人学术水平评价等提供决策依据。2019年，医学图书馆完成2018年至2019年医学部期刊论文的载入、清洗等建设任务。

双一流学科和重点学科的资源建设与利用调研。根据北大医学现有双一流学科和重点学科情况，医学图书馆调研五年来所入藏的6个双一流学科（基础医学、临床医学、口腔医学、公共卫生与预防医学、药学、护理学）和重点学科的纸质资源与电子资源入藏保障率，并与各学科的资源利用情况加以比对，根据调研结果调整文献采购策略。

北大医学科研产出计量报告。2019年，医学图书馆通过对七大医学名刊发文情况展示与计量、附属医院与国内同行学术绩效对比、医学部双一流学科学术绩效与同行对比及专利产出分析情况等进行文献计量学分析，向科研管理部门提供《北京大学医学科研产出计量报告2019》。

北大医学2018年度阅读报告。2019年，医学图书馆通过分析读者的借阅数据，发布北大医学2018年阅读报告。报告分为纸质版、网页版、微信版等3个版本。

（张燕蕾）

档案馆

【发展概况】 组织机构。档案馆前身为北京大学文书档案室，建于1958年11月，时为校党委办公室的内设机构。1982年12月，北京大学综合档案室成立，为处级建制，1993年4月，更名为北京大学档案馆。1999年，北京大学进行管理体制改革，档案馆成为学校直属机构，既是学校档案工作的职能管理部门，又是永久保存和提供利用本校档案的科学文化事业机构，下设收集指导、管理利用和技术编研3个办公室。档案馆编制13人，现有在编工作人员13人，其中高级职称2人，中级职称10人，初级职称1人。另有兼职1人，返聘人员1人。现任馆长马建钧，副馆长刘晋伟。

档案馆藏。档案馆馆藏档案设有北京大学、国立西南联合大学、日伪占领区的"国立北京大学"、北平大学、燕京大学5个全宗，分为党政、学籍、科研、基建、出版、会计、声像、人物、实物、设备10个门类。现存档案总计309,770卷（件），排架长度为3134.6延米，电子数据10.25TB。

党建工作。馆领导班子及党支部带领全体党员干部，以习近平新时代中国特色社会主义思想为指导，深入学习贯彻党的十九大和十九届四中全会精神，贯彻落实学校党委各项决策部署，全面落实"三会一课"制度，推进"两学一做"学习教育常态化制度化。将党建工作与业务学习相结合，组织开展丰富多样的教育活动。组织观看国庆七十周年庆典，参观香山革命纪念馆、五四爱国运动100周年纪念展、李大钊诞辰130周年纪念展等展览，拜祭李大钊烈士陵园，参观李大钊烈士纪念馆。重视党风廉政建设工作。领导班子坚持周馆务会制度，坚持贯彻馆务会议工作规则、落实"三重一大"制度的实施办法、财务工作规则、馆务公开制度及实施办法等制度，坚持民主集中制，坚持馆务公开。认真遵守学校财务制度，坚持"收支两条线"，不设"小金库"。9月12日至27日，北京大学党委第二巡察组对档案馆开展巡察工作。领导班子高度重视党委巡察工作，切实落实整改。12月26日巡察情况反馈会后，迅速召开专题办公会讨论研究，对照巡察反馈意见，逐一查找问题症结，逐项研究制定整改方案及台账。10月至12月，开展"不忘初心、牢记使命"主题教育。领导班子带头一字一句学原著、悟原理，认真检视问题，聚焦档案资源体系建设、利用体系建设、安全体系建设，深入调查研究，组织多种形式的主题教育活动，完成馆领导班子建设调研报告。本年度，党支部进行换届，魏卓当选支部书记。

档案业务指导。2019年档案馆开展全校档案员业务培训。针对文书、本科学籍、成教学籍和研究生学籍档案，10月共组织5场档案管理系统使用和归档业务培训。开展档案教育活动，11月组织档案馆和部分部门档案员到北京市档案馆参观《中国档案珍品展》，加强档案工作人员对档案工作的理解和认识。配合科研部，指导重大科研项目档案培训及归档工作，完成多项国家重大科研项目结题档案验收业务指导。在2019年度科研财务助理业务培训中，介绍国家科技重大专项档案政策。

档案收集。2019年档案馆接收、整理、移交各门类档案（含电子档案）合计30,962卷（件）。其中：党政文书档案10,111卷（件）、学籍档案19,316卷（件）、声像档案1156卷、基建档案77卷（件）、出版档案2卷、科研档案12卷（件）、人物档案1卷（件）、会计档案148卷、资料18件、实物档案8卷、已故人员档案113卷。

2019年度共核查入库纸质档案入库9006卷（件），其中党政2539卷（件）、学籍6323卷（件）、声像22卷（件）、已故人员档案112件、实物4件、资料6件。

档案借阅利用。2019年提供档案利用1265人次，6318卷（件）。其中：1949年前3294卷（件），1949年后3024卷（件）；编史修志70卷（件），工作查考3989卷（件），学术研究971卷（件），经济建设2卷（件），宣传教育258卷（件），其他1028卷（件）；复印3223张，扫描1843张，拍摄322（件）。利用"北京大学档案馆"微信公众号推行网上咨询、预约查档。2019年新增关注1516人，其中971人预约查档，回复预约892人次，微信回复337人次。2019年度教育部学历认证查询14人次，利用档案17卷（件）。与党委宣传部、校史馆合作举办五四爱国运动100周年纪念展、李大钊诞辰130周年纪念展。

档案信息化。2019年10月24日新版档案管理信息系统正式上线，开展电子文档接收归档工作，实现电子档案全程管理，并提供多种在线利用档案的方式。

继续推进馆藏档案数字化工作。完成燕京大学、北平大学、日伪占领区"国立北京大学"等历史档案，以及北京大学成绩发放表等档案的数字化工作，合计扫描档案14万页，初步实现1949年前馆藏档案数字化。完成王文泉捐赠的22,148张纸质照片的数字化工作。对1997—2009年间90卷录音类档案进行数字转录，转录音频187小时、数据量13.37GB。馆藏声像档案数据统计、案卷复核与移交工作，实现档案所有门类的统一管理。

档案整理。2019年，整理历史档案1036卷（件）。完成王文泉捐赠电子照片初次分类整理工作。整理照片327,911张，其中年度分类照片254,059张，成册照片37,227张，视频18个，档案编目2089卷。

学术交流。2019年，档案馆组织参加教育部直属高校档案馆馆长会议（2019年10月，杭州）、第八届中国档案职业发展论坛（2019年5月，敦煌）、第二届中国电子档案论坛（2019年11月，深圳）；接待复旦大学档案馆、南方科技大学档案馆、南京财经大学、北京体育大学档案馆等来访交流。

2019年档案馆工作人员发表期刊学术论文1篇，优秀会议论文2篇。王春茵的《基于社交媒体的北京大学档案馆信息服务模式探析》发表于《北京大学青年研究》2018年第4期；王春茵的《基于微信公众平台的高校档案馆在线服务模式探索》和邹儒楠的《高等院校电子文件中心建设的初步设想》获第二届中国电子档案论坛（2019年11月，深圳）优秀论文奖。许锐的《北大探索建设世界一流高等学府》参加教育部组织的"70年光辉历程70年难忘记忆"档案故事征文活动，发表于2019年7月11日《中国教育报》第1版，邹儒楠的《为实现中国梦而奋斗》荣获《北京档案》杂志社第四届"讲述档案背后的故事"征文一等奖。

安全保卫工作。2019年档案馆修订《档案馆应急疏散预案》《北京大学档案馆消防安全管理制度》等规章制度和文件。5月，更换应急照明系统、UPS电源（Uninterruptible Power System，不间断电源）和消防火灾报警系统的过期备用蓄电池，并建立消防安全设备登记表。6月，改造和升级布防系统联网型报警器。11月，更换了消防主机和烟感探头、手动报警器、声光报警器。12月，更新楼内存在问题的应急灯和指示牌。贾永刚获评北京大学2019年度安全管理先进个人。

（贾永刚）

医学部档案馆

【发展概况】 机构调整。2019年3月，北京大学医学部主任办公室党委办公室1名工作人员调入医学部档案馆。4月，经北京大学医学部第11次部务会研究决定，任命王红涛为医学部档案馆副馆长（主持工作），免去董惠华医学部档案馆副馆长职务。

档案管理。2019年医学部档案馆共接收各部门移交的纸质档案8873卷（部分待整理科研档案未计入），其中教学档案8587卷，含教学综合2卷；党政档案286卷。实物档案53件。出版物50卷册。整理照片共300余张。接收题词手稿1件。北医报合集1册。对外提供查阅、借阅服务1283卷/张次。

校史讲解。2019年医学部档案馆招募并培训第六届校史志愿讲解员，共培训5名讲解员。配合招生宣传、校友返校、国内合作、捐赠交流等提供校史讲解活动六十多场次。

党建工作。2019年9月至10月北京大学党委对医学部档案馆巡察。对巡察组提出的要求随时对接，发现问题立行立改。通过巡察加强党风廉政建设。医学部档案馆党支部组织党员学习中国特色社会主义理论、十九届四中全会精神，提升党员思想水平、政治素养和加强党风廉政建设。继续推进"两学一做"学习教育常态化制度化，坚持"三会一课"制度，深入开展"不忘初心、牢记使命"主题教育。组织党员集中学习，开展谈心谈话，批评和自我批评，广泛听取意见、查摆问题、列出整改事项。组织党员和民主党派瞻仰烈士纪念碑、参观名人故居，与清华校史馆、天津大学校史馆交流业务，探访北医建校原址。

【搬迁安置工作】 保障图书馆楼改造工程，稳妥推动搬迁腾挪工作。9月，向医学部提交腾挪安置工作进展报告；10月，北京大学医学部部务会通过了启动档案寄存托管服务招标程序；11月，启动招标工作；12月，完成招标工作。

（陈　丽）

校史馆

【发展概况】 展馆概况。校史馆日常主要工作为校史展览、校史研究以及校史文物的征集、保管和展出。展馆三层，建筑面积3100平方米。展览包括首层专题展、地下一层"今日北大——北京大学近20年发展成就展"、地下二层"百年北大——北京大学百年校史陈列"与"北京大学杰出人物展"，以及28楼地下一层"北大生活"陈列展。校史馆地下一层设有多媒体教室、数字化校史资料查询区，地下二层设有影视厅。

机构设置。校史馆内设研究室、综合办公室及资料室，编制6人，现有在职人员5人、返聘人员4人，兼职1人。馆长马建钧，副馆长刘晋伟。校史馆党支部包括在职及退休党员10人，党支部书记为林齐模、副书记为杨琥。

党建工作。馆领导班子及党支部带领全体党员干部，以习近平新时代中国特色社会主义思想为指导，深入学习贯彻党的十九大和十九届四中全会各项精神，贯彻落实学校党委各项决策部署，全面落实"三会一课"制度，推进"两学一做"学习教育常态化制度化。将党建工作与业务学习相结合，组织开展丰富多样的教育活动。组织观看国庆七十周年庆典，参观海淀区政府"中共中央在香山"展览并与海淀区史志办座谈交流，参观香山革命遗址及香山革命纪念馆、清华大学校史馆、清华大学艺术博物馆，瞻仰李大钊烈士陵园，参观李大钊烈士纪念馆，参观嘉兴南湖革命纪念馆。重视党风廉政建设工作。领导班子坚持周馆务会制度，坚持贯彻馆务会议工作规则、落实"三重一大"制度的实施办法、财务工作规则、馆务公开制度及实施办法等制度，坚持民主集中制，坚持馆务公开。认真遵守学校财务制度，坚持"收支两条线"，不设"小金库"。9月12至27日，北京大学党委第二巡察组对校史馆开展巡察工作。领导班子高度重视党委巡察工作，切实落实整改。12月26日巡察情况反馈会后，迅速组织讨论研究，对照巡察反馈意见，逐一查找问题症结，逐项研究制定整改方案及台账。10至12月，高度重视并深入开展"不忘初心、牢记使命"主题教育。领导班子带头一字一句学原著、悟原理，认真检视问题，深入调查研究，组织多种形式的主题教育活动。

改造改陈。1至4月，校史馆完成建筑改造交接及改造后的规范化管理工作，馆舍管理步入正轨，同时全力推进展览改陈工作。4月25日，校史馆实现重新开放，常设展览推陈出新，举办专题展览"北京大学与五四运动——五四爱国运动100周年纪念展"。推进场馆信息化控制系统、展陈配套设计及施工等展陈完善工作。

参观接待。重新开放后的校史馆展览服务团队由在职人员、退休返聘人员、师生校友志愿团队及专业物业服务人员组成，致力于保证高效流畅、安全有序、整洁舒适的参观接待环境。至年底，专场接待本科新生3405人、研究生新生骨干413人、新入职员工173人、校庆返校校友5000余人，免费接待校内外观众54,000余人次，涉及560余个参观团队，包括教育部、中纪委、山西省委、云南大学、中学生暑期课堂等学校重要参观团队。10至11月，配合学校"不忘初心、牢记使命"主题教育，增加开馆时间，以满足校内主题教育活动参观学习需求。5月及10月，完成校史馆志愿讲解员队伍的两批招新、培训及服务工作，组织讲解员到北大旧址、鲁迅博物馆（新文化运动纪念馆）、清华大学校史馆、王选纪念陈列室、故宫博物院、清华大学艺术博物馆参观学习。2019年底，校史馆志愿讲解服务队规模达30人，坚持日常开馆义务值班、节假日临时接待讲解补助等制度，基本满足参观讲解需求。

服务学校。为学校及各单位校史相关的重要工作和重要项目提供资料支持、学术支持及工作支持，为党委宣传部、北京大学官微、青年研究中心、人文社会科学研究院、党办校办、学生工作部、学科建设办公室、歌剧研究院以及"不忘初心、牢记使命"主题展览及国庆70周年成就展提供资料及学术支持。

专题展览。以服务学校立德树人的根本任务和"双一流"建设的中心工作为目标，围绕北京大学"为党育人、为国育才"的初心使命，推出富有政治性、思想性、学术性和多样性的专题展览，弘扬北大传统和精神，注重探索北大的办学之道和北大人的求学、治学、育人之道，突出具有代表性的校史事件和人物。2019年度，共举办6场专题展览。4月，与党委宣传部、档案馆联合举办"北京大学与五四运动——五四爱国运动100周年纪念展"。6月，与北京大学学生工作部联合举办"念你·依旧——北京大学2019年毕业主题展览"。9月，承办北京大学与国家档案局联合主办的"锦瑟万里、虹贯东西——海上丝绸之路文献展"。10月，举办"文史大家朱希祖——朱希祖先生诞辰140周年纪念展"，并配合浙江海盐县政府朱希祖诞辰140周年纪念活动在海盐县档案馆、图书馆等地展出。11月，举办"为国求学、为国育才——杨晦先生诞辰140周年纪念展"和"李大钊在北京大学——李大钊先生诞辰130周年纪念展"，后者是北京大学"不忘初心、牢记使命"主题教育的环节之一，计划展出半年，为新中国成立70周年纪念活动及"不忘初心、牢记使命"主题教育的持续深入开展，提供参观学习场所。

校史研究。2019年，《联大往事》完成出版。继续推进《北京大学校史上的第一·人物编》《北京大学校史读本》《北京大学校史馆馆藏图录》《北京大学名贤馆汇编》《书生本色、学者风范（二）》编辑出版工作。在《北京大学校刊》开辟"校史专栏"，刊发北大校史文章，普及校史知识，弘扬北大精神。与浙江海盐县联合举办朱希祖诞辰140周年纪念活动，组织开展学术研究，举办专题展览，展览同时在北京大学和海盐县展出，扩大北京大学及北大校史的影响。

业务交流。与到访的上海交通大学校史馆、北京林业大学校史馆、清华大学校史馆、复旦大学校史馆、海盐县档案馆等业内同行进行交流座谈。11月，组织党员干部参加海盐县档案馆举办的"朱希祖先生诞辰140周年学术研讨会"，进行学术交流与业务学习。

文物征集与管理。稳步推进校史文物与实物征集工作，加强与学校各单位及校友的征集联络工作，妥善完成文物征集回馈工作。在海内外校友及关心北大发展的校内外热心人士支持下，2019年共接待校内外30余位人士捐赠或提供校史实物及资料，接收北大校史文物资料63件组，接收校内单位移交礼品或展品82件。在文物管理方面，继续开展馆藏文物的数字化工作，配合捐赠及专题展览，完成数字化近千件。2019年，校史馆共有藏品10大类1602件、礼品17类1193件。为宣传校史并回馈文物资料捐赠联系人，设计制作2020年校史台历和校史效率手册。

图书资料。加强图书资料室规范化管理，对购买和赠送的新书及时编目、上架、出借，并做好新书发布工作。资料室现有图书4279册、报刊56册，其中中文图书3835种3938册、中文刊131种156册、工具书109种130册。2019年度，接待校内读者阅览567人次，借阅图书1159册次，室内阅览463人次，咨询95人次。

内部管理。重视安全保卫工作，连续18年做到"十无"达标，获评"北京大学2019年度安全管理先进单位"。结合新改造完成的建筑设备及人员配置情况，根据学校安全保卫工作各项规章制度，调整安全工作人员和物业服务人员队伍，调整各项规章制度及应急预案，更新消防器材档案，重新绘制消防疏散示意图，重启消防及监控维保，完成消检电检的初查、复查及两次复检，保证消防电气设备处于正常运行状态。按照《北京大学二级单位安全管理标准化建设细则》进行日常管理，消防控制室确保具有中控室资质人员24小时双人值岗，保证每日三次详细安全检查及每小时一次安全巡查，增加开放区域安保人员及开馆巡视人员，根据微型消防站管理标准配备人员和设备。关注参观观众及工作人员身体健康安全，完成空调维保、风管道清洗、空气质量检测，增加空气净化设备。12月，组织消防疏散演习和消防安全培训。

（刘　静）

燕园街道办事处

【发展概况】燕园街道成立于1981年12月，属于大院式街道办事处，受海淀区政府和北京大学双重领导。辖区面积约1.84平方千米。

2019年，根据北京市委市政府《关于加强新时代街道工作的意见》和《北京市海淀区机构改革方案》要求，启动街道机构综合改革。经北京大学批准内设6个办公室、1个综合执法队，保留北京大学燕园社区服务中心。6个办公室分别为综合办公室、党群工作办公室、平安建设办公室、城市管理办公室、社区建设办公室和民生保障办公室。设有中关园、燕东园、校内、畅春园、蔚秀园、承泽园、燕北园7个社区居委会。燕园街道办事处人员编制隶属北京大学，共有事业编制人员17人。

党建工作。继续学习贯彻党的十九大精神和习近平总书记系列重要讲话精神，开展"不忘初心、牢记使命"主题教育，认真贯彻落实《北京大学开展"不忘初心、牢记使命"

主题教育实施方案》，成立燕园街道"不忘初心、牢记使命"主题教育领导机构和工作机构，制定街道具体实施方案，召开主题教育工作部署会、集中学习研讨会、理论中心组学习（扩大）会、学习贯彻党的十九届四中全会精神集体研讨会，组织参观香山革命纪念地、国庆70周年大型成就展、北京大学"不忘初心、牢记使命"主题教育系列展览，听主题辅导报告"新中国七十年经济发展回顾与展望"，开展校党委组织部向街道各社区党群活动站捐书及座谈交流、主题教育应知应会知识测试等活动。班子成员深入所联系的党支部开展主题教育专题党课，近140余名党员干部参加了系列党课。完善街道党工委对辖区治理重大工作的领导体制机制，对涉及基层治理的"三重一大"问题由街道党工委讨论决定，主持召开党政联席会41次，讨论决定议题220项。班子成员深入基层开展主题教育系列调查研究工作，制定整改问题22项。完成为民办实事14项，编辑燕园街道"不忘初心、牢记使命"主题教育简报22期。启动海淀区人大代表补选工作，按照区人大常委会相关工作安排，发动第三选区70多家单位和辖区居民，近7000人参与投票补选，于11月5日完成投票及计票工作，补选工作圆满完成。

综合治理。完成春节、两会、国庆70周年庆祝活动、高峰论坛等敏感期群防群治社会面等级防控9次。首次承担北京大学师生群众游行远端集结点位的服务保障工作，圆满完成工作任务。重点开展背街小巷整治、违法建设上账、重大活动安全保障、空气重污染预警应对、餐饮油烟净化设施升级改造等。推进燕园街道创建无违建街道专项工作，拆除校园周边违法建设9处，共2253平方米。累计投入约200万元改善基础设施，整理绿化用地约340平方米，栽种国槐、栾树等绿植上千株；划禁停黄线约283米，安装消防通道、交通安全标牌、减速垄20米；新建可呼吸式生态透气砖步道2360平方米、立缘石1260平方米、沥青路面整修1640平方米；畅春园东区57、58、59、60楼铺设透水砖、方砖约1600平方米，新建标准停车位40余个；更新燕北园信报箱1100个；7个社区修缮外墙约1400平方米。完成街道办公楼西配楼及蔚秀园办公区的改造。老旧小区建成并投入使用电梯17部，有23部正在建设中。开展"防风险、保平安、迎大庆"和"五清"消防安全专项行动。深入开展扫黑除恶专项斗争，社会治安重点地区整治，在辖区内未发现涉黑涉恶势力。2019年未发生安全指标事件，实现了全年安全生产。全年累计检查生产经营单位600家次，发现安全隐患142处，整改率100%。

民生保障。完成社保、住保、计生、残联、民政、养老、教育、卫生、慈善救助、劳动监察等常规业务35,000余人次。优化营商环境培训，加强相关政策宣传，迎接世行、国务院及北京市关于优化营商环境的系列评价和督查迎检工作。完成"一窗式"综合业务系统事项清理、业务培训。完成社保基金廉政风险防控布置工作。燕园街道政务服务中心在2019年海淀区政务服务局所委托的第三方测评中，满意度测评、常规暗访指标得分均位列第一，城市管理综合排名（大院街道）持续第一。为贯彻落实深化党建引领"街乡吹哨、部门报到"的精神，以12345热线为"哨声源"，抓好群众反映突出问题的解决落实，《北京日报》、北京电视台均对燕园街道接诉即办典型案例的快速妥善解决予以专门报道，被称为"大院治理新模式"。

社区建设与服务。完成社区"两委换届"，根据市委、区委对于两委换届工作的总体要求，选举产生7个社区班子，29名新一届社区党组织委员，35名社区居民委员会委员，社区党组织成员交叉任职比例37.9%，社区一肩挑比例为28.6%。完善和提升一刻钟服务圈、社区之家、社区会客议事厅建设等工作。完成社区楼门公告栏项目及蔚秀园社区办公用房装修改造工程。联合北京大学环境科学与工程学院、法学院、外语学院等院系建立共建基地，以"共建共享发展、共绘美丽燕园"为主题开展系列项目，包括老年大学、学生助理下社区、挂职锻炼、生态文明讲堂、社区书屋、二对一定点帮扶等。同北京大学人口所建立学生实习实践基地，以学分式为社区建设引进专业人才。对街道工作人员及社区志愿者开展包括知识技能、工作坊、参观交流等内容的志愿者培训项目，借助"新时代文明实践所、站"建设，组织开展月度主题社区志愿服务活动共计20余场。

居委会工作。完成国家公共文化服务专家组对海淀区进行的督查迎检任务。对7个社区群文专干和文化组织员进行专项培训。补充"国家公共文化服务体系示范区"档案资料，利用辖区内电子屏幕、街边展板、电子借阅机滚动宣传等方式进行建设宣传。组织非物质文化遗产传承剪纸课堂学习、AI进社区、太极进社区等特色项目，定期开展社区优秀影片放映、文化赏析等工作，孵育20余支文体团队，累计举办大小型社区文体活动百余次。开展"和满京城 奋进九州"2019年端午节军民文化联欢活动、"壮丽祖国70年 筑梦燕园新时代"2019年国庆主题文艺汇演和"2019年社区乒乓球团体交流赛"等大型活动。

【**海淀高校首个社区商业e中心成立**】 8月15日，由燕园街道、燕园社区服务中心联合北京超市发集团合作打造的北大社区商业e中心正式开业，这也是海淀区首个高校社区商业e中心。商业e中心由原北大畅春园超市发超市改造建设而成。

【**承泽园社区养老驿站开业**】 9月19日，北京大学首家社区养老驿站——承泽园社区养老驿站开业。在委托第三方投入运营后，开始陆续满足周边社区老年人的多元化养老服务需求，发挥了社区托养和居家养老的辐射和拓展作用。经与北京大学校医院合作，驿站里增设了医疗服务巡诊点，通过医生就近开处方，志愿者帮助取药的模式，解决了社区部分行动不便老人开药取药的难题。通过养老驿站的不断建设和完善，可以形成涵盖助洁、助浴、助餐、医疗康复、精神关怀等基本养老服务在内的燕园地区养老照料中心。

（李金茹）

燕园社区服务中心

【发展概况】 燕园社区服务中心（以下简称社区中心）成立于1990年，是在学校领导下开展社区服务的实体单位，实行独立核算，坚持自负盈亏、自我积累、自我发展、自我完善。截至2019年底，社区中心共有在编人员33人。

党建工作。2019年社区中心强化党建引领，加强自身建设，在党支部带领下，全体党员干部紧扣学习贯彻习近平新时代中国特色社会主义思想这一主线，聚焦"不忘初心、牢记使命"这一主题，突出力戒形式主义、官僚主义这一重要内容，认真对照"守初心、担使命、找差距、抓落实"的总要求，结合实际，扎实完成主题教育各个阶段的规定动作，真正实现了理论学习有收获、思想政治受洗礼、干事创业敢担当、为民服务解难题、清正廉洁作表率的目标，中心"11345"发展理念深入人心，整体凝聚力、战斗力、创造力得到显著提升。高度重视反腐倡廉工作，严格落实党风廉政建设责任制，严格执行各项财务制度，加强对下属企业监管，全力配合学校审计监督，深入研究和虚心采纳审计建议，进一步完善制度防控、强化责任监督，最大限度地防范风险。

宣传工作。抓好中心形象建设，先后建设了"燕园社区服务"微信公众号和燕园社区服务中心官方网站，加大宣传力度，扩大服务工作的影响力，使居民了解中心便民服务项目的渠道更为通畅，群众参与度得到进一步提高，"北大社区服务"的良好形象深入人心。

服务队伍。加强服务队伍规范化管理，对服务人员、服务公司进行严格筛查，将不符合中心要求、不能严格履行服务协议以及居民口碑不好的人员和公司进行清退。完善服务派工单制度，规范上门服务流程，确保服务安全。坚持服务回访制度，加强服务质量监督。同时，中心主动关爱服务人员，为服务人员提供力所能及的帮助，保持服务队伍的稳定。

社区服务联络员、监督员队伍。探索构建服务主体与服务对象交互响应机制，推动建立社区服务联络员、监督员队伍，招募七个社区的热心居民100余人，帮助中心开展工作宣传、居民联络、意见征集、服务监督等工作，提高社区居民的参与度。

服务项目。把居民需求作为社区服务的导向和指挥棒，始终坚持紧贴居民需求搞服务；通过微信、网络、调查问卷等多种形式广泛征集居民需求；定期开展居民服务需求大调研大走访活动，中心可提供的日常服务项目已达40余项，基本涵盖居家生活的方方面面。坚持实行服务价格公示制，每年年底将服务价格在各社区居委会进行公示，随时接受社区居民监督和征询，决不允许服务人员和签约服务商随意涨价。

服务直通车。与离退休工作部等部门合作，推进服务直通车建设，为有需求的教职工和居民提供一站式送服务上门工作。2019年中心下属理发室新增了为70岁以上老人及行动不便居民提供上门理发服务后，受到居民热烈欢迎和高度评价。

便民服务热线。坚持全年不间断值守中心便民服务热线电话（62752492），周六周日不间断。将各项日常便民工作纳入便民服务热线这一平台集中办理，优化工作流程，推广短流程服务和标准化服务，提高办事效率。全年累计接听热线电话两千余人次，比2018年增加了49.8%。将便民热线服务对象扩大至全体教职工后，累计收到燕园街道所辖七社区外的服务需求电话200余人次。全年有关服务的投诉为零。

便民服务日活动。打造居民家门口的便民服务体系，持续深入开展以"便民零距离，服务无极限"为主题的社区便民服务日活动，实现活动全年常态化，覆盖了北大所有社区。2019年累计开展便民服务日活动20余次，体验服务的居民达万余人次，提供的服务项目从2018年底的27个增至68个。北京大学法律援助协会、爱心社等学生社团全程参与"便民服务日"活动，引起强烈反响。与各院系、各学生社团联系，邀请学生参加中心开展的社区服务活动，打造"服务育人""实践育人"的重要平台。

菜篮子工程建设。努力克服老旧社区配套服务空间紧张、服务资源缺少的困难，在配合政府主动拆除违章、整治环境的同时，想方设法对现有资源进行挖潜，下大力气解决社区居民尤其是老年居民长期反映的购物难的困难，解决居民就近买菜的问题。2019年分别在中关园、燕北园新建一处便民菜店。此外，通过引进蔬菜直通车的形式，完成了北京市规定的每个社区建设两个蔬菜便民店的目标要求。

商业服务。1.与北京超市发集团等大型国企合作，将原北大畅春园超市发超市升级改造后建设成社区商业e中心，为北大教职工和周边社区居民提供更高质量的商业服务，彻底改变了北大家属园区购物环境差、服务质量跟不上、居民群众意见大等问题；2.努力引进8项基础性社区商业便民服务。按照北京市、海淀区《关于在"疏解整治促提升"工作中进一步提高城市生活性服务业品质的实施方案》的要求，在各社区积极引进便利店、早餐、快递、便民维修、家政服务、美容美发、洗染等基本商业服务，积极争取政府补贴，让人民群众的生活更为便利、舒心。

市场监管。加强对社区商户每日巡查和价格监管，确保食品安全和价格稳定，蔬菜、粮油等日用品质优价廉。

校园文化纪念品店。贯彻落实学校领导的指示精神，积极在蔚秀园东门建设北大文化纪念品商店，规范西门秩序，改善校园环境。2019年完成了纪念品店的工程建设、工商注册等工作，正在积极申请学校纪念品开发经营授权。

参与学校扶贫工作。主动参与对口扶贫云南省弥渡县的工作。联络北京超市发集团、光明地产集团等大型企业，于2019年10月赴弥渡县开展消费扶贫考察，达成初步合作意向。

支持学校发展。继续将畅春园招待所及燕东园4—7公寓招待所停止对外营业，帮助学校解决进修教师住宿问题。按照学校要求将燕东园招待所腾退，作为燕园派出所办公场所。

（李　晶）

附属中学

【发展概况】 2019年，北京大学附属中学占地面积5.16万平方米、建筑面积4.86万平方米。操场1.20万平方米，体育馆一期及教学北楼3.75万平方米，其中体育馆一期1.98万平方米，教学北楼1.68万平方米，换热站420平方米。图书馆藏书10万册，电子图书与北大图书馆共享。固定资产总值3892.46万元。全年教育经费投入30,716.96万元，其中，国家拨款13,216.71万元、自筹经费4922.49万元、事业收入6645.14万元。拥有笔记本电脑441，台式机567，平板227、其他1（计算机资产总值9,133,034.8元），多媒体教室座位3000个，校园网出口总带宽1.2Gbps，数字资源量2TB，信息技术课程2课时/周。普通教室145个，其中专用教室127个、实验室18个。教职工358人，包括正高级教师3人，副高级职称120人、中级职称113人。专任教师303人，包括特级教师7人、北京市学科教学带头人1人、市级骨干教师6人；海淀区学科带头人16人、海淀区骨干教师29人。开设教学班238个，其中初中班41个、高中班197个班。毕业生：816人，其中初中224人、高中592人；招生825人，其中初中290人、高中535人；在校生2530人，其中初中950人、高中1580人。高中录取分数线（海淀区）540分，应届高考本科上线率100%。

教学工作。5月，为进一步监督书院自治、引导学生自我管理的新机制，成立书院督导组，成员名单如下：景志国、孙玉磊、曾瑶、周磊、王冰、庞剑、夏一凡、张元衡。2019届出国方向学生130人，100%被国外优质大学录取，包括杜克大学、布朗大学、圣母大学、约翰斯·霍普金斯大学、加州大学伯克利分校、加州大学洛杉矶分校、范德堡大学、卡耐基梅隆大学、弗吉尼亚大学、波士顿大学等美国综合排名前50名校和英国牛津大学以及澳大利亚的知名大学。

8月15日，北大附中与国家体育总局合作，引进美国蒙特沃德高中篮球队的先进青训体系，探索体教融合新模式，12名初中部学生进入附中学习。

推动三中心转型升级，实施"俱乐部+教练"模式，三中心以项目制为引领的艺体技俱乐部，将传统意义上的"课堂"转变为"俱乐部"，通过"激烈的比赛""现场的演出"和"真实的项目"来打造团队，让学生在专业发展中呈现出体育品质、艺术审美和工匠精神。

预科部认真研究新高考政策，积极应对新高考变化，在多年经验的积累之上正式形成了新高考备考模式，涵盖分层走班方案、教育教学管理、备考课程、家长课堂、备考云平台、线下讲座、评价与考核制度等。

11月27日，附属中学与腾讯签署战略合作协议，设立"腾讯编程教学实验室"，附属中学与腾讯将共同在校内设立以课程、平台、教具为一体的腾讯编程教学实验室，为学生提供可持续的编程课程与教学实践，为科技教学提供多样化形式、多元化内容的有力支撑。

外事活动。12月4日，马拉维共和国总统夫人穆塔里卡女士访问北京，回访北大附中，参观了探月学院，并欣赏由视觉与表演艺术中心师生带来的艺术展示。

基础设施建设。12月8日，在多方配合下完成了附中东南角剩余住户的征收签约工作。房屋拆除工作正在有序展开。

【学科竞赛获得佳绩】 5月19日，北大附中服装设计俱乐部参加2019北京市中小学生技术设计创意大赛服装再造项目决赛，荣获团体一等奖。

6月24日至30日，附属中学共80名学生参加第十三届全国中小学生"地球小博士"地理科普大赛中，19名学生获奖（高一4人，高二15人），彭则文、董玥均、李一骁、欧颖瑄、张嘉铠和祝乐天6名同学获得全国一等奖；任诗扬等5名同学获得全国二等奖；周桦逸等8名同学获得全国三等奖；单超、杨超杰、孙才奇老师获得指导教师一等奖，并被授予"全国优秀科技辅导员"称号。

7月14日，附属中学学生张家梁和李白天参加第36届全国青少年信息学奥林匹克竞赛（NOI2019），张家梁同学以总分397的成绩（全国第142名）获得银牌。李白天同学以总分485的成绩（全国第45名）获得金牌，进入国家集训队。

8月10日，附属中学孙佑时同学参加第28届全国中学生生物学奥林匹克竞赛荣获金牌（国赛一等奖），位列全国第17名，入选国家集训队。

12月14日，附属中学明德书院高二学生刘知宜获得"丘成桐科学奖"计算机学科铜奖，获奖论文"Vision Based Repetitive Action Counting"，指导教师为肖然和北京邮电大学尹建芹教授；正心书院高二学生许宸获数学学科入围奖，获奖论文《随机区间图及其推广模型的性质研究》，指导教师为单治超。

【集团化发展】 5月23日，北达资源中学更名为北大附中实验学校，继承原北达资源中学位于北大畅春园内的校址，经过重新设计和建筑，于2019年9月正式开学。9月1日，北大附中西三旗学校正式开学，第一年招收小学一年级和初中一年级学生。小学一年级共开设5个行政班，共137名学生。初中一年级开设4个行政班，共136名学生。2019年共招收学生273人。学校共有教职工43人，其中，管理团队8人，一线教师29人，行政后勤8人。现有学科带头人2人。一线教师90%以上为硕士研究生学历，80%以上的教师毕业于985、211大学，35%以上的教师毕业于北师大、首师大等高等师范类院校。

（赵彦芳）

附属小学

【发展概况】 2019年,北京大学附属小学占地面积28,579平方米,校舍建筑面积33,899平方米,体育场(馆)面积11,647平方米。图书馆(室)藏书80,706册,电子图书220册,订阅杂志、报刊170种。固定资产总值5134万元。全年教育经费投入8942万元,其中,国家拨款5338万元、自筹经费3604万元。学校信息化经费投入1080万元,多媒体教室座位356个,校园网出口总带宽10,000Mbps,数字资源量20TB,"信息技术"课程1课时/周。普通教室62个、专用教室38个。拥有计算机397台。教职工201人,其中,高级职称26人、中级职称140人。专任教师178人,特级教师4人,北京市骨干教师8人、北京市学科教学带头人1人,本科以上学历199人。开设教学班62个。毕业371人、招生392人、在校生2188人。

德育工作。坚持立德树人,以培育和践行社会主义核心价值观为重点,以师德建设和育人能力的提升为抓手,突出文化建设和养成教育,开展了丰富多彩的触心灵、重细节、落实效的德育活动。34名学生参加庆祝中华人民共和国成立70周年大会群众游行情境表演活动;师生参加一系列为祖国70周年献礼活动;接待美学家、哲学家杨辛四次来访,举办杨先生为附小艺术捐赠艺术藏品与书法作品的一系列文化活动。

教学工作。组织新入职教师的课堂教学展示汇报课。组织区级骨干以上教师参加2019年海淀区小学学科带头人、骨干教师展示活动,9位老师获得现场说课特等奖,5位老师获得一等奖;11位老师获得教学设计一等奖;26位老师获得论文评比一等奖。组织新教师参加北京市"启航杯"教学基本功比赛,参赛的两位教师均获一等奖。组织16位老师参加上地学区的视导课活动,获得北京市教研员的好评。组织教师招聘工作,审查简历1000多份、面试400多人、听试讲100多节,基本完成本年度的招聘任务。组织各学科多次课程研讨活动。组织学校的家长开放日,获得家长对学校教学工作的肯定。开展与好未来公司的战略合作,进行了双师课堂、纸笔课堂的研究工作。

科研工作。《生命研学系列课程》成果获北京市一等奖,《北大少年行》研学旅行成果获北京市二等奖;参加海淀区教育科学规划"十三五"第二批课题立项申报,附属小学有8位教师通过立项。另外,共有近20位老师参与北京市基础教育课程改革优秀论文奖项。召开"2019小学教育发展论坛"以及"2019年新媒体技术教学应用研讨会暨第十二届全国中小学创新课堂教学实践观摩活动"。

基建工作。完成250平方米的心理咨询教室、小讲堂的空调系统、体育馆一层中央空调系统、计算机专用教室与中心机房、学校食堂的油烟净化系统等项目改造,总投入约555万元。

2019年2月,学校投入50多万元,利用寒假进行施工,改造完成了近250平方米的心理咨询教室,配备了专业的心理疏导与教学设备,为推进学校特殊教育工作创造了条件。

2019年7月,学校投入130多万元,利用暑假进行施工,对小讲堂的空调系统进行了全面的改造升级,并安装了保温隔断,同时在体育馆一层综合馆内加装了中央空调系统,改善了学校的硬件条件。

2019年7月,学校投入360多万元,利用暑假进行施工,对学校4间计算机专用教室和中心机房的部分设备进行了升级改造。新升级的设备满足了现阶段学校信息化的需要。

2019年10月,学校投入15万元,利用周末进行施工,改造完成了学校食堂的油烟净化系统。新改造的净化系统满足国家的相关环保标准。

【教学活动取得佳绩】 4月11日至12日,"2019小学教育发展论坛"在北京大学附属小学召开。本次论坛以"小学课程建设的现代性实践"为主题展开研讨,中外教育界专家学者和北京、上海、广州等全国十余个地区的知名校长近500人研讨了基础教育课程建设的前沿理念及探索成果。5月27日,附属小学协办的2019年新媒体技术教学应用研讨会暨第十二届全国中小学创新课堂教学实践观摩活动,来自全国中小学的600多位老师到会,数十位教师参加了说课和现场课的展示评比。附属小学王泓、赵雪丽代表北京参赛,分别获得语文上课一等奖、数学说课一等奖。5月28日,北京市"一校一品"体育教学改革成果展示海淀分会场在附属小学举行。由海淀区民族小学、北师大实验学校、石油附小、海淀区台头小学和北京大学附属小学5所学校的1700余名学生参加此次展示。附属小学荣获"一校一品"实验校称号。11月15日至16日,第七届(2019年)北京市"成均杯"心理教师基本功展示总决选和第十二届(2019年)北京市心理健康教育学术年会在附属小学小讲堂举行,400多位老师参会,10多名选手参与现场说课和评课,附属小学刘丹和姚琨获得特等奖。4月27日至29日,王睿参加"《七彩语文》杯"第八届小学语文教师素养大赛,获得一等奖;董慧媛、付小青参加北京市第三届"启航杯"教学风采展示活动,获一等奖;延瑞参加第四届北京市小学语文教学观摩活动,执教的《安慰》获得一等奖。

【校园文体活动成果丰富】 4月27日,附属小学举行短池游泳邀请赛。来自北大附小、北外附校、怡海小学、雨跃童游泳俱乐部等单位的150名运动员参加了64项比赛活动。4月,附属小学舞蹈团参加第22届北京市中小学生艺术节舞蹈展演活动,现代舞《给我一双翅膀》,荣获海淀区二等奖。5月,附属小学金帆京剧团和武术表演团赴英国伦敦参加"欢乐春节——让世界更美好"2019年北京市学生金帆艺术团专场演出。京剧歌舞《春日放牛》和武术《斗转星移》让艺术跨越国界,获得现场2300余名观众的一致好评。

【师生参加国庆70周年系列活动】 4月14日,组织学生参加"歌唱祖国,传承接力"北京大学纪念五四运动100周年、中华人民共和国成立70周年主题教育活动。附属小学学生与北大1000余名师生合唱《歌唱祖国》。7月27日，附属小学管乐团成功登上澳大利亚悉尼歌剧院舞台，参加了《让世界充满爱》庆祝中华人民共和国成立70周年专场演出。北大附小管乐团演奏了《牧童之歌》和外国名曲《凯旋进行曲》，荣获最佳表演奖。10月1日，附属小学34名少先队员参加庆祝中华人民共和国成立70周年大会群众游行情境表演活动。

（庄　严）

附属幼儿园

【发展概况】　基本情况。附属幼儿园是北京市示范幼儿园、北京市早教示范基地、北京市特殊儿童教育示范基地、海淀区干部教师培训基地、海淀区食品"A★★★"食堂单位。幼儿园一园两址，共占地17,693平方米，幼儿人均18.70平方米；建筑面积8687平方米，幼儿人均9.18平方米；绿化面积4000平方米，幼儿人均4.23平方米；户外活动场地5500平方米，幼儿人均5.81平方米。2019年燕东、蔚秀两园有大、中、小三个年龄段共计30个教学班，在园儿童946名。其中北大事业编制教职工二代及三代适龄子女（3岁以上）占三分之二以上。

队伍建设。2019年幼儿园共有教职工165名，其中事业编教职工24名，合同制教职工127名，14名退休返聘人员，平均年龄35岁左右。全体教职工100%具有合格学历及各岗位上岗证。94名一线幼儿教师均为大专以上学历，其中90%以上为本科及以上学历，研究生及以上学历教师12名。市、区级骨干教师16名，94名一线幼儿教师均为大学本科以上学历。领导班子组成为园长1名，执行园长1名，副园长2名，两所分园分别设1个分园长，符合北京市示范幼儿园标准。2019年16名教师参加海淀区教师职称评定工作，其中评定为一级教师2名，二级教师6名，三级教师7名，认定一级教师1名。

2019年完成4名事业编教职工和12名聘任制教职工的聘任工作，其中包括3名研究生，7名本科生，4名大专毕业生，1名中专毕业生和1名初中学历的工勤人员，均符合相关岗位的任职标准。

党建工作。2019年附属幼儿园党支部共有党员65名，其中离退休党员23名，42名在职党员已成为幼儿园建设与发展的中坚力量，发挥着先锋模范作用。2019年，发展3名优秀青年教师入党，3名预备党员如期转正，1名党员获校级"优秀党务和思想政治工作者"称号，2名党员获"青年标兵"和"岗位能手"称号。

幼儿园党支部扎实开展"不忘初心、牢记使命"主题教育系列活动，组织广大党员认真学习贯彻党的十九届四中全会精神，结合学习《习近平新时代中国特色社会主义思想学习纲要》等重要文献，开展了多种形式的主题教育活动。园领导深入基层谈心谈话，了解群众所需，虚心听取意见，为群众解决实际问题；组织广大党团员参观北大校史馆、赛克勒博物馆、北大红楼等具有浓厚历史和教育意义的场馆，观看《我和我的祖国》《攀登者》《中国机长》《小巷管家》等具有教育意义的电影。

师德建设。完善师德考核管理制度，将师德师风纳入教师月工作考核，严格规范师德师风，落实一票否决制。组织开展了"我和我的祖国"和"育师德、铸师魂、颂师情"主题文化活动，采用爱国主题升旗仪式、师生歌唱我的祖国视频拍摄、亲子爱家乡图片展、师德征文、才艺展演、诗歌朗诵、与幼教前辈沙龙等不同的形式，展现教师美好形象，凝练教师团队力量。

新生工作。继续加大投入，扩充学位，解决教职工子女入园需求。一方面，幼儿园按照分阶段，分步骤，协同完成的工作思路完成新生入园报名工作任务。另一方面，结合报名工作的进行，同时开展学位挖潜工作。2019年幼儿园全园班级总数增至30个，共设10个小班，小班学位295个，中大班插班生20多个，保障了教职工二代适龄子女和绝大部分三代子女的入园。

保教工作。完成在园幼儿2019年的全年教育教学工作计划，幼儿身体发展的各项指标情况较好，达到相关发展水平要求。全园幼儿身高体重增长率100%，增长合格率93.99%。全园幼儿体能测试率99.7%，符合95%以上的要求。全园幼儿龋齿矫治率86.5%。

按照建设"研究型幼儿园"的规划目标，幼儿园倡导、组织全体教师以及其它各岗位人员结合实际工作开展"微研究"，幼儿园的保教质量不断提升。坚决落实教育部杜绝幼儿园"小学化"倾向的要求，坚持以游戏为主要活动方式，认真落实幼儿五大领域发展目标，开展丰富多彩的教育教学活动，提供促进幼儿成长适宜的园所氛围和活动支持。

卫生保健。结合建设"足球特色幼儿园"的契机，积极开展体育教研，设计并开展了以足球游戏为主题的丰富多彩的体育活动，加强幼儿日常体能锻炼，完成年度幼儿体能测试工作。强化保健医与班级工作的配合力度，增加保健医进班指导的频次和范围，重点落实一日四检指导、进餐指导和户外活动指导，强化并提高传染病预防和消毒工作水平。

燕东和蔚秀幼儿园获得新一期的"非营利性医疗机构执业许可证"（有效期五年），并通过每年一次的校验。2019年获得海淀区托幼机构眼保健健康教育优秀奖。教职员工上岗体检率、儿童入托前以及定期体检率均达到100%。

培训工作。以分层培养模式开展教师培训。选派教师参加体育音乐游戏、项目教学研讨等外出学习活动；结合"足球特色幼儿园"的建设，采用包括家长资源、专职教师在内的多种资源，对教师进行足球活动组织培训；采用多种信息手段引导教师参加线上直播和线下视频专业内容学习，解决工学矛盾，支持教师专业成长。针对保教工作中的薄弱环节，对教师进行防烫伤、防摔伤、防意外以及一日保教环节安全教育等培训工作，加强教师安全意识和应急处理能力培养。

家园合作。进一步完善各级家委会组织，在园级、分园、班级三级家委会。开展六期"足球游戏"教师培训；邀请家长参与在元宵节灯谜会、"走进故事里"阅读周、大班毕业典礼、"爸爸运动会""我和我的祖国"70周年国庆园所主题等活动的组织与策划中，共同满足幼儿成长的需要，共同见证幼儿快乐发展。开办家长学校，开展口腔保健、眼睛保健、常见传染病预防、消防安全等方面培训。家长对幼儿园工作的满意率达到99%以上。

膳食营养。继续加强科学膳食管理，满足儿童成长需要。强化保健室对伙房工作的监督和指导，加强部门间的沟通交流，认真研究和测算伙食营养量，定期召开伙委会通报相关数据；实施园长陪餐制度，广泛征求教师和家委会意见，结合儿童特点，制定科学营养的儿童食谱，保障儿童生长发育需要；创新花色品种，做色香味俱全的食品，让儿童爱吃想吃。伙食费做到专款专用，幼儿的体格生长合格率达到97%以上。幼儿园伙房定期接受多方上级监管部门的检查，均获得好评。

安全工作。与全园每一名工作人员签订安全责任书，层层落实，责任到人。继续完善安全制度体系，新增与安全相关各类制度、预案、流程等近百条。对重点安全制度如《幼儿园出入管理制度》及其流程，不断打磨、梳理、实践、完善，提升制度时效性。将紧急电话号码，及重要处置流程张贴于各班醒目位置。每月一次安全演练，提高师生的自我防护能力。在完善预案的同时能够及时实践和落实预案。设置幼儿园专职安全员，全面负责幼儿园的安全工作，全园户外"一日五巡"；每周一次安全隐患班级自查，每月全园范围安全隐患排查；定期巡查设备设施，及时发现及时报修和调整，做到防微杜渐。

获得北京大学2019年度安全管理先进单位称号；2人获北京大学安全管理先进个人称号。

文化建设。确立"以德为先，以善为本，以和为贵，以园为家"的十六字园训，倡导开展"五个一"文化活动，通过读一本书、唱一首歌、做一套操、开始一项小研究、完成一件艺术品，提升教职工的文化素养，增强主人翁责任感。

（王燕华、刘　燕）

【邱水平书记六一前夕来园慰问师生并亲切座谈】5月28日上午，在六一国际儿童节前夕，北京大学党委书记邱水平，党委常委、副校长王博来到幼儿园，看望师生，并向小小北大人送上节日祝福。邱水平书记观摩了小班的亲子趣味运动会、大班和中班的跳跳球表演操和足球游戏等活动，然后走进教室，与小朋友们亲切交谈，观看他们抖空竹、纸浆作画、手工剪纸、欢乐小剧场表演等，还欣然接受大班小朋友的挑战，与其对弈。十时许，邱书记与教职员工代表亲切座谈。王燕华园长介绍了幼儿园的概况，教师代表分享了各自在北大沃土上收获的点滴成长。邱水平充分肯定了幼儿园的工作，并向教职员工的辛勤付出表示感谢。他指出，近年来幼儿园坚持正确教育理念，注重加强队伍建设，办学水平不断提升，幼儿园是北大大家庭不可或缺的一部分，幼儿教育不仅关系到国家、民族的未来，还关系到北大众多的家庭，学校将一如既往重视支持幼儿园发展，关心关爱下一代成长，希望幼儿园积极学习国外先进的幼教经验，建设与北大一流大学相匹配的一流幼儿教育。北京大学党委办公室校长办公室、人事部、财务部、总务部、房地产管理部、教育基金会、国内合作委员会办公室、教务长办公室、校工会等职能部门负责人陪同慰问。

（张玉萍、成　艳）

【参加海淀区半日评优活动多名教师获奖】2019年，在海淀区半日评优活动中，附属幼儿园教师踊跃参加。经过海淀区各幼儿园参评教师多轮综合评比后，幼儿园韩杰老师获得半日评优特等奖，李慧萍、谢珍金、韩巧巧三位教师获二等奖，刘洋老师获三等奖。在随后的海淀区半日评优颁奖典礼中，韩杰老师代表全区获奖教师进行大会主题发言。由于附属幼儿园教师在本次活动中表现优异，在11月承接了面向海淀区的半日评优开放观摩展示活动，向全区60多名幼儿园一线教师开放了大中小三个年龄段多个班级和公共环境，韩杰老师作为幼儿园特等奖获奖教师面向全体观摩教师进行了优秀半日活动组织实施的专题经验分享和交流。

（余　丽、成　艳）

【承担国培项目】2019年10月至11月期间，附属幼儿园先后承担两项"国培计划"项目：教育部示范性学前教育骨干教研员培训项目和吉林省幼儿园骨干教师培训项目。在这两个项目中，王燕华园长、杨雪扬分园长等多位幼儿园领导及教师进行了主题发言，燕东园与蔚秀园共同参与，承担了包括幼儿园管理、业务、教研、特教等多个领域的专题讲座与座谈活动，并开放多个班级进行活动和环境展示。通过这两次国培活动，幼儿园以自身的经验、成绩、成果和实力实现了辐射带动作用。

（杨雪扬、罗　洪）

【开展庆祝建国70周年"我和我的祖国"主题教育活动】2019年10月，为庆祝伟大祖国70岁华诞，附属幼儿园开展了"我和我的祖国"丰富多彩的主题活动。如"每周一歌"，即每周升国旗仪式上，教师和幼儿共唱一首歌曲来歌颂我们的祖国；设计"爱家乡爱祖国"地图展板，引导家长和幼儿一起找一找自己美丽家乡和曾经游览过的祖国大好河山；师生共同拍摄"我和我的祖国"音乐宣传视频和歌舞快闪；带领幼儿体验和感受茶艺、书法等中国传统文化，并进行全园师生手工制作展示活动等等。教师、幼儿和家长通过不同的形式共同参与主题活动，充分表达对祖国母亲的热爱和自豪之情。

（付传彩）

人　物

在校院士名录

中国科学院院士

数学物理学部
姜伯驹　甘子钊　张恭庆　陈佳洱　杨应昌　文　兰　田　刚　赵光达
王诗宬　陈十一　欧阳颀　谢心澄　张平文　高原宁　汤　超　张继平
陈建生　李家明　苏肇冰　徐至展　李政道　解思深　王恩哥　郑晓静
张维岩

化学部
唐有祺　黎乐民　刘元方　王　夔　张礼和　周其凤　黄春辉　吴云东
刘忠范　席振峰　张　锦　高　松　严纯华

生命科学和医学学部
翟中和　韩济生　韩启德　许智宏　方精云　童坦君　赵进东　尚永丰
朱玉贤　程和平　陆　林　谢晓亮　朱作言　蒋有绪

地学部
赵柏林　涂传诒　陶　澍　陈运泰　叶大年　张弥曼　童庆禧　秦大河
郑永飞　傅伯杰　郭华东　周忠和　吴立新　陈大可　张培震

信息技术科学部
杨芙清　王阳元　秦国刚　黄　琳　龚旗煌　黄　如　包为民　梅　宏

技术科学部
倪晋仁　俞大鹏　魏悦广　彭练矛　叶恒强　方岱宁

中国工程院院士

唐孝炎　陆道培　沈渔邨　郭应禄　庄　辉　高　文　詹启敏　张远航
乔　杰　董尔丹　王　俊　卢秉恒　王　浩　马永生　王陇德　丁文华
李家彪　余少华

（人事部）

2019 年新当选院士简介

2019 年 11 月 22 日，中国科学院、中国工程院 2019 年新当选院士结果公布。北京大学 7 人入选，入选人数为全国高校第一。物理学院高原宁教授、前沿交叉学科研究院汤超教授、数学科学学院张继平教授、化学与分子工程学院张锦教授、信息科学技术学院彭练矛教授新当选为中国科学院院士。人民医院胸外科主任王俊、第三医院血管医学研究所研究员董尔丹新当选为中国工程院院士。

高原宁

高原宁，男，1963 年 4 月生，汉族，黑龙江省齐齐哈尔市人。1983 年毕业于北京大学物理系，获理学学士学位；1989 年毕业于北京大学物理系，获理学博士学位。1989 年 4 月至 1992 年 6 月在中国科学院高能物理研究所从事博士后研究工作；1992 至 2000 年分别受聘于英国伦敦大学皇家霍洛威学院（Royal Holloway, University of London）、美国威斯康星大学麦迪逊分校（University of Wisconsin-Madison），在欧洲核子研究中心（CERN）从事粒子物理实验工作；2000 年 10 月至 2018 年 8 月任清华大学教授；2018 年 9 月入职北京大学；2019 年当选为中国科学院理学部院士。现为北京大学物理学院教授（2018 年），物理学院院长，核物理与核技术国家重点实验室主任。

高原宁主要从事高能对撞机上的粒子物理实验研究。从 2001 年起组建并领导清华大学课题组参加欧洲核子研究中心（CERN）大型强子对撞机（LHC）上的 LHCb 实验。2015 年首次确认自然界中存在由五个夸克组成的粒子，此成果入选了英国物理学会期刊 *Physics World* 评选的 2015 年度国际物理学领域的十项"重大突破"，在美国物理学会期刊 *Physics* 选出的年度国际物理学八项"重要成果"中位列第二。2017 年高原宁领导 LHCb 中国组首次发现双粲重子，被 *Physics*、*Nature* 等期刊专题报道，此成果入选 2017 年度"中国科学十大进展"；2017 年获中国物理学院"王淦昌物理奖"。

现任国际直线对撞机 Physics Panel 成员；BESIII 国际合作执行委员会委员；中国物理学会高能物理分会副主任（2018 年 6 月至今）；*Science Bulletin* 顾问编委（2018 年 1 月至今），《中国科学》（物理学，力学，天文学）编委（2018 年 1 月至今）。

汤 超

汤超，男，1958 年 10 月生，汉族，江西省弋阳县人。1981 年毕业于中国科技大学近代力学系，获学士学位；1986 年毕业于美国芝加哥大学物理系，获博士学位。1986 年至 1988 年在美国布鲁克海文国家实验室工作；1986 年至 1991 年在美国加州大学圣塔巴巴拉分校理论物理研究所工作；1991 年至 2005 年在美国普林斯顿 NEC 研究院工作；2005 至 2011 年在美国加州大学旧金山分校工作（终身正教授）。2019 年当选为中国科学院数学物理学部院士，1997 年当选为美国物理学会会士。现为北京大学物理学院讲席教授（2011 年），曾任北京大学物理学院长江讲座教授（2003—2011 年）。

汤超在统计物理、复杂系统、物理生物学、系统生物学等领域开展了许多开创性工作。多年来着力用物理学思想及方法研究生物问题，探索生命系统中的定量规律和设计原理。1987 年提出自组织临界性科学思想，开创了复杂系统研究的新领域（*Physical Review Letters* 1987）；1996 年将统计物理思想引入蛋白质折叠问题，提出了蛋白质的可设计性原理（*Science* 1996）；2004 年应用非线性物理研究生物调控网络动力学问题，提出了生物系统鲁棒性的理论解释（*PNAS* 2004）；2009 年用统计物理思想方法研究生物网络拓扑结构和功能的关系，找出了其中具有普适性的设计原理（*Cell* 2009）；2013 年将非线性物理与干细胞实验结合，与邓宏魁合作提出了干细胞重编程的"跷跷板"模型（*Cell* 2013）。近年来在细胞周期调控、细菌优化生长策略、人工智能在生物领域中的应用等方面均取得重大进展。

汤超目前还担任美国国家科学基金会理论生物物理中心科学顾问委员；丹麦波尔研究所科学顾问委员；中科院大学卡弗里理论科学研究所科学顾问委员；粤港澳交叉科学中心主任；美国物理学会物理生物学奖遴选委员会主席；*Reports on*

Progress in Physics 期刊编委；*Quantitative Biology* 期刊共同创刊主编。

张继平

张继平，男，1958年7月生，汉族，山东省武城县人。1981年毕业于山东大学，获学士学位；1984年毕业于北京大学，获硕士学位；1987年毕业于北京大学，获博士学位。1987年8月至今在北京大学工作，期间曾赴美、法、德、英访问。张继平2019年当选为中国科学院数学物理学部院士。张继平现为北京大学数学科学学院教授（1990年），长江学者（2000年）。现任北京国际数学研究中心副主任、数学及其应用教育部重点实验室主任。

张继平主要从事有限群及模表示论方面的研究。80年代早期应用有限单群分类世纪大定理作出突出贡献，第一个给出了亏零P-块的充要条件，解决了Brauer39问题，与人合作解决了Brauer40问题。发展了群的算术理论，进而解决了Huppert猜想。他还对可解群解决了S3-猜想，证明了新的p-幂零准则，并在融合系和模表示论范畴化等方面做出重要结果。他及其学生在模表示论国际前沿焦点问题——Alperin权猜想归纳条件做出领先成果。

2009年获陈省身数学奖，2005年获全国优秀科技工作者，2004年获全国五一劳动奖章，1999年入选国家级有突出贡献的中青年专家，1998获得中国青年科学家奖、"求是"杰出青年学者奖，1997获国家自然科学奖三等奖，1996年获教育部科技进步一等奖、入选百千万人才工程国家级人选，1995年获得国家杰出青年基金，1990年获得教育部科技进步二等奖。

现任北京数学会理事长，*Asian-European Journal of Mathematics*、《数学学报》副主编，*Communications in Algebra* 等5种重要期刊编委。曾任中国数学会副理事长、教育部科技委数理学部常务副主任、*Algebra Colloquium* 主编。

张 锦

张锦，1969年生于宁夏同心，1992年毕业于兰州大学现代物理系，1997年获兰州大学化学系博士学位。1998年至2000年在英国利兹大学从事博士后研究，2000年5月到北京大学化学与分子工程学院工作，2006年晋升为教授，2019年当选为中国科学院院士。

张锦现为北京大学博雅特聘教授、国家杰出青年基金获得者（2007年）、教育部长江学者特聘教授（2013年）、英国皇家化学学会会士、中组部"万人计划"创新领军人才入选者、中国化学会纳米化学专业委员会副主任和科技部重点研发计划项目负责人。

张锦长期在纳米碳材料的物理化学领域开展研究工作，坚持探索碳纳米管等纳米碳材料的结构控制生长规律，发展纳米材料结构与物性的谱学表征方法，通过催化剂的设计，突破了碳纳米管结构控制与高效生长的难题，推动了我国纳米碳材料基础研究的进步。在 *Nature* 和 *Nature Materials* 等刊物发表论文260余篇，论文他引12,450余次，授权专利30余项。荣获国家自然科学奖二等奖（两项）、全国优秀博士学位论文指导教师、中国化学会青年化学奖、教育部"新世纪优秀人才资助计划"和北京大学"十佳"导师等奖励。

现任国家纳米科学中心副主任（兼）、北京石墨烯研究院副院长和北京市低维碳材料工程技术研究中心主任。兼任 *Carbon* 和《物理化学学报》等期刊的编委以及 *Advanced Functional Materials* 等期刊的顾问编委。

彭练矛

彭练矛，男，1962年9月生，汉族，湖南省平江县人。1982年毕业于北京大学无线电电子学系，获学士学位；1988年毕业于亚利桑那州立大学，获博士学位。1988年5—12月任奥斯陆大学客座科学家；1989年1月—1994年12月任牛津大学研究助理、Glasstone研究员；1994年12月—1999年4月任中国科学院物理研究所研究员。2019年11月当选为中国科学院技术科学部院士。现为北京大学信息科学技术学院电子学系教授（1999年4月起）。1994年获首批国家杰出青年科学基金资助，1999年入选首届教育部"长江学者奖励计划"特聘教授。

长期从事碳基电子学领域的研究，做出一系列基础性和开拓性贡献。4次担任国家"973计划"、重大科学研究计划和重点研发计划项目首席科学家。发展一整套碳纳米管CMOS集成电路和光电器件的无掺杂制备新技术；首次实现5纳米栅长碳管晶体管；制备新型超低功耗狄拉克源晶体管，极大推进了碳基集成电路的竞争力和实用化发展。在 *Science* 等期刊发表SCI论文400余篇。

相关成果获国家自然科学二等奖（2010和2016年）、高等学校科学研究优秀成果奖（科学技术）自然科学一等奖（2013年）、北京市科学技术一等奖（2004年），入选中国科学十大进展（2011年）、中国高等学校十大科技进展（2000和2017年）、中国基础科学研究十大新闻（2000年）。个人获何梁何利基金科学与技术进步奖（2018年）、全国创新争先奖（2017年）等荣誉。

2000年当选英国物理学会会士。现任中国真空学会副理事长、《应用物理期刊》（Journal of Applied Physics）副主编、北京元芯碳基集成电路研究院院长等。

王 俊

王俊，男，1963年11月生，汉族，河南省淮滨县人。1985年毕业于河南医科大学（现郑州大学医学部），获学士学位；1989年毕业于北京医科大学（现北京大学医学部），获外科学硕士学位。1989—2000年在北京大学第一医院工作。2000年至今在北京大学人民医院工作。2019年当选为中国工程院医药卫生学部院士。现为北京大学人民医院胸外科主任、教授、博士生导师。

他长期工作在临床一线，从事胸部微创手术和肺癌治疗的相关研究。1997年荣获国际胸心外科学界最高青年奖Graham Fellowship（每年全世界仅一人），先后在美国芝加哥大学、麻省总医院、梅奥医学中心等单位学习工作。成功开展了中国第一例胸腔镜手术，开创了绝大多数胸腔镜手术的中国术式，并长期在手术例数和难度上居领先地位。连续二十多年举办全国胸腔镜手术学习班，培养了中国早期80%以上的胸腔镜医生，主持制订了胸腔镜手术国家规范，引领中国胸外科完成了从传统开胸到现代微创的转型升级。创建中国肺癌微创综合诊疗技术体系，发明了被《柳叶刀 肿瘤》命名的肺癌手术"王氏技术"，解决了中国肺癌手术的独特难题，推动了肺癌微创手术在全国普及。针对肺癌的系列创新研究成果写入多项国际指南，使我国肺癌的早诊早治水平位居国际前列。

2012年获国家科技进步二等奖，2015年获吴阶平医药创新奖，2016年获北京市师德先锋，2017年获中央保健工作先进个人奖，2018年获光华工程科技奖。

兼任国家卫健委胸外科内镜诊疗技术专家组组长，中国医师协会毕业后医学教育胸心外科专业委员会主任委员，中国抗癌协会肺癌专业委员会候任主任委员，中国医师协会胸外科分会及内镜医师分会副会长等。

董尔丹

董尔丹，男，1959年3月生，汉族，河北省唐山市人。1983年毕业于内蒙古医学院（现内蒙古医科大学），获学士学位；1990年毕业于包头医学院，获硕士学位；1994年毕业于北京医科大学（现北京大学医学部），获博士学位。1995年至1999年在美国罗切斯特大学博士后研修；2000年在北京大学第三医院评为研究员。2000年至2017年在国家自然科学基金委员会生命科学部、计划局、医学科学部从事科技管理工作，首任医学科学部常务副主任。2019年当选为中国工程院院士。2017年底至今任北京大学第三医院血管医学研究所研究员、北京大学心血管研究所所长、分子心血管学教育部重点实验室主任。

董尔丹长期从事心血管基础研究和医学研究创新体系构建和战略规划实施等科技工程管理研究，9次获国家自然科学基金委员会奖励或表彰。曾主持国家自然科学基金和国家科学技术学术著作出版基金，发表学术论文130余篇。主编《血管生物学》（获中国大学出版社学术著作一等奖）。2014年获何梁何利基金科学与技术进步奖；享受国务院政府特殊津贴。

任 Science China Life Sciences 副主编，Chinese Medical Journal 副总编，《中华心血管病杂志》副总编，《中华高血压杂志》副主编等；任教育部科学技术委员会生物与医学学部委员，中华医学会医学科学研究管理学会候任主任委员，首任中国病理生理学会血管医学专业委员会主任委员，国际心脏研究会（ISHR）中国分会副主席，中国科协常委会学术交流专门委员会委员等。

（人事部）

国家杰出青年基金获得者名录

姓名	院系	批准年
彭练矛	信息科学技术学院	1994
赵新生	化学与分子工程学院	1994
方精云	城市与环境学院	1994

姓名	院系	批准年
陈建国	生命科学学院	1994
王宪	基础医学院	1994
刘忠范	化学与分子工程学院	1994

(续表)

姓名	院系	批准年	姓名	院系	批准年
张继平	数学科学学院	1995	俞大鹏	物理学院	2000
龚旗煌	物理学院	1995	张维迎	国家发展研究院	2000
严纯华	化学与分子工程学院	1995	刘培东	数学科学学院	2001
来鲁华	化学与分子工程学院	1995	方 竞	工学院	2001
赵进东	生命科学学院	1995	高 松	化学与分子工程学院	2001
周 专	分子医学研究所	1995	吴 凯	化学与分子工程学院	2001
寿成超	肿瘤医院	1995	李 毅	生命科学学院	2001
陶 澍	城市与环境学院	1995	夏 斌	化学与分子工程学院	2001
林建华	化学与分子工程学院	1996	邓宏魁	生命科学学院	2001
吕有勇	肿瘤医院	1996	邹德春	化学与分子工程学院	2001
倪晋仁	环境科学与工程学院	1996	刘濮鲲	信息科学技术学院	2001
王诗宬	数学科学学院	1997	张平文	数学科学学院	2002
欧阳颀	物理学院	1997	余振苏	工学院	2002
朱玉贤	生命科学学院	1997	高原宁	物理学院	2002
昌增益	生命科学学院	1997	王剑波	化学与分子工程学院	2002
黄季焜	现代农学院	1997	吴云东	化学与分子工程学院	2002
耿 直	数学科学学院	1998	张传茂	生命科学学院	2002
甘良兵	化学与分子工程学院	1998	韩世辉	心理与认知科学学院	2002
席振峰	化学与分子工程学院	1998	肖瑞平	分子医学研究所	2002
邵元华	化学与分子工程学院	1998	尚永丰	基础医学院	2002
刘张炬	数学科学学院	1999	车庆明	药学院	2002
魏悦广	工学院	1999	詹启敏	医学部	2002
王健平	工学院	1999	柳 彬	数学科学学院	2003
王 远	化学与分子工程学院	1999	杨 震	化学与分子工程学院	2003
王忆平	生命科学学院	1999	齐利民	化学与分子工程学院	2003
胡建英	城市与环境学院	1999	宛新华	化学与分子工程学院	2003
周力平	城市与环境学院	1999	金长文	化学与分子工程学院	2003
朱 彤	环境科学与工程学院	1999	苏晓东	生命科学学院	2003
林作铨	数学科学学院	1999	张立飞	地球与空间科学学院	2003
王 龙	工学院	1999	姜 明	数学科学学院	2003
王楠林	物理学院	2000	沈 波	物理学院	2003
马伯强	物理学院	2000	朱小华	数学科学学院	2004
孟 杰	物理学院	2000	刘玉鑫	物理学院	2004
李星国	化学与分子工程学院	2000	裴 坚	化学与分子工程学院	2004
陈尔强	化学与分子工程学院	2000	黄建滨	化学与分子工程学院	2004
苏都莫日根	生命科学学院	2000	王世强	生命科学学院	2004
程和平	分子医学研究所	2000	杜军保	第一医院	2004
栗占国	人民医院	2000	蔡少青	药学院	2004
郑晓瑛	人口研究所	2000	陈衍景	地球与空间科学学院	2004

(续表)

姓名	院系	批准年	姓名	院系	批准年
傅绥燕	地球与空间科学学院	2004	张 宏	深圳医院	2008
王习东	工学院	2004	乔 杰	第三医院	2008
李伟固	数学科学学院	2005	宋述光	地球与空间科学学院	2008
王建祥	工学院	2005	夏明耀	信息科学技术学院	2008
李存标	工学院	2005	汤华中	数学科学学院	2009
吴学兵	物理学院	2005	郑汉青	物理学院	2009
孙庆丰	物理学院	2005	王 韵	基础医学院	2009
许甫荣	物理学院	2005	方 方	心理与认知科学学院	2009
叶新山	药学院	2005	陈 清	信息科学技术学院	2009
徐东升	化学与分子工程学院	2005	汪国平	信息科学技术学院	2009
唐世明	生命科学学院	2005	张 兴	信息科学技术学院	2009
屠鹏飞	药学院	2005	张志学	光华管理学院	2009
王学军	城市与环境学院	2005	王金霞	现代农学院	2009
魏春景	地球与空间科学学院	2005	甘少波	数学科学学院	2010
黄宝春	地球与空间科学学院	2005	颜学庆	物理学院	2010
徐信忠	光华管理学院	2005	张亚文	化学与分子工程学院	2010
陈大岳	数学科学学院	2006	占肖卫	工学院	2010
朱世琳	物理学院	2006	胡 敏	环境科学与工程学院	2010
刘文剑	化学与分子工程学院	2006	贺金生	城市与环境学院	2010
瞿礼嘉	生命科学学院	2006	魏丽萍	生命科学学院	2010
姜保国	人民医院	2006	蒋争凡	生命科学学院	2010
李铁军	口腔医院	2006	黄清华	地球与空间科学学院	2010
陆雅海	城市与环境学院	2006	胡永云	物理学院	2010
张东晓	工学院	2006	杨 槐	工学院	2010
任秋实	工学院	2006	陈宝权	信息科学技术学院	2010
金 芝	信息科学技术学院	2006	吴联生	光华管理学院	2010
黄 如	信息科学技术学院	2006	刘运全	物理学院	2011
史宇光	数学科学学院	2007	李 彦	化学与分子工程学院	2011
张 锦	化学与分子工程学院	2007	高毅勤	化学与分子工程学院	2011
陆 林	第六医院	2007	朴世龙	城市与环境学院	2011
余 聪	心理与认知科学学院	2007	邵 敏	环境科学与工程学院	2011
赵明辉	第一医院	2007	黄富强	化学与分子工程学院	2011
黄晓军	人民医院	2007	侯仰龙	工学院	2011
徐福留	城市与环境学院	2007	戴 伦	物理学院	2011
龚六堂	光华管理学院	2007	周长辉	光华管理学院	2011
谭文长	工学院	2008	张 宁	第一医院	2011
吴 飙	物理学院	2008	王 凡	基础医学院	2011
余志祥	化学与分子工程学院	2008	段慧玲	工学院	2012
刘海超	化学与分子工程学院	2008	陶建军	工学院	2012

(续表)

姓名	院系	批准年	姓名	院系	批准年
徐仁新	物理学院	2012	徐莉梅	物理学院	2015
胡小永	物理学院	2012	彭海琳	化学与分子工程学院	2015
陈 鹏	化学与分子工程学院	2012	黄岩谊	工学院	2015
郭雪峰	化学与分子工程学院	2012	王喜龙	城市与环境学院	2015
李子臣	化学与分子工程学院	2012	谢 冰	信息科学技术学院	2015
朱东强	城市与环境学院	2012	路江涌	光华管理学院	2015
吴晓磊	工学院	2012	胡 俊	数学科学学院	2016
郑玉峰	工学院	2012	吴成印	物理学院	2016
郭 弘	信息科学技术学院	2012	雷晓光	化学与分子工程学院	2016
张 路	信息科学技术学院	2012	汤富酬	生命科学学院	2016
段志生	工学院	2012	刘 瑜	地球与空间科学学院	2016
王新强	物理学院	2012	韩鸿宾	第三医院	2016
孔 炜	基础医学院	2012	宋令阳	信息科学技术学院	2016
时 杰	药物依赖性研究所	2012	王亦洲	信息科学技术学院	2016
戴志飞	工学院	2012	林宙辰	信息科学技术学院	2016
范辉军	数学科学学院	2013	余淼杰	国家发展研究院	2016
李 若	数学科学学院	2013	徐 明	第三医院	2016
施均仁	物理学院	2013	杨 莉	第一医院	2016
焦 宁	药学院	2013	王 辉	人民医院	2016
刘鸿雁	城市与环境学院	2013	刘若川	北京国际数学研究中心	2017
陈 斌	物理学院	2013	彭良友	物理学院	2017
曹安源	工学院	2013	冯 济	物理学院	2017
刘 俏	光华管理学院	2013	曹庆宏	物理学院	2017
席建忠	工学院	2013	张文雄	化学与分子工程学院	2017
王家军	数学科学学院	2014	马 丁	化学与分子工程学院	2017
许晨阳	北京国际数学研究中心	2014	江 颖	物理学院	2017
章志飞	数学科学学院	2014	要茂盛	环境科学与工程学院	2017
孙聆东	化学与分子工程学院	2014	秦跟基	生命科学学院	2017
陈 兴	化学与分子工程学院	2014	高 宁	生命科学学院	2017
贺灿飞	城市与环境学院	2014	李 晴	生命科学学院	2017
孟智勇	物理学院	2014	朱 健	生命科学学院	2017
黄铁军	信息科学技术学院	2014	程和发	城市与环境学院	2017
陈玉宇	光华管理学院	2014	杨海军	物理学院	2017
陈 旻	第一医院	2014	沈志豪	化学与分子工程学院	2017
张 研	生命科学学院	2014	黄 罡	信息科学技术学院	2017
杨 勇	第一医院	2014	喻俊志	工学院	2017
邓旭亮	口腔医院	2014	叶 敏	医学部药学院	2017
王汉生	光华管理学院	2015	关启安	数学科学学院	2018
古 英	物理学院	2015	田 晖	地球与空间科学学院	2018

（续表）

姓名	院系	批准年
刘雄军	物理学院	2018
肖云峰	物理学院	2018
全海涛	物理学院	2018
乔 宾	物理学院	2018
孙育杰	生命科学学院	2018
伊成器	生命科学学院	2018
李铁军	数学科学学院	2018
许 成	地球与空间科学学院	2018
邹如强	工学院	2018
田永鸿	信息科学技术学院	2018
周明辉	信息科学技术学院	2018
廖志敏	物理学院	2018
岳伟华	第六医院	2018
张文彬	化学与分子工程学院	2019
赵达慧	化学与分子工程学院	2019
王 初	化学与分子工程学院	2019
刘 颖	分子医学研究所	2019
陈良怡	分子医学研究所	2019

姓名	院系	批准年
杨 越	工学院	2019
张艳锋	工学院	2019
赵华章	环境科学与工程学院	2019
孙卫玲	环境科学与工程学院	2019
张 影	光华管理学院	2019
虞吉海	光华管理学院	2019
刘 毅	北京国际数学研究中心	2019
李毓龙	生命科学学院	2019
刘承芳	现代农学院	2019
赵鹏军	城市与环境学院	2019
彭宇新	王选计算机研究所	2019
刘云淮	前沿交叉学科研究院	2019
杨玉超	信息科学技术学院	2019
姜长涛	医学部基础医学院	2019
贾彦兴	医学部药学院	2019
李 蓉	第三医院	2019
吕继成	第一医院	2019

（科学研究部）

具有正高级职称的教师及专业技术人员名单

数学科学学院

教授

艾明要　安金鹏　蔡金星　陈大岳　邓明华　丁 帆　范辉军　房祥忠　冯荣权　甘少波　耿 直　关启安　胡 俊
姜 明　蒋美跃　李 若　李铁军　李伟固　李文威　林作铨　刘 勇　刘力平　刘培东　刘小博　刘旭峰　刘张炬
柳 彬　马 翔　马尽文　莫小欢　任艳霞　史宇光　宋春伟　孙 猛　孙文祥　汤华中　田 刚　王 崧　王保祥
王冠香　王诗宬　王正栋　吴 岚　夏壁灿　徐 恺　徐茂智　杨 超　杨家忠　杨建生　杨静平　姚 方　张继平
张平文　张志华　章志飞　郑 浩　周 铁　周蜀林　朱小华

物理学院

教授

班勇　曹庆宏　陈斌　陈晓林　陈志坚　陈志忠　戴伦　冯济　付遵涛　高家红　高原宁　龚旗煌　古英
郭秋菊　胡小永　胡晓东　胡永云　华辉　季航　江颖　蒋红兵　李焱　李智　李定平　廖志敏　刘川
刘富坤　刘克新　刘雄军　刘玉鑫　刘运全　罗春雄　马伯强　马中水　冒亚军　孟杰　孟智勇　欧阳颀　彭良友
钱维宏　全海涛　冉广照　沈波　史俊杰　孙庆丰　谭本馗　檀时钠　汤超　王健　王福仁　王宏利　王楠林
王若鹏　王新强　王宇钢　吴飙　吴成印　吴学兵　肖立新　肖云峰　谢心澄　徐莉梅　徐仁新　许甫荣　薛惠文
薛建明　颜学庆　杨海军　杨金波　叶沿林　尹澜　于彤军　俞大鹏　张朝晖　张国辉　张宏昇　张家森　张庆红
赵清　赵春生　郑汉青　朱世琳　朱守华　Ruirui Du

研究员

陈建军　林晨　卢海洋　彭士香　施均仁　吴飙　赵子强

化学与分子工程学院

教授

卞祖强　陈鹏　陈兴　陈尔强　范星河　甘良兵　高毅勤　郭雪峰　黄富强　黄建滨　金长文　来鲁华　雷晓光
李娜　李彦　李美仙　李星国　李子臣　梁德海　林建华　刘春立　刘海超　刘志荣　刘忠范　马丁　马玉国
裴坚　彭海琳　齐利民　其鲁　邵元华　沈兴海　施祖进　宛新华　王远　王剑波　王颖霞　王哲明　吴凯
吴云东　席振峰　夏斌　徐东升　杨震　余志祥　翟茂林　张锦　张文雄　张新祥　张亚文　赵达慧　赵美萍
赵新生　邹德春

研究员

陈家华　杜福胜　孙聆东　阎云　朱志伟

正高级工程师

谢景林　周江　章斐

生命科学学院

教授

安成才　白书农　蔡宏　柴真　昌增益　陈建国　陈章良　邓宏魁　范六民　高宁　顾红雅　贺新强　纪建国
蒋争凡　孔道春　李晴　李毅　李沉简　吕植　秦跟基　秦咏梅　瞿礼嘉　饶毅　饶广远　苏都莫日根
苏晓东　汤富酬　陶伟　滕俊琳　佟向军　王世强　王忆平　魏丽萍　魏文胜　吴虹　伊成器　于翔　张博
张研　张传茂　张泽民　赵进东　郑晓峰　朱玉贤

研究员

高歌

正高级工程师
郝雪梅　彭宜本　朱德生

城市与环境学院

教授
曹广忠　柴彦威　陈效逑　陈彦光　程和发　邓　辉　方精云　冯长春　韩茂莉　贺灿飞　贺金生　胡建英　李本纲
李双成　李有利　林　坚　刘耕年　刘鸿雁　刘文新　陆雅海　马建民　莫多闻　朴世龙　阙维民　沈泽昊　唐晓峰
唐艳红　陶　澍　王红亚　王喜龙　王学军　王仰麟　吴必虎　徐福留　杨小柳　曾　辉　张家富　周力平　朱东强

正高级工程师
刘雪萍

地球与空间科学学院

教授
陈鸿飞　陈秀万　陈衍景　传秀云　傅绥燕　关　平　郭召杰　韩宝福　洪　阳　侯贵廷　胡天跃　黄宝春　黄清华
季建清　江大勇　赖　勇　李江海　李培军　刘　瑜　刘建波　刘树文　鲁安怀　马学平　毛善君　宁杰远　潘　懋
秦　善　宋述光　孙元林　田　晖　王德明　王河锦　王彦宾　魏春景　邬　伦　吴朝东　许　成　曾琪明　张东和
张飞舟　张进江　张立飞　张显峰　张志诚　赵永红　周仕勇　朱永峰　宗秋刚　Zhao Li

教学教授
陈　斌

研究员
范闻捷　张　勇

心理与认知科学学院

教授
方　方　甘怡群　韩世辉　李　量　苏彦捷　王　垒　魏坤琳　吴艳红　谢晓非　余　聪　周晓林

教学教授
耿海燕

建筑与景观设计学院

教授

汪　芳　　俞孔坚　　John Keith Zacharias

信息科学技术学院

教授

曹永知	陈　兢	陈　清	陈　钟	陈宝权	陈景标	陈向群	陈徐宗	陈章渊	陈中建	程　翔	程　旭	程玉华
崔　斌	代亚非	党安红	邓小铁	邓志鸿	杜　刚	段凌宇	封举富	傅云义	高　军	高　文	郭　弘	郭　耀
郝一龙	何　进	侯士敏	胡薇薇	胡振江	黄　罡	黄　如	黄铁军	焦秉立	焦文品	金　芝	金玉丰	康晋锋
李红滨	李红燕	李文新	李晓明	李正斌	李志宏	梁学磊	廖怀林	林宙辰	刘　宏	刘力锋	刘濮鲲	刘晓彦
罗　武	罗英伟	马思伟	彭练矛	宋令阳	穗志方	谭　营	谭少华	田永鸿	童云海	汪国平	汪小林	王　玮
王　漪	王　源	王捍贫	王厚峰	王金延	王立威	王腾蛟	王兴军	王亦洲	王志军	吴　思	吴建军	吴文刚
吴玺宏	夏明耀	谢　冰	谢　涛	谢昆青	徐洪起	许　超	许　进	许胜勇	杨振川	叶安培	英向华	于晓梅
查红彬	张　帆	张　路	张　铭	张　兴	张　岩	张大成	张大庆	张耿民	张海霞	张锦文	张志刚	张志勇
赵建业	赵玉萍	周明辉	周小计	朱柏承								

教学教授

陈　江

研究员

蔡一茂	曹东刚	陈　婧	杜朝海	盖伟新	何燕冬	解晓东	刘　璐	鲁文高	王为民	张　超	张　威	张盛东
赵俊峰												

正高级工程师

段晓辉　　冯梅萍　　高成臣　　何永琪　　金　野　　李　婷　　王兆江　　于敦山

工学院

教授

白树林	曹安源	陈　璞	陈国谦	陈十一	程承旗	楚天广	戴志飞	董蜀湘	段慧玲	段志生	耿志勇	侯仰龙
黄岩谊	李存标	励　争	刘才山	卢海龙	米建春	任秋实	佘振苏	史一蓬	孙　强	谭文长	唐少强	陶建军
王　龙	王　前	王　勇	王建祥	王健平	王金枝	王习东	魏悦广	吴晓磊	席建忠	夏定国	谢广明	谢天宇
熊春阳	杨　槐	杨　莹	喻俊志	占肖卫	张东晓	郑春苗	郑玉峰	朱怀球	邹如强	Zheng Qiang		

研究员

安建祝　　王苓祥　　杨剑影　　于　明　　张飞舟

王选计算机研究所

教授
彭宇新　孙　俊　肖建国　邹　磊

研究员
陈晓鸥　郭宗明　汤　帜　万小军　赵东岩　周秉锋

环境科学与工程学院

教授
蔡旭晖　陈忠明　郭怀成　胡　敏　胡建信　黄　艺　籍国东　李文军　李振山　刘阳生　马晓明　倪晋仁　邵　敏
宋　宇　王　奇　温东辉　谢绍东　要茂盛　叶正芳　张剑波　张世秋　张远航　赵华章　郑　玫　朱　彤

研究员
刘　娟

正高级工程师
曾立民

软件工程国家工程研究中心

教授
柳军飞　王　平　王亚沙　吴中海

研究员
李　影　张世琨　赵　文

中国语言文学系

教授
曹文轩　常　森　车槿山　陈保亚　陈连山　陈平原　陈晓明　陈泳超　戴锦华　董秀芳　杜晓勤　傅　刚　高远东
郭　锐　韩毓海　贺桂梅　胡敕瑞　计璧瑞　金永兵　孔江平　孔庆东　李　简　李　杨　李宗焜　廖可斌　刘　萍
刘勇强　刘玉才　刘子瑜　潘建国　漆永祥　钱志熙　邵永海　孙玉文　汪　锋　王　岚　王丽丽　王岳川　王韫佳
吴晓东　项梦冰　杨海峥　杨荣祥　于迎春　袁行霈　袁毓林　詹卫东　张　辉　张　剑　张　沛　张颐武　周兴陆

研究员

顾永新　李　铎

历史学系

教授

包茂红　陈苏镇　邓小南　董经胜　高　岱　高　毅　郭润涛　郭卫东　何　晋　黄春高　金东吉　李　维　李伯重
李新峰　刘一皋　陆　扬　罗　新　牛大勇　欧阳哲生　彭小瑜　钱乘旦　荣新江　尚小明　王　希　王立新　王奇生
王新生　王元周　吴小安　辛德勇　徐　健　阎步克　颜海英　叶　炜　臧运祜　张　帆　赵冬梅　赵世瑜　朱凤瀚
朱青生　朱孝远　朱玉麒

考古文博学院

教授

陈建立　董　珊　杭　侃　胡东波　雷兴山　李崇峰　林梅村　倪润安　齐东方　秦大树　沈睿文　孙　华　孙庆伟
王幼平　韦　正　魏正中　吴小红　徐天进　徐怡涛　张　弛　张　辛　赵　辉

哲学系（宗教学系）

教授

陈　波　陈少峰　程乐松　杜维明　丰子义　干春松　韩林合　韩水法　何怀宏　李　猛　李四龙　刘华杰　聂锦芳
尚新建　孙尚扬　王　博　王　骏　王　颂　王中江　王宗昱　吴　飞　吴增定　先　刚　邢滔滔　徐　春　徐凤林
徐龙飞　杨立华　杨学功　仰海峰　姚卫群　叶　闯　叶　朗　张广保　张志刚　赵敦华　郑　开　周　程　周北海
朱良志　Roger Thomas Ames　Thomas Rockmore

研究员

张丽娟

外国语学院

教授

薄文泽　陈　明　陈岗龙　程朝翔　褚　敏　丁　莉　丁宏为　董　强　段　晴　段映虹　付志明　高峰枫　高一虹

拱玉书　谷　裕　韩加明　黄必康　黄燎宇　姜景奎　金　勋　李　政　林丰民　凌建侯　刘　锋　刘建华　刘树森
罗　炜　马小兵　毛　亮　宁　琦　潘　钧　彭　甄　钱　军　秦海鹰　申　丹　田庆生　王　丹　王　浩　王　建
王　军　王邦维　王东亮　王辛夷　王一丹　魏丽明　吴杰伟　杨国政　喻天舒　查晓燕　湛　如　张　敏　张　薇
张世耘　赵白生　赵桂莲　赵华敏　周小仪

艺术学院

教授
陈　宇　陈旭光　丁　宁　顾春芳　侯锡瑾　李　松　李　洋　李道新　林　一　彭　锋　邱章红　王一川　翁剑青
向　勇

教学教授
高　译

研究员
雷　虹

对外汉语教育学院

教授
汲传波　李红印　刘元满　王海峰　辛　平　徐晶凝　杨德峰　赵　杨

教学教授
施正宇

歌剧研究院

教授
金　曼

教学教授
戴玉强

国际关系学院

教授

初晓波　丁　斗　贾庆国　孔凡君　李寒梅　李义虎　梁云祥　罗艳华　潘　维　唐士其　王　联　王　勇　王缉思
王逸舟　王正毅　韦　民　许振洲　叶自成　袁　明　查道炯　翟　崑　张海滨　张清敏　张小明　张植荣　朱文莉

法学院

教授

白建军　车　浩　陈端洪　陈瑞华　陈兴良　邓　峰　傅郁林　葛云松　郭　雳　何其生　贺卫方　蒋大兴　李　鸣
李启成　梁根林　凌　斌　刘　燕　刘剑文　刘凯湘　马忆南　潘剑锋　彭　冰　钱明星　强世功　沈　岿　汪　劲
汪建成　王　成　王　磊　王　新　王锡锌　吴志攀　徐爱国　许德峰　薛　军　易继明　张　平　张　骐　张千帆
张守文　朱苏力

教学教授

楼建波

研究员

李红海　叶静漪

信息管理系

教授

陈建龙　李常庆　李广建　李国新　刘兹恒　申　静　王　军　王继民　王延飞　王余光　王子舟　张久珍　赵丹群
周庆山

社会学系

教授

方　文　高丙中　李建新　刘　能　刘爱玉　卢晖临　卢云峰　陆杰华　马　戎　马凤芝　钱民辉　邱泽奇　渠敬东
佟　新　王铭铭　谢立中　熊跃根　张　静　周　皓　周　云　周飞舟　朱晓阳

政府管理学院

教授

包万超　高鹏程　何增科　黄恒学　金安平　句　华　李国平　陆　军　沈体雁　宋　磊　王丽萍　王浦劬　萧鸣政
徐湘林　薛　领　燕继荣　俞可平　郁俊莉　赵成根

教学教授

白　彦

马克思主义学院

教授

白雪秋　程美东　顾海良　康沛竹　李少军　李翔海　林　锋　林绪武　刘　军　刘志光　孙蚌珠　孙代尧　孙来斌
孙熙国　王文章　王在全　魏　波　郇庆治　宇文利

教育学院

教授

陈洪捷　陈晓宇　丁小浩　郭建如　贾积有　蒋　凯　刘云杉　马万华　施晓光　汪　琼　文东茅　吴　峰　阎凤桥
岳昌君　赵国栋

研究员

郭丛斌　卢晓东　秦春华

新闻与传播学院

教授

陈　刚　陈开和　陈汝东　程曼丽　胡　泳　李　玮　刘德寰　陆　地　陆绍阳　彭　波　师曾志　吴　靖　谢新洲
许　静　杨伯溆　俞　虹

体育教研部

教授

董进霞　郝光安　何仲恺　赫忠慧　张　锐

教学教授

李　宁　张　戈

经济学院

教授

曹和平　董志勇　杜丽群　胡　坚　黄桂田　李　虹　李连发　李庆云　李绍荣　刘　怡　刘民权　秦雪征　施建淮
苏　剑　孙祁祥　陶　涛　王大树　王曙光　王一鸣　王跃生　夏庆杰　叶静怡　张　博　张　辉　张　延　章　政
郑　伟　周建波

教学教授

方　敏　锁凌燕　吴侨玲

编审

于小东

光华管理学院

教授

陈丽华　陈松蹊　陈玉宇　符国群　龚六堂　黄　涛　贾春新　江明华　姜国华　金　李　雷　明　李怡宗　厉以宁
林莞娟　刘　俏　刘　学　刘宏举　刘晓蕾　刘玉珍　陆正飞　路江涌　马　力　彭泗清　任　菲　沈俏蔚　涂　平
王　辉　王汉生　王立彦　王明进　翁　翕　吴联生　徐　菁　徐信忠　杨云红　姚长辉　于鸿君　虞吉海　张　影
张　峥　张红霞　张建君　张庆华　张一弛　张志学　赵龙凯　周黎安　周长辉

人口研究所

教授

陈　功　李涌平　穆光宗　裴丽君　乔晓春　宋新明　郑晓瑛

国家发展研究院

教授

陈春花　傅　军　胡大源　黄益平　雷晓燕　李　玲　李力行　林双林　林毅夫　刘国恩　卢　锋　马　浩　沈　艳
唐方方　汪　浩　徐晋涛　姚　洋　余淼杰　张　黎　张维迎　张晓波　赵跃辉　Yang John Zhuang（杨壮）

研究员

范保群

基础医学院

教授

白 云	陈英玉	崔庆华	杜晓娟	方伟岗	葛 青	韩晶岩	韩文玲	孔 炜	刘国庆	刘昭飞	鲁凤民	罗光湘
罗建沅	马大龙	马治中	毛泽斌	梅 林	倪菊华	彭宜红	齐永芬	秦丽华	邱晓彦	沙印林	尚永丰	邵根泽
沈 丽	孙露洋	谭焕然	田新霞	万 有	汪南平	王 凡	王 玲	王 露	王 宪	王 应	王 韵	王文恭
王月丹	吴立玲	邢国刚	徐国恒	杨宝学	杨吉春	尹玉新	尹长城	云彩红	张 波	张 君	张 毓	张宏权
张炜真	张卫光	张晓伟	张永鹤	章 京	章国良	赵 颖	赵红珊	朱 毅				

主任医师

刘从容　刘翠苓　石雪迎

研究员

刘新文　祁 荣　吴鎏桢　郑乐民　祝 虹

药学院

教授

蔡少青	姜 勇	李润涛	李中军	梁 鸿	凌笑梅	刘俊义	吕万良	孟祥豹	蒲小平	齐宪荣	史录文	孙 崎
汤新景	屠鹏飞	王 超	王 璇	王坚成	王银叶	夏 青	徐 萍	叶 加	叶 敏	叶新山	曾慧慧	张 强
张 烜	张亮仁	张庆英	张天蓝	周德敏	周田彦							

研究员

车庆明　陈世忠　杜 权　付宏征　郭敏杰　贾彦兴　焦 宁　梁建辉　林文翰　王学清　张红梅

编审

黄河清

公共卫生学院

教授

安 琳	曹卫华	常 春	陈 娟	陈大方	邓芙蓉	郭 岩	郭新彪	郝卫东	何丽华	胡永华	贾 光	李立明
刘 民	刘继同	吕 筠	马 军	马冠生	马迎华	钮文异	潘小川	孙昕霙	王 红	王 旗	王 燕	王海俊
王培玉	王晓莉	王志锋	吴 明	吴 涛	许雅君	詹思延	张宝旭	张玉梅	郑志杰	朱文丽		

研究员

陈晶琦　李　勇　李可基　李智文　刘建蒙　任爱国　王京宇　王琳琳　武阳丰　叶荣伟　余小鸣

护理学院

教授

郭桂芳　李明子　陆　虹　路　潜　尚少梅　孙宏玉　王志稳

医学人文学院

教授

丛亚丽　高　嵩　官锐园　郭莉萍　贺东奇　刘大川　孙秋丹　唐文佩　王　玥　王　岳　王一方　吴任钢　张大庆　甄　橙

研究员

王红漫　谢　虹

教学教授

李　辉

第一临床医学院（北大医院）

教授

包新华　曹永平　陈　旻　陈　明　陈育青　迟春花　崔一民　丁　洁　丁文惠　董　捷　杜军保　冯　琪　高　莹
高献书　龚　侃　郭晓蕙　洪　涛　侯新琳　黄一宁　霍　勇　贾志荣　姜　毅　姜玉武　蒋　捷　金　杰　金红芳
李　航　李　挺　李　岩　李海潮　李海丽　李建平　李若瑜　李学松　林　健　刘　刚　刘　伟　刘朝晖　刘梅林
刘新民　刘荫华　刘玉村　刘玉和　吕继成　潘英姿　乔歧禄　秦　永　阙呈立　任汉云　时春艳　涂　平　万远廉
汪　欣　王朝霞　王东信　王广发　王贵强　王静敏　王荣福　王素霞　王薇薇　王维民　王蔚虹　王霄英　王学美
温宏武　吴　林　吴　艳　吴　晔　吴士良　吴问汉　席志军　肖水芳　辛钟成　熊　晖　徐小元　薛　晴　晏晓明
杨　莉　杨　柳　杨　勇　杨慧霞　杨艳玲　杨尹默　杨志仙　姚　晨　叶乐平　于　峰　于岩岩　余　进　袁　云
张　宏　张　骞　张　宁　张路霞　张学智　张彦芳　张月华　张卓莉　赵　鸿　赵明辉　郑　波　周利群　周应芳
朱丽荣　朱学骏　邹英华

主任医师

毕蕙　才　瑜　蔡立新　岑溪南　柴卫兵　常杏芝　陈　建　陈　倩　陈路增　陈喜雪　陈永红　谌　诚　成　虹
崔　昭　董　颖　董玉君　段学宁　冯珍如　付占立　高　枫　耿志宇　龚艳君　韩文科　郝燕捷　何志嵩　贺占举
侯凤琴　华　瑛　黄　真　金其庄　李　简　李　良　李　梅　李　明　李　昕　李淳德　李俊霞　李巧娴　李双玲

李晓清 梁芙蓉 林 健 林志淼 刘 洪 刘凤君 刘立军 刘玲玲 刘秀芬 刘雪芹 刘占兵 柳 萍 卢宏章
陆 叶 陆海英 马 靖 马晓伟 孟 磊 米 川 牟向东 年卫东 聂红平 聂立功 潘义生 庞 琳 彭 靖
齐建光 秦乃姗 邱志祥 屈晨雪 曲 元 戎 龙 荣 蓓 邵玉红 盛琴慧 宋 毅 孙 葳 孙 瑜 孙洪跃
孙伟杰 孙伟平 孙晓伟 孙永安 陶 霞 佟小强 汪 波 王 刚 王 进 王 军 王 平 王 艳 王 颖
王爱平 王化虹 王建中 王宁华 王鹏远 王全桂 王文生 王晓敏 温 冰 吴 涛 吴士良 肖 锋 肖慧捷
肖江喜 肖云翔 熊 辉 徐 玲 徐 阳 许 戎 许 幸 杨建梅 杨淑霞 杨新宇 姚 勇 姚红新 叶京明
伊志强 邑晓东 尹 玲 于晓兰 虞 巍 袁戈恒 袁振芳 曾 争 张 岱 张 红 张 凯 张 巍 张 岩
张 争 张宝娓 张家湧 张俊清 张澜波 张前进 张清友 张宪生 张晓春 张志超 赵 健 赵彩芸 赵桂萍
赵卫红 郑 博 周 菁 周福德 庄 岩

研究员
程苏华 韩 颖 李 岩 李海霞 李惠芳 李敬伟 李六亿 吕 媛 马兰艳 潘 虹 戚 豫 王 颖 杨志仙
张春丽 张庆林

研究馆员
黄明杰

主任药师
梁 雁 孙培红 向 倩 赵 侠 周 颖

主任护师
陈建军 丁炎明 耿小凤 王 群

主任技师
郝洪军 李雪迎 刘静霞 卢桂芝 王 彬 杨宏云

编审
高雪莲 单爱莲

第二临床医学院（人民医院）

教授
白文俊 鲍永珍 常英军 陈 红 崔 恒 封 波 冯 艺 冯淬灵 高 杰 高 燕 高承志 高旭光 高占成
郭 卫 郭淮莲 郭静竹 韩 芳 何 菁 洪 楠 黄晓波 黄晓军 纪立农 江 倩 姜保国 姜冠潮 李 澍
栗占国 梁梅英 林剑浩 刘 健 刘海鹰 刘开彦 刘文玲 刘玉兰 刘元生 穆 荣 秦 炯 曲进锋 饶慧瑛
申占龙 沈 浣 苏 茵 孙铁铮 孙秀丽 汤小东 王 辉 王 俊 王 杉 王 殊 王 屹 王建六 王晶桐
王乐今 王秋生 王天兵 吴慧娟 徐 涛 许克新 许兰平 许清泉 燕太强 杨 欣 叶颖江 余力生 张 俊
张建中 张培训 张小明 张晓辉 张学武 赵慧萍 赵明威 赵晓涛 周翔海 朱凤雪 朱继业 朱家安 左 力

主任医师
安海燕 安友仲 白 文 蔡 林 蔡美顺 曹宝平 曹照龙 曾超美 陈 欢 陈 坚 陈 雷 陈 亮 陈 适
陈 瑶 陈 彧 陈 周 陈建海 陈江天 陈陵霞 陈琦玲 陈育红 陈源源 程 琳 程翼飞 戴 林 董霄松
杜 娟 傅中国 甘良英 高鹏骥 耿 京 关 菁 郭 鹏 郭 杨 郭 远 郭丹杰 郭惠杰 韩红敬 韩学尧

何晋德　何燕玲　赫崇军　侯宪如　华文浩　黄　磊　贾　玫　贾　园　贾晋松　贾月萍　江　浩　姜可伟　蒋京军
金仲田　赖悦云　李　虎　李　琦　李　清　李　茹　李　涛　李　伟　李　艺　李　运　李　照　李帮清　李大森
李厚敏　李剑锋　李文海　李学斌　李永杰　梁　斌　梁　勇　梁建宏　梁旭东　刘　波　刘　杰　刘　捷　刘　靖
刘　军　刘　淼　刘　鹏　刘　栩　刘春兰　刘国莉　刘如恩　刘士军　刘彦国　刘月洁　陆爱东　鹿　群　路　瑾
马　慧　马　鑫　马庆春　马艳良　苗榕生　穆新林　倪　磊　潘　芳　裴秋艳　齐慧君　钱　彤　乔　青　曲华毅
曲星珂　任泽钦　申金霞　沈丹华　石　璇　石红霞　隋　准　唐　军　唐　顺　田　莉　佟富中　王　波　王　东
王　豪　王　凯　王　龙　王　旻　王　茜　王　昱　王　悦　王朝华　王传林　王福顺　王鸿懿　王伟民　王雪梅
王志启　王智峰　韦　洮　吴　珺　吴　夕　吴　彦　吴　燕　夏瑞明　谢启伟　邢志敏　熊　建　熊六林　徐　燕
徐海林　许俊堂　薛　峰　闫晨华　严荔煌　杨　波　杨　帆　杨　力　杨　明　杨　毅　杨荣利　杨松娜　杨晓东
叶　华　叶雄俊　尹　虹　尹东辉　尹慕军　于文贞　袁晓培　岳志红　张　韬　张殿英　张海澄　张乐萍　张立红
张荣葆　张挺杰　张万蕾　张熙哲　张晓红　张晓蕊　张学民　赵　超　赵　辉　赵　辉　赵慧萍　赵永平　钟朝辉
周　波　周　静　周　蓉　周殿阁　周景儒　朱继红　朱天刚

研究员

昌晓红　陈　颖　陈红松　戴谷音　郭建萍　黄　锋　黄旅珍　孔　圆　李　红　李翠兰　李小平　梁公文　刘艳荣
路　阳　秦亚溱　阮国瑞　孙晓麟　郁卫东　赵　越　赵晓甦

主任药师

方　翼　封宇飞　冯婉玉　顾　健　黄　琳　于芝颖　张海英

主任护师

王　泠　吴晓英　应菊素　张海燕

主任技师

李　丹　柳　鹏　马丽萍

编审

李静然　尚永刚　王　黛　张立群

第三临床医学院（北医三院）

教授

敖英芳　陈亚红　陈跃国　陈仲强　崔　鸣　崔立刚　丁士刚　段丽萍　樊东升　付　卫　高　炜　郭向阳　韩鸿宾
韩启德　贺　蓓　洪　晶　洪天配　黄永辉　姜　辉　景红梅　克晓燕　李　东　李　华　李　民　李　蓉　李东明
李危石　李学民　李昭屏　凌晓锋　刘剑羽　刘湘源　刘晓光　刘忠军　马彩虹　马芙蓉　马潞林　么改琦　齐　虹
齐　强　乔　杰　孙永昌　田　耘　汪　涛　王　薇　王　侠　王　颖　王　悦　王贵松　王海燕　王俊杰　王振宇
吴玲玲　修典荣　徐　智　徐迎胜　杨　孜　余家阔　袁慧书　曾　鸿　曾　岩　翟所迪　张　纯　张　捷　张　龑
张爱华　张燕燕　张永珍　赵荣生　赵扬玉　郑丹侠　周　方　周丽雅　周谋望　朱　曦　祖凌云

主任医师

毕洪森　蔡　宏　常　春　常　虹　陈　文　陈宝霞　陈朝文　陈晓勇　陈新娜　迟洪滨　崔国庆　崔丽艳　邓晓莉
窦宏亮　冯　云　冯新恒　冯学峰　傅　瑜　高洪伟　葛辉玉　葛庆岗　龚　熹　顾　芳　郭红燕　郭丽君　郭秦炜
郭昭庆　韩江莉　韩劲松　韩庆烽　韩彤妍　和　岚　洪　锴　侯纯升　侯小飞　胡跃林　黄　毅　霍则军　姬洪全

江 凌	姜 亮	姜 薇	焦 晨	郎 宁	黎远皋	李 比	李 东	李 强	李 选	李 渊	李海燕	李红真
李华军	李天润	李卫虹	李小刚	李在玲	李志刚	李子剑	梁 莉	梁华茂	凌云鹏	刘 平	刘 平	刘桂花
刘俊秀	刘书旺	刘延青	刘瑜玲	刘仲奇	卢 剑	鲁 明	鲁 珊	栾景源	马力文	马青变	马少华	马长城
孟秀丽	苗立英	牛 杰	潘 滔	朴梅花	沈 宁	沈 扬	史成和	宋清华	宋世兵	宋为明	宋志强	孙 宇
唐 雯	田 华	田彦杰	童笑梅	万 峰	王 超	王 军	王 丽	王 涛	王 霄	王 妍	王爱英	王昌明
王常观	王海宁	王继军	王健全	王立新	王丽娜	王少波	王圣林	王天成	王晓华	王新利	王雪梅	王永清
韦 峰	魏 玲	魏 瑗	邬海博	夏志伟	肖春雷	肖卫忠	谢京城	谢志强	胥 婕	徐 懋	徐 艳	徐 雁
徐顺霖	许艺民	许永根	闫 辉	闫 明	闫 燕	闫天生	杨雪松	姚 炜	伊 敏	于 淼	袁 炯	原春辉
曾 辉	张 克	张 立	张 莉	张 媛	张 喆	张春雷	张凤山	张福春	张立强	张利萍	张璐芳	张树栋
张卫方	张英爽	张玉梅	赵 军	赵 艳	赵素焱	甄秀梅	郑 旭	郑亚安	周庆涛	朱 红	朱 丽	朱 昀
庄申榕												

研究员

艾 华	常翠青	邓 敏	董尔丹	耿 力	计 虹	金昌晓	李 默	李树强	李子健	林 丛	刘薇薇	秦泽莲
沈 韬	宋纯理	田 婵	胥雪冬	徐 明	许 锋	闫丽盈	杨 莉	张小为	张幼怡	赵一鸣	周 瑞	周洪柱

主任药师

杨 丽　杨毅恒

主任护师

郭 莉　李葆华　罗永梅　朴玉粉　苏春燕　袁晓宁　张洪君　张会芝

主任技师

吕志珍　游 珂

研究馆员

田新玉

口腔医学院

教授

蔡志刚	邓旭亮	邱 萍	董艳梅	傅开元	甘业华	高雪梅	谷 岩	郭传瑸	侯建霞	胡文杰	华 红	贾绮林
江久汇	姜 婷	姜若萍	李 刚	李翠英	李铁军	李巍然	李自力	梁宇红	林 野	林久祥	刘 鹤	刘 宇
刘宏伟	栾庆先	马 莲	毛 驰	聂 琼	欧阳翔英	彭 歆	秦 满	孙玉春	谭建国	唐志辉	王 兴	
王伟健	王晓燕	王新知	魏世成	夏 斌	谢秋菲	徐 莉	徐 韬	许天民	伊 彪	俞光岩	岳 林	张 杰
张 益	张建国	张震康	赵玉鸣	郑树国	周彦恒	周永胜						

主任医师

安 娜	安金刚	陈 洁	崔念晖	丁 云	樊 聪	高 娟	韩 冰	韩 劼	何秉贞	和 璐	胡 炜	胡晓阳
胡秀莲	姬爱平	纪志农	江 泳	姜 霞	晋长伟	康 军	李斌斌	李健慧	李良忠	李彤彤	李小彤	梁 成
刘 峰	刘 怡	刘瑞昌	刘亦洪	刘玉华	刘云松	柳登高	罗 奕	骆泉丰	马 琦	马文利	孟娟红	潘 洁
潘韶霞	邱立新	荣文笙	单小峰	司 燕	孙 凤	佟 岱	王恩博	王晓霞	王泽泗	王祖华	王尊一	卫 彦
魏 松	寻春雷	闫志敏	杨旭东	杨亚东	于晓潜	翟新利	张 豪	张 雷	张 磊	张 立	张 清	张 笋

张　伟　张　晓　张　宇　张汉平　张万林　张祖燕　赵　奇　赵燕平　赵玉鸣　周爽英　周团锋　朱洪平

研究员
李盛林　林　红　刘　燕　单艳华　王衣祥

主任药师
郑利光

主任护师
李秀娥　杨　悦

主任技师
陈智滨　吴美娟

教授级高级工程师
王　勇

临床肿瘤学院（肿瘤医院）

教授
陈晋峰　陈克能　邓大君　方志伟　顾　晋　郭　军　韩淑燕　郝纯毅　季加孚　解云涛　柯　杨　李惠平　李子禹
梁　军　林冬梅　刘　巍　刘宝国　潘凯枫　沈　琳　寿成超　苏向前　孙应实　唐　磊　王维虎　王晓东　王雪鹏
王子平　吴　楠　武爱文　邢宝才　严　昆　杨　薇　杨　勇　张　彬　张　宁　张小田　张志谦　朱　旭

主任医师
安彤同　步召德　蔡　勇　陈　辉　陈　晓　陈冀衡　陈衍智　迟志宏　崔　明　崔　湧　崔传亮　邱立军　杜　鹏
樊征夫　范志毅　方　健　高　嵩　高顺禹　高雨农　何自静　季建英　贾　军　李　健　李　洁　李　明　李　囡
李　萍　李　燕　李金锋　李永恒　李忠武　廖盛日　林宁晶　陆　明　陆爱萍　那　加　欧阳涛　彭亦凡　齐丽萍
钱红纲　盛锡楠　斯　璐　宋国红　宋玉琴　孙　红　孙　艳　孙　宇　谭宏宇　唐丽丽　涂梅峰　王　崑　王宏志
王洪义　王玉艳　卫　燕　吴　齐　吴　薇　吴梅娜　吴晓江　肖绍文　熊宏超　薛　冬　薛卫成　杨　跃　姚云峰
尹珊珊　于会明　张　霁　张连海　张乃嵩　张晓东　赵　军　赵爱莲　郑　虹　郑　文　朱　军　朱步东

研究员
何忠虎　胡亚洲　刘军燕　陆哲明　隗铁夫　吴健民　邢　沫　徐国兵　许秀菊　杨　志　詹启敏　张焕萍

主任药师
杨　锐　张艳华

主任护师
陆宇晗

主任技师
沈　靖

精神卫生研究所（第六医院）

教授
黄悦勤　刘　靖　钱秋谨　沈渔邨　司天梅　孙洪强　王华丽　于　欣　岳伟华　张　岱

主任医师
程　嘉　丛　中　董问天　贾美香　孔庆梅　李　冰　李雪霓　刘　粹　刘　琦　刘建成　马　弘　马燕桃　孙新宇
唐登华　唐宏宇　田成华　王希林　王向群　闫　俊　姚贵忠　原岩波　张大荣　张鸿燕　周　沫

研究员
孙　黎　汪向东　王力芳

主任护师
耿淑霞　李晓霓　马　莉　杨　莉

分子医学研究所

教授
肖瑞平

研究员
程和平　雷　鸣　梁子才　周　专

北京国际数学研究中心

教授
刘若川　肖　梁　许晨阳　袁新意　Zhou Xiaohua（周晓华）

前沿交叉学科研究院

教授
陈东敏　Han Jingdong

现代农学院

教授
邓兴旺　黄季焜　王金霞

科维理天文研究所

教授
Luis Chi Ho

研究员
李立新　于清娟

中国教育财政科学研究所

教授
刘明兴　王　蓉

中国社会科学调查中心

教授
李　强

研究员
陈欣欣

生物医学前沿创新中心

教授
谢晓亮

深圳研究生院

教授
朱家祥

党委办公室校长办公室

教授
郝　平　邱水平　王　杰

研究员
安钰峰

纪委办公室监察室

教授
邹　惠

研究员
王　雷

党委组织部

研究员
霍晓丹

党委统战部

教授
张晓黎

学生工作部

教授
杨爱民

保密委员会办公室

研究员
冯支越　刘旭东

教务部

研究员
金顶兵

科学研究部

研究员
蔡　晖

社会科学部

编审
刘曙光　郑　园

研究生院

研究员
贾爱英

人事部

研究员
窦书霞　刘　波　任羽中　王红印

财务部

研究员
郑　庄

国际合作部

研究员
夏红卫　郑如青

校办产业管理委员会办公室

正高级工程师
王　川　周亚伟

科技开发部

研究员
姚卫浩

学科建设办公室

研究员
贺　飞

工会

研究员
张宝岭

图书馆

研究馆员
别立谦　陈凌　崔海媛　范凡　关志英　李云　刘大军　刘素清　聂华　汤燕　王波　肖珑　姚晓霞
张春红　张红扬　张明东　邹新明

计算中心

正高级工程师
陈光　陈萍　李庭晏　马皓　王倩宜　张蓓　种连荣

教师教学发展中心

教授
孙华

教育基金会

教授
李文胜

研究员
邓娅

出版社

编审

杜若明　冯益娜　符　丹　高秀芹　金娟萍　李　东　林君秀　刘　方　刘乐坚　马辛民　商鸿业　沈浦娜　孙　晔
王立刚　王明舟　杨立范　杨书澜　张　冰　张　涛　张凤珠　张弘泓　张黎明　周雁翎

校医院

主任医师

关雪琳　李　华　李卫菊　沈　嵩　云　虹

附属中学

正高级教师

李冬梅　王　铮　张思明

附属小学

正高级教师

尹　超

动力中心

正高级工程师

李　钟

方正集团

正高级工程师

黄肖俊　王国印　汪岳林

研究员
蒋必金

未名集团

研究员
张　华

青鸟集团

正高级工程师
叶智勇

研究员
杨　明

医学部党政机关、后勤、直属及产业

教授
方　海　刘晓云　孟庆跃　魏勋斌

研究员
蔡景一　陈立奇　程化琴　崔　爽　戴　清　邓艳萍　樊建军　范春梅　郭艾花　贾忠伟　李　红　刘穗燕　陆　林
时　杰　王　青　王翠先　王军为　徐白羽　徐善东　殷晓丽　张　蕾　张凤云　朱树梅

主任医师
王晓军　张素敏

研究馆员
王金玲　谢志耘　张燕蕾

主任技师
田　枫　吴后男　袁　兰　周淑佩　邹霞娟

教授级高级工程师
何其华

编审

白 玲　冯智勇　王凤廷　曾桂芳　张其鹏

（人事部、医学部人事处）

2019年逝世人员名单

姓名	单位	出生日期	去世日期
魏 力	物理学院	1931年10月	2019年1月
张玉书	外国语学院	1934年4月	2019年1月
王玉凤	校园服务中心	1931年11月	2019年1月
刘自强	外国语学院	1924年6月	2019年1月
王瑞敏	北大青鸟	1955年1月	2019年1月
关惠兰	餐饮中心	1940年3月	2019年1月
范 明	法学院	1925年3月	2019年1月
李秀琴	校园服务中心	1933年4月	2019年1月
陆颖华	中国语言文学系	1930年7月	2019年1月
李俊令	国际关系学院	1945年8月	2019年1月
陈守良	生命科学学院	1931年9月	2019年1月
苏勉曾	化学与分子工程学院	1924年8月	2019年1月
张 铮	物理学院	1937年8月	2019年1月
孟广礼	物理学院	1936年12月	2019年1月
温淑珍	燕园街道办事处	1931年10月	2019年1月
刘 兢	教师教学发展中心	1933年7月	2019年1月
林明虎	外国语学院	1936年2月	2019年1月
李 素	动力中心	1930年1月	2019年2月
杨时英	信息管理系	1926年3月	2019年2月
饶 毅	社会科学部	1931年1月	2019年2月
潘凤玲	北大青鸟	1953年7月	2019年2月
史仕臣	餐饮中心	1936年11月	2019年2月
谢 洁	信息科学技术学院	1931年1月	2019年2月
崔庚昌	对外汉语教育学院	1927年8月	2019年2月
王 爱	生命科学学院	1934年6月	2019年2月
梁金英	幼儿园	1936年12月	2019年2月
周培爱	生命科学学院	1931年9月	2019年2月
王锡茂	会议中心	1955年1月	2019年2月
张建军	校园服务中心	1940年12月	2019年2月
李玉华	校医院	1934年7月	2019年3月
宫翠果	校园服务中心	1935年12月	2019年3月
白圣诒	校产办	1924年11月	2019年3月
安炳浩	外国语学院	1929年1月	2019年3月

(续表)

姓名	单位	出生日期	去世日期
朱德生	哲学系（宗教学系）	1932 年 2 月	2019 年 3 月
康贵良	化学与分子工程学院	1953 年 12 月	2019 年 3 月
张俊海	动力中心	1930 年 10 月	2019 年 3 月
黄 敦	数学科学学院	1928 年 11 月	2019 年 3 月
陈淑英	保卫部	1939 年 3 月	2019 年 3 月
周广田	未名公司	1935 年 9 月	2019 年 3 月
崔文禄	物理学院	1937 年 11 月	2019 年 3 月
李广庭	外国语学院	1931 年 1 月	2019 年 3 月
王以真	法学院	1930 年 8 月	2019 年 4 月
徐慧雯	实验室与设备管理部	1932 年 9 月	2019 年 4 月
万耀球	生命科学学院	1931 年 6 月	2019 年 4 月
辛国君	物理学院	1964 年 11 月	2019 年 4 月
何纯刚	信息科学技术学院	1935 年 4 月	2019 年 4 月
徐 浚	信息科学技术学院	1937 年 2 月	2019 年 4 月
哈鸿飞	化学与分子工程学院	1935 年 1 月	2019 年 4 月
周田宝	体育教研部	1944 年 2 月	2019 年 4 月
彭正笃	外国语学院	1921 年 10 月	2019 年 4 月
董立武	图书馆	1933 年 5 月	2019 年 4 月
王宝明	燕园社区服务中心	1936 年 5 月	2019 年 4 月
韩 仲	信息管理系	1950 年 10 月	2019 年 4 月
钱 敏	数学科学学院	1927 年 3 月	2019 年 4 月
刘光桐	北大青鸟	1948 年 4 月	2019 年 5 月
郑宗英	物理学院	1942 年 7 月	2019 年 5 月
李国辰	外国语学院	1935 年 10 月	2019 年 5 月
李荫蓁	生命科学学院	1933 年 5 月	2019 年 5 月
胡家峦	外国语学院	1938 年 4 月	2019 年 5 月
马孟刚	外国语学院	1928 年 11 月	2019 年 5 月
霍德明	国家发展研究院	1955 年 10 月	2019 年 6 月
姜德珍	心理与认知科学学院	1923 年 2 月	2019 年 6 月
王茂湘	经济学院	1930 年 10 月	2019 年 6 月
阳松林	党委办公室校长办公室	1935 年 1 月	2019 年 6 月
陆钟辉	信息科学技术学院	1935 年 8 月	2019 年 6 月
付宝珍	北大附中	1942 年 12 月	2019 年 6 月
焦广泰	动力中心	1949 年 6 月	2019 年 6 月
李金贵	动力中心	1934 年 1 月	2019 年 6 月
殷有泉	工学院	1937 年 8 月	2019 年 6 月
谭名声	图书馆	1933 年 12 月	2019 年 6 月
严海鸥	化学与分子工程学院	1954 年 4 月	2019 年 6 月
黄振迪	房地产管理部	1932 年 1 月	2019 年 6 月

(续表)

姓名	单位	出生日期	去世日期
李兰存	考古文博学院	1937年6月	2019年7月
杨树波	党委办公室校长办公室	1936年12月	2019年7月
姜 明	人事部	1930年3月	2019年7月
杜 勤	社会学系	1933年10月	2019年7月
王理嘉	中文系	1931年5月	2019年7月
高桂琴	计算中心	1946年1月	2019年7月
王永江	哲学系（宗教学系）	1931年10月	2019年7月
郭振泉	生命科学学院	1932年11月	2019年7月
姚良海	会议中心	1965年1月	2019年8月
洪 宁	经济学院	1955年1月	2019年8月
王洪涛	信息科学技术学院	1939年9月	2019年8月
马振明	法学院	1921年2月	2019年8月
商秋萍	校园服务中心	1950年8月	2019年8月
崔素茹	图书馆	1939年9月	2019年8月
陈亚浙	数学科学学院	1939年10月	2019年8月
汪勤慰	化学与分子工程学院	1930年5月	2019年8月
陈家宜	物理学院	1936年1月	2019年8月
王模善	环境科学与工程学院	1933年10月	2019年8月
田如萱	法学院	1932年2月	2019年8月
张振忠	校园服务中心	1925年1月	2019年8月
杨 珍	图书馆	1923年7月	2019年8月
曹桂香	校园服务中心	1953年6月	2019年8月
徐保恩	北大青鸟	1932年3月	2019年9月
薛祚纮	心理与认知科学学院	1931年6月	2019年9月
卢学益	资源集团	1955年9月	2019年9月
李秀兰	北大附小	1944年12月	2019年9月
覃祖德	信息科学技术学院	1936年11月	2019年9月
杨振英	幼儿园	1928年7月	2019年9月
蔡同花	校园服务中心	1935年10月	2019年9月
王景祥	北大附中	1930年10月	2019年9月
王新平	地球与空间科学学院	1936年10月	2019年9月
王文泉	国际合作部	1945年3月	2019年9月
高克地	哲学系（宗教学系）	1929年4月	2019年9月
熊化银	北大附小	1936年3月	2019年9月
张玉春	历史学系	1931年3月	2019年9月
朱生传	物理学院	1936年8月	2019年10月
徐淑琴	北大附中	1945年1月	2019年10月
李长清	餐饮中心	1957年12月	2019年10月
林万智	地球与空间科学学院	1933年6月	2019年10月

(续表)

姓名	单位	出生日期	去世日期
尚玉昌	生命科学学院	1935 年 4 月	2019 年 10 月
贺社力	产业管理办公室	1956 年 1 月	2019 年 10 月
温功碧	工学院	1935 年 6 月	2019 年 10 月
李渚青	外国语学院	1928 年 9 月	2019 年 10 月
刘淑惠	餐饮中心	1944 年 10 月	2019 年 10 月
李桂珍	校园服务中心	1937 年 2 月	2019 年 10 月
赵燕琬	对外汉语教育学院	1936 年 2 月	2019 年 11 月
李佩英	物理学院	1933 年 3 月	2019 年 11 月
张秀英	计算中心	1951 年 5 月	2019 年 11 月
吴振华	餐饮中心	1948 年 12 月	2019 年 11 月
王禹功	出版社	1926 年 10 月	2019 年 11 月
李 习	北大附中	1936 年 1 月	2019 年 11 月
陈见微	化学与分子工程学院	1935 年 10 月	2019 年 11 月
张金杰	学生工作部	1954 年 3 月	2019 年 11 月
邬天民	图书馆	1924 年 11 月	2019 年 12 月
王廷淑	北大附中	1929 年 4 月	2019 年 12 月
朱继先	体育教研部	1936 年 11 月	2019 年 12 月
罗国章	外国语学院	1934 年 11 月	2019 年 12 月
陶秀芹	社会科学部	1943 年 9 月	2019 年 12 月
肖超然	政府管理学院	1929 年 8 月	2019 年 12 月
曾自卫	哲学系（宗教学系）	1987 年 3 月	2019 年 12 月
钱尚武	物理学院	1929 年 6 月	2019 年 12 月
王爱英	北大附小	1953 年 9 月	2019 年 12 月
王维香	信息科学技术学院	1940 年 3 月	2019 年 12 月
姚光曙	医学部	1929 年 10 月	2019 年 1 月
王鼎正	医学部	1929 年 10 月	2019 年 1 月
王绍贤	医学部	1931 年 6 月	2019 年 1 月
武春荣	医学部	1944 年 11 月	2019 年 1 月
那林森	北京大学第一医院	1934 年 2 月	2019 年 1 月
高素荣	北京大学第一医院	1927 年 11 月	2019 年 1 月
马兆英	北京大学第一医院	1934 年 2 月	2019 年 1 月
刘翠兰	北京大学人民医院	1926 年 8 月	2019 年 1 月
李文生	北京大学人民医院	1949 年 1 月	2019 年 1 月
张建文	北京大学人民医院	1934 年 11 月	2019 年 1 月
麻文珍	北京大学人民医院	1936 年 8 月	2019 年 1 月
倪文秀	北京大学第三医院	1931 年 12 月	2019 年 1 月
杜玉清	北京大学口腔医院	1952 年 8 月	2019 年 1 月
谢素群	北京大学口腔医院	1945 年 11 月	2019 年 1 月
韩 勇	北京大学口腔医院	1950 年 9 月	2019 年 1 月

(续表)

（续表）

姓名	单位	出生日期	去世日期
苏良道	北京大学口腔医院	1925年8月	2019年1月
梁淑云	医学部	1931年12月	2019年2月
王儒珍	医学部	1935年4月	2019年2月
谢月俊	医学部	1954年6月	2019年2月
徐诗美	医学部	1942年9月	2019年2月
李学廉	北京大学第一医院	1933年6月	2019年2月
郑中立	北京大学第一医院	1915年12月	2019年2月
贾德芳	北京大学第一医院	1930年4月	2019年2月
冯庆英	北京大学第一医院	1937年11月	2019年2月
梁薇	北京大学肿瘤医院	1933年2月	2019年2月
宋琦	医学部	1926年11月	2019年3月
赵燕妮	北京大学第一医院	1973年5月	2019年3月
吴北生	北京大学第一医院	1948年8月	2019年3月
魏凤曾	北京大学第一医院	1928年6月	2019年3月
冯怀清	北京大学人民医院	1927年6月	2019年3月
邱红	北京大学人民医院	1947年9月	2019年3月
李凤鸣	北京大学第三医院	1915年8月	2019年3月
胡云芳	北京大学第三医院	1933年12月	2019年3月
李瑞玉	北京大学口腔医院	1933年9月	2019年3月
李冬生	北京大学口腔医院	1935年1月	2019年3月
娄树娥	医学部	1929年9月	2019年4月
董朝邦	医学部	1929年6月	2019年4月
李通	北京大学第一医院	1925年4月	2019年4月
王国樑	北京大学第三医院	1932年4月	2019年4月
郭秀芳	北京大学第一医院	1928年8月	2019年5月
于尚忠	北京大学人民医院	1933年12月	2019年5月
白彦卿	北京大学第三医院	1927年2月	2019年5月
许淑英	北京大学第一医院	1935年5月	2019年6月
钱芳桥	北京大学第一医院	1962年10月	2019年6月
冯传汉	北京大学人民医院	1914年1月	2019年6月
王燕玲	北京大学第三医院	1955年9月	2019年6月
张潭澄	北京大学第三医院	1921年9月	2019年6月
尹宇孚	医学部	1983年7月	2019年7月
柴寿云	医学部	1934年7月	2019年7月
洪和根	医学部	1944年12月	2019年7月
金明	医学部	1924年7月	2019年7月
王长春	北京大学第一医院	1936年2月	2019年7月
陈旭庄	北京大学第一医院	1928年3月	2019年7月
于淑兰	北京大学人民医院	1933年11月	2019年7月

（续表）

姓名	单位	出生日期	去世日期
周千山	北京大学第三医院	1955 年 10 月	2019 年 7 月
张立国	北京大学第三医院	1934 年 5 月	2019 年 7 月
林共周	北京大学第三医院	1951 年 12 月	2019 年 7 月
林琼光	北京大学口腔医院	1934 年 9 月	2019 年 7 月
赵淑芬	北京大学肿瘤医院	1953 年 3 月	2019 年 7 月
夏桂珠	医学部	1933 年 10 月	2019 年 8 月
张如意	医学部	1927 年 10 月	2019 年 8 月
王文志	医学部	1955 年 5 月	2019 年 8 月
成　明	北京大学第一医院	1990 年 12 月	2019 年 8 月
许少澄	北京大学第一医院	1928 年 10 月	2019 年 8 月
李启富	北京大学人民医院	1935 年 12 月	2019 年 8 月
王秀清	北京大学人民医院	1938 年 11 月	2019 年 8 月
王兆兴	北京大学第三医院	1927 年 1 月	2019 年 8 月
莫玉琴	北京大学第三医院	1933 年 9 月	2019 年 8 月
叶鸿瑃	北京大学第三医院	1938 年 6 月	2019 年 8 月
卜庆芊	医学部	1935 年 5 月	2019 年 9 月
江伟珣	医学部	1928 年 9 月	2019 年 9 月
林道明	医学部	1956 年 1 月	2019 年 9 月
孙维玲	医学部	1925 年 8 月	2019 年 9 月
孙艳芬	北京大学第一医院	1937 年 2 月	2019 年 9 月
张齐联	北京大学第一医院	1936 年 12 月	2019 年 9 月
胡淑贞	北京大学人民医院	1920 年 12 月	2019 年 9 月
杨素环	北京大学人民医院	1935 年 11 月	2019 年 9 月
李吟朝	北京大学人民医院	1954 年 6 月	2019 年 9 月
李怀林	北京大学第三医院	1950 年 4 月	2019 年 9 月
田书荣	北京大学第三医院	1929 年 5 月	2019 年 9 月
李嘉谷	北京大学第三医院	1923 年 2 月	2019 年 9 月
刘景涛	北京大学第三医院	1926 年 10 月	2019 年 9 月
王秀娟	北京大学第三医院	1938 年 3 月	2019 年 9 月
赵静瑞	北京大学第六医院	1946 年 8 月	2019 年 9 月
李顺成	医学部	1930 年 8 月	2019 年 10 月
杨金山	医学部	1946 年 3 月	2019 年 10 月
顾映华	北京大学第一医院	1936 年 12 月	2019 年 10 月
余文侬	北京大学第一医院	1920 年 11 月	2019 年 10 月
杨海珍	北京大学第一医院	1953 年 2 月	2019 年 10 月
刘慎如	北京大学第一医院	1923 年 1 月	2019 年 10 月
关振新	北京大学人民医院	1952 年 5 月	2019 年 10 月
张尔惠	北京大学人民医院	1931 年 10 月	2019 年 10 月
刘淑清	北京大学人民医院	1938 年 11 月	2019 年 10 月

(续表)

姓名	单位	出生日期	去世日期
李大为	北京大学第三医院	1934 年 11 月	2019 年 10 月
褚宝成	医学部	1940 年 6 月	2019 年 11 月
朱 洁	医学部	1932 年 2 月	2019 年 11 月
田玉章	医学部	1933 年 12 月	2019 年 11 月
张汉江	北京大学第一医院	1940 年 5 月	2019 年 11 月
张致福	北京大学第一医院	1960 年 5 月	2019 年 11 月
安晨华	北京大学第一医院	1953 年 10 月	2019 年 11 月
李绍增	北京大学人民医院	1931 年 7 月	2019 年 11 月
梁国英	北京大学人民医院	1954 年 11 月	2019 年 11 月
张敬臣	北京大学人民医院	1934 年 11 月	2019 年 11 月
戴淑琴	北京大学第三医院	1925 年 3 月	2019 年 11 月
吕培军	北京大学口腔医院	1952 年 8 月	2019 年 11 月
张毓熙	北京大学第六医院	1956 年 6 月	2019 年 11 月
刘 涛	医学部	1927 年 1 月	2019 年 12 月
杨宝芬	医学部	1939 年 2 月	2019 年 12 月
郭永利	医学部	1940 年 1 月	2019 年 12 月
彭嘉柔	医学部	1941 年 8 月	2019 年 12 月
黄令环	北京大学第一医院	1924 年 5 月	2019 年 12 月
任全敬	北京大学第一医院	1929 年 7 月	2019 年 12 月
郭秀贞	北京大学第一医院	1940 年 12 月	2019 年 12 月
王有贵	北京大学人民医院	1944 年 6 月	2019 年 12 月
田福元	北京大学人民医院	1946 年 6 月	2019 年 12 月
张 武	北京大学第三医院	1936 年 11 月	2019 年 12 月
徐 颖	北京大学第三医院	1956 年 4 月	2019 年 12 月
胡碧琼	北京大学口腔医院	1927 年 9 月	2019 年 12 月
侯 沂	北京大学第六医院	1926 年 4 月	2019 年 12 月

(人事部、医学部人事处)

2019 年授予的名誉教授名单

姓名（中文）	姓名（英文）	职业与现职务	授予日期
洪 森	Samdech Akka Moha Sena Padei Techo HUN SEN	柬埔寨首相、柬埔寨人民党主席	2019 年 4 月 16 日
罗伯特·艾利奥特·卡恩	Robert Elliot Kahn	Corporation for National Research Initiative 历任主席、首席执行官、董事长	2019 年 9 月 26 日
杰西卡·罗森	Jessica Rawson	牛津大学中国艺术与考古学教授	2019 年 9 月 26 日
藤嶋昭	Akira Fujishima	东京理科大学前校长、荣誉教授	2019 年 6 月 24 日

(党委办公室校长办公室)

2019年聘请的客座教授名单

姓名（中文）	姓名（英文）	职业与现职务	授予日期
黄辉珍	Huang Hweichen	"台湾综合研究院"董事长	2019年3月6日
藤嶋昭	Akira Fujishima	东京理科大学荣誉教授、前校长；东京理科大学光触媒国际研究中心主任	2019年3月26日
张益唐	Yitang Zhang	加州大学圣塔芭芭拉分校数学系教授	2019年4月3日
羽田正	Masashi Haneda	东京大学教授、常务副校长	2019年4月17日
迈克尔·弗兰克·古德柴尔德	Michael Frank Goodchild	美国科学院院士，教授	2019年5月8日
文安立	Odd Arne Westad	哈佛大学肯尼迪政府学院李成智美国亚洲关系史讲座教授	2019年6月26日
沈学民	Sherman Shen	滑铁卢大学杰出教授	2019年6月5日
陆永青	Wayne Luk	帝国理工学院教授	2019年6月5日
	Carlo Ghezzi	米兰理工大学教授、欧洲科学院院士、意大利科学院院士	2019年12月31日

（党委办公室校长办公室）

党发、校发文件目录

2019年部分党发文件目录

党发〔2019〕2号	关于中共北京大学经济学院党员代表大会选举结果的批复
党发〔2019〕3号	关于中共北京大学医学部产业党员大会选举结果的批复
党发〔2019〕7号	关于中共北京大学出版社党员大会选举结果的批复
党发〔2019〕8号	关于中共北京大学机关党员代表大会选举结果的批复
党发〔2019〕12号	关于北京大学第七届教职工代表大会、第十九次工会会员代表大会选举结果的批复
党发〔2019〕15号	关于调整部分委员会、领导小组负责人的通知
党发〔2019〕21号	关于体育教研部直属党支部书记、副书记调整的通知
党发〔2019〕24号	关于中共北京大学图书馆党员大会选举结果的批复
党发〔2019〕26号	关于中共北京大学哲学系党员大会选举结果的批复
党发〔2019〕27号	关于中共北京大学心理与认知科学学院党员大会选举结果的批复
党发〔2019〕30号	关于中共北京大学元培学院党员大会选举结果的批复
党发〔2019〕32号	关于中共北京大学艺术学院党员大会选举结果的批复
党发〔2019〕45号	关于成立中共北京大学前沿交叉学科研究院委员会的通知
党发〔2019〕51号	关于同意成立北京大学2019级本科生军训团临时党总支的批复
党发〔2019〕52号	关于北京大学怀柔科学城研究院筹备办公室更名的通知
党发〔2019〕58号	关于表彰国庆70周年重大活动参与师生的决定
党发〔2019〕63号	关于调整北京大学党史校史工作委员会组成人员的通知
党发〔2019〕66号	关于印发《北京大学教职工代表大会实施办法》的通知
党发〔2019〕69号	关于表彰2016—2019年度北京大学离退休工作先进集体、先进个人的决定
党发〔2019〕70号	关于学习贯彻党的十九届四中全会精神的通知
党发〔2019〕73号	关于中共北京大学附属小学党员大会选举结果的批复
党发〔2019〕75号	关于"五一"期间严明纪律要求的通知
党发〔2019〕77号	关于学习贯彻《关于加强和改进新时代师德师风建设的意见》的通知
党发〔2019〕80号	关于调整学校领导班子成员分工安排的通知
党发〔2019〕81号	关于中共北京大学后勤党代表大会选举结果的批复

（党委办公室校长办公室）

2019 年部分校发文件目录

校发〔2019〕1 号	关于表彰 2017—2018 学年学生优秀个人和先进集体的决定
校发〔2019〕2 号	关于印发《北京大学"高等学校青年骨干教师出国研修项目"校内评审办法（试行）》的通知
校发〔2019〕4 号	关于调整北京大学校学位评定委员会委员的通知
校发〔2019〕6 号	关于成立北京大学书法教育与研究中心的通知
校发〔2019〕16 号	关于表彰北京大学 2018 年度安全管理先进单位和先进个人的决定
校发〔2019〕18 号	关于化学与分子工程学院行政班子任职的通知
校发〔2019〕20 号	关于图书馆行政班子任职的通知
校发〔2019〕21 号	关于信息科学技术学院行政班子任职的通知
校发〔2019〕28 号	关于成立北京大学国际癌症研究院的通知
校发〔2019〕29 号	关于调整北京大学社会科学学部学术委员会组成人员的通知
校发〔2019〕33 号	关于生态研究中心行政班子任职的通知
校发〔2019〕34 号	关于前沿计算研究中心行政班子任职的通知
校发〔2019〕35 号	关于科维理天文与天体物理研究所行政班子任职的通知
校发〔2019〕39 号	关于调整北京大学财经工作领导小组组成人员的通知
校发〔2019〕40 号	关于印发《北京大学国际合作管理办法（试行）》的通知
校发〔2019〕41 号	关于调整北京大学国际合作委员会组成人员的通知
校发〔2019〕42 号	关于成立北京大学未来教育管理研究中心的通知
校发〔2019〕60 号	关于印发《北京大学技术转让管理办法》的通知
校发〔2019〕61 号	关于印发《北京大学科技成果评估备案实施细则》的通知
校发〔2019〕66 号	关于印发《北京大学技术入股管理办法》的通知
校发〔2019〕79 号	关于调整北京大学实验室安全委员会暨辐射防护领导小组组成人员的通知
校发〔2019〕111 号	关于北京大学体育馆班子免职的通知
校发〔2019〕112 号	关于体育教研部行政班子任职的通知
校发〔2019〕117 号	关于印发《北京大学网络安全管理办法（试行）》的通知
校发〔2019〕118 号	关于调整北京大学深圳研究生院学术委员会组成人员的通知
校发〔2019〕124 号	关于成立北京大学博古睿研究中心的通知
校发〔2019〕125 号	关于成立北京大学扶贫工作办公室的通知
校发〔2019〕127 号	关于进一步加强北京大学定点扶贫工作的意见
校发〔2019〕128 号	关于表彰北京大学第十八届青年教师教学基本功比赛获奖单位及个人的决定
校发〔2019〕131 号	关于北京大学《儒藏》编纂与研究中心行政班子任职的通知
校发〔2019〕132 号	关于成立北京大学柬埔寨研究中心的通知
校发〔2019〕133 号	关于成立北京大学经济社会数据研究开发中心的通知
校发〔2019〕136 号	关于印发《北京大学加强理工科专职研究人员队伍建设试点方案》的通知
校发〔2019〕137 号	关于印发《关于加强北京大学理工科重点科研创新基地建设的若干措施（试行）》的通知
校发〔2019〕138 号	关于印发《北京大学理工科科研奖励方案（试行）》的通知

校发〔2019〕139号	关于印发《北京大学理工科民口科研经费管理办法》的通知	
校发〔2019〕140号	关于印发《北京大学理工科民口科研项目管理办法》的通知	
校发〔2019〕142号	关于马克思主义学院行政班子任职的通知	
校发〔2019〕147号	关于印发《北京大学学生违纪处分办法》的通知	
校发〔2019〕149号	关于成立北京大学五四运动研究中心的通知	
校发〔2019〕150号	关于调整校级预算工作小组、财政专项资金管理领导小组组成人员的通知	
校发〔2019〕152号	关于进一步完善青年教师学术发展指导体系的意见	
校发〔2019〕157号	关于印发《北京大学学生社团管理办法》的通知	
校发〔2019〕166号	关于成立北京大学固定资产处置工作小组的通知	
校发〔2019〕167号	关于调整北京大学国有资产管理委员会组成人员的通知	
校发〔2019〕168号	关于修订《北京大学国有资产管理暂行办法》的通知	
校发〔2019〕171号	关于调整北京大学素质教育委员会组成人员及成员单位的通知	
校发〔2019〕172号	关于成立北京大学国家法治战略研究中心的通知	
校发〔2019〕173号	关于成立北京大学公共治理研究所的通知	
校发〔2019〕180号	关于成立北京大学网络安全和信息化委员会办公室的通知	
校发〔2019〕181号	关于公布《北京大学国际发展战略》的通知	
校发〔2019〕187号	关于成立北京大学学术委员会秘书处的通知	
校发〔2019〕193号	关于调整北京大学学术道德委员会组成人员的通知	
校发〔2019〕194号	关于软件与微电子学院行政班子任职的通知	
校发〔2019〕195号	关于物理学院行政班子任职的通知	
校发〔2019〕196号	关于外国语学院行政班子任职的通知	
校发〔2019〕200号	关于印发《北京大学教师违规违纪调查处理试行办法》的通知	
校发〔2019〕202号	关于对外汉语教育学院行政班子任职的通知	
校发〔2019〕219号	关于表彰2019年度北京大学优秀博士学位论文获得者及其导师的决定	
校发〔2019〕221号	关于进一步改革和完善我校学术评价体系的意见	
校发〔2019〕223号	北京大学关于表彰2019届优秀毕业生的决定	
校发〔2019〕225号	关于北京大学计算机科学技术研究所更名的通知	
校发〔2019〕226号	关于应用物理与技术研究中心行政班子任职的通知	
校发〔2019〕230号	关于公布2019年第一批北京大学数字化教材建设立项名单及配套纸质教材立项名单的通知	
校发〔2019〕234号	关于信息管理系行政班子任职的通知	
校发〔2019〕236号	关于表彰北京大学第十届实验技术成果奖获奖者的决定	
校发〔2019〕244号	关于统计科学中心班子任职的通知	
校发〔2019〕248号	关于印发《北京大学学科建设经费支出范围暂行规定》的通知	
校发〔2019〕249号	关于印发《北京大学预决算管理办法》的通知	
校发〔2019〕250号	关于印发《北京大学会议费管理暂行办法》的通知	
校发〔2019〕251号	关于印发《北京大学关于大额资金使用审批的规定》的通知	
校发〔2019〕252号	关于印发《北京大学国内差旅费管理暂行办法》的通知	
校发〔2019〕253号	关于印发《北京大学教学科研人员因公临时出国经费管理暂行办法》的通知	
校发〔2019〕255号	关于印发《北京大学学生公寓管理办法》的通知	
校发〔2019〕256号	关于成立北京大学学生公寓管理委员会的通知	
校发〔2019〕257号	关于印发《北京大学本科考试工作与学习纪律管理规定》的通知	
校发〔2019〕258号	关于印发《北京大学本科生学籍管理办法》的通知	
校发〔2019〕263号	关于公布北京大学2019年教学奖和教学管理奖获奖名单的通知	
校发〔2019〕264号	关于印发《北京大学野外考察差旅费管理暂行办法》的通知	
校发〔2019〕277号	关于印发《北京大学试剂管理平台管理办法》的通知	
校发〔2019〕279号	关于授予周楚宇、谭菲等539人2019—2020学年度博士研究生校长奖学金的决定	

校发〔2019〕295号	关于调整北京大学仪器设备招标采购领导小组成员的通知
校发〔2019〕301号	北京大学关于表彰2018—2019学年招生工作优秀工作者、先进个人、优秀学生志愿者的决定
校发〔2019〕304号	关于海洋研究院班子任职的通知
校发〔2019〕306号	关于成立北京大学国家集成电路产教融合创新平台项目领导小组的通知
校发〔2019〕324号	关于成立北京大学纳光电子前沿科学中心的通知
校发〔2019〕327号	关于成立北京大学朝鲜半岛研究中心的通知
校发〔2019〕328号	关于表彰2016—2019年度北京大学离退休工作先进集体、先进个人的决定
校发〔2019〕340号	关于成立北京大学区域与国别研究院学术管理委员会的通知
校发〔2019〕341号	关于北京大学纳光电子前沿科学中心管理团队聘任的通知
校发〔2019〕343号	关于成立北京大学人工智能研究院的通知
校发〔2019〕344号	关于成立北京大学碳基电子学研究中心的通知
校发〔2019〕346号	关于成立北京大学怀柔科学城校区筹建办公室的通知
校发〔2019〕347号	关于成立北京大学科技创新研究院（亦庄）筹备办公室的通知
校发〔2019〕348号	关于多模态跨尺度生物医学成像设施北京大学工程建设指挥部更名的通知
校发〔2019〕349号	关于人工智能研究院班子任职的通知
校发〔2019〕355号	关于北京大学附属小学行政班子任职的通知
校发〔2019〕356号	关于表彰首届北京大学离退休教职工学术贡献奖的决定
校发〔2019〕362号	关于成立北京大学国际冲突法研究中心的通知
校发〔2019〕363号	关于成立北京大学思政课教学创新研究中心的通知
校发〔2019〕375号	关于调整北京大学学术委员会组成人员的通知
校发〔2019〕376号	关于成立北京大学-云南白药国际医学研究中心的通知
校发〔2019〕377号	关于人口研究所行政班子任职的通知
校发〔2019〕379号	关于历史学系行政班子任职的通知
校发〔2019〕380号	关于光华管理学院行政班子任职的通知
校发〔2019〕382号	关于工学院行政班子任职的通知
校发〔2019〕383号	关于社会学系、社会学人类学研究所行政班子任职的通知
校发〔2019〕384号	关于护理学院行政班子任职的通知
校发〔2019〕387号	关于成立北京大学区域与国别研究院的通知

（党委办公室校长办公室）

表彰与奖励

党建与思想政治工作奖励

上级部门表彰奖励

1. 北京高校党的建设和思想政治工作优秀成果一等奖
   《构筑"四位一体"的高校党支部组织生活质量保障体系》(党委组织部申报)
2. 第二批全国党建工作标杆院系培育创建单位
   考古文博学院党委
3. 第二批全国党建工作样板党支部培育创建单位
   药学院学生党总支第四党支部
   人民医院血液病研究所第一党支部

北京大学党务和思想政治工作先进集体

环境科学与工程学院党委
心理与认知科学学院党委
考古文博学院党委
外国语学院党委
图书馆党委
后勤党委
九三学社北京大学委员会
公共卫生学院党委
人民医院党委
口腔医院党委

北京大学优秀党务和思想政治工作者——李大钊奖

胡大源　国家发展研究院教授
萧　群　产业党工委书记、校产办主任(兼)、资产公司董事长
关　平　民革北大支部主委、地球与空间科学学院教授
徐善东　医学部党委副书记
张汉平　口腔医院党委副书记、纪委书记

北京大学优秀党务和思想政治工作者

王志恒　城市与环境学院生态学系党支部书记、生态研究中心副主任
郭艳军　地球与空间科学学院教辅党支部书记、地质系实验教学中心主任
张　婧　工学院党委副书记
邹如强　工学院材料系党支部书记、副系主任
陈家华　化学与分子工程学院有机所党支部书记
刘　宇　化学与分子工程学院党委委员，党政办公室主任
丛中笑　计算机所直属党支部委员兼组织员、王选纪念室主任
姜　淼　软件与微电子学院党委副书记
张　蕊　软件与微电子学院党委组织员
艾明要　数学科学学院党委委员、组织委员
梁　岚　数学科学学院组织员
杨　宏　物理学院现代光学所支部书记
郝建奎　物理学院重离子所教工党支部书记
苏彦捷　心理与认知科学学院党委委员
李晓鹏　心理与认知科学学院党委副书记
唐　平　生命科学学院党委副书记
熊校良　信息科学技术学院党委副书记
曹永知　信息科学技术学院计算机教工第一党支部的宣传委员
胡建信　环境科学与工程学院党委委员
占子玉　环境科学与工程学院组织员、团委书记
邢惠清　国家发展研究院党委副书记
李红印　对外汉语教育学院党委委员
索天艺　对外汉语教育学院组织员、团总支书记
朴文丹　法学院党委副书记
张智勇　法学院教师国际法党支部书记
张　峥　光华管理学院会计与金融系教师党支部书记
祝诣博　国际关系学院党委副书记
阎凤桥　教育学院党委书记、院长
马世妹　教育学院组织员、办公室副主任
张　蕾　人口研究所团委书记
蒋云赟　经济学院国贸财政发展党支部书记
董经胜　历史学系党委委员
冯雅新　马克思主义学院党委副书记
史　阳　外国语学院东南亚系党支部书记
张琳娜　外国语学院业务办公室副主任、组织员、行政党支部书记
王秀丽　新闻与传播学院新媒体教工党支部组织委员、纪律委员
张妙妙　信息管理系党委副书记
徐　扬　信息管理系党委委员、情报学教工党支部书记
丁　宁　艺术学院党委委员
李　林　哲学系党委副书记
姚静仪　政府管理学院党委副书记、副院长
闫立佳　政府管理学院团委书记
窦克瑾　中国语言文学系党委副书记
王　迪　社会学系教工党支部组织委员

户国栋	考古文博学院党委副书记
张　锐	体育教研部直属党支部支部委员
刘春利	北大附小第四党支部支部书记
王欧阳	北大附中行政后勤党支部书记
刘　晶	北大附中预科党支部书记
朱建华	北京大学医院党委书记、副院长（兼）
金娟萍	出版社副社长
李　霞	出版社法律事业部主任
王太芹	公寓服务中心副主任、特殊用房管理中心副主任（兼）
于　虹	基建工程部副部长
袁红利	机关党委副书记
张福旺	保卫部副部长、党支部书记
王文彦	昌平校区管理办公室副主任、昌平校区管理办公室党支部书记
陈　波	党委宣传部电视台主编
王欣涛	学生工作部人民武装部副部长、学工部武装部党支部书记
张　莹	工会综合办公室主任、党支部书记
李　净	社会科学部综合与规划办公室主任、党支部书记
张　婷	审计室财务审计办公室副主任、党支部书记
刘明乾	党委组织部副处级组织员
余　跃	人事部工资福利办公室主任、党支部统战委员
白　素	继续教育学院党总支第二党支部组织委员、继续教育学院团委书记、继续教育学院工会福利委员
舒长青	深研院机关支部副书记、人事处副处长
向杜春	深研院汇丰商学院全日制硕博办公室副主任
刘承芳	现代农学院
裴微微	图书馆人力资源管理及党委秘书、中国图书馆学会第九届交流与合作委员会委员
周义刚	图书馆信息化与项目支部书记
姚　兰	产业党工委北京大学国际医院麻醉科疼痛科主任
高大应	燕园街道党工委燕园社区服务中心副主任（正科级）、机关一支部组织委员
张玉芳	燕园街道党工委承泽园党支部书记
王同利	燕园街道党工委燕东园党支部书记、主任
刘晋伟	档案馆校史馆副馆长、直属单位党委副书记
刘　燕	附属幼儿园执行园长、党支部书记
沙丽曼	元培学院教工党支部书记
贺　平	北大附中初中部办公室主任、中国民主促进会北京大学委员会第三支部负责人
裴剑锋	前沿交叉学科研究院研究员、农工党海淀区委员、北京大学支部副主委
江　岚	科技开发部技术转移中心主任助理、北京大学侨联会秘书长
陈效逑	城市与环境学院教授、中国民主建国会北京大学委员会主委
张　研	生命科学学院教授、九三学社北京大学委员会副主委
李　虹	经济学院教授、民建北京大学委员会副主委
佟　新	社会学系教授、中国民主促进会北京大学委员会主委
刘　力	光华管理学院教授、民盟北京市金融委员会主任委员、民盟北京大学基层委员会副主委
梁　静	基础医学院党委委员、生化系党支部书记
郭　琦	医学部学工部副部长兼武装部副部长、基础医学院党委副书记
李中军	药学院党委委员
詹思延	公共卫生学院党委副书记、流行病与卫生统计学系主任
陆　虹	护理学院党委书记

韩英红	医学人文学院党委副书记
张　静	第一医院党委副书记、党院办党支部书记、主任
郝燕捷	第一医院风湿免疫科党支部书记
焦红梅	第一医院老年病内科党支部书记、科副主任
张　凯	第一医院泌尿外科党支部书记
林　钢	第一医院胸外科党支部书记、科副主任
雷　宇	第一医院离退休党总支书记、离退休办公室主任
王　静	人民医院机关五党支部书记、审计室主任
许克新	人民医院泌尿外科党支部书记、科副主任
邵晓凤	人民医院机关一党支部书记、宣传处处长
颜　霞	人民医院血液病研究所党总支副书记、血液科护士长
王　成	第三医院运动医学研究所党支部副书记、分工会主席
罗永梅	第三医院神经内科党支部书记、科护士长
李危石	第三医院骨科党支部书记、科主任、脊柱外科主任
王金良	第三医院总务处党支部书记、副处长
李　健	口腔医院修复科党支部书记
张　欣	口腔医院纪委委员、中华口腔医学会秘书处党支部纪检委员
熊宏超	肿瘤医院肝一胸一科党支部书记、胸外一科副主任
卓明磊	肿瘤医院胸内一科党支部书记
苏　鸿	医学部监察室副主任
崔　爽	医学部研究生院副院长
胡　婷	医学部两办文秘办公室主任
赵成知	医学部后勤党委书记
陈　娟	医学部产业党总支书记
顾　晋	农工党北京大学委员会主委

北京大学党务和思想政治工作奉献奖

刘万祺	化学与分子工程学院教授级高工
饶广远	生命科学学院教授
郝雪梅	生命科学学院正高级工程师
平新乔	经济学院教授
叶静怡	经济学院教授
郑　伟	经济学院教授
宋新明	人口所教授
陈　功	人口所副所长
郑晓瑛	人口所所长
李朝彬	体育教研部副教授
钱永健	体育教研部副教授
雷秀英	外语学院副教授
吴新英	外语学院研究员
梁敏和	外语学院教授
陈松岩	外语学院副教授
白　巍	艺术学院副教授

杨跃平	保卫部副部长
廖　安	保卫部副部长、校园秩序管理中心办公室主任、保密委员会办公室副主任（兼）
金娟萍	出版社副社长
王　艳	出版社副编审
王明舟	出版社党委书记、社长
余　浚	督查室主任、信访办公室主任、党委办公室校长办公室副主任（兼）
段利久	公寓服务中心副主任、学生公寓办公室主任
刘旭东	机关党委书记
安晓朋	深圳研究生院党委副书记
海　闻	深圳研究生院党委委员
韩淑英	校园服务中心
李　彤	党委宣传部校风与文化建设办公室主任
李纬华	学生工作部人民武装部国防办主任
柴　真	党委组织部部长
李卫东	基础医学院离退休第二党支部书记
徐　萍	药学院党委书记
郭敏杰	药学院党委委员、副院长
王银叶	药学院党委原党委委员
胡　新	药学院实验教学中心党支部委员
秦玉香	药学院离退休党支部委员
蔡晨荣	公共卫生学院离退休党支部书记
吴朝霞	医学人文学院党委委员、应用语言学系党支部书记
刘新民	第一医院党委副书记、院长
孙晓伟	第一医院党委委员、副院长
张　凯	第一医院泌尿外科党支部书记
王学章	人民医院基建处党支部原支部书记
傅宗莹	人民医院退休党支部原支部书记、妇产科党支部原支部书记
冯玉萍	人民医院退休三党支部委员
朱继业	人民医院肝胆外科主任、普外科党支部原支部书记
李锦云	人民医院党委原党委委员
陈　华	人民医院离休党支部原支部副书记
蔡再同	人民医院退休一党支部书记
李振荣	第三医院检验科党支部书记、科副主任
李小康	第三医院总务处党支部副书记、维修中心科长
王　军	第三医院麻醉科党支部书记、科副主任
李昭屏	第三医院心血管内科党支部书记
周洪柱	第三医院党委委员、医院发展管理部主任、海淀院区副院长
葛宝兰	第三医院急诊科党支部委员、科护士长
曹开江	第三医院教育处党支部原支部委员
姜　薇	第三医院皮肤科党支部书记
秦泽莲	第三医院成形外科党支部书记
刘丹丹	第三医院介入血管胸外联合党支部委员
李学民	第三医院党委委员、眼科党支部书记
张　纯	第三医院眼科党支部委员、科研处处长
林久祥	口腔医院正畸科教授
丁　磊	医学部学生工作部党支部书记、部长

方爱珍　医学部学生工作部学生资助中心主任
王金玲　医学图书馆支部书记、副馆长
张玉琴　北医社区居委会干部

北京大学十佳学生党支部书记

曹　星　新闻与传播学院 2018 级学术硕士生党支部书记
王　婧　心理与认知科学学院学术硕士生党支部书记
周伟涛　工学院 2017 级博士生一班党支部书记
周　昊　环境科学与工程学院 2017 级硕士生党支部书记
漆袁雯　艺术学院本科生联合党支部书记
毋泽鹏　环境科学与工程学院本科生联合党支部书记
张栋杰　元培学院第二学生党支部书记
许　酌　新媒体研究院 2018 级硕士生党支部书记
蔺雨萱　第三临床医学院八年制 2013 级党支部书记
魏　巍　药学院学生党总支第四党支部书记

（党委组织部）

集体和教师奖励

北京大学荣获 2019 年求是杰出青年学者奖名单

姓名	单位
郭　帅	数学科学学院

（人事部）

北京大学荣获 2019 年全国工人先锋号名单

第三医院药剂科

（工会）

北京大学荣获 2019 年首都劳动奖状名单

口腔医院

（工会）

北京大学荣获 2019 年首都劳动奖章名单

裴　坚　化学与分子工程学院

（工会）

北京大学荣获第十五届北京市教学名师奖名单

陈保亚　中国语言文学系
李文新　信息科学技术学院
顾红雅　生命科学学院
孙蚌珠　马克思主义学院
张卫光　基础医学院

（教务部）

北京大学荣获第三届北京市青年教学名师奖名单

车　浩　法学院
穆良柱　物理学院

（教务部）

北京大学入选 2019 年北京高校优质本科课程项目

项目名称	主讲人	课程类型	项目类型
人体解剖学	张卫光	专业课	重点
发展心理学	苏彦捷	专业课	
社会科学中的计算思维方法	李晓明	公共课	
哲学导论	李　猛	专业课	
政治学原理	燕继荣	公共课	

（教务部）

北京大学入选 2019 年北京高校优质本科教材课件名单

项目名称	主编	出版社	类型	项目类型
热学	刘玉鑫	北京大学出版社	教材	重点
清官式大木作虚拟仿真教学课件	张剑葳		课件	
环境法学（第四版）	汪 劲	北京大学出版社	教材	
微观经济学原理	吴泽南		课件	
口腔修复工艺学	周永胜、佟 岱	北京大学医学出版社	教材	

（教务部）

北京大学入选 2019 年北京高校优秀本科育人团队名单

课程名称	主持人	单位
数学物理方法	马伯强	物理学院

（教务部）

北京大学入选 2019 年北京高校优秀本科教学管理人员名单

姓名	单位
付志明	外国语学院

（教务部）

2019 年北京大学教学成就奖名单

厉以宁　光华管理学院
张礼和　药学院

（教务部）

2019 年北京大学教学卓越奖名单

苏彦捷　心理与认知科学学院
陈　江　信息科学技术学院
徐怡涛　考古文博学院
李　康　社会学系
刘　怡　经济学院

赵明辉　临床第一医院

(教务部)

2019年北京大学优秀教学团队奖名单

所在单位	课程名称	带头人
物理学院	数学物理方法	马伯强
医学部	流行病与卫生统计学	詹思延
信息科学技术学院	电路分析原理	胡薇薇
外国语学院	基础俄语	周海燕
化学与分子工程学院	结构化学基础	朱月香
考古文博学院	陶瓷考古	秦大树

(教务部)

2019年北京大学教学优秀奖(本科)名单

获奖者	单位	获奖者	单位
甘少波	数学科学学院	白　彦	政府管理学院
周　铁	数学科学学院	宋　磊	政府管理学院
马尽文	数学科学学院	汪卫华	国际关系学院
韦小丁	工学院	胡　涛	经济学院
杨　越	工学院	吕随启	经济学院
李　智	物理学院	翁　翕	光华管理学院
吴　飙	物理学院	李辰旭	光华管理学院
孙艳春	信息科学技术学院	王　敏	国家发展研究院
胡俊峰	信息科学技术学院	张鹏翼	信息管理系
刘先华	信息科学技术学院	陈　刚	新闻传播学院
李星国	化学与分子工程学院	王洪喆	新闻传播学院
张　洁	化学与分子工程学院	渠敬东	社会学系
李沉简	生命科学学院	张春泥	社会学系
周仕勇	地球与空间科学学院	张　永	马克思主义学院
张志诚	地球与空间科学学院	李少军	马克思主义学院
蒙吉军	城市与环境学院	王丽文	体育教研部
宋　宇	环境科学与工程学院	齐　志	元培学院
耿海燕	心理学院	辛　平	对外汉语教育学院
邵永海	中国语言文学系	张　嵘	基础医学院
林幼菁	中国语言文学系	黄　婧	公共卫生学院

(续表)

获奖者	单位	获奖者	单位
陈晓兰	中国语言文学系	陈 哲	人民医院
范韦里克	历史学系	朴梅花	北京大学第三医院
先 刚	哲学系	陈 立	口腔医院
吴增定	哲学系	穆良柱	物理学院
何嘉宁	考古文博学院	李 晟	生命科学学院
罗 炜	外国语学院	李 杨	北京大学第三医院
王 旭	外国语学院	王胜锋	公共卫生学院
路燕萍	外国语学院		

(教务部)

2019年北京大学教学优秀奖（研究生）名单

获奖者	单位	获奖者	单位
吴 岚	数学科学学院	萧鸣政	政府管理学院
樊铁栓	物理学院	严 洁	政府管理学院
王 垡	物理学院	程 英	外国语学院
邵元华	化学与分子工程学院	王成英	马克思主义学院
陈 兴	化学与分子工程学院	董进霞	体育教研部
朱 健	生命科学学院	白 巍	艺术学院
王彦宾	地球与空间科学学院	杨德峰	对外汉语教育学院
黄 嵩	软件与微电子学院	孟 鸿	深圳研究生院
祝 帅	新闻与传播学院	童娜琼	深圳研究生院
戴锦华	中国语言文学系	谢昆青	信息科学技术学院
董秀芳	中国语言文学系	万小军	信息科学技术学院
昝 涛	历史学系	赵 波	国家发展研究院
曲彤丽	考古文博学院	贾积有	教育学院
邢滔滔	哲学系	陈 功	人口研究所
陈绍锋	国际关系学院	王建祥	工学院
杜丽群	经济学院	张家富	城市与环境学院
蒋云赟	经济学院	王秀丽	新媒体研究院
吴联生	光华管理学院	鲁凤民	基础医学院
陆正飞	光华管理学院	李润涛	药学院
常鹏翱	法学院	孙昕霙	公共卫生学院
杨 明	法学院	李湘萍	护理学院
王 军	信息管理系	迟春花	第一临床医学院
陆杰华	社会学系		

(教务部)

2019年北京大学教学管理奖名单

获奖者	单位	获奖者	单位
张韫之	经济学院	杜雪娇	法学院
高忠欣	新闻传播学院	李 杰	继续教育学院
陈柳利	国家发展研究院	李慧子	教育学院
于艳新	元培学院	张 静	继续教育学院
吴桃李	物理学院	林以晴	继续教育学院
宫彦萍	城市与环境学院	赵 淳	国家发展研究院
蔡贤川	数学科学学院	高 强	继续教育学院
徐建春	国际关系学院	唐 珏	光华管理学院
勾 雪	国家发展研究院	曹 建	继续教育学院
王忠立	历史学系	王 卫	教务部
丁雪芹	信息科学技术学院	陈 虎	教务部
田 军	信息科学技术学院	张 林	研究生院
赵丽莘	信息管理系	胡 鹏	继续教育部
耿炜娜	艺术学院	刘 柯	研究生院
王 静	地球与空间科学学院	熊光辉	教务部
丁 玉	软件与微电子学院	尹 丹	研究生院
刘冬梅	外国语学院	王 卫	教务部
蒋少翔	国家发展研究院	陈 虎	教务部
叶恩红	外国语学院	张 林	研究生院
毛 娜	深圳研究生院	胡 鹏	继续教育部
吴娅岚	法学院	刘 柯	研究生院
Zuo Miranda Mary	燕京学堂	张 燕	基础医学院
孙小萌	燕京学堂	李正香	药学院
董敬芳	光华管理学院	朱艳萍	公共卫生学院
田 凯	政府管理学院	罗 萍	护理学院
李洵哲	体育教研部	李 敏	医学继续教育学院
徐文文	深圳研究生院	王富华	第一临床医学院
王秋林	继续教育学院	张 笋	口腔医学院
刘 桢	信息科学技术学院	胡亚洲	临床肿瘤学院
孙敏洁	继续教育学院	李 曼	教育处
陈 意	深港产学研基地	胡 玮	继续教育处

（教务部）

北京大学获 2019 年度国家科学技术奖名单

奖励类别	获奖等级	单位排序	完成人	项目名称	校内单位
自然奖	2	1	胡敏 吴志军 何凌燕 郭松 黄晓锋	大气复合污染条件下新粒子生成与二次气溶胶增长机制	环境学院
	2	1	侯仰龙 高松 余靓 马丁 杨策	磁性纳米材料构筑与多功能调控	工学院
进步奖	2	1	张强 张雪霞 赵焰平 夏桂民 代文兵 周丽莹 刘树林 王会娟 吴翠栓 王学清	药物新制剂中乳化关键技术体系的建立与应用	医学部药学院

（科学研究部 刘超 整理）

北京大学获 2019 年高等学校科学研究优秀成果奖（科学技术）名单

奖励类别	获奖等级	单位排序	完成人	项目名称	校内单位
自然奖	1	1	陈鹏 赵劲 昌增益 李劼 林世贤	活细胞化学反应工具的开发与应用	化学学院
自然奖	1	1	王恩哥 江颖 李新征 孟胜 徐莉梅	原子尺度下水的复杂形态与全量子化效应研究	物理学院
自然奖	2	1	傅宗玫 张霖 赵春生 旷烨	我国大气气溶胶的来源反演解析及物化特性研究	物理学院
自然奖	2	1	谭营	群体智能方法及其应用研究	信息学院
自然奖	2	1	康晋锋 高滨 黄鹏 刘力锋 刘晓彦	金属氧化物阻变机理与器件设计	信息学院
自然奖	2	1	吕万良 张强 齐宪荣 王学清 居瑞军 姚红娟 仰浈臻 李秀英 张杨	肿瘤线粒体和耐药屏障与拟态血管靶向性给药系统的研究	医学部药学院
自然奖	2	1	樊东升 陈璐 唐璐 刘晓鲁 郑梅 何及 马妍 叶珊 张楠	中国肌萎缩侧索硬化患者的分子流行病学及发病机制研究	医学部第三医院
自然奖	2	1	吴晓磊 聂勇 汤岳琴 孙纪全 王兴彪 李彦 赵洁玉 王亚南	稠油生物转化及其应用于采油清洁生产的基础研究	工学院
自然奖	2	1	敖英芳 胡晓青 程锦 陈海峰 周春燕 张辛 代岭辉 皮彦斌 邵振兴 黄洪杰 刘振龙 刘强 朱敬先 孟庆阳	解析与重塑软骨组织修复再生微环境的基础研究	医学部第三医院
进步奖	2	1	李蓉 刘平 杨硕 杨蕊 徐慧玉 朱锦亮 林胜利 宋雪凌 李明 乔杰 陈媛 甄秀梅 王丽娜 李红真 廉颖	提高辅助生殖技术治疗安全性及有效性策略研究	医学部第三医院
进步奖	2	1	韩晶岩 闫凯境 孙凯 黄婷 毛小伟 郝会峰 顾友余 马治中 刘育英 樊景禹 潘春水 李泉 阎丽 卫晓红 胡白和 常昕 赵新荣 贺珂 马晓慧 周水平 吴涩峰	脑微循环研究系统的构建，及其在揭示养血清脑制剂机理中的应用	医学部基础医学院
进步奖	2	1	郭传瑸 鲍圣德 郭玉兴 刘筱菁 朱建华 王晶 张雷 伊志强 杨榕 李庆祥	数字化技术在颅底-颞下区肿瘤诊断和治疗的研究与应用	医学部口腔医院
青年奖			王健		物理学院

（科学研究部 刘超 整理）

北京大学获2019年北京市科学技术奖名单

奖励类别	获奖等级	单位排序	完成人	项目名称	校内单位
自然奖	1	1	方精云 朴世龙 赵淑清	陆地生态系统碳收支研究	城市与环境学院
自然奖	1	1	焦宁 周旺 秦冲	基于含氮化合物构建的氮化反应	医学部-药学院
自然奖	2	1	杨金波 韩景智 杨云波	强各向异性纳米晶永磁材料研究	物理学院
自然奖	2	1	司天梅 苏允爱 王晓东	基于基础和临床的抑郁症诊疗生物学标记研究	医学部-第六医院
发明奖	1	1	晏磊 张飞舟 陈伟	光学源端偏振立体效应与精密遥感探测方法研究及应用	地球空间学院
进步奖	2	1	徐小元 张彤 吴昊	HIV/HCV共感染及HIV单独感染者临床特点及发病机制研究与应用	医学部-第一医院
进步奖	1	1	宋刚 郭应禄 王建政	《北大专家画说泌尿疾病》医学科普丛书	医学部-第一医院
杰出青年奖			文再文		数学中心
杰出青年奖			江颖		物理学院
杰出青年奖			卫彦		口腔医院

（科学研究部 郑英姿 整理）

北京大学获2019年度中华医学科技奖项目

获奖等级	单位排序	项目名称	获奖人	完成单位
2	1	危重出血性疾病发病机制新发现和关键治疗技术的创新及推广	张晓辉 侯明 孔圆 马军 周海 付海霞 彭军 黄晓军 朱晓璐 侯宇 何云 冯琦 吕萌 王峰蓉 莫晓冬	人民医院
2	1	膝关节前交叉韧带损伤的基础与临床转化研究	敖英芳 王健全 崔国庆 黄红拾 龚熹 徐雁 蒋艳芳 胡晓青 闫辉 梅宇 马勇 张辛 王永	第三医院
2	1	大血管疾病临床外科诊疗和研究体系的建立、创新与推广	张小明 张韬 李伟 李清乐 张学民 焦洋 蒋京军 邱涛 李伟浩 贺致宾 何长顺 高甫 刘明远 战颖	人民医院
3	1	外周组织微创病理在神经系统罕见病诊断中的临床研究及推广应用	袁云 张巍 王朝霞 吕鹤 李越星 高枫 周颖 郝洪军 贾志荣 孟令超 郑艺明 俞萌 冷颖琳 刘靖 吴丽娟	第一医院
3	1	基于牙源性干细胞的口腔组织再生及系统性疾病治疗的研究	葛立宏 秦满 赵玉鸣 王媛媛 杨媛 杨杰 贾维茜 余渥 王文君	口腔医院
3	1	无精子症诊治新体系建立、技术创新及示范推广应用	姜辉 洪锴 张祥生 赵连明 姜涛 林浩成 李蓉 毛加明 杨宇卓 张海涛	第三医院
3	1	骨关节炎发病风险评估与防治技术的应用推广	林剑浩 李儒军 刘强 邢丹 柯岩 李虎 陶可 王锴 李志昌 钟群杰	人民医院

（医学部科研处 张秋月 整理）

北京大学入选 2019 年中国科学十大进展项目

入选项目	研究团队	单位
阐明铕离子对提升钙钛矿太阳能电池寿命的机理	周欢萍研究组、严纯华/孙聆东研究组等	工学院、化学与分子工程学院

（科学研究部 郑英姿 整理）

北京大学入选 2019 年中国高校十大科技进展项目

入选项目	研究团队	单位
植物同种花粉优先的分子机理	瞿礼嘉研究组等	生命科学学院

（科学研究部 郑英姿 整理）

北京大学获 2019 年中国电子学会科学技术奖名单

姓名	获奖名单	等级	获奖名称	单位
高 文 马思伟 等	中国电子学会科学技术奖	特等	超高清视频编解码关键技术	信息学院

（科学研究部 郑英姿 整理）

北京大学获 2019 年"科学探索奖"名单

序号	姓名	领域	校内单位
1	刘若川	数学物理学	国际数学中心
2	李毓龙	生命科学	生命科学学院
3	刘 颖	生命科学	分子医学所
4	陈 鹏	化学新材料	化学与分子工程学院
5	马 丁	化学新材料	化学与分子工程学院
6	黄 罡	信息电子	信息科学技术学院
7	杨玉超	信息电子	信息科学技术学院
8	周欢萍	能源环保	工学院
9	郭少军	前沿交叉	工学院
10	郭雪峰	前沿交叉	化学与分子工程学院

（科学研究部 郑英姿 整理）

北京大学获 2019 年第二十二届茅以升北京青年科技奖名单

姓名	单位
郭少军	工学院
闫丽盈	第三医院
何菁	人民医院

（科学研究部　郑英姿　整理）

北京大学获 2019 年霍英东基金名单

序号	类型	申请人	院系
1	青年教师基金	杨玉超	信息学院
2	青年教师基金	夏朋延	基础医学院
3	青年教师基金	周绪杰	第一医院
4	青年教师奖三等奖	刘冲	经济学院

（科学研究部　杨凌春　整理）

北京大学获 2019 年科技新星及领军人才名单

序号	类型	申请人	院系
1	首都领军人才	席建忠	工学院
2	科技新星	黄芊芊	信息学院
3	科技新星	刘文	环境学院
4	科技新星	连宙辉	计算机所
5	新星交叉课题	张路霞	医学部

（科学研究部　杨凌春　整理）

北京大学获第十五届北京市哲学社会科学优秀成果奖名单

成果名称	成果类型	一级学科	姓名	奖励等级
改革开放以来的中国经济：1978—2018	著作	经济学	厉以宁	特等奖
北京市集体建设用地减量策略研究	调研报告	管理学	林坚	一等奖
中国法制史大辞典	著作	法学	蒲坚	一等奖
协调发展研究	著作	马克思主义	孙代尧	一等奖
青海藏医药文化博物馆藏佉卢文尺牍	著作	考古学	段晴	一等奖
政府向社会力量购买公共服务发展研究：基于中英经验的分析	著作	政治学	王浦劬	一等奖

（续表）

成果名称	成果类型	一级学科	姓名	奖励等级
北京社区公共服务建设研究	著作	管理学	黄恒学	一等奖
20世纪中国语言学方法论研究	著作	文学	陈保亚	一等奖
当代中国经济法理论的新视域	著作	法学	张守文	二等奖
事实行为的基础理论研究	著作	法学	常鹏翱	二等奖
终身教职的价值与影响因素——基于美国八所高校的经验研究	论文	教育学	蒋凯	二等奖
论社会资本对经济增长的支撑与促进	论文	经济学	崔巍	二等奖
资源型城市转型新动能——基于内生增长理论的经济发展模式与政策	著作	经济学	李虹	二等奖
古代北京与西方文明	著作	历史学	欧阳哲生	二等奖
现代化视野下的"中国梦"研究	著作	马克思主义	程美东	二等奖
从工业城镇化、土地城镇化到人口城镇化：中国特色城镇化道路的社会学考察	论文	社会学	周飞舟	二等奖
艺术的本体与维度	著作	艺术学	陈旭光	二等奖
西方美术史	著作	艺术学	丁宁	二等奖
身体、不死与神秘主义：道教信仰的观念史视角	著作	宗教学	程乐松	二等奖
道家形而上学研究（增订本）	著作	哲学	郑开	二等奖
《玉台新咏》与南朝文学（上、下册）	著作	文学	傅刚	二等奖
十三经注疏校勘记（11卷）	著作	文学	刘玉才	二等奖
绍兴方言研究	著作	语言学	王福堂	二等奖

（社会科学部 刘睿）

北京大学2017—2018学年度"唐立新优秀辅导员奖"获奖名单

姓名	职务
冯美娜	数学科学学院辅导员
侯乐	法学院辅导员
贾方健	物理学院辅导员
张舒	化学与分子工程学院辅导员
曹蓓	学生资助中心副主任
李晓瑭	学生就业指导服务中心干部
王丽雅	校团委综合办公室主任
聂晶	学生心理健康教育与咨询中心干部
郑凌冰	医学部医学预科办公室主任
邓媛媛	口腔医学院学生办公室主任

（学工部）

北京大学 2017—2018 学年度"嘉里集团郭氏基金优秀辅导员奖"获奖名单

姓名	职务
陆俊林	信息科学技术学院副教授、班主任
季建清	地球与空间科学学院教授、班主任
刘卉	环境科学与工程学院党委副书记
王添淼	对外汉语教育学院党委副书记
丁夕友	元培学院党委副书记
刘海骅	学生心理健康教育与咨询中心主任
王欣涛	学生工作部副部长
孔俊彩	第五临床医学院学生辅导员
张继英	护理学院学生工作办公室主任

（学工部）

北京大学 2018—2019 学年度优秀德育奖名单

获奖者	单位	获奖者	单位
叶茂源	数学科学学院	黄泽方	艺术学院
吕丽	物理学院	沙丽曼	元培学院
张鑫焱	地球与空间科学学院	蔡旻恩	前沿交叉学科研究院
秦艳龙	信息科学技术学院	何仲恺	体育教研部
尹航	化学与分子工程学院	索天艺	对外汉语教育学院
唐平	生命科学学院	路露	建筑与景观设计学院
关汉岳	城市与环境学院	李玮	新媒体研究院
占子玉	环境科学与工程学院	邱国玉	深圳研究院
张俊云	心理与认知科学学院	左腾	深圳研究院
江禾	中国语言文学系	樊志	学生工作部
何晋	历史学系	郭一杰	学生工作部
金英	考古文博学院	张旭	学生工作部
孟庆楠	哲学系	周培京	青年研究中心
祝诣博	国际关系学院	李妍	学生就业指导服务中心
陈凯	经济学院	张勇	学生就业指导服务中心
卢瑞昌	光华管理学院	徐凯文	心理健康教育与咨询中心
章永乐	法学院	梁冠琼	心理健康教育与咨询中心
邓安琪	社会学系	朱峰	学生资助中心
王继民	信息管理系	蓝丽娇	学生资助中心
闫立佳	政府管理学院	李杨	校团委
侯琳	新闻与传播学院	黄冠	校团委
冯一帆	外国语学院	张莉娟	医学预科

（续表）

获奖者	单位	获奖者	单位
陈培永	马克思主义学院	赵成知	基础医学院
岳昌君	教育学院	郝卫东	公共卫生学院
刘铁梅	中日友好医院	王 燕	口腔医院

（学工部）

北京大学 2018—2019 学年度优秀班主任标兵名单

获奖者	单位	获奖者	单位
刘之湄	物理学院	李世娟	信息管理系
依那	信息科学技术学院	张涵	新闻与传播学院
刘峻峰	城市与环境学院	刘振明	医学预科办公室
董华斌	环境科学与工程学院	许扬	护理学院
徐梓岚	中国语言文学系	史楠	第一临床医学院
祁昊天	国际关系学院	宋虹	第四临床医学院
傅程榆	法学院		

（学工部）

北京大学 2018—2019 学年度优秀班主任名单

获奖者	单位	获奖者	单位
方博汉	数学科学学院	黄少云	信息科学技术学院
刘勇	数学科学学院	段晓辉	信息科学技术学院
牛贺	数学科学学院	贾嵩	信息科学技术学院
周珍楠	数学科学学院	杨玉超	信息科学技术学院
臧鑫	数学科学学院	柳笛	化学与分子工程学院
陈旭	物理学院	夏陈马雅	化学与分子工程学院
刘清元	物理学院	王昊	生命科学学院
魏来	物理学院	董志	生命科学学院
杨国昊	物理学院	秦咏梅	生命科学学院
赵洲峤	物理学院	王戎疆	生命科学学院
任华忠	地球与空间科学学院	翟艳芳	生命科学学院
郝瑞霞	地球与空间科学学院	付晓芳	城市与环境学院
周煦之	地球与空间科学学院	刘萍	城市与环境学院
张勇	地球与空间科学学院	王志恒	城市与环境学院
周晶	地球与空间科学学院	孙卫玲	环境科学与工程学院

（续表）

获奖者	单位	获奖者	单位
刘芸芸	工学院	易莉	心理与认知科学学院
林达	工学院	李岚	中国语言文学系
黄建永	工学院	张一南	中国语言文学系
邱元	工学院	张新刚	历史学系
雷霆	工学院	张海	考古文博学院
李长辉	工学院	户国栋	考古文博学院
刘田	信息科学技术学院	王颂	哲学系
刘锋	信息科学技术学院	王雨濛	国际关系学院
谢昆青	信息科学技术学院	许亮	国际关系学院
章政	经济学院	张蕾	人口研究所
贾若	经济学院	马京晶	国家发展研究院
李博	经济学院	邓丹	对外汉语教育学院
刘蕴霆	经济学院	周映辰	艺术学院
吴泽南	经济学院	祝帅	新闻与传播学院
肖婷	光华管理学院	白菊	元培学院
亓淑琴	光华管理学院	李豪	元培学院
邱岳	光华管理学院	朱子云	元培学院
翁翕	光华管理学院	李鑫宇	元培学院
党淑萍	法学院	乔元姬	元培学院
高薇	法学院	张蔚	前沿交叉学科研究院
王杨	法学院	林一瀚	前沿交叉学科研究院
江溯	法学院	邱义福	前沿交叉学科研究院
曹志勋	法学院	章斯鑫	前沿交叉学科研究院
田耕	社会学系	朱亮亮	建筑与景观设计学院
李海燕	政府管理学院	李佳伦	新媒体研究院
吴旭	政府管理学院	温佳萍	燕京学堂
谢昂	外国语学院	李洵哲	体教部
李丽敏	外国语学院	曹健	软件与微电子学院
范晶晶	外国语学院	沈晴霓	软件与微电子学院
于施洋	外国语学院	倪际航	软件与微电子学院
陈飞	外国语学院	代征	深圳研究生院
袁琳	外国语学院	龚岳	深圳研究生院
苏祺	外国语学院	李明明	深圳研究生院
琴知雅	外国语学院	沈颖	深圳研究生院
卢白羽	外国语学院	王俊敏	深圳研究生院
罗湉	外国语学院	余珂	深圳研究生院
赵诺	马克思主义学院	赵亚波	深圳研究生院
朱红	教育学院	李晗	医学预科办公室
门雯瑾	医学预科办公室	陈哲	第二临床医学院
余灿清	医学预科办公室	程瑾	第二临床医学院

(续表)

获奖者	单位	获奖者	单位
何培欣	基础医学院	宝 辉	第二临床医学院
赵 晶	基础医学院	霍 刚	第三临床医学院
于 宇	基础医学院	何 旋	第三临床医学院
徐 风	药学院	张 驰	第五临床医学院
聂小燕	药学院	周建锋	口腔医学院
任巧萌	公共卫生学院	韩 莹	口腔医学院
李国星	公共卫生学院	沈 靖	临床肿瘤学院
臧娴娴	护理学院	谭梅美	中日友好临床医学院
谢 虹	医学人文学院	熊 秦	第九临床医学院
樊 蕊	公共卫生学院	梁国平	航天临床医学院
张 晓	精神卫生研究所	魏 磊	民航总医院

（学工部）

北京大学第二十三届十佳教师

获奖者	单位	获奖者	单位
吴 雪	护理学院	张鹏翼	信息管理系
万 有	基础医学院	刘譞哲	信息科学技术学院
渠敬东	社会学系	李 芳	医学人文学院
王世强	生命科学学院	李 猛	元培学院
钟 杰	心理与认知科学学院	郑 开	哲学系

（团委）

北京大学2018—2019年度"青年岗位能手标兵"获奖名单

所在单位	姓名	所在单位	姓名
政策法规研究室	陈 威	总务部	钱 群
党办校办	冯 路	出版社	吴远琴
房地产管理部	鞠一郎	保卫部	熊冰雪
北大附中	李琳琳	深研院	燕 山
燕园街道办事处	罗光强	离退休工作部	张慧君
附属幼儿园	孟 阁	审计室	张 婷

（团委）

北京大学2018—2019年度"青年岗位能手"获奖名单

所在单位	姓名	所在单位	姓名
图书馆	程 龙	附属幼儿园	谢珍金
计算中心	邓昌明	校园服务中心	徐 岩
财务部	金 田	经济与管理学部	杨 超
先进技术研究院	李慧宁	图书馆	杨楠楠
继续教育学院	李 杰	财务部	杨欣梅
党委宣传部	李 静	教师教学发展中心	于青青
公寓服务中心	李 鹏	动力中心	袁崇刚
研究生院	李 爽	餐饮中心	张 宏
会议中心	刘玉辉	图书馆	张乃帅
教育基金会	马宇民	校友工作办公室	张 莹
校医院	王 珏	出版社	朱房煦
继续教育学院	王瑞娥	基建工程部	左 丹
科学研究部	王纬超		

（团委）

2017、2018年北京大学模范工会委员会名单

图书馆工会
外国语学院工会
化学与分子工程学院工会
继续教育学院工会
机关工会
计算中心工会
环境科学与工程学院工会
信息科学技术学院工会
后勤工会
医学人文学院工会
医学部机关工会
医学部后勤工会
医学部产业工会

（工会）

2017、2018年北京大学先进工会委员会名单

北京大学附属中学工会
工学院工会
深圳研究生院工会

数学科学学院工会
生命科学学院工会
地球与空间科学学院工会
光华管理学院工会
计算机科学技术研究所工会
体育教研部工会
经济学院工会
新闻与传播学院工会
历史学系工会

（工会）

2017、2018年北京大学优秀工会小组名单

数学科学学院科学与工程计算系工会小组
数学科学学院行政实验室工会小组
化学与分子工程学院分析所工会小组
化学与分子工程学院化学基础实验教学中心工会小组
地球与空间科学学院空间物理与应用技术研究所工会小组
信息科学技术学院微电子工会小组
信息科学技术学院现代通信所工会小组
历史学系行政工会小组
外国语学院行政小组工会小组
经济学院行政工会小组
光华管理学院MBA项目组工会小组
光华管理学院行政中心工会小组
继续教育学院昌平校区工会小组
继续教育学院圆明园校区工会小组
燕京学堂工会小组
图书馆综合管理与协作中心工会小组
图书馆资源建设中心工会小组
北京大学附属中学行政、后勤工会小组
北京大学附属中学预科工会小组
教育基金会工会小组
党办校办工会小组
保卫部工会小组
科研部工会小组
人事部、离退休工作部工会小组
实验室与设备管理部工会小组
会议中心工会小组
餐饮中心工会小组
动力中心工会小组
公寓服务中心工会小组
校园服务中心工会小组
第一医院保卫处工会小组

第一医院超声医学科工会小组
人民医院风湿免疫科工会小组
人民医院放射科工会小组
第三医院财务处工会小组
第三医院儿科工会小组
口腔医院义齿加工中心二部工会小组
肿瘤医院乳腺中心工会小组
第六医院睡眠医学科工会小组
基础医学院免疫学系工会小组
药学院药物化学系工会小组
公共卫生学院劳动卫生与环境卫生学系工会小组
护理学院内外人文工会小组
医学人文学院应用语言系工会小组
医学部机关研究生院工会小组
医学部后勤总务处机关工会小组
医学部产业出版社工会小组

（工会）

2017、2018年北京大学优秀教职工社团名单

北京大学教职工未名太极社
北京大学教职工瑜伽协会
北京大学雏鹰社
北京大学教职工健美操团
信息科学技术学院乒乓球社团
经济学院球类兴趣营
经济学院太极拳兴趣营
光华管理学院教职工羽毛球社团
继续教育学院足球队
继续教育学院摄影兴趣小组
继续教育学院羽毛球社团
继续教育学院绘画协会
深圳研究生院有氧运动健身团
深圳研究生院教职工乒乓球社团
北京大学附属中学羽毛球兴趣小组
北京大学附属中学古琴社
第一医院钓鱼协会
第三医院滑雪协会
肿瘤医院足球协会
基础医学院武术医学协会
医学部绘画协会

（工会）

2018 年度北京大学模范工会主席名单

物理学院	刘国超
生命科学学院	郝雪梅
地球与空间科学学院	孙荣双
信息科学技术学院	汪小林
工学院	夏定国
考古文博学院	陈 冲
体育教研部	钱永健
社会学系	陆杰华
继续教育学院	文天骄
出版社	李 霞
后勤工会	翁正明
深圳研究生院	丁嘉辉
医学人文学院	甄 娜
医学部机关	刘文玲
医学部后勤	吕晓明
医学部产业	吕廷煜

（工会）

2018 年度北京大学优秀工会干部名单

数学科学学院	周 铁　梁 岚　张树义
物理学院	聂瑞娟　吴 婧　田 广
化学与分子工程学院	杨展澜　李泽军　熊 英　彭 静
生命科学学院	董 巍　刘轶群　王 昊
城市与环境学院	陈耀华　唐 琳
地球与空间科学学院	于向前　李 梅
心理与认知科学学院	毛利华
信息科学技术学院	徐松青　韩 临　毛新宇　赖舜男
工学院	王昕昕　刘 文　包旭云
软件与微电子学院	庞 莹
环境科学与工程学院	刘兆荣　刘 军
中国语言文学系	李 岚
历史学系	王忠立　李隆国
考古文博学院	秘 密
外国语学院	张冬梅　李 宁　刘 军
对外汉语教育学院	魏宝良
国际关系学院	刘春梅　陈 阳
法学院	洪艳蓉　王社坤
信息管理系	顾晓光
社会学系	赵晓梅
政府管理学院	田 珺
教育学院	赖琳娟

单位	人员					
体育教研部	唐彦					
经济学院	肖治合	张欣				
光华管理学院	刘力	张圣平				
国家发展研究院	韩文昊	蒋少翔	刘长艳	沈成铃		
深圳研究生院	胡薇	屈政伟	覃峨			
继续教育学院	熊瑛	白素				
燕京学堂	李娜					
图书馆	胡希琴	徐月	柏艳红	王旭		
计算中心	王倩宜	孙爱东				
教师教学发展中心	杨公义					
教育基金会	陈思颖					
出版社	潘丽娜					
校医院	云虹	张晋	肖家莲			
燕园街道办事处	刘菲比					
附属中学	王欧阳	赵彦芳				
附属幼儿园	罗洪	杨雪扬				
党办校办	魏姝	刘凡子				
党委组织部	曲一铭					
党委宣传部	张疆					
学生工作部	纪小慧					
保卫部	张福旺	冯军				
人事部	项燕					
财务部	陈佳波					
国际合作部	罗俊					
实验室与设备管理部	黄凯					
元培学院	谈小媊					
总务部	张勇					
房地产管理部	马赛					
基建工程部	王延文					
会议中心	刘魁良	李春亮	刘昕果			
餐饮中心	李媛					
动力中心	信司军	汪一波				
公寓服务中心	段利久	徐玮				
校园服务中心	吴来顺					
第一医院	张园	王文生	李坚	王化虹	刘媛媛	张岱	任翼
人民医院	彭红	张志玲	李沂	郭轶含	陈源	张征	李楠
第三医院	林青云	伍蕊	张爱京	王宁	贾易木	杨海娥	倪学勇
口腔医院	王双燕	张蓓	宋晓芳	和义	刘倩		
肿瘤医院	刘晶	田振	赵晶	王玥妮	于松茂		
第六医院	邱彦红	郭立波	贺勇				
基础医学院	刘立	赵心亮	孙长伟				
药学院	杨军	郭维					
公共卫生学院	李宏田	闫蕾					
护理学院	杨萍						
医学人文学院	王鑫						
医学部机关	肖瑜	刘璐	糜琳娜				

医学部后勤	路宝东	侯文静
医学部产业	方 敬	
医学部工会	梁 雁	

（工会）

2018年度北京大学优秀工会积极分子名单

数学科学学院	卢 胱	崔文慧		
物理学院	张志科	肖静波	徐 军	吕 律
化学与分子工程学院	甘良兵	郑 捷	刘 源	
生命科学学院	胡晓倩	阮小娟	葛丽丽	
城市与环境学院	于佳鑫			
地球与空间科学学院	刘楚雄			
信息科学技术学院	张 铭	李 婷	王 媛	金莲玉
工学院	张泽佳	聂 勇	孙 强	
计算机科学技术研究所	付 娜			
环境科学与工程学院	季秀华			
中国语言文学系	万艺玲			
历史学系	刘一皋			
外国语学院	王 伶			
艺术学院	李志华			
对外汉语教育学院	龙清涛			
国际关系学院	节大磊			
社会学系	刘彦岭			
马克思主义学院	原 磊	李玉纳	姚素薇	
教育学院	熊 煜			
新闻与传播学院	魏 波			
体育教研部	王东敏			
经济学院	朱南军			
光华管理学院	周林颖	王啸啸	王 嵩	
国家发展研究院	张 迪			
深圳研究生院	何 芳	刘 柱	楼 佳	
燕京学堂	陆晨源			
继续教育学院	谷丽娜	李雪娜		
图书馆	张乃帅	张元俊		
计算中心	罗 盘			
教师教学发展中心	马 悦			
校医院	刘倩倩	钱 芳	邓 爽	
出版社	陈 健	王立刚		
附属中学	贺 平	马占江	于万达	周菲菲 马继云 姜秋萍 牟英双
附属幼儿园	韩巧巧			
党办校办	刘凡子	闫保桦		
政策法规研究室	吴雅文			
纪委	江 卓			

学生工作部	侯琳					
教务部	董南燕					
科学研究部	李芳兵					
财务部	张寒					
实验室与设备管理部	马宁					
房地产管理部	鞠一郎					
会议中心	胡杰	王秀亭				
餐饮中心	陈刚	李梦玲				
动力中心	张树玲					
公寓服务中心	彭爱国	赵文洁				
校园服务中心	李楠					
第一医院	谷洪涛	李良	张惺惺	刘霞	韩晓宁	王平 姜玉武
人民医院	孔祥燕	朱优红	孙红	黄晓波	苏茵	李惠平 许兰平
第三医院	韩金平	韩玉婷	郭伟伟	王亮	史莉	江华 许莹莹
口腔医院	张利柏	武岳	吴佶园	王景财	吴万生	
肿瘤医院	王剑英	刘超尘	高顺禹	薛侃	管九平	
第六医院	骆蕾	王冠	吴雪莹			
基础医学院	陈西	韩丽敏	钱晓萍			
药学院	张华	李耀利				
公共卫生学院	刘芳静	王胜锋				
护理学院	张继英					
医学部公共教学部	闫春坤					
医学部机关	马麟	律颖	代静			
医学部后勤	袁雪雯	王砚迪				
医学部产业	田靓	吴大为				
教工合唱团	李娟	马红梅	解冰			
教工健美操团	戴永宁	田晴				
教工舞蹈团	杨诚	李星怡				
教工体育舞蹈团	方曼	李小犁				
教职工户外健身协会	郑涛	王中琰	赵东岩	傅苏红		
雏鹰公益社	赵敏	童佳瑾	曾玉芬	刘雪蕾	林雪芬	
教工瑜伽协会	佟巍	高忠欣				
教工太极拳协会	刘洁	唐晓雪	汪聪	徐瑛		

（工会）

北京大学参加北京高校第十一届青年教师教学基本功比赛获奖名单

一等奖
医科类
赵子臣　首钢医院
姚颖　第三医院
王胜锋　公共卫生学院
闫琦　人民医院

傅元豪　第三医院
姜　宇　第三医院
王　巍　基础医学院
何丹青　口腔医院
徐驰宇　第三医院

二等奖
医科类
杨　蕊　第三医院
郝健晨　第一医院
严钰洁　中日友好医院
李　杨　第三医院
杨嘉颐　人民医院
潘　峰　人民医院
黄　婧　公共卫生学院

三等奖
理科类
何琼毅　物理学院
张文彬　化学与分子工程学院
辛广伟　生命科学学院
工科类
孙薇薇　计算机科学技术研究所
人文类
张慧瑜　新闻与传播学院
张　颖　考古文博学院
社科思政类
石　菊　经济学院
医科类
刘　鑫　国际医院
孟繁斌　深圳医院
翟建坡　积水潭医院
唐　冲　首钢医院
王　娟　首钢医院
袁晓勇　第一医院
吴聪颖　基础医学院
张　钦　人民医院
周敬伟　人民医院
苗儒林　肿瘤医院

优秀指导老师奖
医科类
李宁忱　　　　　首钢医院
梁华茂　王　妍　第三医院
李立明　詹思延　公共卫生学院
刘　健　王会民　人民医院

张　喆		第三医院
田　华	李危石	第三医院
吴立玲	王月丹	基础医学院
谷　岩		口腔医院
朱　丽	刘俊秀	第三医院

最佳教案奖
医科类
姚　颖　第三医院
王胜锋　公共卫生学院
何丹青　口腔医院
闫　琦　人民医院
刘　鑫　国际医院
傅元豪　第三医院
王　巍　基础医学院
杨　蕊　第三医院
李　杨　第三医院
赵子臣　首钢医院
姜　宇　第三医院
严钰洁　中日友好医院

最受学生欢迎奖
理科类
张文彬　化学与分子工程学院
医科类
赵子臣　首钢医院
姚　颖　第三医院
李　杨　第三医院
孟繁斌　深圳医院

最佳现场展示奖
医科类
赵子臣　首钢医院
姚　颖　第三医院
王胜锋　公共卫生学院
闫　琦　人民医院
傅元豪　第三医院
姜　宇　第三医院
王　巍　基础医学院
郝健晨　第一医院
徐驰宇　第三医院

最佳教学回顾奖
医科类
袁晓勇　第一医院
李　杨　第三医院

严钰洁　中日友好医院
刘　鑫　国际医院
张　钦　人民医院
傅元豪　第三医院
杨　蕊　第三医院

北京大学获全国第八届医学（医药）院校青年教师教学基本功比赛一等奖名单

刘玉雷　第三医院

（工会）

北京大学第十九届青年教师教学基本功比赛获奖名单

一等奖
人文社科类
纳　海　外国语学院
田　巍　经济学院
朱　赢　历史学系
焦晨曦　体育教研部
卢瑞昌　光华管理学院
理工科类
邹　鹏　化学与分子工程学院
施柏鑫　信息科学技术学院
岳　汉　地球与空间科学学院
张　原　数学科学学院
刘志博　化学与分子工程学院
医科类
方　璇　基础医学院
王玉洁　第三医院
叶　珊　第三医院
刘　凡　人民医院
王　洋　第三医院

二等奖
人文社科类
彭　錞　法学院
董韫韬　光华管理学院
张　宇　光华管理学院
马　啸　政府管理学院
易希薇　光华管理学院
解　璞　外国语学院

阮宏勋　光华管理学院
李贵森　体育教研部
樊　星　外国语学院

理工科类
刘　进　工学院
贺　明　信息科学技术学院
解晓鹏　信息科学技术学院
陈丽媛　深圳研究生院
李　健　心理与认知科学学院
陈　琦　环境科学与工程学院

医科类
黄　淼　肿瘤医院
王　慧　第六医院
赵一馨　人民医院
贾俊秀　首钢医院
刘晓静　首钢医院
冯非儿　肿瘤医院
吴　芸　人民医院
孟繁斌　深圳医院
徐　奔　第一医院
周　婷　医学人文学院

三等奖
人文社科类
范晓蕾　中国语言文学系
王耀璟　经济学院
李　霖　历史学系
倪宣明　软件与微电子学院

理工科类
曹　健　软件与微电子学院
陈默涵　工学院
王　伟　生命科学学院
李湘盈　生命科学学院
李　歆　环境科学与工程学院
李柯伽　物理学院
赵永娟　深圳研究生院
李姝宁　地球与空间科学学院

医科类
练　睿　中日友好医院
唐　琦　医学人文学院
李昱熙　第一医院
侯　宇　北京世纪坛医院
单学敏　第一医院
吴　雪　护理学院
钟　军　国际医院
马利伟　基础医学院

钟　超　基础医学院
佟梦琦　北京积水潭医院
傅虹桥　公共卫生学院
王佶图　北京世纪坛医院
朱晓昱　北京回龙观医院
程建平　民航总医院
郑博文　北京地坛医院

优秀奖
人文社科类
王　恺　考古文博学院
贺　询　艺术学院
张　帆　社会学系
车致新　新闻与传播学院
闫姗姗　对外汉语教育学院
毛亦可　历史学系
Leigha C. Crout, Esq　深圳研究生院

理工科类
刘颖君　环境科学与工程学院
李　婧　物理学院
韦小丁　工学院
李　强　物理学院
张　成　数学科学学院

医科类
李秀锋　航天中心医院
陈章健　公共卫生学院
王　艳　北京医院
刘　帅　口腔医院
郝晓鹏　解放军总医院第五医学中心
王　茹　北京积水潭医院
朱　佳　首都儿科研究所
汪贻广　药学院
张珊珊　口腔医院

优秀指导教师奖
人文社科类
高峰枫　外国语学院
董志勇　经济学院
朱凤瀚　历史学系
张　锐　吴　飞　体育教研部
吴联生　光华管理学院

理工科类
卞　江　化学与分子工程学院
代亚非　信息科学技术学院
董　琳　赖　勇　地球与空间科学学院
程　雪　数学科学学院

李维红　化学与分子工程学院
医科类
张卫光　基础医学院
徐　懋　第三医院
樊东升　第三医院
王会民　人民医院
马彩虹　第三医院

优秀教案奖
人文社科类
纳　海　外国语学院
焦晨曦　体育教研部
朱　赢　历史学系
田　巍　经济学院
理工科类
邹　鹏　化学与分子工程学院
施柏鑫　信息科学技术学院
医科类
方　璇　基础医学院
黄　淼　肿瘤医院
王　洋　第三医院

最佳教学演示奖
人文社科类
纳　海　外国语学院
田　巍　经济学院
朱　赢　历史学系
焦晨曦　体育教研部
卢瑞昌　光华管理学院
理工科类
邹　鹏　化学与分子工程学院
岳　汉　地球与空间科学学院
施柏鑫　信息科学技术学院
刘志博　化学与分子工程学院
张　原　数学科学学院
医科类
王玉洁　第三医院
刘　凡　人民医院
叶　珊　第三医院

最受学生欢迎奖
人文社科类
纳　海　外国语学院
董韫韬　光华管理学院
彭　錞　法学院
田　巍　经济学院

易希薇　光华管理学院
理工科类
邹　鹏　化学与分子工程学院
贺　明　信息科学技术学院
张　原　数学科学学院
岳　汉　地球与空间科学学院
施柏鑫　信息科学技术学院
医科类
徐　奔　第一医院
王　慧　第六医院
刘　凡　人民医院

（工会）

教师奖教金

国华杰出学者奖

数学科学学院
王诗宬

生命科学学院
邓宏魁

哲学系
尚新建

马克思主义学院
杨　河

口腔医学院
俞光岩

公共卫生学院
郭　岩

人文杰出青年学者奖

中国语言文学系
白一瑾　陈宝贤　程苏东　董秀芳　范晓蕾　贺桂梅
蒋洪生　林幼菁　林　嵩　秦立彦　宋亚云　万艺玲
吴西愉　詹卫东　张丽华　张一南　朱　彦

历史学系
陈莹雪　李隆国　李　维　林丽娟　牛　可　唐利国
张　静　张新刚　庄　宇　昝　涛　Hendrikus Antonius van Wijlick

考古文博学院
宝文博　邓振华　刘彦琪　路　菁　彭明浩　王　恺
杨颖亮　张成渝　张　敏

哲学系
程乐松　李　猛　李四龙　刘　哲　孟庆楠　宁晓萌
王　颂　王彦晶　吴　飞　吴天岳　吴增定　先　刚
杨立华

方正教师奖

特等奖

信息科学技术学院
黄　罡

李东风　胡永云　宛新华　孙育杰　常　燎　梅　然　王　新　刘颜俊　陈燕萍　李毅红　罗　武　沈　艳　占肖卫　彭　建　张剑波　周晓林　高　培　王文恭　叶　敏

优秀奖

数学科学学院
物理学院
化学与分子工程学院
生物医学中心
地球与空间科学学院
国际关系学院
法学院
政府管理学院
外国语学院
马克思主义学院
信息科学技术学院
国家发展研究院
工学院
城市与环境学院
环境科学与工程学院
心理与认知科学学院
公共卫生学院
医学部
药学院

	第一医院
张　凯	

优秀管理奖

	物理学院
张朝晖	马克思主义学院
王在全	党办校办
魏　姝	政研室
赵　颖	组织部
李　伟	宣传部
靳　戈	人事部
王丽君	财务部
赵建国	学科办
贺　飞	北大附小
尹　超	校史馆
刘　静	公共卫生学院
郝卫东	医学部
张　宁　丁　磊	

黄廷方/信和青年杰出学者奖

	数学科学学院
关启安	物理学院
刘雄军	化学与分子工程学院
童廉明	地球与空间科学学院
田　晖	心理与认知科学学院
易　莉	新闻与传播学院
张慧瑜	

	国际关系学院
刘莲莲	法学院
刘哲玮	信息管理系
徐　扬	政府管理学院
马　啸	外国语学院
高　博　黄　轶	艺术学院
唐宏峰	对外汉语教育学院
魏一璞	信息科学技术学院
彭　翔	教育学院
沈文钦	工学院
杨　越	城市与环境学院
朱晟君	环境科学与工程学院
宫继成	数学中心
文再文	

曾宪梓优秀教学奖

	数学科学学院
史宇光	物理学院
穆良柱	化学与分子工程学院
卞　江	心理与认知科学学院
陆昌勤	国际关系学院
项佐涛	光华管理学院
王亚平	法学院
张守文	信息管理系
李常庆	社会学系
高　翔	

优秀学者奖（续）

外国语学院
翁家慧
对外汉语教育学院
杨德峰
信息科学技术学院
梁学磊　于民
王选计算机研究所
万小军
人口研究所
刘岚
工学院
王建祥
城市与环境学院
莫多闻
环境科学与工程学院
陈琦

绿叶生物医药杰出青年学者奖

化学与分子工程学院
吕华　肖云龙　周文　邹鹏
生命科学学院
单春燕　李湘盈　朱丹萌
心理与认知科学学院
朱露莎
分子医学所
汪阳明　张岩
公共卫生学院
卢庆彬
护理学院
朱秀
基础医学院
李婷婷　李亦婧
药学院
牛彦　乔雪

中国工商银行奖教金

杰出学者奖

经济学院
李庆云

优秀学者奖

经济学院
刘冲　施建淮

光华管理学院
姜国华　唐遥
国家发展研究院
胡岠　卢锋

优秀教师奖

物理学院
付恩刚
地球与空间科学学院
张勇
经济学院
吴泽南
光华管理学院
徐敏亚
社会学系
王迪
政府管理学院
俞可平
外国语学院
钱军
体育教研部
毛智和
对外汉语教育学院
刘立新
工学院
陈匡时
城市与环境学院
柴彦威
环境科学与工程学院
赵志杰
社会科学调查中心
丁华

优秀管理奖

财务部
魏江林
审计室
雷洋昆

王选青年学者奖

社会学系
王娟
外国语学院
王帅

唐立新奖教金

优秀学者奖

姓名	单位
刘培东	数学科学学院
甘良兵	化学与分子工程学院
展立新	教育学院
王习东	工学院
梅凤乔	环境科学与工程学院

教学名师奖

姓名	单位
刘川	物理学院
王一鸣	经济学院
孙熙国	马克思主义学院
邢衍安	体育教研部

后勤服务杰出员工奖

姓名	单位
郭建民	餐饮中心
冯治国	会议中心
王崇明	动力中心
张可	校园服务中心
宋飞	公寓服务中心
夏旭东 赵悦	房地产管理部
万祎	城市与环境学院
刘涛	药学院
汪竞 王延文	基建工程部
钱群	总务部

嘉里集团郭氏基金树人奖

姓名	单位
耿直	数学科学学院
王宇钢	物理学院
白书农	生命科学学院
刘树文	地球与空间科学学院
孙明	政府管理学院
褚敏	外国语学院
谢昆青 杜刚	信息科学技术学院
宋宇	环境科学与工程学院
李其	光华管理学院

杨芙清-王阳元院士教师奖

特等奖

姓名	单位
齐东方	考古文博学院

优秀奖

姓名	单位
张华伟	物理学院
秦咏梅	生命科学学院
王然	科维理研究所
李志生	历史学系
张锐	体育教研部

	教育学院		马克思主义学院
杨 钋		刘志光	
	软件与微电子学院		体育教研部
李博婷		王东敏	
	信息科学技术学院		对外汉语教育学院
黄芊芊　刘晓彦		金舒年	
	王选计算机研究所		信息科学技术学院
冯岩松		罗英伟　杨川川	
	环境科学与工程学院		国家发展研究院
谢曙光		Yang John Zhuang（杨壮）	
	药学院		工学院
王坚成		韦小丁	
	医学部		城市与环境学院
张 志		王红亚	
	人民医院		环境科学与工程学院
黄晓波		许伟光	
	第三医院		
刘剑羽			**北京银行教师奖**
	基础医学院		数学科学学院
田新霞		牟克典	
	正大教师奖		物理学院
	数学科学学院	李 焱	
林伟			化学与分子工程学院
	物理学院	刘春立	
陈志忠　李雪梅			生命科学学院
	化学与分子工程学院	龙 玉	
雷晓光			地球与空间科学学院
	生命科学学院	范闻捷	
王 昊			心理与认知科学学院
	地球与空间科学学院	纳家勇治	
马学平			新闻与传播学院
	心理与认知科学学院	何 姝	
张俊云			国际关系学院
	新闻与传播学院	朱文莉	
陈开和			光华管理学院
	国际关系学院	王 翀	
翟 崑			法学院
	经济学院	金锦萍	
陈 凯			社会学系
	光华管理学院	王铭铭	
厉 行			政府管理学院
	法学院	张允起	
楼建波			外国语学院
	外国语学院	时 光	
田剪秋			体育教研部
		欧阳泽蔓	

	信息科学技术学院	刘 知	光华管理学院
纪晓璐	教育学院		信息科学技术学院
贾积有	人口研究所	赵卉菁	
黄成礼	工学院		**宝洁教师奖**
张 青			物理学院
	宝钢教师奖	胡小永	化学与分子工程学院
	化学与分子工程学院	陈继涛	生命科学学院
张文雄	城市与环境学院	张 泉	信息科学技术学院
赵淑清	信息科学技术学院	傅云义	
刘先华	工学院		**大成国学奖**
莫凡阳			中国语言文学系

陈明、刘卿伉俪奖教金

法学院

高 薇　彭 冰　彭 錞　许德峰　阎 天

树仁学院教师奖

物理学院

史俊杰

经济学院

刘群艺

宝洁教师奖

物理学院

胡小永

化学与分子工程学院

陈继涛

生命科学学院

张 泉

信息科学技术学院

傅云义

大成国学奖

中国语言文学系

陆 胤　潘建国　陈晓兰　顾歆艺　刘玉才　漆永祥
王 岚　王丽萍　许红霞　杨海峥

历史学系

陈侃理　党宝海　韩 策　韩 巍　何 晋　李新峰
叶 炜　赵冬梅

哲学系

陈少峰　王 鑫　杨 浩　赵 悠　郑 开　周学农

考古文博学院

沈睿文　张剑葳

（人事部）

学生奖励

2019年度北京大学优秀博士学位论文（99篇）

作者姓名	院系名称	论文题目	导师姓名
张科伟	数学科学学院	代数曲面上 delta 不变量的精确计算	朱小华
周沛劼	数学科学学院	单细胞系统生物学中的稀有事件研究	李铁军
孙振尧	数学科学学院	临界分支过程与超过程的脊柱分解与极限定理	任艳霞
张 倩	数学科学学院	Monge-Ampère 型方程的正则性估计	唐 林
简旺键	数学科学学院	极小模型上的 Kahler-Ricci 流与 cscK 度量	田 刚
罗德映	物理学院	反式平面异质结钙钛矿太阳能电池研究	朱 瑞
林本川	物理学院	狄拉克半金属表面态的拓扑量子输运	廖志敏
卢 骁	物理学院	对流层臭氧与气候变化相互作用：机理研究与模式发展	张 霖
王 星	物理学院	有效场论和大型强子对撞机上的顶夸克物理	杨李林
陈志强	物理学院	丰中子 Pd 同位素的 β 衰变研究、同位素的 β 衰变研究	李智焕
沈晓飞	物理学院	强激光与纳米薄靶相互作用驱动的离子加速研究	乔 宾
张梦瑶	物理学院	超快泵浦探测的搭建及在重费米子材料和二维拓扑材料中的应用	王楠林
张 兵	物理学院	极高能宇宙线的起源及相关天体物理过程的研究	黎 卓
王 所	物理学院	深亚波长等离激元纳米激光器物理与器件研究	马仁敏
袁劲松	化学与分子工程学院	基于 α-氨基酸单体的可控开环聚合及应用	吕 华
王立刚	化学与分子工程学院	高稳定和高效率的铅卤钙钛矿太阳能电池	严纯华
张金灿	前沿交叉学科研究院	超洁净石墨烯薄膜的制备方法研究	刘忠范
杜山山	化学与分子工程学院	金属杂环戊二烯促进的白磷活化	张文雄
徐 尧	化学与分子工程学院	基于费托合成反应的 C1 化学平台分子转化	马 丁
谢 肖	化学与分子工程学院	基因编码的多功能蛋白质光交联探针	陈 鹏
宁莹莹	化学与分子工程学院	近红外二区发光镧分子探针的设计及其在生物成像中的应用	张俊龙
马 雯	化学与分子工程学院	基于新型纳米材料的糖基化肽/聚糖分离检测新方法研究	白 玉
宁小涵	生命科学学院	天然免疫信号通路间的相互调控与稳态维持	蒋争凡
孙芳妙	生命科学学院	基因编码的多巴胺荧光探针的开发及应用	李毓龙
曾 虎	生命科学学院	DNA 表观遗传修饰测序技术的开发应用及其机理研究	伊成器
刘悦晨	生命科学学院	现代虎亚种自然演化史及遗传适应性的群体基因组学研究	罗述金
李 琳	生命科学学院	人类生殖系细胞的表观基因组研究	汤富酬
潘东晓	地球与空间科学学院	磁尾重联出流锋面动力学过程	周煦之

(续表)

作者姓名	院系名称	论文题目	导师姓名
张修远	地球与空间科学学院	基于地理场景的城市功能区建模与分析方法研究	杜世宏
任桂平	地球与空间科学学院	地表半导体"矿物膜"— 微生物协同电子传递及其环境效应	鲁安怀
付敬浩	地球与空间科学学院	冀东-辽西南部地区新太古代钾质花岗岩带成因与壳幔动力学过程	刘树文
高晓雪	心理与认知科学学院	解析帮助情境下的愧感：双动机模型	周晓林
刘岭	软件与微电子学院	基于虚拟耦合的列车群体运行控制及动态调度关键技术研究	王平
李雪莲	新媒体研究院	大众传播的终结：由大众向现代族群的社会结构变迁	刘德寰
周健强	中国语言文学系	中国古典小说在日本江户时期的流播	潘建国
徐鋆银	中国语言文学系	上古及中古汉语应然、必然类情态词研究	胡敕瑞
高虹飞	中国语言文学系	明代洪、永年间出版与文学关系研究	廖可斌
陈琳琳	中国语言文学系	图像视域中的苏轼研究	张鸣
陈新元	历史学系	元代怯薛制度新探	张帆
滕凯炜	历史学系	"以法律缔造和平"：法律国际主义与卡内基基金会的国际秩序追求（1906—1925）	王立新
陈默	历史学系	亨利八世离婚案研究（1527—1534）：基于王权视角的考察	朱孝远
余雯晶	考古文博学院	汉代彩绘陶器的考古学研究	杨哲峰
林健	哲学系	中古中国《法华》譬喻诠释研究：从经典注疏到地方实践	李四龙
苗玥	哲学系	早期道家的知论与价值维度	王中江
黄一洲	哲学系	《管子》研究：从"礼法"到"道法"	郑开
乌力吉	国际关系学院	"尾巴摇狗"：论中越在越南统一问题上的互动暨越南劳动党的影响（1954—1963）	牛军
梁银鹤	经济学院	计划生育对父代经济行为的影响	董志勇
吴群锋	经济学院	开放、制度变迁与经济发展	杨汝岱
杜娟	工学院	基于轮廓数据分析的制造系统变点检测方法	张玺
李野	光华管理学院	工作场所中换位思考的前因与结果研究	王辉
吴立元	光华管理学院	开放经济中的货币政策研究	龚六堂
冯文君	经济学院	加密数字货币的交易风险研究	王一鸣
谢宇	法学院	论香港反体制政党的法律限制	王磊
方柏兴	法学院	刑事涉案财物处置程序研究	陈瑞华
陈龙	社会学系	"数字治理"下的劳动秩序：平台经济劳动过程与资本控制研究	佟新
安帅	外国语学院	德里罗四部小说中的体育叙事研究	申丹
陆一琛	外国语学院	自我书写：经受摄影的考验——法国当代作家安妮·埃尔诺和艾尔维·吉贝尔的摄影文学实践研究	董强
阮恒心	信息科学技术学院	基于可编程超材料的主动微波成像方法研究	李廉林
邸博雅	信息科学技术学院	非正交多址接入中的资源管理与传输技术	宋令阳
王钊	信息科学技术学院	自适应划分预测编码研究	马思伟
陈诚	信息科学技术学院	新型超低功耗场效应晶体管器件及应用研究	黄如
陈俊洁	信息科学技术学院	数据驱动的编译器测试与调试若干技术研究	谢冰
司佳	信息科学技术学院	碳纳米管晶体管的系统集成研究	彭练矛
冯杰思	前沿交叉学科研究院	基因编码的去甲肾上腺素荧光探针的开发及应用	李毓龙
王嘉宇	工学院	稠环电子受体光伏材料的合成与器件研究	占肖卫

（续表）

作者姓名	院系名称	论文题目	导师姓名
相耀磊	工学院	仿生水下固液气界面稳定性机制及形貌调控研究	段慧玲
刘同超	深圳研究生院	高性能层状锂离子电池正极材料的制备与研究	潘 锋
王潘丁	工学院	先进材料与结构CT重构数字化建模与图像有限元方法研究	方岱宁
郭文翰	工学院	金属有机衍生纳米复合结构的制备及电化学合成氨性能研究	邹如强
杨振洲	工学院	水泥窑协同处置固废过程典型污染物的迁移转化行为研究	王习东
吴小虎	工学院	单光轴各向异性材料的热辐射特性及其调控	符策基
李 跃	城市与环境学院	全球地表反照率的时空变化及其对气候的反馈	朴世龙
刘茂甸	城市与环境学院	中国主要水环境中汞的来源、归趋及人群水产品甲基汞暴露风险	王学军
杨裕茵	环境科学与工程学院	湖泊富营养化对甲烷产生与转化微生物群落的影响	刘 永
杨 鑫	医学部	SIRT5去琥珀酰化丝氨酸羟甲基转移酶SHMT2促进肿瘤细胞增殖	罗建沅
何 林	医学部	去泛素化酶USP43与EGFR/PI3K/AKT信号通路之间相互调控的失衡促进乳腺癌的发生发展	尚永丰
孙露露	医学部	二甲双胍通过重塑 肠道菌群-胆汁酸-肠FXR代谢通路改善糖尿病和脂肪肝	姜长涛
赖建豪	医学部	Galectin-1靶向分子影像及其在肿瘤放疗耐受预警的应用	刘昭飞
赵美美	医学部	PCAF/GCN5调节RPA1乙酰化促进核酸剪切修复	王嘉东
张昕玮	医学部	Traf3ip3在小鼠iNKT细胞发育、分化和功能中的作用	葛 青
王怀玉	医学部	原发性膜性肾病细胞免疫发病机制研究	赵明辉
张正奎	医学部	BRM介导STAT3信号通路调控胰腺癌细胞增殖、迁移、侵袭及化疗耐药的机制研究	杨尹默
薛 姣	医学部	维生素B6相关性癫痫的临床、生化、遗传学研究	杨志仙
杨 康	医学部	HMGA2在神经纤维瘤恶变型恶性外周神经鞘瘤中的功能及机制研究	郭 卫
马毓敏	医学部	两种常见单基因糖尿病生物标志物及临床筛查路径研究	纪立农
石媛媛	医学部	N-[2-bromo-4-(phenylsulfonyl)-3-thienyl]-2-chlorobenzamide通过调控软骨细胞外基质生成治疗骨关节炎	敖英芳
张海峰	医学部	轻度认知损害患者的认知训练效果及神经影像学机制研究	于 欣
陈心怡	医学部	RAD51D基因胚系突变与乳腺癌发病风险及预后的相关性研究	解云涛
陈祖华	医学部	人源化胃癌移植瘤模型指导下靶向ErbB家族的转化研究初探	沈 琳
许 晓	医学部	基于脂质体控释小分子的聚醚醚酮植入物表面改性研究	魏世成
陈 思	医学部	miR-375在骨再生修复中的作用机制及应用研究	周永胜
梁雅婧	医学部	高脂饮食致小鼠痛觉敏化的脊髓机制	傅开元
田耀华	医学部	我国主要大气污染物及GWAS提示阳性基因位点与缺血性脑卒中的相关性研究	胡永华
张 肖	医学部	岩藻糖基化硫酸软骨素寡糖及其多价簇的合成与抗凝血活性研究	李中军
李苏昕	医学部	ZIF金属有机骨架材料的生物特性研究及其在抗肿瘤药物传输系统中的应用	张 强
刘永清	医学部	表观遗传因子CDYL在抑郁症和癫痫中的作用及机制研究	黄 卓
梁宇杰	医学部	基于绿色催化体系的碳氢键官能团化反应研究	焦 宁
朱玉超	医学部	银催化的简单醇类化合物的自由基反应研究	焦 宁
刘海超	医学部	3,4-桥环吲哚生物碱的全合成：麦角生物碱和speradine C	贾彦兴

（研究生院　袁胜花）

2019年北京市普通高等学校优秀毕业生（春季）

数学科学学院
单敏捷

物理学院
王立晨

化学与分子工程学院
韩梦婷

生命科学学院
宁小涵

地球与空间科学学院
彭立华

心理与认知科学学院
高晓雪

软件与微电子学院
胡弦和　王　帅

光华管理学院
周果女

外国语学院
邬海厅

深圳研究生院
闫加磊　王力豪　陶卓霖

信息科学技术学院
李　翔

前沿交叉学科研究院
冯杰思

工学院
王　昊

城市与环境学院
王映辉

环境科学与工程学院
别鹏举

分子医学研究所
吴鸿昆

基础医学院
贾　梦

药学院
马　元

北京大学人民医院
吴　哲

（学生工作部）

2019年北京市普通高等学校优秀毕业生（夏季）

数学科学学院
程　晨　傅瑞得　黄海文　龙吉昊　罗金玥　夏铭涛
俞辰捷　赵朝熠　周康杰　安　捷　段资政　江景星
留方圆　夏润禾　金　晓　王钰铭　周沛劼

物理学院
李聪乔　林海芃　路裕焜　邱露颐　孙　博　汪子龙
王秉琰　王天乐　杨纪翔　邹　瑜　白怀勇　韩天洋
黄彦琦　林本川　刘明明　卢　骁　沈晓飞　万　逸
王佩佩　王　所

化学与分子工程学院
毕晓天　崔竞蒙　李家毅　乔卓然　王子奕　臧士豪
张　睿　邓　兵　顾春晖　马　雯　王立刚　王瑞琦
谢　肖　张　娜　庄方东

生命科学学院
陈泽欣　林　沐　梅文彬　谈嘉程　王依琛　常　蕾
程振朝　鞠艳敏　孙芳妙

地球与空间科学学院
武于靖　于曦彤　赵泽严　朱英杰　丁　杨　胡兴帮

王剑男　刘嘉辉　聂　婷　潘东晓　王家林　王　媛

心理与认知科学学院
樊浩雪　赵　楠　茅　静　王　婧　颜志强

软件与微电子学院
邓洋洋　黄绍珂　李　宜　刘程成　刘　晗　彭　森
陈大晟　陈少波　陈为通　陈叶菱　成相翼　戴　维
邓文涛　冯　叶　龚安琪　何一江　黄艳清　李朝阳
李　赫　李　罂　林　宇　刘　璨　马慧芳　孙高峰
唐继婷　王柄焱　吴同娟　徐思文　许繁华　杨瀚文
俞佳琪　张　飞　张　珺　张丽颖　张晓晗　张义日
钟　琦　朱家欣

新闻与传播学院
曾　辰　马　遥　许慧娟　杨　钮　周　洁　邓玉成
李　洋　皮家璇　杨紫晨　郑深宇

中国语言文学系
李文曦　林　子　王可心　杨思思　叶唯简　张菁洲
张泽宇　何诗航　秦雪莹　唐枭雄　杨蕙璇　袁苗苗
邹　翔　寇　鑫　黎潇逸

历史学系
李孟泽　王牧遥　韦　翔　陈　功　赵超洋　梁馨蕾
张晨光

考古文博学院
吕雪妍　吴琪瑶　郭美玲　马仁杰　张保卿

哲学系
山　冲　刘东奇　张晓天　赵文涛　侯杰耀　秦晋楠
杨偲劢　梁　时

国际关系学院
博尔琛　胡昕阳　姜孜元　买　玲　张琪琪　付　越
龚若菡　何宛玲　毛思源　尚　斐　张　硕　张婷鸽
张宇轩　杜哲元　姚锦祥

经济学院
毕　悦　程陶然　孔曦晨　林雨昕　谭安然　唐思勋
姚扬帆　张富瑜　朱可彦　黄诗婷　隋诗华　张沛阳
赵康辰　梁银鹤　吴群锋　张轶龙

光华管理学院
常啸天　陈晓珩　刁翊航　杜佳宸　梁　煦　梅一伦
孟舜英　齐　雯　邵冠棋　杨洪智　张凌瑄　赵芸笛
曾敬诚　陈麦琪　范欣欣　雷双霜　李尚宸　李曦纳
刘婧滢　刘峻豪　陆　阳　施知序　石玉山　王瑞思
王巍淇　王　月　严　瑾　李志冰　林淑君　刘靓晨
赵扶扬

法学院
陈　扬　李昊林　李枚远　卢梦婕　孙笑涵　吴可婷
严丹华　张宇诗　敖旻昱　包康赟　陈雯怡　陈兆贤
高　阳　李　越　林舒阳　刘　帆　潘　宁　浦仕通
秦中元　田俊鑫　王　未　王宥力　王钰灵　翁雯雯
杨诗翰　于文林　俞柳婷　袁一绮　方柏兴　涂欣笃

信息管理系
刘姝雯　尚闻一　张恂达　刘晓慧　余贝迪　徐　敏

社会学系
李彧强　杨　锐　赵启琛　迟孟昕　罗　祎　任鹤坤
王斯佩　田志鹏

政府管理学院
郭　晨　李照青　苏中富　吴笑葳　黄　琳　孙照哲
张晓林　张　骥

外国语学院
单　晨　范开歆　葛思嘉　郭　锐　韩翌旸　胡　榕
蒋天若　柳　媛　吕梦晗　黄炜鑫　林俊旸　刘紫卉
向　伟　许阳莎　张　源　张泽懿　薛亘华

马克思主义学院
付锦睿　韩绮颜　侯春兰

体育教研部
王一然

艺术学院
高　琰　黄彬彬　倪范晶　王京晶　薛　熠　冯　晗

对外汉语教育学院
蔡炜浩　徐畅溪　张钰钗

元培学院
蔡雨玹　付紫璇　高　孜　黄北辰　李卓然　毛基恒
牟鸿禹　倪彦俊　王宇飞　伍维晨　翟颖佳　张栋杰
张冠鹏　张宏毅　张怡文

深圳研究生院
曹开拓　邓　扬　高　畅　高茂尚　何进阳　胡志成
黄妤晴　霍新新　蓝星宇　李　昂　林大川　林　桐
林　莺　刘　力　卢奥博　栾碧莹　年永威　潘丹阳
石　诚　唐榕泽　王　莹　熊延深　许朝军　张　瑜
朱春彪　朱殿濛　左　泽　董程程　范　遽　刘同超
邱淑娴　沈小雪　王　川　徐　汀　郁　文　袁鹏飞

信息科学技术学院
陈睿聪　陈颖婕　代达劢　刘葭蔚　宋博宁　宋永鑫
孙之清　特古斯　田晶晶　杨庆龙　于力军　张茂森
朱孟泽　姜　双　蒋　捷　李家伟　马树铭　马银萍
毛心旻　綦金玮　王　韵　陈俊洁　邱博雅　董俊辰
黄　东　蒋　飞　吕垠轩　阮恒心　王　钊　游　山
张　恒　朱逸萧

国家发展研究院
陈思雨　张　睿

教育学院
白一平　李潇潇

人口研究所
陈　铭　张　雯

前沿交叉学科研究院
尚明月　王文佳　刘　灿　刘　莹　秦　为　汪慧君
吴润龙　张金灿

工学院
胡依雯　滕郁骏　汪　靖　谢书猛　周　蒙　黄　欧
张　聪　杜　娟　梁　霄　陆建洲　王嘉宇　吴小虎
赵则昂

城市与环境学院
申子靖　孙轶斌　王　鹭　徐　帅　赵　晔　刘　飞
万　岱　阎蕴运　杜　伟　刘茂甸　刘　强

环境科学与工程学院
宋　锴　张朴正　陈乾坤　周丽玮　杨裕茵

分子医学研究所
杜莉莉

歌剧研究院
李佩佩

建筑与景观设计学院
彭瑶瑶

精神卫生研究所
罗翔升

第一临床医学院
洪鹏　林乐涛　林莉　刘义　马永琛　彭鼎
王怀玉　张正奎

第二临床医学院
龚晨　赵红艳　卓钟灵　黄子雄　于斐　张琛
张颖

第三临床医学院
刁文琦　刘珺玲　石媛媛　王奔　雍磊

第四临床医学院
陈曦　戴一博　孙伟桐

第五临床医学院
韩雅婷　唐月明

公共卫生学院
方喆　段骁骁　周仁　胡贵平　李钦　毛瑞雪
申洋　宋宿杭　王政和

航天临床医学院
李竹君　宁洁　史安腾

护理学院
李梦诗　温俏睿　张靓囡　邹凯乐　李洁

基础医学院
罗兰　昝切实　高瀚男　刘永振　宋天佳　孙兆猛
王麟　王羽晴　杨鑫　叶菁菁　张艳菲　赵美美

朱奕彰

口腔医学院
毛雅晴　杨雨卉　陈思　郭小龙　李晓蓓　刘若曦
孟沛琦　赵华翔

临床肿瘤学院
戴瑢　陈心怡　陈祖华

深圳北京大学香港科技大学医学中心
韩京宏

新媒体研究院
陈曦　周伟　赵珞琳

燕京学堂
管宏宇　解昌明　李梦冉　刘新宇　杨仲舒　张成

药学院
阿依江·伊斯马衣　胡志敏　李光耀　梁烁斌　朱玉超
官海静　贺俊斌　靳雪芹　梁宇杰　刘永清　邱崇
孙亚楠　武瑞君

医学人文学院
顾晴晴　魏佳

中日友好临床医学院
原昊　牛宏涛

（学生工作部）

2019年北京大学优秀毕业生（春季）

数学科学学院
单敏捷

物理学院
王立晨　金亦帅

化学与分子工程学院
韩梦婷

生命科学学院
刘悦晨　宁小涵　曾虎　张文博

地球与空间科学学院
彭立华

心理与认知科学学院
高晓雪

软件与微电子学院
杨爱萍　胡弦和　王帅

考古文博学院
向金辉

国际关系学院
王雨菲　白云柯　金美丹　梁嘉泽

光华管理学院
李野　赵嘉琪　周果女

外国语学院
邬海厅

深圳研究生院
闫加磊　余杰　张春晓　张佳柠　王力豪　陶卓霖
王夏峰

信息科学技术学院
任仕儒　李翔　苏宗明　王龙刚

前沿交叉学科研究院
冯杰思　雷丛

工学院
王昊　刘俊杰

城市与环境学院
王映辉

环境科学与工程学院
别鹏举

分子医学研究所
吴鸿昆

基础医学院
贾 梦

药学院
马 元

北京大学人民医院
吴 哲

（学生工作部）

2019年北京大学优秀毕业生（夏季）

数学科学学院
陈子昂	程 晨	仇嘉泽	窦泽皓	傅瑞得	郝天泽
黄海文	金意凯	李昊亚	李泽兴	李子辉	刘镇源
龙吉昊	罗金玥	饶正昊	王子轩	夏铭涛	叶林发
余 璞	俞辰捷	张海翔	张佳昕	赵朝熠	郑 重
周国庆	周康杰	安 捷	白 成	陈 舒	段资政
葛语辰	江景星	康 展	刘 静	留方圆	罗承尧
戚 鲁	王业隆	吴京风	夏润禾	赵一懋	简旺健
金 晓	李江涛	孙振尧	王钰铭	徐兴成	张科伟
周沛劼					

物理学院
陈满堂	陈伟杰	池昱霖	胡杨林	李聪乔	李克谦
李齐治	林海芃	刘 越	刘 苗	陆 易	路裕焜
潘学海	邱露颐	舒昱滔	孙 博	仝 鑫	汪子龙
王秉琰	王浩苇	王天乐	王 中	魏凡粟	许昭鉴
言浩雄	杨纪翔	云沿淞	张程皓	邹 瑜	谢静雅
严嘉欢	白怀勇	杜进隆	甘峰源	甘娉婷	龚 畅
韩天洋	黄 璜	黄馨瑶	黄彦琦	李泽宇	林本川
刘明明	卢 骁	潘 瑞	沈晓飞	万 逸	汪 茂
王佩佩	王 硕	王 所	杨京寰	姚伟鹏	张梦瑶
张玉雪	庄一洲				

化学与分子工程学院
毕晓天	常泰维	陈梓鸿	崔竞蒙	董学洋	葛文东
李皓宇	李和昀	李家毅	欧阳一夫	乔卓然	孙泽昊
王健博	王子奕	徐 植	薛雅珍	臧士豪	张 睿
周家华	朱理源	李幸晓	徐雪雯	陈 起	陈 影
邓 兵	董博为	董武杰	杜山山	顾春晖	郭亦堃
行凌波	刘 舒	刘志亮	马 雯	宁莹莹	谭 禹
王立刚	王瑞琦	吴 珂	肖 雨	谢佳君	谢 肖
张 简	张 娜	周 奇	庄方东		

生命科学学院
曹恭元	陈泽欣	董梓琪	黄宇翔	金婉婷	李佳芊
李言达	林 沐	刘斯敏	梅文彬	宋凯宏	谈嘉程
王依琛	张楚珩	常 蕾	程振朝	蒿慧文	鞠艳敏
李 琳	刘一穹	孙芳妙	唐泽方	汪加军	王小康
赵梓伊					

地球与空间科学学院
方先君	胡圣懿	孔淑媛	齐厚基	武于靖	杨子浩
于曦彤	张家港	张思源	赵泽严	仲子奇	朱英杰
陈逸然	丁 杨	胡兴帮	柯元楚	栗 进	刘丽萍
孙曼仪	田 罡	王剑男	张婧雯	周子闵	常丁月
李 杰	李 爽	李显伟	刘嘉辉	刘沛显	聂 婷
潘东晓	王家林	王 媛	杨志强	张志强	

心理与认知科学学院
樊浩雪	孙若铭	张金铭	赵 楠	周静仪	蒋雨蒙
郎峻嵩	李红霞	茅 静	王 瑾	王 婧	王梦静
赵雪蓉	苏金龙	颜志强			

软件与微电子学院
陈筱旸	代青青	邓洋洋	杜英杰	郭 焱	侯 莎
胡家源	黄南雄	黄绍珂	李 宜	刘程成	刘 晗
彭 森	上官懿俊	王馨萍	杨亚萍	张凯悦	周 亮
蔡宜君	陈大晟	陈嘉钰	陈若男	陈少波	陈为通
陈晓言	陈叶菱	陈子璐	成相翼	戴 维	邓文涛
窦 健	冯 叶	冯 政	付 强	龚安琪	郭海峰
郭梦瑾	郭雨琦	何一江	黄郭钰慧	黄艳清	李 昂
李 斌	李朝阳	李 赫	李 惠	李炜钊	李 塈
林 宇	刘 波	刘 璨	刘 聪	刘年晏	刘 奇
刘柔佳	马慧芳	孟学成	秦米佳	任星彰	任一丹
石 鹏	宋 瑜	苏丽丽	孙高峰	孙艳峰	唐荷茗
唐继婷	王柄焱	王旋鸣	王丽君	王 雪	王意涵
吴 超	吴同娟	席冠宇	夏丹伟	徐 璐	徐思文
许繁华	闫思宇	颜崎展	杨瀚文	杨亚杰	杨 勇
杨 越	姚 莹	尹琦玮	俞佳琪	喻 凯	袁晓芳
张 飞	张会茹	张 珺	张丽颖	张楠凌	张 威
张汶琳	张晓晗	张晓勇	张义日	张忠萌	赵仕琪
赵奕明	赵玉菲	郑娴琦	郑晓东	钟 琦	周大川
周 望	朱家欣	朱 旭	朱亚卓	贾 统	

新闻与传播学院
|曾 辰|杜羿萱|蒋乐来|李 彤|罗 毅|马 遥|
|年 欣|荣赛波|孙静文|徐元正|许慧娟|杨 钮|

郑江浩	周 洁	安孟瑶	曹雪盟	邓玉成	黄萧玮	冯沁雪	关嘉昊	郝若男	胡 昊	姜梓玥	李一铭
李松晓	李 洋	吕安琪	皮家璇	石诗语	杨紫晨	梁 煦	刘智昕	马德隆	马 悦	梅一伦	孟舜英
虞 悦	张润芝	赵静贤	郑深宇	朱盈臻	敖 鹏	木乙羽	尼艾含	齐 雯	邵冠棋	史雅菲	孙锡萌

中国语言文学系

蔡婧怡	郝德娜	李文曦	林爱霓	林 子	柳元华奈	王文博	王一凡	魏占一	肖韦俐	徐洁敏	杨洪智
罗 倩	裴蕙莲	彭一沁	王可心	韦楚祎	鄢予晨	俞 燕	张凌瑄	赵芸笛	钟也楠	朱宇昕	
杨思思	叶唯简	詹 婧	张菁洲	张钰涵	张泽宇	Kendrick, Jonathan Jack		曾敬诚	常雅玲	陈麦琪	
张赵乐	钟灵瑶	周靖雯	冯天禹	高著原	何诗航	范欣欣	高瑞翱	高一丹	纪 铭	焦一桐	柯博炜
贺同越	华天韵	柯丽珍	李慧文	李煜哲	钱墨痕	雷双霜	李冉冉	李尚宸	李世瑶	李曦纳	李 仪
秦雪莹	唐枭雄	田 彤	王佳明	杨蕙璇	袁乐琼	李子晗	连 旭	刘晨曦	刘吉宁	刘解语	刘婧滢
袁苗苗	张清莹	张夏妍	周昱均	邹 翔	寇 鑫	刘峻豪	刘 强	刘夕黎	卢昱周	陆 阳	罗 杨
黎潇逸	刘 文	王 昕	杨海潮			闫浩楠	施知序	石玉山	苏静仪	王瑞思	王巍淇

历史学系

						王宇飞	王雨露	王 月	严 瑾	杨雅欣	叶 婧
傅雪莺	李孟泽	王嘉锐	王瑶媛	王 苗	王牧遥	袁玮婷	张佳阳	张 锐	张馨蕊	卓佳如	靳 菲
王泽钧	韦 翔	徐一臻	陈 功	李 墨	李姝凝	李志冰	林淑君	刘 进	刘靓晨	刘圣明	马海超
滕 菲	王丹妮	赵超洋	单敏捷	梁馨蕾	滕凯炜	沈 睿	许 可	叶永新	赵扶扬	周若馨	
徐 鹏	张晨光	张艺维									

法学院

						陈美至	陈 扬	陈至仪	陈宗庆	郝家慧	何婧涵

考古文博学院

						李昊林	李枚远	李婉玉	李昕航	李志恒	梁雯菁
艾沁哲	崔孟龙	吕雪妍	吴琪瑶	张致斌	邹钰淇	卢梦婕	彭香怡	孙笑涵	田 园	温宇璇	吴可婷
耿 茜	郭美玲	马仁杰	赵 毓	周雪琪	邹冠男	许有为	严丹华	张集森	张嘉倩	张一舒	张宇诗
张保卿	赵献超					敖旻昱	包康赟	柴文龙	陈康辉	陈雯怡	陈兆贤
						丁嘉彬	杜 茵	冯紫薇	高 阳	葛 红	郭 程

哲学系

						胡 松	李 慧	李家杰	李梦梅	李亚鹏	李 妍
陈嘉康	洪哲泓	梁时山冲		王君菲	钟孔鹭	李 越	林惠妮	林金谷	林舒阳	刘 帆	潘 宁
程 翔	高 源	李培炜	刘东奇	王少川	吴 娱	潘 祎	庞 颖	浦仕通	祁 慧	秦中元	任雪彤
张晓天	赵文涛	朱子建	侯杰耀	江欣城	林 啸	孙甜甜	田俊鑫	万子芊	王 琛	王晨焕	王 雷
刘 莹	刘子琪	秦晋楠	杨偲劢	张茂钰		王 咪	王 未	王依琪	王宥力	王钰灵	翁雯雯
						吴晓煜	吴亦九	邢文升	徐盛阳	杨诗翰	杨 哲

国际关系学院

						姚志高	于文林	俞柳婷	袁一绮	赵海迪	赵先龙
博尔琛	陈柏男	陈得春	郭惠清	郭玉瑶	胡昕阳	朱越超	卓懿伟	左小平	戴 林	方柏兴	刘 泽
纪若楠	姜孜元	罗天灵	买 玲	王 越	谢滨同	邵博文	邵 聪	涂欣筠	王 栋	谢 宇	
张琪琪	赵修杰	毕蔚兰	池广杰	付 越	龚若菡						
何宛玲	拉海荣	李 琳	李 婷	李孝效	李欣达	### 信息管理系					
李依菲	刘雷蕾	刘 珍	罗撅玲	毛思源	瑞安妮						
尚 斐	杨丹妮	杨炎哲	于舒婷	张力今	张 硕	车尚锟	蒋天骥	刘千慧	刘姝雯	尚闻一	杨明仪
张婷鸽	张晓伟	张宇轩	安思齐	杜哲元	王瑜贺	杨子傲	张恂达	冀伟浩	刘晓慧	彭 婉	王明朕
乌力吉	姚锦祥					杨 絮	余贝迪	赵 辉	徐 敏		

经济学院

社会学系

毕 悦	程陶然	何 佳	何颖桢	胡司盾	孔曦晨	代小雪	樊欣然	康 昕	李彧强	罗兆勇	倪羌顿
李东霖	李瑞奇	李 欣	林奕昕	林雨昕	马张驰	杨 锐	袁 琳	赵启琛	迟孟昕	高正予	何奇峰
倪文青	沙学康	沈心怡	孙嘉澍	孙兆昕	谭安然	林岱仪	刘 杰	陆腾莹	罗 祎	任鼎鼎	任鹤坤
唐家平	唐思勋	王飞宇	谢方岩	许 旸	姚扬帆	尚 书	王斯佩	熊志颖	陈 龙	国曦今	田志鹏
尤 浩	张富瑜	郑艺伟	朱可彦	曹毓倍	邓博文						
董靓钰	黄诗婷	李昊颖	刘 婕	施 艺	隋诗华	### 政府管理学院					
田 淦	杨静怡	杨天伊	袁世吉	张慧琳	张沛阳						
赵康辰	冯文君	顾思蒋	梁银鹤	王耀东	吴群锋	郭 晨	何 琦	李颖妍	李照青	史俊杰	苏中富
武士杰	张轶龙					吴笑葳	高平平	韩 剑	黄 琳	林 禾	孙照哲
						谢长村	杨守伟	张守刚	张晓林	曾奕婧	高 波
						梁 宇	林丹阳	张 骥			

光华管理学院

外国语学院

常啸天	陈若冰	陈晓珩	刁翊航	杜佳宸	冯涵嫣	曹雨婷	单 晨	范开歆	葛思嘉	郭 珂	郭 锐

郭笑遥	韩翌旸	胡 榕	江 澜	蒋天若	李旖旎	江意翔	刘同超	邱淑娴	沈小雪	王 川	王冬园
李卓缦	刘高辰	刘汐雅	柳 媛	卢宇嘉	吕梦晗	吴昊南	徐 汀	姚露露	郁 文	袁鹏飞	赵 岩
孟 瑶	彭国珍	邱承豪	王嘉璐	王子璇	杨 婧			信息科学技术学院			
张怡轩	邹文卉	程芷薇	房一品	韩 莹	胡子琦	曹胜操	陈 静	陈睿聪	陈逸凡	陈颖婕	代达劭
黄博典	黄炜鑫	李晟泽	李中慧	林俊旸	林依莉	高匀丰	韩佳良	黄鑫鑫	蒋钰钊	李刘年	李卓翰
刘紫卉	滕小涵	王年军	吴 迪	向 伟	徐 旖	林刘子轩	林远振	刘 辉	刘蒎蔚	刘泽群	皮 旺
许阳莎	袁 婧	张 源	张泽懿	张智颖	安 帅	秦雨轩	宋博宁	宋永鑫	孙闽旎	孙新昊	孙之清
李桂东	时 秋	薛亘华				特古斯	田晶晶	王 浩	王易檀	邬橄鸽	吴 侃
		马克思主义学院				杨庆龙	杨雁麟	于力军	张茂森	张煜皓	张之远
付锦睿	韩绮颜	李 钰	刘书含	刘 洋	侯春兰	赵一辙	郑琪霖	郑思泽	周新哲	朱孟泽	朱琪豪
易佳乐						白彦威	边慧琦	曹俊杰	杜华阳	杜 仑	高成良
		体育教研部				黄炎坤	姜 双	蒋 捷	李家伟	刘雨轩	马树铭
王一然						马银萍	毛心旻	綦金玮	曲韦霖	王金予	王 韵
		艺术学院				魏龙辉	徐力有	杨 超	张元冬	赵广洋	钟之声
代丽娜	高 琰	黄彬彬	李苑彤	倪范晶	裴 蕾	陈 诚	陈俊洁	程晓亮	邸博雅	董俊辰	黄 东
漆袁雯	张泽君	天格斯	王京晶	吴倩如	薛 熠	蒋 飞	李嘉豪	李 佩	刘俊成	陆 璇	吕垠轩
叶 馨	庄沐杨	艾 欣	冯 晗			阮恒心	王 干	王 钊	吴建龙	徐威迪	杨 凡
		对外汉语教育学院				杨建楠	游 山	张 恒	张泓亮	朱逸萧	
蔡炜浩	郭瑞丽	李敏苑	潘佳晨	徐畅溪	于小珊			国家发展研究院			
张倩玉	张钰钗	邵明明				陈思雨	祝辉煌	金 洋	刘亚琳	张 睿	
		元培学院						教育学院			
蔡雨玹	楚显琨	邓 唯	付紫璇	高 孜	郭嘉明	白一平	贺 凌	李潇潇	卢可伦	诸嘉斌	刘彦林
郭 奕	黄北辰	黄康佳	贾文佳	贾晓文	姜 峰	王小青					
李 健	李倩怡	李原榛	李卓然	梁璐琪	林紫君			人口研究所			
刘德欣	刘昊棠	罗延桢	毛基恒	毛 展	孟若为	陈 铭	李 君	闫晶宇	张 雯	赵新超	罗雅楠
牟鸿禹	倪彦俊	彭念念	秦林峰	沙 非	汪 毅			前沿交叉学科研究院			
王 霄	王宇飞	伍维晨	谢璐阳	徐银橺	许成伍	刘锦阳	尚明月	王 锐	王文佳	王协盼	张子卓
翟颖佳	张宸博	张栋杰	张冠鹏	张宏毅	张雪洽	高 玲	李 童	梁 凯	刘 灿	刘佳卉	刘 莹
张怡文	张语菡	郑 粤				罗祖源	秦 为	时旼旼	宋 阳	孙 辉	汪慧君
		深圳研究生院				吴润龙	熊 盼	于欣欣	张金灿	张哲朋	朱亚南
鲍秦杰	曹开拓	曾金伟	陈 创	陈道源	陈思佳			工学院			
崔宛龙	邓 扬	都闻心	杜幸芝	范 欣	方 黎	陈婉雯	陈艳艳	胡 昊	胡依雯	金录嘉	李佳桐
方 悦	冯 波	高 畅	高茂尚	关文婕	郭 馨	钱 敞	钱佳琛	滕郁骏	汪 靖	谢书猛	徐瑞宇
韩 煜	何进阳	侯忻妤	胡志成	黄荣乐	黄妤晴	应亚宸	张 琨	周 蒙	黄 欧	王 勃	王 帅
霍新新	贾博丽	贾宇博	靳兆晨	孔德飞	蓝星宇	王 欣	张 聪	张亭亭	朱为元	Ali, Zeeshan	
李 昂	李可可	李琳霞	李翘楚	李 桐	李 想	陈 梅	陈 敏	杜 娟	冯宇婷	梁 霄	陆建洲
林大川	林 桐	林 莺	刘宸缨	刘春怡	刘金泉	汤斯奇	王嘉宇	王潘丁	吴小虎	徐梓淇	杨宏韬
刘 力	刘硕英	刘 颖	卢奥博	栾碧莹	罗方焓	杨 乐	杨柳思	杨振洲	于学成	赵则昂	
雒义凡	麻岱迁	倪莉莉	年永威	潘丹阳	潘文敏			城市与环境学院			
庞 璐	石 诚	宋墨含	孙博轩	唐 茂	唐榕泽	冯晰睿	黄紫东	权 璟	申子靖	孙轶斌	王 鹭
涂娟辉	王嘉政	王思明	王闻博	王秀芝	王 莹	王 婷	邬紫荆	徐 帅	张雯逍	赵 晔	郑树杰
王 羽	吴奇宏	项 琳	熊延深	徐天娇	许朝军	陈优芳	冯祉烨	管晏粉	李慧蕾	李宁汀	刘 飞
许诣铃	闫立志	叶路奇	叶霄麒	易水平	袁凯琦	谭卓立	万 岱	薛婷婷	阎蕴运	于家烁	张立旭
袁毛宁	张 辉	张栖桐	张双双	张 莹	张 瑜	杜 伟	李 跃	刘茂甸	刘 强	毛 康	徐 炜
张泽宇	郑虹倩	郑晓梅	郑 宇	周毅成	朱春彪			环境科学与工程学院			
朱殿濛	卓 楠	左 泽	崔岁寒	董程程	范 遬	陈 翔	井泽华	宋 锴	吴雅珍	张朴正	陈乾坤

冯 瑛	张晓东	赵嫣然	周丽玮	郭峻瑜	申恒青
杨裕茵					

分子医学研究所
杜莉莉　高凯瑜　李玉梅

歌剧研究院
李佩佩

建筑与景观设计学院
彭瑶瑶　张静瑜　赵稼楠

新媒体研究院
陈 曦	刘爽健	罗云丰	谢宇程阳	郑超月	周 伟
黄 莹	赵珞琳				

燕京学堂
陈伟婷	管宏宇	郭尤子	侯 佳	解昌明	金胡屹
李梦冉	李梦真	刘新宇	余沛捷	施文纨	舒 梦
唐晓周	许悦驰	杨仲舒	张 成	赵燮莹	

基础医学院
高雅晴	李丽丽	刘 轲	卢 巍	罗 兰	王迦南
胥切实	陈红艳	陈 宇	崔春梅	景虹波	刘婷婷
王 林	魏示若	原逢杰	张宽根	郑雨田	曹正意
陈 然	高瀚男	刘聪聪	刘永振	马 集	宋天佳
孙兆猛	王 麟	王羽晴	杨 慧	杨 娟	杨卫利
杨 鑫	叶菁菁	张昕玮	张艳菲	赵美美	郑茜宁
朱奕彰					

药学院
阿依江·伊斯马衣		熊剑亮	杨 晔	曹南开	胡志敏
李光耀	李海伟	梁烁斌	凌鑫宇	刘慧颖	莫玉霖
屈静晗	王翰轩	王壮飞	吴柏林	张敬茹	朱本聪
陈昌买	陈文君	丁焕弟	官海静	贺俊斌	靳雪芹
李宏月	梁宇杰	刘永清	沐黎敏	邱 崇	孙亚楠
万彦军	武瑞君	肖茹月	张建平	张 军	张 泸
张 肖	朱玉超				

公共卫生学院
方 喆	高晓莹	王宗斌	董 伟	段骁骁	高 乐
韩冰峰	雷园婷	李伟豪	倪文丽	皮 鑫	任中夏
沈玉卿	孙一鑫	熊秀琴	张 黎	智翠娜	周 仁
周雅琳	曹 冰	陈 博	胡贵平	李 钦	梁思园
毛瑞雪	申 洋	宋宿杭	田耀华	王政和	

护理学院
蔡 燕	陈相如	李梦诗	李 欣	刘偲佼	温俏睿
肖红梅	颜永阳	于 淼	张靓囡	张 阳	邹凯乐
李 洁	张 欣	周 楠			

医学人文学院
顾晴晴	陆亦凡	马燕军	王羽琪	魏 佳	张春峰
陈雪扬	赵亚婷				

第一临床医学院
陈顺伦	孙蓬飞	樊 勇	洪金妮	洪 鹏	黄思夏
徽晓兵	景晨迪	林乐涛	林 莉	刘雯雯	刘 义
马永琛	彭 鼎	石鑫淼	孙晓菁	王怀玉	王佳平
王珂欣	王紫薇	吴培莉	徐贝宇	薛 姣	张正奎
钟益珏	朱冬冬				

第二临床医学院
高 悦	龚 晨	刘潇阳	杨子瑶	包道日娜	吴利新
赵红艳	卓钟灵	黄子雄	蒋洪朋	林楚童	刘明远
孙 婧	田周俊逸	王宜旭	王 宇	杨 康	尹 露
于 斐	张 琛	张 静	张 颖		

第三临床医学院
葛雪飞	胡凯伦	景兰凯	王婵娟	肖士渝	刁文琦
姜蔚蔚	梁 辰	刘珺玲	马闰卓	沈 静	石媛媛
王 奔	王滨帅	王岳鑫	杨嘉瑞	雍 磊	袁 磊

第四临床医学院
常徐尧	陈 曦	陈盈宇	戴一博	冯 峥	李雯琪
宁 昕	乐晓峰	孙伟桐			

口腔医学院
刁 婧	刘 建	马珂楠	毛雅晴	杨 帆	杨雨卉
周莹莹	曾 蕾	商菲菲	鄢 祥	白向松	陈 思
郭小龙	韩高峰	雷 蕾	李 金	李晓蓓	刘若曦
孟沛琦	王睿捷	许 晓	杨聪翀	杨 爽	赵华翔

精神卫生研究所
林靖宇　罗翔升　王 骁

临床肿瘤学院
戴 瑢	姜安娜	石晋瑶	陈心怡	陈祖华	林小婷
徐晓霞	杨明子	于佳怡			

第五临床医学院
韩雅婷	王承夏	张悦怡	韩敬丽	唐明日	曾 怡

中日友好临床医学院
黄杨钰	于春子	原 昊	张 頔	矫宾宾	李 颖
王 峰	牛宏涛				

第九临床医学院
劳月琼　郑 兴

民航临床医学院
王 媛

航天临床医学院
何宜蓁	李 爽	李竹君	卢亚辉	宁 洁	青山可奈
史安腾	薛毓琦	张 悦	史宛瑞		

深圳北京大学香港科技大学医学中心
韩京宏　李子卓

首都儿科研究所
李 森

三〇二临床医学院
孙子健

解放军306医院
姜 楠

（学生工作部）

2018—2019学年北京市三好学生

姓 名	专 业	年 级	姓 名	专 业	年 级
吴林桐	数学类	2017级	张舒航	信号与信息处理	2016级
韩 猛	光学	2015级	白泽森	微电子学与固体电子学	2015级
亓瑞时	物理学	2016级	莫怡青	经济学（国家发展方向）	2017级
鲜东帆	化学（应用化学）	2017级	刘鑫桥	教育经济与管理	2017级
柳美玲	生物学（生物技术）	2015级	卞舒惠	整合生命科学（生物学）	2015级
贾 晨	地图学与地理信息系统	2018级	程 斌	力学（力学系统与控制）	2015级
黄哲凡	心理学	2017级	蔡 茂	城乡规划	2015级
何泓浩	计算机技术	2018级	刘牧时	环境科学	2018级
周 弘	广播电视学	2016级	彭 晓	地理学（景观设计学）	2018级
周思睿	汉语言文学	2016级	李天鹏	新闻与传播硕士	2018级
李东辉	中国史	2018级	王佳昕	医学神经生物学	2018级
阮可欣	文物与博物馆学	2017级	徐 帅	外科学	2017级
周季璇	科学技术哲学	2018级	刁统祥	外科学（泌尿外科）	2017级
范佳睿	国际政治	2018级	张一凡	口腔医学（八年制）	2012级
沃 迈	经济学	2016级	韩明月	科学技术史	2017级
赵玮璇	国民经济学	2017级	苏 怡	精神病与精神卫生学	2016级
姚敏侣	法律硕士（非法学）	2018级	孟 畅	临床医学（五年制）	2016级
余瑞麒	法学	2017级	张 琦	外科学（骨外）	2017级
刘 林	社会工作硕士	2018级	刘振华	外科学（泌尿外科）	2017级
王怀乐	中外政治制度	2017级	张钰洋	临床医学（八年制）	2015级
汪靖尧	法语	2017级	魏 巍	药剂学	2017级
庞瑞翰	思想政治教育	2018级	张经纬	临床医学（八年制）	2018级
姚芳虹	体育人文社会学	2018级	刘欣畅	临床医学（五年制）	2016级
张艺璇	艺术史论（文化产业管理方向）	2016级	刘雨诗	临床医学（八年制）	2014级
徐杨佳文	汉语国际教育硕士	2017级	张力川	护理学	2017级
罗天创	物理学	2016级	王言焱	肿瘤学	2017级
高盼盼	生态学	2018级	董彦会	儿少卫生与妇幼保健学	2015级
王嘉佳	金融硕士	2018级			

（学生工作部）

2018—2019学年北京市优秀学生干部推荐名单

姓 名	专 业	年 级	姓 名	专 业	年 级
陈善恩	管理科学与工程	2018级	雷雪飞	中国学（经济与管理）	2018级
周 昊	环境科学	2019级	王佳晨	俄语	2017级
孙 硕	广播电视学	2017级	孙博爱	大气科学	2016级
黄和清	西方经济学	2017级	赵鑫泽	通信与信息系统	2019级
许 酌	新闻与传播硕士	2018级	何林辉	临床医学八年制	2014级
邓鲁川	城乡规划	2015级	吕博晨	药学	2016级
季 策	基础数学	2018级	孟漱石	临床医学八年制	2013级
李 想	马克思主义哲学	2018级	邱志维	基础医学（八年制）	2014级
谢伟滨	电子科学与技术（量子电子学）	2016级	沈宇驰	公共卫生硕士	2017级

（学生工作部）

2018—2019学年北京市先进班集体推荐名单

法学院　2017级本科生2班
对外汉语教育学院　2018级汉语国际教育硕士生班
环境科学与工程学院　2018级硕士生班
地球与空间科学学院　2018级本科生2班
新媒体研究院　2018级硕士生班
数学科学学院　2018级本科生1班
元培学院　2018级本科生4班
社会学系　2018级本科生班
历史学系　2018级本科生班
心理与认知科学学院　2018级本科生班
新闻与传播学院　2018级本科生班
化学与分子工程学院　2018级本科生3班
体育教研部　2018级硕士生班
教育学院　2018级硕士生班
公共卫生学院　2016级预防医学2班
药学院　研究生4班
第二临床医学院　2016级临床医学2班
口腔医学院　2016级口腔医学1班
基础医学院　2018级基础医学3班

（学生工作部）

2019年北京市红色"1+1"共建活动获奖情况

二等奖
北京大学考古文博学院"时代楷模柴生芳"联合党支部

三等奖
北京大学环境科学与工程学院2016级博士生党支部
北京大学环境科学与工程学院本科生联合党支部

优秀奖
北京大学法学院2018级法学博士党支部
北京大学政府管理学院本科生党支部
北京大学地球与空间科学学院2018级地质硕士生党支部
北京大学第一医院2018级临床硕士班党支部
北京大学公共卫生学院营养与食品卫生学系研究生党支部
北京大学城市与环境学院2018级硕士党支部

（学生工作部）

2018—2019学年北京大学"青春告白祖国"党团日联合主题教育获奖情况

一等奖：7个

数学科学学院本科生党支部
考古文博学院"时代楷模柴生芳"学生联合党支部
政府管理学院2018级博士生党支部
马克思主义学院2019级硕士生党支部
深圳研究生院2019级信工微电子硕博党支部
国家发展研究院2018级研究生党支部
环境科学与工程学院硕士2018级党团支部

二等奖：15个

物理学院2019级研究生第一党支部
化学与分子工程学院2018级研究生第二党支部
生命科学学院2019级本科生党支部
地球与空间科学学院2017级地质博士生党支部
心理与认知科学学院学硕党支部
软件与微电子学院燕南一苑党支部
哲学系2018级硕士生党支部
法学院2018级法学博士党支部
社会学系2017级学硕党支部
政府管理学院2019级硕士生党支部
深圳研究生院2019级化生学院硕博党支部
新媒体研究院2018级硕士生党支部
人口研究所社会工作专业硕士党支部
环境科学与工程学院2019级博士1班党团支部
教育学院2019级硕士党支部

三等奖：18个

生命科学学院2017级研究生第一党支部
地球与空间科学学院2016级地质博士生党支部
心理与认知科学学院本科生党支部
新闻与传播学院本科生党支部
历史学系博士生第一党支部
哲学系2019级硕士生党支部
法学院2018级法律硕士（非法学）5班党支部
法学院2018级法学硕士1班党支部
信息管理系本科生党支部
外国语学院本科生第二党支部
体育教研部学生党支部
艺术学院本科生联合党支部
对外汉语教育学院2018级硕士生党支部
深圳研究生院2019级国际法学院2班硕士生党支部

信息科学技术学院计算机应用2018级硕士生党支部
工学院2018级博士3班党支部
工学院2019级创新菁英党支部
新媒体研究院博士生党团支部

（学生工作部）

"北京大学学生年度人物·2019"获奖名单

姓名	性别	院系	年级
王逸轩	男	数学科学学院	2016级本科生
田定方	男	地球与空间科学学院	2017级博士生
朱睿智	女	国家发展研究院	2014级博士生
刘小溪	女	光华管理学院	2016级博士生
苏晖阳	男	法学院	2019级博士生
杨振	女	口腔医学院	2017级博士生
尚俊颖	男	政府管理学院	2019级博士生
居家宝	男	第二临床医学院	2012级八年制
董彦会	男	公共卫生学院	2015级博士生
魏来	男	元培学院	2016级本科生

（学生工作部）

2018—2019学年北京大学学生个人奖励获奖名单

三好学生标兵

数学科学学院

于翔宇　王炜飚　王亮　任一诺　李昭晨　杨丰
杨成浪　肖婷婷　吴林桐　何雨桐　沈铮阳　宋子昂
陈宇凡　陈炜蓉　胡云棚　贾泽宇　夏晨曦　郭润晨
唐珑珂　梁渝涛　韩如冰

物理学院

弓正　马骏超　王任飞　王晨冰　王旌旭　王璟岳
亓瑞时　朱倩泽　伏琰军　庄明阳　刘艺苑　刘星宇
刘超飞　李郁博　杨佳宇　欧阳筱翚　单杭永　孟璐
赵罡　查亮　俞启威　徐晓龙　徐凌霄　高宇辰
曹宇创　曹启韬　韩猛　谢雨　樊耀塬　潘江辉

化学与分子工程学院

王月　邓毓晨　权慧　刘环宇　刘俊杰　刘静嘉
孙鹏伟　苏鼎凯　李元鹤　张亦弛　尚游皓　赵欣书
高子睿　曹宇辉　蒋志威　赖书畅　鲜东帆　谭淞宸

霍培昊

生命科学学院

王志娟　任刘豪　孙含笑　张冲　张思韬　陈峻松
胡艺馨　胡平　柳美玲　钟睿琦　徐瑞丹　黄越
崔月利　韩雪　谢良福　谢霄鹤　璩良

地球与空间科学学院

王玉霞　方书玮　方景行　叶勃　吴红红　宋思宇
张雨桐　陈麒安　林超　周一剑　贾晨　徐严
徐玥　黄圣轩　韩海姣　傅昊博　焦梦瑶

心理与认知科学学院

刘建勋　杨敏文　陆凝　周雨青　钱秭澍　席中海
黄巧莉　黄哲凡

软件与微电子学院

马聪　邓枭　卢彦君　吕媛　朱桐萱　刘奕彤
刘艳伟　闫龙皞　李江龙　杨雨月　杨润　吴田同
何泓浩　张宇翔　张红梅　张岩　张津川　张鑫
陈传文　陈雨晗　苗一尘　周其飞　孟繁玉　赵峰

胡文强　战　瑛　祝嘉雪　夏　昀　凌婧斌　梁全成
蔡振聪　潘　越　穆柳允

新闻与传播学院
方晓恬　刘　颖　陈　晨　周　弘　赵　赫　顾漪雯
高大蕊　曹　星

中国语言文学系
王　逸　王　蕊　朱兆斌　朱　燕　刘心怡　安子瑜
孙大海　李雨轩　陈子丰　陈雪玲　周文妃　周思睿
周琬琳　胡梦雪　贾　璇　徐梓岚　黄亦陈　章莎菲
童　莹

历史学系
卫子轩　王子月　王四维　刘东庆　纪浩鹏　李东辉
李屹轩　张蓝天　谭　蓉

考古文博学院
王子寒　阮可欣　杨佳帆　张予南　张　吉

哲学系
刁超群　田凯文　闫琦琛　孙安妮　李靖新弘　肖明矣
张健伟　周季璇　傅志伟

国际关系学院
龙萌瑶　仲九真　李天旭　李　峥　宋婉玲　张诚杨
张昭璞　陈志颖　陈　勇　范佳睿　林小暖　林文昕
罗波伶　罗梦蝶　徐海博

经济学院
王茜雯　王嘉露　韦霄娜　刘子宁　刘家瑞　刘　瑞
齐华瑞　孙鸿蕊　沃　迈　郝光昊　胡雨昕　钟京东
俞文奇　钱含章　董婧延　颜晓畅

光华管理学院
王　寅　由沂冰　华　巍　刘小溪　孙祥晨　牟睿迪
李　力　李育松　李　浩　杨思琪　张馨文　陈妍汀
郑　皓　赵玮璇　胡昕宇　侯秋昊　闻人贝妮　贾竞航
徐纪元　高　翔　席子涵　望熙晨　蒋骏宇　樊一霄

法学院
于楚涵　王丰泉　牛伟强　石　丹　刘力帆　刘　颖
孙宝新　苏　宇　杜中华　杜清流　李佳成　李春晖
杨　奕　余元帅　余瑞麒　陈芯宇　者　娟　林溢呈
欧阳捷　金元媛　周奕彤　周海燕　侯麟美　姚敏侣
高　莹　郭昌盛　曹湘宸　董　宸　程海宁

信息管理系
严承希　张紫婧　陈一新　钟嘉豪　董婧文　韩豫哲

社会学系
丁　睿　刘　林　李适源　胡雨蝶　黄诗曼　梁佳成
赖晗语　潘冰心　冀　星

政府管理学院
王开洁　王怀乐　朱玉慧兰　苏鹏飞　杨皓然　张　肃
张湘姝　周　歆　柏艾辰　童天阳

外国语学院
马　骁　毛　旭　尹楷珺　尼　森　许源睿　孙铭徽
李沅鑫　李睿恒　何　璠　邹雨浓　汪靖尧　宋子豪
宋　妍　张骁瀚　张皓莹　赵　娜　顾新亚　高扬然
黄韵颐　章震尧

马克思主义学院
宁　悦　周　泉　庞瑞翰

体育教研部
姚芳虹

艺术学院
王姝璇　李　卉　李维则　李斯扬　张艺璇　陈秋昊

对外汉语教育学院
王　玺　李清华　徐杨佳文

元培学院
卜禹超　韦苏婉　卢鹏举　叶皓天　伍修毅
苏比丁·塔依尔　苏敬童　李沛泽　李逸飞　杨正颖
何忠昱　辛青融　陈泽均　卓汐聪　罗开诚　罗天创
黄道吉　曾锶娴

深圳研究生院
马伟恩　王雅琪　王嘉佳　白　波　冯　兆　朱梦婷
刘　虎　孙鲁航　李长旭　杨东明　杨　乐　吴　淦
吴嘉野　张凤鸣　张娇娜　张　超　陈永乔　赵　冉
赵志英　倪瑞章　倪　想　徐文松　徐文杰　翁振宇
翁谋毅　高盼盼　郭倩汝　黄靖佳　曹　蒙　梁斯盛
葛德生　覃　孟　程莹莹　熊　乐　熊思琴　黎一鸣
薛　刚　戴　雯

信息科学技术学院
卫渤林　马辛宇　马　泽　王宝吉　王蓝绅　邓康乐
史田田　白泽森　吉如一　伍洋君　任轩笛　刘俊豪
刘姝涵　刘　鹏　苏　灿　杜逾凡　李舒辰　杨炎峰
吴　涵　张文军　张远行　张浩威　张舒航　陈汉亭
陈汪勇　陈智斌　陈嘉乐　尚骏远　季卫明慧　岳鹏云
周子鑫　郑凌骁　孟学苇　项亚臣　赵鹏宇　姜佳君
夏思烽　高健博　郭资政　陶重阳　黄铁军　曹　芃
曹奕远　常　卓　崔轩宁　舒浩文

国家发展研究院
王吉明　权盈月　苏瑞冰　莫怡青

教育学院
王晶心　刘鑫桥　陈东阳

人口研究所
刘　艳

前沿交叉学科研究院
于智薇　王　琦　卞舒惠　刘嘉宁　孙禄钊　李俊涛
李维维　张文涛　张书文　陈秀颖　郝　熠　贺　博
靳　学　熊海清

工学院
马　壮　王　迪　毛诗琦　叶　帆　冯　广　向天瑞
刘谦益　李腾飞　汪　硕　张晓婷　张智琅　陈　策

郑永平	赵雨浓	袁磊祺	夏志恒	徐 浩	黄奇正	文夏杰	左 炜	白永泰	师千与	刘雪松	汤润泽
程 斌						孙一心	杜凯玥	李曼郁	李嘉文	李嘉琪	吴宇霏

城市与环境学院

						张 利	张 璇	张经纬	陈琦婧	林 晓	周 湘
白云昊	冯继广	李 东	李佳鸣	余双雨	张晓华	周庆庆	郑龙韬	胡思嘉	胡梦涵	胡雪嫣	康晨璐
张浩然	陈雪琦	武旭同	秦晓宇	高蒙迪	童培峰	葛逸盟	韩天晓	曾乐水	熊梦瑶		
赖雨亲	蔡 茂										

第一临床医学院

环境科学与工程学院

						丁光璞	于泽谋	戎 欣	刘振华	孙晓莹	李新飞
干雅岚	毋泽鹏	刘牧时	苏志国	林鹏昇	赵云鹏	吴 靓	宋海峰	张 璐	张钰洋	陶春燕	程嗣达
彭汉唐						谢文慧	谢辉辉				

第二临床医学院

分子医学研究所

牛庆雨	尹玉瑶	刘艳楠	李煜子	赵 宁	赵志庆
刘 锐	岳晏竹				
秋宇典	徐 帅	殷华奇	曾巧珠	蔡 璇	穆丹妮

歌剧研究院

第三临床医学院

庄 杰					
刘东明	刘雨诗	刘凯茜	孙素会	李 飞	陈有荣

建筑与景观设计学院

彭 晓					
陈雁容	苗欢欢	周思宇	班艺倩	海 宝	韩耕愚

新媒体研究院

第五临床医学院

李天鹏	
刁统祥	袁 硕

燕京学堂

第四临床医学院

可玫瑰	梁 坤

口腔医学院

王兆伦	王宇鑫	孙仰仰 张 琦

精神卫生研究所

于子杨	吕婉琪	刘 硕	李 硕	李文静	张一凡
张铭津	赵 昳	逄丽萍	崔新悦	揭璧朦	翟 墨

吉兆正	苏 怡

中日友好临床医学院

三好学生

田 敏	刘欣畅	郭喜才

数学科学学院

公共卫生学院

王万州	王小文	王静宇	史洪静	付子璇	朱凯茜
丁力煌	丁 欠	才子嘉	马思浩	马赛玥	王少卿
刘 睿	李玥颖	吴 瑶	罗冬梅	柯雅蕾	姚晓莹
王迩东	王炜皓	王逸轩	户 将	孔鼎问	古浩田
徐佳琳	彭远舟	董彦会	曾剑英		
石松庭	龙雨晴	卢维潇	卢煜腾	田舒丹	包诗界

世纪坛医院

冯家宝	冯敏立	冯煜阳	朱志涛	朱昊东	朱 峰
王 亮					
华奕轩	华培策	刘子愉	刘水根	刘永杰	刘浩洋

台港澳学生

刘 瑞	齐文轩	安 曼	许准阳	纪一博	李一笑
宋佳妮	林欣颖				
李子俊	李心雨	李羽航	李 琳	李 翔	李 臻

护理学院

杨向谦	杨亦晨	杨宇轩	杨昊桐	杨泓暕	豆旭桉
马小凤	刘沛源	李明远	余洪钊	张力川	符 鑫
肖逸南	肖新宇	吴大维	吴天昊	吴雨航	吴金泽

医学人文学院

吴逸飞	吴清玉	何 顺	何益钦	汪祎非	沈舜麟
刘 姝	李佳怡	韩明月	靳亚男		
张之奕	张喜悦	张锐麒	张嘉琦	陆泽鸿	陈子浩

药学院

陈 坤	陈佳森	陈泓宇	陈珍珠	陈致远	陈嘉璐
刁愿坤	王 妍	王子龙	王浩宇	成羽溪	李昕伟
邵凌轩	范浩程	范腾霄	林 挺	林觊琦	罗 艺
吴云希	张 诚	张守祺	金 润	姚庆宇	耿 泽
罗月桐	罗姗姗	罗 霄	竺仕鹏	金子捷	周 川
谈志远	储志远	蒙骏鸿	詹雨琪	潘美洁	魏 巍
周毅皓	郑奥扬	孟 响	赵林杰	赵美涵	赵洪鑫
魏琦佳					
荣 君	胡 兰	施燕北	姜 帆	洪 韬	袁弘睿

临床肿瘤学院

夏明洋	柴劲航	倪弘康	徐 洋	徐莞悦	殷鉴远
王 红	王言焱	宫 莹	夏 雷		
高一帆	高 乾	高 铭	郭子棋	郭 鹏	席国栋

航天临床医学院

唐 乾	黄河清	黄俊智	黄 雪	黄楚昊	梁圣通
孟 畅					
董安澜	董昕妍	蒋易惊	韩素珍	傅颢硕	鲁一逍

基础医学院

谢楚焓	詹赜源	蔡晓榕	戴悦浩		
于诗淼	王 哲	王子禛	王佳昕	牛 钦	毛晨峰

物理学院

万昊越 马文龙 马文宗 马远卓 王云祥 王亚坤
王宇迪 王国兴 王泓杰 王秋原 王奕涵 王艳霞
王铎 王朕铎 王准 王逸飞 王舜 王慕雪
王慧 尤一龙 毛子涵 计宇诚 孔浩 玉皓然
石靖源 龙天云 冯旭 冯曦林 邢文宇 权衡
朱尧峥 朱锦平 伍家成 仲丛林 刘子鸣 刘圣辰
刘吉喆 刘宇堂 刘芳铭 刘宏超 刘畅 刘金禹
刘怡 刘怡然 刘建波 刘轶男 刘洋 刘罡宏
刘媛琪 刘霄 关鑫 池骋 祁卫 孙中夏
孙风潇 孙健 纪青鑫 苏英泽 苏恺翔 巫振波
李一一 李曰覃 李正阳 李向 李佳男 李泊宁
李荣荣 李盼 李星桥 李洋 李夏冰 李倩惠
李海鹏 李琪 李晶晶 李普天 杨宇晨 杨阳
杨晓宇 杨流云 杨涵崴 连少鹏 吴存存 吴早明
吴攸 吴旻剑 吴珊 吴家昊 吴蒙 吴鑫辉
岑育朗 邱添 何若谷 余阳阳 邹广源 沈定宇
宋祁钰 张国瑞 张思捷 张思维 张敏中 张雄祚
张湛川 张路路 张鹏程 张慕容 张睿 陈开元
陈平 陈宇翔 陈实 陈烨 武文斌 林小靖
林伊人 林旭辰 林志威 林冠达 念达 周志谋
周奇 周密 周紫薇 郑希诠 孟雨 赵云彪
赵文彬 赵刚 郝鹏翔 胡召一 胡禛海 郜瑞啸
段晓苇 俞思濛 俞钟承 姜中景 洪浩 贺震昱
秦贺铮 袁恺 聂彧奇 索靖尧 夏世城 顾强强
徐子及 徐永琪 徐达 徐霖强 翁新震 郭见青
郭世安 唐水晶 唐昊 陶昱 黄子耕 黄玉
曹颖康 曹端云 龚文婷 龚德炜 康志伯 梁艳霞
梁靖雲 葛佩佩 董泽昊 蒋瞧 韩泽尧 程旭
傅兆瑢 焦文裕 童辉 曾耀萱 谢俊忠 蔡冉冉
潘志明 檀望舒 魏来

化学与分子工程学院

丁静怡 于小淞 马玉芳 王艺洲 王成 王延泽
王应泽 王茂林 王茗涵 王倩雯 王硕 王雪峰
王睿轩 牛天昊 孔令然 艾宇旸 卢阳 田枢衡
付锐 付鹏翔 冯凡 吕泽杰 吕晓林 朱天宇
朱苗苗 华汪德 刘士博 刘立昊 刘泽宇 刘衍军
刘德佳 江雨翔 汤哲浩 孙昉 孙思原 孙晨耕
孙德恩 李天然 李纪元 李芯仪 李其易 李奔
李明瑶 李珺浩 李硕 李硕学 李涵潇 李博文
杨帆 杨俊峰 豆柏文 肖康明 肖超玲 何鑫
邹梦冰 应东辰 张希文 张旻烨 张欣睿 张泽岳
张瑞琦 张锦文 陈旭 陈含 陈学敏 陈煜
陈熙邦 武明睿 武振强 林延睿 林德武 金红君
周彤辉 周亮 周海森 周雪涵 郑黎明 赵延涛
赵自然 赵剑锋 荣自超 胡皓然 施朱鸣 姚泽凡

袁晨悦 聂翊宸 贾凤艳 顾超越 徐海齐 高啸寅
高铭齐 高博 郭妍如 郭健庭 郭虤 郭毓
黄士志 黄志贤 董辰龙 蒋旭强 韩含 景海荣
程熠 傅林轲 童瑜洁 谢思宇 靳汝湄 雷哲轩
简繁冲 阙雪雁 熊世杰 黎华杰 冀怡

生命科学学院

于书玉 万苗苗 万金霞 王天宁 王天贺 王艺橙
王礼鹏 王尧 王江月 王欢欢 王尚坤 王怡
王春慧 王凌妍 王睿宇 车瑞 毛雨诺 石强
帅瑶 叶琳 白秀珍 吕汶桧 吕默含 朱舟
朱筱晗 乔睿 刘天旭 刘宝琳 刘孟竺 刘栩豪
刘菁菁 刘懿阳 许德澍 孙雨傲 孙越 孙朝黎
劳可敬 苏嘉昱 杜丽萍 杜硕 李西莹 李怡瑶
李科睿 李晴晴 杨杜 杨松霖 杨俊生 杨珮琳
杨悠然 杨璐 肖亚 吴奕忱 吴博理 邱伟林
何纡宇 何茂扬 何苑 宋子菡 张开鹏 张艺凡
张东慧 张芷瑄 张园园 张坤 张迪 张美玲
张博远 陈欣 陈治全 陈雪雁 邵宇秀 邵昕宁
罗翊雯 周正旸 郑心和 郑佳佳 郑静 官志权
孟晓萱 降帅 郝宸 柳溪溪 钟喆 段佳丽
姚升泽 姚欣敏 袁越 柴培远 殷会佳 郭岳峰
黄钰 曹勇 龚梓桑 常斐然 屠鑫明 彭靖予
谢梦汝 臧维成 熊梁尧 潘倩

地球与空间科学学院

丁伟铭 习文强 马睿平 王子龙 王杨 王彬
王斌昊 王瑞敏 王筱煜 韦诚 史世元 史振伟
付天尧 印琪 匡伟康 曲平 朱星宇 朱递
乔雪园 刘君茹 刘佳 刘晖 刘航宇 刘菲菲
刘晗 刘婷 刘璇 许晓明 孙元亨 孙国正
孙唯一 纪晴 严薇 苏晓婉 李灵慧 李佳威
李炜恺 李想 杨子珍 杨立辉 杨状 杨泽坤
杨婉婷 吴子祺 汪诗舜 汪贺 沈可 沈城烽
张云翔 张添源 张瑞华 阿卜力米提·艾白 陈姗姗
武博文 范庆凯 林荣 林嵩懿 罗鹏 罗毅
周浩宇 郑坤 胡俊杰 胡萌萌 胡雅璐 段叠
侯远樵 侯郁 祝奇文 祝佳琪 姚照原 夏昊煜
钱航 徐希阳 翁纪伦 高磊 郭金鑫 郭春安
郭晓晔 郭浩 陶韵竹 曹淑泰 崔一鑫 崔帅
麻伟娇 章雨 梁上林 董杰 董金龙 蒋一然
韩潇霖 韩露 程希萌 雷豪 蔡翔远 裴进峰
熊子瑶 薛鹏飞 鞠大恒

心理与认知科学学院

丁宇 马鸣新 王书涵 王协顺 王灵微 王禹菲
王笑楠 王浩宇 王逸璐 王婷 牛润萱 田玥
刘在田 刘彦韬 刘晓萍 刘翔申 刘楠 江皓斌
安乔 孙经纬 杜宇晖 李天碧 杨鑫跃 吴嘉怡

汪南伯	张若华	张钧博	张耀心	陈书田	陈籽熹
陈健柏	陈梁杰	苗芃	罗敏	罗霄骁	郑楚华
聂劭质	徐赫	高天宇	郭丁荣	席丹荔	唐斌
崔东颖	彭煜明	葛枭语	程宇昂	谢东杰	廖芷君
潘登					

软件与微电子学院

于乐	万涛涛	卫军名	王天鹤	王阳东	王宏博
王佳媛	王革	王骁	王海峰	王梓霖	王婉蓉
王璐琛	车浩宇	文伟	方宇彤	方喻婧	尹贤文
尹国健	邓爽	邓锦	甘一凡	石礼良	石金雨
卢玥杏	卢致强	叶何	叶佳琦	田也	田梅
付泓源	白恒瑞	冯泽邦	冯浩	冯硕	边广洁
朱彤葳	朱洪敏	任田	刘亚楠	刘旭德	刘钊
刘京	刘茹	刘洪毅	刘洋	刘家怿	刘璐
齐园园	闫雅铭	许运丰	孙小茹	孙文风	孙尚维
孙佳静	孙璐佳	纪鸿旭	苏一桐	苏东航	杜若南
杜柯达	杜笑宇	杜紫明	杜然	杜鹏远	李为民
李亚斌	李尘然	李杰	李雨萌	李佳晋	李昭
李奕辰	李悦萌	李梦好	李鸿杰	李皓辰	李嘉欣
杨冰	杨冠斌	杨超	豆乘风	吴自强	吴超群
何家乐	谷家山	邹宇航	邹欢欢	汪洋	沈依芸
宋成松	宋阳	迟威	张艺璇	张文辉	张世广
张权	张帆	张志诚	张明亮	张欣童	张祎轩
张彦男	张钰函	张倩	张浩驰	张培杰	张梦笛
张翔	张楚悦	张聚良	陈一诺	陈光	陈茂林
陈晨	陈媛媛	林凯毅	林福气	欧阳天然	金日英
金鑫	周子沂	周子鹏	周月	周佩	周峰
周慧文	郑敬元	郑嘉樑	单弋豪	屈仟	赵东宇
赵国梁	赵将	胡健	胡曼	胡博文	柳俊志
钟辰丽	姜庆阳	贺开元	贺文鑫	贺俊敏	袁禄
耿泽浩	贾云志	贾盼盼	夏立超	原浩强	柴云鹏
钱胜充	徐一博	徐秀峰	栾思宇	高洁	高鑫
郭帅	郭宏宇	郭磊	唐弘舜	陶冶	黄沁
黄坤	黄杰	黄顺伟	黄俊逸	黄莹莹	黄绮
黄越	梅楚鹤	曹羽竟	曹志强	崔鹏壮	麻鑫
章斌斌	张婕妤	董启亮	蒋时雨	韩伟	韩松颖
韩悦	韩捷	惠普	喻彦龙	焦凯旋	童昕
曾月清	温书豪	谢华宇	蔡昊	郑凯文	谭青
颜如玉	薛新伊	薄焕仕	魏柳		

新闻与传播学院

丁伟伟	于甜甜	马晓龙	王子宁	王文超	王佳音
王学民	孔煜也	白金星	冯萱	兰文浩	巩固
朱玉文	伍雪怡	华思琦	刘子晴	刘芳君	刘珂亦
刘香君	刘婧君	孙乐怡	孙晓炎	孙雅雯	贡雨婕
杜正	李昱蒙	李梦歌	杨仪	杨桐彤	吴思怡
何心怡	邹慧玲	辛嘉荷	张可玉	张晓桐	陈苡莹

郑琪	赵晶	胡雅琳	郜敏	郭子祎	唐倩
姬向群	黄哲楷	崔啸行	阙佳欣	谭婷	藏新恒

中国语言文学系

马尚	王佳琪	王佳琪	王思炜	王敏琪	王翊
王鸿娇	王婧雯	勾彦殳	尹常乐	左怡兵	宁传韵
邢雨莹	吉云飞	朴龙熙	朱凯欣	任晓珊	刘文欣
刘东	刘杰	刘雨晴	刘祎家	刘晓宇	刘雪璁
刘瑷碧	闫泽宇	孙沛青	孙浩浩	孙慈姗	苏展
苏鑫	李泓霖	李泽西	李泽栋	李哲美	李强
杨小又	杨心仪	杨宸	吴星潼	位东	余点
余聪颖	邹真吾	沈相辉	张亿	张汐莹	张佳婧
张姣婧	张诺娅	张鸿鸣	张嘉祺	陈艺譞	陈可涵
陈龙	陈沛祯	陈若谷	陈昱晓	陈绚	陈敬谦
陈嘉仪	范雯玲	林明宗	林怡萱	罗雅琳	周观晴
郑汶玉	郑林	赵雅琪	赵路平	郝琦	胡诗杨
胡亮宇	段岫	桂思涵	夏泽君	晏咏蝶	徐佳
徐梓贤	徐漪清	翁诗琳	翁毅	高凯歌	高薇
郭伊阳	郭亭利	唐海嘉	黄丽瑾	黄楚君	黄嘉庆
黄璜	曹汶静	康宇辰	逯婧扬	葛畅	程梦稷
鲁亦菲	鲁沛怡	鲁彧	童梦园	谢可欣	谢蒙恩
楼雨欣	赖钰	雷瑭洵	蔡千千	蔡子琪	廖荷映
谭天	樊迎春	魏珞宁	魏婉		

历史学系

于悦	王静	文一宇	方心怡	尹佳宁	叶心远
冯斌涛	吕诗怡	刘佑民	刘灿	刘泽辉	刘荷月
许哲铭	那仁达赖	杜姝格	李子然	李乐	李朔方
杨瑷瑄	吴心怡	吴思贤	吴悦	何天	宋喆
张良	张国帅	张易和	陈少卿	陈文鼎	陈佳奇
林翾宇	罗亦宗	金璐璇	周天羽	周天绮	周聪琪
庞博	郑亚萌	项浩男	赵静涵	胡梦瑶	徐铖
徐维焱	高子牛	高燎	黄承炳	黄柘淞	戚昱明
屠含章	谢继帅	谢筠婷	霍秀毅		

考古文博学院

马永超	马青龙	王玥	王雨晨	王致远	王藏博
冉智宇	付龙腾	冯文鹏	朱文羽	刘晟宇	孙秋莹
李月	李博含	李睿璇	何康	陆敏慎	范宗祥
季宇	周逸航	赵小雯	胡文怡	胡沛	侯柯宇
姜芷婧	徐艺菁	高宪平	黄希	曹芳芳	盛崇册
管雨婷	缴婧然				

哲学系

卫俊	王子剑	王强	邓佳	史雨	冯子龙
毕斯源	刘泽	刘诗霄	刘斌	刘嘉娴	关雷
祁箫	许圣卓	孙海科	杜贵宇	李星	李科
李宸	李寒冰	吴悦凡	何沁心	张丁	张云起
张勇	张梦珩	张鑫磊	陈辞达	金昊玥	郑中华
郎青	赵瑞祺	钟晨宁	侯莹	姜明佳	姚裕瑞

姚 瑶	倪逸偲	徐亚豪	徐 晗	唐月园	陶思圣
陶婧漪	黄清扬	常 达	董昭言	董婉妮	韩雪梅
舒 展	褚叶儿	嘉若曾	魏长祺		

国际关系学院

于海莹	于 阔	马 璐	王子铭	王戈南	王 冉
王乐阳	王至月	王君莹	王 松	王馨安	文嘉辰
方一优	方 萌	孔金磊	巴宁宁	巴丽娜尔·海若拉	
邓思涛	左正浩	史幸炜	冯溢昕	尼婧瑶	朴哈恩
曲一鸣	吕维一	朱睿晗	危思安	刘元君	刘汇荟
刘舒天	孙 威	孙梓青	严展宇	杜艳娇	李丹云
李自清	李卓青	李尚壕	杨汀娟	杨芳菲	杨雨洁
杨美姣	吴艺哲	余鸿博	汪安迪	沈家璇	张 文
张晓韵	张梦真	张雪君	张婧怡	张童童	张富媛
张 新	张睿阳	张豫洁	张 蕾	陈 晞	陈寓理
范静远	林哲旭	罗雅如	罗 楠	金宇清	金晨祎
周子祺	庞 祎	宗晨曦	赵 颂	赵婉睿	段佳欣
洪 薇	祝麦伦	姚 慧	秦 天	钱 婧	郭天逸
黄子炎	黄晓婷	曹定锋	梁舒淇	葛佳琪	董金格
董 榕	蒋文锦	蒋政勋	程环宇	童宇韬	谢智愚
赖雯燕	裴习育	霍宸霄	魏子杰		

经济学院

丁宇刚	王小倩	王 月	王庆祝	王宇涵	王若霖
王昊宇	王依婷	王品达	王筱筱	王嘉玮	王 睿
王骥凯	牛楚韵	毛佳纯	尹肖恩	石 琳	叶胤祎
田子昂	边恩民	朱律璋	朱 腾	刘宇晴	刘昱靖
刘淑彦	刘 婷	刘颖颖	刘馨蔚	闫强明	关焱天
许苡萱	孙可然	纪 尧	严韵竹	巫梦洁	李子安
李成明	李钰馨	连欢欢	肖安彤	吴江玥	吴 尚
吴昕怡	余曼卿	邹卓群	汪子健	宋雅昕	张 妍
张 玲	张晓榕	张菀玲	张静明	张瀚垚	陆承启
陈 阳	陈洁瑄	陈洲扬	陈绮纯	陈熙雨	范炘宜
范 愫	林良杰	呼 倩	罗 杰	罗 翠	周心怡
赵佳雯	赵煦风	胡阳子	施林彤	姚 雨	贺 琰
骆宇帆	党春辉	倪芳彬	徐世宇	徐伯聿	徐 萌
高震男	高熹莹	郭一帆	谈天韵	黄兆和	黄钟丽芳
黄静瑶	黄德金	曹 响	张芷若	喻婧琦	鲁 成
曾倩怡	谢 阳	窦雨童	蔡晓琳	魏一帆	

光华管理学院

马诗阳	马 骁	王子妍	王文郅	王仙仪	王 迪
王佳漪	王荟莹	王思文	王思远	王益朋	王皖豫
王腾慧	方清源	尹凤仪	尹哲良	卢礼威	卢伊豪
叶子彰	叶丽莎	叶 晗	白惠天	冯元旦	冯 采
母昌程	吉美一	朱子沛	朱 妮	朱盈波	朱景琛
任 聪	刘文臻	刘羽飞	刘林佳	刘 畅	刘 欣
刘晓冰	刘浩宇	刘晨冉	刘耀阳	汤泰劼	许鸿明
许睿谦	孙 晔	孙逸非	孙淑晓	孙殿咏	苏湘怡

李小舟	李元哲	李世豪	李伟轩	李珍言	李婧怡
李默宜	杨成琳	杨 帆	杨明真	杨映雪	来凯萍
肖书锋	肖凯元	吴一凡	吴明轩	吴 蝶	邱钰清
何玉麟	余劼航	余昊洋	汪文佳	沈赵驰	沈铂涵
沈歆璐	宋禄霖	初佳慧	张一帆	张杰同	张 昊
张 诠	张俊锋	张致毅	张馨语	陆天寅	陆哲皓
陈雨菲	陈昱竹	陈哲儒	陈 展	陈瑞珏	陈 磊
林 欢	罗楸心	金子歆	金东建	周季蕾	郑 艳
郑翔宇	郑嘉琪	房子湲	项文心	赵佳琦	赵雪琦
赵 晗	赵媛洁	荣一郎	胡 扬	柏久智	钟宁静
姜 畅	姜政雄	洪 扬	洪诗琪	宫 蕾	袁程悦
袁瑞沙	钱硕夫	徐铭威	徐琳娜	徐敬涵	徐 豪
翁昱昊	凌奕奕	高小晶	郭文昊	郭 宁	郭麦菊
郭 浪	郭家杰	郭裕怀	席可颂	唐灵聪	黄浩东
曹成龙	曹光宇	曹妤吉	梁欣怡	尉 婧	董书凡
蒋思洁	程 宇	储云飞	童 谣	温路宇	滕 冉
潘秉旭	魏名湖				

法学院

丁晨妍	丁 璐	于潇砚	马延婧	马 红	马 骁
马 悦	马铭鸿	丰 峰	王 宁	王 宁	王丽君
王作太	王泽钧	王彦光	王晓臻	王 琴	王森南
王静昀	王 璇	支玉晨	牛颖秀	牛 聪	毛升平
毛瑜晨	仇尚卿	尹 航	邓金朋	卢 漫	叶慧敏
付丽炜	付 彤	边雪松	戎雪倩	朱子琳	朱笑芸
任一桐	朵 悦	庄莉昕	刘一玮	刘士豪	刘行止
刘名卿	刘进一	刘志颖	刘 岩	刘 岩	刘育坤
刘祎佳	刘春雨	刘昱池	刘钰鹏	刘 继	刘维希
刘雅臻	刘嘉玮	刘嘉澍	江 珊	江海洋	江 辉
安芷璇	阮筱姝	孙 浩	孙 敏	扶琬萍	严曦冉
杜辛怡	李艾阳	李君强	李卓倩	李 烁	李洪威
李洺贤	李 勇	李秦洋	李梦帆	李 梅	李 皓
李舒豪	李 想	杨子豪	杨廷婷	杨 阳	杨冬琪
杨润润	杨舒皓	吴菲儿	余婉绮	余今朝	邹靖文
宋熠雯	初 萌	张心颜	张映雪	张 咪	张语嫣
张 鼎	张 婷	张墺多	陆 迪	陈英齐	陈昆澍
陈 陶	陈 晗	陈清云	陈楚晗	陈雏音	陈嘉敏
陈漳林	陈 璨	武晓艺	苑梦觉	范 卓	范桁端
范晓璐	罗仪涵	罗璋岘	季冬梅	岳芳好	周韦琪
周可嘉	周孟瑶	周宫炜	郑 琪	单葆威	项怡Chen
赵姿昂	赵雪杉	胡红亮	胡敏喆	柯 达	俞 笑
姜宇昕	姜贺文	洪亦清	贺予希	贺晓朦	贺 朝
夏江皓	夏倩雯	徐心雨	徐芳华	徐 欣	徐美玲
殷卓琳	高 旭	郭 远	涂 丽	黄肇婷	梅奕来
曹婧怡	常 伟	崔 琳	梁 忠	彭雨晨	彭 程
万铭真	董 洁	蒋一可	程明皓	曾颖青	赖坤元
雷雨鑫	蔡培如	蔡斐然	廖红霞	谭 晨	潘 玲

褟璐瑶　薛岩青　戴俊峰

信息管理系

于梦月　王俊杰　邓泽琨　朱恩泽　刘佳颖　刘　奕
刘姝然　杜婉莹　李　妍　李雨佳　李佳红　宋天宇
张　歌　陈雨航　陈美华　陈晓龙　陈　瑜　陈馨悦
武征宇　季佳雯　金笑缘　周辰龙　油梦圆　孟高慧
钟卓宏　秦　玥　聂　磊　崔荣钰　彭晗琦　蒋　谦
储　晗　曾子欣　靳雨欣　赖　婷　燕道德

社会学系

马俊男　王　恒　王赟翔　王　露　代　颖　乔天宇
伍方仪　庄忠青　刘　芹　刘　建　刘瑞平　汤文博
许天怡　苏钰欣　李永霞　李会肖　李和君　李佳锦
李宛芙　李美霖　李澄一　吴文馨　吴　苏　吴　越
宋淑敏　张可欣　张宇昕　张　弛　张琦英　张蓁宜
陆兵哲　陈玉佩　陈　旭　陈亦琪　邵　嶷　林　上
周至宜　郑鉴玲　赵远帆　赵　璐　俞　彬　姜晓琨
袁艺丹　徐欣怡　徐新苑　徐毅萌　唐睿清　董佳晨
韩礼涛　曾靖涵　蔡洪波　蔡煜晖　翟露召

政府管理学院

马子烨　马　乐　马佳磊　马　婕　王艺樾　王明森
云新宇　牛　昊　艾克丹·艾尼瓦尔　古恒宇　史洪阳
付瑞昊　冯佳琦　成照根　曲嘉文　吕　爽　任健峰
刘丛丛　刘怡君　刘　娟　刘龚熠　江明昱　汤　彬
李帅帅　李志斌　李　晖　李雪纯　李晨阳　杨浩天
吴世燊　吴雨坤　吴泽民　吴昱晨　张洪鸣　张唯一
张逸凡　张耀之　林梦瑶　周扬帆　周逸凡　项　皓
赵思远　姜子莹　姚清晨　顾　凤　徐文海　郭年顺
郭瑞晴　陈歆旻　黄尧胜　黄　泽　彭志斌　彭炼哲
蒋铭权　韩志杰　韩翘楚　韩　舒　韩　嘉　韩　璐
廖梓豪

外国语学院

丁灵劼　于佩宏　于美灵　于　艳　万明远　卫宇晴
马子函　马尧力　马浩成　王子元　王双翼　王　玥
王　恺　王夏萱　王清雨　王雯婷　王舒羽　王静静
尤丹倩　仇康化　方江晨　孔　琪　白佳玉　乐石滢
冯丽平　冯梦麒　冯筱航　邢　旭　吉　竞　吕精一
朱正康　伍小凡　仲麦祺　刘钊希　刘　畅　刘语笛
刘娅颉　刘婧涵　江立翔　许　洋　阮诗芸　孙正岩
纪博琼　寿香那　李　芯　李佳易　李洋洋　李博涵
杨泽坤　杨睿颖　吴　同　吴张心安　吴松阳　吴奕凯
何润哲　沈　悠　宋心怡　宋翔宇　张开信　张为杰
张心仪　张玉琢　张可佳　张江龙　张宇溟　张甜甜
张博桢　陆言昔　陈双羽　陈立雪　陈必录　陈宇珂
陈星竹　陈庭羲　陈　健　陈　铭　陈　越　陈雄杰
陈蕊伊　范　祎　范慧涓　罗诗曼　季雨亭　金　茜
金骁枫　周　佳　於　航　郑友洋　屈　波　屈思秦
赵心悦　赵美园　胡南夫　胡梦梦　饶　畅　姚竞远
秦子童　袁　勇　夏　禹　顾　清　钱文婧　钱曾一
徐寒冰　唐　钰　黄田依　龚若晴　盛新琳　崔紫微
梁玮航　蒋煜宇　韩承轩　程　烨　曾　悦　谢　雨
裘蓉蓉　赖丹鸿　路　畅　阚　平　潘昕宸　魏明龙
魏　萱

马克思主义学院

王　拯　王钟薇　王新宇　史锡哲　朱　红　李亚男
李应瑞　李　洋　吴　波　宋　金　张　懿　陈　聪
周勇平　信　元　姚文杰　高红兵　赖信添

体育教研部

王佳慧　杨玉莹　杨　涵　洪晨璐

艺术学院

马　帅　王清林　王雅涵　王耀乾　毛天与　龙嘉毅
冯　晔　冯　舒　朱　也　朱　钰　刘梦然　江佳璐
李尽沙　李诗语　杨旖旎　肖维娜　何雨霏　张可欣
张　薇　陈一芃　罗玥沁　罗雯婧　岳思宇　周若瑾
郑雨琦　胥　恒　栾琬婷　黄兆杰　曹林菁　葛　戈
蒋含韵　景蓝天　曾薇佳　裴慧恩

对外汉语教育学院

王书琪　孙晓娇　芮旭东　杨春蕾　吴平凡　邱新仪
辛芳哲　张　艺　张　祺　陆　野　陈　烁　陈　晨
侯凌洁　姚　程　崔　言　谭坤明

元培学院

丁乾坤　于彦鹏　于涵煦　马若尧　马欣然　王亦丁
王　畅　王泓丁　王思彤　王炳宣　王浩男　王　琪
王赞辰令　毛思清　毛飒韵　毛澍霖　方嘉齐　叶天瑶
付昊皓　毕航睿　吕卓然　朱　戈　朱玉婷　朱寅杰
朱婷宇　任子阳　伊木冉·卡马力　伊木兰·沙塔尔
刘允洁　刘冷风　刘奕好　刘雅榕　刘赞辉　许开彦
孙昕凯　苏　婕　苏　睿　杜　翀　李子涵　李欣然
李思旗　李　哲　李梦琪　李晨阳　李涵渊　李璐瑶
杨周锦　杨胜涛　肖至俏　吴小希　吴东蔚　吴浪宇
邱普恩　汪　涵　张习书　张　正　张宇航　张佳苗
张桓铭　张瑞石　陆道炜　陈庆雨　陈竞立　陈　鹏
陈儒航　武芮伊　苗子壮　苗　润　郁　一　罗世通
周扬帆　周雨飞　周艳亦杰　周琦珩　周毅京　赵柏瑞
赵奕涵　赵海琰　钟　轶　段敏萱　夏天茹　顾开元
钱　坤　徐　一　徐旭阳　徐佳颖　殷　玥　郭子介
郭东麒　郭念昕　唐　妍　黄楚妍　曹王烨　崔博飞
崔德方　章炜翊　梁耕源　琚　普　蒋萧同　韩泓波
韩思岐　喻圣豪　焦毅磊　曾宝熠　管鸿钊　谭世茵
缪　辰　魏　来

深圳研究生院

丁　灵　于佳琳　万　欣　马文迪　马心怡　马　越
马斯琴　王小玉　王　山　王伊昕　王　志　王雨萌

王国帅	王 怡	王建鑫	王 前	王 娅	王振国	向 潇	向耀程	刘天宇	刘兆鹏	刘宇邦	刘俊麟
王继超	王梓晴	王 超	王富民	王 婷	王 睿	刘翊邦	刘翔宇	刘 潇	刘曦屿	关乃清	关玉烁
文海燕	尹勇明	孔荟洁	孔祥蔚	邓 迪	邓浩田	许欣航	许科诺	许逸伦	许 涵	阮思凯	孙艺哲
石笑羽	卢海花	叶方舟	叶珏琳	叶耀坤	田宁子	孙宇辰	孙玥玲	孙泽宇	孙奕灿	孙 梅	孙 康
田聿申	白海鹏	兰文龙	朱亚楠	朱丽丽	朱岳灿	麦辉煜	麦 景	芮鼎然	芮静姝	苏树鹏	李子恒
朱 波	朱润泽	乔瑞琳	任俞睿	向 犇	刘云松	李 丰	李云龙	李庆涛	李艮松	李红改	李志伟
刘 杨	刘丽红	刘孜威	刘明蕾	刘 浩	刘 斌	李轩扬	李沛坤	李君实	李 拙	李 昊	李和倚
刘 嵩	刘嘉莹	闫 龙	江新航	汤 骅	祁佳浩	李佳河	李佳实	李佳蔚	李佩轩	李欣桐	李晟洁
孙鹏程	孙 璇	苏 佳	苏欣园	杜 蓉	李文军	李 悦	李淑娴	李琦煜	李傲雪	李韵祺	李睿涵
李文君	李 卉	李艾洁	李先亮	李志豪	李雨默	李 聪	杨芳源	杨雨成	杨昊翔	杨昊璋	杨 泽
李轶伟	李 洋	李 夏	李海波	李 乾	李章恒	肖元安	肖有为	肖宇晗	肖克成	肖 俊	吴凡毅
李 婧	李超清	李 渝	李婷玉	李 想	杨 乔	吴克文	吴 迪	吴振豪	吴润迪	吴 蒙	吴瑾昭
杨 冰	杨 丽	杨林丽	杨 凯	杨珺楠	杨雪儿	吴耀轩	岑仕鹏	何 为	何相腾	何琦琛	何 斌
杨鹤逸	杨璐宁	吴 扬	吴陈龙	吴周楠	吴思颉	余连风	汪权彬	汪鹏飞	沙 赛	沈戈晖	沈若冰
吴晓彤	何英东	余 丹	邹姊鉴	邹 奕	邹悦瑶	沈迪曼	沈 佳	宋一帆	宋卫平	宋沛荻	宋苑铭
汪新博	宋 楠	张 宁	张吉延	张羽晴	张 妍	初 旭	张天远	张云帆	张仁瑞	张宁远	张佳男
张苗苗	张林星	张明惠	张金东	张诗琪	张郦珺	张泊洋	张 烨	张 涛	张海林	张 晨	张寅杰
张 恬	张晓涵	张浩贤	张海若	张黄澜	张菲菲	张绪光	张博闻	张智鹏	张潞璐	张馨月	张 鑫
张曼玉	张 婉	张 琪	张琦杭	张博雅	张紫薇	陆宇暄	陆 睿	陈小瑜	陈子谦	陈天宇	陈旭雯
张婷婷	张 粲	张 瑶	张翰林	张瀚文	陆思敏	陈沛庆	陈拓潮	陈炤桦	陈骁天	陈高峰	陈 翔
陈 珊	陈娅琦	陈悦莹	陈 容	陈 雪	陈鸿铭	陈震鹏	邵诗淇	武 艺	林 川	林天梁	林汇平
陈湘媛	陈弼锴	陈熙元	陈 曦	邵薏婷	武晓钰	林 洋	杭心语	罗煜楚	罗福莉	竺沈涵	岳 洋
范姝璐	林哲民	林晓玉	林理量	林逸夫	林 琪	金玉杰	金圣杰	金 明	周孝斌	周雨熙	周佩奇
林 聪	易鸿伟	罗圳英	罗佳仪	罗钦宏	罗姣姣	周建祎	周 荆	周剑云	郑乃千	孟 平	孟 彤
金霄佳	周长春	周方圆	周丝雨	周雨田	周 健	赵宇昕	郝世博	胡志明	胡雨桐	胡 星	胡彬彬
周 融	郑 黛	房 幸	屈刚毅	项子源	赵丹丹	胡逸轩	胡 森	胡 楠	胡黔江	钟郅能	侯家恒
赵恬静	赵冠南	赵凌云	赵 越	胡 萌	钟振鹏	俞哲儒	俞蔼伦	费天一	姚子炀	姚惠涵	贺义鸣
钟家兴	宫北辰	姚奕淇	袁玉玺	袁丽莎	顾庆华	班怡璇	袁志超	袁晨阳	聂 平	聂恺辰	贾云杉
晏 玮	倪永红	徐一婕	徐 菁	徐 涵	徐煖银	顾宇晨	顾超颖	柴 梓	徐大亮	徐子轩	徐梓楠
高 扬	高俊龙	郭孟曦	郭智斌	资小东	姬忠义	徐 琳	殷立征	翁伊嘉	高 莘	高敬月	郭天宇
黄少汶	黄永康	黄 伦	黄 杰	黄欣然	黄宗敏	郭明非	郭效君	郭 锐	郭新新	唐 爽	唐鹏举
黄钟毅	黄秋月	黄硕康	龚 莉	银翼翔	章晨昊	陶渊政	黄 挺	黄鑫懿	梅明威	梅继林	曹雁彬
章缇萦	梁景天	梁 键	彭 欣	董 磊	韩钊敏	戚 妙	常 远	崔宏伟	崔 健	银 帆	符芳诚
覃伟容	焦 航	曾 悦	谢子晗	蒙 程	雷腾腾	章沈键	梁汐然	董子宁	韩丰远	傅泽卿	曾有为
蔡 行	廖家瑞	熊 威	熊睿志	熊 镭	黎明聪	曾祥雯	游震邦	谢欣彤	谢悦琪	詹冠其	鲍思辰
黎婉华	潘 镇	霍冠廷	穆新鹏	衡喜丽		蔡辉宇	蔡颖荣	鲜永章	熊云帆	缪瑞杰	樊泽嘉
						黎善达	颜 开	潘 石	潘樾阳	魏安江	魏新明

信息科学技术学院

丁向向	丁 睿	于世兴	于博成	门怡芳	卫思为
马文博	马 龙	马亦骁	王一帆	王子龙	王天明
王艺泽	王文光	王驭捷	王远非	王苏红	王希豪
王坤亮	王 欣	王欣灏	王炜程	王诚科	王浩彬
王 捷	王梦迪	王博文	王鹏飞	王德昭	方 藤
尹瑞苑	甘云冲	节世博	叶心怡	田 源	付成真
白宗磊	冯易成	冯 哲	冯浩然	邢培银	邢博威
吕奕腾	吕晓钟	朱大卫	朱子仪	朱洪飞	朱娟峰
朱雅珺	朱熠恺	伏 臻	仲殷宴	任宣丞	向东伟

国家发展研究院

王诗卉	户俊鹏	卢 鑫	任昶宇	全 芳	刘佳佳
刘舸帆	江弘毅	孙小燕	杨振辉	杨笑寒	吴紫薇
张侨然	张 祎	张雅乔	张舒涵	林雨晨	郑雅文
洪景鹏	袁锡林	夏心怡	徐扬帆	徐臻阳	郭兰滨
黄 青					

教育学院

丁洁琼	卜尚聪	王天骄	王晓娜	王家齐	王梦倩
刘凌宇	刘 霄	纪九梅	邱文琪	沈 苑	张首登

张慧睿　欧阳嘉煜　金红昊　高雪姮　董　倩　曾嘉灵
赫意夫

人口研究所

丁若溪　王呈珊　付　卉　李佳佳　张　聪　陈天航
赵艺皓　索浩宇　贾祎灿

前沿交叉学科研究院

丁　典　于　飞　马　力　王　东　王安琦　王雨薇
王　钢　王　配　王乾东　仇立松　尹健行　卢铁湛
乐　然　朱马光　朱道也　乔李盟　任　杰　伊宗裔
刘臣臣　刘志恒　刘利欣　刘春宏　刘　澍　产张明
关国业　严智强　李文新　李辰威　李　怡　李祎曼
李秋颖　李　倩　李　楷　杨文昊　杨　柳　杨　皓
吴小天　吴　岩　余先红　余星星　沙梦吟　沈天成
沈文生　宋其涛　迟未来　张　岩　张亭亭　张庭威
张雅文　张鲁杰　张翼飞　陆昊阳　陈国庆　陈依东
陈新佳妮　苗　笛　苟向阳　林　锋　周文昊　郑宇轩
郑良涛　郑　涛　郑蕾琦　赵玉玲　赵光香　赵雨亭
胡一征　胡旖冉　徐云雪　徐振辉　翁昕钰　郭　行
郭潇潇　黄文健　曹中正　曹　颖　曹　露　董　傲
蒋永鹏　景　淼　程　婷　雷　潇　赛力克·塔巴拉克
魏诗媛

工学院

王国昌　王泽坤　王冠邦　王　博　王强中　王榕金子
尹俊明　邓　琛　石智宇　史天泽　付思杰　付雪峰
兰若尘　司武飞　巩苗然　朱浩然　朱润与　朱睿冬
任艳娟　刘文斌　刘松睿　刘金昊　刘映竹　刘雁韦
刘　璐　江伟权　江贤洋　江炜烨　江毓敏　汤　洁
许　涛　阮善信　孙伽略　孙宗元　苏　奇　苏　航
杜宇航　李子圆　李　帅　李岳珩　李依霖　李　珍
李能旭　李博韬　李　鑫　杨　伟　吴　东　吴若楠
吴　涛　吴朝阳　余　彦　邹　达　沙鹏举　张　文
张怡婧　张盛涵　张傲杰　张　磊　张灏宇　陈为彬
陈雨萱　陈佳玉　陈昱廷　陈　虹　陈铭桐　陈　斌
武泽明　武籽臻　林锦铭　易默德　罗小进　岳　威
郄　瑜　周宇珂　郑开宏　郑　恺　孟　晋　赵丽云
赵　枫　赵　彬　赵　磊　胡战超　胡　婧　段培虎
洪钧婷　宦　强　姚雪松　贺晓东　袁　野　袁境阳
耿鲁超　聂　扬　夏之杰　倪子川　徐一洲　徐为伯
高一赛　高安康　高楚桐　郭金兰　谈任飞　章亚磊
章煌创　梁子彬　梁思聪　谢欢欢　谢晨阳　谢锦宸
鲍垠桦　阚思仪　漆　锟　谭　奕　谭　洁　翟锦鹏
薛佩瑶　霍佳音

城市与环境学院

万山铨　马菲亚　王珍熹　王　翀　王　乾　王晨玥
王　铮　王琪慧　邓涵朵　龙玉清　田艺萱　史一诺
付　萌　吕佳宸　朱国营　朱晨怡　朱　熙　刘　可
刘　祯　孙颖莉　李一龙　李春江　李　琳　李湘怡
杨　凌　杨　康　吴　凡　吴　双　何德洁　余犀雨
张天硕　张世恬　张可尔　张蛟迪　张鑫雨　陈宇昂
陈丽媛　陈　迎　陈奕竹　陈博洋　陈新月　武　婷
欧阳雪菲　卓云霞　易丽瑾　罗　晴　岳永彧　金文纨
周卓汉　周辊卓　庞　亮　郎伟光　孟文君　封斯文
赵千惠　赵　袁　胡秀蓉　胡昊宇　胡熠娜　侯　雨
俞　璐　洪松柏　贺　勇　袁丹丹　夏昕鸣　徐　奕
徐　成　郭文哲　黄光波　黄晓红　黄晶晶　常子豪
崔　宇　银浩博　康启越　彭静杨　葛孟帅　焦小乔
曾良恩　廖奕楠

环境科学与工程学院

王　航　王甜甜　石家豪　白浩东　白　彬　玄晓宁
朱佳丽　朱　颖　刘一鸣　刘玥晨　刘金炜　刘晓瑞
刘福洋　汤　睿　安　芮　李晓旭　李　萌　李盛结
杨佳炜　邱晨浩　何　蕾　张　婷　陈佳霖　陈建妃
陈赟丹　周　萤　周　颖　屈玥坤　胡裕民　姚　嫒
聂齐越　贾翔宇　柴文咪　徐艺婵　徐　薇　崔嘉楠
蒋青松　童天丽　谭天怡　熊富忠

分子医学研究所

Younus, Muhammad　丁晓秋　王　潇　邓秋萍　李　鑫
张俊霞　林鹏燕　欧宇辉　周钦超　周鸿洲　赵益文
彭　琪　薛凯丽

歌剧研究院

于也力　辛　天

建筑与景观设计学院

何沛文　宋　琪　张子骄　卓康夫　黄丽云　康　佳
魏文翰

新媒体研究院

王月彤　王　兵　田林鑫　林志伟　罗龙翔　孟艳芳
侯若溪　曾　卓　熊悠竹

燕京学堂

王　栋　王　鑫　韦斯礼　刘嘉越　刘　璐　孙安利
克路驰　武红庄　娜斯佳　徐　妙　曹梦瑶　曹铭瑶

口腔医学院

于　洋　于　敏　王　航　王一铭　王　兴　王时敏
王逸飞　王逸君　文　曦　邓珂慧　石姝雯　卢洪叶
朱厚维　危伊萍　刘子衿　刘晓筱　刘焱萍　关筱媛
江圣杰　汤　瑶　汤梓艳　许梦茹　苏惠裕　李　穗
李晓霞　杨　洋　杨乔林　杨　振　杨婧懿　吴　彤
吴政达　吴美辰　何云娇　辛天艺　张云帆　张亚琼
张国昊　张欣宁　张浩筠　张敏娟　陈浩天　国丹妮
岳慕心　郑静蕾　赵宁睿　郝柯屹　胡耒豪　胡鑫浓
钟雯婕　闻一凡　祝　策　夏　龙　高涵琪　郭燕宁
黄　港　黄　燕　黄文雪　萧　宁　崔圣洁　董　理
韩子瑶　程心仪　曾　菲　游文喆　富晓娇　虞千瑶

睢　意　潘怡湘

中日友好临床医学院
邓益森　布特格勒其　吕晓烁　刘　创　杜　喆　李佳怡
杨　帅　杨红霞　吴　超　宋　锴　张智昱　罗　娜
罗振恺　秦　瑞　聂强强　潘　倩

公共卫生学院
丁滢方　于　欢　于树青　于梦根　王　迪　王　瑞
王　燕　王西婕　王伽婷　王雨竹　王海雪　王梦莹
王雅铮　王富江　王慧煜　王　鑫培　龙昌茂　申贵元
申嘉澍　付张萍　代　聪　吕利枝　吕瑾蒖　朱　珠
朱蕴卿　庄振煌　刘　扬　刘　宇　刘　姜　刘　琰
闫心语　闫泽玉　闫翔宇　许　璐　孙雨晴　苏敏涛
巫　婷　李文迪　李闵涛　李柴全　李谊澄　李惠文
李嘉琛　杨　娇　杨子铭　杨云浩男　杨君婷　吴　俣
邹思雨　汪亚萍　沈　莹　宋沁峰　张　琪　张文楼
张宇强　张佳伟　张婉雪　张蓝超　陈子砚　陈媛媛
林　还　欧夏娴　岳芷涵　金楚瑶　周　双　赵天朔
赵禹碹　郝云涛　段宇祺　侯星朵　姚珊珊
娜扎开提·买买提　贺冰浩　袁浩铃　莫云辉　徐金辉
徐婷婷　郭雪儿　黄　忻　康良钰　蒋家诺　曾芷青
赖雪峰　廖　鹏　谭小玉　霍姗姗

世纪坛医院
王文萍　赵晴晴　胡继立

民航临床医学院
陈安举

台港澳学生
王淑盈　刘騳铭　何家华　陆玄女　陈正晖　陈倡存
郭芷均　黄贞华　黄皓蕾　董　德　曾宇麟　游卓華
黎智泉

地坛医院
高美欣　曾永秦

回龙观医院
仝景慧　刘馨琪

护理学院
马泽江　马素然　王若愚　王崇锟　邓　遥　左传隆
龙天雪　皮若及　吕　鑫　乔　路　乔佳收　李　孛
李宝玉　李思岐　杨　璇　何春怡　张　艺　张　洁
张雪儿　陈中阳　陈佳玥　罗　丹　罗金燕　赵　焱
赵彩芸　敖　露　郭梦岩　黄天笑　黄文初　黄秀秀
黄晓辉　梅冬里　梁　杰　梁　熠　谢桂兰　鄢　嫣
靳　帅　熊彦辰

医学人文学院
马层思　王茜雅　邓添艺　邓奥弋　龙天音　毕宇倩
刘润青　李　洒　李　莎　李昕璇　李明月　李智婧
杨　乐　汪睿瑞　张国婷　张嘉璇　陈　帅　陈　琰
陈其佳　郑　国　赵嘉琳　胡凤松　贾瑞敏　翁小芳

曾　治　熊华仪

药学院
于　晶　马昕玥　王　彤　王　贺　王　琪　王心雨
王亚帅　王岩航　王和玉　王景茹　王瑶琪　王增辉
卞思琪　邓海亮　左　翼　白　曼　吕子睿　仲　亮
向林涵　刘　扬　刘　扬　刘邦媛　刘当亮　刘海韵
刘雅文　刘德春　闫　仪　许文灏　孙晓志　孙家琦
苏文博　苏晓璇　李红星　李远非　李志胜　李昊亭
李奕言　李晓北　李嘉杰　李嘉嘉　李韶威　杨芳迪
吴松涛　岑顶玉　邹　优　邹　悦　宋金洋　张　宇
张　菡　张　博　张一恒　张丰哲　张太立　张书源
张西武　张晓雯　张淇凯　陈　宽　陈　逸　陈定一
陈洁欣　陈梅芳　苑广涵　范明华　和子超　侍一强
周新洋　郑天歌　赵旭洋　娄婷婷　秦学文　袁　宁
袁伯川　夏鹤铭　钱　源　倪冰玉　徐　帅　徐　莹
殷晴晴　高　鹏　高倩倩　郭昱辰　郭真言　郭楚宁
席　蕾　黄　聪　黄　璐　黄雨佳　黄振城　曹月盈
常丽颖　梁明昊　梁春苏　梁海珍　韩壶壶　韩梦仪
焦辰波　雷艺芝　简伟哲　鲍杨讴捷　蔡思娜　翟琛琛
颜雯璐　霍怡然　魏国旭

临床肿瘤学院
于　欢　于金玉　马中华　王晓航　王静远　田洪瑞
刘　钊　刘怡璘　刘添齐　李　想　杨　勇　杨璐晶
肖琪严　陈永康　姜彬彬　栾凤鸣　高哈尔·卡德尔汉
郭　阳　黄文发　黄文雯　彭　琳　覃向向　魏晓婷

首钢总医院
蓝　洋

首都儿科研究所
于斯淼　王忻宇

航天临床医学院
王安意　朱家平　华文轩　李　江　李吉云　李珂璇
陈瑞伟　耿旭华　程卫东

基础医学院
丁　卯　于天韵　于爱清　马　骁　马　瑞　马子涵
马昊雯　王　源　王子安　王子洋　王丹丹　王汇中
王雨昕　王昊翔　王炳蔚　王莹洁　王雪珩　王婧懿
王雷婕　王慧敏　毛亦爽　卞　雯　方　位　方亚宇
尹　莎　尹湘莎　邓心玥　邓宇轩　邓雨桐　邓凯歌
邓睿歆　卢德华　叶淑芳　田　越　田怡雪　付　杨
白静轩　兰星雨　宁　静　巩春杰　朴　阳　吕郑昕
吕琳婷　吕嘉欣　朱　林　朱玉洁　朱莉雯　朱澳璇
刘　玥　刘　夏　刘　程　刘　慧　刘　璐　刘万利
刘小荃　刘玉彤　刘怀存　刘承驽　刘昱婷　刘恒康
刘姝婉　刘浩云　刘海茵　刘家成　刘雯军　刘鎔仪
安永盼　安倬玉　许　悦　孙世祺　孙晓岩　苏　月
苏昕宇　杜帅樊　李　月　李　悦　李　源　李子菁

李方周	李兴丽	李易为	李怡宁	李思萱	李姝润
李振宇	李博涵	李萱韬	杨 春	杨兴雯	杨孙汀
杨圆圆	杨婧琳	杨霖健	肖雨欣	吴 昱	吴 鸽
吴伟强	吴丽琨	吴昊天	邱 浩	佘少平	张 蔚
沙娜·哈勒木别克	张 可	张 乐	张 凯	张 蔚	
张文婷	张苏欣	张学超	张洋铭	张健训	张梦雨
张曼泽	张越洋	张道宁	张燕丽	张曦公	陆 璐
陆丹娟	陈 诗	陈汀蕙	陈玟君	陈柏荣	陈钦钰
武 迪	苗宇桐	林伊雯	林展武	林铭浩	林韵萍
欧怡纯	卓莹莹	罗 超	金岳圻	金锡敏	周 艳
周佳卉	周雯嫣	郑立威	郑翊君	宗艳妮	孟 洋
孟玉红	赵 帅	赵 唯	赵一鸣	赵川榕	赵光普
赵丽君	赵明扬	赵梓岐	赵笠君	胡 可	胡枫艺
胡雨萌	胡维宪	胡耀文	茹 意	柏佳丽	钟丰耘
洪海恒	祖丽阿耶提·阿卜杜杰力力		姚然然	袁婧楚	
耿晨昕	耿嘉懿	夏研凯	顾阳阳	钱相君	徐杨恺
高 渊	高元绪	高昱华	高浩萌	郭心卉	郭聪婷
黄 洲	黄 榕	黄之贞	黄志高	黄思成	黄浩歌
曹兴辉	曹阳坡	曹璐璐	崔婧一	麻宇颉	梁双依
梁莞琪	宿元元	彭 睿	彭贤龙	彭雅妮	董恩甫
韩 雪	韩露露	覃漾玉	程杨畅	曾祥昱	游环宇
谢国光	靳 远	靳 健	赖富婷	虞 乐	解晋茹
窦 赟	褚文慧	蔡荣辉	臧 璠	廖亦可	漆玉州
谭程浩	滕 霞	薛士麟	薛俊慧	李靖谊	

第一临床医学院

于 娜	马开访	马嘉翼	王 娜	王 琪	王天爽
王云霞	王育榕	王洛依	王银浩	邓海月	叶 欣
田 杰	史 悦	令 晨	司家章	朱丽娜	朱振鹏
全 葳	刘 誉	刘子轩	刘丽丽	刘应南	刘梦苑
刘梦桐	关 豹	孙志明	杜晓婉	李 佳	李小倩
李佳润	杨 凡	杨新蕾	吴钟黎	何安邦	余桂珍
邹雪可	张宇慧	张选俊	张晓明	张 雪	张嘉昕
陈 岩	陈元翀	陈旭羚	陈志聪	陈卓婧	陈佳慧
陈泽洋	苗志荣	林志勇	林萍萍	罗 皓	郑浩楠
赵自芳	赵酉璐	胡 洋	南 丁	昝金灿	费秀文
费金韬	姚伟健	秦爱博	耿悦航	徐菱忆	郭芳芳
展 翘	黄 晨	黄海文	曹 汐	曹业迪	淮 静
梁荣月	塔拉提百克·买买提居马		越 雷	彭意吉	
焦 洋	鲍正清	蔡宇坤	戴尚志	魏子淳	

第二临床医学院

马慧云	王 涛	王振帆	王晓晓	王 铎	王婧元
王棪媛	韦仁杰	邓兴宇	龙 泽	龙绘斌	叶 帅
冯彩珍	兰 轲	皮梦媛	向 骁	刘小扬	刘百怡
刘苗雨	刘航齐	刘梅歌	安宇昂	李 杨	李 慧
李昱潼	李梦洋	李翔倩	杨 潇	杨 璐	杨文博
吴冶君	谷 盈	应沂岑	张 钰	张庄宜	张苏杰
张国栋	张季蕾	张哲栋	张渝昕	陈雪龙	陈 曦
苗泽群	周朝娥	郑文韬	宓嘉辉	居家宝	胡 丹
胡宇晴	皇秋莎	袁艺琳	桂若云	徐 丹	徐郑丽
高梦鸽	高嘉翔	黄 滔	黄思议	曹乐清	曹勖红
康冠楠	彭 芬	韩 帅	程 功	程嘉渝	靳 睿
虞 亮	蔡如意	谭忠州	熊玮珏	魏大力	

第三临床医学院

门 鹏	弓伊宁	马 静	马佰凯	马新然	王 超
王 鹏	王冰炎	王红梅	王佳佳	王海旭	王梦琳
王媛媛	邓 恩	申 展	付佳钰	包 洁	冯晔因
朱学华	刘小莉	刘芬婷	刘晓涵	刘晨虹	闫会萃
孙斯曼	杜传超	李 丹	李 彤	李 册	李 瑶
李司柱	李晓丹	杨婧祎	杨馨蕊	何天慧	余 婷
张 爽	张艺阳	张心灵	张心培	张书铭	张启鸣
张灵珂	张健维	张高祺	张展奕	张雪阳	张逸璇
张雅文	陈君逸	范道洋	庞 萌	郑丹蕾	郎 杉
孟新璐	赵心悦	赵国江	赵健芳	赵静雯	郝云霞
胡 南	哈拉哈提	夏华钦	夏海缀	倪凯文	高 帆
高冠英	黄 昕	葛力源	曾飘娥	谢江淼	蔺雨萱
潘晓宇					

第五临床医学院

于晓雪	王博浩	孙 嘉	杨春雪	张 帅	张 旸
张 莹	陈学涛	姜雨薇	姜迪菲	曹骊亭	脱毓蓉
韩冠鹏	谢双莲				

第四临床医学院

马一凡	马祝一	邓 旺	刘艳东	花克涵	苏 昊
杨舒雅	陈玉莹	陈紫晗	季尚蔚	周佐邑	周晨昱
庞智屿	赵 阳	侯玉珂	敖进涛	徐凡清	殷悦涵
蔡青云					

深圳医学中心

刘 苏	闫明艳	陈伟荻	康友伟	黎健发	潘 杰

解放军302医院

翟兴冉	郭 松

精神卫生研究所

伍庭芳	刘勤一	阳雨露	李明慧	吴艳坤	张 天
邵 岩	岳鑫鑫	钟苑心	韩 涵	潘美蓉	

优秀学生干部标兵

数学科学学院

季 策　段剑儒

物理学院

乔冠一　孙博爱

化学与分子工程学院

夏陈马雅

	生命科学学院			新媒体研究院	
何仁喜			许 酌		
	地球与空间科学学院			燕京学堂	
周辰傲			雷雪飞		
	心理与认知科学学院			口腔医学院	
陈洲荐			陈一铭 薛竹林		
	新闻与传播学院			中日友好临床医学院	
孙 硕			刘炼华		
	中国语言文学系			公共卫生学院	
程格格			沈宇驰		
	历史学系			药学院	
邵如阳			吕博晨 郑舒泽 段嘉伦		
	哲学系			基础医学院	
李 想			王鹏程 朱梓铭 邱志维		
	国际关系学院			第二临床医学院	
王 博			孟漱石		
	法学院			第三临床医学院	
叶山·叶尔布拉提			何林辉		
	政府管理学院				
何家唯			**优秀学生干部**		
	外国语学院			数学科学学院	
王佳晨 蒋博翔			史若画 史翔宇 刘俣伽 李擎宇 栾晓坤 黄 桢 谢添雨 魏易凡		
	马克思主义学院				
马 宁			物理学院		
	体育教研部			王子澳 王云坤 邓妙怡 朱红村 朱星宇 乔 舸 刘津汀 刘清元 张 毅 孟子轩 赵鑫淼 翁宏健 隋 垚 葛子康		
芦 荻					
	对外汉语教育学院				
田晓萌			化学与分子工程学院		
	深圳研究生院			白光晟 江意达 李 昊 杨骐戎 赵银花 祝 淼 徐志瑞 蔡奕腾		
吴 炫 曹润泽					
	信息科学技术学院			生命科学学院	
赵鑫泽 谢伟滨			孔玥峤 吉雅晴 张 禾 张启明 张嵩元 赵 懂 袁玮鸿		
	国家发展研究院				
黄和清			地球与空间科学学院		
	教育学院			伍昕钰 刘庆彬 李 昂 李佳益 罗清清 姜金廷 耿 力		
王 祯					
	人口研究所			心理与认知科学学院	
王润芝			杨奕轩 陆薪莲 陈一笛		
	前沿交叉学科研究院			软件与微电子学院	
张妤彤			王泽斌 王梓旋 伏志能 任晓凡 刘 倩 李梦圆 杨 洪 张中天 项楚童 赵冠杰 胡扬帆 姚扬帆 黄贤清 韩欣彤 韩蕊莘 曾宇俊		
	工学院				
陈善恩					
	城市与环境学院			新闻与传播学院	
邓鲁川			张文杰 张冉玥 赵 坤		
	环境科学与工程学院			中国语言文学系	
周 昊			李若白 余栢耀 陈亚琼 陈墨玉 栗 葛 程志鹏		

廉鹏举　魏佳俊

历史学系
张莹玥　庞世豪　郝翔宇

考古文博学院
于进洋　陈全星　薛雅丽

哲学系
王　丹　王志峰　牛牧晨　赵子昕

国际关系学院
朱　睿　刘宇坤　余　欣　宋昊天　陈正勋　胡　悦
段陶然　涂针华　黄蕴仪　张　琳

经济学院
王浩然　刘　灿　孙　琦　林琪贺　林楠茜　唐昱阳
焦　阳　樊凯欣

光华管理学院
汤　杰　严志远　李　明　李泽健　李斐儿　辛　星
宋雨泓　陈文生　陈浩耀　赵　乘　景　怡　曾　进
谢笑旸

法学院
文晶洁　卢亮辰　史默然　朱艺浩　芦　婷　李逸斯
杨　琦　邹仪威　张恒基　陈祯卿　周梦瑶　赵仙凤
袁伊劲　聂煦东　徐　申　黄珊珊　隋　新

信息管理系
李炳萱　汪亚宁　赖纪瑶

社会学系
曲绍航　刘卓晓　肖上上　陈舒雨

政府管理学院
王艺潼　王思禹　何　瑾　胡诗宇　姜霁洋

外国语学院
门雪洁　王乃懋　王静妍　吴宇轩　宋一鹏　张子悦
黄天怡　谌育良

艺术学院
马　荻　周若菲

元培学院
包晓东　吕嘉欣　刘婧姝　孙治宇　李奕威　李晨光
肖正康　倪梓强　滑迎春　潘新宇

深圳研究生院
王禹锡　王烁康　田　丰　邢凯轩　李奕玮　李　恒
李嫣婷　余浩洋　余雷雨　陆正昌　邵　阳　季纯涵
赵万钰　赵　茜　侯英男　黄加耀　辜婧玲

信息科学技术学院
王　丰　王业鑫　王梓丞　吕逢娇　向　鹏　刘　冰
刘牧耕　孙耀峰　李　荟　邱伟雄　陈锦伟　武俊宏
岳　亮　周　晔　胡新宇　段庆熙　袁世平　徐志华
黄一伦　蒋开晟　路通康　魏金弟

国家发展研究院
王琪瑶　尉银杰

教育学院
刘姗姗

前沿交叉学科研究院
马昕蕾　王　君　江泽茹　李　昂　胡　晟　简维凤

工学院
付书岗　刘心武　邱凯旋　何志晨　张开端　易俊何
周伟涛　郑骁键　贺俊峰

城市与环境学院
付　博　吴蓝蓝　张志皓　范晓琳　季倩雯　彭昭宇
焦梦菲

环境科学与工程学院
马若绮　袁沁妮

分子医学研究所
王千昊

歌剧研究院
黄宝杰

建筑与景观设计学院
陈宇枫

新媒体研究院
朱文玥

口腔医学院
李　峥　陈　鹏　胡玉鹏　郭润智

中日友好临床医学院
李拟东

公共卫生学院
王俊人　闫温馨　吴天晨　陈春屹　陈思远　陶一鸣
梁梓铧　韩汶静

台港澳学生
王成睿

护理学院
王韵璘　兰　悦　籍萌萌

医学人文学院
马　尚　赵一霖

药学院
王　嫄　王大宽　王丽清　付川询　吴　洋　罗平尧
要驭飞　郭相孚　常　坤

临床肿瘤学院
丁广宇　杨　迪

航天临床医学院
李伊凡

基础医学院
马　平　马潇菁　冯金秋　乔笑莹　张　顺　张晓扬
阿尔曼·阿卜杜热扎克　金默然　钟启航　俞　宁
饶腾铂　潘常青

第一临床医学院
刘雨奇　孙名帅　李　勇　张冰丽　张潇丹　胡建文

第二临床医学院
刘天赐　刘丽华　肖泽睿　张建港　陈家丽　黄博轩

第三临床医学院

马凯明　王震宇　王鑫光　张家慧　林新鸿

第五临床医学院

李　锐　郭佩瑶

第四临床医学院

张建宇

精神卫生研究所

刘宁宁

优秀科研奖

数学科学院

丁梦瑶　刁旭昊　王　亚　王恒亮　王哲辉　王　涵
邓宇昊　朱　果　乔文潇　乔灵霞　刘　飞　刘　艾
孙纬地　李长彦　李　弢　李荣刚　李勇锋　李　特
李　媛　李新宇　李　影　杨凡意　吴大庆　吴志昂
张少鹏　张　雨　陆玉锋　陈天遥　陈文集　陈　亮
陈　琦　金泽宇　周正雍　赵　芯　赵陈菲　赵政辉
段俊明　俞　炳　姚博文　高家兴　郭晓露　郭靖邦
陶雪妍　黄家盛　黄翔宇　梁德才　韩雨岑　景琰杰
熊云丰　穆罕默德·哈米德

物理学院

Abid, Adeel Younas　丁石磊　于明鑫　马　扬　马腾昊
王子潇　王宇轩　王利博　王　珂　王竞先　王　浩
王　晶　王鹏杰　王锶博　牛欣翔　毛文志　方一奇
厉　斌　叶子凌锋　白世伟　冯晓疃　冯　航　宁远航
成　星　毕　然　朱奎霖　庄　琳　刘允启　刘　兴
刘雨轩　刘　畅　刘　威　刘彦昭　刘晓楠　刘海鑫
刘浪天　刘越峰　江　燕　安　莹　许峰玮　孙元伟
孙志鹏　孙唯佳　苏　睿　李东彧　李孟达　李思璇
李　根　李健国　李　萌　李智超　李嘉镛　杨玉姣
杨宁选　杨国元　杨　洁　杨济泽　杨振乾　杨　斌
肖　杰　吴仁华　吴明阳　吴赵龙　何任川　余晓阳
余捻坤　汪品源　沈文皓　宋新宇　张开元　张世辰
张志斌　张泽昊　张威东　张修营　张　萌　陈　术
陈华强　陈凯悦　陈浩翔　陈翀尧　陈　蒙　陈毅勇
武　媚　郁　言　罗迪雯　罗　航　周正清　周谭吉
周慧斌　郑莎莎　郎　永　郎　婧　屈　苗　赵义强
赵俊杰　赵　晟　赵　耀　郝　赫　胡志刚　胡琪伟
茹星语　钟　山　段雪珂　侯　哲　侯　爵　俞哲飞
闻　馨　姜美玲　骆　洋　秦翩翩　敖雨田　郭　逸
郭　璇　陶　伟　黄天奇　黄励勤　曹沁芳　崔增琪
章文杰　葛　军　韩中东　韩美贞　韩家兴　傅煜铭
舒　苏　谢承志　赖佳伟　雷　柱　满中意　熊日晨
熊斌武　缪雪丽　樊振豪　燕鑫鑫　魏天恒　魏嘉琪

化学与分子工程学院

于梦虹　王子沆　王　进　王　荣　王腾辉　王静瑶
毛　栋　孔　娅　石梦妮　达晓娣　吕泽玉　朱志扬
朱明轩　朱　胜　仲美燕　任家桐　刘书彰　刘　正
刘宏宇　刘　莹　刘雅杰　刘歆子建　关键鑫　汤　胜
许世臣　许晗宇　孙阳勇　孙晗力　孙博勋　杜鸿旭
李元培　李　迪　李昭玥　李爽笑　李晨龙　杨兰兰
杨宇舒　杨　晨　杨超然　肖　锐　吴　勇　汪怡雯
张　宁　张绍然　张　蕾　张　攀　陈少闯　陈　垦
陈　维　范欣琦　林宇轩　林康杰　罗　铮　罗　越
金国庆　周君豪　周　玥　周　颖　赵玲丽　钟守超
钟秉辰　邰云鹏　段东斑　施江陵　姜　维　姜　蓓
姚兴奇　袁　堃　袁　琼　贾开诚　徐姝婷　郭印良
郭　纵　唐毓良　唐　麒　黄　哲　黄瀚林　盛　建
崔　雨　崔凌智　崇　滨　梁　旭　彭陆鑫　蒋佳弟
傅　裕　曾　庆　曾如馨　游浩扬　雷金霞　蔡思良
霍静凤　戴昱民

生命科学学院

马　赛　王子猛　王龙腾　王冰洁　王　坤　王　博
王　露　叶思达　田　峰　田　甜　付云天　宁少楷
吕志聪　朱昱聪　朱思雨　庄腾寒　刘　洋　刘烨丹
刘铭玉　孙超英　纪成功　杜小敏　李方圆　李可骄
李梦尧　李　鑫　杨彦芝　杨晓珂　杨碧莹　吴长城
宋子豪　张心怡　张　姗　陆　平　陈姮玉　卓婉清
金善钊　赵华煜　柏东生　侯　婕　侯赛莹　郭仲龙
唐嘉祥　黄晓科　黄新平　戚　志　康博熙　梁文洁
蒋家浩　赖其梁　翟艳芳

地球与空间科学学院

王圣音　王　凯　王舰迎　王　超　方唯振　邓　焱
石爱国　付　瑜　吕平洋　朱伟鹏　朱　莹　朱　猛
刘志扬　刘茂林　刘思远　刘思琪　刘　爽　刘　璐
齐　楠　孙翌馨　运乃丹　杜守基　李英雷　李雨生
李昆鹏　李明佳　李韶凯　杨　扬　杨　柳　杨斯棋
杨　谦　杨　飙　肖万博　吴永祺　吴思弘　吴浩波
吴嘉伟　汪　颖　沈瑛楚　张艺山　张　旗　岳　季
周天琪　郑逸童　郑智嘉　孟芸西　赵玖桐　赵琰喆
胡开颜　姜伟民　姜　涛　洛　怡　姚　欣　姚健鹏
贾昊凝　柴宝惠　柴　珺　徐　洁　殷亚磊　高　萌
郭金辉　谈　笑　黄天正　龚世泽　葛成隆　蒋久阳
温景充　甯　濛　翟天雷　黎晏彰　魏　韧

心理与认知科学学院

马继昌　王雪娜　王惠君　邓　州　兰　雪　刘　雷
江曜民　芦　莉　李书承　李帅琪　李雨瞳　李卓扬
李朋丽　李炳灿　李晓璇　宋　词　张文硕　张梦茹
张　婷　周　娜　倪　玮　唐楠棋　蒋冬冬　韩　萌
焦　艳

新闻与传播学院

刘　昕　杨佳艺　吴尹君　张朝宇　陈秋心　金　璐
周　敏　郭亚伟

中国语言文学系

马啸沄　王　今　王雨童　石若玉　叶　青　成怡然
曲　楠　吕　一　刘梦秋　孙子绚　杜以恒　李佳媛
李晓蓉　肖钰可　吴子玉　辛志娟　张丰楚　张佳伟
陈博凯　金恩惠　项　涵　钱雅妮　高　飞　黄冬笑
曹晓玉　程　红　鲍佳音　蔡明佳　谭　菲

历史学系

王　磊　刘　祎　刘　瑞　李灵均　陆　昆　郑昭昕
赵怡晨　姬方盈　黄明浩　寇博辰　蓝睿妮

考古文博学院

王静雪　刘　念　李欣蔓　杨若梅　陈　婷　周昕语
周　钰　周　静　秦　博　高　宇　蔡　宁　魏子元

哲学系

王舒逸　付　娆　丛　荣　李　源　汪柔竹　汪　博
张　瑜　张　照　陈广辉　陈　玉　陈明坤　周龙辉
赵洪彬　赵新侃　夏　语　唐心怡　康立坤　康雅琼
谭鸿渐

国际关系学院

韦冲霄　文海娜　朱莉雅　刘　宁　李　奕　杨黎泽
吴焕琼　陈　凤　罗安娜　侯晓玮　袁嘉俊　徐炜丹
郭　洋　梁筱璇　简　玫

经济学院

王　彬　魏嘉蒙

光华管理学院

王陈豪　朱菲菲　刘蓝予　杜　君　李松楠　杨楚笛
张　玥　林颖倩　周慧珺　赵健宇　赵　瑞　姜茂林
姜舒文　袁　悦　钱留杰　黄新竹　廖　博

法学院

叶依梦　池丽娟　李晓蓉　何　康　郑含博　雷逸舟
薛前强

信息管理系

王若佳　王林旭　王　锴　宋筱璇　张力元　张晓芳
张　璐　陈　沫　宗何婵瑞　唐星龙

社会学系

王　婧　邓朋滔　左雯敏　田嘉毅　刘　梅　刘雪伶
刘锦程　李思妍　杨一宁　杨钰婷　张　越　陈尊慈
林小燕　孟　奇　赵万林　赵珮昕　贾宇婧　唐梓钧
涂　真　张凯彦　粟后发

政府管理学院

王丹彤　全太明　刘占洋　李君然　邹昀瑾　宋昌耀
张　旭　张　恩　郑姗姗　谢予昭

外国语学院

马　艳　叶素颖　史　晴　达乐乐　刘雅悦　李坤逸
张丰硕　张若枫　周春悦　郑泽星　赵婉雪　柳雨薇
姜　蕾　鲁擎雨　戴玮峰

马克思主义学院

毕　秋　刘　琦　房静雅　赵子萌　饶一鸣　曹得宝

体育教研部

沈璟婷

艺术学院

丁艺淳　王子璇　王亚群　曲康维　李安琪　李典峰
汪雪倩　张立娜　张　瑜　陈小琪　姜　来　祝子建
张婷婷　韩思琪　潘洁馨

对外汉语教育学院

刘　芳

深圳研究生院

马彦博　马　超　王　杰　王素静　王　盛　王墅塾
孔伟杰　付求爱　宁皎邑　曲永政　刘瀛浣　齐格格
江家豪　安　珂　许洁安　孙浩博　牟　群　杜一萌
李一迪　李子睿　李风霞　李婧贤　杨博文　吴　倩
余长城　余晓铭　张　文　张礼杰　张　丽　张　涛
张　彬　张　瑾　陈小龙　陈　广　陈凤凌　陈雪松
陈裕鹏　国　政　罗正丁　罗　贞　周秋豪　赵融通
郝梦宇　胡明宇　段　阳　宫一玮　贾雪雷　顾容之
殷卓君　卿志能　郭柏宏　黄伟源　黄济乐　曹镜明
储　君　曾韦玲　谢悦湘　蔡爱玲　樊卓宸　颜志明
戴竞超　鞠　敏

信息科学技术学院

于子毅　马连韬　马凌霄　王子宁　王子昌　王冬鸽
王佳麟　王　柯　王树民　王思薇　王　贺　王海东
王　婧　王　博　王璞瑞　王　燕　韦宇晗　牛亚东
牛　尊　毛航宇　尹　卿　孔　浩　邓哲也　双　雅
叶钊达　叶嘉成　田得雨　付振新　白子轩　包路遥
冯雨龙　冯衍霖　兰云飞　朱　凯　朱　佳　朱景龙
任晓宇　向　立　刘力桥　刘天宇　刘少钦　刘亚坤
刘江雨　刘　欢　刘　灿　刘泽学　刘炳言　刘振华
刘　震　关智超　江宇宁　许晶晶　孙子钧　孙迪雅
孙　笑　杜一鹏　李芷涵　李忱家　李念语　李　炜
李宗佳　李顺恺　李俊儒　李　晟　李晓风　李祥泰
李傲然　李婷宇　李　想　李锦阳　李毓浩　杨　宇
杨　安　杨　钊　杨　恺　杨朝晖　杨溢鑫　肖命清
吴博炯　吴睿海　何　动　何　蔼　邹雨恒　沙一欣
宋思捷　迟　禄　张　元　张　艺　张宇霞　张克驰
张添诚　张寅达　张　韬　张慧良　张　磊　张馨月
陆灏源　陈子扬　陈方平　陈心羽　陈　帅　陈　旭
陈思硕　陈蔚燕　邵汉宁　虎振兴　罗懿行　郑子渊
郑峰屹　郑程元　宗雨健　孟逸白　赵汉宇　赵冰婵
赵　照　郝蔚琳　胡越予　胡镇炜　钟灏峰　段亚文
禹宏康　袁明宽　袁　野　贾川民　夏晓丽　徐玉麟

徐丽莹	高睿杨	高 飙	郭健元	郭晴宇	黄 允
黄杨洋	黄首东	黄哲威	黄 琪	黄潋哲	黄 鑫
曹德福	龚林源	盛楷文	常鹏媛	崔 静	商浩森
彭 超	董 晓	韩 云	韩 昱	韩润泽	程 轶
童 派	谢佩辰	靳立晨	楼燚航	翟润天	缪立明
潘 成	霍明佳				

国家发展研究院

| 刘松瑞 | 李 硕 | 李鸿丞 | 沓钰淇 | 聂 卓 | 黑 烨 |

人口研究所

| 向平波 | 刘尚君 | 李正禹 | 吴振东 | 张玳瑶 | 陈 杭 |
| 范宇新 | 郭 帅 | | | | |

前沿交叉学科研究院

王三山	王蓄锐	王 聪	孔含静		
巴合提亚尔·胡瓦提别克		甘婷婷	左琳彧	申 辉	
田 丰	吕学晖	任哲玄	刘 丹	孙林华	孙浩源
李诗雨	李 承	杨一博	杨昌儒	吴锦淳	吴 曦
何艳云	辛 武	闵喆莹	张 雨	张艳玲	张 健
范盈盈	林 潇	郑亦嘉	单婧媛	房 巧	孟丽莹
胡凌寒	胡雅丽	侯英萍	晓 娜	郭倩倩	唐 彬
隋秀文	彭展涛	董利婷	程 阳	童津津	谢雨农
谢 娟	雍自昊	魏田田			

工学院

于 昊	于泽宽	马中天	马树灯	王国丞	王衍之
卞雨晗	方 奔	邓 伟	艾雨霏	龙 浩	卢楚祺
史美程	朱文清	朱思浩	刘仁发	刘向阳	刘馨月
关美玲	安 北	孙 杰	孙 翰	苏 曼	李月莲
李廷炜	李肖音	李宏源	李美琪	李 哲	李 根
李夏洋	李海月	李 雪	李锡英	杨正浩	杨 任
吴钧杰	邱旭汶	余中辉	余港龙	沙 熠	张子凡
张天昊	张 帆	张 驰	张 钰	张益宁	张瑀涵
张瀚文	陈子威	陈李嵘	陈倩滢	邵世轩	邵明宇
尚秋宇	周金辉	於之杰	屈 帅	孟凯鑫	赵隆祥
郝进华	段高鹏	洪 敏	姚梦碧	党向新	倪 悦
高园园	唐天宇	唐兴宜	海永清	黄江勇	黄 锋
黄智宇	黄裕函	萨金卜	曹宇曦	曹禹凡	康林林
黑 玉	童文文	曾 爽	赛德芙	熊佳铭	熊凌浩
樊建树	潘 杰	霍彦纬			

城市与环境学院

马昕琳	马奕欣	王 婷	王曦若	云 翃	毛兴台
田 海	史书菡	吕品妍	朱 婷	刘 航	刘 晨
阮军儒	苏黎馨	李新月	李燕莹	杨 婕	邱思静
何可宜	谷月昆	张倩茹	陈雪霞	范文颖	林 萍
林逸凡	罗 奥	郑昌辉	单 良	赵 冰	胡天汇
俞国军	贺一舟	顾慧洁	倪晓凤	黄钰婷	黄嘉成
崔洪洋	韩 胜	程梦涵	储杨阳	熊心雨	

环境科学与工程学院

| 王文杰 | 尤明涛 | 向雅馨 | 刘靖崴 | 孙海盟 | |

| 麦麦提·斯马义 | | 李 堃 | 李焕宏 | 杨子健 | 杨文文 |
| 陈红硕 | 陈肖睿 | 陈 醒 | 陈灏轩 | 胡 晴 | 蒋 幸 |

新媒体研究院

| 张华麟 | 邵 瑞 | 黄 杨 | | | |

燕京学堂

| 万舒心 | 马克理 | 孔 明 | 郑 一 | 郭圆圆 | |

口腔医学院

王 丹	王 梅	王丹丹	王贵燕	王鹿鸣	石 梦
李 榕	李仕骏	吴季霖	吴晓伟	宋凤岐	张梦琦
陈 英	金姗姗	周志芳	姜雨汐	袁临天	顾冉丽
高 雅	郭雨思	黄 超	揭伟萍	董 霜	臧 婧
樊壮壮	霍苁呈				

中日友好临床医学院

| 王旭明 | 刘韦芳 | 刘海龙 | 李红雯 | 张淑娟 | 段瑞瑞 |

公共卫生学院

于孟轲	王陶陶	王晨阳	邓思危	石嘉章	史欣然
冯菁楠	朱 安	乔冠华	刘思奇	刘琪思婧	安 航
李 琦	李 雍	李宏宇	杨向明	吴晓燕	何 伟
宋绮莹	张京舒	张海军	武 薇	林 瑜	林力孜
郑启文	郑鸿尘	赵厚宇	侯晓鸿	姜学文	胥嘉钰
秦 婧	曹桂莹	麻慧娟	梁靖媛	温 勃	楚梦天
魏 田	魏 霞				

地坛医院

| 吴苑妮 | | | | | |

回龙观医院

| 王蕾蕾 | 刘 悦 | | | | |

护理学院

| 李诗嘉 | | | | | |

医学人文学院

| 马庆华 | 步 凯 | 张 泉苗卉 | | | |

药学院

于小桐	王 晴	王彦行	卢文超	史世彬	邢佰颖
刘 曼	刘志艳	刘凯萌	刘秋怡	安鹏姣	孙 静
杜亚菲	李卓越	李晓娜	吴 爽	吴一波	何 娜
佟 盟	邹 杨	沈月城	张 浩	张 梦	张美琪
张涵煦	阿木古布	陈 祎	陈丽君	武娇娇	周瑜珍
郑家怡	赵玮璇	胡 曼	胡利明	胡新平	柏金和
段康飞	姚 烨	秦 川	贾玮娟	徐 莎	高 华
黄亚卓	谌宣蓁	雍 灵	谭 慧	颜晨嘉	魏佳良

临床肿瘤学院

| 王 星 | 王怀宇 | 王敏敏 | 王维嘉 | 冯冬冬 | 吴江华 |
| 陈冬芍 | 赵 倩 | 赵 堃 | 黄 莎 | 黄宇亮 | |

首都儿科研究所

| 李倩青 | | | | | |

航天临床医学院

| 魏天笑 | | | | | |

基础医学院

于 蒙	王 慧	王小乙	王天卓	王沁瑜	王俊博
王誉雅	邓靖程	石 鹏	龙 帅	田 辰	成彧宁
刘天宇	刘如霞	刘泽林	刘泽钰	齐雪涛	许永杰
孙兆炜	孙祎喆	阴雯臻	李双双	杨 柳	吴 佳
吴雅倩	张 婷	陈 玥	陈 琪	陈靖轩	邵东兴
林怡婷	罗俊杰	周艳婷	郑娇娇	姚孟飞	姚美男
贾凯雯	夏 璐	席婧媛	黄诗扬	黄鸿鑫	黄深明
舒敬仪	童 展	管 芮	熊建楠	熊粤蛟	

第一临床医学院

于伟伟	于冰心	马晓宇	马浩程	王 琴	王 聪
王丽媛	王圆圆	王淑娴	文泳欣	亢 倩	邓心未
卢 慧	冯 琳	母光妍	朱 军	向泓雨	刘凤洁
江星元	许博洋	孙兆男	孙姿君	孙凌月	纪童童
杜亚婷	李 颖	李芙蓉	李林淋	李泽华	杨婉娜
吴 朝	张 逸	张 鹏	张致恺	张筱倩	张慕秋
陈 睿	陈玉迪	邵 锦	周沛宁	周靖程	姜宇桢
宫坤婧	贺丹眉	袁昌巍	贾静静	夏倩倩	高文娜
高田敬	郭士浩	职文倩	黄隽文	董 鑫	焦苓茹
鲁芊铄	谢志颖	裴仁广	谭康安	樊书菠	魏林苇
魏雅慧					

第二临床医学院

张伊佳	林 矗	蒋欣彤	喻 言	谢 宇

第三临床医学院

王 睿	卢 青	叶 凯	乐艳青	任佳琦	刘艳艳
刘容均	杨飞龙	来 松	陈威宇	邵嘉艺	林艺华
郑丹妮	赵梦林	胡 静	贾国华	夏恺璘	徐楚潇
高 山	郭 晗	郭燕磊	崔智勇	麻贞贞	蒋 媛
韩 晶	翟檀榕	熊 姗			

第五临床医学院

史吉平	杜俊杰	肖 宇

第四临床医学院

李 桦

深圳医学中心

马娜娜	刘 洁	彭思佳	蒋衍亿

解放军306医院

杨佳启

精神卫生研究所

王 忠	尹婷妮	孙婷婷	苏思贞	李 卉	张于亚楠
谢 娆					

学习优秀奖

数学科学学院

卜 昊	于惠施	马致远	王首樵	王浩然	王浩翔
王啸辰	王崇宇	方 乾	叶胥达	代睿哲	仝方舟
乐兆颖	冯语凡	冯梓轩	冯韬禛	兰倬铭	邢芳榕
吕青峰	朱子晗	朱心一	庄子杰	刘抒睿	刘 坤
刘润声	江元旸	池方琦	孙纪顺	李欣哲	李通宇
杨子杰	杨 远	杨 舍	杨逸舟	杨潇博	杨德鼎
邱 添	何天成	张入文	张文龙	张劲松	张凯勃
张 澄	陈子瞻	陈自元	陈宇轩	陈贵显	陈奕行
苑之宇	林立聪	林家梁	欧阳泽轩	罗 昊	罗慕涵
周 天	郑子和	居浩成	赵昕曈	赵婕宇	侯霁开
俞志远	施奕成	徐 恺	徐紫云	高天琛	郭义销
郭若一	唐山茗	黄凯旋	黄柏贺	梁宇辰	彭展翔
景闻博	程晓鸥	焦宇翔	舒亦展	谢 栋	虞 越

物理学院

王齐悦	王次天	王兴豪	王宇杰	王启盼	王 威
王勉齐	王惠美	王瑞琦	甘天奕	叶兴国	申思远
吕嘉昊	朱佩欣	乔天宇	刘田颖	杜思敬	李天舒
李辰剑	李 想	李 想	李曜辰	杨晨宇	杨璧瑞
肖振宇	吴小凡	吴 婧	何乐为	宋心仪	宋振豪
宋稚中	张一啸	张正熙	张世龙	张亦驰	张宇飞
张若晨	张京鹏	张健星	张烨冰	张家伟	张 皓
张睿之	陈文杰	陈宇畅	陈祎泓	陈润恺	陈跃元
陈路逸	欧阳云浩	罗明迪	周子楠	赵威伦	姜 睿
宣泽远	顾周洲	唐一朝	唐天泓	黄俊翔	葛博文
韩书朋	谢永志	雷原正	鲍翔润	翟翀昊	

化学与分子工程学院

才智赫	王子健	王宇哲	王希元	王欣锐	王炳寒
王崇斌	王 淦	王 聪	邓泽宇	叶泽坤	朱凯煜
刘兴沛	安皓昀	李介然	李 叶	李昀之	李炳其
李乘宇	李隽仁	李 琛	李锦宜	吴宇飞	吴昊京
谷家桢	沈星宇	宋昊冉	张居安	范 金	林潇涵
罗智康	周泽埕	赵文硕	赵效乐	柯 瀚	洪涵渝
姚雅婷	耿景行	谈博文	黄馨茹	曹若辰	盛 俊
崔 卓	蒋 然	熊 杰	潘陈恺	穆禧龙	魏旭炎

生命科学学院

王云松	王贝铭	王书玉	王正华	王荣羿	王梦萱
王添艺	卞薇洁	石国君	叶小洲	刘 艺	刘雨萱
刘沿江	刘家怡	刘曼琳	江静媛	苏晨鹏	李小雨
李木子	李冬子	李雪霖	李滢萱	杨继轩	吴 双
邱 爽	沈 凤	张文硕	张志莹	张卓豪	张甜甜
张毓昕	陈启文	茅傲岳	周 蓉	胡在锋	胡 波
胡静茹	钟煜炜	姜百翼	秦世尚	高培翔	郭雨阳
郭祥龙	容玉琳	黄婉萍	黄 颖	曹配懿	彭嘉慧
覃博祥	楼开伦	简依敏	廖冯昌	薛凌峰	魏泽林

地球与空间科学学院

丁鸿扬	马涵聪	王点兵	王睿哲	邓玄宇	石晓霏
叶文龙	叶瑞麟	冉瑾瑜	朴 健	吕广硕	伍峻琦
刘一鸣	江世豪	杜卓晨	李政泽	杨 帆	杨 烯

闵靖涛	沈家河	宋肖汉	张 昊	张溶倩	张懿卓	何梓萱	迟 源	张荣凯	张悠然	张锦宇	张辞修
陈丹丘	陈逸凡	罗逸群	周 嵘	项 洋	胡昭阳	陈烨轩	武嘉言	范继敏	林睿祺	周程祎	郑叶凡
柯赵轲	施新宇	姚 圆	顾书纶	曹寒冰	常鹤翔	郑 鑫	姜瑞雯	姚念达	徐佳淳	高正亮	龚 哲
章文博	彭镜宇	鲁尚宗	裴召文	戴 琪	魏江南	隗 敏	续婧仪	靳逸萱	籍春蕾		

心理与认知科学学院

王文欣	甘琳琳	申雨禾	伏紫冰	刘梦颖	孙一玮	毛少羿	安 文	玛丽娅	李佳胜	李婉明	李嘉妍
李 响	应宗珣	辛梓彤	张力丹	张文赫	张君阳	李曈岳	何一苇	张越婷	陈天然	陈 鑫	胡好玥
张殊培	张梓汐	邵凡依	林荟颖	冼可欢	赵芷洁	胡毅捷	钱雨琨	郭士嘉	黄辉凡	覃莉雯	
郭子欣	郭子涵	郭抗抗	章 莹	葛 瑞	管 烨						

哲学系

软件与微电子学院

						王天浩	王日鹏	王艾迪	王诗瑜	王 清	邓雯茜
马淑静	王之翔	王天润	王志东	王 涛	王雅婧	司 晨	邢逸旻	毕祖曜	吕 骏	刘秋婵	许 瑞
王鲁月	王 霄	邓兆阳	田华典	田振聪	朱宏博	孙永为	孙兆程	杜敬婷	李文艳	李庄威	李健芸
朱鲁浩	庄奕鸿	刘 芳	刘 迥	刘凯阳	刘晓彤	杨佳伦	杨雪泥	张 航	陈 晴	周驰博	赵 旭
刘博焕	刘博楠	刘 鑫	关心杨	汤文玉	阮治东	郝董凡	洪 昕	蒋彧顗	储安琦	谭依瑶	潘 睿
孙千和	杜雯雯	李梦瑶	李 晗	连 鑫	吴 晖						

国际关系学院

邱 越	余道清	邹 永	沈子清	沈韦名	宋怡霖	马安仁	马埶若	王 颖	石京晶	卢伟杰	卢嵩嵩
张书毅	张成蹊	张泽宇	张 偲	张逸然	张 博	史策涵	任 铎	刘近墨	关山越	李仁杰	李矛宁
陆竑旭	阿禧达	陈圣文	陈 林	陈聪聪	郁星遥	李典易	李照清	杨紫茵	何明璐	宋建含	张海馨
罗昕颉	季俊杰	周若玮	郑佳斌	孟丽婷	胡旭伦	易玻而	金珪范	郑铃滢	施 雨	施 榕	袁 菁
柳潭子	侯雯颖	聂靖璇	贾云龙	徐珮文	徐嘉辰	莫 蕾	高绰璟	郭冬妍	黄敬超	黄智豪	彭书涵
高 雪	高瑜婕	黄瑞瑶	商同泽	梁宏华	葛金娇	蒋 端	韩丞浚	韩梦扬	曾亦辰	曾楚媛	德 林
葛鹏程	韩甄睿	程 琪	焦春恒	路 瑶	詹 鹏	薛尔清	薇安安				
蔡迪雅	熊冠铭	樊 跑	颜苏卿	戴镇原	魏宇辉						

经济学院

新闻与传播学院

						马粮宗	王云龙	王正刚	王冰漪	王 宇	王 言
丁楚晴	尹 航	付瑞璐	印秀绚	仵孙矞	任远航	王诗雨	王 莹	王敬一	王 晶	王 睿	牛嘉蕙
安 妮	杨 涔	杨 雪	邱凯柔	邹 彤	张 帆	尹靖雨	古璐琳	石可寓	东煜喆	叶冬琦	叶刘杭
张 琳	张蕴灵	陈佩翊	陈 潇	罗敏霞	周思睿	叶智霖	白柠瑞	冯艳艳	冯 璐	成瑞林	毕子珑
周海若	郑雨珂	聂耀华	徐潇云	郭雨辰	郭季豪	吕有吉	朱 丹	任庆杰	华亮文	刘心悦	刘安澜
郭晓璇	唐 青	陶晓菲	姬皖莹	黄茹蓉	黄 雪	刘 坦	刘 琪	刘琢玮	江钟凌	严 易	李子毅
黄鑫媛	曹 萌	梁子健	缑文强	蔡雨洋		李亦丁	李辰洋	李 良	李怡然	李炤坤	李偲媛
						李婧宜	李婉君	李鑫宇	杨昀霏	吴丹阳	吴凌云

中国语言文学系

于欣池	马迪雅	王亚男	王羽端	王精松	王馨璐	吴海青	邱昱程	何 冰	何星原	余思雨	余 航
王 鑫	叶天成	冯宇宽	冯锦媛	朱建强	刘心怡	狄则徐	汪欢颜	沈 博	宋雨潇	张心怡	张宁川
刘以恬	刘明洋	孙 竞	李志勇	李雨轩	李佳琦	张钰曼	张 琮	张耀尹	陈启华	陈晓宇	陈晓瑶
李衍颖	李尉齐	李婉婷	李超宇	杨心宇	杨 圆	陈 甜	陈 淼	陈锐钒	邵锐成	林 杰	林剑丹
杨梓婧	杨 照	肖映萱	何亦舒	宋月玥	张旭升	易杰锋	周宇柯	孟 元	赵 辰	柯俊强	钟靖雯
张沐舒	张俊逸	张 彧	张 雯	阿部美佳	陈波蓉	段埵郴	侯曼麒	姜帅宇	贺灿春	秦 颖	袁洛琪
陈焕茂	陈勤捷	武 悦	范语晨	林砚秋	林锦情	夏 宇	郭天睿	唐 闻	黄子洋	黄 茜	黄晨楠
罗茂轩	周子涵	周 天	郑仁裁	郑君仪	郑 洁	戚逸康	崔博雄	梁 月	隗佳宁	彭雯静	董奕辰
郑哲宇	赵雨格	赵理扬	赵嘉宇	胡映安	姚 卉	韩 笑	韩甜甜	程宇畅	曾依雯	游 祺	谢 坤
徐韫琪	高银美	席云帆	唐小林	唐 琪	黄 喆	解新元	熊 萱	戴懿婷			
萧雯佳	梁梓琳	彭馨雨	程 悦	谢云开	赖 婷						
路 卡	蔡寰宸	谭永琦	潘舒婷								

光华管理学院

历史学系

						一 哥	丁昊东	马 丁	马云轩	马嘉璐	丰 盛
						王子琳	王文杰	王文涵	王宇晴	王雨薇	王思博
王 敬	车佳敏	邓涵睿	厉承祥	石珂瑶	刘榕晟	王 骁	王 莹	王 琳	王 瑜	王 聪	毛思文
许天赋	李昊龙	李彦楠	李振宇	杨 光	何天白	邓文争	邓 涵	甘 杰	布伦丹	史 佳	付启航

冯帅琦	邢秋霖	成　月	毕　珂	毕钰坤	朱冰然	张汉玉	张彤彤	张　威	张雅茜	罗聪聪	周　彦
朱春峰	朱　晗	刘雨心怡	刘霖修	江先奇	安　杰	钟睿煊	姜　培	夏晓琪	高　源	谈　磊	曹金羽
许泳昊	孙子寒	孙　磊	买祎然	杜张韬	杜　筠	董海燕	雷轶洋	廖思雨	樊　煜	薛雯静	
李心怡	李芷薇	李吟秋	李利峰	李依彤	李晓庆			政府管理学院			
李偲祺	李博硕	李瑞鹏	李嘉宁	杨卿栩	杨慧琴	丁凡琳	王昭莹	王博文	王　睿	毛文峰	邓祥龙
肖思辰	吴昀珂	吴　越	邱文川	邱楚棱	何师阳	石泽航	叶可欣	白安安	宁　晶	台永康	朱　婷
余　雷	宋子玉	张子玥	张　凯	张诗媛	张思成	乔　娟	庄嘉欣	刘子辉	刘松颀	刘昱宏	刘禹含
张　洋	张晋恺	张雯婷	张　喻	张富强	张静远	刘晓晨	刘　宽	刘雪萌	李元琦	李修贤	李梦瑶
张　璋	陈宇洋	陈泽阳	陈哲奕	陈梓豪	陈　晨	求　是	吴忠翰	何鹏宇	佟　婧	沈奕彤	张玉洁
邵梦玥	郁书扬	卓德麟	季鹏飞	周小答	周子烜	张玉滢	张津萌	张凌云	张筱琪	陆文祺	陈雨昕
周靖淞	郑铠浓	赵勐群	赵晴柔	胡雨桐	侯雨沛	陈法钧	邵　晨	林路懿	金　铭	赵思杨	胡艳萍
洪冬玲	贺贝奇	贺彦磊	袁景昭	荷　娜	徐　玮	徐　蕾	翁霆威	黄博浩	黄筠怡	翟梦溪	
高留建	唐艾妮	涂涴童	黄素素	黄翘楚	黄颖婷			外国语学院			
曹雅俊	曹馨月	章梅莹	宿洪彬	彭桂蓉	董博文	于　佳	马　骦	王　东	王　迟	王　荃	王逊佳
韩　雪	曾光华	游　威	谢　丽	谢雨曦	谢雅婷	王梓寒	王雪丁	王逸微	王韵涵	王嘉璐	毛源源
靳　雁	廉欣然	谭　晖	樊思鸣	潘奕飞	聂　丹	方伊秋	尹　馨	卢思颖	冯永腾	冯泓宇	吉　利
		法学院				朱欣宇	朱海怡	伍雨荷	刘冰清	许　婕	孙雨奇
丁　卉	丁　宁	广明宇	王一帆	王　月	王丹文	孙维娅	严牧心	苏俊敏	苏冠宇	李心怡	李林珂
王允文	王世蓉	王加骥	王妍玫	王怡敏	王　姗	李玲莉	李　柯	李夏菲	李雅欣	李　瑶	杨　銮
王　勇	王艳伟	王　涛	王梦玥	王　晨	方阿兰	肖雯雯	何凤仪	何玉琦	余晓慧	张海若	张榕芳
尹秋实	邓　策	甘兆敏	龙继伟	卢森通	叶李庆	陈一帆	陈仁靖	陈金程	卓俊秦	罗婉匀	金珍英
白　雪	冯晨露	曲　晨	吕　晓	朱　江	任希鹏	周悦峤	赵诗濡	赵浩儒	赵馨宇	郝　菲	胡光玥
任　洋	庄一宏	刘译矾	刘厚澎	刘俊杰	刘　硕	胡　沐	胡　玥	姜齐豫	贺晓璇	贾子衿	夏玲玲
刘　凝	齐开颜	江旻儒	许世更	许露雨	孙　天	徐　琼	殷一果	凌嘉鸿	高泽欣	郭羽丹	郭佳蕾
孙雨生	孙　璐	苏玉婷	苏林璐	李伟佳	李晓璇	唐书博	唐隽雯	陶　然	黄心源	黄永恒	黄毓清
李　浩	李梦涵	李雪妍	李超富	杨佩龙	杨秋宇	梁立言	彭若词	程兰岚	程　雪	曾　玥	甄大千
杨祖睿	杨慧敏	连　婧	肖　俏	吴　双	吴俞阳	谭芸欣	黎维君	潘钰澄	魏子义		
吴　琪	邱怡婷	何冰杰	何健民	余先发	汪家雨			马克思主义学院			
沈卓韵	宋一璐	宋　瑞	张宇桐	张芷琪	张　坤	毛　菲	李茹佳	李竞帆	李杨文	吴迪曼	张夏蕊
张梓涵	张铭航	张　敏	张　敏	张　翕	陈俊晓	陈　泽	陈　婷	徐小梅	程运麒		
陈泰男	陈　桐	陈海雯	杭　威	卓　越	罗　威			体育教研部			
周旺旺	周　雷	赵申豪	赵宸可	赵湘怡	胡煜阳	李诗源					
柳昊芃	姜王豪	姜晗雪	秦培钊	徐　美	徐紫寰			艺术学院			
涂仕涛	黄庆余	黄良贵	黄金晶	黄雅冰	龚　玲	丁　倩	王天娇	邓乔中	石欣然	任靳珊	刘　垚
章一川	蒋　露	韩之琳	韩仁洁	程远霞	鲁姝婷	刘鑫玥	孙晴岩	李旭伦	吴洁娜	宋凌戈	张艺博
鲁晓彤	谢一格	谢浩然	谢　雪	谢雪倩	赖镇邦	张　月	张　蓉	林　蓉	周林槿	钟晓艺	洪知永
满艺姗	蔡云飞	霍　爽	魏　旺	魏昭睿		曹雨姗	漆　园				
		信息管理系						对外汉语教育学院			
王凤翔	王　玉	王郑冬如	王越千	方　舟	吕　妍	王　蔚	冯瑜丹	汲文芳	杨紫贤	张　烁	陈　春
许人杰	李孟阳	李晔伟	杨羽茜	吴晓均	沈喻非	陈嘉怡	柯　晓	莊　靜	唐　佳	黄　韵	曹佳鸿
张元哲	张澳翔	陈科锜	邵　卫	周伟烨	钱运杰	韩晓明	傅　薇	裴晓锋	裹相和		
钱志超	徐　涛	高振宇	高嘉骐	郭甲一	曹　旺			元培学院			
普哲缘	谭光锐	薛　睿				马长宙	马文辉	马宇轩	马若奕	马嘉宁	王丁立
		社会学系				王九阳	王心怡	王雨菌	王垠浩	王　莹	王　寒
马　力	叶安琪	史珂瑜	白雨琪	刘　艾	苏琪红	王瑀晖	王靖之	王　霖	木一凡	牛璐瑶	方　舟
李　芊	李轶凡	杨　东	肖亚宁	吴　蕊	邱辰昕	邓小月	石咏溪	叶添旭	田非凡	田金阳	史浩然

史海钧	邢泽宇	朱江彬	刘子辰	刘子瑞	刘迪嘉	时向辉	吴东航	吴宜谦	吴翊	何昊	何宸锐
刘然	关惠	江宇洋	孙方圆	孙家平	孙舒羽	汪永毅	宋旭锦	宋军帅	宋煦	张文炜	张石然
孙凝翔	李坤骏	李金鑫	李昱洁	李鸿宇	杨雨润	张志	张佳琪	张哲瑞	张栩	张铖	张笑语
杨庚宸	吴昊天	吴怡凡	吴梓钦	何怡宁	余越	张航	张晨滨	张喆	张腾予	张誉泷	张馨伦
沈可嘉	沈妍希	张天炜	张雨桐	张旻昊	张凯忻	陈代超	陈旭坤	陈希凡	陈嘉毅	武欣	武建宇
张铎	张瑞霖	张新鹏	陈一宁	陈思如	陈思禹	武家伟	林志贤	卓立典	金晶	周昊晟	周闻达
陈祥熠	明仪	罗乙童	金则宇	金亦腾	金宇烽	周鑫渝	庞子奇	郑元昊	郑书泓	郑军祥	郑家瑜
周昊泽	周明赫	郑炜强	郑清源	赵一鸣	赵兰昕	赵义凯	赵文涛	赵宇航	赵宇瑄	赵秀嘉	郝亮
赵志超	赵品学	赵睿文	赵霖萱	柯子蕴	侯宇欣	胡欣妍	胡煜章	段轫	姜易坤	姜淮钧	娄琴剑
秦沅	秦宗岳	袁天娇	袁元	徐子茹	徐进	宫恩斌	费凡	姚旺	袁新钰	耿云腾	桂杰
徐鸿诚	黄秋怡	黄雅轩	曹蜀阳	康怡安	寇一雯	贾瑞琪	钱智寅	徐宁	徐诚伟	奚佳琪	高翔
董明泽	董佳宁	董亮	蒋思聪	蒋莹	韩若水	郭一潇	郭晓熙	唐天意	唐宇豪	唐溯珧	黄传崴
程晓雨	程翊华	鲁雨锦	曾凯峰	谢安琪	路子杰	黄致焕	黄海晨	鄂有君	崔玉贵	崔炼为	梁家硕
裴昭远	裴钰	谭宇豪	潘洋洋			寇晓宇	葛非	葛铃	蒋励	谢睿峰	褚顾佳
						蔡凌晟	滕明桂	潘彦成			

深圳研究生院

丁楠	于尧	于凌云	马丽滢	王子旺	王志鹏
王凯	王荔	王家宝	王梅梅	尹文杰	古研
叶羽砚	邢江林	朱家豪	朱筱茜	华国亮	刘安屹
刘美华	刘菁菁	刘瑞昕	刘磊磊	许亦靖	许睿
苏品任	李之昂	李光宇	李沛霖	李沁	李承远
李俊韬	李美林	肖远进	肖苗	肖凌波	吴盛园
吴楚妍	吴嘉亨	吴疆	岑松皓	利海心	何建容
余欣鑫	宋玉洁	宋智博	张亚坤	张灿	张雨薇
张知微	张佳妮	张泽政	张皆宜	张雪	张敬越
张颖	陆金磊	陆竑	陈元祺	陈励晗	陈佳鑫
陈思豪	陈哲峰	陈润娟	陈博闻	陈雯璐	陈瑶
陈黎暄	苗月	范昌辉	林子明	林奕鹏	罗婕纯一
金亿杰	金玉婷	周倩岚	郑涵希	单竹岭	赵相文
赵舒婷	郝柘淞	胡兆昕	胡锦浩	段非	姜昊旻
秦已舒	夏远	高寒冰	郭佳峰	唐艳艳	黄一凡
黄丽灵	黄映娜	黄雪芳	黄铭丰	黄婉彬	黄巍宏
梅思钰	崔西喜	崔迪君	梁海伦	景彤	程雨婵
程敬徽	曾大鹏	曾雨欣	雷美芳	蔡添怪	翟云鹏
薛兆	戴林辉	魏琛	魏鹏		

信息科学技术学院

丁聪	于博涵	马义平	马征征	马思源	万远鹏
王君珊	王玥	王昕兆	王忠龙	王泳诺	王珂
王洋昊	王彬	王晨茜	王焱	王蓓	毛舒宇
文泓宇	方鸿宇	尹训健	尹航	石屹宁	叶其琛
叶炜宁	叶珈宁	叶思源	田金源	史记	付天跃
包慧语	冯睿杰	朱禹和	朱奕航	朱浩	邬涵博
刘力俊	刘云蛰	刘陈晓	刘柯钦	刘恺博	刘斯婕
汤佳骏	祁晟	许严	许灵筠	严克强	李天
李天翼	李文威	李世成	李宇轩	李聿雯	李若宁
李泳民	李宗贤	李逸峰	李琦玥	李慧津	李翰禹
杨君维	杨雨思	杨泽玉	杨思祺	杨婧雯	肖册

国家发展研究院

王雪	王照光	厉雨婷	冯千洵	刘梓轩	苏孟玥
宋光祥	陈潇爽	宗铸	赵璞	郭天翊	董英伟
蓝锦海	訾亦然	樊仲琛			

教育学院

王珺	左玥	刘敏	刘雅琦	何云帆	张文杰
张心悦	张媛媛	罗蕴丰	郭欣悦	黄依梵	谢心怡
熊熙然					

人口研究所

| 王祖煜 | 向远 |

前沿交叉学科研究院

王世伟	王亦佳	王笑	毛昭敏	仇文清	石阳
代玉婷	司雯	匡正	吕中石	刘普凡	米辉杰
许锴	李扬扬	李阳	李晓	杨丁一	杨晨
佟云鹤	沈通	沈雯婷	张君钊	张诗杰	张浩然
陈亦弘	陈诗源	拉毛切忠	林大超	尚念泽	郑吕钦
单开禹	赵艳	赵悦楷	原雯	徐举	郭涵韬
唐微	曹越	尉倩	董和鑫	韩旭	程昊
戴志刚					

工学院

王传玺	王霆浩	帅郁	叶继开	付大为	成昱璇
任纪腾	刘祎钒	安子诉	许东方	李宝伟	杨红齐
杨宏涛	吴树楠	吴显达	邱伟伦	何依波	沈真全
张泽华	张琳涓	张灏	陈怡华	金永康	周康杰
赵冷然	赵诗瑶	赵雪微	胡玉发	姚一茗	唐一洋
梁馨元	彭兆睿	奥马尔	曾军胜	温刚	雷珞琳
翟韵泽	薛睿				

城市与环境学院

于铖浩	马云骢	王诚劼	文家豪	田缘	宁静
孙思涵	苏香燕	李爽	李雅静	吾力加巴依尔	
何卓远	汪旖	张安迎	张沁之	张琦楠	欧阳礼彬

周小康	周玫	周俊松	郑君健	赵芝玮	赵星光
俞建江	祝欣荣	姚乐	贾文	贾映亭	贾润泽
徐浩义	高玉涵	高远	高凯琳	唐金潼	陈映臻
曹志强	董桑柔	蒋思远	程胡椒	楚钟毓	臧书凝
熊仕杰	魏天星				

环境科学与工程学院

马丁	马腾	王冀璇	龙治锦	同颖茜	任婷玉
刘佳驹	杨苏丁	张启明	张思露	陈冬	陈洁
苗荪	周厚华	洪杰生	莫山圣	梁恩航	

分子医学研究所

马璐	王玉双	王汉明	乔忠俊	杜建勇	李书娴
李佳鑫	李真	李鑫	汪冬	沈浩	张幼东
张晓姗	莫家明	崔巍祎	张予晴	喻菁	

歌剧研究院

孙敏雪

新媒体研究院

| 王慧君 | 李飞 | 李哲哲 |

燕京学堂

| 白斐德 | 林健 | 凯尔西·凯伍德 | 赵艺 |

口腔医学院

马丹宁	王玥	王安琪	王顺吉	王超飞	王智炜
尤鹏越	吕鸣樾	刘朋	刘乙澍	刘潇倩	孙菲
李林蔚	李雪滢	李雅倩	吴宗熙	何汶秀	汪鑫
沈力航	张井然	陈俊鹏	武文婧	范莹莹	林春平
赵冰倩	柳星宇	袁晓静	莫思怡	贾宽宽	凌巧
郭思琦	黄华明	董丽莹	蒋旸	韩奕能	程雅雯
蓝璘	慕创创	潘媛	潘孟乔		

中日友好临床医学院

王静茹	叶项希	刘悦	刘敬文	李天翊	吴亚新
张姗	陈炳荣	段安琪	侯清怡	贺斌	高文文
梁燊华					

公共卫生学院

马雨佳	王实	王月清	王嘉豪	车晓玉	白安颖
巩超	刘巧	刘秋萍	刘雅倩	孙慧敏	李沛
李远骋	李锦成	杨明芳	连昕瑶	吴昀效	张云静
张亚丽	张依航	张雪莹	范欣颐	林芝	岳东洋
周江杰	周斯亮	孟莹	胡一祯	钟美龄	姜萍
袁宁蔓	徐琳	徐凌璐	郭菀芊	涂舒	黄吉科
蒋东霞	程昊哲	魏婷婷			

世纪坛医院

| 陈权 | 徐向勇 |

民航临床医学院

何畅

台港澳学生

| 卢彦伶 | 刘泳妤 | 李怡娴 | 李雅秀 | 邱继宽 | 陈会佺 |
| 林心怡 | 罗怡安 | 胡婉珩 | 洪于心 | 秦尔祥 | 敖晓晴 |

董航

回龙观医院

王文庆

护理学院

马晓晓	王凡	王琴	王潇	王汇	平泽军
冉光权	邢鹏博	朱博妍	任梦雅	刘可	刘涵予
齐晓静	孙萌	严惠茹	李立玉	李佳钰	李翔宇
杨娇	杨茹侠	杨聪颖	张可	张世芳	陈东贤
周璇	庞金桃	赵雅洁	侯天姣	侯罗娅	贺捷
秦丹	袁辰蔚	袁嘉	莫火儿	贾鑫磊	郭晨明
崔萌	鲁寒	曾方艺	雷馨	薛长莹	瞿水香

医学人文学院

| 邓妃 | 乔丹 | 刘良友 | 吴瑕 | 陈宇晗 | 国泽宇 |
| 赵雅怡 | 奚伟豪 | 詹佳欣 | 翟鑫嘉 | | |

药学院

卫宇轩	王攀	王一帆	王光雪	王恩特	王悦含
木尼拉·阿布里米提		孔培宇	孔维恺忻	邓镇丰	
古丽妮葛尔·阿卜杜米吉提		宁小苇	吉翔	朱文钰	
向思婷	庄若璇	刘爽	刘晨睿	刘智超	许成豪
麦艳娜	李铮	李泽祺	杨金	杨雪滢	吴家荟
吴雪胜	余宇彤	张荣学	张恩瑶	陈铭	陈樱瓔
陈鹤丹	罗道皇	赵耀	袁田	郭语浩	涂心宇
陶宸冉	黄涛	黄昱淞	曹泽	梁可萱	韩晓旭
韩蕙泽	程璇	程文慧	焦晓佳	蔡蕾	廖媛
滕雨璐					

临床肿瘤学院

王冰	王玲	王一溪	王海月	叶丽扎提·马德提	
刘佳鑫	刘雪静	杜羽	李元	李拂晓	吴一凡
吴小钢	种晓艺	郭小颖	蒋金泉		

首都儿科研究所

屈潇

航天临床医学院

| 李念 | 张泽 | 罗丹 | 黄莹 | 黄姝伦 | 戚文秀 |

基础医学院

于琼洋	马娟	马瑶	马小龙	马知行	王旭阳
王希雅	王凯玥	王俊雨	王梦薇	申凌翰	付宇航
冯巾娣	冯天歌	任伟	任钰莹	全亚竹	刘博
刘璇	刘东林	刘苑晴	刘鑫宇	江松伦	孙澳
孙盈哲	孙琳琳	贝泽霖	芮守玮	芮婧钰	杜新雨
李畅	李云飞	李云超	李心楠	李贞娴	李宇婧
李玥妍	李咏枫	李佳曦	李炯源	李桢旭	李博
杨娟	杨丰赫	杨芳芳	杨思远	肖健	肖宇嘉
吴芃	吴春华	何丽娜	张苑	张茜	张悦
张奥	张歌	张于君	张月明	张冬晶	张立藩
张芮初	张岳阳	张泽宇	张泽铭	张晓雅	张祥凝
张斯巧	张煦	张歆雨	阿卜杜米吉提·阿卜力孜		

陈　泽	陈　鑫	陈映丽	陈思睿	陈思鹭	陈嘉怡
陈燕超	陈耀涵	林冰冰	迪达尔·塔拉乃特		
帕克扎提·买买提江	郏门亮	周津羽	郑　晗		
孟　佳	赵　杰	赵　晔	赵　燕	赵小乐	赵英池
赵惠聪	郝梦迪	钮振宇	侯　松	侯郡潇	贺宇晨
耿晓强	聂　臣	夏依旦·阿力木	夏楚钰	党国徽	
高启越	高贤达	高璐阳	郭子睿	黄少栋	黄波月
黄蓉婷	盛　杰	崔若冰	崇聆涛	梁　瑶	彭　为
彭姚蝶	韩慧明	程安琪	曾立婷	靳可欣	鲜昊城
雏钰杰	廖章正	谭颖婷	燕　宇	薛亦伟	糜非亚

第一临床医学院

王　雨	尤　倩	冯川琳	巩皓琳	刘　真	刘　臻
刘伟康	刘梦瑶	许芊芊	孙　雯	孙坤炎	李若诗
李笑湲	李锴印	肖世禹	邱建辉	张　博	张　蒙
张晓卿	陈　丹	陈　钊	陈　喆	周敏琪	赵　欣
赵旭彤	莫　然	栗怡然	郭邵逸	曹爽婕	崔　东
蒋奕潇	程　然	虢晶翠			

第二临床医学院

丁　奇	丁啟迪	刀凤亭	王　璐	王子乔	王姊娟
王若冰	王知任	王倬榕	王雅心	尤旭杰	甘奕箫
白明欣	吕昊润	任士萌	刘芃菲	刘凯琳	刘涛瑞
刘献辉	许　昊	许　晖	孙文平	孙世俊	孙宇彤
苏丽娜	李　敏	李　辉	李依敏	李星辰	李晓鹤
李嘉蔚	杨丰菁	吴　恬	吴佳桐	何张焕	汪星霖
张　威	张一帆	张天宇	陆美秋	陈　达	陈玉杰
陈珂彦	陈淑文	苗　苗	金　博	周亚兰	孟繁琪
赵　龙	赵玉超	赵晓珍	郝庆沛	胡梦蝶	钟珊珊
侯　森	姜　硕	贾　寒	党韩寒	黄　齐	曹珍菊
曹婷婷	彭嘉婧	蒋真斌	靳家扬	蒙星烨	薛佶萌

第三临床医学院

丁　蕾	于　洲	万　雨	王　丰	王　璐	韦　莹
申宗颜	代妮妮	成雨萌	任　捷	刘　畅	刘　悦
刘冰川	刘杉杉	刘泽祥	刘家诚	孙　洋	杜艳林
李　卓	李宇轩	李泽丽	杨　臻	杨睿哲	吴明洪
张公杰	张有余	张安南	张丽媛	张琳琳	张麒麟
陈　斌	陈广辉	陈芳漫	范蒙洁	赵天瑶	赵施雅
郝有亮	骆静涵	袁　磊	夏　利	高玉菲	郭怀珠
董文欣	罩清圆	雷继安	樊梓怡	穆巴拉克·伊力哈木	

第五临床医学院

王艺达	王东旭	江　杰	苏晓凤	李星雨	孟　晨
曹　阳	蒋　烨				

第四临床医学院

王珏雪	王思远	卢　帅	白　帆	冯　啸	刘文博
李　闰	李长润	李秋雅	肖　楚	张俊海	张熙浩
陈思运	周　宁	周小婷	周媛媛	郑　峒	徐忠宁
高　峰	郭　澜	覃一朗	熊晨奥		

深圳医学中心

邝昊悦	李国庆	杨雪飞

解放军302医院

王　钧	靳婕华

精神卫生研究所

马　可	付晓雨	孙秉玺	李　磊	苗　齐	赵荣佳
娄思佳	黄冰浩				

实践公益奖

数学科学学院

朱昇曈　杨　鹏　赵康甯

物理学院

卢倬成　吴　达

化学与分子工程学院

昌珺涵　赵京梁　储天宇

生命科学学院

刘梦雅　李思伟　陈　红　袁志良　章佳绮

心理与认知科学学院

陆翔宇　柯智龙　常园青

新闻与传播学院

王迪瑶　王　洁　邓倩如　李　政　李颖颖　莫慧娟
徐雪歌

中国语言文学系

马　宁　王兰苓　卢荣荣　刘　茗　苏荣格　邱彦琦
周雪婧　胡海洋　姜　寒　曾　程

历史学系

马广路　赵可馨　蔡斯雨

考古文博学院

刘云聪　张宇昕　陆文琦　曹　羽

哲学系

王燕彬　孔博琳　张哲鹏　周　敏

国际关系学院

马新凯　尹智恩　孔相龙　石可可　许俊伟　李杨德威
李怡柔　李　桓　杨　莉　何宜贤　沈雨怿　张琼星
林诗洋　黄晓璞　萧静怡　蔡炎通　戴安方

经济学院

伏笠萱　任王宸　刘朝煜　吴渺华　祝丽丽　徐子惠

光华管理学院

张惠花

法学院

王婉婷	王新宇	付　杰	吕可欣	吕芃芃	乔　婧
华立成	李　祺	肖　瑶	谷绍敏	宋依瑶	张　冰
张　萌	陈桢喆	周子越	胡昕宇	段南星	党毓彤
钱盛源	黄子苗	梁宏懿	覃书棋	路自宽	简　丹
薛　瑞					

信息管理系
王　睿　苟震宇　衡明明

社会学系
王　霞　邓自慧　杨钰鑫　吴明海　谷俞辰　高达文

政府管理学院
付林轩　张仁杰　郭宏樟　曾楚原

外国语学院
刁慧琳　尹金婉儿　孙若绮　苏群超　杨宇洋　吴千蕊
赵　颖　胡昕怡　姜思涵　钱可心　倪梓璇　徐雨雪
董莫楠　蒋珊珊

体育教研部
彭佳乐

艺术学院
王子畅　王　淇　吴之浜　金　琪　洪瑜擎　曹书航

对外汉语教育学院
张子璇

元培学院
王　洋　刘端锐　杜晨喆　张云鹏　张　博　柴佩亨
韩　晗

深圳研究生院
闫诗晗　宋奥野

信息科学技术学院
王子恒　王恒屹　王鸿铖　邓　斌　冯泽泽　吕　蓝
华子曰　孙昊楠　吴天昊　张秉傲　张　敏　陈雨凡
陈　霄　林泽辉　柳晔　姚　硕　袁之航　曾沐焓

国家发展研究院
程丹旭

前沿交叉学科研究院
安　健　党　杰

工学院
李贻非　杨艳涛　杨桐桐　杨浴光　罗　力

城市与环境学院
毛　祺　朱文嫒　张智起　陈奕轩　陈霄依　韩宾洁
蔡鸿伟

环境科学与工程学院
辜　敏　潘柏岳

建筑与景观设计学院
艾则木江·艾尔肯　付晓晓　陆国庆

燕京学堂
张　璐　阿莉西亚　彭冬妮

口腔医学院
付肖依　杜　菌　杜长江　李紫昕　张　文　陈欢欢
周正涛　徐田松　黄嫚珊　韩玮华　翟　越

中日友好临床医学院
靳琦文

公共卫生学院
王晓琪　朱　正　刘春毅　杜　敏　杨　帆　杨　瀚
宋树摇　林雨欣　施淑燕　梁志生　谭一阳

世纪坛医院
路翠秀

台港澳学生
朱钧熙　曾千芳

地坛医院
栗翠林

护理学院
周晓玲　靳颜蔚

医学人文学院
王晓桐　左　右　李慧涵　何琪乐　段效智　熊海娟

药学院
张一驰　阿拉法特·阿不都万里　郑海翔

临床肿瘤学院
宋马小薇　程思远　薛国强

首钢医院
张壮壮

航天临床医学院
胡浩浦

基础医学院
于佳弘　刘　雨　闫嘉乐　李雨萌　肖婷宁　余　翔
张森芃　邵方珂　郑丽鹏　梁雪蕊　魏尔凡

第一临床医学院
王贝宁　贾程浩　高　爽

第二临床医学院
王晓萱　宋子琪　张　易　张春龙　邹俊扬　郭　萌
黄新绿

第三临床医学院
叶圣龙　冯　晋　任洪成　刘一昀　关　馨　肖　丹
陈艺璐　侯宗辰　管志远

第五临床医学院
李　慧　李丹霓　靳　蕊

社会工作奖

数学科学学院
于青藤　王艺纯　王佳泓　王　波　王踞秋　田　田
朱　旭　刘一奇　刘子贤　刘东矗　刘宇林　刘泽楠
孙嘉瑞　杜歌阳　李艺康　李若泰　李相茹　杨云帆
杨　越　肖非依　宋文心　张轩熙　张皓博　周传赛
赵　钰　赵嘉熹　胡文鹏　侯喆文　贾子健　徐玮予
郭乃瑶　崔　畅　章宇哲　蒋诗琪

物理学院
卫茁睿　王卓群　王晓琳　邓琪敏　艾　阳　田泽葳
朱宇宁　任阳泽　刘丹烁　刘泓君　孙月香　李典杰
李凌霄　杨诗妤　杨素素　肖　丽　时　铭　吴葆春

何必硕	张 璐	陈欣懋	茅钰才	胡彪言	柳 博
郭洋帆	唐继顺	彭 康	韩 旭	谭海月	

化学与分子工程学院

王帅宇	艾万鹏	孙旭洲	肖 熠	南天龙	柳 笛
常文英	谭灏诚				

生命科学学院

马 丁	王向阳	王旭一	王洪光	吕钰麟	后佳丽
关嘉良	孙嘉钦	苏祺超	杜郑威	李雪阳	李 想
杨经纬	邱圆圆	冷康瑞	张克嘉	张宏晨	罗杰琛
姜舒鹤	徐 昊	徐佳俊	韩瑾仪	覃艺芝	景智文

地球与空间科学学院

于 鑫	王艺凝	吕悦琪	刘诗琦	衣可心	许鹏程
闵 阁	汪凯翔	张 驰	张 岩	邵 博	邵媛燕
范 佳	祝庆敏	贾舒斐	梁 琳	强伟帆	雷雨婷

心理与认知科学学院

刁开元	王 也	朱敏帆	刘一儒	杜 伟	李 澳
邹雅雯	张国栋	金梦婷	周 然	侯东昊	黄佳雨
黄 晖					

软件与微电子学院

丁伟轩	于 洋	马云焕	马文楠	王一君	王 天
王文翰	王坯旭	王亚威	王光南	王旭豪	王进翔
王 松	王雨梅	王泓洋	王春展	王星珏	王韦棠
王闵玄	王靖琨	王 震	王 毅	毛则皓	尹 黎
古惠怡	卢泳臻	田力旭	田晓珏	史旭岩	付钰城
包立新	兰 阳	宁玉贤	司徒博阳	朱 松	乔 阳
任立志	向建宇	刘邺涵	刘 彤	刘 柳	刘喆铭
刘朝晖	刘 辉	刘 朦	齐向阳	闫 妍	江 鲁
祁 永	许泽昊	孙才雅	孙阳阳	孙家佳	孙 越
孙摘瑶	李 伟	李汶颐	李昌晋	李 净	李彦达
李炳宅	李 宣	李冠霖	李艳鸽	李海兴	李 聪
杨东冀	杨宇欢	杨昌和	杨建承	杨荣兵	杨晓宇
杨 腾	肖雪姣	吴一颖	吴子龙	吴雅萱	吴 聪
吴佳蓉	邱 俊	邱鉴坤	余桂贤	邹 浩	冷 莹
汪建新	沈统钧	宋军中	宋采娟	宋晨晨	张 千
张文静	张仕柄	张 希	张 卓	张卓华	张国威
张知晓	张学瑞	张俊超	张 亮	张 勇	张 悦
张逸龙	张 博	张 雷	张 鹏	张腾霍	张毅萌
张璐琳	陈自英	陈 苏	陈柏融	陈 亮	陈彦光
陈 绚	陈靖雅	陈新华	陈静茹	陈 曦	武 铎
范文颖	范佳慧	林立轩	林奕君	林贺洵	林钰家
周 洪	周 烨	周盛扬	周焕鹏	郑文喆	郑禹男
单莉文	郎佳鑫	赵天爱	赵正阳	赵超杰	赵博文
赵景仪	胡颖聪	柯谚泽	柳茗千	钟 钰	侯 磊
姜 博	姜慧强	秦 鹏	敖日格乐	袁 聪	聂 毅
莫孟琴	钱文君	徐 宇	徐炳锋	徐铭鸿	翁嘉进
高辰浩	高辉彩	高 腾	郭昊明	郭玲燕	郭 璐
陈芃君	陈星佑	陈韦仁	黄子瑜	曹 辉	龚秋嫱
矫叙伦	符 厚	章学妙	梁孝冲	叶芷吟	董海军
蒋佳惟	韩京儒	谢良伟	楚选耕	杨仕豪	詹承勋
裴佳闻	燕 鹤	薛双杰	薛紫臣	魏 剑	

新闻与传播学院

刘 奕	杜安琪	杨梦琳	连晋宏	邱 放	何欣诺
张玺萌	张新阳	单楠茜	赵 洁	顾 晶	郭雯雯
程子健	谢威富	廖梓吟			

中国语言文学系

王平夷	王 帅	王 玥	王浥尘	王 悦	尹会霞
尹径勋	丘雨柔	向筱路	刘丁宁	刘启民	刘 育
阮文洁	孙小雅	孙佳楠	孙 珺	苏海伦	李一丁
李河旼	李缘晴	李 楠	杨加玉	吴岱霖	吴 晗
张宏钊	张灵凤	陈子衿	林俊涛	金亦姗	金秀彬
金敬珉	周天怡	郑莉娇	郑涵颖	赵婧涵	胡晨曦
昝纯潇	顾甄泳	钱 婧	黄崇一	韩若莱	鲍玉妹
刘修齐	戴莹钰				

历史学系

卜司晨	王一哲	王珊珊	王禹涵	吕成敏	朱 敏
刘 霆	李 蒙	张江波	张诗淇	周靖蕾	姚雨昂
郭育帅	郭馨彧	黄惠敏	蒋馨雨	程歆璐	潘欣源
魏文俊					

考古文博学院

马 力	方远炀	杨 俊	张天宇	徐诗雨	徐僖婧
席雅卿	盛晓娣	常钰熙	崔嘉宝		

哲学系

丁毅君	王书航	王李游	王轶伦	王洋燚	杜佳怡
何慧明	张天航	孟繁昊	赵浴辰	胡兰双	柳成雅
郜 喆	徐燕婷	郭傲雪	熊江韬		

国际关系学院

于芝香	王晓悦	王海娜	王梦娇	王福星	毕 成
乔心妍	江智璇	李江涛	李禹墨	李晨希	杨子彦
杨冰夷	杨雪微	杨晨桢	吴玉婷	何天晨	何家瑶
邹雨君	汪以旻	汪国彰	宋一苇	张家玮	张 鹏
陆选慧	陈永勇	陈圣雨杭	陈南羽	陈思锘	陈翊慧
武芸如	欧阳海	金 磊	房 宽	孟文婷	胡恩泽
曹宇池	寇雨琦	董俊言	董骁天	韩鑫阳	曾祥龙
黎畅畅	潘多峰	潘奕晨	潘 晴	罗光伟	

经济学院

王子怡	王圣博	王逸然	左嘉璐	朱开笛	张亚楠
徐斯文	黄 叶	黄律晓娜	梁正则	裴家乐	

光华管理学院

于思艺	王 博	方 龙	方 帅	代 进	包岱秦
吕剑航	朱诗润	朱婧涵	任思杰	刘丹妮	刘芯蕊
刘沛松	刘明皓	刘函宇	刘黎靓	米佳乐	江林安
孙 特	苏雨蓝	李轩瑶	李岚晴	李泽远	李润珩
李敏宽	李智冰儿	杨梓琳	吴京海	何明义	佟明轩
邹文博	张洪攀	张琰玲	张瑞萱	陈浩贤	陈逸林

武轶男	范筱雨	孟 想	孟德远	赵亿欣	赵木语
赵健宇	逄 浩	施景佩	徐瑾宁	徐 璐	高 源
郭力源	郭孟鬲	曹 健	常 晨	麻君豪	蒋书愉
韩润蕾	曾心怡	谢小龙	谢昀廷		

法学院

万秋霞	马海棋	王艺遥	王炎庆	王亮亮	王溯之
卞乐天	方傲兰	尹子尤	石佳丽	龙光然	田 鑫
刘俊辰	刘胤池	刘 洋	刘贺庆	刘耕蒲	刘 榴
许一君	李仁俊	李 鑫	杨玉冰	杨 帅	杨华琦
步晓光	肖 雨	余朝晖	沈林桐	宋佳欣	宋泽毅
张玉琢	张 杨	张钧松	张钰涵	张 琦	陆亚伦
孜丽娜·依米提	陈 伟	陈 纯	陈卓唯	陈柳萌	
和朕宇	金飞艳	周元松	周友能	周志鹏	段育科
段诗霖	饶皓宇	施 洁	姜卓君	姚静宜	贺昱昕
骆 菲	耿 直	夏雨昕	徐兴涛	徐 璐	栾书剑
郭雅琪	黄贤达	黄歆然	崔晓晓	崔 斌	梁挪亚
蒋瀚云	韩 正	韩龙河	谢 昭	邓嘉怡	黎 凯
潘 宇					

信息管理系

王汉桢	王英泽	王 洋	许家伟	苏梦泽	李昱勇

社会学系

丰宝宾	王思凝	托 娅	刘林青	刘 旋	李凯琪
杨帅琪	杨涵钰	宋丹丹	张书源	张 鑫	陈雨琪
陈洁樱	胡潇予	姜 丰	耿 满	格桑曲珍	薛芳璠

政府管理学院

白 天	乐繁兴	冯雨婷	刘昱彤	孙玉洁	孙 响
李 帆	李闻笛	杨 婷	罗心然	赵静波	莫 屈
黄敬纭	梁贞情	彭博文	韩宇皓	韩金韬	雷东明

外国语学院

王笑坤	王雅轩	王 瑞	韦 玮	方 芳	方 艳
方 懿	石雨溪	田泽浩	边慧媛	任 为	刘 芳
刘 琛	刘慧琳	许文婷	孙曼宁	孙 淼	芮 朗
杜雯汐	李雪丹	吴 汉	吴雨萱	吴俣彤	沈佳艳
宋可欣	宋若瑾	张宇辰	张浩然	张 雏	陈 畅
陈 昱	陈钰兵	陈瑞芝	范斯文	尚乐敏	周宜婧
赵童莹	赵 楠	侯孟君	姚以升	徐峥榕	殷成竹
高震宇	黄灿琦	董 慧	焦易博	曾昭牧吾	熊珊儿
潘晨希					

马克思主义学院

朱正平	孙 可	孙振鹏	苏 欣	金艺铭	游潇泓

体育教研部

方 方	宋 娅

艺术学院

史艺璇	杜 宇	周婉京	葛尔格

对外汉语教育学院

李 水	陈康静	胡 婷

元培学院

于佳永	王浩然	王海飞	王 皓	尹智慧	由 举
吕婉琴	朱春晖	任 为	刘沛松	安 琪	李垣龙
杨世哲	何 杨	张 帆	张兴飞	张 宇	张凯伟
张聪跃	阿依帕丽·艾尼瓦	陈 彦	陈彦霏	武朔南
苗彦豪	范瀚允	林 琨	郑新异	赵澜晰	段雨璇
施季青	秦 越	唐宇博	黄子晨	蔡紫葳	翟继龙

深圳研究生院

丁 宁	于 扬	于国帅	干大勇	马晓玲	王天宇
王旭东	王迪雅	王怡宁	王浚栩	王家鑫	王 璐
甘竹诣	卢伟鹏	叶映荷	叶雅玲	丘志成	丛钰佳
吉 淳	朱思琪	任逸哲	刘 宁	刘锦慧	刘 聪
刘鹤立	齐 康	许雨婷	许经纬	孙欣鹏	阴雅雯
苏建欣	苏翠平	杜依杭	李许婕	李俐珩	李 洋
李 恩	李 钰	李 瑞	李静娴	杨岚茜	杨闰晴
杨雨田	杨 辉	杨蓓斯	吴言钰	吴若昕	吴 桐
吴博华	吴焱斌	何家棋	但 喆	佟 岩	邹建科
汪一凡	沈亦然	张文斗	张 东	张立坤	张玮婷
张明宇	张思旭	张晓艺	张 惠	张鑫鑫	陆悦芸
陈开熠	陈 成	陈旭辉	陈 茜	陈 锐	陈 聪
奉昌廷	范博深	林倩云	林雪娇	易阿岚	迪 远
周凌岳	周梦雅	周策瑾	底阳平	郑世胜	赵长斌
赵苏婷	赵 浩	赵娟娟	赵雅静	胡茜茜	钟华韵
姚欢宸	贺骁睿	顾春霞	徐 婷	高倬婧	高辉辉
郭文君	黄圣义	黄茂智	黄 琪	黄楚璇	黄 蕾
曹旭刚	曹 博	龚墨宁	梁铭珅	梁 震	宿斯凯
彭雨竹	蒋凌睿	喻 奇	曾 惠	赖飞宇	赖 琳
雷 鹏	詹家鳍语	解宇阳	蔡 丹	蔡旻铮	蔡泳锋
蔚昕朋	谭 扬	缪毓雪	颜科帆	潘 琳	霍迪乔

信息科学技术学院

马明远	马 逸	马霄璇	王驭丞	王铭珺	王嘉睿
邓有杞	卢丽强	叶文沁	史代璟	吕俊珂	朱创举
刘皓华	许烨闻	李昊霖	杨 威	杨娜娜	吴宇恒
张子超	张洪磊	陈从周	陈佐尧	罗 昊	郑朝宇
胡沐辰	俞 越	钱 莹	倪星宇	高 一	郭业昌
唐浩然	龚 晨	程 卓	程超然	鲁云龙	谢晓鑫
廖佳珑	穆子晗				

国家发展研究院

朱镜榆	刘欣煜	杨舒涵	吴 旌	陈方豪	陈叙同
尚双鹤	周润人	承子珺	胡诗云	胡楚婷	梁庆丰
谢 添					

教育学院

李 昱	杨颖晨	何家鑫	张守玉	张梦哲	陈梦圆
郝晓伟	夏 洁	龚志辉	寇焜照	童丽华	谭 越

人口研究所

陈 娇	陈晓雄

前沿交叉学科研究院

王妍妍	方　旭	叶　灿	白林鹭	伊　照	刘冬林
孙　悦	杜绍康	吴史文	汪　璐	林泽锋	尚　祥
易可欣	郝　硕	高伟政	龚岩岩	梁如琪	董一名
程赟绿	童小伟				

工学院

马小杰	丛　婧	刘晓德	苏成帅	李冠男	吴建东
沈祎恒	张广杰	张珂新	陈云天	陈　洋	周文洋
郑君政	孟子雄	赵东方	赵克贤	郝　妍	姚振生
贾博宇	徐劲草	高晨皓	郭容夫	唐鹏飞	曾　怡
解家琪	翟宇凡				

城市与环境学院

王祎勍	王梦婷	邓晓程	叶子君	安　洁	杜悦悦
李语嫣	杨秀云	张家瑞	夏星炫	黄红梅	黄珊蕙
商纪元	董立铮	谢玉欢			

环境科学与工程学院

于　丹	卢昕悦	吉祥玉	伊丽颖	刘　潞	李溪智
杨昭林	杨善卿	杨新平	吴　凯	张祥伟	张梦雅
张晨阳	陈冰雅	赵　柳	秦　璇	程　杭	蔡开奎
管增富	潘珏君				

歌剧研究院

廖天宇

建筑与景观设计学院

金贞烨	周子钦	周瑶瑾	袁聪聪	缪应璐

新媒体研究院

任雅菲	李　杨	杨　柳	张　皓	高跃轩

燕京学堂

刘宇彤	李佳欣	黄楚英	傅　奕

口腔医学院

马欣蓉	王一凡	王瑞洋	付　敏	刘行云	刘昊宇
李晓婵	李梦迪	杨　溢	张莉欣	赵清璇	

中日友好临床医学院

杨雄涛

公共卫生学院

王　坤	王云鹤	王利康	朱泉熔	任浩然	刘佐坤
刘佳和	杜润茗	李乔晟	李澳琳	李璐彤	杨树涵
余诗俊	张　奕	张耀云	陈　瑶	陈泽琨	罗　颜
周天一	周庆欣	赵经纬	柏　杨	侯梦瑶	高立群
郭煌达	崔子煊	韩沛恩	蔡　册		

世纪坛医院

李思萍

台港澳学生

马维玲	劳天佑

护理学院

师赛龙	向宇航	刘文静	宋瑛铭	张　容	张宜竹
张意珊	陆镜明	陈洁如	周林广	黄德夫	崔东琪
潘　扬					

医学人文学院

于明智	卫宏阳	卢　鑫	汤恩泽	麦丽克扎提·麦麦提明
李　君	张卜予	张皓楠	袁海燕	谢家玉

药学院

门艳晨	王　辉	王如东	王柏裕	王玺贤	王浩领
王敬文	王鹏宇	开地尔娅·阿不都热合曼		龙思捷	
代荣恒	包纯洁	刘　芹	刘　夏	刘诗琪	衣楚潇
李　芮	李　茂	李依佳	杨　龙	杨　倬	杨　辉
何梦婕	邹振洋	张　琦	张力敏	张芳慧	陈冲锋
陈妍珊	陈思聪	保　琦	侯鑫帆	袁　泉	贾惠钦
章子慧	阎昱好	梁紫妍	程佳路	强　博	楚新当

航天临床医学院

王鼎元	刘浚沅	廖馨悦

基础医学院

马一明	王　延	王　浩	王世琦	王乐瑄	王泽怡
王学文	王婧妍	王婧漪	尹祥阳	艾克德·阿力甫	
石庆阳	叶　川	申思远	代孔旭	白天一	白心竹
白姝臻	冯卫民	吕季喆	朱一川	朱源棚	伍宇晴
任超群	华培麟	向海博	刘　挺	刘　雪	刘乔雨
刘奇佳	刘博昊	刘舒婷	刘鑫钰	闫奥辉	米鸿忻
孙　杨	苏兰馨	苏芊芊	李子郁	李子涵	李传宇
李佳铭	李驿馨	李高楠	李梅宏	李楠楠	李嘉欣
李德瑶	李懿聪	杨　晴	杨一诺	杨秀杰	杨倩茹
吴漫琪	邱卫鹏	何怡然	何睿哲	余坚祺	余沐洋
闵佳洁	张　波	张小龙	张丹阳	张文佳	张志远
张沁馨	张宜可	陈　彤	陈　卓	陈雨萌	陈怡然
陈潇凛	茉丽都尔·哈米提	欧阳新源	易靖坤	金一辰	
周芸璐	赵小宇	赵宇政	赵虹乔	柯心怡	钟俊峰
饶紫嫣	贺立宇	袁　睿	袁荻森	晏楚帆	倪　强
徐凯歌	唐　硕	唐宗立	涂　雅	陶玉婷	黄　铖
董佳芸	董俊玮	蒋思博	韩　通	韩　潇	傅礼昂
谢林耿	解紫钧	熊畅贤	樊　笑	潘朗新	霍思函
戴至豪	张澍泉				

第一临床医学院

李雨贤	李映依	张　玥	陈旭豪	周伯丞	夏雨奇
唐雨辰	樊碧娆				

第二临床医学院

丁朝伟	从　计	任佳雨	江振东	池熙荧	汤　然
李　博	吴雪玲	宋　诗	张　凯	张　建	张梓宁
陈静宜	柳诗雅	崔浩然			

第三临床医学院

王文东	齐伟峻	闫艺之	严　欣	李　琪	李春源
李鹏飞	宋立锦	宋亚男	张梦倩	段宏基	原子英
黄宇童					

第五临床医学院

石晓磊	刘晓东	孙　佩	张海鹏

第四临床医学院
李　庆

精神卫生研究所
孙广强

五四体育奖

物理学院
陈天扬　程安齐　温培钧

国际关系学院
王芷嫣　张文静　林华钊　徐天赐　郭凯文　韩雨成
廉昌学

法学院
王　妍　刘　畅　张泽铖　周孟佳　赵柏清

外国语学院
陈智彬　庞瑞麒　徐钦禹

马克思主义学院
张宇晶

深圳研究生院
蔡尚斌

公共卫生学院
夏鸽拉·买代提

医学人文学院
王子轩　许智涵

药学院
姚思妤　热合木哈力·哈加依　夏虢林

红楼艺术奖

哲学系
姜雨晓

国际关系学院
毕嘉鑫

法学院
庞　湃

信息科学技术学院
叶子巍

新媒体研究院
杨　悦

公共卫生学院
吴宜瞳

学术创新奖

数学科学学院
李　畅　李鼎权　何　顺　张鼎怀　陈珍珠　蔡天乐

物理学院
王　铎　王旄旭　邢文宇　伏琰军　刘超飞　吴早明
吴　典　张　毅　武文斌　单杭永　赵　罡　洪　浩
曹端云　韩　猛　满中意

化学与分子工程学院
王悦晨　邓毓晨　卢　阳　达晓娣　李涵潇　沈星宇
陈　维　游浩扬　霍静凤

生命科学学院
张思韬　柳美玲　姚升泽　徐瑞丹　崔月利　韩　雪
熊梁尧　璩　良

地球与空间科学学院
王冠玉　叶雨光　刘钰洋　李爱军　宋珏琛　陈姗姗
罗　毅　程俊毅

软件与微电子学院
张浩驰　周其飞　章学妙　谢华宇

新闻与传播学院
方晓恬

中国语言文学系
勾彦殳　刘雪瑽　李　强　杨　宸　沈相辉　郝　琦
唐乾桐

历史学系
李玉蓉　陈　希

考古文博学院
何　康

哲学系
何沁心　倪逸偲　常　达

国际关系学院
龙萌瑶　范佳睿

经济学院
余　航　张宁川　戚逸康　颜晓畅

光华管理学院
冯　羽　刘晨冉　汤泰劼　李　力　李松楠　杨卿栩
张　玥　周季蕾　周慧珺　潘奕飞

法学院
石　丹　江　辉　李春晖　李　烁　季冬梅　夏江皓
郭昌盛　彭雨晨　薛前强

信息管理系
王若佳　严承希

社会学系
吴　越　赵　璐

政府管理学院
丁凡琳　古恒宇　宁　晶　宋昌耀　姜子莹

外国语学院
毛　旭　刘雅悦　李睿恒　程　烨

马克思主义学院
吴　波

艺术学院
胥　恒　黄兆杰　蒋含韵

对外汉语教育学院
芮旭东

深圳研究生院
马　越　白　波　冯　兆　刘云松　刘明蕾　刘　浩
杨博文　吴晓彤　张羽晴　张林星　赵　冉　赵志英
翁振宇　翁谋毅　黄　伦　曹镜明　程莹莹　熊思琴
薛　刚

信息科学技术学院
马　泽　牛　凯　方　藤　朱娟峰　向　立　刘道畅
刘　震　李和倚　李傲雪　杨雨思　陈汪勇　陈震鹏
尚骏远　罗天歌　周雨熙　娄一翎　夏楷东　徐　琳
唐鹏举　陶重阳　韩丰远　楼燚航　潘　石

国家发展研究院
徐臻阳　童　晨

教育学院
王晶心　刘鑫桥

前沿交叉学科研究院
刘正鑫　杨鹏程　吴小天　赵　伟　郝　熠　谭聪伟
熊海清

工学院
马　壮　王　迪　王冠邦　刘谦益　汪　硕　张智琅
陈善恩　胡　婧　夏志恒　程　斌

城市与环境学院
王琪慧　冯继广　朱　熙　余双雨　张浩然　贺　勇
高蒙迪

环境科学与工程学院
何　蕾　陈建妃　赵云鹏

分子医学研究所
岳晏竹

新媒体研究院
朱垚颖

口腔医学院
江圣杰　张一凡　金姗姗　黄文雪　黄华明　崔圣洁

中日友好临床医学院
范骁宇

公共卫生学院
王西婕　王陶陶　李柴全　李嘉琛　吴荣山　贾晓倩
董彦会

回龙观医院
周衍芳

护理学院
王玉洁　黄文初

医学人文学院
杨　乐　张　泉

药学院
刁愿坤　孔维恺忻　卢文超　刘德春　豆晓东　陈　宽
陈丽君　梁文君

临床肿瘤学院
王言焱　夏　雷

首钢医院
蓝　洋

航天临床医学院
李　可

基础医学院
于华婧　王琰璞　云楚宇　支玉如　冯　蕙　刘胜德
孙儒雅　李曼郁　周　喆　周　筱　曹阳坡　游铠强
褚文慧　蔡泽宇

第一临床医学院
于泽谋　王云霞　王鼎予　史　悦　吴　靓　陈志聪
南　丁　谢文慧

第二临床医学院
牛庆雨　林　矗　居家宝　秋宇典　徐　帅　殷华奇

第三临床医学院
门　鹏　邓　恩　李　琪　张艺阳　段汝乔　袁　鹏
崔智勇

第五临床医学院
栗向辉

第四临床医学院
花克涵　张志军　陈明学

解放军306医院
陈正阳

精神卫生研究所
汤欣舟

（学生工作部）

2018—2019学年北京大学"示范班集体"获奖名单

院系	班级
法学院	2017级本科生2班
对外汉语教育学院	2018级汉语国际教育硕士生班
环境科学与工程学院	2018级硕士生班
地球与空间科学学院	2018级本科生2班
新媒体研究院	2018级硕士生班
数学科学学院	2018级本科生1班
元培学院	2018级本科生4班
社会学系	2018级本科生班
历史学系	2018级本科生班
心理与认知科学学院	2018级本科生班
新闻与传播学院	2018级本科生班
化学与分子工程学院	2018级本科生3班
体育教研部	2018级硕士生班
教育学院	2018级硕士生班
中国语言文学系	2018级本科生2班
信息科学技术学院	2017级AI图灵班
地球与空间科学学院	2018级遥感硕士班
生命科学学院	2018级本科生4班
政府管理学院	2018级硕士生班
工学院	2018级硕士生班
化学与分子工程学院	2018级本科生4班
前沿交叉学科研究院	2018级大数据1班
城市与环境学院	2016级本科生态地科班
物理学院	2017级本科生2班
工学院	2017级博士生1班
哲学系	2018级硕士生班
燕京学堂	2018级硕士生2班
元培学院	2017级本科生3班
深圳研究生院	城市规划与设计学院2018级硕士班
深圳研究生院	汇丰商学院2018级金融科技班
法学院	2018级法律硕士（非法学）2班
国家发展研究院	2018级研究生班
经济学院	2018级本科生1班
考古文博学院	2018级本科生班
马克思主义学院	2018级硕士生班
软件与微电子学院	2018级未名三苑
医学部	2016级预防医学2班

（续表）

院系	班级
医学部	2016级临床医学2班
医学部	2016级口腔医学1班
医学部	2015级临床医学3班
医学部	2016级临床医学3班
医学部	2018级基础医学3班
医学部	2015级临床医学1班
医学部	药学院研究生4班
医学部	公共卫生学院营养与食品卫生学系研究生班
医学部	口腔医学院口外科研研究生班
医学部	护理学院研究生班

（学生工作部）

2018—2019学年北京大学"先进班集体"获奖名单

院系	班级
数学科学学院	2018级本科生3班
数学科学学院	2017级本科生2班
数学科学学院	2016级本科生5班
数学科学学院	2018级硕士生1班
物理学院	2018级本科生1班
物理学院	2018级本科生5班
物理学院	2017级大气与海洋科学系研究生班
物理学院	2018级本科生7班
化学与分子工程学院	2017级本科生2班
化学与分子工程学院	2018级研究生班
生命科学学院	2017级研究生1班
生命科学学院	2018级本科生2班
生命科学学院	2016级研究生2班
地球与空间科学学院	2016级本科生5班
地球与空间科学学院	2017级本科生4班
心理与认知科学学院	2018级博士生班
心理与认知科学学院	2018级专业硕士生班
软件与微电子学院	2018级博实一苑
软件与微电子学院	2018级朗润三苑
软件与微电子学院	2018级燕南四苑
软件与微电子学院	2018级博雅四苑
新闻与传播学院	2017级本科生班

(续表)

院系	班级
新闻与传播学院	2018级学硕班
中国语言文学系	2018级本科生1班
中国语言文学系	2018级学术硕士班
中国语言文学系	2018级专业硕士班
历史学系	2018级硕士班
考古文博学院	2018级博士生班
考古文博学院	2016级博士生班
哲学系	2018级本科班
哲学系	2018级博士班
国际关系学院	2018级硕士班
经济学院	2018级本科生4班
经济学院	2017级本科生金融系班
经济学院	2018级保险硕士班
光华管理学院	2018级本科生2班
光华管理学院	2018级本科生3班
光华管理学院	2018级本科生1班
光华管理学院	2017级博士生班
光华管理学院	2018级金融硕士班
法学院	2018级本科生1班
法学院	2017级法律硕士（非法学）1班
法学院	2018级博士班
信息管理系	2017级本科生班
信息管理系	2018级博士生班
信息管理系	2018级本科生1班
社会学系	2018级学硕班
社会学系	2018级社工硕士B班
政府管理学院	2018级本科生
政府管理学院	2018级博士生班
外国语学院	2016级本科生葡萄牙语班
外国语学院	2017级本科生乌尔都语班
外国语学院	2018级硕士生东南亚班
外国语学院	2017级菲律宾语言文化本科生班
外国语学院	2018级日语翻译硕士生班
马克思主义学院	2018级博士生班
马克思主义学院	2017级博士生班
体育教研部	2017级硕士生班
艺术学院	2018级博士生班
艺术学院	2018级本科生班
对外汉语教育学院	2017级汉语国际教育硕士班

(续表)

（续表）

院系	班级
对外汉语教育学院	博士生班
元培学院	2018级本科生2班
元培学院	2017级空飞班
深圳研究生院	化学生物学与生物技术学院2015级研究生班
深圳研究生院	国际法学院2018级法律硕士班
深圳研究生院	新材料学院2017级硕博班
信息科学技术学院	2017级CS图灵班
信息科学技术学院	2016级图灵班
信息科学技术学院	2018级8班
信息科学技术学院	物理电子班
国家发展研究院	2017级本科生班
国家发展研究院	2017级研究生班
教育学院	教育学院博士生班
前沿交叉学科研究院	2016级综合班
前沿交叉学科研究院	2018级大数据2班
前沿交叉学科研究院	2017级综合班
工学院	2015级博士生1班
工学院	2018级本科生1班
城市与环境学院	2018级硕士人文班
城市与环境学院	2018级博士生班
城市与环境学院	2018级硕士自然班
环境科学与工程学院	2017级本科生班
环境科学与工程学院	2018级本科生班
新媒体研究院	2016级博士生班
新媒体研究院	2017级博士生班
燕京学堂	2018级硕士生1班
燕京学堂	2018级硕士生3班
医学部	药学院2017级药学4班
医学部	第四临床医学院2016级临床医学4班
医学部	基础医学院2018级口腔医学1班
医学部	第五临床医学院2016级临床医学5班
医学部	护理学院2018级护理学2班
医学部	基础医学院2018级临床医学6班
医学部	第三临床医学院研究生2班
医学部	第一临床医学院2018级科研型博士班
医学部	第三临床医学院研究生3班
医学部	第二临床医学院研究生1班
医学部	公共卫生学院劳动卫生与环境卫生学系研究生班
医学部	药学院研究生3班

（学生工作部）

2018—2019学年北京大学"示范学生宿舍"获奖名单

宿舍住址	院系	宿舍成员
45楼1112室	新闻与传播学院	曹星 王洁 刘昕 张晓桐
39楼346室	工学院	袁磊祺 郑恺 张傲杰 黄家明
46楼2124室	历史学系、中国语言文学系	许哲铭 孙栋梁 黄海斌 陈焕茂
30楼419室	信息管理系	彭晗琦 陈馨悦 刘佳颖 王洋
万柳公寓一区905D室	新闻与传播学院	白金星 张晨 吴益姜 罗曲灵
万柳公寓三区809室	社会学系	张鑫 杨钰婷 张汉玉 蒋罗
30楼304室	外国语学院	杨晓丹 陈宣奇 曾玥 董蕤
30楼406室	艺术学院	武杨 陈一芃 王姝璇 曹雨姗
勺园4号楼404室	物理学院	傅煜铭 庄明阳
40楼304室	环境科学与工程学院	汤睿 周颖 马丁 田甜

(学生工作部)

学生奖学金

北京大学2019-2020学年度博士研究生校长奖学金获奖名单（共539人）

数学科学学院

周楚宇 李畅 龙子超 户将 赵林杰 李鼎权
张雨 陈琦 韩素珍 李特 李影 陶雪妍
朱锦天 段俊明 李勇锋 李隆 房庄颜 姜帆
李臻 张慧铭 丁梦瑶 蒋国盛 李鹏程 王坤
徐林霄 杨凡意 殷鉴远 高一帆 胡文鹏 张喜悦
林秋实 罗雪 季策 刘浩洋 杨亦晨 王炜飚
赵书扬 武夷山 辛天屹 余姗 韩雨泽 赵朝熠

物理学院

王国兴 徐凌霄 赵文彬 马远卓 王亚坤 刘洋
吴早明 卢梦 蒋瞧 罗文浩 吴珊 张东良
姚凤蕊 费兆宇 韩猛 黄艳 王旌旭 伏琰军
赵云彪 弓正 李向 刘霄 胡召一 张毅
丁石磊 辜琦 沈剑飞 张黎莉 牛欣翔 庄明阳
冯旭 任燕 周密 王浩 梁昊 颜子翔
刘上锋 刘士琦 陈俊延 段晓菁 黄玉 关鑫
翁新震 姚屹林 成星 陈晓炯 张沛吉 焦文裕
苏士皓 王子毓 刘永超 盖跃 袁文强 陈浩然
管冬 洪健松 黄昱 李齐治 李宇 林益浩
马宁 王彤 薛洁然 戴天祥 吕夏影 唐佳奕
龚欢欢 应同 王改 张剑尧 周鑫池

化学与分子工程学院

艾万鹏 崔凌智 邓毓晨 韩含 黄瀚林 李岭高
李元鹤 刘卡尔顿 刘伟兵 权慧 史歌 史尧铖
覃柯 王雪娇 吴广启 徐梅星 杨晓 赵自然
李天然 施江陵 孙阳勇 汤哲浩 王高翔 杨俊峰
姚泽凡 于越 朱胜 陈含 陈昱光 丁静怡
林豪禹 刘子琦 蒲之琛 王坤 王兆旭 谢思宇
袁晨悦 张亦弛 赵雪 农淑英 赵银花 吴文豪
陈熙邦 邓翀 顾婷 贺鑫 侯倬伟 贾国赓
李昇 梁轩 刘星驿 聂韩秋 王常伦 吴杨牧
杨可心 汉蓉 王骞 贾开诚 朱新杰

生命科学学院

柳美玲　璩　良　张园园　李金超　潘　颖　邵昕宁
张美玲　段泽林　臧维成　张　禾　高　云　吴长城
郭仲龙　王　欢　何　苑　肖　亚　纪成功　于书玉
张心怡　张　冲　石　强　姚升泽　史晓昀　韩冰舟
朱　丹　王春慧　兰婧秋　黄　颖　王　信　陈　欣
陆明傲　黄润洲　蔡儒仪　胡雪霏　张　翔　侯楚怡
王　洁　王渝鸿　赵　淦　周　硕　张煜婕　王笑涵

地球与空间科学学院

王玉霞　匡伟康　刘　晗　董　杰　周天琪　王泽众
习文强　董金龙　王　杨　高　磊　孙国正　甯　濛
邵　博　杨立辉　喻志超　陈亚杰　汪诗舜　刘钰洋
刘宝剑　陈姗姗　梁上林　肖万博　郑绪君　刘　婷
黄圣轩　刘航宇　刘君茹

心理与认知科学学院

黄巧莉　江曜民　王逸璐　谢东杰　陈一笛　马继昌
刘　超　王　娇　蒲　玥　贺梦瑶

软件与微电子学院

刘伟杰

新闻与传播学院

宋玉玉　陈秋心

中国语言文学系

谭　菲　樊迎春　陈姵瑄　朱兆斌　李　斌　孙　竞
沈相辉　杨　照　吉云飞　唐小林　尹常乐　唐嫲嘉
王可心

历史学系

杨　光　张辞修　杨园章　张一博　陈佳奇　黄柘淞
屠含章

考古文博学院

冯　玥　蔡　宁　马永超　王雨晨　付龙腾　周逸航

哲学系

李　星　冯子龙　田　妍　张　勇　常　达　傅志伟
王　强　李寒冰　刘　斌　倪逸偲　张　瑜

国际关系学院

刘　宁　张　蕾　张豫洁　杨黎泽

经济学院

余　航　刘淑彦　颜晓畅　石　琳　高震男　戚逸康
钟京东　方　达

光华管理学院

曹光宇　李　浩　周季蕾　刘　欣　李　力　刘羽飞
徐琳娜　刘晨冉　罗楼心　汤泰勒

法学院

夏江皓　牛颖秀　薛前强　江　辉　徐成　李　烁
江海洋　郭昌盛　林斯韦

信息管理系

严承希　聂　磊

社会学系

赵　璐　吴　越　刘　芹

政府管理学院

王艺潼　丁凡琳　罗心然　古恒宇　李梦瑶

外国语学院

刘雅悦　段　南　陈必豪　李睿恒　程　雪　范　祎

马克思主义学院

吴　波　周　泉　张　懿

艺术学院

蒋含韵　张　薇　曲康维

对外汉语教育学院

李姝姝

信息科学技术学院

向　立　宋　宇　郑峰屹　潘　石　胡智文　张远行
徐梦炜　许晶晶　贾川民　李若宁　蔡琳琳　陈汪勇
张　腾　黄铁军　王　燕　张舒航　刘天宇　娄一翎
李　想　刘力俊　李君实　胡敬植　卢丽强　王　婧
邹达明　黄　鑫　刘道畅　杨　帅　梅继林　方　峥
袁　锐　周　航　陈心羽　管鹏鑫　陈震鹏　沈剑豪
谢　旭　柴　梓　宋默弦　李睿意　游　优　张子文
方先松　邓若琪　陈逸凡　代达劢　张之远　刘　辉
张博航

国家发展研究院

邱　晗　童　晨　陈　赟

教育学院

王梦倩　陈东阳　邱文琪

人口研究所

丁若溪

前沿交叉学科研究院

梁　晶　刘志恒　苗　笛　王乾东　严智强　方臻成
陈　坤　李明强　杨鹏飞　陈依东　董　傲　景　淼
任　杰　隋秀文　童津津　郑宇轩　董飞宏　李　宁
吴姝芳　刘晓婷　李辰威　刘　晓　闵喆莹　李杨立志
李思扬　王超名　杨文昊　王　瑶　周　帆　殷金琦
陈伟杰　张博雅　高　欣　蔡瑞玲　程爱民　高　瑞
何崔同　柳　迪　罗文娣　施博文　王语晴　谢文军
章容嘉　刘天妍　杨　雨　俞　易　张颖凤　周　钰
陈　阳　周兆筱

工学院

宦　强　郝进华　刘泽宇　段培虎　李肖音　胡　婧
姚梦碧　杨艳涛　王伟豪　王强中　李海月　张智琅
贺晓东　梁子彬　王智鹏　陈怡华　邱凯旋　熊佳铭
周一鸣　吴佳熙　耿鲁超　阚思仪　白玉琦　李能旭
倪　悦　张珂新　赵雪微　王冠邦　毛诗琦　张　帆
陈　芳　隋昊男　马　壮　章盛祺　王　璇　周金辉
陈为彬　侯江东　蒋昕鹏　徐鸿建　任行斯　王泽坤

钱佳琛	梁 印	张 琨	饶诗杭	余 剑	张妮丝	李晓旭	陈灏轩	刘福洋			
徐瑞宇						**分子医学研究所**					
城市与环境学院						杜建勇	杨杰淳	姚静斐	白云飞	郑如意	王千昊
刘来保	胡秀蓉	李新月	余双雨	张浩然	连 旭	张幼东	方 欢	郭步静	汪 冬	乔忠俊	张晨阳
武旭同	林慧铭	杨玮琳	孟文君	冯继广	洪松柏	张 源					
贺 勇	刘云鹏	李湘怡	席 毅			**新媒体研究院**					
环境科学与工程学院						柏小林					
刘玥晨	宫一洧	刘 悦	何 蕾	刘金炜	陈建妃						（研究生院温蕊）

2018—2019学年北京大学奖学金评审名单

CASC 奖学金一等奖

地球与空间科学学院

祝佳琪

心理与认知科学学院

钱秭澍

前沿交叉学科研究院

李 怡

CASC 奖学金二等奖

地球与空间科学学院

付天尧　曲 平　刘思远　林超岳　季柴宝惠

城市与环境学院

袁丹丹　黄晶晶

CASC 奖学金三等奖

物理学院

厉 斌　白世伟　乔冠一　刘彦昭　刘清元　敖雨田

地球与空间科学学院

张溶倩　祝奇文

城市与环境学院

邓晓程　张家瑞

ESEC 奖学金

外国语学院

卫宇晴　朱正康

Panasonic 育英奖学金

新闻与传播学院

兰文浩　姬向群

光华管理学院

沈赵驰　荣一郎　胡 扬　徐敬涵

外国语学院

张开信　罗诗曼　梁玮航　潘昕宸

POSCO 奖学金

物理学院

权 衡　刘星宇

化学与分子工程学院

王希元　聂翊宸

生命科学学院

张开鹏

国际关系学院

朱 睿　罗波伶

光华管理学院

王 寅　陈 晨　郭家杰

法学院

李舒豪　张心颜

信息科学技术学院

陈嘉乐　郭资政

工学院

谭 奕

SK 奖学金

物理学院

万昊越　袁 恺

化学与分子工程学院
姜　维　蒋志威

光华管理学院
张　昊　徐琳娜

外国语学院
于美灵　张宇淏

信息科学技术学院
吕奕腾　金　明

宝钢奖学金

数学科学学院
邢芳榕　杨向谦

生命科学学院
张美玲

国际关系学院
张　新

信息管理系
王俊杰　金笑缘

政府管理学院
张洪鸣

前沿交叉学科研究院
曹　露　程　婷

戴德梁行奖学金

数学科学学院
王炜皓　王浩翔

物理学院
毕　然　李倩惠　李海鹏　陈　实

中国语言文学系
吴星潼　郑　林　唐姆嘉　樊迎春

国际关系学院
巴丽娜尔·海若拉　左正浩　史幸炜　陈寓理　洪　薇

社会学系
吴　苏　曹金羽　韩礼涛

信息科学技术学院
马征征　向耀程　张　烨　陈沛庆　周建祎

教育学院
王晓娜　曾嘉灵

前沿交叉学科研究院
迟未来

工学院
兰若尘　刘文斌　李能旭　罗小进

方树泉奖学金

环境科学与工程学院
同颖茜　向雅馨

方正奖学金

数学科学学院
于翔宇　王哲辉　孔鼎问　邓宇昊　代睿哲　冯语凡
刘　艾　许准阳　李通宇　杨逸舟　吴大庆　宋子昂
张鼎怀　张锐麒　张嘉琦　陈宇轩　陈泓宇　罗月桐
罗　霄　季　策　周　川　段俊明　袁弘睿　贾子健
夏明洋　席国栋　梁德才　程晓鸥　傅颢硕　焦宇翔
蔡晓榕

物理学院
艾　阳　刘田颖　刘宏超　刘金禹　纪青鑫　苏恺翔
李佳男　杨涵崴　杨璧瑞　张开元　张鹏程　陈华强
陈翀尧　周紫薇　俞思濛　俞钟承　姜中景　徐永琪
陶　伟　曹颖康　董泽昊　韩泽尧　赖佳伟　蔡冉冉
樊振豪

化学与分子工程学院
王子沅　孙博勋　李纪元　李硕学　李博文　肖康明
张欣睿　黄　哲　彭陆鑫　简繁冲

生命科学学院
叶思达　吉雅晴　乔　睿　刘懿阳　孙超英　李方圆
宋子菡　宋子豪　张　迪　陈姮玉　殷会佳

地球与空间科学学院
王斌昊

心理与认知科学学院
罗　敏　唐　斌　彭煜明　潘　登

中国语言文学系
李泽西　张汐莹　陈沛祯

历史学系
周天绮

国际关系学院
关山越　江智璇　李天旭　周子祺　蒋　端

经济学院
邹卓群　陈熙雨

法学院
卢　漫　江海洋　李梦帆　杨舒皓　贺予希　徐美玲
梁　忠　蔡培如

外国语学院
丁灵劼　王　玥　王静静　吉　竞　刘　畅　江立翔
李　芯　沈　悠　张甜甜　陈宇珂　陈庭羲　饶　畅
徐寒冰　崔紫微

艺术学院

王亚群　冯　舒　陈一芃　岳思宇　胥　恒

深圳研究生院

王建鑫　王嘉佳　邓浩田　叶耀坤　刘孜威　杨　冰
杨雪儿　张郦珺　林理量　项子源　徐　菁　高俊龙
董　磊　谢子晗　雷腾腾

信息科学技术学院

于博涵　马亦骁　王蓝绅　节世博　冯衍霖　冯　哲
冯浩然　吕晓钟　向东伟　李　拙　李佳蔚　李睿涵
李　聪　岑仕鹏　沈若冰　沈　佳　张仁瑞　张泊洋
张　晨　张　鑫　岳鹏云　周剑云　钟郅能　袁志超
郭效君　鲁云龙　蔡辉宇　熊云帆

人口研究所

向平波　范宇新

前沿交叉学科研究院

刘志恒　李辰威　吴　岩　闵喆莹　张　岩　苟向阳
董　傲　谢雨农

工学院

史天泽　付思杰　江毓敏　林锦铭　谈任飞　霍佳音

城市与环境学院

杜悦悦　李　琳　李湘怡　陈丽媛　欧阳雪菲　夏昕鸣

分子医学研究所

邓秋萍　周鸿洲　薛凯丽

基础医学院

邓雨桐　朱澳璇　李思萱　吴昊天　张健训　夏研凯
崔婧一　董恩甫　曾祥昱　薛士麟

公共卫生学院

张宇强　霍姗姗

冈松奖学金

数学科学学院

倪弘康

化学与分子工程学院

吴　勇　冀　怡

生命科学学院

李西莹

地球与空间科学学院

王筱煜

心理与认知科学学院

杜宇晖

城市与环境学院

廖奕楠

环境科学与工程学院

刘福洋

顾温玉生命科学奖学金

生命科学学院

车　瑞　庄腾寒

黄昆李爱扶奖学金

物理学院

郎　婧

季羡林奖学金

新闻与传播学院

刘婧君

外国语学院

许　洋　於　航　赖丹鸿　阚　平

佳能奖学金

数学科学学院

庄子杰　吴志昂　段剑儒

物理学院

李泊宁　吴家昊　焦文裕

化学与分子工程学院

武明睿　梁　旭

哲学系

赵　旭　陶婧漪

信息管理系

汪亚宁　宗何婵瑞

外国语学院

王　瑞　魏　萱

信息科学技术学院

邢博威　李　炜　罗煜楚　黄潋哲

环境科学与工程学院

周　颖　蒋青松

金龙鱼奖学金

生命科学学院

王天贺　吕汶桧　朱　舟　吴博理　张博远　彭靖予

经济学院

王宇涵　肖安彤　张　妍　陈绮纯　施林彤　曹　响

光华管理学院

李泽健　李默宜　陆哲皓　林　欢　徐铭威　储云飞

信息科学技术学院

马辛宇　王驭捷　甘云冲　阮思凯　肖宇晗　张寅杰

环境科学与工程学院

白　彬　朱　颖　杨佳炜　屈玥坤　胡裕民　聂齐越

乐森旬白顺良奖学金

地球与空间科学学院

刘　璐

李惠荣奖学金

数学科学学院

兰倬铭　吕青峰　陈奕行　陈致远　郑奥扬　柴劲航
董昕妍　谢楚焓

物理学院

马文宗　邓琪敏　刘吉喆　刘宇堂　刘轶男　巫振波
杨　阳　宋祁钰　张泽昊　张威东　林志威　周慧斌
郑希诠　赵义强　谭海月

化学与分子工程学院

于梦虹　朱志扬　杨　晨　肖超玲　吴昊京　林德武
郭　虓　崇　滨

生命科学学院

李滢萱　杨松霖　唐嘉祥

中国语言文学系

王敏琪　王馨璐　石若玉　朱建强　刘梦秋　范语晨
胥纯潇

历史学系

方心怡　隗　敏

哲学系

李　源　张　勇

国际关系学院

王　冉　段佳欣

法学院

刘行止

元培学院

卜禹超　王瑀珲　毛飒韵　吴昊天　余　越　张瑞石
郑清源　赵奕涵

深圳研究生院

丁　灵　马　超　王雨萌　孙鹏程　李　婧　吴嘉亨
陈永乔

信息科学技术学院

马　龙　王　捷　王德昭　叶思源　刘　欢　刘泽学
刘振华　杨雨思　张天远　陆　睿　陈　翔　林　川
俞蔼伦　贾云杉　龚林源

工学院

王强中　江贤洋　许　涛　孙伽略　邹　达　沙鹏举
武籽臻　高安康　彭兆睿　鲍垠桦

李彦宏奖学金

数学科学学院

贾泽宇

物理学院

刘子鸣

化学与分子工程学院

蔡奕腾

生命科学学院

张嵩元

地球与空间科学学院

张云翔

心理与认知科学学院

刘彦韬

新闻与传播学院

张冉玥

中国语言文学系

贾　璇

历史学系

卫子轩

考古文博学院

管雨婷

哲学系

闫琦琛

国际关系学院

罗梦蝶

光华管理学院

洪　扬

法学院

苏　宇

信息管理系

张紫婧　董婧文

社会学系

吴文馨

外国语学院

张博桢

艺术学院

王姝璇

元培学院

潘新宇

信息科学技术学院

朱熠恺　张浩威　盛楷文

工学院

郑骁键

城市与环境学院

庞　亮

廖凯原奖学金

数学科学学院
卜 昊　田 田　朱 峰　李鼎权　李 影　邱 添
张喜悦　林 挺　孟 响　唐珑珂

物理学院
李一一　李晶晶　时 铭　岑育朗　张 睿　武文斌
高宇辰　曹启韬　曹端云　曾耀萱

化学与分子工程学院
关键鑫　肖 锐　段东斑　徐姝婷　黄瀚林

生命科学学院
王欢欢　王睿宇　张园园　罗翊雯　柏东生　黄 越
翟艳芳

地球与空间科学学院
王玉霞　王瑞敏　方景行　刘 婷　许晓明　李佳威
钱 航

心理与认知科学学院
王禹菲　王逸璐　苗 苁　谢东杰

新闻与传播学院
马晓龙　朱玉文　顾漪雯

中国语言文学系
宁传韵　陈 绚　翁诗琳　翁 毅　童 莹　谭 天

历史学系
吴思贤　吴 悦

考古文博学院
王子寒

哲学系
张健伟　魏长祺

国际关系学院
于 阔　李自清　赵婉睿　祝麦伦　郭天逸　涂针华
裴习育

经济学院
王茜雯　刘昱靖　孙鸿蕊

法学院
刘志颖　刘 岩　刘嘉澍　李君强　杨润润　陈 晗
林溢呈　季冬梅　金元媛　周韦琪　赵雪杉　胡敏喆
侯麟美　郭昌盛　薛岩青　薛前强

信息管理系
朱恩泽　张 歌

社会学系
许天怡　吴 越　张蓁宜　赵 璐

政府管理学院
丁凡琳　马佳磊　宁 晶　台永康　何家唯　宋昌耀
周逸凡　黄尧胜

外国语学院
于佩宏　门雪洁　尤丹倩　方 懿　邢 旭　伍小凡
仲麦祺　宋心怡　周 佳　盛新琳

艺术学院
李尽沙　葛 戈

对外汉语教育学院
陈 晨

元培学院
朱婷宇　刘赞辉　张雨桐　金则宇　章炜翊　曾锶娴
管鸿钊

深圳研究生院
叶方舟　翁振宇　熊 镭

信息科学技术学院
卫渤林　王 欣　刘俊豪　苏 灿　杨芳源　吴瑾昭
汪权彬　郑凌骁　胡志明　柴 梓　高敬月　崔轩宁
崔 健　董子宁　韩润泽

教育学院
张首登

前沿交叉学科研究院
于 飞　伊宗裔　李文新　沈天成　张雅文　陆昊阳
赵 伟

工学院
朱浩然　江伟权　邱凯旋　郄 瑜　赵 枫　胡战超
胡 婧　袁 野

城市与环境学院
马菲亚　邓涵朵　吕佳宸　易丽瑾　封斯文　洪松柏

环境科学与工程学院
朱佳丽　苏志国

分子医学研究所
周钦超

公共卫生学院
杨子铭　陈子砚　蒋家诺

基础医学院
郑翊君　钟丰耘　高昱华　韩 雪　曾乐水

林超地理学奖学金

地球与空间科学学院
习文强　郭金鑫

城市与环境学院
朱 熙　杨 康

林振芳奖学金

中国语言文学系
左怡兵　刘 杰　刘雪璁　李 强　杨 宸　张姣婧
陈若谷　黄 璜

历史学系
王四维　王 静　刘 灿　刘 瑞　纪浩鹏　高 燎
黄承炳

考古文博学院

王　玥　付龙腾　刘晟宇　李婉明　胡文怡　胡　沛　曹芳芳

哲学系

刁超群　王子剑　邓　佳　田凯文　孙海科　李　星　李健芸　陶思圣

欧阳爱伦奖学金

生命科学学院

张东慧

外国语学院

王清雨　吕精一

三菱日联银行奖学金

化学与分子工程学院

杨超然　武振强　盛　建　景海荣　程　熠

经济学院

王　月

光华管理学院

高小晶　尉　婧

法学院

王　璇　郭　远

三菱商事国际奖学金

国际关系学院

王戈南　王至月　张睿阳　郭冬妍

经济学院

吴江玥　余曼卿　张静明

光华管理学院

王雨薇　方清源　童　谣

三星奖学金

数学科学学院

吴大维　吴林桐

物理学院

王　准　陈开元

化学与分子工程学院

江雨翔

光华管理学院

望熙晨

法学院

毛瑜晨　边雪松

社会学系

王　恒　李澄一

外国语学院

张可佳　谢　雨

信息科学技术学院

邓有杞　刘柯钦　李沛珅　高　一　黄鑫懿

沈同奖学金

生命科学学院

袁　越

苏州工业园区奖学金

数学科学学院

华奕轩　杨泓暕　何雨桐　张凯勃

物理学院

朱锦平　杨晓宇　段晓苇　洪　浩

化学与分子工程学院

王应泽　张泽岳　张　蕾　顾超越　徐海齐　郭印良

生命科学学院

王艺橙　田　甜　杨　璐　康博熙

地球与空间科学学院

印　琪　刘　晗　郑　坤

法学院

江　辉　李　烁　夏江皓　夏倩雯

元培学院

李金鑫　汪　涵　柯子蕴

信息科学技术学院

刘　潇　麦辉煜　杨昊璋　陶渊政

工学院

刘金昊　杜宇航　李　珍　陈　虹　姚雪松　贺俊峰

城市与环境学院

张志皓　陈雪琦

田村久美子奖学金

中国语言文学系

黄楚君　蔡千千　魏　婉

王家蓉-王山奖学金

光华管理学院

刘羽飞　李　浩　林颖倩　罗楼心　钱留杰　曹光宇

吴达元-陈穗翘奖学金

信息管理系

王　玉

外国语学院

陈双羽

西南联大国采奖学金

经济学院

纪　尧

光华管理学院

刘晨冉　周季蕾　凌奕奕

国家发展研究院

张舒涵

西南联大奖学金

数学科学学院

卢维潇

物理学院

亓瑞时

化学与分子工程学院

刘环宇

中国语言文学系

王　翊

历史学系

张蓝天

哲学系

肖明矣

西南联大吴惟诚奖学金

地球与空间科学学院

侯　郁

西南联大曾荣森奖学金

化学与分子工程学院

任家桐　胡皓然

谢培智奖学金

历史学系

戚昱明

休斯顿校友会奖学金

化学与分子工程学院

王　硕

地球与空间科学学院

周浩宇　徐　玥

元培学院

王丁立　杨正颖　武芮伊

信息科学技术学院

许科诺　陈天宇

基础医学院

叶淑芳　吴　昱

杨芙清-王阳元院士奖学金

数学科学学院

吴清玉　黄俊智

生命科学学院

朱筱晗　段佳丽

软件与微电子学院

刘　倩　谢华宇

中国语言文学系

李雨轩　赵理扬　曹汶静　廉鹏举

历史学系

吴心怡　谢筑婷

信息管理系

陈　瑜　聂　磊

元培学院

王　莹　孙舒羽　徐　一

信息科学技术学院

朱子仪　刘俊麟　李念语　肖有为　韩　云

工学院

江炜烨　岳　威　谢锦宸

城市与环境学院

何德洁　张可尔　金文纨　银浩博　赖雨亲

环境科学与工程学院

刘晓瑞　熊富忠

杨辛荷花品德奖

数学科学学院

李羽航

化学与分子工程学院

王帅宇　荣自超

生命科学学院

刘栩豪

中国语言文学系
任晓珊　孙沛青

历史学系
吕诗怡　陈文鼎

考古文博学院
李　月　李博含

哲学系
张鑫磊　赵瑞祺　唐月园　董昭言

国际关系学院
陈志颖

光华管理学院
李育松

外国语学院
陈　越

元培学院
王心怡

信息科学技术学院
胡　楠

城市与环境学院
田艺萱

优衣库奖学金

光华管理学院
贺彦磊

外国语学院
黄天怡

元培学院
苏　婕

信息科学技术学院
姚惠涵

张景钺-李正理奖学金

生命科学学院
杨继轩　容玉琳

张昀奖学金

生命科学学院
孔玥峤　刘天旭　李　想　郭岳峰

地球与空间科学学院
刘　爽

章文晋奖学金

心理与认知科学学院
牛润萱　陈籽熹

历史学系
那仁达赖　金璐璇　周天羽　胡梦瑶

国际关系学院
孔金磊　欧阳海　袁　菁　曾亦辰

社会学系
陈亦琪　姜晓琨

外国语学院
王双翼　肖雯雯　程　烨　裘蓉蓉

工学院
马中天　陈雨萱　陈铭桐　梁子彬

芝生奖学金

历史学系
张锦宇

工商银行星辰奖学金优秀奖

经济学院
王小倩　王若霖　王品达　王嘉玮　牛楚韵　边恩民
朱律璋　刘宇晴　闫强明　严韵竹　巫梦洁　李成明
吴　尚　吴昕怡　陆承启　罗　翠　周心怡　贺　琰
徐世宇　徐伯丰　高震男　曾倩怡　谢　阳　蔡晓琳
魏一帆

光华管理学院
任　聪　刘霖修　李心怡　杨思琪　陈　展　邰梦玥
郑　皓　赵雪琦　黄浩东　谢雨曦　魏名湖

国家发展研究院
户俊鹏　卢　鑫　徐臻阳　郭兰滨

工商银行星辰奖学金特等奖

经济学院
石　琳　刘淑彦　赵煦风

光华管理学院
李　力　陈　磊　周慧珺　赵　瑞　郭麦菊

国家发展研究院
吴紫薇　张　祎

中国石油奖学金

物理学院
刘超飞　贺震昱

化学与分子工程学院
李涵潇　雷金霞
生命科学学院
王春慧
地球与空间科学学院
刘航宇　陈麒安
工学院
苏　奇　张　文
环境科学与工程学院
王　航
药学院
刘海韵
基础医学院
赵光普

钟天心奖学金

历史学系
刘荷月　庞　博
外国语学院
马尧力　吴张心安

共雅奖学金

光华管理学院
丰　盛
外国语学院
仇康化　宋翔宇

五四奖学金

数学科学学院
丁梦瑶　周正雍　胡云棚　鲁一逍
物理学院
王利博　王秋原　伍家成　林旭辰　聂彧奇　潘江辉
化学与分子工程学院
王　荣　周　颖　曹宇辉　傅林轲　霍培昊
生命科学学院
吕默含　苏嘉昱　李晴晴
地球与空间科学学院
王　杨　方唯振　郭　浩
心理与认知科学学院
孙经纬　聂劭质
软件与微电子学院
宋成松　周其飞
新闻与传播学院
周　弘　曹　星

中国语言文学系
李若白　徐漪清　程格格
历史学系
张易和　高子牛
考古文博学院
阮可欣
哲学系
张云起　金昊玥
国际关系学院
王乐阳　危思安　陈　凤
经济学院
丁宇刚　宋雅昕　胡雨昕
光华管理学院
刘小溪　刘浩宇　李世豪　吴　蝶　陈宇洋
法学院
丁晨妍　支玉晨　刘育珅　刘　继　李春晖
信息管理系
杜婉莹
社会学系
李会肖　薛雯静
政府管理学院
张津萌　柏艾辰
外国语学院
尼　森　宋子豪　张为杰　胡南夫
马克思主义学院
吴　波
体育教研部
芦　荻
艺术学院
周若菲
对外汉语教育学院
徐杨佳文
元培学院
毛澍霖　毕航睿　周扬帆
深圳研究生院
王　前　袁玉玺　曹镜明
信息科学技术学院
刘姝涵　许逸伦　许晶晶　孙艺哲　杨　泽　陈子谦
郑峰屹　赵鑫泽　黄铁军
国家发展研究院
任昶宇
教育学院
王晶心
人口研究所
刘尚君
前沿交叉学科研究院
仇立松　曹中正　魏诗媛

工学院
王冠邦　石智宇　陈怡华　赵　磊
城市与环境学院
李佳鸣　秦晓宇
环境科学与工程学院
林鹏昇
分子医学研究所
欧宇辉
歌剧研究院
辛　天
建筑与景观设计学院
彭　晓
新媒体研究院
曾　卓
燕京学堂
梁　坤
临床肿瘤学院
丁广宇
护理学院
马泽江
公共卫生学院
王静宇　史洪静　娜扎开提·买买提　李玥颖
基础医学院
左　炜　刘雪松　姚孟飞　耿晓强
回龙观临床医学院
仝景慧　周衍芳
第三临床医学院
刘东明　赵国江
药学院
刘当亮　魏　巍
医学人文学院
刘　姝
第一临床医学院
刘梦苑　孙晓莹
口腔医学院
杨　振　赵　昳
航天临床医学院
林欣颖
第二临床医学院
赵志庆　曾巧珠

国家奖学金（本科）

数学科学学院
王逸轩　卢维潇　任一诺　江元旸　杨　舍　陈宇凡　黄凯旋　黄　桢　梁圣通　蒋易惊
物理学院
王任飞　王泓杰　王晨冰　亓瑞时　朱倩泽　杨佳宇
陈天扬　林冠达　欧阳筱羿　樊耀塬
化学与分子工程学院
王茂林　冯　凡　刘环宇　江意达　孙　昉　孙鹏伟
谭淞宸
生命科学学院
任刘豪　陈峻松　胡艺馨　钟睿琦　谢霄鹤
地球与空间科学学院
马睿平　张雨桐　侯远樵　翁纪伦　傅昊博
心理与认知科学学院
杨敏文　陆　凝　黄哲凡
软件与微电子学院
吴田同　黄　绮
新闻与传播学院
孙　硕　杜　正　赵　赫
中国语言文学系
王　翊　林怡萱　周琬琳　赵雅琪　谢可欣　魏珞宁
历史学系
王子月　张蓝天　谭　蓉
考古文博学院
胡好玥　徐艺菁
哲学系
孙安妮　肖明矣　嘉若曾
国际关系学院
仲九真　张诚杨　范静远　徐海博　黄蕴仪
经济学院
王嘉露　韦霄娜　刘　瑞　沃　迈　郝光昊　俞文奇
钱含章　董婧延
光华管理学院
沈铂涵　陈妍汀　项文心　侯秋昊　闻人贝妮　袁程悦
翁昱昊　席子涵　曹好吉　谢笑旸
法学院
于楚涵　王丰泉　华立成　杜中华　余瑞麒　周奕彤
曹湘宸　董　宸
信息管理系
陈一新　孟高慧　钟嘉豪
社会学系
胡雨蝶　梁佳成　赖晗语　冀　星
政府管理学院
朱玉慧兰　张唯一　张逸凡
外国语学院
马　骁　王佳晨　尹楷珺　许源睿　李沅鑫　何　璠
汪靖尧　张骁瀚　张皓莹　高扬然　章震尧

艺术学院
李维则　张艺璇

元培学院
王亦丁　方嘉齐　叶天瑶　叶皓天　朱玉婷　伍修毅
孙昕凯　李沛泽　苗子壮　郁　一　罗天创　徐旭阳
黄楚妍　魏　来

信息科学技术学院
王诚科　邓康乐　任轩笛　杨炎峰　张文军　陈炤桦
陈智斌　季卫明慧　金玉杰　周子鑫　胡黔江　费天一
翁伊嘉　曹　芃　曹奕远　常　卓　谢欣彤　詹冠其
颜　开

国家发展研究院
莫怡青

工学院
叶　帆　向天瑞　陈　策　袁磊祺　黄奇正

城市与环境学院
王晨玥　邓鲁川　刘　可　周韫卓　侯　雨

环境科学与工程学院
袁沁妮　彭汉唐

国家奖学金（硕士）

数学科学学院
丁　欠　朱昊东　安　曼　肖婷婷　陈炜蓉　赵陈菲
黄河清

物理学院
李荣荣　吴　攸　邹广源　胡志刚

地球与空间科学学院
丁伟铭　李灵慧　郑逸童　贾　晨　徐希阳　章　雨
蒋一然

心理与认知科学学院
王笑楠　田　玥　刘建勋　席中海

软件与微电子学院
马　聪　王婉蓉　吕　媛　任　田　刘旭德　刘奕彤
刘艳伟　刘家怿　闫龙皞　孙佳静　李江龙　李梦圆
杨雨月　杨　润　何泓浩　张中天　张宇翔　张红梅
张　岩　张津川　张钰函　张　倩　张　鑫　陈传文
陈雨晗　苗一尘　孟繁玉　赵东宇　赵冠杰　赵　峰
胡文强　胡扬帆　战　瑛　钟辰丽　祝嘉雪　袁　禄
夏　昀　柴云鹏　徐一博　凌婧斌　黄　越　章斌斌
梁全成　韩欣彤　韩　悦　蔡振聪　潘　越　穆柳允

新闻与传播学院
贡雨婕　郑　琪　高大蕊　藏新恒

中国语言文学系
刘心怡　孙慈姗　李泽栋　陈　龙　陈墨玉　徐梓岚
童梦园

历史学系
文一宇　许哲铭　李子然　李东辉

考古文博学院
贾晓文　盛崇珊

哲学系
卫　俊　李靖新弘　周季璇　钟晨宁

国际关系学院
李　峥　余　欣　宋婉玲　陈　勇　林小暖

经济学院
刘家瑞　齐华瑞　连欢欢　党春辉　黄德金

光华管理学院
叶　晗　华　巍　孙逸非　苏湘怡　李　明　李嘉宁
杨　帆　杨卿栩　张馨文　席可颂　潘秉旭

法学院
王作太　牛伟强　成　前　朱笑芸　刘力帆　刘　颖
孙宝新　杜清流　李佳成　杨佩龙　杨　奕　吴　彤
余元帅　张倩红　张琪琪　张　婷　陈芯宇　者　娟
欧阳捷　周海燕　钟鑫雅　姚敏侣　高　莹　程海宁

信息管理系
秦　玥　韩豫哲

社会学系
丁　睿　刘　林　陆兵哲　邵　巍　黄诗曼

政府管理学院
何　琦　张　肃　周英慧　周　歆　韩　舒

外国语学院
乐石滢　孙铭徽　邹雨浓　宋　妍　张江龙　顾新亚
黄韵颐　龚若晴　谌育良

马克思主义学院
马　宁　庞瑞翰

体育教研部
姚芳虹

艺术学院
王清林　曾薇佳

对外汉语教育学院
王　玺　李清华　张　艺

深圳研究生院
王　志　王志鹏　王家宝　田宁子　冯　兆　朱梦婷
朱筱茜　刘安屹　刘　虎　刘明蔷　刘　浩　刘菁菁
刘磊磊　汤　骅　李　夏　李章恒　杨　乐　杨璐宁
肖　苗　吴陈龙　吴楚妍　吴嘉野　宋玉洁　张凤鸣
张羽晴　张泽政　张娇娜　张菲菲　张敬越　张紫薇
张　粲　陈励晗　陈博闻　林逸夫　赵相文　钟家兴
倪瑞章　倪　想　高寒冰　郭倩汝　黄永康　黄加耀
黄　伦　崔迪君　梁海伦　梁斯盛　覃　孟　景　彤
曾大鹏　蒙　程　熊　乐　薛　兆

信息科学技术学院
马文博　王树民　王鹏飞　叶嘉成　伍洋君　刘宇邦
刘　震　李和倚　陈汉亭　尚骏远　罗福莉　周　荆
赵鹏宇　夏思烽　曹雁彬　韩丰远

国家发展研究院
王吉明　苏瑞冰

教育学院
金红昊　高雪姮　赫意夫

人口研究所
刘　艳　索浩宇

前沿交叉学科研究院
于智薇　杨鹏程　张文涛　陈秀颖

工学院
汤　洁　李依霖　陈昱廷　高一赛　章亚磊

城市与环境学院
王琪慧　李春江　张蛟迪　高蒙迪　曾良恩

环境科学与工程学院
刘牧时　童天丽

分子医学研究所
刘　锐

歌剧研究院
庄　杰

建筑与景观设计学院
何沛文　陈宇枫

新媒体研究院
田林鑫　许　酌

燕京学堂
雷雪飞

国家奖学金（博士）

数学科学学院
王炜飚　李　畅　李　翔　何　顺　陈天遥　陈　琦
胡文鹏　韩雨岑　熊云丰

物理学院
弓　正　马骏超　王慕雪　王璟岳　伏琰军　庄明阳
刘　放　孙　健　李正阳　李郁博　连少鹏　吴存存
吴明阳　张慕容　陈　平　单杭永　孟　璐　赵云彪
赵　罡　郝鹏翔　查　亮　徐晓龙　梁艳霞　葛佩佩
韩中东　燕鑫鑫

化学与分子工程学院
邓毓晨　卢　阳　达晓娣　吕泽杰　刘　正　刘衍军
刘雅杰　刘歆子建　孙阳勇　杨　帆　陈　维　林廷睿
周　玥　贾开诚　郭妍如　郭　毓　霍静凤

生命科学学院
王礼鹏　王志娟　孙含笑　肖　亚　邱伟林　张　冲
张思韬　降　帅　胡　平　柳美玲　姚升泽　徐瑞丹
崔月利　韩　雪　谢良福　熊梁尧　璩　良

地球与空间科学学院
朱　递　孙元亨　孙国正　李炜恺　杨立辉　吴红红
罗　毅　高　磊　董　杰　黎晏彰

心理与认知科学学院
丁　宇　李天碧　周雨青　黄巧莉

软件与微电子学院
邓　枭　李皓辰

新闻与传播学院
方晓恬

中国语言文学系
吴　晗　陈子丰　郝　琦　康宇辰　章莎菲　程梦稷
雷瑭洵

历史学系
刘东庆　张　良　项浩男　赵静涵　徐维焱

考古文博学院
张予南　张　吉　周逸航　黄　希

哲学系
关　雷　李　科　姚裕瑞　傅志伟　褚叶儿

国际关系学院
龙萌瑶　范佳睿　林文昕

经济学院
刘子宁　张　玲　钟京东　颜晓畅

光华管理学院
马　骁　叶丽莎　辛　星　张　玥　宫　蕾

法学院
石　丹　朱艺浩　武晓艺　赵姿昂　柯　达　彭雨晨

信息管理系
王若佳　宋筱璇

社会学系
乔天宇　潘冰心

政府管理学院
古恒宇　郭年顺　廖梓豪

外国语学院
毛　旭　阮诗芸　李睿恒　陈　铭　赵　娜

马克思主义学院
朱　红　李应瑞　周　泉　信　元

艺术学院
李　卉　蒋含韵

对外汉语教育学院
芮旭东

深圳研究生院
马　越　张林星　赵志英　翁谋毅　高盼盼　黄靖佳
覃伟容　程莹莹　熊思琴　薛　刚

信息科学技术学院

王婧　史田田　朱佳　朱娟峰　伏臻　向立
刘力俊　张远行　张舒航　陈汪勇　陈震鹏　周雨熙
项亚臣　姜佳君　贾川民　高健博　陶重阳　舒浩文
楼燚航

国家发展研究院

权盈月　杨笑寒　黄青

教育学院

王梦倩　刘鑫桥

人口研究所

赵艺皓

前沿交叉学科研究院

丁典　王安琦　王钢　王涛　王琦　卞舒惠
尹健行　刘正鑫　刘嘉宁　孙禄钊　李俊涛　李维维
张书文　张健　张翼飞　郝熠　贺博　谭聪伟
熊海清

工学院

马壮　王迪　王泽坤　毛诗琦　冯广　任艳娟
刘谦益　李腾飞　汪硕　张晓婷　张智琅　陈善恩
郑永平　赵雨浓　夏志恒　程斌

城市与环境学院

冯继广　余双雨　张浩然　武旭同　郎伟光　孟文君
贺勇

环境科学与工程学院

刘佳驹　刘靖崴　张晨阳　张婷　赵云鹏

分子医学研究所

丁晚秋　岳晏竹

新媒体研究院

张华麟

福光奖学金

物理学院

杨宗霖

化学与分子工程学院

李梓焓

中国语言文学系

黄亦陈

经济学院

李静

光华管理学院

刘黎靓　苏雨蓝　陈双　游威

元培学院

丁泓馨　詹志坚

信息科学技术学院

黎善达

唐立新奖学金

物理学院

陈华洲　韩猛

化学与分子工程学院

朱胜　刘卡尔顿　刘静嘉　武江波

地球与空间科学学院

朱递　金恬　郝以鑫

国际关系学院

刘兴沛

光华管理学院

卢礼威　席子涵　雷玮

法学院

邱遥堃　耿颖

社会学系

曲绍航

政府管理学院

罗心然

外国语学院

苏冠宇　夏禹

马克思主义学院

曹金龙

元培学院

陈鹏

深圳研究生院

李豪

信息科学技术学院

邓康乐　吉如一　林天梁　赵至真

工学院

俞玥

城市与环境学院

马昕琳

环境科学与工程学院

袁沁妮

新媒体研究院

柏小林

中日医院

王韦迪

基础医学院

孙斯曼　宋佳　袁硕

航天中心医院

李珂璇

奔驰奖学金

物理学院

王逸飞　刘媛琪　李曰罩　李星桥　杨宇晨　吴鑫辉

郑莎莎　谢俊忠

经济学院

王　睿　关焱天　李钰馨　陈　阳　胡阳子　倪芳彬
高熹莹　鲁　成

光华管理学院

王思远　尹哲良　许睿谦　杜　君　赵玮璇　胡昕宇
洪诗琪　郭　宁

外国语学院

万明远　马子函　李夏菲　吴松阳　何凤仪　陈瑞芝
屈　波　曾　悦

信息科学技术学院

王博文　关乃清　李顺恺　吴振豪　张云帆　张潞璐
卓立典　郭　锐

工学院

卢楚祺　朱睿冬　李子圆　李博韬　陈为彬　武泽明
谢晨阳　薛佩瑶

唐仲英德育奖学金

数学科学学院

肖新宇

物理学院

吕子健　操中阳

化学与分子工程学院

才智赫　余佳黛

生命科学学院

王新铭

地球与空间科学学院

高宇航

新闻与传播学院

张文杰

中国语言文学系

吕思婷　周雪婧　徐自若　魏佳俊

历史学系

文　岩

考古文博学院

朱文羽　凌亮优

哲学系

邢逸旻

经济学院

邵锐成　龚敏学

光华管理学院

何玉麟　徐　豪

信息管理系

李佳红

社会学系

李适源

政府管理学院

吕　爽

外国语学院

孙维娅　董相龙　黎维君

艺术学院

李林静　郑雨琦

元培学院

刘彦麟　罗世通　倪临赟

信息科学技术学院

方鸿宇　武家伟

国家发展研究院

张浩嵩　郭天翊　程丹旭

城市与环境学院

郭文哲

环境科学与工程学院

蔡开奎

基础医学院

刘佳钰

公共卫生学院

李梦瑶

费孝通奖学金

国际关系学院

曲一鸣　张梦真

社会学系

杨东林　上

政府管理学院

杨浩天　赵思远

中营奖学金

深圳研究生院

丁　楠　于　扬　王伊昕　王国帅　王　娅　王振国
王富民　王　婷　文海燕　孔荟洁　石笑羽　叶珏琳
付求爱　朱亚楠　朱岳灿　刘美华　孙　璇　苏欣园
李志豪　李雨默　李美林　李　恩　李　乾　李婷玉
杨　丽　杨闰晴　吴言钰　张曼玉　张　琪　张琦杭
张博雅　陆思敏　陈　广　陈娅琦　陈　雪　陈鸿铭
范姝璐　国　政　罗钦宏　周方圆　郑　黛　赵恬静
赵冠南　赵融通　郝柘淞　胡茜茜　胡　萌　段　阳
段　非　卿志能　资小东　姬忠义　黄伟源　黄钟毅
黄硕康　曹润泽　银翼翔　梁　键　彭　欣　葛德生
程雨婵　曾　悦　谢悦湘　蔡　行　衡喜丽　鞠　敏

帝人奖学金

数学科学学院
陈文集　郭润晨

地球与空间科学学院
周一剑　曹淑泰

心理与认知科学学院
王灵微　冼可欢

城市与环境学院
王　翀　张晓华

环境科学与工程学院
徐艺婵

电科十四所国睿奖学金

数学科学学院
杨凡意　何益钦

物理学院
何任川　张修营　郭见青　程　旭

光华管理学院
王　迪　陈昱竹　姜政雄　蒋思洁

信息科学技术学院
王子宁　王天明　李　晟　郑朝宇　班怡璇　殷立征

社会育才张海燕奖学金

历史学系
尹佳宁

哲学系
熊江韬

华为奖学金

数学科学学院
李昭晨　豆旭桉　陈自元　金泽宇　黄　雪　韩素珍
景琰杰

软件与微电子学院
王泽斌　任晓凡　林福气

信息科学技术学院
叶子巍　冯易成　麦　景　李淑娴　何相腾　宋一帆
傅泽卿

侯桂芳－李计忠奖学金

环境科学与工程学院
洪杰生

SPRIX 奖学金

国际关系学院
王子铭　罗雅如　谢慧敏

经济学院
范炘宜　高舒曼

法学院
阮筱姝

外国语学院
于　艳　王梓寒　刘一杉　孙正岩　纪博琼　张育铭
黄莉欣

海亮奖学金

物理学院
苏英泽　茹星语　唐　昊

化学与分子工程学院
林康杰　崔凌智

生命科学学院
田　峰　杨悠然　吴奕忱　张　坤　黄　钰　覃艺芝

地球与空间科学学院
叶雨光　李韶凯　谈　笑

新闻与传播学院
缑文强

历史学系
刘泽辉　邵如阳　徐　铖

信息管理系
张力元

社会学系
王　婧　王　露　苏琪红

元培学院
牛璐瑶　吴梓钦　周明赫　赵柏瑞　侯宇欣　潘洋洋

教育学院
左　玥　刘姗姗　刘　敏　欧阳嘉煜　谢心怡

前沿交叉学科研究院
巴合提亚尔·胡瓦提别克　周文昊　单婧媛

城市与环境学院
付　萌　陈　迎　童培峰　蔡　茂

鸿升奖学金

考古文博学院
范宗祥

哲学系
陈辞达

信息管理系
彭晗琦　曾子欣

		信息科学技术学院			社会学系
白宗磊	陈方平		赵珮昕		
		工学院			外国语学院
阮善信	翟锦鹏		王舒羽	胡梦梦	
					元培学院

永旺奖学金

			徐鸿诚		
		数学科学学院			深圳研究生院
王啸辰	乐兆颖		朱润泽		
		物理学院			信息科学技术学院
毛子涵	张思维		王子龙		
		心理与认知科学学院			前沿交叉学科研究院
江皓斌			张庭威		
		中国语言文学系			工学院
刘文欣	李泓霖		卞雨晗	付雪峰	
		历史学系			城市与环境学院
杜姝格			徐奘		
		考古文博学院			

柏莱诗奖学金

赵小雯					
		国际关系学院			法学院
韩梦扬			李梅		
		法学院			外国语学院
严曦冉	高旭		刘娅颉		
		外国语学院			元培学院
寿香那	李博涵		马若奕		
		前沿交叉学科研究院			深圳研究生院
产张明			黄秋月		
					工学院
			徐为伯		

宏信奖学金

潮商会十一兄弟奖学金

		光华管理学院			法学院
王子琳	王宇晴	由沂冰 李芷薇 来凯萍 郑翔宇	丰峰		
樊一霄	潘奕飞				外国语学院
		新媒体研究院	范慧涓		
王兵	朱文玥	李天鹏 黄杨			深圳研究生院
			宋楠	姚奕淇	

君远奖学金

					信息科学技术学院
		数学科学学院	梁汐然		
汪祎非					
		物理学院		### 柯创龙奖学金	
曹宇创					
		中国语言文学系			地球与空间科学学院
徐梓贤			陈丹丘		
		法学院			光华管理学院
王丽君	宋熠雯		陈哲儒	樊思鸣	

深圳研究生院	**大成国学本科生奖学金**
安　珂	
信息科学技术学院	中国语言文学系
刘翊邦	邹真吾　周观晴　周思睿　蔡子琪
	历史学系
龙元长泽奖学金	冯斌涛　李朔方　宋　喆　周聪琪
	考古文博学院
中国语言文学系	陆敏慎　姜芷婧　徐僡婧
陈嘉仪	哲学系
社会学系	史　雨　许圣卓　张梦珩　姚　瑶
曾靖涵	
政府管理学院	**广药王老吉奖学金**
翁霆威	
深圳研究生院	数学科学学院
李海波	李子俊　徐紫云　梁渝涛
信息科学技术学院	物理学院
李宗贤	孙中夏　杜思敬　秦贺铮
	地球与空间科学学院
吴育庭奖学金	丁鸿扬　匡伟康　孙翌馨　李　想　沈城烽　梁上林
	心理与认知科学学院
数学科学学院	安　乔
吴天昊	中国语言文学系
物理学院	朴龙熙　朱凯欣　苏　鑫　郭亭利
翟翀昊	考古文博学院
生命科学学院	王静雪　何　康　陈　婷
李科睿	光华管理学院
深圳研究生院	冯帅琦　杨映雪
尹勇明　刘　杨	法学院
	牛颖秀　佘婉绮　陈　陶
1997 级 MBA 奖学金	信息管理系
	李雨佳　崔荣钰
光华管理学院	社会学系
李小舟　郑　艳　赵媛洁　柏久智　袁瑞沙	代　颖　刘锦程　徐新苑
马克思主义学院	外国语学院
王　拯　李亚男　周勇平	魏明龙
	元培学院
NITORI 国际奖学金	王　畅　朱　戈　赵一鸣
	深圳研究生院
物理学院	罗佳仪　曹　蒙
龚德炜	信息科学技术学院
中国语言文学系	王　彬　胡彬彬　董　晓
叶天成	工学院
国际关系学院	司武飞　杨　伟　吴　东　易默德　郑开宏　赵　彬
李卓青　张昭璞　黄子炎	段培虎　倪子川
外国语学院	城市与环境学院
冯梦麒　刘钊希　张海若　姚竞远　韩承轩	万山铨　朱国营　张世恬　张鑫雨　陈新月　康启越

环境科学与工程学院
张启明　徐　薇
药学院
李韶威　陈洁欣　黄　璐　焦辰波
公共教学部
贾瑞敏

深交所奖学金

软件与微电子学院
项楚童　陶　冶　黄贤清
信息科学技术学院
王君珊　李傲雪　肖克成　吴　迪　汪鹏飞　张　韬
郑军祥　赵宇昕　郝　亮　章沈键

松下奖学金

信息科学技术学院
刘　鹏　许欣航

北京大学一等奖学金

数学科学学院
华培策　杨　远
物理学院
邢文宇　乔　舸　李普天　沈定宇
化学与分子工程学院
张希文　范欣琦
生命科学学院
毛雨诺　白秀珍　张艺凡
地球与空间科学学院
李佳益　甯　濛
心理与认知科学学院
王书涵　张若华　陈书田
软件与微电子学院
姜庆阳　贺开元　唐弘舜
新闻与传播学院
王子宁　巩　固　孙晓炎　孙雅雯　陈秋心　邰　敏
郭子祎
中国语言文学系
王思炜　余聪颖　张诺娅　楼雨欣
历史学系
于　悦　李屹轩
考古文博学院
于进洋　高宪平
哲学系
李　宸　韩雪梅

国际关系学院
王馨安　杨汀娟　张富媛
经济学院
王筱筱　郭一帆
光华管理学院
贾竞航　蒋骏宇
法学院
马延婧　马铭鸿　徐心雨　雷雨鑫
信息管理系
于梦月　陈雨航
社会学系
刘　芹　李佳锦　徐毅萌
政府管理学院
吴昱晨　黄筠怡　彭志斌
外国语学院
杨睿颖　陈星竹　罗婉匀
马克思主义学院
宁　悦
体育教研部
洪晨璐
艺术学院
王雅涵　刘梦然　李诗语　李斯扬　陈秋昊
对外汉语教育学院
陈　烁　崔　言
元培学院
马嘉宁　王　琪　刘　然　金宇烽　周昊泽　谢安琪
深圳研究生院
白　波　杨东明　吴晓彤　周丝雨　赵　冉
信息科学技术学院
孙奕灿　吴克文　侯家恒　曾有为
国家发展研究院
郑雅文　袁锡林
教育学院
王天骄　刘　霄　纪九梅
人口研究所
李佳佳　陈天航
前沿交叉学科研究院
乔李盟　郑良涛　郭　行　雷　潇
工学院
王　博　刘松睿　余港龙
城市与环境学院
胡昊宇　葛孟帅
环境科学与工程学院
干雅岚　汤　睿
分子医学研究所
王　潇　李　鑫

歌剧研究院
黄宝杰

建筑与景观设计学院
金贞烨

新媒体研究院
李　飞

燕京学堂
可玫瑰　刘　璐

药学院
王浩宇

考古文博学院
冉智宇　杨佳帆

哲学系
孙永为　杜贵宇　吴悦凡　何沁心　陈　玉　郎　青
姜明佳　徐亚豪　徐　晗　董婉妮

国际关系学院
王　松　卢伟杰　杨雨洁　汪安迪　姚　慧　莫　蕾
黄智豪　薛尔清

经济学院
黄静瑶

光华管理学院
张杰同　曾　进

法学院
马　悦　王晓臻　王森南　付丽炜　戎雪倩　任一桐
庄莉昕　刘士豪　刘进一　刘昱池　孙　浩　李洺贤
李　勇　李秦洋　李　皓　李　想　杨子豪　初　萌
张　鼎　陈英齐　陈雏音　岳芳好　周孟瑶　周宫炜
单葆威　贺　朝　徐　欣　殷卓琳　谭　晨　禤璐瑶
戴俊峰

信息管理系
李　妍　周辰龙

社会学系
王思凝　王赟翔　张宇昕　陈玉佩　郑鉴玲　蔡煜晖

政府管理学院
李君然　蒋铭权

外国语学院
马浩成　王子元　王夏萱　方江晨　白佳玉　冯筱航
刘婧涵　李洋洋　杨泽坤　吴　同　张玉琢　陈雄杰
赵心悦　袁　勇　钱文婧

马克思主义学院
史锡哲　宋　金　张　懿　陈　聪　赖信添

体育教研部
杨玉莹

艺术学院
龙嘉毅　朱　也　朱　钰　何雨霏　罗玥沁　曹林菁

对外汉语教育学院
汲文芳

元培学院
王　寒　毛思清　包晓东　李晨阳　何　杨　张佳苗
陈庆雨　苗彦豪　金亦腾　周琦珩　赵海琰　袁　元
殷　玥　曹蜀阳　康怡安

深圳研究生院
于佳琳　朱　波　任俞睿　许洁安　孙鲁航　杜　蓉
李长旭　杨　凯　邹　奕　张吉延　张婷婷　周　健
屈刚毅　龚　莉　梁景天

信息科学技术学院
卢丽强　朱洪飞　刘力桥　关玉烁　孙子钧　孙宇辰

北京大学二等奖学金

数学科学学院
王浩然　朱志涛　李　弢　杨昊桐　肖逸南　吴雨航
苑之宇　罗姗姗　徐　洋　殷鉴远　陶雪妍　黄家盛

物理学院
王云祥　王启盼　方一奇　孔　浩　石靖源　叶兴国
朱尧峥　庄　琳　刘怡然　刘建波　孙元伟　李孟达
杨　洁　吴赵龙　吴　蒙　余晓阳　张志斌　张湛川
张路路　陈毅勇　赵　刚　赵　耀　夏世城　郭　璇
龚文婷　梁靖雲　童　辉

化学与分子工程学院
马玉芳　田枢衡　仲美燕　刘兴沛　汤　胜　陈　煜
尚游皓　罗智康　施朱鸣　高啸寅　高铭齐　唐毓良
谈博文　黄志贤　崔　雨　雷哲轩　穆禧龙

生命科学学院
王子猛　王云松　王凌妍　帅　瑶　刘宝琳　邵宇秀
官志权

地球与空间科学学院
韦　诚　史世元　史振伟　乔雪园　刘庆彬　刘君茹
刘　佳　刘钰洋　苏晓婉　杨　扬　汪　贺　林　荣
黄圣轩　裴进峰　薛鹏飞

心理与认知科学学院
刘在田　刘梦颖　刘　楠

软件与微电子学院
王梓旋　王梓霖　卢彦君　朱彤葳　朱桐萱　伏志能
刘　洋　邹宇航　张浩驰　韩　伟

新闻与传播学院
丁伟伟　王佳音　伍雪怡　任远航　孙乐怡　何心怡
辛嘉荷　陈苡莹　赵　坤　赵　晶　谭　婷

中国语言文学系
王佳琪　王婧雯　王　蕊　尹常乐　吉云飞　朱兆斌
安子瑜　余　点　沈相辉　张嘉祺　武　悦　程　悦
鲁沛怡

历史学系
李　乐　李灵均　杨瑷瑄　郑亚萌

芮静姝	杜逾凡	李忱家	李俊儒	李舒辰	杨雨成
吴润迪	吴博炯	何 为	张 志	张智鹏	陈拓潮
金圣杰	胡 星	袁之航	徐梓楠	高 莘	郭天宇
郭新新	唐鹏举	黄 允	常 远	崔 静	鲍思辰
鲜永章	缪立明	樊泽嘉	潘 石		

国家发展研究院

全 芳　江弘毅

教育学院

王家齐

人口研究所

王润芝　陈晓雄

前沿交叉学科研究院

| 刘臣臣 | 刘利欣 | 关国业 | 李 倩 | 李 楷 | 沙梦吟 |
| 宋其涛 | 胡旖冉 | 赛力克·塔巴拉克 | | | |

工学院

| 王国昌 | 邓 琛 | 朱润与 | 任纪腾 | 陈 斌 | 赵丽云 |
| 阚思仪 | | | | | |

城市与环境学院

| 王 铮 | 龙玉清 | 孙颖莉 | 李 东 | 吴 凡 | 陈奕竹 |
| 罗 晴 | 赵千惠 | 胡熠娜 | 彭静杨 | | |

环境科学与工程学院

| 毋泽鹏 | 李 萌 | 邱晨浩 | 陈 醒 | 陈赟丹 | 周 莹 |

分子医学研究所

Younus, Muhammad

新媒体研究院

侯若溪

燕京学堂

王 栋　王 鑫　韦斯礼

基础医学院

朱玉洁　刘镓仪　肖雨欣

医学人文学院

陈 琰

基础医学院

林展武　卓莹莹　胡 可　胡枫艺

北京大学三等奖学金

数学科学学院

马思浩	王首樵	古浩田	叶胥达	刘抒睿	孙纬地
李一笑	李心雨	李欣哲	李 臻	杨宇轩	杨德鼎
何天成	沈舜麟	陈 亮	邵凌轩	范浩程	林立聪
林家梁	罗 昊	周传赛	周毅皓	赵昕曈	高一帆
高 乾	郭若一	郭靖邦	彭展翔	韩如冰	舒亦展
戴悦浩					

物理学院

于明鑫	王次天	王兴豪	王宇杰	王 威	王 舜
王瑞琦	尤一龙	计宇诚	叶子凌锋	朱奎霖	乔天宇
仲丛林	刘圣辰	刘 畅	刘晓楠	肖振宇	吴小凡
张一啸	张世龙	陈祎泓	陈 烨	郁 言	欧阳云浩
周子楠	周 奇	周谭吉	宣泽远	郭世安	郭 逸
陶 昱	黄励勤	康志伯	傅兆瑢	雷原正	熊日晨

化学与分子工程学院

王艺洲	王延泽	牛天昊	艾宇旸	付鹏翔	朱天宇
朱明轩	孙思原	李 叶	李芯仪	李 奔	李 迪
杨兰兰	应东辰	张绍然	张瑞琦	林潇涵	昌珺涵
罗 铮	罗 越	周君豪	赵玲丽	邰云鹏	姜 蓓
姚雅婷	袁 琼	徐志瑞	盛 俊	蒋佳弟	赖书畅
黎华杰	戴昱民				

生命科学学院

王龙腾	王江月	王尚坤	王 怡	叶 琳	朱昱聪
刘菁菁	李小雨	李木子	李怡瑶	邱圆圆	邱 爽
何茂扬	张芷瑄	张克嘉	陈 欣	陈雪雁	郑心和
孟晓萱	钟 喆	钟煜炜	龚梓桑	屠鑫明	韩瑾仪
楼开伦	潘 倩	薛凌峰	魏泽林		

地球与空间科学学院

王子龙	叶 勃	刘 晖	孙唯一	纪 晴	杨子珍
杨泽坤	杨 烯	吴子祺	沈 可	宋肖汉	范庆凯
林嵩懿	周天琪	胡昭阳	胡俊杰	姜金廷	姚 欣
姚 圆	姚照原	夏昊煜	徐 严	郭金辉	陶韵竹
韩潇霖	蔡翔远	鞠大恒			

心理与认知科学学院

刁开元	马鸣新	申雨禾	刘翔申	李雨疃	李卓扬
杨鑫跃	吴嘉怡	辛梓彤	汪南伯	张君阳	张钧博
张耀心	陈健柏	林荟颖	郑楚华	赵芷洁	徐 赫
高天宇	郭丁荣	席丹荔	唐楠棋	常园青	程宇昂

软件与微电子学院

万涛涛	王璐琛	方宇彤	方喻婧	邓 爽	石礼良
卢玥杏	冯泽邦	边广洁	许运丰	杜 然	李雨萌
李梦好	李鸿杰	何家乐	张 帆	周子沂	屈 仟
徐秀峰	栾思宇	黄 沁	曹羽竞	喻彦龙	温书豪
颜如玉					

新闻与传播学院

于甜甜	王学民	尹 航	付瑞璐	冯 萱	仵孙寗
华思琦	刘珂亦	刘 颖	李昱蒙	李梦歌	杨桐彤
杨梦琳	吴思怡	邱 放	邹慧玲	张可玉	张玺萌
张新阳	陈 佩	陈 晨	胡雅琳	徐潇云	唐 倩
黄哲楷	程子健	阙佳欣			

中国语言文学系

王兰苓	王鸿娇	王精松	冯宇宽	冯锦媛	吕 一
刘雨晴	刘明洋	刘祎家	刘 茗	刘晓宇	刘瑷碧
闫泽宇	孙大海	李佳琦	李河眆	李哲美	李尉齐
李婉婷	肖钰可	宋月玥	张 亿	张佳婧	陈艺谭

陈可涵	陈雪玲	陈敬谦	林明宗	罗雅琳	周文妃
郑汶玉	胡诗杨	胡亮宇	夏泽君	晏咏蝶	徐　佳
黄丽瑾	逯婧扬	葛　畅	鲁亦菲	鲁　彧	谢蒙恩
赖　钰	廖荷映				

历史学系

王　磊	叶心远	刘佑民	何　天	张江波	武嘉言
林睿祺	罗亦宗	谢继帅	霍秀毅	籍春蕾	

考古文博学院

王致远	刘　念	杨　俊	侯柯宇	钱雨琨	席雅卿
盛晓娣	缴婧然				

哲学系

王天浩	毕斯源	刘诗霄	刘嘉娴	张　丁	张哲鹏
陈明坤	郑中华	侯　莹	郭傲雪	黄清扬	舒　展

国际关系学院

马安仁	韦冲雪	卢嵩嵩	史策涵	尼婧瑶	朴哈恩
朱睿晗	刘近墨	孙　威	李丹云	李矛宁	李照清
杨芳菲	杨雪微	杨紫茵	吴艺哲	何明璐	汪国彰
宋建含	张　文	张晓韵	张海馨	张婧怡	陈　晞
陈翊慧	林哲旭	易玻而	罗　楠	金珪范	赵　颂
施　雨	施　榕	秦　天	钱　婧	黄敬超	葛佳琪
董金格	董　榕	韩丞浚	程环宇	童宇韬	德　林

经济学院

马粮宗	王正刚	王庆祝	王昊宇	王依婷	王骐凯
毛佳纯	叶胤祎	田子昂	成瑞林	朱　腾	刘心悦
刘　婷	刘颖颖	刘馨蔚	江钟凌	许艾萱	孙可然
孙　琦	严　易	李子安	杨昀霏	邱昱程	汪子健
张晓榕	张菀玲	张瀚垚	陈洁瑄	陈洲扬	陈　淼
范　愫	林良杰	罗　杰	赵佳雯	姚　雨	骆宇帆
徐　萌	谈天韵	黄兆和	黄钟丽芳	张芷若	喻婧琦
窦雨童					

光华管理学院

丁昊东	马诗阳	王文郅	王荟莹	王思博	毛思文
尹凤仪	邓文争	卢伊豪	叶子彰	付启航	母昌程
毕　珂	刘林佳	刘　畅	刘耀阳	孙子寒	孙祥晨
严志远	李吟秋	李偲祺	李婧怡	李斐儿	杨成琳
吴明轩	余劼航	余昊洋	汪文佳	初佳慧	张一帆
张诗媛	张思成	张俊锋	张　洋	张致毅	张富强
张馨语	陆天寅	陈雨菲	陈哲奕	郁书扬	房子溪
赵勐群	赵　晗	姜　畅	袁景昭	钱硕夫	徐纪元
高　翔	郭　浪	黄素素	黄翘楚	曹成龙	章梅莹
董书凡	董博文	程　宇	曾光华	谢雅婷	靳　雁
廉欣然					

法学院

于潇砚	王一帆	王　宁	王泽钧	王怡敏	王　涛
王　琴	王静昀	毛升平	仇尚卿	尹　航	邓　策
甘兆敏	叶慧敏	朵　悦	刘一玮	刘名卿	刘维希

齐开颜	安芷璇	孙　天	扶琬萍	杜辛怡	李艾阳
李卓倩	李　浩	李超富	杨　阳	杨慧敏	吴菲儿
何冰杰	何健民	邹仪威	汪家雨	宋一璐	张映雪
张　咪	张语嫣	陆　迪	陈　伟	陈昆澍	陈泰男
陈桢喆	陈海雯	陈楚晗	陈嘉敏	陈漳林	苑梦觉
范桁端	范晓璐	杭　威	罗仪涵	罗　威	罗璋岘
周可嘉	周　雷	项怡Chen	赵湘怡	胡煜阳	柳昊芃
俞　笑	姜宇昕	洪亦清	贺晓朦	徐芳华	徐　美
徐紫寰	涂　丽	黄肇婷	梅奕来	曹婧怡	章一川
梁宏懿	董　洁	蒋一可	韩之琳	曾颖青	赖坤元
潘　玲	魏　旺	魏昭睿			

信息管理系

王汉桢	邓泽琨	刘佳颖	李昱勇	李晔伟	杨羽茜
陈美华	陈晓龙	陈馨悦	武征宇	季佳雯	周伟烨
钟卓宏	蒋　谦	储　晗	靳雨欣	燕道德	

社会学系

叶安琪	伍方仪	庄忠青	刘　建	刘雪伶	李和君
李宛芙	李思妍	李美霖	杨钰鑫	肖上上	肖亚宁
张　弛	张琦英	陈　旭	赵万林	耿　满	贾宇婧
唐梓钧	唐睿清	董佳晨	雷轶洋	廖思雨	翟露召

政府管理学院

王开洁	王艺樾	王怀乐	王博文	毛文峰	石泽航
叶可欣	付瑞昊	乐繁兴	全太明	刘子辉	刘松颀
刘怡君	刘　宽	李元琦	李修贤	李闻笛	杨皓然
吴世燊	吴雨坤	何鹏宇	邹昀瑾	沈奕彤	张玉洁
张　旭	张凌云	张筱琪	陆文祺	陈法钧	金　铭
周扬帆	徐文海	郭宏樟	黄　泽	黄敬纭	彭炼哲
韩　嘉	童天阳	谢予昭			

外国语学院

王　恺	王雪丁	王雯婷	王韵涵	王嘉璐	尹　馨
冯丽平	吉　利	刘语笛	苏俊敏	李林珂	李雅欣
杨宇洋	杨　銮	吴奕凯	陆言昔	陈蕊伊	季雨亭
金骁枫	周悦峤	郑友洋	屈思秦	赵美园	秦子童
夏　禹	顾　清	路　畅			

马克思主义学院

王新宇	朱正平	高红兵

体育教研部

杨　涵

艺术学院

马　荻	王耀乾	毛天与	邓乔中	冯　晔	任靳珊
汪雪倩	张可欣	张　薇	陈小琪	罗雯婧	周若瑾
栾琬婷	景蓝天				

对外汉语教育学院

王　蔚	田晓萌	张子璇	张　烁	陈　春	胡　婷
曹佳鸿	韩晓明				

元培学院

于佳永	马长宙	马文辉	马宇轩	王九阳	王垠浩

王靖之	王 霖	王赞辰令	木一凡	方 舟	卢鹏举
史浩然	史海钧	邢泽宇	吕婉琴	朱江彬	任子阳
刘子辰	刘子瑞	刘婧姝	关 惠	江宇洋	许开彦
孙方圆	孙家平	孙凝翔	苏敬童	李坤骏	李昱洁
李晨光	李逸飞	李鸿宇	李涵渊	杨周锦	杨庚宸
吴小希	吴东蔚	何怡宁	辛青融	沈可嘉	张天炜
张 正	张宇航	张旻昊	张凯忻	张瑞霖	张聪跃
陈一宁	陈泽均	陈思禹	明 仪	罗开诚	周艳亦杰
周毅京	郑炜强	赵志超	赵睿文	施季青	秦 沅
秦宗岳	夏天茹	徐子茹	徐 进	郭东麒	黄秋怡
梁耕源	寇一雯	董明泽	董 亮	蒋 莹	喻圣豪
程翊华	鲁雨锦	滑迎春	路子杰		

深圳研究生院

王天宇	王 超	卢海花	刘 斌	江新航	李轶伟
李超清	李 渝	杨珺楠	杨博文	吴 扬	吴周楠
吴 淦	何英东	余欣鑫	邹姊鉴	邹悦瑶	汪新博
张 宁	张苗苗	张诗琪	张皆宜	张晓涵	张浩贤
张海若	张黄澜	张 超	张 颖	张翰林	陆金磊
陈 曦	邵薏婷	林奕鹏	林哲民	林 聪	罗圳英
金霄佳	单竹岭	房 幸	赵丹丹	钟振鹏	秦已舒
徐文杰	徐煖银	郭智斌	黄 杰	黄雪芳	章缇縈
熊 威	戴 雯				

信息科学技术学院

于子毅	于世兴	卫思为	王文光	王业鑫	王昕兆
王 柯	王梦迪	王晨茜	王 焱	王 燕	文泓宇
邓哲也	邓 斌	石屹宁	叶珈宁	田金源	付天跃
朱大卫	任宣丞	刘翔宇	刘曦屿	许 严	许灵笃
许 涵	孙玥玲	孙耀峰	李宇轩	李聿雯	李若宁
李 昊	李佳实	李佩轩	李欣桐	李琦玥	李琦煜
李韵祺	杨思祺	杨娜娜	肖元安	时向辉	吴天昊
吴东航	吴宇恒	吴睿海	吴耀轩	邱伟雄	何 昊
何 蔼	余连风	沙 赛	宋苑铭	宋 煦	初 旭
张克驰	张洪磊	张 钺	陆宇暄	陆灏源	陈旭雯
陈高峰	武 艺	林汇平	杭心语	竺沈涵	周鑫渝
庞子奇	孟逸白	赵冰婵	赵宇瑄	胡欣妍	胡逸轩
胡镇炜	俞哲儒	费 凡	姚子炀	贺义鸣	聂恺辰
贾瑞琪	顾宇晨	顾超颖	徐丽莹	高 翔	唐浩然
黄传崴	梅明崴	梅继林	曹德福	崔炼为	银 帆
符芳诚	梁家硕	程 卓	程 轶	童 派	游震邦
谢悦琪	潘彦成	魏安江	魏金弟	魏新明	

国家发展研究院

冯千洵	刘欣煜	刘舸帆	孙小燕	杨振辉	杨舒涵
张侨然	洪景鹏	徐扬帆			

教育学院

杨颖晨	郝晓伟

人口研究所

陈 娇

前沿交叉学科研究院

马 力	王三山	王 聪	孔含静	田 丰	乐 然
任哲玄	刘春宏	刘 澍	孙浩源	李 昂	吴锦淳
张 雨	张艳玲	郑亦嘉	孟丽莹	赵光香	赵 艳
胡凌寒	侯英萍	徐振辉	翁昕钰	郭潇潇	董利婷
程 阳	靳 学	雍自昊			

工学院

王传玺	王霆浩	帅 郁	付大为	刘祎钒	安子詠
孙 翰	苏 航	李岳珩	邱旭汶	何依波	沙 熠
沈祎恒	张益宁	张傲杰	张 灏	陈佳玉	易俊何
金永康	周康杰	於之杰	赵冷然	赵隆祥	郭容夫
黄江勇	萨金卜	曹禹凡	曾 爽	熊佳铭	薛 睿

城市与环境学院

马云骢	白云昊	李一龙	吴 双	余犀雨	张天硕
陈宇昂	陈雪霞	陈博洋	卓云霞	岳永彧	周卓汉
赵 袁	胡秀蓉	俞 璐	贾润泽	徐 成	高 远
黄光波	黄晓红	崔 宇	彭昭宇	焦小乔	魏天星

环境科学与工程学院

王甜甜	石家豪	玄晓宁	吉祥玉	杨子健	陈冰雅
崔嘉楠					

分子医学研究所

张俊霞	赵益文	彭 琪

建筑与景观设计学院

艾则木江·艾尔肯	付晓晓	周子钦	袁聪聪

燕京学堂

孙安利	娜斯佳	徐 妙	曹铭瑶

公共卫生学院

丁滢方	苏敏涛	巫 婷	林 还

基础医学院

马昊雯	马 瑞	王子安	王雨昕	王昊翔	王婧懿
毛亦爽	刘海茵	芮婧钰	苏昕宇	李兴丽	李姝润
李萱韬	吕郑昕	朱 林	杨孙汀	吴 鸽	邱 浩
张越洋	林铭浩	周雯嫣	赵明扬	赵 唯	赵笠君
柏佳丽	饶腾铂	耿晨昕	高 渊	黄思成	梁莞琪
彭 睿	赖富婷	虞 乐	谭程浩		

药学院

卞思琪	向林涵	刘 扬	刘晨睿	许文灏	李远非
李昊亭	张淇凯	陈定一	钱 源		

公共教学部

李昕璇	李智婧	张嘉璇	陈 帅

（学生工作部）

共青团系统奖励

北京大学2017—2018年度共青团系统先进集体表彰名单

北京大学红旗团委（共6个）
共青团北京大学外国语学院委员会
共青团北京大学社会学系委员会
共青团北京大学城市与环境学院委员会
共青团北京大学国际关系学院委员会
共青团北京大学新闻与传播学院委员会
共青团北京大学药学院委员会

北京大学先进团委（共7个）
共青团北京大学数学科学学院委员会
共青团北京大学历史学系委员会
共青团北京大学环境科学与工程学院委员会
共青团北京大学心理与认知科学学院委员会
共青团北京大学法学院委员会
共青团北京大学人民医院委员会
共青团北京大学口腔医院委员会

北京大学优秀团支部（共49个）
数学科学学院2017级本科5班团支部
物理学院2017级本科3班团支部
化学与分子工程学院2016级本科4班团支部
生命科学学院2016级研究生3班团支部
城市与环境学院2017级硕士人文班团支部
地球与空间科学学院2015级本科地质地化1班团支部
心理与认知科学学院2017级博士班团支部
信息科学技术学院2017级AI图灵班团支部
工学院2016级研究生班团支部
软件与微电子学院2017级硕士班燕南一苑团支部
环境科学与工程学院2017级博士班团支部
中国语言文学系2017级博士班团支部
历史学系2018级本科班团支部
考古文博学院2016级本科班团支部

哲学系 2017 本科班团支部
外国语学院 2017 级菲律宾语本科班团支部
艺术学院 2016 级本科班团支部
对外汉语教育学院 2017 级硕士班团支部
国际关系学院 2015 级本科 1 班团支部
经济学院 2016 级本科风险管理与保险学系团支部
光华管理学院 2016 级本科 2 班团支部
法学院 2016 级本科 2 班团支部
信息管理系 2017 级本科班团支部
社会学系 2016 级本科班团支部
政府管理学院 2017 级本科班团支部
马克思主义学院 2017 级硕士班团支部
教育学院 2017 级硕士班团支部
新闻与传播学院 2017 级本科班团支部
国家发展研究院 2017 级研究生团支部
元培学院 2017 级本科 3 班团支部
前沿交叉学科研究院 2018 级脑中心班团支部
燕京学堂直属团支部
第一医院 2015 级临床 1 班团支部
人民医院急诊科团支部
第三医院体检中心团支部
口腔医院牙体牙髓科团支部
肿瘤医院头颈外科团支部
第六医院青年职工第一团支部
基础医学院 2015 级基础 2 班团支部
药学院 2016 级药学 3 班团支部
公共卫生学院 2014 级预防 1 班团支部
护理学院 2015 级护理 5 班团支部
医学人文学院 2014 级医学英语班团支部
深圳研究生院计算机应用技术 4 班团支部
法律援助协会团支部
绿色生命协会团支部
山鹰社团支部
自行车协会团支部
爱心社团支部

北京大学 2017—2018 年度共青团系统先进个人表彰名单

北京大学共青团标兵（共 10 名）
王昱博　国家发展研究院
王艳超　外国语学院
毋泽鹏　环境科学与工程学院
田　鹤　医学部机关

何家唯　政府管理学院
辛　星　光华管理学院
陈善恩　工学院
邵　巍　社会学系
赵朝熠　数学科学学院
廖奕楠　城市与环境学院

北京大学优秀基层团委书记（共10名）
王心彤　医学人文学院
王艳超　外国语学院
邓安琪　社会学系
冯美娜　数学科学学院
闫立佳　政府管理学院
李石生　马克思主义学院
张　舒　化学与分子工程学院
张　贺　人民医院
侯　琳　新闻与传播学院
贾方健　物理学院

北京大学学生会组织标兵（共10名）
马　骁　光华管理学院
王芷嫣　国际关系学院
卢梦婕　法学院
史　雨　哲学系
代　聪　公共卫生学院
李闻笛　政府管理学院
杨帅杰　数学科学学院
陈文萱　外国语学院
周　弘　新闻与传播学院
董逸帆　化学与分子工程学院

北京大学十佳团支部书记（共10名）
刘邦媛　药学院
芦　玉　环境科学与工程学院
陈一笛　心理与认知科学学院
陈祯卿　法学院
陈得春　国际关系学院
陈　曦　软件与微电子学院
周　颖　人民医院
郭宏樟　政府管理学院
徐　帅　城市与环境学院
倪范晶　艺术学院

北京大学优秀新生团支部书记（共10名）
王　娅　深圳研究生院
江文君　城市与环境学院

刘雨田　新闻与传播学院
闫　青　物理学院
李　静　经济学院
邱文琪　教育学院
张雪儿　护理学院
周庆庆　基础医学院
尉银杰　国家发展研究院
詹冠其　信息科学技术学院

北京大学优秀团支部书记（共100名）
数学科学学院
蒋易惊　李通宇　肖婷婷　段剑儒　李明威
物理学院
王子澳　闫　青
化学与分子工程学院
葛文东　王帅宇
生命科学学院
张嵩元　陈峻松
城市与环境学院
徐　帅　江文君　白云昊　赖海成　周韫卓
心理与认知科学学院
陈一笛
信息科学技术学院
詹冠其　麦辉煜　林文心　赵宸兴宇　王选良　张潞璐　董子宁　林天梁
工学院
陈艳艳　史美程　王　欣
软件与微电子学院
陈　曦　陈少波　谢钰呈　林　宇　张义日　刘程成　谢若昀
环境科学与工程学院
芦　玉　尤明涛
考古文博学院
胡云飞
哲学系
张健伟　孟·明清
外国语学院
宋天耘　夏　禹　李洋洋　韩翌旸
艺术学院
倪范晶
对外汉语教育学院
徐杨佳文
国际关系学院
陈得春　李天旭
经济学院
李　静　李昀祉　李冠儒　钟　尧
光华管理学院
虢喆宇

法学院
陈祯卿　陈　蕾　陈　格　宋佳欣
信息管理系
王昕阳　汪亚宁
社会学系
邓朋涛
政府管理学院
郭宏樟　曲嘉文　杨琳娜　马佳磊　孙照哲　李君然
教育学院
邱文琪
新闻与传播学院
刘雨田
国家发展研究院
尉银杰　任昶宇
元培学院
朱　戈　赵兰昕　段敏萱　韩思岐
前沿交叉学科研究院
李　昂
燕京学堂
刘　璐
医学部
张喆楠　张倩男　张大方　王雅亭　邢继尧　马雨琪　冯　晔　刘舒婷
苏坤旎　储志远　刘雪晴　张佳伟　杜鑫怡　马　尚　李心怡　董　理
深圳研究生院
王　娅　雷　鹏　黄　蕾　詹家鲭语

北京大学优秀团干部（共118名）
数学科学学院
罗　艺　俞辰捷
物理学院
龚文婷　隋　垚　王　焱　谢兮兮　徐铁权
化学与分子工程学院
张明帅　赵银花
生命科学学院
关嘉良　何仁喜　孔玥峤
城市与环境学院
侯文宇　童培峰　朱晨怡
地球与空间科学学院
傅昊博　孔淑媛
心理与认知科学学院
陈洲荐　黄心宇
信息科学技术学院
常　卓　金逸伦　伍洋君　谢志渊
工学院
吴妮尔　张开端

软件与微电子学院
陈超凡　魏晓聪　张　飞
环境科学与工程学院
刘牧时
中国语言文学系
张　萌　周思睿
历史学系
韩　耕　田佳轩　于　悦
考古文博学院
胡文怡　赵小雯
哲学系
吕芳卉　王少川　赵子昕
外国语学院
卢　赫　李佳盈　夏康静　于都敬文
艺术学院
张艺璇
对外汉语教育学院
辛芳哲
国际关系学院
池广杰　买　玲
经济学院
邓博文　苏治成　张涵露
光华管理学院
关嘉昊　黄　浩　李玥静　麻君豪　王欣悦
法学院
陈宗庆　梁雯菁　苏晖阳　肖雨林　叶山·叶尔布拉提
信息管理系
张恂达
社会学系
赖晗语　汤文博　肖亚宁　徐欣怡
政府管理学院
柏艾辰　陈雨昕　何家唯　李天龙　刘怡君　潘　湃　苏鹏飞　张津萌
马克思主义学院
付锦睿
教育学院
王　玥
新闻与传播学院
马晓龙　张冉玥
国家发展研究院
夏心怡　王昱博
继续教育学院
庄蕾蕾
元培学院
程晓雨　林　琨　伍维晨　张冠鹏
前沿交叉学科研究院
梁如琪　王　锐

燕京学堂
雷雪飞
医学部
陈思远　侯鑫帆　黄　忻　雷继安　李晨楠　李晓颖　李泽祺　刘文静
刘雪松　米湘琦　潘靖宇　齐伟峻　邱志维　孙　萌　王红贺　乔笑莹
张晨程　张敬茹　张　舒　赵雅怡
深圳研究生院
李　恒　李嫣婷　门·新纳　吴　炫　张博雅
新媒体研究院
白纯歌
北大方正集团有限公司
夏　宾
北大方正软件技术学院
李沐真　徐东升
北大附中
刘峥峥　张家齐

北京大学优秀团员（共219名）
数学科学学院
程晓鸥　刘宇林　谢添雨　于翔宇　竺仕鹏
物理学院
陈　烨　韩政沅　何必硕　姜中景　李　想　姚铭星　张睿之　闫明羽
化学与分子工程学院
梁　轩　涂　腾　王茂林　祝　淼
生命科学学院
邢泽栋　冷康瑞　马　丁　沈均波
城市与环境学院
郭文哲　彭静杨　秦晓宇　张世恬　朱　晗
地球与空间科学学院
宋思宇　孙唯一　孙逸渊　姚健鹏　叶　勃　仲子奇
心理与认知科学学院
郭子涵　金梦婷
信息科学技术学院
胡黔江　蒋开晟　林　洋　沈　佳　宋一帆　王业鑫　向东伟　杨昊璋
工学院
陈怡华　唐鹏飞　秦晓宇　王若飞　解家琪
软件与微电子学院
陈新华　邓文涛　秦莉智　袁　聪　张忠萌　郑　楠　陈大晟
环境科学与工程学院
马若绮　姚　媛
中国语言文学系
程格格　程志鹏　郑涵颖　邱彦琦　施楠楠　王佳明　王兰苓　魏佳俊
历史学系
刘　霆　王子月　张浩天
考古文博学院
管文涛　徐僖婧

哲学系
纪楷欣　李哲浩　牛牧晨　张健伟
外国语学院
冯　真　洪瑞琪　凌嘉鸿　刘佳玥　孙铭徽　王乃懋　许　洋　章震尧
艺术学院
陈小琪　李苑彤　罗玥沁　周若瑾
对外汉语教育学院
胡　婷　李丽佳
国际关系学院
胡玉锦　金宇清　靳宸楠　罗天灵　尚　旸　王　博　张　硕
经济学院
边恩民　宋若冲　王浩然　王嘉玮
光华管理学院
陈浩耀　陈妍汀　沈歆璐　施　浪　孙凯风　汤　杰　王　琛　席子涵
法学院
梅奕来　保超楠　丁晨妍　刘育珅　卢亮辰　卢梦婕　隋　新　杨佩龙
于玥晗　余瑞麒　张恒基
信息管理系
冯思媛　罗永航
社会学系
蔡昱晖　曲绍航　邬浩然　吴文馨　张凯昭
政府管理学院
刘松颀　马晶晶　王思禹　杨皓然　张伟楠
马克思主义学院
毕照卿　韩绮颜　刘书含
教育学院
郝晓伟　何家鑫
新闻与传播学院
艾迪娜·斯拉吉丁　丛秉乾　付晚枫　莫慧娟　冉雅涵　孙　硕　孙晓炎
张文杰　周　弘
国家发展研究院
欧阳佳好　吴宛睿　杨竣皓
继续教育学院
杜　鸿　司　敏
元培学院
管铮春　黄北辰　李　博　宋培睿　肖正康　翟颖佳　张聪越　赵兰昕
前沿交叉学科研究院
陈秀颖　高子晴　童小伟　吴史文
燕京学堂
王　栋
医学部
常丽颖　陈冲锋　陈俊佳　陈雨萌　陈紫晗　崔　莹　付川询　葛　鑫
郭雪君　胡超然　胡玉鹏　黄　昕　李　辉　梁亚茹　刘宁宁　刘　倩
刘欣畅　刘泽辰　马丹宁　马　欢　马晓宇　漆玉州　沈博妍　苏　同
孙　洋　孙仰仰　唐　静　陶　曼　王雅涵　王朕玉　韦　莹　隗和澎
肖艳艳　许福伟　闫泽玉　杨　帆　姚晓莹　杂亚格日里　张　利　郑　国
周艳荣

深圳研究生院

蔡爱玲　曾　惠　刘　浩　梅思钰　汤　骅　王　超　文海燕　吴焱斌
颜科帆　杨璐宁

新媒体研究院

朱俊炜

北大方正集团有限公司

郝　铭

北大方正软件技术学院

仇宇航　郭　菲　赵　蕾　赵　熠

北大附中

王　康　周文心

（团委）

毕业生名单

本科生毕业生名单

一、概 况

2019届本科及第二学士学位毕业生毕业审查和学历证书发放工作，在各院系和教务部的共同努力下，于7月初基本结束，现已总结统计完毕。

北京大学校本部2019届应届普通本科毕业生总数2808人，经审查：

——本科毕业2663人，其中毕业并获得学士学位2655人（含软件工程二学位104人），毕业但不符合授予学位条件的8人。

——本科结业124人，其中124人可按规定在两年内修满学分申请换发毕业证书，符合学位授予条件的，可授予学士学位（含软件工程二学位13人）。

——专科毕业19人。

——肄业2人。

北京大学校本部2019届外国留学生应届毕业生214人，经审查：

——本科毕业195人，其中毕业并获得学士学位193人，毕业但不符合授予学位条件的2人。

——本科结业15人，其中15人可按规定在一年内修满学分申请换发毕业证，符合学位授予条件的，可授予学士学位。

——专科毕业4人。

校本部本科毕业并获得学士学位的共计2848人，具体分布如下：

——法学学士392人（含留学生53人）；

——工学学士227人；

——管理学学士161人（含留学生15人）；

——经济学学士373人（含留学生27人）；

——理学学士1092人（含留学生6人）；

——历史学学士102人（含留学生12人）；

——文学学士410人（含留学生63人）；

——艺术学学士49人（含留学生14人）；

——哲学学士42人（含留学生3人）。

北京大学医学部2019届应届普通本科毕业生总数739人（含春季毕业生2人），经审查：

——本科毕业719人（含春季毕业生2人），其中毕业并获得学士学位的719人（含春季毕业生2人）。

——本科结业20人，其中20人可按规定在一年内修满学分申请换发毕业证书，符合学位授予条件的，可授予学士学位。

北京大学医学部2019届外国留学生应届毕业生34人，经审查：

——本科毕业31人，其中毕业并获得学士学位31人。

——本科结业3人，可按规定在一年内修满学分申请换发毕业证，符合学位授予条件的，可授予学士学位。

北京大学医学部2019届港澳台应届毕业生24人，经审查：
——本科毕业24人，其中毕业并获得学士学位24人。

北京大学医学部本科毕业并获得学士学位的共计774人，具体分布如下：
——理学学士260人；
——医学学士477人（含港澳台、留学生55人）；
——文学学士37人（含春季毕业生2人）。

学校共授予961人双学士学位，有132人获得辅修专业证书。其中：
——社会学系社会学专业双学位40人，辅修9人；
——国际关系学院国际政治专业（国际政治经济学方向）双学位19人，辅修1人；国际政治专业双学位36人（含早稻田大学项目15人），辅修5人；外交学专业双学位4人；
——国家发展研究院经济学专业双学位556人，辅修34人；
——数学科学学院数学与应用数学专业双学位66人，辅修10人；
——物理学院物理学专业双学位6人，辅修2人；大气科学专业辅修1人；
——心理学系心理学专业双学位75人，辅修18人；
——信息科学技术学院电子信息科学与技术专业双学位1人；计算机科学与技术专业双学位34人，辅修7人；
——历史学系历史学专业双学位20人，辅修5人；
——中国语言文学系汉语言文学专业双学位31人，辅修12人；
——艺术学院艺术史论专业双学位24人，辅修10人；
——哲学系哲学专业双学位20人，辅修1人；
——光华管理学院工商管理专业（创新创业管理方向）双学位27人，辅修5人；
——外国语学院德语专业辅修5人；法语专业辅修1人；波斯语专业辅修2人；土耳其语专业辅修1人；
——生命科学学院生物科学专业双学位2人；
——法学院法学专业辅修2人；
——考古文博学院文物与博物馆学专业辅修1人。

二、校本部普通本科毕业生授予学士学位名单

法学学士学位339人

法学专业165人

曹烁	陈扬	邓唯	丁当	丁琪	董龙	
高珂	何妍	黄涛	黄直	姜聪	康朔	
雷琦	李浩	李妮	梁天	刘路	刘政	
刘竹	鲁军	沙非	田炼	田园	王宇	
王婵	汪敏	王力	韦维	谢翔	徐玮	
闫瑞	曾阳	战瑞	张弛	张曼	张琦	
包思雨	蔡晶潼	蔡秋杨	陈安琪	陈金浩	陈美至	
陈婉婷	陈至仪	陈卓菱	陈宗庆	程艳霞	戴怡雯	
党兴成	杜雨林	范天一	范月影	冯宇萱	馮偉賢	
高悦然	龚澄渝	古雨婷	郭成花	郭晓波	郭颖霞	
杭雅伦	郝家慧	何红岩	何靖涵	侯婷婷	胡际初	
胡奥然	黄晓征	黄子高	姜天成	江欣媛	靖冰玥	
郭纪筠	李晗菲	李昊林	李俊霖	李枚远	李培悦	
李任民	李润嘉	李婷婷	李婉玉	李昕航	李志恒	
梁雯菁	廖俊贤	林浩阳	林轩墨	林鹰谷	林茵琪	
刘二源	刘静涵	刘小源	刘育辰	刘柱材	刘子靖	
卢梦婕	马慧阳	马永斌	马梓涵	梅玮凌	孟繁哲	
莫运鑫	彭香怡	彭雨溶	祁孟宸	邱戴豪	任含秀	
任行胜	沈亦铭	申渝昕	史远远	宋竹青	苏为韬	
孙笑涵	谭宁娜	王乐陶	汪佩琪	王启元	王淑馨	
王婉超	王艺楠	王依娴	汪逸璇	王子蔓	温宇璇	
吴可婷	夏润慧	肖怡欣	肖雨林	谢漪萱	熊能子	
徐文淼	许译文	许有为	严丹华	杨雯婷	叶洪波	
殷慧瑾	游以琳	于浩洋	于凯茹	袁艺殷	张碧凝	
张嘉倩	张集森	张萌萌	章旻慧	张一舒	张宇诗	
赵明丽	赵晴宇	赵文珏	赵欣月	赵雪松	赵子开	
郑屹立	钟鑫雅	周予婷	朱紫晴	阿旺益西		

次旺罗布　旦增央金　阿布都热哈提·奴力
阿依达娜·木合牙提

国际政治专业 15 人

敬　森　刘　洵　张　萌　博尔琛　陈震坤　侯爱群
纪若楠　李冠儒　刘茹邑　刘俞君　罗天灵　王伊晨
谢明杨　姚思嘉　赵修杰

国际政治专业（国际政治经济学方向）57 人

陈　瑀　杜　青　李　涵　买　玲　莫　姚　尚　旸
王　涛　王　越　张　雯　白思雨　卞文鑫　陈得春
陈萌萌　褚成娜　范晓寒　傅泽雨　顾艺璇　郭惠清
郭新宇　胡敬壹　胡昕阳　胡玉锦　黄陆滨　贾九鹏
贾轶暄　姜孜元　靳宸楠　郭玉瑶　林安怡　李岱辕
李佳璇　李嘉钰　李金洋　李欣欣　李宇靖　李子沛
梁旭琳　卢雨枫　毛文昊　莫语霏　邱祖焘　邵依琳
万春晗　万姝颖　王承玥　王星程　王心怡　王怡旺
魏雨辰　吴尚泽　谢滨同　殷金琦　于飞扬　于脱颖
张佳欣　赵子禹　王妤心泓

社会工作专业 3 人

刘　阳　樊欣然　张语珊

社会学专业 45 人

康　昕　司　哲　孙　权　谭　璇　田　卉　王　庶
王　妍　韦　婷　薛　淇　杨　璐　杨　锐　袁　琳
周　珏　安虹宇　程俊博　戴权益　代小雪　付骥潇
高泽庆　郭正蒙　黄康佳　黄新秩　蒋雨楠　李晓雨
李雨函　李彧强　刘雪婷　罗雪筠　罗兆勇　莫清岚
倪羌頔　善禹菁　孙梦圆　汤欣哲　陶兴化　王嘉鑫
王思远　王雨施　王子昭　谢慧慧　徐春蕾　颜芷邑
张雪冶　赵启琛　钟萌之

外交学专业 4 人

王　璐　刘雨晴　徐情桐　张琪琪

政治学、经济学与哲学专业 41 人

张　翔　李　健　林　鑫　钱　江　王　霄　楚显琨
窦文韬　韩承原　胡娇阳　黄北辰　荆修曼　梁璐琪
林紫君　刘沛宜　刘书颖　刘馨云　梅鑫洋　孟若为
牟鸿禹　倪彦俊　秦子业　汤惟曼　王东宇　王润坚
王子琛　吴佩芝　谢婉怡　许成伍　徐晶晶　徐鹭敏
徐梦滢　徐银樱　杨惠心　喻成源　余晓辉　翟颖佳
张欣洁　张语菡　赵子溢　周艾琳　周英慧

政治学与行政学专业 9 人

陈　魁　王　玥　李秉谦　李俊杰　李照青　彭煦尧
苏中富　田景耀　王登基

工学学士学位 227 人

材料科学与工程专业 17 人

梁　印　钱　敞　王　斌　赵　宇　陈鑫燚　陈艳艳
程进前　黄子健　姜传秀　李佳桐　李可佳　李培豪
石蔚骅　王宏宇　夏志远　余昊明　张子韬

城乡规划专业 33 人

关　鑫　权　璟　唐　锐　万　婕　王　博　王　禹
杨　梦　赵　晔　郑　韵　常静之　陈家实　承书颖
冯晰睿　付宏鹏　关键行　胡慧迪　黄紫东　贾士钊
李诗琪　李新旭　李修颉　李雨珊　林浩茹　刘若石
吕晶磊　莫荒年　齐佳伟　申子靖　唐紫霄　王一萌
黄诗咏　徐怡怡　张黎雪

工程力学专业（工程结构分析方向）6 人

周　蒙　李少靖　宋喆人　杨茗涵　张育宁　周荣波

航空航天工程专业 10 人

马　鑫　徐　亮　安蕾科　保万成　杜炳寅　金瑞杨
李坤宜　王长胜　谢书猛　杨祖堤

航空航天工程专业（航空科学与技术方向）14 人

邓　琨　黄　元　卢　乾　毛　展　杨　钊　张　锋
周　虎　刘子为　谭志颖　唐章富　王军程　王武玮
许成龙　张艳鹏

环境工程专业 13 人

陈　龙　刘　磊　卢　昱　吴　坤　代世婷　党正柱
段长宇　郭佳宝　胡景润　刘元洋　戎海凤　万方玉
吴晓萍

能源与动力工程专业（能源与资源工程方向）19 人

陈　挚　黄　承　刘　丰　汪　靖　徐　谦　余　剑
张　琨　周　林　谷昊昊　何海宇　刘嘉牧　倪效龙
饶诗杭　史孟凡　宋衍昌　王天骄　徐瑞宇　易平清
张建宁

软件工程专业 104 人

陈　雪　董　轩　高　扬　郭　焱　韩　宇　侯　莎
蒋　苇　雷　楠　李　浩　李　宜　李　燹　刘　晗
彭　森　邵　飞　司　强　王　道　王　咪　王　赛
王　通　吴　航　肖　宇　徐　鹏　杨　帆　杨　杰
阳　旻　杨　茜　殷　彤　于　涓　张　磊　张　琦
张　烨　赵　坤　赵　阳　周　亮　朱　军　朱　凯
安炳昀　白斗文　曹海阳　陈建新　陈积铨　陈筱旸
陈媛媛　代青青　邓洋洋　杜梦彬　付梦圆　侯佳莹
胡家源　胡至平　黄凌云　黄南雄　黄绍珂　黄子涵
黄紫薇　黄豆田　贾皓翔　江路铭　靳浩南　金林东
李凯轩　李英杰　蔺增春　凌淑媛　刘程成　刘容玮
刘树坤　刘文昊　刘一果　马慧超　潘卓敏　潘雪莹
乔泽慧　邵健轩　申攀英　孙一铭　陶辛茹　王梦琪
王诗慧　王文涛　王馨萍　王怡茗　谢泳锋　徐晓凡
薛昌熵　颜梦苇　杨钦渌　杨亚萍　殷宇辉　原亮亮
曾智聪　张凯悦　张灵杰　张秋迪　张斯萌　张悦宁
赵真睿　甄子杰　郑倩倩　郑智元　周雨洋　祝渤祚
朱子伟　上官懿俊

生物医学工程专业 11人

何 洋	孙 萌	张 弛	古闻宇	郭晋源	孔令宇
贾荟琳	金录嘉	陆政元	瞿璐茜	应亚宸	

管理学学士学位 146人

城市管理专业 12人

陈 瑾	施 悦	郝正洋	黄萍婷	李颖妍	马楷原
申沁恺	田超越	巫曼琳	吴笑葳	姚心宜	钟林睿

行政管理专业 41人

郭 晨	何 琦	黄 谦	黄 怡	李 魏	李 玲
李 攀	梁 爽	倪 凡	宋 桢	苏 楠	王 明
陈沛婷	陈雨亭	张竞元	冯一平	金利香	李嘉晖
李霞芳	李泽新	李子墨	梁怀元	刘明月	罗林瑶
门吉越	孟笑颜	牟春晖	牟林翰	申茜茜	史俊杰
孙振宇	谭恬恬	王珮琳	吴凤悦	吴李桐	晏梓馨
杨天滢	曾家欣	曾亚男	张冠鹏	阿依波塔·赛里山	

会计学专业 36人

范 榕	冯 赢	黄 婕	李 津	李 文	李 响
梁 煦	马 欢	马 悦	白羽飞	蔡子孚	陈兰君
陈霖裕	范子仲	葛菁南	顾殊涵	韩昀晓	何黛晴
胡佳苑	李宇恪	刘林让	马文子	孟凡瑶	阮嘉强
汤宇琛	王瑞瑶	王悦颖	吴金华	向淑婷	谢树珏
俞晨露	喻恩帅	张易芯	张雨萱	赵昕玥	朱俊瑞

市场营销专业 16人

韩 姝	盛 地	唐 卓	朱 攀	陈凤竹	邓若芸
董子童	靳如玉	刘珂昕	刘梦茹	刘智昕	马一鸣
尼艾含	赵瑞佳	赵文爽	朱卫欣		

图书馆学专业 2人

崔 汭	张 影

信息管理与信息系统专业 39人

陈 欣	贺 博	黄 骁	雷 苗	李 浩	吴 杰
吴 磊	杨 阳	张 鑫	张 瑶	周 展	祝 晗
邹 畅	蔡竹娟	车尚锟	高春芝	高中健	黄家祺
蒋天骥	李靖宇	李思彤	林殷年	刘千慧	刘姝雯
马佳萌	马铁军	钱彦伊	尚闻一	王冰璐	王煜晨
王宇萱	胥恩华	杨家鑫	杨明仪	杨子傲	姚智超
张思萌	张恂达	赵奕清			

经济学学士学位 346人

保险学专业 42人

狄 瑞	郭 奕	郭 钰	黎 坚	刘 实	刘 夏
刘 洋	苏 畅	奚 沁	郑 粤	陈立雪	樊芃文
葛鑫杨	关婉婷	关欣荣	郭慧仪	韩天泽	贺芸柯
黄鑫漳	雷春妍	李敏珠	李江江	李巾如	李燕琪
林奕昕	施亦凡	孙世昱	孙兆昕	汪国庆	汪雪岑
许全涛	姚扬帆	姚园园	尹晨桥	张富瑜	张琳颖
张书赫	郑艺伟	郑宇西	朱博文	朱宇希	陈丁香凝

财政学专业 24人

王 纯	杨 帆	杨 柯	尤 浩	朱 婧	蔡峥敏
陈雨竹	方逸涵	高亦博	郭润琪	郝少蕾	何颖桢
洪欣欣	黄鐏子	林雨昕	倪文青	秦雨慧	王梦瑶
徐文璇	袁梦雨	张祎童	张中艺	赵新玉	王杨同舟

国际经济与贸易专业 15人

李 欣	程陶然	符文奇	焦超凡	寇腾腾	李明宇
李瑞奇	李润新	沙学康	王劭轩	王一晴	杨清承
张宇菁	张涵远	郑祺鑫			

金融学专业 221人

白 嵩	贝 曦	陈 炜	陈 曦	董 言	胡 昊
黄 开	李 怡	李 熠	刘 威	刘 翼	欧 一
齐 雯	容 畅	芮 慈	盛 夏	时 畅	谭 钢
谈 悦	汤 雯	王 颉	王 茜	王 天	韦 亨
吴 越	项 凯	肖 静	许 瑒	颜 烨	阳 磊
俞 燕	白士昊	暴嘉伟	蔡青芯	蔡晓雨	常啸天
陈川东	陈若冰	陈思佳	陈晓珩	陈馨儿	陈姿霖
陈梓林	刁翊航	杜佳宸	冯涵嫣	奉恒纬	冯沁雪
冯晓晗	冯妍慧	高桐欣	高梧桐	葛一润	关嘉昊
关睿怡	关思琦	郭兆祺	郝若男	何治奇	许慧琳
洪志玥	胡偲妍	胡晓航	胡希琳	胡心屹	胡一了
黄冠群	黄苏荣	蒋瑞华	江赛敏	蒋书凝	姜梓玥
柯宇琦	林家颖	林星辰	刘家仪	冷文浩	李东霖
李浩宇	李静昀	李可航	李一铭	李永箭	李妤轩
李子妍	廉泽坤	梁丹玥	林婧颖	林奎朴	刘城君
刘东航	刘樊琪	刘冠华	刘海楠	刘力文	刘明辰
刘世豪	刘舒月	刘潇蔚	刘玉科	龙上邦	龙小鹏
龙应婕	罗欣雨	吕耀涵	马德隆	毛基恒	梅邑凯
梅一伦	孟舜英	牟星奕	木乙羽	潘冠维	祁柏寒
钱盛泽	钱深圳	任凯文	任青青	任天媛	邵冠棋
沈卉沁	沈心怡	史雅菲	孙嘉澍	孙锡萌	孙怡雯
孙雨辰	唐皓昱	唐家平	唐思勋	同子怡	涂钰潘
万泓伶	万佐阳	王勃竣	王博宇	王陈薇	王传奕
王春萌	王福瑶	王浩然	王鹿笛	王梦宇	王瑞琨
王若愚	王文博	王一凡	王一凡	王雨薇	王志鑫
王中元	韦铭杰	魏占一	吴涵卿	吴佳颖	吴隆昊
肖韦俐	谢方岩	谢灏宸	谢雨晨	徐安如	徐洁敏
徐琼依	徐玉颖	闫丙松	颜康平	杨按狄	杨洪智
杨婧琳	杨景宇	杨思展	杨晓卿	杨颖琪	杨焯元
尧旻昊	叶子涵	叶子君	于舒涵	虞雪筠	余盈颖
苑嘉盛	袁清晗	乐凌坤	曾令萱	曾昱顺	詹文茜
张锦坤	张慧中	张劲哲	张蓝月	张凌瑄	张时佳
张文瀚	张晓宇	章严心	张妍紫	张宇轩	张雨萱
章哲沛	赵宸辉	赵耕宇	赵明明	赵芸笛	赵梓博

郑垄钢　钟也楠　周思尧　周晓畅　周新元　朱佳铭
朱洁薇　朱可彦　朱佩岩　朱秋洁　朱耀宇　朱昱然
朱宇昕　朱正雷　朱志博　郭汪书仪　张郑霖源

经济学专业 30 人
毕　悦　何　佳　王　昕　徐　寅　程子珊　戴哲瑜
付紫璇　郭菁璞　韩洪兴　侯婉薇　孔曦晨　李星宇
刘劼鑫　刘堂兴　马张驰　潘思成　宋思宇　吴柏君
吴子晔　谢昊洋　杨笑寒　曾子扬　张皓辰　张慧南
张菁清　张可心　张立鹤　郑钰瑜　祝一帆　诸宇灵

资源与环境经济学专业 14 人
陈姝蝶　陈叶龙　陈宜欣　胡司盾　李超慧　李进学
刘睿媛　刘泽文　罗延桢　谭安然　王飞宇　闫文斌
张栋杰　张涵露

理学学士学位 1086 人

材料化学专业 37 人
曹　硕　邓　翀　姜　芸　李　昇　梁　轩　唐　汇
王　棣　崔竞蒙　戴梦得　傅有全　葛文东　胡悦聪
黄禹铖　黄渝鹏　雷佳楠　李俊泽　李皓宇　李家毅
林友宇　刘冰洁　刘昊明　刘星驿　刘彧策　师明赫
宋楚涵　宋恒睿　苏文霖　孙泽昊　王健博　王子奕
熊子晴　薛凯元　燕文超　尹泽尔　于思颖　朱辉宇
欧阳一夫

大气科学专业 8 人
耿　磊　王　焱　应　同　李志远　林少植　王秉琰
杨焕州　张波尔

地理信息科学专业 15 人
黄　杰　冀　锐　李　银　庞　骁　王　宁　严　亮
耿晓状　刘旭林　骆梁宸　孟浩瀚　齐厚基　韦庆朗
于曦彤　张浩源　朱金顺

地球化学专业 9 人
赵　辉　卢国军　万紫荆　魏麟懿　武于靖　熊轶伟
薛苍治　赵旭炜　周思阳

地球物理学专业 14 人
伍　晗　高红涛　郭惠昀　华思博　江欣余　李海川
刘立超　苏培臻　邬科元　徐贝贝　许午川　张思源
赵泽严　郑毅权

地质学专业 27 人
陈　喆　黄　鑫　凌　坤　王　琦　项　楷　周　哲
陈超强　邓若林　邓蜀瑞　方先君　龚汐洋　胡圣懿
孔淑媛　李华成　李宣李　李寅煌　廖丝丝　卢亚敏
商修齐　苏克凡　王天宇　王召平　杨江南　姚媛媛
张家港　张书莞　仲子奇

电子信息科学与技术专业 30 人
李　贺　皮　旺　宋　涛　喻　锐　詹　源　周　昊
白天昊　陈荟萃　邓若琪　杜文博　杜玉洋　高翘楚

高婉丽　贡致远　胡添翼　黄鑫鑫　靳盼盼　刘文成
穆嘉楠　宋永鑫　谭伯琛　王智亭　许帅龙　杨凯欣
杨庆龙　张宸博　张浩波　章志娟　郑钦佩　周清逸

化学专业 54 人
贺　鑫　黑　白　洪　鹄　林　畅　刘　聪　鲁　亮
罗　雪　孙　弈　滕　达　王　沐　闫　杰　杨　成
张　睿　张　哲　赵　帆　资　治　鲍志成　柴正祺
常泰维　陈力天　陈怡鑫　范英杰　高田昊　郭若垚
郭师琛　侯倬伟　黄欣怡　李和昀　李泽洲　刘晋阳
刘书铭　乔卓然　申景航　宋彭博　汤俊宸　王靖翔
王雅妮　汪原楷　王昀之　王卓琦　武钦慈　夏义杰
辛天斯　许振达　薛雅珍　杨可心　杨琅轩　于乐飞
臧士豪　臧芷育　赵博钦　赵雪垚　周家华　朱家祺

化学生物学专业 25 人
李　濛　刘　畅　钱　阳　徐　植　杨　嵩　于　航
毕晓天　陈梓鸿　董舜卿　董学洋　洪楠棋　贾国赓
林恒宇　刘东阳　马明哲　任子琪　汪诗韵　王文煌
阳彝栋　张沅珲　赵少楷　赵玉洁　赵振起　钟思远
朱理源

环境科学专业 36 人
陈　翔　邓　肖　刘　正　穆　钰　宋　锴　王　婷
徐　倩　杨　琼　俞　颖　蔡兴瑞　曹之炯　陈思宇
段晨阳　顾洪良　韩亚龙　胡泊林　井泽华　康瀚文
柯彦楚　石丽萍　孙轶斌　王铁镇　吴雅珍　杨婧菲
杨萌祺　杨天铭　叶方舒　叶翔宇　于欣源　袁銮亮
张琛浩　张丹丹　张朴正　张雯逍　郑钞月　陈黎皓锟

计算机科学与技术专业 175 人
陈　静　代　超　丁　可　董　航　冯　斌　封　禹
高　恺　高　鑫　韩　愉　侯　忱　胡杨　姜　楠
金　典　金　朝　赖　蔚　蓝　英　李　浩　李　晓
林　阳　刘　辉　马　林　钱　瑞　沈　彧　舒　鹏
苏　超　孙　政　王　彬　王　浩　王　朝　魏　晨
吴　聪　吴　侃　徐　晟　徐　元　薛　犇　叶　天
易　港　张　豪　张　剑　郑　桦　周　彬　邹　佩
胡　艺　蔡佳晋　蔡懿韬　曹胜操　陈国俊　陈牧歌
陈小康　陈彦骐　陈逸凡　陈正胤　陈梓立　陈子轩
崔牧原　代达劢　冯维直　冯存光　高世成　顾亦宁
顾友鹏　关钧睿　韩佳良　韩嘉琪　侯兴中　胡云帆
黄志杰　黄瀚贤　黄任泽　黄曲哲　黄韬文　黄志勋
姜博睿　蒋鸿达　姜杰川　蒋钰钊　蒋正平　金旭统
金逸伦　康照东　喇飞虎　李刘年　黎舜尧　李希贤
李一博　李志杰　李卓翰　林远振　刘德欣　刘昊棠
刘泰德　刘文达　刘瀛成　刘渊强　刘雨曦　刘志宇
刘子源　罗旭坤　罗睿轩　马少鹏　马文骥　马赞彭
倪天炜　潘兴禄　潘宜城　齐盘阳　漆王宇　钱中昊
秦文涛　任旭彤　申思杰　石云深　税天晓　宋博宁
宋晨蕾　苏嘉俊　孙宏宇　孙靖渊　孙之清　孙周易

特古斯 田贵宇 田晶晶 王嘉闻 王京京 王堃宇
王乐强 汪效锐 王彦斌 王易檀 吴昊泽 邬榄鸽
伍仕骏 伍奕锜 谢志渊 徐燮阳 许泽平 严思明
杨晨博 杨程旭 杨皓天 杨筘笛 杨舒文 杨天猛
杨雁麟 叶志晟 易宇轩 于力军 于筱涵 臧振宇
张博涵 张煌昭 张靖昊 张茂森 张沛韵 张兴平
张一舟 张元玮 张煜皓 张之远 赵浩然 赵学亮
赵展渤 赵子栋 赵子健 郑剑伟 周仕林 周新哲
朱孟泽 朱琪豪 祝世豪 朱芃蓉 朱泽宇 林刘子轩
雷那特·努尔买买提

空间科学与技术专业 15 人
崔 博 许 严 陈雨豪 侯传鹏 李京寰 欧宇航
濮心翼 秦珺峰 孙新然 毋轩琦 徐运铎 杨子浩
尹泽藩 赵兴鑫 朱英杰

理论与应用力学专业 27 人
安 钰 程 杪 杜 成 费 渝 胡 昊 黄 琨
倪 超 邹 宇 陈婉雯 高晓荃 管昕羽 郝嘉懿
何思凡 胡欣超 胡依雯 胡子渊 李世军 梁定国
钱佳琛 任行斯 任耘霄 孙思嘉 谭湘葵 滕郁骏
王兆植 邢家诚 庄煜洲

人文地理与城乡规划专业 16 人
汤 鑫 王 鹭 陈晓雪 姜若寒 李彦熙 刘嘉杰
倪子悦 潘治廷 齐飞翔 孙牧晨 汤慧桢 王瑞姣
王振兴 王子涵 余颢凡 郑树杰

生态学专业 5 人
李 婧 李 瑞 王 伟 刘梦丹 王馨培

生物科学专业 91 人
陈 鹏 程 港 兰 超 李 博 李 瑞 林 龙
林 沐 孙 磊 谭 轲 蔡 斌 夏 凡 周 硕
周 昱 曹恭元 张楚珩 陈天翔 陈文正 陈泽欣
董梓琪 方美琛 高维通 韩彦杰 胡雪莹 黄剑英
黄润洲 黄宇翔 黄哲成 焦中罡 金婉婷 蓝添翼
罗曦琳 李佳芊 李婧柔 李俊毅 李思扬 李言达
李子涵 梁书洁 林基鹏 凌梓涵 刘安航 刘楚宁
刘梦菡 刘斯敏 刘天成 鲁双嘉 马嘉成 梅文彬
孟繁博 丘光昱 饶思源 宋凯宏 苏逸凡 孙晨曦
谈嘉程 唐期望 滕德群 王含泊 王浩然 王鹏浩
王天新 王依琛 王一杰 王雨纯 王钰涵 翁翊菲
熊凌峰 许涵濛 徐雨琪 杨健钊 杨靖锋 杨舒雅
叶一帆 尹晨析 于安琪 於东成 曾子安 张恩萌
张景亮 张通烜 张一帆 张一飞 张怡文 张宇博
张煜婕 张云帆 赵天宁 周雅轩 朱鼎天 左大庆
康佳锦龙

数据科学与大数据技术专业 36 人
陈 悦 范 莹 金 昊 刘 淦 邱 玮 孙 澎
王 骞 易 广 张 易 张赖和 陈瀚钊 陈中柱

段浩东 付博铭 郭嘉明 籍乘艳 李泽坤 李子尧
刘德斌 马洪林 马晓君 彭念念 汪文靖 王宇飞
温梦涛 伍维晨 武夷山 严祚宇 杨腾舜 杨运昌
张博雅 张宏毅 张钊森 赵沁宇 赵天洋 朱见深

数学与应用数学专业 78 人
陈 飞 陈 坤 戴 正 郭 华 罗 毅 蒲 彬
姚 瑶 叶 帆 余 璞 张 勇 朱 旭 柏旻皓
蔡瀚林 蔡振豪 蔡绍旸 陈麒安 陈鑫犇 陈泽坤
窦泽皓 方宏怀 傅瑞得 韩雨泽 郝天泽 贺钰淇
侯浩杰 胡文杰 胡桢卓 黄乐恺 金意凯 雷小雨
李逸飞 李一民 李泽昊 李泽兴 李子辉 林嘉椿
刘谋韬 刘谢威 刘砚芳 刘镇源 龙吉昊 陆雯君
罗金玥 罗明宇 马敬翔 倪成卓 牛泽惠 彭永力
仇嘉泽 饶正昊 沈耀龙 石茂国 宋瀚林 宋英齐
孙鎏磊 谈忆萱 王润楠 王子轩 文飞黄 吴慧怡
吴家伟 吴俊威 姚超竞 伊海文 俞辰捷 詹添旭
张程翔 张佳昕 张君睿 张芷仪 赵朝熠 郑鹤林
郑鸿图 周国庆 周康杰 朱保昶 邹声钰 姜河之是

天文学专业 22 人
陈 缘 房 晨 彭 朋 邱 钰 魏 啸 杨 冬
朱 杰 崔家源 李方闻 李阮存 李汶隆 刘苋妤
潘信羽 潘志伟 沈哲锋 孙忠鹏 唐佳奕 王浩苇
王壮飞 魏凡粟 翟宇涵 张云皓

统计学专业 51 人
曹 阳 常 辰 费 哲 刘 博 王 昶 王 南
伍 岳 徐 祺 张 磊 郑 重 周 墨 蔡榆杭
陈裕晴 何胜毅 何雄博 何治霖 黄一山 江翰旸
姜兆恒 姜志承 金泽文 李华宇 梁家栋 梁洛毓
毛文昊 宁顺磊 庞玉彬 钱欣杰 宋天浩 孙浩轩
孙家进 王刚华 王剑桥 王许涛 吴东晓 徐敬旭
杨海欣 尹元捷 张浩宇 张皇中 章锦南 张峻滋
张良宇 章文杰 张烨垲 张又元 张之临 张子晗
赵世双 朱志成 徐杨见琛

微电子科学与工程专业 13 人
钱 韬 万 基 游 优 陈沛毓 陈睿聪 戴臻辉
牛皓炜 孙新昊 王可心 谢承霖 许昌民 张铁宾
郑琪霖

物理学专业 160 人
陈 相 程 焜 盖 跃 何 龙 姜 峰 李 昊
刘 越 刘 苗 鲁 霓 陆 易 乔 宏 乔 越
孙 博 仝 鑫 王 昊 王 峻 王 中 杨 帆
杨 罡 张 驰 张 良 赵 帅 郑 博 郑 昭
周 强 周 泰 邹 瑜 白岸斯 毕嘉川 张君睿
陈恩博 陈泓杰 陈满堂 陈伟杰 陈夏琨 陈艺捷
陈英嘉 程浩天 程泽华 程智轩 池昱霖 党郅博
樊博闻 范子璞 冯卓然 傅浩宸 高学诗 顾季欢

谷平凡	管大为	郭成宇	郭文涵	韩雪扬	何世文
胡昊哲	胡京津	胡杨林	胡梓瑶	黄柯文	黄一帆
赖文昕	李楚越	李聪乔	李恩恩	李浩川	李佳宸
李克谦	李沛泽	李齐治	李睿鹏	李少楠	李扬帆
林海芃	林益浩	林子阳	刘楚源	刘格良	刘浚哲
刘宇飞	卢寰港	鲁双源	陆跃辉	路裕焜	罗梦航
骆天鹏	罗祎焓	罗易煊	吕元浩	马天阳	孟宏禹
缪健翔	潘书航	潘学海	秦光辉	邱露颐	邵智轩
沈博文	沈学问	舒昱滔	宋天奇	粟恒奕	孙小艺
孙运生	谭思予	谭智威	汤涛涛	唐蔚萱	王晨博
王得地	王德九	王瀚枢	王竟博	王启东	王台宜
王天乐	王元康	王雨婷	汪子龙	王子毓	卫振辉
吴天海	熊慧鑫	许嘉琪	徐邵行	许英伦	许昭鉴
言浩雄	阎述辰	杨翰宾	杨怀远	杨纪翔	阳黎升
叶树森	易近民	俞伯勋	余文博	袁奉博	袁嘉豪
袁文强	袁一杰	岳博涵	云沿淞	曾嘉熙	张程皓
张程翔	张剑尧	张林枫	张思琪	张文杰	张笑纶
张亦侬	张哲豪	张哲宇	赵丁燚	赵今超	赵靖邦
赵珂凝	郑浩赋	周振翔	朱镕斌		

心理学专业 42 人

高孜	顾相	黄鑫	刘昊	刘坤	马宁
蒲玥	孙楚	王铖	王毓	徐颖	赵楠
周辚	蔡依洋	陈雪瑶	樊浩雪	贺梦瑶	何汕杉
贾文佳	兰起丽	刘熙来	刘一羽	刘志成	罗明浩
吕树勋	孙若铭	孙瑶佳	王佳萌	王文佳	王轩宇
吴蕊婵	向飞燕	杨羽桥	原显智	曾桓珂	曾轶凡
张金铭	张益凡	张语砚	周静仪	祝苡钦	邹津晨

信息与计算科学专业 34 人

程晨	李蒙	刘禹	许东	鲍怀锋	岑诗聪
陈玮乾	陈子昂	陈子恒	缑鸿霖	顾永豪	黄海文
李昊亚	陆一平	沈国鹏	孙元逊	田童话	王亦凡
韦静蓉	吴子源	夏铭涛	谢彦桐	辛天屹	徐政豪
薛骁勇	杨梓琨	叶林发	张海翔	张浩然	张加恩
张润玉	周俊鹏	周梓贤	朱煜琪		

应用化学专业 5 人

张林	高基源	郭佳明	周裕康	张李佳琦

整合科学专业 7 人

刘波	李倩怡	李卓然	施博文	赵心源	钟国杰
钟若愚					

智能科学与技术专业 46 人

安东	陈畅	程旖	戴拓	董岳	胡斌
胡晗	胡扬	李松	马晋	孟尧	戎燕
吴昊	吴越	陈颖婕	杜昆泰	傅智毅	高匀丰
华宇涵	孔志恒	李浩辰	刘葭蔚	刘晓涛	刘泽群
麻莉雅	祁俊昆	孙闽旎	陶俊杰	王心茹	王奕文
王宇迪	魏大同	文敬瑄	肖特特	谢锦汉	谢一辰

杨清源	张文韬	张孝帅	张艺川	张之祚	赵一辙
郑思泽	钟易澄	朱津邑	邹钰笛		

自然地理与资源环境专业 8 人

汪毅	徐帅	金安琪	李鹏程	林罗成	邹紫荆
张宏图	拉巴卓玛				

历史学学士学位 90 人

考古学专业 24 人

郭婧	苗政	艾沁哲	毕燕婷	陈宇轩	崔孟龙
范宗平	贾晓文	姜卓蓝	李春霞	吕雪妍	马成科
宋怀芃	王艺霏	王正原	王作丹	吴琪瑶	项丽宇
肖红艳	杨文悦	杨雪琪	张致斌	邹钰淇	德吉央宗

历史学专业 32 人

戴茜	戴汭	郭锐	韩耕	黄昊	李芬
盛夏	王苗	王竣	曾薇	岑宇凡	陈锐霖
陈思危	蒋康杰	蒋梦黎	雷亚倩	李孟泽	李颜旭
李逸竹	马成霞	马于慧	唐慧伶	王瑶媛	王晓缘
韦婕勋	魏玥迪	杨昌恒	杨诗语	于子轩	周子其
朱克强	朱旭文				

世界史专业 15 人

黄菏	蓝草	林果	宁飞	谭畅	韦翔
蔡雨玹	傅雪莺	刘明希	王嘉锐	王泽钧	王紫薇
徐一臻	章会凌	张洁宇			

外国语言与外国历史专业 13 人

李波	李涵	肖丹	陈其慧	陈琬睿	黄妤彦
惠雅婕	林詠莎	李原榛	王牧遥	杨晶晶	禹志强
张欣妍					

文物保护技术专业 5 人

江磊	方立阳	李卓朋	蔺诗芮	石琬莹

文物与博物馆学专业 1 人

孙静

文学学士学位 347 人

阿拉伯语专业 14 人

徐冲	杨茜	殷玥	张帆	张睿	白林飞
曹雨婷	韩翌旸	纪景闻	宋丹宁	向嘉炜	张可佳
张梓璇	庄思腾				

朝鲜语专业 13 人

郭锐	孙启	曹若晨	陈瑾怡	陈雅园	邓晨予
黄珊珊	金珠玛	李思琦	刘雨晨	罗孟晋	王子璇
张桐川					

德语专业 18 人

厉佟	杜心悦	范开歆	高泽宇	郭笑遥	赖雨琦
刘安南	刘蓝若	刘汐雅	罗梓丹	吕湛清	麦然然

潘施祺　曲吟秋　邵梦琪　张楚璇　张婕妤　赵宇婷

俄语专业 17 人

陈　敏　郭　煜　刘　昊　刘　洋　柳　媛　何慕宇
金妍君　李瀚鸥　刘高辰　卢方远　潘依桐　唐羽影
杨泽琳　曾惠兰　张芷瑶　邹文卉　于都敬文

法语专业 17 人

陈　蓉　胡　璇　孟　瑶　蔡安妮　封晓华　胡旭明
李林繁　李诗奇　李卓缦　吕梦晗　史雨晴　袁若溪
曾子轩　章烨雷　周凌然　周一帆　朱婷玉

梵语巴利语专业 1 人

路　雅

古典文献学专业 6 人

罗　倩　张　帆　姚立彬　李芃蓓　王可心　王紫薇

广播电视学专业 17 人

韩　素　刘　贺　年　欣　苏　杭　赵　飞　郭砚浓
蒋乐来　李长鸿　李蕙桐　李桃君　廖梦茹　刘纯懿
吴凯欣　徐元正　杨悦言　张泽钰　肖克叶·阿不都沙拉木

广告学专业 41 人

崔　潇　李　彤　李　萱　罗　毅　庞　菩　彭　迟
孙　帅　杨　钮　曾　辰　张　良　张　艺　周　洁
朱　琳　蔡依依　邓浩鸿　董轶涵　甘诗卉　郭钟泽
何丽琼　何嘉勇　黄凯欣　牟梦曦　牛晓文　荣赛波
舒卜粉　孙静文　王东雷　王金慧　卫玉清　吴欣宇
吴梓硕　肖瑜景　许慧娟　杨梦茹　余静寒　袁君阳
张斌禄　张欣然　郑江浩　郑媄薇　邓方梓琳

汉语言专业 20 人

居　田　舒　心　杨　丁　张　晗　赵　月　陈晓蓓
陈煜琪　陈柱玲　傅一丹　李林倩　李品璇　李思睿
李文曦　廖香玉　母尚帆　向秋枫　向雯琪　叶唯简
张沙洲　赵晨蓉

汉语言文学专业 75 人

崔　妍　杜　宽　雷　宁　梁　丽　林　玲　莫　莉
田　淼　魏　璐　杨　依　詹　婧　周　舟　邹　泓
白羽芊　蔡婧怡　陈雅芳　陈雅楠　陈雨辰　邓诗彦
董慧慧　符恒卓　付静芳　缑清睿　管笑笑　郭启新
郝德娜　黄竹莎　柯澜颖　赖海峰　雷英鑫　李西月
刘嘉森　刘嘉源　刘静怡　刘秋君　刘雪丽　刘运晨
龙清逸　罗衍浩　马露戈　蒙彦伊　宓炜颐　彭秋雨
覃芬芬　邵禹铭　孙永强　孙云飞　唐冬冬　王刘琴
王芷晨　韦楚祎　魏舒忆　吴姗姗　向华羽　谢璐阳
鄢予晨　杨思思　杨熙程　于汇文　岳晗笑　张泽宇
张菁洲　张曦月　张钰涵　张赵乐　赵汗青　赵婉廷
赵莹钰　郑行飞　郑玥莹　钟灵瑶　周凯悦　周艳容
陈宋蕙倩　德典白姆　姚张卓玥

日语专业 15 人

丁　婷　赖　瑓　邱　硕　施　博　王　玥　袁　博
高永彤　葛思嘉　贾晨曦　李陶源　李欣然　李雨梦
卢宇嘉　马瑞婕　甄若琳

外国语言与外国历史专业 5 人

杨　霞　李沛霖　谢建萍　许霭淳　杨思汀

乌尔都语专业 1 人

陶　锐

西班牙语专业 19 人

单　晨　吴　优　陈俏怡　崔莉敏　邓人玮　高雨萌
谷雨薇　何斯哲　康欣悦　李佳文　李亦可　李旖旎
李毓琦　王一帆　谢文媛　张淑雅　张旭阳　张怡轩
赵伊曼

希伯来语专业 12 人

卢　赫　骆　洋　向　洋　信　鑫　董唯瑶　洪诗羽
蒋天若　李佳盈　邱承豪　曲翔前　汪永祺　杨依然

新闻学专业 11 人

程　娜　李　飞　马　遥　谭　媛　陈豫树　杜羿萱
何芷桐　马静雅　谭影子　于雅茹
努尔沙吾列·木拉里

印地语专业 9 人

郭　珂　李　萌　唐　颂　王　润　黄舒颖　李润华
王舒羽　杨天琦　章俊峰

英语专业 25 人

胡　榕　江　澜　杨　婧　张　燕　周　孟　蔡金辛
陈欣宇　陈一杭　董扶摇　符文韵　刘子辰　王海燕
王嘉璐　王洁儿　王雨晴　王紫微　杨志松　张金艳
张心怡　张雪睿　张雅迪　赵梦钰　钟瑶琼　周少波
朱芷萱

应用语言学专业 2 人

林　子　段宇光

越南语专业 9 人

李　锟　麦　博　孙　一　马一丹　彭国珍　宋天耘
宋展旭　谢雨晨　章晗烨

艺术学学士学位 35 人

广播电视编导专业（戏剧影视文学方向）10 人

康　笛　王　伊　王　媛　贝拉蒙　岑天翔　陈怡昕
谭弘扬　王文笛　薛精华　于友嘤

艺术史论专业 6 人

黄　凯　裴　蕾　魏　祎　赵　婧　李苑彤　倪范晶

艺术史论专业（文化产业管理方向）19 人

陈　可　冯　童　高　琰　龙　媛　宋　洁　宋　宇
邹　洁　安雪玲　何愉棋　黄彬彬　金韵竹　李晶亚
漆袁雯　田淑慧　王雪靖　杨雅岚　易冰清　张泽君
朱钧霞

哲学学士学位 39 人

哲学专业 33 人

常 琛	陈 沫	樊 睿	郎 昊	李 睿	梁 时	
刘 仁	山 冲	孙 婷	向 勇	谢 立	陈方舟	
何锟伦	黄清清	江浩远	李浩田	李明疃	彭子琛	
侍斯南	宋晨飞	田瑾婷	田欣欣	万子牧	王君菲	
王书文	王子瑜	温心怡	杨怡琳	杨致东	勇力嘉	
张英飒	钟孔鹭	巴音其米克				

宗教学专业 6 人

兰 天　兰 潇　倪 鹏　陈嘉康　顾逸凡　洪哲泓

三、校本部本科留学生授予学士学位名单

法学学士学位 53 人

法学专业 9 人

裴兑容　程艾玛　金粹娟　李熙寿　刘馨憶　徐东彬
清水淳子　王 梦　邢 文

国际政治专业 6 人

杨冰凝　张夏源　哈 尼　卢裕蕙　宣同珍　杨钪森

国际政治专业（国际政治经济学方向）12 人

崔文桓　樋口亚美　张兰兰　全禹哉　邱诗颖　金义燮
金铉哲　高韩锡　李厚泽　申昊澈　陈柏男　吴思敏

社会学专业 10 人

裴世亨　韩柔理　郑在善　左喜在　姜显宇　李明洹
卢裕桦　朴仁均　朴台现　申知容

外交学专业 6 人

安慧珍　许 菲　金秀仁　李熙珉　林清泉　刘高谊

政治学、经济学与哲学专业 10 人

安炫俊　扎 亚　简孝祥　金汉烈　孟政炫　朴商贤
沈芝慧　陈 琦　张会宇　郑裕源

管理学学士学位 15 人

城市管理专业 1 人

李铣浩

行政管理专业 1 人

李柱亨

会计学专业 2 人

崔诚允　申在珉

市场营销专业 5 人

金大渊　金重沅　吕 奕　潘 聪　朴世桓

信息管理与信息系统专业 6 人

陈秀雨　赵东在　崔允智　黄原起　金泛进　张嘉慧

经济学学士学位 27 人

国际经济与贸易专业 11 人

安度炫　郑昇九　高恩雅　赖鼎友　蓝 茜　刘佩佩
朴道玄　朴智恩　孙何姈　鲜于至熏　胡佰亿

金融学专业 12 人

白健昊　周文佳　郑夏莹　呼 兰　韩莉惠　姜沼英
孔雪纯　李睿理　周桂珍　黄良贤　禹盛植　叶咏恩

经济学专业 3 人

金到姬　黄伟佩　大森嘉美

资源与环境经济学专业 1 人

张毛根

理学学士学位 6 人

生物科学专业 1 人

金天颢

数学与应用数学专业 1 人

陈 熙

物理学专业 2 人

金大雄　李伟聪

心理学专业 1 人

吴映蝶

智能科学与技术专业 1 人

陈阳昇

历史学学士学位 12 人

考古学专业 6 人

郑喜允　江品柔　李炅翰　朴正泫　陈彦甄　徐乔伊

历史学专业 3 人

曾鹤知　张玹硕　吉铉宇

世界史专业 2 人
王凯利　王元敏

文物与博物馆学专业 1 人
朴俐娜

文学学士学位 63 人

广播电视学专业 8 人
蔡荣民　崔奎援　韩起燮　许峻荣　李爱玲　金清雅
金瑞允　河原真由美

广告学专业 20 人
徐悦文　周偲珈　郑多喜　金度沅　金慧娟　金万会
杨明衡　李韩香　李韶允　林京燮　林　松　吴钟一
朴东均　柳至珉　宋永贤　谭诗颖　陈静琦　陈梓欣
汤可欣　尹荣勋

汉语言文学专业 35 人
裴蕙莲　白东铉　邱美心　崔世铉　崔泰焕　周政阳
丁　琳　王爱玲　葛根湖　王小莲　石塚亮太　全载晟
郑讚民　张升阳　金曝洛　金秀珍　金佑廷　高霞霓
权　天　林爱霓　闵日植　彭一沁　朴贤求　朴辰镐
朴俊荣　朴珉志　朴素美　沙　丁　李晴虹　元姬珍
傅其豪　柳元华奈　杨子程　尹建峻　周靖雯

艺术学学士学位 14 人

广播电视编导专业（戏剧影视文学方向）9 人
郑在炼　冯健华　郑海麟　金炫我　金昇度　李周宪
朴媛媛　宋玹到　刘　琳

艺术史论专业 1 人
代丽娜

艺术史论（文化产业管理方向）专业 4 人
姜兑勋　金廷敏　金羡容　元裕珍

哲学学士学位 3 人

哲学专业 3 人
张闵瑛　禹多映　禹到亨

四、校本部 2018 年毕业、2019 年授学士学位名单

校本部 2018 年毕业、2019 年授学士学位学生名单 18 人

法学专业 2 人
何　铮　林德心

国际政治专业 1 人
刘王雨竹

行政管理专业 1 人
郑益烽

会计学专业 1 人
叶振羽

保险学专业 1 人
涂世豪

财政学专业 1 人
刘彤仪

金融学专业 2 人
李许源　石海蓝

材料化学专业 1 人
周佳杰

计算机科学与技术专业 2 人
李　博　武守北

生物科学专业 1 人
刘　晴

数学与应用数学专业 1 人
张煜奇

物理学专业 1 人
黄华洋

考古学专业 1 人
张丰豪

文物保护技术专业 1 人
盛崇珊

广告学专业 1 人
邵明宇

五、校本部2018年结业、2019年换发毕业证书授予学位证书名单

本科结业换发毕业证书授予学位证书74人
（含2017年结业7人）

法学专业2人
吴浩磊　柳泳勋（留）

材料科学与工程专业2人
贾云坤（2017）　赵云杰

工程力学专业（工程结构分析方向）1人
周子彦

软件工程专业5人
何　伟　李　潇　荆紫株　孙美兵　王萌麟

市场营销专业6人
鲁　静　程子健　韦紫影　许文贤　张创龙
金周源（留）

信息管理与信息系统专业1人
张　硕

金融学专业2人
沈　鸿　方伟权

保险学专业1人
李演宰（留）

经济学专业3人
杜　宇　钟　鼎　李咏桓（留）

材料化学专业5人
李　萌　李　铮　曹明汉　丁锐奇　蒋希奕

地球物理学专业1人
周　安

化学专业3人
郭　健　常译夫　方思源（2017）

化学生物学专业1人
孟炜东

环境科学专业4人
沈　旸　顾永佳（2017）　王世春　张尔弩

计算机科学与技术专业1人
沈科杰

理论与应用力学专业1人
王子阳

人文地理与城乡规划专业2人
何靖宇　任柯屹

生物科学专业4人
颉　可　范锐聪（2017）　林曈韬　王宇峰

数据科学与大数据技术专业1人
胡一凡

数学与应用数学专业5人
杨　智　姜佳磊　李海明　刘纹岩　孙种阳

统计学专业3人
李伯瀚　罗毅诚　向汗青

微电子科学与工程专业3人
罗昕颉（2017）　马渝铭（2017）　菲尔顿·库尔班太

物理学专业3人
高　原　陶昱佟　金荣敏（留）

信息与计算科学专业1人
董睿文

应用化学专业1人
董士达

智能科学与技术专业2人
阳　宁　刘逸轩

阿拉伯语专业1人
李振天

汉语言文学专业4人
陈　婕　金贤俊（留）　汤重喆（留）　尹纳川（留）

日语专业2人
冀　然　贾　祎

艺术史论专业1人
宋昕宸（2017）

艺术史论专业（文化产业管理方向）1人
冯艳丽

广播电视编导专业（戏剧影视文学方向）1人
金京泰（留）

六、医学部毕业生授予学士学位名单

普通全日制本科生授予学士学位719人
（含春季毕业生2人）

文学学士37人（含春季毕业生2人）

生物医学英语专业35人

马燕军	陈一通	杨俏寒	钱开焕	倪秉泽	王羽琪
黄敬逸	杨健一	张 锐	梁 洪	姚秋琦	王江颖
魏 玮	林传培	康 健	蒋绍垟	张东锐	周璧琛
魏 佳	娄 珂	陈素会	顾晴晴	唐梓淇	陆亦凡
刘光奇	侯 演	姚雯艳	张春峰	张思源	来晓真
郭志鹏	刘 亮	肖少鸣	孙 言	黄 翠	

生物医学医学专业2人（春季）

曹耘菁　李 晴

理学学士260人

医学实验技术专业39人

张晏昊	邓博元	张玉莹	张 轩	汪刘华	沙务嘎
李小哲	胥切实	马溪萌	张生华	洪雨佳	李颜行
刘宽宽	乔耘川	宗 艺	付君君	王 毅	张雯晰
王迦南	赵世稳	高雅晴	杨皓童	焦塬石	邢 颖
李丽丽	闫海江	刘 轲	韩镇泽	王文豪	李心怡
路子欣	王 磊	苏 雅	米丽·米那多拉	贾娜·木海	
帕提姑丽·阿吉穆		单增平措		沙木哈·巴合提别克	
孜巴古丽·吾布力卡斯木					

医学检验技术专业23人

何玉丰	徐丽娟	曹翔宇	黄 婷	方思宁	龚 晨
祝 越	成子安	胡媛媛	杨子瑶	高 悦	万 朵
李诗雨	蔡家蕙	金尚佳	林立岩	于志雨	刘潇阳
伍源丰	夏 雪	张安汝	汪京京	刘曹毅	

药学专业107人

张颂夏	李克远	涂心宇	王 婷	蔡思娜	魏庆鹏
熊剑亮	赵 耀	李奕言	付亦临	谭 畅	张梓曜
张青杰	田珂馨	许佳瑞	夏虢林	宋 航	郭相乎
李欣岚	陈小琴	张 诚	韩梦仪	张雷可容	麦艳娜
王子翼	文锦志	王月媛	秦朝霞	杜亿杉	罗霞寰
吉 翔	王如东	陈梅芳	冯振汉	李欢彤	刘梦熙
许 琦	成羽溪	王悦含	席 蕾	旷 雯	潘 一
张晗玛	赖俊勇	魏 冕	郭梦秋	莫伊点	张雅慧
晏子茜	丁旭阳	王征东	陈冲锋	迪达尔·斯尔哈孜	
王海东	黄 涛	汤雪健	刘 冰	柏 伟	王乐淇

王 贺	高 照	夏鹤铭	王 昊	张文馨	郭昱辰
杨依萌	王雪岩	展恩盛	刘智超	李梦雅	卫 晟
杨正江	解满江	肖相宇	蓝 茅	马千程	褚丹彤
朱宇豪	蔡文康	黄 聪	王楚宸	王景茹	孔维恺忻
董伟东	李 铮	和子超	郭 政	彭祎玮	王 石
王柏裕	郑哲涛	白亦臻	谭琳致	高中润	杨 晔
刘晓莺	侯鑫帆	汪明睿	朱贵旺	熊梦飞	崔 畅
罗 倩	哈拉莉	李志武	杨希蓓	丁泽华	
阿依江·伊斯马衣					

护理学专业80人

马汉东	徐 畅	颜永阳	邹凯乐	寇磊鹏	罗英畅
王祉豪	林 川	白 冕	刘偲佼	高 赫	徐蔚然
潘海浩	郝英雪	单增宗吉	布琼次仁	杨 鹏	张琳若
王东泽	文 婧	黎秋宏	张 琳	张 阳	李灿莹
马晋瑞	陈俊佳	王 迪	宋超宇	吕硕士	张雪丹
郭浩嘉	周 燕	张靓囡	马雪倩	于 淼	张 彤
方 敏	周金燕	练鸿军	高 越	李永静	余海洋
王文玉	张阿伟	李梦诗	高 川	张卓越	谭佳爱
李欣雨	杜叶繁	廖淼林	王 鹏	杨力仁	张 鹏
赵小燕	肖红梅	李长娣	李 欣	温俏睿	陈嘉雯
侯燕玲	陈相如	罗京艳	杜鑫怡	白 雪	欧阳琳之
王 乐	金仕达	张晓敏	熊加悦	蔡 燕	王 静
闫凤玲	杨 晟	黄晓英	胡周英	李雅慧	杨 敏
张正一	迪丽胡玛尔·库尔班				

口腔医学技术专业11人

马珂楠	都瑞博	周莹莹	周 东	刘 方	哈乾坤
戴 心	孙 雨	张钦宇	李子晗	王斐汀	

医学学士422人

临床医学专业222人

高子蕊	杨致远	汤 然	谢 宇	喻 言	蔡 璇
张 凯	程 功	吴 瑾	占思政	赵家琪	张博禹
杨文慧	桂若云	汤稷旸	赵 培	李晓琪	窦沅青
符师宁	王一帆	张 易	袁艺琳	刘明慧	杨剑逸
聂禹菲	陈伟彬	李 婷	陈 茜	王田甫	刘苗雨
张立毅	高嘉翔	刘显平	王姊娟	王鼎予	鲁恬舒
孙争辉	张梦泽	孙静雯	孙一丹	徐梓程	李心悦
张 立	高雨菲	刘 擘	肖 丹	刘雨诗	李 卓
李佳孟	付佳钰	何林辉	覃子健	胡 静	付 玮
赵 勋	刘中一	晏 亮	刘天一	杨馨蕊	林伟彬
李子龙	张梓桐	胡丹辰	杜艳林	何百川	杨 玥

张高祺	刘一昀	张心培	孟素坤	吾敏辉	李　旭
王　璐	李彦豪	陈　曦	刘建新	谢　硕	戴一博
宁　昕	潘少容	常徐尧	董星凌	李雯琪	周渤玄
刘　昊	苏家荣	常艺馨	刘子琪	冯　阳	刘志福
郝志鑫	陈依民	周　明	陈盈宇	曹梦琢	张瀚方
吕卓恒	张　璞	陈柏乎	王楷文	常嘉逸	刘勤献
赵晓熠	肖晶莹	李新健	童永华	魏珊辰	魏绮珮
张维涧	陈晓露	冯　峥	申海洋	欧　凯	王承夏
应子奇	高嘉琪	万宇皓	夏舜尧	杨梦婷	巴天皓
黄诚睿	苗时雨	韩雅婷	张悦怡	文晓雨	袁　月
方创森	艾　忻	邵雅昆	彭　越	王　瑞	郭俞彬
张金珠	张　顗	马羽茜	张一繁	杨旖赛	刘艳华
张超群	甘廷江	周　朗	赵　瑜	温　悦	于春子
刘千祺	黄杨钰	周　潜	原　昊	李君禹	韦雨策
王馨怡	敖孟银	隗思媛	邱孙伟	杨宇晴	吴培鑫
宁　洁	李　爽	罗　颖	郭义文	李　盟	魏兰萱
张　悦	张存正	彭　喆	王高鸣	毕可言	周荣锋
牛梦莹	黄　城	周思含	李晶欣	张　悦	郝辰肖
李艳鹏	王　玥	卢亚辉	史安腾	卜赟艺	陈晓宇
胡博智	赵　玥	李竹君	崔宇钧	张佳昕	蔡玉石
唐书翰	陈　斯	刘子汉	全　葳	马嘉翼	陆思萌
田佳钰	吴昊杰	吕梦轩	张兆君	毕雪婵	杨子琦
马浩程	杜尚淞	王宇辰	苗源峰	彭雅婧	李晓庆
李新飞	彭　睿	陈旭豪	刘应南	陈晓清	刘力源
孙名帅	李嘉颐	张文浩	温妤婕	王银浩	邱建辉
杜　康	刘子宁	李华玉	高　爽	沈重成	陈丹阳

预防医学专业 75人

成昌浩	邵虹淋	奥　群	郭　雯	兰场新	侯云飞
闫晓晋	王佳敏	陈俊熹	高亚东	梅楚楚	刘雪晴
李泽康	黄永迎	方　喆	宋沁峰	王鑫培	覃　伟
徐金辉	尹晓涵	王　实	谢昀霏	韩　晋	孙　信
陈宇涵	王宗斌	周立景	王晓琪	周庆欣	郭子宁
王紫荆	孙至佳	霍家康	尹雪倩	王若彤	万淑均
俞社根	李　臻	李　妣	申　杰	黄紫婷	金　昱
徐卫星	周　川	韩　硕	马雨佳	卢擎东	吴　俣
李　伟	徐洲阳	王伟嵩	张　雪	李贤哲	杨望兴
郭雪儿	刘雅倩	刘　琪	杨　帆	莫云辉	姚晓莹
赵春山	于晓晨	张文楼	陈松建	高晓莹	陈晰雯
李子川	张　杰	郭英男	南梦园	严述瑞	谢宗任

苏米亚·艾合买提江　　巴哈白克·江吐鲁
努尔麦麦提·麦提努日

基础医学专业 64人

孙儒雅	王　悦	蔡柏阳	郭子夏	于　淼	陈首任
姜　阳	韩梦维	梁佳伟	任冠群	许晓峰	陈　虹
胡　标	章琳琪	范天睿	刘　瀚	张　明	黄　阳
刘中天	董　笛	张　婷	霍燕斐	杨广杰	郭雪媛
张雨祺	游铠强	唐致恒	刘坤昭	冯潘婷	何广怡
卢　巍	邵广莹	梁朝朝	冯金秋	赖鑫源	宋　佳
高佳宁	郝俸锌	周嘉栋	易　鑫	陈雨菲	于广鑫
夏佳霖	胡云涛	刘通通	干阳阳	邱志维	江　麟
曾婉嘉	孙玺汶	罗　兰	吕那云	袁　毅	张　琪
郑环宇	韦雪梅	杨泽亮	赵维佳	王倩倩	何启瑜
张　磊	李晨阳	张　羽	葛晨旭		

口腔医学专业 61人

朱坤姝	汤梓艳	柳星宇	刘　博	孙时雨	刘思民
韦　宁	范莹莹	马欣蓉	陈俊鹏	郑思源	邵玉子
刘子建	赵　昳	陈　鹏	陈延珑	蔡　博	毛思聪
黄国栋	赵泉泉	吴政达	王宇轩	郭燕宁	仇师禹
王程仪	易　科	李　敏	陈超伦	唐忠旺	毕丹丹
张梦宸	付盛禹	石宇彤	卢思成	仝雁行	张亦非
解　飞	毛雅晴	张凌云	张馨元	党鹏瑞	曹　沛
刁　婧	杨慧丽	杨雨卉	马雨琪	杨　帆	孙士伟
李红光	刘春晖	刘　建	蒋　博	张光宇	杨坤坤
黄豆豆	杨明媚	韦帝远	姜俊岐	梁世为	黄　燕
仲若情					

港澳台及留学生获得学士学位 55人

医学学士 55人

临床医学专业 44人

金载佑	金秀炯	朴钟宇	热吾亚	金荣秀	张智尧
海丝帕萨		杨子慧	李知垠	李俊泳	金刚辉
黄丽梅	王安然	郭宁丽	张笑苑	金旼奎	叶锦城
赖圣夫	曾松录	常皓然	柯享函	杨凯翔	张皓钧
张菡育	蓝尹骏	李乃中	孙仪芳	何宜蓁	黄仁泰
李夏珏	薛毓琦	陈奕蓁	陈建佑	黄泽韬	何妍君
朱小雅	艾伦娜哈尔	万代吕佳信	青山可奈	德林昇刚	
蓝嘉仪	何思錡	森本智惠子			

口腔医学专业 11人

李泛昔	申东周	娜迪拉	丁睿瑟	崔智圆	李周炫
吴昶容	裴晟宰	弗　林	林芳汝	徐婉真	

七、医学部2018年毕业、2019年授学士学位名单

药学专业3人（理学）

易向玺　宋佳芳　赵　帅

医学实验技术专业1人（理学）

翁嘉明

医学检验技术1人（理学）

仲笑民

公共卫生学院1人（医学）

郭一冰

八、医学部2018年结业、2019年换发毕业证书授予学位证书名单

本科结业换发毕业证书授予学位证书14人
（含春季毕业生1人）

药学专业3人（理学）

胡晰语　高嘉诚　刘雨曦

医学实验技术专业2人（理学）

阿勒法特·甫拉提　王嘉驰

护理学专业4人（理学）（含春季毕业生1人）

李清良　付廷敏　杨廷玉　郝鑫源（春季）

临床医学专业3人（医学）

周凌波　马志霄　王江山

临床医学专业2人（医学）（留学生）

赵善珠　姜到会

九、校本部获得双学位及辅修专业证书名单

校本部学生获得双学位证书651人

法学学士学位84人

国际政治专业21人

郭　煜	梁　爽	刘　贺	王　霄	邓晨予	付紫璇
郭砚浓	胡晓航	李欣然	罗延桢	牟春晖	曲翔前
同子怡	王福瑶	王劭轩	徐洁敏	章晗烨	张桐川
张泽钰	朱婷玉	肖克叶·阿不都沙拉木			

国际政治专业（国际政治经济学方向）19人

安　钰	郭珂信鑫	陈川东	代小雪	高永彤	
胡佳苑	林星辰	刘力文	刘雨晨	宋天耘	杨晶晶
杨依然	易冰清	詹文茜	张易芯	林爱霓（留）	
古丽纳扎·阿尔斯兰	努尔沙吾列·木拉里				

社会学专业40人

崔　汭	丰　峰	高　琰	高　孜	李　文	马　遥	
穆　钰	年　欣	王　茜	殷　玥	周　洁	朱　攀	
邹　泓	曹若晨	陈雅芳	陈怡昕	邓诗彦	冯一平	
郭成花	黄竹莎	姜若寒	郭玉瑶	兰起丽	李诗琪	
刘若石	罗孟晋	邵梦琪	谭安然	唐紫雷	王飞宇	

王嘉锐	王依娴	向嘉炜	向思琦	谢文媛	杨志松
于雅茹	张旭阳	章严心	朱志博		

外交学专业4人

何婧涵　刘安南　马成霞　于都敬文

管理学学士学位20人

工商管理专业（创新创业管理方向）20人

顾　蕴	李　研	刘　淦	王　庶	樊欣然	范月影
方宏怀	郭正蒙	黄新秩	焦易博	李旖旎	刘砚芳
卢梦婕	任行胜	桑雅芳	汤慧桢	魏凡粟	张程翔
张家港	钟萌之				

经济学学士学位314人

经济学专业314人

常　琛	陈　飞	陈　翔	陈　扬	陈　瑀	程　娜	
戴　茜	杜　青	冯　斌	高　恺	关　鑫	郭　锐	
何　琦	何　山	何　铮	胡　榕	胡　扬	黄　骁	
江　澜	姜　芸	康　朔	李　芬	李　蒙	李　妮	

李彤	林果	林玲	刘禹	卢赫	罗毅
马宁	马鑫	买玲	苗政	倪超	单晨
山冲	尚旸	施悦	舒心	宋洁	宋锴
苏楠	孙启	孙一	唐锐	汤鑫	田园
仝鑫	万婕	汪靖	王鹭	王宁	王骞
王润	魏啸	吴杰	徐元	杨帆	杨梦
杨琼	姚瑶	余璞	俞颖	曾辰	曾薇
张驰	张帆	赵帅	赵晔	郑韵	周珏
周蒙	邹佩	包思雨	毕嘉川	蔡兴瑞	常静之
陈瑾怡	陈美至	陈婉婷	陈鑫犇	陈雪瑶	陈艳艳
陈雅园	陈英嘉	陈颖婕	陈雨亭	程俊博	张竞元
池昱霖	党兴成	杜雨林	段长宇	范开歆	范天一
范子璞	冯晰睿	傅雪莺	傅泽雨	高田昊	高泽庆
谷昊昊	郭惠清	郭若垚	郭笑遥	郭新宇	韩雨泽
郝天泽	何丽琼	何愉棋	洪诗羽	胡慧迪	胡敬壹
胡昕阳	胡悦聪	黄家祺	黄凯欣	黄清清	黄若谷
黄禹铖	黄紫东	贾九鹏	贾士钊	蒋天骥	姜兆恒
靳宸楠	金意凯	金逸伦	金韵竹	井泽华	康欣悦
蓝添翼	李长鸿	李方闻	李瀚鸥	李昊林	李浩田
李皓宇	李嘉晖	李佳盈	李嘉钰	李京寰	李金洋
李克谦	李枚远	李孟泽	李润华	李陶源	李修颉
李宣孛	李颖妍	李泽坤	李照青	李志恒	李志远
梁定国	梁怀元	梁雯菁	梁旭琳	林浩茹	林嘉椿
刘嘉牧	刘静涵	刘立超	刘力帆	刘小源	刘汐雅
刘元洋	刘镇源	刘子靖	卢国军	卢寰港	罗兆勇
吕雪妍	吕晶磊	门吉越	牟林翰	倪成	倪羌顿
宁顺磊	潘志伟	濮心翼	齐飞翔	漆袁雯	邱承豪
丘光昱	饶诗杭	任子琪	荣赛波	邵依琳	申沁恺
申思杰	申茜茜	申子靖	石茂国	舒昱滔	宋楚涵
宋凯宏	宋天奇	孙静文	孙牧晨	孙若铭	孙思嘉
孙轶斌	孙永强	谭影子	唐慧伶	唐蔚萱	唐羽影
陶兴化	万紫荆	万子牧	王秉琰	王承玥	王嘉璐
王君菲	王琚媛	王牧遥	王瑞姣	王思远	王天骄
王天宇	王铁镇	王一萌	汪永祺	王元康	王宇迪
王钰涵	王子轩	王子璇	王子瑜	韦楚祎	魏雨辰
温宇璇	吴可婷	邬榄鸽	巫曼琳	吴琪瑶	吴天海
吴笑葳	吴雅珍	武于靖	夏润慧	向飞燕	项丽宇
肖红艳	谢一辰	徐瑞宇	许译文	徐怡怡	徐一臻
许有为	徐运铎	薛茌治	阎述辰	杨昌恒	杨海欣
杨梦茹	杨牧野	杨腾舜	杨天滢	杨运昌	杨泽琳
杨子傲	姚心宜	姚媛媛	尹秋实	尹元捷	尹泽尔
尹泽藩	于浩洋	于力军	于思颖	于脱颖	于筱涵
于曦彤	臧士豪	张泽宇	张丹丹	张恩萌	张冠鹏
张浩波	张浩源	张金铭	张黎雪	张萌萌	张朴正
张琪琪	张思源	张雯逌	张烨埕	张一舒	张又元
张宇诗	赵珂凝	赵修杰	郑钞月	郑江浩	郑树元

钟林睿　钟思远　仲子奇　周炜杰　周裕康　周子其
周梓贤　朱鼎天　庄思腾　邹钰淇　林刘子轩　刘王雨竹　金秀珍（留）　彭一沁（留）

理学学士学位 151 人

电子信息科学与技术专业 1 人

李坤宜

计算机科学与技术专业 34 人

常辰	费渝	胡昊	李博	刘博	庞骁
王天阳	磊周哲	岑诗聪	车尚锟	郭晓波	
李华成	林基鹏	林殷年	刘浚哲	刘熙来	龙上邦
潘学海	秦光辉	宋恒睿	王春萌	汪子龙	许嘉琪
杨靖锋	曾嘉熙	张海翔	张剑尧	章文杰	张文杰
赵朝熠	赵今超	朱金顺	庄煜洲		

数学与应用数学专业 56 人

贝曙	郭奕	姜峰	刘阳	陆易	孙磊
吴坤	项凯	肖静	许瑒	赵楠	资治
暴嘉伟	杜佳宸	胡一了	黄苏荣	金婉婷	冷文浩
李可佳	李一铭	林子阳	刘城君	刘泰德	刘志成
龙小鹏	马梓众	梅文彬	梅邑凯	梅一伦	孟舜英
彭子琛	秦文涛	史雅菲	孙靖渊	唐佳奕	唐思勋
王博宇	王鹿笛	王梦宇	王依琛	王一凡	王一凡
王子奕	魏文晗	吴蕊婵	吴涵卿	邬紫荆	谢方岩
谢灏宸	颜康平	杨婧琳	杨羽桥	张瑞祺	张语砚
赵芸笛	张李佳琦				

物理学专业 6 人

方美琛	李泽昊	孙晨曦	孙永樾	张通烜	郑鸿图

心理学专业 54 人

何佳	黄婕	刘威	刘竹	裴蕾	张磊
张琳	赵婧	蔡晶潼	陈方舟	陈子恒	崔竞蒙
顾逸凡	郭师琛	何芷桐	黄冠群	贾国赓	姜梓玥
柯宇琦	李明疃	李泽新	廖丝丝	林益浩	刘明月
刘雪婷	刘智昕	龙应婕	母尚帆	任行斯	史俊杰
苏逸凡	孙小艺	孙忠鹏	谈嘉程	滕郁骏	王含泊
王珮琳	王瑞瑶	王心茹	王一杰	夏义杰	谢雨晨
杨焕州	杨舒雅	尹晨桥	游以琳	喻恩帅	曾子安
张宏毅	张雅迪	张一飞	赵一辙	诸宇灵	朱宇昕

历史学学士学位 16 人

历史学专业 16 人

黄谦	唐颂	陶锐	王明	蔡子孚	方先君
黄舒颖	蒋天若	马露戈	潘依桐	孙笑涵	万姝颖
王芷晨	张碧凝	张林枫	张沙洲		

文学学士学位 25 人

汉语言文学专业 25 人

邓 翀	倪 凡	曹雨婷	陈安琪	陈怡鑫	陈子昂
黄彬彬	蒋乐来	蒋正平	金安琪	李毓琦	刘高辰
马静雅	马瑞婕	梅玮凌	瞿璐茜	舒卜粉	苏克凡
王若愚	王文笛	吴雪琪	辛天屹	杨致东	张芷瑶
朱钧霞					

艺术学学士学位 23 人

艺术史论专业 23 人

陈 敏	崔 妍	韩 素	李 睿	李 睿	王 越
周 彬	陈晓雪	郭菁璞	郝正洋	雷亚倩	李蕙桐
李子尧	刘柄辛	善禹菁	孙浩轩	孙兆昕	田欣欣
王一帆	余颢凡	赵奕清	周艾琳	周凯悦	

哲学学士学位 18 人

哲学专业 18 人

戴 正	梁 硕	张 琨	蔡振豪	岑宇凡	赵洛仪
孔煜也	刘格良	刘家辰	覃芬芬	宋思宇	宋竹青
孙一先	张曦月	张中艺	赵晨蓉	郑行飞	代丽娜
（留）					

早稻田大学项目获得双学位证书 15 人

法学学士学位 15 人

国际政治专业 15 人

崔有利	林仁阳	松村伸皓	植野亚纪	张弼圭
小畑莉央	李嘉琳	叶倩希	金主荣	高松谅辅	颜 沁
渡辺愛理	佐佐木祐輔	布川光太朗	加川美由纪	

外校学生在校本部获得双学位证书 178 人

经济学学士学位 178 人

经济学专业 178 人

卜 澜	陈 驰	陈 富	陈 璐	陈 旭	邓 妍
窦 珊	杜 涵	范 越	费 凡	冯 帅	胡 冰
黄 婕	籍 婷	雷 成	李 凯	林 坚	林 啸
林 哲	柳 兴	陆 淦	罗 璁	罗 震	吕 良
米 垚	米 艺	庞 博	乔 岩	乔 宇	秦 扬
沈 睿	王 瀚	王 楠	王 睿	徐 尧	晏 忻
杨 典	杨 棋	杨 琪	杨 洋	雍 容	曾 渡
张 淼	张 谦	张 宇	赵 雷	赵 昢	周 宸
朱 誉	朱 煜	邹 昀	巴光明	白雪峰	曹露之
曹纵恒	陈贝尔	陈楚天	陈丹瑶	陈昊宁	陈弘毅
陈家煊	陈璐怡	陈凝画	陈星辰	陈圆圆	陈愉心
陈正昕	丁亚飞	董青青	范汪洋	高苏浩	耿婉妤
龚欢欢	何宇南	黄晓丹	黄艺璇	贾世琪	贾正阳
焦烨冷	李歌鱼	李金甲	李陆屿	李双杉	李司棋
李志炜	梁嘉祺	梁卓一	廖星晔	林毓灵	刘芳辛
刘子昊	娄嘉亮	鲁童童	鲁轶帆	卢勇霏	栾睿安
罗家辉	吕瑾瑾	马迪馨	马浩平	马驯牧	茅耘恺
孟云豪	穆天宇	倪冬培	聂琢宇	潘昱树	朴子悦
普传玺	任思宇	时逸龄	宋丹龄	宋佳文	孙艺璇
孙裔煜	唐瑞辰	唐雨辰	陶乐珊	田林矗	王晨昱
王丹媛	王嘉成	王纪斐	汪俊莉	王零点	王美睿
王天懿	王文超	王文诗	王馨格	王彦哲	魏卓群
文浩楠	吴东璇	伍绍文	兀宇宸	熊冠铭	徐华韫
许潇男	徐玄同	许语涵	徐之茵	徐支勇	薛嘉顺
薛俊琦	严如岩	杨鹤达	杨嘉夷	杨锦栋	杨欣淳
杨雁泽	杨永刚	姚子安	于熙民	曾禹童	曾梓健
詹璐宇	张冰清	张寒堤	张佳龄	仉健维	张金月
张铭芳	张琦颖	张文皓	张潇菡	张雨晴	张子萱
赵一潇	郑凯元	郑筱星	周睿哲	周晓莉	周玥琪
朱浩灵	朱江婧	胡正肇东	欧阳思越		

校本部学生获得辅修专业证书 117 人

波斯语专业 2 人

白林飞	姚立彬

大气科学专业 1 人

顾洪良

德语专业 4 人

倪范晶	鄢予晨	刘 聪	刘明希

法学专业 2 人

袁清晗	肖韦俐

法语专业 1 人

陈一杭

工商管理专业（创新创业管理方向）4 人

魏舒忆	杜心悦	戴哲瑜	何斯哲

国际政治专业 5 人

赵欣月	张淑雅	陈欣宇	纪景闻	罗易煊

国际政治专业（国际政治经济学方向）1 人

胡 昊

汉语言文学专业 11 人

刘林让	崔 潇	杨 茜	黄 凯	田淑慧	张云帆
周一帆	刘珂昕	徐政豪	陈立雪	祝一帆	

计算机科学与技术专业 7 人

张劲哲	刘 茁	孙 萌	姜 聪	杨纪翔	孔令宇

武夷山

乐凌坤　高梧桐

经济学专业30人

王刚华　岑天翔　张元玮　龙吉昊　黄　鑫　徐敬旭
张亦依　樊浩雪　刘二源　陈中柱　林茵琪　王嘉鑫
王艺楠　周康杰　李子沛　戎　燕　郑　昭　俞伯勋
张嘉倩　胡圣懿　柯彦楚　魏麟懿　苏文霖　吴家伟
张　良　许慧娟　王子蔓　徐元正　刘　昊　孔淑媛

土耳其语专业1人

于子轩

文物与博物馆学专业1人

唐冬冬

物理学专业2人

祝苡钦　张建宁

历史学专业5人

罗　倩　姚思嘉　张　哲　王昀之　周思阳

心理学专业15人

叶唯简　梁璐琪　李婧宇　贾　祎　赖雨琦　王召平
刘葭蔚　陈秀雨　朱家祺　赖　瑛　刘堂兴　张　晗
罗林瑶　张慧中　曹之炯

社会学专业9人

詹佳佳　章俊峰　纪若楠　张煜雪　葛思嘉　冯艳丽
何汕杉　彭雨溶　黄　直

艺术史论专业8人

郭兆祺　尼艾含　曾子轩　吴尚泽　刘　夏　赵新玉
乔　越　周　孟

数学与应用数学专业8人

汪　煜　吴明琨　孙雨辰　言浩雄　王　中　齐　雯

十、医学部学生在校本部获得双学位及辅修专业证书名单

医学部学生获得双学位证书117人

管理学学士学位7人

工商管理专业（创新创业管理方向）7人

陈　曦　李君禹　李心怡　徐婉真　闫凤玲　张乘瑞
张靓囡

经济学学士学位64人

经济学专业64人

安　童　柏　林　戴　心　方　喆　黄　涛　李　伟
林　川　孙　言　王　迪　王　贺　卫　晟　温　悦
吴　俣　杨　鹏　杨　晔　杨　玥　于　淼　张　鹏
张　轩　张　莹　赵　映　蔡思娜　陈梅芳　成羽溪
褚丹彤　付君君　顾晴晴　郭相孚　郭雪媛　郭英男
郭昱辰　侯云飞　蒋绍垟　寇磊鹏　赖俊勇　来晓真
李锴森　李丽丽　梁世为　刘晓莺　刘艳华　罗震寰
马珂楠　马雨佳　倪秉泽　邱志维　邵玉子　谭琳致
王文豪　王紫荆　熊剑亮　徐金辉　杨子瑶　姚秋琦
姚晓莹　余海洋　展恩盛　张阿伟　张春峰　张文楼
张文馨　张雅慧　张玉莹　周金燕

理学学士学位33人

生物科学专业2人

秦朝霞　王悦含

数学与应用数学专业10人

郭　琪　娄　珂　欧　凯　全　葳　孔大明　刘雪晴
莫云辉　钱开焕　王鑫培　张兆君

心理学专业21人

曹　沛　龚　晨　魏　佳　周　川　毕丹丹　陈伟彬
高晓莹　高雅晴　彭雅婧　邱孙伟　宋沁峰　孙名帅
涂心宇　王承夏　王迦南　闫海江　杨俏寒　袁艺琳
张晗玛　张琳若　赵世稳

历史学学士学位4人

历史学专业4人

刘　轲　彭　喆　王子翼　吴培鑫

文学学士学位6人

汉语言文学专业6人

王　实　谌宣萦　梁朝朝　汤梓艳　王宗斌　赵晨旭

艺术学学士学位 1 人

艺术史论专业 1 人

张思源

哲学学士学位 2 人

哲学专业 2 人

毕可言　陆思萌

医学部学生获得辅修专业证书 15 人

德语专业 1 人

李夏珏

工商管理专业（创新创业管理方向）1 人

胥切实

汉语言文学专业 1 人

冯　峥

经济学专业 4 人

陆亦凡　丁旭阳　杜　康　汤　然

数学与应用数学专业 2 人

张博文　李颜行

心理学专业 3 人

王　静　万　朵　李梦诗

艺术史论专业 2 人

姚雯艳　梅楚楚

哲学专业 1 人

李晨阳

（教务部）

研究生毕业生名单

毕业硕士生名单

数学科学学院

张津纬	安　捷	白　成	鲍逸明	蔡少刚	陈光达
陈　舒	陈树强	陈颖祥	程　威	程亚楠	丛　明
崔词茗	戴明卓	刁炜宗	董佶圣	杜　燕	段资政
范佳琪	丰海娇	葛语辰	郭彤斌	何　瑶	何育泽
贺　笑	黄俊强	姬世龙	冀元祎	季　康	季怡轩
江景星	解　禹	金霓莹	靳晓锟	康　展	柯霈宗
李成茹	李梦阳	李　晴	李润冬	李文宇	李欣月
李星一	李晟骞	林　舟	留方圆	刘　静	刘壮苏
鲁　惜	陆　畅	罗承尧	马金灵	马贤忠	毛禾津
孟令宇	米泽一	戚　鲁	邱子源	商栗源	施炜琛
史径宇	宋　雷	宋晟哲	苏华杰	苏启舟	陶政为
陶钰婷	王海燕	王竞飞	王　宁	王　顺	王文成
王业隆	王　瞻	王志浩	韦思源	文国均	文习聪
吴京风	吴泽剑	吴轶凡	夏润禾	谢广增	熊庆伟
徐鹤元	徐子豪	薛苗苗	薛庆源	杨一凡	杨恺灵
叶金阳	叶黎扬	游臻俊	曾文欢	曾雯琦	张吉祥
张鹏浩	张志洋	张　琦	张　骞	赵贤承	赵　霄
赵一懋	郑迪文	周　超	周劲佚	周一寒	周誉轩
朱枫怡	朱湘疆	朱玮之			

物理学院

常叶笛	成俊彦	程　威	程　倩	丁思远	高　鑫
耿一方	郭　坦	黄恒丰	黄　可	蒋　进	蒋　颖
金　晗	李成财	李　娟	李　昆	李　鑫	梁玉冰
吕　方	庞　画	齐　昕	秦利青	邱远航	任晓晨
邵珠印	沈巧蓉	宋瀚法	田东阁	王成功	王越昊
谢静雅	徐建宁	徐　越	严嘉欢	张　岩	周思中
朱　宁	邹思琳				

化学与分子工程学院

陈奕宸	丁　缙	郭　萌	郭一江	李幸晓	林志茂
刘　慧	王　波	王　帆	魏文琦	吴超强	吴凯阁
徐雪雯	姚拯民	张语非			

生命科学学院

陈佩双	戴　玉	黄　莉	李晨煜	刘青莉	刘若愚
牟　平	邱叶婷	谭一敏	王丽霞	杨威威	

地球与空间科学学院

曹醒春	陈　宁	陈逸然	陈子豪	陈瑷瑷	陈　曦
程思雨	崔家梁	邓　迪	翟　尚	丁　杨	董智开
段杰雄	方　鹏	郭明珠	何世闯	胡安冬	胡兴帮
黄天立	江家翔	柯元楚	李　阳	李昊远	栗　进
梁世文	林士扬	刘　聪	刘丽萍	柳政甫	隆松伯
马　博	马金保	马雨轩	潘相茹	庞　磊	庞　姗
祁艳琳	曲华祥	石思思	宋文天	苏　颖	苏　悦
孙嘉玉	孙曼仪	孙　熠	田崇瑞	田　罡	汪子豪

王鸿钧	王剑男	王 雪	王 雨	王雨菡	魏鸿江	孔 欣	孔 姝	冷 睿	李艾宇	李 昂	李百川
吴桐雯	吴晓瑜	央金拉姆	杨金璇	杨 牧	叶诗婷	李 斌	李长松	李朝阳	李传约	李 丹	李 丹
易 超	于芳博	袁 辉	展恩鹏	张梦琪	张 敏	李 赫	李红艳	李 惠	李京航	李林松	李 玲
张晓瑞	张婧雯	张 璐	赵华宇	郑晓岚	周佳安	李茂林	李梦尧	李孟霖	李 敏	李宁静	李蓉蓉
周子闵	朱 翀	庄育龙	邹 琳	訾力文		李荣芳	李少斐	李世妲	李 硕	李思伟	李素琛

心理与认知科学学院

						李王昊	李文成	李欣怡	李雪超	李岩峰	李依柔
陈 昕	高美琪	高朋飞	高 远	顾思义	黄 燕	李泳臻	李悦宁	李至哲	李智超	李 倩	李懿芯
蒋雨蒙	郎峻嵩	李丹阳	李红霞	李 蔚	林雪芳	李 婷	李昊星	李炜双	李炜钊	李雯青	栗中夏
娄宇阁	马雨菲	茅 静	孟爽爽	聂玉秀	邵小芳	梁 超	梁名潞	廖立伟	林旻仪	林冰洁	林 栋
史 超	田 园	万英琦	汪诗雨	王恩喆	王君妍	林恩加	林静露	林亮宏	林蔚澜	林耀壕	林有成
王梦静	王子轩	王 婧	王 瑾	吴安妮	吴 娇	林 宇	林子暐	林坻溯	刘 波	刘 畅	刘 畅
徐 畅	徐妍芝	徐 烨	许天怡	宣 哲	杨 森	刘 聪	刘代夏	刘红君	刘静薇	刘峻榜	刘 坤
姚 琳	尤莹蕾	于笑晗	张春琳	张又文	赵雪蓉	刘丽燕	刘 露	刘玫燚	刘沫含	刘年晏	刘 鹏
周 莉						刘 奇	刘奇彧	刘柔佳	刘世昀	刘 顺	刘伟伟

软件与微电子学院

						刘文航	刘文瑜	刘 璨	刘晓娟	刘 笑	刘依红
刘芳如	刘家瑞	艾天翔	白沁捷	包 珍	鲍居栋	刘永才	刘振海	刘 璨	刘 楠	刘 鑫	卢晓蕊
卜宏哲	才 卓	蔡佩莲	蔡宜君	曹 干	曹 杰	卢怡彤	鲁南南	陆 睿	吕简曼	罗 琳	罗天炎
曹景舒	曹 硕	曹晓鹏	曹 笑	曹莹莹	常蔓文	罗 夕	罗 茜	罗 昶	骆雪梦	麻艺龙	马秉林
常志勇	常瀛修	陈大晟	陈浩良	陈吉恩	陈嘉钰	马 菲	马慧芳	马 涛	马彦新	马勇强	马 越
陈佳欢	陈建烽	陈建国	陈 杰	陈洁婧	陈君陶	马云飞	马忠灿	毛志来	梅鹏翔	孟 江	孟 亮
陈莉琛	陈敏龙	陈 鹏	陈启航	陈若男	陈少波	孟学成	孟映彤	欧阳旭峰	潘 东	潘志鹏	庞恩桐
陈 思	陈 涛	陈腾飞	陈为通	陈 伟	陈 详	彭嘉琦	彭 凯	彭 鹏	彭一宁	蒲中柱	齐荣锋
陈晓言	陈绪武	陈叶菱	陈永刚	陈则吾	陈子璐	莊雅茹	钱 康	钱欣彤	钱旖昕	乔思渊	秦米佳
陈 陟	陈 曦	陈钗平	成相翼	成卓颖	程 磊	邱俐嘉	邱文锐	邱永涓	渠远航	葉幸蓁	任星彰
程如莹	程霄霄	程晓雪	程 遥	迟 鑫	储碧野	任一丹	荣 岩	阮伟豪	阮 羽	邵思豪	邵 楠
崔凯媛	崔保全	崔丽珺	崔 泽	崔 昭	崔 璇	申 浩	沈佳羽	沈文权	沈懿馨	师超群	施成铭
崔璐莹	戴鹏程	戴 维	戴欣怡	戴 兴	邓春纲	施 展	石 鹏	史楚玉	司兵见	宋瑞雪	宋伟博
邓慧兰	邓 娟	邓 翀	邓 松	邓文涛	邓雅妮	宋文平	宋育真	宋 瑜	宋梓源	苏丽丽	孙高峰
丁博森	丁 丁	丁明媚	丁 雪	董 纪	董凌宇	孙 浩	孙华东	孙金成	孙康健	孙仁和	孙 武
杜思源	杜鹰鹏	樊 彬	樊家均	樊绪新	范英杰	孙岩峰	孙艳峰	孙泽远	谭述江	谈家桐	唐伟菁
方 帅	方 顺	房雅琪	冯 超	冯琳钦	冯小飞	唐荷茗	唐继婷	唐嘉阳	唐亚丽	唐 阳	田佳林
冯 叶	冯 政	傅傑伟	付 彧	付 强	高 佳	田永生	田志伟	屠少辉	汪楚楠	汪晓敏	汪宣民
高佳仪	高雷雷	高明秀	高 蓉	高天放	高星露	汪岱翎	王 喆	王柄焱	王 辰	王 丹	王 东
高 雅	高正坤	高丕基	葛 强	龚安琪	龚姚华	王 峰	王风军	王赫楠	王宏玉	王家旂	王健雄
勾 娜	顾 静	顾尚真	关斯琪	郭才高	郭海峰	王 杰	王 凯	王 凯	王 澜	王丽君	王曼蕾
郭佳雨	郭 柳	郭梦溪	郭梦瑾	郭雨琦	郭禹呈	王孟彦	王培建	王 然	王舒杰	王 帅	王顺龙
郭羽健	郭振宇	郭子扬	郭 媛	郭 楠	国林旗	王思敏	王 滔	王文华	王晓天	王学斌	王 雪
韩金泽	韩 凌	韩 勤	郝昊天	何伟豪	何寒松	王艺奇	王意涵	王 谊	王 颖	王远博	王 越
何建欣	何 苏	何学渊	何一江	何跃江	何中艺	王泽楷	王哲强	王 震	王志鹏	王 怡	王怡听
何 晗	何 睿	洪于翔	侯博文	侯 哲	呼延伟	王 骞	王旌鸣	王韫茹	王 淼	王 霁	魏永川
胡 彬	胡盖蕾	胡浩然	胡 木	胡弦和	胡勇硕	温雪琦	吴 超	吴 超	吴 迪	吴凡晰	吴 琅
胡 昭	黄淀一	黄郭钰慧	黄国智	黄浩洋	黄 黎	吴美希	吴冉洪	吴同娟	吴学根	吴 垠	武俍俍
黄莉莹	黄梦龙	黄 卿	黄贤亮	黄艳清	黄子鑫	武林森	武文嘉	武晓笛	席冠宇	夏春雨	夏丹伟
黄祖勇	黄 茗	黄菁菁	黄煜楠	惠 桐	霍 栋	夏海蛟	夏一帆	肖勋星	肖 聪	肖 晶	谢锐华
季中国	贾士轩	姜栋煜	江 欢	江皓妍	焦诗雨	谢铠泽	辛令苋	邢 亮	熊小龙	徐程颖	徐大健
金 戈	金雨晴	金宇杰	孔冠男	孔令凯	孔令云	徐加成	徐 蕾	徐胜伟	徐思文	徐 伟	徐新坤

徐阳阳	徐 璐	许冬容	许繁华	许方圆	许玲溪
薛 晨	薛明轩	严 浩	杨爱萍	杨北锋	杨 斌
杨道新	杨芳芳	杨海辉	杨海库	杨竞川	杨 康
杨 娜	杨 珊	杨少雄	杨深宁	杨士乃	杨舒涵
杨文明	杨贤亮	杨 霄	杨亚杰	杨艺帆	杨 勇
杨雨萌	杨 越	杨云龙	杨瀚文	杨姗姗	杨 媛
杨楠楠	杨晟昱	杨 睿	姚毅旭	姚 莹	叶可语
叶晓亮	叶 艺	叶 颢	尹梦佳	尹鹏辉	尹 迁
尹 强	尹 青	尹琦玮	应镓娴	游朝先	于士林
余 佩	余 甜	余晓飞	余星星	俞佳琪	喻 聪
喻 凯	袁美佑佑	袁熙昊	袁晓芳	袁 准	曾广轩
曾 豪	曾文天	詹 悦	章金伟	张 珺	张 艾
张博达	张 成	张春波	张 聪	张 飞	张 峰
张航旗	张会茹	张 娇	张晋熙	张 静	张 靖
张丽颖	张莲新	张 末	张普胜	张 森	张 威
张 伟	张文杰	张晓珊	张晓勇	张晓晗	张孝荣
张 笑	张心彧	张旭东	张雅娴	张艺芸	张义日
张永斌	张 远	张 越	张曾颖	张治邦	张忠萌
张 琢	张 茜	张 薇	张怡慧	张汶琳	张 瑾
张楠凌	张煊茉	张 鑫	赵宝莹	赵才慧	赵 健
赵 杰	赵骏威	赵 亮	赵仕琪	赵司琪	赵无为
赵银楼	赵玉菲	赵志龙	赵仲谋	赵奕明	赵昱昊
赵 鑫	郑敏宏	郑晓东	郑娴琦	钟 威	钟 琦
仲 原	周大川	周建新	周 望	周 艺	周益明
周子怡	周宗奎	周 璇	朱 丹	朱丹彤	朱虹如
朱家欣	朱泉树	朱文玉	朱 旭	朱亚卓	朱志蒙
朱怡蓓	朱淞鹤	朱煜东	邹雨哲	邹鑫佳	祖少磊
左超军	左亚飞	左 岩	蔺志虹	闫思宇	陈俊翰
陈俊同	陈世杰	陈宣蓉	陈昱钧	陈 颐	晏梓航
颜崎展	窦 健	窦 蕾	黄执轩	黄培谕	黄沛瑄
黄戎歆	黄子轩				

新闻与传播学院

安虹璇	安孟瑶	白晨雨	白春阳	蔡雨昕	曹雪盟
陈之殷	陈薇依	邓陈晖	邓玉成	邓泽苗	费迪丹诺
符夏菁	高 乔	关媛欣	何 靖	胡慧民	胡晓妍
黄瑞婷	黄萧玮	霍佳仪	简 萌	金 巾	冷君晓
李祎璇	李松晓	李 田	李维维	李 洋	李 彰
李智宇	李 怡	李璐瑶	凌 晨	刘 晨	刘 华
刘明霞	刘 润	刘欣越	刘巳粲	吕安琪	马 婷
毛殷平	娜 仁	彭予阳	皮家璇	任惠颖	盛 茜
石诗语	孙一鸣	孙珂剑	唐国俊	王栢荣	王小婷
王怡然	王 琪	翁晓敏	吴佳秋	吴燕霞	吴 颖
肖 杰	谢 莹	杨红琳	杨若尘	杨紫晨	虞 悦
曾赋策荀	曾子秦	张 虹	张 欢	张金磊	张萌秋
张润芝	张 维	张雪明	张馨予	赵静贤	赵莹莹
郑深宇	周 武	朱盈臻	同绍琪	闫 皓	陈晓婷

中国语言文学系

卢仕融	柴向荣	陈佳源	陈启远	陈汝嫣	陈天如
陈 斓	迟婧伊	董凌云	冯天禹	高树伟	高着原
耿星河	郭天骄	何诗航	何静宜	贺同越	胡玉洁
华天韵	黄泽禹	姜秋实	金 鸽	鞠 晨	柯丽珍
黎彦彤	李 昂	李慧文	李 晶	李梦一	李 齐
李润楠	李 泽	李煜哲	林 智	刘美惠	刘欣佩
刘以宁	刘雯昕	柳 敏	楼安娜	陆秋霞	马竟轩
马英杰	马睿启	毛静静	欧阳炽玉	裴晓倩	钱墨痕
秦雪莹	任珊珊	沈彦廷	施 朝	施美均	石 筝
宋佳音	苏 航	孙凯亮	唐枭雄	田 彤	田雨鑫
汪静之	王方元	王宏伟	王佳明	王 景	王 威
王 希	王誉瑾	王 璐	王睿妍	武姝言	夏 寅
夏琛斌	肖羽彤	邢玉丹	徐子兴	许 婷	严 玮
杨 光	杨 柳	杨一多	杨 月	杨子涵	杨蕙璇
袁乐琼	袁苗苗	岳 湘	曾笑盈	张含章	张鹤天
张华烨	张梦溪	张铭益	张清莹	张夏妍	张小芳
赵月月	周 磊	周昱均	周祺超	邹 翔	缪 颖
陈姵颖	黄康瑄				

历史学系

杨绍廷	车永全	陈 功	陈祥军	戴 震	邓 成
樊丽媛	何晓歌	季琳超	贾月洋	李嘉年	李 墨
李 帅	李莹萌	李姝凝	刘芳滢	刘 俊	刘 媛
米丁一	孙沐乔	王丹妮	王梦醒	王 莹	袁國是
章 程	张佳宁	张子悦	赵超洋	仲 琼	竹 君
陈志文	陈紫津	陆宏广	滕 菲		

考古文博学院

陈天民	程独伊	崔恺祎	戴 伟	高顺峨	耿 茜
郭美玲	巨洒洒	李可言	李萌慧	李艳红	李艳江
刘一楠	马仁杰	任林梅	任亚飞	童瑞雪	王加点
王 源	向桐葳	张乐城	张元阳	赵 毓	郑 婧
周思言	周雪琪	周振家	邹冠男		

哲学系

阿思汗	蔡震宇	常美美	陈静仪	陈晗倩	程 翔
次旦卓嘎	方静芝	付安琪	付思雨	高晓梦	高 源
关祥睿	黄雯睿	李 杰	李培炜	李易雨簏	李照阳
刘东奇	刘福平	刘慧珉	刘 默	刘元慧	马天威
孟·明清	彭宇航	邵 风	施林青	孙文奇	汪 康
汪瑞原	王 娇	王少川	王 淇	吴 娱	肖 京
邢启磊	徐 军	薛雄星	姚思羽	张 璟	张 帅
张晓天	张小雨	张 易	张 怡	赵文涛	郑志清
仲 威	朱子建	闫 磊			

国际关系学院

安泓波	毕蔚兰	蔡智富	陈楚珂	陈俊民	承丽娟
池广杰	崔淑平	崔 益	邓国亮	丁文婷	丁 艺
丁 瑾	段 勇	付 越	戈佩玉	龚若菡	韩 泽

何宛玲 何昊 贺烈熙 胡金妍 靳高灿 康朴 邓玲玲 邓霞 邓颖 邓婕 邓玮 邓晖
匡明 拉海荣 冷慧宁 李昺辰 李浚菡 李琳 翟耀 丁波 丁琳 丁兆强 丁焱 董国伟
李祥飞 李孝效 李欣达 李依菲 李婷 连晨超 董建斌 董青 董萧萧 董毅 董哲 董昊天
林旻舜 林守昱 刘晨 刘雷蕾 刘思雨 刘伟 董昱 杜都 杜杉杉 杜胜楠 杜巍 樊启瑞
刘婧涵 刘媛 陆宁波 罗振玲 马逸凡 毛思源 范博 范围 范欣欣 范衍铭 方芳 冯迪砂
梅景瑄 慕晟 潘文悦 上官瑶婷 尚斐 施蒙 冯富燊 冯顾言 冯雷 冯立峰 冯涛 冯旭辉
石涛 苏靖然 孙冰 孙思洋 索梦圆 汤晓路 冯羽 冯倩倩 冯琰琰 冯昊 傅娟 傅义东
王嘉成 王晴 王皓淼 魏瑶 温晗静 欣芷如 付强 付文奇 付旭辉 甘晓晨 高登科 高京悦
邢思儒 熊珮雯 许学人 薛雅文 杨丹妮 杨都乐 高静 高丽烨 高瑞翎 高尚 高颂滨 高天
杨柳 杨柳 杨诗涵 杨炎哲 于舒婷 曾繁强 高文娟 高扬 高一丹 高永胜 官一肖 官颖欣
张力今 张硕 张思 张纤 张晓伟 张宇珺 谷畅 顾李 顾婵娟 顾瑜 关飞 关静
张宇轩 张志豪 张婷鸽 朱晓凡 朱雅兰 朱镇 郭超凡 郭峰 郭克珩 郭上华 郭祥 郭亚
赖涵郁 负晓 陈家乐 郭岩 郭阳 郭照阳 郭雯 国然 韩啸
韩兴宇 韩阳 郝城 郝鹏飞 郝震宏 何方竹

经济学院

杨竣凯 曹毓倍 常靖蕾 常一帆 陈富 陈伟 何家威 何杰 何林森 何勇 何真 赫彬彬
陈阳 陈云言 陈宸 程云凯 崔榕 邓博文 洪焕新 侯飞 侯雁 胡超逸 胡海波 胡健
翟延杰 丁雪瑜 董明志 董靓钰 杜雨辰 杜震啸 胡建江 胡玲玲 胡邵洪 胡颖 黄波 黄不群
冯金涛 冯钰宸 高子涵 官博 韩畅 洪家平 黄迪龙 黄海 黄红伟 黄华 黄兰 黄莉莉
胡超 黄诗婷 黄睿之 姜彦文 金家骅 金元培 黄良 黄洽 黄士冯 黄思桦 黄振华 黄佼
康恒溢 康立昌 李柄灏 李冠儒 李汉文 李梦 黄玮心 霍昌英 吉祥 籍明 纪铭 贾璇
李雪娇 李昊颖 廖戈 林思思 刘畅 刘思缇 姜平 姜申瑶 姜天予 江东来 江丽 江霖
刘伟 刘亚方 刘元浩 刘志睿 刘婕 娄小宇 蒋海军 蒋南 焦一桐 金海龙 金剑 金玲
鲁芫蔚 吕瑞石 吕沭阳 罗晓萌 孟令宜 宁可 金昱良 靳羽翔 景群平 康艳琪 柯阳 孔文瑾
欧铭浩 潘淑蓓 潘煜涵 蒲天瑞 乔翌 施艺 寇显强 匡小尝 赖思斯 赖思宇 赖灏敏 兰峥
宋曼嘉 苏敏 粟梓威 隋诗华 孙然 孙曦晗 雷声 雷双霜 雷雨佳 雷霆 黎星辰 黎昀
谭伊静 唐晨 田野 田淦 汪文正 王宏 李斌 李承运 李春苗 李道裕 李德华 李东琪
王丽娜 王娜娜 王然 王申 王小溪 王倩 李函 李汉 李华 李华洋 李化南 李佳
王楠 魏辰皓 文川 吴嘉卿 吴鹿其 吴思萱 李建龙 李进 李晶 李军 李乐 李立杰
吴兴圣 吴岩 肖迪 杨海盟 杨浩明 杨静怡 李柳 李枚涓 李梦萍 李明远 李木平 李木子
杨天伊 杨雅苇 杨洋 杨紫涵 姚栋梁 叶怡君 李娜 李全印 李冉冉 李森森 李尚宸 李少林
于富元 袁世吉 曾伟盈 章释启 张帆 张慧琳 李少伟 李士强 李世权 李世瑶 李顺达 李望
张沛阳 张士奇 赵康辰 周盼 周泽雨 周晟 李伟 李文昊 李伍波 李夏芊 李小明 李选举
朱倩瑜 庄雄伟 李艳琳 李艳艳 李彦波 李仪 李义民 李渝勤

光华管理学院

李宇 李悦 李子晗 李宗儒 李芊竹 李姗姗
李瑾 李璇 李晖 李曦纳 连旭 连依夏
刘曜宗 吴雁翔 吕翊甫 安岚 白安琪 柏莲 梁晨 梁帆 梁晋仲 梁琼 梁勇 梁子凌
鲍雷 毕士鑫 卜松涛 蔡迪 蔡国明 蔡贞慧 梁姝怡 梁靓 林承伟 林佳佳 林康 林政弘
蔡潇毅 曹若莹 曹彦雁 曹智 柴达目 柴欣欣 林睿 刘晨曦 刘方亮 刘峰 刘凤江 刘宏钧
常唤唤 常江 常雅玲 陈芬 陈竑 陈华 刘欢 刘吉宁 刘健 刘建文 刘江 刘解语
陈慧晔 陈剑寒 陈捷 陈敬强 陈立群 陈立洲 刘金科 刘峻豪 刘骏 刘乐乐 刘磊 刘磊
陈亮 陈麦琪 陈娜 陈启显 陈青青 陈升 刘丽丹 刘凌玫 刘敏 刘沛沛 刘强 刘全胜
陈伟 陈伟广 陈卫 陈晓亮 陈欣 陈欣 刘世杰 刘彤 刘伟 刘武斌 刘夕黎 刘向军
陈宣男 陈永 陈瞻 陈宗彦 陈茜 陈瑜雯 刘晓丽 刘晓岚 刘小齐 刘兴鹏 刘岩锋 刘毅
陈梓 陈铁群 陈铎 成长征 成菲 成旭东 刘莹 刘永光 刘雨鑫 刘宇昕 刘子逸 刘子攸
成晟 程锋 程杰 程育梅 迟乃秋 仇青 刘芊妤 刘婧滢 刘瑾 刘睿 芦朝晖 卢昱周
丛溢明 崔洪斌 崔继邦 崔凯 崔丽菲 崔锐 路明 鹿博 禄丹 陆梅 陆美娇 陆阳
崔欣爽 崔玉盈 戴浩羽 戴明阳 单长东 党乐兵

吕沘璇	吕 超	吕纯凯	吕维瑛	罗川艺	罗 聪	杨雅欣	杨 彦	杨 洋	杨雨豪	杨轶彬	阳丽娟
罗实冲	罗伟伟	罗 杨	罗雨杭	马斌斌	马 坚	姚 禹	要龙飞	叶安娜	叶耀文	叶 婧	易 酿
马 捷	马 林	马 明	马 宁	马树立	马双驰	殷天文	殷 越	尹 芳	尹治国	尤抒忱	游 弋
马 威	马玉刚	马 懿	马妍雪	毛世杰	毛万军	于 超	于 涵	于建利	于秀龙	于雅菲	于 涌
孟 圆	孟 祺	苗华飞	苗 威	母 丹	倪春尧	余 波	余力超	余 敏	余璜徽	喻 娟	袁 丁
倪黎黎	倪 思	倪张汀	聂德卫	聂东苏	宁安宁	袁 静	袁其斌	袁小龙	袁直毅	袁玮婷	袁 擘
牛月皎	牛志刚	欧阳鹏飞	潘妙静	潘沛宪	裴雪瑞	岳 勇	曾敬诚	曾艳红	曾云天	章志刚	张 湧
彭 飞	彭连疆	彭舒怡	彭 松	彭置聪	蒲 杰	张 博	张博方	张 诚	张丹丹	张 禛	张 帆
蒲 乐	莊椀筌	强 强	秦淑荣	秦兴春	秦 曦	张 方	张富振	张歌扬	张国华	张海涛	张 贺
邱 丹	邱姗姗	曲冬雪	曲 洋	任 莉	任昭源	张季春	张嘉衍	张佳阳	张建强	张金晖	张静华
荣 宇	闫浩楠	商其坤	邵甘绪	沈 凯	沈 帅	张 军	张俊晖	张开钧	张 可	张 磊	张 磊
盛天宇	师国华	施 文	施 焰	施知序	石佳然	张 磊	张 丽	张 琳	张 梅	张梦琪	张孟力
石 甜	石玉山	石 焱	史东明	史惠康	史铭伟	张 鹏	张齐鲁	张 锐	张世鑫	张树林	张 伟
史 实	史迎春	帅海坤	宋继周	宋 立	宋天河	张伟男	张文斌	张新阳	张心童	张心耶	张秀娴
宋玉婷	宋月婷	苏建涛	苏静仪	隋晓明	孙阿利	张学鹏	张艳阳	张 杨	张 阳	张 引	张有强
孙博洋	孙 飞	孙怀杰	孙 佳	孙培华	孙 涛	张宇佳	张元华	张哲彧	张正阳	张志钢	张 馨
孙雪峰	索 迪	谭 啸	谭雪明	汤晶淼	汤天奇	张馨蕊	张玮萍	张 昊	张 晗	张 烨	张雯婷
汤 婕	汤筱雯	唐少玲	唐喜双	唐宇轩	唐 媛	赵柏清	赵 博	赵 超	赵春建	赵 聪	赵聪聪
陶海燕	陶军涛	陶 沙	陶婷婷	田洪田	田庆业	赵东来	赵东旭	赵红丹	赵红梅	赵 辉	赵纪峰
田艳彬	田 宇	田 悦	童冰聪	万 进	汪宜勤	赵 磊	赵明辉	赵 宁	赵天歌	赵婉婷	赵 霞
王 玥	王爱静	王 昌	王成龙	王袆明	王 丹	赵晓建	赵艺涵	赵永慧	赵宇亮	赵志华	赵紫冲
王 丹	王 芳	王峰彪	王 刚	王功永	王 恒	赵瑜玥	赵 楠	郑黎君	郑凌坤	郑 鹏	郑显龙
王 华	王华东	王姬凯	王江涛	王 谨	王进安	郑 正	郑钰云	钟志浩	周春霞	周广兴	周果女
王 静	王 凯	王昆仑	王 亮	王 琳	王琳晴	周航宇	周华治	周 欢	周 敏	周 南	周 戎
王 萌	王梦鹤	王 鹏	王瑞思	王瑞琪	王申彦	周思蕊	周伊洋	周 宇	周子千	周 婷	周琪玮
王世全	王 帅	王 爽	王 爽	王 硕	王 溯	朱丹娜	朱 峰	朱华俊	朱佳妮	朱俊俞	朱 翀
王 涛	王 统	王巍淇	王 伟	王伟锋	王文博	朱 立	朱 恬	朱晓静	朱晓磊	朱 耀	朱 益
王文静	王 霞	王晓龙	王晓露	王小龙	王 新	朱园健	朱岳明	朱志东	朱 婧	庄 骏	卓佳如
王学国	王雪琦	王雅慧	王艳宾	王彦潇	王一卜	卓瑞娟	邹 浩	左 伟	左智军	趙嘉琪	谌 华
王一楠	王一楠	王 毅	王毅博	王 永	王雨露	闫超鹏	闫振江	逯 彪	陈纪农	臧海娜	臧萌升
王雨露	王宇飞	王园沁	王 月	王 月	王云涛	滕国臣	滕 军	褚文海	褚旭斐		
王振森	王志刚	王重洋	王子予	王倬然	王 勐						

法学院

王奕飞	王奕人	王 溱	王姝仪	王 琥	王 楠	阿呷体洛	艾 苗	敖旻昱	白 芸	包康赟	宾 颖
王 楠	王 曦	王 曦	王 斐	王 鑫	魏 溦	蔡丹彤	曹华康	曹加旺	曹 阳	柴文龙	陈 玥
温淑君	温旭伟	文 菊	吴狄杰	吴冬晗	吴发兵	陈贝贝	陈 诚	陈冠琪	陈嘉雯	陈建苏	陈康辉
吴怀镛	吴 江	吴凌峰	吴 双	吴小锋	吴 瑶	陈 蕾	陈斯路	陈亚莉	陈兆贤	陈柞同	陈雯怡
吴毅霞	吴英伟	吴宇滢	吴钊明	吴皓南	席丽虹	陈 鑫	程佳田	程 庆	程玮琳	崔格非	刁贵军
夏颖钰	项常青	向家波	向旭平	向 晖	谢朝建	丁嘉彬	董宇娇	杜彬彬	杜鲁帅	杜秀枫	杜 茵
谢晨洋	谢 芳	谢辉艳	谢天森	谢先运	谢晓薇	段定定	段小寒	段阳蕃	范 楷	范晓羽	范雪晨
谢志娟	邢祥瑞	熊淑蕾	徐长春	徐得臣	徐芳悦	方 洪	方 尧	房 卉	冯晓云	冯毅捷	冯紫薇
徐连志	徐梦迪	徐 爽	徐 甜	徐旺达	徐伟奇	符启青	符怡然	付晓东	高瑰敏	高赫聪	高瑞珠
徐晓佳	徐修颖	徐雪婷	徐 肇	徐智超	许国栋	高天宇	高 阳	葛 红	耿仕绍	龚 文	巩 涵
许敏烨	许少东	许树园	许瀚文	薛宝松	薛天宇	谷莉敏	郭 程	郭 丹	郭宁美	郭伟姗	郭小以
薛 毅	严 瑾	阎 珩	杨 博	杨春雨	杨 辉	郭玉璇	郭志刚	韩 猛	韩倩旎	何 平	胡安琪
杨 军	杨 坤	杨 娜	杨 宁	杨晴光	杨润波	胡海娜	胡 松	胡阳阳	黄吉日	黄玲洁	黄时烨
杨 涛	杨万国	杨威锋	杨 希	杨 雪	杨晓杰	黄 茜	吉润一聃	籍 婷	季 旭	贾 冉	贾子博

蒋甜甜	焦天慧	焦逸尘	金昊宇	靳澜涛	久米次仁	朱越超	祝梦真	庄子奇	卓增华	卓懿伟	邹杨玉心
孔维园	蓝满凤	雷昀	李博涵	李晨希	李忱	邹莹	左文婕	左小平	左振斌	谌静玮	郦栋烨
李公达	李慧	李佳甜	李佳益	李佳倩	李佳馨	黄愉翔					

信息管理系

保雯	蔡泽满	陈聪聪	丁颖	冯思恩	付强
胡云怡	黄楠楠	冀伟浩	李沁芯	刘俊婷	刘晓慧
刘杨	刘莹	刘雨婕	蒙汪阳	庞江舸	彭婉
桑裕臻	田野	童刘奕	王明朕	王昕阳	吴玉兰
武山山	杨凡	杨海慈	杨絮	余贝迪	赵辉
朱婧	闫增旺				

社会学系

柴婷婷	陈启凡	陈阳婧	陈莹骄	陈拙	陈子晗
陈钘	迟孟昕	丛雪	代雨珊	代瀚锋	冯雅
高含昀	高正予	管曦彤	韩志昕	何奇峰	黄曰诚
吉砚茹	江世君	解鸿宇	金杨	李白	李晓鹏
李永真	李由君	梁维聪	林斯澄	林岱仪	刘畅
刘大权	刘杰	陆腾莹	吕园园	罗祎	马芳园
马刚	马晓霞	苗苗	宁嘉慧	欧阳明雪	彭书婷
彭依	任鼎鼎	任鹤坤	沙迪	尚书	苏亚晨
唐金泉	王宁	王斯佩	王星宇	王雨婷	王芸琪
王娅力	王婷婷	王皎玉	韦晓丹	向鸿	谢莹
熊志颖	许立欣	杨帆	杨哲	杨飒	尤唯
于倩倩	玉书涵	袁丽娟	袁郅超	曾格子	张常煊
张春净	张恒	张静	张晓晔	赵强	赵小彤
周棋	周婧仪	朱瑶瑶	邹璟怡	仝晓霞	綦郑潇

政府管理学院

安晓磊	包坤	卜天天	蔡俊	蔡怡宽	曹珂
车昱晓	陈晨	陈鸿雁	陈小凡	陈燠	成方方
成鹿铭	程峰	程乐	崔慧宁	崔炎坤	崔颖
单欣蔚	丁方达	樊昕	费翔	冯谭卿	冯晓璇
冯婧	付振明	高喆	高梅	高平平	高思远
高勇	苟林南	辜科伟	顾佳佳	郭马菁	郭向丹
郭志博	国凌翔	韩剑	韩娜	韩瑞芳	韩帅
郝志超	何颖菁	何济尘	何山	何晓婷	侯健
侯萨	胡如玉	胡晓哲	胡瑶琳	胡治	黄贵辉
黄琳	黄佩华	黄思敏	黄一凡	黄桢	贾明达
姜研	江俊雅	蒋悦	靳恩帅	靳羽飞	孔明忠
兰海彬	雷渌瑨	黎龙	黎泉	李浩然	李鸿宇
李辉	李健	李杰新	李靖	李亮	李明颖
李佩云	李斯语	李颖洁	李源	连琪	林禾
林健	林靖欣	凌光萱	刘超飞	刘程悦	刘光磊
刘军欢	刘凯	刘立伟	刘明达	刘延鑫	刘玉晨
刘洲东	卢欢欢	卢佳	陆遥	骆江杰	马晓琳
毛荃	孟凡静	孟鑫	孟鑫禹	牛超	欧阳龙
欧阳一漪	彭柳	戚宾宾	钱航	秦韵琦	任佳
任旋	荣晓阳	阮瑜瑜	尚俊颖	邵远源	沈雪

李琳	李梦梅	李思佳	李送岭	李晓琳	李亚鹏
李越	李振宇	李蓓	李岚静	李滢	李妍
李粲	廉滢	梁邑铭	廖艳梅	林德娴	林惠妮
林金谷	李舒阳	刘安东	刘冲	刘帆	刘汉青
刘汉堂	刘红雨	刘虎	刘建业	刘梦馨	刘慕葛
刘佩韦	刘尚志	刘诗琦	刘小盟	刘雪晴	刘泽栋
刘琪晴	卢春光	卢杰	路贺	陆丹丹	陆艳
陆阳	陆宇鹏	陆雯菁	吕超	吕佳衡	吕雯
罗嘉雯	罗远	马俏俏	马斯涛	马晓宇	马振华
马歆懿	孟令尧	苗瑞	莫若云	南红玉	年雪琦
宁斐泓	牛馨雨	潘祎	潘宁	庞颖	彭思涵
浦仕通	祁慧	乔静漪	秦中元	秦钰洁	屈寒
冉红丽	任进琛	任雪彤	阮宇迪	尚子玉	沈晨叶
沈昕	施雅莉	石权	石星棋	宋悦	宋哲
苏冠群	苏兰	苏阳阳	苏晖阳	孙梦迪	孙甜甜
孙文帅	孙一鸣	孙琪	谭璇	唐诗	唐宛苗
唐瑛培	陶然	田俊鑫	田祥安	万子芊	汪琴
汪逸舟	王珮	王盎	王冰山	王超	王晨焕
王聪	王帝清	王广颖	王海燕	王和	王厚强
王慧	王惠一	王建刚	王雷	王曼乐	王鹏朝
王松	王天雨	王为民	王未	王旭涛	王雅昕
王一平	王依琪	王翼	王玉锦	王子豪	王倩男
王咪	王宥力	王宥人	王婧	王琛	王烨
王钰	王钰灵	王钰翔	韦嫣婷	魏然	魏伟
魏祖贤	温嘉琪	翁雯雯	吴宝强	吴博宇	吴帆帆
吴维锭	吴晓煜	吴言	吴亦九	吴玉婧	武悦
夏存兵	向阳	肖娇	肖梦涵	谢富勇	谢可晟
邢宛生	邢文升	徐浩哲	徐凯文	徐清海	徐盛阳
徐影	徐悦	许可	许临风	许靓	严明雯
严婉怡	杨玙宁	杨超均	杨静	杨诗翰	杨松
杨婉仪	杨文艳	杨笑笑	杨欣媛	杨阳	杨永济
杨哲	杨璨灿	杨璧赫	阳雄剑	姚钦洲	姚斯歆
姚悦文	姚志高	叶闻莎	叶莹	叶之悠	易李
于玥晗	于文林	于永达	余思仪	俞柳婷	喻清
袁一绮	岳淑卿	张闯	张祎	张贡	张翰雄
张晶晶	张若耘	张尚斌	张圣泽	张维营	张伟
张雪佳	张一帆	张颖	张倩倩	张燮	张菁菁
张汶希	张璐	赵玥辉	赵海迪	赵嘉宁	赵琳萱
赵满圆	赵培贝	赵恬艺	赵先龙	赵亚琦	赵骁宇
郑涛	郑心怡	郑逸达	郑烨烨	郑睿竹	钟益文
周嘉琪	周盛	周泰勇	周文灏	周先鹏	周欣
周阳	周峪田	周倩宇	朱华	朱施洁	朱艺楠

史丽颖	史 晴	宋 毅	宋铠成	苏一峰	苏 婷
孙宇辰	孙照哲	田明月	童 磊	王代靖	王 凡
王海亮	王 慧	王嘉睿	王 健	王 奎	王 翀
王舒启迪	王 帅	王振权	王志浩	王志杰	王宗贤
王 婷	魏金鑫	魏仕雯	魏帅南	魏忠凯	温倩倩
翁习文	吴晓菲	吴 震	武宁亿	夏思睿	夏振文
向爱娥	谢长村	谢宛霖	谢赈杰	徐传伟	徐文灏
徐笑天	许改云	薛逸然	薛远洋	杨从从	杨 帆
杨海燕	杨佳玮	杨琳娜	杨守伟	杨 涛	杨 洋
杨 姣	姚贵馨	姚俊超	姚文涛	姚智琦	
依力亚尔·牙力昆		尹 哲	游宇航	于 欢	曾程伟
张宝华	张 辰	张春涵	张春辉	张东阳	张慧慧
张路路	张守刚	张天雨	张万程	张文健	张闻闻
张晓林	张亚鑫	张 远	张智广	赵超凡	赵 平
赵斯琪	赵 彤	赵雅思	郑晓薇	钟宛蓉	周 凯
周文博	周秀娟	周 倩	朱文月	庄 艺	邹佳君
邹瑞阳	祖 峥	邝筱婷			

外国语学院

安梦琪	白 晶	白贤达	鲍忆涵	毕一帆	曹 旸
曹雨婷	陈尚敏	陈昕璐	程智超	程芷薇	邓海默
邓 艺	董 雪	房一品	甘文雯	高漫漫	高 婷
郭彩琛	郭娟娟	韩 莹	何丹萍	何智慧	胡思茹
胡子琦	黄博典	黄炜鑫	江皓如	蒋丽莹	靳雨桐
荆晓霞	赖 微	雷锦涛	李慧敏	李佳颖	李宛凝
李晓楠	李中慧	李 媛	李晟泽	李麟寅	梁瑞曼
梁诗云	林冰清	林俊旸	林一鸣	林依莉	刘艾莩
刘浩瀚	刘慧敏	刘江宁	刘鹏波	刘 桐	刘晓宇
刘 旭	刘 洋	刘 阅	刘紫卉	刘 纾	鲁雨涵
路妍桢	陆诗婷	吕金童	吕钰焱	罗思誉	罗泽民
马 倩	满旻睿	聂涵今	商 陆	宋春晓	宋祥玉
隋泽宇	孙一冰	孙倩莉	谭嘉琳	谭心怡	田思佳
田 潇	涂辰宇	万 方	王 畅	王 露	王乃伟
王年军	王 瑞	王小焓	王映昆	吴 迪	吴品正
夏康静	夏 琪	向 伟	谢万容	徐源培	徐 旖
许阳莎	宣奔昂	宣 然	严赋憬	杨海琴	杨 佳
杨美祥	姚沁姗	姚 圣	叶永青	易冠男	余 悦
余婕妤	袁梦洁	袁 婧	曾雪玲	张 垚	张艾嘉
张邓超	张 歌	张 品	张如涵	张韦康	张 源
张泽懿	张智颖	张姣姣	张 楠	赵彬宇	赵丹阳
赵 靖	赵如意	郑芳华	郑佳萍	郑文思	周一帆
闫诗梦	闫颂阳	滕小涵			

马克思主义学院

陈艺文	崔琳菲	单凯雯	冯德昕	付锦睿	高玉莲
观淦壬	韩绮颜	何二龙	胡双燕	黄 敏	蒋志文
李 辉	李文豪	李 钰	刘书含	刘 洋	陆豪青
倪 雯	任培艺	苏 培	田青禾	汪阁阁	王德涛

王丽娟	徐冠宇	于 浩	张 欢	张圣伍	张习康
赵立凯	赵雅丽	朱 帅			

体育教研部

丁思劼	丁怡清	韩 京	贺 群	侯笑妍	李敬敬
王一然	朱 赫				

艺术学院

陈 曦	成非凡	崔艺璇	高敬涵	何君耀	江小月
李琛琪	刘程林	刘小奇	梅 琳	孙孺傲	孙肇阳
孙茜蕊	天格斯	涂元森	王京晶	王昕宇	吴倩如
薛 熠	阎家璐	杨若昕	叶 馨	张俊隆	张仪姝
张 薇	庄沐杨				

对外汉语教育学院

蔡炜浩	曹 嫣	陈惠芳	陈明非	高玲燕	顾逸超
郭瑞丽	何海亮	胡 容	蒋一笑	景福妮	柯 俊
匡柳兴	雷 菱	李 君	柳 江	罗 浩	罗雨晴
孟亚芳	潘佳晨	谭海瑞	唐一然	王 文	王 璐
吴婉秋	徐畅溪	徐 萌	杨诗雨	杨 扬	姚秋宇
姚雪卉	于小珊	袁 泽	张行昊	张 越	张倩玉
张 妍	张 婷	张钰钗	周成学	邹王番	

深圳研究生院

张祐瑞	艾 娟	艾抒皓	安小凯	安子轩	白梦洁
白 瑶	柏卓辰	包鹏巍	包无瑕	鲍秦杰	鲍星宇
毕建强	毕 薇	卞宋薇	卜 凡	蔡佳宇	蔡柠檬
蔡启华	蔡锐帆	蔡三艳	蔡泽彬	曹菊鹏	曹开拓
曹 阳	曹致渌	曹 颢	柴丽娜	常宝柱	常雄凯
陈 喆	陈褒扬	陈长成	陈长征	陈 辰	陈 冲
陈川川	陈 创	陈道源	陈 峰	陈 功	陈嘉明
陈 杰	陈劲丰	陈 静	陈 静	陈 苋	陈 桥
陈仕欣	陈 硕	陈思佳	陈文彬	陈文婷	陈晓慧
陈晓杰	陈晓明	陈雄涛	陈学姣	陈 雪	陈 阳
陈 瑶	陈泽昆	陈泽晗	陈哲萌	陈志标	陈 卓
陈梓荣	陈梓毅	陈炜琳	成圣华	成希希	程家熙
程诗迪	程骥腾	崔丹维	崔宛龙	戴 冕	代秋平
邓 林	邓 伟	邓伟平	邓 轩	邓 扬	丁 欢
丁亚清	丁怡人	董德祺	董井丹	董 艳	董耀凤
都闻心	都业达	杜春晖	杜冠豪	杜幸芝	杜云舟
段春余	段 然	段志刚	范静泊	范宁宁	范 欣
范逸钦	范宇辰	方堉豪	方鸿业	方 黎	方上鹏
方 向	方心诣	方 悦	冯 波	冯 林	冯龙涛
冯显骏	冯薪铫	冯 寅	冯玉凡	冯远豪	冯甬博
扶禄城	符 玥	付灿苗	付欣宇	付汶卉	甘 霖
甘 露	高 畅	高诚诚	高纪民	高 洁	高茂尚
高美林	高千茜	高升武	高于博	高源祥	高 舟
葛建宇	龚 波	公 媛	谷翼涵	顾元君	顾 晟
关 宁	关文婕	管少飞	桂雄振	郭 建	郭妙锋
郭升晖	郭志强	郭 馨	韩佳运	韩 磊	韩 煜

何 超	何浩洋	何进阳	何宁宁	何鹏杨	何师元	谭铭欣	谭伊姝	谭 卓	汤国柱	汤 旭	汤 蓓
贺 玉	贺 鑫	洪艾菲	洪 璐	侯进程	侯 娟	唐 茂	唐 敏	唐 珊	唐玮珊	唐榕泽	陶宏伟
侯忻妤	胡博豪	胡方磊	胡广晓	胡慧敏	胡凌彦	陶金敖	陶贤力	陶叶子	田秋冶	田小刚	田雨佳
胡 清	胡清通	胡秋煜	胡雅云	胡 月	胡云升	涂娟辉	涂媛杰	万 方	汪 雨	汪 悦	汪 琦
胡增加	胡志成	胡志刚	胡智强	胡自力	胡祖森	王 玥	王爱德	王博文	王 超	王 超	王代兴
胡蓓蓓	胡玮凯	黄波铷	黄承恩	黄冠蓉	黄 河	王迪忻	王飞阳	王封钦	王汉果	王合冲	王 赫
黄佳声	黄 磊	黄翘楚	黄荣乐	黄 赞	黄妤晴	王 卉	王惠强	王 嘉	王嘉政	王杰坤	王 洁
皇 倩	霍新新	纪雪云	贾儒轩	贾宇博	姜程潇	王俊怡	王凯丽	王 力	王力豪	王萌岚	王 梦
姜 行	江翠情	江奇睿	蒋环环	蒋靖怡	蒋 毅	王梦瑶	王明冬	王 鹏	王 平	王全红	王润卿
蒋倩倩	蒋曦韬	揭鉴澍	金德弘	靳兆晨	景天宇	王若琨	王圣蕾	王思明	王粟壹	王 涛	王 腾
康 健	康伟欣	康武斌	康星星	亢 虹	柯 珊	王 蔚	王闻博	王熙然	王咸钟	王宵妮	王晓琦
孔德飞	匡昱蕙	蓝天铭	蓝星宇	兰海鹏	乐雨鑫	王新钧	王心怡	王星博	王秀芝	王玄成	王雪刚
李旻炎	李 昂	李柏杭	李必晗	李 畅	李达琦	王伊楠	王艺飞	王艺霖	王艺璇	王 莹	王雨婷
李广阔	李广清	李贺杰	李虹达	李红迎	李 欢	王 羽	王志伟	王智华	王 冶	王倩倩	王 巍
李极恒	李嘉禾	李剑峰	李建启	李军祥	李君涵	王骁雄	王昊炜	王煜坤	王 靓	魏林通	魏 巍
李 凯	李 凯	李可可	李琳霞	李 凌	李 孟	魏 维	魏应光	魏潇贽	吴斌斌	吴承恩	吴继祥
李佩凤	李其乐	李翘楚	李锐高	李述成	李 桐	吴 疆	吴 晶	吴 鹏	吴奇宏	吴陶然	吴晓玥
李伟红	李文曦	李 想	李晓龙	李欣彦	李秀杰	吴小明	吴小宇	吴莹颖	吴永春	吴园园	吴鹋珊
李亚男	李彦阳	李 阳	李业桓	李 昭	李振发	吴汶林	吴梓薇	武 丹	武文韬	夏惠君	夏诗霖
李 兮	李薇薇	李妍妤	李 婷	李炜棉	李 鑫	夏 腾	夏懿凡	项 琳	肖 霄	肖 霄	肖晓楠
梁晨阳	梁 丹	梁红飞	梁康华	梁立雨	梁 齐	肖植阳	肖志鹏	谢海波	谢浩坤	谢 莹	谢 麟
梁欣悦	梁新秀	梁银妍	梁颖莹	梁泽健	梁 茜	邢 倩	熊延深	徐 孩	徐汉飞	徐 可	徐 蕾
梁皓凯	廖雨晴	廖 瑜	林堉楠	林大川	林德简	徐盼庞博	徐孙昱	徐天娇	徐伟军	徐伟召	徐正振
林 帆	林佳蓉	林良军	林秋君	林斯臻	林 桐	徐中华	徐 睿	许朝军	许道远	许桂森	许 蕾
林祥凯	林笑琦	林志力	林 莺	刘 博	刘 畅	许诣铃	许 盈	许玉君	许 云	许雯祯	薛 晗
刘 超	刘春怡	刘大龙	刘 方	刘浩然	刘会宇	严 欢	严 琛	颜庄龙	杨 光	杨焕姗	杨 瑞
刘 坚	刘金泉	刘久炜	刘俊诚	刘 磊	刘俐楠	杨 威	杨晓雨	杨 洋	杨溢哲	杨育坤	杨勐哲
刘 力	刘梦然	刘清华	刘如玉	刘 珊	刘硕英	杨媛媛	杨璨瑜	杨麒麟	叶俊锋	叶路奇	叶霄麒
刘汀洋	刘希源	刘现伟	刘晓晨	刘 欣	刘 洋	叶兴银	叶志成	叶砺赤	易水平	易 芯	殷语阳
刘依苇	刘易轩	刘 颖	刘允鹏	刘昭川	刘正华	尹小凡	于 杰	于思源	虞志豪	余巧垠	余 政
刘紫轩	刘馨语	刘 懿	刘宸缨	刘璐萍	刘 昊	余倩倩	俞方舟	俞彦杰	袁凯琦	袁毛宁	袁昶泰
龙书翼	楼君俊	芦胜波	芦宇龙	卢奥博	鲁 培	岳远广	曾凡芳	曾 华	曾金伟	曾 强	曾祥飞
路嘉豪	陆超豪	吕亚轩	罗丹青	罗方烽	罗 曼	曾祥容	曾兴为	曾志超	曾 祺	詹 博	詹凯维
罗新力	罗再宏	罗宗健	罗婧婷	罗 晟	骆俊华	詹筑京	詹煜淳	章奇超	张 瑄	张 冰	张 晨
麻慧敏	麻岱迁	马安香	马 浩	马洪坤	马鸣海	张 弛	张德卫	张华夏	张 辉	张继艳	张纪杨
马荣谦	马 扬	马一方	马 哲	毛林叶	毛欣怡	张嘉玥	张建威	张劲松	张景若豪	张静怡	张 靖
毛艺霖	孟名扬	莫斯嘉	倪 畅	倪嘉科	倪莉莉	张 军	张 凯	张克诚	张 昆	张梦驰	张敏敏
年丽丽	年永威	宁崇辉	潘博桃	潘丹阳	潘 浪	张鹏飞	张栖桐	张启航	张晴雨	张 权	张 冉
潘 瑞	潘卫东	潘文敏	潘 旭	庞嬖娜	庞 璐	张善学	张双双	张 威	张 伟	张文斌	张文涵
彭传阁	彭佳佳	彭 骏	皮嘉勇	钱伟志	强心巍	张文豪	张 熙	张 翔	张晓玲	张晓宁	张孝礼
乔嘉琦	乔 莎	秦 杰	邱玉叶	曲恬甜	冉 璐	张新华	张 杨	张逸超	张 翼	张 莹	张 羽
饶 丰	任玥玮	任旭东	任旭瑞	任韵洁	商惟玮	张跃强	张泽宇	张哲晟	张紫湜	张子健	张瀚文
尚争争	邵铁垒	申航印	沈 琳	盛文琦	施晓东	张 婧	张婷婷	张琪琪	张 琦	张 瑜	张璐婷
石 诚	石 锐	石雨翔	史 戈	宋纯一	宋墨含	张晟浩	张 烨	张煜嫣	赵晨阳	赵 程	赵静萱
苏 泉	苏 欣	苏心瑜	苏艳平	孙博轩	孙 贺	赵 可	赵山岑	赵少为	赵拓冰	赵 欣	赵旭东
孙艺玲	孙映月	孙植成	孙钟涟	孙婷婷	孙榕蔚	赵杨帆	赵玉芳	赵曰侠	赵 楠	郑虹倩	郑 蕾

郑天琦	郑晓梅	郑晓颖	郑旭楠	郑于群	郑　宇
郑志雄	钟宝庭	钟　莉	钟振强	钟姝宇	种大丁
周贝妮	周　洁	周君明	周俊杰	周康生	周清文
周容宇	周旭东	周旭明	周雅宁	周毅成	周　勇
周之斌	周子涵	周　玮	周　楠	朱春彪	朱殿濛
朱高文	朱宏宇	朱奎鑫	朱昆昆	朱龙光	朱明威
朱伟豪	朱莹莹	朱玉芹	朱婷婷	朱　蹊	庄苑文
卓　楠	邹江威	邹卫东	左　泽	邝文腾	岑　晨
岑建航	岑振豪	訾立志	闵　玉	闵煜鑫	栾碧莹
颉海雯	雒义凡	瞿华艳	黄慧萍		

信息科学技术学院

白彦威	白泽冰	班义琨	边慧琦	蔡思培	蔡燕双
曹俊杰	曹琳琳	常亦谦	常　媛	陈方源	陈佳棋
陈清妤	陈庆英	陈　章	陈子萍	陈子钰	程胜战
迟敬泽	楚天翔	储　易	崔润东	戴统宇	丁博岩
丁　健	杜春艳	杜华阳	杜　仑	段　爽	范元宁
冯树林	冯雅姣	冯　璐	付天怡	付钰雯	高成良
高连成	高　旭	高　铮	顾　耀	郭旸泽	郭　远
韩明轩	韩前坤	韩　英	郝有峰	何建忠	何诗怡
何　娴	何婧莹	洪俐根	华晨彦	黄丽明	黄荣祥
黄　兴	黄炎坤	黄觊鹏	冀　炜	贾　然	姜　双
姜　毅	江　月	蒋　捷	蒋明轩	蒋天夫	金丰羽
金纪诚	金美岑	鞠孝亮	兰兆千	李博远	李　成
李　飞	李冈嶷	李冠成	李　航	李浩然	李家伟
李军阳	李　宁	李松江	李伟康	李锡涵	李　岩
李紫阳	林　可	刘　玥	刘洪轩	刘宏义	刘佳皓
刘静遐	刘强强	刘学建	刘雨轩	刘宇航	刘　泽
刘　哲	刘　洲	卢　苇	吕广利	吕郁彬	罗　真
马树铭	马银萍	毛心旻	孟　鑫	南　德	聂梦茜
宁　潇	潘　翔	彭广举	蒲　鸿	秦海芳	秦晓冉
曲韦霖	任　梦	任笑萱	尚　鸣	沈　玮	施文娴
史　博	史默臻	宋勃宇	宋明洁	宋紫阳	孙本元
孙　畅	孙鹏晖	陶　淼	田文晗	王　诚	王　笛
王关清	王金予	王靖博	王　敏	王卿云	王求元
王文军	王新明	王旭鸣	王　阳	王义中	王　韵
王琬璐	王璐璐	王钰翔	王　皓	魏龙辉	位冰镇
温　九	翁涵馨	吴行方	吴　炜	夏　玉	信颖超
修　瑁	徐经纬	徐力有	徐良威	徐晓烁	许智敏
薛　飞	颜剑锋	杨　超	杨嘉佳	杨凯翔	杨　琬
姚　畅	殷　明	于润泽	于少青	曾鑫璐	张博杰
张单枫	张芳芳	张丽媛	张　良	张梦晨	张明华
张文浩	张　霞	张晓德	张　瑶	张樱凡	张雨思
张元冬	张哲瑞	张　茜	张淇媛	赵　丹	赵东平
赵广洋	赵祈杰	郑培凯	郑羽珊	钟业弘	钟之声
周惠斌	周　磊	周目清	周昊宇	朱碧莹	朱　瑞
朱思文	朱　霆	庄月清	邹　萌	邬红叶	訾　函

闫学灿	逄　博	昝　妍	綦金玮		

国家发展研究院

白明浩	包一民	曹　迪	陈思雨	陈天旭	崔洪霞
董　奇	段晓豪	冯超亚	冯　婧	高　瑞	高　伟
郭苏扬	黄　翀	孔晓婷	李　辰	李　冲	李继伟
李　燕	林　文	刘晓莹	刘一璇	娄晓音	卢长俊
潘佳佳	乔　华	沈惠知	沈士竣	沈　童	宋春梅
王　出	王　林	王　培	王宇新	吴开明	吴宇恒
谢贵全	徐　涵	徐竹西	杨　照	姚志璟	伊　明
于成曜	于福栋	郁雨丹	曾振灏	张春梅	张虎成
张一斌	张治琛	祝辉煌	佘　桥	臧谋安	滕军勇

教育学院

白一平	陈　然	杜立珍	付　旺	郭展宏	贺　凌
黄天伦	黄　颖	靳慧琴	李晓丹	李　卓	李潇潇
廖相伊	刘　玥	卢可伦	马斯婕	米拉·居尼斯	
荣怡媛	沈裕挺	孙博凡	孙伟杰	王　玥	王　为
王一真	武静怡	肖　阳	谢诗琪	薛　颖	杨　瑞
杨雅程	张静蓉	郑　琦	朱彦臻	诸嘉斌	

人口研究所

常蔚青	陈　铭	程芳振	方　婕	符　康	高顯治
耿　燊	郭奕冲	胡雅坤	贾　娟	金　鑫	康宁
李景涛	李　君	李乔盛	刘　盼	刘祖源	潘　一
邵镜儒	申慧博	宋晓英	孙　巧	王华磊	王　然
王泽浩	王婧雯	魏天瑶	吴超超	吴梦甜	徐燁勋
叶　欣	应冰洁	张如菡	张昊璠	张　雯	赵新超
郑翾翾	闫晶宇	陳誼謹			

前沿交叉学科研究院

白天煜	蔡德安	柴巧会	陈　嘉	陈　静	陈　龙
陈琪浠	方伟创	冯丹蕾	贺怿楚	胡淑美	黄鸣晨
蒋彦舟	黎　亮	李　梦	李梦璋	李璋媛	刘慧杰
刘佳莎	刘锦阳	刘旭钦	刘志强	陆霞烟	苗　宁
潘旖旎	秦　嘉	尚明月	宋启迪	谭楚婧	谭晓烨
田亚真	万若斯	王　巧	王　锐	王书润	王文佳
王协盼	吴昊宇	杨　璀	殷浩腾	张　超	张思弘
张　艺	张译心	张子卓	周伯洲	周　东	周世杰

工学院

常　嫦	陈　洁	程　磊	初秀月	楚芳冰	储　鑫
董　方	方华强	冯　源	关亚宁	郭少攀	郭世江
韩　励	韩　宇	韩　瑾	侯大森	侯文达	胡运兴
黄君豪	黄　欧	荆　振	李春昕	李明理	李文杰
李欣荣	李雅娜	李真成	李　烨	刘　博	刘东旭
刘　焕	刘　扬	罗君艇	马连宇	马忠强	苗　坤
潘　沛	潘芃宇	平　原	曲　婧	任　珂	沈长丰
沈心怡	史嘉骏	宋旭东	苏　强	孙　翠	孙　沛
谭昊桐	田润雨	王　勃	王海生	王宏星	王林梅
王美言	王庆芳	王　帅	王堂彦	王祥宇	王　欣

王艳华	王一娜	卫立啸	温 欣	翁 龠	吴红垒
吴龙凯	武逸峰	夏 冬	向泽勇	肖文璨	肖雅婷
谢忠杰	许诺言	杨怀舒	叶国莹	岳 斌	詹红艳
章 亮	张 聪	张 丹	张开然	张力天	张诗雨
张亭亭	张 月	张煜晗	赵 研	赵志宾	周立叶
周晓晨	朱 静	朱为元	祝国帅	庄 涵	庄 璜
左 彬	胸康康	罾舒沁			

城市与环境学院

薄 岩	陈优芳	丁梦雨	丁宗巨	范佳慧	费伟成
冯婵莹	冯祉烨	符婷婷	甘 雨	高 旭	管晏粉
郭净宇	郭力仁	郝 昕	黄朝阳	黄慧晶	贾雨田
柯云风	李博闻	李 枫	李慧蕾	李宁汀	李依霎
李浴阳	廖晗茹	刘博羽	刘 飞	刘力为	刘秋蓉
刘 茗	罗朝璇	勉小玲	聂艺菲	冉泽泽	施赛男
谭卓立	万 岱	王瑀琦	王俊康	谢爱丽	徐良胖
徐梦冉	徐泽国	薛佳鑫	薛天翼	薛婷婷	阎蕴运
杨佳意	杨 莹	杨皓哲	于家烁	曾 晔	张 恒
张立旭	张若竹	张新悦	张雪皎	张叶笑	张屹雪
张 琪	赵桂芳	郑晓健	周子雷	邹安龙	

环境科学与工程学院

陈俊成	陈乾坤	程舒鹏	杜玥萱	方元狄	冯 瑛
郭昀昊	金 瑛	李冬青	李 勉	李宁宁	李泽宇
林廷坤	林亚萱	钱 茜	沈开慧	宋璨江	孙靖昆
王雨琪	徐 亮	喻 一	张博雅	张翔宇	张晓东
赵 晨	赵小希	赵嫣然	郑宇凡	周丽玮	周 杨
朱弘琳					

分子医学研究所

| 高泽清 | 何土保 | | | | |

歌剧研究院

| 陈羿均 | 迟媛媛 | 崔净植 | 龚展至 | 李佩佩 | 彭奕璇 |
| 钱 赫 | 王春然 | | | | |

建筑与景观设计学院

曹莹琦	程可欣	高凡茜	郝 晟	贺 靖	侯建卫
黄 翔	李 复	李 崛	梁 艳	林诗婷	孟斯岸
彭瑶瑶	秦跃磊	邱雨璇	王立帅	于晴文	岳文静
张静瑜	赵稼楠	褚望舒	綦 琪		

新媒体研究院

刘 婕	白纯歌	毕梦琦	柴玥儿	陈奕霏	陈 曦
单光煜	段雨濛	郭巧敏	黄雨婷	蒋 通	金雨双
李 琳	刘 畅	刘宁宁	刘爽健	刘 倩	罗云丰
马莹菲	邱悦铭	沈述宜	王 岚	伍振彤	夏 坤
肖贤明	谢宇程阳	熊倚加	曾 轲	张博令	张可睿
张露瑶	张诗雨	张雪瑜	赵紫馨	郑超月	周德鹏
周 晋	周 伟	褚建慧			

燕京学堂

陈伟婷	管宏宇	郭尤子	侯 佳	黄思卓	黄舫溟
蒋隆文	解昌明	金胡屹	李梦冉	李梦真	刘新宇
刘星圻	穆则帕尔·穆铁礼甫	施文纨	舒 梦	唐晓周
王海燕	伍婧刚	许悦驰	杨仲舒	张 成	张容儿
赵夒莹	佘沛捷				

基础医学院

鲍 蕊	陈红艳	陈梦瑶	陈 宇	崔春梅	党 瑶
樊 婧	范丽婷	耿 瑞	关贵文	郭冰冰	郭誉鹏
韩 晴	何坤香	何 一	和凌媛	胡启国	黄小敏
黄英杰	焦影倩	景虹波	李海爽	李晗笑	李静煊
李日勇	李艳然	李渊韬	刘 宁	刘婷婷	刘 欣
刘秩秀	娄新琳	马宁宁	庞媛媛	裴心怡	瞿赛思
王 頔	王昊敏	王进杰	王 林	王婷婷	王一鸣
王艺达	王云霞	魏示若	许阁阁	薛长定	闫群娇
杨得草	杨璐璐	杨明达	原逢杰	詹珺斯	张丹丹
张宽根	张艺璇	张钟玉	赵安娜	郑雨田	钟燕燕
周晓佳					

药学院

曹南开	陈 迪	陈 倩	程 涛	程文文	代 宏
代振凤	邓 博	杜祎甜	樊志璞	范珊珊	方 芳
冯 琰	冯瑶瑶	扶 宇	高泽宇	耿彤彤	郭九州
韩 琳	韩诗迪	郝艳丽	何 田	侯 宇	胡华杰
胡李坤	胡志敏	花一鸣	贾盼盼	贾千澜	姜雨彤
焦平轩	靳 尧	李光耀	李海伟	李 曼	李明华
李 宁	李 倩	李 腾	李晓桐	李 鑫	李雪琦
李伊丁	李展韬	李志强	梁烁斌	林凤闺蓉	林巧楠
凌鑫宇	刘阿琴	刘 慧	刘慧颖	刘 杰	刘 睿
刘 溪	刘晓昕	柳大可	骆煜堃	吕传宇	吕 倩
马伟豪	马闻箫	马学洋	马玉凤	莫玉霖	聂玉瑶
齐 彤	屈静晗	盛 荟	盛伊娜	史中花	宋 宇
宋再伟	孙 桐	覃思蓓	谭 畅	田思聪	田 野
仝 乐	涂 芳	汪小清	汪 洋	王春彬	王岱东
王国英	王翰轩	王红岩	王 慧	王佳星	王 璐
王舒鹤	王 瑶	王 宇	王 哲	王壮飞	吴柏林
吴 昊	谢文军	徐江丽	薛钧升	薛 婷	阳明春
杨璨羽	杨红帅	杨立鑫	杨 亮	杨绪朋	杨燕燕
伊 欣	殷梦雅	尹 婷	尹雨桐	于 快	于之恒
袁 括	詹 颖	张 涵	张 宏	张嘉远	张敬茹
张素芳	张 坦	张 雯	张智勇	张中义	张子沛
赵捷宇	赵 琳	赵思育	赵文婷	郑航慈	郑 强
郑秀钗	仲家乐	周鹏翔	周瑞瑞	周淑荣	周远航
朱本聪	祝 嶙	叶尔兰·阿德力			

公共卫生学院

安美静	白 旭	蔡 豪	蔡源发	常新蕾	陈 娟
陈正超	程志浩	迟 锐	董 伟	窦丽娣	窦 妍
杜 鹃	段蛮蕃	段骁骁	段小倩	冯慧敏	甘凤夏
高 迪	高迪思	高 菁	高 乐	高 蓉	高 珊

宫会婷	顾学琳	郭苏影	韩冰峰	郝明媚	何海珍	葛雪飞	郭成成	胡凯伦	金兴	金一枚	景兰凯
何映东	黄哲	吉宗慧	金宪宁	景正伟	康文博	雷蕾	李宏波	李佳奇	李金铃	李姗姗	林夏舫
雷园婷	李晨雄	李程玉	李杰	李曼	李伟豪	刘凯	柳小珍	吕博洋	潘亚静	秦萌	宋燕新
李文咏	李颖	蔺轲	刘沭玄	刘书心	刘晓东	谭启钊	王婵娟	魏枢华	肖士渝	徐也	闫新
刘亚宁	鲁可	吕林景	马逸杰	倪冰莹	倪文丽	姚智航	张琪	张伟亮	张彦彦	张艺馨	张奕文
聂慧敏	庞一鸣	皮鑫	饶夫阳	任贺	任中夏	赵琳枚	甄敬飞	钟若忻			

积水潭医院

茹文臣	沈玉卿	宋依明	苏梦凡	孙一鑫	田子星
佟明坤	王俊锋	王雷振	王曼丽	王鹏敏	王世娟

范春杨　娅丽　杨若培　张恒　张旭敏

口腔医学院

王思琦	王战	魏少明	魏伊慧	吴曼	吴汝聪
吴瑶	熊秀琴	闫会娜	杨继春	杨玲	杨朔
杨思宇	杨淞淳	杨文蕾	姚海舟	姚玺	张黎
张圣捷	张舒	张涛	张亭	张文静	张幸
张栩瑞	张泽鹏	赵倩倩	赵思宇	赵晓萌	赵心田
赵雨佳	赵寓藏	智翠娜	周迪	周密	周仁
周书铎	周雅琳	周一帆	周宇奇	朱赫	朱润芝
朱小柔	朱一民	珠娜	祝楠波	邹永秋	

艾凌朵	曾蕾	杜志豪	胡利君	姜楠	靳奕舟
雷朔艺	李文君	刘朝阁	柳振坤	吕汶谊	马张珂
商菲菲	司梦婷	王菲	王高南	王冠博	王静
王亮	谢飞	谢天伊	徐泽东	鄢祥	杨欣
叶依婷	于敏	周迷迷			

精神卫生研究所

侯言言	林靖宇	罗翔升	马增慧	屈云红	阙建宇
谭雅文	汪子琪	王婷	袁靖	张莹	朱冉

护理学院

临床肿瘤学院

傅誉	韩梦	李凡	李凤莲	李加敏	李洁
李硕	龙园园	潘沙沙	苏叶	陶佳琦	田双月
于文华	张鹤立	张佩英	张欣	赵元萍	周楠

阿丽亚	陈昌舜	戴璔	杜晓娟	高畅	郭晓轶
郭永海	韩子翰	黄泽凯	江维洋	姜安娜	刘佳明
刘文苏	齐忠慧	石晋瑶	宋金龄	王国辉	王子鸣
吴疑	夏金红	徐龙文	杨兵	杨阳	绽春蕊
张縢琦	张文敏	帕拉沙提·合依力木			

医学人文学院

陈雪扬	李津淼	米卓琳	庞芳芳	普秋榕	张靖宇
赵亚婷					

第一临床医学院

北京医院

陈顺伦	陈之杰	成彦霖	崔嵬	狄娜	董博
范梦洁	甘芳宴	高丙晶	龚潘	郭林红	贺丹
黄辰炜	黄聪	黄艳荣	姜妍馨	金巧	李灿
李丹阳	李美霞	连思晴	廖子桓	刘超然	刘怡然
刘芸	龙爽	卢文婷	马宁	马玮麟	潘喜
潘玉雪	彭雪儿	邵锦	施逸怡	孙蓬飞	孙玉佳
孙月明	谭康安	王超卉	王芬	王洁初	王明英
王伟芹	王中华	谢孟谚	谢淼	徐昊	徐婷
杨海宁	叶小云	尤丛蕾	于妍斐	岳才博	张凡
张楠	张宁	张杨	张瑜	仲崇琳	

安童	安稳	包杰	高宇	韩惠秀	韩敬丽
胡蒙亮	季祥	李子媛	鲁芳淇	罗诗雨	孟令峰
宋世博	唐月明	杨春晓	叶东樊	赵婷婷	

中日友好医院

安柯	鲍林	陈泽	崔诗诗	戴沛霖	顾鑫蕾
何宇辉	黄亚平	矫宾宾	李颖	梁田	刘晓
卢烁	彭畔新	王峰	王洋洋	杨文艳	杨祖芳
叶利芳	禹汶伯	张毅	周利华	周元琛	

世纪坛医院

第二临床医学院

阿荣毕力格	阿如娜	包道日娜	陈晨	陈娟
陈乐源	葛晓芬	侯弘毅	贾波	蒋瀚佶	蒋丽蕾
雷澍	李策	李冬冬	李俊磊	李伟	梁婉莹
毛学	孟天宇	任斐	宋焕秋	汪文静	王洁
王梦楠	王楠	王婷婷	王兴兴	王优雅	王宇轩
乌日力嘎	吴利新	吴雨潇	杨帆	杨柳泉	姚田
叶志鹏	尤钧誉	袁玉松	翟铭雅	翟淑珍	张丰识
张瑜	赵晨昭	赵红艳	郑智元	周昊天	卓钟灵
邹尚志|				

冯光伟	劳月琼	乐凯	李彬	李燕	孙春萍
杨海南	张婧媛	张玥	赵成		

航天中心医院

蔡晨	郭波	韩柏林	李静	李康之	李雪君
李洋	史宛瑞				

首都儿科研究所

高慧霞	贺兰	马晶晶	王圆圆	徐兆慧	翟萌娜
周瑞洁					

民航总医院

程婉茹　王媛

深圳医学中心

第三临床医学院

安凤杨	安娜	曹琳	邓超	丁善航	封云震

郭静	郭岩岩	韩京宏	李子卓	刘国钰	孙晶晶
王海霞	王晗	吴宏伟	杨晴晴	张龙	张一丹

赵思萌　郑斯淇　庄常水　邹　丽
　　　　　　　　首钢医院
王小飞　赵霄潇
　　　　　　　　地坛医院
黄　丹　麦维利　宋　歌　王艺璇　杨晓宇　张　健
　　　　　　　解放军第三〇二医院
李甜甜　穆秀颖　孙　超

　　　　　　　解放军第三〇六医院
韩燕菲　姜　楠　李　鑫
　　　　　　　　回龙观医院
刘思佳　田占霄　谢　婷　赵文暄

（研究生院、医学部研究生院
刘佰军、张雪原、于　菲）

博士毕业生名单

数学科学学院

陈　成　陈　冲　陈翰轩　代洪龙　单敏捷　方　俊
冯怡珺　关　任　何俊材　简旺键　金　晓　李　徽
李江涛　李　屹　李翌昕　林君仪　刘思序　刘　越
刘　芸　马卫军　莫　毅　任偲骐　孙振尧　王　超
王　宇　王钰铭　徐兴成　许少鹏　姚成宝　虞　俊
袁会卓　张静茹　张科伟　张　帅　张文前　张　雪
张迎春　张　倩　张　骁　周沛劼　朱文浩　负晓帆

物理学院

白怀勇　陈　霖　陈先丽　陈玉琴　陈志超　陈志强
陈　婷　程　倩　戴阿灿　戴　凝　翟文豪　董大山
杜博文　杜进隆　方　俊　方凯生　方　苑　伏　睿
甘峰源　甘娉娉　高　畅　高　桦　葛超洋　葛理健
龚　畅　公静霞　弓殷强　郭彦君　韩　冬　韩佳星
韩天洋　和世平　黄彦琦　黄馨瑶　黄　璜　蒋国庆
金亦帅　鞠婷婷　孔令剑　孔祥儒　李博斌　李朝恺
李继行　李金玲　李　晶　李　磊　李林蔚　李　然
李晓晴　李泽宇　李潇斐　梁卓轩　林本川　林雨晗
刘华鹏　刘　敬　刘梦瑶　刘明明　刘　洋　刘　易
龙　凤　龙云飞　卢　骁　罗德映　罗　巍　罗　睿
马　达　马润泽　莫崇杰　倪有意　潘　瑞　潘挺峰
彭星星　乔瑞喜　任政学　闪普甲　邵靖媛　邵亚莉
沈晓飞　石　剑　时立宇　寿寅任　宋春燕　宋化鼎
宋　琪　孙萧萧　谭巍巍　汤　灿　汤雪杰　陶龙春
田　广　田　亨　万　逸　汪　茂　王辰宇　王春光
王建力　王　楷　王　昆　王立晨　王明星　王明远
王佩佩　王　清　王　硕　王　所　王　星　王旭东
王宇飞　王智明　王钇心　魏袆雯　魏甜甜　吴善进
吴倩红　夏默然　肖相如　徐宝龙　徐小峰　徐筱菡
杨　彪　杨　灿　杨德宇　杨　栋　杨京寰　杨　越
姚伟鹏　叶麒俊　殷克迪　张　安　张　兵　张　帆
张　涵　张　洁　张景丰　张梦瑶　张明悦　张　鹏
张瑞丹　张啸天　张玉雪　张　茜　张　玺　赵丽宸
赵　翔　赵欣欣　赵莹莹　钟循启　周文可　周彦峰
庄一洲　臧宏亮

化学与分子工程学院

蔡肖夏　常昊婧　陈风华　陈丽芳　陈　南　陈　起
陈　影　陈召龙　陈　怡　储鹏翔　戴晶鑫　邓　兵
邓新媛　邓　鑫　丁　艺　董　斌　董博为　董武杰
杜山山　高　雪　葛志强　顾春晖　顾方伟　顾雨豪
郭亦堃　韩梦婷　何雨桐　何姗姗　侯颖钦　黄　超
黄蓉冰　黄智超　柯　灿　李炳一　李德彰　李会宁
李林东　李明智　李思伟　李晓悦　李肖夫　李娅娅
刘　舒　刘思睿　刘希言　刘志亮　刘　璐　刘　靓
柳成航　吕　敏　马　骋　马　雯　宁莹莹　潘洪兵
潘思辰　裴晓静　齐　翔　邱亚明　饶海霞　阮　浩
宋海平　苏　姗　孙　含　谭俊彦　谭　禹　田子由
王立刚　王瑞琦　王晓鸽　王新宇　王　珍　王　倩
王　烨　吴　梅　吴卓彦　吴　珂　武秀琪　肖　雨
谢佳君　谢蒙琪　谢　肖　行凌波　徐　丹　徐　强
徐　尧　许　聪　许　熙　薛荣荣　燕孜嘉　杨程凯
杨　军　杨良伟　杨小雨　杨一洲　杨子江　杨　琪
叶曦翀　殷剑昊　于　丽　于　淼　袁劲松　袁晓莹
袁悠悠　张　弛　张　格　张家婧　张　简　张　娜
张秋分　张为宁　张　伟　张艳芳　张紫超　张瑾轩
赵　娜　周　奇　周子硕　祝　浩　庄方东　庾星驰

生命科学学院

卞　展　蔡　荣　蔡甜甜　常　蕾　陈庆洲　陈西茜
程振朝　邓明镜　冯　帆　冯素敏　付业胜　高胜贤
高雪凌　管仪婷　郭生杰　黄　盖　贾漠野　贾璐萌
景誉庆　鞠艳敏　亢雨笺　黎　波　李　琳　李梦彤
李亚娟　李雁冰　李永正　李泽华　李　雯　林巧玉
刘慧思　刘金鑫　刘明珊　刘　旺　刘一穹　刘悦晨
鲁崇建　吕梦泽　马　琪　宁小涵　潘加伟　秦青青
任荻秋　沈初泽　孙芳妙　谭　菲　唐泽方　田晓宇
田欣欣　汪加军　汪　睿　王　萍　王小康　王啸峰
韦　超　吴　刚　吴辉辉　武照伐　夏雨晴　谢皇帆
徐思然　许　轲　续　然　薛博鑫　杨超娟　杨　磊

易泽轩　余志伟　袁艳芳　曾　虎　张　宏　张　洁
张文博　张雨田　张雨薇　赵梓伊　郑逸韬　周文雄
朱子云　朱　芸　蒿慧文　陈文翰　窦圣乾

地球与空间科学学院
卞　青　蔡　恒　蔡玉珍　常丁月　陈　工　陈　洁
陈　瑞　杜　威　段艳廷　冯婉仪　付敬浩　韩　帅
贺赤诚　黄杜斌　黄建平　惠　健　冀战波　蒋启财
李芳兵　李嘉琪　李　杰　李凯月　李清云　李　爽
李显伟　李志强　李昊天　李睿华　凌逸云　刘持恒
刘嘉辉　刘丽红　刘沛显　刘润超　刘世然　刘志慧
孟　丽　聂　婷　牛菁菁　潘东晓　彭立华　秦　敏
任桂平　史忠奎　孙　帅　陶迎春　田孝茹　万　伟
王殿举　王怀富　王家林　王　开　王茂江　王　媛
王熠哲　谢振新　杨立明　杨志强　袁　冠　张莉莉
张修远　张　扬　张　也　张志强　郑淳方　郑浩夫
郑　拓　周　信

心理与认知科学学院
冯树元　高晓雪　李海虹　李　莉　苏金龙　孙　岚
王宏伟　王易之　徐　娜　颜志强　张汉其　张　丽
张　琪　郑　磊

软件与微电子学院
陈　龙　贾　统　李国荣　刘建强　刘　岭　柳　熠
魏　明　武延兵　郜成胜

新闻与传播学院
敖　鹏　刘　磊　王　帆　许多多　尤　宁　张　好
周丽锦

中国语言文学系
陈琳琳　陈欣瑶　成桂明　丁　丁　丁之涵　董　婧
高虹飞　龚世琳　巩淑云　顾晓路　关　也　胡根法
黄思思　寇晓丹　寇　鑫　黎潇逸　李蔚超　李笑莹
李浴洋　李轶男　林　秀　刘凯健　刘　文　刘欣玥
陆　尧　罗　涛　毛　劼　欧阳月姣　青子文　沈建阳
宋　雪　王柯月　王玉玉　王　昕　吴　琼　徐芳依
杨海潮　余建平　张　磊　张　翼　赵绿原　周健强
鄢　虹

历史学系
严智德　陈新元　陈业诗　单敏捷　冯鹤昌　高　然
谷文文　胡　莉　焦　姣　解永春　梁馨蕾　刘　冠
刘慧娟　刘梦佳　申　斌　沈　琛　汤　硕　王　超
王庆帅　吴文浩　谢能宗　徐　鹏　薛冰清　杨　坤
杨　茂　张晨光　张大鹏　张　亮　张晓慧　张艺维
张　毅　周思成　赖志伟　滕凯炜

考古文博学院
蔡毓真　范星盛　李博扬　刘　翔　刘亦方　任　婧
汤　超　王昌月　王　音　温建华　向金辉　谢　绮
张保卿　赵献超　周　杨

哲学系
艾宸伊　白宗让　卞　景　陈少卉　崔兰溪　崔容菠
邓志伟　杜　乐　冯骏豪　高　珂　宫志翀　郭清飞
侯杰耀　黄光旭　黄一洲　江欣城　李牧今　李　毅
梁　田　林　健　林　啸　刘　莹　刘子琪　刘佶鑫
刘　铮　苗　玥　秦晋楠　邵世恒　施凯文　石　珹
史婉婷　宋学立　孙　倩　王海若　王其勇　王群韬
魏梁钰　吴苗淼　夏　钊　徐广垠　徐会中　徐佳希
徐千懿　杨偲劢　杨虹帆　袁　恬　曾浩年　张　红
张茂钰　张　弩　张　娴　赵晓玉　郑　植　周巍卫
朱林蕃

国际关系学院
张立齐　蔡秉宪　陈　光　陈晓晨　陈宇慧　杜哲元
洪嘉泽　李海涛　梁　健　刘晓伟　刘竹梅　牟　舣
孙冰岩　谭　星　王冠玺　王瑜贺　乌力吉　吴　珊
许钊颖　姚锦祥　由凯宇　喻显龙　张　雄　赵田园

经济学院
蔡文鑫　陈　丹　陈燕凤　陈璇雯　程　华　程　强
董　兴　都田秀佳　杜　月　冯文君　耿　峰　顾思蒋
侯宝升　侯思捷　胡亚峰　姜腾凯　李　航　李　林
李　睿　梁银鹤　刘　颖　罗　娜　王　灿　王任远
王耀东　吴国锋　吴群锋　武士杰　西　鹏　肖迎春
许亚婷　杨珺晖　杨　敏　禹思恬　张轶龙　钟昀珈

光华管理学院
蔡文源　曹汉霖　陈力凡　戴亦舒　邓家品　邓　晓
邓晓萌　古丽那孜·达拉什　胡燕妮　华胜亚　黄鑫铭
纪　宇　靳　菲　李晓萱　李　野　李志冰　李　璨
梁　苑　林东杰　林淑君　刘　进　刘圣明　刘靓晨
吕高燕　马海超　马雪静　阮晨晗　沈　睿　王陈慧子
王　曾　吴立元　徐　鑫　许　可　杨光艺　叶永新
张　鸿　张澍一　张　韬　赵扶扬　周若馨

法学院
陈泽宇　崔亚冰　戴　秋　邓　超　方柏兴　龚浩川
何　驰　何建宗　黄植蔚　季平平　李福民　李　亢
李　柯　李　敏　李思羽　李　兴　李一帆　廖继博
刘泊宁　刘　泽　孟　醒　彭　宁　钱思雯　邵博文
邵　聪　孙竞超　涂欣筠　王春蕾　王　栋　王　磊
王　曦　吴　凯　谢　宇　徐　剑　杨　静　易　涛
张玉凯　周斯佳　祝远石

信息管理系
陈　博　程文婷　耿瑞利　顾晓光　郭　鹏　侯小妮
刘海丽　苗美娟　孙　敏　苏明聪　王婧媛　徐　敏
赵柯然　赵　晓　郑清文

社会学系
曹何稚　陈　龙　郭　冉　国曦今　加娜古丽·恰刊
李晓菁　刘　倩　谭明智　田志鹏　伍海诚　章高荣

赵珽健　赵如婧　覃　琳

政府管理学院
丁　虹　范　郢　方　怡　高　波　郭秀云　黄昱然
金紫薇　李术峰　梁　宇　林丹阳　刘艳芳　聂　伟
王嘉琪　王　伟　王振宇　王志行　吴　攀　徐梓原
杨丙乾　于瀚辰　余嘉俊　原琳琳　曾奕婧　张　骥

外国语学院
安　帅　池明宙　方柔尹　何雨露　李桂东　林　哲
刘　旭　刘　珏　陆一琛　蒙曜登　彭　倩　沈玉婵
时　秋　谈　薇　万明子　王国强　王利霞　谢阶明
谢　娟　徐　溯　薛亘华　杨　欢　远　思　曾景婷
张凌燕　张　怡　张　婧　赵　鹏　赵　靓　邹海厅

马克思主义学院
陈　晨　崔玥珺　杜冲霄　韩致宁　侯春兰　孔　娜
李　洁　李　兰　吕其庆　马　骁　邱华宇　司明宇
吴朋政　谢文雄　易佳乐　余志利　张艳萍　周东娜
庄瑞峰

艺术学院
艾　欣　白晓晴　冯　晗　管健鸿　郝　哲　李雨谏
马丽云　檀秋文　唐金楠　王　艳　王　菁　谢亦晴
熊冰雪　杨　鹏　杨玉娟　赵　妮　赵雅杰

对外汉语教育学院
陆姗娜　裴　蓓　邵明明

深圳研究生院
鲍文莉　曹亚朋　邓绮雯　段瑶芸　范飞飞　黄均荣
姜和明　江意翔　鞠　俊　黎　黎　李　舒　李文静
梁　振　陆小婵　马　静　裴润雯　秦　璇　邱淑娴
石林林　史晓东　唐光辉　王冬园　王莉娜　王夏峰
王学颖　王　骞　吴松柏　吴　洋　吴昊南　谢冰清
熊琴思　杨飞丽　杨秋华　姚露露　叶伟健　余　杰
袁鹏飞　曾　鑫　章梦珣　张春晓　张佳柠　张同欢
张玉杰　钟秀梅　周亚琪　周　瑜　邹春灵　闫加磊
闫荣珍

信息科学技术学院
白博文　陈冰影　陈　诚　陈俊洁　陈颖玚　陈郁馨
陈　琪　程晓亮　邓可君　丁润伟　董俊辰　董思维
都长平　杜栋栋　范　遽　方　聪　方亦陈　关淘淘
郭　畅　韩　硕　洪申达　胡吉英　胡静远　黄　东
黄继攀　黄庆博　黄兆丰　贾德林　贾润东　贾延延
蒋　飞　孔祥宇　李　豹　李　超　李　赫　李　欢
李豁然　李嘉豪　李　洁　李　佩　李锐杰　李　翔
李秀红　李玉林　李元春　李　哲　梁安忠　林泽琦
刘　畅　刘关玉　刘俊成　刘　鹏　柳　晨　陆　璇
吕垠轩　罗桂波　马群刚　马宇轩　蒙萌萌　孟子骞
牛临潇　庞　程　彭　沛　任仕儒　阮恒心　申发龙
施　晨　史业民　司　佳　宋德华　苏宗明　唐　浩

唐志强　汪震海　王承珂　王　干　王劲卓　王龙刚
王　墨　王　钊　吴浩洋　吴建龙　熊晓亮　徐楷斯
徐威迪　徐永驰　杨　凡　杨建楠　杨文元　游　山
郁　文　曾清华　曾　毅　詹远志　张冠群　张　恒
张吉源　张　江　张立忠　张尉东　张　翔　张晓东
张晓刚　张泓亮　张琮毅　赵晨怡　赵　阳　郑子杰
周天伟　周　正　朱　兵　朱逸萧　邹　明　谌灼杰
郗金华　邱博雅

国家发展研究院
陈　姝　韩　璇　金　洋　刘亚琳　陆佳仪　王靖一
王齐冀　俞秀梅　张　陈　张一婷　张耘昊　张　睿

教育学院
陈　菲　陈进前　陈少毅　陈扬霖　崔景颐　董子静
范逸洲　高喜军　郭　彪　郭学军　侯振虎　姜　淼
金文钧　匡建江　赖和平　兰明尚　李　兰　刘彦林
彭学文　曲垠姣　阮　草　王小青　王　宇　吴晓兵
熊　慧　游　艺　于海棠　张　俊　张　露　赵兴祥
赵　颖

人口研究所
戴婉薇　罗雅楠　马　正　温　煦　张　远

前沿交叉学科研究院
白麓峰　陈　虹　程　森　慈海娜　邓琳娜　丁　廉
董文攀　丰高敏　冯杰思　傅　瑶　高晋君　高　玲
郭枫晚　韩　翔　洪佳音　侯　珂　胡佳盼　黄　甜
贾建荣　蒋　俊　蒋　向　解晓雯　赖昱臣　雷　丛
李博文　李佳鞠　李静云　李柯楠　李玲君　李　仁
李瑞风　李　童　李文哲　李　艳　李逸坦　李雯雯
梁　凯　廖乐祺　林泽川　刘　灿　刘佳卉　刘梦豪
刘孟超　刘思杰　刘　莹　刘璐璐　陆婷婷　吕品欧
罗文翰　罗祖源　马士清　莫测宁　通　牛富增
牛　罡　彭　勇　齐海龙　秦山山　秦　为　屈弋淼
全天飞　任祥娟　时眈眈　宋　阳　孙汉涛　孙　辉
孙　霄　孙晓璇　唐荣冰　陶　宽　田学远　田艳华
田永路　汪慧君　王　迪　王慧敏　王静然　王　柯
王卫华　王英英　王泽群　吴　玲　吴润龙　吴兴龙
熊　亮　熊　盼　熊旭深　徐晶晶　徐梦真　徐小婵
徐优俊　薛建红　杨　喆　杨　李　殷荣康　尹　奇
于海昕　于欣欣　余华晟　余天舒　余跃洲　袁　凯
袁　卫　原荣荣　张　慧　张嘉宾　张金灿　张泉峰
张玄麒　张学涛　张雅蕾　张　银　张哲朋　张智宏
张　珂　赵思源　周华斌　周　瑶　朱亚南　祝海川
佟雪梅　奚　南　栾绪科

工学院
陈军伟　陈宽宇　陈　矿　陈　梅　陈　敏　陈晓天
崔岁寒　翟晓晖　丁韬力　董　可　杜　娟　樊丽彤
樊婷婷　范天举　冯亚杰　冯仰刚　冯宇婷　冯韵迪

甘洋科 高闯 高翔宇 郭兵兵 郭文翰 黄帅 姬伟 贾梦 金滋润 赖建豪 李丹彤 李铭扬
黄晓晓 黄旭 黄泽文 纪勇 姜喆 姜明君 李娜 李想 李垚 李云乔 连冠 廖昊
康玉麟 李春志 李立人 李希 李晓 李姝 刘聪聪 刘艺涵 刘永振 刘跃峰 马集 马军
梁霄 林峰 刘长升 刘杰 刘俊杰 刘鲁峰 马瑞 马文平 米利古 任金玲 任鹏伟 邵钫钰
刘同超 刘洋 刘曦 刘淼 路林林 陆建洲 宋天佳 苏明泽 孙浩杰 孙小然 孙兆猛 听夏
罗东 罗一菁 马朝阳 马征宇 毛雪梅 孟祥溪 王丹丹 王君佩 王麟 王璐 王培琰 王鹏
牛洪蛟 潘杰云 彭秀辉 任文举 任云鹏 舒子云 王琪龙 王一帆 王羽晴 肖义炜 薛慧 闫颖
苏柱 孙仕琦 孙赞 孙宗晓 孙煜坤 谭莹 杨春媛 杨慧 杨建国 杨娟 杨卫利 杨鑫
汤斯奇 田玲玲 王芳 王刚 王嘉宇 王潘丁 叶菁菁 尹昂 于畅 于秀艳 于颖 袁宇瑶
王培育 王绍鑫 王元 王倩 王琦少 王昊 张辰雨 张弛 张群 张昕玮 张旭 张雪辉
魏小倩 温见培 文家燕 吴小虎 相耀磊 肖梦娟 张艳菲 张卓君 赵磊 赵美美 赵珊珊 郑茜宁
肖天白 熊诗颖 徐汀 徐梓淇 杨宏韬 杨乐 周悦晴 朱奕彰
杨丽红 杨柳思 杨振洲 阳梦珂 游加平 于学成 药学院
余龙 喻佳兵 张春一 张存志 张慧 张立锋 白婧 陈昌买 陈文君 陈晓玲 陈颖 丁焕弟
张明煜 张树杰 张亚飞 赵俊良 赵若 赵岩 官海静 管辉 郭莹 贺俊斌 贺潇蒙 侯英子
赵则昂 周乐 周雷 周蜀钦 朱晓映 朱亚路 金庆庆 靳雪芹 李宏月 李苏昕 梁端韦 梁宇杰
卓增庆 邹明初 邹舒帆 滕益华 廖理曦 刘海超 刘莉嘉 刘永清 马元 沐黎敏
城市与环境学院 潘博文 庞宁 邱崇 石洋 孙亚楠 唐叔南
安外尔·艾则孜 蔡高明 陈曦 崔莹莹 董程程 万彦军 王超群 王双 武瑞君 肖茹月 阎妍
杜伟 方琰 高群 高世雄 龚华 郭强 张建平 张津皓 张军 张雷 张泸 张爽
韩玥 韩忆楠 后希康 胡文欣 黄琳珊 黄萌田 张肖 张朕僮 赵岩 朱玉超 朱月洁
黄天博 蒋洁琼 蒋鹏 兰心宇 李彧 李伟 公共卫生学院
李耀琪 李也 李跃 李悦天 李昭 梁博毅 曹冰 曹亚英 陈博 代晓彤 杜雨峰 樊萌语
刘超 刘国华 刘茂甸 刘强 罗耀 毛康 冯柏洹 郭群 郝永秀 胡贵平 金怡晨 李钦
彭旭 唐琳 陶卓霖 王砾 王映辉 王正陆 李小菊 李雪婷 梁思园 廖紫珺 刘子琪 柳芳超
武东海 肖文杰 徐炜 姚晓明 易侃 袁媛 毛瑞雪 申洋 宋菁 宋宿杭 谭圣杰 田耀华
曾文静 张甜 张雪 赵明月 朱向东 王政和 王志成 徐洪兵 杨雷 杨萍 张建芬
环境科学与工程学院 周芳菲 朱秀 朱一丹 卓琳
别鹏举 曹礼明 陈立明 陈夏彬 陈燕 陈妍 护理学院
代天娇 付正辉 郭峻瑜 韩荡 李晨晨 李荣玉 侯淑肖 蒋新军 李湘萍 黄越龙
梁园梅 刘明旭 刘宇心 马雪飞 毛璐 庞韵梦 医学人文学院
申恒青 沈小雪 田欣 王川 吴晓杨 徐婷婷 付馨悦 葛海涛 黄媛媛
杨立新 杨裕茵 朱乔 邹振东 邹琦 第一临床医学院
分子医学研究所 白璐 蔡方豪 程方骁 崔明 邓会 董晓琴
安妮 杜莉莉 高凯瑜 郭前进 韩成盛 胡雪婷 樊勇 葛琳 郭化虎 郭冀帆 韩莎莎 洪保安
焦睿颖 李玉梅 刘兵 骆宇峰 戚文峰 饶蓁蓁 洪金妮 黄思夏 揭起强 靳松 景晨迪 李猛
山丹 王庆龙 王绍华 吴达仁 吴鸿昆 许宏展 李翔 李一帆 栗金亮 林莉 刘广宁 刘昊天
于鹏 张入峰 张晓雅 张郁林 郑晓璐 郑轩 刘敏 刘雯雯 刘怡 刘义 刘志华 卢星星
闫晗 马举 马帅 马永琛 毛乐乐 欧尾妹 彭鼎
秦胜堂 阮亘杰 石鑫淼 石真 孙超 孙萍萍
新媒体研究院 孙晓菁 孙一冰 王灏琛 王怀玉 王佳平 王杰
黄莹 李雪莲 梁皓云 刘思酉 罗欢 潘佼佼 王翔 王毅 王紫薇 吴培莉 吴锐 相隗文殊
王玮 赵珞琳 向鹏 谢佳 薛姣 延会芳 杨璧铖 姚旭阳
基础医学院 殷亮 于靖 詹永豪 张静 张木蕃 张正奎
操丽丽 曹正意 陈邦涛 陈立烨 陈然 陈思潼 赵晨旭 赵少阳 钟伟龙 钟益珏 周玲 周亚彬
陈亚云 崔昌婷 崔春雪 崔奇 邓常文 丁亚骏
董瑞瑞 杜鸿强 冯笑雯 高瀚男 郭正阳 黄明

第二临床医学院

曹谢娜　陈定宝　陈冬波　陈文杰　郭亚涛　韩　钰
黄　祺　黄秀婷　蒋洪朋　李待兮　李　龙　李文雪
李　夏　林燕莺　刘佳佳　刘明远　卢润青　马毓敏
毛　宁　饶　烽　石　琳　宋　洋　孙　婧　王　强
王宜旭　王　铸　吴　哲　杨　康　杨　硕　殷复粉
尹　平　于　斐　张　琛　张　静　张克石　郑雅莉

第三临床医学院

陈　勇　刁文琦　谷良标　郭　薇　何观平　建磊磊
姜蔚蔚　柯　倩　喇高燕　李艾为　李　芳　梁　辰
刘珺玲　刘涛涛　木良善　齐新宇　任一昕　沈　静
石媛媛　孙清华　孙婉璐　王艾博　王　犇　王滨帅
王河清　王文静　吴济民　杨　静　杨　沫　杨璞玉
杨雅文　尹　川　雍　磊　原福贞　张海涛　张津晶
张晋东　张秀秀　赵　玥　周　璐　朱诗玮　朱晓雯
阿克胡·阿勒马斯

口腔医学院

白云洋　陈楚雯　陈　帅　陈　思　方滕姣子　郭小龙
韩泽文　雷　蕾　李伟伟　李文文　梁雅婧　刘　佳
刘　娟　刘　梦　吕　岩　马小涵　屈凌寒　饶南荃
孙仕晨　滕　飞　佟佩远　王天骄　王　威　许　宁
许　晓　燕伯希　杨聪翀　杨　爽　余　淼　臧晓龙
赵华翔　赵　璐

精神卫生研究所

安　静　程维秋　金嘉郦　李琼蔚　刘　蕊　沈　芮

王红丽　王　骁　张海峰

临床肿瘤学院

陈心怡　陈祖华　崔　璨　高　品　贺怡子　李排云
李　爽　林舒晔　林小婷　刘佳菲　刘亚璐　刘振振
马婉茹　马宇腾　孟　桦　聂梦林　乔　梦　施　超
谭　琴　田　源　王　林　王　鲁　王　帅　王　涛
武梦娇　徐晓霞　阎　靓　杨　璐　杨晓丹　杨自国
于佳怡　于思帆　张景玉　张攀攀　张　媛　赵文思
周　婷

北京医院

曾　怡　崔芦伟　王　确

中日友好医院

孔大伟　李碧云　苗朝阳　牛宏涛　魏润杰　张　萌

世纪坛医院

刁　翯　郑　兴

首都儿科研究所

李　森

深圳医学中心

梁晓凌　庄成乐

北京地坛医院

韩　铭

解放军第三〇二医院

孙子健

（研究生院、医学部研究生院
刘佰军、张雪原、于　菲）

留学生研究生毕业生名单

硕士毕业生名单

心理与认知科学学院

Jin, Yan
So, Migi

中国语言文学系

Ahn, Juhyun
Lin Chunhai
Lin, Min
Alrabab'h, Lina Adnan Mohammad
Lim, Wan Ying
Zeng, Sherry
Teh, Chew Yin

历史学系

Bakhtiar, Ormazd

考古文博学院

Kim Eunju
Ly, Nina Axin

哲学系

Trendelkamp, Tim
Xie, Jinglun

外国语学院

Liu, Mingxi
Lock Toy Lai, Patricia

艺术学院

Pra Floriani, Giulia

对外汉语教育学院

Harry（陈福荣）
Khe Dan
Ooi Ciat Min

Huang, Yu Christina
Li Maand Iynd Wong Zhong
Shigeno Rumi
Leona Kiu King Chieh
Ishibashi Ryoko
Wang Fa
Chia Shi Yieng
Tang Jie Ling
Jeong Minkyung

国际关系学院

Abdurasulova, Asel
An, Jun Sug
Beijen, Karel Boudewijn
Banjo, Georgia
Bohman, Viking Bjoern
Pok, Litho
Chugueva, Vladislava
Choi, Ye Sol
Cook, Sam Macedonio
Sark, Ubeydullah
Watanabe, Koji
Heuermann, Philipp
Manaworapong, Nichapa
Vuichard, Estelle
Quek Shei Ting
Good, Joseph Ari
Vletter, Dominique Josephine
Kim, Min Ha
Kim, Jin Yung
Kim, Iris Nanhee
Kim, Sunyub
Kim, Sohee
Kossmann, Port Morten
Arts, Laura Maria Johanna
Eviston, Henry William
Latvanen, Emilia Fanny Matilda
Patyi, Kristof
Nadia Atita Salsabila
Leelakulawut Weerawaran
Lee, Seong Won
Lee, Yaechan
Leong, Jia Siang
Karajedee, Jittiwat Nuipakdee
Teer, Joris Jaap
Yoo, Jin
Yu, Hojun

Ellenrieder, Lukas Roger
Helferty, Louise Naomi
Lapehn, Allison Rebecca
Hayet, Maxime Didier Jean
Berthelot, Maureen Simone Charlotte
Patel, Anika Nailesh
Park, Youngmin
Park, Jin Young
Cote, Andre-Anne
Yamamitsu, Reimi
Yamazaki, Keigo
Mizumura, Hiroki
Moross, Saul
Saindon, Pierre-Luc
Wang, Florence
Atkinson, Thomas William Christian
Sylvain, Virgile Pol Vanon
Oh, Changyeop
Ullerup, Caroline Busk
Arnontaweesin, Thaikhom
Xiao, Jun Yan Xiah
Bazzoli, Alessandro
Jahn, Thaddeus Caspar Boyd
Yip, Runlin
Yoon, Gahee
Woo, Young Ah
Woo, Juhee
Treedara, Jakarin
Rabena Jr, Ronald Robert
Brown, Alexander Edward
Sakamoto, Kentaro

法学院

Nawaz, Balawal Ali
Acosta Bernedo, Otto Alonso
Kubuabola, Adi Soloila Tukana
Du, Xinyu
Phorphimxay, Khammanh
Rahman, Md Ziaur
Kinkor, Daniel
Koelliker, Isabel Adele
Lee Jia Chern
Yang, Minseok
Zubimendi, Matias Sebastian
Shoev, Samaridin
Park, Jae Yong
Situmorang, Eva Kurniati

Tang, Qianhe
Mila, Audrey Estelle
Mun, Samuel Heui
Carriere, Marc-Andre
Cheung, Yik Chi
Tay, Kuan Seng
Zumsteg, Raphael
Wong, Vicky Wing Kay

政府管理学院

Ait Oukaci, Amel
Aryal, Chudamani
Ng, Anthony
Anjarasoa, Pierrette
Akuei, Magok Panchol Bathou
Biros, Emile Matthieu
Boampong-Aboagye, Ernest
Chaiyaporn, Chayan
Teng Shu Min, Eunice
Han, Hoshio
Phiri, Dean
Foon, Mengeh
Kheir, Mwadini Haji
Kim, Cho Yeon
Kaira, Moses
Kant, Krishna
Kazemi, Peiman
Cosmos, Leonard Edem
Kivugo, Neema Fedrick
Lai Xin Yan, Jamie
Ziemer, Tina Yunsheng
Lee, So Hyun
Lebard, Pierre Yves Marie Lebard
Berger, Lukas Ulysses
Lunyumbu, Halmenshi Vitalius
Al Rahbi, Yousuf Yaqoob Nasser
Rasikh, Shamsullah
Makusaro, Francis Laurent
Machar, Kot Nyol Dakbai
Mendez, Micheal Alexander
Millan, Brendan Joseph
Makur, Nelson Makoi
Moore, Darcy Thomas
Panagiotou, Andriana-Mei
Jeon, Soo Sojeong
Sonko, Alagi
Song Wanyi, Celestine

Interesse, Giulia
Yin Guo, Jiaqi
Ikpe, Gifty Patricia

新媒体研究院

Han, Jessica Nicole
Huang, Danning
Jiang, Charles Chen

经济学院

Takahashi, Hiroya
Kim, Ju Yeong

光华管理学院

Jeong, Jinwon
Fang, Yupeng
Takahashi, Tomoko
Kwak, Dongjoo
Novakova, Kristyna
Hong, Kristen Mikel Tian-Bo
Gallardo, Daniel Alberto
Kim, Minwoo
Ke, Andrew
Nuntapredawat, Pantipa
Lee, Hwee Jun
Lee, Shin Jae
Lee, Wonwoo
Lee, Zi Xin
Lee, Yongkyu
Lee, Suhan
Cadena Mendez, Victor Joaquin
Skoolragkwamsook, Tidayuth
Geelhand De Merxem (Ecuyer), Florent
Meng, Xiangnan
Park, Sangsoo
Kendrick, Jonathan Jack
Keum, Jong Ho
Kwon, Youngju
Macarthur, Scott Gordon
Slavik, Petr
Song, Wan Yang
Tien, Melody I Fan
Wang, Zihui
Amir, Salman
Seo, Sangkyun
Xu, Sherilyn Yuqian
Karakit, Mutita
Ye, Cimeng
Zhang, Feitong

Zhang, Haolin
Rukanda, Dick Abinathanael Takunda
Zhu, Sophia
Tam, Suh Won
Min, Hogun

国家发展研究院

Mok, Dae Kyun
Park, Jae Hyung
Perillard, Gabriel

燕京学堂

Aibar, Nazerke
Bachikh, Asma
Karki, Asmod
Sarpong, Franklin Mensah
Garcia Patino, Angelica
Mandell, Blake Alexander
Kanarek, Paulina Elzbieta
Bishop, Jacob Arthur
Bowens, Jesse Elisabeth
Mourdoukoutas, Christos
Wo, Bradley Robert
Demchenko, Lidiia
Dancer, Patrick William
Dunne, Erin Elsa
De Oliveira Vasconcelos, Daniel
Barrientos Fuentes, Felipe Alberto
Finkelstine, Emily Marie
Fu, Eugene Chun Sum
Fabbroni, Filippo
Er, Gokhan
Cao Mai Van
Gascoin, Alexandre, Nicolas
Galeev, Oskar
Graham, Miles Ulmer
Goodman, Pearson Wild
Goodman, Joseph Frank Koc
Govindarajan, Padmapriya
Goueth-M'bele Ekine, Honorine Larissa Ngo Tedga Daniele
Gladysz, Jacob
Gafarov, Odil
Lincoln-Hyde, Ellan Alethia
Hooks, Carl Stanley
Masabathula, Sriharsha
Ng Junyang
Gaillard, Oriane Li-Ming
Burnes Garza, Jose Luis

Huisman, Montijn
Reilly, Jessica Nia
Giang, Elaine Jessica
Kim, Anastasia
Cotton, Sonya Ruth
Kelley, Kathryn Hart
Galeev, Kamil
Lee, Lynn
Killian, Nita Josephine
Reil Sebastian Johannes
Volpini, Leonardo
Liseichykava, Valeryia
Kennedy, Teresa Joan
Machado Costa, Livia
Liu, Jennifer Jia-Hong
Noh, Minjoo
Singal, Suvina
Romero Sanchez-Herrero, Teresa
Trappe, Roswitha Alexandra
Romeo, Dominic Joseph
Miller, William Thomas Graeme
Ma, Zhengyuan
Marchese, Anthony
Clingan, Madeleine May
Meacci, Ludovica
Bilgin Melike
Kyaw, Nan Sandar
Sarwer, Amna
Amsili, Miryam
Gajan, Maurice Ludwig
Muzaurieta, Aurelio Alberto
Matros, Anastasiia
Odota, Joel
Schneider, Jordan
Gidado, Travis Jamaal
Qu, Jennifer Hanying
Riseley, James Ellison
Arcesati, Rebecca
Hailemicael, Yohannes Ayalew
Sherlock, Allison Laurel
Celik, Gozde
Park Monteiro Baptista, Eduardo
Saubier, Julia Eugenie
Kenneth Sng
Bhatia, Ravish
Warwick, Aliza Logan

Taiana, Francisco Alberto
Bazavan, Adrian
Hornung, Alexander David
Tupler, Joshua Steven
Jarosz, Maria Agnieszka
Zambrano Fajardo, Ilse Andrea
Zamir, Syeda Maira
Tiu, Christine Anne
Garion, Tahel
Friese, Johanna-Sophie Anneliese

南南合作与发展学院
Shferaw, Abrha Gebremedhn
Gebregiworgies, Amanuel Gebrezgabiher
Mukami, Noella Angela
Malataliana, Phaello Olivia
Gebresilassie, Berihu Teweldebirhan
Douglas, Shawn Nagash
Mergenbayev, Dauren
Geleta, Genet Dereje
Ngakaemang, Gaone
Bello, Mariam Gorethy
Kamara, Marie Sunkarie
Mohammed, Kedir Abrar
Jones, Kemie Alexander
Ouko, Rehema Kwamboka
Tapusoa, Rosa Taufaitoa
Mansaray, Mariama
Nicholas, Mary
Tawileh, Marwan Adel Muhy Eddin
Mohamed, Mona Saad Mohamed Shawky
Maamun, Mohammad Omar
Samarasinghe, Sean Rajiv
Dagba, Jean Marc Aurel Gbedode
Vafa, Asgarova
Phoudthavong, Souphaphone
Chanthachone, Phonephet

第二临床医学院
Junyeong Oh

口腔医学院
Jung Min Yoon

深圳研究生院
Wasin Sukijjakamin
Bevec, Benedikt Dorian Franziskus
Budakova, Iuliia
Kristianto Nathasya Pricilia B
Choy, Chun Kit

Tan Lay Shan
Hiraoka Marina, Guillermo Henry
Friedmann-Luzkova, Hanna Sergijvna
Hall, David William
Jana Hejdova
Cooper-Vespa, Gabriela Simone
Lay Lay, Khadija
Henry James Kyle
Victor Contreras Kong
Solano Nelson, Seimar Martin
Lee, Stephen Summers
Phaychith, Athip
Lim, Jaewuan
Lim, Ja No
Liu, Meng Nu
Mahadumrongkul, Korn
Noor, Nadia
Erdi Tac
Pilon, John Connor
Pinto, Daniel Vincent
Park Eunsil
Preissner, Sebastian Horst
Sharov, Andrey
Shin, Seon
Keepthong, Suwitchaya
Matta Uma Maheswara Reddy
Xiao, Liyuan
Kocharyan, Sergey
Thin Yin Hteik
Deniz Gokce Yapmis
Obukhova, Elena
Lockhart, Euan Alan
Siritienchai, Chayanit
Yapmis, Zafer
Chan, Brian Kai Yan

博士毕业生名单

数学科学学院
Reza, Md Shamim
Usman, Muhammad
Khan, Muhammad Saqib Nawaz
Naeema Ishfaq
Usman Afzal

化学与分子工程学院
Attia Firdous

城市与环境学院
Wu, Shu Yao

地球与空间科学学院
Abitkazy, Taskyn

工学院
Rivera, Christian Poblete
Ali, Zeeshan
Nik Rushdi, Nik Muaz
Bhattarai, Pravin
Aftab, Waseem
Walayat, Khuram
Yousaf, Muhammad

中国语言文学系
Higashi, Takahiro
Lee, Eun Ju
Phromsurin, Wasin
Suh, Jieun
Eom, Ji

历史学系
Skrabal, Ondrej

考古文博学院
Li, Kuang Han
Lee, Hyunwoo

哲学系
Neng Chi
Fat, Mihai Ionut

外国语学院
Oh Hyunsuk
Sugata, Yohei

对外汉语教育学院
Hwang, Hae Geum
Lee, Eunice Jing Wen
Mii, Akiko
Sun Qiao Xiaoti

国际关系学院
Ahn, Seul Ki
Ben Daoud, Habibillah
Abieva, Amina
Mirza, Muhammad Zahid Latif
Koshanova, Saule
Seo, Minhye

法学院
Mincheol Jeong
Batsukh, Altansukh

光华管理学院
Kim, Hee Eun

国家发展研究院
Cho, Yu Jeong

南南合作与发展学院
Aw, Alpha Ousmane Sawa Deme
Nkala, Bernard
Bhusal, Damodar
Mebratu, Desta Tesfaw
Habtemariam Dinku, Zegeye
Obasi, Philip Ikechi
Gomera, Jumanne Said
Karimov, Ibrokhim
Rakhimov, Daler
Ponnusawmy, Laure
Mupunga, Gift
Yahaya, Nuhu
Kutengule, Chikumbutso Charity
Smith, Jr., John Solunta
Ganda, Willie Davison
Balbekova, Olena
Davies, Joseph

（研究生院、医学部研究生院
刘佰军、张雪原、于 菲）

附　录

2019年部分媒体报道索引

主题	副题	作者	作者单位	报刊名称	出版日期	版面
创造新时代中国特色社会主义新辉煌		闫志民	北京大学中国特色社会主义理论体系研究中心	人民日报	2019.1.4	9
樊锦诗：一辈子只做一件事情	专场报告会在西北师范大学举行	宋喜群、王雯静		光明日报	2019.1.8	03
北大医学部落户怀柔科学城东区		王可心		北京日报	2019.1.9	6
努力创造公平竞争的制度环境		张守文	北京大学法学院教授，中国法学会经济法学研究会会长	人民日报	2019.1.10	9
深入调研为经济发展建言献策	改革先锋风采：北大光华管理学院名誉院长、教授厉以宁	欧阳洁		人民日报	2019.1.6	2
从遗弃的空间走向希望的空间		卢晖临	北京大学社会学系教授	光明日报	2019.1.10	07
一曲时代的青春赞歌	评刘上洋《老表之歌》	陈晓明	北京大学中国语言文学系教授	人民日报	2019.1.11	20
防止陷入"方法主义"泥潭		渠敬东	北京大学社会学系教授	北京日报	2019.1.14	16
精神的光芒		叶朗	北京大学哲学社会科学资深教授，北京大学博雅讲席教授	光明日报	2019.1.12	09
知识和热情		朱良志	北京大学美学与美育中心主任、北京大学哲学系教授	光明日报	2019.1.12	09
写出自己的字体		张世英	北京大学哲学系教授、博士生导师	光明日报	2019.1.12	09
方寸之间见精华		李超杰	北京大学哲学系教授	光明日报	2019.1.12	09
陆俭明：语言研究并不枯燥		张璐	北京大学中国语言文学系博士、中国人民大学文学院副教授	光明日报	2019.1.14	11
关于中国人文化性格的有趣著作		张颐武	北京大学中国语言文学系教授	北京日报	2019.1.17	16
在图文之间触摸历史	《左图古史与西学东渐》写作缘起	陈平原	北京大学中国语言文学系教授、博雅讲席教授	光明日报	2019.1.16	16
于敏：身为一叶无轻重 愿将一生献沉图	九十三岁的"两弹一星功勋奖章"得主于敏走了	陈海波、齐芳		光明日报	2019.1.17	08
一辈子把自己的名字看得很淡		吴月辉		人民日报	2019.1.17	16
谈谈慢读传统		洪子诚	北京大学中国语言文学系教授	人民日报	2019.1.16	20
他从不以"中国氢弹之父"自居	"非著名科学家"于敏逝世	邱晨辉、堵力		中国青年报	2019.1.17	1
郑天挺：为民族保存文化火种		个厂		光明日报	2019.1.19	12

(续表)

主题	副题	作者	作者单位	报刊名称	出版日期	版面
"人民"范畴究竟何指		陈培永	北京大学马克思主义学院研究员、博士生导师	北京日报	2019.1.21	16
风景之文野		陈平原	北京大学中国语言文学系教授	北京日报	2019.1.21	14
温和内敛：90后的一个代际特征		张颐武	北京大学中国语言文学系教授	北京日报	2019.1.21	14
从经济转型到应对大城市病	全球城市的共同挑战	李国平	北京大学首都发展研究院院长	光明日报	2019.1.24	14
如何打造全球城市		吴爱芝	北京大学图书馆馆员	光明日报	2019.1.24	14
"人文而化"人事中	尊重科学人口观的价值取向	穆光宗	北京大学人口研究所教授	北京日报	2019.1.28	14
共同富裕有两个对手		陈培永	北京大学马克思主义学院研究员、博士生导师	北京日报	2019.1.28	14
新时代文化哲学研究的使命担当		郭建宁	北京大学中国特色社会主义理论体系研究中心副主任、教授	人民日报	2019.1.28	9
伟大觉醒孕育伟大创造		杨河	北京大学马克思主义学院教授、社会科学部主任	人民日报	2019.1.30	9
马克思主义始终与改革开放同行		顾海良	教育部社会科学委员会副主任、北京大学马克思主义学院	人民日报	2019.1.22	9
在法治建设实践中创新发展中国经济法学		张守文	北京大学法学院教授、中国法学会经济法学研究会会长	人民日报	2019.2.11	9
中国制度守正创新之道		孙来斌	北京大学习近平新时代中国特色社会主义思想研究院研究员、马克思主义学院教授	人民日报	2019.2.13	9
"伟大时代是我的底气"	经济体制改革理论的探索者林毅夫	陈圆圆、赵婀娜		人民日报	2019.2.14	12
21岁启蒙工科博士同期词大会	北大才女陈更连续参加四届终冠终实验时为减正与诗词结缘	祖薇		北京青年报	2019.2.16	Q10
一家之集非汉为一姓之书		张剑	北京大学中国语言文学系教授	北京日报	2019.2.18	12
张世英：心游天地外 意在有无间		张颖天	北京大学艺术学院	光明日报	2019.2.18	1
书中游		谢冕	北京大学中国语言文学系教授	人民日报	2019.2.19	20
中式科幻大片的开山之作		王一川	北京大学艺术学院院长	人民日报	2019.2.21	16
翻译就是追求两种语言"双赢"		许渊冲	北京大学艺术学教授	人民日报	2019.2.22	20
加强网络内容建设营造风清气正的网络空间		谢新洲	北京大学新媒体研究院院长	光明日报	2019.2.26	16
进北大访燕园睹日物感故人		杨晓光		北京青年报	2019.3.3	Q12

(续表)

主题	副题	作者	作者单位	报刊名称	出版日期	版面
曹文轩：说不尽的白冰图画书系列		曹文轩	国际安徒生奖获得者，中国作家协会儿童文学委员会副主任，著名儿童文学作家，北京大学教授	中国教育报	2019.3.4	10
林毅夫：重要的是改革定力和发展信心		王斯敏、张胜、李晓		光明日报	2019.3.4	03
培育消费增长点——基于中国城乡家庭消费结构变迁的调查与思考		夏庆杰	北京大学经济学院教授，北京大学经济与人类发展研究中心主任	北京日报	2019.3.11	14
为新时代中国文化艺术发展立方向		张颐武	北京大学中国语言文学系教授	北京日报	2019.3.11	13
北平大学往事（上）		孙文晔		北京日报	2019.3.12	13
北平大学往事（下）		孙文晔		北京日报	2019.3.12	16
从"神仙、老虎、狗"谈起		林耀国	北京大学政策法规研究室主任	中华读书报	2019.3.13	15
把发展中小都市圈纳入国家都市圈建设任务		杨开忠	首都经济贸易大学副校长、教授，原北京大学秘书长	北京日报	2019.3.18	14
碎片化难免伤害历史学研究		钱乘旦	北京大学博雅讲席教授，区域与国别研究院院长	北京日报	2019.3.18	15
追寻哲人的独特魅力	纪念李慎林先生逝世十周年	金久超		文汇报	2019.3.18	1, 2
美育的力量		韩毓海	北京大学习近平新时代中国特色社会主义思想研究院副院长	光明日报	2019.3.19	13
6%~6.5%经济增长目标背后的信心	北京大学国家发展研究院名誉院长林毅夫答网友问	林毅夫	北京大学国家发展研究院名誉院长	光明日报	2019.3.19	07
"哈利·波特"的独特魅力		林品	北京大学中国语言文学系博士，首都师范大学讲师	光明日报	2019.3.20	16
推动经济高质量发展		厉以宁、程志强	北京大学光华管理学院教授	人民日报	2019.3.21	9
北大与港校共设本科双学位		陈大渡		北京日报	2019.3.20	16
为人民做学问		韩毓海	北京大学习近平新时代中国特色社会主义思想研究院副院长	北京日报	2019.3.21	7
电子商务法为平合经营者建章立制		薛军	北京大学法学院教授、副院长，北京大学电子商务法研究中心主任	光明日报	2019.3.22	11
燕园花开		姜明		北京日报	2019.3.22	14
楼兰古国兴衰与环境变迁的考察		王炳华	北京大学人文社会科学研究院2018年邀访学者	光明日报	2019.3.23	10

(续表)

主题	副题	作者	作者单位	报刊名称	出版日期	版面
新发现的斯诺对"一二·九"运动最早的一篇报道		钱承军		文汇报	2019.3.25	3
北大推首档对话类电视思政课节目	"思政热点面对面"第一季推出18期	刘婧		北京青年报	2019.3.26	A5
那堂坚定信念的思政课	引领高校思想政治课改革创新发展	吴爆琪	北京大学医学部2017级临床医学专业八年制学生	光明日报	2019.3.26	14
天津与北大清华签署战略合作协议	两校科研成果接入天津科技成果转移转化网络	白波		北京日报	2019.3.29	10
北大自主招生申请不合科技类竞赛成绩	同时通过初审的学生均需参加体测	刘婧		北京青年报	2019.3.30	05
西欧中世纪的劳动日常		黄春高	北京大学历史学系教授	光明日报	2019.4.1	14
塑造高质量发展的"经济地理"		杨开忠	中国社会科学院城市发展与环境研究所副所长、教授，北京大学原秘书长	北京日报	2019.4.1	16
政策民主与政策协商		李修科、燕继荣	西南政法大学政治与公共管理学院、北京大学政府管理学院	北京日报	2019.4.1	14
不能以旧逻辑理解数字时代		陈春花	北京大学国家发展研究院教授	北京日报	2019.4.1	14
叶廷芳：命运这个东西，打击你，也成全你		陈枫		北京青年报	2019.4.9	B1
北大邯郸研究院当起"科技红娘"	引进首都高校创新联盟	李如意、米钊		北京日报	2019.4.12	9
"土不可以不弘毅"		潘维	北京大学国际关系学院教授、北京大学中国与世界研究中心主任	北京日报	2019.4.15	12
以学理性增强思政课的实效性		孙代尧	北京大学马克思主义学院教授	中国教育报	2019.4.16	08
大陆首例试管婴儿当妈妈了！	大陆首例试管婴儿在北京大学第三医院顺利诞下一名男婴	刘欢		北京日报	2019.4.16	6
严家炎：痴情文学的燕园"大侠"		舒晋瑜		北京青年报	2019.4.16	13
月薪四百万，不够吃饱饭？！	1947年的北大教授	肖伊绯		北京青年报	2019.4.17	QB2
怀精诚之心 追学术之远	我编《传统文化六讲》	徐令缘	金开诚先生之外孙女（金开诚，北京大学中国语言文学系教授）	光明日报	2019.4.17	12
五四运动中华了马克思主义在中国的传播		宇文利	马克思主义学院教授、博士生导师，北京大学习近平新时代中国特色社会主义思想研究院研究员	中国教育报	2019.4.18	05
北大人民医院通州院区年底开诊		杨红菊		北京青年报	2019.4.20	Q04

(续表)

主题	副题	作者	作者单位	报刊名称	出版日期	版面
阐明"中国模式"		王东	北京大学哲学系教授、博士生导师	北京日报	2019.4.22	16
谢冕：等待更动情的诗歌		江胜信		文汇报	2019.4.21	4
北大红楼参观者同比去年激增	珍贵史料展览还原"五四现场"	李洋		北京日报	2019.4.24	16
西有先有诗，中国先有散文	浦江清先生《中国文学史稿》读后	程苏东	北京大学中国语言文学系副教授	光明日报	2019.4.24	16
北平新闻专科学校的开学典礼		肖伊绯		北京日报	2019.4.25	15
人才培养要铺陈好马克思主义的鲜亮底色		孙熙国	北京大学马克思主义学院教授	中国教育报	2019.4.26	07
北大携手青岛 发力智能视频研究		王建高、刘志峰、于舜、刘庆		科技日报	2019.4.25	8
北大将在滨海新区建临床医学院		丰家卫、路煦娜		北京日报	2019.4.26	9
发现"东胡林人"		郭欣		北京日报	2019.4.30	15
在纪念五四运动100周年大会上的讲话		习近平	中国共产党中央委员会总书记，中共中央军事委员会主席，中华人民共和国主席，中华人民共和国中央军事委员会主席	人民日报	2019.5.1	2
习近平总书记重要讲话精神在北京高校干部师生中引起热烈反响		樊未晨		中国青年报	2019.5.1	3
解答心中困惑 展望新时代美景	北京大学"形势与政策"大报告会略纪	刘辰颀	北京大学马克思主义学院博士生	中国教育报	2019.5.2	05
未来就业，我们该做什么		陈宇	北京大学中国职业研究所所长、教授	北京日报	2019.5.6	14
发扬五四精神，开拓奉献新时代		邱水平	北京大学党委书记	光明日报	2019.5.4	07
探寻马克思主义中国化的历史路标	《马藏》诞生记	晋浩天、王斯敏、张胜		光明日报	2019.5.5	1, 4
北京大学成立五四运动研究中心	将对"五四"以来中国的政治史、思想史、文化史、社会史等开展研究	蒋若静		北京青年报	2019.5.5	04
青春心向党 建功新时代	各地广泛开展主题团日等活动	李昌禹		人民日报	2019.5.5	4
还原马克思主义及其中国化思想历程	《马藏》主编顾海良谈《马藏》编纂工作	王斯敏、张胜、晋浩天		光明日报	2019.5.5	04
用什么告慰五四先贤	北大师生畅谈新时代下的使命担当	张盖伦		科技日报	2019.5.6	1
百年回望"赛先生"		高博		科技日报	2019.5.6	1, 3
五四：那一天，这百年		张晨		中国教育报	2019.5.3	04
一百年前这一天		黄昉苨		中国青年报	2019.5.8	5

(续表)

主题	副题	作者	作者单位	报刊名称	出版日期	版面
深刻改变中国命运的理论指引		丰子义	北京大学哲学系教授	人民日报	2019.5.9	9
治疗中危急性髓系白血病 移植优于化疗		钟艳宇	北京大学人民医院	光明日报	2019.5.12	06
欧洲人描写亚洲的经典读物		欧阳哲生	北京大学历史学系教授	北京日报	2019.5.13	16
不该被遗忘的"五四"闯将		余玮		北京日报	2019.5.14	15
对新诗的认识，梁启超与胡适"和而不同"		夏晓虹	北京大学中国语言文学系教授	北京青年报	2019.5.14	B2
冼星海：谱写不朽的英雄乐章		李雄鹰		北京青年报	2019.5.14	16
因为大地素育了我们	我之节约观	谢冕	北京大学中国语言文学系教授	人民日报	2019.5.14	11
北大人民医院试点在线复诊续方购药		刘欢		文汇报	2019.5.16	9
复诊处方可在就近药店取药	北大人民医院启用本市首个三甲医院智慧服务诊后管理体系	张小妹		北京青年报	2019.5.16	A7
昨世界口腔正畸日 北大口腔医院义诊		张小妹		北京青年报	2019.5.16	A6
北大资源关爱留守儿童教育公益活动启动	星火助学 快乐学校	刘亚廷、王达		中国青年报	2019.5.17	1、2
文学研究应有历史责任感		严家炎	北京大学哲学社会科学资深教授	人民日报	2019.5.17	20
不能丢失中国文化的主体意识		楼宇烈	北京大学哲学系教授	北京日报	2019.5.20	15
首都三百万师生唱响爱国之歌	用实际行动践行报国之志	张景华、董城		光明日报	2019.5.21	1、15
首都三百万师生唱响爱国主旋律	北京教育系统庆祝新中国成立70周年爱国主义主题教育活动掀起热潮	武文娟		北京青年报	2019.5.21	A4
另辟蹊径 力道独具	谈莫言证作艺术取向	陈晓明	北京大学中国语言文学系教授	人民日报	2019.5.24	20
区块链与网络世界的未来		王志诚	北京大学光华管理学院金融系副教授	光明日报	2019.5.25	12
产业扶贫重要的是"适应性"		周飞舟	北京大学社会学系教授	北京日报	2019.5.27	14
西南联大文学社团的原生面貌	第一本系统研究专著 诗史互证"洋细推案"	邓鹏飞		北京青年报	2019.5.28	B2
在历史中显现生命的奇崛		陈晓明	北京大学中国语言文学系主任、教育部长江学者	光明日报	2019.5.29	14
年轻干部要在担当作为中成长		吴奇修	财政部农业司司长、国务院农村综合改革办公室主任，北京大学经济学院应用经济学专业博士后	人民日报	2019.5.31	9
上好医学生的思政"三堂课"	北京大学医学部探索搭建贯通课堂、校园、社会的思政教育平台	柴葳、武慧媛		中国教育报	2019.6.6	1、3

(续表)

主题	副题	作者	作者单位	报刊名称	出版日期	版面
郝建宁：中国共产党人的初心和使命		郑芳芳		光明日报	2019.6.7	04
我们应成为国际考古和遗产保护大国		李伯谦	北京大学教授、考古系原主任	光明日报	2019.6.9	07
企业家要去做硬科技		姚洋	北京大学国家发展研究院院长	北京日报	2019.6.10	13
曹文轩新作《草鞋湾》灵感来自毛姆		刘咏梅		中国教育报	2019.6.10	11
城市"集聚效应"驱动中国经济高质量发展		张庆华	北京大学光华管理学院应用经济学系教授、博士生导师	光明日报	2019.6.10	03
坚持实事求是的理论创新科学应对新挑战		林毅夫	北京大学新结构经济学研究院院长、教授	人民日报	2019.6.12	9
北大自主招生考试启动		和冠欣		北京日报	2019.6.12	8
胸怀"三颗心"筑梦新时代		宋玺	北京大学心理与认知科学学院临床与健康心理学系2018级硕士研究生	中国教育报	2019.6.13	11
家园和生命之歌	读徐鲁长篇小说《追寻》	曹文轩	北京大学中国语言文学系教授	人民日报	2019.6.14	20
呵护师生健康要做"加减法"		王登峰	北京大学党委原副书记	中国教育报	2019.6.15	04
筑就理论创新和学术繁荣的广阔空间	光明日报创刊七十周年感言	顾海良	教育部社会科学委员会副主任、北京大学马克思主义学院教授	光明日报	2019.6.18	11
全国高校在京招生计划公布	本科普通批计划招生2.8万余人	任敏		北京日报	2019.6.21	5
"东方乡村社会与写作体系的缩影"	《金翼》用"白描法"勾勒人物和场景	渠敬东	北京大学社会学系教授	北京日报	2019.6.24	12
诗性写意，丹心铸魂	观吴为山雕塑艺术展	王一川	北京大学艺术学院教授	人民日报	2019.6.23	8
北大王少杰成状元秀最大热门		宋翔		北京青年报	2019.6.28	A18
视网膜为何会脱落		曲进锋	北京大学人民医院眼科主任医师	人民日报	2019.6.28	19
我是怎么写起儒学史的		干春松	北京大学儒学研究院教授	光明日报	2019.6.29	12
"古诗"何以"十九首"		辛德勇	北京大学中国古代史研究中心教授	光明日报	2019.7.6	6
寻访那些鲜为人知的红色地标	记北大红楼附近的红色文化资源带	董城、邹韵婕、车宗凯		光明日报	2019.7.7	10
用国际通用语言讲好中国品牌故事	超越"民族品牌"	符国群	北京大学光华管理学院市场营销学教授	北京日报	2019.7.8	13
中国70年发展理论自主创新的"金矿"	谈现代经济学理论自主创新的必要和方向	林毅夫	北京大学国家发展研究院名誉院长	北京日报	2019.7.8	15
增强中国哲学主体性自觉		王博	北京大学哲学系教授	人民日报	2019.7.8	9
如今的人文学科，承受着"快出成果"的压力	学术菁华在非瑕疵回难中凝聚来结晶	邓小南	北京大学历史学系教授	北京日报	2019.7.8	15

(续表)

主题	副题	作者	作者单位	报刊名称	出版日期	版面
做钝粹人，行不言之教		刘 建		光明日报	2019.7.10	16
立体的复合型大师		高旭东	中国人民大学文学院特聘教授、长江学者	光明日报	2019.7.10	16
关于季羡林先生的最后记忆		葛维钧		光明日报	2019.7.10	16
爷爷去世十年了，我没有一天不怀念他	明日是季羡林先生逝世十周年，孙女季清撰文	季 清		北京青年报	2019.7.10	B1
北大探索建世界一流高等学府		许 锐	北京大学档案馆	中国教育报	2019.7.11	3
北大新版录取通知书发出3800封		刘 婧		北京青年报	2019.7.12	A4
学问以自修为主，不明白处则问之，将人生忧患与书本知识相勾连	把读书作为一种生活方式	陈平原	北京大学中国语言文学系教授	北京日报	2019.7.15	12
唐诗的"物律"		杜晓勤	北京大学中国语言文学系教授	光明日报	2019.7.15	13
丰富艺术创作实践 推动艺术理论发展		王一川	北京大学艺术学院教授	人民日报	2019.7.16	20
改革开放以来的中国敦煌学		荣新江	北京大学历史学系暨中国古代史研究中心教授	光明日报	2019.7.22	14
北大回应"博士生半天走98800步质疑"		刘 婧		北京青年报	2019.7.20	5
投资性房地产最终有多少购买力呢？"什么比"以房养老"更靠谱"		金 李	北京大学光华管理学院副院长、北京大学国家金融研究中心主任	北京日报	2019.7.22	10
中国的金融科技要小心被"弯道超车"	金融科技会成为重要的国际竞争力	黄益平	北京大学国家发展研究院副院长	北京日报	2019.7.22	10
进步的中国人读书的目的	从近代一种读书史谈起	韩毓海	北京大学教授	北京日报	2019.7.22	12
把热爱祖国作为立身之本 将深入一线作为成长之基	北大"新火计划""助推青年扎根基层	杨宝光		中国青年报	2019.7.23	1, 3
法德日国际研究生教育人的比较与思考		哈 巍、陈东阳	北京大学教育学院副院长、博士研究生	光明日报	2019.7.30	13
北京大学迎三千新生 5名最小新生刚满15岁 00后新生更关注基础学科学习		刘 婧		北京青年报	2019.8.18	3
以良好政治生态确保党的事业蓬勃发展		程美东	北京大学马克思主义学院教授	经济日报	2019.8.21	A16
发现理论不能解释的"反常现象"，才是科学突破的起点	代谢增长论	陈 平	北京大学国家发展研究院教授	北京日报	2019.8.26	16
特楼芳华（上）		孙文晔		北京日报	2019.8.27	9
特楼芳华（下）		孙文晔		北京日报	2019.8.27	12
坚定文化自信 凝聚磅礴之力	学习贯彻习近平总书记考察甘肃、内蒙古重要讲话精神座谈会发言摘要	王 博	北京大学党委常委、副校长、哲学系教授	光明日报	2019.8.27	10, 11

(续表)

主题	副题	作者	作者单位	报刊名称	出版日期	版面
北大人民医院诊急救中心下月投用 能为患者提供"急救一站式"服务 大厅可变城市公共卫生应急区		蒋若静		北京青年报	2019.8.27	A7
构建社会和政治生态合理互动格局		程美东、张伟	北京大学马克思主义学院	中国教育报	2019.8.29	05
新时代诗歌座谈会在北大举行		刘江伟		光明日报	2019.8.29	9
历史研究是一切社会科学的基础		沙健孙	原中央党史研究室副主任，北京大学教授	光明日报	2019.8.31	7
历以宁：无悔今生不自惭		陆正明		文汇报	2019.9.2	8
北大红楼二层首次开放重现"五四现场"和"光辉起点"		刘冕		北京日报	2019.9.5	6
北京大学开学典礼校长出考题"追梦"		刘婧		北京青年报	2019.9.7	5
从放牛娃到北大教授他捧起空间科学最高奖		代小佩		科技日报	2019.9.9	5
《我和我的祖国》开启高校路演 宁浩徐峥与北大学子齐唱爱国歌曲		袁云儿		北京日报	2019.9.9	12
在与西方道路的比较中，可更好地认识到中国道路内含的智慧	中国道路的比较优势	陈培永	北京大学马克思主义学院副院长，研究员，博士生导师	北京日报	2019.9.9	13
《思想的田野》：让理论传播多一些感性色彩		肖伟光	北京大学哲学博士，《人民日报》理论版编辑	光明日报	2019.9.11	15
从"比较优势"到"后发优势" 中国经验丰富了发展经济学		樊纲	北京大学经济学教授、中国（深圳）综合开发研究院院长	文汇报	2019.9.11	5
要有走入他者世界的勇气智慧		杜维明	北京大学人文讲席教授、北京大学高等人文研究院创办院长	文汇报	2019.9.11	6
《决胜时刻》北大首映"以情制胜"让学子深受触动		肖扬		北京青年报	2019.9.11	12
两千名北大学子同看《决胜时刻》		袁云儿		北京日报	2019.9.10	12
屠呦呦：科学家的"不科学"事儿		张盖伦		科技日报	2019.9.11	1
世界大学排名清华北大领跑亚洲		梁希之		北京日报	2019.9.13	4
北大社会实践	身向基层 心怀家园	晋浩天、蒋佳晴		光明日报	2019.9.15	1、3
从德意志文献集成的编辑中"阅读中世纪"	兼及德意志文献集成研究所的历史	李隆国	北京大学历史学系副教授	光明日报	2019.9.16	14
从"大部头"到数字化平台 辞书App带来了什么		孙玉文	北京大学中国语言文学系教授	光明日报	2019.9.16	6

(续表)

主题	副题	作者	作者单位	报刊名称	出版日期	版面
《史记》出乎人生，而入乎历史，写史和评史，绝不乱掺乎	"读其书而想见其为人"	李 零	北京大学中国语言文学系教授	北京日报	2019.9.16	16
从现代化视野看新中国70年		程美东	北京大学马克思主义学院教授	北京日报	2019.9.16	14
新中国电影：砥砺前行七十年		陆绍阳	北京大学新闻与传播学院院长、教授	光明日报	2019.9.18	15
马寅初：热爱祖国献计献策		晋浩天		光明日报	2019.9.18	4
"共和国勋章"获得者于敏	一个曾经绝密28年的名字	董瑞丰		人民日报	2019.9.19	4
唯物史观视域中的中国道路		丰子义	北京大学哲学系教授	光明日报	2019.9.23	15
小平你好！		任 敏		北京日报	2019.9.23	33
于敏：惊天事业，沉默人生		陈 瑜		科技日报	2019.9.24	4
中泰友好交往的使者——诗琳通公主		付志刚		光明日报	2019.9.25	12
屠呦呦：一提青蒿素眼睛就亮		张盖伦		科技日报	2019.9.26	5
大医泰然		温 菲		中国科学报	2019.9.27	8
王志诚：我国神经外科事业的开拓者		田雅婷		光明日报	2019.9.28	14
北京大学国际关系学院2016级本科生王正嫣	为青春的中国欢呼	管璇悦		人民日报	2019.10.2	11
"共和国勋章"获得者屠呦呦	与青蒿结缘 用中医药造福世界	侠 克		人民日报	2019.10.5	2
"数字+文化"，跑出跨界融合加速度		黄 斌	北京大学新结构经济学研究院国内智库部主任、研究员	光明日报	2019.10.8	7
"共和国脊梁"的故事		韩启德		光明日报	2019.10.9	16
《攀登者》主创在北大致敬"攀登者"		肖 扬		北京青年报	2019.10.13	7
中国是个大市场，这没错，但不能就此满意得不得了	中国企业家要把全球消费者装在心中	周其仁	北京大学国家发展研究院教授	北京日报	2019.10.14	13
北大党政领导到院系做"第二班主任"	帮助学生解决大学习生活难题	叶雨婷		中国青年报	2019.10.15	1
北大学子有组织志愿活动首次走出国门	"一带一路"上传播爱心和智慧	柴葳、韩芳		中国教育报	2019.10.16	3
樊锦诗：用爱和生命践行一个神圣的誓言		黄 鲁		北京日报	2019.10.15	14
从北大到敦煌		樊锦诗	敦煌研究院名誉院长、研究馆员，北京大学1963届历史学系学生	北京日报	2019.10.15	14
吴文俊：科研报国创新为先	国家荣誉称号人物	齐 芳		光明日报	2019.10.15	3
丁石孙同志遗体在京火化				人民日报	2019.10.18	1

(续表)

主题	副题	作者	作者单位	报刊名称	出版日期	版面
王忠诚：要为病人争取生的希望	最美奋斗者	王薇		北京青年报	2019.10.18	A5
北大与敦煌联手"助阵"故宫		刘冕		北京日报	2019.10.21	5
长江黄河的"两河文明"竟另有个说法		唐晓峰	北京大学历史地理研究中心教授	北京日报	2019.10.21	15
教政领先行 感悟颇多正思	读《仔仔重仔行·王义遒口述史》	陈浩		中国教育报	2019.10.21	5
历史唯物主义研究的深化和拓展		赵家祥	北京大学哲学系教授	人民日报	2019.10.21	13
樊锦诗：我心归处是敦煌		张知依		北京青年报	2019.10.22	A2
善于运用制度和法律治理国家		姜明安	北京大学宪法与行政法研究中心名誉主任、中国法学会行政法学研究会副会长	人民日报	2019.10.23	9
国旗下的教育最大动人		王崇锟	北京大学医学部2017级护理学专业学生	光明日报	2019.10.22	14
贫困治理理论的重大创新		燕继荣	北京大学政府管理学院常务副院长	人民日报	2019.10.23	19
宗璞：什么是小说家的责任		费伟		光明日报	2019.10.23	13
北大举行计算机所更名仪式让"王选精神"代代相传		张盖伦		科技日报	2019.10.24	1
北京大学原计算机科学技术研究所所长王选："科技顶天，市场立地"	最美奋斗者	余建斌		人民日报	2019.10.24	6
樊锦诗：敦煌的召唤 一生的归宿	国家荣誉称号人物	宋喜群、王雯静		光明日报	2019.10.24	4
古典诗词，如何赏其美、品其意、传其神		葛晓音	北京大学博雅荣休教授	光明日报	2019.10.24	7
季风不叔忆羡林	忆季羡林先生	杨永纯		中国教育报	2019.10.25	4
"人民科学家"吴文俊	创咖啡方法 探数学奇道	董瑞丰		人民日报	2019.10.25	6
顾方舟：跨越七千公里，紧急送回活疫苗"毒种"		张佳星		科技日报	2019.10.25	1
值得关注的社会现象：我国进入"内生性低生育"发展阶段	从"政策性低生育"进入"内生性低生育"	穆光宗	北京大学人口研究所教授	北京日报	2019.10.28	14
擦亮北大红 贯彻学思用		北京大学"不忘初心、牢记使命"主题教育领导小组办公室		光明日报	2019.10.31	5
创建中国特色世界一流大学 坚守立德树人的初心和使命		邱水平	北京大学党委书记	光明日报	2019.10.31	5
服务师生解难题 立行立改见成效		郭奕冲、田越	北京大学主题教育领导小组办公室宣传组成员、整改组副组长	光明日报	2019.10.31	5

（续表）

主题	副题	作者	作者单位	报刊名称	出版日期	版面
我的初心与使命	北京大学师生热议"不忘初心、牢记使命"主题教育	晋浩天、高雷、陈云超		光明日报	2019.10.31	5
70件珍贵文物展现游疆与丝绸之路历史进程	4000年"小河公主"神秘微笑仍清晰	赵婷婷		北京青年报	2019.11.1	A5
健康扶贫路上充满"北京温暖"	北医三院崇礼院区累计服务近3000名贫困户	李如意、胡程利		北京日报	2019.11.1	9
世界上没有一个国家是通过随机实验来解决减贫问题的	不必迷信诺奖经济学家的实验方法	张晓波	北京大学国家发展研究院讲席教授	北京日报	2019.11.4	10
早期经济全球化的东亚世界，情况究竟是什么样的	火枪加账簿：经济全球化的早期特征	李伯重	北京大学人文讲席教授	北京日报	2019.11.4	12
50青年科学家获首届科学探索奖 北大清华摘得20个奖项		殷呈悦		北京日报	2019.11.4	5
北大数学生为石刻建数字档案		任敏		北京日报	2019.11.5	6
千山共色——丝绸之路文明特展	70余件国宝级文物为你讲述丝绸之路	王瑟		光明日报	2019.11.5	15
为实现中华民族伟大复兴提供有力制度保证		孙来斌	北京大学习近平新时代中国特色社会主义思想研究院研究员、马克思主义学院教授	人民日报	2019.11.7	13
马克思主义哲学史研究的开拓和深化		聂锦芳	马克思主义哲学史学会副会长兼秘书长、北京大学教授	光明日报	2019.11.11	15
对抗抑郁"黑狗" 创新防乏力		黄薛冰	北京大学第六医院临床心理科主任	中国科学报	2019.11.11	5
从制度优势到治理效能转化之路如何走		燕继荣	北京大学政府管理学院常务副院长、教育部"长江学者"特聘教授	光明日报	2019.11.12	7
解开"中国之治"的文化密码		宇文利	北京大学习近平新时代中国特色社会主义思想研究院研究员	光明日报	2019.11.14	7
透过生活细节还原历史现场	《龙泉司法档案选编》的启示	赵世瑜	北京大学教授	光明日报	2019.11.14	15
人民的文艺 常新的文艺		董学文	北京大学教授	人民日报	2019.11.15	20
党建引领 让一流大学建设有方向有灵魂		张彦	北京大学原党委常务副书记	光明日报	2019.11.15	5
让古老的经典鲜活起来	"中华传统文化百部经典"《周易》释读漫发微	王锦民	北京大学哲学系副教授	光明日报	2019.11.16	12
生育决策的优化、生育过程的优化和生育结果的优化	优化生育：具有深远意义的新提法	穆光宗	北京大学人口研究所教授	北京日报	2019.11.18	14

(续表)

主题	副题	作者	作者单位	报刊名称	出版日期	版面
释放"中国之治"的文化能量		宇文利	北京大学习近平新时代中国特色社会主义思想研究院研究员	光明日报	2019.11.18	7
于敏:为了科学真理拍桌子		陈 瑜		科技日报	2019.11.19	1
以评论引领论文高峰建设		王一川	北京大学教授	人民日报	2019.11.19	20
"人民科学家"顾方舟守护万万千千儿童远离小儿麻痹症	一生做了一颗小糖丸	陈 聪、荆淮侨		人民日报	2019.11.20	7
涨潮濠濮,松柏桐楷	记以宁著作外译,并祝先生九秩寿辰	吴子桐		中华读书报	2019.11.20	18
以协同创新诠释"产学研2.0时代"		沈春蕾		中国科学报	2019.11.21	5
张继武:投准信息技术在医院落脚点		沈春蕾、黄 辛		中国科学报	2019.11.21	6
忆王力先生		吴宝三		光明日报	2019.11.22	16
古音研究走向科学	清代古音学研究	孙玉文	北京大学中国语言文学系教授	光明日报	2019.11.23	12
引人困境:从教学方法上激发创新		卢晓东	北京大学教育学院研究员	中国教育报	2019.11.25	5
舞出校园文化播人校园场景	北大新闻发言人带头跳起"抖肩舞"	刘 婧		北京青年报	2019.11.25	A5
一种新潮舞蹈最近火了大学校园		陈洪捷	北京大学教育学院教授	中国科学报	2019.11.27	7
"双一流"建设,学科真的那么重要吗		李 艳		科技日报	2019.11.27	1
吴文俊:世事变迁,唯创新不变		乔 杰	北京大学第三医院院长、中国工程院院士	光明日报	2019.11.28	16
北京大学第三医院院长、中国工程院院士乔杰:人类如何保持基因组的稳定		孙来斌	北京大学习近平新时代中国特色社会主义思想研究院研究员、马克思主义学院教授	人民日报	2019.11.29	9
推进意识形态建设的重大制度创新		张海澄	北京大学人民医院心脏中心主任医师	人民日报	2019.11.29	19
保养好心脏这合"发动机"		林 梢		北京青年报	2019.11.29	C6
千山共色:有金戈铁马有玉帛笙歌	北京大学赛克勒考古与艺术博物馆	穆光宗	北京大学人口研究所教授	北京日报	2019.12.2	14
从国家层面编制应对人口老龄化的中长期规划,具有未雨绸缪之深远意义		韩毓海	北京大学教授	光明日报	2019.10.25	13
远山远水隔不断的呼唤		夏 静、张 锐、吴江龙		光明日报	2019.12.4	11
刘绪贻纪:做学问是为了国家民族						
李零:他的眼睛,可以看见你的脸		蒋肖斌		中国青年报	2019.12.3	8

（续表）

主题	副题	作者	作者单位	报刊名称	出版日期	版面
全面从严治党 推动国家治理体系和治理能力现代化		庄德水	北京大学廉政建设研究中心副主任	光明日报	2019.12.4	7
家庭教育如何摆脱焦虑		苏彦捷	北京大学心理与认知科学学院教授，教育部中小学心理健康教育专家指导委员会委员	光明日报	2019.12.5	7
国家创伤医学中心启动运行 将建中国创伤数据库，预测创伤危险因素流行和发展趋势		贾晓宏		北京日报	2019.12.8	2
"从明天起，做一个幸福的人"	忆海子	谢冕		光明日报	2019.12.6	15
胡大一：心脏支架仅是治疗的开始		张思玮		中国科学报	2019.12.9	6
跨越封闭的"心墙"		宁文利	北京大学习近平新时代中国特色社会主义思想研究院博士，助理研究员	光明日报	2019.12.10	12
破除功利化 让教育回归育人本位		李建民	中国教育科学研究院博士，助理研究员	光明日报	2019.12.10	13
"863"计划倡导者	助推我国高技术进入新阶段	赵永新		人民日报	2019.12.11	6
庆祝澳门回归祖国20周年系列访谈 解开"一国两制"成功实践的澳门密码		王磊	北京大学法学院教授	光明日报	2019.12.12	7
看待中国经济形势，不要因为别人的悲观而让自己偏离了客观	经济有周期，更有机遇	姚洋	北大国家发展研究院院长，博雅特聘教授，长江学者	光明日报	2019.12.16	13
唐山26家医院加入北大人民医院医联体		李如意		北京日报	2019.12.14	4
专业学位研究生教育必须加强"职业性"		陈洪捷	北京大学教育学院教授	中国教育报	2019.12.16	5
日本古代典籍对唐诗研究之价值		杜晓勤	北京大学中国语言文学系教授	北京日报	2019.12.16	13
"漏网之鱼"或许是"卓越"之源	从《"双一流"建设，学科真的那么重要吗》一文说开来	王义遒	北京大学原常务副校长	中国科学报	2019.12.18	1
摄影集《钱理群的另一面》出版 展示学术之外的人生	钱理群：这是我给自己80岁寿辰的礼物	张嘉		北京青年报	2019.12.19	B1
品牌是企业活力的呈现		董志勇	北京大学经济学院院长	人民日报	2019.12.19	11
季羡林散文里的书影		杨国明		光明日报	2019.12.21	9
民营企业迫切待解的几个问题		厉以宁	北京大学光华管理学院名誉院长	北京日报	2019.12.23	16
樊锦诗：为莫高留住人才		代小佩		科技日报	2019.12.23	1
钱理群的另一面，让理性缺席		蒋肖斌		中国青年报	2019.12.24	8

（续表）

主题	副题	作者	作者单位	报刊名称	出版日期	版面
北京大学江颖团队：从原子尺度看清水合离子真容		金凤		科技日报	2019.12.25	1、4
费振刚：守卫传统学术正道		赵长征	北京大学对外汉语教育学院副教授	光明日报	2019.12.25	13
努力培养担当民族复兴大任的时代新人		宇文利	北京大学马克思主义学院副院长、教授、博士生导师	中国青年报	2019.12.27	3
陪您见证繁荣、健康的中国	写给父亲顾方舟的信	顾晓曼	顾方舟女儿	光明日报	2019.12.27	09
明月照您此生志	写给于敏院士的信	吴明静	北京应用物理与计算数学研究所高级政工师	光明日报	2019.12.27	09
弘扬创造精神 实现复兴梦想		刘军	北京大学马克思主义学院副院长、北京市习近平新时代中国特色社会主义思想研究中心研究员	光明日报	2019.12.27	06
努力培养担当民族复兴大任的时代新人		宇文利	北京大学马克思主义学院副院长、教授、博士生导师	中国青年报	2019.12.27	3
民营企业"华丽转身" 既需制度保障，又要练好内功	访北京大学经济学院教授王曙光	刘坤		光明日报	2019.12.27	8
跨区域的青铜器谱系研究		朱凤瀚	北京大学历史学系教授	光明日报	2019.12.28	9
考古研究中的夏朝寻踪		李伯谦	北京大学考古文博学院教授	光明日报	2019.12.28	10
何为民生 民生为何	评《中国特色社会主义民生理论研究》	宇文利	北京大学马克思主义学院教师	光明日报	2019.12.28	12
叩问"数字治理"的时代功用		黄璜	北京大学政府管理学院副院长	光明日报	2019.12.25	7

（新 教）

校历

北京大学2018—2019学年校历

第一学期

一、教职工上班：8月27日
二、新生报到：
本科新生：8月27日
深圳研究生院、港澳合及留学生体检：9月10日
三、本科新生体检：8月31日至9月1日
研究生、港澳合本科新生体检：9月11日至16日
2018级本科生军训：9月2日至14日
四、新生开学典礼：9月15日
五、研究生开学暨新生开学典礼：8月30日至31日
六、上课：
校本部：9月17日
医学部：在校本科生9月3日
本科新生9月17日
七、在校学生注册：
医学部：9月10日至21日
深圳研究生院：9月3日
八、中秋节：9月22日（星期六）、9月23日（星期日）公休，9月24日（星期一）中秋节，放假，课程照常进行，全校停课
九、国庆节：9月29日至30日公休，课程照常进行（医院教学安排由所在医院安排），10月1日至7日放假，全校停课
十、停课复习考试：
校本部、医学部：1月7日至1月19日
深圳研究生院：1月14日至1月20日
十一、学生寒假：
校本部、医学部：1月21日至2月17日
深圳研究生院：1月21日至2月13日
十二、教职工轮休
校本部、医学部：1月20日至2月17日
深圳研究生院：1月21日至2月13日

元旦放假安排按持国务院办公厅公布2019年节假日安排后另行通知。学校相关专项工作时间由有关部门另行具体通知。

第一学期（2018.8.27—2019.1.19）

星期 月 周次	日	一	二	三	四	五	六	日
八月		20/27	21/28	22/29	23/30	24/31	25	26
1	九月	3	4	5	6	7	1	2
2		10	11	12	13	14	8	9
3		17	18	19	20	21	15	16
4		24	25	26	27	28	22	23
5	十月	1	2	3	4	5	29	30
6		8	9	10	11	12	6	7
7		15	16	17	18	19	13	14
		22/29	23/30	24/31	25	26	20/27	21/28
8	十一月	5	6	7	1	2	3	4
9		12	13	14	8	9	10	11
10		19	20	21	15	16	17	18
11		26	27	28	22	23	24	25
12	十二月	3	4	5	29	30	1	2
13		10	11	12	6	7	8	9
14		17	18	19	13	14	15	16
15		24/31	25	26	20/27	21/28	22/29	23/30
16	2019年 一月	7	8	9	3	4	5	6
17		14	15	16	10	11	12	13
18		21/28	22/29	23/30	17	18	19	20
					24/31	25	26	27

校本部、医学部上课时间
第一节 08:00—8:50　第二节 09:00—9:50　第三节 10:10—11:00
第四节 11:10—12:00　第五节 13:00—13:50　第六节 14:00—14:50
第七节 15:10—16:00　第八节 16:10—17:00　第九节 17:10—18:00
第十节 19:30—20:20　第十一节 19:40—20:30　第十二节 20:40—21:30
第十节 18:40—19:30

第二学期

一、上课、教职工上班：2月18日
二、在校学生注册：2月18日
校本部、医学部：2月18日至2月21日
深圳研究生院：2月18日至2月22日
三、校本部运动会：4月19日至21日，校本部停课
医学部运动会：4月19日至19日停课
课程照常进行
四、"五一"及校庆：
4月27日至28日，5月5日，公休，
4月29日至5月3日，5月4日，放假调休，
全校停课（医院教学相关单位上班，校本部、医学部停课停课）
5月4日校庆相关单位上班，校本部、医学部复习考试
五、停课复习考试：
校本部：6月10日至6月23日
医学部：6月24日至7月7日
六、学生暑假：
校本部：6月24日起
医学部：7月8日起
七、办理离校手续：
校本部、医学部：7月1日至7月5日
深圳研究生院：7月1日至7月4日
八、毕业典礼：7月2日至7月3日
医学部、深圳研究生毕业典礼：6月29日
九、校本部暑期学校：7月1日至8月4日
十、教职工轮休：
校本部、医学部：7月8日起
深圳研究生院：7月8日起

清明节、劳动节、端午节放假安排按持国务院办公厅公布2019年节假日安排后另行通知。学校相关专项工作时间由有关部门另行具体通知。

第二学期（2019.2.18—2019.7.7）

星期 月 周次	日	一	二	三	四	五	六	日
	二月	18/25	19/26	20/27	21/28	1/8	2/9	3/10
1		4	5	6	7	15	16	17
2	三月	11	12	13	14	22	23	24
3		18	19	20	21	1	2	3
4		25	26	27	28	8	9	10
5	四月	1	2	3	4	15	16	17
6		8	9	10	11	22	23	24
7		15	16	17	18	29	30	31
8		22/29	23/30	24	25	5	6	7
9	五月	6	7	8	9	12	13	14
10		13	14	15	16	19	20	21
11		20	21	22	23	26	27	28
12		27	28	29	30	3	4	5
13	六月	3	4	5	6	10	11	12
14		10	11	12	13	17	18	19
15		17	18	19	20	24	25	26
16		24	25	26	27	1/8	2/9	
17	七月	1	2	3	4		15	16
18		8	9	10	11		22	23
							29	30
							6	7
							13	14

深圳研究生院上课时间
第一节 08:00—8:50　第二节 09:00—9:50　第三节 10:10—11:00
第四节 11:10—12:00　第五节 13:30—14:20　第六节 14:30—15:20
第七节 15:40—16:30　第八节 16:40—17:30　第九节 18:30—19:20
第十节 19:30—20:20　第十一节 20:30—21:20

北京大学2019—2020学年校历

第一学期

一、新生报到
本科新生：8月17日
研究生、港澳台及留学生本科新生：9月3日

二、本科新生体检：8月18日至20日
研究生、港澳台合本科新生体检：9月4日至8日

三、2019级本科新生军训：8月21日至9月2日

四、教职工上班：8月26日
医学部开学典礼：9月5日

五、新生开学典礼：9月6日
医学部新生开学典礼：8月29日至30日

六、上课
校本部：9月9日
医学部：在校本科生8月26日
研究生：9月16日
深圳研究生院：9月2日

七、在校学生注册
本科部、医学部：9月9日至13日
深圳研究生院：8月26日至30日

八、中秋节
9月13日，中秋节，放假，全校停课
9月14日至15日，公休，课照常进行。

九、国庆节
9月28日至29日，公休，课照常进行。
9月30日至10月6日，放假，全校停课
10月29日

十、校学位评定委员会议：10月29日

十一、停课复习考试
校本部、医学部：12月30日至1月12日
医学部：1月6日至19日

十二、元旦：1月1日，放假，停考。

十三、校学位评定委员会议：1月3日

十四、学生寒假
校本部、医学部：1月13日至2月16日
深圳研究生院：1月20日至2月16日

十五、教职工轮休

第一学期（2019.8.17—2020.1.12）

周次	月	日	一	二	三	四	五	六	日
	八月		19	20	21	22	23	17/24	18/25
1			26	27	28	29	30	31	1/8
2	九月		2	3	4	5	6	7	15
3			9	10	11	12	13	14	22
4			16	17	18	19	20	21	29
5			23/30	24	25	26	27	28	6
6	十月		7	8	9	10	11	12	13
7			14	15	16	17	18	19	20
8			21/28	22/29	23/30	24/31	25	26	27
9	十一月		4	5	6	7	8	9	10
10			11	12	13	14	15	16	17
11			18	19	20	21	22	23	24
12			25	26	27	28	29	30	1/8
13	十二月		2	3	4	5	6	7	15
14			9	10	11	12	13	14	22
15			16	17	18	19	20	21	29
16			23/30	24/31	25	26	27	28	5
17	2020年 一月		6	7	8	9	10	11	12
18			13	14	15	16	17	18	19
			20	21	22	23	24	25	26

校本部、医学部上课时间
第一节 08:00—8:50　第二节 09:00—9:50　第三节 10:10—11:00
第四节 11:10—12:00　第五节 13:00—13:50　第六节 14:00—14:50
第七节 15:10—16:00　第八节 16:10—17:00　第九节 17:10—18:00
第十节 18:40—19:30　第十一节 19:40—20:30　第十二节 20:40—21:30

第二学期

一、上课：2月17日
教职工上班：校本部、医学部2月17日
深圳研究生院：2月13日

二、在校学生注册
校本部、医学部：2月17日至21日
深圳研究生院：2月17日至18日

三、校本部运动会：4月24日至26日，医学部停课。

四、劳动节及校庆
5月1日劳动节，放假，全校停课
5月2日至3日，公休，课照常进行。
5月4日校庆纪相关单位上班，全校停课
5月5日至8日，放假调休，全校停课
5月9日至10日，公休，课照常进行。

五、停课复习考试
校本部：6月8日至21日
医学部、深圳研究生院：6月22日至7月5日

六、学生暑假
校本部：6月22日起
医学部、深圳研究生院委员会会议：6月26日
办理离校手续

七、校学位评定委员会会议：6月26日

八、毕业典礼
校本部、医学部：6月29日至7月3日
深圳研究生院：6月29日至7月2日
毕业典礼：6月30日至7月1日
医学部毕业典礼：6月29日
深圳研究生院毕业典礼：6月27日

九、校园露营野炊：6月29日至8月2日

十、教职工轮休
校本部、医学部：7月6日起
深圳研究生院：7月8日起

清明节、端午节放假按待国务院办公厅公布2020年节假日安排后另行通知。
学校相关专项工作时间由有关部门另行具体通知。

第二学期（2020.2.17—2020.7.5）

周次	月	日	一	二	三	四	五	六	日
	二月		10	11	12	13	14	15	16
1			17	18	19	20	21	22	23
2			24	25	26	27	28	29	1/8
3	三月		2	3	4	5	6	7	15
4			9	10	11	12	13	14	22
5			16	17	18	19	20	21	29
6			23/30	24/31	25	26	27	28	5
7	四月		6	7	8	9	10	11	12
8			13	14	15	16	17	18	19
9			20	21	22	23	24	25	26
10			27	28	29	30	1	2	3
11	五月		4	5	6	7	8	9	10
12			11	12	13	14	15	16	17
13			18	19	20	21	22	23	24
14			25	26	27	28	29	30	31
15	六月		1	2	3	4	5	6	7
16			8	9	10	11	12	13	14
17			15	16	17	18	19	20	21
18			22/29	23/30	24	25	26	27	28
	七月		6	7	8	9	10	11	12

深圳研究生院上课时间
第一节 08:00—8:50　第二节 09:00—9:50　第三节 10:10—11:00
第四节 11:10—12:00　第五节 13:30—14:20　第六节 14:30—15:20
第七节 15:40—16:30　第八节 16:40—17:30　第九节 18:30—19:20
第十节 19:30—20:20　第十一节 20:30—21:20

全书表目录

表5-1	北京大学燕京学堂2019级学生国籍分布	(184)
表5-2	2019年"文研讲座"汇总表	(197)
表5-3	2019年"文研论坛"汇总表	(198)
表5-4	2019年"未名学者讲座"汇总表	(198)
表5-5	2019年"静园雅集"汇总表	(199)
表5-6	2019年"文研读书"汇总表	(199)
表5-7	2019年"文研纪念"汇总表	(199)
表5-8	2019年"大学堂"顶尖学者讲学计划系列讲座汇总表	(199)
表5-9	2019年深圳研究生院科研成果	(204)
表5-10	2019年深圳研究生院新增科研项目	(205)
表6-1	通识教育核心课程名单	(220)
表6-2	2019年北京大学本科专业目录	(222)
表6-3	2019年北京大学本科核心课程目录	(227)
表6-4	北京大学入选2019年度国家级一流本科专业建设点名单	(239)
表6-5	北京大学入选2019年度省级一流本科专业建设点名单	(239)
表6-6	2019年北京大学数字化教材建设立项名单	(239)
表6-7	2019年北京大学数字化教材建设配套纸质教材立项名单	(240)
表6-8	北京大学2019年在校研究生分院系统计（双证）	(245)
表6-9	北京大学2019年学位授权点一览表	(246)
表6-10	北京大学2019年学位授予情况一览表	(254)
表6-11	2019年北京大学专科医师规范化培训专科和亚专科设置情况表	(260)
表6-12	2019年北京大学专科医师培训人数	(261)
表6-13	2019年北京大学参与国家专培试点在培专科医师人数	(262)
表6-14	2019年北京大学住院医师规范化培训基地和专业基地	(262)
表6-15	2019年北京大学各医院在培住院医师情况表	(263)
表6-16	2019年北京大学毕业后医学继续教育各类别考生考试情况	(264)
表6-17	2019年北京大学毕业后医学继续教育各专业考试情况	(264)
表6-18	2019年北京大学专科医师参加结业考核情况表	(265)
表6-19	2019年北京大学住院医师规范化培训结业考试各基地情况表	(266)
表6-20	2019年北京大学住院医师规范化培训结业考试各专业情况表	(266)

表 6-21	2019年北京大学在培住院医师同等学力申请硕士学位情况表	（267）
表 6-22	2019年北京大学在培专科医师申请博士学位情况表	（268）
表 6-23	2019年北京大学参加试点的医学专业学位博士研究生专业情况表	（268）
表 6-24	2019年北京大学医学继续教育培养国内访问学者及学科骨干一览表	（269）
表 6-25	2019年北京大学举办国家级和北京市级继续医学教育项目情况	（269）
表 6-26	2019年北京大学举办国家级继续医学教育基地备案项目情况	（270）
表 6-27	2019年北京大学申报和获准2020年国家级和市级继续医学教育项目情况	（270）
表 7-1	国家研究中心	（281）
表 7-2	国家重大科技基础设施	（281）
表 7-3	国家重点实验室	（281）
表 7-4	国家工程研究中心	（281）
表 7-5	国家工程实验室	（281）
表 7-6	省部共建国家重点实验室	（282）
表 7-7	国家临床医学研究中心	（282）
表 7-8	国家国际科技合作基地	（282）
表 7-9	教育部前沿科学中心	（282）
表 7-10	教育部重点实验室	（282）
表 7-11	教育部工程研究中心	（283）
表 7-12	教育部国际合作联合实验室	（283）
表 7-13	教育部野外科学观测研究站	（283）
表 7-14	国家卫生健康委员会重点实验室	（283）
表 7-15	北京高校高精尖创新中心	（284）
表 7-16	北京市重点实验室／工程技术研究中心	（284）
表 7-17	北京市国际科技合作基地	（285）
表 7-18	广东省、深圳市重点实验室	（285）
表 7-19	其他省部级研究基地	（286）
表 7-20	北京大学2019年度理工医科在研科研项目数分类统计	（287）
表 7-21	北京大学2019年理工科与医科科研项目到校经费	（288）
表 7-22	北京大学2019年理工科新批科研项目	（289）
表 7-23	北京大学2019年医科新增科研项目	（290）
表 7-24	北京大学2019年获批国家自然科学基金项目	（291）
表 7-25	北京大学医学部2019年获批国家自然科学基金项目和经费	（292）
表 7-26	北京大学2019年度获批的国家自然科学基金重点项目	（293）
表 7-27	北京大学2019年度获批的国家自然科学基金重大项目	（294）
表 7-28	北京大学2019年度获批的国家自然科学基金国家重大科研仪器研制项目	（294）
表 7-29	北京大学2019年度获批的国家自然科学基金重大研究计划	（294）
表 7-30	北京大学2019年度获批的国家自然科学基金重点国际合作项目	（295）
表 7-31	北京大学2019年度获批的国家自然科学基金基础科学中心项目	（295）

表 7-32	北京大学 2019 年获批的国家重点研发计划项目	（296）
表 7-33	北京大学 2019 年获批北京市杰青项目名单	（296）
表 7-34	SCI 数据库 2019 年收录的北京大学为第一作者 / 通讯作者单位的论文及分布情况	（297）
表 7-35	北京大学 2019 年出版的理工医类著作目录	（297）
表 7-36	北京大学 2019 年专利申请受理、授权情况统计表	（298）
表 7-37	北京大学 2019 年院系专利统计	（299）
表 7-38	北京大学本部 2019 年主办的理工类国际学术会议和研讨班情况统计	（299）
表 7-39	北京大学医学部 2019 年主办的医学类国际学术会议和研讨班情况统计	（300）
表 7-40	北京大学理工医科 2019 年获得国家重点研发计划国际科技创新合作重点专项项目	（302）
表 7-41	北京大学理工科 2019 年获得其他国际（地区）合作项目	（302）
表 7-42	北京大学医学部 2019 年获得的其他国际（地区）合作项目	（303）
表 7-43	《北京大学学报（自然科学版）》文献计量指标	（305）
表 7-44	2019 年度北京大学人文社科主要纵向项目立项情况	（307）
表 7-45	2019 年度北京大学人文社科其他纵向项目立项情况	（308）
表 7-46	2019 年北京大学人文社科各类纵向课题立项名单	（308）
表 7-47	2019 年北京大学人文社科虚体研究机构变化名单	（312）
表 8-1	2018—2019 年医学部短期交流项目派出情况	（361）
表 8-2	2018—2019 年医学部接待的境外短期交流学生情况	（361）
表 8-3	校本部全职人员分布表	（364）
表 8-4	校本部全职人员职称分布表	（364）
表 8-5	校本部中国籍教师民族分布表	（364）
表 8-6	校本部教师学历分布表	（365）
表 8-7	校本部 2019 年全校增员分布表	（365）
表 8-8	校本部 2019 年增员来源及学历分布表	（365）
表 8-9	校本部 2019 年录用应届毕业生分布表	（365）
表 8-10	校本部 2019 年引进人员（非应届生）分布表	（365）
表 8-11	校本部 2019 年减员分布表	（365）
表 8-12	2019 年派出类别分布情况	（366）
表 8-13	2019 年派出人员专业技术职务级别、学位、年龄分布情况	（366）
表 8-14	2019 年回校教职工派出类别分布情况	（366）
表 8-15	2019 年医学部教职工基本情况一览表	（369）
表 8-16	2019 年医学部教师队伍专业技术职务、年龄结构统计表	（369）
表 8-17	医学部近三年教师队伍学历结构统计表	（369）
表 8-18	2019 年医学部高级专业技术职务聘任情况表	（370）
表 8-19	2019 年医学部专业技术二级、三级、四级岗位比例表	（370）
表 8-20	2019 年北京大学实验室基本情况一览表	（377）
表 8-21	2019 年新增 40 万元以上大型仪器设备一览表	（378）
表 8-22	2019 年度部门项目情况统计表	（390）

表 9-1	2019年公寓服务中心学生公寓基本情况一览表	（421）
表 9-2	2019年教师公寓、博士后公寓基本情况一览表	（422）
表 9-3	2019年万柳公寓基本情况一览表	（423）
表 9-4	2019年北京大学房屋基本情况汇总表	（429）
表 9-5	2019年北京大学土地基本情况汇总表	（430）
表 9-6	2020年北京大学教职工住宅汇总表	（431）
表 10-1	2019年度北京大学签订的进款技术合同统计表	（448）
表 10-2	2019年度科技开发部技术合同到款	（449）
表 10-3	2019年第四届"北京大学产学研工作奖"获奖名单	（450）
表 10-4	2019年北京大学校级社会捐赠讲席教授项目	（466）
表 10-5	2019年北京大学校级社会捐赠奖教金项目	（467）
表 10-6	2019年北京大学校级社会捐赠奖学金项目	（467）
表 10-7	2019年北京大学校级社会捐赠助学金项目	（468）
表 11-1	2019年北京大学附属医院医疗数据统计表	（475）
表 12-1	北京大学图书馆2019年度新增文献资源统计	（501）
表 12-2	2015—2019年北京大学图书馆读者服务总体情况统计	（502）
表 12-3	2019年度图书馆开展校园文化建设系列活动统计表	（502）